1·2차 조선공산당 사건 공판이 시작될 무렵의 『동아일보』(1927년 9월 13일자) 기사

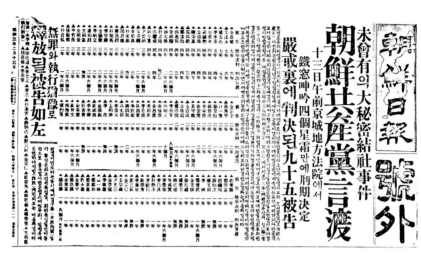

1·2차 조선공산당 사건 판결을 보도한 『조선일보』(1928년 2월 13일자) 호외

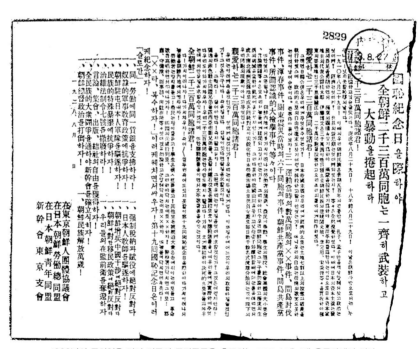

1928년의 국치일을 맞아 민중의 무장폭동을 촉구하는 도쿄 소재 4개 운동단체의 전단

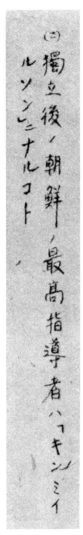

"독립 후 조선의
최고지도자는
김일성으로 할 것"
(일본 관헌 자료)

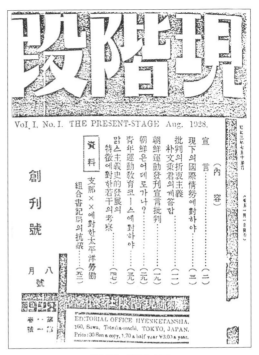

『현계단』 창간호 표지

신간회 해소를 주장하는 고경흠의 팸플릿

再襲의 恐怖에떠는 住民

男負女戴로 避亂

鐵甕城의 國境線에 處處의 慘跡

本社特派員 梁一泉 現場踏査記

被襲된 普天堡

◇被襲된 普天堡의 慘跡 (上) 재가된 郵便所 (中) 公立普校 (下) 面事務所

보천보 사건을 보도한 『동아일보』(1937년 6월 9일자) 기사

조선공산당 인장

고려공산청년회 인장

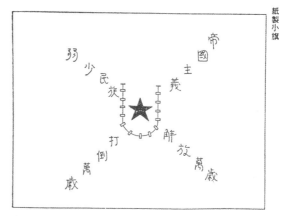

紙製小旗

광주학생운동을 지원하는 이화여고보 학생들의 시위에서 사용된 깃발
(빨간 천에 검은 글씨)

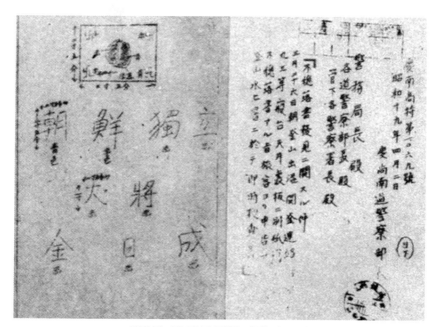

김일성에 대한 민심의 동향을 기록한 일본 문건

공식석상에 처음으로 모습을 드러낸 김일성(1945년 10월 14일, 평양)

중국 옷을 입은 김일성(오른쪽)

지하공작 활동 당시 김정숙의 모습

김두봉(1947년경)

오기섭(1947년경)

박정애(1947년경)

김책

주영하(1946년경)

허헌(1947년경)

권오설

김단야

박진홍

이동휘   김재봉   김철수

청년 시절의 이재유   장년 시절의 이재유   이순근

이승엽   조봉암   김구

김일   권영벽

『조선중앙일보』 사장 시절의 여운형
(1935년)

박헌영

박헌영(왼쪽)과 여운형(1946년경)

미소공동위원회 미국 측 대표와 함께한 여운형(1946년 5월)

미소공동위원회 소련 측 대표와 함께한 여운형(1946년 5월)

6·10만세운동으로 검거된 이현상
(1925년)

장년 시절의 이현상

이현상의 사살을 알린 『동아일보』(1953년 9월) 기사

이현상의 묘비(평양 근교)

김일성(앞줄 오른쪽)과 한재덕(뒷줄 맨 오른쪽), 한설야(뒷줄 오른쪽에서 두 번째)

인민위원회의 핵심 인물들(1947년 봄):
앞줄 왼쪽부터 한병옥, 강양욱, 김책, 김일성, 홍기주, 허정숙, 이강국
둘째 줄 왼쪽부터 박일우, 오기섭, 이동영, 장시우, 정준택, 이문환, 송봉욱(?)
끝줄 오른쪽부터 김정주, 최창익, 장종식, 이순근, 한설야, 최용달, 이봉수

토지개혁 당시의 모습

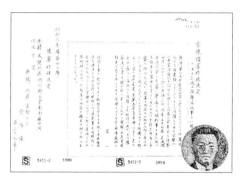

김찬의 예심종결 결정문(하단 인물이 김찬)

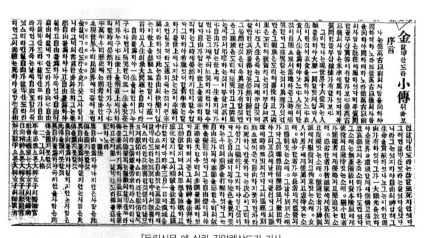

『독립신문』에 실린 김알렉산드라 기사

일본 관헌의 눈을 피해 김일성 부대가 이동한 갑무경비도로

동북항일련군 제1로군 제2방면군장 김일성(둘째 줄 가운데 안경 쓴 인물)

출전을 앞둔 동북항일련군

총을 든 동북항일련군

1945년 8월 17일 건국준비위원회 수립 장면(YMCA 건물)

1945년 12월 열린 우파 정치세력의 반탁집회와
1946년 1월 3일 열린 좌파 정치세력의 모스크바 결정 지지 집회.
'신탁통치절대반대'와 '삼상결정절대지지'라는 문구가 선명히 대비된다.

한국 공산주의운동사

COMMUNISM
in KOREA

한국 공산주의운동사

로버트 스칼라피노·이정식 지음
한홍구 옮김

2015년 1월 26일 초판 1쇄 발행
2021년 6월 14일 초판 4쇄 발행

펴낸이 한철희
펴낸곳 주식회사 돌베개
등록 1979년 8월 25일 제406-2003-000018호
주소 (10881) 경기도 파주시 회동길 77-20 (문발동)
전화 (031) 955-5020 ┃ 팩스 (031) 955-5050
홈페이지 www.dolbegae.co.kr ┃ 전자우편 book@dolbegae.co.kr
블로그 blog.naver.com/imdol79 ┃ 트위터 @Dolbegae79

책임편집 소은주·김미경
표지디자인 이혜경 ┃ 본문디자인 이선희·이은정·김동신
마케팅 심찬식·고운성·조원형 ┃ 제작·관리 윤국중·이수민
인쇄·제본 상지사P&B

ISBN 978-89-7199-639-3 (93910)

이 도서의 국립중앙도서관 출판시도서목록(CIP)은 e-CIP 홈페이지
(http://www.nl.go.kr/ecip)에서 이용하실 수 있습니다(CIP제어번호: CIP2014037733).

돌베개 인문사회과학신서 26~28 │ 합본 개정판

한국
공산주의
운동사

COMMUNISM
in KOREA

로버트 스칼라피노 · 이정식 지음 │ 한홍구 옮김

나의 은사이자 공저자이셨던

로버트 스칼라피노Robert A. Scalapino(1919~2011) 교수님의

명복을 빕니다.

이정식

개정판을 내면서

이 책이 출판된 뒤 북한에서 일어난 일들에 대해서는 「21세기의 초엽에 서서」라는 글을 읽어주기 바라지만, 이 책과 연관된 몇 가지 일을 여기서 언급하고자 한다. 먼저 필자의 스승이었고 공저자였던 스칼라피노 교수의 서거에 관한 소식이다. 몇 해 전 돌베개에서 한국어판의 개정판을 내고 싶다는 얘기를 전해왔을 때 그분도 흡족하게 생각했고 자신도 서문을 쓰고 싶다고 했는데, 2011년 11월 12일 92세의 나이로 운명하셨다. 정력적이고 원만한 성격의 스승을 반세기 동안 모실 수 있었던 것은 내가 가진 행운 중의 행운이었다. 20세기 후반에 들어와서 북한은 전형적인 전통사회로 귀결했다는 말을 여러 번 했는데, 우리는 이 책의 영문판 제2권에 실렸던 결론에서 북한 정권을 움직이고 있는 요소는 전통과 공산주의와 현대화를 향한 열망의 교차와 각축이라고 했다.

또 하나 전하고 싶은 소식은 이 책이 출판된 후에 필자가 발표한 글들에 관한 것이다. 첫 번째로 1945년 9월 20일에 소련군 총사령관 스탈린과 참모장 안토노프의 공동 명의로 연해주 군관구 및 제25군 군사평의회에 보낸 지령인데, 소련군 점령 지역(즉 북한)에 정권을 세우라는 것이었다. 해방 직후의 미국과 소련의 관계가 이상하게 돌아가고 있음을 감지한 필자는 그해 9월 말부터 10월 초 사이에 관한 자료들을 찾아야겠다는 생각을 갖게 되었다. 그러던 중 9월 20일에 남북의 분단을 영구화하는 지령이 내렸다는 자료를 발견하고 그 배경을 두루 찾다가 드디어 런던에서 미·영 측과 소련 외무장관회의가 열렸다는 사실을 알게 되어 그 회의에서 일어났던 일들을 추적해보았다. 이에 대한 논문은 1998년 발간된 후에[1] 필자의 『대한민국의 기원』(2006)[2]에 전재되었으며, 2011년에는 필자가 그 문제를 연구하게 된 경위와 과정을 설명하는 강의를 한 뒤 이를 정리해 『21세기에 다시 보는 해방후사』[3]를 발간했다.

두 번째로 필자는 중국 동북東北3성, 즉 만주 지역에서 있었던 중국 내전이 한반도 분단에 미친 영향을 논한 논문을 중요하게 생각한다. 만주에서 있었던 국민당과 공산당의 내전은 많은 연구의 대상이 되었지만, 필자 자신도 그 내전이 한국 분단을 영구화시켰다는 것을 의식하지 못하고 있었다. 이 사실을 중국공산당 동북국 주조선 사무소의 책임자들이 발표한 보고서[4]를 읽은 후에야 알게 되었다. 한때 무난히 전승할 듯했던 팔로군(중국공산군)은 1946년 5월에 들어 궁지에 몰려 있었는데, 북한을 점령하고 있던 소련군의 수장 스탈린은 팔로군에게 북한 지역을 후방기지로 이용하도록 했다. 따라서 팔로군은 북한에서 휴식과 재훈련을 할 수 있을 뿐 아니라 대규모의 군수물자 보급을 받아 반격에 나서게 되었고, 1949년까지 계속되었던 중국 내전은 분단된 한국의 통일을 영영 불가능하게 만들어버렸다. 스탈린은 이미 9월 20일 지령을 내림으로써 북한에 단독 정권을 세우기로 결정했지만, 만주 지역에서 일어난 중국 내전은 한국 재통일의 가능성을 불식拂拭시키고 만 것이었다. 이 책에서 우리는 1946년의 '7월 신新전술', 즉 남북에서 좌익세력의 통합, 노동운동의 격화와 폭동 등을 논한 바 있는데 이들 강경정책은 스탈린의 대對중국 정책의 일면이었다. 필자는 위에서 언급한 『21세기에 다시 보는 해방후사』제2장에서 이 문제를 상세히 서술했으므로 참고해주기 바란다. 남한에서의 3당 합당 문제

---

1 유영익 편, 『수정주의와 한국현대사』, 연세대학교 출판부, 1998.
2 이정식, 『대한민국의 기원』, 일조각, 2006.
3 이정식, 『21세기에 다시 보는 해방후사』, 경희대학교 출판원, 2012.
4 "東北解放戰爭時期 東北局 駐朝鮮辦事處回憶," 中共中央黨資料征集委員會 편집, 遼沈決戰(上), 베이징, 인민출판사, 1988, 624~633쪽.

는 결국 여운형이 암살되는 사태를 불러왔는데, 이에 대한 것은 필자의 여운형 전기[5]를 참조해주기 바란다.

이번에 개정판을 내면서 새삼스럽지만 한홍구 교수의 노고를 치하하고 싶다. 그 역시 젊은 시절이었기에 힘겹게 번역 작업을 시작했을 것이다. 내용이 복잡할 뿐 아니라 양적으로도 엄청난 작업이었을 텐데, 그의 노고로 많은 독자를 얻게 되어 감사의 뜻을 표하고 싶다. 그리고 「21세기의 초엽에 서서」를 쓰는 과정에서 조인원, 백학순, 손혁상, 김용호, 김은순 등 제자들이 여러 가지로 도와준 데 대해서도 감사의 뜻을 표하고 싶다. 특히 백학순 박사는 최근 북한에서 일어나고 있는 상황에 대한 정보를 알려주어 큰 도움이 되었다. 이번의 개정판은 새로이 식자植字한 것인데 돌베개출판사의 여러분께 감사의 말씀을 드린다.

2014년 11월

이정식

---

5 『여운형: 시대와 사상을 초월한 융화주의자』, 서울대학교 출판부, 2008.

로버트 스칼라피노 박사와 이정식 박사의 공저 『한국 공산주의운동사』를 근 30년 만에 다시 찍어낸다니 감회가 새롭지 않을 수 없다. 전부 세 권으로 간행된 이 책의 1권이 나온 것은 1986년이었지만, 내가 처음 번역에 손을 댄 것은 1984년으로 꼭 30년 전의 일이었다. 세칭 무림霧林사건으로 강제 징집되었다가 복학해 일 년을 더 다닌 뒤 학부를 마치고 대학원에 진학한 나는 서울대학교 인문대학 '지양' 편집실 선배로 당시 돌베개를 운영하고 있던 박승옥·한철희 형으로부터 스칼라피노 박사와 이정식 박사의 *Communism in Korea*를 번역해보라는 권유를 받았다. 이 방대한 책의 번역은 갓 대학원에 입학한 초짜 연구자, 아니 연구자 지망생이 맡기에는 너무나 큰일이었지만, 나는 욕심과 만용을 부려 한번 해보겠다고 했다. 한 가지 조건을 내세웠는데 번역은 충실하게 할 터이니 대신 시간을 넉넉히 달라는 것이었다. 나는 이 책을 번역하면서 단순히 영어를 우리말로 옮기려 하지 않고, 저자들이 인용한 원原자료들을 하나하나 찾아서 우리말은 우리말 그대로 인용하고, 일본어나 중국어 자료는 직접 번역하기로 마음먹었다. 이렇게 해야 원자료의 분위기를 통해 당시의 시대적 상황을 좀더 정확하게 전달할 수 있을 뿐 아니라 한국 공산주의운동사를 전공할 생각을 하고 있던 나 자신도 해당 분야의 주요 자료를 두루 살펴볼 수 있었기 때문이다. 다행스럽게도 돌베개 선배들도 날림으로 번역하지 않겠다는 내 뜻을 받아들여주셨다. 좋은 출판사에서 시간적 여유를 갖고 천천히 번역할 수 있었던 것은 나에게도 큰 도움이 되었다.

미국 시애틀에서 유학하고 있을 때 군법무관 장기 복무를 마치고 갓 변호사로 개업한 임종인 전 의원이 샌프란시스코에 왔다가 왕복 서른두 시간을 운전해 나를 보러 온 일이 있다. 첫 대면에 어떻게 오셨느냐고 질문했더니 임종인 변호사는 『한국 공산주의운동사』를 읽고 번역한 사람이 어떻게 생겼는지 꼭 한 번 보고 싶어 왔노라고 말했다. 그리고 요즘 가장 친하게 지내는 서해성 작가도 1980년대에 『한국 공산주의운동사』를 읽고 나를 꼭 한 번 보고 싶었는데, 미국으로 유학을 떠났다는 소식에 아쉬웠다는 이야기를 종종 하곤 한다. 좋은 책을 번역해 책도 내고 공부도 하고 벗들도 얻게 되었으니 참 고마운 일이다. 전두환 독재가 기승을 부리던 참으로 암울했던 시절이었지만, 돌이켜보면 밤을 새서 이 책을 번역하던 이십 대 중반 시절이 지적 호기심을 충족시키고 공부도 치열하게 했던 훈훈한 때로 기억되니 나도 퍽 나이가 든 모양이다(이 책의 공저자인 이정식 박사는 이 책을 주로 삼십 대에 집필했고, 이 책의 한국어판이 나올 때 지금의 내 나이쯤 되셨다).

우물 안 개구리였던 대학원생 시절 이 책을 번역할 때는 생각도 못 했지만, 미국에 유학 가서 보니 구미 학계에서는 이 책의 기본 입장이 1950년대 전체주의 학파의 시각을 따르고 있다는 비판이 종종 있었다. 내가 한국에서 이 책을 번역했다고 했더니 리버럴 또는 진보적 입장을 갖고 있는 네가 왜 그런 책을 번역했느냐는 질문을 미국 친구들이나 교수들로부터 종종 받기도 했다. 이 책이 출간된 1970년대나 그 이후 소련, 중국, 동구, 쿠바 등 공산권에 대한 구미 학계의 연구 동향에 비춰볼 때 그런 비판이 일정 부분 가능했다고 생각한다. 그러나 이 책이 다루고 있는 주제의 무대인 한국에 오면 사정은 완전히 달라진다. 그것은 국가보안법 같은 것이 존재하지 않는 서구 학계에서나 할 수 있는 좀 배부른 소리였다. 이 책은 이북의 김일성이 일제 시기 전설적 명장 김일성 장군이라 알려진 바로 그 사람이며, 이북의 김일성 이외에 이 이름으로 뚜렷한 명성을 얻은 사람은 따로 없다는 사실을 명쾌하게 밝힌 '진보적'인 책이었다. 내가 미국 유학을 떠나기 전에는 종종 서점에서 압수되는 일이 발생하더니 공안정국을 거친 뒤에는 1990년 의정부(90고단2754), 1994년 광주(94 고합69·94노473)에서 이적 표현물로 확정판결을 받기도 했다. 구미 학계에서 지나치게 반공적이라고 비판받은 책도 한국에서는 진보적이다 못해 금서를 넘어 이적 표현물이 되었고, 이 책을 소지하거나 보관했다는 사실만으로 실형 을 선고받은 분들까지 나왔던 것이다. 많이 늦었지만 이 자리를 빌려 그분들 께 깊은 위로의 말씀을 드린다.

여전히 입만 열면 '종북' 어쩌고저쩌고 하는 걸 보면 세상에 변한 것이 하 나도 없는 것 같지만 그래도 세월이 참 많이 흘렀다. 이 책이 처음 발간된 1986년은 동구에서 현실사회주의 실험이 실패로 판명되기 전이었다. 당시 우 리 사회는 산업화가 본격적으로 진행되면서 자본주의 폐해를 극복할 대안으 로 젊은 세대 사이에서 사회주의에 대한 진지한 고민이 들불처럼 번져가고 있 었다. 한국전쟁으로 너무나 많은 사람이 죽었고 우리 역사는 처참하게 단절되 었다. 학살자 전두환을 몰아내기 위해서라면 기꺼이 악마에게 영혼까지 팔 준 비가 된 젊은 파우스트들이 넘쳐나던 1980년대 상황에서 한국 공산주의운동 사에 대한 연구와 관심은 너무나 치열하고 절박한 것이었다. 그 속에서 우리 는 역사가 아니라 전설과 신화가 될 수밖에 없었던 사람들의 이야기를 만나게 되었다.

한국 공산주의운동사는 이제 더는 1980년대에 그랬듯 가슴 뛰게 하는 주 제는 아닐 것이다. 동구의 현실사회주의 체제의 붕괴만큼이나 드라마틱했던 것은 이북의 몰락이다. 1980년대 이북은 아직 남북의 체제 경쟁에서 완전히 패배했다고 얘기할 만한 정도는 아니었다. 1960년대나 1970년대에 비해 활 력을 잃고 경직되어가긴 했지만 남쪽의 젊은이들 가운데 적지 않은 숫자가 이 북에 상당한 기대를 걸고 있었다. 이북을 우리가 같이 손잡고 일으켜야 할 통 일의 파트너로 보느냐 아니면 극단적으로 남쪽의 변혁을 인도할 영도세력으 로 보느냐는 아주 넓은 스펙트럼이 존재했지만, 당시의 젊은 세대는 급격히 잃어버린 형제들에 대해 관심을 갖기 시작했다. 한국 공산주의운동사에 대한 관심이 1980년대처럼 뜨거울 수는 없겠지만, 분단 상황이 지속되고 이북 정권이 존재하는 한 이 주제는 여전히 중요한 문제일 수밖에 없다. 이북처럼 3대 세습을 한 나라, 자기들 말로 주체의 혁명 전통을 중시하는 나라에서 역사는 아주 중요하다. 역사가 오늘의 이북을 모두 설명할 수는 없지만 역사를 모르면 아무것도 설명할 수가 없다.

오늘날의 입장에서 볼 때 다소 반공적이고, 1970년대 이후 이북이 겪은 역사에 대한 설명이 빠져 있는 점이 아쉽긴 하지만, 근 100년에 이르는 한국 공산주의운동사 전체를 아우르는 책으로는 아직도 이 책을 능가하는 것이 없다는 점을 인정하지 않을 수 없다. 한국 공산주의운동사나 이북 현대사의 특정 시기나 특정 주제에 대해서는 뛰어난 연구 성과가 상당히 나왔지만, 이 책처럼 일관성을 갖고 큰 흐름을 설명하는 책은 서구 학계에서도 한국 학계에서도 아직 출간되지 않았다. 나 역시 당시의 역자 후기에서 "그러나 지금은 노래 솜씨가 있으면 있는 대로, 없으면 없는 대로 내 목소리로 내 노래를 불러야 한다. 그것이 아무리 작고 떨리고 더듬거리는 소리일지라도"라고 다짐했지만, 그 약속을 지키지 못했다.

이 책의 한국어판이 출간된 것도 벌써 4반세기가 넘었다. 오래전에 절판되었던 이 책을 새롭게 다듬어 출간하게 되니 여러 가지 감회가 든다. 활판인쇄 방식으로 조판했던 예전 책의 텍스트를 모두 컴퓨터에 입력한 후 요즘 방식으로 출간해야 했기 때문에 일일이 원문대조를 하지 않을 수 없었다. 덕분에 과거 영어실력이 부족해 오독·오역한 몇몇 곳을 바로잡았다. 1987년 3권을 낼 때에는 당시로서는 구해보기 쉽지 않았던 조선로동당 강령과 규약, 이북 헌법과 주요 법령 등을 90쪽 가까이 부록으로 넣었지만, 이제 이런 문건을 굳이 소개해야 할 필요가 없어 이번 합본 개정판에는 수록하지 않았다. 또 당시에는 엄청난 시간과 공력을 들여 거의 50쪽에 달하는 아주 상세한 색인을 달았지만, 개정판에는 주요 인명만 수록했다.

개정판에는 이정식 선생님을 모시고 '이정식이 걸어온 학문의 길'이라는 제목의 대담을 실었다. 오래간만에 선생님을 뵙고 점심을 먹으며 이런저런 이야기를 나누다가 우리 둘만 이야기하고 넘기기에는 너무 재미있는 내용이 많다는 생각에 아예 멍석을 깔고 제대로 인터뷰를 하게 된 것이다. 나 자신도 젊은 시절부터 선생님을 자주 뵙고 여러 가지 가르침을 받았지만, 이렇게 장시간에 걸쳐 선생님의 말씀을 듣기는 처음이었다. 격동의 시절 어린 나이에 아버지를 잃고 학업을 중단한 채 노동을 해야 했던 소년 가장이 세계적인 석학이 되기까지의 파란만장한 인생사와 학문적 관심의 추이를 담은 인터뷰는 한국 공산주의운동사를 비롯한 한국 현대사와 사회과학에 관심을 갖는 후학들에게 큰 도움이 될 것이다.

어떤 책을 자기 나라 말로 옮긴 사람은 그 책의 가장 꼼꼼한 독자일 수밖에 없다. 세월이 많이 흐르고 시대적 상황이 크게 변함에 따라 현실 속에서 이 책이 다루는 주제와 책 자체의 의미도 많이 변했지만, 이 책이 다시 나오게 되니 무척 반가울 뿐이다. 여전히 지속되고 있는 분단 시대를 살아가는 젊은 독자들이 30년 전 내가 이 책을 처음 읽으면서 수많은 형과 누나를 만나며 가졌던 설렘과 놀라움, 탄식, 안타까움, 감동을 조금이나마 느끼길 바랄 뿐이다.

2014년 11월
한홍구

추기

유럽에 갖다놓으면 중도우파 정도밖에 되지 않을 통합진보당이 1987년 6월 항쟁의 산물이라는 헌법재판소에 의해 해산당하는 한국에서 공산주의운동사를 읽고 쓰고 공부한다는 것은 어떤 의미를 갖는 것일까, 묻지 않을 수 없는 스산한 겨울이다. 더 추웠던 겨울도 여러 번 있었다는 것이 위안이 될까…….

이 책을 쓰겠다고 작업을 시작한 것이 1957년이었으니 벌써 30년이란 세월이 지났다. 영문판이 출간된 것이 1973년이었으니 작업을 시작한 지 16년 만에 햇빛을 보았는데, 또다시 그만한 긴 세월이 지나 한국어판이 나오게 되었다.

우리가 한국 공산주의운동의 연구를 시작했을 당시, 중국과 일본의 공산당에 대한 연구는 활발히 진행되고 있었지만 한국 공산주의에 대한 연구는 존재하지 않았다. 일본의 관헌들이 대내용 극비 문서로 작성한 몇몇 인쇄물이 있기는 했지만 모두 짤막한 개설이고 과연 이런 연구가 가능한지도 알지 못할 때였다. 하지만 스칼라피노 교수는 모을 수 있는 대로 자료를 모아 윤곽이라도 잡아보자고 해서 서울로 도쿄로 자료 수집에 나섰고, 필자는 그가 각지에서 마이크로필름으로 보내오는 자료들을 정리하고 번역하는 데 몰두했다. 그리하여 「한국 공산주의의 기원」이라는 첫 논문 두 편을 공저로 발표한 것이 3년 후인 1960년이었다.

일제강점기 공산주의운동의 연구로 시작된 이 작업은 해방 후사後史로, 북한의 정치와 경제에 대한 분석으로 끊임없이 확장되었다. 1960년대 초반부터는 북한 측의 간행물들도 구할 수 있는 기회가 생겼고, 1966~1967년과 1969~1970년에는 필자가 일 년씩 고국에서 연구를 하게 되어 새로운 여러 자료를 접할 수 있었다. 또한 좌익 운동에 참여했거나 당시 북한에서 갓 내려온 분들을 만나 면담하게 되어 체험을 통한 더욱 귀중한 자료를 얻을 수 있었다. 스칼라피노 교수는 그전에도 조봉암曹奉岩 선생을 비롯한 몇몇 사람과 면담을 했는데 이후에도 그랬다. 여러 질문에 허심탄회하게 대답해주고 토론에 참여해준 분들의 이름은 영문판 서문에서 이미 밝혔거니와 그들과의 대담은 우리가 얻은 가장 귀중한 '소득' 가운데 하나였다고 생각한다. 고국에 돌아가 있던 두 해 동안 끊임없이 도움을 베풀어준 김준엽金俊燁, 송갑호宋甲鎬, 김기진金基鎭 선생 그리고 고려대학교 아세아문제연구소의 여러분에게 감사의 말씀을 드린다. 그외에도 우리 작업을 적극적으로 도와준 분들에게 다시 한번 감사드린다.

연구와 저술의 편의상, 그리고 한반도에 두 개의 대립된 정치체제가 구성되어 있으므로 여기서는 공산주의운동사와 '북한 정치경제사'를 따로 다루었다. 하지만 이 책을 읽을 때 여기에 기술한 사실 혹은 분석이 어디까지나 한국 현대사의 한 측면이라는 사실을 잊지 말기 바란다. 해방 전의 시기에 대해서는 말할 것도 없고 해방 후에 대해서도 그렇다. 분단된 남북을 하나로 봐야 한다는 이념적 견지를 떠나 남과 북의 정치와 경제는 때때로 의식적으로든, 무의식적으로든 간에 서로 큰 영향을 주고 있어 남과 북을 따로 떼어놓고 분석할 때는 완전한 사태 파악을 하지 못하게 될 경우가 많기 때문이다. 또한 통일이라는 과제를 두고 볼 때 남북에서 일어난 일들을 고려하지 않고는 실질적인 통일방안을 강구할 수가 없다.

이 책을 쓰면서 남북 간의 그 먼 거리(그리고 점점 더 멀어져가는 과정)를 의식하지 않을 수 없지만, 출판 직전인 1972년 7월 4일에 있었던 7·4남북공동성명은 참으로 감격스러운 일이었다. 사실 7·4남북공동성명으로 말미암아 이 책의 출판을 1972년에서 1973년으로 미루었다. 이미 출판부에서는 인쇄 준비를 마쳤지만 역사적인 7·4남북공동성명이 발표된 그날, 우리는 이 사실을 기술하지 않고 어떻게 출판할 수 있겠느냐고 하며 인쇄를 지연시키고 수정에 들어갔다.

그리고 벌써 10여 년이 지났고, 그동안 남북관계는 곡절을 거듭했지만 아직 쌍방 간에는 머나먼 거리가 남아 있다. 하지만 1972년의 7·4남북공동성명은 확실히 남북 간에 새로운 국면을 가져왔다. 남북 간의 긴장이 아직 남아 있기는 하지만 7·4남북공동성명 전과 후의 남북관계에는 큰 차이가 있다. 1980년대에는 더욱 많은 발전이 있기를 바란다.

끝으로 이 책의 번역을 맡아준 한홍구韓洪九 군과 출판을 맡아준 돌베개출판사의 임승남 사장에게 심심한 감사의 뜻을 표하고자 한다. 한 군은 단순한 번역에 그치지 않고 본문에서 인용한 자료들을 일일이 대조하는 등 참으로 번역자로서 드문 학구적 태도를 보여주어 원저자의 한 사람으로서, 교열자로서, 게다가 국내에 범람하는 번역물의 질에 대해 염려해온 식자識者의 한 명으로서 내 마음을 흡족하게 해주었다. 돌베개출판사에서도 번역 간행을 처음 기획했을 때부터 저자들에게 양해를 구하고 판권 소유자인 캘리포니아대학교 출판부의 공식 허가를 얻는 등 참으로 모범적으로 치밀한 계획 아래 모든 일을 진행해왔다. 캘리포니아대학교 출판부가 번역을 허락한 조건 중 하나가 번역된 원고는 원저자들의 승인을 받아야 한다는 것이었으므로, 필자는 한홍구 군의 원고를 일일이 교열하고 정확을 기하는 데 노력했다.

이 책이 한국 현대사를 이해하는 데 보탬이 되기를 바라며

1986년 1월 25일

이정식

남북한이 분단된 지 벌써 40여 년이 지났다. 그 40여 년간 북한에서는 어떤 일이 벌어졌는지, 또는 식민지 시대로 거슬러 올라가 민족해방운동에서 대단히 중요한 의미를 갖는 공산주의운동이 어떻게 진행되었는지에 대해 남한에서는 정확한 평가가 내려진 바가 거의 없다. 분단된 남북의 재결합과 통일된 조국의 미래를 생각할 때, 우리는 해방 전의 공산주의운동과 해방 후 북한에서 일어난 갖가지 일의 자리매김을 방기할 수 없다. 이런 의미에서 최근 들어 이 분야에 대한 관심이 단순한 지적 호기심에서뿐 아니라 실천적인 면에서 고조되고 있는 것은 반가운 일이다.

식민지 시대에 공산주의자들이 벌인 활동은 우리 민족의 민족해방투쟁을 끊임없이 흐르게 한 중요 부분이었다. 공산주의운동의 의미는 '자기 한 몸 더럽히지 않고 일본에 협력하지 않는 것'이 국내 민족주의 지도자들에게 최대의 독립운동이 되어버린 일본의 만주 침략 이후 상황에서 한층 고조되었다. 하지만 이 역사는 남북한에서 모두 잊히고 왜곡된 역사가 되어버렸다. 아이러니하게도 철저한 반공국가가 수립된 남한에서는 그 정도가 망각과 은폐, 기피에 지나지 않지만 공산주의 사회가 건설된 북한에서는 은폐를 넘어 왜곡으로 나아가고 있다. 북한에서는 성공의 가능성을 찾을 수 없는 상황에서도 전혀 굴하지 않고 지하에서 활동을 계속해온 수많은 운동가의 존재가 '종파분자'라는 낙인 아래 모두 사라져버리고, 김일성만이 유일한 성공자로서 모든 영광을 독점했다. 운동사의 서술이 가장 예민한 정치행위일 수밖에 없는 공산주의사회,

더욱이 세습을 포함한 모든 문제를 '주체'를 통해 풀어나갈 수밖에 없는 북한에서 '수령'의 활동을 운동사의 줄기로 서술하는 것은 어쩔 수 없는 일인지도 모른다. 하지만 15세의 어린 소년(김일성)이 조직했다는 ㅌ·ㄷ(타도제국주의동맹)이 현대사의 기점으로 자리를 잡는 대목(『조선전사』 제16권)에서는 민족 역사가 김일성의 개인사로 전락하는 지경에 이르고야 말았다. 남한에서도 식민지 시대의 공산주의운동에 관한 연구는 김준엽, 김창순 두 사람의 선구적 업적이 나온 이래 신간회나 적색농민조합과 관련해 부분적으로만 언급될 뿐 계속 방기되고 있는 상황이다. 이 같은 현상은 하루 빨리 극복되어야 한다. 식민지 시대의 공산주의운동사는 구체적인 사실들의 검증, 그 의미와 한계에 대한 정확한 평가를 거쳐 개인사를 넘어 망각과 은폐, 기피의 역사를 벗어나 우리의 민족해방운동사에서 정당한 자리에 위치해야 할 것이다.

해방 후 북한에서는 어떤 일들이 일어났는가? 또한 북한 주민들은 해방 후 남한의 발전에 관해 얼마만큼 알고 있는가? 이 점에 대해서는 양쪽 모두 지극히 부정적인 답이 나올 수밖에 없다. 지난 40여 년간 휴전선을 사이에 두고 남북한은 지구상에서 가장 멀리 떨어져 있는 사회였다. 얼마 전 남북 고향방문단을 따라 북한에 간 우리 측 기자들한테 철모르는 북한 소년은 "남조선 아이들은 깡통 차고 구걸하러 다니느라 공부도 제대로 못 한다"라고 말했으며, 유신시대 남한의 초등학교 2학년 도덕 교과서에선 뿔이 나고 붉은 털이 숭숭 덮인 모습의 공산주의자를 그려놓은 학생한테 선생님이 "간첩도 겉모습은 우리와 똑같다"라고 가르치는 글이 실려 있었다. 남북한 사이의 '깡통'과 '뿔'의 머나먼 거리, 이것은 과연 분단된 조국의 통일을 위한 진지한 노력에 도움을 줄 수 있다고 보는가?

오늘날에는 남북한 간에 적십자회담과 경제회담, 국회회담 등의 창구뿐 아니라 유신시대에는 감히 누구도 예상하지 못했던 남북 최고지도자회담까지 거론되는 등 남북대화가 활발하게 전개되고 있다. 하지만 남북대화가 시작된 이래 분단된 남북한에 떨어져 있는 사람들은 서로에 대해 얼마나 잘 알게 되었을까? 과연 서로가 서로에 대해 '깡통'과 '뿔'로 상징되는 인식을 가진 상황에서 민족적 합의에 따른 남북대화가 제대로 진행될 수 있을 것인가? 1972년 7·4공동성명은 남북으로 갈라진 민족에게 통일의 희망을 보여준 참으로 감격적인 일이었다. 그런데 이 감격이 채 6개월도 지나지 않은 그해 12월 27일, 남쪽에서는 유신헌법이 공포되고 북쪽에서는 사회주의 헌법이 공포되어 정권만이 공고화되었던 우울한 기억을 떨쳐버리지 못하면서도 현재 진행되는 남북대화가 한반도의 평화와 민족의 재결합에 밑거름이 되었으면 하는 소박한 희망을 가져본다.

우리에게 북한은 너무도 닫힌 사회였다. 최근 들어 일부 학생층과 지식인 사이에 한반도의 절반을 차지하는 북한에 대한 관심이 고조되고 있는 것은 바람직한 일이다. 하지만 이처럼 관심이 고조되어가는 가운데서 일부 우려할 만한 경향도 없지 않다. 이것이 정보와 지식의 부족이나 관념적 과격성에서 오는 판단착오든, 그간의 융통성 없는 반공교육이 초래한 역효과든 간에 이런 경향은 북한의 실상과 허상을 정확하게 파악할 수 있는 정보가 주어질 때만 해소될 수 있을 것이다. 이러한 의미에서 이 번역서가 북한을 이해하는 데 작으나마 도움이 되기를 바란다.

스칼라피노와 이정식 두 사람의 공저인 *Communism in Korea*는 북한을 이해하는 데 도움을 줄 좋은 책이다. 이 책의 가장 큰 장점은 식민지 시대의 공산주의운동부터 1970년대 초반의 북한 사회까지를 일관된 맥락에서, 즉 한국 근현대사의 주요한 구성 부분으로 서술하고 있다는 점이다. 이번에 원래 두 권으로 된 이 책의 제1권(운동편)을 번역하게 되었다. 제1권은 한국 공산주의운동의 기원에서 1972년 남북공동성명까지의 운동사를 역사적 접근 방법에 따라 객관적으로 다루고 있으며, 제2권(사회편)에서는 북한의 정치·경제·사회에 대해 다루고 있다. 이에 관한 좀더 많은 지식을 얻으려고 한다면 원서 제2권을 참고하기 바란다.

원서의 제1권을 우리말로 옮기면서 방대한 분량 때문에 이를 세 권으로 나눠서 출간하게 되었다. 한국어판의 제1권은 식민지 시대의 공산주의운동, 제2권은 해방 후 남북한의 공산주의운동과 한국전쟁을 다루고 있으며, 제3권에서는 휴전 이후 1970년대 초반까지 북한의 역사를 서술하고 있다. 원래 한권으로 된 이 책을 세 권으로 나눠 펴내면서 각 권의 내용에 따라 표제를 달리하고, 부제를 달아 통일성을 부여하기로 했다. 하지만 여기서 엉뚱한 문제가 발생했다. 'Communism in Korea'를 어떻게 번역할 것인가 하는 문제에 봉착한 것이다. 영어로는 별다른 문제 없는 제목이 우리말로 '한국의 공산주의'라고 옮겼을 때 과연 북한의 이야기까지 포함한 이 책의 제목으로 타당할 것인가 하는 생각이 들었다. 이 문제는 미국의 이정식 박사와 돌베개출판사, 옮긴이를 오랫동안 고심하게 했다. 이처럼 분단의 문제는 구석구석까지 우리를 옥죄고 있다.

한국어판을 준비해온 지난 3년간 맞닥뜨린 어려움은 한두 가지가 아니었다. 그중 가장 일상적으로 접하게 되는 어려움은 자료 문제였다. 망각과 은폐의 늪에 빠진 공산주의운동사에 관계된 자료들을 어디서 구할 수 있을까? 한국어판을 준비하면서 자료 때문에 어려웠던 점은 북한을 다룬 부분이 아니라 식민지 시대에 관한 것이었다. 식민지 시대의 공산주의운동과 관련해 지금까지 이뤄진 연구에 이용된 주요 자료들은 대부분 일본 관헌들이 작성한 것이었다. 그들이 작성한 관련 자료들을 다룰 때는 세심한 주의가 필요하다. 일본 관헌들의 편견과 악의, 근거가 불확실한 밀정들의 보고, 자백의 타당성이 의심스러운 고문 희생자들의 진술, 또는 동지와 조직을 보호하려고 활동을 줄여 말할 수밖에 없었던 검거된 사람들의 조서나 공판문건 등 자료의 한계는 연구자들의 세심한 노력으로 어느 정도 보완할 수 있을 것이다. 하지만 과연 이 땅에서 일본 제국주의를 축출하기 위해 공산주의자들이 벌인 활동을 일본 관헌들이 그들의 입장에서 그들의 말로 작성한 자료에 주로 의존하여 서술해도 되는 것일까? 일본 관헌들의 자료에만 의존한다면 자료 자체의 성격상 공산주의운동사는 몇몇 운동가, 그것도 주로 검거된 사람들의 활동만으로 축소되어버리고 말 것이 아닌가?

결국 이 문제는 운동 주체들이 남긴 자료를 발굴·이용하고, 공산주의운동사를 좀더 광범위한 반제민중운동의 한 부분으로 이해할 때만 해결될 수 있다. 이론에 경도된 20대의 혈기왕성한 젊은이들이 지하에 '당'이나 '위원회'라 불리는 지도부를 조직해 활동했던 것도 중요한 의미를 갖지만 더욱 중요한 것은 민중의 동향이 아닐까 한다. 민중은 운동의 토양일 뿐 아니라 어떤 운동도 민중을 효과적으로 동원하지 않고서는 성공할 수 없기 때문이다. 따라서 운동 주체가 남긴 자료를 이용하고 민중의 사회경제적 상황과 동향을 통해 식민지 시대의 운동사를 재구성하고자 하는 노력이 젊은 연구자들 사이에 인식되고 있는 점은 참으로 반가운 일이다.

그러나 번역하는 동안 옮긴이를 가장 괴롭힌 것은 자료 문제가 아닌 한국 근현대사를 공부하는 젊은 사학도로서 느끼게 되는 다소 주관적인 부끄러움이었다. 외국어로 쓰인 우리 역사의 귀중한 부분 그리고 한국 사학이 그동안 방기해온 부분을 다시 우리말로 옮겨야 한다는 사실은 젊은 사학도한테 무한한 반성과 분발을 촉구하는 것이었다. 따라서 옮긴이는 우리말로 이 내용을 서술한다는 심정으로 이 책을 번역했으며, 원서에 인용된 원래 자료들을 대부분 추적해 그 분위기를 정확하게 전달하고자 노력했고, 몇 군데에 *표를 달아 옮긴이의 의견을 덧붙이기도 했다.

한국어판을 내는 데 도움을 준 모든 분에게 감사를 전하고자 한다. 저자의 한 사람인 이정식 박사는 한국어판에 각별한 애정을 갖고 미국으로 보낸 원고를 일일이 검토해 옮긴이가 구할 수 없었던 원래 자료들을 보완하는 귀찮은 작업을 해주고 번역상의 오류도 바로잡아주었다. 또한 이정식 박사의 제자인 김용호 학형은 미국에서 4장과 6장에 인용된 자료들을 찾는 작업을 해주었다. 고려대학교 아세아문제연구소와 이 연구소의 이일선 선생, 한국연구원과 국회도서관 마이크로필름실의 관계자들, 김남식 선생, 김근수 선생 등은 귀중한 자료의 열람을 허락해주었고, 서울대학교 국사학과 대학원과 망원한국사연구실의 선배·동학들은 번역과정의 몇 가지 문제점에 대해 충실한 상담역이 되어주었다. 또한 돌베개 편집실의 여러분은 한없이 늦어지는 번역을 끈질기게 기다려주었다.

마지막으로 고마움을 표해야 할 사람은 서울대 국사학과의 후배인 정성희다. 정성희는 대학노트에 휘갈긴 초고를 깨끗이 정서해주었을 뿐 아니라 한국어판의 첫 번째 독자로서 적절한 비판을 아끼지 않았고, 옮긴이가 이것저것 일만 벌여놓은 것을 정리해주었다. 그의 도움이 없었다면 한국어판의 출간은 일 년 이상 늦어졌을 것이다.

한국어판을 내면서 모든 분께 다시 한번 깊이 고개 숙여 감사를 드린다.

1986년 4월 18일
옮긴이

1부 식민지 시대

제1장 │ 한국 공산주의의 기원

2부 해방 후(1945~1953년)

제4장 │ 미 군정기의 한국 공산주의

제5장 │ 소련 '후견'하의 북한 공산주의

머리말

본 연구의 목적은 한국에 공산주의가 유입된 이래 현재에 이르기까지의 발전 과정을 추적하고, 오늘날의 북한 공산주의 체제를 엄격한 사회과학적 방법과 다양한 비교 자료를 활용해 분석하려는 것이다. 따라서 이 책은 거의 동일한 분량의 두 부분으로 나뉘어 있으며, 각각의 부분은 완결적인 성격을 지닌다. 하지만 우리가 이 작업을 통해 이루고자 한 목적 가운데 하나는 역사와 사회 과학을 결합하는 것이어서 두 부분이 똑같이 중요하다고 여기므로 독자에게 이 책의 두 부분을 모두 읽을 것을 권하고 싶다.

10여 년간 계속된 본 연구에서 사용한 자료들은 너무 흩어져 있고 복잡해 서 자료와 연구방법에 대한 개괄적인 설명이 필요하다는 생각이 들었다. 가장 먼저 해방 전의 한국 공산주의운동에 관계된 자료들을 모으기 시작했다. 이 과정에서 몇 가지 유형의 자료들이 대단한 가치를 지녔다는 점을 깨달았다. 가장 광범위한, 또한 가장 신뢰할 수 있는 자료들은 일본 측의 공식 문서, 특 히 외무성과 육해군성, 특고경찰特高警察, 사법성, 내무성, 총독부 등 각종 기 관의 문서였다. 이들 문서는 매일매일의 정보 보고, 각종 피의자 심문조서, 공 판 기록, 공산주의자들이 직접 작성한 것으로 경찰에 압수된 상당한 분량의 문서와 이를 토대로 경찰 당국이 작성한 보고서, 그리고 당국의 지휘에 따라 작성된 정치범들의 '공술'供述이나 상황 설명 등으로 이뤄져 있다. 대부분 '극 비' 또는 '비밀'로 분류된 이들 자료는 일본이 제2차 세계대전에서 패망한 이후에야 비로소 공개되었다.

　이런 자료를 이용하면서 우리는 자료상의 왜곡, 과장, 은폐 등에 깊은 주의를 기울였다. 일본 관헌들은 대개 혐의 사실을 부풀리거나 공산주의운동의 가장 어두운 측면만 들춰내려는 경향을 보였다. 검거된 사람들은 물론 자신과 자신의 동료들이 실제로 수행했던 역할을 감추기 위해 가능한 모든 수단을 동원했다. 때때로 일본 경찰들은 1911년의 이른바 데라우치寺內正毅 총독 암살 음모 사건(105인 사건—옮긴이)처럼 사건을 조작하기도 했다. 하지만 이런 사례는 드문 것이고, 공산주의 사건 재판의 경우 우리가 이용할 수 있었던 압수된 공산주의자들 관련 문서는 사건의 신빙성을 뒷받침해주었다.

　물론 우리는 이들 자료를 가능한 한 다른 유형의 자료들과 대조해보는 데 노력을 아끼지 않았다. 공산주의자들의 자료는 대부분 인멸되고 흩어져버렸지만 비록 등사판에 불과한 것일지라도 몇몇 잡지나 격문, 신문 등이 개인의 수중에 남아 귀중한 확인 자료로 이용할 수 있었다. 북한은 1945년 이후 해방 이전의 문서들에 대한 선별 작업을 단행해 김일성의 위치를 강화하는 자료들만 남겨놓았지만, 우리는 각주와 참고문헌에 소개한 중국어나 러시아어 자료 중에서도 귀중한 것들을 꽤 발견할 수 있었다. 이외에 일본 공산주의자들이 남긴 기록, 특히 일본에서 활동한 한인 공산주의자들에 관한 기록도 상당히 가치 있는 것이었다.

　주요 활동가들의 회고록이나 전기 중 몇몇은 매우 귀중한 가치를 지녔다. 이외에도 가능한 경우 그 당시의 유능한 활동가들과 깊이 있는 인터뷰를 통해 자료를 보완했다. 조봉암, 김준연金俊淵, 김성숙金星淑, 장건상張建相, 정화암鄭華岩, 나용균羅容均, 이홍근, 이동화李東華, 유석현劉錫炫 등과 인터뷰할 수 있었던 것은 우리에겐 상당한 행운이었다. 이들은 해방 전의 한국 공산주의운동에 직접 간여했거나 운동의 몇몇 측면에 대한 속사정에 정통했다.

　마지막으로, 한국 공산주의운동에 관한 코민테른 문서의 중요성을 간과할 수 없다. 이들 자료는 당연히 주의를 기울여서 다루어야 하지만, 당시 크렘린

/ECCI(Executive Committee of the Communist International, 코민테른 집행위원회 - 옮긴이)의 주요 관심사와 동향을 제시해준다는 점에서 대단한 가치가 있다.

공산주의자들이 권력을 잡은 이후, 우리가 접할 수 있는 자료들의 성격도 극적인 변화를 겪었다. 가장 중요한 자료들은 물론 공산주의자들 자신에 의해 작성된 것이다. 우리는 『로동신문』, 『근로자』 등을 비롯해 당 기관지와 각종 공식 간행물들을 광범위하게 이용했다. 구하기 어렵거나 접할 수 없는 한국어로 된 북한의 공식 자료들은 공동출판연구소(JPRS, Joint Publications Research Service)에서 후일 『북한관계 정치·사회학 정보 자료』*Translations of Political and Sociological Information on North Korea*로 제목을 변경한 『북한관계 정치 자료』*Political Translations on North Korea*와 『북한경제보고서』*Economic Report on North Korea*로 번역·출판되었고, 현재 이를 집대성한 『북한자료집』*Translations on North Korea*의 출판이 진행 중에 있다. 그러나 JPRS의 번역본에는 오류가 적지 않으므로 한국어를 읽을 수 있는 연구자들은 원래 자료를 구할 수 있으면 그것을 이용하는 편이 좋을 것이다. 그럼에도 JPRS의 공헌은 북한에 관심 있는 모든 학자에게 매우 귀중하다.

평양의 외국문출판사外國文出版社는 상당한 분량의 팸플릿과 잡지, 논문 자료들을 영어나 기타 외국어로 번역·출판했다. 이는 주로 공식적인 연설이나 보고서를 재간행한 것이다. 이와 유사한 기능을 지닌 자료로는 재일본 조선인총연합회(조총련朝總聯)의 공식 기관지인 『피플스 코리아』*The People's Korea*나 북한에서 간행되는 『평양타임스』*P'yŏngyang Times*와 『코리아 투데이』*Korea Today* 등이 있다. 영어로 된 이들 자료는 물론 한국어 자료들을 축약한 것이다.

공산주의자들의 공식 자료는 반드시 이데올로기적 입장, 정치적 편견, 기타 이와 수반된 여러 금기사항을 충분히 감안하여 이용해야 한다. 그러나 이들 자료는 어느 것이나 대단히 중요하다. 안목 있는 이용자들은 특히 다른 자료들의 도움을 받아 이들 자료의 행간에 감춰진 뜻을 읽어냄으로써 북한 내부의 어떤 움직임이나 주요 관심사에 대해 좀더 진실에 가까운 추측을 할 수 있을 것이다. 한편 라디오 방송에서도 귀중한 자료들을 상당히 얻어낼 수 있다.

정부의 지원을 받지 않고 사적인 작업계획에 의해 이뤄진 본 연구는 미 군정청 문서(1945~1948년)를 열람할 수 있었던 경우를 제외하고는 전적으로 비밀이 아닌 공개된 자료들을 이용했다. 이들 자료는 해제되었거나 인용·출판을 허락받은 것으로, 각주를 달아 그 출전을 밝혔으며 1948년 이전 공산주의자들이 남한에서 벌인 활동이나 1945~1946년의 북한에 관한 초기 자료를 제공해주는 아주 유용한 것들이다.

북한 연구에 선구적 업적을 남긴 남한과 미국의 연구자들에게도 감사를 드리지 않을 수 없다. 우리는 이들의 연구 성과에 많은 도움을 받았으며, 이 책의 적절한 장소에서 감사의 마음을 표했다.

본 연구는 이상의 자료를 중심으로 이루어졌지만, 우리는 1967~1970년에 행한 심층 인터뷰에서 독특한 증언을 들려준 34명의 북한 출신 인사에게도 많은 빚을 졌다. 이 책을 읽어보면 알겠지만 이들에게 들은 증언을 특히 후반부에서 많이 인용했다. 여기에 그 이름들을 열거함으로써 감사의 마음을 표하고자 한다. 이들은 강고묵, 고동운高東雲, 김남식金南植, 김석용金錫用, 김성칠, 김연길, 김용준, 김정기金定基, 김혁金赫, 박암, 박완호, 양호민梁好民, 오기완吳基完, 오영진吳泳鎭, 우길명禹吉明, 유완식兪完植, 이광운李光雲, 이기건李奇建, 이대원李大源, 이동화, 이병천, 이영명李永明, 이필은李弼殷, 이항구李恒九, 장태형, 전준田駿, 정동준, 조성식, 조성식 씨 부인, 조성직趙誠植, 최광석崔光石, 최송식崔松植, 한재덕韓載德, 한홍석韓鴻錫, 홍전종 씨다(가나다순, 이 중 상당수는 자기 자신과 북한에 남아 있는 여러 가족과 친지를 보호하고자 가명을 사용했다).

이 같은 인터뷰 자료의 중요성과 타당성에 대해서는 공산주의 연구에 종사하는 학자들 간에 상당한 논란이 있어왔다. 이들 인터뷰는 다른 자료들과 조심스럽게 결합되고, 상당한 분량의 1, 2차 자료를 검토한 뒤에 행해져 인터뷰 내용이 다른 자료들과 완벽하게 비교·검토될 수 있다면 극히 중요한 의미를 지니지만 여기에도 몇 가지 점에서 단서가 붙어야 한다. 인터뷰 대상자들은 몇몇 사람을 제외하고는 공산주의 신조를 포기한 탈출자이거나 체포되어 전향한 간첩이다. 우리는 대부분의 인터뷰를 남한에서 했고 우리와 인터뷰한 사람들은 대체로 자신들의 실제 생활이나 좀더 복잡한 감정적·정치적 반응 등 '모든 것'을 털어놓을 마음의 준비를 마치지 못했다. 더구나 몇몇 인터뷰는 스칼라피노 교수가 정부기관의 통역관(또는 학생 통역)을 대동한 가운데 이루어졌다.

그러나 이런 인터뷰의 내용은 우리가 방대한 문헌 자료를 검토한 뒤 내린 결론에 상당히 근접한 것이었음을 밝혀둔다. 우리는 기본적인 사실들을 알고 있었고(혹은 알고 있다고 생각했다) 다양한 가설을 시험해보았다. 개인적으로 행해진 각각의 인터뷰는 몇몇 예외를 제외하고는 필자와 일 대 일로 이루어졌고, 이들과 여러 차례 만나 긴 이야기를 나눴다. 우리는 대부분의 비판적인 견해에 대해 여러 사람에게 동일하거나 유사한 질문을 던짐으로써 응답 내용을 서로 대조해 검토했으며, 모든 인터뷰 내용을 녹음하고 또 인터뷰를 진행하면서 문답 내용의 상당 분량을 필기했다.

우리는 각각의 인터뷰에서 얻어진 대부분의 정보가 진실한(비록 완전한 것은 아니지만) 것이고, 다른 인터뷰의 내용과 일치하며, 또 우리가 접할 수 있었던 문헌 자료와도 맞아떨어진다는 것을 확신할 수 있었다. 예외의 경우, 즉 내용이 상반되거나 의심스러울 때는 중요하다고 생각되는 것을 본문이나 각주에서 소개했다.

아마도 1968년 말에 일어난 한 에피소드가 우리의 확신을 더욱 굳게 만들었을 것이다. 스칼라피노가 인터뷰한 사람들 중 하나가 최근 몇 년간 북한에서 탈주한 사람들 가운데 최고위직인 전前 조선중앙통신사 부사장 이수근李穗根이었다. 판문점에서 미군 경비병들에게 탈출 의사를 표시한 이수근은 대기 중인 자동차의 뒷좌석으로 뛰어들었고, 그를 태운 자동차는 비 오는 듯한 북한 측의 총탄을 뚫고 전속력을 다해 남쪽으로 달렸다. 남한에서 융숭한 대접을 받은 이수근은 상당한 액수의 정착금과 주택을 제공받고 결혼까지 했으며, 남한 전역을 순회하면서 반공 강연의 연사로 활약했다.

1968년 11월 29일에 행한 이수근과의 첫 인터뷰는 상당히 불만스러웠다. 과거에 인터뷰한 다른 사람들과 달리 이수근은 독특한 태도를 보였다. 두 번째 인터뷰를 요청해 1968년 12월 2일 그와 다시 만났지만 결과는 여전히 실망스러웠다. 우리는 이때 이수근이 어떤 이유에서인지 우리에게 협력하려 하지 않거나, 과거의 직책에 비해 북한 실정에 어둡다는 결론을 내렸다. 물론 그 당시 그가 김일성이 개인적으로 남한에 파견한 북한 간첩이었다는 사실을 전혀 알지 못했다. 그는 약 8주 후 캄보디아 주재 북한대사관으로 피신하려다가 사이공에서 체포된 후 이 사실을 털어놓았다. 그가 제공하는 정보가 과거의 다른 모든 인터뷰 대상자가 제공한 정보와 달리 매우 의심스러웠다는 점을 즉각 알아차릴 수 있었던 것은 우리가 행한 인터뷰 방법이 적절했다는 확신을 더욱 굳게 해주었다.

우리는 또한 미국, 대한민국, 일본 정부 등의 북한 문제 전문가들과도 여러 차례 이야기를 나눴다. 이 밖에 일본의 언론인 등 북한에 직접 가본 적이 있는 많은 사람과도 여러 가지 문제에 대해 매우 유익한 토론을 가졌다.

이 연구와 같이 방대하고 복잡한 작업은 튼튼한 재정적 지원 없이는 결코 이루어질 수 없다. 먼저 로버트 A. 스칼라피노는 캘리포니아 버클리대학교 국제문제연구소Institute of International Studies로부터 받은 막대한 재정 지원과 정보 제공 그리고 연구소장 에른스트 하스Ernst Haas 교수가 베풀어준 후의에 심심한 감사를 드린다. 3년여에 걸친 재정 지원이 없었던들 이 연구는 완결될 수 없었을 것이라는 점에서 이들에게 다시 한번 감사한다. 또한 스칼라피노는 연구 작업을 도와준 캘리포니아대학교의 일본·한국연구센터Center of Japanese and Korea Studies에도 많은 빚을 졌다. 이정식은 넉넉한 재정 지원을 베풀어준 사회과학연구협의회Social Science Research Council와 포드재단Ford Foundation 그리고 연구에 전념하도록 세 차례나 휴가를 허락해준 펜실베이니아대학교에 깊은 감사를 드린다. 또한 필자 두 사람은 1965~1966년 록펠러재단Rockefeller Foundation의 재정 지원에 감사한다.

이외에도 우리를 위해 엄청난 시간을 할애하여 수고를 아끼지 않은 여러 연구기관과 도서관의 직원들에게도 많은 빚을 졌다. 특히 고려대학교 아세아문제연구소(실로 아세아문제연구소는 한국에 머무르는 동안 우리의 작업 본부였다)와 소장 이상은李相殷 교수, 김준엽 교수, 미국 의회도서관과 우리의 자료 요청에 지원을 아끼지 않은 이 도서관의 양기백梁基伯 선생, 한국 국회도서관과 우리에게 국회도서관의 자료 이용을 허락하고 그 밖의 많은 자료를 소개해준 국회도서관 관장 강주진姜周鎭 선생 등에게 심심한 감사를 드린다. 항상 우리의 연구를 도와준 유타니 에이지, 주용규 등 캘리포니아 버클리대학교 동아시아문고East Asiatic Library의 여러 직원, 우리가 많은 시간을 보낸 캘리포니아대학교 도서관 정기간행물실, 우리 연구에 협조를 아끼지 않은 도서관 간 대출제도 관계자들, 우리의 연구에 막대한 도움을 준 후버연구소Hoover Institution와 하버드옌칭연구소Harvard Yenching(燕京學舍) 관계자들에게도 무어라 감사의 마음을 표해야 할지 모르겠다. 모스크바의 아시아인민연구소 Institute of Asiatic Peoples와 이 연구소의 도서관 책임자는 우리에게 다른 곳에서는 구할 수 없는 1950년대 초반의『로동신문』마이크로필름을 입수할 수 있도록 도와주었고, 일본의 국회도서관과 여러 대학도서관은 각종 자료를 제공해주었다. 서울의 국제문제연구소와 이곳의 강인덕康仁德 선생은 여러 가지 후의를 베풀어주었고, 서울의 한국연구원과 원장 동천董天 선생 그리고 천문암千文嵓 선생은 연구원 소장의 각종 자료를 제공해주었을 뿐 아니라 우리

연구의 길잡이가 되어주었다.

우리는 여러 개인 소장자의 귀중한 자료에서 많은 도움을 받았는데, 이 같은 자료를 기꺼이 빌려준 소장자들의 호의에도 감사드린다. 이선근李瑄根, 이용희李用熙, 홍이섭洪以燮 교수 등은 희귀한 자료를 수집해 마이크로필름에 담는 데 적지 않은 도움을 주었고, 서울대학교 당국은 우리가 이 작업을 수행할 수 있도록 각종 편의시설을 제공해주었다. 백순재白淳在, 오한근吳漢根 두 선생은 우리에게 개인 소장 자료를 빌려주었고, 손보기孫寶基 교수는 귀중한 『사상휘보』思想彙報를 제공해주었다.

그리고 우리의 인터뷰 작업을 도와준 분들에게도 감사를 드린다. 이 작업에서 김남식, 한재덕 두 분의 막대한 공헌을 빼놓을 수는 없다. 우리 작업에 깊은 관심을 갖고 시간을 아끼지 않으며 도와준 이들의 도움이 없었던들 이 작업은 결코 현재와 같이 정리된 형태로 완결될 수 없었을 것이다. 특히 김남식 씨는 개인적으로 많은 인터뷰를 정리해주고 인터뷰 내용에 대해 상세한 해설까지 덧붙여주었다. 오기완, 양호민 두 분도 우리에게 이와 유사한 도움을 주었다. 우리는 다시 한번 인터뷰에 응해준 모든 분에게 감사드리고자 한다. 이들은 우리에게 매우 협조적이었고 많은 귀중한 정보를 제공해주었다.

우리는 또한 미국, 한국, 일본의 우리 동료와 학생, 친구들에게도 많은 빚을 졌다. 우리의 오랜 연구 과정에서 한기식韓己植, 김병훈金炳薰, 한승주韓昇洲, 최대권崔大權 씨 등은 모니카 브라운Monica Brown, 다카네 마사키高根正明 등과 함께 스칼라피노의 보조연구원으로 활동했으며 하명수와 이형수, 이원보, 이종범 씨는 이정식의 작업을 도와주었다.

글렌 페이지Glenn D. Paige 교수는 중요한 쿠시넨Kussinen의 러시아어 논문을 번역해주었다. 이 밖에도 여러 러시아 문제 전문가의 도움을 받았다. 조지 긴즈버그스George Ginsburgs 교수는 초고를 읽고 논평을 해주었을 뿐 아니라 우리를 위해 러시아어 자료를 세밀히 검토하고, 이 책의 러시아어 참고문헌을 작성해주었다. 그레고리 그로스먼Gregory Grossman 교수는 이 책의 경제 부분을 읽고 여러 가지 오류를 바로잡아주었다. 한편 안드리스 트라 판스Andris Trapans는 북한의 경제와 생산에 관한 러시아어 통계 자료를 검토하는 데 많은 시간을 할애했고, 『뉴스위크』Newsweek의 버나드 크리셔 Bernard Krisher는 북한에서 탈출한 여러 사람의 인터뷰에 함께 참여함으로써 우리 자료를 풍부하게 만들어주었다.

이 책의 1장은 「한국 공산주의운동의 기원」Origins of Korea Communist Movement이라는 제목으로 두 번에 나누어 『아시아 연구』Journal of Asian Studies 20권 제1호(1960년 11월) 9~31쪽과 20권 제2호(1961년 2월) 149~167쪽에 게재한 우리 논문을 수정한 것임을 밝혀둔다.

우리는 위에 열거한 분들과 그 밖의 많은 사람에게 큰 도움을 받았고 여러 기관에서 재정적인 지원을 받았지만, 이 연구의 내용에 대한 책임은 전적으로 우리 자신에게 있다.

매우 복잡하고 방대한 연구를 수행하면서 우리는 여러 차례 비서들의 도움을 받아야 했다. 우리를 도와준 비서들은 모두 열의를 갖고 능숙하게 일을 처리해주었지만, 루이스 린드퀴스트Louise Lindquist에게 특별히 감사하지 않을 수 없다. 그리고 모든 저술가가 알고 있는 바와 같이 이 같은 유형의 작업은 끈기와 참을성이 필요하며 협조적인 내조자도 필요로 한다. 이 점에 관한 한 우리는 아주 운이 좋았다. 우리의 아내들은 특히 인터뷰 작업에서부터 연구 자체에 이르기까지 구체적인 도움을 주었다. 디Dee와 명숙에게도 감사한다.

또한 심포지엄과 토론회에서 우리의 원고를 읽고 수정 방향을 제시해준 여러 동료와 제자에게도 심심한 감사를 드린다. 이들의 지적을 상당수 받아들였고, 그 결과 이 책의 내용이 크게 보완되었으리라 믿는다.

마지막으로 우리는 노련한 솜씨로 이 방대한 책을 꾸며준 마이클 에드워 즈Michael Edwards와 제롬 프라이드Jerome Fried 두 편집자의 노고를 치하한다. 그리고 캘리포니아대학교 출판부의 오랜 친구들—우리의 친구이자 편집자들의 친구—에게도 깊은 감사를 드린다.

로버트 A. 스칼라피노·이정식

1972년 1월

버클리, 캘리포니아 / 하버타운, 펜실베이니아

이 책에서 우리는 두 가지 기본적인 접근방식을 결합했다. 제1권 운동 편은 역사적·발견적·분석적 접근방식에 따른 것이다. 우리는 이용할 수 있는 가능한 많은 자료를 통해 한국 공산주의운동의 기원과 발전에 관해 가설을 세우고 해석하고자 했다. 이 같은 방법으로 다음 몇 가지 문제를 살펴보았다. 한국 공산주의의 원천은 무엇이고, 각각의 발전단계에서 다른 아시아 국가들의 공산주의운동과 어떤 관계를 맺었는가? 초기 공산주의 지도자들의 사회경제적 배경은 어떤 것이고, 운동의 발전과정에서 지도자들의 성격은 어떻게 변화해갔는가? 일본식 경찰국가는 극렬한 공산주의자들을 다루는 데 얼마나 효과적이었는가? 지하운동과 해외운동에서 발생할 수 있는 여러 가지 문제점은 무엇이었는가? 운동선상에서 코민테른과 소련의 지도자들이 수행한 역할은 어떤 것이었으며, 해방 이전의 공산주의운동이 실패한 근본 원인은 무엇이었는가?

이 밖에도 제1권에서는 1945년 이후 파벌투쟁의 전개 양상, 김일성의 절대 권력자로의 부상, 공업·농업 분야에서 경제정책의 발전, 주체사상의 등장, 소련·중국과의 극히 복잡하고 중요한 관계 변화 등을 다뤘다.

일곱 개의 장으로 구성된 제2권 사회 편에서는 주제별로 사회과학적 분석방법을 활용해 북한 공산체제의 주요 국면과 체제가 운영되어가는 기본 형태를 규명하고자 했다. 이 부분에서 다루어진 주제는 다음과 같다. 북한 사회의 광범위한 여러 수준의 정치 엘리트가 갖는 성격은 어떤 것인가? 이데올로기는 어떤 역할을 수행했는가? 북한 사회에서 당 간부, 군부, 지식인 등 전문 집단의 지위와 기능은 어떠한 것인가? 북한 경제의 구조와 오늘날까지의 경제 정책 시행은 어떤 성격을 지니고 있는가? 김일성 시대에 노동자와 농민의 실생활 양상은 어떠한가?

서장에서 우리의 주장이나 결론을 미리 제시할 필요는 없을 것이다.

여기서는 다만 앞서 제시한 주제들을 다루게 된 이유를 지적하려고 한다. 한국 공산주의의 몇몇 측면은 역사적인 관점에서 바라볼 때만 해명될 수 있다. 우리가 만일 '조선민주주의인민공화국'의 현재 상황에만 주목한다면 독재체제 성립의 원인, 오늘날의 지배 엘리트가 갖는 사회적·정치적 성격, 북한이 민족주의를 강조하는 이유, 북한과 그에 이웃해 있는 두 곳의 거대한 공산주의 국가와의 흥미 있는 관계 등을 깊이 이해할 수 없을 것이다.

그러나 역사적·발전적 접근방법만으로는 충분하지 않다. 역사적 접근방법은 정치체제의 어떤 요인들을 분리하여 이를 현대 사회과학의 선별적인 분석방법을 통해 집중적으로 다루는 것을 허락하지 않는다. 이는 또한 이데올로기나 조직, 권위 등 널리 사용되는 용어와 개념을 재검토해 이것들의 외형상 의미와는 다른 실제 작동방식을 재검토하도록 하지도 않는다. 그리고 역사적 접근방법에는 우리가 공산주의 사회의 체제와 개인의 실제 생활양식을 추구할 수 있는 여지가 거의 없다.

따라서 좀더 용이하게 비교하고 검토하기 위해서는 두 번째 접근방식을 채택하는 것이 필요하다. 이 책을 읽어보면 금방 알겠지만 우리는 본 연구에서 공산주의, 생성生成, 전통이라는 세 가지 변수를 활용했다. 곧 살펴보겠지만 현재의 다른 공산사회들이 갖는 여러 가지 특질을 공유하는 북한은 마르크스-레닌주의 이데올로기를 강력하게 신봉하며, 대중과 엘리트가 독특한 형태의 정치적 연계나 결합·분리를 통해 특징지어지는 조직체계를 갖고 있다. 또한 민족국가를 중심으로 하는 정치 환경에 놓여 있으며, 강력한 강압과 설득의 구조를 가졌고, 경제는 계획되고 통제되며, 새로운 사회주의적 인간형의 창조를 추구하는 공산국가다.

한국의 독특한 성격과 함께 이상이 조선민주주의인민공화국을 공산주의 국가로 만드는 특질이다. 우리는 본 연구에서 북한이 다른 공산주의 체제, 특히 이웃한 소련이나 중국과 본질적으로 어떤 관련을 맺고 있는지를 살펴보았다. 오늘날 개척되고 있는 공산주의 비교 연구는 우리가 공통성과 특수성의 서술을 포함해 더욱 정확한 공산주의 체제의 유형화를 이루는 데 커다란 가능성을 부여했다.

그러나 우리는 북한이 최근 식민지 상태에서 해방되어 새롭게 '생성'되고 있는 국가라는 점을 강조하고자 한다. 따라서 북한은 비공산주의적 신생국가들과 수단은 다르지만 근본 목표는 동일한 상태에서 국가 건설과 경제발전이라는 이중의 과제를 공유하고 있다. 우리는 이 두 번째 비교점을 염두에 두어야 한다. 한국의 '공산주의'는 북한 사회의 발전단계에 따라 변모되어왔다. 북한 공산주의를 마르크스주의와 상반되게 만든 많은 요소는 후발사회의 요구에 의한 것이었다.

쉽게 정의되지도, 추출되지도 않는 세 번째 요소인 전통은 아마도 더욱 파악하기 어려울 것이다. 얼핏 보기에 지난 25년간 노도怒濤와 같은 혁명의 물결은 과거의 문화적·정치적 차이를 흔적조차 남기지 않고 모두 휩쓸어버린 것처럼 보인다. 그러나 좀더 자세히 검토해볼 때 이는 분명히 잘못된 것이다. 리더십의 형태와 같은 매우 중요한 요소에서조차 과거의 특질이 현재까지 상당히 지속되고 있다는 사실을 우리는 갑자기 깨닫게 된다. 이는 단지 한국 농민의 심리에만 뿌리를 박고 있는 '봉건적 잔재'殘滓가 아니라 김일성에게조차 남아 있는 것이다! 공산주의자들의 조직기법에서도 이것은 예외가 아니다. 우리의 연구 주제 중 하나는 종종 그 구체적인 형태를 달리하긴 하지만 원초적인 집단들이 공산주의자들의 조직구조에서 결정적인 중요성을 갖는다는 점이다.

앞서 말한 것처럼 우리는 이 같은 체제를 분석하고 이를 다른 체제와 비교하기 위해 공산주의, 생성, 전통이라는 세 가지 변수를 활용했다. 역사적 접근방법과 사회과학적 접근방법을 결합하기 위한 우리의 노력은 바로 이들 변수의 각각을 가능한 한 망라하고자 하는 노력의 일부분이다. 이는 엄격한 의미에서 양적量的인 접근방법은 아니다. 또한 우리가 이용할 수 있는 자료나 이 책에서 다루고 있는 광범위한 주제들이 이를 가능하게 만들지도 않는다. 우리는 양으로 나타낼 수 있는 것만 양으로 표시하려고 했으며, 적절하고 가능하다고 생각하는 경우에만 아주 제한된 방식으로 내용분석과 같은 기법을 도입했다. 이를 도외시했다면 우리의 접근방식은 좀더 정치학적이고 사회학적인 성격을 띠었을 것이다.

본 연구에서 제기한 중요한 문제들에 대해 우리는 고정적이고 최종적인 해답을 갖고 있지 않다. 여기서 공식화한 개념이나 제기한 가설은 우리 동료들이 이미 제시한 결론이나 가설을 재검토했던 것과 마찬가지로 이 체제나 다른 체제, 이 시대나 다른 시대에 대한 새로운 자료들을 통해 재검토되어야 할 것이다. 공산주의 체제에 대한 연구가 활발히 진행되고 있는 오늘날의 상황에 비춰볼 때, 다행스럽게도 그 전망은 아주 밝다고 말할 수 있다.

소련 붕괴 후의 북한

이정식

20세기는 참으로 변화가 많은 세기였다. 한반도가 처한 동양의 정치적인 측면에 초점을 맞추고 볼 때도 대단히 놀라운 일이 많았다. 수백 년 동안 동양의 패권을 잡았던 중국이 퇴패와 혼돈을 거듭하면서 세상의 멸시와 조롱거리가 되더니 또다시 강대국으로 등장해 몸부림치고 있다. 동양 최초로 근대화의 봉화를 올리고 황색 인종의 희망이 될 듯했던 일본은 자고자대하여 인접 민족들에게 쓰라린 고통을 안겨주더니 자기 강토를 잿더미로 만들어버렸다가 다시 일어났다. 아시아 북쪽에 자리 잡은 러시아도 중국과 일본 못지않은 변덕을 부렸다. 러시아 제국은 천하무적임을 자랑하며 동쪽을 향해 계속 전진하여 만주를 삼키고 동아시아를 지배할 것처럼 보이더니 왜소국이라고 천시해왔던 일본에 굴복하고 말았다. 게다가 얼마 되지 않아 볼셰비키 혁명으로 무너지고 말았다. 그 자리에 세워진 소비에트연방은 세계를 제패하는 양대 강국 중 하나였고, 소련공산당 서기장 스탈린은 전 세계의 어느 누구보다도 강력한 제왕이었다. 그럼에도 그가 세운 공산 제국이 반세기 후인 1991년에 무너지고 말았으니 실로 놀라운 일이 아닐 수 없었다. 강대국과 전쟁을 치른 것도 아니고 크나큰 내란이 있었던 것도 아닌데, 왜 소련 제국은 그처럼 붕괴했을까?

많은 사람이 앞서 말한 질문을 제기했을 테지만 소련 붕괴의 직접적인 영향을 받지 않았던 사람들에게는 흥밋거리 이상의 아무것도 아니었다. 소련 붕괴는 언론계뿐 아니라 세계 각국 학자들의 연구대상이 되기도 했지만 이에 대한 해답은 아직도 구구하다. 그만큼 각자의 시각이 다른 것이다.

소련 붕괴의 가장 큰 피해자가 누굴까 묻는다면 물론 그 제도하에서 생활을 영위하던 수천수백만의 주민이었다고 할 것이다. 특히 이 제도하에서 은퇴하여 생활보조금을 받고 있던 수많은 노인은 졸지에 거지 신세로 전락하고 말았다. 소련 국외를 살펴보면 소련의 원조에 의존하고 있던 군소 국가들도 극심한 타격을 받았다. 소비에트연방 체제가 무너지면서 통상교역도 끊어지고 대외원조를 계속할 기관도 없어졌기 때문이다.

1991년 12월 소련 붕괴 당시 북한은 김정일 총비서의 통치하에 놓여 있었는데 뜻하지 않았던 이 일은 김정일과 북한에 두 가지 난제를 안겨주었다. 하나는 격심한 경제적 문제이고, 다른 하나는 소련 붕괴를 설명하는 일이었다. 두 번째 문제가 경제 문제 못지않게 중요했던 것은 소련 붕괴는 북한 체제가 신봉해왔던 마르크스의 유물사관唯物史觀으로는 설명되지 않는 일이었기 때문이다.

소련 붕괴와 북한 경제

이 책에서 이미 1970년대 초까지 북한의 경제를 분석했으므로 다시 논할 필요는 없을 것이다. 한국전쟁 후 북한은 여러 가지 난관을 겪었음에도 사업은 대체로 완수되었다고 볼 수 있다. 그런데 1970년대 초반에 들어서면서 북한은 소련을 비롯한 동유럽 국가들로부터 구입할 수 있는 시설이나 기술만 갖고는 더 이상 발전할 수 없는 단계에 도달했다. 또한 공산 진영이 공급할 수 있는 차관 액수의 제한으로 서방 국가들과의 교역과 차관이 필요한 상황이었다. 소련을 포함한 공산 진영의 국가들이 서방 국가들로부터 수입한 액수가 수출액을 많이 초과하여 1976년 당시 부채 총액은 390억 달러에 이르렀다. 1976년 소련의 수입 초과분만 해도 40억 달러로 공산권의 부채 총액 가운데 3분의 1은 소련이 진 것으로 소련 사정도 어려운 상태였다.[1] 1975년 3월 3일 김일성 주석의 다음 발언은 당시 사정을 잘 보여준다.

우리나라가 지금까지는 주로 사회주의 나라들하고만 무역을 했으나 이제부터는 신생 독립국가들과 자본주의 나라들과도 무역을 많이 해야 합니다. 경제가 빨리 발전하고 새로운 경제 부문들이 새로 생겨나는 조건에서 사회주의 시장에만 의거해서는 우리에게 필요한 것을 원만히 해결할 수 없습니다.[2]

이런 상태에서 1970년대 초기 중미관계의 개선으로 이른바 데탕트 분위기가 전개되자 북한은 일본과 프랑스, 독일 등으로부터 다양한 공장시설을 외상으로 수입했다. 석유화학 공장, 시멘트 공장, 텔레비전 공장 등 1974년까지 최소 5억 7,000만여 달러를 수입하여 북한 공업은 크게 성장할 수 있었다. 문제는 이런 공장시설에 대한 대가를 지불해야 한다는 것이었다. 당시의 모든 상황은 수입품 대가 지불에는 문제가 없을 것으로 생각되었는데 세계무대에서 갑자기 일어난 사태는 북한을 곤경으로 몰고 가버렸다. 중동 지역에서 이스라엘을 둘러싼 분규로 말미암아 아랍 국가들이 주류를 이루던 석유수출국기구OPEC가 1973년 유류 수출을 중단하기로 결정하자 세계 경기가 크게 침체되었는데 그 여파가 북한 경제를 위축시켰다. 북한이 수출하고 있던 광산물 가격은 급락했고, 수출량도 급격히 떨어졌다. 이런 상황에서 북한은 빚 갚을 능력을 상실했는데 이런 상황이 지속되자 북한은 채무債務를 이행하지 못하는 '채무불이행'債務不履行 나라로 전락하고 말았으며, 그 결과로 국제 시장에서 신용거래를 하지 못하게 되었다.[3] 그 당시 일본과의 외교정상화를 통해 거액의 보상금을 받을 수 있을 것으로 모두 알고 있었는데, 이에 대한 교섭이 성

1 　이 기술은 필자의 다음 논문에서 재인용한 것이다. 「80년대年代의 북한北韓과 북한北韓의 대외정책對外政策」, 『신동아』新東亞, 1978년 10월호, 176~196쪽. 동아일보사東亞日報社 보안통일문제연구소安保統一問題硏究所 편, 『80년대年代의 사강四强과 한반도韓半島』, 1978, 275~319쪽.

2 　김일성, "3대혁명을 힘차게 밀고 나가서 사회주의 건설을 힘차게 다그치자", 공업 부문 열성자대회에서, 『근로자』, 1975년 5월호, 22쪽.

3 　이정식, "New Path for North Korea", *Problems of Communism*, March-April 1977, 55~66쪽; 초역, 「北韓의 두 갈래 길」, 『정경연구』政經硏究, 1977년 9월호, 172~186쪽.

사되지 않음으로써 북한은 동맹국이었던 소련과 중국에 의존하지 않으면 안 되는 처지가 되었다. 소련이 북한의 수출입 총액 가운데 절반 이상을 차지하게 되고, 북한의 경제와 국방이 전적으로 소련에 의존하게 된 것이다.

이렇게 볼 때 북한 경제가 지금 당면한 기본 문제들의 기원은 여러 원인이 있겠지만, 그중에서도 대외환경이 불리해지면서 채무불이행 국가라는 불명예를 안게 된 것은 치명적인 일이었다. 그 딱지는 북한이 다른 나라들과 신용거래를 할 수 없게 제한했고 이로써 북한은 모든 거래를 현금으로만 해야 했다. 중동 지역의 다른 국가들처럼 무한정 기름을 생산하여 팔 수 있는 나라라면 현금거래가 괜찮을 테지만 북한의 사정은 그렇지 못했기에 그 딱지는 북한 경제를 극도로 위축시켰다. 당시 북한은 국방에 필요한 자재들과 공장시설 그리고 유류 공급을 동맹국 소련에 전적으로 의존할 수밖에 없었는데, 여기에 이변이 일어났다. 심한 경제난에 처한 소련공산당이 사회주의 국가들의 맹주 역할을 포기하고 모든 국제관계를 합리화하기로 결정한 것이다.

이것이 이른바 미하일 고르바초프가 추진한 페레스트로이카(구조조정)의 한 측면이었는데, 소련은 볼셰비키 혁명이 일어난 1917년부터 공산 진영의 맹주를 자처하고 있었다. 고르바초프는 대외경제 관계 '합리화' 정책의 첫 조치로 1990년부터 소련의 유류 수출을 대폭 감소하는 동시에 북한을 포함한 모든 교역국은 국제 시장에서 통용하는 경화硬貨, 즉 달러와 마르크 혹은 엔을 지불해야 하며 수출 가격도 종전의 '우호가격제도'를 폐지하고 국제 시장가격을 받겠다고 선언했다. 경화를 획득할 방법이 없었던 북한으로서는 유류 수출의 중단을 통고하는 것에 다름없었다.

그러던 차에 1991년 12월 소련이 붕괴하고 말았으니 이제 북한의 상황은 처참한 지경에 이르렀다. 소련과 중국만이 북한과 신용거래를 해주고 북한의 수입 초과를 묵과해주었는데 소련이 붕괴했으니 그 타격은 상상 이상이었다. 북한의 공업시설들은 오랫동안 휴업상태로 들어가야 했고, 발전기가 돌지 않게 되자 전기가 필요한 철도를 비롯해 많은 공장이 문을 닫아야 했다. 기름 고

갈은 비행기를 포함한 국방시설에도 막대한 영향을 줄 뿐 아니라 비료 생산을 불가능하게 만들어 식량 생산이 크게 감소했다. 게다가 홍수 등 자연재해가 북한의 산하를 덮쳐 수백만의 주민이 아사하는 비참한 결과를 가져왔다. 많은 사람이 북한의 붕괴론을 거론하게 된 이유가 여기에 있다.

유물사관과 마르크스주의의 포기

이처럼 북한은 오랫동안 심한 경제난을 겪어야 했는데 소련 붕괴는 또 다른 난제를 가져다주었다. 모든 공산주의 국가는 마르크스가 주창한 변증법적 유물론을 기초적인 신조로 삼았고, 러시아에서 일어난 공산혁명은 그 이론이 실현된 거라고 생각했는데 소련공산당이 건설했던 소비에트연방이 붕괴했기 때문이다. 공산주의 단계는 변증법적 유물론이 예정한 역사의 종점으로 계급이 없어 착취가 없고, 착취가 없어 모든 것이 풍족한 낙원일 뿐 아니라 끝이 없고 한이 없는 역사의 단계라고 했다. 그런데 전 세계 노동계급의 모국이어야 할 소련이 붕괴하고 말았으니 이치가 맞지 않았다. 조선로동당원들 가운데 사상에 대한 '동요'를 느끼는 사람이 생긴 것은 너무나 당연한 일이었다. 조선로동당은 마르크스-레닌주의 그리고 김일성의 전통을 생명보다 더 귀중하게 여겨왔기 때문이다. 김정일 총비서는 사상 동요를 막고 당원들에게 새로운 자신감을 불어넣어주기 위해 설득력 있는 설명을 해주어야 했다.

이 책에서 누누이 서술했던 대로 조선로동당은 오래전부터 수정주의를 공격해왔고 공상주의와 자본주의가 접근한다는 이른바 전환Conversion 이론을 공격한 바 있었다. 수정주의는 마르크스와 레닌의 이론 원칙을 정통적으로 따르지 않고 자기들 뜻에 맞춰 왜곡하고 수정한 것을 말하는데, 조선공산당이 수정주의를 반대한 것은 이미 오래된 일이었다. 따라서 소련 붕괴를 수정주의의 결과라고 공격할 수도 있었겠지만, 김정일 총비서는 소련 붕괴를 좀더 원칙적인 이유로 돌렸다.

소련이 붕괴한 지 얼마 되지 않은 1992년 1월 3일에 김정일 총비서는 연설

「사회주의 건설의 력사적 교훈과 우리 당의 총로선」을 통하여 사회주의 국가들이 붕괴한 이유를 공산주의 이론을 발전시키고 올바른 노선과 정책을 세우지 못한 데 있다고 했다. 그는 일부 국가에서 사회주의가 좌절되고 자본주의가 복귀되었으며 얼마 전에는 소련이 해체되어 자기 존재를 끝마쳤다는 것을 알리는 동시에 그 이유를 사회주의 제도가 선 다음 사회주의·공산주의를 성과 있게 건설하기 위해서는 "사회주의 건설을 령도하는 당들이 마땅히 사회주의의 새로운 발전 단계의 요구에 맞게 공산주의 리론을 발전시키고 그에 기초하여 올바른 로선과 정책을 세워야 하였습니다"라고 했다.[4] 이어서 그는 일부 국가들에서 사회주의가 좌절한 원인은 "사회주의와 자본주의의 질적 차이를 보지 못하고 사회주의의 근본 원칙을 일관성 있게 견지하지 못한 데 있습니다"라고 하며, 사회주의의 근본 원칙을 일관되게 견지하지 못한 것을 이유로 돌렸다. 이 표현은 수정주의를 비판한 종전의 논조와 상통하는 것이었다.

그런데 거의 3년이 지난 1994년 11월에 들어서 김정일 총비서는 논문 「사회주의는 과학이다」에서 참으로 획기적인 발언을 했다. 마르크스의 이론은 제한성制限性이 있을 수밖에 없었다고 했으며, 북한은 마르크스 사상을 초월한 포스트마르크스Post-Marxist 사회라고 했다. 다시 말해 북한은 마르크스를 떠난—또는 넘어선—체제를 가졌다는 것으로, 이는 북한의 당과 국가의 성격을 새롭게 규정한 것이었다.[5] 거의 3년 전에 발표했던 해석으로는 역사적인 대변동을 설명하는 데 부족했던 것이다. 그래서 그는 마르크스 사상 자체의 결함을 분석하고 나섰다. 이 새로운 주장이 얼마나 획기적이었는가 하는 것은 김 총비서가 1982년 3월 31일에 발표한 논문 「주체사상에 대하여」와 비교해 보면 잘 알 수 있다. 그날 그는 "19세기 중엽에 마르크스와 엥겔스는 마르크

4   1992년 1월 3일 연설 「사회주의 건설의 력사적 교훈과 우리 당의 총로선」. 이 연설과 아울러 다음 문헌들은 모두 http://www.kcna.co.jp/work에서 인용한 것이다.
5   「사회주의는 과학이다」, 1994년 11월.

스주의를 내놓음으로써 투쟁무대에 등장한 로동계급의 력사적 사명과 해방의 앞길을 밝혀주고 자본을 반대하는 투쟁을 추동하였으며 국제공산주의운동의 시원을 열어놓았습니다"라고 했다.[6] 그 마르크스가 내놓았던 이론이 제한성을 갖지 않을 수 없었던 것은 마르크스나 엥겔스는 사회주의 혁명이 일어난 후의 사회를 추측하지 못했기 때문이라는 설명이 나온다.

김정일 총비서는 마르크스주의를 비판했을 뿐 아니라 유물사관도 단호하게 배척했다. "유물사관에 기초한 선행先行한 사회주의 학설은 력사적 제한성을 면할 수 없었다"고 하면서 유물사관의 결함을 지적했다. 즉 그는 "(사회주의) 선행 리론은 사회력사적 운동을 그 주체인 인민 대중의 주동적인 작용과 역할에 의하여 발생 발전하는 주체의 운동으로 본 것이 아니라 주로 물질경제적 요인에 의하여 변화 발전하는 자연사적 과정으로 보았다"는 것이다. 즉 물질적·경제적 요인을 통한 역사 분석이 틀렸다는 의미다. 물질적 요인보다 더 중요한 것은 혁명 주체인 사람에게 있다는 것이다.

사회주의에 대한 선행리론은 혁명투쟁에서 물질경제적 요인을 기본으로 보면서 혁명의 주체를 강화하고 그 역할을 높이는 것을 혁명의 근본 방도로 제기하지 못하였다. 그러나 혁명의 승패를 좌우하는 결정적 요인은 객관적 조건에 있는 것이 아니라 혁명의 주체를 어떻게 강화하고 그 역할을 어떻게 높이는가 하는 데 있다.

마르크스가 주창한 유물사관을 버린다는 것은 너무 중대한 결정이요 변화였다. 유물사관은 원시시대로부터 봉건시대로 그리고 자본주의 시대와 사회주의·공산주의 시대로 역사가 움직이는 역사법칙을 제시함으로써 자본주

---

6   「주체사상에 대하여—위대한 수령 김일성 동지 탄생 70돐 기념 전국주체사상토론회에 보낸 론문」,
    1982년 3월 31일.

붕괴의 필연성을 주장했고 이에 따른 사회주의·공산주의 사회의 출현을 '약속'했다. 지금까지 김일성 주석이나 김정일 총비서가 미국 제국주의의 붕괴를 말하고 남한체제의 붕괴를 약속했던 것도 이 유물사관에 근거한 것이었다. 그런데 김정일 총비서는 유물사관이 틀렸다고 했으며, 더 나아가 "사회주의 사회에서 객관적인 물질경제적 조건에 결정적 의의를 부여하고 경제건설에만 매달리면서 인민대중의 사상개조사업을 부차시副次視하면서 혁명의 주체를 강화하고 그 역할을 높이는 사업을 소홀히 하면 전반적 사회주의 건설을 옳게 할 수 없으며 경제건설 자체에서도 침체를 면할 수 없게 된다"고 말한 것이다.

그에 따르면 "지난날 사회주의를 건설하던 일부 나라들에서 이런 현상이 적지 않게 나타났으며 사회주의 배신자들은 이것을 기화로 '개편' 놀음을 벌이면서 사회주의 경제제도 자체를 허물어버리는 반혁명적 행위를 감행하였다"고 했다. 그래서 그는 사회주의를 새로운 과학적科學的 기초 위에 올려 세우는 것은 선행한 사회주의 학설의 역사적 제한성을 극복하기 위해서뿐만 아니라 모든 기회주의자의 왜곡과 제국주의자의 공격으로부터 사회주의를 고수하기 위해서도 매우 절박한 과제임을 강조했다.

앞의 구절에는 특히 주목해야 할 말이 담겨 있다. 객관적인 물질경제적 조건에 결정적 의의를 부여하고 경제건설에만 매달리는 것을 배척한 점, 선행한 사회주의 학설의 역사적 제한성을 극복해야 한다는 점과 사회주의를 새로운 과학적 기초 위에 세워야 한다는 말이다. 즉 북한은 유물사관을 떠난 공산주의 국가로서 새로운 철학과 이론을 가지고 나아가야 한다는 것이었다.

김정일 총비서가 이런 선언을 하기 전에도 다른 공산주의 지도자들은 유물사관에서 벗어나는 행동을 취한 바 있다. 레닌은 유물사관이 예측하고 약속한 무산계급 시대를 기다리지 않고 무산계급의 전위대인 공산당에게 러시아와 여러 후진국가에서 혁명을 선도하도록 했다. 마오쩌둥도 역사의 흐름을 기다리지 못해 '문화대혁명'을 일으켰다. 김일성 역시 혁명의 주체를 교양하고 단련하는 데 온힘을 쏟았다. 그러나 이들 중 어느 누구도 유물사관을 배척하고 나서지는 않았다. 그런데 김정일 총비서가 그런 주장을 한 것은 북한 공산주의 역사에서 매우 새로운 관념이었다. 김정일 총비서는 "객관적인 물질경제적 조건에 결정적 의의를 부여"하는 것을 배척했는데, 이는 사실상 마르크스 사상의 근본적 요소를 부인한 것이었다. 마르크스는 모든 사회에서의 경제적 조건을 기본 토대로 삼았고 정치와 문화 등 사회의 모든 제도를 경제조건의 반영으로 보았다. 경제가 정치나 문화의 토대라는 것이다. 김정일 총비서는 이것을 부정하고 사회주의 사회 또는 공산주의 사회에서는 경제건설이 부차적인 중요성을 가진다고 했다. 이 말은 조선로동당이 지금까지 걸어온 길에 대한 비판으로 들릴 수도 있다. 물론 노동당은 경제건설에만 매달리지는 않았지만 경제건설은 노동당의 주요 목표였다. 김일성 주석은 "기와집에 살면서 비단옷을 입고, 이팝(흰 쌀밥)을 먹는 것"이 이상적 사회라고 말하곤 했다.

혹독한 식량난으로 수많은 아사자가 발생했던 1990년대에 김정일 총비서가 물질 중심의 유물사관을 버리게 된 것은 이해할 수 있는 일이다. 그러나 유물사관을 저버린 일은 여러 가지 면에서 북한 이론가들에게 큰 부담을 안겨주었음에 틀림없다. 일제의 식민지 시대로부터 유물사관은 많은 진보적 청년을 공산주의 사상에 매혹하도록 하는 유혹제誘惑劑였다. 즉 신비로운 마취제 같은 면이 있었다. 원시시대로부터 지금까지 역사가 유물사관에 입각해 움직여 왔다는 설명은 과학적인 듯하면서도 신비로운 면이 있었기 때문이다.

특히 동양 사람들은 우주와 천지와 인간의 상호관계를 설명해주는 동양철학 속에서 살아왔기에 포괄적으로 역사의 계속성·필연성을 설명해주는 유물사관에 매혹되기 쉬웠다. 어떤 시대건 간에 생산수단의 소유자와 생산수단을 가지고 노동하는 사람들 간의 관계(생산관계)에는 갈등과 투쟁이 있을 수밖에 없고, 생산수단을 소유한 세력은 노동자들을 짐승처럼 부려먹음으로써 폭력에 따른 체제전복을 초래해 새로운 시대를 맞이하게 된다는 유물사관에 바탕을 둔 주장은 참으로 매혹적이었다. 우리가 지금 이런 사회에서 살고 있는 것은 우연한 일이 아니며 우주의 어떤 법칙에 따라 이룩된 것이라는 설명은 무언가 긍지를 갖게 했던 것이다. 그 법칙에 따라 자본주의는 필연적으로 멸망할 것이고 새 시대가 곧 올 거라는 말, 즉 공산 사회가 필연적으로 올 거라는 약속은 실로 대단한 유혹이 아닐 수 없었다. 많은 사람이 이것을 가장 진보적이고 과학적인 이론이라 믿고 받아들였으며, 이처럼 신비로운 이론을 해득했다는 데서 자부심을 갖기도 했다. 그런데 김정일 총비서는 유물사관의 시대적인 제한성을 말하고 배척해버렸으니 실망하는 사람이 많았을 것이다.

그렇다면 김정일 총비서는 유물사관이 아닌 어떤 사관史觀을 보여주었는가? 유물사관이 아닌 유심사관唯心史觀으로 돌아갔을까? 그러나 그는 그런 사관(즉 헤겔의 사관)을 받아들이지 않았다.

김정일 총비서가 마르크스의 유물사관을 포기한 데는 아이러니가 있다. 마르크스는 유물사관을 근거로 자본주의가 망할 거라고 예언했는데, 유물사관을 저버리면 자본주의가 멸망의 운명에서 '해방'되기 때문이다. 물론 레닌은 제국주의론에서 자본주의의 필망론必亡論을 '보충'하기도 했다. 자본주의는 잉여자본이 축적되어 식민지를 가질 수밖에 없게 되고, 식민지를 에워싼 전쟁을 하다가 모두 망할 거라고 했다. 그러나 지금까지의 역사는 레닌의 예언을 받아들여주지 않았다. 자본주의 자체가 그동안 많이 변질되어왔기 때문인지도 모른다.

사람 중심의 사회주의

그렇다면 김정일 총비서가 말하는 '새로운 과학적 기초에 선 사회주의'는 어떠한 것인가 하는 질문을 갖게 되는데, 이는 물론 주체사상이다. 그래서 우리는 1982년 3월 31일자로 발표한 논문 「주체사상에 대하여」를 섬세하게 다시 읽어봐야 한다.[7] 그는 이렇게 주장했다.

---

7 위의 글.

주체사상은 사람 중심의 새로운 철학사상입니다. 사람은 환경과 조건에 그저 순응하지 않습니다. 자연과 사회를 끊임없이 개조해나갑니다. 세계에서 가장 귀중한 것은 사람이며 세계에는 사람의 리익利益보다 더 귀중한 것은 없습니다. (김일성) 수령님께서 가르치신 바와 같이 근로 인민 대중은 력사의 주체이며 사회발전의 동력입니다."[8]

인간이 역사의 주체와 사회발전의 동력으로서 자연과 사회를 개조해나간다는 주장에 반기를 들 사람은 없다. 그런데 김정일 총비서가 생각하는 '사람의 이익'과 바깥세상에서 일반적으로 생각하는 '사람의 이익' 간에는 차이가 있음을 인식해야 한다. 필자는 오래전부터 공산주의 이론의 근본적인 결함은 인간의 이기적인 본성을 잘못 이해한 데 있다고 생각해왔다. 그런 맥락에서 "세계에서 사람의 리익보다 더 귀중한 것은 없다"는 말은 진실이라고 믿는다. 종교적인 차원에서 자기 이익보다 남의 이익을 먼저 생각하는 사람도 있고, 자기의 이익보다 가족이나 다른 집단의 이익을 더 중요시하는 사람도 있다. 하지만 그렇지 않은 경우 모두가 이기적이다. 과거에 소련의 콜호스라고 불린 집단농장이 실패한 것, 중국에서 인민공사人民公社라는 집단농장이 실패한 이유가 인간의 본성을 잘못 이해했기 때문이라고 생각해왔다.

왜 소련과 중국은 인간의 본성을 잘못 보았다고 하는가? 콜호스나 인민공사를 설립했던 이유, 즉 이들을 뒷받침했던 이론을 살펴보면 그 이유가 더욱 명확해진다. 그 이론의 근본은 인간 본성에 대한 특정한 가정을 갖고 있었다. 계급사회의 억압, 즉 자본주의의 쇠사슬에서 벗어나게 된 사람들은 최선을 다해 노력할 것이고, 이에 따라 사회 전반의 생산성이 가파르게 상승하게 되며, 사회 구성원들의 생산이 풍요로워질 거라는 것이었다. 착취가 없으면 모두 적극적으로 일할 것이고, 따라서 공동체는 개인이 각자 생산했을 때의 총생산량

---

8   위의 글.

보다 훨씬 더 많은 생산을 할 거라는 말이다. 자원봉사를 해본 청년들은 이것이 옳다고 할지도 모른다. 자발적으로 나가서 일할 때, 특히 여러 사람이 함께 노력할 때 모두 120퍼센트의 노력을 하게 되기 때문이다. 그러나 콜호스와 인민공사, 국영기업 단체들의 생산성은 오르지 않았을 뿐 아니라 소련이나 중국의 생산성은 급락했다. 이것은 하나둘의 예외적인 것이 아니라 전반적으로 그랬다. 이론적으로 볼 때 콜호스나 인민공사는 모든 성원의 공동 소유였지만 이들 단체는 소유주가 없는 농장으로 격하되어버렸기 때문이다. 반면 농민들에게 자기들 각자를 위한 채소밭을 허락하고 그 생산물의 시장판매를 허락했을 때의 사정은 달랐다. 중국에서 쓰촨성四川省 당 서기 자오쯔양趙紫陽이 인민공사, 즉 집단농장을 해소하고 개인농을 허락했을 때 농산물 생산이 급격히 증가한 것은 인간 본성에 대한 압도적 증거였다. 그 정책이 전국적으로 시행된 해부터 중국은 식량 수입국에서 수출국으로 탈바꿈했다.

공장의 경우도 마찬가지였다. 모든 생산수단(즉 공장)을 국유화하고 국영화할 경우 생산성이 급격히 증가할 것으로 생각했다. 공장은 노동자들을 포함한 시민이 소유주가 되었기 때문이다. 그러나 현실은 이상에서 동떨어져 있었다. 국영공장은 시민이 소유한 것이 아니라 주인 없는 공장으로 취급받게 되고, 노동자들은 필요 이상의 힘을 쓰지 않으려고 하게 되었기 때문이다. 이 책에서 여러 차례 예를 들었지만 '돌격대'를 앞세운 사회주의 경쟁을 통해 생산성을 높이기는 했으나 이들 행사기간이 지나면 또다시 생산성이 저하되곤 했다. 노동자들은 일을 하건 하지 않건 같은 임금과 식량배급을 받게 되므로 능률에 대한 생각이 없었다.

자본주의 사회와 공산주의 사회에서의 근본적 차이를 든다면 인간 본성에 대한 견해차라고 하겠다. 전자의 정치체제와 경제체제는 인간 본성을 이기적인 것으로 보는 전제에서 설립되었다. 다시 말한다면 자유민주주의 사회에서는 인간을 개조하려고 하는 대신 인간 본성에 맞는 정치체제와 경제체제를 만들려고 한다. 사람의 본성과 사람의 이익을 존중할 뿐 아니라 그것을 근본으로 삼고 사회 안에서 상충되는 이익을 조절하고 관리하고 때로는 통제함으로써 사회질서를 유지하려고 한다. 물론 이런 전제 아래 수립된 민주주의 정권에는 결함이 너무나 많다. 나치 독일과의 싸움에서 영국을 전승으로 이끌었던 처칠은 1947년에 실시된 선거전에서 패배하자 "민주주의는 세상에서 가장 나쁜 정치체제다"라고 단언했다. 그러나 단서가 붙었다. "지금까지 시도했던 모든 정치체제보다는 낫다"고 했는데,[9] 자본주의 제도 역시 그렇다고 할 것이다. 어쨌든 민주주의를 위한 모든 투쟁은 개인의 이익을 최대한으로 보호하기 위한 것이었다. 삼권분리제도 또는 의회 중심의 내각제도는 이런 견지에서 권력 남용을 방지하려는 제도다.

인간개조의 필요성

김정일 총비서가 유물사관을 배척하고 '사람 중심'의 제도를 택했으니 북한의 체제가 앞으로 자본주의 사회의 길이나 그와 비등한 방향으로 갈 것이 아닌가 하는 생각을 할 수도 있겠지만 그렇게 될 수는 없다. 김정일 총비서는 인간의 본성과 공동체의 이익을 조절하는 제도 대신에 '인간개조', '사상개조'의 길을 택했기 때문이다. 그는 "사회주의 사회에서는 인간개조사업, 사상개조사업이 사회주의의 물질경제적 조건을 마련하는 사업보다 더 중요하고 선차적先次的인 과업으로 나서며 인간개조사업을 앞세워야 혁명의 주체를 강화하고 그 역할을 높여 사회주의를 성과적으로 건설할 수 있다"고 했다.[10]

> 우리 당은 사회주의 건설에서 인간개조사업, 사상개조사업을 모든 사업에 확고히 앞세워 우리 혁명의 정치사상적 위력을 백방으로 강화하면서 자립적 민

---

9   "Democracy is the worst form of government, except for all those other forms that have been tried from time to time" (from a House of Commons speech on Nov. 11, 1947).

10   「사회주의는 과학이다」, 1994년 11월 1일.

족경제와 자위自衛적 군사력을 튼튼히 다짐으로써 오늘의 복잡한 정세 속에서도 끄떡하지 않고 혁명과 건설을 힘 있게 다그쳐 나가고 있다.[11]

인간개조, 사상개조 등의 단어에는 사람이 자기의 이익을 위해 본능적으로 행동할 경우 공산사회는 이룩될 수 없다는 전제가 깔려 있다. 사람은 공산주의 사상 또는 주체주의 사상에 맞지 않는 본성을 가졌기에 이를 개조해야 한다는 말이다. 사람들을 당이 원하는 대로 개조해야 나라도 바로 나아가고 개인도 행복하게 된다는 것이다. 그렇다면 김정일 총비서는 인간을 개조하고 사상을 개조해서 어떤 사회를 만들려고 하는가? 그는 1992년 1월 3일에 발표한 「사회주의 건설의 력사적 교훈과 우리 당의 총로선」에서 "사회주의는 집단주의에 기초한 사회이며 인민 대중의 통일을 생명으로 하는 사회"[12]라고 했다. 김 총비서는 집단체제 내에서 지도자를 중심으로 단결하는 것만이 개인의 이익을 보호하고 증진할 수 있다고 했다. 지도자 중심을 강조하는 김 위원장의 어록을 좀더 상세하게 살펴볼 필요가 있다.

김 총비서는 1982년 3월 「주체사상에 대하여」에서 "사람은 사회적으로만 자기의 존재를 유지하며 자기의 목적을 실현해나갑니다"라고 했다. 1994년 11월에 발표한 논문 「사회주의는 과학이다」에서는 위의 말을 보충했는데 "사람에게 있어서 육체적 생명도 귀중하지만 보다 더 귀중한 것은 사회정치적 생명이다. 그러므로 사람의 삶이 값있는가 없는가 하는 것은 사람이 사회적 집단과 어떻게 결합되는가 하는 데 달려 있다"[13]라고 했다. 그리고 그는 "로동계급이 령도하는 사회주의 사회의 발전과정은 온 사회를 로동계급화하는 과정입니다"라고 했다. 즉 북한의 모든 사람이 노동계급으로 변해야 한다는 말이다.

---

11 위의 글.
12 김정일, 「사회주의 건설의 력사적 교훈과 우리 당의 총로선」, 1992년 1월 3일.
13 김정일, 「사회주의는 과학이다」, 1994년 11월.

지도자의 역할

그처럼 중요한 사회정치적 생명은 어떻게 유지될 수 있는가. 이 질문에 대해 그는 지도자가 중요하다고 했다. 옳은 지도자가 없이는 옳은 길을 걸을 수가 없다는 말이다. "인민 대중이 력사의 주체로서의 지위를 차지하고 역할을 다 하자면 반드시 지도(자)와 대중이 결합되여야 합니다. 인민대중은 력사의 창조자이지만 옳은 지도에 의하여서만 사회력사 발전에서 주체로서의 지위를 차지하고 역할을 다할 수 있습니다"라는 것이다. 지도자와 대중의 결합은 김 총비서가 중요시한 대목인데, 이 점은 1992년의 연설 「사회주의 건설의 력사적 교훈과 우리 당의 총로선」에 잘 설명되어 있다.[14]

혁명의 주체는 다름 아닌 수령, 당, 대중의 통일체입니다. 우리 당은 사상혁명을 수행하는 데서 사람들을 혁명적 수령관과 조직관, 군중관으로 무장시키고 전체 인민을 당과 수령의 두리에 묶어세워 운명을 같이하는 하나의 사회정치적 생명체로 만드는 데 중심을 두고 있습니다. 수령은 사회정치적 생명체의 중심이며 인민 대중의 의사를 체현한 최고 뇌수입니다. …… 생명체와 뇌수腦首를 떼여놓고 생각할 수 없듯이 인민 대중을 떠난 수령, 수령을 떠난 인민 대중에 대하여 생각할 수 없습니다.[15]

수령과 인민 대중의 결합

김정일 총비서가 유물사관을 배척하고 마르크스주의를 배척한 것은 참으로 놀라운 일이라고 하겠지만 그가 제시한 수령과 인민 대중의 결합 방법은 우리를 더욱 놀라게 한다. 복종이나 충성 대신에 사랑과 믿음을 언급했기 때문이다. 그는 1994년의 논문 「사회주의는 과학이다」에서 "사회주의 사회에서는

---

14 「사회주의 건설의 력사적 교훈과 우리 당의 총로선」, 1992년 1월 3일.
15 위의 연설.

사랑과 믿음이 사회적 집단과 그 성원들 사이, 사회의 개별적 성원들 사이에 꽃펴나며 그것은 수령과 전사들 사이에서 가장 숭고하게 발현된다"[16]고 했다. 또한 "수령과 전사, 당과 인민이 사랑과 믿음으로 결합되고 온 사회가 하나의 사회정치적 생명체로 전환되어 모든 사회 성원들이 사회정치적 생명을 끝없이 빛 내여 나가는 삶이 가장 값 높고 아름다운 삶이며 그것을 실현한 사회가 가장 공고하고 생활력 있는 사회로 된다"[17]고도 했다. 이들 문장은 물론 북한에 사는 모든 사람이 자기중심주의의 본성을 버리고 공동체 성원 간의 관계 그리고 지도자와의 관계를 사랑과 믿음으로 대하게 된 것을 전제로 한다. 즉 인간개조와 사상개조에 성공한 사람이 되는 것이다.

당의 역할

이처럼 인민을 사랑하고 사랑받는 수령이 필요하고 그를 사랑하고 믿는 인민이 필요한데, 인민을 조직하고 지도하는 데 있어 당이라는 조직이 필요하다.

> 당은 사회정치적 생명체의 중추 조직입니다. 인민 대중은 당의 령도 밑에서만 생명의 중심인 수령과 조직사상적으로 련결되여 사회정치적 생명을 지니게 되며 혁명의 자주적인 주체를 이루게 됩니다. 그러므로 모든 사람들이 수령을 중심으로 한 사회정치 조직을 자기의 정치적 생명의 모체로 보고 조직의 한 성원으로서 혁명 위업의 승리를 위하여 조직적으로 투쟁하도록 교양하는 것이 중요합니다.

> 사회주의 사회에서 사랑과 믿음의 정치를 실시하자면 사회주의 집권당을 **어머니당**으로 건설하여야 한다. 로동계급의 당은 사회의 령도적 정치 조직이

---

16 「사회주의는 과학이다」, 1994년 11월 1일.

17 위의 글.

며 당을 어머니당으로 건설한다는 것은 어머니가 자식을 극진히 사랑하고 따뜻이 돌봐주듯이 당을 인민 대중의 운명을 책임지고 세심히 보살펴주는 진정한 인민의 향도자嚮導者로, 보호자로 되게 한다는 것을 의미한다. 당의 모든 활동은 어디까지나 인민에 대한 끝없는 사랑과 믿음으로부터 출발하여야 한다.[18]

사랑으로 뭉친 수령과 당 그리고 인민의 삼위일체三位一體에는 마르크스가 필요 없게 되었다.

인덕정치

인민에게 사랑과 믿음을 갖도록 요구하려면 지도자는 어떤 정치를 베풀어야 할 것인가? 김정일 총비서는 지도자는 인덕정치仁德政治를 해야 한다고 주장했다. 그는 "사회주의 사회에서 참다운 인덕정치를 실현하자면 인민에 대한 끝없는 사랑을 지닌 정치지도자를 내세워야 한다"고 했다.[19] "사회주의 정치지도자는 능력도 있어야 하지만 무엇보다도 인민을 끝없이 사랑하는 숭고한 덕성德性을 지녀야 한다. 그것은 사회주의 정치가 본질에 있어서 인덕정치라는 사정과 관련된다"는 것이다.[20]

인덕이란 무엇일까? 사전에 따르면 인간으로서의 도리를 행하려는 어질고 올바른 마음이나 훌륭한 인격을 말한다. 여기서 인애, 인자, 인품, 인성仁聖 등의 유사어가 나온다. 『한서』漢書에 따르면 사람으로서 행해야 하는 다섯 가지 덕德이 있는데, 인仁, 의義, 예禮, 지智와 신信이 있다. 김정일 총비서는 "사회주의 정치지도자가 능력이 부족하면 사회주의 사회의 발전을 지체시키는 결과

18 「사회주의는 과학이다」, 1994년 11월 1일.
19 위의 글.
20 위의 글.

를 가져올 수 있지만 인덕이 없으면 인민을 배반하여 사회주의를 망하게 하는 결과까지 가져올 수 있다"고 했다.[21]

김정은 시대의 과제

앞에서 말했듯 김정일 총비서는 북한의 이데올로기와 체제 문제를 새롭게 정의한 후 2011년 12월에 사망해 그의 어록은 후세에 남긴 유언이 되었는데 변증법과 마르크스라는 두 기둥을 빼어버린 북한 사회주의의 전망은 어떠한가? 사랑으로 뭉친 사회는 동서양의 역사를 통해 많은 이상주의자가 꿈꾸던 것이지만 아직까지 그런 사회가 실현된 예는 없다. 아무래도 우리는 낙관적인 전망을 할 수가 없다. 김정은 제1비서가 "사랑으로 뭉친 사회"를 세우는 과정은 전 세계가 주시할 테지만 그의 부친은 그 외에도 어려운 과제들을 남겨주고 갔다.

2014년 2월 26일 김정은 제1비서가 '조선로동당 제8차 사상일군대회'에서 한 연설[22]을 보면 그가 어떤 방법을 통해 "사랑으로 뭉친 사회"를 세우려는지 추측할 수 있다. 우선 그가 인계한 노동당은 완벽한 것이 못될뿐더러 많은 결함을 내포하고 있다. 다음에 그의 연설 중에서 비판적 구절을 나열하겠다.

- "당 조직들에서 일하는 것을 보면 당의 유일적 령도 체계를 세우는 사업을 말로만, 문건으로만 하는 편향이 나타나고" 있고,
- "자기 부문, 자기 단위, 자기 지역에서 당 정책이 제대로 집행되지 않아도 그만, 인민들이 생활상 고충을 겪어도 그만인 일군들"이 있으며
- "당에서 일단 결론한 문제를 홍정하려고 하는 현상, 우리 당의 령도 업적을

---

21 위의 글.
22 「혁명적인 사상 공세로 최후 승리를 앞당겨 나가자」, 김정은 제1비서가 조선로동당 제8차 사상일군대회에서 행한 연설, 2014년 2월 26일, 조선중앙통신, www.kcna.co.jp.

음으로 양으로 훼손시키는 현상, 당적, 계급적 원칙에서 탈선하여 우리 내부에 쉬를 쓸게 하는 요소들"이 있다는 것이다.

- 그뿐 아니라 당내에는 "패배주의와 보신주의, 형식주의와 요령주의, 무책임성과 본위주의와 같은 불건전한 사상요소"들이 잠복하고 있어서 이들을 "뿌리채 들어내기 위한 교양과 투쟁을 방법론 있게 벌려나가야" 한다고 했다.

김정은 비서가 요구하는 것은 "당과 혁명대오의 사상적 일색화, 이것이 당의 유일적 령도 체계 확립을 위한 투쟁의 종자"인데, 그가 특히 사상 일꾼들에게 요구하는 것은 "사람들의 눈빛만 보고도 색다른 요소를 간파할 줄 알아야" 하고 "자기 단위에 만 명의 종업원이 있다고 해도 매 사람의 머릿속을 손금 보듯이 들여다보며 만 가지 처방을 가지고 사업" 하는 것이다. 그는 사상 일꾼들에게만 이런 준엄한 요구를 한 것이 아니었다. "전당이 선전원, 선동원이 되고 모든 일군들이 다 정치 사업을 하여야" 한다고 했다. 김정은 비서는 "사상의 수술 칼을 들이대야" 한다고 했는데, 이것이 바로 그가 택한 인간개조와 사상개조의 방법으로 생각된다.

김정은 제1비서 휘하의 조선로동당은 당분간 인간개조와 사상개조를 위한 투쟁을 계속할 것으로 보이지만 그 외에도 수령의 자리를 계승한 김정은 비서는 너무나 힘든 상황에 당면해 있다. 조부 김일성이 주창한 주체사상과 부친 김정일이 내세운 혁명적 수령관, 선군사상 등은 체제유지를 위한 귀한 자산이기는 하지만 선군정치의 한 측면이라고 할 수 있는 핵무기와 미사일 개발은 북한의 안전을 보장하는 동시에 심각한 국제적 고립을 가져옴으로써 경제 활성화와 회복을 힘들게 만들고 있기 때문이다.

경제 문제

김정은 비서는 무엇보다도 경제를 발전시키고 인민생활을 향상시키는 문제에 직면해 있다. 우선 식량 문제의 해결이 시급한 과제다. 6·25전쟁 직후

(1953~1958년)에 수행한 농촌의 사회주의화, 즉 집단농장제도는 만성적인 식량 부족을 가져와 미국과 남한을 비롯한 여러 나라의 원조를 받아야 했으므로 근본적인 개선책을 필요로 하고 있다.

율곡 이이李珥(1537~1587)는 선조宣祖를 위해 썼던 『성학집요』聖學輯要에서 "신하가 생각건대 임금은 나라國에 의존하고, 나라는 백성에게 의존합니다. 임금은 백성을 하늘로 삼고, 백성은 먹는 것을 하늘로 삼습니다. 백성이 하늘로 섬기는 것을 상실하면 나라는 의존할 곳을 잃습니다"라고 말해 백성들의 먹을 길이 끊어지면 나라가 무너진다고 했는데, 이는 김정은 비서가 처리해야 할 우선적인 문제다.[23]

북한은 2012년 6·28경제조치를 통해 협동농장에서 분조分組의 규모를 핵가족농核家族農 규모로 줄이고 개인처분 소득을 늘리기 위한 개혁을 시행한 바 있는데, 아직도 커다란 문제가 남아 있다. 이 책에서 서술한 것처럼 노동당은 농수 공급과 관리를 위해 여러 차례 관개사업을 전개했는데 한발과 홍수는 주기적으로 농민들을 괴롭힌다. 그리고 비료와 전기 공급 문제 등은 여전히 해결을 기다리고 있다.

김정은 제1비서는 2014년의 경작기가 시작되기 바로 전인 2월 6일에 전국 농업부문 분조장 대회 참가자들에게 보낸 서한에서 "식량문제를 푸는 것이 우리 앞에 가장 절실한 요구로 나서고 있는 조건에서 될수록 비알곡 작물 재배면적을 줄이고 벼와 강냉이 재배면적을 늘려야 합니다"[24]라고 했으며 종자혁명, 채종사업의 개선, 영농 방법의 혁신, 비료치기의 과학기술화, 농업과학기술의 발전, 농경지의 수재로부터의 보호 등 여러 가지 지시를 내렸는데 그 성과는 두고 봐야 할 것이다.

---

23 「民以食爲天」, 姜在彦, 『朝鮮の開化思想』, 도쿄東京, 岩波書店, 1980, 36~41쪽.

24 김정은, 「사회주의 농촌 테제의 기치를 높이 들고 농업생산에서 혁신을 일으키자」, 2014년 2월 6일. www.kcna.co.jp.

국제관계

이와 동시에 북한의 국제관계 개선도 매우 시급한 과제다. 북한 경제를 개선하려면 국제 사회에서의 고립에서 벗어나야 하기 때문이다. 2014년 5월의 협상에서 푸틴 정권이 북한이 소련에 대해 진 채무의 90퍼센트를 탕감해주기로 했다는 소식은 상징적으로는 중요하지만, 북한에 붙여진 채무불이행 국가라는 딱지를 떼는 데는 큰 효과가 없을 것이다. 과거 소련으로부터의 외상 수입은 다분히 정치적인 고려에서 주어진 것이었기 때문이다. 채무불이행 국가라는 오명을 완전히 벗어나려면 독일과 프랑스, 일본 등 서방 국가들에 대한 부채문제가 해결되어야 할 것이다. 그리고 핵무기 개발 문제와 미사일 문제는 미국이나 한국, 일본은 물론 중국의 최우선적인 관심사이므로 김정은 수뇌부의 용단을 필요로 하고 있다.

외교안보 문제의 해결을 통한 대외환경의 개선은 북한 경제 재생의 열쇠라고 하겠다. 외교정상화에 따른 해외로부터의 투자와 외화 유입은 북한이 이미 발표한 30개에 육박하는 각종 경제개발구의 성패를 좌우할 것이다. 그리고 남한과의 경제협력과 교역이 가져올 이익 그리고 국제적 경제협력과 교역이 가져올 이익에 대해서는 언급할 필요도 없다.

21세기 초 조선로동당은 중대한 갈림길에 서 있다. 소련 붕괴라는 돌변 상태에 처한 김정일 총비서는 마르크스의 유물사관을 포기하는 용단을 내렸다. 그 대신 그는 '사랑과 믿음'을 중심으로 한 새로운 당의 건설을 약속했다. 과연 그가 지향했던 '어머니당'은 어떠한 경제체제를 택해야 할 것인가? 소련이 붕괴된 전후를 통해 러시아뿐 아니라 중국, 베트남, 쿠바 등 여러 나라는 참으로 다양한 실험을 거듭했는데 배울 것이 많다. 세계는 과연 김정은 제1비서가 어떤 길을 선택할 것인지 주시하고 있다.

1부

식민지
시대

COMMUNISM
in KOREA

한국 공산주의의 기원

1917년 10월 러시아에서 볼셰비키파가 정권을 장악했을 때 한국은 일본의 식민지 통치하에 놓여 있었다. 불과 7년밖에 되지 않은 기간이었지만 식민지 통치하에서 한국은 커다란 변화를 겪었다. 침략에 항거하는 의병들을 제압한 일본은 모든 종류의 무기를 압수하고, 언론을 통제하며, 집회를 금지하는 등 극도의 무단정치武斷政治를 시행했다.

이런 상황에서 볼셰비키 혁명은 국내의 한국인들에게 별다른 영향을 줄 수 없었던 반면, 동부 시베리아와 만주에 산재하는 많은 한인韓人 이주자를 혁명의 소용돌이 속에 휘말려들도록 했다. 물론 그들 모두가 독립운동가가 될 수는 없었지만, 그 가운데는 열정적인 민족주의자들이 있었다. 이들은 시베리아에서 동맹군을 절실히 필요로 했던 볼셰비키들에게 대단히 중요한 존재였다. 일본으로부터 직접적인 위협을 받았던 러시아인들에게 최근 나라를 빼앗긴 쓰라린 아픔을 겪은 한국인보다 적극적으로 일본에 맞서 싸울 수 있는 사람이 누가 있었을까. 볼셰비키당이 한국 민족주의를 이용해 시베리아에 거주하는 한인들을 동원함에 따라 사상 처음으로 붉은 깃발 아래 움직이는 한국의 정치운동이 출현했다.

이들 초기의 한인 '공산주의자들'은 마르크스주의 이론에 대한 지식이 거의 없었다. 그들의 일차적 관심은 한국의 국권 회복에 있었으며, 대부분 이데올로기에 대한 관심은 미약했을 것이다. 다른 나라의 경우도 마찬가지였는데, 이 시기 대부분의 사람에게 공산주의라는 개념은 극히 모호한 것이었음을 잊어서는 안 된다. 혼돈과 불확실성이 이데올로기의 무대를 지배했던 당시 새롭게 공산주의에 입문한 사람들에게 공산주의라는 사상은 각기 다른 의미와 호소력을 지니고 있었다. 뒤에서 살펴보겠지만 훗날 초기의 한인 공산주의자들을 마르크스-레닌주의를 전혀 이해하지 못한 '소부르주아' 민족주의자라고 비난하는 게 수월했던 것도 바로 이런 까닭에서였다.[1]

1. 시베리아에서의 한인 급진주의

우리 이야기는 시베리아에서부터 시작된다. 19세기 말 상당수의 한국인이 시베리아로 이주한 이래 1919년경 시베리아에는 대략 20만 명의 한국인이 살고 있었다. 당시 시베리아에는 한인을 끌어들일 만한 요인이 충분했다. 한국 본토에 대한 일본의 탄압이 극심해진 이후, 시베리아는 만주와 더불어 한국 민족주의자들의 정치적 피난처 역할을 해주었다.

제1차 세계대전이 끝나갈 무렵 만주와 시베리아 일대는 정치적인 열기로 들끓고 있었다.[2] 블라디보스토크Vladivostok, 이르쿠츠크Irkutsk, 치타Chita,

---

1 북한 공산주의자들이 초기 한국 공산주의운동에 대해 쓴 책은 다음과 같다. *Democratic People's Republic of Korea*(영문), 평양, 1958, 57쪽 이하; 이나영李羅英, 『조선민족해방투쟁사』朝鮮民族解放鬪爭史, 평양, 1958. 이 두 저술은 초기 한국 공산주의운동을 소략하고 악의적으로 다루고 있다.

2 한 가지 중요한 사건을 언급해야 할 것 같다. 일본의 관헌 자료에 따르면 한국의 민족주의자 신규식申圭植이 1917년 8월에 이미 상하이에서 조선사회당朝鮮社會黨을 조직했다고 한다. 그런데 이 '당'이 사회주의적이었는지 또는 어떤 의미로든 그 후의 급진적인 운동들과 관계가 있었는지는 의문이다. 스톡홀름 국제사회주의자대회國際社會主義者大會에서 한국의 독립을 요구하기 위한 것이 이 당이 급조된 이유였던 것으로 보인다. 어쨌든 이 당은 곧 사라져버렸다. 『昭和十七年中に於ける社會運動の狀況』, 일본 내무성內務省 경보국警保局, 도쿄, 1943, 971~972쪽.

그러나 신규식은 초기 공산주의운동에 부분적으로 참여하기도 했던 그 시대의 열렬한 한국 민족주의자들 가운데 여러모로 전형적인 인물이었기 때문에 좀더 관심을 가질 필요가 있다. 1879년 충청북도의 양반 가문에서 태어나 전통교육을 받은 신규식은 서울의 육군무관학교에 진학해 1900년에 졸업했다. 1905년 소위 을사보호조약이 체결되자 군사적인 봉기를 시도했으나 실패했다. 이에 음독자살을 기도하던 신규식은 가족들에게 일찍 발견되어 생명은 건졌지만 오른쪽 눈을 실명하고 말았다. 나라를 빼앗긴 뒤 교육사업을 통해 민족운동을 활성화시키고자 노력하던 그는 1911년 중국으로 망명했다. 중국에서 신규식은 쑨이셴(孫逸仙=쑨원孫文)의 동맹회同盟會에 가입해 후한민胡漢民,

하바롭스크Khabarovsk 등의 도시에 많은 한국인이 거주했고, 시베리아 대륙 곳곳에는 한국인 농장이 산재해 있었다. 한편 만주의 한국인 수는 더욱 늘어나 1919년경에는 43만 명에 달했는데, 대부분 만주 동남부(간도間島)에 살고 있었다. 그들 가운데는 일본에 대항하려고 벼르던 전투적인 활동가도 많이 섞여 있었다. 1912년 국내의 '의병'이 일본군과의 최후 대결에서 패하자 이 중 상당수가 만주로 퇴각해 그곳에서 농사를 짓고 살던 수만 명의 한국인 속에 섞여들었다. 만주의 여러 곳에 군사기지를 설치한 이들은 소규모의 게릴라 부대를 국내에 침투시키는 작전을 계속 수행했는데, 중국 당국(당시는 장쭤린張作霖 정권)은 한국인에 대해 동정적이었기 때문에 이런 활동을 특별히 저지하지 않았다.

이상이 러시아 혁명 당시의 일반적인 상황이었다. 볼셰비키 혁명으로 한국의 애국자들은 새로운 기회를 부여받았지만, 그 혁명을 전후한 몇 년간 이 상황은 정치적·군사적으로 매우 혼란스러웠다. 제정러시아 편인 백군白軍(또는 차르군)과 체코군, 연합군이 동시베리아의 여러 주요 지점을 번갈아 지배했는데, 널리 알려진 바와 같이 일본군은 연합군 중에서도 특히 대병력으로 이루어졌고, 일본군의 출정 동기는 동맹국이든 적국 측이든 간에 모두 중대한 관심사였다.

일부 한인 민족주의자는 그 시점에 가장 올바른 정책은 일본과의 전면적인 대항전쟁뿐이라고 생각했으며, 레닌 정부가 이 전쟁을 지원해주리라고 믿었다. 사실상 서유럽의 여러 나라가 이 같은 투쟁을 원조해줄 가능성은 거의 없었으며, 특히 베르사유조약Treaty of Versailles(1919년) 이후 한국인들 사이에는 서구에 대한 환멸이 널리 퍼져나갔다. 또한 1921~1922년에 열렸던

쑹자오런宋教仁, 천치메이陳其美 등과 가깝게 일했다. 그는 민족주의 신문 『민권보』民權報 발행에 자금을 지원하고, 상해임시정부의 법무총장法務總長을 역임했다. 좀더 자세한 것은 다음 책을 참조하라. 민석린閔石麟 편, 『한국의 얼』, 서울, 1955.

워싱턴회의도 한국 민족주의자들에게 서구에 대한 신뢰를 높여주지 못했다. 반면에 한국 민족주의자들은 볼셰비키 지도자들이 극동 피압박민족의 해방을 열렬히 주장하는 데 깊은 감동을 받았다. 볼셰비키가 강력한 반제국주의자라는 데 전혀 의심의 여지가 없었으며, 더욱이 일본군이 러시아 영토를 점령하고 있었기 때문에 그들이 일본에 반대하는 것도 자명한 사실이었다. 한편 고립무원孤立無援의 상태에서 동맹군을 필요로 했던 볼셰비키가 일본 출정군出征軍에 대항해 제2의 전선을 구축할 수 있는 한국인들에게 접근하는 것은 당연한 일이었다. 따라서 1918~1920년 소련과 아시아 민족의 최초 동맹인 한로동맹韓露同盟이 수립된 것은 자연스러운 일이었다.

노령露領 내에 살고 있던 한인들은 대략 두 가지 유형에 속했다. 즉 노령에 이주한 지 오래되어 상당 부분 러시아화된 한인들 그리고 이들과는 달리 근본적으로 새로운 이주민이나 정치적 망명자들로 구성되어 사고방식이나 충성심에서 철저히 한국인이라고 할 수 있는 사람들이었다. 문화와 행동방식에 상당한 차이를 가진 서로 다른 유형의 인물들이 집결한 한인 단체들은 볼셰비키들이 노력을 기울였음에도 손잡고 일할 수가 없었다. 사실 그 일부에서 이미 새로운 세계관과 생활양식을 받아들인 해외의 한인들 간에 벌어진 이런 분열은 전통적인 파벌주의, 지방주의와 결합되면서 근대 한국에 복잡한 문제를 야기했다. 오늘날에도 이 같은 요소를 주의 깊게 살펴보지 않으면 한국 정치를 올바르게 이해하기가 어려운 것이 사실이다.[3]

소비에트 대표자들은 차르 정권 타도 직후의 중요하고 혼란스러운 시기에 모든 부류의 한국인과 관계를 맺고자 했다. 최초의 교섭은 시베리아에서 투쟁의 초기 단계인 1917년 중반에 이루어졌다. 물론 볼셰비키는 우랄 지방 너

---

3 이 점과 그 밖에 커다란 중요성을 갖는 한국 정치문화의 여러 다른 측면에 관해서는 다음 책을 참조하라. 그레고리 헨더슨Gregory Henderson, *Korea: The Politics of the Vortex*, Cambridge, Mass, 1968(『소용돌이의 한국 정치』라는 제목으로 2013년 한울출판사에서 이종삼·박행웅 역으로 출판되었다— 옮긴이).

머에 거주하고 있던 모든 소수민족의 지원을 이끌어내는 데 비상한 관심을 보였다. 이런 노력의 일환으로 한인 부대를 모집하던 초기 지도자들 중 한 사람이 알렉산드라 페트로브나 김Alexandra Petrovna Kim이었다. 1885년 2월 22일생으로 니콜스크-우수리스크Nikol'sk Ussuriisk에 거주하던 그녀[4]는 1917년에 볼셰비키당에 입당했고, 그해 여름 동부 시베리아 지방의 한인들 속에서 당 사업을 수행하라는 명령을 받고 시베리아로 파견되었다. 같은 해 10월 그녀는 블라디보스토크에서 열린 제2차 볼셰비키 지역회의에 참석했으며, 12월에는 하바롭스크에서 개최된 제3차 소비에트 극동회의를 통해 지역소비에트 집행위원회 위원으로 선출되었다. 이런 회합에 그녀 외의 다른 러시아계 한인들이 어느 정도 참여했는지는 확실하지 않지만 1918년 2월에는 소련이 후원한 한인 '혁명가들'의 회의가 하바롭스크에서 개최되었다.[5] 김립金立, 박애朴愛 등이 회의에 참석했고, 앞으로 살펴보게 될 이동휘李東輝도 여기에 참석했던 것으로 보이는데, 그는 곧 한인 투사들의 선구적인 지도자로 주목받게 되었다.[6]

한인사회당韓人社會黨은 이 시기 혹은 그 직후에 조직되었는데, 군사지도

---

4 알렉산드라 페트로브나 김에 대한 자료나 초기 한국 공산주의운동에 대한 다른 귀중한 자료들은 다음 책을 통해 찾아볼 수 있다. Kim Syn Khva(김승화金承化), 『소비에트 한인들의 역사에 관한 소론』Ocherki po istorii Sovetskikh Koreitsev, Alma Ata, USSR, 1965, 90~103쪽. 우리는 이 책과 다른 러시아 자료들에 관심을 갖게 해주고 그 번역을 도와준 뉴욕 뉴스쿨대학원의 조지 긴즈버그스 교수에게 많은 빚을 졌다(소련 2세 한인인 김승화는 해방 후 북한 정권의 건설상과 당 중앙위원을 지냈으며 1956년 8월의 이른바 8월종파사건과 관련해 소련으로 망명한 사람으로 이 책의 7장을 참조하라—옮긴이).

5 김승화는 소비에트적 관점에서 이 회의에 참가한 사람들이 '부르주아 민족주의적 시각'을 지녔고, 한국의 '해방'운동을 소비에트의 대의大義로부터 분리시키기를 원한다고 비판했다. 하지만 1927년에 나온 어느 한국 공산주의 간행물을 인용하면서 김승화는 '좌익'이 한국의 독립에 이르는 유일한 길이 사회주의 혁명의 승리와 소비에트 러시아와의 형제적 우애에 있음을 이해했다고 주장했다. 앞의 책, 90~91쪽.

6 김승화는 참가자 중에 'Kim Don Khi'가 있다고 적었는데 더는 김동휘에 관한 기록이 없고, 흔한 성인 김金이나 이李를 잘못 바꿔 쓰는 일이 종종 있다는 사실로 미루어보아 그가 사실은 이동휘가 아니었나 하는 의심이 간다.

자와 애국자로 명성이 높은 이동휘가 위원장에 선출되었다.[7] 이동휘는 오랜

7 이동휘와 그의 경력에 관한 다른 자료는 다음 책을 참조하라. 이정식, *The Politics of Korean Nationalism*, Berkeley and Los Angeles, 1963(『한국민족주의의 정치학』이라는 제목으로 1983년 한밭출판사에서 번역·출판되었다―옮긴이). 그리고 한국 공산주의자에 의한 평가는 다음 책을 참조하라. 김산金山·님 웨일스Nym Wales, *Song of Ariran*, New York, 1941(『아리랑』이라는 제목으로 1984년 동녘출판사에서 번역되어 출판되었다―옮긴이), 51~59쪽. 후자 책은 부정확한 부분이 많으므로 주의를 요한다.

함경남도 출신의 이동휘는 1907년 구舊한국군 해산 당시 한국군의 참령參領으로 있었고, 1908년에는 일본의 침략에 반대하여 한국의 산업과 교육 발전을 도모하기 위해 설립된 비밀결사인 신민회新民會의 창립에 참여했다. 민족운동가들 가운데 탁월한 인물인 이동휘는 국내뿐 아니라 간도와 만주 내의 한인촌에도 학교를 설립하고 강연을 했으며 기독교를 전파했다.

1915년 초 그는 박은식朴殷植과 함께 일본에 대항하여 군사 활동을 하기 위해 고려혁명단高麗革命團을 조직했다. 이들의 희망은 독일이 전쟁에서 이긴다면 한국인들은 독립을 되찾을 수 있으리라는 것이었다. 독립운동가들의 희망이 러시아(혹은 미국)로 향하기 전 독일에 집중되었던 사실은 매우 흥미롭다. 모든 한국 민족주의자는 외부의 원조가 절대적으로 필요하다는 것을 인식하고 있었다.

이 첫 번째 당의 명칭이나 창립일자, 또 그와 관계된 사건들에 대해서는 약간의 논란이 있다. 그 당시의 사건들에 대해 비슷한 시기에 작성된 자료로는 일본 외무성 비밀비망록과 「高麗共産黨及全露共產黨の梗槪」, 1922년 11월의 조사보고, 고등경찰 문서(이하 「고경」高警으로 표기) 문서번호(이하 DN으로 표기) 4105, 1-15-1923, 일본 육해군성陸海軍省 문서(미국 의회도서관의 마이크로필름, 이하 *AJAN*으로 표기), Reel(이하 R로 표기) 128, Frame(이하 F로 표기) 44177이 있다. 이 자료에 따르면 한인사회당이라는 이름의 당은 뒷날 코민테른의 초대 극동선전위원으로 임명된 쿠레코르노프Kurekornov를 포함한 여러 러시아인의 지도로 1918년 6월 28일에 하바롭스크에서 창립되었다(그러나 국회도서관에 소장되어 있는 동 마이크로필름이나 동일한 자료를 전재한 강덕상姜德相·가지무라 히데키梶村秀樹 편, 『現代史資料(29)―朝鮮(5)』, 도쿄, 1972, 453쪽과 김정명金正明 편, 『朝鮮獨立運動』, 제5권, 도쿄, 1967, 317쪽에는 창립일자가 1918년 6월 26일로 되어 있다―옮긴이).

김준엽金俊燁·김창순金昌順 공저, 『한국공산주의운동사』韓國共産主義運動史, 제1권, 서울, 1967, 120쪽. 이 책에는 창립일자가 1918년 6월 26일로 되어 있다. 덧붙여 말하면 한국학의 이정표라고 할 수 있는 이 중요한 저작은 최고의 찬사를 받을 만한 가치가 있다.

앞서 인용한 김승화는 비슷한 이름의 '한인사회주의자동맹'the Union of Korea Socialists이라는 당이 2월이나 3월에 설립되었다고 했는데, 2월 회의의 결과 몇몇 상설조직이 구성되었던 것으로 보인다. 이 시기를 다룬 다른 자료들은 다음과 같다. 조선총독부朝鮮總督府 법무국法務局, 『朝鮮獨立思想運動の變遷』, 서울, 1931, 43쪽; 경성지방법원京城地方法院 검사국檢事局 사상부思想部, 『조선공산당사건』朝鮮共産黨事件, 서울, 일자 미상, 9쪽; 최창익崔昌益, 「조선무산운동」朝鮮無產運動, 『조선민족해방투쟁사』朝鮮民族解族關爭史, 1949년 한국어 초판(평양)의 일본어 번역(교토, 1952), 252쪽; 김두정金斗禎, 『조선공산당소사』朝鮮共產黨小史, 반공총서反共叢書, 제8집, 도쿄, 1939년 10월 30일, 101~123쪽.

패배와 환멸의 시기에 끊임없이 계속돼온 항일운동을 상징하는 인물이었다. 그외에 부위원장에는 마트베이 박Matvei Park(박애?), 선전부장에 전일소一, 비서부장에 박진순朴鎭淳, 정치부장에 이한업李漢業, 교통부장에 김립(이동휘의 비서)이 각각 선출되었다. 여기서 알 수 있는 것처럼 이 당은 선전, 정치조직, 군사 활동을 3대 주요 기능으로 삼는 소비에트의 모델을 그대로 따라 만들어졌다.

새로 조직된 당은 볼세비키당의 지도로 시베리아 지방 전역에 걸쳐 한인과 중국인 사이에서 지원 부대를 조직하는 데 주력했으며, 특히 연해주沿海州에서 광범위한 활동을 전개했다. 그러나 이 당의 주요 지도자들은 국내에서 망명한 사람들이어서 이 지역에 살고 있던 농민들과의 유대가 상대적으로 부족한 것이 취약점으로 드러났다. 군중을 동원하기 위해 이들은 간행물『종』鍾을 발간했다.

볼세비키와 손잡고 조직 활동을 벌인 것은 한인사회당만이 아니었다. 볼세비키 혁명 이전에 창설된 대한국민의회大韓國民議會는 좀더 광범위한 기반을 갖고 있었는데, 최근 공산주의 저자들은 이 집단의 지도자들을 '부유한 한국인' 또는 '멘셰비키의 영향 아래 있던 사람들' 등으로 묘사한다.[8] 어쨌든 대한국민의회는 1918년 5월, 니콜스크-우수리스크에서 좌익 대표들을 포함해 약 130명의 대의원이 참석한 가운데 제2차 대회를 소집했다.* 김승화에 따르면 새로운 중앙위원회를 구성하자는 좌익 측의 제안이 부결되자 대부분의 좌익 인사는 회의장에서 퇴장해버렸다고 한다. 이는 그 시기에 한인들의 정치

---

8 상세한 것은 다음 책을 참조하라. 칸S. A. Khan, 「한인 노동자들의 러시아 극동내전에의 참가, 1919~1922」Unchastie Koreiskikh trudyashchikhsya v grazhdanskoi voine na Russkom Dalnem Vostoke, 1919~1922, 『한국, 역사와 경제』Koreya, istoriya i ekonomika, Moscow, 1958, 54~55쪽.

* 대한국민의회는 1917년 5월에 조직된 전로한족회全露韓族會 중앙총회中央總會가 1919년 2월 그 명칭을 바꾼 것이다. 따라서 1918년 5월에 개최된 제2차 대회도 전로한족회 중앙총회의 제2차 대회로 보아야 할 것이다(김준엽·김창순, 앞의 책, 제1권, 88쪽, 118~119쪽 참조).

활동에서 빈번하게 나타난 무수한 분쟁사태에서 한 가지 사례에 불과한 것이었다.[9] 그럼에도 조직을 확대하기 위한 노력은 계속되었는데, 특히 좌익 측이 활발히 움직였다. 알려진 바에 따르면 1918년 7월 말 약 100명으로 구성된 최초의 한인 적군부대赤軍部隊가 조직되었다고 한다.

이 대회에서 어느 볼셰비키 지도자(아마도 크라스노셰코프Krasnoshche-kov)는 공산주의운동에 가담하는 것이 한국의 해방을 지원하는 데 가장 효과적인 방법이라는 논지를 강조했고, 모스크바의 외교위원회에 한국 대표를 둘 것을 약속했다. 또한 소비에트연방 내에 있는 모든 소수민족에게 자치권과 평등권을 부여하겠다는 소련의 공약을 반복하면서 한국인들의 지지를 강력히 호소했다. 이 기간에 시베리아의 정치적·군사적 상황은 끊임없이 변하면서 극심한 혼란에 빠져들었다.[10] 볼셰비키는 주요 도시를 장악하기 위해 사회민주주의자나 제정주의자들과 싸워야 했다. 백군, 체코군, 일본군과 기타 동맹군들은 이들 지역을 장악했다가 빼앗기를 되풀이했다. 이는 자연히 시베리아 내의 초기 한인 정치 활동의 지속성과 여러 집단 간의 관계에 중대한 영향을 끼치게 되었다. 이런 점 때문에 설사 당시에 개인적인 알력이 완전히 제거될 수 있었다고 해도 질서정연하고 통합된 운동은 불가능했을 것이다.

그 후 1918년 8월 말, 일련의 군사적 패배 뒤에 바이칼Baikal 지방 일대의 한인 적군부대 지도자들은 우룰가Urulga에 모여 부대를 해산하고 유격전으로 방향을 전환하기로 결정했다. 이때 한인 지부를 포함한 모든 소련공산당 기관은 하바롭스크에서 아무르Amur(즉 흑룡강黑龍江) 지방으로 이동하라는 명령을 받았다. 그러나 9월 4일, 일본군의 도움을 받은 백군이 하바롭스크를 점령하자 많은 공산주의자와 그 추종자들이 체포돼 총살되었다. 당시 처형당

---

9 이 회의에 관한 또 다른 흥미로운 설명은 1918년 10월 3일자로 된 조선총독부 통역관 기토 가쓰미木藤克己의 「在露領排日朝鮮人取締に關する私見」(원본은 후버도서관 소장)에서 볼 수 있다.

10 이 사태의 전개를 잘 설명하고 있는 책은 다음과 같다. 제임스 몰리James W. Morley, *The Japanese Thrust into Siberia, 1918*, New York, 1957.

한 사람들 가운데는 하바롭스크 볼셰비키 조직의 비서일 뿐 아니라 중앙외교위원회(즉 외무부) 극동분과위원으로 추측되는 알렉산드라 페트로브나 김도 끼어 있었다.

공산군의 군사적 패배로 시베리아 공산주의자들은 큰 타격을 입어 많은 이탈자가 발생했다. 한동안 이 지역에서 언급할 만한 가치가 있는 한인 조직이라고는 대한국민의회밖에 없었다. 알려진 바에 따르면 이 조직은 구성원 상당수가 백군의 도착을 환영했다고 한다.

볼셰비키 세력이 강화되면서 시베리아의 두 지역, 즉 연해주(특히 블라디보스토크 지방)와 옴스크-이르쿠츠크Omsk-Irkutsk가 한인 급진세력의 중심지로 등장했다. 1919년 1월 22일, 이르쿠츠크에 있는 한 무리의 한인이 이르쿠츠크공산당 한인 지부(또는 한족부韓族部)를 조직하기 위해 회합을 가졌다.[11] 그때부터 몇 주간 이들은 새로운 당헌과 당칙을 제정했고, 몇 차례에 걸쳐 당 간부를 선임했다. 이 그룹의 지도자로 남만총南萬聰(=南萬春 또는 南滿春), 김철훈金哲勳, 오하묵吳夏默, 박승만朴承晩, 윤협尹協, 조훈趙勳 등이 있었다. 이런 당 조직은 이 지역의 다른 도시들에서도 많이 생겨났다.

몇 달 후인 1919년 4월 25일에는 블라디보스토크 교외의 신한촌新韓村에서 이동휘 일파의 주도로 여러 갈래의 친親볼셰비키적 한인들이 모여 회의를 가졌다.[12] 당시는 바로 한국에서 몇 주 전에 3·1운동이 발발했고, 모스크바에서는 코민테른(제3국제공산당)이 막 출범한 때였다. 이 회의에서 결정된 사항은 다음과 같다. 한인 사회주의 단체 간의 조정위원회를 설치하고 그 본부를 블라디보스토크에 둔다. 극동 노령 지역 내에서 활동하고 있는 모든 한인 무

---

11 『적기』赤旗, 1920년 4월 7일, 이르쿠츠크공산당 한인 지부 출판. 「고경」에 번역되어 수록되었다. DN 5283, 2-16-1921, *AJAN*, R 123, F 37308~14.

12 고등법원高等法院 검사국檢事局 사상부思想部, 「滿洲に於ける共産主義運動の推移と最近の情勢概況」, 『思想彙報』, 제14호, 1938년 3월, 7쪽 이하. 김승화는 이 회의가 1918년 5월에 개최되었다고 했지만, 이는 착오였음이 거의 확실하다(이 회의는 흔히 한인사회당 대표자대회라고 불렸다―옮긴이).

장조직체에 대해 단일한 지휘체계를 세우고, 만주와 국내에서 활동 중인 한인 무장부대들과 연계를 갖는다. 신문, 잡지, 삐라 등의 수단을 통해 각지의 한인들에 대한 선전·선동을 강화한다. 대한국민의회를 부인한다. 중앙소비에트 정부와 코민테른(국제공산당)과의 관계를 가지기 위해 대표단을 파견한다.

마지막 결정사항에 따라서 한인사회당의 주요 간부인 박진순과 박애, 이한업이 모스크바로 파견되었다. 그리고 코민테른의 간부인 쿠레코르노프 Kurekornov(흔히 그레고르노프로 알려져 있다 ─ 옮긴이)는 이들 외에 대한국민의회로부터 파리강화회의에 파견할 대표자로 선정된 윤해尹海와 고창일高昌― 두 당원을 위해 증명서를 발급해주었다. 1919년 늦은 봄, 5인의 대표단은 소련의 수도를 향해 출발했다.

1919년 중반 모스크바에 도착한 박진순 일행은 따뜻한 환대를 받았으며 코민테른 측은 이들의 운동을 지원하기 위해 약간의 자금을 제공했다. 그 보답으로 한인 대표들은 자신들의 당이 조선을 해방하고 공산주의의 대의를 전파하기 위해 노력하겠다고 맹세하는 협정을 새로운 소비에트 정부와 체결했다.[13] 박진순 일행은 8월 5일에 모스크바를 떠나 극동으로 향했다. 처음에는 그들이 아주 성공적으로 임무를 완수한 듯했지만, 중대한 문제를 불러오게 되는 한 사건이 그달 말에 일어났다.

앞서 살펴본 것처럼 이 기간에 연합원정군聯合遠征軍, 일본군, 러시아 백군 등은 시베리아 내륙지방에서 광범위하게 작전을 수행하고 있었고, 이로 말미암아 볼셰비키는 많은 거점에서 급히 철수하거나 거점을 빼앗겼다. 어떤 지역은 계속 주인이 바뀌었고, 희생자 수가 늘어갔으며, 공산주의 선전 활동은 전반적으로 퇴조했다. 적을 사로잡거나 적에게 사로잡혔을 때 관용을 베풀지 않았으며, 상대방이 관용을 베풀어줄 것이라고 기대할 수도 없었다. 특히 주요 정치적·군사적 인물에 대해서는 가차 없는 처형이 단행되었다. 8월 28일

---

13 앞의 「高麗共產黨及全露共產黨の梗概」, F 44180.

에는 쿠레코르노프마저 백군부대에 잡혀 즉각 처형됨으로써 그와 가까이 손잡고 일해왔던 이동휘 일파에게 큰 타격을 안겨주었다. 이외에도 놀라운 일은 계속되었다. 그러던 중 이동휘는 8월 말 상해임시정부上海臨時政府의 국무총리로 취임하기 위해 상하이로 떠났으며, 당 본부도 그를 따라서 상하이로 이전했다.

그러므로 9월 10일 이르쿠츠크에 도착한 박진순 일행은 새롭고 복잡한 상황에 직면하게 되었다. 쿠레코르노프가 맡아왔던 코민테른의 극동국장極東局長 자리에는 슈미아츠키B. J. Shumiatsky가 부임했다. 이미 1월에 공산당 조직을 만들었던 이르쿠츠크의 한인 지도자들은 즉각 슈미아츠키와 접촉했다. 슈미아츠키의 지원을 받은 이들은 9월 5일 '전로한인공산당'全露韓人共産黨을 발족시켰다. 이르쿠츠크에 기반을 둔 이 당은 기본적으로는 자신들이 해오던 활동의 연장선상에 있었다.[14] 슈미아츠키의 지지를 얻은 이르쿠츠크 그룹은 쿠레코르노프가 죽은 마당에 자신들이 한인사회당의 정통성을 계승했다고

---

14 김홍일金弘壹, 「자유시사변 전후」自由市事變前後, 『사상계』思想界, 1965년 2월호, 221쪽. 김홍일에 따르면 이르쿠츠크파의 주요 인물은 철저히 러시아화된 한인 2세인 최고려崔高麗, 한명세韓明世, 김하석金夏錫, 오하묵 등이었다고 한다. 1966년 장건상張建相은 방인후方仁厚와의 인터뷰에서 어떤 사람들이 초기 운동에 참가했는지 이해하는 데 도움이 되는 이들에 대한 흥미로운 회상을 들려주었다. 장건상에 따르면 '완전히 러시아식'인 최고려는 부모들이 함경도에서 이주해왔던 한인 2세였다. 그는 '관貫이 좋은' 사람(우수한 자질을 가진 사람 — 옮긴이)이었으며 볼셰비키 사상이 꽉 박힌 인물이었다. 한명세 역시 한인 2세였고 약 40세쯤 되었고 학식이 매우 고매하고 '귀족적 매너'를 가진 사람이었다. 장건상에 따르면 그는 러시아식 교육을 받았음에도 한국의 예절을 존중했고, 윗사람을 존경했으며, '체면'을 지킬 줄 아는 인물로 탁월한 조직가였다. 장건상은 김하석을 "상당히 유연하고 능력도 있는 사람"으로 묘사했다. 그는 '마지막까지 시베리아에 남아 한국인 운동을 한 사람'이었다. 오하묵 역시 한인 2세였으며 차르시대에 군사학교를 졸업하고 얼마 지나지 않아 1920년에 1,000여 명으로 유격대를 조직해 세메노프Semenov군과의 전투에서 적군赤軍에 가담했다.
그러므로 우리는 이르쿠츠크당의 주요 지도자들은 전부는 아니라고 해도 대부분 철저히 러시아화된 한인으로, 이동휘나 그 추종자들과는 상당한 차이가 있었다는 사실에 유념해야 한다.
또한 장건상은 슈미아츠키가 커다란 권력을 갖고 있었다고 주장했다. 그는 "모든 것을 간섭하게 되고 우리의 일체 행동은 그 사람에게 허락을 받아야 되고 상의 없이는 해본 적이 없었다"고 회고했다(장건상의 인물 묘사는 인터뷰 원본에서 그대로 인용했음을 밝혀둔다 — 옮긴이).

주장하면서 박진순에게 코민테른의 자금을 내놓으라고 강요했다.[15]

한국 공산주의운동에서 이르쿠츠크파와 상해파上海派 간의 알력은 실상 이때부터 시작되었다고 볼 수 있다. 이미 그들 사이의 차이는 뚜렷했다. 모든 실질적인 면에서 '소비에트연방 내의 공산주의운동의 한 부분'이 되려고 했던 러시아화된 한인들과 한국의 독립을 획득하기 위해 소련의 도움을 얻고자 했던 민족주의자들 간에는 실로 상당한 거리가 존재했다. 게다가 당시와 같은 정치적·군사적 조건 속에서 통합된 운동을 발전시킨다는 것은 매우 어려웠고, 한인 사회 내부에는 분파주의가 만연해 있었다. 더욱이 소련 대표들 사이의 분열은 사태를 한층 더 복잡하게 만들었다. 예를 들어 몇몇 자료는 잠시 동안 존재했던 극동공화국極東共和國의 수상首相이었던 테렌티 포미치 슈티코프 Terenti Fomitch Shtikov와 슈미아츠키 간에 계속된 불화를 언급하고 있다. 이런 불화는 서로 다투고 있던 한인 집단에 즉각 영향을 미쳐 이동휘 그룹은 슈티코프, 이르쿠츠크 집단은 슈미아츠키를 각각 지지했다.

2. 중국과 만주에서의 한국 공산주의

이제 상하이로 관심을 돌려보자. 수십만 명의 한국인이 일본의 통치에 항거해 일어난 3·1운동 이후, 민족주의 지도자들은 상하이에 임시정부를 세우는 데 주력했다. 어떤 면에서 이 시기의 한국 정치는 몇 년 후의 중국 정치를 연상케 한다. 즉 광범위한 기반을 가진 통일전선적인 정부가 수립되어 얼마간 유지되었지만, 여러 가지 이유로 분열되고 공산주의자들은 대립적인 조직을 만들게 된 것이다.

---

15 앞의 자료와 『朝鮮獨立思想運動의 變遷』, 44쪽; 「滿洲に於ける共産主義運動の推移と最近の情勢概況」, 10쪽.

초창기의 상해임시정부에는 모든 색채의 정치 세력이 망라되어 있었다. 보수주의에서 공산주의(어쩌면 정치적 스펙트럼의 맨 끝에 공산주의보다는 무정부주의를 두어야 하지 않을까?)에 이르기까지 여러 가지 이념을 신봉하는 사람들 간의 유일한 공통점은 민족주의였다. 그러나 훗날 중국의 국공합작國共合作과 마찬가지로 한국의 민족주의자와 공산주의자 간의 연합은 지속될 수 없었다. 초기의 임시정부는 서로 다른 이데올로기를 지닌 채 서로 다른 전술을 선택하고 각기 다른 나라로부터의 지원을 바라는 사람들로 구성되었다. 이런 상황에서 파벌투쟁은 악화되기 마련이었다. 아마도 가장 주된 실질적 문제는 일본에 대항해 즉각적인 행동을 취하자는 주장과 우선 실력을 양성해야 한다는 주장 간의 대립이었을 것이다. 그러나 그 밖에도 수많은 갈등이 있어 이 연합은 결국 채 2년도 지속되지 못했다. 그럼에도 이 기간은 한국의 공산주의운동에서 대단히 중요한 기간이었다.

앞서 살펴본 것처럼 1919년 9월에 임시정부의 국무총리로 선출된 이동휘는 그달 18일에 상하이에 도착했다. 12월에 이르러 그와 그의 추종자들은 임시정부 내의 많은 요직에 진출했다. 한편 박진순 일행은 11월 초 상하이에 있는 이동휘에게 이르쿠츠크 사건에 대해 보고했다고 한다. 이에 격노한 이동휘는 임시정부와 고려공산당이 사실상 같은 조직이라고 하며 한국인들 사이에서 공산주의를 전파할 책임을 지겠다는 것을 약속하는 탄원서를 작성해 코민테른에 제출하기로 했다.[16]

박진순은 곧 탄원서와 한 통의 서신을 가지고 모스크바로 떠났는데, 그의 새로운 교섭은 대체로 성공적이었던 것으로 보인다. 코민테른 당국은 문제의 자금이 이동휘계의 한인사회당에 가야 하며, 차후에 이르쿠츠크당은 슈미아츠키한테서 비용을 받아 쓰며, 당의 활동대상을 시베리아에 사는 한인들로 국

---

16 「高麗共産黨及全露共産黨の梗概」, F 44181. 이 자료에 따르면 탄원서는 고려국高麗國 임시정부의 이름으로 제출되었다. 이는 확실히 소련과 코민테른 당국의 전적인 승인을 얻기 위한 시도로 보인다.

한하라고 지시했다. 반면 한인사회당은 시베리아를 제외한 지역에 있는 모든 한인에 대한 선전과 조직 활동의 책임을 맡게 되었다. 코민테른 당국은 이 같은 역할 분담을 규정한 협정의 내용을 슈미아츠키에게 통보했다. 그와 동시에 코민테른은 상해임시정부를 한인사회당이 장악한 도구로 간주했다.

이런 협정이 이루어지기 훨씬 전부터 이미 볼세비키당은 한국 민족주의자들의 다양한 군사 활동을 격려하고 물질적으로 지원해왔다. 1918~1919년 연해주와 만주에서는 많은 한인 부대가 만들어졌는데, 그들은 소련 당국의 원조로 블라디보스토크를 통해 무기를 마련했다. 1919년 6월 14일자의 (일본) 조선군 사령부 보고서는 이동휘와 문창범文昌範, 황병길黃丙吉 등이 그중 주요 군사 지도자이며, 그들은 상당한 군사력을 휘하에 두었다고 지적하면서 다음과 같이 말했다.[17]

니콜스크에 있던 이동휘가 최근에 만주의 밀산密山 부락에 가서 한국 군사관학교軍士官學校를 세우고 교장으로 있으면서 구舊한국군의 장교들을 모아 젊은 신병들을 훈련시키는 교관으로 기용하였다. 또한 그는 시베리아 및 중국 전역에 있는 귀화하지 않은 한국 사람으로 21세 이상의 청년들에게 소집영장을 발부했다고 한다(다른 자료에는 소집영장의 대상자가 18세로 되어 있다). 또 20원元의 호구세(현금 또는 곡물)가 이 지역의 모든 한인 가구에 할당되었다. 신병을 모집하는 지부가 치타(李剛), 니콜스크(文昌範, 安明根), 블라디보스톡(嚴仁燮), 그리고 만주의 쑤청(蘇城; 이동휘)에 설치되었다. '소문에 의하면' 약 4,000명의 병정들이 독립군의 기치 아래 집결하였다.[18]

한편 옴스크-이르쿠츠크 지방에서도 활발한 군사 활동이 벌어졌다. 옴스

---

17 「朝鮮騷擾事件ニ關スル情報」 제22호, 조선군사령부朝鮮軍司令部, 6-14-1919, *AJAN*, R 122, F 35646~55.

크에서는 이다물李多勿과 안경억安京億이 김피요톨Piyotol Kim의 도움을 받아 한인 사관학교士官學校를 설립했다.[19] 이다물은 옴스크의 한인공산당 책임자이자 무관학교 교장직을 맡고 있었으며, 안경억은 무관학생회 회장이었고, 김피요톨은 노보 니콜라예스크Novo Nikolaesk의 청년회 회장이었다. 이 정보에 따르면 이들은 약 80명의 학생을 선발해 4개월을 졸업 기한으로 교육 중이었으며, 크라스노야르스크Krasnoyarsk에서는 한인 청년들이 야간에 군사훈련을 받았다고 한다. 이르쿠츠크에서도 수백 명의 한인이 적군에 가담하거나 자신들의 부대를 만들었는데, 어느 일본 보고서에 따르면 1921년 6월까지 이르쿠츠크 시 국제 부대International Unit 내에 고려특립대대高麗特立大隊가 있었다고 한다.[20] 이처럼 한국 공산주의운동의 주요한 두 분파는 독립된 무장대로서든, 적군 소속부대로서든 간에 군사 활동 면에서 모두 볼셰비키의 지원을 받고 있었다.

극동에서 코민테른의 활동이 확대되면서, 특히 코민테른이 상하이에 원동국遠東局을 설치한 이후 한국 임시정부와 소련 간의 유대는 더욱 강화되었다. 이런 측면에서 볼 때 1920년 봄은 특히 중요한 시기였다. 알려진 바에 따르면 3월에 러시아의 볼셰비키 대표 한 명이 임시정부의 요인들과 구체적인 협상을 벌이기 위해 한형권韓馨權(또는 韓亨權)과 이 니콜라이Yi Nikolai, 샤치펑夏

---

18 이 시기에 시베리아의 한인 무장대들은 적어도 명목상으로는 소련의 통제 아래 있었던 것 같다. 김승화에 따르면 1921년까지 3,700명의 대원으로 구성된 약 36개의 유격대가 극동공화국의 인민혁명군으로서 일본군과 싸웠다고 한다. 소문이지만, 그외에도 250명의 한인이 러시아 유격대에 속해 있었다고 한다. 또한 김승화는 1921년 극동 노령에는 50개의 한인 공산주의 세포조직이 있었는데, 이들은 소련공산당 소속으로 578명의 당원과 1,000명 이상의 후보당원을 가졌으며, 그 밖에 콤소몰 Komsomol(공산청년동맹, Kommunistichesky Soyuz Molodezhi─옮긴이)에도 800명의 한인 청년이 있었다고 썼다. 김승화, 앞의 책, 100쪽과 103쪽.

19 앞에 인용한 『적기』, 1920년 4월 7일자(이 부분의 번역에는 이 기사의 일본어 번역인 다음 책을 참조했다. 「歐露各地に於ける過激派朝鮮人の動靜」, 「고경」, DN 5283, 김정명 편, 『朝鮮獨立運動』, 제 5권, 96~100쪽. 각 간부의 직함은 다소 불분명하지만 원문에 따랐음을 밝혀둔다─옮긴이).

20 조선총독부朝鮮總督府 경무국警務局, 「不逞朝鮮人と露國過激派との關係」, 6-8-1921, AJAN, R 122, F 36366.

奇峰을 대동하고 상하이로 갔다. 어떤 자료는 '포다포프Podapov 장군'과의 접촉을 말하고 있으나, 우리는 그 러시아인의 정체를 파악하지 못했다. 그외 세 명의 아시아인은 1919년 12월에 열렸던 제2차 전 러시아 동양인민공산단 체회의全露東洋人民共産團體會議에 참석했다. 당시 한형권은 '한국 노동자 대표'로서, 이 니콜라이는 '한국계의 귀화한 러시아인'으로, 샤치펑은 '중국 노동자 대표'로 등록되었다. 한형권에 관한 것은 뒤에서 다시 언급하겠다. 이들이 도착한 직후 극동사무국Far Eastern Bureau 설립의 사명을 띤 젊은 그리고리 보이틴스키Grigorii Voitinsky가 러시아에 귀화한 중국인 양밍차이楊明齊와 함께 블라디보스토크에서 출발해 상하이에 도착했는데, 도착 날짜는 분명하지 않으나 5월이었던 것 같다.[21]

---

21 대부분의 자료에는 보이틴스키가 1920년 봄에 중국에 도착한 것으로 나와 있다. Rovert C. North, *Moscow and Chinese Communists*, Stanford, 1953, 54쪽; Conrad Brandt, *Stalin's Failure in China 1924~1927*, Cambridge, Mass., 1958, 20쪽; C. Martin Wilbur and Julie Lien-ying How (ed.), *Documents on Communism, Nationalism and Soviet Advisors in China, 1918~1927*, New York, 1956, 79쪽.

슈워츠Schwartz는 도착한 날을 1920년 6월이라고 밝혔다. Benjamin Schwartz, *Chinese Communism and the Rise of Mao*, Cambridge, 1958, 32쪽(이 책의 한국어 번역본은 권영빈, 『중국 공산주의운동사』, 1983, 형성사 — 옮긴이). 이 시기에 사회주의운동에 종사했던 한 중국 지식인은 보이틴스키와 양밍차이가 1920년 5월에 상하이에 도착했다고 기술했다. 량융셴梁泳弦(해유고객海遊古客이라는 필명으로 발표), 「解放別錄」, 『自由人』(홍콩, 제73~86호, 1951년 11월 14일~12월 29일, 14회분), 제76호, 4쪽. 량융셴에 따르면 중국인들은 톈진에 살던 '풀루웨이'Puluwei라는 러시아 볼셰비키와 이미 접촉했으며, 그전에 무정부주의자나 사회주의자, 기타 세력이 느슨하게 얽힌 한 그룹이 베이징에서 천두슈陳獨秀의 지도로 일종의 사회주의동맹을 형성했다고 한다.

그러면 풀루웨이라는 인물은 누구인가? 이 시기의 사건들에 참여한 또 다른 인물인 장시만張西曼은 방언을 연구하려고 중국에 온 자칭 중국 고전古典 전문가인 '펠리웨이'Peliehwei가 일련의 노력 끝에 톈진 주재 인터내셔널의 문화 대표Cultural Representative로 임명되어 1921년 러시아로 가는 중국인들에게 비밀입국증을 제공하고 있었다고 기술했다. 또한 장시만은 펠리웨이가 부패해 다른 사람에게 갈 자금을 횡령했고, 이 사실이 문제가 되어 러시아로 소환되었으나 돌아가기를 거부하고 결국에는 미국 시민권을 얻었다고 말했다. 장시만張西曼, 『歷史回憶』, 상하이, 1949, 5쪽. 저우처쭝周策縱은 *The May Fourth Movement*, Cambrige(1960)에서 세르게이 폴레보이Sergei A. Polevoy는 베이징대학 교수였는데, 자신이 일찍이 접촉했던 중국 급진주의자들과 보이틴스키를 만나게 해주었다고 기술했다(244쪽).

어쨌든 보이틴스키가 상하이에 도착했을 당시 천두슈가 이미 프랑스 조계租界 내에서 살고 있었던 이들 코민테른 대표와 임시정부 지도자들 간의 협상 내용에 관해서는 아무런 기록도 남아 있지 않다. 그러나 일본 공작원들이 가로챈 여러 통의 서신, 특히 그중에서도 상하이에서 간도에 있는 대한국민회大韓國民會 회장 구춘선具春先 앞으로 보낸 두 통의 서신은 많은 단서를 제공해주었다. 첫 번째 편지는 1920년 5월 11일자로 임시정부의 국무총리 이동휘, 국무원 비서실장 김립, 간도 출신인 임시의정원 의원 계봉우桂奉瑀 등 3인이 서명한 것이다.[22] 이 서신은 "우리 민족이 독립을 선포하고 혈전血戰을 주장"한 이래로 현재까지 간도에서 무력의 발전(잘 통합되지 못한 상태지만)을 제외하고는 실제로 거의 이루어진 일이 없다는 사실을 한탄하는 것으로 시작한다. 이어서 일본의 탄압이 더욱 가중되고 있는 것을 인정하면서 이에 대한 대응책을 마련해야 한다고 주장하고, 간도 대한국민회는 군사훈련을 위해 4만 원元의 예산을 세웠으며, 주진술朱鎭述 등 몇 사람을 러시아로 파견했다고 밝히고 있다. 또한 이들 3인은 이런 활동이 임시정부의 관할 아래 놓이기를 바랐기 때문에 자신들이 소련 대표들과 협상하고 있음을 밝혔다.

동서 각국의 성원이 원만한 것은 더 말할 것 없고 우리 독립에 대하야 처음부터 내종乃終까지 가장 밀접관계된 레닌 정부 그 정부에 이미 파견한 박진순 군은 그 외교위원부에 가입하였고 그다음 한형권 군도 불원간 모스크바에 도달할 듯하오며 그나마 상해, 텐진 등 각처에 내왕한 중요 인물 곧 러시아 외교원과의 비밀적 약속도 이미 뢰정牢定한 바가 있읍니다.[23]

것은 분명한 것 같다. 천두슈는 즉시 동맹회원들과 그 밖의 사람들이 보이틴스키를 만날 수 있도록 자기 집에서 회의를 소집했다. 량융셴은 이 회합에 참석한 한국인 중 단 한 사람의 이름만을 말하고 있는데, 바로 민족주의자 김구金九였다. 량융셴에 따르면 보이틴스키는 모든 사회주의 정당과 단체가 사용할 수 있는 인쇄소를 설립하기 위해 2,000원을 주었고 며칠 후에 유신인쇄소有信印刷所가 가동에 들어갔다고 한다.

22 조선총독부 경무국, 「露國過激派と間島不逞朝鮮人との關係」, 일본 외무성 문서, 미국 의회도서관 마이크로필름(이후에는 AJMFA라 표시함), 1920년 7월 Sp. 44, 『特殊調查』, 제134호, 11~13쪽.

이 서한은 계속해서 임시정부 대표 이용李鏞이 도착하면 국민회는 그가 가지고 간 10만 원 상당의 공채표公債票를 받고 사관양성비士官養成費로 획정劃定했던 4만 원을 그에게 대여하기를 바라며, 그가 상세한 정보를 제공해줄 것이긴 하지만 "레닌 정부 측이 파견한 인물과 직접 약속이 있는바 이르쿠츠크 이북지방으로 근거지를 삼고 첫째, 사관양성에 착수하는 동시에 비행기, 대포 등 무기를 가급적 준비할 것이며, 겸하여 과격군過激軍(Bolsheviks)과 제휴하여서 최후 작전할 계획"이라고 적고 있다.[24]

1920년 5월 14일자의 두 번째 서한은 계봉우가 구춘선에게 보낸 것인데, 여기서 두 명의 레닌 정부 특별사절이 김만겸金萬謙[25]과 함께 임시정부로 와서 그들 정부의 공식 문서를 전달했다는 것을 밝히고 있다. 또한 이 서한에는 "귀 정부의 형제들도 모스크바에 와서 극동에서의 일대복수를 수행하는 데 합세해야 한다"고 쓰여 있다.[26] 다른 자료에 따르면 대한국민의회 부회장을 지낸 적이 있는 김만겸은 한인 공산당원이자 코민테른 선전원의 자격으로 블라디보스토크에서 상하이로 왔다고 한다.[27] 전해진 바에 따르면 그는 조직과 선전 활동비로 4만 원을 가져왔으며, 철저히 러시아화된 50세의 한인인 강한택姜漢澤과 함께 여행했다고 한다.

당시 상하이에 있던 한인 망명객들 간의 상황은 대단히 복잡했다. 앞서 살펴본 것처럼 1919년 8월에는 모든 한국 민족주의자의 단일 전선을 세우고자 한 끈질긴 노력이 부분적인 성공을 거두었고, 9월에는 재조직된 대한민국 임시정부가 상하이에 본부를 두고 출범했다. 그 후 복잡하고 미묘한 협상을 거

---

23 위의 문서, 12쪽.
24 같은 문서, 12쪽.
25 장건상은 김만겸이 "한국어보다 러시아어에 더 능통한" 한인 2세라고 밝혔다. 김만겸은 이르쿠츠크
    파와 관계를 맺고 있었다.
26 위의 문서, 16쪽.
27 일본 외무성外務省 아세아국亞細亞局, 「朝鮮獨立運動問題」, 『歷史參考資料』, 제24호, *AJMFA*, R
    Sp. 4, 148쪽.

처 이승만李承晚(당시 미국에 있었음)이 대통령, 이동휘가 국무총리에 취임했는데 이동휘는 친볼셰비키적인 한인사회당의 당수직을 그대로 지니고 있었다. 이 시기에 다양한 민족주의 집단을 분열시킨 가장 구체적인 쟁점은 사회주의가 아니라 군사행동의 문제였으리라고 생각된다.

앞서 인용한 서한에서도 볼 수 있듯이 이동휘와 그의 추종자들은 일본에 대한 즉각적인 군사행동을 주장했다. 바로 이 점이 그들이 상당한 군사적 원조를 기대할 수 있는 유일한 상대였던 새로운 볼셰비키 정부와 긴밀한 유대를 맺게 된 이유이기도 했다. 반면 즉각적인 군사행동이 비현실적이고 희생이 너무 클 거라고 여긴 임시정부의 다른 요인들, 특히 이승만과 김규식金奎植, 서재필徐載弼 등은 서방, 그중에서도 미국과 유대를 맺으면서 외교적인 노력과 선전 활동에 힘을 기울였다. 그리고 나머지 사람들은 중간 노선을 취했다.

3. 소련과의 협상

앞서 인용한 두 서한에 밝혀져 있듯이 박진순은 다시 모스크바로 파견되었다. 러시아 지도자들은 약속했던 대로 그를 외교위원회의 한국 문제 담당 공식 고문으로 임명했다. 코민테른 제2차 대회(1920년 7월 19일~8월 7일)의 기록에는 박진순이 고려공산당 대표 자격으로 참가했다고 나와 있으며, 실제로 그는 '민족 문제와 식민지 문제' 분과위원회에 속해 있었다. 그는 여기서 매우 흥미로운 연설을 했는데, 먼저 과거 제1차와 제2차 인터내셔널이 극동 문제를 소홀히 했음을 비난하면서 간결하고 세련된 어조로 아시아에 대한 레닌주의의 전략을 개진했다. 이 연설은 마오쩌둥주의毛澤東主義의 진수를 놀라울 만큼 명쾌하게 표현하고 있다.

우리는 극동혁명의 최초 단계는 자유주의적 부르주아지와 민족주의적 인텔리겐챠의 승리가 될 것이라는 것을 인정하면서, 현재 그다음 단계를 위하여 우리의 힘을 준비하지 않으면 안 된다. 우리는 봉건체제에 예속된 농민 대중을 해방하여 가능한 한 조속히 아시아의 농민-사회혁명을 위한 세력을 조직해야 한다. 일본을 제외한 아시아의 산업프롤레타리아트는 조속한 공산혁명에 대한 큰 희망을 품기에는 너무나 취약하다. 그러나 만일 우리가 일대혈전의 당면문제를 이해하게 된다면 농민혁명이 성공하리라는 것은 의심의 여지가 없다.

세계 사회혁명의 전위인 러시아의 무산계급은 빈농과 중농층을 자기편에 끌어들이는 방법을 알고 있었기 때문에 지난 3년간의 전 세계 부르조아지의 필사적이고 극렬한 공세를 이겨낼 수 있었다.[28]

1920년 6월 모스크바로 가서 박진순과 합류한 한형권은 곧 블라디미르 일리치 레닌Vladimir Ilich Lenin을 포함한 소련 최고지도자들과의 중요한 협상을 정력적으로 추진했다. 해방 직후, 이 기간에 자신의 활동을 자세히 설명한 한형권의 회상록이 발표되었다.[29] 러시아식 교육을 받은 뒤 블라디보스토크에서 살고 있던 한형권은 일찍부터 급진적인 민족주의 단체에서 활발히 활동했고, 일본이 극동 시베리아를 점령하자 다른 사람들과 함께 하얼빈哈爾賓을 거쳐 상하이로 가서 한국어 신문인 『신대한일보』新大韓日報에 관계했다. 한형

---

28 Pak Dinshun, 「동양의 혁명적 정세와 국제공산당의 당면 문제」The Revolutionary East and the Immediate Problem of the Communist International, Petrograd, *Pravda*, July 27, 1920, in *The Second Congress of the Communist International as Reported and Interpreted by the Official Newspapers of Soviet Russia*, Washington, 1920, 135쪽.
    물론 우리는 박진순이 이 연설을 준비하는 데 어떤 사람들로부터 어떤 도움을 받았는지는 알 수가 없다.

29 1948년 10월 1일, 서울에서 간행된 잡지 『삼천리』三千里에는 「혁명가革命家의 회상록 — 레닌과의 담판: 독립자금 20억 원 획득」이라는 제목의 글이 한형권의 이름으로 게재되었다. 그러나 이 글은 실제로는 한형권의 구술을 바탕으로 다른 언론인이 쓴 것이 분명하다. 우리는 이 글을 이용할 수 있게 해준 서울의 백순재白淳在 씨에게 매우 큰 은혜를 입었다.

권은 1919년 말 혹은 1920년 초 일본에서 상하이로 왔으리라 추측되는 미지의 '포다포프 장군'에게 몇 통의 편지를 보내 그와 접촉하게 되었다. 한형권은 포다포프에게 "아라사俄羅斯(러시아)는 약소민족을 동정한다고 하였고 혁명 후 아라사의 목표도 강도强盜 일본 제국주의의 타도에 있을 것이다. 그러자면 조선 민족의 해방이 선행되어야 될 터이니 병력양성에 대한 원조와 자금을 달라"고 말했다.

한형권의 주장에 따르면 포다포프는 결국 임시정부가 모스크바에 몇 명의 정식 대표를 파견하는 데 동의했고, 한형권이 이를 국무총리 이동휘에게 알렸다고 한다. 그래서 각의閣議가 열려 특별사절단으로 여운형呂運亨과 안공근安恭根, 한형권을 파견하기로 결정했다는 것이다. 그러나 안공근은 당시 시베리아에 있었기 때문에 연락이 불가능했던 것 같다. 알려진 바에 따르면 고비사막을 횡단하는 것을 원하지 않았던 여운형은 유럽을 거쳐 모스크바로 가는 통로의 봉쇄가 해제되기를 기다리기로 했다고 한다. 어쨌든 여러 통의 신임장과 공문서를 휴대한 한형권은 홀로 모스크바로 떠났다.[30] 그의 모스크바 방문에 비상한 관심을 보인 소련은 한형권에게 국빈 대우를 해주었는데, 베르크노

---

[30] 앞으로 살펴보겠지만 여운형은 오랫동안 좌익 민족주의 지도자로 명성을 얻으며 공산주의자들과 빈번하게 교류했다. 이토 히로부미伊藤博文를 암살한 안중근安重根의 동생인 안공근은 만주사변 후에 한국 민족주의운동의 온건파로서 중국국민당 정부와 관계를 맺었다.

임시정부(이동휘)의 결정에 대한 한형권의 이야기가 전적으로 정확한 것 같지는 않다. 김준엽과 김창순에 따르면 한형권은 본래 이동휘 그룹과 이들의 상해임시정부에 대한 대표권을 옹호하기 위해 모스크바로 파견되었다. 박진순은 일찍이 두 통의 편지를 모스크바에 전달한 것으로 추측된다. 그 중 하나는 이르쿠츠크파가 상해파로 와야 할 자금을 불법적으로 탈취한 사실을 고발한 것이고, 다른 하나는 상해임시정부가 한인사회당의 정부라는 것을 밝힌 것이었다. 여운형과 안공근은 그 당시 이동휘파와 제휴하지 않았기 때문에 한형권만 이동휘파를 대변해 후자의 입장을 고수할 수 있었다. 김준엽·김창순, 앞의 책, 제1권, 197~198쪽. 그 임무에 대한 좀더 상세한 설명은 198~208쪽을 참조하라.

이런 해석은 일본 경찰의 조사 과정에서 여운형이 진술한 바에 따라 보강된다. 여운형은 "이동휘는 야심을 품고 임정 당국 및 여운형, 안공근 두 사람에게도 비밀로 하고 한형권 한 사람만을 밀파했다"고 했는데, 이 점에서 한형권의 이야기와는 상충된다. 고등법원 검사국 사상부, 「여운형심문조사서」呂運亨訊問調査書(이하 「여운형조서」로 줄임), 『朝鮮思想運動調査資料』, 제2집, 서울, 1933.

이딘스크Verkhneudinsk(지금의 울란우데Ulan Ude)에서는 환영식에 약 200명의 한인 군인을 동원해 태극기를 흔들며 그를 열렬히 영접했다. 또한 이르쿠츠크부터는 호위병으로 두 명의 적군赤軍 군인을 보내는 한편 관용기차 한 량을 전용으로 배당했다. 기차가 설 때마다 각 지방의 장관들이 그를 맞이하러 역으로 나왔고, 모스크바에 도착했을 때는 레오 카라한Leo Karakhan을 포함한 소련 고위관리들이 역에 나와 그를 기다리고 있었다.

그리하여 한형권은 레오 카라한, 외교인민위원 게오르기 치체린Georgi Chicherin과 여러 번 회합했고, 드디어 레닌과도 만났다. 한형권 자신의 말에 따르면 그는 다음의 네 가지를 제안했다고 한다. "첫째, 노농로서아勞農露西亞 정부는 대한민국 임시정부를 승인할 것. 둘째, 우리 한국 독립군의 장비를 적위군赤衛軍과 일양一樣으로 충실하게 하여줄 것. 셋째, 우리는 독립군을 크게 양성하여야 할 터인데 지휘사관指揮士官이 부족하니 시베리아 지정 장소에 사관학교를 설치하여줄 것. 넷째, 우리 상해정부에 독립운동자금을 거액으로 원조하여줄 것."[31]

레닌은 처음부터 한형권을 호의적으로 맞이했다. 그는 당시 레닌의 말을 이렇게 회고하고 있다.

제국주의·군국주의의 일본을 타도함이 없이는 아시아 제 민족에 자유와 행복이 없을 것을 잘 안다. 그리고 조선에는 무산계급적 사회혁명이 필요한 것이 아니라 이때는 오직 민족해방운동, 즉 독립운동만이 필요한 것이다. 그러기에 한국의 독립운동에 전력全力으로 찬성하며 원조하겠노라.[32]

---

31 네 가지 제안이 당시 신문에 보도된 것들과 일치하고 있는 것은 흥미로운 일이다. 예를 들어 1920년 12월 10일자 『오사카 아사히大阪朝日』에는 레닌 정부와 대한민국 임시정부 사이에 맺어진 6개 항의 조약에 대한 기사가 실려 있는데, 이 여섯 가지는 앞서 언급한 네 가지 제안과 거의 일치한다. 「고경」, DN 41493, 1-10-1921, AJAN, R 123, F 36987 참조.

32 한형권, 앞의 글, 10쪽.

레닌은 한국의 독립을 지원하기 위한 보조금으로 200만 루블을 지급하기로 약속했다. 그러나 당시 루블화는 국제통화로 통용되지 않아서 문제는 어떻게 하면 자금을 사용 가능한 형태로 운반할 수 있는가 하는 것이었다. 그래서 첫 자금은 금화를 20부대씩 일곱 상자로 나누어 수령했다. 한형권은 각 상자의 무게가 다섯 사람의 체중에 달하는 것이었다고 회상했다. 이것을 액수로 따지면 40만 루블밖에 되지 않았는데 카라한은 그에게 이것을 먼저 상하이로 운반하고 다시 와서 나머지를 가져가라고 말했다.[33]

한형권은 옴스크에 도착해 임시정부의 국무원 비서장으로 있던 김립을 만났다. 한형권은 김립한테서 상해임시정부가 심각한 내분에 빠져 있다는 비관적인 소식을 들었지만, 자신의 임무를 포기하지 않았다. 김립에게 금화를 전달한 한형권은 모스크바에서의 활동성과를 보고한 뒤 나머지 160만 루블을 가져오기 위해 모스크바로 되돌아갔다. 그러나 모스크바에 도착한 한형권은 사태가 더욱 악화된 것을 깨달았다. 각양각색의 주의주장을 가진 한국 민족주의자들이 서로 공격하기에 바빴고, 심지어 공산주의운동 내에서도 상해파와 이르쿠츠크파가 격렬히 싸우고 있었다. 한형권 자신도 레닌과 코민테른에 전달된 어느 메시지에서 '귀족이요 봉건주의자'라고 공격을 받았다. 이런 비난은 주로 상해임시정부를 겨냥해 "아무런 민중의 배경도 없는 제국주의자의 집단"이라고 공격하는 더욱 심각한 비방의 한 예에 지나지 않았다. 이 같은 공격은 아마도 이르쿠츠크파가 했을 것이다.

한형권 자신은 레닌에게 "상해임정이 분열되어 있는 사실을 은폐하려고 하지 않으나 일하여 나가다가 내홍內訌이 일어나기는 어느 나라나 마찬가지

---

33 한형권은 정부관리들이 자신을 전송하기 위해 역으로 나왔으며, 그중에는 카라한도 있었다고 회상했다. 카라한의 마지막 말은 "금덩이 위에서 자시오"라는 것이었고, 한형권은 그 충고를 철저히 따랐다고 한다.

나용균에 따르면 당시의 금화 1루블은 일화日貨 1엔이나 미화美貨 50센트에 해당한다고 한다. 나용균과 이정식의 인터뷰, 1969년 8월 26일, 서울.

아니냐, 다시 정리하여 나가면 되지 않느냐"며 호소했다고 회고했다. 이 말에 공감한 레닌은 이 운동이 공산주의가 아니라 민족주의적 목표에 집중되어야 한다는 자신의 신념을 다시 한번 언명했다. 상해임시정부를 원조하겠다는 공약은 계속 지켜질 것이라고 약속한 레닌은 제3차 인터내셔널이 종종 자신의 정부에 '간섭'해 문제를 일으킨다고 불평하면서 한형권에게 자세한 사항은 외교인민위원 치체린과 상의하여 결정하라고 위임했다.

그러나 소위 협상이라는 것을 시작한 지 약 넉 달 뒤 치체린은 한형권에게 "아직 그대네의 돈 받을 그릇(임시정부를 지칭―옮긴이)이 확실치 못한 터이니 160만 루블을 다 줄 수는 없으나 우선 20만 루블을 더 줄 터"라고 통고하고 자기는 "전액을 다 주려고 하였으나 국제당(코민테른)의 간섭으로 그리 할 수 없으니 양해하라"고 말했다. 그래서 한형권은 20만 루블만 받아 베를린에서 달러로 바꿔 고창일과 함께 유럽을 경유해 상하이로 돌아왔다.

한형권은 이때 그가 접촉했던 다수의 외국인으로부터 임시정부가 신임을 잃은 데 대해 매우 큰 슬픔을 느꼈다고 말하고 있다. 당시 상해의 상황을 간단히 살펴보면 그 이유를 알 수 있다. 혼란은 몇 달간 지속되었다. 대통령의 지위를 지닌 이승만이 워싱턴에서 상하이로 온 1920년 12월 8일 이후의 몇 주일 동안 한인 지도자들 간에는 전술과 원칙에 대한 격렬한 논쟁이 계속되었고, 이는 인신공격으로까지 비화되었다. 분쟁이 일어날 조짐이 있을 때는 언제나 그렇듯 운동의 운명은 바야흐로 퇴조해가고 있었다. 서구 열강에 걸었던 모든 기대와 마찬가지로 베르사유에서 한국의 독립에 대한 지지를 얻기 위한 시도 역시 실패로 돌아갔다. 한편 시베리아와 만주에서 일본의 압력이 가중되면서 군사 활동에서 많은 인명피해를 보았고, 군사 활동 자체를 계속하는 것조차 어려워졌다. 재정 문제도 항상 골칫거리였다. 전술에 관한 견해 차이는 개인적인 알력과 상호작용해 이데올로기와 대외관계의 차이에서 오는 분열을 가중시켰다.[34]

4. 분열의 심화와 코민테른의 간섭

1921년 1월 26일 임시정부에서는 공개적인 분쟁이 일어나 많은 각료가 사퇴하게 되었다. 국무총리 이동휘 등 반反이승만파는 이승만의 정책을 날카롭게 비판하고, 그와 그의 추종세력을 공공연히 비난함으로써 연합전선은 결국 붕괴되고 말았다.

이 사건이 모스크바로부터 한형권이 받아온 자금과 관계가 있으리라는 것은 충분히 예상할 수 있는 일이다. 이 과정을 이해하기 위해 1920년에 일어난 사건으로 돌아가보자. 한형권이 첫 자금을 시베리아에서 김립에게 넘겨준 뒤 김립은 한형권과 동행했던 박진순과 함께 이르쿠츠크파를 피하기 위해 중국으로 우회해서 돌아왔다. 박진순은 베이징에서 자금의 일부를 자신의 러시아인 아내에게 맡겼으며, 김립은 1920년 12월 상하이에 도착했다.

그런데 자금을 둘러싼 문제는 이번이 처음은 아니었다. 앞서 김만겸이 코민테른으로부터 약 4만 원의 자금을 받아 상하이로 돌아왔을 때 그는 처음에 이동휘, 김립과 함께 다양한 공산주의 활동과 출판사업을 후원하는 일에 착수했다. 그러나 이 관계는 곧 개인적인 알력과 정책을 둘러싼 이견으로 말미암아 분열되고 말았다.[35] 1920년 말 김립이 상당한 액수의 새로운 자금을 가지고 상하이로 왔을 때 김만겸의 돈은 이미 바닥이 나 있는 상태였으나, 김만겸 집단과 임정의 비공산계 인사들은 소련으로부터의 새로운 자금을 할당받는 일에서 의도적으로 무시되었다. 실상 처음에는 그런 자금이 왔다는 사실 자

---

34 좀더 자세한 것은 다음 자료를 참조하라. 이정식, 앞의 책, 148~153쪽.

35 한 자료에 따르면 김만겸의 친구인 최창식崔昌植이 이전에 김립에게 국무원 비서장 자리를 빼앗겼기 때문에 이동휘, 김립 측과 김만겸 간의 분열을 부추겼다고 한다. 어쨌든 분쟁은 출판자금의 지출을 둘러싸고 절정에 이르렀다. 이동휘파는 김만겸이 준 약 8,000원의 자금을 가지고 『신대한독립보』新大韓獨立報를 제3호까지 발간했으나 최창식의 반대로 자금이 끊겨 출간이 중단되었다. 한편 최창식과 김만겸은 자신들의 간행물 『공산』共産을 발간하기 시작했다. 같은 책, 148~149쪽.

체를 숨기기 위해 모든 노력이 경주되었다. 그러나 예측할 수 있듯이 소문이 새어나가자 엄청난 소동이 벌어졌다.

이동휘의 반대파들은 모두 이동휘, 김립 도당이 모스크바의 자금을 독차지하려고 자금이 도착한 사실을 비밀에 부치려 했다고 비난했다. 그들은 자금이 왔다는 말을 모스크바로부터 직접 들었을 때에야 비로소 그런 자금의 존재를 알게 되었다고 주장했다. 이동휘와 김립에 대한 비난은 더욱 심해졌다. 김립은 자금을 완전히 착복해 그중 일부로 북간도에 토지를 매수하고, 상하이에 돌아와서도 몰래 숨어 중국인 첩과 호화롭게 향락생활을 한다는 지탄을 받았다.[36] 그러나 자금에 대한 회계 보고를 요청받은 이동휘는 자신의 동료를 두둔했다. 그리하여 1921년 봄이 되자 임시정부뿐 아니라 한인 공산주의자들도 크게 분열되어 지도적 인물들이 사방으로 뿔뿔이 흩어지고 말았다.[37]

이 시점에 이동휘파는 자신들의 당을 재조직했다. 이동휘가 1918년 초 하바롭스크에서 한인사회당이라는 '공산당'을 만들었던 사실을 기억할 것이다.

---

36 김구, 『백범일지白凡逸志 — 김구 자서전金九自敍傳』, 서울, 1947, 283쪽. 많은 자료는 김립을 악한처럼 취급하고 있다. 예를 들어 장건상은 다음과 같이 주장했다. "김립이야 세상이 다 아는 것이고, 이동휘는 김립이만 아니면 아주 착한 사람이었고 밖에서도 독립운동자 가운데서 굉장히 존경을 받았을 겁니다만 순전히 김립 때문에 신세를 망쳤지요. 가장 조화造化를 부리는 사람은 이 사람입니다. 그래서 자기도 옳게 죽었습니다. 맞아 죽지 않았나요?"(인터뷰 원문 — 옮긴이)

37 그 당시 이동휘나 다른 지도적 공산계 인사들의 활동과 움직임이 상세히 나와 있지는 않다. 앞서 인용했던 일본 외무성 자료에 따르면 한때 이동휘는 북방으로 가서 시베리아에 있는 동료들과 합류하려고 웨이하이웨이威海衛로 향했으나 끈질긴 설득을 받고 다시 상하이로 돌아왔다고 한다. 또한 이 무렵의 어느 때에 이동휘가 중국 공산주의 지도자 천두슈와 광둥廣東에서 함께 지냈다는 보고도 있다. 우리는 량용셴을 통해 보이틴스키와 일단의 중국 급진주의자들이 1920년 늦은 봄, 아니면 여름에 푸젠성福建省에 있던 개혁과 군사 지도자 천중밍陳炯明을 방문했다는 것을 알 수 있었다. 보이틴스키는 천중밍에게 러시아의 경제적·기술적 원조를 약속했다. 그 후에 천중밍은 광둥성으로 이동해 광둥에 돌아온 쑨이셴을 한동안 지원했다. 이 시기(1920년 말 또는 1921년 초)에 천두슈는 남쪽 지방으로 내려왔고 천중밍과 의논한 후에 그의 지배하에 있는 지역에 대한 교육계획을 지도할 것에 동의했다. 량용셴, 앞의 자료, 80~84호 참조. 이처럼 이동휘는 일본 외무성이 보고한 것처럼 잠깐 동안 광둥에서 천두슈와 만날 수 있었을 것이다. 그러나 앞으로 잠깐 언급하게 되겠지만, 1921년에 접어들면서 이동휘와 그 그룹의 주요 인물들은 시베리아로 돌아갔다.

그가 상하이로 옮겨간 뒤에도 새로운 공산당이 그의 영도로 조직되었다. 그 명칭과 창당 날짜에 대해서는 설명이 구구하다. 여운형의 심문조서에서는 그 당이 1920년 5월에 고려공산당高麗共産黨이라는 명칭으로 재건되었다고 하는데,[38] 다른 자료들은 그 날짜를 임정이 분열된 후인 1921년의 어느 날로 잡고 있다.[39] 또 새로운 당의 첫 명칭에 대해서도 상반된 견해가 있다.[40]

여운형에 따르면 선언과 당규黨規는 강한택姜漢澤이 기초했는데, 민족주의적·사회주의적 호소를 결합시킨 것이었다고 한다. 선언문에서는 한국 인민의 즉각적인 해방을 요구하면서 동시에 한국에서의 자본주의 타도와 소비에트 정부 수립을 주장했다. 여운형은 일본 취조관에게 자신이 당의 번역부 위원으로 있었다고 인정했다. 그는 이 무렵 『공산당선언』The Communist Manifesto을 한국어로 번역해 이를 간도와 한인들이 있는 다른 여러 지방에 배포했다. 그 밖에 사회주의와 공산주의에 관한 다른 저작들도(그 일부는 영국 노동당으로부터 왔다) 번역해 배포했다.

1921년 봄이 되자 한국 공산주의운동 내의 불협화음은 절정으로 치달았고, 코민테른의 개입이 불가피해졌다. 임시정부의 분열과 김립에 대한 공격의 여파로 이동휘의 상해파 공산당원은 거의 절반이 떨어져나갔다. 끊임없이 비난과 반박이 오가는 가운데 분위기는 날로 험악해졌다. 그러던 중 이르쿠

---

38 「여운형조서」, 앞의 책, 41쪽.

39 서대숙徐大肅, *The Korea Communist Movement, 1918~1948*, Princeton, 1967(1995년 화다출판사에서 『한국 공산주의운동사 연구』로 번역·출간되었다 ─ 옮긴이). 서대숙 교수는 다른 자료를 인용하면서 고려공산당은 김립이 새 자금을 가지고 온 뒤인 1921년 1월 10일에 상하이에서 공식적으로 창립되었다고 주장하고 있다. 서 교수의 저서는 초기 한국 공산주의운동에 대해 세부적 사실을 많이 다루고 있는데, 우리의 설명과 어느 정도 다르기는 하지만 큰 차이는 없다.

또 다른 자료에는 고려공산당이 상하이의 공산당대표회에서 그들이 공식 명칭을 바꾸기로 결정했을 때인 1921년 10월에 창립되었다고 기술하고 있다.

40 방인후와의 인터뷰에서 장건상은 상하이에서 이동휘가 조직한 당의 명칭은 고려공산당이 아니라 조선공산당이었다고 주장했다. 이르쿠츠크파가 이미 고려공산당을 조직했기 때문에 같은 명칭을 사용할 수 없었다는 것이다.

츠크당은 상해당이 민족주의자와 기회주의자들의 결합체에 지나지 않는다는 종래의 공격을 재개했다. 이렇게 되자 마침내 코민테른의 동양비서부는 주요 문제들을 해결하고 통합된 당을 만들기 위해 1921년 3월에 시베리아와 만주, 중국에 있는 한인 대표들한테 회합을 가질 것을 지시했다.

상해에서 곤경에 처했음에도 이동휘파는 초기에 가장 강력한 집단이었던 것으로 보인다. 그들은 그 회합이 치타나 적어도 자신들의 세력 중심지인 블라디보스토크와 가까운 장소에서 열리기를 원했다. 그러나 회합은 5월까지 연기되었고, 그런 와중에 이르쿠츠크파 사람들은 대표들을 선발하기 위해 분주하게 움직였다.[41] 결국 회의는 이르쿠츠크에서 열렸다. 이때 이르쿠츠크파는 슈미아츠키와 동양비서부의 허가를 얻어 여러 대표의 참가 자격을 심사할 권한을 이미 확보해놓았다. 따라서 이동휘조차 참가 허가를 받지 못했고, 박애와 장도정張道政(또는 張道定)을 포함한 이동휘파의 많은 인물이 '반당'反黨이라는 죄명으로 체포되기까지 했다. 이 시점에 완전히 승리한 이르쿠츠크파는 고려공산당이라는 명칭을 차지했다. 그들은 소련의 완전한 지지를 얻기 위해 모스크바에 파견할 당의 대표로 한명세와 남만춘南萬春, 장건상을 선출했다. 또한 당의 군사력을 지휘하도록 결정된 오하묵과 유동열柳東說은 러시아인 고문과 함께 알렉세예프스크Alekseyevsk로 파견되었다.[42]

---

41 예를 들어 당시 베이징에 있던 장건상은 조훈趙勳을 통해 선발되었는데, 조훈은 베이징 지역의 가능성이 있어 보이는 다른 인물들과도 광범위하게 접촉하고 있었다. 조훈은 상하이에 머물던 김만겸을 장건상에게 보내 함께 이르쿠츠크에 가라고 지시했다. 장건상은 이렇게 해서 이르쿠츠크회의에 참석했다.

42 자세한 것은 다음 자료를 참조하라. 김홍일, 앞의 책, 211쪽; 「고경」, DN 18636, 6-7-1921, *AJAN*, R 122, F 36331.
어느 한국인 저자에 따르면 1921년 5월 고려공산당이 조직될 때 이르쿠츠크에는 문창범과 한형권, 김규식을 포함한 약 45명(원자료에는 400~500명으로 되어 있다―옮긴이)의 독립운동가들이 모여 있었다고 한다. 전해진 바에 따르면 재조직된 당의 정치부는 문창범(원자료에는 문창범이 빠져 있다―옮긴이), 한형권, 김규식, 유예균劉禮均, 남만언南萬彦, 장건상 등 7인 위원으로 구성되었고 군사부는 이청천李靑天, 김동삼金東三, 유동열, 최상진崔商震 등 5인 위원으로 구성되었다. 유석인劉錫仁, 『애국의 별들』, 서울, 1965, 201~202쪽.

이르쿠츠크에서 쓰라린 패배를 당했음에도 이동휘파는 싸움을 포기하지 않았다. 이르쿠츠크회의 직전과 직후에 그들이 어떤 활동을 벌였는지에 대해서는 다양한 견해가 있다. 어느 일본 관헌 자료에 따르면, 그들은 1921년 2월 22일 하바롭스크에서 한족공산당韓族共産黨이라는 이름으로 자신들의 당을 재건했다. 알려진 것처럼 당 본부는 이르쿠츠크회의 직전인 4월 25일에 극동공화국 수도인 치타로 이동했다고 한다. 이런 견해를 가진 사람들은 이르쿠츠크회의 후인 7월 3일에야 당 간부가 정식으로 취임했다고 주장하면서 이동휘, 김립, 신채호申采浩, 박용만朴容萬 등을 당 간부로 열거했다.[43]

이동휘파의 한족공산당이 정확히 이런 식으로 재조직되었는지 여부는 알 수 없지만, 이들은 끊임없이 자신들의 정통성을 주장했다. 즉 이동휘파는 자신들만이 상해임시정부의 정통성을 이어받은 유일한 한국의 망명정부로 인정받기를 원했다. 그런 까닭에 1921년 가을 한족공산당의 여러 기관에 사용된 용어는 이 당이 떨어져 나온 상해정부에서 쓰이던 것과 동일했다. 예를 들어 이동휘는 중앙집정부中央執政府 집정관執政官, 신채호는 내무부총장內務部總長, 박용만은 외무부총장의 직함을 가졌다. 이동휘파의 이런 조직 구성은 당시 단지 고려공산당이라는 데 만족했던 이르쿠츠크파와의 기본적인 차이를 분명히 보여준다.

당시 이동휘파가 어떤 명칭을 사용했든지 간에 그들의 1921년도 강령(치

---

43 고등법원 검사국, 『朝鮮思想運動調查資料』, 제1집, 18~19쪽 참조. 이 보고서에서는 이동휘가 1921년 1월 임시정부 국무총리를 사임한 직후 시베리아에 가서 잠시 체류했다고 되어 있다. 이 보고는 앞에서 말한 웨이하이웨이나 광동으로의 여행에 관해서는 언급하고 있지 않다.
그러나 김준엽과 김창순은 이것이 사실이 아니라고 주장한다. 이동휘는 당시 상하이에 머물러 있었고 당의 재조직사업에 관계하기에는 다른 일들로 너무 분주했다는 것이다(몇몇 일본 측의 자료도 이르쿠츠크회의 뒤인 1921년 7월까지 이동휘가 상하이를 떠나지 않았다고 했다). 더욱이 다른 일본 측의 자료를 인용하면서 그들은 1921년 4월 말에 치타에서 박애, 김진金震, 계봉우桂奉瑀 등 이동휘계의 주요 인물이 모두 체포되어 이르쿠츠크의 슈미야츠키에게 압송되었다고 말한다. 김준엽·김창순, 앞의 책, 제1권, 222~226쪽.
유석인에 따르면 상하이 그룹은 1921년 가을까지 치타로 옮겨가지 않았다. 유석인, 앞의 책, 200쪽.

타공산당 강령이라고 불리기도 한다)은 몇 가지 서로 유사한 번역판이 남아 있다. 그중 하나에는 다음과 같은 기본 원칙이 열거되어 있다.

1. 영토에는 국경이 있지만 주의主義에는 국경이 없다. 여하한 국민이든지 공산주의에 찬의를 갖고 있는 자는 우리 당으로 인정함
2. 종래의 국가·사회제도를 근본부터 개선하여 공존·공락共樂·극락極樂의 신사회를 조직할 것
3. 남녀·노약·빈부·귀천의 구별 없이 의식주의 공급을 평등하게 하여 종래의 관료 및 자본주의에 기초한 계급제도하에 신음했던 수억만의 생령生靈을 구제할 것
4. 우리 당의 주의에 반대하는 자들을 적으로 간주하고 무력수단을 사용하여 대항할 것
5. 한족공산당은 한족에 대한 우리 당의 주의의 선전을 본부, 총지부總支部, 지부支部, 분부分部, 향촌부鄕村部 및 연락소에 있어서 그 임무를 수행할 것
6. 의·식·주의 수납·분급방법은 이를 세칙에 정함[44]

위의 강령에서는 극히 막연한 말로 공산주의에 대한 최소한의 존경을 표현하고 있을 뿐이고 마르크스주의적인 변증법은 찾아볼 수 없지만, 당의 목표는 광범위한 조직망을 세우기 위한 계획에 잘 나타나 있다고 해도 좋을 것이다. 처음부터 한족공산당은 한인들이 사는 모든 집단거주지에서 활동하려고 생각해 니콜스크와 하얼빈, 지린吉林, 상하이, 서울, 샌프란시스코에 당의 총지부를, 블라디보스토크와 간도, 평양, 대구, 함흥에 지부를, 그리고 하바롭스크와 무링穆稜, 선양瀋陽과 훈춘琿春을 포함한 여러 도시에 분부를 설치할 계획을 세웠다. 그 밖에도 이들은 모스크바, 베이징, 안둥安東, 도쿄 등 네 곳

---

44 「고경」, DN 24562, 8-6-1921, *AJAN*, R 122, F 36545.

에 '특정연락소'特定聯絡所를 설치할 계획을 갖고 있었다.

그리하여 1921년 중반 이르쿠츠크파와 상해파는 모스크바와 코민테른의 지지를 얻기 위해, 가능한 한 많은 당원과 신병新兵을 모집하기 위해 필사적인 경쟁을 벌였다. 이동휘파의 세력기반이 중국 상하이에 있었기 때문에 이르쿠츠크파는 베이징에 중국 본부를 만들기로 결정했다. 장건상과 안병찬安秉瓚, 이재복李載馥(일명 이정李楨), 김철훈金哲勳이 조직 활동을 위해 베이징으로 갔는데, 이들의 중심적인 지도자는 이르쿠츠크당에서 자금을 받은 이재복과 김철훈 등이었다. 이어 이들은 선전물을 배포하고 당원을 모집했다.

그러던 중 상하이에서 두 파 사이에 공개적인 경쟁이 벌어졌다. 지지자를 모집하러 안병찬이 베이징에서 내려왔고, 이동휘파의 숙적인 김만겸이 당연히 이 일에서 중요한 역할을 하게 된 것이다. 사실 이르쿠츠크파의 새로운 상하이 조직은 종종 김만겸파라고 불리기도 했는데 여운형, 최창식, 박헌영朴憲永, 조동호趙東祜, 김태연金泰淵(일명 김단야金丹冶) 등이 이 집단에 속해 있었다.[45]

일본의 보고서에 따르면 이르쿠츠크당과 고려공산청년동맹에서 일하는 많은 사람이 코민테른 상하이 지부로부터 정규 급료를 받고 있었던 듯하지만,

---

45 최창식은 다양한 이데올로기적 함축을 갖고 민족주의 대열에 참가했다. 그는 김구 등과 함께 '한국 노병회'韓國勞兵會의 조직을 도왔는데 노병회는 군사적·정치적 활동을 위해 10년 안에 100만 원을 모금하는 일에 착수했다. 또한 그는 유일독립당唯一獨立黨의 창립에도 관계했는데, 1930년 4월에 상하이의 프랑스 조계에서 일본 경찰에 체포되어 같은 해 11월, 3년의 징역형을 언도받았다. 『동광』 東光, 21호, 1931년 5월, 47쪽.
어떤 자료에 따르면 최창식이 좌익으로 기우는 데 분개한 임정 내의 반공주의자들이 비밀리에 그의 거처를 경찰에 밀고해 체포되도록 했다고 한다. 이 이야기가 사실이든 아니든 간에 그 당시의 극심한 파벌주의를 고려할 때 이런 일이 드물지 않았을 것이다. 파벌에 상관없이 이런 술수를 썼다.
박헌영은 잘 알려져 있는 것처럼 1945년 이후 조선공산당의 최고지도자가 된다. 초창기에 그는 김만겸파의 상하이 고려공산청년동맹의 책임비서가 되었고, 최창식은 집행위원장으로 있었다(청년동맹의 임시강령과 회규會規는 「고경」, DN 23552, 7-20-1921, AJAN, R 122, F 36501~2 참조. 원 자료에는 고려공산당청년단으로 되어 있다 ─옮긴이). 조동호는 난징南京의 진링대학金陵大學에서 중국어를 전공했다(여운형도 이 무렵 같은 학교에서 신학을 공부했다). 그 후 조동호는 신문기자로 활동했다. 앞으로 살펴보겠지만 김단야도 공산주의운동에 적극적으로 참여하게 된다.

그렇다고 해도 이동휘파가 모스크바의 자금을 독점했기 때문에 김만겸파는 심각한 재정적인 어려움을 겪고 있었다. 여운형은 후에 자신들이 매우 곤궁했으며, 이것이 자신들의 당원 수가 적고 활동이 제한되었던 이유 중 하나였다고 불만을 토로했다. 어떤 자료는 여운형이 러시아 당국으로부터 선전비로 매달 100원씩을 받았다고 말하고 있지만,[46] 여운형 자신은 일본 당국의 심문에서 이에 대해 언급하지 않았다. 그러나 김만겸이 보이틴스키와 매우 가까운 사이였기 때문에 아마도 그로부터 원조를 받았을 것이라고 말했다. 또 다른 자료에는 코민테른이 김만겸파에 2~3만 원가량을 주었다고 되어 있다.[47] 또 횡령사건에 대한 책임과 반反이동휘-김립파들이 가한 여러 가지 비난으로 이동휘파는 이미 1921년 여름 무렵부터 코민테른의 신뢰를 잃었다는 것을 시사하는 자료도 많다.[48]

그럼에도 적어도 초기에는 이동휘파가 그의 경쟁자들보다 여러모로 유리했다. 그들은 사실 매우 넓은 전선에서 활동했으며, 모스크바의 도움으로 자금이 충분했고, 가장 영향력 있는 지도자인 이동휘가 있었다. 그 결과 이동휘파는 상하이 공산당원의 다수를 확보했다(이런 이유 때문에 이들은 계속 상해파로 불렸다). 한 자료는 이동휘파가 초기에 50명의 당원을, 김만겸파가 30명 혹은 40명의 당원을 보유했다고 말한다.[49]

---

46 송상도宋相燾, 『기려수필騎驢隨筆』, 『한국사료총서』韓國史料叢書, 제2집, 국사편찬위원회, 서울, 1955, 245쪽. 송상도에 따르면 공산주의를 선전하는 도서실이 설립되었고 약간의 한국어 책자가 국내의 이시현(김시현金始顯의 착오―옮긴이)에게 보내졌다.

47 「고경」, DN 28562, 10-27-1921, AJAN, R 123, F 36837~8. 김만겸파에도 역시 '자금사건'이 있었던 것으로 보인다. 1921년 10월 3일에 재정책財政責으로 있던 최창식이 자금지출 문제 때문에 사임하고 여운형이 그 후임자가 되었다.

48 한 가지 예로 앞에 인용한 다음 자료를 참조하라. 『朝鮮獨立運動問題』, 150쪽. 이 자료에 따르면 한 소련 대표가 극동 공산당들의 상황을 조사하려고 중국에 왔을 때 김만겸과 최창식이 쑤저우蘇州의 소련 실무자와 만나도록 주선하고, 그 자리에서 김립과 이동휘의 죄상을 상세히 알려주려 했다고 한다. 전해진 바에 따르면 그 후 얼마 안 되어 이동휘파의 세 사람이 러시아에서 체포되었다.

49 「고경」, DN 18936, 6-10-1921, AJAN, R 122, F 36337~8.

한편 공산당 출판물은 이제 놀라운 속도로 늘어나 한인들을 비롯한 극동 민족들에게 배포되었다. 물론 그 대다수는 외국의 글, 주로 소련의 것을 그대로 번역하는 식이었다.[50] 일본 당국은 1921년 가을까지 만주와 시베리아에 있는 15만 명의 한국인—중국인은 겨우 2만 명—이 '볼셰비키의 선전'에 감염되었다고 추산했다.[51] 어찌 됐든 간에 이동휘파, 소위 상해파가 중국-만주-극동 시베리아 지역 전역에 걸쳐 그리고 일본과 한국 본토에까지 침투하면서 선전과 당원 모집에서 매우 중요한 역할을 수행했다는 것은 분명한 사실이다.

5. 아시아 공산주의운동의 파종播種

소련의 자금은 상하이와 치타 지역의 활동에 가장 많이 사용되었다. 다시 한 번 여러 갈래의 서로 대립하는 한국인들, 민족주의자와 공산주의자를 단합시켜 또 다른 인민전선人民戰線을 만들려는 노력이 진행되었다. 임시정부 지지파와 반대파들 간에는 상하이, 베이징, 톈진, 만주, 시베리아, 도쿄 그리고 국내의 한인 집단을 대표하는 사람들이 참석한 가운데 여러 차례에 걸쳐 토론이 되풀이되었다. 일반적으로 공산주의자들이 지도적인 역할을 맡지는 않았지만, 그들이 투자한 자금과 열정은 결코 무의미한 것이 아니었다. 예를 들어 김립은 베이징(당시 꽤 큰 한인 공산주의자 그룹이 있었다)과 상하이 두 곳에서 상당

---

50 다음 네 가지 팸플릿의 일본어 번역판이 남아 있다. 「물팔이」水賣, *AJAN*, R 122, F 36397~408; 「우리我等 無産階級의 進路」, *AJAN*, R 122, F 36533~4; 「共産黨宣言」, *AJAN*, R 122, F 36647~92; 「露西亞共産黨政綱」, *AJAN*, R 123, F 36783~819. 한족공산당과 기타 한국 공산주의자 집단이 간행한 다른 출판물들의 목록은 *AJAN*, R 122, F 36508과 F 36729~30 참조(「물팔이」와 「우리 무산계급의 진로」 전문은 김정명, 『朝鮮獨立運動』, 제5권, 207~212쪽과 213쪽에 각각 실려 있다—옮긴이).

51 「고경」, DN 28072, 10-5-1921, *AJAN*, R 122, F 36729~30. 이 같은 수치는 1920년 5월 11일에 간도에서 한 이동열李東悅의 연설에서 따온 것이다. 앞에 인용한 다음 자료를 살펴보라. 「露國過激派と間島不逞朝鮮人團の關係」, 10쪽.

히 많은 돈을 출판사업에 쏟아부었다. 물론 김립의 활동은 민족운동의 통합문제나 '민족해방'과 관련된 그 밖의 다른 문제들에 대해 모든 한국인에게 영향을 주려는 데 초점을 맞춘 것이었다.

통일전선을 재건하려는 시도는 1921~1923년에 천천히 그리고 힘겹게 진행되었다. 그 정점은 1923년 1월 3일, 상하이에서 개최된 국민대표대회國民代表大會였다. 그러나 새로운 문제가 과거의 문제와 뒤섞여 통합을 방해했다.[52] 중국에서 국민당과 중국공산당 사이에 합작이 진행되고 있을 바로 그 시기에 한국에서의 유사한 노력은 아무런 성과를 거두지 못했고, 한국 공산주의자들은 외부의 민족주의자들과 합작을 이루기는커녕 갈래갈래 나뉘어 서로 싸우고 있었다.

상해파의 자금 일부는 국내로 전달되었다. 한국 본토를 대상으로 한 공산당의 첫 시도에 대한 몇 가지 자료가 남아 있는데, 그중 어느 일본 관헌 자료에 따르면 이르쿠츠크파 사람인 김철수金綴洙(김철수는 이르쿠츠크파가 아니라 상해파에 속한 인물이다—옮긴이)가 1921년 7월에 선전자금을 가지고 상하이에서 한국으로 들어왔으며, 이것이 "러시아로부터 최초로 조선 적화의 손길이 뻗친 것"[53]이라고 되어 있다. 또 다른 자료에는 김립이 상당한 액수의 돈, 여운형에 따르면 약 8만 원을 메이지明治대학의 졸업생 이봉수李鳳洙에게 주었으며, 그는 이 돈을 한국으로 가져와서 그중 대부분을 『동아일보』東亞日報 주간이자 열렬한 민족주의자인 장덕수張德秀에게 준 것 같다고 되어 있다.[54]

---

52 더 자세한 사실은 다음 책을 참조하라. 이정식, 앞의 책, 175~179쪽. 약 61개의 그룹과 113명의 대표가 참석한 국민대표대회 의장으로 간도에서 온 김동삼金東三, 부의장으로는 안창호가 각각 선출되었는데 둘 다 공산주의 계보에 속하지 않았다. 3개월 이상에 걸쳐 92차의 회합을 가진 이 회의에서는 자유시사변自由市事變(뒤에 언급하겠다)과 만주 무장부대 집단 내의 파벌주의에 관한 문제가 집중적으로 토의되었다. 그러나 결국 화해는 불가능했다.
    덧붙이자면 한형권은 자신이 보관하고 있던 모스크바 자금 중 상당액을 이 회의를 위해 사용했다.

53 「朝鮮獨立思想運動의變遷」, 앞의 책, 45쪽.

54 이봉수에 관해서는 「고경」, DN 21272, 7-7-1921, AJAN, R 122, F 36459. 장덕수에게 간 자금에 관해서는 검사국 사상부, 「조선공산당사건」朝鮮共産黨事件, 앞의 자료, 10쪽 참조.

김만겸파의 불평 중 하나는 한국에 전해진 자금이 공산주의자도 아니고 자기네 운동 외에 다른 운동에는 관심이 없는 몇몇 민족주의자에 의해 낭비되었다는 것이다. 주목해야 할 사항은 당시 김만겸 그룹이 특히 자신들의 청년회를 통해 한국에 교두보를 확보하려고 시도 중이었다는 점이다. 김만겸파는 경성서적회사京城書籍會社 편집부원 최팔용崔八鏞을 통해 서울 지부를 창설하려고 계획 중이었고, 동맹이 결성된 직후 정규정鄭奎定이 서울에서 상하이로 와서 연락 통로를 세우는 데 협조했다. 이처럼 1921년은 한국 내에서 공산주의운동이 시작된 해였다. 민족주의와 공산주의가 어떤 관계를 맺어야 할 것인가 하는 좀더 광범위한 문제에 대한 견해 차이와는 별도로, 다양한 공산주의 분파 사이에는 이미 공산주의 교의의 해석을 둘러싼 대립이 발생해 있었다. 사실상 이 두 문제는 떨어질 수 없는 것이었다. 이로써 한국 공산주의운동은 해외에서와 마찬가지로 국내에서도 출발부터 파벌 간의 알력에 시달리게 되었다.

이동휘파는 중국 공산주의운동에도 자금을 제공했다. 소문에 따르면 중국 공산당의 창당을 돕기 위해 황黃이라는 중국인에게 2만 원을 주었다고 하는데, 이 에피소드의 구체적 내용은 아직 밝혀져 있지 않다. 여운형은 황의 당이 당시 천두슈가 만든 당과는 별개의 것이며, 곧 해산되고 말았다고 했다.[55] 끝

---

55 여운형은 다음과 같이 진술했다. "이동휘가 후원한 중국공산당은 얼마 가지 않아서 해산되었는데 이는 천두슈 등이 조직한 중국공산당과는 별개의 것이다." 「여운형조서」, 앞의 책, 56쪽.

김준엽과 김창순은 이 중국인이 황자오黃覺로 상하이 시대에 여운형과 친분이 두터웠으며 『구국일보』救國日報의 발행인이기도 했다고 주장했다. 그들의 조사에 따르면 황자오는 조동호를 『구국일보』의 기자로 채용해 상하이 지역 한인의 반일독립운동을 고취했을 뿐 아니라 한국 망명청년들의 중국 무관학교 입학을 알선하는 등 정력적인 활동을 벌인 공산주의자였다고 한다. 김준엽·김창순, 『한국공산주의운동사』, 제1권, 244~245쪽.

예전에 우리는 이 중국인이 사회주의동맹에서 매우 정력적으로 활동하고 리다자오李大釗와 가까웠으며 초기 중국 북부의 공산주의운동과 밀접한 관계를 가진 베이징대학 교수 황자오하이黃覺海라고 추측했다. 앞서 인용했던 량융셴의 글에서는 사회주의자동맹 북부 지구 사람들이 조직을 확대하고 중국공산당이라 부를 것을 제안했으나 그 계획은 좌절되었다고 기술하고 있다.

으로 이동휘파는 일본에서 공산주의운동을 출범시키는 것을 돕기 위해 자금을 제공했다. 일본 측의 자료에 따르면 이동휘파와 일본과의 최초 접촉은 일본의 주오中央대학 졸업생으로 이동휘의 추종자인 이춘숙李春塾이 공산주의를 전파할 목적으로 1920년 6월 상하이에서 도쿄로 돌아왔을 때 이루어졌다. 이춘숙은 뒤에 임시정부의 군무차장軍務次長을 지냈다.[56] 이 자료에 따르면 이춘숙은 메이지대학 학생인 이증림李增林과 빈번하게 회합을 갖는 가운데 일본의 저명한 무정부주의 지도자인 오스기 사카에大杉榮와 협조해 선전기관의 설치 가능성을 토의했다고 한다.

이춘숙은 1920년 8월에 상하이로 돌아갔으며, 얼마 후에는(1920년 10월이라고도 하고 12월이라고도 한다) 오스기도 상하이로 갔다. 심한 검열로 여러 곳이 삭제된 오스기의 글에 따르면 그는 천두슈와 T라는 러시아인(보이틴스키), 다수의 한국인을 포함해 많은 공산주의자와 만났다고 한다.[57] 오스기는 후일 T가 시시콜콜하게 지시하는 게 불쾌해 처음에는 자금을 거절했다고 언급했지만, 결국 그는 약간의 돈을 받았고 이를 폐간된 자신의 무정부주의 간행물 『노동운동』勞働運動을 재발간하는 데 사용했다.[58]

그러나 오스기는 계속 무정부주의자로 남았고, 그 결과 코민테른의 관심은 다른 곳으로 옮겨갔다. 1920년 이동휘와 이춘숙한테서 수천 엔을 받았던 이증림은 이 무렵 코민테른의 도쿄 공작원으로 일한 듯하다. 1921년 초 그는 다시 오스기와 접촉했지만, 곧 관심을 야마카와 히토시山川均와 사카이 도시

---

56 평안남도 경찰부 고등경찰과, 「在東京朝鮮人現況」, 1922, 등사본, 후버도서관 소장. 일반적인 상세한 설명은 다음 자료를 참조하라. Rovert A. Scalapino, *The Japanese Communist Movement, 1920~1966*, Berkeley, 1967, 12쪽; George M. Beckmann·Okubo Genji, *The Japanese Communist Party, 1922~1945*, Stanford, 1969.

57 오스기 사카에大杉榮, 『日本脫出記』, 도쿄, 1923, 22~32쪽. 한국인 중에는 이동휘와 여운형이 들어 있고, 최소한 한 차례의 회합이 천두슈의 거처에서 열렸다.

58 『노동운동』의 창간호는 1919년 10월 6일에 발행되었으나 1920년 6월 1일에 정간되었다. 곤도 에이조近藤榮藏와 다카쓰 세이도高津正道 두 공산주의자가 무정부주의 진영에 가담하면서 1921년 1월 29일에 이 신문은 속간되었다.

히코堺利彦에게로 쏟기 시작했다. 일본을 대표하는 사회주의자였던 이들은 막 공산주의 진영 쪽으로 경도되기 시작한 바 있다. 그러나 이들은 둘 다 상하이로 가려고 하지 않았다. 그러자 이증림은 미국 유학 시절 뉴욕에서 공산주의에 심취했다가 최근 귀국한 곤도 에이조近藤榮藏를 선택했다.

1921년 4월에 상하이로 간 곤도는 이 모든 일을 상세히 기록으로 남겼다.[59] 그는 13명으로 구성된 집단을 만났다. 그들 대부분은 한국인이었는데, 적어도 황자오黃覺 한 사람만은 확실히 중국인이었다. 이 집단의 지도자는 '모스크바에서 파견된 코민테른 대표'인 박진순인 듯했다. 곤도는 박진순이 위엄 있는 인물이라고 묘사했으나 후에 모스크바에서 그를 만났을 때는 그가 "가련한 상태…… 어떤 문제가 야기되어 그는 당으로부터 제거되고 끼니를 잇기조차 곤란한 처지에 있었다"고 지적했다.[60] 이렇게 곤도의 증언은 모스크바와 이동휘파의 관계가 이 시기에 급속히 악화되었다는 다른 증언이 사실에 부합하다는 것을 매우 설득력 있게 확인해준다.

이동휘가 그곳에 있었음에도 곤도가 그 회합의 지도자를 박진순으로 생각한 사실은 흥미롭다. 곤도는 박진순을 가리켜 "상해 회합에서 가장 극적인 인물"이라고 했으며 "마음으로부터의 포옹으로 나를 껴안은" 50대 중반의 사람이라고 말했다. 그러나 곤도는 이동휘의 이데올로기적 순수성과 깊이에 대해서는 다른 사람들의 말을 그대로 되풀이하면서 상당히 유보적인 자세를 취했다. 곤도는 코민테른이 그의 경력과 열성, 명성을 높이 사는 것처럼 생각되지만 자신은 그런 사람이 이데올로기적 완벽성을 지닐 수 있을지 의심스러웠다고 기술했다.[61]

---

59 곤도 에이조, 『コミンテルンの密使』, 도쿄, 1949, 94쪽 이하.
60 위의 책, 128~129쪽.
61 같은 책, 129쪽. 한국의 좌파 인물들 가운데 가장 현명하고 학식 있는 사람 중 하나인 여운형은 곤도의 생각에 동의했다. 이동휘와 김만겸에 관해 물었을 때 여운형은 그들이 둘 다 공산주의나 마르크스주의 이론의 진수를 모른다고 확언했다. 여운형은 이동휘가 공산주의가 무엇인지 전혀 모르는 인

첫 회합은 연회로 끝맺었으나 다음 날에는 정식으로 위원회가 개최되었다. 곤도는 박진순의 아름다운 러시아인 부인이 남편한테서 유창한 러시아어로 회의의 골자를 전해 듣고 기록했다고 말했다. 곤도는 일본 공산주의자들의 자칭 준비위원회로부터 가져온 서류들을 제시하고 원조를 요청했다. 그 자리에서 일본의 운동과 코민테른의 정책에 관한 세부적인 내용이 장시간 토의되었다. 곤도는 박진순이 일본의 급진운동에 관해 일가견을 지니고 있었다고 말했다. 박진순은 오스기가 무정부주의적 견해를 갖고 있을 뿐 아니라 일본 문제에 대해 외부에서 간섭한다면 원조를 받지 않겠다고 주장했기에 코민테른과 오스기가 유대관계를 맺을 가능성이 없다고 보았다. 그래서 박진순은 곤도를 '제1인자'라고 치켜세웠다.

이 회합에서는 제3차 코민테른회의에 보낼 일본 대표에 관한 토의도 진행되었다. 박진순이 야마카와의 이름을 거론하자 곤도는 그가 상하이까지 온다고 해도 모스크바에 갈 수 없을 정도로 건강이 나쁘다고 했기 때문에 결국 곤도로 대체되었다. 최종 토론 안건의 하나는 돈문제였다. 곤도는 자신이 매월 2만

물이라고 평가했다. 「여운형조서」, 앞의 책, 41쪽.

이동휘의 사상과 관련해 그가 공산주의자였다는 것을 강조하되 그를 단계혁명이론으로부터의 '일탈자'로 본 또 다른 견해로는 다음 책을 참조하라. 김구, 앞의 책, 280~281쪽.

김구에 따르면 이동휘가 아직 국무총리로 있던 어느 날 자신에게 산책을 하자고 청했다 한다. 그들은 공산주의운동에 대해 토론했는데 그때 이동휘는 김구에게 지원을 요청했다. 이동휘는 "혁명이라는 것은 피를 흘리는 사업인데 지금 우리가 하고 있는 독립운동은 민주주의 혁명에 불과하니 이대로 독립을 하더라도 다시 공산주의 혁명을 하여야 하겠은즉 두 번 피를 흘림이 우리 민족의 대불행이 아닌가. 그러니 적은이(아우님이라는 뜻 — 옮긴이)도 나와 같이 공산혁명을 하는 것이 어떤가"라고 김구의 의사를 타진했다. 그때 김구는 이동휘에게 "우리가 공산혁명을 하는 데는 제3국제공산당(코민테른)의 지휘와 명령을 안 받고도 할 수 있습니까"라고 반문했다. 이동휘는 고개를 흔들면서 "안되지요"라고 대답했다. 그러자 김구는 강경한 어조로 "우리 독립운동은 우리 대한민국 독자의 운동이요, 어느 제3자의 지도나 명령에 지배되는 것은 남에게 의존하는 것이니 우리 임시정부 헌장에 위반되오. 총리가 이런 말씀을 하심은 대불가大不可니 나는 선생의 지도를 받을 수 없고, 또 선생께 자중하시기를 권고하오"라고 단언했다 한다.

김승화의 저서를 포함한 소련 자료들이 이동휘를 전적으로 무시하고 그의 이름조차 언급하지 않은 것은 흥미로운 일이다.

엔의 예산을 요청했으며, 그 집단은 모스크바에 이를 요청하는 데 동의했고, 덧붙여 6,500엔(5,000엔은 달러로, 나머지는 엔으로)을 즉시 받았다고 기술했다. 이 중에서 5,000엔은 공산주의운동비로, 1,000엔은 곤도의 개인비용으로, 그리고 500엔은 오스기에 대한 증여금과 치료비로 할당되었다(이는 어쩌면 오스기와 곤도의 관계를 부드럽게 하고, 오스기와 코민테른의 관계를 서서히 떼어놓기 위한 것인 듯하다).[62]

그 후 곤도의 활동을 간략히 살펴보면 다음과 같다.[63] 불운이 겹친 그는 상하이에서 돌아온 날 저녁에 시모노세키下關에서 도쿄로 가는 기차를 놓쳐버렸고 술에 취해 유곽에서 난폭하게 굴다가 체포되고 말았다. 경찰은 즉각 돈을 발견했고, 얼마 후 곤도에 관한 일의 상당 부분을 알게 되었다. 그러나 얼마 안 되어 감옥에서 나온 그는 납득하기 어려운 이유로 그 자금을 가지고 나가도 좋다는 허락을 받았다. 곤도 자신의 이야기로는 그가 이 돈을 개인적인 용도에 사용하겠다고 약속했기 때문이라는 것이다. 그 돈의 일부는 비록 소액이었지만 나중에 선전 활동에 사용되었다. 1921년 8월 곤도는 도쿄에서 효민공산당曉民共産黨이라는 비밀단체의 결성을 후원했다. 이 단체의 핵심은 와세다早稻田 대학의 급진적 학생단체인 효민회曉民會였다. 효민공산당은 가지각색의 포스터와 삐라를 인쇄했고, 도쿄 지구에서 추계 군사훈련이 실시되는 동안 사병들에게 반군反軍 삐라를 살포하려는 특별한 계획을 세웠으나 11월에 많은 사람이 검거되기에 이르렀다. 한편 곤도는 시모노세키에서 실수한 이후 일본 공산주의자나 코민테른 대표들로부터 완전히 신임을 잃고 점차 운동에서 떨어져나가게 되었다.

---

62 곤도 에이조, 앞의 책, 132~133쪽.
63 초기 일본 공산주의운동에 관한 자세한 설명으로 뛰어난 선구적 연구는 다음과 같다. A. Rodger Swearingen and Paul F. Langer, *Red Flag in Japan: International Communism in Action, 1919~1951*, Cambridge, 1952; Scalapino, *The Japanese Communist Movement*, 앞의 책, 제1장; Beckmann and Okubo, 앞의 책 참조.

6. 자유시사변과 그에 따른 영향

비록 그 첫 시도의 대부분이 결국 커다란 문제에 직면하기는 했지만, 상해파가 동북아시아 전역에 걸쳐 초기 공산주의운동을 파종하는 데 중심적인 역할을 했음을 살펴보았다. 이제 한국 공산주의운동의 초창기에 관한 분석을 시도하기에 앞서 서로 대립했던 한국 파벌들 간의 또 다른 투쟁에 대해 서술하겠다. 1920년 말 만주의 일본군은 간도 지방의 한국 군사단체에 맹렬한 공세를 퍼부어 이들을 시베리아로 격퇴시키기 시작했다. 1921년 봄에는 이들 부대가 재편성되고 통합되어 약 36개의 상이한 조직에서 참가한 대한독립군단大韓獨立軍團이 4월 12일에 창설되었다.[64] 그중 제1여단은 이만Iman, 제2여단은 지린성吉林省의 닝안寧安에 주둔했다. 그동안 치타에서는 간도의 한국군과 볼셰비키 양측 대표 간에 협상이 진행되어 소련이 한국을 원조하는 대신, 한국군은 소련의 전쟁을 지원하겠다는 내용의 협정이 이루어졌다.[65] 그 후 한국군은 동부에서 치타 지역으로 이동을 개시했고, 이르쿠츠크의 사관학교가 이들을 위해 다시 개설되었으며, 이들 군대와 동맹관계에 있는 이동휘파는 4월 25일 치타로 자신들의 공산당 본부를 옮긴 것으로 보인다.[66]

---

64 조선총독부 경무국, 「大正十年五月中間島地方情況ノ概要」, 1921년 6월, *AJAN*, R 122, F 36418~37(36436).
전해지는 말에 따르면 당시 일본의 심한 압력으로 장쭤린은 한인 유격대가 만주 땅을 떠난다면 은화 1만 5,000원(멕시코 달러)을 주겠다고 제의했다 한다. 지헌모, 『청천장군靑天將軍의 혁명투쟁사革命鬪爭史』, 서울, 1949.

65 「고경」, DN 29238, 12-5-1921, *AJAN*, R 123, F 36938 이하; 채근식蔡根植, 『무장독립운동비사』 武裝獨立運動秘史, 서울, 1947(?), 100~102쪽.

66 우리는 이른바 '자유시사변'에 관련되었던 김홍일한테서 위기 상황에 빠져들게 되는 과정에 대해 가장 자세한 설명을 들을 수 있었다.
구이저우貴州군관학교 졸업생인 김홍일은 1920년 12월 20일에 상하이에 도착했을 때 임시정부가 심각한 혼란에 빠져 있는 것을 알게 되었다. 그는 이동휘를 중심으로 한 공산당 조직은 세력이 매우 강했고, 당시 군무총장軍務總長으로 있던 노백린盧伯麟도 공산당 세력에 편승한 실정이었다고 회고했다. 노백린은 김홍일에게 레닌이 한인, 중국인, 몽골인으로 일본군에 대항할 수 있을 만한 국이 무렵 이르쿠츠크파와 치타에 기반을 둔 한족공산당(상해파) 간의 대립은 정치와 군사 양면에서 첨예해졌다. 1921년 6월에는 이르쿠츠크의 코민테른 동양비서부(여전히 보리스 슈미아츠키의 책임하에 있었다)의 비호를 받는 이르쿠츠크파의 오하묵, 최고려, 김하석이 고려혁명군정의회高麗革命軍政議會를 조직하고, 시베리아의 모든 한국군은 이 의회의 지휘 아래 통합되어야 한다고 주장했다.[67] 이 주장은 대한독립군단을 통해 묵살되었는데, 그들은 이르쿠츠크파가 독립을 위해 싸우는 것이 아니라 한국 군대의 지배권을 장악해 볼셰비키군과 통합시키려는 음모를 꾸미고 있다고 주장했다.[68] 반면 이르쿠츠크파는 독립군단이 민족주의에만 집착하는 반혁명 집단이라고 비난했다. 이미 보아왔듯 그것은 오래된 화해할 수 없는 문제였다.

6월 27일 이르쿠츠크파와 러시아 동맹군은 블라고베센스크Blagoveshchensk에서 북쪽으로 130킬로미터 정도 떨어진 알렉세예프스크에서 독립군단을 포위하고 즉시 무장해제할 것을 요구했다. 그로써 전투가 발발했고 수백 명의 한국인 사상자가 발생했다. 또한 1,000명에 가까운 독립군단 병사들이 체포되어 이르쿠츠크로 압송되었으며, 일부 지도자는 감금되고 많은 사병

제군國際軍(=원동혁명군遠東革命軍)을 편성할 계획이라고 말하면서 시베리아로 갈 것을 권유했다. 노백린은 이어 딴 곳에 흩어져 있는 여러 부대를 시베리아에 집결시키는 중이며, 자신과 이동휘도 곧 갈 것이라고 말했다.

김홍일은 가는 길에 만주에 흩어진 많은 한인 부대를 설득해 함께 시베리아에 있는 이만으로 향했다. 이만에 도착했을 때 그들은 새 군대의 집결지라고 추측되는 알렉세예프스크(지금의 스보보드니 Svobodny)로 이동하고자 했다. 그러나 사정이 여의치 않자 김홍일은 혼자 가서 실정을 파악하기로 결심했다. 6월 2일 알렉세예프스크에 도착한 그는 한인 군사지도자 중 주요 인물의 한 사람인 유동열柳東說과 의논했다. 김홍일은 그에게 노백린의 제안을 이야기했지만, 유동열은 알렉세예프스크에 모인 다양한 군대 간에 내부 통솔이 전혀 되지 않으니 이만에서 기다려달라고 말했다. 유동열은 오하묵 그리고 한 소련 장군과 함께 국제군 편성을 위한 3인군정위원三人軍政委員으로 일하고 있었다(김홍일, 앞의 책). 그래서 그 싸움이 시작되었을 때 김홍일은 이만에서 대기하고 있던 중이었다.

67　1921년 9월 30일자 고려혁명군정의회의 선언은 AJAN, R 123, F 36965~67에 수록되어 있다.

68　자유시사변에 대해 1921년 9월 11개 재만在滿 한국군 단체가 발표한 성토문은 이것을 포함해 여러 가지 비난을 가하고 있다. AJAN, R 123, F 36959~64.

이 적군에 편입되었다. 이것이 유명한 '자유시사변'이다.[69]

이 사건의 반향은 심각했다. 두 파는 즉시 사태에 대한 자신들의 견해를 표명하기 위해 모스크바로 대표를 보내려고 했다.[70] 코민테른은 이에 대해 독

---

69 김홍일에 따르면 그 유혈사건의 직접적인 원인은 '사할린 부대'Sakhalin Unit와 '자유대대'自由大隊 간의 충돌이었다. 사할린부대는 박 일리야Iliya가 이끄는 빨치산부대로 그곳 토착종족 청년들이 다수 포함되어 있었다. 박 일리야는 일찍이 이동휘의 영향을 받은 바 있는 데다가 민족주의적인 감정으로 충만해 있는 사람이었다. 한편 이르쿠츠크과 지도자 중 한 사람인 오하묵이 영도하는 '자유대대'는 주로 러시아화된 한국인과 몽골족으로 구성되었으며, 오하묵 자신이 철저히 소련의 체제 내에 통합되어 있는 인물이었다.
김홍일의 말에 따르면 약 7,000명의 독립군이 그 지역에 집결했는데 앞서 말한 두 부대에 각각 1,000여 명이 있었고, 이만 등지에서 자원해온 한인 2세 독립군이 400~500명, 만주 등지에서 온 독립군 부대가 4,000여 명에 달했다고 한다. 그런데 이들 집단의 각기 다른 사회적·정치적 배경으로 말미암아 단일 지휘체제를 형성하기가 불가능했다는 것이다. 그래서 3인군정위원(유동열, 오하묵, 소련 장군)은 이 부대들을 전체로 놓고 혼합편성하고, 간부진은 군사훈련의 경력이 있는 사람에게 맡겨 정규군으로 배양하며, 훈련 장소는 이르쿠츠크나 옴스크로 한다는 결정을 내렸다. 그리고 그런 부대 편성에 부적당한 기성 지휘관들은 현지 당 지부에서 일하게 한다는 것이었다. 당연히 그와 같은 결정은 박 일리야나 대부분 다른 순수 민족주의자들의 지위를 위협하는 것이었고, 오직 이르쿠츠크과 지도자들만이 높은 지위를 차지하게 되는 것이었다.
그리하여 즉시 사할린부대 지휘관과 비非이르쿠츠크과 세력의 지휘관인 이용李鏞 같은 사람들은 이 지역을 빠져나갈 수단을 찾기 시작했다. 반대로 이르쿠츠크과는 삼엄한 경계망을 치고 이들 부대가 동쪽으로 탈출하는 것을 막고자 했다. 여기서 언급되어야 할 것은 한국인 빨치산이 도시를 약탈하고 수백 명의 사람을 학살한 1920년 겨울의 니콜라예스크Nikolaesk(尼港)사건 때문에 일본 측에서 합의의 전제조건으로 시베리아 영내領內의 모든 한인 무장부대를 소련이 무장해제하도록 요구했다는 사실이다. 소련 대표는 시베리아 영내에는 한국 군대가 없다고 이를 부정했다. 이런 이유로 소련은 '국제군'을 조직해 한인 부대의 주재를 은폐하려고 했던 것인데, 만일 한인 부대가 탈출하여 동쪽으로 나가 일본군과 충돌하게 된다면 당연히 소련으로서는 입장이 난처해질 수밖에 없었다.
김홍일은 이런 상황으로 말미암아 알렉세예프스크 사령부 측이 독립군 부대에 대해 무장을 해제하고 이르쿠츠크로 철수할 것을 요구했다고 말하고 있다. 이런 결정에 사할린 부대는 크게 반발해 격렬한 총격전이 벌어지게 되었다. 김홍일은 700~800명이 죽음을 당했고, 1,000명 이상이 부상당했으며, 많은 수가 감옥에 투옥되거나 벌목노동장의 강제노역에 끌려갔다고 기록했다. 그러나 상당수는 가까스로 도주해 연해주 등지로 가서 이용, 김응천金應天 또는 임병국(임병극林秉極의 착오로 보인다—옮긴이)의 지휘하에 들어갔다. 이 사건에 관한 또 다른 설명으로는 다음 자료를 참조하라. 여운형, 「나의 회상기」, 『중앙』中央, 1936년 5~8월호.

70 일본의 관헌 자료에 따르면 자유시사변自由市事變에 크게 낙담한 이동휘는 코민테른에 이르쿠츠크과에 대한 엄중 처벌과 통일된 조선공산당 창건을 위한 그의 노력에 대한 지지를 호소하기 위해 직접 모스크바에 가기로 결심했다고 한다. 그러나 이르쿠츠크과가 장악하고 있는 시베리아를 경유하는 것이 너무 위험하다고 생각한 이동휘는 상하이에서 해로로 서유럽에 가서 거기에서 육로로 소련

자적인 조사를 행하여 벨라 쿤Bela Kun과 오토 쿠시넨Otto V. Kuusinen, 사파로프G. I. Safarov로 구성된 3인 위원회 명의로 1921년 11월 15일에 성명을 발표했다.[71] 양측을 다 같이 비난하는 이 성명은 다음 지시가 주어질 때까지 두 파가 같은 인원으로 임시 당중앙위원회를 구성하라고 권고했다.

의심할 바 없이 한인 집단 내의 심각한 알력은 러시아 당국을 당혹스럽게 만들었다. 그들은 이 문제를 어떻게 처리해야 할지 몰랐다. 그러는 동안 공산주의를 기본적으로 한국 독립을 쟁취하기 위한 수단으로 보았던 한국인들은 급속도로 환멸을 느끼게 되었다. 자유시사변은 특히 상해파에 영향을 주어 이동휘는 자신의 부하들이 떨어져나가는 것을 지켜보아야 했으며, 대한국민의회 역시 심각한 내분에 빠져들게 되었다.

한국 측의 자료가 아닌 두 자료에서 우리는 더욱 명확한 증거를 얻을 수 있었다. 이 시기의 한국 공산주의운동을 상세히 알고 있는 일본인 호시노 게이고星野桂吾는 이르쿠츠크파 지도자들의 극도로 러시아화된 성격과 그들이 소련의 이해에 밀착되어 있다는 점을 강조했다. 그는 치타와 만주에서 온 한국인들, 즉 기본적으로 민족주의적인 데다가 조직문제에 관해 완전히 상이하게 접근하는 사람들과 이르쿠츠크파 지도자들을 대비시키고 있다. 만주의 한국군은 일본군의 방식대로 엄격한 군대 규율에 젖어 있는 데 반해 이르쿠츠크군

에 가려는 계획을 세웠다. 필요한 서류를 얻기 위해 그는 자국으로 돌아가려는 프랑스인 천주교 신부에게 자기를 '용인'傭人으로 받아 동행하게 해달라고 설득했다. 여권과 비자를 얻는 것이 복잡해 일이 지연되어 결국 7월 20일에 가서야 이동휘는 러시아어 통역 역할을 할 박진순과 함께 승선할 수 있었다. 그러나 여행은 실패로 끝났다. 가는 도중 그 신부가 객사했던 것이다. 이동휘는 상하이로 되돌아오려고 했으나 여권 문제로 어느 영국 항구에서 꼼짝 못 하게 되었다. 그는 그곳에서 다섯 달이나 억류된 뒤 1922년 1월 10일에 파리행의 허가를 받았다. 뒤에 얘기하겠지만, 결국 그들은 '제1차 극동인민대표대회'에 맞춰 모스크바에 도착하지 못했다. 앞서 인용한 다음 자료를 참조하라. 「고경」, DN 4105, 15-1-1923.

71 이 점에 관해 우리는 서대숙 교수의 연구에서 큰 도움을 받았다. 그는 코민테른 성명에 관한 두 가지 중요한 자료를 발굴했다. 야마우치 시로山內四郎, 「共產黨ニ關ㅈ六譯出文書送付ノ件」, AJAN, R S721 (S. 9.4.5.2-30);「大正11年朝鮮治安情況等報告」, 제2부, 해외편, AJMFA, R SP 46, 430~439쪽.

에서는 서로 상대방을 '토바리시'tovarich(동무─옮긴이)라고 불렀으며 "상관과 부하 간에 구별이 없었다"고 한다.[72]

두 번째 자료는 더욱 많은 것을 시사해준다. 자유시사변 이후 몇 달이 채 안 되어 익명의 어느 중국 사회주의자는 러시아에 있는 대한국민의회 회장과 회견을 가졌다고 했다.[73] 이 회견은 이 글의 저자가 모스크바로 가는 도중인 1921년 10월에 치타에서 이루어졌다. 이 저자는 책을 쓸 당시에 강력한 반공주의자여서 그의 보고를 신중히 취급할 필요가 있는데, 그가 말한 대부분은 다른 자료에서도 확인된다. 그에게 자유시사변에 대한 이야기를 들려준 한국인은 여전히 슬픔과 분노에 빠져 있었다고 한다. 국민의회와 이르쿠츠크파 간에는 오랫동안 불화가 계속되었으며, 러시아인들은 국민의회가 이르쿠츠크파와 통합한다면 원조를 하겠다고 약속했으나 누가 군사력을 지배하느냐는 문제에 부딪혀 연합전선을 위한 협상이 결렬되었다는 것이다.

만주에 대한 일본의 압력이 가중되자 볼셰비키는 한국인 광부와 농부들에게 무기를 제공했다. 이들은 일부 국민의회 군대와 함께 시베리아로 철수했다. 그러나 러시아의 지원을 받는 이르쿠츠크파는 자신들의 권위를 내세웠고, 결국 피비린내 나는 전투가 벌어졌다. 이 한인 지도자는 회견의 결론에서 한국인들 가운데 오직 '경박한 젊은이들'만이 공산주의를 신봉하고 있으며, 대부분의 사람은 공산주의에 대해 단지 겉으로만 호의를 나타낼 뿐 기본적으로는 한국의 독립에 관심을 갖고 있다고 주장했다.

위에서 살펴본 여러 가지 자료와 다른 자료들을 통해 우리는 1921년 중반 한국 공산주의운동에 밀어닥친 위기를 이해할 수 있다. 당시 상해파는 러시아 지도자들로부터 신임을 잃었지만, 아직도 만주와 노령의 연해주 지방에서 다양한 군사와 정치조직을 장악하고 있었다. 이르쿠츠크당이 약 4,500명의

---

72 호시노 게이고星野桂吾, 『在滿鮮人に就いて』, 제1권, 1928년 4월, 5~7쪽.

73 「遊者觀察」, 『新露鮮回想錄』, 출판지·출판 일자 미상(아마도 1924년), 후버도서관 소장 원본, 11~13쪽.

당원을 갖고 있는 데 반해 한족공산당韓族共産黨(이동휘파)은 약 6,000명의 당원을 가진 것으로 추산되었다.[74] 그 자체가 수많은 동맹관계가 얽혀 형성된 집단이었던 상해파의 지도부는 표면상으로는 공산주의를 외치고 있었으나 당면 목표는 완전히 민족주의적이었으며, 앞서 살펴보았듯 지도자들이 지닌 마르크스-레닌주의 이념에 대한 충실성과 깊이는 의심받을 만한 충분한 이유를 갖고 있었다. 상해파는 독립투쟁의 지원을 받기 위해 새로운 소련 정부와 동맹을 맺기를 원했으며, 일부 지도자는 소비에트 국가를 새로운 한국이 선택할 수 있는 모델로까지 보았다. 그러나 국제공산주의와 비교했을 때 민족주의적인 경향이 명백히 우세했다. 실제로 이동휘파의 많은 사람은 자신들의 운동이 모스크바의 통제를 받는 국제운동의 일부분이 되는 상태를 절대적으로 거부한 것은 아니지만 받아들이기에 상당히 불편해했다. 그들은 어떤 형태로든 러시아인들에게 흡수되기를 원치 않았다. 정책 문제와 노선 문제뿐 아니라 극심한 개인적 알력으로 이르쿠츠크파와 사이가 벌어진 그들은 이런 '러시아화된 한인들'로부터 정치적으로든 군사적으로든 간에 통제를 받을 생각이 추호도 없었던 것이다.

이르쿠츠크파 역시 이질적인 요소를 내포한 집단이었다. 비록 이 파는 러시아화된 한인들이 지배하고 있었지만 반反상해파(반이동휘파, 김립 계열)라는 점 외에는 공통점을 찾을 수 없는 여러 세력이 포함되어 있었다. 더구나 이르쿠츠크파는 기본적으로 시베리아의 볼셰비키 운동선상에 위치해 있었다는 점에서 점차 소련과 코민테른 당국의 지원을 받게 되었다. 그럼에도 뒤에서 다시 살펴보겠지만 이르쿠츠크파 내의 좀더 순수한 민족주의적 인사들도 간과할 수 없다. 많은 사람이 정책적인 차이에서가 아니라 개인적인 이유, 즉 반이동휘파라는 점에서 이 집단에 가담했던 것이다.

---

74 같은 책. 그러나 두 파에서 이용할 수 있는 보조조직과 군사력, 특히 적군을 가산한다면 순전한 힘의 대결에서는 이르쿠츠크파가 의심할 바 없이 강했다.

이 시기에 두 파의 관계는 극히 악화되었기에 어떤 형태로든 우호적인 접촉은 불가능했다. 한쪽 파의 소개장을 가지고 가는 여행자들이 다른 파의 사람들에게 이 소개장을 빼앗길 경우에는 목숨조차 위태로웠다. 그래서 상해파 사람들은 러시아로 갈 때 이르쿠츠크파의 지역을 피하려고 멀리 돌아가곤 했다. 두 파 간에는 폭력이 사용되기 시작했고 급기야 암살이라는 새로운 방법까지 동원되었다.

이런 상황은 아시아 주요 국가의 민족주의운동과 동맹을 맺으려 했던 소련의 새로운 정부에는 매우 곤란한 것이었다. 더욱이 소련 정부는 일본에 대해 최대의 압력이 가해지기를 원하고 있었다. 적어도 이론상 원조의 모든 수혜자가 공산주의자일 필요는 없었다. 레닌은 한국에 대한 원조를 처음 허락할 때 그 자금이 임시정부로 갈 것이라고 생각했고, 또 공산주의자와 비공산주의자를 망라한 통일된 민족운동을 만들어내야 한다고 일관되게 주장했다. 그러나 한국인들의 상황이 보여주듯 이런 원칙을 성공적으로 적용한다는 것은 매우 어려운 일이었다. 물론 한국 문제는 너무나 복잡했다. 러시아 시민권을 갖고 있던 많은 한국인이 소련의 정치나 적군赤軍에 더욱 긴밀하게 통합되길 원하는 것은 당연한 일이었다. 그러나 지방 볼셰비키의 지원을 받는 이들 러시아화된 한인들의 일부가 소비에트 영토 내에 기반을 두고 진행되고 있는 한국의 민족주의-공산주의운동 전체의 주도권을 장악하려 시도하는 것 역시 당연한 일이었다.

7. 모스크바의 극동 '피압박인민대회'

이상이 소련 지도자들이 극동 인민들 최초의 중요한 회의를 준비하고 있던 1921년 여름의 상황이었다. 이 회의는 주로 중동 지역의 대표들이 참석한 가운데 1920년 9월 바쿠Baku에서 열린 회의의 후속편으로 1921년 늦여름이나 초가을에 이르쿠츠크에서 열릴 예정이었다. 이 회의는 워싱턴회의에 대한 소련의 대응이라는 성격도 지녔다. 아시아인들의 지지를 얻기 위한 소련과 미국의 경쟁은 바로 이 시기부터 시작되었는데, 모스크바 당국은 워싱턴 측보다 이 사실의 의미를 더욱 깊이 인식하고 있었다.

대회의 개최 시기와 장소는 여러 가지 이유로 변경되었다. 대회에 참석할 대표들의 인선과 교통 문제는 예상보다 매우 어려웠고, 시간도 많이 소요되었으며, 사고도 자주 발생했다.[75] 마침내 극동피압박인민대회는 1922년 1월 22일에 모스크바에서 개최되었다.[76] 2월 2일까지 계속된 이 대회의 최종회의는 페트로그라드Petrograd에서 열렸다.

대회에 참석한 대표 중 가장 많은 비중을 차지한 사람은 한국인으로, 한국대표단의 숫자는 144명의 공식 대표 중 3분의 1이 넘는 52명이나 되었다. 그 다음으로 많은 대표가 참가한 나라는 중국으로, 대표 수는 37명이었다. 영어로 된 이 대회의 공식 기록에는 한국 대표 48명의 연령, 직업, 소속에 대한 통계분석이 실려 있다.[77] 대표들은 나이가 20~55세까지 다양하게 구성되었는데, 35세 이하가 대다수를 차지했다. 직업으로는 '농민'이 25명, '지식인'이 18명, '기타'가 두 명이고, '노동자'는 세 명에 불과했다. 이들 대표의 교육 정도는 고등교육 이수자 10명, 중등교육 이수자 29명이었다. 다른 대표단들과

---

75 한 가지 예로 김찬金燦은 일본 당국에 한 진술에서 슈미아츠키와 보이틴스키가 시게키 규헤이茂木 久平와 자신에게 30명의 일본 대표를 하얼빈으로부터 이르쿠츠크까지 데려오라고 요청했는데, 시게키가 자금을 유용해 대표들이 갈 수 없었다고 진술했다. 고등법원 검사국 사상부, 「金燦(金洛俊)豫審終結決定」, 『思想月報』, 제2권, 제2호, 1932년 5월, *AJMFA*, R S357, 1,882~1,883쪽.

76 이 대회에 참석했던 대표들의 참가기가 많이 남아 있는데, 그중 다음 것들이 유용하다. 「遊者觀察」, 앞의 책; 아라하타 간손荒畑寒村, 『露西亞に入る』, 도쿄, 1924; 곤도 에이조, 앞의 책; 스즈키 모사부로鈴木茂三郎, 『ある社會主義者の半生』, 도쿄, 1958; 와타나베 도모오渡邊友雄, 『片山潛と共に』, 도쿄, 1955. 스칼라피노는 1957년 9월 28일 서울에서 장건상과 인터뷰를 가졌고, 1957년 11월 27일에는 홍콩에서 장궈타오張國燾와 회견했다. 이정식은 1969년 8월 26일 서울에서 나용균과 만났다. 영어로 된 이 대회의 공식 기록은 다음과 같다. The Communist International, *The First Congress of the Toilers of the Far East*, Petrograd, 1922.

77 위의 책, 238쪽.

마찬가지로 한국 대표단 역시 젊은 지식인, 정확히 말해 '소小지식인'이 주류를 이루었다.

소련 측의 설명에 따르면 투표권을 지닌 48명의 대표 중 37명이 스스로 공산당원임을 표방했고, 그외 다섯 명이 공산청년동맹원이라 주장했다고 한다. 이처럼 대표단은 거의 공산주의자로 이루어져 있었으며, 이용 가능한 여러 자료에 따르면 이르쿠츠크파가 좀더 많은 대표를 파견했음을 알 수 있다. 한국 대표단 중 신원을 알 수 있는 극소수의 인물은 김시현金始顯, 장건상, 여운형, 김규식, 나용균, 김원경金元慶, 김단야, 박헌영 등이고 박진순과 함께 뒤늦게 도착한 이동휘도 대표단에 포함되어 있었다. 대부분의 대표는 시베리아를 경유해 왔는데 여운형은 1921년 11월 하순에 김규식, 나용균과 함께 상하이를 출발하여 고비사막을 거쳐 시베리아횡단 철도편으로 1월 중순 모스크바에 도착했다고 상세히 밝히고 있다.[78] 물론 대부분의 대표는 이르쿠츠크에서 출발

---

78 「여운형조서」, 34쪽.
다행스럽게도 우리는 여운형이 1936년 6회에 걸쳐 잡지 『중앙』에 발표한 1921년의 모스크바 여행 회상기 중 일부를 찾아냈다. 고비사막과 외몽골을 지나는 힘든 여행 끝에 소련 국경에 도착한 여운형은 본래 회의가 열리기로 되어 있던 이르쿠츠크로 떠나기에 앞서 사파로프의 집에서 며칠을 보냈다. 여행 도중 베르크노이딘스크Verkhneudinsk에서 사흘을 보낸 그는 낡은 기차로 인도되어 출발을 기다리게 되었다.
"곧 저녁식사가 시작되었다. 우리보다 훨씬 뒤떨어져서 들어온 다른 러시아 동무가 검은 나무토막을 하나 가슴에 안는 듯이 하고 들어오더니 가지고 온 도끼로 패기 시작했다. 우리는 스토브에 땔 나무인 줄만 알았더니 그것은 의외에도 검정빵이었다. 밀가루뿐 아니라 지푸라기까지도 다분히 섞인 이 검정빵은 워낙 오래 묵은 데다가 추위에 꽝꽝 얼어서 나무 패듯이 도끼로 찍기 전에는 도저히 쪼개낼 수가 없었던 것이다. 이 검정빵에 연어알과 무엇인지 이름 모를 소금에 절인 생선이 우리에게 급여된 식사의 전부였다. …… 각설탕도 오직 한 개씩밖에는 차례가 오지 않았다. …… 난방장치라고는 아무것도 없는 차실車室은 영하 30도의 외기外氣나 다름없는 추위였다."
모스크바행 광궤廣軌 열차로 바꿔 타자 상황은 조금 나아졌다. 새 열차에는 난방장치도 되어 있고, 식료품도 역시 검정빵인 것은 마찬가지였으나 도끼 없이도 먹을 수 있는 것이었으며, 시베리아 특유의 칼바스 사탕과 고기 등도 준비되어 있었다. 여운형은 "당시의 러시아를 전국적으로 휩쓸고 지나간 저 대기근의 뒤를 이은 극도의 식량 결핍에 대한 충분한 이해와 그 조악한 식량에 의하여서도 능히 역사가 그들 어깨 위에 얹어주는 모든 짐을 하나도 거절하지 않고 씩씩하게 져나가는 이 땅의 새로운 민중정신의 감화력"을 느낄 수 있었다고 회상했다.
여운형은 이르쿠츠크 도착에 대해 자세히 언급한 후 어떻게 자신이 흑하사변黑河事變(=자유시사변)

했다. 한국 대표단의 일부는 유럽을 거쳐 모스크바에 도착했으며 이동휘와

과 관련한 '반동분자'의 재판에 배심원으로 배석하게 되었는지 이야기했다. 이 사건에 대한 그의 설명은 아주 간단하고, 이동휘파에 대한 편견을 갖고 있는 것이긴 하지만 우리가 기술한 사실과 기본적으로 일치한다. 이어 여운형은 이렇게 말했다. "우리의 앞에서 재판을 받은 수십 명은 …… 상해파 군단의 사람들이었다. 먼 지방에의 유형流刑, 몇 해 동안의 징역 또는 단순한 징계 처분 등 각종의 처벌이 오랫동안 감옥에 매여 있던 그들에게 각각 정해진 운명이었다. 이 재판은 말할 수 없이 안타까운 애석의 정과 암담한 우울로 나의 마음을 몹시 누른 사건이었다."

12월 하순 한창 대회 준비에 분주하고 있던 여운형 일행은 모스크바로 오라는 '뜻밖의 명령'을 받았다. 여운형의 설명에 따르면 그 대회는 "원래 11월의 워싱턴회의에 맞춰 대항하여 열리기로 계획된 것이었으나 기왕 시일이 늦어지고 했으니 모스크바까지 이 극동의 대표자들을 초청하여 건설기에 들어선 새 러시아의 발랄한 공기를 충분히 호흡케 하려는 의도"로 예정이 변경되었던 것이라고 한다.

여운형은 슈미아츠키, 그의 역원役員들과 함께 일등실 객차에 몸을 싣고 모스크바로 향했다. 그들은 모스크바에 도착하기 전 역에 환영 나와 있을 군중에 대해 답사할 사람을 선정해놓았는데, 그 중임을 떠맡게 된 사람이 바로 여운형이었다. 그는 "(영어로) 연설을 끝마치고 났을 때는 영하 30도의 추위였으나 나는 전신에 상쾌한 땀이 축축한 것을 느꼈다"고 술회했다.

이 대회에 관한 또 다른 설명으로는 1969년 8월 26일자, 나용균이 이정식과 한 인터뷰가 있다. 나용균은 김규식, 여운형과 함께 여행했는데, 그에 따르면 이들 세 사람은 이동휘한테서 여비를 받았다고 한다. 그들은 베이징에 있던 미국인 교수의 아들로 장자커우張家口에서 가죽 장사를 하던 콜먼Coleman이라는 사람의 도움을 받았다.

나용균 역시 지독한 추위와 형편없는 음식에 대해 이야기했다(인터뷰 원문에서 인용 —옮긴이). "그 당시 러시아의 생활이라는 것이 먹는 빵에 75퍼센트가 흙이에요. 흙하고 밀대를 갈아서 섞은 거고, 밀가루는 25퍼센트밖에 섞지 아니해서 그것을 먹으면 그 자리에서 아주 설사를 해버리고 말죠. …… (그가 머무른 숙소의) 공산당원이라는 사람들도 우리나라 돈으로 10전씩만 집어주면 그 효과가 당장 나더란 말이에요."

나용균은 이동휘의 비서로 있던 문시환文時煥과 가깝게 지냈기 때문에 주류인 이르쿠츠크파로부터 철저한 감시를 당했다. 그의 문제는 더욱 심각해졌다. 그는 김규식, 여운형, 최창식 그리고 그 밖에 공산주의를 찬양하는 사람들이 준비한 선언문에 서명하기를 거절한 것이다. 나용균은 누구나 공산당이나 공산청년동맹에 적어도 명목상으로는 가담했지만, 공산주의자가 아닌 사람도 많았기 때문에 그의 집단은 자신에게 그 같은 선언문에 서명할 권한을 부여하지 않았음을 언명했다고 한다. 그는 이 문제로 격렬한 논쟁을 벌이다가 최창식에게 재떨이를 집어던지기까지 했다. 잠시 후 러시아 병사 한 명이 그의 방으로 와서 그를 처형 자세로 세워놓았다. 곧이어 12명의 병사가 그에게 총을 겨누었다가 거두기를 두 차례나 반복했다. 선언문에 서명하기를 거부한 또 다른 한국인 백남준白南俊도 똑같은 곤욕을 치렀다고 한다.

더구나 나용균에 따르면 상하이로 돌아온 뒤 그는 이르쿠츠크파 사람들에게 저격을 당하기까지 했는데, 총알이 그의 옷자락을 스치고 지나가 동료인 윤해尹海에게 맞아 윤해는 다섯 달 동안 병원 신세를 져야 했다고 한다.

설상가상으로 나용균은 자신의 여행자금 일부를 대준 부친이 6개월 징역형을 선고받고 함흥형무소에서 복역 중이라는 소식을 전해 듣게 되었다.

박진순은 앞서 살펴본 바와 같이 일련의 사건으로 뒤늦게 도착했다. 어떤 자료에는 그들이 중국 공산주의자 야오쮜빈姚作賓과 동행했으며, 독일에 도착한 후에는 그곳의 저명한 공산주의자 빌헬름 피에크Wilhelm Pieck와 합류해 모스크바로 떠났다고 되어 있다.[79]

소련 국경에 도착한 뒤 대표들은 소련 정부로부터 칙사 대접을 받아 더는 여비 걱정을 할 필요가 없었다. 그들은 대체로 훌륭한 대접을 받았을 뿐 아니라 가능한 최상의 대우를 받기도 했다. 그러나 당시의 소련은 인플레이션이 극심해 매우 어려운 시기여서 식품은 극히 부족했고, 물가는 엄청나게 뛰어올랐으며, 숙박시설은 빈약하기 그지없었다. 가장 중요한 지도자들, 예를 들어 이동휘나 가타야마 센 같은 사람들은 럭스호텔에서 숙식을 해결했지만 비중이 그보다 못한 사람은 매우 허름한 숙소에서 지내야 했다. 앞서 인용한 중국인 저자는 어떤 숙소는 마치 '삼류 병원의 입원실'과 같았다고 불만을 터뜨렸다.[80] 여운형은 개회 이래 회의장인 그리스정교회 건물에 숙소를 정했다.

이렇게 되자 아시아 대표로 참석한 많은 사람은 '노동자의 낙원'에 실망하게 되었다. 앞서 지적한 바와 같이 몇몇 인사는 음식, 교통시설, 전반적인 생활환경에 대해 불만을 토로했고, 또 어떤 사람들은 러시아 인민들의 궁핍한 생활을 보고 충격을 받기도 했다. 그러나 이 같은 실망과는 달리 러시아가 교육에 대해 강조하고 있는 것이나 표면상 인종차별이 없는 것 그리고 아시아와 아시아 인민에 대해 깊은 관심을 기울이고 있다는 점에 많은 사람이 호의적인 평가를 내렸다.

대회는 1월 21일 저녁 크렘린 궁내의 한 극장에서 개막되었다. 무대에는 마르크스의 대형 초상화가 내걸렸고 그 앞에는 특별히 초대된 노동자 대표들

---

79 이극로李克魯, 『고투40년』苦鬪四十年, 서울, 1947, 28~31쪽(야오쮜빈과 동행했다는 기록은 위의 자료에는 보이지 않는데, 이극로는 당시 독일에 유학 갈 준비를 하고 있던 중 통역으로 이동휘 일행과 동행하게 되었다—옮긴이).
80 「遊者觀察」, 앞의 책, 146~147쪽.

을 위해 마련한 의자 몇 개, 의장과 7~8명의 위원을 위한 테이블과 의자가 놓여 있었다. 대회장 곳곳에는 중국어, 일본어, 한국어로 된 깃발들이 나부끼고 있었다. 의석의 열 번째 줄까지 총 150석은 대표들의 좌석으로 배정되었고, 그 뒤로는 투표권이 없는 대표들과 방청객 자리가 마련되었다. 본회의는 사실상 그다음 날에야 시작되었는데, 어떤 자료에 따르면 대표들의 출석률이 저조했다고 한다.[81]

---

81 어느 '중국인 여행자'는 개회식이 끝난 뒤 자리를 지킨 대표들은 겨우 10~20퍼센트에 불과했다고 기술했다. 위의 책, 154쪽.
'어네스틴 에번스'Ernestine Evans(가명)는 1921년의 모스크바 여행을 토대로 흥미로운 기록을 남겼는데, 그 글에는 많은 아시아인이 수학하고 있던 '동양자치연방공화국 피압박민중대학' University of the Toiling Masses of the Eastern Autonomous and Associated Republics 과 모스크바대회에서 그녀(그?)가 직접 보고 들은 견문기가 포함되어 있다. 이 글의 제목은 「모스크바에서 바라본 동방」Looking East from Moscow으로 Asia, XXII, No. 12, 1922년 12월호, 972~976쪽, 1,011~1,012쪽에 실려 있다.
에번스의 글은 길게 인용해볼 만한 가치가 있다. '그녀'는 '네 차량'의 시베리아횡단 철도에 나눠 타고 온 아시아인들의 도착을 이렇게 묘사했다. "럭스호텔에 투숙하고 있던 유럽인들은 그들에게 방을 내주어야만 했다. 과거 러시아정교회 수도자를 위한 신학교였던 제3소비에트하우스에서는 침대 시트를 새로 깔고 한국인, 몽고인, 일본인, 시베리아인, 중국인들을 맞이할 차비를 했다. 현관 앞뜰에 쌓아올린 소나무 장작이 향기를 발하는 가운데 신학교 정문 위에는 '환영'이나 '만국의 노동자여, 단결하라' 같은 구호들이 적힌 새빨간 현수막이 내걸렸다. 부엌에는 검은 빵과 청어가 실린 나무통들이 썰매에 실려 속속 도착했다."
많은 대표의 신임장이 의심스러운 것이었음을 언급한 뒤 에번스는 스베르들로프 홀Sverdlov Hall에서 열린 대회 '개막의 밤' 행사에 대해 다음과 같이 기술했다. "구레나룻에 덮인 카를 마르크스의 예의 그 흰 흉상이 중국어와 일본어로 씌어진 휘장에 덮인 채 단상 위에 우뚝 서 있었다. 내 자리에서 통로를 사이에 두고는 몽고의 왕자가 연어의 살색을 연상케 하는 분홍빛 예복을 입고 앉아 있었고, 내 옆자리에 앉은 중국인 학생은 『뉴 리퍼블릭』New Republic을 읽고 있었다. 뒷줄에서 시끄럽게 떠들어대던 사람은 '골칫거리 개구쟁이'라 불리우던 조그맣고 못생긴 몽고인이었는데, 그는 자기 스스로 대표단에 참가해놓고도 모든 행사를 음식을 마음껏 먹기 위한 모험 정도로 생각하고 있었다."
그러고 나서 에번스는 슈미아츠키의 개막 환영연설을 시발로 끝없이 이어지는 각종 연설 등 대회의 진행 과정을 서술했는데, 그는 뒷날의 독자들을 위해 대회의 분위기를 아주 상세히 기록해놓았다. 단상에 앉아 있던 『프라우다』의 편집자 니콜라이 이바노비치 부하린Nikolay Ivanovich Bucharin은 끝없이 이어지는 환영연설을 비꼬는 풍자시를 써서 영국인 방청객(에번스?)에게 건네주었다.

인민, 오, 인민!
동방, 오, 동방!

(죄송합니다) 극동, 오, 극동!

어쨌든 인민, 오, 인민!

오늘 여러분이 스물네 차례의 환영사를 참아내야 하는 것에 사과드립니다.

하지만 세계혁명의 신성한 대의는 희생을 요구함을 잊지 마십시오.

또한 여러분의 고난은 우리에 비하면 아무것도 아님을 기억하십시오.

우리는 기나긴 5년 동안 한 손에 칼을 든 채 『이즈베스챠』Izvestia에 실린 스테클로프Stekloff

의 논설을 읽어야 했답니다.

노동자와 농민의 공화국에서는 결코 해가 지지 않는답니다(그것이 우리가 기근에 시달리는 이

유랍니다).

여러분이 모스크바에 도착하던 날 흰 눈이 내렸지요.

관심을 갖지 마세요. 그것은 백색 음모이니까.

다른 것도 마찬가지랍니다.

물론 이 시는 그가 편집하던 『프라우다』에는 실리지 않았다. 이 정도의 유머와 현실감각을 지닌 부 하린이 스탈린시대에 살아남지 못한 것은 그리 놀라운 일이 아니다.

한국 대표에 대한 에번스의 논평은 여기서 특별히 흥미로운 부분이다.

"다양한 조직과 계층을 대표하는 52명의 한국인이 대회에 참석했다. 이들은 블라디보스톡, 만주, 상해 등지로부터 왔으며 현상금이 붙은 15명은 작은 배를 타고 압록강을 건너 몰래 한국을 빠져나왔 다. 대표 중 상당수가 '한국 독립군', 즉 비정규 유격부대 출신으로 탄띠를 두르고 신발에는 박차를 단 사람들이었다. 시베리아의 한국군 장교와 사병의 숫자를 수천 명으로 추산한 대표단 단장 김씨 (김규식)는 '만일 미국과 일본 간에 전쟁이 난다면 우리 비정규군은 미국의 무시하지 못할 동맹군이 될 것'이라고 주장했다. 이들 한국인들은 러시아인들과 함께 일본의 침략에 맞서 꾸준히 싸워왔다. 이는 일부 민족주의자들의 관점에서는 귀중한 경험을 한 것이지만 다른 사람들의 입장에서는 러시 아를 위해 민족의 역량을 낭비한 것이었다. ……

김씨는 버지니아주의 로노우크Roanoke대학 출신의 젊은이였다. 그가 각료로 있던 상해임시정부 에서는 그를 베르사이유회의에 대표로 파견했었다. 그 후 상해의 몇몇 지도자들이 윌슨Wilson에게 큰 기대를 걸었기 때문에 김씨는 워싱턴으로 가서 구미위원회歐美委員會 간부로 활동했다. 여기서 의 체험은 그를 냉소적인 사람으로 만들어버렸다. 만일 그가 미국이 한국 편을 들어 제재 조치, 즉 일본과의 전쟁을 취해주리라는 희망을 품지만 않았더라면 그는 냉소적인 사람이 되지 않을 수 있었 을 것이다. ……

이제 그는 두 가지 이유 때문에 공산주의자로 자처했다. 그는 공산주의자들의 세계 정세 분석을 접 했을 뿐 아니라 러시아 공산주의자들의 동양에 대한 새로운 전술 외에는 달리 기대를 걸어볼 대상도 발견하지 못했다. 더우기 모스크바에서 한국을 위한 정신적, 물질적 희망을 찾지 못한다면 희망은 어느 곳에도 없는 것이었다. 그는 최후의 기대를 걸고 있었다. 우리가 한국 대표단의 숙소에서 한국 의 운명에 대해 이야기했을 때 나는 그가 다소 슬픈 표정을 지었던 것으로 기억한다. ……

그의 옆에는 내 기억으로 '형'이란 이름을 가진 쾌활한 사람이 앉아 있었는데 '형'은 자신이 감리교 감독 해리스Harris에 의해 직접 임명된 담임목사라고 자신을 소개했다('형'은 현순玄楯 목사다. 최 근 극동인민대표회의 참가 당시 현순 목사의 '위임장'과 '조사표'가 발굴 소개되었다. 한규무, 「극동 인민대표회의에 참가한 '조선예수교 대표회' 현순의 〈위임장〉과 그가 작성한 〈조사표〉, 『한국근현 대사연구』 30, 2004년 9월―옮긴이). 자유를 찾아 하와이로 이주한 이민 첫 세대에 대한 목회 활동

모스크바대회의 중요 의제는 1월 21일의 개회사와 1월 23일의 기조연설을 통해 대회의장 그리고리 지노비에프Grigorii Zinoviev가 제시했다.[82]

첫째, 공산주의의 완전한 승리는 '세계혁명'을 통해서만 얻어질 수 있으며 이런 사실을 인식하고 있는 제3인터내셔널은 세계 무산계급의 가입과 그들에 대한 지원을 목표로 하는 최초의 혁명적 조직이라는 것이다. 지노비에프는 적대적인 서구개량주의자, 사회주의자들의 지방적·유럽 중심적 태도를 비난하고 청중에게 아시아 지역이 서구의 지배에서 완전히 해방될 때만 세계 공산주의운동은 그 기본 목표를 달성할 수 있을 것이라고 단언했다. 공산주의자들은 '고통받는 피압박 동양 대중'에게 특히 관심을 가져야 한다고 했다. 따라서 대회의 주요 주제 중 하나는 '아시아 제일주의'였다.

둘째, 아시아에서 공산주의(러시아)의 영향력에 대항해 제기된 서구, 특히 미국의 도전이 뚜렷하게 부각되었다. 모스크바 당국은 이 대회를 워싱턴에 대한 대응으로 소집했으며, 이 같은 중심 목표를 결코 잊지 않았다. 지노비에프는 수주일 전에 체결된 4강국협정을 "네 흡혈귀의 동맹"이라 묘사한 뒤 강렬한 어조로 베르사유에서 보인 서구의 행동('월슨의 배신')과 그 결과 "독립에

을 맡고 있던 그는 기독교적인 하와이가 설탕의 이윤과 직접적인 관계가 없는 한, 모든 혁명적 계획을 억누르고 있다는 사실을 알게 되었다. 자신의 집단이 8,000명으로 불어났다가 4,000명으로 줄어드는 것을 지켜보아야 했던 이 목사는 당시 자기 교회 내에 2,000명의 신도를 거느리고 있었다. 그러나 그는 더 많은 회중을 끌어모을 생각을 갖고서 한인 신도들에게 공산주의를 설교할 예정이었다.
……
그 옆에는 상해에서 선전물을 출판하는 회사에 관계하고 있던 침착한 한국인 사업가(여운형)가 앉아 있었다. 그는 러시아인들과의 협상에서 한국이 취해야 할 현명한 정책은 무엇인가를 동료들에게 충고해주기 위해 석 달 휴가를 얻어 모스크바로 왔다. 그는 미국의 유명한 극동관계 업저버와 의견일치를 보았는데, 그 업저버는 내게 이렇게 말했다. '러시아인들은 세계에서 가장 위대한 정치적 몽상가요, 이론가들이다. 그들은 항상 자기 몸에서 뽑아낸 가느다란 실로 된 거미줄과 같은, 환상적이고 완전한 정치적 구상을 하고 있다. 그들은 동시에 매우 실제적인 정치가들이다. 나는 한국인들에게 러시아인들이 음모를 짜는 동안 넋 놓고 앉아 있지 말라고 충고하고 싶다. 결정적인 순간에 러시아인들이 끝없는 환상이나 독립된 한국공화국보다 러시아를 생각할 것은 당연한 일 아니겠는가?'"

82 *The First Congress of the Toilers of the Far East*, 3~6쪽, 21~39쪽.

대한 아시아 인민의 정당한 열망"을 승인하기를 거부한 서구 열강의 태도를 맹렬히 비난했다. 한국 대표단에 대한 관심은 바로 이 시점에 고조되었다. 한때 미국에 기대를 걸었던 일부 대표는 그 점에 대해 책망받았고, 그 같은 어리석은 일을 되풀이하지 말라는 설득을 받았다. 이 주제는 계속 되풀이되었다. 즉 워싱턴이 현상유지만을 고집하고 있는 상태에서 한국의 민족주의는 소련과 세계 무산계급에 의존하지 않고서는 발전할 수 없다는 것이었다. 지노비예프는 이렇게 비난했다. "마치 한국이 지구상에 존재하지 않는다는 듯이, 워싱턴에는 한국의 존재에 대해 들어본 적이 없는 강대국들만이 모인 것처럼, '한국'이라는 단어는 워싱턴회의에서 언급조차 되지 않았습니다. …… 나는 한국인들이 어떤 다른 교훈을 필요로 한다고 해도 그들이 워싱턴회의의 침묵에서 깨달은 것보다 더 설득력 있는 교훈을 얻을 수는 없을 것이라고 생각합니다."[83]

세 번째의 광범위한 주제는 레닌주의와 당시 소련 공산주의자들이 채택한 전술의 핵심을 이루고 있는 민족주의와 공산주의의 상호작용에 관한 것이었다. 제2회 코민테른대회의 결정에 전폭적인 지지를 표명한 지노비예프와 그밖의 러시아인 연사들은 모든 가능한 수단을 동원해 서구(그리고 일본) 제국주의와 자본주의에 대한 대규모 민족주의 봉기를 원조하는 것을 공산주의 정책의 주된 노선으로 삼아야 한다고 주장했다. 그러나 이 같은 주장을 하면서도 이들은 민족주의의 한계와 위험성, 민족주의는 본질적으로 과도적인 성격을 갖는다는 점을 잊지 않았다. 한 가지 예로 한국과 중국, 일본, 몽골의 피압박 대중 간의 민족적 반감은 정당화될 수 없는 것이었다. 또한 세계 무산계급의 형제애와 소련과의 동맹을 통해서만 만국 노동자들의 정당한 열망이 실현될 수 있음을 고려할 때, 민족주의는 어떤 경우라도 기본적인 목표가 될 수 없다. 간단히 말해 소련인 연사들은 민족주의에 대한 지지와 반대를 동시에 내

---

83 1922년 1월 23일자 지노비예프의 연설이다. 위의 책, 25쪽.

포하는 레닌주의의 독창적인 원칙을 강력히 개진한 것이다.[84]

이 대회의 상임간부회 일원이었던 사파로프는 1월 26일자 연설에서 이런 주제들을 한국의 상황과 결부시켜 좀더 자세히 설명했다.

한국의 피압박 대중이 당면하고 있는 문제들은 보다 단순합니다. 중국에서와 마찬가지로 우리는 제국주의와의 어떤 타협도 거부하면서 민족해방의 목표를 향해 부단히 전진할 준비가 되어 있는 모든 민족혁명운동을 지원할 것입니다. 우리는 이 같은 조직들 가운데 농민단체나 종교적 파벌, 기타 여러 단체들까지 포함되어 있다는 사실 때문에 혼란을 일으키거나 주저하지는 않을 것입니다. 우리는 이러한 운동이 부르조아 민주주의운동이라는 사실을 충분히 알고 있지만 민족해방을 위한 모든 민족운동을 지원해온 것처럼 이 운동 역시 지지할 것입니다. 왜냐하면 이 운동은 제국주의를 반대하고 국제 무산계급의 이해와 일치하고 있기 때문입니다. 또한 우리는 이 점을 한국 노동자들에게 요구합니다. 한국의 귀족정치를 붕괴시킨 것은 제국주의 세력인 일본입니다. 따라서 한국에서 민족통일전선을 논하는 것은 지극히 당연합니다. 그러나 이와 동시에 우리는 한국의 해방을 타협과 평화주의에 의해 이룩하려는 모든 기도를 가차 없이 폭로하지 않으면 안 됩니다.[85]

지노비예프와 사파로프의 연설은 한국 공산주의자들이 따라가야 할 정책 방향을 완전히 드러냈다. 그것은 바로 광범위한 민족연합, 즉 공산주의와 민족주의 세력의 동맹이라는 레닌주의 정책이었다. 이동휘와 그의 추종 세력들이 임시정부에서 이탈했을 때 러시아인들은 비록 이동휘 일파의 결정에 영향

---

84 그러나 '어네스틴 에번스'의 논평이나 나용균을 비롯한 참가자들의 회고담을 살펴볼 때 이 같은 전술은 아시아 민족주의자들을 공산주의로 돌아서도록 설득하는 데 성공을 거두지 못했다.

85 1922년 1월 26일자 사파로프의 연설이다. 앞의 책, 167~168쪽.

을 미칠 기회를 갖지 못했겠지만, 그럴 수 있었다고 해도 이동휘 일파의 행동을 지지하지 않았을 것이다. 중국 공산주의자들과 마찬가지로 한국 공산주의자들의 최우선 과제는 부르주아 민주주의적 민족혁명의 완수였다. 그러나 이 과제의 완수를 위해 공산주의운동의 내적 통일을 희생시킨다는 것은 있을 수 없는 일이었다. 민족운동 진영 내에서 '타협과 평화주의'나 다른 '반동적' 정책들을 옹호하면서 서방세계만 바라보는 사람들에 대해서는 무자비한 공격을 가해 매장시켜야 했다. 여운형은 훗날 극동인민대회에서 한국의 혁명운동은 임시정부를 지지·후원하고 '개혁'하는 선에서 수행되어야 한다는 것과 한국은 공산주의에 대한 지식이 결여된 농업국이기 때문에 농민을 주요 대상으로 민족주의를 강조해야 한다고 결정했음을 밝혀 앞서 말한 전반적인 정책 기조를 다시 한번 확인시켜주었다.[86]

다양한 정치적 신념을 지닌 한국인 연사들이 여러 가지 조건과 단서를 붙여 이 정책에 대한 지지를 구두로 표명하기는 쉬운 일이었다. 공산주의 연사 코르 칸Kor Khan은 이렇게 말했다.

> 우리들은 모든 민족혁명단체와 부르조아 조직들을 지원할 것입니다. 그러나 우리의 지원은 이들 조직이 세계의 약탈자인 제국주의자들을 추종하지 않고, 제국주의자들과 아무런 관계도 맺지 않고, 그들에게 손끝도 뻗치지 않을 때에만 주어질 것입니다. 나는 우리 한국 공산주의자들은 유화정책을 따르는 분자들과는 결코 손을 잡지 않을 것임을 선언합니다. 오랫동안 712만 6,000명의 농업노동자, 30만 명의 공업노동자, 29만 명의 어민에게 세력을 미쳐온 우리에게 공산당은 유화정책을 지지하는 자들을 제외한 한국의 모든 프롤레타리

---

86 「여운형조서」, 34쪽.
(원문에는 "조선에 있어서 아직 공업이 발달되지 않았고 또 계급의식이 유치한 까닭에 계급운동은 시기상조이고 조선은 농업국이므로 일반 민중은 민족운동에 공명하고 있는 고로 계급운동자는 독립운동을 후원·지지한다는 방침이 결정되었다"라고 되어 있다─옮긴이.)

아 분자들의 단결과 가능한 한 모든 혁명적, 부르조아적 단체들과의 협동을 목표로 삼을 것입니다.[87]

이 논평은 한국에서 공산당이 갖는 영향력에 대해 서술한 환상적인 과장만 배제한다면 레닌주의의 통일전선론이 어떻게 받아들여지고 있는지를 보여주는 좋은 지표가 되고 있다.

이에 앞서 이 연사는 한국 공산주의운동 자체의 내부 문제들을 폭로했다. 이르쿠츠크가 아니라 워싱턴으로 가기를 원했던 사람들에 대해 그는 이렇게 말했다.

우리 가운데는 마치 박쥐처럼 행동하는 '공산주의자'들도 있습니다. 그들은 바로 상해임시정부의 대표를 워싱턴회의에 파견하자고 주장하는 자들로서 자칭 당 중앙위원들까지 포함되어 있습니다. 그들은 워싱턴회의에의 참가 필요성을 강조했을 뿐 아니라 극동피압박인민대회에 참가하려는 우리 대표단의 출발을 방해하기까지 했습니다. 그들은 이렇게 말했습니다. "만일 워싱턴의 제국주의자들이 우리 대표가 극동피압박인민대회에 참가하기 위해 일크츠크로 떠난다는 것을 알게 되면 그들은 (워싱턴에 파견되는) 우리 대표들을 받아들이지 않을 것이다. 일크츠크로 가지 말아라. 워싱턴이 우리의 운명을 해결해 줄 것이다."[88]

이런 입장을 취한 사람들을 불량한 공산주의자로 평가하는 것을 반박할 사람은 아무도 없었다. 그러나 이 연설은 상해파를 누르기 위해 사실을 윤색

---

87 1922년 1월 27일 제9차 회의에서 코르 칸이 한 연설이다. *The First Congress of the Toilers of the Far East*, 178쪽.
88 같은 책, 177쪽.

한 것처럼 보인다. 물론 비공산주의적 민족주의자들이 이런 식으로 이야기했으리라는 점에는 의문의 여지가 없으며, 일부 공산주의자가 소련뿐 아니라 서구에 접근하려 했던 것도 사실이었으리라고 생각된다. 그러나 이동휘파 내의 어떤 중요 인물도 모스크바를 외면하려고 했다는 증거가 없으며, 이는 논리적으로도 타당하지 않다.

한국의 연사들은 누구나 지노비예프와 사파로프가 제시한 세 가지 주제에 대해 경의를 표했다. 세계 혁명운동에 아시아인이 동등한 자격으로 참여한다는 생각이나 서구와 대등한 입장을 가질 수 있다는 관념은 특히 큰 호소력을 지녔다.

'박키엥'(박진순?)은 "키플링*이 있긴 하지만 동양과 서양은 모스크바에서 만나고 있다"고 주장했다.[89] 더구나 워싱턴회의에 대한 공격은 한국인들에게는 특히 감동적인 것이었다. 박키엥은 과거 전제제정專制帝政과 팽창주의의 상징이었던 모스크바가 이제는 세계 혁명운동의 중심지가 되어 극동 피압박 인민들을 환영하는 반면, 한때 자유의 상징이었던 워싱턴이 이제는 "세계의 자본주의적 착취와 제국주의적 영토 확장의 중심지"가 되었다고 주장하면서 자신의 연설을 시작했다.[90] 워싱턴에 대한 소련 측의 비난은 실로 정곡을 찌른 것이었다!

몇 가지 점에서 볼 때 레닌 정부는 1922년 모스크바대회에서 의미 있는 성공을 거두었다고 할 수 있다. 아시아 민족운동의 대부분이 매우 취약하고 아직 자기 성격을 분명히 갖지 못한 상태에서 외부의 원조를 간절히 기다리고

---

* Rudyard Kipling, 1865~1936, 영국의 소설가이자 시인으로 대표작은 『정글북』, 『킴』*Kim* 등이 있으며, 오랫동안 인도에 살면서 19세기 말~20세기 초 영국인들에게 오리엔탈리즘적 입장에서 강력한 서양과 대비되는 허약한 동양에 대해 소개했다.

89 1922년 1월 21일 제1차 회의에서 박키엥이 한 연설이다. 같은 책, 13쪽.

90 같은 책, 12쪽. 또한 박키엥이 두 번째로 1922년 1월 23일의 제2차 회의에서 행한 좀더 긴 연설은 다음 자료를 참조하라. 「조선혁명운동」, 같은 책, 74~98쪽.

있을 때 모스크바는 지도와 지원을 제공했고, 이에 따라 많은 아시아 민족주의자가 서구에 대한 환상에서 깨어나 모스크바의 인도대로 스스로 변화시킬 준비를 갖추었다. 아시아 민족주의자들은 이제 때를 만났다. 그리고 그들을 조종하게 될 배후의 끈이 항상 눈에 드러나 보이는 것도 아니었다. 모스크바 측은 그들의 정책뿐 아니라 자존심까지 충족시켜주었다. 베르사유와 워싱턴에서 받은 대접에 비해 한국 대표단은 모스크바대회에서 극진한 대접을 받았다. 서구가 그들에게 열등감을 심어준 반면, 소련 지도자들은 그들의 긍지와 자존심을 북돋아주었다. 그럼에도 더욱 많은 수의 한국인이 그들의 관심과 이데올로기를 모스크바 쪽으로 돌리지 않았다는 것은 실로 놀라운 사실이 아닐 수 없다.

그러나 여기에 관해서는 또 다른 측면을 살펴봐야 한다. 당시의 러시아는 신경제정책NEP으로 전환하던 과도기에 처해 있어 생활조건이 열악했고, 한국 대표단도 이 사실을 완전히 외면할 수는 없었다. 더욱이 대표들 가운데 진정한 공산주의자가 드물었던 까닭에 공식 회의석상에서조차 '순수한' 민족주의가 약간의 문제를 야기하는 상황이었다.

8. 파벌투쟁의 심화

막후에서 일어난 정치 활동의 상세한 내용을 수집하기란 어려운 일이다. 그러나 불행하게도 한국의 경우 이런 막후 활동이 가장 중요했다. 앞서 살펴본 것처럼 이동휘는 오랜 시간이 걸려 소련의 수도에 도착했다. 그가 도착했을 때 이르쿠츠크파는 상당 기간 세를 떨치면서 모스크바의 관리들에게 자신들의 주장을 널리 확산시키고 있었다. 사실 이르쿠츠크파는 초기에 그들의 입장을 최초로 전달할 기회를 얻기 위해 아시아를 여행하는 코민테른 당국자를 찾아내느라 애를 먹었다. 여운형은 훗날 이르쿠츠크파의 확고한 위치는 그들

이 러시아인들과 먼저 접촉했던 덕분이라고 말했다.[91]

이는 사실의 전부가 아니었다. 어쨌든 상해파는 한형권 등 대표들을 모스크바에 상주시켰고, 상하이에서도 보이틴스키와 접촉할 수 있었음이 틀림없다. 그러나 우리는 이르쿠츠크파가 출발부터 우세한 위치에 있었음을 밝혀주는 몇 가지 이유를 찾아냈다. 앞서 1919년 이르쿠츠크파가 조직될 때부터 슈미아츠키가 그들을 지원했다고 지적했는데, 아마도 김립의 선전비 남용 문제가 이동휘파를 코민테른의 눈 밖에 나도록 만들었을 것이다. 어쨌든 보이틴스키는 김만겸이 이동휘-김립파와 결별하자 그와 가까이 지낸 것으로 보인다. 우리 익명의 중국인 저자는 그가 모스크바에서 관찰한 한국 공산주의의 파벌 문제를 다시 한번 폭로했다.[92] 그가 말한 것을 모두 확인해볼 수는 없지만 그의 주장에 따르면 한국 공산주의자들은 두 개의 파로 분열되어 있었다고 한다. '이'(이동휘?), '한'(한형권?), '김'(김립?) 같은 '구舊혁명가들'로 구성된 파는 상해임시정부나 노령의 대한국민의회와 연결되어 있었다. 또한 이들은 '레닌과 트로츠키의 오랜 친구들'이기도 했다.[93] 젊은이들로 이루어진 다른 파는 러시아 혁명 후에 형성되었으며, 슈미아츠키가 이르쿠츠크에 세운 코민테른 극동부Far Eastern Bureau＊와 긴밀한 협력관계에 있었다. 보이틴스키는 그곳에서 슈미아츠키 밑에서 일했고, 나중에는 상하이를 중심으로 활동했다. 이 두 사람의 작품인 새로운 한인 집단과 '어떤 중국인 집단'(천두슈의 '중

---

91 「여운형조서」, 53쪽.

92 「遊者觀察」, 앞의 책, 111~113쪽.

93 나용균은 다음과 같이 말하면서 이 사실을 부분적으로 증명해주었다(이정식과 나용균의 인터뷰 원문에서 인용 — 옮긴이). "거기 쉬미아츠키가 일크츠크파의 두목인데 그놈은 아주 고약한 놈이지. 그 사람도 만나보았지요. 치타에는 크라스노쉬체코프Krasnoshchekov가 있었지. 거기 치타에는 극동완충국(극동공화국極東共和國 — 옮긴이)이 있으니까. 그런데 가보니까 곤란한 것이 일크츠크파는 쉬미아츠키의 앞잡이이고 치타파는 크라스노쉬체코프의 앞잡이야. 그래 가지고 파벌싸움을 한단 말이에요. 그때 모스크바를 가보니까 일크츠크파는 지노비예프파이고 치타파는 트로츠키파란 말이야."

＊ 당시의 한인들은 이를 치타의 '원동부'遠東部와 구별해 동양비서부라고 불렀다.

국공산당' ?)은 제3인터내셔널 극동부 책임자의 후원을 받았다고 한다.

중국인 관찰자는 새로운 한인 집단을 '무자비한' 사람들이라고 묘사했으며, 한국의 구혁명가들은 그들을 불신했지만 그 상황에서는 어쩔 도리가 없었다고 지적했다. 그의 말에 따르면 이르쿠츠크파와 그들의 러시아인 동맹 세력은 실제로 이동휘파의 대회 참가를 저지하려 시도했다고 한다.

이 저자의 세부적인 기술에는 더러 오류가 있지만 전체 줄거리는 진실에 가깝다고 생각된다. 그는 이동휘와 슈미아츠키가 특히 자유시사변 뒤부터 심각한 적대관계에 빠졌다고 지적했다. 소문에 따르면 이동휘가 모스크바에 도착하기에 앞서 슈미아츠키는 이동휘의 대표(한형권?)가 활동하는 것을 막으려 했다고 한다. 이 저자는 이동휘는 실제로 대회가 끝날 때까지 도착하지 못했다고 주장하는데, 이는 다른 자료에서도 확인된 틀림없는 사실이었다. 이에 덧붙여 그는 대회 결의안 초안의 서명자 명단에 이동휘의 이름이 빠져 있었는데, 레닌이 이를 알고 이동휘는 동아시아 전역에서 명망이 높은 영향력 있는 혁명가이므로 그의 서명을 받아야 한다고 주장했다고 밝혔다. 그러나 우리의 저자에 따르면 이동휘는 대회 요원의 한 사람이 서명을 요청하자 이를 거부했고, 그 요원이 서명하는 것을 공산당원으로서의 의무라고 촉구하자 문서화된 당의 명령이 있을 때만 서명하겠다며 버텼다고 한다.

우리는 이동휘와 슈미아츠키의 반목에 대해 다른 중국 자료에서 확증을 얻었다. 유명한 비공산계 사회주의자로 당시 러시아에 있었던 장캉후江亢虎[94]는 이동휘파가 자유시사변 때문에 슈미아츠키를 이르쿠츠크운동의 사실상 두목으로 간주했고, 그가 알렉세예프스크의 유혈사태 이전에 벌써 자신에게 반대하는 한인 혁명가들을 감옥에 집어넣었다고 비난했다. 슈미아츠키는 심지어 계봉우桂奉瑀, 김진金震, 장도정 등 철저한 급진분자들을 처벌하기까지

---

94 장캉후江亢虎, 『江亢虎 新俄遊記』(영문 제목은 Kiang Kang-hu, *One Year in Soviet Russia*), 상하이, 1923, 61쪽 이하.

했다. 이렇게 해서 이동휘, 박진순 일행은 코민테른에서 슈미아츠키의 죄상을 폭로하기 위해 모스크바로 가게 되었던 것이다. 장캉후에 따르면 이동휘 일행이 시베리아를 거치지 않고 유럽으로 돌아오게 된 것도 슈미아츠키에 의해 '처치'될까 봐 두려웠기 때문이라는 것이다.

이 문제에 관해 몇 차례의 청문회와 토론이 벌어졌다. 이동휘 일행은 슈미아츠키를 파면하고 그와 이르쿠츠크파에 의해 투옥된 한인들, 적어도 아직까지 목숨을 부지하고 있던 사람들을 석방하고 적절한 보상금을 지급하라고 요구했다. 그러나 장캉후는 당시 슈미아츠키가 코민테른 내의 러시아인 세력과 이르쿠츠크파 양자로부터 강력한 지지를 받고 있었다고 주장했다(우리 익명의 저자는 그가 곧 자신의 상관과 싸운 뒤 지위를 상실했다고 기술했다). 어쨌든 이동휘는 반대파와의 싸움에서 패배했다.

그러나 이동휘파는 몇 가지 이점으로 완전한 파멸을 면할 수 있었다. 앞서 살펴본 것처럼 그들은 소련의 최고지도자들과 오랜 유대관계를 맺어왔는데, 특히 레닌이 이동휘를 붙들어두기를 원했던 것으로 보인다. 그것은 아마도 이동휘 개인이 정견을 달리하는 한인들 사이에서 커다란 권위를 지니고 있었거나, 적어도 레닌을 비롯한 지도자들이 그렇게 생각했기 때문일 것이다. 이동휘는 중국인 반대파에 의해 '가짜 공산주의자'로 몰린 야오쭤빈을 구해줄 수 있었다(그렇지만 그는 결국 러시아에서 추방되었다).[95] 한편 여운형은 일본인 조사관에게 러시아 정부는 코민테른 자금의 사취를 방조했다는 점에서 이동휘를 체포할 것을 고려했는데, 한국의 가장 유명한 공산당 지도자인 이동휘가 체포될 경우 많은 한국인이 코민테른을 원망할 것이며 전체 운동이 위험에 처하게 될지도 모른다는 염려 때문에 이 같은 계획을 포기한 것이라고 진술했다.[96] 또한 여운형은 모스크바대회 중에 유린M. I Yurin이 자신에게 소련 정부

---

95 「遊者觀察」, 앞의 책, 110쪽.
96 「여운형조서」, 52쪽.

는 한인들의 행동에 실망해서 레닌이 이동휘파에게 제공하기로 약속했던 자금의 잔금 140만 루블을 지급할 의사가 없음을 말했다고 털어놓았다.[97] 막후에서는 이런 종류의 거친 이야기들이 특히 상해파를 겨냥해 많이 오갔음이 틀림없다.

9. 지령에 의한 화해

봄이 왔지만 두 파벌 간의 불화는 여전히 계속되었다. 이들을 화해시키기 위한 시도는 모스크바와 상하이, 치타 등지에서 집중적으로 벌어졌다. 또 한 차례의 통합 노력이 실패로 돌아간 뒤인 1922년 4월 22일, 코민테른은 마침내 6개 항에 달하는 지령을 하달했다.

1. 일크츠크당 대의회代議會 및 동 중앙간부로부터 퇴당退黨 명령을 받은 당원은 전부 그 자격을 복구한다.
2. 박진순, 박애, 최고려, 김규극金奎極 등 4인의 동지는 고려공산당이 연합할 때까지 당무에 직접 관계함을 허락치 않는다.
3. 고려공산당 중앙간부에게 양 당을 사실상 연합하기 위해 3개월의 기한을 부여한다.
4. 당은 이 기한 내에는 제3국제공산당(코민테른)으로부터 하등 금전상의 원조를 받을 수 없음은 물론, 고려(한국)문제에 대한 제3국제공산당의 집행부위원 얀슨Iakov D. Yanson으로 하여금 양 파의 재정상의 문제를 해결토록 한다. 상하이에 있는 김립 및 기타에게 보관 중인 잔금은 제3국제공산당에

---

97 같은 책, 48쪽. 여운형에 따르면 한형권이 최초로 지급받은 자금 중 모스크바에 두고 온 20만 엔(루블)은 결국 고창일과 윤해를 통해 상하이로 운반되었다고 한다.

반납하고, 외부에서 수령한 20만 엔에 대한 결제서決濟書는 당시 자금을 수령했던 한형권이 직접 모스크바에 와서 제출하도록 책임을 부여한다.

5. 중앙간부는 그 위치를 치타에 정하고 동시에 내지內地에 한국내지부韓國內地部를 설치할 책임을 부여한다.

6. 중앙간부는 목하의 정치적 활동에 대한 정확한 정강을 제정하고 또 내지, 원동정부遠東政府 및 의회정부(소비에트 정부 구역—옮긴이) 내에 거주하는 이주민에 대한 시급한 사업에 관한 적당한 표방어(구호—옮긴이)를 정해 제3국제공산당 집행부에 제출한다.[98]

이 지령을 살펴보면 이동휘파가 패배한 것을 알 수 있다. 그러나 이들은 이 명령에 따르는 것 외에는 선택의 여지가 없었다. 우리는 당시에 이르쿠츠크파 또는 '전로파'全露派—그 지도자는 문창범이었던 것으로 보인다—의 세력이 모스크바대회와 관련된 일련의 사건을 통해서뿐만 아니라 시베리아 전역에 걸친 적군赤軍의 승리를 통해서 크게 강화되었음에 주목해야 한다. 소비에트화된 아시아 지역 내에서 볼셰비키의 세력이 증대하자 러시아화된 한인들의 입장은 강화된 반면 이동휘 등 민족주의자들의 지위는 약화되었다.

화해를 위한 또 다른 회합은 오랜 준비를 거쳐 1922년 10월 20일 베르크노이딘스크에서 개최되었다. 7월 중순 각각 12명의 대표를 선정한 두 파는 이동휘와 슈미아츠키의 신임장을 주어 이들을 주요 한인촌으로 보내 이 대회에 대표자를 파견해줄 것을 요구했다. 어떤 자료에 따르면 약 70명의 한인과 20명의 러시아인이 대회에 참가했고, 다른 자료에 따르면 대회 참가자 수는 도합 200명에 가까웠다고 한다.[99] 어쨌든 한국 공산주의운동의 주요 인물들

---

98 서대숙, 앞의 책, 42~43쪽. 「大正11年朝鮮治安情況等報告」에서 재인용(이 책에 옮긴 역문은 AJAN, R S721에 수록된 「共產黨ニ關する譯出文書送付の件」에서 직역한 것이다—옮긴이).

99 베르크노이딘스크대회에 대한 직접 체험으로는 『朝鮮獨立思想運動の變遷』, 46~47쪽에 실려 있는 정재달의 진술이 있다(이 자료에 따르면 대회 참가자 수는 200명을 넘는다). 앞에 제시한 대표자 수

가운데 대부분이 대회에 참석했다. 이르쿠츠크파의 지도자는 문창범, 한명세(또는 한명서韓明瑞)였고 김만겸 역시 대회에 참가했다. 이동휘가 이끄는 상해파에서 또 다른 주요 지도자인 윤자영尹滋英도 대회에 참석했다. 그러나 코민테른의 갖은 노력에도 대회는 실패로 돌아갔다. 정재달鄭在達은 이를 상해파가 대회에서 "다수를 점하고 자당自黨에 유리한 주장을 한 까닭에 마침내 대회가 유회되었다"고 비난했다.

실패는 당연히 가지각색의 경로를 통해 코민테른 본부에 보고되었다. 이 보고를 접한 코민테른은 각 파벌의 대표자들에게 전보를 쳐서 상해파의 이동휘와 윤자영, 이르쿠츠크파의 한명세와 김만겸 그리고 무소속으로 분류된 정재달과 정태신鄭泰信 등을 모두 모스크바로 불러들였다.[100] 이들은 1922년 12월 중순 모스크바에 도착한 것으로 보인다. 한 제보자는 각 파의 대표들이 부하린에게 몰려가 서로 자신들이 한국 공산주의운동을 지도하는 데 적당한 집단임을 주장하면서 상대방의 죄상을 열거했다고 했다. 그러자 부하린은 "동무들이 각기 자기네 그룹만이 공산주의를 잘 안다고 말하지마는 내가 보기에는 다 같소. 더는 이론적인 이야기는 하지 말고 무조건 합쳐서 일본 제국주의와 싸우시오"라고 응답했다 한다.[101]

서로 싸워오던 두 파는 해산 명령을 받았고 대신 극동極東총국 내에 코르뷰로Korburo(고려국高麗局)가 설치되었다. 코르뷰로의 위원으로 지명된 사람

는 이 대회에 관해 흥미로운 설명을 하고 있는 「高麗共産黨及全露共産黨の梗概」를 참조하라. 또한 베르크노이딘스크대회에 직접 참가했던 조봉암과 스칼라피노의 인터뷰(1957년 9월 27일자)도 참고가 된다(베르크노이딘스크대회와 이후 조봉암의 공산주의운동에 대해서는 『희망』希望, 1957년 2·3·5월호에 연재된 조봉암, 「내가 걸어온 길」 참조하라─옮긴이).

100 조선총독부 법무국, 「鄭在達の供述」, 『朝鮮獨立思想運動の變遷』, 47쪽. 「高麗共産黨及…」의 작성자에 따르면 "회의의 결과 대체의 타협이 성립되어 장래의 방책에 관한 의견의 일치를 보게 되었고 고려공산당 측(상해파─옮긴이)에 있어서 이동휘와 박진순 외 세 명, 전로파全露派에서는 김철훈金哲勳과 오하묵 외 세 명, 그리고 쉬미아츠키를 고문으로 대표자를 선정하여 그해 11월 15일 모스크바에서 개최될 제4회 국제공산당대회를 기해 양 파의 근본 문제를 해결하고 선전비를 수령할 계획을 세웠다"고 한다.

101 스칼라피노와 조봉암의 인터뷰(앞의 조봉암, 「내가 걸어온 길」에서 재인용─옮긴이).

은 보이틴스키를 의장으로 구상해파의 이동휘와 윤자영, 구이르쿠츠크파의 한명세와 김만겸, 장건상 등이었다.[102] 정재달은 어떤 파벌에도 속해 있지 않았고 한국 사정에도 정통한 것으로 알려져 코르뷰로의 사무를 떠맡게 되었다. 1923년 1월 말, 이 새로운 조직체가 발족되자 그동안 싸우던 사람들은 모두 코르뷰로 본부를 따라 블라디보스토크로 옮겨갔다.

상하이에서 한인 공산주의자들이 벌여온 활동은 이보다 앞서 종식되었다. 이동휘가 모스크바로 떠난 뒤 김립이 상해파를 이끌게 되었지만 그들의 세력은 쇠퇴의 길을 걷기 시작했고, 곧이어 김립 자신이 자금횡령 문제로 암살되고 말았다.[103] 한편 이르쿠츠크파에 속했던 사람들은 대부분 모스크바로 떠나거나 시베리아로 이주했기 때문에 상하이에서 공산주의자들의 활동은 극도로 쇠퇴하게 되었다.

10. 국내의 공산주의

이 시기에 또 하나의 발전은 특별히 강조할 만한 가치가 있다. 1922년 말부터 코민테른은 한국 공산주의운동과 민족운동의 중심 무대를 한국 본토로 옮기기 위한 노력을 시작했다. 코민테른이나 한국 공산주의자들이 국내에 뿌리를 둔 한국공산당을 원하는 것은 당연한 일이었다. 이에 앞서 레닌은 윤자영에게 한국공산당의 기반이 해외에 국한되어 있는 한 한국공산당은 코민테른의

---

102 가타야마 센 역시 코민테른 본부를 대표해 위원으로 지명되었지만 초기에 사퇴했다. 또한 보이틴스키도 이보다 조금 앞서 사임하고 상하이로 돌아갔다. 「金燦豫審終結決定」, 1,885~1,886쪽.

103 정화암鄭華岩에 따르면 김립은 김구의 지령을 받은 오면직吳冕稙, 김동우金東宇 등에게 암살되었다고 한다(1967년 1월 25일, 정화암과 이정식과의 인터뷰). 정화암은 1930~1940년대에 중국에서 김구와 밀접한 관련을 맺고 활동한 무정부주의 지도자였다(정화암에 대한 것은 그의 회고록을 참조하라. 『이 조국 어디로 가려나』, 서울, 1982─옮긴이).

지부로 승인될 수 없다고 밝혔다. 한국공산당은 먼저 국내에서 건설되어야 했다.[104] 1922년에 접어들자 볼셰비키들은 이 점을 더욱 강조해야 할 필요를 느끼게 되었다. 왜냐하면 그해에 일본이 블라디보스토크에서 군대를 철수시키기로 결정하고 소련 정부와 협상하는 데 동의함으로써 10월 혁명 이후 처음으로 시베리아에 대한 위협이 제거되었기 때문이다.

일본의 위협이 일단 줄어들자 시베리아 땅에 있는 한국 독립군과 완전한 형태의 고려공산당을 적극 지원하는 데 대한 소련 관리들의 열의는 식어버렸다. 이제 한국 독립군과 한인 공산주의자들은 일본을 자극하여 중국과 러시아의 국경을 무시할 근거를 제공하는 세력으로 전락했다. 국내 문제에 사로잡힌 소련 정부는 공공연한 국제적 분쟁을 초래하는 것을 결코 원하지 않았고, 시베리아 내에서 한인의 군사적·정치적 활동에는 많은 제약이 따르게 되었다. 러시아인들은 (적군赤軍에 속해 있지 않은 한) 한인 군대를 해산시킬 구실을 찾게 되었고, 고려공산당에 대해서는 한국 내에서 활동하라고 강력히 주장하게 되었다. 이제 한국 민족주의와의 동맹은 소련의 국익에 별다른 중요성을 갖지 못하게 되었다. 소련은 점진정책을 모색하게 되었고, 이에 따라 볼셰비키의 원조를 통해 일본에 대해 신속한 승리를 기대했던 한인들의 실망은 커져갔다. 후일 이런 새로운 정책은 소련과 일본 간의 공식 관계를 확립하는 1925년 1월의 일로조약日露條約을 통해 재확인되었다. 결국 한인들의 희망과 기대는 무산되고 말았다.[105]

한편 블라디보스토크를 기반으로 국내에 공산주의의 뿌리를 내리려는 시

---

104 「여운형조서」, 55쪽.
105 1925년 카라한Karakhan-요시자와(호우자와芳澤謙吉의 착오로 보인다-옮긴이) 협약 이후 소련 정부는 소련에 귀화하지 않은 모든 한국 민족주의자를 추방했다. 증기선 레닌호를 타고 블라디보스토크항을 떠나야 했던 민족주의자들 중에는 노령에선 공산당 후보당원이 되라는 압력을 받아왔고, 국내에 도착하면 일본 관헌에게 투옥될 운명에 처해 있던 조완구趙琬九, 원세훈元世勳 등이 포함되어 있었다. 이 같은 행위는 원세훈 같은 사람을 극단적인 반공주의자로 만들었다(송남헌宋南憲과 이정식의 인터뷰, 서울, 1966년 12월 17일[송남헌은 1946~1950년에 김규식의 비서실장을 지냈다]).

도는 많은 어려움에 부딪혔다. 오랜 파벌 대립은 시베리아와 국내에서 계속되었다. 여러 파벌과 지역의 한인 대표들은 다시 한번 모스크바에 모여 블라디보스토크의 활동을 재조직할 것을 결정했다. 김찬에 따르면 이동휘와 정재달, 남만춘, 이재복(또는 이정李檉) 등 4~5명을 중심으로 새로운 감독기관인 오르그뷰로(조직국—옮긴이)가 설치되었다고 한다.[106]

코민테른 집행위원회는 1924년 작성한 보고서에서 한국이 실로 중대한 문제에 직면해 있음을 인정했다. 이 보고서는 민족주의운동이 내부 분열로 파멸했고, 국민대표대회도 실패로 돌아갔다고 지적했다.[107] 그럼에도 이 보고서는 농민과 노동자들이 점점 순수한 민족주의운동으로부터 이탈해 한국에서 계급분화가 일어나는 중이라고 주장했다.

분산되고 취약한 노동단체들은 점차 통합되고 있으며, 일본 노동운동과 긴밀한 유대를 수립하게 될 전국적 규모의 단체를 조직하는 것은 시간 문제이다. 이 새로운 사태에 관한 상이한 의견이 한국의 젊은 공산당 내에 존재하고 있다.
집행위원회는 이 상황을 철저히 조사하여 한국공산당에 대한 지령을 기초했다. 공산당을 강화하는 것 외에 한국에 있는 우리 동지들의 중요한 과제는 순수한 노동단체의 형성과 통합을 촉진하고, 단체 내의 우익분자들을 혁명사상을 가진 동지들로 대체하는 데 있다. 순수한 민족주의운동에 대해서 공산주의

---

106 「金燦豫審終結決定」, 1,891~1,892쪽. 그러나 김준엽과 김창순은 이 자료에 대해 의문을 제기했다. 이들에 따르면 이동휘, 한명서, 김만겸, 정재달 등은 이 무렵 신기관의 구성에서 배제되었다는 것이다. 그 대신 두 김씨는 오르그뷰로의 위원으로 『정재달·이재복조서』에 의거해 외국인인 '인데르센' (원저자는 신원 미상인 이 사람의 이름 철자를 발음 그대로 Indersen으로 표기했다—옮긴이)과 장도정, 장건상, 이형건李亨建, 박응칠朴應七, 남만춘, 김철훈 등을 들고 있다. 김준엽·김창순, 『한국공산주의운동사』, 제1권, 429~433쪽.

107 *From the Fourth to the Fifth World Congress, Report of the Executive Committee of the Communist International*, London, 1924년, 76쪽. 이 보고서는 또 이렇게 지적했다. "한국에서 모든 집단을 통합하려던 동양부東洋部의 노력은 아무런 성과도 거두지 못했지만, 통일된 공산당을 건설하려는 새로운 시도가 현재 진행 중이다."(103쪽)

자들은 민족-혁명투쟁의 통일전선을 형성하기 위해 노력해야 한다.

한국 공산주의자들은 아직 이 문제의 중요성을 명확히 파악하지 못하고 있다. 따라서 당의 당면 과제는 이 같은 인식을 이룩하는 데 있다.[108]

여기서 주목해야 할 점은 '순수한 민족주의운동'과 '혁명적(즉 공산주의) 운동'을 구별하는 것이다. 이 같은 구별은 한국뿐 아니라 중국이나 여타 지역에서 통일전선전술을 내세우는 것과 함께 그 당시 코민테른 전술의 기준이 되었다. 그러나 코민테른의 입장에서 볼 때 한국에서의 사태발전은 느리기 짝이 없었다. 한국 공산주의운동 내부의 파벌투쟁은 단지 하나의 문제에 불과했다. 일본 경찰과 군대는 공산주의 조직을 놀랄 정도로 효율적으로 적발했다. 실로 국내에 침투하는 공산주의 공작원들 가운데 불과 몇 달만이라도 경찰의 추적을 피할 수 있었던 사람은 극히 드물었다. 대부분의 공작원은 이미 그들의 계획과 침투 경로에 대해 상세한 정보를 확보하고 있던 일본 당국에 의해 압록강을 건너자마자 체포되었다. 한 가지 예로 상하이에서 활동하던 이르쿠츠크파의 박헌영, 임원근林元根, 김단야 등은 1921년 4월 안둥에서 국내로 잠입하려다가 일본 경찰에게 검거되었다(이들은 석방된 후 다시 활동을 시작했다. 1924년 8월에 석방된 박헌영은 곧이어 살펴보겠지만 두드러진 활약을 보였다). 심지어 코민테른조차 일본 치안 당국의 뛰어난 능력을 높이 평가할 정도였다.[109]

앞서 지적한 것처럼 공산주의가 한국 본토에 침투하기 시작한 것은 1921년이었다. 이제부터는 그 당시의 내면적 발전을 좀더 자세히 살펴보기로 하자. 우리는 1919년의 3·1운동이 일본의 대한정책對韓政策에 큰 변화를 초래했다는 점에 주목해야 한다. 가혹한 무단정치는 사이토 마코토齋藤實 총독의 이른바

---

108 앞의 책, 76쪽.
109 The Communist International, *Between the Fifth and the Sixth World Congress, 1924~1928*, London, 1928, 458~463쪽.

문화정치文化政治로 대체되었다. 일본인과 한국인 간의 친화親和 증대, 사회 정책에 대한 관심과 자유 신장에 기반을 둔 문화정치는 강압보다 회유를 통해 지지를 얻으려는 시도였으며, 실제로 상당한 효과를 거두기도 했다. 반면 1920~1925년 식민지 조선에서 자유주의적, 민족주의적 또는 '진보적' 단체 들이 활발하게 결성될 수 있었던 것은 이 정책 덕분이기도 했다. 아마도 이런 단체들은 언론·출판단체, 노동·농민·사회운동단체, 지식인들의 '연구모임' 인 사상단체 등 크게 세 가지 범주로 구분할 수 있을 것이다.

한국의 언론출판은 사이토 총독의 정책으로 점차 활기를 띠게 되었다.『동 아일보』東亞日報,『조선일보』朝鮮日報,『시사신보』(時事新聞의 착오로 보인다— 옮긴이), '언문신문'諺文新聞* 등이 1920년에 창간되었는데, 이들 대부분은 당 시의 민족운동선상에서 큰 역할을 했다. 또한 1923년을 전후해『신생활』新生 活,『신천지』新天地,『조선지광』朝鮮之光,『개벽』開闢 등 많은 잡지가 발간되었 다. 지식계급 중 상당수를 차지하는 한국 언론인들은 정치적 상황에 가장 민 감한 부류로서, 이들의 상당수는 열렬한 민족주의자였으며 일부는 곧 공산주 의운동에 가담하게 되었다. 1921년 이동휘파의 자금이 민족주의자들의 비공 식 기관지로 광범위한 독자층을 가진『동아일보』의 주간主幹 장덕수에게 전 해진 것은 이런 이유 때문이었다. 청년운동의 지도자이기도 했던 장덕수의 주위에는 많은 청년동지로 북적거렸다. 모스크바로부터 온 자금의 일부가 이 들에게 전달된 것이다.[110] 그러나 장덕수는 결코 공산주의자가 아니었다. 그 는 공산주의운동의 주변에서 운동에 약간의 지원을 보내는 사람일 뿐이었다.

---

* 당시 창간된 신문의 제호가 아니라 일본 관헌들이 이 무렵의 한글 신문을 통칭할 때 쓴 표현이다.

110 상세한 것은 앞서 인용한 「조선공산당사건」, 8쪽 이하를 참조하라. 알려진 바에 따르면 장덕수, 김 명식金明植(『동아일보』 기자), 오상근吳祥根(조선청년연합회 집행위원장), 최팔용崔八鏞(전 조선유 학생학우회 간부) 등에게 8만 엔이 전달되었다고 한다(그 당시 장덕수에게 전해진 자금의 액수는 자 료마다 다르다. 이경남李敬南에 따르면 이때 전달된 자금은 5만 엔이라 하는데 현재의 화폐가치로 약 2억 원에 해당한다. 그는 김철수金綴洙 옹翁이 최근에 행한 증언을 토대로 장덕수의 입장을 옹호 했다. 이경남, 「풍운風雲의 설산雪山 장덕수張德秀」, 『신동아』新東亞, 1981년 9월호—옮긴이).

한국 언론계는 그 당시의 민족주의와 공산주의 간의 복잡한 상호관계를 살펴보는 데 아주 훌륭한 곳이었다.

한국의 '진보적' 단체 중 두 번째 범주로는 노동·청년운동단체들을 꼽을 수 있다. 한국 최초의 노동단체는 1920년 4월 차금봉車今奉 등이 조직한 조선노동공제회朝鮮勞動共濟會였다. 이 단체는 처음에는 기독교사회주의에 입각했고, 그 슬로건은 신의 뜻에 따라 노동문제를 해결한다는 것이었다.* 이 단체는 곧 좌경화되기 시작했지만 1922년에 접어들자 여기서도 내부 분열이 일어났다.[111] 급진파는 남조선노농총동맹南朝鮮勞農總同盟을 결성했다.**

1923년 9월부터 다양한 노동조합을 통합하려는 노력이 시작되었고, 그 결과 이듬해 4월에는 조선노농총동맹朝鮮勞農總同盟이 발족했다. 청년단체 역

---

* 조선노동공제회가 기독교사회주의에 입각한 단체였다고 단언할 수는 없지만, 어쨌든 이 단체의 취지문에서는 옥황상제玉皇上帝, 신神, 천의天意를 논하면서 노동 문제의 해결을 주장하고 있다. 취지문의 개요는 이석태李錫台, 『사회과학대사전』, 서울, 1948, 603쪽을 참조하라.

111 김두정金斗禎, 『조선공산당소사』朝鮮共產黨小史, 107쪽. 최근에 나온 공산주의자 측의 설명으로는 다음 책을 참조하라. 최창익, 「조선무산운동」, 『조선민족해방투쟁사』(일역본), 259쪽 이하. 『신생활』1922년 4월호에는 분열이 일어나기 직전인 1922년 4월 1일부터 이틀간 개최된 조선노동공제회 제4회 총회의 방청기가 실려 있다. 이에 따르면 "청진淸津, 감포甘浦 두 지회가 '순수한 노동조합적' 발달을 하여가는 것은 주목할 가치가 있고, 더우이 감포 지회원의 2주일간 동맹휴업은 조선동맹파공사同盟罷工史에 시간상 신기록을 작作한 것 같다"고 한다. 이틀간의 회기 중에 토론된 주제들은 '경성양복직공의 동맹파업', '부산수운인부의 동맹파업', '소비조합발기', '노동야학사업', '소작문제' 등이다. 신변별, 「조선노동공제회 제4회 총회 방청기」, 『신생활』, 1922년 4월호, 30~34쪽(이 글의 저자 '신변별'은 신백우申伯雨의 필명으로, 그의 다음 전기를 참조하라. 『경부 신백우』畊夫申伯雨, 서울, 1973 — 옮긴이).

** 조선노동공제회의 내부에는 장덕수계, 윤덕병尹德炳계, 차금봉계 등 크게 세 개의 세력이 정립하고 있었는데 앞서 서술한 사기詐欺 공산당사건 이후 조선노동공제회도 조선청년연합회와 마찬가지로 내분에 휩싸이게 되었다. 결국 조선노동공제회는 1922년 10월 15일의 임시총회에서 해체를 결의했는데, 이런 대립적 과정에서 장덕수 계열은 탈락했고 윤덕병과 신백우를 중심으로 한 세력은 떨어져나와 조선노동연맹회朝鮮勞動聯盟會를 결성했으며, 차금봉 세력은 조선노동공제회의 유지를 고집했다. 윤덕병 일파의 조선노동연맹회는 후에 화요회·북성회北星會 등의 세력기반이 되었고 차금봉의 조선노동공제회는 서울청년회의 영향을 받게 되었다. 이 같은 분립 상태에서 두 파는 1923년 9월부터 전국적 노동단체의 조직을 위한 경쟁을 벌이게 되는데, 남조선노농총동맹은 1923년 9월 이전에 조직된 것이 아니라 이런 경쟁의 와중에 조선노동연맹회 측이 1924년 1월 진주에서 발기한 것이다. 자세한 것은 AJMFA, R Sp.46~47, 『勞農運動의 槪況』을 참조하라.

시 같은 시기에 동일한 과정을 밟았다. 1920년 11월에는 조선청년연합회朝鮮靑年聯合會가 결성되었고, 곧이어 수많은 청년단체가 생겨났다. 그러나 청년운동에서도 내부 분열이 일어나기 시작했는데, 장덕수는 모스크바 자금을 사복을 채우기 위해 유용했다는 비난을 받았다. 1924년 4월에 창립된 장덕수의 조선청년총동맹朝鮮靑年總同盟은 결국 그 주요 구성 부분이었던 서울청년회가 떨어져나감으로써 분열되었다.[112]* 김사국金思國, 김한金翰, 박일병朴一秉** 등이 이끄는 서울청년회는 한국 공산주의운동에서 소위 서울파라고 일컫는 집단의 중핵을 이루게 된다.[113] 국내에 공산당을 창설하려던 최초의 진지한 노력은 블라디보스토크에 코르뷰로가 설치된 후인 1923년에 시작되었다. 5월 초순 블라디보스토크를 떠난 정재달은 상하이와 일본을 거쳐서 6월 말 또는 7월 초 목적지인 서울에 도착했다. 이보다 대략 한 달 앞서 김찬金燦(일명 김낙준金洛俊)이라는 인물도 서울에 와서 몇몇 노동운동·청년운동 지도자들과 만나 공산당 조직의 가능성을 논의했다.[114] 1923년 5월부터 시작된 초기 회합에

---

112 「조선공산당사건」, 10쪽.

* 모스크바 자금의 유용 문제로 비난을 받은 장덕수는 청년운동권에서 매장되어 1924년 4월에 결성된 조선청년총동맹에는 하등의 영향을 미치지 못했다. 본문에 장덕수의 '조선청년총동맹'이라고 한 것은 '조선청년연합회'의 착오로 보아야 한다. 조선청년연합회는 1922년 3월의 제3회 대회에서 좌파의 서울청년회가 탈퇴를 선언함으로써 분열되었다.

** 초창기에는 서울청년회에 깊이 관여했으나 곧 서울청년회를 떠나 화요회의 핵심 인물로 활동했다.

113 같은 책, 11쪽. 무산자동맹회無産者同盟會의 김한, 서울청년회의 김사국, 노동자상조회(영어로 'Labor Mutual Assistance Society'로 되어 있는데 조선노동연맹의 착오가 아닐까 한다. 『경부 신백우』에도 노동자상조회라는 단체는 보이지 않는다—옮긴이)의 신백우 등은 장덕수파에 대해 삼각동맹을 이루고 장덕수가 무산운동의 이름으로 사복을 채운 것을 성토했다. 김사국이 1921년 11월 17일 서울에서 행한 강연 내용은 일제의 검열로 심하게 잘려나갔지만 『개벽』 18호(1921년 12월호), 58~59쪽에 「현대적 경제조직의 결함」이라는 제목으로 실려 있어 그 당시 급진사상의 분위기를 잘 보여준다. 자본주의를 '사람이 사람을 잡아먹는' 제도로 규정한 김사국은 생존경쟁에 기초한 질서에 복종하지 말 것을 강조하면서 인도 정의와 상부 상조에 입각해 '생존권'을 보장하는 사회체제를 택하라고 주장했다. 물론 이 글의 어느 곳에서도 마르크스주의에 대한 직접적인 언급은 찾아볼 수 없다. 따라서 글의 전체적인 분위기는 급진적이라기보다는 리버럴한 것이었다. 그러나 이 글은 고도로 개인주의적이고 경쟁원리에 입각한 현대 서구 문화를 비판하는 데서 전통적인 공동체의식이 점할 수 있는 역할을 밝혀주고 있다.

참가한 사람으로는 김재봉金在鳳, 신용기辛容箕(또는 신철新鐵) 등이 있고 다른 사람들은 6월에 이 모임에 가담했다. 이들의 희망은 적어도 서울 지역에서라도 노동·청년조직을 통합하려는 것이었지만 서울청년회는 이에 협력하려고 하지 않았다. 그러나 코르뷰로의 국내부는 조선노농총동맹 회원인 김재봉, 원우관元友觀(또는 원정룡元貞龍), 신백우, 김두전金枓佺(김약수金若水로 더 널리 알려져 있음) 등을 간부로 내세워 이 무렵 서울에 설치되었다. 신용기는 7월에 코르뷰로 국내부와 청년뷰로의 설치 상황을 보고하기 위해 블라디보스토크로 갔다.[115] 그러나 정재달은 일본 당국에서 행한 진술에서 '상해파의 악선전' 때문에 자신이 차금봉 등을 비롯한 조선노동공제회의 인물들로부터 오해를 받았고, 심지어 그들에게 구타당하기까지 했다고 말했다.[116]

청년지식인들의 전위단체인 신사상연구회新思想研究會는 1923년 7월 4일에 조직되었다. 신사상연구회는 이듬해 마르크스의 생일인 11월 19일을 기해 화요회火曜會로 개칭했는데, 이는 그의 생일이 화요일이었기 때문이다. 공산주의운동의 주요 기관인 화요회에는 젊은 급진주의자인 김찬과 김재봉, 조봉암, 김단야, 박헌영, 임원근, 홍증식洪增植 등이 가담했다. 한편 김약수가 이

---

114 이 무렵 김찬은 젊은 불령선인不逞鮮人(불온하고 불량한 조선 사람이라는 뜻으로, 일본 제국주의자들이 자기네 말을 따르지 않는 한국 사람들을 이르던 말―옮긴이)의 한 유형, 즉 보수적인 가정 출신의 반항아 중에서 전형적 인물이라고 할 수 있다. 김찬의 아버지는 1910년의 한일합방을 환영한 일진회一進會 지도자로 지방에서 군수를 지냈기 때문에 김찬은 매우 유복한 환경에서 자랐다. 그러나 어떤 이유에서인지 김찬은 아버지와의 불화로 1919년 일본에서 직공생활을 했다. 당시 그는 비밀리에 100여 명을 모아 '일본을 혼란에 빠뜨리기 위해' 주요 도시에 방화할 것을 계획했지만, 이 꿈은 실현되지 못했다. 그 직후 김찬은 군사훈련을 받을 목적으로 블라디보스토크로 건너갔다. 그러나 자신이 참여할 만한 프로그램이 없다는 사실에 실망한 김찬은 일본으로 돌아와 학업을 계속하면서 만주에 유격대를 조직하려고 시도했으나 성과를 거두지 못했다. 곧 살펴보겠지만 김찬은 화요회와 제1차 조선공산당의 핵심 인물이다.

115 「金燦豫審終結決定」, 1,887~1,888쪽.

116 「鄭在達の供述」, 『朝鮮獨立思想運動の變遷』, 47쪽. 코르뷰로 국내부는 구연흠具然欽, 홍증식, 홍명희洪命熹, 박일병 등이 김재봉, 홍덕유洪惠裕, 이재성李載誠, 윤덕병尹德炳, 원우관, 이재복 등과 함께 조직했다.

끄는 도쿄 지역의 한인 유학생들은 1923년 1월 사회주의를 신봉하는 또 다른 단체로 북성회北星會를 조직했다.[117] 북성회는 후에 국내에서 조직된 건설사동 맹(건설사建設社의 착오로 보임-옮긴이)을 병합해 공산주의 활동의 또 다른 주 요 기관이 되는 북풍회北風會로 발전했다.

일본의 급진주의가 한국 청년들에게 끼친 영향은 매우 컸다. 지성의 일대 발흥기를 맞이한 당시의 일본은 마르크스주의가 크게 고조되던 시기로 신인 회新人會, 여명회黎明會 등 '진보적' 학생단체가 수없이 조직되었다. 사회민주 주의자인 요시노 사쿠조吉野作造와 아베 이소오安部磯雄, 공산주의자인 사노 마나부佐野學 등 교수들은 도쿄와 기타 지역의 한인 학생들에게 큰 영향을 주 었다. 일본의 대학은 아마도 일본 내에서 한국인들이 공감과 평등, 우애를 느 낄 수 있던 유일한 곳이었을 것이다. 그들은 자연히 일본인 동료들과 발맞춰 때로는 더욱 빨리 좌익에 가담했다. 이 기간에는 러시아보다 일본에서 한인 공산주의자들이 더 많이 양성되었다.[118]

---

117 재일본 한인 유학생들의 초기 급진주의에 큰 영향을 미친 김약수에 관해서는 간단히 살펴볼 필요가 있다. 김약수는 사관학교에 입학하기 위해 1915년 봄 처음으로 도쿄에 왔다. 나중에 그는 한국 학생 들이 문학 등에 너무 빠져 있어 유약해진다는 느낌을 받았다고 술회했다. 그러나 사관학교의 교장은 김약수가 반항아의 기질을 갖고 있다는 것을 알고 그의 관심을 군인이 되는 것에서 농업이나 상업으 로 돌려놓았다. 결국 김약수는 친구들과 함께 중국으로 건너가 베이징사관학교에 입학했지만 그의 경제사정은 학업을 계속하는 것을 허락하지 않았다. 1919년 3·1운동 직전에 김약수는 만주의 한인 농민들을 생산자이자 전사戰士로 조직하기 위한 새로운 모험을 시작했다. 만주의 한인 유격대에 관 한 김약수의 노력이나 앞서 언급한 김찬의 계획 등을 볼 때 김일성金日成 이전에 벌써 이 같은 생각 이 광범위하게 퍼져 있었음을 알 수 있다.

1919년 3·1운동 이후 김약수는 심사숙고 끝에 '군사'행동에서 '정치'공작으로 전환할 목적으로 이 여성李如星과 함께 일본으로 돌아왔다. 그는 곧 『대중시대』大衆時代 등 정치잡지들을 발간하면서 학생들의 급진운동에 깊숙이 간여했다. 김약수, 「길림吉林과 남경南京에서」, 『삼천리』, 1932년 1월 호(4권 1호), 33~34쪽(김약수는 뒤에 살펴보게 될 전투적 민족주의자 김원봉과 가까운 친척으로 '약산'若山과 '약수'若水라는 호를 나누어 가졌다-옮긴이).

118 1920년 1월 도쿄에서는 김찬, 김약수, 박열朴烈, 송덕만宋德滿(=송봉우宋奉瑀) 등이 지도하는 약 300명의 한인 유학생 주도로 도쿄 조선고학생동우회朝鮮苦學生同友會가 발족되었다. 이보다 약 2년 후 인 1921년 11월에는 김약수를 중심으로 모인 20여 명의 활동가가 흑도회黑濤會라는 최초의 진정한 급진단체를 조직했다. 일본의 유명한 무정부주의자인 이와사 사쿠타로岩佐作太郎는 이 집단의 형

점진적으로 공산주의 세포는 노동단체, 독서회, 신문사 등을 중심으로 한국의 여러 도시에 부식되었다. 김찬의 술회에 따르면 이 초기 단계에서 130명 정도가 당원이 되었다고 한다.[119] 코르뷰로의 정책과 지령을 토의하는 세포회의는 김찬이나 박헌영의 집, 나중에는 홍증식의 집에서 격주로 개최되었다. 이들을 통해 다양한 청년 전위단체가 조직되었으며, 이들 단체의 기관지로『신흥청년』新興靑年이라는 잡지가 발간되기도 했다. 그러나 아직까지 조선공산당은 정식으로 창당되지 않았고 이런 활동은 모두 예비단계로 간주될 뿐이었다. 더구나 이나마도 순조롭게 진행되지 않았는데, 내부의 알력과 일본 관헌들에게 시달려야 했다. 첫해가 다 지나가기 전에 여러 사람이 조직에서 떨어져나가거나 '사보타지' 혐의로 축출되었다. 축출된 사람들 중에는 이봉수나 신용기 등의 인물도 포함되어 있었다. 해외에서와 마찬가지로 상해파나 이르쿠츠크파는 국내에서도 싸움을 계속했으며, 여기에 '서울파'라는 새로운 집단까지 가세해 상황은 더욱 복잡해졌다.

이런 문제점에도 불구하고 국내에서 최초의 조선공산당이 조직되는 데는 그리 오랜 시간이 걸리지 않았다. 1924년 봄에는 블라디보스토크에 오르그뷰로가 조직되었고, 그해 초여름에는 정재달이 국내로 파견되어 이미 국내에 잠입해 있던 이재복과 합류했다. 정재달과 이재복은 운동의 확장과 당의 정식 발족을 위해 김찬을 비롯한 많은 사람과 협의했다. 그러나 작업이 구체화되기도 전에 그들은 일본 경찰에 체포되어 징역 3년형을 언도받았다.[120]

그 당시 블라디보스토크에서 조직된 새로운 오르그뷰로는 이르쿠츠크파

성에 실질적인 도움을 주었는데, 그의 존재와 흑도회라는 명칭 자체는 당시 일본을 뒤덮고 있던 무정부주의의 거센 물결이 젊은 한인 급진주의자들에게 큰 영향을 끼치고 있었음을 말해준다. 오스기 사카에 등이 바로 이 시기의 주역이었다.

그러나 1923~1924년에 접어들자 무정부주의운동은 시들고 그 대신 공산주의운동이 고조되기 시작했다. 이런 변화는 북성회와 그의 계승자들에게도 당연히 반영되었다.

119 「金燦豫審終結決定」, 1,888~1,889쪽.
120 『조선공산당사건』, 11쪽.

와 상해파로부터 모두 지원을 받고 있었다. 이르쿠츠크파는 화요회 내에서 주도권을 잡았고, 상해파는 조선청년총동맹과 조선'노농당'(조선노동당朝鮮勞動黨의 착오로 보인다 ─ 옮긴이) 내에서 세력을 점하고 있었다. 그러나 서울청년회가 중심이 된 서울파는 이와는 다른 노선을 고집했으며, 1925년 4월 17일 서울에서 제1차 조선공산당이 정식 출범할 때도 여전히 이에 반대했다. 제1차 조선공산당의 결성은 화요회 회원들이 주도했던 관계로 이 당은 종종 화요회공산당으로 불렀다. 이들은 4월 중순으로 예정된 조선기자대회朝鮮記者大會를 이용해 전국의 열성자들을 불러모으기로 했다. 4월 17일 오후 1시 경찰의 관심이 다른 곳에서 개최되고 있던 조선기자대회에 집중된 동안 15명가량의 사람이 시내 번화가의 중국음식점 아서원雅叙園에 모여 조선공산당을 정식으로 조직했다.[121]

이 모임에서는 김약수가 사회를 맡고, 김재봉은 정식 당 조직 결성의 긴급한 필요성을 강조하는 개회사를 했다. 우리는 그 당시 코민테른 당국이 제1차 일본공산당을 해산시켜버린 일본 공산주의자들을 징계한 사실을 기억해야 한다. 코민테른은 일본공산당의 재건을 지령했지만, 대부분의 일본 공산주의자들은 노동자·농민 사이에 효율적인 대중단체가 존재하지 않는 한 공산당 조직은 시기상조이자 무모한 일이고 당원들을 노출시켜 감옥에 보내기 십상이라고 생각했다. 그러나 이런 입장은 보이틴스키와 그의 지지자들로부터 '해당주의'解黨主義라는 맹렬한 비난을 받았다. 그리하여 한국의 동지들은 코민테른에서 인가를 받은 행동 노선을 취하게 된 것이다.

---

121 이 모임에 참석한 사람은 김약수, 김재봉, 조봉암, 김찬, 유진희兪鎭熙, 김상주金尚珠, 주종건朱鐘建, 송덕만(일명 송봉우), 조동호, 독고전獨孤佺, 진병기陳秉基, 정운해鄭雲海, 최원택崔元澤, 윤덕병尹德炳, 홍덕유 등이다. 위의 자료, 12~13쪽. 이 자료는 제1차 회합과 그 당시의 모든 사건에 대해 아주 자세히 설명하고 있다. 「金燦豫審終結決定」도 매우 훌륭한 자료다. 이 회합에 관한 또 다른 설명으로는 참석자였던 홍덕유가 조선공산당 창당 21주년을 기념해 『조선인민보』朝鮮人民報 (1946년 4월 17일자)에 게재한 글이 있다(이 모임의 참석자 수에 대해서는 여러 가지 설명이 있는데 김준엽·김창순, 앞의 책, 제2권, 285~286쪽을 참조하라 ─ 옮긴이).

전형위원銓衡委員이 된 김재봉,* 조봉암, 김찬 등은 중앙집행위원 7인과 중앙검사위원 3인을 선정했다. 7인의 중앙집행위원에는 화요회원 세 명(김재봉, 조동호, 김찬―옮긴이), 북풍회원 두 명(김약수, 정운해), 기타 단체원 두 명(유진희, 주종건)이 선출되었다. 3인의 중앙검사위원으로는 화요회원 한 명(윤덕병), 북풍회원 한 명(송봉우)이 선출되었고 나머지 한 사람인 조봉암은 화요회, 이르쿠츠크파와 깊은 관련을 맺고 있던 인물이었다. 출발부터 한국 공산주의자들은 파벌문제를 고려해 파벌 간에 최대한의 통합과 세력 균형이 유지되도록 당직을 안배해야 했다. 그러나 이런 상황에서 튼튼한 구조를 가진 건실한 조직이 출현하기는 힘들었다.

처음 모임에서는 당의 공식 기구를 선출하는 것 이외에는 별다른 일이 이루어지지 않았다. 중앙집행위원회의 첫 모임은 다음 날 저녁 김찬의 집에서 열렸다. 위원회는 각각 부서를 결정하고 인선에 착수해 김재봉을 비서부 책임비서, 조동호를 조직부, 김찬을 선전부, 김약수를 인사부, 정운해를 노농부, 유진희를 정치경제부, 주종건을 조사부 책임자로 각각 선정했다.[122] 이들 부서는 이런 소규모 집단에 만들어놓기에는 너무나 방대한 것이었다.

기존의 청년뷰로를 공식 공산청년동맹으로 재편하기 위한 준비도 이미 진행되고 있었다. 고려공산청년회高麗共産靑年會는 조선공산당이 창립된 다음 날인 4월 18일에 정식으로 출범했다.[123] 다시 한번 전형위원회가 구성되어 조

---

* 김재봉은 이를 부인하고 자기 대신 조동호가 전형위원이었다고 진술했다. 「김재봉 외 19인 조서 (III)」, 김준엽·김창순, 『한국공산주의운동사』, 자료편, 제1권, 613쪽을 참조하라.

122 「金燦豫審終結決定」, 1,893쪽. 앞에 인용한 「조선공산당사건」 12~13쪽에는 조동호와 김찬의 책임 부서가 뒤바뀌어 있다.

123 박헌영의 집에서 개최된 이 모임에는 김찬(조선공산당 대표), 박헌영, 권오설, 홍증식, 임원근, 김상주, 신철수, 장순명張順明(혹은 장순명張舜明, 장수산張水山―옮긴이), 진병기, 조리환曺利煥, 박길양朴吉陽, 김단야, 조봉암, 정경창鄭敬昌, 김동명金東明 등이 참석했다. 「金燦豫審終結決定」, 18쪽 이하를 참조하라. 이 명단을 살펴보면 몇몇 사람은 공산당과 공산청년회 양쪽에 모두 참여했음을 알 수 있다. 또한 이 회합의 참석자들은 일본 경찰에서 전형위원의 인원수에 대해 3인 또는 5인으로 서로 엇갈리는 진술을 하고 있다. 김준엽·김창순, 『한국공산주의운동사』, 제2권, 314~315쪽.

봉암과 박헌영, 김단야 등이 전형위원에 선임되었다. 그날 밤 이들은 중앙집행위원회의 간부를 선정하고 책임비서 박헌영, 조직부 권오설, 선전부 신철수申哲洙, 교육·훈련부 김단야, 조사부 홍증식, 연락부 조봉암 등을 선임했다.*

조선공산당과 고려공산청년회는 1925년 11월 이전에 각각 여러 차례에 걸쳐 집행위원회를 개최했다. 5월로 접어들자 조선공산당은 조동호가 기초한 당의 강령과 규약을 논의하기 위해 김찬의 집에서 제2차 중앙집행위원회를 개최했다. 이 회합에서는 조동호를 정식 대표로, 조봉암을 부대표 겸 공청共靑 대표로 삼아 당에 대한 코민테른의 승인을 얻기 위해 모스크바에 파견하기로 결정했다. 조봉암은 곧바로 서울을 떠났고 조동호는 뒤이어 6월 초에 모스크바로 향했다. 모스크바는 즉시 한국에서 조직된 이들 두 단체를 비공식으로 승인했고, 이듬해 5월에는 정식 승인이 이루어졌다. 코민테른은 오랫동안 서로 싸워온 두 개의 주요 파벌집단이 겉으로나마 화해하고 함께 일하고 있는 데 무척 기뻐했음이 틀림없다.

또한 조봉암은 모스크바에서 한인 유학생을 훈련할 수 있도록 주선하라는 책임을 부여받았다. 볼셰비키 시대의 초기부터 한인 학생들은 이른바 동방노력자공산대학東方勞力者共産大學(세칭 모스크바공산대학)과 같은 기관에서 교육을 받기도 했지만, 아직까지 한국 본토로부터의 체계적인 학생충원계획이 이루어진 적은 없었다. 국제 공산청년동맹은 조봉암에게 학생 20명을 즉시 파견하라고 지시했다. 이에 서울의 고려공산청년회는 1925년 10월 10일 제5차 중앙집행위원회를 열어 일단의 유학생을 선정해서 11월 중순 이들을 소련으로 파견했다.[124] 한편 조선공산당은 조선노농총동맹을 지배하기 위한 투쟁에 착수하는 것을 비롯해 기관지 발간, 조선공산당 만주총국滿洲總局 설치 등을

---

* 고려공산청년회 간부 명단과 책임부서에 대한 설명으로는 김준엽·김창순, 앞의 책, 제2권, 315~318쪽을 참조하라.
124 「金燦豫審終結決定」, 1,901쪽. 이 자료에는 모스크바 유학을 떠난 학생들의 명단도 적혀 있다.

첫 과제로 삼는 등 정책 결정을 시작했다. 그러나 조선공산당이 채 뿌리를 내리기도 전인 1925년 11월 말 이른바 신의주사건新義州事件이 터져 대부분의 당원이 검거되었다.[125] 11월 15일(11월 22일의 착오로 보인다―옮긴이) 저녁 신의주의 한 음식점 2층에서 신만청년회新灣靑年會는 어느 회원의 결혼피로연을 벌였는데, 이 자리에는 지하 공산주의운동에 관계하고 있던 독고전獨孤佺과 김경서金景瑞도 참석했다. 마음껏 술을 마신 뒤 이들 가운데 몇 사람은 아래층으로 내려와서 한국인 변호사와 일본인 순사가 포함된 다른 손님들과 한바탕 싸움을 벌이게 되었다. 치고받고 싸우는 동안 어느 젊은 급진분자가 자기 팔에 감겨 있는 한 조각 붉은 헝겊을 가리키며 "이것이 성공했다"라고 소리쳤다.

그 직후 일본 경찰의 부추김을 받았을 것으로 예상되는 한국인 변호사가 독고전과 김경서를 폭행 혐의로 고소했고, 일본 경찰은 이들을 체포했다. 가택수색을 실시한 경찰은 독고전의 집에서 상당한 양의 공산주의 문서와 자료를 발견했다. 압수된 문서들 가운데 고려공산청년회 중앙집행위원회의 보고서와 모스크바로 보낸 학생 명단이 있었으며, 이들 문서는 박헌영이 상하이로 보내기 위해 맡긴 것이라는 사실도 판명되었다. 박헌영과 여섯 명의 동료가 서울에서 검거당했을 때 러시아어로 된 소련 헌법과 공산주의 교육기관의 설립계획서 등도 발견되었다. 이들 문서를 분석하고, 투옥된 사람들을 집중적으로 심문한(고문한 것이 틀림없다) 일본 경찰은 조선공산당에 관한 대부분의 세부사항을 알아내는 데 성공하기에 이르렀다. 이 사건은 결국 100여 명의 사람이 체포되어 그중 83명이 유죄 판결을 받는 결과를 초래했다. 제1차 조선공산당은 이렇게 해서 출범하자마자 그만 물거품처럼 사라지고 말았다.

---

125 이 사건에 관한 상세한 설명으로는 앞서 인용한 다음 자료를 참조하라. 「조선공산당사건」, 5~6쪽; 김준엽·김창순, 앞의 책, 제2권, 350~362쪽.

11. 초기 국면의 개요

이제 초기 단계의 한국 공산주의운동이 갖는 의미를 다각도로 살펴보기로 하자. 첫째, 그 당시 아시아 공산주의운동이 질서가 잡히고, 세력이 강대하며, 새로운 소련 지도자들이 이에 대해 지배력을 행사할 수 있었다고 생각한다면 이는 그릇된 판단이다. 상황은 흔히 알고 있는 것보다 훨씬 더 혼란스러웠다. 레닌주의는 무척 강력한 것이긴 하지만 그렇다고 해서 마법을 지닌 것은 아니었다. 당시 서구의 대對아시아정책과 비교해보면 레닌주의의 장점은 쉽게 나타나지만, 엄격한 아시아적 관점에서 볼 때 레닌주의는 그 기본적인 장점과는 무관한 약점들을 지니고 있었다. 레닌주의가 초기에 극동에 미친 영향력을 제대로 평가하려면 이들 약점을 더욱 자세히 살펴보아야 한다. 아마도 여기에는 이론과 실천의 양면에서 핵심적이고도 상호 관련된 두 가지 문제가 놓여 있을 것이다. 첫째는 민족주의와 공산주의의 관계 문제이고, 둘째는 혁명단계에 관한 문제다.

이 시기의 마르크스-레닌주의는 잘 알려져 있는 것처럼 아시아의 공산주의는 민족주의운동을 지원해야 하며, 부르주아 민주혁명을 조장하고, '민주혁명'의 첫 단계로 아시아와 서구 간에 높아져가는 불화를 이용해야 한다는 입장을 취하고 있었다. 그러나 동시에 대내적인 공산주의운동은 육성되어야 했으며, 그들의 순수성과 단결은 어떤 대가를 치르더라도 수호되어야 했고, 공산주의자들은 결정적인 2단계에 지도력을 장악하기 위한 준비를 갖춰야만 했다. 레닌주의는 어떤 목적을 위해 일정 기간 민족주의와 공산주의가 서로 협력하는 것이 필수적이라는 전제 위에 서 있었지만, 레닌은 이 두 가지 운동의 어떤 동화同化에도 전적으로 반대했다. 어떤 일이 있더라도 공산주의운동은 최고의 충성대상이어야 하고, 그 독자성을 유지해야 하며, 엄격하고 순수하며 확고한 국제주의 원칙에 입각한 것이어야 했다. 이 점에 관한 한 초기의 한국 공산주의자들은 레닌 정부에 크나큰 실망을 안겨주었다. 초기 한국의 공산주의운동은 민족주의운동에 일체화된 것으로, 공산주의운동에서 순수한 민족주의 요소들을 만족스러울 정도로 제거해내기란 불가능한 일이었다.

이 무렵의 사건들은 공산주의 이론과 실천의 상호관계에 대한 흥미로운 내막을 잘 드러내 보여준다. 마르크스와 레닌은 공산주의와 아시아 양자에 대한 기본적인 이론적 가정에서 '오류'를 범한 것으로 드러났지만, 아이러니하게도 이들은 이런 가정에 입각해 이루어진 똑같이 기본적인 전술적 결정에서는 '정당'했던 것으로 판명되었다. 이런 역설을 받아들이지 않고는 극동에서 공산주의의 역할을 이해할 수가 없다. 마르크스와 레닌은 모두 민족주의와 공산주의가 동화될 수 없다거나 동화되어선 안 된다고 가정하는 오류를 범했다. 그러나 레닌이 공산주의운동은 민족주의를 이용하고 민족주의와 손잡고 이를 통해 일해야 한다고 가정한 점은 올바른 것이었다. 사실상 아시아에서의 공산주의는 민족주의를 지속적인 기반으로 삼아 민족주의와 통합되고 상호작용할 수 있었던 곳에서만 성공을 거두었다. 만약 이것이 마르크스-레닌주의의 기본적인 교의 중 하나, 즉 민족주의와 공산주의는 동화될 수 없다는 교의와 모순되는 거라면 그 교의에는 많은 오류가 있는 것이다. 왜냐하면 이는 더욱 중요한 또 다른 교의, 즉 마르크스주의는 '성공한' 혁명의 과학이라는 교의를 충족시켜주기 때문이다.

따라서 일반적인 의미에서 그리고 결과적으로 봐도 레닌의 전술적 감각은 기술적으로 정확했던 반면 그의 이론적 입장은 명백하게 잘못된 것이었다. 전술적인 감각과 이론적 입장 사이에 갈등이 있었다는 바로 그 점 때문에 실제의 정책 지시는 때때로 걷잡을 수 없거나 수행하기 어려웠다. 마르크스-레닌주의에 내재하는 긴장과 모순은 초기의 아시아 공산주의자들에게 가혹한 시련을 안겨주었음이 틀림없다. 아마도 한국 공산주의자들은 이런 시련의 첫 번째 희생자였을 것이다. 소련 사람이 소련 내에서, 혹은 소련에 대해 '사회주의와 무산자의 조국'을 지키기 위해 공산주의자인 동시에 민족주의자가 되는 데는 아무런 문제가 없었다. 그러나 다른 나라 사람들에게 이것은 위험한 일이었다. 소련 지도자들은 민족주의적 성향이 짙은 아시아 공산주의자들에게 종종 '소부르주아'나 '우익 기회주의자'와 같은 딱지를 붙였다. 곧 살펴보겠지만 그 당시 대부분의 한국 공산주의운동 거의 전체에 이 같은 딱지가 붙여졌다. 그러나 공산주의를 위한 그들의 전투적이고 공격적인 자세는 비공산주의자들의 반감을 불러일으켜 통일전선을 파괴하고 고립과 무력無力을 초래했으며, '좌익 극단주의자'라는 또 다른 별명이 붙게 만들었다. 아시아 공산주의의 첫 10년 동안 일본과 중국, 한국의 많은 공산주의자들이 이 도끼 아래 쓰러졌다.

레닌주의 자체가 기본적으로 민족주의-공산주의 관계에 대해 분명한 선을 긋고 있지 않았기 때문에 아시아의 성실한 공산주의자들이 우익 기회주의라는 암초와 좌익 극단주의라는 소용돌이를 잘 헤쳐나가기란 매우 어려운 일이었다. '올바른 입장'이라는 실로 결과에 의해서만 규정될 수 있었다. 그리고 공산주의운동이 상대적으로 유연하고 자유로웠던 초기에도 코민테른의 노선을 따르는 일이 이렇게 어려운 것이었다면, 소련이 자신들의 세력과 국가적 이익을 지키려는 의식을 꾸준히 증가시키면서 더욱 엄격한 규율을 강요하게 된 훗날 코민테른 노선을 그대로 따른다는 건 한층 더 어려운 일이었을 것이다. 이 점에 관해서는 뒤에서 상세히 논하기로 하겠다.

이제 레닌의 이론적 전제들은 잘못되었지만 그의 전술적 판단은 올바른 것이었음을 보여주는 두 번째 문제를 살펴보기로 하자. 그것은 바로 2단계 혁명의 개념이다. 모든 사회는 일반화될 수 있는 경제적·정치적 진화의 단계를 거치며, 일정한 경제적 단계는 일정한 정치적 형태를 창출한다는 마르크스-레닌주의의 명제는 기본적으로 잘못된 것이라는 점은 입증되었다. 사실 마르크스-레닌주의는 러시아, 중국, 북한 등에 끼친 그 자신의 영향을 통해 이 명제가 잘못되었다는 것이 증명되는 데 많은 도움을 주었다. 따라서 아시아 역시 서구가 통과했던 제1관문인 '부르주아 민주주의' 혁명을 먼저 거쳐야 한다는 1920년대 초반의 주장은 분명 잘못된 것이었다. 그러나 이런 주장에서 끌어낸 전술은 정치적으로는 매우 효과적이었다. 이렇게 해서 마르크스-레닌주의는 당시에 유행하던 관념·가치·제도에 대해 이를 이용하기도 하고, 때로는 그 단점을 공격하면서 이것들을 받아들였던 것이다. 서구식 민주주의가 그 실천은 매우 어려웠다고 해도 지식층에게 엄청난 호소력을 지니고 있었던 아시아에서 레닌이 민주주의를 이용하기도 하고 악용하기도 했던 것은 전술적으로 매우 뛰어난 행동이었다. 이런 전술적 행동은 이를 뒷받침하는 이론적 전제의 타당성에 기초할 필요는 없었다. 역설적으로 그것은 이론적 전제의 부적합성에 따라 전술로서의 기능을 더욱 발휘하게 되었는지도 모른다.

우리는 아직까지 한국 공산주의운동의 초기 몇 년만을 살펴보았을 뿐이다. 그러나 이것만으로도 아시아 공산주의 일반이 초기에 지녔던 강점과 약점을 충분히 눈치 챌 수 있다. 그 강점은 우리가 지적해온 것처럼 납득할 만한 것이었다. 공산주의는 식민지 민족의 해방을 약속하는 운동으로서 극동에 출현했고, 이것만으로도 수많은 애국자를 감동시킬 수 있었다. 게다가 러시아 공산주의자들은 한낱 약속에만 그친 것이 아니라 자금, 무기, 기술적 지원 등 물질적 원조도 제공했다. 그들은 나라를 빼앗긴 채 일본 제국주의에 의해 세계에 내동댕이쳐진 인민들과 동맹을 맺었다. 더구나 공산주의는 식민지 해방을 넘어선 그 무엇, 즉 인간의 해방을 약속했다. 공산주의는 극적인 변화를 바라는 사람들의 열망을 충족시켰고 상당수의 한국인, 특히 소지식인 출신들이 바로 이 같은 범주에 속했다.

그러나 앞서 살펴본 것처럼 한국 공산주의운동에 내재한 약점들은 이미 그 모습을 드러내고 있었다. 물론 이런 약점들은 대체로 한국 사회의 성격과 식민지라는 상황에서 비롯된 것이었다. 한국은 계급적 사회구조와 유교적 가치관이 특히 그 농촌 지역에 뿌리를 내리고 있는 철저히 보수적인 사회였다. 여러 가지 면에서 볼 때 한국은 기본적으로 반외세적이고, 어떤 서구 이데올로기와도 쉽게 조화를 이루지 않는 사회였다. 계급 구성의 면에서도 전체의 75퍼센트가 농민이고, 도시노동자계급은 보잘것없었으며 중간계급도 극소수에 불과했다. 따라서 초기 단계의 공산주의운동이 일반 대중과 연결되기 어려운 학생이나 지식인들에 의해 전개된 것은 불가피한 일이었다.

지적知的으로 인도되는 운동은 전망과 신념, 가치, 간단히 말해 이데올로기에 의해 지도되는 운동이다. 그러나 다음과 같은 점을 강조해보는 것도 가능하다. 지식인으로 분류될 수 있는 대부분의 사람은 자아가 아주 발달하고, 극히 민감하며, 파벌주의에 빠지기 쉬운 성질을 갖고 있다. 물론 한국 공산주의운동에 파벌주의가 널리 퍼진 것은 단지 지식인이나 소지식인들이 광범위한 역할을 수행한 데만 기인하는 것은 아니었다. 고국을 떠난 사람들이 벌이는, 혹은 그들의 주도로 여러 곳에 흩어진 기지에서 승산을 갖지 못한 채 진행되는 운동이 당면하게 되는 문제는 언제나 매우 심각한 것이었다. 망명 상태에서 진행된 유럽의 운동 중에서 몇 년 이상 지속된 것이 얼마나 될까? 미래에 대해 근심밖에 할 일이 없는 사람들은 얼마 안 가서 서로 싸우기 마련이다. 그러나 마찬가지로 중요한 것은 한국인의 생활 속에 스며들어 있는 파벌성이다. 이런 파벌성은 가족, 소집단 등 사회 내의 모든 인간관계에서 비롯된 것이므로 어떤 의미에서는 개인에게 국한된 문제가 아니었다. 이는 북한에 공산주의 사회가 확립된 뒤에도 마르크스-레닌주의가 직면한 중요한 문제의 하나로 끈질기게 남아 있다.

또한 우리는 반체제운동에 효과적으로 대처하는 근대국가의 효율성과 능력에 대해서도 높은 점수를 부여하지 않을 수 없다. 조선공산당은 출발 당초부터 조직을 발전시킬 기회도, 지도력을 유지하거나 국내의 대중에게 접근할 기회도 거의 가져보지 못했다. 일본 당국은 그들의 첩자와 정보원을 통해 그때그때 진행되고 있던 한국 공산주의운동에 대한 상세한 정보를 엄청나게 수집할 수 있었다. 일본이 남긴 관헌 자료들을 읽어보면 어떻게 해서 이렇게 많은 일급 비밀 문서와 정보들이 일본 관헌의 수중에 들어갔는지 놀라지 않을 수 없다. 일본 경찰은 한국의 어떤 공산주의자보다도 한국 공산주의운동에 대해 더 많이 알고 있었다!

물론 신의주사건 등은 한국의 젊은 공산주의자들의 미숙한 면을 보여주었다. 그러나 일본의 권위주의는 때로 잔인하고 포악했지만 결코 근대의 서양에 출현한 전체주의 사회처럼 완전하고 철저하지 않았다는 점을 기억해야 한다. 그럼에도 그것은 한국의 민족주의나 공산주의를 충분히 통제할 수 있었다. 더구나 앞으로 살펴보겠지만 국내 운동에 의해 일본 세력이 심각한 위협을 받은 적은 한 번도 없었다. 아마도 우리가 초기의 한국 공산주의운동에서 얻을 수 있는 교훈은 우리 시대에는 상대적으로 비효율적인 국가(혹은 상대적으로 민주적인 국가)만이 내부의 적에게 멸망하기 쉽다는 것이다. 의식적으로든 무의식적으로든 한국 민족주의자들은 이 사실을 일찍이 1918년부터 인정했다. 이것이 바로 외국의 도움 없이 자신들의 능력만으로 나라를 찾을 수 없다는 데 실망한 수많은 세력이 어떤 외세가 일본에 가장 적대적인가에 따라 민족주의의 색조를 변화시킨 이유였다.

　이런 맥락에서 1917년 직후의 사건들과 제2차 세계대전 직후에 벌어진 사건들을 비교·대조해보는 것은 흥미로운 일이다. 두 경우 모두가 독립투쟁에 몸 바친 한국인들은 일본 세력의 실체와 맞부딪혀야 했고, 그들의 일부는 일본 제국주의에 대항하기 위해 러시아의 지원을 기대하면서 러시아 쪽으로 돌아섰다. 첫 번째 경우 소련 지도자들은 일본과 화해하고 한인과의 동맹을 대체로 저버렸다. 따라서 한인의 민족감정에 활력을 불어넣을 수 있는 힘의 원천으로 소련의 지원을 기대했던 한인들은 미국의 도움을 기대했던 사람들과 마찬가지로 큰 실망에 빠졌다. 그러나 두 번째 경우 러시아와 밀착했던 사람들은 적어도 북한에서만큼은 보상을 받았다. 일본의 통치를 전복하는 데 최후의 순간에 참여했던 러시아인들은 곧 그들이 육성해온 세력을 권좌에 올려놓았다. 그러나 많은 사람에게 이는 단지 또 다른 외국 세력이 들어선 데 불과했고, 뒤에서 살펴보겠지만 소련이 '육성한 세력'조차 결국 이 점을 인정하지 않을 수 없었다. 이처럼 민족주의가 공산주의에 대해 요구해온 것은 '해방'을 통해서도 결코 이루어지지 않았던 것이다.

한　　국
공 산 주 의
운　동　사
식 민 지 시 대

제 2 장

시련의 시기

1925년 직후의 시기는 한국의 공산주의자들에게 끝없는 좌절과 실패를 안겨주었다. 3년 동안 네 차례에 걸친 공산당을 만들려는 시도는 번번이 실패로 끝나고 말았다. 물론 공산주의자들만 곤경에 처했던 것은 아니다. 한국 민족 운동 전체가 분열과 패배주의를 벗어나지 못한 채 깊은 좌절에 빠져 있었다. 일본의 한국 지배는 확고하게 뿌리 내리는 것처럼 보였고, 대부분의 한국인은 이런 사실을 인정하지 않을 수 없었다. 일본의 세력은 이제 한반도를 벗어나 만주로 뻗어가기 시작했다. 날카롭게 정세를 주시한 사람이라면 일본의 만주 진출과 만주에서 관동군關東軍의 비중이 증대해가는 것을 보면서 1930년 이후 동아시아에서 전개될 상황 변화를 예측할 수 있었을 것이다.

그럼에도 그 당시는 일종의 역설적인 시기였다. 일본 본토에서는 정치적 자유주의가 제2차 세계대전 이전의 시기 중 거의 절정에 도달해 있었다. 의회 정치는 이 시기의 정치적 규범이었으며, 정당들은 많은 약점에도 기존의 정치 체제 안에서 상당한 영향력을 행사했다. 그러나 더욱 중요한 사실은 1920년 대와 1930년 초반 일본은 놀랄 만큼 언론과 출판의 자유가 보장되었다는 점이다. 물론 일본 정부는 급진적인 정치 활동에 참여할 권리와 급진적 이론을 행사할 권리 사이에 명확한 선을 그었다. 이런 구분은 일본의 전통 사회와 현대 사회에서 지식인에게 공통적으로 부여된 역할을 반영하는 것이었다.

이로써 마르크스주의에 입각하거나 마르크스주의적 색채를 띤 저술들이 쏟아져나왔고, 많은 학생과 지식인이 이를 닥치는 대로 읽어치웠다. 이런 분위기는 일본인뿐 아니라 한국인, 특히 고등교육을 받고자 일본으로 건너온 한국인 유학생들이 급진적 사상에 빠져드는 데 큰 역할을 했다. 심지어 식민지 한국에서도 이런 책들이 널리 읽혔다. 이에 따라 '프롤레타리아 문예운동'이 일어나기 시작했는데, 정치적 현상으로서 이 운동은 공식적인 공산당과는 뚜렷하게 구별되는 것이었다. 결국 프롤레타리아 문예운동은 공산주의자들의 정치운동이 엄격히 규제되는 시기에 비록 소수지만 상당한 숫자의 한국인 학생과 지식인이 급진적인 경향을 띠게 했다. 앞으로 살펴보겠지만 이들 중 상당수가 해방 이전뿐 아니라 해방 이후에도 공산주의운동에 종사하게 된다.

1. 파벌투쟁의 지속

한국의 정치무대에 등장하는 모든 집단이 그랬던 것처럼 이 시기의 한국 공산주의자들이 당면했던 중심 과제도 파벌 대립이었다. 이제 파벌 대립이 어떤 의미를 지니는지 검토하는 데서부터 논의를 시작해보기로 하자. 공산주의운동의 초기 단계에는 앞서 살펴본 것처럼 상해파와 이르쿠츠크파라는 두 개의 기본적인 경쟁 집단이 있었다. 소련에 동화된 정도의 차이에서 비롯된 이 두 집단의 대립은 이념과 정책 영역으로까지 확대되었다. 그러나 개인적인 요인까지 작용해 일련의 격렬한 대립에 따른 결과로 상황은 시간이 흐를수록 더욱 악화되어갔지만, 1925년 4월 1차 조공이 출범할 수 있을 정도로 코민테른의 압력에 의해 표면상의 통일은 유지되었다. 그러나 이런 통일은 오래가지 않았다. 한국 본토에서 본격적인 공산주의운동이 전개되자 새로운 파벌이 출현하기 시작했고, 대부분의 경우 새로운 파벌은 기존의 파벌과 뒤얽힐 수밖에 없었다. 한국 공산주의운동의 중심 무대에 등장한 새로운 파벌 중 가장 중요한 두 집단인 화요회와 북풍회에 관해서는 앞서 간단히 언급한 적이 있다. 화요회는 창립 이래로 대부분의 회원이 잇달아 검거되면서 붕괴되기까지 약 18개월 동안 한국 급진주의운동의 핵심 조직 역할을 했다. 전성기의 화요회 회원 90여 명 가운데 3분의 1 정도가 열렬한 공산당원이었다.[1] 이들이 바로 조공의 지도자였으며, 공산당 간부들 중에서도 가장 지적이고 활동적인 사람들 대부분이 화요회의 회원이었다. 화요회의 핵심 인물들은 젊은 지식인이었고, 그중 상당수는 언론기관에 종사했다.[2] 앞으로 살펴보겠지만 초기의 한국 공산주의운동에서 기자들이 중요한 역할을 수행해낸 데는 그만한 이유가 있었다.

화요회의 최대 경쟁자는 북풍회였다. 1926년 초 탄압을 받게 될 당시 약 40명의 회원으로 이루어진 북풍회의 연원은 일본으로까지 거슬러 올라간다. 북풍회는 사실상 일본에서 급진주의 사조에 깊은 영향을 받고 귀국한 유학생 집단이었다. 1921년 11월 재일 한국인 학생들은 도쿄에서 흑도회를 조직했는데, 이 단체는 무정부주의적, 생디칼리즘적syndicalisme(국가와 의회를 부정하고 노동조합을 주체로 산업을 관리할 것을 주장한 사상—옮긴이) 경향을 강력하게 드러내 보였고, 일본에서 무정부주의자와 공산주의자 간의 대립이 막 시작되던 시점의 분위기를 일정하게 반영하고 있었다. 양자 간의 대립이 절정에 달했던 1923년 흑도회의 무정부주의자들은 박준식朴準植(일명 박열朴烈)을 중심으로 풍뢰회風雷會를 조직했고, 공산주의자들은 김약수(일명 김두전)를 중심으로 북성회를 조직해 각기 따로 떨어져나갔다.[3]

---

1 그 당시 한국 공산주의운동선상의 화요회를 비롯한 각 파벌에 대한 매우 흥미로운 기록은 다음 자료를 참조하라. 1926년 3월 17일 제2차 조공 중앙집행위원회의 보고서, 고등법원 검사국, 「朝鮮共産黨現況に關する報告」, 『朝鮮思想運動調査資料』, 제1집, 서울, 1932, 제2부, 29~32쪽(이하 「2차 조공 3월 17일자 보고서」로 줄임).
이 보고서에 따르면 조공은 화요회(90명의 회원 중 32명이 조공 당원, 10명이 후보당원)를 중심으로 '4단체합동위원회'四團體合同委員會를 조직했다. 다른 세 단체는 북풍회, 무산자동맹회, 조선노동당 등인데 이들 각각에 대해서는 뒤에서 설명하겠다.

2 특히 『조선일보』 기자들은 그 당시 공산주의운동에서 핵심적인 역할을 담당했으며, 『시대일보』 기자들 역시 공산주의운동에 깊이 관여하고 있었다.

3 요시우라 타이조吉浦大藏(그 당시의 사상검사), 사법성司法省 형사국刑事局, 「朝鮮人の共産主義運動」, 『思想研究資料特輯』, 제71호, 1940, 60쪽. 북성회의 다른 회원들로는 안광천, 이여성李如星, 김종범金鍾範, 송봉우, 백무白武, 변희용卞熙瑢 등이 있다.
「金燦豫審終結決定」에 따르면 흑도회 회원은 김찬을 비롯해 정재달, 조봉암 등이었다. 고등법원 검사국, 『思想月報』, 제2권 2호, 일본 외무성 문서(이하 AJMFA), Reel(이하 R), S357, Frame(이하 F) 1883.

곧이어 북성회 회원들은 정치적 활동무대를 찾아 한국으로 돌아왔다. 이 중 일부는 신사상연구회에 가담했지만 대부분은 과거의 유대관계를 계속 유지해오다가 1924년 12월, 13인의 핵심적 활동가들을 중심으로 북풍회를 조직했다.[4] 한 달 후 재일본 유학생들은 북성회라는 간판을 버리고 레닌의 1주기를 기념해 일월회一月會로 그 명칭을 바꾸었다. 일월회는 도쿄에 본부를 두고 몇 개의 잡지를 발간하면서 월례月例 연구발표회를 개최하기도 하고, 국제노동절(메이데이) 기념 행진과 같은 일본 좌익이 주최한 각종 시위에 참여하기도 하는 등 활발한 활동을 벌였다.[5]

그 밖에 다른 파벌 세 개도 초기 한국 좌익 집단의 일부분을 차지하고 있었다. 그중 하나가 앞서 우리가 언급한 바 있는 서울청년회를 중심으로 하는 서울파였다. 이들은 1차 조공의 활동과는 거리를 두었기 때문에 검거를 모면했고 앞으로 살펴보겠지만 뒷날 더욱 중요한 역할을 수행하게 된다. 또한 대략 33명의 회원으로 구성된 무산자동맹회無産者同盟會가 있는데, 한때 그중 23명이 조공의 정식 당원이기도 했다. 마지막으로 김덕한金德漢, 이정수李正洙, 이충모李忠模, 김연의(김연희金演義의 착오로 보인다—옮긴이) 등 30여 명으로 구성된 조선노동당朝鮮勞動黨이라는 소집단이 있는데, '당'黨이라고 자칭한 이

---

4 북풍회라는 명칭의 유래는 "북풍이 한번 불게 되면 빈대나 모든 기생충이 날아가 버린다"는 속언에 따른 것으로, 당시의 국내 군소단체를 북풍회의 위력으로 통일한다는 의미에서 붙여진 것이다. 「2차 조공 3월 17일자 보고서」에 따르면 북풍회 회원 40명 중 공산당원은 5명이었다. 북풍회 창립 당시의 회원 '13인'은 김약수, 김종범, 마명馬鳴, 정우홍鄭宇洪, 정우호鄭宇鎬, 정운해, 남정철南廷哲, 서정희徐廷禧, 박창한朴昌漢, 박세희朴世熙, 신용기辛容箕(일명 신철辛鐵), 송봉우, 이호李浩 등이다(위의 명단 중 마명, 정우홍, 정우호는 동일인이다. 1924년 11월 24일자 『동아일보』 2면에 실린 북풍회 창립 당시의 집행위원 13인을 살펴보면 서정희, 정운해, 김약수, 임세희林世熙(박세희의 착오로 보인다), 배덕수裵德秀, 이이규李利奎, 김종범, 송봉우, 김장현金章鉉, 남정철, 마명, 손영극孫永極, 박창한 등으로 신용기, 이호 대신 배덕수, 이이규, 김장현, 손영극 등 4인이 추가되었다—옮긴이).
5 당시 재일 한국인 공산주의자들이 벌인 활동은 고경흠의 「東京に於る朝鮮共産主義者の運動は如何に發展したか」(『思想月報』, 8호, 1931년 11월, AJMFA, R S356, 872~884쪽)에 잘 나와 있다. 이 글은 고경흠이 투옥되었을 때 일본 당국에 제출한 것이지만, 일본의 경찰 자료를 포함한 다른 자료와 비교해볼 때 그 내용은 기본적으로 정확하다.

집단의 영향력은 보잘것없었다.

이들 모든 집단이 직면한 주요 과제는 어떻게 해야 내부 통일을 기할 수 있는지, 이미 만들어져 있거나 앞으로 창출될 수많은 대중조직에서 어느 정도의 영향력을 행사하고 통제력을 발휘할 수 있는지 하는 문제였다. 당시의 운동가들은 이런 문제를 관념적으로는 충분히 인식하고 있었다. 초기 일본 공산주의의 지도적 이론가인 야마카와 히토시山川均의 영향력은 실로 대단했다. 당시 한국의 젊은 급진주의자들 대부분은 단호한 어조로 레닌주의의 교의를 강조하는 1923년 출판된 야마카와의 유명한 논문 「대중에게로!」를 읽었다. 일본에서와 마찬가지로 한국에서도 노동·농민조합, 학생조직, 형평단체衡平團體 등이 앞으로 개발되어야 할 세 부문으로 부각되었다.

초기 단계에서는 공산주의자들이 낙관적인 견해를 가질 만한 충분한 이유가 있었다. 1924년 4월 마르크스주의적 노동운동의 중요한 기구로 조선노농총동맹(이하 노농총으로 줄임)이 결성되었다. 이 단체 안에서 공산당이 행사한 영향력은 가히 절대적인 것이었다. 1926년 노농총은 11만 명의 회원과 194개의 세포단체(노동단체 79, 농민단체 78, 혼성단체 37)를 거느리고 있다는 것을 내세워 그 세력을 자랑했다.[6] 이외에도 회원 수가 총 2만 1,000명이나 되는 30개의 노동조합과 50개의 농민조합이 존재했는데, 이 중 상당수가 서울파의 영향력 아래 있었다. 이 숫자는 다소 과장된 것으로 보이지만 어쨌든 한국의 마르크스주의자들이 노동·농민운동선상에서 자신들이 처한 위치가 일본의 마르크스주의자들에 비해 훨씬 양호하다고 생각할 만한 근거는 충분했다.[7]

청년운동의 전선에서도 한국 공산주의자들이 처한 상황은 장래를 기대해

---

6 「2차 조공 3월 17일자 보고서」, 앞의 책, 32~33쪽.
7 일본의 노동운동 상황에 대해서는 다음 자료를 참조하라. 아라하타 간손荒畑寒村, 『日本社會主義運動史』, 도쿄, 1948; Ayusawa Iwao, *A History of Labor in Modern Japan*, Honoulu, 1966; 내무성內務省 경보국警保局, 『昭和三年に於ける社會運動の狀況』(이후 매년 간행, 1928~1942년); Okōchi Kazuo, *Labor in Modern Japan*, Tokyo, 1958.

볼 만한 것이었다. 1926년 말 당시 한국 청년운동계에는 1,092개나 되는 단체가 존재했다.[8] 이들 단체는 전국적으로 18개의 청년동맹으로 조직되었고, 전국적 조직체로는 수많은 지방 청년단체들을 망라하는 조선청년총동맹(이하 청총으로 줄임)이 결성되었다. 노동운동과 마찬가지로 청년운동에도 마르크스주의 신봉자, 공산주의자 혹은 공산주의에 막 입문한 사람들이 깊숙이 침투했다. 특히 서울파는 서울청년회를 통해 청년운동에서 주도적인 역할을 수행하고 있었다. 이런 이유로 심각한 파벌 문제가 발생하긴 했지만 어쨌든 한국 청년운동은 만약 공산주의자들이 통일된 조직체를 가지고 활동한다면 공산주의자들의 대중조직으로 발전해나갈 수 있는 이상적인 무대가 될 소지가 충분히 있었다.

공산당이 백정白丁 층으로까지 영향력을 확산해나갈 가능성은 충분했다. 일본의 '에타'穢多처럼 백정들은 오랫동안 무당, 노비 등과 함께 천민계급에 속했으며 그들이 살고 있던 불교 사회에서 천대받는 도살업, 피혁업에 종사해왔다. 전통적으로 백정은 읍내에 거주할 수 없었다. 당시 백정계층의 수는 40만 명을 상회했는데 1923년경부터 백정의 지위를 향상시키기 위한 형평운동衡平運動이 시작되었고, 즉각 약 17만 명의 백정이 247개의 단체에 가담했다. 공산주의 지도자들은 곧 형평운동의 지도자들과 관계를 맺기 시작하면서 형평운동 내부에 정치의식을 주입하는 데 노력을 기울였다.[9]

---

8 일본 당국은 청년단체의 숫자를 다음 표와 같이 집계했다.

연도	1920	1921	1922	1923	1924	1925	1926
단체 수	251	446	488	584	742	847	1,092

연도	1927	1928	1929	1930	1931	1932	1933
단체 수	1,127	1,320	1,433	1,509	1,402	863	1,004

조선총독부 경무국, 『最近に於ける朝鮮治安狀況』(昭和 8年版), 1934년 5월, 168~169쪽. 1932년 말에 5만 3,708명이었던 청년단체 회원 수는 1933년에는 4만 950명으로 줄어들었다. 각 단체의 평균 회원 수는 40~50명 선이었다.

노동운동, 농민운동, 학생운동, 형평운동이 지닌 잠재적 역량이 동아시아에서 가장 보수적이고, 가장 전통의 굴레에 얽매여 있으며, 게다가 전적으로 외세의 지배를 받고 있는 사회의 모순을 타파할 수 있을 것인가? 과연 공산주의자들이 편협한 지식인의 집단이라는 한계를 스스로 극복하고 사회적 장벽을 뛰어넘어 대중을 동원하고, 대중에게 그들의 목적과 희망을 분명하게 표명할 수 있을 것인가? 파벌투쟁에 빠져 있는 지식인 집단이 과연 통일된 정치운동으로 결집되어 나아갈 수 있을 것인가?

공산주의 지도자들은 1925년 11월의 대검거 이후 대부분 옥중에 갇혀 있었다. 다행스럽게 검거를 모면했던 1차 조공의 책임비서 김재봉은 시일이 지나면서 일본 경찰이 머지않아 자신의 당내 지위를 파악하게 되리라는 것을 깨닫고 자신과 다른 동지들이 옥중에 있는 동안 당을 재건할 후임자를 물색했다. 그는 『조선일보』 지방부장이던 홍덕유洪惠裕와 이 문제를 협의했는데, 두 사람은 당시 『조선일보』 진주晉州 지국장이던 강달영姜達永이 가장 적당한 후임자라는 데 의견일치를 보았다. 1925년 12월 13일 서울로 소환된 강달영은 당의 사무 일체를 위임받았고,[10] 김재봉은 그로부터 6일 후 체포되어 징역 6년

---

9 「1926년 3월 17일자 보고서」, 33쪽. "(이 계급에 속한 사람들은) 아직 계급의식이 박약하고 그 지도분자인 장지필張志弼, 오성환吳成煥 등도 역시 계급의식과 사회혁명에 대한 의식이 철저하지 않다. 따라서 이 분야에서는 건전한 운동이 발전되어야 한다. 그러나 (이 운동의 지도자들은) 공산청년회의 개인들과 호의적 제휴가 있기 때문에 이들은 어느 정도 공산청년회의 조종을 받고 있으므로 적재適才의 공산청년회원을 그 전선에 배입配入하면 운동의 충실과 공산청년회의 확장을 도모할 수 있다."

10 그 당시 국내 공산주의운동에 관한 상세한 사항은 조선총독부 경무국이 조선군 참모장 하야시 센지林仙之와 육군성 차관 하타 에이타로畑英太郎에게 보낸 보고서(1926년 9월 25일자)에 잘 나와 있다. 「朝鮮共産黨事件檢擧に關する件」, 일본 육해군성 문서(이하 *AJAN*으로 약칭), R 102, F 08744 이하. 또한 다음 자료를 참조하라. 「金燦豫審終結決定」, 『思想月報』, 2권 2호, 1932년 5월, *AJMFA*, R S356, 1,895쪽. 김찬에 따르면 김재봉은 주종건 및 자신과 협의한 후 당의 사무를 강달영, 이준태, 홍남표洪南杓, 이봉수, 김철수 등에게 일임하기로 결정했다고 한다. 공청은 권오설, 전해全海, 전덕全德에게 맡기기로 했다.
   2월 중순 구연흠의 집에서 강달영, 이준태, 이봉수, 김철수, 홍남표 등 다섯 명으로 중앙집행위원회가 구성되었는데 곧 권오설과 전덕이 추가되었다. 김준엽·김창순, 『한국공산주의운동사』, 제2권, 서울, 1969, 371쪽.

형에 처해졌다. 1926년 1월 말 강달영은 두 번째로 서울로 올라와 노농총 간부인 이준태李準泰와 함께 당의 조직 문제에 관해 최초로 몇 가지 결정을 내렸고, 다시 2월 중순에는 당 활동에 전념하기 위해 서울로 활동무대를 옮겼다.

1926년 초에 당 지도자들은 첫째 1차 조공의 잔존 당원과 새로 충원된 당원을 통한 당 재건, 둘째 당 규약과 세칙의 제정, 셋째 당 해외부海外部의 설치와 코민테른과의 관계 재개, 넷째 비非공산주의적 민족주의자들과의 통일전선 형성 등 네 가지 기본적 과제의 실행에 착수했지만 어느 것 하나 쉬운 일이 아니었다.

2. 제2차 조선공산당과 그 와해

1925년 11월 1차 검거 이후 조공은 더는 과거처럼 비밀의 장막에 둘러싸여 있을 수만은 없었다. 당원과 당의 공명자共鳴者들은 일단 경찰에게 파악당하면 형기를 마친 뒤에라도 끊임없는 감시를 받아야 했다. 따라서 옛 당원과의 접촉은 지극히 신중하게 행해져야 했고, 새로운 당원의 충원은 세심한 주의와 관찰을 거치고 나서야 가능했다. 이런 비밀스러운 당원 모집은 왜 조공의 세포조직이 서로 신뢰할 수 있는 아주 가까운 친구들로만 구성되었는지를 잘 설명해준다. 이런 점에서 볼 때 일본의 식민지 경찰제도는 공산주의운동 내에 한국의 전통적 조직구조를 강화시켰다고 할 수 있다. 석 달간의 당 재건공작 끝에 신임 중앙집행위원회는 1926년 3월 코민테른에 146명의 당원과 119명의 후보당원—이 중 3분의 1 이상이 서울 출신이었다—으로 2차 조공이 재건되었다고 보고할 수 있었다.[11] 당의 신임 간부진은 그전에 구성되었는데 강달

---

11 「2차 조공 1926년 3월 17일자 보고서」, 36~37쪽. 전국의 당원 146명 중 서울 출신이 46명, 인천 출신 5명으로 총 51명이 경기도 출신이다. 그다음으로는 경상남도가 29명이고 이하 전남(14), 함남

영이 책임비서, 이준태가 차석大席 비서로 선출되었고, 약간의 이동을 거친 다음 당의 최고 간부진은 조직부 김철수, 선전부 이봉수, 검사부 홍덕유 등 3인으로 낙착되었다. 당 지도부와 당원의 대다수는 다시 한번 화요회 출신으로 메워졌다.

1차 조공은 당 규약의 초안을 준비해왔지만 규약을 정식으로 채택하지는 못했다. 1926년 3월 신임 중앙집행위원회는 권오설과 이봉수에게 당칙黨則을 작성하도록 했고, 3월 26일에 이를 승인했다. 당칙과 강달영·홍덕유가 작성한 세칙細則은 비록 그대로 실시되지 않았지만 당의 조직상 목표와 당면 문제에 관해 흥미로운 자료를 제공해준다. 당의 정식 당원이 되기 위해서는 누구나 일정한 후보당원 기간을 거쳐야 했고, 그 기간은 대상자의 출신계급에 따라 차이가 있었다.[12]

당 조직의 기본 단위인 세포는 공장, 농촌, 학교, 군대, 관청 내부에 조직하고 각각의 세포는 3~7인으로 구성되었다. 세포 구성원의 수는 노령에서는 20인 이내, 일본에서는 10인 이내로 규정되어 있었지만 한국 본토에서는 보안상의 이유를 내세워 7인 이내로 제한했다. 세포의 책임자는 이데올로기에 관한 토론과 정책개발을 위해 주1회 세포회의를 소집해야 했다. 당은 각 군郡마다 군기관을 설치했고, 서울에는 경성부京城府 전역을 관할하는 기관을 하나 설치했다. 이와 마찬가지로 각 도에도 도 단위의 기관을 설치했다. 이 같은

---

(9), 황해(6), 평북(5), 평남(5), 경북(4), 충북(2), 전북(2), 강원(2), 충남(1) 등이다. 해외 당원은 모두 16명인데 만주 7명, 도쿄 4명, 상하이 4명, 블라디보스토크 1명이다.

이 같은 숫자에서 두 가지 사실을 알 수 있다. 첫째는 당의 규모가 작았고, 둘째는 당원의 대부분이 남한, 특히 서울 지역 출신이었다는 점이다.

12 출신계급별로 후보당원 기간에 차등을 둔 것이 흥미롭다. 노동자와 농민은 3개월, 타인의 노동을 '착취'하는 소공업자는 6개월, 사무원이나 기타는 일 년 이상으로 되어 있다. 「朝鮮共産黨事件檢擧に關する件」, AJAN, F08760(저자들은 노동자와 농민의 후보당원 기간을 동일하게 잡고 있다. 그러나 강덕상, 『現代史資料(29)-朝鮮(5)』, 49쪽에 실린 2차 조공 당칙이나 김정명 편, 『朝鮮獨立運動』, 697쪽의 4차 조공 당칙, 김준엽·김창순, 앞의 책, 제2권, 301쪽의 당칙 해설 등에는 모두 노동자 3개월, 농민 6개월로 후보당원 기간에 차등을 두고 있다ー옮긴이).

당의 지부에서 전국 당 대회에 파견할 대표를 뽑는데, 당 대회는 공산주의자들의 정통적인 방식대로 중앙집행위원회와 기타의 당 기구 임원을 선출하는 '당의 최고기관'이었다.

이러한 조직구조는 정평 있는 소비에트 방식을 거의 그대로 답습한 것이었다. 그러나 엄밀한 의미에서 코민테른의 '일국일당'—國一黨 원칙에 위배되는 해외부의 설치 문제가 제기되었다. 신임 중앙집행위원회는 해외의 다양한 한인 집단이 벌써 몇 개의 공산당을 조직했고, 이들이 서로 분열되어 '통일이 불가능'한 상태에 있으므로 해외의 주요 한인 거주지에 조공 지부를 건설함으로써 서울의 조공을 축으로 한국 공산주의운동을 통일하는 것이 긴요하다는 주장에 대해 장시간 토의했다. 이들은 해외부를 설치해 모든 재외 한인에게 당 규약과 정책 결정을 숙지시킴으로써 과거의 국제적인 파벌투쟁을 종식시켜야 한다고 생각했다. 아마도 코민테른이 일찍이 상해파와 이르쿠츠크파 사이에 권위를 나눠주었던 사실을 떠올렸을지도 모른다. 그 당시 상당한 우여곡절 끝에 이르쿠츠크파 공산당(전로한인공산당全露韓人共産黨)은 중부와 서부 시베리아에서, 상해파 공산당은 동부 시베리아와 기타 해외 지역에서의 활동을 승인받았다. 아마도 이르쿠츠크파 공산당에 부여된 임무는 노령의 한인을 소비에트 체제에 편입시키는 작업이었을 것이다. 어쨌든 서울의 조공 간부들은 도쿄, 상하이, 만주, 연해주에 지부 혹은 연락기관을 설치할 계획을 세웠다.[13]

---

13 *AJAN*, R 102, F 08764. 그러나 연해주에는 이미 이 지역 소련공산당 내에 조선인부가 설치되어 있었고 동東시베리아에 사는 한인들은 통일된 새 조직을 받아들이기에는 너무 파벌 관념에 사로잡혀 있었기 때문에 연해주부가 실제로 조직된 것 같지는 않다.
도쿄에서는 김정규金正奎를 중심으로 이석李晳, 정운해, 이상호李相昊, 김한경金漢卿 등이 일본 지부를 조직했다. 상해부는 과거 1차 조공 출신인 김찬, 김단야, 조봉암 등을 중심으로 여운형, 남만춘, 조동호 등이 조직했다. 상해부의 책임비서에는 처음 김찬이 선임되었으나, 그가 1926년 4월 6일 만주총국 책임비서에 선임된 이후로는 김단야가 그 뒤를 이었다. 이 중 상당수는 자기들이 2차 조공의 주요 지도자임을 자처하고 강달영에게 지령을 보내려고까지 했는데, 이는 당연히 국내와의 갈등을 불러일으켰다. 상해부는 1926년 7월 해체되었는데 해체 시기로 보아 국내에서 2차 조공이 붕괴된 뒤 상해부가 독자적인 활동을 수행할 수 없었음을 의미한다.

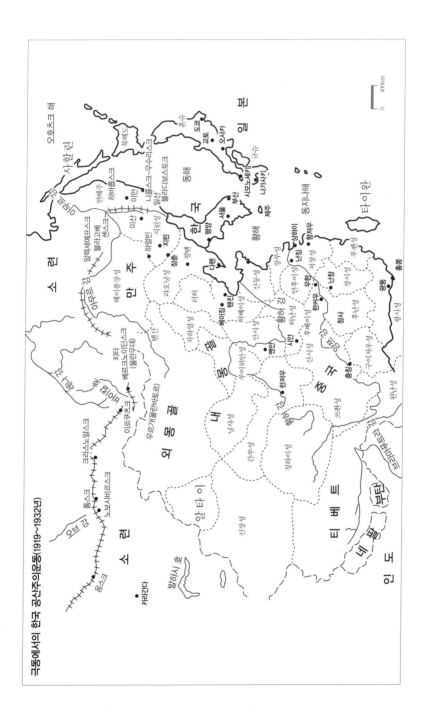

극동에서의 한국 공산주의운동(1919~1932년)

앞서 살펴보았듯이, 기본적으로 2차 조공은 사회단체로서의 합법적 지위를 갖고 있던 화요회의 통제 아래에 있었다(이때만 해도 일본 당국은 어떤 집단이 정치단체와 동일시되는 것을 절대 허용하지 않았지만 '사회단체'로 등록하는 것은 허용했다). 따라서 2차 조공은 몇 가지 점을 고려해볼 때 제1차에 비해 내부적으로는 훨씬 통일되었고 북풍회조차 당내에서 거의 배제되어 있었다. 공산주의자들 간에 일어난 일련의 파벌투쟁을 생각하면 이 시점에 광범위한 기반을 지닌 통일적 운동을 달성한다는 것은 불가능한 일이었는지도 모른다. 한 가지 예로 1차 조공이 붕괴되기 직전 서울에서 상하이로 보낸 비밀보고서 두 편을 살펴보면 당시 얼마나 깊은 문제가 내재되어 있었는지를 잘 알 수 있다. 1925년 10월 20일 P동지同志라는 서명이 들어 있는 이 보고서는 명백히 주류, 즉 화요회의 견해를 반영하고 있다. 이 보고서[14]는 북풍회의 지도자 김약수를 당시 블라디보스토크에 있던 구이르쿠츠크파 지도자 한명세, 김하석 등과 제휴해 반당행위를 일삼는 "쥐새끼 같은 사이비 공산주의자"로 낙인찍었다. 「반동에 대한 보고」라는 제목의 다른 글에서 김약수는 한명세와 함께 악당의 괴수로 지칭되며 조목조목 지탄을 받았다. 이 보고서에 따르면 서울파와 북풍회는 블라디보스토크 집단과 제휴해 공산당을 장악하기 위한 음모를 꾸미고 있었다. 서울파의 김영만金榮萬과 박태선朴泰善은 자기들이 중심이 되는 공산당을 조직하고 코민테른의 지지를 얻어내기 위해 한명세와 손을 잡았다는 것이다.

P동지는 한명세 집단은 더 큰 야심을 품고 있다고 주장했다. 이들은 자기들의 영향력 아래 좌익 집단의 통일전선을 조직함으로써 현재의 당 지도부로

앞서 살펴본 바와 같이 만주부는 김찬이 설립했는데, 그는 1926년 4~5월 실제 조직사무를 담당하도록 조봉암과 최원택崔元澤을 만주로 파견했다. 이들 두 사람은 김철훈, 김하구金河球, 윤자영 등과 협의해 책임비서에 조봉암, 선전부에 윤자영, 조직부에 최원택 등을 선임하여 만주총국을 조직했다. 본부를 지린성吉林省 닝안현寧安縣 닝구타塔古塔에 둔 만주총국은 산하에 세 개의 구역국區城局을 설치했다. 만주총국은 뒤에 살펴보겠지만 1930년 5월 소위 간도사건間島事件 후 자진 해산했다. 이에 관한 것은 다음 자료를 참조하라. 김준엽·김창순, 앞의 책, 제2권, 389쪽 이하.

14 「2차 조공 1926년 3월 17일자 보고서」, 앞의 책, 26쪽.

부터 당권을 탈취하고자 했다는 것이다. 이를 위해 한명세 등은 서울파 외에도 조선노동당의 김덕한, 이정수 등에게도 자금을 제공했고 북풍회와도 손을 잡았을 뿐 아니라 차기 당 대회를 조종하기 위해 자파의 인물을 국내에 파견하기까지 했다. 「반동에 대한 보고」는 이들이 조선노동당 본부를 습격하기 위해 폭력배들에게 자금을 대주었고, 김하석은 북풍회를 지원하기 위해 김약수에게 5,000엔을 제공했다고 비난했다.

코르뷰로파(=이르쿠츠크파)가 조선공산당을 파괴하려 한다고 주장한 이 보고서는 소련공산당에 대한 날카로운 비판으로 끝을 맺었다. 왜 소련공산당은 이를 방관만 하고 있단 말인가? 블라디보스토크에 있는 소련공산당의 하부기구를 통해 반동행위가 자행되고 있는데, 당은 왜 이를 미연에 예방하지 않았는가? 국제적으로 공인된 조선공산당이 자금 부족으로 아무 일도 못 하고 있는 마당에 어떻게 반동분자들이 많은 자금을 제공받을 수 있는가? 이 보고서는 코민테른이 반드시 이들 문제에 주의를 기울여야 한다고 결론지었다.[15]

이 시기의 파벌투쟁과 이를 종식시키려던 덧없는 노력에 대해서는 또 다른 증거가 있다. 1차 조공이 파괴되기 전에 화요회, 무산자동맹회, 북풍회, 조선노동당 등의 4단체합동위원회四團體合同委員會가 서울에서 조직되었다(서울청년회는 이에 참여하지 않았다). 4단체합동위원회에 참가한 단체들은 공산당의 방침에 따르기로 합의했다. 그러나 오래지 않아 조공 지도부는 북풍회의 대표자인 김약수와 정운해가 새로 조직된 당과 합동위원회를 장악하려 한다고 비난했다. 이 문제에 대한 조사에 착수한 당은 이들에게 즉각 정권停權 처분

---

15 위의 책, 28~29쪽. 이 보고서는 다음과 같이 끝맺고 있다.
"꼬르뷰로파(일크츠크파)는 조선공산당을 파괴할 계획을 꾸미고 있고, 무엇보다도 자금을 주어 이들의 활동을 조장하고 있다. 러시아공산당이 이를 방임하는 것은 여하한 까닭인가? 군콤들(러시아공산당)은 왜 블라디보스톡 방면에서 러시아당의 기관을 이용해 이 같은 반동을 미연에 예방할 계획을 세우지 않는가? 승인된 조선공산당은 경비가 없기 때문에 어떤 일도 착수할 수 없는 상태인데 반동파 수중에는 막대한 자금이 들어와 있다. 우리는 아무런 도움도 받지 못하고 있다. 국제공산당에서도 주의하지 않으면 조선의 일은 거의 수포로 돌아가고 말 것이다. 매우 애석한 일이다."

을 내렸다. 이에 대해 북풍회는 이르쿠츠크파로부터 지원을 얻기 위해 블라디보스토크와 만주에 대표를 파견했다. 여기서 이들은 서울파의 김영만이 비슷한 사명을 띠고 한발 앞서 와 있다는 사실을 알았다.[16]

이들 반대파가 국제무대에서 얼마나 조공의 리더십을 잠식할 수 있었을까? P동지의 보고서는 화요회 지도자들이 코민테른과 소련으로부터 별다른 도움을 받지 못하는 데 분개하고 있다고 지적했다. 또한 1926년 3월의 조공 중앙집행위원회 보고서는 코민테른 산하의 국제농민조합國際農民組合이 기근 구제금 명목으로 2만 엔을 북풍회의 지도자들에게 보내자, 이들은 "국제적 세력과의 연락관계는 북풍회의 독무대"라며 이면에서 선전했다고 비난했다.[17]

소련과 코민테른 당국이 각 파벌 간의 끊임없는 상호 비난에 대해 갈피를 잡지 못하고 있었다는 것은 별로 놀라운 사실이 아니다. 화요회의 조동호가 1925년 말부터 1926년 초까지 2차 조공의 승인을 얻기 위해 모스크바에 체류할 당시 신철(북풍회)과 김영만(서울파) 그리고 조선노동당의 대표는 모두 모스크바에 머무르면서 코민테른이 새로운 중앙집행위원회에 대한 승인을 취소해야 하며, 화요회의 공산당이 아닌 '조선의 공산당'이 조직되어야 한다고 주장했다.[18] 결국 코민테른은 통일적인 공산당의 수립을 위해 노력한다는 전제로 재조직된 조선공산당을 승인했고, 다른 공산단체들에 대해서는 조공에 합류하라고 지시했다.

그러나 2차 조공은 계속 극도의 내부 분열에 시달려야 했다. 김약수를 비롯한 북풍회 지도자들이 신의주사건으로 투옥된 후, 북풍회의 남은 회원 대부

---

16 「2차 조공 1926년 3월 17일자 보고서」, 같은 책, 29~30쪽. 이 보고서는 김약수가 "개전改悛의 태도"를 보이지 않았을 뿐 아니라 신철과 공모해 김종범과 이헌李憲을 시베리아와 만주로 파견해 한명세, 김하석, 최고려 등 "일크츠크파 잔당"들과 접촉케 했고, 거기서 이들은 서울파의 김영만과 합세했다고 주장했다.

17 같은 책, 30쪽.

18 조선총독부 경무국장, 「國際共産大學卒業生歸鮮に關する件」, 1928년 12월 28일, 26쪽, *AJMFA*, R S722(Frame 번호가 매겨져 있지 않음).

분은 조공에 참여하기로 결정했다. 그러나 조공 간부들은 이 북풍회원들이 김약수의 지시에만 따르면서 당파적 활동을 일삼는다고 주장했다. 마침내 1926년 4월 6일 조공 책임비서 강달영은 상하이에 있는 김찬과 김단야를 통해 코민테른 중앙집행위원회에 당이 12명의 북풍회원을 공식적으로 출당했다고 보고했다.[19]

서울파 역시 심각한 골칫거리였다. 사실 서울파는 어떤 방식으로든 조공과 협력하기를 거부했다. 그 당시 모든 파벌은 가능한 수단을 모두 동원해 치열한 파벌투쟁을 전개했다. 화요회의 지도자들은 당이 북풍회의 내부 분열을 일으키기 위해 북풍회 내에 프락치를 심어놓았음을 공공연히 인정했다. 매수나 구타, 심지어 상대방을 경찰에 밀고했다는 비난 등은 이 시기와 그 후 몇 년간 한국 공산주의운동에서 아주 흔히 볼 수 있는 일이었다.[20]

1차 조공은 비록 상하이의 여운형을 비롯해 중국과 만주에 있던 조봉암, 김찬, 조동호 등과 연락을 취하고 있긴 했지만 해외에 공식적인 지부나 기관을 설치하지는 못했다. 그러나 2차 조공은 앞서 살펴본 것처럼 출범 당시 해외부를 설치하기로 결의했다. 1926년 2월 26일자 3차 중앙집행위원회에서 2차 조공은 일본부, 상해부, 연해주부를 즉각 설치하기로 결정했다. 그러나 이는 결코 쉬운 일이 아니었다. 일본부의 책임자로 내정된 김정규金正奎는 여운형으로부터 일본 공산주의운동의 지도자 사노 마나부佐野學 앞으로 보낸 소개장을 받았다. 일국일당 원칙에 비춰볼 때 조공 일본부 설치에 대해 일본공산당의 양해를 얻는 것은 필수적이었다. 곧이어 몇몇 일본 공산주의자의 관여하에

---

19 보고서의 전문은 다음에 나오는 책에 실려 있다. 『思想月報』, 2권 8호, 1932년 11월, AJMFA, R S357, F 2620~2627. 이 보고서는 출당된 사람들을 '반동행위를 취하여 당 비밀을 폭로했다'고 공격했다. 출당 처분을 받은 사람들의 지도자 격인 김약수는 기근구제비 2만 원을 횡령해 이를 북풍회의 선전 활동비로 사용했다는 비난을 받았다. 이외에도 이들은 여러 항목에 걸쳐 비난을 받았다.
20 실제로 조공 내 파벌의 지도자 몇몇은 운동 진영 내 경쟁세력으로부터 자신을 보호하기 위해 경호원을 두기도 했다.

조공 일본부가 설치되었다.

상해연락부上海連絡部에서는 앞서 말한 것처럼 김찬이 책임자로 임명되었다. 상해연락부를 당의 해외부로 개편하자는 제의는 열띤 토론 끝에 부결되었다. 만주와 연해주(블라디보스토크)의 당 조직에 관한 결정도 많은 논쟁을 불러일으켰다. 강달영은 자신이 1차 조공 시대에 내려진 결정을 충분히 전달받지 못했고, 서울의 당 중앙집행위원회는 해외 당원들과의 연락에 커다란 어려움을 겪었을 뿐 아니라 국외의 분파 상황 등 해외에서 벌어지는 일들을 잘 알수도 없다고 불만을 토로했다. 예를 들어 몇몇 중앙집행위원은 조봉암이 상해파가 몹시 기피하는 인물이어서 만주총국 책임비서에 임명되어선 안 된다고 주장했다. 이에 따라 조봉암의 임명은 상하이에 있던 김찬의 조사 보고가 이루어질 때까지 연기되어야 했다(주 58을 참조하라 — 옮긴이). 마침내 5월 13일 조봉암은 만주총국 책임비서에 임명되었고, 김철수(상해파 — 옮긴이)가 조봉암과 협의하기 위해 만주로 파견되었다.

한편 당시 연해주에 있던 구상해파의 이동휘, 김 미하일, 김창순, 계봉우 등은 조공과 협력을 긴밀히 하기 위해 1926년 3월 박응칠을 국내로 파견했고, 이어 5월에는 조공이 간도와 블라디보스토크에 대표를 파견했다. 이런 과정을 거쳐 2차 조공은 점차 해외에서 기반을 닦아나갔다. 그러나 해외의 파벌투쟁, 특히 블라디보스토크에 있는 이르쿠츠크파의 활동은 당을 곤경에 빠뜨렸다.

1926년 3월 17일 서울의 당 중앙집행위원회는 블라디보스토크에서의 반당행위가 통제되지 않는다면 당이 심각한 곤란에 빠지게 될 것이라는 내용의 코민테른에 제출할 결의안을 통과시켰다. 이 결의안은 네 가지 조치를 제안하고 있다.

1. 조선공산당 중앙집행위원은 러시아공산당 중앙집행위원회, 국제공산당의 원만한 협력하에 블라디보스톡 문제를 해결하고, 연해주에 거주하는 조선인 주의자는 일국일당 원칙에 의하여 정치적 비밀단체, 혹은 공연단체公然

團體 조직을 엄금하고 당칙에 복종하도록 하며 조선공산당 발전에 지장이 없도록 할 것

2. 연해주에 거주하는 조선 공산주의자로 하여금 조선혁명에 대한 완전한 훈련을 하기 위하여, 과거의 파적관념派的觀念을 떠나서 조선공산당의 진실한 후원분자가 되도록 하기 위하여 조선공산당 연해도후원회沿海道後援會를 조직하여 일반 주의자로 하여금 조선혁명을 위한 통일적 정신에 따라 일체 행동을 취하도록 하고 러시아공산당의 엄격한 통제하에 조선 정치 문제에 대한 일체는 조선공산당의 결정에 의하도록 할 것

3. 이상의 결정에 의해서 후원회 조직은 금년(1926년) 5월 내에 실현하도록 하고 조선공산당원 중 전권특파원 2인(조동호, 김찬)을 파견하여 국제 러시아공산당 중앙간부에 교섭 실행하는 일체의 책임을 위임할 것

4. 연해도 조선인 주의자들을 이 후원회에 집중시켜 직접 간접으로 편리를 도모하도록 하고 러시아공산당 연해도 고려부高麗部 책임비서를 조선공산당에서 천거하는 자를 채용하도록 할 것[21]

이 결의안은 서울의 당 지도자들이 블라디보스토크 문제를 심각한 것으로 느끼고 있었을 뿐 아니라 이와 관련해 소련 당국을 상당한 정도로 비난하고 있고, 이제 그 적극적인 치유책을 제시할 준비가 되어 있음을 보여준다는 점에서 큰 주목을 끈다. 조공이 소련공산당 연해주 지부의 한인 당직자를 지명해야 한다는 생각은 틀림없이 소련 공산주의자들을 놀라게 했을 것이다. 그러나 소련 측이 이 결의안에 대해 진지한 관심을 표시했다는 증거는 없다.

조공 지도자들은 몹시 분개했지만 자신들의 취약한 권력기반이나 열악한 재정사정 때문에 소련이나 코민테른 당국에 대해 지속적으로 반항할 수가 없었다. 일본 경찰에 입수된 당의 예산안은 이런 사정을 잘 보여준다. 2차 조공

---

21 「2차 조공 1926년 3월 17일자 보고서」, 앞의 책, 39~40쪽.

이 활동했던 전 기간을 통해 당은 다만 7,320엔의 자금을 조달했을 뿐인데, 그나마도 대부분 상하이의 김단야로부터 제공받은 것이었다.[22] 게다가 몇몇 당간부가 이 자금의 상당 부분을 생활비로 사용해 중요 사업을 벌이기에는 자금이 턱없이 부족했다.

1926년 4월 조공이 코민테른에 제출한 예산안에는 당 지도자들이 당의 빈약한 재정을 어떤 식으로 해결하려고 했는지가 잘 나타나 있다. 이 자료는 전문을 수록할 만한 충분한 가치가 있다.

1. 당 대회비	3,600엔
2. 당 기관비	134,840엔
중앙기관비	41,600엔
도道 기관비	62,920엔
만주부비	10,400엔
임시 일본부비	11,000엔
임시 상해 연락부비	6,760엔

---

22 자금의 출처와 용도를 가능한 한 밝혀보는 작업은 대단히 흥미로운 일이다. 1925년 중반 국제공산당 동양여자부는 하얼빈 주재 소련영사관을 통해 '조선여성운동비'에 쓰라고 150엔을 보내왔다. 이 돈을 수령한 박광수朴光秀는 이를 박헌영에게 교부했고, 이 돈은 고려공산청년회의 조직 비용으로 충당되었다. 또한 박헌영은 1926년 초반 상하이의 여운형으로부터 1,850엔을 수령했는데, 이 중 1,500엔은 공산대학 유학생 21명을 파견하는 데 사용되었다. 1차 조공사건 당시 상하이로 피신한 김단야는 이보다 조금 앞서 코민테른의 동양혁명후원회MOPR로부터 희생자 구제자금으로 2,000엔을 수령했는데, 이 돈은 박천朴泉을 거쳐 국내의 권오설에게 전달되었다. 1926년 1월 중순 김단야는 아마도 모스크바공산대학에 유학 중인 40여 명의 한국 학생한테서 거두었을 1,200엔을 추가로 국내에 보냈고, 다음 달에는 400엔을, 3월에는 500엔을 보냈으며, 이와 별도로 만주총국에 500엔을 보냈다고 주를 달았다. 4월에 김단야는 국내로 전달하라고 이봉수에게 220엔, 김성순金成順에게 1,000엔을 각각 수교했다.
이로써 1925년 7월 이후 9개월간 조공은 7,320엔의 자금을 끌어모을 수 있었다. 그러나 다른 자료들에서는 조공에 더 많은 자금이 유입되었다고 나와 있다. 한 자료는 1차 조공 붕괴 후 2차 조공이 코민테른으로부터 모스크바 유학생 파견비용 5,000엔을 포함해 2만 5,000엔을 수령했다고 주장했다. 「朝鮮共産黨事件檢擧に關する件」, F 08781~5.

임시 블라디보스토크 연락부비	2,160엔
3. **당 사업비**	**215,360엔**
선전비	23,800엔
교양비	32,760엔
제諸 조사비	7,800엔
민중운동방조비	30,000엔
군사 및 테러비	40,000엔
기타	81,000엔
4. **예비비**	**10,000엔**
합계금	**363,800엔**

이 예산안에는 사용처에 관한 상세한 설명이 첨부되어 있다. 이 설명문의 서문은 당 내부의 상황을 적나라하게 보여준다.

이 자금은 당연히 조선 당원에 의해 수입·지출된다. 조공은 세계에서 유례를 찾을 수 없는 열악한 조건에 놓여 있다. 당원들은 자신의 생업을 포기하고 당 사업 또는 대중운동에 종사한다. 이들 당원은 당 중앙에서 생활을 보조해준다 해도 당비를 부담할 가능성이 절대 없는 까닭에 우리는 위 금액을 귀당에 요구한다.[23]

예산 중 3분의 1을 약간 상회하는 당 기관 운영비의 대부분은 예상하듯 한국 국내에서 사용되었다. 당 사업비 중 가장 많은 액수가 책정된 항목은 '군사 및 테러비'였다. 이에 따르면 당원들에게 군사훈련을 실시하고 "자본가, 회색분자, 반동분자들을 겁주기 위해" 테러단을 조직할 계획이었다. 조공 지

---

23 경성지방법원 검사국, 「조선공산당사건」, 경성, 일자 미상, 16쪽.

도자들은 폭력을 일차적인 수단으로 사용할 준비를 갖추고 있었음이 분명하다. 3만 엔이 책정된 '민중운동방조비'는 공산주의자가 주도하는 통일전선의 결성을 후원하기 위한 것이었다. 당 지도자들은 "일부 직업적 타협민족운동 제류諸流의 농락에 빠진 민중을 (새로운) 국민당國民黨으로 전화轉化"해야 한다고 주장했다. 또한 당 사업비 중에는 농민과 노동자계급의 전위조직을 유지·확장하기 위한 자금 2만 엔이 별도로 책정되었다.

우리는 조공의 예산안 청구에 대해 얼마만큼의 자금이 실제로 제공되었는지 정확하게 알 수 없다. 어떤 자료에는 코민테른이 1926년의 조공 활동비로 10만 엔을 책정했고 그 절반이 같은 해 7월에 교부될 예정이었다고 한다.[24] 어쨌든 이 자금은 때맞춰 도착하지 못했고, 새로운 사건의 발발로 조공은 다시 궤멸되고 말았다.

1926년 4월 25일 대한제국大韓帝國의 마지막 황제인 순종純宗이 승하했다. 1919년 3·1운동이 고종高宗의 인산일因山日에 일어났기 때문에 한국의 민족주의자들이 다시 도래한 이 절호의 기회를 이용하려고 한 것은 너무도 당연한 일이었다. 그러나 전반적으로 민족주의운동은 위축된 상태였고, 3·1운동을 주도했던 세력은 아무런 움직임을 보이지 않은 채 상황을 관망하고 있어 공산주의자들이 활동할 수 있는 좋은 조건은 이미 갖춰져 있는 상태였다. 이 기회를 놓치지 않고 어떤 단호한 행동을 취해야 한다고 가장 먼저 주장한 사람은 상하이에 있던 공산주의 지도자 김단야와 김찬이었다. 순종의 국장은 6월 10일로 예정되었는데, 김단야는 5월 1일 안동에서 공청 책임비서 권오설을 만나 순종의 인산을 기해 대규모 대중봉기를 일으킬 계획의 대강을 설명해주었다.

김단야는 한국의 "사회주의자들의 대부분은 동시에 민족주의자이기도 하기 때문에 공산주의자들이 민족운동의 전위로 활동하는 것은 전적으로 타당"

---

24 위의 책. 또한 다음 자료를 참조하라. 「朝鮮共産黨事件檢擧ニ關する件」, F 08781.

하다고 주장했다. 민족주의는 모든 면에서 공산주의보다 강력한 호소력을 지녔고 앞으로도 당분간 그럴 것이기 때문에 이는 전술적인 관점에서도 현명한 조치였다. 만약 공산주의자들이 민족적 봉기의 지도자가 된다면 이는 민족운동의 지도자들을 공산주의 쪽으로 끌어들일 절호의 기회가 될 수 있었다.[25]

계획의 골자는 국장 행렬과 전국 각지에 한국의 독립을 요구하는 삐라를 대량으로 살포하고 민중이 "대한독립 만세"를 외치게 한다는 것이었다. 권오설은 김단야로부터 자금 1,000엔을 받고 한국에 돌아와 다섯 종류의 격문 5만 장을 제작했으며, 베이징에서 인쇄한 장문의 선언문을 경성으로 밀반입했다. 청년회 조직을 중심으로 이 유인물을 전국에 배포할 세부계획에 착수한 권오설은 5월 30일까지 이것을 모두 제작해 천도교당에 보관했다.[26] 천도교 당국이 거사계획에 직접 관련되지는 않았지만 격문의 인쇄 책임자 박래원朴來源은 교주 박인호朴寅浩의 조카였다.[27]

격문의 어디에도 조선공산당이라는 문구는 찾아볼 수 없고 그 내용도 공산주의적인 것은 아니었다. 국내에서 인쇄된 격문은 단지 한국의 독립을 요구하는 반일反日 구호로 채워졌고, 베이징에서 제작된 것의 일부만 약간의 이데올로기적 성격을 띠고 있었다. 두 페이지로 된 어느 격문은 "식민지 민족은 누구나 무산자"이므로 "민족 해방이 곧 계급 해방이요, 정치 해방이 곧 경제 해방"이라고 주장했다.[28] 중국에서 인쇄된 4쪽으로 된 또 다른 격문은 "우리

---

25 자세한 것은 다음 자료를 참조하라. 요시노 후지조吉野藤藏, 「제2차 조선공산당사건과 그 검거의 전모」, 24~46쪽, 지중세池中世 편역, 『조선사상범검거실화집』朝鮮思想犯檢擧實話集, 서울, 1946. 이 독특한 책은 일제시대에 '불온분자'를 체포하는 데 일차적인 책임을 지고 있던 다수의 일본인, 한국인 경찰 관료들의 수기를 수록하고 있다. 다른 자료들과 대비·검토해볼 때 이 책의 내용은 매우 정확하다.

26 위의 책, 30~33쪽. 그리고 『조선인민보』朝鮮人民報, 1946년 6월 9일자에 실린 홍덕유, 박래원 등의 회고좌담을 참조하라.

27 위의 신문, 1면.

28 이 격문은 다음 자료를 참조하라. 『조선사상운동조사자료』朝鮮思想運動調査資料, 제1집, 제3부, 52~53쪽.

민중의 통곡과 복상服喪은 이척李拓(순종의 이름―옮긴이)의 죽음이 아니고 경술년 8월 29일 이래 사무친 그 슬픔" 때문이라고 하면서 이 슬픔을 극복하는 길은 "일본 제국주의의 박멸"에 있다고 주장했다.

이들 격문은 대한독립당大韓獨立黨, 불꽃사[火焰社] 등 가공단체의 명의로 되어 있었다. 국내에서 등사판으로 인쇄된 어느 선전문만 예외적으로 최린崔麟과 최남선崔南善, 김성수金性洙 등 저명한 민족주의자 세 명의 이름을 명기했는데, 이들은 결코 공산주의자들과 좋은 사이가 아니었고 일본 제국주의에 대해 타협적 태도를 취하고 있었기 때문에 이 격문에 명기된 이들의 서명은 본인의 동의 없이 사용되었을 것으로 보인다. 실상 공산주의자들은 이들을 민족협동전선의 결성에 대한 장애물로 여기고 있어 이 격문은 이들을 정치무대에서 제거하기 위한 공산주의자들의 음모 중 일부로 생각될 소지가 다분히 있다.[29]

어쨌든 국장일國葬日 이전에 일본 당국은 공산주의자들의 모든 계획을 파악하고 인쇄된 격문의 대부분을 압수했다. 제2차 조선공산당을 파멸로 이끈 일련의 검거사건은 한 여인의 호기심에서 비롯되었다. 천도교에서 발간하던 잡지 『개벽』에서 일하던 어느 여직공이 동료들과 잡담 도중 격문의 인쇄 사실을 알게 되었고, 호기심에 격문이 숨겨져 있던 상자에서 두 장을 몰래 꺼내 집으로 가져갔다. 그중 한 장이 여러 사람의 손을 거쳐 경찰로부터 위조지폐 제작 혐의를 받고 있던 사람의 수중에 들어갔다. 마침 이때 그의 집을 급습해 가택수색을 하게 된 경찰은 재떨이에서 구겨진 격문을 발견했다. 일본 경찰은 집중적인 취조 끝에(이런 경우 일본 경찰은 주저하지 않고 고문을 행했다) 이 격문의 출처가 천도교당이고 박래원이 이 일과 관계되어 있음을 알아냈다. 박래

---

29 이 격문은 극히 단순하다. "우리의 철천지원수는 자본 제국주의 일본이다. 이천만 동포여! 죽음을 걸고 싸우자." 다른 것들과 달리 이 격문은 등사된 것이었고 3인의 온건과 민족주의자의 이름을 명기하고 있다는 점에서 아마도 급진적 운동에 좀더 많은 대중적 지원을 유발하기 위해서뿐 아니라 이들을 곤경에 빠뜨리기 위해서 계획된 듯하다(이 격문은 같은 책 44쪽에 수록되어 있다―옮긴이).

원을 조사한 경찰은 사건의 주모자가 권오설이라는 사실을 밝혀냈고, 베이징에서 권오설 앞으로 송부된 격문 5,000매의 인수중引受證을 발견했다. 사건은 2차 조공의 책임비서 강달영에게까지 미쳤다. 강달영의 체포로 대부분 암호로 기록된 공산당의 서류 일체가 압수되었다. 암호 해독을 완강히 거부한 강달영은 자살기도까지 했지만, 경찰은 암호의 일부를 자체 해독했고 강달영에게 더 이상의 저항은 아무 소용없는 짓이라고 설득함으로써 서류 일체를 해독했다. 여기서의 정보를 토대로 경찰은 조공 당원과 공청회원에 대한 조직적인 검거에 착수해 176명을 체포했고,[30] 6개월간 존속한 2차 조공은 이로써 붕괴되고 말았다.

거사계획의 전모를 밝혀낸 일본 당국은 국장일인 6월 10일의 상황을 별 어려움을 겪지 않고 통제할 수 있었다. 발각되지 않은 격문이 살포되고 학생들은 시위를 기도해 각처에서 "만세"를 불러 상당수가 검거되었으나 공산주의자들이 계획했던 전국적인 봉기는 일어나지 않았다. 대신 산발적이고 소규모의 시위만 계속되었을 뿐이다.[31]

이 사건은 미숙한 한국 공산주의운동에 막대한 영향을 끼쳤다. 여러 가지 취약점이 있었음에도 최초 두 차례의 조공과 공청은 당시의 헌신적이고 유능하며 활동적인 마르크스주의자 지식인들 대부분을 포괄하고 있었지만 지도력은 이제 고갈되어버렸다. 대부분의 자칭 전위분자들은 투옥되거나 망명해야 했고, 과거와 같은 활동적 역할을 수행할 수 없었다. 설사 일부 공산주의자가 검거를 모면하고 국내에 남아 있었다고 해도 당시 일본 경찰은 어느 부분이든 좌익과 관계를 맺었던 사람들의 과거 활동에 대해 세세한 부분까지 파악하고 있어 그들이 정치적 활동을 전개한다는 것은 거의 불가능했다. 혐의가

---

30 요시노 후지조, 앞의 책, 34~66쪽.

31 이기백李基白, 『국사신론』國史新論, 서울, 1961, 37쪽. 이기백에 따르면 단지 "독립 만세!"를 불렀다는 이유로 수백 명이 검거되었다. 『시대일보』(1926년 6월 11일자, 1면)에 보면 시위를 진압하기 위해 군경 약 4,000명이 동원되었고, 체포된 사람의 대다수는 고등학생과 전문학생이었다고 한다.

있는 사람들은 엄중한 감시를 받게 되었고 따라서 검거를 면한 사람들은 만주나 상하이로 망명할 수밖에 없었다. 이로써 장래 공산주의운동의 잠재적 지도력은 크게 위축되고 말았다. 이는 비단 공산당뿐 아니라 다수의 합법적인 농민단체, 노동단체, 학생단체 그리고 공산주의자들이 중요한 역할을 수행해오면서 전국적인 전선으로 발전시키고자 했던 민족운동에까지 심대한 타격을 가했다.

이제 일본 당국은 한국 공산주의운동의 모든 것을 알게 되었다. 1925년과 1926년의 대검거는 우연한 사건에서 비롯되었지만 그 후 일본 경찰은 더는 요행에 의존할 필요가 없었다. 세계의 혁명운동사상 1926년 중반까지 한국 공산주의자들이 벌인 활동을 일본 당국에서 알고 있었던 것만큼 통치권력이 저항 세력에 대해 철저히 파악한 예는 찾아보기 어려울 것이다. 이런 사실은 향후의 운동발전에 심각한 영향을 미쳤다.

1925~1926년의 대검거는 한국 급진주의운동의 파벌 간 세력 판도에 뚜렷한 변화를 초래했다. 1차 조공은 비록 파벌연합의 산물이었다고는 하지만 화요회가 가장 지배적인 위치를 차지하고 있었으며, 이런 경향은 2차 조공에서 더욱 두드러지게 나타났다. 사실상 다른 파벌의 입장에서 볼 때 화요회의 독주는 파벌투쟁의 근본 원인이었다. 그러나 6·10만세사건으로 화요회가 붕괴되면서 공산주의운동의 세력 균형도 무너졌다. 이제 파벌투쟁은 더욱 격화되었을 뿐 아니라 그 주도권의 향배는 극히 모호해지고 말았다.

3. 제3차 조선공산당

1926년 여름 이후 분산된 공산주의운동 내부에서 서울청년회(서울파)와 일월회라는 두 개의 경쟁 세력이 대두했다. 도쿄에 기반을 두고 본래 북풍회와 연관을 맺고 있었던 일월회의 회원 다수가 1926년 여름을 전후해 대거 귀국함으로써 이들 두 집단은 주도권 쟁탈을 위한 새로운 기회를 맞게 되었다. 조공에 참여하기를 거부했던 서울파는 당의 붕괴를 가져온 6·10만세 사건에 연루되지 않아 서울청년회 회원들은 투옥되지 않고 정치 활동을 계속할 수 있었다. 도쿄에 본거지를 두고 있던 일월회도 이 사건에 관계되지 않았다. 왕년의 지도자들이 사라져버린 이때 마르크스-레닌주의에 깊이 탐닉한 급진적인 도쿄의 유학생들이 한국 공산주의운동의 지도적 위치를 노리게 된 것은 당연한 일이었다. 이들은 거의 예외 없이 당시 전성기에 달했던 일본 공산주의운동의 젊고 박력 있는 지도자 후쿠모토 가즈오福本和夫로부터 큰 영향을 받았다.[32]

후계당後繼黨 조직을 위한 최초의 시도는 1926년 9월에 검거를 모면한 김철수와 그의 몇몇 동지에 의해 이루어졌다. 본래 상해파로 2차 조공 중앙집행위원이었던 김철수는 어떤 이유인지 체포를 모면했다.[33] 하여튼 12월 6일 소위 2차 당 대회는 최근 도쿄에서 귀국한 일월회원一月會員 안광천을 책임비서로 하는 새로운 당 지도부를 승인했다. 당시 『조선일보』 편집국장이던 김준연[34]은

32 Robert A. Scalapino, *The Japanese Communist Movement, 1920~1966*, Berkeley and Los Angeles, 1967, 26~31쪽; George M. Beckmann and Okubo Genji, *The Japanese Communist Party, 1922~1945*, Stanford, 1969, 105~137쪽.
33 그해 10월 김철수를 책임비서, 안광천을 선전부장, 화요회원이었던 오의선吳義善을 조직부장으로 임시 중앙간부가 선임되었다. 그리고 이들 외에 원우관(화요회원), 양명梁明, 최익한崔益翰 등이 중앙집행위원에 선임되었다.
이로 미루어볼 때 김철수는 새로운 당을 발족시키면서 각 파벌의 지원을 확보하고자 했던 것을 알 수 있다. 김철수가 서울파와 ML파의 고위간부들을 끌어들이려고 노력한 결과, '제2차 당 대회'에서는 다수의 새로운 인물이 당직을 맡았다. 방인후方仁厚, 『北韓 '朝鮮勞動黨'의 形成과 發展』, 서울, 1967, 41~42쪽.
34 김준연의 출신배경에 대해서는 이미 살펴본 바 있는데, 그는 당시 한국인 중 가장 높은 수준의 교육을 받은 사람이라고 할 수 있다. 도쿄제국대학을 졸업한 김준연은 그곳에서 대학원까지 마치고 베를린대학으로 유학을 떠났다. 김준연은 이오시프 비사리오노비치 스탈린Iosif Vissarionovich Stalin이 소련공산당의 주도적 인물로 부상하기도 전에 독일어로 된 그의 『레닌과 레닌주의』를 자신이 한국어로 번역했기 때문에 많은 공산주의자가 자신한테서 깊은 인상을 받았다고 말했다. 김준연은 일본과 독일에서 공산주의 서적을 읽으면서 자신을 공산주의 동조자로 생각하긴 했지만, 1926년까지는 조공에 입당하지 않았다. 이에 관한 것은 다음 자료를 참조하라. 스칼라피노와 김준연과의 인터뷰, 1957년 9월 26~27일, 서울; 조선총독부 법무국, 『朝鮮獨立思想運動의 變遷』, 경성, 1931.

당에 가입해 선전부장직을 맡았고, 일월회원인 하필원河弼源이 조직부장 그리고 상해파의 한위건韓偉健, 정우회正友會의 양명, 서울파의 권태석權泰錫이 중앙집행위원회의 나머지 세 자리를 차지했다. 이로써 제3차 조선공산당이 출범했고 공산청년회도 새롭게 복원되었다. 처음에는 김광수(고광수高光洙의 착오—옮긴이)가 공청 책임비서에 선출되었지만 서울파의 반대로 양명으로 교체되었다. 김철수와 고광수는 뒤에 후계당의 조직을 보고하기 위해 모스크바로 파견되었다.

공산당은 처음부터 당의 기본 프로그램을 다시 시작했다. 지방당의 간부들은 새로 승인되었고 대부분의 지역에서 지방조직이 복원되었다. 조공은 학생, 노동자, 소작인을 비롯해 특히 중학생(5년제—옮긴이)들에게 관심을 집중했다. 당원과 공청회원들은 마르크스주의적 경향의 강연회를 개최하거나 세미나를 지도하며 좌익 성향의 학생조직과 지방의 청년회를 고무했다. 이 무렵 "조선에 있어서 교육제도는 일본의 제국주의·자본주의적 부르주아 교육으로 현재 조선의 실상에 부적합하다"고 비난하는 선전문이 도쿄에서 인쇄되어 전국 각지의 학생 지도자와 각 학교에 우송되었다. 학생들은 일본 제국주의정책에 반대하는 동맹휴학을 일으키라는 부추김을 받았는데, 일본 당국은 1927년 한국의 중학교에서 여러 차례 동맹휴학이 일어났음을 시인했다. 이같은 공산주의자들의 노력은 이듬해 3월 1일을 기해 전국적인 학생시위를 유발하려는 데서 절정에 달했지만, 이 계획은 지도적 민족단체인 신간회新幹會의 지도자들이 시기상조라는 이유로 반대함으로써 무산되었다.[35]

제3차 조선공산당이 지닌 최상의 역량은 약 200명으로 구성된 30여 개의 세포조직이었다. 이와 함께 1927년 5월 도쿄에서 박락종朴洛鍾을 책임비서

---

35 경기도京畿道 경찰부警察部, 『秘密結社朝鮮共産黨並高麗共産靑年會事件檢擧の件』, 1928년 10월 27일, AJMFA, R S722. 150쪽 정도의 등사관 보고서인 이 책은 소위 '4차 공산당사건'의 상세한 내용을 알려준다(이하 『비밀결사…』로 줄임).

로 하는 당 지부, 한림韓林을 책임비서로 하는 공청 지부가 조직되었는데 이들은 재일 한국인의 절대 다수를 점하는 육체노동자에 대한 활동에 역점을 두었다.

그러나 일월회와 서울파 간에 파벌 대립 문제가 다시 대두했다. 재조직된 조공에서 전혀 요직을 차지하지 못한 서울파는 도쿄에서 귀국한 유학생들이 한국 사회의 현상에 대해 아무런 구체적 지식도 갖지 못한 채 추상적인 이론만 숭배하는 거만한 먹물들이라고 끊임없이 비난했다. 이에 맞서 일월회 측은 서울파가 이론적인 면에서 마르크스-레닌주의를 전혀 이해하지 못하고 있으며 따라서 공산주의운동을 지도할 자질을 갖추지 못하고 있다고 비난했다. 일월회계는 후쿠모토 가즈오의 '결합과 분리'라는 개념으로부터 깊은 영향을 받고 있었음이 틀림없다. 후쿠모토는 레닌주의의 한 측면을 받들어 비록 다양한 이단분자, 기회주의자들이 당을 떠남으로써 약간의 분열이 생긴다고 해도 이념투쟁을 통해 당을 순화해야 한다고 주장했다. 그는 이데올로기에 대한 정확하고 깊은 이해는 결국 당의 통일과 발전에 생명을 불어넣을 것이라고 강조했다. 이 같은 교의에 따라 일월회원들과 그들이 설득한 일부 서울파는 '마크르크-레닌주의동맹'이라는 이데올로기적 순수성을 신봉하는 집단을 형성했다. 이런 이유로 3차 조공의 중앙집행위원회는 후일 이 단체의 머리글자를 따서 ML파라고 불렀다.

파벌투쟁이 가열되자 당의 지도부에도 잦은 이동이 생겼다. 오래지 않아 당 책임비서는 안광천에서 김준연으로 교체되었고,[36] 그는 다시 또 다른 일월

---

36 방인후는 교활한 안광천이 서울파의 지도자인 권태석 한 사람을 제거하기 위해 당 비밀 누설의 책임을 물어 중앙간부 총사직을 계획했고, 그 후 김준연을 책임비서에 오르게 했다고 주장했다. 방인후, 앞의 책, 43~44쪽. 어느 자료는 안광천이 지방 친목단체에 가입한 것이 훌륭한 공산주의자에게 걸맞지 않은 일로 간주되었기 때문에 당직을 잃었다고 비난했다(그 당시 안광천은 영남친목회 등 소위 지방열단체地方熱團體의 이용 문제를 놓고 당내에서 권태석과 대립하고 있었다. 안광천의 지방열단체 이용 기도는 민족협동전선인 신간회에 지주와 자본가 층을 끌어들이려는 것으로 공산주의자들의 신간회정책과 관련해 매우 주목할 만한 일이라고 할 수 있다―옮긴이).

회원인 김성현金聖鉉(일명 김세연金世淵)으로 교체되었다. 당 책임비서로 있을 당시 김준연은 아마도 서울파의 사주에 의해 신원을 알 수 없는 사람들로부터 심한 폭행을 당했다(그는 나중에 자기를 폭행한 사람들이 코민테른이 조공에 보낸 자금의 사용처를 알아내려 했다고 말했다). 김두정金斗禎은 이 사건이 일반적인 당권 투쟁의 한 부분이었을 뿐이라고 서술했다.[37]

마침내 1927년 12월 21일 서울청년회의 지도자 이영李英은 서울파 지방 대표들을 소집했다.[38] 그 자리에서 이들은 전적으로 서울파로 구성된 새로운 조선공산당의 결성에 합의했다. 다음번 회합에서 이영은 새로운 당(세칭 춘경 원당—옮긴이)의 책임비서에 선출되었고 정치부, 조직부, 선전부, 검사부의 책임자가 각각 임명되었다. 이들 집단은 또 1928년 1월 별도의 공청을 조직했다. 마침내 서울파는 그들이 오랫동안 위협해온 대로 분리주의운동을 공공연히 실행했던 것이다. 새로운 당의 대표는 코민테른의 승인을 얻기 위해 즉각 모스크바로 출발했다.[39] 서울파 공산당의 출현으로 파벌투쟁은 절정에 달했

---

37 김준연은 앞서 인용한 스칼라피노와의 인터뷰에서 이런 말을 했다. 김두정의 설명은 다음 책을 참조하라. 『조선공산당소사』(反共叢書, 제8집), 도쿄, 1939년 10월 30일, 119쪽.

38 좀더 자세한 내용과 이영 등의 공판에 대해서는 앞서 언급한 『朝鮮獨立思想運動の變遷』(226~233쪽)을 참조하라.
    12명의 지방 대표가 참석한 가운데 어느 음식점(이 음식점의 이름이 춘경원春景園이기 때문에 이 당은 흔히 춘경원당春景園黨이라고 불린다—옮긴이)에서 열린 서울파의 회합에서 이들은 서울파만으로 새로운 당을 조직하기로 합의했다. 다음 회합에서 이영을 책임비서로 선출한 것을 비롯해 다른 간부들을 모두 선임한 이들은 1928년 1월 자파의 조선공산청년회를 조직했다.
    어느 자료(조선총독부 경무국, 『고등경찰용어사전』高等警察用語辭典, 경성, 1933)는 코민테른이 후쿠모토주의(복본주의福本主義)에 기초하고 있는 3차 조공을 운동의 장애물로 간주하고 있다고 주장했다. 따라서 코민테른은 블라디보스토크에 있던 김영만에게 11개조의 지령을 내려 상황을 정리할 것을 명했다. 1927년 9월 국내로 잠입한 김영만은 상황에 변화를 초래할 수 있는 아무런 수단도 발견하지 못하자 별도의 당을 만드는 작업을 후원했다(327쪽).
    그러나 1927년 11월, 3차 조공의 대표 한 사람이 도쿄에서 코민테른 요원으로부터 3,300엔의 자금을 수령했다(『朝鮮獨立思想運動の變遷』, 213쪽). 조봉암은 스칼라피노에게 정확한 날짜를 언급하지는 않았지만 코민테른이 3차 조공의 승인을 취소했다고 말했다(조봉암과의 인터뷰, 1957년 9월 27일자). 모든 가능성을 종합해볼 때 조공 본부뿐 아니라 코민테른도 혼란에 빠져 있었다.

39 『고등경찰용어사전』, 327쪽.

다. 서로 대립하고 있던 공산주의자들이 경우에 따라서 상대방에 대한 정보를 경찰에 제공했다고 믿을 만한 근거는 충분했다.[40] 의도적이진 않았다고 해도 운동권 내의 혼란스러운 상황 때문에 많은 비밀이 누설되었다. 물론 3차 조공의 출범 당시부터 경찰은 상당한 정보를 가지고 있었다. 1926년 9월 당 중앙집행위원회를 결성하고 몇 주 후 경찰은 이런 움직임을 포착했다. 1928년 2월 3차 조공의 당원 다수를 일제히 검거한 경찰은 조사를 진행함에 따라 더 많은 사실을 밝혀내어 검거 범위를 확대했다. 마침내 4월에는 서울파 공산당원들 역시 대부분 일망타진되고 말았다.[41]

4. 제4차 조선공산당과 당의 해체

언제나 그렇듯이 몇몇 당원은 검거를 모면했다. 3차 조공의 지도자들이 투옥되고 3주 후인 2월 27일, 12명의 공산주의자 대표가 서울에서 모임을 가졌다. 이들은 한국의 8도, 일본 총국, 만주총국 그리고 전前 당 중앙간부의 대표들이었다. 원래 1월 5일에 개최될 예정이었다가 연기된 이 소규모 전국대회에서 이들은 당칙을 통과시키고, 한국에 대한 최근의 코민테른 결정서를 토의했으며, 국내정세에 대한 보고서를 코민테른에 제출하기로 결정했다. 또한 이들은 중앙집행위원회를 재구성할 권한을 지닌 3인의 전형위원을 선출했다. 바로 다음 날 이들 3인 전형위원 중 두 명이 경찰에 체포되었다. 이후의 상황은 1945년 이전 일본 제국주의 체제의 특징인 "권위주의와 인내의 교묘한 결

---

40 김준연은 앞에 인용한 인터뷰에서 적대관계에 있는 사람을 경찰에 밀고하는 일이 실제로 있었고, 그 자신도 운동권 내에서 적대관계에 있는 사람들이 3차 조공을 '헌병대'에 팔아넘긴 것이 아닐까 강하게 의심했다고 말했다.

41 미키 곤지三木今二, 「內地に於ける朝鮮人とその犯罪に就いて」, 『司法研究』, 17호, 사법성司法省, 도쿄, 1933년 3월호. 당시 검사로 있던 미키는 한인 공산주의자들이 관련된 사건들을 취급했다.

합"에 생소한 사람들에게는 놀라운 일로 보일 것이다. 체포된 두 공산주의자는 옥중에서 4차 중앙집행위원회의 간부 인선을 행할 수 있었을 뿐 아니라 석방되는 동료 공산주의자를 통해 이 명단을 바깥에 알릴 수 있었다. 차금봉이 새로운 당 책임비서에 지명되었고, 안광천이 그 지위를 회복해 정치부장에 임명되었으며, 김한경金漢卿이 조직부장, 한위건이 검사위원장, 김재명金在明이 공청 책임비서에 임명되었다. 이 밖에 다른 간부로는 양명梁明, 한명찬韓明燦, 한해韓海, 이성태李星泰, 윤택근尹澤根 등이 선출되었다. 이로써 제4차 조선공산당은 옥중에서 조직되었다.[42]

신임 중앙집행위원회는 총사퇴를 결의한 1928년 7월 4일까지 적어도 명목상으로는 당무를 집행했으나, 경찰의 감시 때문에라도 당이 더 이상 활동하는 것은 불가능했다. 당이 내부 분열로 시달리자 스파이와 밀정은 점점 더 경찰의 유용한 무기가 되었고, 당 지도자들은 일본 경찰이 당원들의 명단을 완전히 파악한 것이 아닌가 하고 의심했다. 그런 상황이라면 중앙집행위원회의 활동을 계속한다는 것은 경찰이 당을 일망타진하는 것을 도와줄 뿐 아무 의미도 없는 일이었다.

조공 간부진의 총사퇴 결정은 1924년 3월 일본 공산주의자들이 행한 공산당 해산과는 전혀 다른 성질의 것이었다. 일본 공산주의자들의 결정은 일본에서 공식적인 공산당이 출현하는 것은 시기상조이고 마르크스-레닌주의자들은 노동자, 농민, 학생 속에서 조직 확장과 대중운동을 통해 성과를 올릴 수 있으며, 그럼으로써 공산당 성립을 위한 더욱 완전한 토대를 구축할 수 있다는 전제하에 취해졌다.

이 같은 일본 공산주의 지도자들의 결정은 어떤 대가를 치르더라도 공산당이 대중의 교사로서, 전위로서 존재해야 한다는 입장을 고수하는 코민테른으로부터 맹렬한 비난을 받았다. 코민테른은 일본공산당이 재건되어야 한다

---

42 '4차 조공'에 관계되는 거의 모든 정보는 앞의 『비밀결사…』에서 인용했다.

고 강력히 주장했고, 마침내 1925년 공산당은 재조직되었다.[43]

아마도 4차 조공의 간부들은 이런 배경을 염두에 두었을 것이다. 어쨌든 이들은 당의 해산을 주장하지는 않았다. 그 대신 상하이에 있던 양명에게 당의 재조직을 요구했다. 한국 공산주의운동의 책임은 다시 한번 해외로 옮겨가게 되었다. 다른 방도는 없었다. 일본 당국은 지극히 유능했고 당은 파벌 간의 적개심으로 극도로 분열되어 있었기 때문에 국내에서 의미 있는 운동을 유지해나간다는 것은 사실상 불가능했다.

이 같은 총사퇴 결정도 4차 조공 중앙집행위원들을 검거에서 구해주지는 못했다. 일본의 정보원이 7월 4일 회합에 참가했을 가능성이 농후했다. 어쨌든 다음 날 한명찬과 윤택근 등 당의 유력한 간부 두 사람이 체포된 이래로 검거는 한 달간 계속되었다. 최초의 검거자한테서 얻은 정보를 토대로 경찰은 8월 20~22일 전국적인 검거를 단행해 약 175명을 체포했다. 8월의 일제 검거를 모면한 사람들도 얼마 버티지 못하고 가을이 되자 줄줄이 체포되었다. 그해 말로 한국의 공산주의운동은 사실상 마비되었다.[44]

5. 코민테른, 안내자와 개혁자

서울파 공산당이 조직될 무렵 코민테른은 한국 공산주의운동에 대한 새로운 지침을 준비하고 있었다. 1928년 1월 이정윤李廷允을 통해 상하이를 거쳐 국내로 전달된 이 결정서는 주목할 만한 가치가 있다.[45] 코민테른의 방침은 결정

---

43 Scalapino, *The Japanese Communist Movement*, 22~26쪽.
44 8월 검거 이후 전라북도 공청책임자인 이명수李明壽는 활동을 계속하기 위해 노력했지만, 그와 그의 추종자들은 곧 검거되고 만다. 이명수, 임종항(임종환林宗桓의 착오로 보인다―옮긴이) 외 15명의 공판 기록은 다음 자료를 참조하라. 『思想月報』, 제3호, AJMFA, R S355, 129~135쪽과 제5호, 244~256쪽.

서의 첫 문장에 명확히 드러났다. "조선의 전투적 프롤레타리아트의 가장 중요하고 긴급한 임무는 통일된 당의 실현이며 현존하는 모든 프락숀 fraction(파벌) 및 그룹의 즉각적 해체이다." 그 뒤를 이어 코민테른은 파벌투쟁이 "정치적 토대를 상실한 무원칙한 것으로서, 인터내셔널(코민테른)의 결의에 반대" 되는 것이라고 맹렬히 비난했다. 코민테른 당국자는 과거의 파생은 비단 당뿐 아니라 국민혁명*까지 마비시켰고, 한국의 모든 혁명조직을 일본의 헌병 경찰 앞에 제물로 바쳤다고 주장했다.

이 문서는 주류(ML파)에 대한 코민테른의 지지를 분명히 하고, 서울파를 배척한 것으로 보인다. 코민테른은 조공의 1926년 8월 18일자, 11월 14일자 결의와 공청의 서울청년회에 대한 결의는 전적으로 정당한 것이었다고 선언했다. 더 나아가서 코민테른은 12월 6일의 당 대회에서 선정한 당 중앙은 코민테른의 승인을 받았고, 코민테른의 지도를 받아들이는 모든 세력과 개인은 당과 공청에 참여해야 한다고 주장했다. 이 중에서 그 어느 것도 서울파에게는 달가운 일이 아니었다.

파벌투쟁에 관한 코민테른의 지침은 그 무렵 코민테른과 조공과의 관계를 가장 잘 보여준다. 조공의 지도자들은 파쟁을 종식시키는 것을 제일의 과제로 부과받았고 계속 파쟁을 일삼는 사람은 "무조건 처벌하라"는 지령을 받았다. 이와 아울러 모든 문제는 "당내의 동지애에 기초한 규율을 갖춘 논쟁을 통해 평화적으로" 청산되어야 했다. 중앙집행위원회는 파쟁을 당 외부로 파급시켜 분당分黨운동이 발생할 소지를 남기는 잘못을 범해서는 안 되었다. 그 당시 분파주의 문제의 실제 상황이나 이 지침의 본질을 살펴볼 때 2월 말의 회합에서 당 지도자들이 이 문제에 관해 언급하지 않은 것은 놀라운 일이 아니

---

45 코민테른 지령 전문은 다음 자료에 수록되어 있다. 『비밀결사…』, AJMFA, R S722.

* 오늘날 우리가 이용할 수 있는 「코민테른 결정서」의 판본은 앞의 『비밀결사…』에 수록되어 있는 것으로, 이는 일본 관헌이 번역한 것으로 보인다. 이 번역문에서는 'national'이라는 용어를 '국민'으로 옮겼는데 '민족'으로 이해해야 원뜻에 들어맞을 것이다.

었다. 코민테른은 이 문제가 어떻게 해결되든 비판적인 태도를 취할 태세를 갖추고 있었다. 만약 당 지도자들이 '우익기회주의'적 과오(지나친 타협)를 범하지 않았다면—이런 일이 일어날 것 같지는 않지만—그들은 '극좌주의'의 오류(분열을 초래한 경직성)를 범했다는 비난을 받아야 했다. 가능성이 가장 희박한 일이기는 하지만 단지 성공만이 당 지도자들을 비난에서 구해줄 수 있는 것이었다.

코민테른 결정서는 좀더 많은 노동자가 당에 흡수되어야 한다고 권고했다. "당은 모든 공장 내부에 깊숙이 파고들어야 한다. 그렇지 않으면 역사적 과업을 성취할 수 없다." 빈농, 소작농, 그 밖의 가능한 농민층 역시 동원되어야 했다. "국민혁명적 대중당에 있어서 공산당원이 모든 지도적 지위를 점할 필요는 없다." 그러나 대중에 대한 공산주의자들의 이념적·조직적 영향력은 결정적 중요성을 갖기 때문에 모든 민족적 단체는 프롤레타리아트(공산당)에 의해 지도되어야 한다는 것이었다. 또한 대중과 더욱 밀접한 관계가 이루어져야 하며 진정한 레닌주의적 정신이 파악되어야 하는데, 이는 파쟁이 청산된 상황에서만 가능한 일이었다.

이 결정서는 무엇보다도 코민테른이 일본 공산주의운동에 관한 중요한 테제를 발표한 지 몇 달 후 기초되었다는 점에서 흥미를 불러일으킨다. 오랫동안 모스크바에서 사태의 추이를 관망하고 있던 코민테른은 1927년 7월 15일 후쿠모토주의福本主義와 야마카와주의山川主義를 다 같이 신랄하게 비난하는 테제를 발표했다. 전자는 좌익 분리주의로 규정되었고, 후자는 우익 기회주의로 낙인찍혔다. 코민테른에 따르면 후쿠모토주의는 레닌주의를 곡해曲解했고, 조합운동을 지나치게 정치화했으며, 당을 대중으로부터 분리했고, 지식인의 역할을 과도하게 강조했으며, 따라서 분파주의를 조장한 것이었다. 코민테른은 "올바른 마르크스주의적 사고"에 기초한 공산당은 본질적으로 지식인의 정당이지 프롤레타리아트에 기초한 대중적 전투조직은 아니라고 주장했다.[*]

앞서 말한 테제를 기초할 당시 코민테른 당국자들은 한국 공산주의운동에 대해서도 이와 유사한 생각을 갖고 있었다. 그들은 당시 조공의 지도권을 장악한 ML파가 후쿠모토의 충실한 신봉자였음을 알고 있었다. 그러나 더욱 중요한 것은 이때가 중국 공산주의운동에서 최악의 시련기였다는 점이다. 국공합작은 깨졌고, 수천 명의 공산주의자가 살해되었으며, 공산당은 절망적인 상태에 처해 있었다. 스탈린의 대對중국정책은 스탈린과 레온 트로츠키Leon Trotsky 간의 권력투쟁에서 중요한 쟁점 중 하나였기 때문에 중국에서의 실패가 크렘린 내부에서 갖는 의미는 매우 컸다. 따라서 그 원인은 중국 당원들에게 돌려졌다. '올바른 통일전선정책'의 요체를 잘못 이해했고, 국민당과의 합작에서 당의 독자성과 독립성을 손상했다는 이유로 천두슈가 숙청된 것도 바로 이런 사정에서였다. 이는 한국 공산주의자들에게도 곧이어 중요한 문제로 대두된다.

1928년 2월 27일 서울에서 개최된 전국대회에 참석한 조공의 지도자들은 한국 공산주의운동에서 파벌주의는 1927년 초 이래로 사라졌고, '현존하는 작은 당파'는 본질적으로 비공산주의 단체라는 입장을 취했다.[46] 이런 입장을 취한 것은 아직까지도 파벌을 유지하면서 자기들만이 한국 공산주의운동의 진정한 대표자가 될 수 있다고 주장하는 서울파를 비공산주의적 집단이라고 규정하기 위해서였다. 그러나 조공의 「2월 테제」는 파벌투쟁에 관한 그 밖의 문제에 관해서는 정확한 진단을 내리지 못했다. 과거 상당수의 지도자가 비록 투옥되었다고 해도 아직까지 파벌 간의 대립이 심각한 수준에 머물러 있었

---

* 이 부분은 원문과는 상당히 다른 것 같다. 1927년 당시에 통용되던 판본의 원문은 다음과 같다. "이 것(후꾸모또의 분리·결합 이론)은 또 인텔리겐챠에 대한 용납될 수 없을 정도의 과중한 평가, 근로대중으로부터의 유리, 종파주의 그리고 당은 '마르크스주의적으로 사고하는 사람들', 즉 주로 지식계급의 집단이지 노동계급의 투쟁적 조직이 아니라는 생각 등을 생겨나게 하기에 이르렀다. 공산당은 동지 후꾸모또도 이미 포기한 이 레닌주의의 왜곡과 단호하게 인연을 끊어야 한다." (임영태, 『식민지 시대 한국 사회와 운동』, 서울, 1985, 220쪽에서 재인용)
46 같은 책.

기 때문이다.

「2월 테제」는 어떻게 해야 공산주의자의 지도 아래 민족해방운동을 전개해나갈 수 있고, 공산당을 대중정당으로 만들 수 있는지를 상세히 논하고 있다. 당 지도자들은 비록 마르크스주의적 기준에서 볼 때 소부르주아 지식인에 불과하지만 자신들을 프롤레타리아트로 생각했다. 그들은 전투적 프롤레타리아트의 중심 과제는 당을 대중정당으로 전환시키는 것이었는데, 이는 오직 노동자의 전위 집단이 광범위한 농민대중을 동원할 수 있을 때만 가능하다고 주장했다. 이들 전위는 농민들의 농업혁명을 위한 투쟁의 조직자이자 지도자가 되어야 한다는 것이다. 물론 노동자와 농민의 동맹을 확보하는 것뿐만 아니라 부르주아지와의 협동 역시 필수적인 것이었다. 「2월 테제」는 부르주아지가 배반할 수 있다는 중국 혁명의 교훈은 기억되어야 하지만, 부르주아지와의 협동은 현 단계의 한국 민족해방운동에서 당분간 필요한 것이라고 기술했다.

이 같은 분석은 레닌주의-스탈린주의의 교의를 그대로 적용한 것에 지나지 않는 것으로, 4차 조공이 코민테른의 정책을 전적으로 따르고 있었음을 보여준다. 더구나 4차 조공은 그 존속 기간에 계속해서 코민테른으로부터 지원을 받았다. 1928년 봄 상하이에서 연락사무에 종사하던 양명은 출판과 기타제 비용으로 2,500엔을 국내로 송금했고, 당 중앙집행위원회의 해산 결정이 있기 직전인 6월에는 비록 절반밖에 전달되지 못했을 테지만 다시 1,000엔을 송금했다.[47]

---

47 이 자금의 일부는 당 선전비로 사용되었다. 조공의 당 기관지였던 『조선지광』朝鮮之光은 지금도 일부가 남아 있다. 일본 총국과 만주총국 역시 기관지를 발간했다. 일본에서는 주로 『대중신문』大衆新聞, 『현단계』(현계단現階段의 착오—옮긴이), 『청년조선』靑年朝鮮 등이 발간되었고, 만주총국에서는 『혁명』革命이 당 기관지로, 『불꽃』이 공청 기관지로 각각 발행되었다. 상해부 역시 안광천을 편집책임자로 하여 기관지를 발간했다. 이보다 앞서 안광천은 그의 애인이 공산당에서 제명되었음에도 당에 허위 보고를 해서 그녀를 복당시켜 당규를 문란케 했다는 이유로 정치부장직에서 해임되었다.

모스크바와의 관계는 지속되었다. 한해와 김경식金瓊植은 프로핀테른대회에 참가하기 위해 1928년 2월 20일 모스크바로 떠났다. 이들은 다음 달 프로핀테른대회에 참가한 뒤 4월에 귀국했다. 한해는 양명과 함께 다시 6월에 열린 코민테른대회에 조공의 대표로 파견되었다. 또한 조공은 강진姜進을 공청 대표로 국제공청대회에 파견했다. 이 무렵 조공과 코민테른과의 사이에 심각한 문제가 내재하고 있었음을 보여주는 징후는 없다. 오히려 한국 대표들은 코민테른으로부터 우대를 받았다. 한 가지 예로 이들은 프랑스 대표가 목공木工 출신의 조선노동총동맹朝鮮勞動總同盟 집행위원인 김경식이 한국인 노동자로서는 처음으로 프로핀테른대회에 참가한 것은 커다란 발전이라고 공식적으로 발언했다고 서울에서 열린 집행위원회에 보고했다. 그러나 몇 달 지나지 않아 코민테른은 모든 파벌 집단과 과거의 모든 운동을 통박하고 당 대표들의 계급적 자격을 비난하는 등 한국 공산주의운동 전반에 대해 신랄한 공격을 퍼부었다.

1928년 12월 10일 코민테른 집행위원회의 정치서기국은 사실상 과거의 한국 공산주의운동을 부정하고 새로운 지도자, 새로운 정책, 새로운 조직 원리를 통해 새로운 운동을 전개할 것을 요구하는 한국 문제에 관한 결의안(소위 「12월 테제」)을 채택했다.[48] 물론 과거의 운동이 괴멸 상태에 빠져 있었기 때문에 이 테제는 언뜻 느끼는 것처럼 과격한 조치는 아니었다. 그러나 이 테제를 세밀히 살펴보면 중요한 태도와 정책 변화를 발견할 수 있다. 이를 살피기 위해 먼저 혁명적 민족협동전선의 문제를 중심으로 민족주의자와 공산주의자 간 관계의 발전과정으로 돌아가 이를 상세히 검토해볼 필요가 있다.

---

48 코민테른 집행위원회가 발표한 테제의 전문은 다음 자료에 수록되어 있다. *International Press Correspondence*, 9권 8호, 1929년 2월 15일, 130~133쪽; 「조선 문제에 대한 코민테른 집행위원회 결정서」, 1928년 12월 10일 코민테른 집행위원회 정치서기국 채택; 서대숙Dae-Sook Suh, *Documents of Korean Communism, 1918~1948*, Princeton, 1970, 243~256쪽.

6. 민족주의, 공산주의, 협동전선

소비에트와 코민테른은 처음부터 한국 공산주의자들에게 비타협적 민족주의자들과 협동전선을 결성하라고 강하게 압력을 넣었다. 1920~1927년 소비에트와 코민테른은 레닌주의의 근본적 요소인 이 정책을 계속 반복했다. 한형권에게 200만 루블을 주도록 소비에트 재무성에 지시한 레닌은 이 자금이 당시 공산주의자와 민족주의자의 광범위한 연합체였던 상해임시정부를 강화하는 데 쓰일 것으로 믿었다. 다른 소비에트 지도자들과 마찬가지로 레닌은 소위 공산주의운동 내에서 민족주의자들이 차지하는 비중이 매우 크기 때문에 적어도 당분간 공산주의운동은 민족해방운동으로 나아가야 하고, 이를 통해 강력한 사회주의 진영이 형성될 수 있으리라고 생각했다. 앞서 살펴보았듯이 협동전선 결성을 위한 초기 한국 공산주의자들의 노력은 모두 실패로 돌아갔다. 사실 공산주의자들은 자체 내의 통일조차 이루지 못하고 있던 실정이었다. 그럼에도 코민테른 당국은 계속해서 더욱 광범위한 연합을 촉구했다. 1924년 코민테른 집행위원회가 발표한 한 보고서는 다음과 같이 기술하고 있다.

> 한국 내 동지들의 주요 과업은 당의 확대·강화뿐만 아니라 순수한 노동자 조직을 형성·통합시키고, 그 조직 내의 우익을 혁명적으로 무장된 좌익으로 전향시키는 것이어야만 한다. 순수한 민족주의운동에서 공산주의자들은 민족혁명투쟁의 협동전선 설립에 진력하여야 한다.[49]

국내에 공산당이 조직되기 전 이런 권고가 전달되었다는 점은 주목할 만한

---

49 The Communist International, *From the Fourth to the Fifth World Congress, Report of the Executive Committee of the Communist International*(코민테른집행위원회 보고서), 런던, 1924, 76쪽.

일이다. 1차 조공의 결성 소식이 모스크바에 전해졌을 때 코민테른이 이 새로운 정당에 대해 노동자와 농민뿐 아니라 수공업자, 인텔리겐치아, 중소 부르주아지 등 모든 계급과 연합해 민족해방투쟁을 전개하는 것을 당의 최우선정책으로 삼으라고 지시하는 결의안[50]을 최초로 채택한 건 당연한 일이었다.

오토 쿠시넨에 따르면 그 당시(아마도 한국 대표로서 조봉암과 조동호가 참석했던) 연석회의에서 중국국민당 형태의 민족혁명당을 설립하는 문제가 논의되었다고 한다.[51] 이는 물론 논리상 필연적인 순서였다. 당시 중국에서의 운동발전에 고무되어 있던 소비에트와 코민테른 당국의 입장에서 볼 때, 국공합작은 매우 만족스럽게 전개되고 있었다. 코민테른의 각국 대표들뿐 아니라 미하일 보로딘Mikhail Borodin 등 러시아 고문들은 점차 중국 문제에 큰 영향력을 발휘했고, 중국공산당의 지도급 인사들이 정부의 요직을 차지했으며, 국민당은 전반적으로 좌경화되어갔다. 과연 중국에서 적용된 일반전술이 다른 지역에서는 적용될 수 없었을까?

그 당시 한국 공산주의자들에 대한 코민테른 노선은 이 시기의 또 다른 결의안에서도 명료하게 나타나 있다. 즉 "현재 한국의 혁명운동에 있어서 가장 중요한 문제는 노동계급 및 농민뿐 아니라 기타 수공업자, 지식계급 그리고 중소 부르조아지를 망라하는 광범한 민족혁명전선을 결성하는 일이다."[52] 물론 모스크바회의 직후 귀국한 조동호는 서울의 동지들에게 회의 내용을 전했지만 1차 조공에서 구체적으로 이를 실천에 옮겼다는 기록은 남아 있지 않다.

---

50 다음 자료에 재인용되었다. Resolution of 1925, Otto Kuusinen, '한국 공산주의운동에 관하여' Okoreiskom kommunistcheskom dvizhenii, 『혁명의 벗』 Revolyutsionnyi vostok, 모스크바, No.11~12, 1931, 99~116쪽. 우리는 이 자료를 발굴하고 번역하는 데 글렌 페이지Glenn D. Paige 교수로부터 큰 도움을 받았다. 등사판으로 된 이 영문 번역본에는 1963년 12월로 날짜가 매겨져 있고, 페이지 위에 그의 번역이라고 기재되어 있다. 위의 인용문은 9쪽을 보라. 지금은 또 다른 영문판이 나와 있다. 서대숙, Documents of Korean Communism, 1918~1948, 257~282쪽.

51 위의 책, 9쪽.

52 같은 책.

당이 재조직된 직후인 1926년 2월 26일 '민족 문제'가 의제로 상정되었는데, 중앙집행위원회 회록會錄에는 단지 다음과 같은 기록만 남아 있다. "천도교를 국민당의 기초로 할 것. 우선 천도교 내 최린파와 권동진權東鎭파를 잘 조사하여 일에 착수할 것."[53] 그로부터 2주일 후인 3월 10일 저녁, 공산주의자들과 민족주의자들 사이에 첫 번째 회담이 열렸다. 조공의 책임비서 강달영은 신석우申錫雨(『조선일보』의 사주), 안재홍安在鴻(『조선일보』의 주필), 권동진(천도교 간부), 유억겸兪億兼, 박동완朴東完(기독교 목사), 오상준吳尙俊(천도교 간부) 등과 비밀리에 만났다. 여기서 이들은 '비타협적 민족해방운동'에 협의한 결과 천도교 중 권동진파와 '사회운동자파', 기독교파 그리고 그외의 비타협파가 제휴해 연합전선을 결성할 것에 합의했다.[54]

회담 직후 조공은 코민테른에 「민족해방운동의 정세와 당과의 관계」라는 논강論綱이 들어 있는 보고서를 제출했다.[55] 이 보고서는 조공의 간부들이 당시 상황을 자신들한테 유리하도록 과장했음을 보여준다. 이 보고서는 "3·1운동 이래 민족해방운동자는 대부분이 공산주의 혁명운동으로 전화하였고, 그 나머지도 민족혁명을 달성하기 위한 수단으로 공산주의 혁명운동으로 전화하는 정도"라는 주장으로 시작된다. 그러나 보고서는 현재 "민족혁명전선에서 직접 투쟁하는 단체는 남북만주에서 테러운동을 하는 김원봉金元鳳 일파의 의열단義烈團 또는 신민부新民府 혹은 통의부統義府"밖에 없음을 인정했다.

나아가서 이 보고서는 민족해방운동과 관계가 있는 여러 단체를 평가했는데, 천도교와 그 분파인 대종교大倧敎(단군을 받드는 대종교는 결코 천도교의 분파가 아니다―옮긴이)는 호의적인 평을 받았다. 더욱이 보고서는 권동진을 중심으로 하는 천도교 구파舊派는 Y(공산청년회―옮긴이)와 제휴해 민족혁명단체를

53 「2차 조공 1926년 3월 17일자 보고서」, 앞의 책, 제2부, 1~2쪽.
54 같은 책, 8쪽.
55 1926년 3월 조선공산당에서 코민테른에 제출한 보고서다. 「민족해방운동의 상황과 공산청년회와의 관계」, 같은 책, 34쪽.

구성하려는 의지가 현저한 까닭에 이미 천도교 구파 측과 몇 차례 비공식적 접촉을 가졌으며 "Y는 코민테른의 지시에 따라 유력한 혁명단체를 조직하려는 계획 아래 현재 그 조사에 착수 중"이라고 쓰고 있다.[56]

당시의 또 다른 1차 자료로 책임비서 강달영의 일기[57]가 있다. 1926년 3월 18일자 일기는 화요회의 집회에서 '비다협 민족대회'는 만주에서 개최되어야 한다고 결의했음을 밝히고 있다. 이어 이 일기는 국민당이 결성되어야 하고 여기서 공산당은 핵심적인 역할을 수행해야 하며 국내에서의 정치 활동 제약으로 본부는 해외에, 지부는 서울에 설치해야 한다고 결정했음을 밝혔다. 4월 6일 강달영은 상하이에 있는 조공의 연락책 김찬에게 다음과 같은 서한을 보냈다. "비타협적 민족운동자와 제휴하여 우리 당이 그 핵심을 차지하여 이중결사적 조직二重結社的組織을 준비하고 있는데, 최린파의 태도가 불명하여 그 조사가 완료되면 바로 실행할 것입니다."[58]

---

56 이 보고서는 다음과 같이 계속되고 있다. "당에서는 권동진파와 연합할 것이지만 아직 최린파에 대하여 자세히 모르기 때문에 최종정책이 수립되지 않았다." 이 보고서는 재정 문제에 대해 대규모 조직운동을 벌이기에는 자금이 부족하다고 기록하고 있다.

57 같은 책, No.1, Part 2에서 전재(이 일기는 강달영 개인의 것이 아니라 조선공산당 중앙집행위원회 비서부秘書部의 일기다 ─ 옮긴이).

58 이 편지는 다음 책에 실려 있다. 『思想月報』, 2권 9호, 1932년 2월 15일, AJMFA, R S357. 대단히 흥미로운 이 편지는 심각한 파벌투쟁에 시달리는 소규모 지하조직이 매우 위험한 상황에서 멀리 떨어져 있는 해외 지부와 보조를 맞추기 위해 겪는 모든 어려움을 잘 보여준다. 예를 들어 다음 인용문을 보자.

"그런데 우리의 경우가 단순하지 않아 과부의 자식이 배꼽이 많다는 말과 같이 북파北派(=북풍회파)가 근일 맹렬한 반동을 기도하므로 이봉수李鳳洙, 김철수 두 동지도 오해하는 점이 많기 때문에 박철한朴鐵漢(조봉암) 동지를 책임자로 임명할 수 없습니다. ……

…… 전일前日 상해에서 만주부 설치가 안 된다는 것을 말하였고, 이제 와서는 만주총국을 두어 이미 국제당의 승인까지 받았다고 하는데 왜 이러한 모순당착矛盾撞着을 하여 타인의 의심을 사게 합니까? ……"

"구상해파에 대해 전 중앙前中央(서울의 지하조공)은 '당신들이 반대하지 않고 있다면 함께 일을 하겠다'라고 말한 바 있습니다. 그들은 얼마 전에 전부 우리 당에 복종하겠다고 말하는, 서명된 공문을 보내왔습니다만 그중의 이질분자를 제휴·위무하지 않을 수 없다는 요구도 1, 2회에 그치지 않는 관계로 앞서 말한 바와 같이 (간부를 구성하였으니) 양해하시기 바랍니다. 금후 일체의 외지당원출입권外地黨員出入權을 동지에게 일임하오니 사업을 위해 힘써주시기 바랍니다."

이 시기에 한국 공산주의자들은 소련과 중국뿐 아니라 일본으로부터도 자극을 받았다. 1925년 '보통선거법안'이 통과된 후 합법적 '무산정당'을 조직하려는 운동이 추진된 일본에서는 그해 봄부터 여름까지 수많은 단체와 분파 사이에 열띤 토론이 계속된 결과, 마침내 1925년 12월 1일 농민노동당農民勞動黨이 창당되었다. 극좌 색채를 띤 농민노동당에는 대부분의 온건파들이 탈퇴한 대신 공산주의자들이 입당했다. 이 당은 즉각 해산되었지만 1926년 3월 5일 더욱 광범위하게 좌익을 망라한 노동농민당勞動農民黨이 창당되었다.[59] 소규모 공산주의 그룹을 포함한 한국인 학생과 지식인들의 활동이 전개된 것은 물론 이런 일련의 사건들을 겪고 난 직후의 일이었다.[60]

"박철한(=朴鐵丸=曺奉岩) 동지는 상해파와 절대로 좋아하지 않는 감정이 있어 박 동지를 책임자로 하면 만주사업은 일대 방해가 일어난다고 역설하기 때문에 이를 알아보기 위하여 김찬 동지에게 조사를 의뢰했던 것입니다. 그런데 앞으로 서남북에 관한 외지부外地部 중심지를 만주에 두고, 상해는 어느 시기까지는 필요하지만 만주처럼 이해가 거듭하는 영구성이 부족하므로 임시상해부臨時上海部라 하는 것입니다."

59 Robert A. Scalapino, *Democracy and the Party Movement in Prewar Japan*, Berkeley, 1953, 329~340쪽; George O. Totten, Ⅲ, *The Social Democratic Movement in Prewar Japan*, New Haven and London, 1966.

60 고경흠, 「東京に於ける朝鮮共產主義者の運動は如何に發展したか」, 앞의 논문. 고경흠은 1924년 이래로 재일 한국인 학생들 사이에 사회주의 연구가 매우 활발했다고 말했다. 우리는 이미 중요한 단체들을 살펴보았다. 물론 이 시기에는 재동경 조선노동회朝鮮勞動會 등 급진적 노동조합도 조직되었는데, 이 단체와 재동경 무산청년동맹無產青年同盟은 참된 노동자단체가 아니라 본질적으로 사상단체였다.

그러나 1926년에 이르러 협동전선운동이 새롭게 대두되자 재일 조선인 단체들은 이에 부응하여 그들의 토대를 넓히기 위해 해체되거나 재조직되었다. 고경흠은 1927년 후반에 신간회와 근우회槿友會의 동경 지회가 결성되었으며 대중조직도 개화되었다고 주장했지만, 1928년에는 다른 지역과 마찬가지로 일본 내의 한인 공산주의자들도 괴멸 상태에 빠졌다. 먼저 후쿠모토의 노선을 따르는 ML계열이 코민테른에 의해 분쇄되었고, 가을에는 대량 검거 사태가 일어났다. 30여 명의 공산주의자가 검거되자 신간회, 근우회, 무산청년동맹, 노동총동맹 등의 사무실은 갑자기 텅 비어버렸다.

1929년에 접어들자 운동이 재개되었다. 『현계단』이 복간된 것을 비롯해 여러 가지 일이 시작되었지만 사기는 떨어졌고, 별다른 효과도 거두지 못하고 있던 중 7월의 두 번째 대량 검거로 운동은 결정적 타격을 받았다. 재일 한국인들이 그 당시의 비합법 노동단체인 전협全協(=日本勞働組合全國協議會)에서 중요한 역할을 수행하긴 하지만 도쿄에서 한인 공산주의자들의 활동은 이제 결코 의미 있는 정도가 되지 못했다.

그러나 한국에서의 공산주의운동의 전개는 일본과는 그 사정이 달랐고 거기에는 그럴 만한 이유가 있었다. 일본의 경우 공산주의자들의 활동은 선거에서 '부르주아 정당'과 경쟁할 수 있는 단일 '무산계급 정당'을 지향한 것이었던 반면, 한국 공산주의운동은 전투적 민족주의의 한 시금석으로서 좌·우익을 망라하는 광범위한 민족운동을 불러일으키고자 한 것이었다. 한때 부르주아 민족주의에 맞서기 위해 좌익 연합 세력을 결집하려는 시도가 있었지만 실패로 돌아갔다. 1927년 5월 16일 주로 서울청년회 회원들로 구성된 사상단체인 전진회前進會는 일본과 만주를 포함한 여러 지역의 소위 지도적 사회주의자들이 참석한 가운데 조선사회단체중앙협의회朝鮮社會團體中央協議會라는 어마어마한 이름의 단체를 창립했다. 상정된 의제 중 하나는 부르주아 정치운동에 맞서기 위한 단일 무산계급 정당 결성에 관한 것이었다. 그러나 경찰이 첫날 이후로 집회를 금지시켜 조선사회단체중앙협의회의 붕괴와 함께 이런 노력들은 수포로 돌아가고 말았다.

지금까지 우리는 대체로 공산주의자들의 입장에 서서 연합전선 결성을 향한 최초의 움직임을 살펴보았다. 그러면 비공산주의적 민족주의자들은 어떤 입장에 서 있었는가? 전반적인 민족주의운동이 침체기로 접어든 3·1운동 이후, 외국의 지원을 얻고자 한 노력들은 아무런 성과를 거두지 못했다. 처음에는 서방에서, 나중에는 소련에서도 한국 민족주의자들에게는 환멸과 비애를 자아내게 하는 정책들만 추구되었으며, 민족주의운동은 최악의 상태에 빠져들었다. 1922년 12월 몇몇 민족주의자는 이종린李鍾麟의 주도로 민족경제를 발전시켜 민족주의를 고취하려는 목적으로 조선물산장려회朝鮮物産獎勵會를 조직했지만, 곧 한계에 봉착하고 말았다. 그런 동안 다양한 민족주의 지도자들은 다른 방향에서 활동을 모색했다.

김성수(『동아일보』의 사장), 최린(천도교 신파 지도자) 등을 중심으로 하는 일단의 민족주의자들은 점차 일본 제국 내의 조선자치朝鮮自治로 기울어졌다. 물론 이런 태도는 한국인의 자존심을 손상시키는 것으로 자치를 완강히 거부하는 좀더 과격한 급진주의자들은 일본에 맞서 단호히 싸우는 것만이 진정한 민족주의자의 태도라고 단언했다. 여기서 우리가 사용하고 있는 '비타협적 민족주의자'라는 말은 공산주의 문헌이나 그 밖의 자료에서 이들을 가리키는 것으로, 그 주요 지도자는 『조선일보』 사주인 신석우와 천도교 내에서 최린과 대립하고 있던 권동진 등이었다. 당연히 공산주의자들은 민족협동전선을 결성하기 위해 이들에게 손길을 뻗쳤다.

중국의 상황이 모스크바와 서울의 공산주의자들에게 영향을 미쳤다면, 중국의 경험은 한국의 민족주의자들에게도 영향을 미쳤다. 한국의 2대 일간지인 『조선일보』와 『동아일보』는 중국과 인도에서의 사태 진전을 그때그때 자세히 보도했다. 실제로 물산장려회의 조직은 민족산업을 육성하고자 하는 간디 식의 운동방식과 유사한 것이었다. 따라서 일부 민족주의자들은 공산주의자들과 성공적으로 연합전선을 형성한 중국국민당의 선례를 따르는 것이 좀더 유리할 거라고까지 생각하게 되었다.

조공이 민족주의 지도자들에게 실질적으로 접근하기 몇 달 전인 1925년 9월 27일 『동아일보』의 사설 「우리 운동의 방향」에는 민족주의자들의 분위기가 잘 나타나 있다. 당시 한국 사회에 민족운동과 사회운동이라는 두 가지 정치적 조류가 있다고 지적하면서 양자 간의 분열을 개탄한 이 글의 저자는 사회운동가들이 민족운동을 필연적 구조로 인정하고 민족운동에 합류해야 한다고 주장했다.

금일까지의 생명 재산의 유린과 인권자유의 압박이 자력資力의 관계보다도 권력의 횡포에 단재斷在한 것은 누구든지 수긍할 것이다. 고래古來로 전제정치하에서는 권력만 있으면 생명도 유린할 수가 있고 재산도 획취獲取할 수 있는 것이 아닌가? 이러한 점에 있어서 조선에 한하여는 민중의 생명과 자유를 창달하는 근본적 방법이 자본세력의 배제보다도 권력관계의 제한이 급선무인 것은 소연昭然한 사실이다.[61]

이 사실이 강조하는 것은 분명했다. '민족운동'에 확고한 우위가 부여되어야 하겠지만, '민족운동'과 '사회운동'은 반드시 연합되어야 한다는 것이다. 여기서 지도력, 조직 체계, 정책 등의 주요 문제점들이 지적되지는 않았지만 이 사설은 연합전선의 형성에 대해서는 이를 받아들이는 태도를 분명하게 보여주고 있다(『동아일보』는 대체적으로 정치적 진술 문세에 대해서는 미온적이었다는 사실에 주의해야겠다).

1926년 여름에 이르자 연합전선이 결성될 수 있는 국면에 접어들었다. 그러나 바로 그때 소위 '6·10만세' 사건이 일어나 2차 조공의 당원 다수가 검거되었고, 강달영 등은 이제 애초의 계획을 수행해낼 수 없는 위치로 물러나고 말았다. 여전히 공산주의자들에 대한 검거령이 발동되고 있던 1926년 7월 일단의 공산주의자들과 전투적 민족주의자들이 한자리에 회동해 조선민흥회 발기준비위원회朝鮮民興會發起準備委員會를 결성했다는 성명을 발표했다. 『조선일보』 사주인 신석우는 이 움직임을 강력히 지원했고, 『조선일보』는 연합전선운동의 중추적 역할을 하고 있었으므로 7월 11일자의 사설은 '비타협 민족주의자' 측의 권위 있는 견해로 간주될 수 있다. 다음 인용문은 당시 거론되던 근본 논지를 살펴보기 위해 발췌한 것이다.

조선민흥회의 발기준비위가 성립된 것은 조선 민족의 공동이익을 위해 분투·노력하자는 것으로서 조선 민족의 단일 전선기관을 형성하기 위한 것이다. 즉 실업, 종교, 여자, 청년, 형평衡平, 학생, 사상 등 각 계를 망라하여 민족적 대동단결을 이룩하자는 것이다.

민족적 대동단결을 수립할 목적은 '조선 민족의 해방'에 두지 않으면 안 된다. …… 때문에 그 운동은 필연적으로 반제국주의운동으로서 표현해야 할 것이다. …… 그러나 지금까지의 운동은 총괄해서 계급적 색채가 농후했다는 것

---

61 『동아일보』, 1925년 9월 27일자, 1면.

을 발견할 수 있다. 민족 내부에 있어서도 세력을 분할하는 감이 있었던 것이다. 그런데 최근에 와서 계급운동자 측에서도 민족적 통일운동에 대한 요구가 치열해졌다는 것은 주목할 만한 일이다. …… 마치 서구제국에서 봉건제도, 전제주의를 타파하기 위해 무산계급이 자본계급과 악수한 거나 마찬가지로 반제국주의적 운동에 동일한 이익을 가진 계급을 동원할 필요성을 자각하고 제국주의에 대한 반항을 일층 유력하게 하기 위해 모든 힘을 집중시키려 하는 것이다. 조선 민족 내부에 있어서도 계급의 이익이 충돌하는 것은 부인할 수 없는 것이므로 조선 민족의 대동단결이 언제까지나 지속되리라고는 생각되지 않으나, 어쨌든 간에 제1의 난관을 타개하기 위해서는 두 개의 경향이 연합할 필요가 있다는 것을 인정하지 않을 수 없다. ……

그러나 오인吾人은 이런 운동을 중국에서의 국민당운동처럼 진행시키고 싶다. ……[62]

얼마 후 조선민흥회가 조직되었지만 그다지 영향력 있는 단체로 성장하지 못했다. 그러나 연합전선 결성을 위한 상황은 점차 호전되고 있었다. 1926년 말 공산주의자들의 정책에서는 일대 방향 전환이 일어났다. 순수 공산주의 혹은 원시proto 공산주의 단체인 화요회, 북풍회, 조선노동당, 무산자동맹회 등 네 단체의 연합체인 정우회正友會는 자발적 해산을 선언했다. 한편 화요회의 영향력 아래 있던 노농총동맹도 대중에게로 향할 준비가 되어 있다면서 조선노동총동맹과 조선농민총동맹으로의 분립을 발표했다. 그리하여 1927년에 접어들자 정책 면에서나 조직 면에서나 민족주의자와 공산주의자의 동맹 문제에는 별다른 장애물이 남아 있지 않았다.

협동전선 결성의 주도권은 이제 민족주의자들에게 넘어갔다. 1926년 말 김성수, 최린, 송진우宋鎭禹 등은 총독부 고위 관리들과 회담을 갖고 조선의

---

62 『조선일보』, 1926년 7월 11일자, 1면.

자치 문제에 대해 논의했다. 회담 내용은 독립선언서를 작성한 저명한 민족주의자 최남선에게 전해졌고, 그는 곧 정주定州에 있는 오산학교五山學校 교사이자 나중에 『시대일보』 사장이 된 자신의 친구 홍명희洪命熹(『시대일보』가 경영난으로 폐간된 뒤 정주 오산학교 교장에 취임했다―옮긴이)와 이 문제를 밤새워 토의했다. 그들은 자치운동이 무기력한 타협에 불과한 것이기 때문에 어떤 대가를 치르더라도 중단되어야 한다고 합의했다. 그 최선의 방책은 민족단일당民族單一黨을 결성하는 것이었다. 그 후 홍명희는 신석우와 안재홍 등을 방문해 민족단일당을 조직하려는 첫발을 내디뎠다.

주요 민족주의자들과도 신속한 접촉이 이루어졌다. 베이징의 민족주의 지도자인 신채호를 비롯해 권동진, 박래홍朴來泓, 박동완, 한용운韓龍雲, 최익환崔益煥 등이 이 움직임에 가세했다. 한편 신석우는 민족단일당 승인문제로 총독부 관리들과의 오랜 교섭 끝에 그 승인을 받아냈다.[63] 이렇게 해서 1927년 1월 19일 27인의 저명한 민족주의자들이 신간회를 발기했고, 2월 15일 창립총회를 개최키로 결정했다.

신간회는 처음부터 좌파에 속한 모든 사람을 포용할 수 있도록 '비타협적' 민족단체로 만들어진 것이 분명했다. 탄압을 피하기 위해 강령은 모호하게 발표되었지만 여기서도 투쟁적 의지가 엿보인다.

1. 우리는 정치적, 경제적 각성을 촉진함
2. 우리는 단결을 공고히 함
3. 우리는 기회주의를 일체 부인함[64]

---

63 경기도 경찰부, 『비밀결사…』, 앞의 책, 44~45쪽. 몇몇 일본의 관련 자료는 당국이 신간회의 설립을 허용한 이유는 한국 민족운동의 성격과 내용을 파악하기 위해서라고 주장했다.

64 신간회의 강령은 신간회의 창립을 알리는 다음 기사 속에 실려 있다. 『동아일보』, 1927년 1월 20일자, 1면.

신간회의 인사들은 그들의 목표가 민족운동 내의 '우경적 사상을 배척하고 민족주의의 좌익 전선을 형성'하는 데 있다는 사실을 굳이 숨기지 않았다. 신간회가 창립되기 며칠 전인 2월 11일, 조선민흥회는 민흥회 지도자들이 신간회에서 주요 간부직을 맡는다는 조건 아래 신간회와의 합동에 동의했다. 그리하여 4일 후인 2월 15일 서울 YMCA 강당에서 200여 회원이 출석한 가운데 신석우를 임시의장으로, 김준연(조공에 입당한 직후임)과 신현익申鉉翼, 장지영張志暎 등 세 명을 서기로 선출한 가운데 신간회 창립대회가 개최되었다. 임원선거의 결과 이상재李商在가 회장으로, 홍명희가 부회장으로 각각 선출되었다.

신간회 지방지회地方支會는 전국적으로 급속히 확장되었다. 일 년이 채 못되어 100여 개의 지회가 설립되었고, 회원 수도 1만 명을 상회하게 되었다. 새로이 재건된 3차 조공의 집행위원회는 신간회의 지도적 지위를 차지하기 위해 기민하게 움직였다. 조공의 지방조직은 신간회 지회를 적극적으로 지원하라는 지시를 받았고, 모든 당원은 신간회 가입을 종용받았다. 조공의 본부가 있는 서울에서는 권태석, 송내호宋乃浩, 김준연, 한위건 등이 당과 신간회의 중개 역할을 맡았는데, 더욱이 신간회 부회장 홍명희도 조공의 비밀당원이었다고[65] 전해진다. 공산주의자들이 사용한 전술은 '위로부터의 통일전선전술'과 '아래로부터의 통일전선전술'의 배합이었다. 당 간부들은 신간회 지도자들과의 긴밀한 연계를 유지하는 이외에도 전위조직으로서의 노동조합·농민조합의 결성에 박차를 가했다. 그들은 노동조합·농민조합 구성원들에게

---

65 김준연은 나중에(1945년) 홍명희를 가리켜 "조선공산당의 비밀당원"이라고 했으나 홍명희는 결코 공산주의자로 기소된 적이 없다. 홍명희와 조공과의 정확한 관계 여부는 차치하더라도 신간회에 공산주의자들이 강력히 침투하고 있었다는 사실에는 의문의 여지가 없다. 1928년 10월 7일자 경찰 보고서는 조공 혹은 고려공산청년회 회원으로서 신간회에 가입한 사람들의 명단을 수록하고 있다. 이 중 네 명(세 명의 착오로 보인다—옮긴이)은 총무간사였다. 예컨대 서울에는 두 명의 간사가, 개성開城에는 지회장을 포함해 세 명의 간부가 공산당원이었다. 이런 사실은 4차 조공이 적발된 후 체포되거나 취조과정에서 밝혀졌다. 『비밀결사…』, 37~39쪽 참조.

'올바른 무산계급 의식'을 심어주어 그 '무산계급 부대'가 신간회 내에서 실질적인 헤게모니를 확보하도록 했다. 이런 정책은 신간회가 창립된 지 불과 몇 달 후인 1927년 4월, 공식적으로 각 도당조직에 전달되었다.[66]

창립 1주년이 될 때까지 신간회는 괄목할 만한 성과를 올렸지만, 신간회의 점진적인 좌경화는 내외적으로 많은 문제를 일으켰다. 수많은 신간회 지회가 공산주의자들의 통제하에 있거나 영향을 받고 있다고 판단한 경찰은 신간회 창립 1주년 기념대회를 금지시켜버렸다. 내적으로 신간회 본부는 일본의 탄압을 피하기 위해 지나치게 좌경화된 지회에 대해서는 경고 조치를 취했으며, 몇몇 지회에는 임원 개선을 요구했다. 1928년 2월 조공 당원을 대량 검거한 이래 일본 경찰의 탄압은 더욱 가혹해졌고, 신간회에서 간부직을 맡고 있던 김준연, 한위건, 권태석 등은 검거망을 벗어날 수 없었다.[*]

이런 탄압에도 공산주의자들은 위축되지 않았다. 급히 결성된 4차 조공의 중앙집행위원회는 이전의 정책을 되풀이한 「민족해방운동에 관한 논강論綱」을 채택했다. 이 테제는 주목할 만한 가치가 있다.[67] 그들은 먼저 과거 정책의 결점을 분석했다.

조선의 공산주의자들은 운동의 과거 계단에 있어서 경제주의적 의식에 국한되어 정치투쟁을 부정했다. 종래의 조선 민족해방운동의 역사적 의의를 이해하지 못하고 참가를 거부했다. 1926년 이래 조선의 프롤레타리아트가 투쟁을 정치주의로 전환하고 정치투쟁의 역사적인 한 과정으로 스스로 선두에 서서

---

66 위의 자료, 40쪽.
* 한위건은 그 당시 검거되지 않았다. 검거를 모면한 한위건은 4차 조공에서 중앙검사위원장에 선임되었으나 곧 중국으로 망명해 『계급투쟁』 등을 발간하면서 철악鐵岳이라는 필명으로 신간회에 대한 중요한 이론 문건들을 발표했으며, 그 후 이철부李鐵夫라는 가명으로 중국공산당에서 활동했다.
67 이 테제는 『비밀결사…』의 부록에 전재되어 있다(저자들은 이 테제를 약간 압축해 인용했지만 여기서는 문장 연결상 불가피한 경우를 제외하고는 가능한 한 원문에 충실하게 옮겨놓았다―옮긴이).

민족해방운동을 적극적으로 전개함에 이르러 조선 민족의 각 계급 각층의 협동전선을 결성하는 데 다대한 성공을 보게 된 것은 종래의 정책에 비하여 획기적 전진을 의미한다.

이어 이들은 민족해방운동의 정세를 분석했다.

일본 제국주의에 의한 극도의 경제적 착취, 정치적 압박으로 조선은 식민지적 지위에서 고통을 받고 있다. 사회경제적으로는 봉건유제가 허다히 잔존하고 있고 국민적 공업의 발달이 불가능하고 프롤레타리아트의 발달은 유약하며 민족 부르조아지는 극도로 미약하다. 그러나 프롤레타리아트는 그 전위의 일정한 정도의 성숙에 의하여, 그 사회적 특징에 의하여 혁명투쟁에 있어서 가장 우월한 지위에 있다. 인구의 거의 전부가 빈농·소작인으로 이들은 프롤레타리아트의 지도하에 급속히 조직되고 있다는 점이 가장 중요한 특색이다.

이어서 테제는 당시의 사회적·역사적 조건으로 보아 한국의 혁명은 부르주아 민주주의 혁명이어야 하며, 이 혁명은 일본 제국주의에 대한 투쟁과 일본을 통해 보호되고 있는 봉건유제에 대한 투쟁에 집중되어야 한다고 주장했다. 그러므로 지주에 대한 투쟁, 즉 농업혁명을 위한 투쟁은 결정적으로 중요한 것이고 한국의 민족해방운동은 오로지 노동자와 농민계급이 혁명을 지도함으로써만 이루어질 수 있다는 것이다.

이 논강에 따르면 "한국 민족해방운동의 발전 과정을 역사적으로 고찰해 볼 때 계급적 세력관계의 변동에 의해 대체로 3단계로 구분"할 수 있다.

제1기는 1919년 3·1운동 이후부터 1924년 노농총동맹 창립 전까지의 기간으로 부르주아지가 추진세력이었다. 몇몇 양반, 즉 유학을 신봉하는 지주들이나 여러 '봉건적'인 성격의 종교집단의 인사들도 여기에 포함되었다. 농민과 노동자들은 부르주아지를 추수追隨했고, 이 운동의 지도정신은 '순연한 부르주아 민족주의'였다. 그러나 곧 봉건 세력의 대부분, 부르주아지의 일부가 투쟁에서 탈락하면서 이 운동은 운동의 역사적 제한성으로 무력화·분열되었다. 이 시기에 개시된 공산주의운동은 이제 부르주아운동을 분열시키기에 이르렀다.

제2기는 1924년 노농총동맹 조직으로부터 1927년 신간회 창립 전까지로, 이 기간에는 노동자와 농민이 독립된 세력으로 출현했다. '급진적 지식계급'은 급속히 공산주의 쪽으로 향했고, 노동쟁의와 소작쟁의가 곳곳에서 발생했다. 그뿐 아니라 노동조합과 소작인조합이 조직되고 혁명적 청년이 전국적으로 공산주의 강령하에 재조직되어 이 같은 투쟁을 통해 전투적 프롤레타리아트의 전위가 결성되기 시작함에 이르렀다. 그동안 부르주아지의 민족주의운동은 극도로 무력해졌으며 유력한 세력으로 출현한 노동자와 농민은 그 '전위분자'의 비정치주의적 지도정신 때문에 민족해방운동에 대해 오직 파괴적인 역할만 연출했을 뿐이다.

제3기는 1927년 초 신간회 조직 이후의 기간으로, 종래 정치투쟁을 부정해온 조선 프롤레타리아트가 투쟁양식을 전환해 민족해방운동에 적극적으로 진출했다. 이와 아울러 중국혁명의 자극, 조선 공산주의자들의 민족적·협동적 투쟁에 대한 선전을 통해 프롤레타리아트 이외의 여러 국민혁명 세력이 용기를 진작하기에 이르렀다. 이로써 조선 민족해방운동은 재흥의 계기에 당면하게 되었다.

이 테제에 따르면 민족해방운동의 주된 목표는 일본 제국주의에 대한 투쟁으로 여러 항일 세력의 협동적 투쟁이었다. 그러나 이 운동은 이미 종래의 부르주아 민족주의로는 지도할 수 없는 단계에 이르렀고, 오직 노동자와 농민만이 혁명을 지도할 수 있고 성공적인 결실을 끌어낼 수 있다는 것이다. 그러므로 조선 프롤레타리아트 전위의 전 운동에 대한 헤게모니 장악이 절대적으로 필요했다.

물론 노동자와 농민 이외에도 당면투쟁에 참가하는 혁명적 세력이 많았다. 이들 제 세력이 혁명적으로 투쟁하는 한 노동계급은 이들과 동맹해 이들의 혁명적 에너지를 이용해야 한다는 것이다. 또한 지식계급은 조선 민족해방에서 다대한 역할을 지니고 있었다고 평가되었다. 그러나 투쟁이 진전하면 부르주아지나 소부르주아 상층과 기타가 '우경', 탈락, 반혁명화하는 것이 필연적인 까닭에 조선 프롤레타리아트 전위는 민족해방운동전선에서 노동 대중을 중심으로 좌익 세력의 조직에 대해 끊임없이 노력해야 했다. 이로써 우익의 반동화를 가급적 연기하도록 하는 것과 동시에 그들이 탈락하는 날 전운동이 필연적으로 입을 타격을 감소시키도록 준비해야 하며, 중국 혁명의 경험은 조선 혁명에 대한 좋은 교훈이 되리라는 것이다. 이어서 이 테제는 이렇게 지적했다.

조선 프롤레타리아트는 조선 민족해방운동을 지도함에 있어 현재 조선 공산주의자 간에 유포되고 있는 좌우 양 극단의 견해를 철저히 극복할 필요가 있다.

1. 좌익 소아병적 견해

이항발李恒發 일파가 주장하는 양당론兩黨論은 좌익 소아병적 견해의 대표적인 것이다. 그들은 '프롤레타리아운동의 독립성'을 기계적으로 고집하여 당면의 민족적 협동전선 조직에 반대하고 무산정당의 별립別立을 주장한다. 그들의 착오는 조선 프롤레타리아트의 '민족적 임무'에 대한 무이해無理解 및 조선 민족운동의 현 단계의 구체적 성질에 대한 맹목에서 기인하고 있다. 조선 프롤레타리아트는 그 계급적 임무와 민족적 임무를 분리해서는 안 된다. 민족적 정치투쟁에 있어서 광범한 동맹자로부터 고립되어서는 안 된다.

2. 청산주의淸算主義적 견해

장일성張日星, 권태석 일파가 주장하는 '계급운동철거론'階級運動撤去論이 그것의 대표적인 것이다. 그들은 무주체적 협동에 도취하여 프롤레타리아트의 정치적 독립성의 포기를 주장하고 전 투쟁에 대한 프롤레타리아트의 헤게모니를 거부한다. 그들의 착오는 프롤레타리아트의식의 포기, 조선 민족해방운동의 현 단계의 사회적 특징 및 이에 있어서의 프롤레타리아트의 지위에 대한 무이해에 입각하고 있다. 프롤레타리아트의 정치적 독립성을 민족협동 속에 해소시켜서는 안 된다. 여러 동맹자와 동맹은 하더라도 혼합해서는 안 된다. 부르조아 및 부르조아 인텔리겐챠의 악짐, 변절에 대한 비판투쟁을 포기하는 것도 불가하다. 헤게모니를 그들에 인도해서는 안 되고 또 그들을 과신해서도 안 된다.

또한 이 테제는 "조선 민족해방운동의 목표는 조선의 완전한 독립에 있다" 고 지적하면서 이렇게 주장했다.

일본 제국주의가 조선 귀족 또는 타락한 조선 부르조아와 흥정하고 있는 '조선자치운동'에 대하여는 단호히 반대하지 않으면 안 된다. …… 조선의 장래 권력조직은 조선 사회의 실정에 기초한 '혁명적 인민공화국'이어야 한다. 조선에 소비에트공화국을 건설하려는 것은 좌익 소아병적 견해이고, 부르조아 공화국을 건설하려는 것은 우경적 견해이다.

이 테제는 "신간회는 조선 민족해방운동의 현 단계에 적당한 조선의 혁명적 계급·계층의 특수한 동맹체"라고 결론지었다. 신간회는 "아직 광범한 대중을 포함하지 못했고, 능률적인 투쟁의 전개에 유약"했지만 "유력한 통일적 대중단체가 될 필연성 및 가능성을 보유"하고 있었다. 이런 판단을 기초로 이 테제는 "조선 공산주의자들은 이에 가입하여 그 투쟁을 지도하고 (신간회의) 대중당으로의 완성을 위해 노력해야 한다"고 강조했다. 그리고 신간회 내에서 행동하는 데 있어 당면한 특별한 유의사항을 대략 다음과 같이 지적했다.

공산주의자들은 전 투쟁을 직접 지도해야 하며 신간회는 대중적 조직인 이상 프롤레타리아트의 정치조직(조공)과 혼동해서도 또 그 기관을 기계적으로 점령해서도 안 된다. 공산주의자들은 노동자, 농민, 빈민을 신간회에 가입시키도록 노력하여 대중적 좌익의 결성을 꾀해야 한다. 투쟁이 일보 전진하는 날이면 우익의 결성은 필연적인데 공산주의자들은 이들로부터 대중을 분리하는 작업을 성공적으로 수행해야 한다.

공산주의자들의 협동전선정책에 관한 개요가 명료하게 기술된 자료가 거의 없기 때문에 여기에 조공의 「2월 테제」를 아주 자세하게 소개했다. 공산주의자들은 최근 중국에서 일어난 국공합작의 결렬에 위축되지 않았다. 이런 실패에 대한 대책은 협동전선 내에 노동자와 농민을 중심으로, 필연적으로 몰아닥칠 부르주아지의 반혁명 공세를 이겨낼 수 있는 강력한 좌익 세력을 공산주의자들의 통제 아래 부식하는 것이었다. 「2월 테제」에서는 부르주아지와 소부르주아지에 대한 강력한 불신이 두드러지게 나타나고 있는데, 이는 부분적으로 중국의 사태발전에 영향을 받았기 때문이다. 그러나 마르크스주의적 관점에서 볼 때 한국 공산주의 지도자들은 거의 예외 없이 소부르주아지 지식인이었다는 사실은 아이러니가 아닐 수 없었다. 여하튼 「2월 테제」의 논조나 용어로 볼 때 신간회 내에 친밀하고도 신뢰할 수 있는 관계가 형성되기를 기대하기란 어려운 일이었다. 공산주의자들은 협동의 한계와 목표를 표명하는 데 놀라울 정도로 솔직했다. 공산주의자들은 확실히 그들의 정책과 절차를 신간회에 기계적으로 적용하지는 않았다. 공산주의자들은 간부직을 '혁명적' 부르주아지와 공유해야 하고 조공과는 별도의 정책을 추구해야 하는 신간회 같은 단체는 조공과 성격이 전혀 다른 조직이라는 사실을 명심하고 있었다. 그러나 어떤 상황에서라도 공산주의자들이 우선적으로 충성을 바쳐야 할 곳은 공산당이지 신간회가 아니었다. 당의 기본적인 독립성과 독자성은 결코 타협될 수 없는 것이었고, 당의 당면목표는 '모든' 혁명운동에서 헤게모니를 장악하는 것이었다.

또한 「2월 테제」는 한국 혁명이 부르주아 민주주의 혁명이어야 하지만 동시에 통제된managed 부르주아 혁명이어야 한다고 명확히 밝혔다. 그 통제자는 프롤레타리아트의 전위, 즉 조공이어야 한다는 것이다. 부르주아지는 그들 자신의 혁명을 완수할 수 없고, 의회제도 등 그들의 목표는 결코 바람직한 것이 아니었다. 한국의 당면 목표는 소비에트공화국도, 의회민주주의도 아닌 단지 혁명적 인민공화국의 건설이었다. 「2월 테제」는 이런 과정을 통해서만 통제된 부르주아 혁명이 완수되고, 사회주의로의 전이가 수행될 수 있다고 주장했다.

「2월 테제」에 이런 논지가 명료하게 언명되었다는 사실은 공산주의 이데올로기에 관한 연구에서 대단히 중요한 의미를 갖는다. 이런 논지는 후일 소위 마오쩌둥주의라고 불리는 사상의 기본이 되는 것이었지만, 직접적으로든 간접적으로든 마오쩌둥 자신이 고안해낸 것은 아니었다. 1927년 처음 작성되었던(이 테제는 최종적 형태로 갑자기 나타난 것은 아니다) 「2월 테제」의 중심 개념은 코민테른에서 유래하는 것이었고, 그 당시의 마오쩌둥은 국제 운동무대에 널리 알려져 있지도 않았으며, 이데올로기적으로도 중요한 인물이 아니었다. 이런 점에서 「2월 테제」가 농민의 중요성을 실질적으로 강조한 사실은 주목할 만한 일이었다. 확실히 레닌주의는 전前 자본주의 단계에 있는 모든 사회에서 프롤레타리아트가 농민층에 대중적 토대를 건설해야 할 필요성을 언제나 강조했다.

그러나 이제 중국에서의 경험을 마음속에 새겨볼 때, 농민은 부르주아지의 반동에 대응하는 세력으로 부상하고 있었다. 대중(80퍼센트 정도가 농촌 프롤레타리아트에 속하는)을 동원한다면 부르주아지의 어떠한 반혁명 음모라도 효과적으로 봉쇄할 수 있었다. 그러나 농민층에 토대를 쌓아나가려면 '무엇보다도 먼저' 농촌의 권력구조로부터 농민을 해방시킬 필요가 있었다. 이는 지주계급에 대한 정면 공격을 의미하는 것이었다. 그러므로 부르주아 민주주의 혁명의 첫 번째 슬로건은 농업혁명이어야 했다.

7. 국제 노선의 좌경화와 그 반향

이제 1928년 12월에 발표된 코민테른의 결의안을 검토해볼 차례가 되었다. 앞서 살펴본 것처럼 1928년 전반기(당시 ML그룹이 지도했던)까지만 해도 한국 공산주의자들과 코민테른의 관계는 우호적인 것처럼 보였다. 그러나 한국 공산주의운동이 일본의 가혹한 탄압을 받게 되자 그해 중반쯤 그들은 당 조직 활동을 국내에서 상하이로 옮기기로 결정했으며, 가을 무렵이 되자 조공이 실제로 존재했다고 말하기조차 어렵게 되었다. 이런 상황에서 코민테른은 「12월 테제」를 채택했던 것이다.

당시 한국 사회의 객관적 정세와 조공의 기본 과제 분석에서 「12월 테제」는 조공의 「2월 테제」와 거의 모든 점이 일치했다. 일본 제국주의에 식량과 원료를 공급하고 있던 한국은 코민테른 제6차 세계대회에서 채택된 테제의 의미에서 볼 때 전형적인 식민지 국가였다. 당시의 한국은 산업이 낙후되었고, 농업조차 대부분 전 자본주의 단계에 머물렀으며, 소수의 지주가 대다수의 빈농을 착취하고 있었다. 그리하여 농촌과 밀접한 연계를 맺고 있던 도시 프롤레타리아트는 수적으로나 계급의식으로나 극히 미약했다. "한국 인구의 거의 대다수는 경제적으로 노예화된 농민들로, 그들은 폭력적 경찰 정권으로부터 억압·유린당하고 있으며, 혁명에 의하지 않고서는 그들의 현 상태를 개선할 가능성이란 없다."[68]

이런 주장은 또 다른 사실과 결부되어 있다. 지주와 부르주아지, 즉 제조

---

68 "Resolution of the E. C. C. I. on the Korean Question"(조선 문제에 대한 코민테른 집행위원회 결의안), *International Press Correspondence*, 9권 8호, 1929년 2월 15일자.
(이 부분은 현재 널리 유포된 일본어판 테제—김정명 편, 『朝鮮獨立運動』, 제5권, 742쪽—에는 의미가 약간 다르게 나와 있다. "조선인의 대다수는 정책적 토지제도에 의하여 경제적으로 궁핍하고 파멸하고 있으며, 혁명에 의하여 비운을 만회할 희망도 없이 차대次代에는 사멸할 수밖에 없는 농민 대중이다."—옮긴이)

업자, 상인, 고리대금업자는 일본 자본주의와 더욱 긴밀한 관계를 맺거나 종속되어가고 있었다. 이런 상황은 조선 혁명이 일본 제국주의와 한국의 봉건 제도를 적으로 삼도록 했다. 다음 인용문은 근본적인 문제에 관한 코민테른의 중요 개념을 담고 있다.

혁명은 종래의 전前 자본주의적 종속을 파괴하고 토지관계를 근본적으로 개조하고 전 자본주의적 압박으로부터 토지를 해방하는 일에 직면하고 있다. 조선혁명은 토지혁명이어야 한다. 이렇게 하여 제국주의 타도 및 토지 문제의 혁명적 해결을 초래한다. 이것이 실로 조선혁명의 발달 제1계제階梯에 있는 주요 객관적 실질實質이다. 이 의미에 있어서 조선 혁명은 민주적 부르조아 혁명이다.[69]

그러나 이 부르주아 민주주의 혁명은 어떤 의미에서라도 부르주아지에 의하여 장악되고 주도되어선 안 되는 것이었다. 다시 한번 중국에서 벌어진 최초의 상황은 「12월 테제」의 분석 내용을 규정했다. 한국 공산주의자들의 과제는 이중적이었다. 첫째, 프롤레타리아 혁명운동을 강화하고 소부르주아 민족혁명운동에 대해 '프롤레타리아 혁명운동의 완전한 독립성'을 보장해야 한다. 둘째, 부르주아 민족주의자에 대해 강력한 투쟁을 전개함으로써 민족혁명운동을 타협적 민족개량주의와 분리시켜 그 주도권을 장악해야 한다.

만약 부르주아 혁명이 프롤레타리아트에 의해 주도되고 전개된다면, 반드시 토지 문제가 민족혁명에 이용되어야 할 것이다. 따라서 농민이 갖는 결정적 중요성은 다시 한번 강조되었다.

---

69 위의 책, 131쪽(위의 인용문은 영어를 직접 번역하지 않고 일본어판 테제를 우리말로 옮겼다. 단 영문의 pre-capitalist가 일본어판에는 자본주의적으로 되어 있는 것을 내용에 따라 전 자본주의로 수정했음을 밝혀둔다―옮긴이).

동시에 농지혁명의 전개 없이는 민족해방투쟁의 승리는 얻을 수 없다. 민족해방 투쟁과 토지에 대한 항쟁과의 결합이 거의 없었기 때문에 근년(1919~1920년)의 혁명운동은 미약할 수밖에 없었고 실패로 돌아가고 말았다. 제국주의 탄압에 타 승打勝함으로써 비로소 농지 문제의 혁명적 해결을 얻을 수 있고 소비에트 형식하 의 노동자·농민의 독재정치의 창설을 볼 수 있는 것이다. 나아가 민주적 부르조아 혁명은 프롤레타리아트의 헤게모니 아래서 사회주의 혁명으로 발전한다.

이 상태에 있어서는 농민 문제, 농지혁명 문제는 주의행동에 대해 대단한 중 요성을 갖게 된다. 노동자계급 및 그 전위대가 조선에서 승리적 혁명을 완성 코자 한다면 농민 속에 세력을 부식하고 슬로건 및 이해하기 쉬운 요구를 내걸 어 농민을 극도로 감동시켜서 공동 동작으로 나가도록 하는 수밖에 없다.[70]

공산주의자들의 방침은 분명했다. 즉 대중에게로, 특히 '농민대중에게 로!'였다. 만일 한국 공산주의자들이 '대중적 볼셰비키 공작'을 공장이나 상 점, 농촌 등에서 착수한다면, 그들이 효과적으로 농민과 노동자 조직을 설립 하기만 한다면 개량주의나 부르주아지의 반혁명 음모에 대응할 수 있었을 것 이다. 당과 같은 대중조직은 순수성을 보전하도록 유의해야 했다. 이는 모든 부르주아지의 동요를 무자비하게 폭로해야 함을 의미하는 것이었다.

그러나 과거와 같은 한국 공산주의운동이 이런 과업들을 성취할 수 있을 것인가? 이에 대한 코민테른의 응답은 명백히 부정적인 것이었다. 코민테른 은 파벌투쟁 문제와 관련해 한국의 동지들을 맹렬히 비난했다. 「12월 테제」 는 다음과 같이 주장했다.

다년의 파쟁으로 인해 운동의 발달은 극도로 구속·억압되고 있다. 그러므로 지금이야말로 주의운동主義運動은 용이치 않은 노력을 요하는 것이다. 제1의

---

70 같은 책, 131쪽.

노력은 진실한 공산주의, 과학적인 마르크스·레닌주의의 실현을 위한 확고한 주의적 신념을 가지고 활동적, 자각적인 주의자를 획득해야 한다. 그리하여 오늘날까지 누차 관계해온 사이비과학적 또는 천박한 주의자와 절연하고 더욱 운동 전술상의 제 문제를 철저히 연구해야만 한다. 과거에 있어서의 공산당원은 거의 지식계급 및 희생뿐이었다. 이래서는 당은 공산정치의 실현은 고사하고 필요한 조직적 연대의 실현도 곤란하다.[71]

「12월 테제」는 당이 제창해야 할 특별 정책들을 제시하는 것으로 끝을 맺고 있다. 일상투쟁의 구호들은 일제에 대한 반대투쟁의 구호들과 상호 연계를 가져야 했다. 제국주의 전쟁을 부정하고 소비에트연방을 수호하자는 구호들에 중점이 주어진 것은 당연한 일이었다. 「12월 테제」는 앞으로 제기될 프로그램은 완전한 민족적 독립해방, 프롤레타리아트와 농민의 민주적 지도, 노동자와 농민의 정부, 자산과 국유지를 농민에게 무상 분배하는 것을 포함하는 토지혁명 등에 중점을 두어야 한다고 주장했다. 이어 테제는 당은 당면 과업으로 다음과 같은 일상적인 경제 문제들, 즉 노동조합과 노동단체의 공인, 여덟 시간 노동제, 남녀 노동보수의 평등조건, 노동보호(산업재해 방지를 위한 안전관리―옮긴이), 일본인 노동자와의 평등노동 조건, 소작료의 제한, 농산물 강제가격 폐지, 봉건적 전제 금지법령 공포 등을 겨냥한 일련의 사회개혁안을 제기해야 한다고 주장했다.

「12월 테제」는 코민테른 6차 대회의 결정사항에 의거하여 한국 공산주의 운동에 대한 기본 방향을 제시했다. 이 테제는 많은 문제점을 지니고 있었지만, 향후 몇 년간 한국 공산주의자들을 지배했다. 한편 이 시기의 또 다른 코민테른 문서 두 편이 한국 공산주의운동의 전개 방향을 규정했다.

먼저 영향력이 컸던 오토 쿠시넨의 논설을 살펴보자. 코민테른의 집행위

---

71 같은 책, 132쪽(이상의 인용문 역시 일본어판 테제에서 옮긴 것이다―옮긴이).

원이었던 쿠시넨은 한국 문제와 상당 기간 씨름했다. 1931년에 발표된 그의 논설이 언제—「12월 테제」가 발표되던 때였는지 혹은 그 후의 어느 때였는지 몰라도—처음 작성되었는지는 분명치 않지만 한국 대표가 참석한 가운데 작성된 것만은 분명하다. 정확한 날짜를 따지는 것이 중요한 게 아니고, 정작 우리의 관심을 끄는 것은 「12월 테제」의 논지를 더욱 강력히 재천명하고 있는 이 논설의 중심 주제다.

과거 한국 공산주의운동의 조류를 이루 말할 수 없이 신랄하게 공격한 쿠시넨의 비난을 들어보자. 쿠시넨은 한국 공산주의운동의 각 파, 각 동지 간에는 여러 가지 경향이 다분히 있었는데 어느 경향이 의미를 갖느냐 하는 것은 결국 구별할 수 없었다고 지적했다. 때로는 동일한 동지 간에 무지개의 여러 빛깔과도 같은 모든 경향을 볼 수 있었다. 게다가 당은 코민테른 6차 대회 이후에 가진 토의에서 거의 아무런 수확도 거두지 못했다. 당의 소부르주아적 무기력은 여전했고, 쿠시넨은 "당신들이 각 분파 그룹에서 노동자들을 눈을 씻고 찾으려 해도 찾지 못할 것이다"라고 지적했다.[72] 설사 코민테른에서 당의 지도권을 어느 한 파에게 넘겨주려 했다고 해도 코민테른 6차 대회 이후의 상황은 "경찰이 각 파벌 그룹의 지도분자와 구성원을 포함해 그 파쟁을 파악하고 있다는 단순한 이유만으로도" 그렇게 할 수가 없었다. 당은 완전히 붕괴되었던 것이다.

그리하여 코민테른에서는 단호한 조치를 취하기로 결정했다. 코민테른에서는 '종파주의 반대에 관한 중대한 지침'을 마련해 "종파주의자들을 통합하는 것이 아니라 숙청하여 새로운 핵심 간부와 당을 설립"하는 정책을 채택했다. 이미 쿠시넨이 주장했듯이 코민테른의 새로운 정책은 이전의 각 파벌과 그룹의 활동을 마비시키는 데 성공했다(아니면 그것은 일본이 거둔 성공일 것이다!). 쿠시넨은 각 파벌의 두령이나 기타 중요 인물들은 매우 교활하며 "유배

---

72 쿠시넨, 앞의 책, 18쪽.

중인 왕 또는 미래의 조선공산당 당수후보자"와 같은 행세를 하고 있다고 혹독히 비난했다. 쿠시넨은 단호했다. "그들의 이러한 태도에 대한 우리의 회답은 다음과 같다. 금후의 조선공산당에서 이러한 인물들은 필요 없다. 왜냐하면 이런 사람들은 혁명운동에 있어서 유해한 구성분자가 될 뿐이기 때문이다."[73]

진실한 볼셰비키당은 "근로대중 사이에 깊이 뿌리내린, 혁명적 인텔리겐챠로부터 나오는 잘 단련되고 신뢰받는 공산주의적 역량을 동반하는 건강한 프롤레타리아 조직"을 요구한다. 그것은 '당의 철칙과 일당주의一黨主義' 그리고 '레닌주의와 그것의 정확한 적용에 입각한 원칙적 정치'를 요구하는 것이었다.

그러나 마지막에 가서 쿠시넨은 조금 부드러워졌다. 그는 몇몇 동지는 코민테른의 노선에 확고히 입각해 자신들이 속했던 옛 파벌의 동지들을 상대로 파벌 청산을 위한 투쟁을 기꺼이 벌이는 중이라고 주장했다. 쿠시넨은 이런 동지들이야말로 한국 공산주의운동을 위해 꼭 필요한 인물들이며, 혁명운동에서 환영을 받을 것이라고 말했다.

또 하나 흥미로운 일은 코민테른 지도자들 역시 약간의 자기비판을 하고 있다는 사실이다. 쿠시넨은 "우리 측에도 어떤 문제에 있어서는 전혀 오류가 없는 것은 아니다. 조선 문제에 관해서는 특히 그렇다"라고 자인했다. 1925년 이래로 코민테른 결의안들은 중국의 국민당을 모방한 민족혁명당 건설의 중요성을 강조해왔다. 이런 목적을 위해 공산당은 대중적 민족단체들의 통합에 대한 과업을 하달받았는데, 그 과업은 당의 이름으로 행할 필요가 없으며 "조선의 독립획득투쟁이란 표어 아래 행하는 것이 바람직하다"는 지침이 내려졌다. 쿠시넨은 그리하여 "결국 공산당은 다른 단체들과 한 덩어리가 되고 말았던 것이다"라고 지적했다. 그러고 나서 깊이 사과하는 투로 말했다. "동지들,

---

[73] 같은 책, 24쪽.

만약 이러한 오류나 그 영향이 그다지 심하지 않았다면, 나는 여기서 이 문제에 대해 말하지 않았을 것이다."

코민테른 6차 대회는 이런 실책들을 바로잡았지만, 이미 한국 공산주의운동에 심한 피해를 입힌 뒤였다. 이전에는 부르주아 민족주의 혁명의 세 가지 기본 과제 중 단 한 가지, 민족해방만이 강조되었다. 코민테른의 지도층은 프롤레타리아트의 헤게모니 장악의 중요성뿐 아니라 토지혁명의 결정적 필요성을 소홀히 했던 것이다. 요컨대 코민테른은 당이 혁명을 장악할 수 있는 방향을 제시하지 못함으로써 부르주아지가 힘을 공고히 하여 혁명을 우익으로 몰고 갈 수 있게 했다는 것이다.

물론 한국 공산주의자들도 그들의 성과나 전망을 과장해서 보고해 코민테른이 종종 잘못된 판단을 내리도록 만들었다. 예를 들어 조공은 신간회 회원 수가 1만 명(10만 명의 착오―옮긴이)을 초과한다고 보고했는데, 쿠시넨은 이 같은 숫자가 과장된 것이라고 날카롭게 지적하며 신간회는 결코 진정한 대중단체가 아니라고 주장했다. 어쨌든 코민테른 6차 대회에서 한국 공산주의자들에게 부과된 당면 과제는 개인 가입을 토대로 하는 (국민당 형태의) 민족혁명당을 건설하는 것이 '아니라' 공동행동위원회의 도움을 받아 다양한 민족협동단체의 활동을 통일해 프롤레타리아트의 공산주의적 지도를 받는 진실한 진영을 구축하고, 소부르주아 민족주의자들의 동요를 비판하며, 그들의 정체를 대중 앞에 폭로하는 것이었다. 쿠시넨의 주장은 신간회의 포기 혹은 최소한 신간회와의 관계 재규정을 포함한 전술상의 변화를 요구하는 것을 의미했다.

어쨌든 중국의 국민당과 관련해 더 이상의 실책이 반복되어선 안 된다는 것이었다. 다른 측면에서 쿠시넨은 코민테른 6차 대회에서 지적된 식민지 국가에서 민족 부르주아지의 역할에 관한 두 가지 근본적인 오류를 강조했다. 그 하나는 당이 부르주아지의 '민족개량주의 노선'을 제대로 평가하지 못함으로써 부르주아지의 주도권을 허용했다는 것이다. 그 결과 프롤레타리아트와 부르주아지 간의 명확한 한계가 모호해졌고, 토지혁명 등 가장 중요한 혁명 구호들이 표출되지 못했다. 중국공산당은 1925~1927년에 바로 이러한 근본적인 오류를 범했다는 것이다. 다른 하나는 봉건주의·제국주의와 구별되는 부르주아적 민족개량주의가 갖는 특별한 중요성을 과소평가함으로써 공산주의자들을 대중으로부터 분리시키고 좌익 분파주의를 초래했다는 점이다.[74]

이 시기에 관심을 끄는 또 다른 코민테른 문서는 1930년 9월 18일에 발표된 「조선의 혁명적 노동조합운동에 관한 프로핀테른의 결의안」(흔히 「9월 테제」로 알려져 있다— 옮긴이)이다.[75] 그 당시 약 2년 동안 코민테른은 한국 공산주의자들에게 노동 대중에 파고들 것을 요구해왔다. 「프로핀테른 결의안」은 같은 내용을 놀라울 정도로 낙관적인 관점에서 강경하게 되풀이하고 있다. 이 결의안은 일본 자본주의의 경제적 위기가 악화되면서 일제에 대한 민족해방투쟁, 특히 프롤레타리아트의 계급투쟁이 고양되고 있으며 파업, 시위, 유격투쟁 등은 모두 새로운 대규모 대중운동으로의 접근을 의미한다고 주장했다.

특히 「프로핀테른 결의안」은 '민족개량주의적 부르주아지'의 진실성에 대한 한층 심각한 의문을 제기했다. 이들 그룹과 그 조직은 일제에 매수당하고 중국과 한국, 인도에서의 혁명 물결에 두려움을 느꼈기 때문에 장제스蔣介石의 반혁명을 모방할 만한 선례로 생각하고 일본과 밀착해 서슴지 않고 소련을 비방했다는 것이다. 이 결의안에서 특히 신간회는 몇몇 단체와 함께 "학생맹휴, 노동자운동에 대해 사보타지 정책을 펴는 민족개량주의 단체"로 낙인찍혔다.[76]

---

74 같은 책, 5~6쪽.
75 "Tasks of the Revolutionary Trade Union Movement in Corea"(조선의 혁명적 노동조합운동의 임무)라는 제목으로 1930년 9월 18일 프로핀테른(국제적색노동조합) 집행국에서 채택한 결의안이다. 이 문서는 프로핀테른에서 영어로 출판되었다. Resolutions of the Fifth Congress of the R. I. L. U.(국제적색노동조합 5차 대회 결의안), London, 1931, 152~158쪽.
76 위의 책, 153쪽.

1930년의 결의안은 실로 그 당시의 코민테른 정책들과 마찬가지로 분명히 전투적인 것이었다. 한국의 혁명가들에게 즉시 경제적·정치적 투쟁에 돌입해 소부르주아적, 민족개량주의적 요소를 폭로하고 제거할 것을 권유한 프로핀테른은 파업, 시위, 집중적인 선전 활동 등과 함께 좌익 노동조합의 조직을 촉구했다.

8. 협동전선의 해체

이런 배경을 염두에 두고, 이제 협동전선의 동향으로 되돌아가서 특히 신간회와 공산주의자들과의 관계에 대해 살펴보자. 급속하게 강력해진 신간회는 1927년부터 1929년 사이에 투쟁적 노선을 추구했다. 1930년 신간회는 스스로 지회가 386개소, 회원 수가 7만 6,939명에 이른다고 주장했지만 일본 당국은 신간회 지회가 단지 260개소, 회원 수가 3만 7,000명이라고 보고했다.[77] 대부분의 다른 단체와 마찬가지로 신간회의 회원 수도 매우 유동적이었다. 그러나 대부분의 지역에서 신간회는 지방의 청년동맹, 노동조합, 농민조합과 기타 사회주의·민족주의 단체의 공식적·비공식적 협동기구가 되었다. 이로써 신간회는 회원 수가 비교적 제한되어 있음에도 한국 민족주의자들의 견해를 대표한다고 주장할 수 있었다. '한국 사회운동'의 다양한 측면에 대해 세심하게 통계를 작성해온 일본은 지난 수년간의 사태 추이에 깊은 관심을 보였다. 〔표 1〕과 〔표 2〕에서 보듯 1927~1930년 집회의 금지·제한·해산 건수는 한국의 사회·정치단체의 전체 숫자와 마찬가지로 매년 급속도로 증가했다. 우리는 뒤에서 노동운동과 농민운동의 경향에 관해 논의할 것이므로, 여기서

---

77 고등법원 검사국, 『朝鮮刑事政策資料』, 경성, 1931, 23~25쪽. 여기에는 『조선일보』와 신간회와의 관계에 대한 일본 담당 검사의 보고와 신간회의 정치 활동에 대한 일본 당국의 평가가 수록되어 있다.

[표 1] 한국의 사회·정치 단체(1920~1930년)

연도	조직형태							
	민족주의	사회주의	노동	농민	청년*	소년*	형평	계
1920	–	11	33	–	251	1	–	296
1921	–	18	90	3	446	14	–	571
1922	–	19	81	23	488	25	–	636
1923	–	55	111	107	584	43	–	900
1924	1	86	91	112	742	81	83	1,196
1925	1	83	128	126	847	127	99	1,411
1926	2	38	182	119	1,092	203	130	1,766
1927	104	85	352	160	1,127	247	150	2,225
1928	182	75	432	307	1,320	293	153	2,762
1929	214	56	465	564	1,433	366	162	3,260
1930	246	56	561	943	1,509	461	165	3,941

자료: 조선총독부 경무국, 『最近に於ける朝鮮治安狀況』, 경성, 1934, 168~169쪽.
* 특별한 설명은 없지만 청년은 18세 이상, 소년은 그 이하를 가리킨다고 생각된다.

[표 2] 1927~1930년의 집회 취체取締 상황

연도	금지*	제한**	해산***	계
1927	283	398	126	807
1928	371	509	89	969
1929	727	1,288	36	2,050
1930	1,087	1,274	26	2,387

자료: 위의 책, 164~167쪽
* 금지: 집회 허가가 거부된 경우를 가리킨다.
** 제한: 연설이 선동적이라고 생각될 때 금지 또는 중지시킨 경우를 가리킨다.
*** 해산: 집회가 선동적인 의도가 있다고 생각될 때 경찰이 집회의 해산을 명하는 경우를 가리킨다.

는 이런 단체들을 포함한 조직체의 수가 실질적 증가 추세에 있다는 사실에 주목하는 것으로 충분하다. 민족주의 부분의 단체 수는 신간회 지회 수를 말하는데, 그 숫자는 비록 신간회의 주장보다 그리고 일본 측의 다른 자료에 나타나는 것보다 훨씬 적지만 그 증가 추세는 매우 뚜렷했다.

어떻게 해서 이처럼 급속하게 단체들이 조직되었을까? 우리는 신간회 지회와 신간회의 급진적인 청년 지도자들이 수행한 역할을 잘 보여주는 함경남도 홍원군洪原郡의 사례에 관해 자세한 자료를 갖고 있다. 홍원에 거주하던 엄원식嚴元植과 정렴수鄭濂守는 홍원 내 사회·정치단체의 지도자 24명과 함께 1927년 9월 30일 신간회 홍원洪原 지회 창립대회를 개최하는 데 주도적 역할을 수행했다. 엄원식은 서울에서 고등교육을 받고자 했으나 뜻을 이루지 못하고 낙향한 교사였다. 정렴수는 일본에 건너가 도쿄 소재의 니혼대학日本大學에 몇 달간 다니다가 역시 학비와 건강 문제로 귀국해야 했던 청년이었다. 그들은 비록 공산당원은 아니지만 마르크스주의 서적을 읽은 마르크스주의 공명자였으며 열렬한 민족주의자이기도 했다.

급진적 민족운동의 지방 지도자들에 대한 자료는 일반화할 수 있을 만큼 충분하지는 않지만 엄원식과 정렴수의 경우에는 전형적인 사례라고 말할 만한 징후는 뚜렷했다. 신간회(그리고 조공)의 지방 지도자들은 대부분 약간의 고등교육은 받았으나 현실생활에서는 출세하지 못한 계층 출신자였다. 그들 대부분은 일본이나 서울에서 입신의 기회를 구했으나 학업상의 낙오, 가난, 건강 혹은 가정 사정으로 낙향해야 했다. 이들은 깊은 좌절을 맛보기도 했지만 약간의 경험과 교육을 갖추게 되어 자연스럽게 급진적 운동의 지도자가 되었다.

홍원군의 경우, 신간회 지회 설립에 뒤이어 1927년 11월 6일 과거의 청년연맹을 토대로 신간회 지회의 중심 인물들을 포함하여 70여 명이 참석한 가운데 새로운 청년동맹이 조직되었다. 청년동맹의 회원 수는 800여 명에 달했고 12개 지부가 있었다고 한다. 한편 12월 1일에는 이와 유사한 양상으로 대부분 신간회와 관계가 있던 30여 명이 홍원농민조합洪原農民組合을 조직했다. 불과 몇 년 만에 홍원농민조합도 다수의 지부와 분회를 설치할 수 있었다.[78]

창립되던 해 신간회는 매우 강경한 좌익 노선을 고수했다. 공산주의자들은 신간회의 주요 간부직을 다수 차지했고, 마르크스주의 이념이 신간회의 전술이나 활동 내용을 지배했다. 물론 일본 당국이 이런 사실을 몰랐던 것은 아니다. 1927~1928년에『조선일보』는 당국으로부터 보도기사나 사설로 말미암아 20여 차례의 행정 규제를 받았다. 몇몇 사설은 놀라울 정도로 대담했다. 한 예로『조선일보』는 한국 문제의 유일한 해결책은 정치적 제국주의와 경제적 자본주의를 대체하는 데 있으며, 한국에서의 운동은 '적색 러시아의 세계 개혁운동'과 보조를 맞추어야 한다고 주장했다.[79] 신간회의 어떤 지회들은 전적으로 공산주의자 혹은 '비타협적' 민족주의자의 지배 아래 있었고, 집회에서 연설자의 주장이 '파괴적'이거나 투쟁적 행동을 권장하는 것이라고 하여 경찰에 의해 수많은 집회가 중지되었다. 많은 사례 가운데 1930년에 발생했던 두 가지 사건을 예로 들어보자. 그해 4월 신간회 경성京城 지회의 정기대회가 열렸을 때 지방의 한 지회로부터 다음과 같은 내용의 전보가 날아왔다.

반동적 억압의 굴레를 분쇄하고 혁명전선으로 돌진하라.[80]

그리고 한 달 후인 5월 27일 신간회의 간부 한 명은 다음과 같이 주장했다.

3억 인도인의 지도자 간디는 독립을 선언하였지 않은가? 우리 한국인들은 이 사실을 어떻게 받아들여야 하겠는가? 신간회를 조직한 지 3년이 되었지만 우

---

78 『思想月報』, 3권 12호, 1934년 3월, *AJMFA*, R S358, 13~44쪽. 농민조합은 다음과 같은 강령을 채택했다.
  1. 우리는 경제적·정치적 이익을 획득해 계급적 단결을 공고히 할 것을 기한다.
  2. 우리는 무산농민대중의 당면이익 획득과 질적(이데올로기적) 통일을 기한다.
  3. 우리는 무산계급의 의식적 교양과 상호부조를 기한다.
  (홍원군에서의 사태발전에 관한 상세한 설명으로는 다음 자료를 참조하라. 나미키 마사히토並木眞人,「植民地下に於ける地方民衆運動の展開」,『朝鮮史研究會論文集』, 20호.『1930년대 민족해방운동』, 1984, 거름출판사에서 번역·출판되었다 ─ 옮긴이)
79 앞의『朝鮮刑事政策資料』, 23쪽.
80 위의 책, 24쪽.

리는 특별히 해놓은 일이 없다. 그러나 우리는 수년 내에 간디와 같은 영웅을 탄생시킬 것이다. 이것이야말로 모든 사람들이 투쟁해야 할 목표이다.[81]

1928년 2월과 1929년 3월로 예정되었던 신간회 전국대회는 일본 당국에 의해 모두 금지되었다. 일본 당국은 신간회 지회의 급진적 활동을 알고 있었고, 상정된 의제를 보고 의혹을 품었던 것이다. 1930년에 이르러 일본은 신간회가 실제로 공산주의자를 양성하는 데 몰두하고 있다고 확신했다.[82] 1927년 1월부터 1930년 6월까지 89명의 신간회 회원이 '치안유지법 위반'으로 기소되었다. 더욱이 공산주의 활동이라는 죄목으로 체포된 사람들 가운데 상당수는 신간회의 회원이었다. 그리하여 일본의 신간회에 대한 의심은 더욱 확고해졌다.[83]

이 기간을 통해 급진적 민족주의자들과 공산주의자들은 대중의 반향을 불러일으키고자 노력했다. 그들이 노동자·농민·학생 운동에 중점을 두었던 것도 바로 이런 이유 때문이었다. 그러나 그들의 기대에 어느 정도 부응했던 것은 1929년의 광주학생운동光州學生運動뿐이었다. 1929년 10월 30일 광주 근교의 통학열차에서 한국인 학생과 일본인 학생 간에 싸움이 벌어졌다(한국인과 일본인 학생들은 서로 다른 학교에 다녔으므로 통학열차는 그들이 가까이 접촉할 수 있는 몇 안 되는 곳 중 하나였다). 싸움은 끝났으나 긴장은 고조되었고, 결국에는 다음 날 역전에서 대규모 충돌이 일어났다. 메이지 천황의 생일을 기리기 위한 휴일이었던 11월 3일 한국인 학생들과 일본인 학생들은 기회를 엿보며 떼

---

81 같은 책, 24쪽.
82 같은 책, 25쪽.
83 같은 책, 24~25쪽. 사카이阪井 검사는 신간회 창립으로부터 1930년 6월 16일까지 치안유지법 위반으로 기소된 89명이 신간회 회원이었다고 보고했다. 1930년 4월 공산당사건으로 경기도 경찰부에 체포된 80명 가운데 25명이 신간회 회원이었다. 그해 5월 함북 경찰부에 공산당사건 관계로 체포된 피검자 86명 가운데 64명이 신간회 회원이었다.

를 지어 시내를 배회했고, 몇 군데서 싸움이 벌어지기도 했다. 한국인 학생들은 시위를 벌이고, 일본인 학교를 습격했다. 한국인 학생은 60여 명이나 검거되었지만 일본인 학생은 한 사람도 검거되지 않았다. 이런 일본 당국의 차별적 행동은 결국 대규모 시위를 불러일으켰다. 여러 가지 구호와 함께 '식민지 노예교육제도의 폐지'를 주장하는 삐라가 살포되었다.[84] 이 소문은 엄격한 언론검열을 뚫고 전국으로 널리 퍼져나갔다.

광주학생사건이 일어나자 신간회는 처음부터 이에 개입했다. 사태가 심각해지자 광주 지회는 급히 서울 본부로 보고서를 보냈고, 본부에서는 광주 지회 간부들과 협의하기 위해 세 명의 간부를 급파했다. 12월 10일 신간회 본부는 당국의 차별정책을 규탄하는 전국적 시위를 벌이기로 결정했다. 공공집회와 가두시위, 선전책자의 대량 배포 등을 계획한 신간회 본부는 각 지방신문과 80여 신간회 지방 지회에 이를 통고했다.

3·1운동이 좀더 인상적인 형태로 다시 재현될 수 있을 것인가? 이를 크게 우려한 일본 당국은 거사계획에 관련된 증거를 가능한 한 모두 수집한 뒤 민첩하게 행동을 개시했다. 당국은 신간회 지도자로 사건에 깊이 관련된 허헌許憲, 이관용李灌鎔, 홍명희, 이완혁(이원혁李源赫의 착오─옮긴이), 조병옥趙炳玉, 김동준金東駿(일명 김무삼金武森) 등을 검거하고, 적발된 선전문을 압수했으며, 모든 학교를 철저히 감독했다. 결국 대규모 시위는 무산되었고 이는 민족주의자들을 크게 실망시켰다. 그러나 약 194개 학교에서 5만 4,000명의 학생이 동정 스트라이크를 일으켰으며, 이는 1930년 3월까지 계속되었다.

광주사건은 신간회에 커다란 영향을 미쳤다. 많은 급진적 지도자가 검거되었고, 그들은 당분간 활동무대에서 사라져버렸다. 본부와 지회 그리고 관련 단체의 잔존 인사들은 과거의 정책과 태도를 재평가하기 시작했다. 예를 들어

---

84 광주학생사건의 배경과 전개에 관해서는 다음 책을 참조하라. 양동주梁東柱, 『광주학생독립운동사』光州學生獨立運動史, 광주, 1956; 고등법원 검사국, 『京城市內萬歲騷擾事件』, 경성, 1930.

조선청년총동맹 내의 어떤 집단은 과거의 공산주의 경향 때문에 청총이 지속적인 탄압을 받아 무력해졌다고 주장한 것으로 전해진다. 지나치게 과격한 투쟁 노선을 계속 고수하면 자멸만 있을 뿐이며, 더욱이 그런 태도는 청총의 창립정신과 합치하지 않는다는 것이었다.[85] 청총 내의 온건파는 신간회 본부의 새 간부들과 제휴하기 시작했고, 온건파 대표들은 지방의 각 지부로 파견되어 과격한 극단주의로부터 합법운동으로의 전환을 주장했다.

이런 경향은 당연히 좌익의 반발을 불러일으켰다. 좌익 측의 본래 목표는 신간회 등 조직들을 장악하는 것이었고, 어떤 상황에서도 그런 조직들 속에 함몰되어선 안 된다는 것이었다. 초기에는 쉬운 듯이 보였던 이 같은 조직의 장악은 시간이 흐를수록 어려워졌다.

앞서 살펴본 것처럼 한국 공산주의자들은 '협동전선' 시기를 통해 일련의 대량 검거를 당했고, 그런 이유로 신간회에서 영향력 있는 지위를 유지할 역량이 약화되었다. 1928~1929년 계속된 검거로 공산주의운동은 결국 껍데기만 남게 되었다. 1928년 2월과 12월의 양 테제는 한국 부르주아지의 배신 위험성을 강경한 어조로 경고했다.

그러므로 신간회가 창립된 지 불과 2년 6개월 후인 1929년 8월 1일 만주의 한 한인 공산주의 단체가 민족유일당으로부터의 탈퇴를 촉구하고 있다는 사실은 그리 놀라운 일이 아니었다. 이 문제에 대한 이 단체의 결의안은 인용할 만한 가치가 있다.

'ㅊ'총(고려공산청년회 만주총국의 약자—옮긴이)은 민족당 문제에 대해 커다란 오해를 범했다. 'ㅊ'총은 부르조아 지당支黨—민족당을 만들기 위해 'ㅊ' 회원을 총동원해 의무적으로 민족당에 입당시키고 민족 당원을 적극적으로 모집해주었다. 그리하여 'ㅊ'총의 강령은 실시되지 않고 민족당의 사업을 발전시

---

85 조선총독부 경무국, 『最近に於ける朝鮮治安狀況』, 경성, 1934, 32쪽.

키는 것이 곧 자기의 사업을 발전시키는 것이라고 생각해왔다. 공산주의적 단체와는 구적仇敵의 당인 민족당을 만들려는 것은 근본적으로 오해이고, 객관적으로 부르조아지를 도와 자기 단체를 낙오시키는 것이다. 그리하여 농민의 헤게모니를 쟁취하는 것과는 반대로 농민을 부르조아지에게 주어버림으로써 자기 대열 내에 위난이 대두하는 토대를 만들었고 이로 인하여 사실상 사업에 많은 지장을 주었다. 국제당 제6회 대회 「식민 문제에 대한 결정서」는 소위 소부르조아 그룹과 공산주의적 단체를 완전무결하게 구별하고, 혁명적 노동운동의 완전한 독립성을 보존해야 할 것을 지적함과 동시에 혁명투쟁의 편의상 임시적 협동을 해야 할 것, 즉 특별한 경우에 있어서 운동이 혁명적인 경우에만 민족혁명운동과 임시적 동맹을 만들 수 있다고 지적해놓고 있다. '추'총은 민족당에 대한 과거 정책의 근본적 오해를 용감히 고침과 동시에 여러 민족유일당 이론을 극복하지 않으면 안 된다. 민족유일당 조직동맹에 대한 아등我等의 정책은 다음과 같이 규정한다.

1. 민족유일당 조직동맹으로부터 공청회원은 물론 당의 영향하에 있는 제 군중을 탈퇴시키도록 할 것
2. 민족유일당 조직동맹으로부터 탈퇴할 준비로써 조직동맹 집행위원 및 기타에게 민족당의 불필요를 해석해줄 것
3. 적당한 시기에 조직동맹 임시대회 또는 집행위원회를 소집한 후 민족유일당의 불필요를 설명하여 탈퇴하고, 일본 제국주의의 만몽滿蒙침략정책에 반대하는 선전을 협의회 형식으로 조직해야 할 것을 상대 이론으로 수립해야 한다.[86]

---

86 「高麗共産靑年會 滿洲總局 中央常務委員會 決定書」, 일본 외무성 지린 총영사가 외무대신에게 보낸 보고서, 1929년 8월 27일자, *AJMFA*, R S722(페이지 안 매겼다). 화요회파로 구성된 고려공산청년회는 닝안현 둥징성東京城에 자리 잡고 있었다.

1930년경 한국에는 두 계열의 공산주의자 그룹이 있었다. 하나는 구상해파와 서울파의 연합세력이고, 또 하나는 ML계였다. 그러나 조직화된 당은 존재하지 않았고, 신간회를 제외하고는 공식적 지휘 계통조차 서 있지 못했다. 이런 상황에서 공산주의자들의 정책에 관한 주도권이 국외에서, 즉 첫째는 모스크바에서, 그다음 만주와 상하이, 도쿄 등지로부터 제기된 것은 당연한 일이었다. 일본에서조차 당시의 정치적 풍토는 한국보다 훨씬 자유로웠다.

공산주의자들을 신간회로부터 분리하고, 신간회를 해소解消하려는 공작은 결국 ML계의 가장 명석한 지도자 중 한 사람으로 당시 도쿄에 있던 고경흠에 의해 착수되었다. 4차 조공의 붕괴 이후 상하이에 결집한 고경흠 일파는 1930년 전반기부터 일본과 한국으로 잠입해 들어왔다. 고경흠은 일단 도쿄에 자리를 잡자, 모스크바의 신노선을 선전하는 논문과 팸플릿을 작성하기 시작했다. 당시 한국 공산주의자들은 조직되지 않고 고립되어 있었기 때문에 고경흠의 선전 활동은 금방 부각되었으며, 특히 ML파 내에서는 특별한 주목을 받았다. 1930년 4월에 집필한 논문 「조선공산당 볼셰비키화의 임무」에서 고경흠은 한국 공산주의 정책의 단호하고 즉각적인 방향 전환을 요구했다.[87] 그는 민족단일당 또는 민족협동전선당에 대한 지지는 사실상 오랫동안 진실한 공산주의자들로부터 비난받아왔던 해당론解黨論(공산당을 해산하자는 야마카와 히토시의 주장은 일본에서는 야마카와주의로 알려져 있음)의 가장 명백한 표현이라고 주장했다. 그는 신간회에 대한 태도에서 한국 공산주의자들이 이와같은 오류를 범했다고 지적했다. 고경흠에 따르면 대중의 전위당이 될 수 없었던 조공은 본질적으로 '사상단체'의 범주를 벗어나지 못했다. 즉 조공은 반

---

87 이 논문은 『朝鮮前衛黨ボルシェビイキ化の爲に』라는 책으로 다시 출판되었다(도쿄, 1931년 7월, 47~48쪽). 이 팸플릿은 앞에서 인용된 코민테른과 프로핀테른의 테제뿐 아니라 고경흠의 다른 논문 세 편도 싣고 있다(고경흠이 차석동車石東, 김민우金民友 등의 가명으로 발표한 논문들은 다음 자료에 수록되어 있다. 박경식朴慶植 편, 『朝鮮問題資料叢書』, 第七卷 ─ 『1930年代 朝鮮革命運動論』, 도쿄, 1982 ─ 옮긴이).

제국주의, 반봉건투쟁을 벌이는 사람보다는 공산주의 사상의 연구에만 몰두하는 사람들로 구성되었다는 것이다. 또한 고경흠은 당은 자기의 직접적 임무를 당 자체를 통해 수행하려 하지 않았기 때문에 공산당의 국제적 책임을 실천하지 못했다고 주장했다.

1930년 8월에 작성된 논문 「민족개량주의의 반동적 도량跳梁을 분쇄하자」에서 고경흠은 코민테른으로부터 제기되고 있던 강경한 좌익 노선을 적극 지지했다. 당시의 신간회 지도자들을 '민족개량주의자'로 규정한 그는 한국 공산주의자들이 이에 대항해 결연히 투쟁해야 하며, 그런 투쟁이야말로 공산주의운동의 '주요 방향'이어야 한다고 말했다. 물론 그 투쟁은 우익 민족개량주의자뿐 아니라 '좌익 민족개량주의자'에 대해서도 수행되어야 했다. 고경흠에 따르면 우익 개량주의자들은 『동아일보』를 중심으로 집결해 있었고, 좌익 민족개량주의자들은 "신간회 지도부를 중심으로 하는 일련의 소부르조아지 상층"으로 이루어져 있었다. 고경흠은 혁명적 노선인가 아니면 개량주의적 노선인가 하는 단 두 가지 길만이 있을 뿐이며, 다른 길을 택하는 사람들은 단지 '인민주의'의 환상에 사로잡혀 있을 뿐이라고 주장했다.

고경흠은 1930년 9월의 프로핀테른 결의안과 당시의 다른 문서들에서 제시되었던 소비에트 노선을 되풀이하고 있었다. 다른 나라들에서도 협동전선은 해체되고 있었다. 당시 일본의 극좌 세력 내에서는 공산주의자를 포함한 투쟁분자들의 지도적 합법단체로 조직되었던 일본노동당 해소 여부를 둘러싸고 열띤 논쟁이 벌어졌다. 협동전선론의 오랜 신봉자인 오야마 이쿠오大山郁夫는 갑자기 자신들이 호소사가 가네미쓰細迫兼光 등 일본 공산주의자들의 대변자로부터 공격받고 있음을 깨달았다. 물론 그 근본적 이유는 합법적인 극좌정당의 재건이 당시의 코민테른 노선에 위배된다는 것이었다. 사실 한국과 일본의 객관적 조건은 별다른 의미를 지니지 못했다. 국제 공산주의운동의 정책은 이미 결정되었고, 일단 결정된 이상 추종되어야만 했다. 우리는 온건파들이 신간회에서 주도권을 장악하기 이전에 벌써 공산주의자들의 새 노선이 채택되었다는 사실에 주목해야 한다. 마침내 해소논쟁解消論爭은 한국의 급진적 세력 사이에도 번져갔다. 『해방』解放, 『군기』群旗, 『조선지광』朝鮮之光, 『혜성』彗星 등 급진적 잡지들은 해소논쟁을 특집으로 다루었다. 논쟁이 계속되는 동안 공산주의자들의 지배 혹은 영향하에 있던 경성과 도쿄, 인천, 통영統營, 부산 등의 지회가 해소를 결의했다.

1931년 5월 15일 신간회 전국대회가 열렸다. 그것은 신간회 창립 이후 경찰이 허가한 첫 번째 전국대회였다.[88] 이 전국대회는 해소론자들이 신간회에 최후의 일격을 가함으로써 경찰의 수고를 덜게 할 저의로 허가되었을 가능성이 매우 크다. 이때 일본 당국과 공산주의자들의 목표는 완전히 일치했다. 신간회 본부 간부들은 해소에 동의하는 지회 대의원들의 자격을 취소하면서까지 신간회의 존속을 위해 강력하게 대항했다. 그러나 그들은 실패했고, 다음날 해소가 가결되고 말았다. 표결이 끝난 뒤 대회는 해소 절차와 앞으로의 활동 방향에 대해 논의하려고 했지만 그때 경찰은 신간회는 해산되었으므로 더 이상 토의할 근거가 없다고 재빨리 주장하고 나섰다. 그로써 신간회는 종말을 고했고, 그와 함께 협동전선의 시대도 막을 내렸다. 그로부터 공산주의자들의 목표는 노동자와 농민을 토대로 한 지하운동의 건설이 되었다.

9. 프롤레타리아 문예운동

이 시기의 급진적인 운동 중 우리가 좀더 관심을 기울일 만한 가치가 있는 부분이 바로 프롤레타리아 문예운동이다. 당시의 공산주의자들 가운데 상당수

---

88 이 대회의 전 과정은 다음 자료에 자세히 기록되어 있다. 박한식朴漢植, 「신간최후전선대회기」新幹最後全鮮大會記, 『혜성』彗星, 1931년 7월호, 38~42쪽. 경찰 기록으로는 다음 자료를 참조하라. 「新幹會の解消」, 『思想月報』, 1권 3호, 1931년 6월호, 15~16쪽, AJMFA, R S355; 일본 내무성 경보국, 『昭和6年に於ける社會運動の狀況』, 1,114~1,129쪽.

는 지식인 또는 소지식인이라고 부를 수 있는 사람들이었다. 이제 이 용어의 개념을 분명히 해보자. 지식인은 교육 정도와 종사하고 있는 직업 분야에 따라 결정되는데, 지식인이 모두 총명한 것도 아니고 총명한 사람이 모두 지식인인 것도 아니다. 따라서 우리는 이 용어를 고등교육(일반적으로 대학 또는 전문학교)을 받고 다소 전문적 영역인 학자, 문필가, 언론인 등의 직업에 종사하는 사람들 중에서 권위를 지닌 사람들에 대해 사용하고자 한다. '지식인'이라는 용어는 지나치게 광범위한 직종과 개인을 포괄하는 의미로 사용되어왔다. 따라서 평균 수준 이상의 교육(최소 중학교 이상 또는 전문학교 중퇴)을 받고 보통학교나 중학교의 교원, 도서관 직원, 저수준의 문필 활동과 언론에 종사하는 사람들을 따로 '소小지식인'으로 분리해내는 일이 필요할 것이다. 직업적 학생들도 이 범주에 든다. 전 아시아의 공산주의운동은 적어도 그 초기 단계에는 지식인, 소지식인에게 상당히 많은 부분을 의존했다. 따라서 1920년대 한국 좌익 지식인의 활동은 우리의 주목을 끌며, 이 중에서 중심적인 활동가들이 1945년 이후 북한에서 재등장하고 있다는 점에서 더욱 흥미롭다.[89]

한국에서 신문화운동은 제1차 세계대전 직후, 즉 3·1운동 무렵 처음으로 모습을 드러냈다. 쉽게 예상할 수 있듯 이는 대체로 일본의 자유주의자 집단의 사조를 반영한 것으로, 실상 이 시기에 축적된 지식의 대부분은 일본어로 된 논문과 저서의 직수입 혹은 번역에 의한 것이었다. 이 새로운 함성은 자연주의적 문학과 개별 예술가의 자유를 위한 것이었으며, 가장 주된 요구는 바로 '예술을 위한 예술'이었다. 이 운동은 초기 단계에는 전적으로 문학 분야에 국한되었다. 뒷날 좌익 지식인들은 이 시기를 '봉건적' 관념에 대한 부르주아

---

89 이 문제에 대해 앞서 인용한 자료들 외에도 참가자들이 옥중에서 일본 경찰에 제출하는 식으로 작성된 두 편의 글이 특별한 중요성을 지닌다. 안필승安弼承(=안막安漠), 「朝鮮プロレタリア藝術運動略史」, 『思想月報』, 제10호, 1932년 1월호, 1,550~1,600쪽, AJMFA, R S356; 김기진金基鎭(필명은 김팔봉金八峯), 「朝鮮に於けるプロレタリア藝術運動の過去と現在」, 앞의 책, 1,510~1,549쪽(서대문형무소에서 1931년 10월 11일 제출한 원고).

자유주의자들의 공격으로 평가했다. 1924~1925년 신문화운동이 좌경화되면서 최초로 조직상의 노력이 이루어졌다. 이런 노력들 가운데 하나가 박영희朴英熙, 김기진, 이상익(이익상李益相의 잘못이 아닐까 싶다 — 옮긴이) 등이 이끈 소위 신경향파新傾向派였다. 과거의 자유주의(또는 무정부주의)의 영향을 벗어난 이들은 문학비평이나 단편소설, 중편소설의 창작을 통해 자신들이 마르크스-레닌주의의 강력한 영향을 받고 있음을 드러냈다. 그들은 자신들이 유물론적 관점을 지니고 있으며 정치에 깊은 관심을 갖고 있다고 주장했다. 이들은 주로 『백조』白潮, 『개벽』, 『사상계』(『사상운동』思想運動의 잘못이 아닐까 싶다 — 옮긴이) 등을 통해 활동했다.

1925년 7월 이들을 비롯한 문인들은 조선프롤레타리아예술동맹을 조직했다. 이 단체의 주요 활동가들 중 한 사람인 김기진은 훗날 조선프롤레타리아예술동맹은 비교적 활동이 미약했고, 1923~1926년의 운동은 어느 모로 보나 원시적인 것이었다고 회고했다. 이들 젊은 '마르크스주의자'는 대부분 빈곤과 착취, '힘없는 사람들'의 비극에 관한 소설을 쓰는 데 열중했다. 이 시기 문학의 가장 두드러진 주제는 더 이상 참을 수 없을 때까지 슬픔을 간직한 착취당하는 노동자들의 삶에 관한 것으로, 소설 속의 주인공들은 분노의 폭발로 자신의 사장인 자본가를 살해하고 자기 가족을 파멸로 이끈 뒤 옥중에서 생을 마치게 된다. 한국 문학에서 흔히 찾아볼 수 있는 복수의 개념은 이 시기에 나온 많은 문학작품의 중심 주제였다.

젊은 작가들 사이에서는 도쿄의 일월회와 서울의 북풍회를 통해 이론논쟁理論論爭이 점차 확대되었다. 이들은 어느 곳에서나 볼 수 있는 젊은 좌익 작가들로 논쟁의 요점이 무엇이었는지는 쉽게 짐작할 수 있다. 이 시기의 지도자들은 박영희, 김기진과 조중곤趙重滾, 윤기호(윤기정尹基鼎의 잘못이 아닐까 싶다 — 옮긴이), 한설야韓雪野(뒷날 북한에서 활발히 활동) 등이었고, 대표적인 좌익 시인으로는 임화林和, 유완희柳完熙, 박팔양朴八陽, 이상화李相和 등이 있었다 (임화에 관해서는 뒤에 상세히 살펴보겠다).

이들 좌익 작가의 작품이 지니는 문학적 가치에 관해서는 논쟁의 여지가 많지만, 최서해崔曙海의 「홍염」紅焰, 조포석趙抱石(일명 조명희趙明熙)의 「낙동강」洛東江 등은 일반적으로 이 시기 프로문학의 백미로 꼽힌다. 임화와 유완희 역시 우수한 '프롤레타리아' 시인이라는 평가를 받았다.

1927년 프롤레타리아 문예운동은 한층 좌경화되었다. 이는 명백히 당시 일본과 한국의 젊은 급진주의자들에게 강력한 힘을 행사하고 있던 후쿠모토주의의 영향이 반영된 것이었다. 이 무렵 조선프롤레타리아예술동맹은 과거의 회원들이 대체로 물러나고 더욱 젊은 선동가들로 재조직되었다. 프로예술동맹은 기관지로 『예술운동』藝術運動을 발간했는데, 이는 나중에 『무산자』無産者로 개칭되었다. 좌익 작가들 사이에서는 전술적·이론적인 면에서 열띤 토론이 전개되었다. 만약 예술이 대중에 영향을 미치기 위한 것이라면 어떤 형식이 가장 적절한 것일까? 김기진 등 온건파는 대중과의 접촉을 위해서는 문학작품이 최소한 일본 경찰의 검열을 통과할 수 있어야 한다고 주장했다. 그러나 임화 등은 김기진의 제의가 이데올로기 면에서의 무장해제를 의미한다고 반박했다. 투쟁적인 프로문학가들 역시 그들이 '민족문학'의 옹호자로 지목한 사람들, 즉 계급을 초월해 '한국 민족 전체'에 정치적 호소를 해야 한다고 주장하는 작가들을 공격했다. 이들 민족문학의 옹호자들은 한국과 같은 식민지 후진사회에서 계급은 아무런 의미를 지니지 못한다고 주장했다.

프롤레타리아 문예운동 내부의 분열은 점차 치유될 수 없는 단계에까지 이르렀다. 다른 좌익 운동과 마찬가지로 프롤레타리아 문예운동 역시 분파주의에 깊이 빠지고 말았다. 그런 와중에도 마르크스-레닌주의의 영향은 문학의 영역을 넘어 연극과 영화, 미술에 이르기까지 광범위하게 퍼져나갔다. 극단劇團 '불개미'는 정치연극을 제작·공연했으며, 1929년 가을에는 초창기의 무성영화에 영향을 미치기 위해 '신흥영화동맹'新興映畵同盟이 결성되었다.

소위 온건파(김기진·최서해 등)와 과격파(박영희·임화) 간의 공방은 1929년 여름 절정에 달했다. 이런 상태에서 1928년 2월의 대검거와 신간회의 출현으로 프롤레타리아 문예운동이 갑자기 쇠퇴한 것은 그리 놀라운 일이 아니다. 이 무렵 프롤레타리아예술동맹은 큰 타격을 입었다. 1930년 봄에 임화와 권환權煥, 안막(1945년 이후 다시 살펴보겠다), 김효식金孝植(=김남천金南天―옮긴이) 등 도쿄에 있던 과격파는 프롤레타리아예술동맹의 재조직을 주장했다. 그해 4월 프롤레타리아예술동맹은 박영희와 임화, 윤기영(윤기정의 잘못―옮긴이), 송영宋影, 김기진, 이기영李箕永, 한설야 등을 중앙집행위원으로 하고 권환과 안막(또는 안필승安弼承), 엄흥섭嚴興燮 등을 후보위원으로 하여 재구성되었다. 재조직된 프롤레타리아예술동맹은 각각의 담당 기능과 사업 분야를 가진 부서로 나뉘는 공산당의 조직을 거의 그대로 따르고 있었다. 그러나 곧이어 검거가 뒤따랐다. 1931년 8월 안막이 검거되었고 40일 후 김기진 역시 같은 신세가 되었다. 이들(그리고 검거된 다른 많은 사람)로부터 일본 경찰은 프롤레타리아예술동맹과 그 외곽단체에 관련된 인물이나 단체들의 정책과 활동에 대해 상세한 정보를 얻어냈다. 검거되었든 아니든 간에 중심인물들은 모두 계속해서 감시를 받았다. 이로써 만주사변滿洲事變이 발발할 무렵까지 프롤레타리아 문예운동은 최악의 곤경에 빠지고 말았다.

그 당시 한국의 좌익 지식인들이 사회 전반에 광범위한 영향력을 행사했다고 말하기는 어려울 것이다. 어쨌든 이들이 쓴 몇몇 소설과 시는 특히 중학생과 전문학교 학생, 대학생들을 중심으로 상당히 널리 읽혔다. 대중에 호소하는 예술의 중요성을 강조하는 모든 논의에도 불구하고 당시 이 운동이 평범한 사람들에게 미친 영향은 극히 미미했다고 할 수 있다. 실상 이 운동보다는 좌익 내부의 소지식인들이 더 강력한 영향력을 행사했고, 따라서 이들이 당내에서 좀더 중요한 역할을 수행했다. 그럼에도 조선프롤레타리아예술동맹은 당시 지식계의 분위기에 마르크스-레닌주의가 연구될 수 있는 토양을 제공했고, 문화의 다른 부분에까지 영향을 미쳤다. 이 같은 맥락에서 조선프롤레타리아예술동맹은 앞으로 다시 살펴보겠지만 제2차 세계대전 후까지 전해지는 유산을 남겼다. 몇몇 핵심적인 좌익 지식인은 끝까지 자신들의 기본 입장을 견지했고, 따라서 1945년 이후 북한에서 정권을 장악한 게릴라 출신에게 유용한 존재로 비치게 되었다.

10. 제1세대 한국 공산주의자들의 사회경제적 배경

지금까지 이 시기 한국의 좌익 지식인들이 벌인 활동을 살펴보았는데 이제 좀더 광범위한 문제로 돌아가보자. 이 시기의 한국 공산주의운동에 참여한 사람들의 지배적인 사회경제적 조건은 어떠했을까? 무엇 때문에 이들은 공산당에 가담했을까? 다행히 일본의 관헌 사료는 광범위한 자료를 제공해주고 있는데, 이를 토대로 〔표 3〕에서 〔표 11〕까지 작성해보았다.

여기에서 우리는 어떤 결론을 내릴 수 있을까? 직업 구성의 비율을 볼 때 코민테른이 종종 비난해왔듯이 마르크스주의자들이 '부르주아지' 또는 '소부르주아지'라고 부르는 사람들이 당의 지도부를 장악했음이 분명하다. 〔표 3〕의 분류에 따르면 당원 중 40퍼센트 이상이 '부르주아' 혹은 '소부르주아'의 범주에 속했고, 이들 대부분은 지식인 혹은 소지식인으로 이루어졌다. 게다가 이들은 대부분 언론인이었는데, 신문·잡지 기자들이 당원 가운데 거의 25퍼센트를 차지했다.

실상 당원 중 상당 비율을 점하고 있는 무직자의 대부분은 지식인의 범주에 속하기 때문에 〔표 3〕의 수치에는 지식인이 차지하는 비중이 크게 줄어들었다. 이 중 일부는 일정한 직업을 갖고 있지 않은 전문적인 정치운동가였고, 또 다른 일부는 미취업의 졸업생 또는 고등룸펜이었다. 적어도 화이트칼라 근로자의 일부, 특히 관공리층은 쉽게 지식인으로 분류될 수 있다. 마지막으로 '기타'로 분류된 사람들에도 전문 직종에 종사하는 사람이 포함되어 있었다. 아마도 당원 전체의 50퍼센트를 훨씬 넘는 사람들이 지식인만이 종사할 수 있는 직업을 가진 부르주아지 출신이라고 말해도 과장이 아닐 것이다.

[표 3] 1·2·4차 조선공산당 관계자의 직업 구성

직업	인원	비율(%)	인원	비율(%)	인원	비율(%)
부르주아와 소부르주아					95	42.4
① 지식인·소지식인			76	33.9		
신문·잡지 기자	53	23.7				
학생	16	7.1				
문필가	3	1.3				
교 원	4	1.8				
② 상인			19	8.5		
무직					65	29.0
농민					29	13.0
① 농업			27	12.0		
② 어업			2	1.0		
근로자worker					26	11.6
① 노동자laborer			15	6.7		
② 화이트칼라			11	4.9		
관공리	3	1.3				
사무원	8	3.6				
기타					9	4.0
총계					224	100.0

자료: AJAN, R 102, 「朝鮮共産黨事件に關する件」과 『비밀결사…』의 별지別紙를 토대로 작성했다.

신문·잡지 기자가 다수를 차지하는 데는 몇 가지 이유가 있다. 이 무렵 한국에서는 식민지의 일반적인 상황과 마찬가지로 지식인들의 취업 기회가 거의 봉쇄되어 있었다. 정부관리가 된다거나 학문 연구에 종사하는 길은 극히 제한되어 있어 고등교육을 받은 한국인들이 취업에 제한받지 않는 극소수 분야 중 하나인 언론기관에 몰린 것은 당연한 일이었다. 게다가 언론계는 종교 지도자들의 권위가 쇠퇴한 이래 한국 민족운동의 핵심 지대가 되었다. 마지막으로 당시의 당원 획득방식에서 개인적인 관계가 갖는 중요성이 커서 핵심적인 언론인이 당에 가입한다면 다른 기자들 역시 당과 관계를 맺기가 쉬웠다. 실상 '근로자'로 분류된 사람들 중 무시할 수 없는 숫자가 인쇄공, 신문배달부 또는 신문사에 관계된 다른 직종에 종사하는 사람들이었다. 따라서 당원 획득이 어느 정도 신문사를 통해 이루어졌음을 알 수 있다.

당원들 가운데 어떤 형태로든 노동자로 분류될 수 있는 사람의 숫자는 극히 적었다. 쿠시넨이 조선공산당에 참가한 노동자를 눈을 씻고 찾으려고 해도 찾을 수 없다고 지적한 것은 사실의 정곡을 찌른 것이었다. '근로자'는 화이트칼라를 포함해 당원의 11.6퍼센트에 불과했다. 무직으로 분류된 사람들 중 일부를 포함한다고 해도 육체노동자가 차지하는 비중은 '근로자'의 60퍼센트에 불과했다. 한국 국민의 80퍼센트를 차지하고, 그 당시 진정한 프롤레타리아트의 대부분을 포괄하는 농민은 당원 가운데 겨우 13퍼센트에 지나지 않았다.

만약 계급을 직업에 따라 분류하지 않고 재산을 소유한 정도에 따라 나눈다면 한국 공산주의운동은 좀더 프롤레타리아적이었다고 말할 수 있다.

[표 4], [표 5], [표 6]의 통계수치는 당원 중 약 50퍼센트가 1,000엔 미만의 재산을 소유했으며 33퍼센트가 1,000~5,000엔의 넉넉하지 않은 중류층이었음을 말해준다. 그러나 이 같은 수치의 중요성도 완전한 것은 아니다. 한국의 가족관계는 극히 긴밀하게 짜여 있어서 부르주아적 직업을 가진 사람들조차 필요할 때는 집안의 도움을 받을 수 있었다. 집안의 도움을 받지 못한다고 해도 이들은 재산소유 정도 이상의 생활수준을 누렸다. 세금 때문에 재산을 줄여 말하는 것은 당시의 한국에서는 일반적인 일이었다.

[표 7], [표 9], [표 10]의 교육수준에 관한 통계는 [표 6]에서 당원의 50퍼센트 정도를 차지하는 1,000엔 미만의 재산 소유자들이라고 해서 모두 진정한 프롤레타리아트로 간주될 수 없다는 사실을 보여준다.

이 같은 맥락에서 우리는 당원의 절대 다수가 아주 젊은 층이었다는 것을 염두에 두어야 한다. 그럼에도 재산 소유에 관한 이 자료를 무시해버리는 것

[표 4] 1·2차 조선공산당 사건으로 재판에 회부된 사람의 재산과 직업별 분류

직업	재산				
	1,000엔 미만	1,000~5,000엔	5,000~1만 엔	1만 엔 이상	계
신문기자	15	8	2	3	28
무직	11	3	1	1	16
노동자	8	–	–	–	8
농민	3	4	1	–	8
상인	5	3	–	–	8
학생	2	–	1	2	5
문필가	2	1	–	–	3
교원	3	–	–	–	3
기타	2	2	–	–	4
계	51	21	5	6	83

자료: [표 3]과 같다.

[표 5] 4차 공산당 관계자의 재산과 직업별 분류

직업	재산				
	1,000엔 미만	1,000~5,000엔	5,000~1만 엔	1만 엔 이상	계
신문·잡지기자	8	13	1	3	25
무직	23	19	4	3	49
노동자*	6	1	–	–	7
농민	8	7	2	2	19
상인**	2	5	1	3	11
어민	1	1	–	–	2
학생	3	2	1	5	11
관공리	2	1	–	–	3
서기	4	2	2		8
교원	1	–	–	–	1
기타	2	2	–	1	5
계	60	53	11	17	141

자료: [표 3]과 같다.
*노동자에는 인쇄공과 목수가 포함된다.
**상인에는 네 명의 양조업자와 주류판매자가 포함된다.

[표 6] 1·2차 공산당사건으로 재판에 회부된 사람, 4차 공산당 사건으로 검거된 사람의 재산 소유별 분류

재산	인원	비율(%)
1,000엔 미만(빈곤)	111	49.6
1,000~5,000엔(중류)	74	33.0
5,000~1만 엔(중·상류)	16	7.1
1만 엔 이상(상류)	23	10.3
계	224	100.0

자료: [표 3]과 같다.

[표 7] 1·2차 공산당 사건으로 재판에 회부된 사람의 연령과 교육수준

연령	대학교*	전문학교**	중학교	보통학교	기타***	계
20세 미만	–	–	–	1	–	1
20~25세	2	2	4	11	2	21
26~30세	5	2	12	5	3	27
31~35세	5	4	5	3	2	19
36~40세	–	–	5	1	2	8
40세 이상	–	1	2	1	3	7
계	12	9	28	22	12	83

자료: [표 3]과 같다.
＊각각의 분류는 졸업자와 중퇴자를 포함한다.
＊＊대학입학 자격이 5년제 중학교 졸업 후 2년제 예과豫科 수료였던 반면,
전문학교는 보통학교 졸업 후 4년 이상(혹은 그 이하)의 중학교 수료였다.
＊＊＊기타에는 서당書堂 출신과 무학자가 포함된다.

은 현명하지 못한 생각이다. 실상 한국의 전반적인 생활수준은 비참할 정도
로 낮았기 때문에 기자와 같은 직업은 어떤 위세가 주어진 것이긴 하지만 특
별히 보수를 후하게 받는 것은 아니었다. 따라서 우리는 공산당에 참여한 상
당수는 전반적인 생활조건, 특히 경제적 처지에 깊은 불만을 품은 젊은 '지식
인'이었다고 상정할 수 있다. 공산주의운동에 가담하게 된 동기를 밝혀주는
[표 11]의 통계는 이런 결론을 뒷받침해준다.

[표 8] 1·2차 공산당 사건으로 재판에 회부된 사람과 4차 공산당 사건으로 검거된 사람의 연령

연령	인원	비율(%)
20세 미만	1	0.5
20~25세	77	33.8
26~30세	91	39.9
31~35세	32	14.0
36~40세	16	7.0
40세 이상	11	4.8
계	228	100.0

자료: [표 3]과 같다.

[표 9] 1·2차 공산당 사건으로 재판에 회부된 사람과 4차 공산당 사건으로 검거된 사람의 교육수준

교육수준	인원	비율(%)
대학교	29	12.7
전문학교	15	6.6
중학교	63	27.6
보통학교	95	41.7
기타	26*	11.4
계	228	100.0

자료: [표 3]과 같다.
*13명의 무학자가 포함된다.

[표 10] 4차 공산당 사건으로 검거된 사람의 연령과 교육수준

연령	대학교		전문학교		중학교		보통학교		서당	무학자	계
	졸업	중퇴	졸업	중퇴	졸업	중퇴	졸업	중퇴			
20~25세	1	8	–	2	10	7	23	3	–	2	56
26~30세	3	5	1	2	9	6	31	2	1	4	64
31~35세	–	–	–	1	1	–	10	–	–	1	13
36~40세	–	–	–	–	1	–	4	–	–	3	8
40세 이상	–	–	–	–	1	–	–	–	–	3	4
계	4	13	1	5	22	13	68	5	1	13	145

자료: [표 3]과 같다.

그러나 공산당에 중상류나 상류층이 전혀 없었던 것은 아니고 오히려 상류층이 당원의 10퍼센트 정도를 차지했다. [표 7]과 [표 8]은 조공의 당원들이 극히 젊은 층으로 구성되었다는 사실을 단적으로 보여준다. 당원의 약 75퍼센트가 20대였고 95퍼센트가 40세 이전의 사람들이었다. 이는 재산소유 정도가 갖는 의미를 이해하는 데도 도움을 준다. 교육수준에 관한 한 조공 당원들은 어느 모로 보나 전형적인 한국 청년들과 동일시될 수 없었다. [표 9]와 [표 10]

[표 11] 4차 공산당 사건으로 검거된 사람의 공산주의운동 가담 동기

원인	인원	비율(%)
민족주의적 요인	**44**	**22.7**
민족해방을 위해서	42	21.7
일본인의 전횡에 분노해서	1	0.5
한국인에 대한 차별 때문에	1	0.5
사회경제적 개혁	**30**	**15.5**
사회개혁을 희망하여	15	7.7
생활고	7	3.6
농민층의 빈곤	3	1.6
한국의 경제적 위기	3	1.6
언론탄압	2	1.0
개인적·집단적 교제	**81**	**41.7**
친구의 권유	37	19.1
가정 문제(비경제적 요인)	4	2.1
사회운동을 통한 자극	21	10.8
농민운동을 통한 자극	10	5.0
동맹휴학을 통한 자극	1	0.5
노동운동을 통한 자극	1	0.5
독서회를 통한 자극	1	0.5
중국 혁명을 통한 자극	3	1.6
명예욕	3	1.6
지적 요인	**37**	**19.1**
이론적 연구의 영향	37	19.1
불명不明	**2**	**1.0**
계	**194**	**100.0**

자료: [표 3]과 같다.
주) 4차 공산당 사건 당시 145명이 검거되었는데, 가담 동기가 194항으로 분류된 것은 두 가지 이상의 가담 동기를 든 사람이 있었기 때문이다.

에 잘 나타나 있듯이 공산주의자들은 상당한 정도의 고등교육을 받은 사람들이었다. 당원의 47퍼센트 이상이 중학교 이상, 거의 20퍼센트가 전문학교 혹

은 대학교 수준의 교육을 받았으며(〔표 9〕 참조), 전혀 교육을 받지 못한 사람은 10퍼센트에도 미치지 못했다.

아마도 가장 흥미로운 자료는 제4차 조선공산당 사건으로 검거된 사람들에 대한 일본 경찰의 집중적인 취조에서 얻어진 〔표 11〕일 것이다. 이 취조과정에서 대단히 중요한 여러 가지 사실이 밝혀졌다. 첫째, 당원들은 자신들이 어떤 사회적·정치적 요인으로 공산당에 가입하게 되었다고 생각하고 있는가? 이에 관해 22.7퍼센트는 민족주의를, 15.5퍼센트는 사회경제적 개혁을 강조했다. 이런 요인을 지적한 사람은 전체 대상자의 50퍼센트에도 미치지 못했고, 더구나 이론적 연구의 영향이라는 요인을 지적한 사람이 '사회경제적 개혁' 때문이라고 답한 사람보다 많긴 하지만 이 자료는 상당히 중요한 의미를 갖는다. '이론적 연구의 영향'의 요인은 바꿔 말해 '진리의 발견', 즉 공식적·비공식적 마르크스-레닌주의 서적을 통한 지적知的 자극이라고 할 수 있다.

그러나 공산당에 가입한 동기가 전적으로 '문제의식'만으로 설명될 수 있는 것은 아니다. 위의 조사 중 40퍼센트 이상이 개인적·집단적 교제를 가입 동기로 지적하고 있다. 그러나 이들의 가입 동기를 '문제의식'적 가입 동기와 '개인적' 가입 동기로 엄격히 분류할 수는 없다. 한 가지 예로 어떤 사람이 농민운동에 종사하던 중 자극을 받아 당에 가입하게 되었다고 한다면 그의 가입 동기 중 일부는 농민운동의 문제에 대한 관심에서 비롯된 것임이 분명하다. 이런 관점에서 볼 때 위의 분석에서는 문제의식에 의한 가입은 낮게 평가되었다고 할 수 있다. 그럼에도 어느 응답자가 당에 가입한 '근본' 원인이 농민의 빈곤 문제에 대한 관심에서가 아니라 농민운동에 종사하던 중 받은 자극이었다고 답한다면, 그는 '문제의식'적 요인 때문이 아니라 집단적 교제과정에서 당에 가입하게 되었다고 말하는 것이 타당하다.

이런 일은 결코 이상한 것이 아니다. 정치적 동기와 사회적 행위에 관한 최근의 연구는 집단적 영향이 가장 우세하다는 사실을 보여준다. 자기를 자신의 동료들과 같게 만들고 고차원의 이데올로기적 수양 없이도 자신이 속한 집단으로부터의 영향을 기꺼이 받아들이려고 하는 것은 어느 정도 모든 문화에 공통된 사회적 행위의 특질이다. 그리고 이런 특질은 가족적 유대, 친척 간의 유대가 매우 강하고, 이 같은 유대관계가 학교와 직장, 공장, 상점 등의 소집단 사이에 쉽게 형성될 수 있는 한국 사회에서는 더욱 두드러지게 나타난다. 만약 정치적 행동주의가 개인적인 문제와 긴장에 대한 치유책이 될 수 있다면 이는 상호 간의 의무가 얽힌 관계, 즉 친구나 친지 간의 호혜관계 속에서 더욱 자극적인 역할을 할 수 있다. 실상 우리가 갖고 있는 증거로 판단할 때 '개인적 문제'(예를 들어 아버지에 대한 분노)라는 요소는 '개인적 의무'(예를 들어 친구의 권유)에 비해 급진주의에 빠져들게 하는 동기로 작용하는 바가 적었다.

실상 그 당시의 한국 사회에서 어떤 형태로든 정치적 행동을 취할 수 있는 정치 엘리트의 수가 극히 적었다고 보는 견해는 기본적으로 타당할 것이다. 또한 이들은 대체로 동일한 사회경제적 배경을 갖고 있었으며, 기본적으로 동일한 자극에 대해 유사한 반응을 나타냈다. 이런 사실은 그 자체로서 반드시 이데올로기적 또는 정치적 신봉信奉을 불가능하게 만드는 것은 아니다. 확고한 이데올로기적 신봉은 이런 구조에서도 이루어질 수 있고, 때로는 그 테두리 밖에서 이루어질 수도 있다. 그러나 1928년에 제4차 조선공산당 사건으로 검거된 자들 가운데 5분의 1 정도가 '친구의 권유'로 공산당에 가입하게 되었다는 사실은 당 가입이 순전한 개인적 결정에 따라 행해진 것이 아니라는 점을 말해준다. 따라서 한국의 공산주의운동뿐 아니라 한국 정치의 모든 측면을 규정하는 분파주의는 집단 내부의 관계나 집단행동의 복잡한 사회적 배경과 관련지어 생각할 때 좀더 쉽게 이해할 수 있다.

우리는 이 같은 분석을 토대로 해서 초기 단계의 전형적인 조선공산당 당원상을 비교적 정확하게 파악할 수 있다. 이들은 부유하지는 않지만 평균적인 한국인들과는 뚜렷하게 구분될 정도의 고등교육을 받았고, 잠재적일지라도 정치 엘리트로 규정될 수 있는 도시화된 소지식인 청년이었다고 할 수 있다. 이들은 자신의 친구나 동료들이 이미 당에 가입했기 때문에 공산당에 입당했다. 그러나 이런 사실은 이들이 기본적으로 비정치적이었다는 것을 의미하지는 않는다. 오히려 이들은 마르크스주의 이론에서 지적 자극을 받았고, 이를 그들이 올바르고 필요하다고 생각하는 정치적 변혁에 대한 지침으로 삼았을 것이다.

마르크스-레닌주의를 연구한다는 것은 이들에게 가치관과 사실, 과학과 종교를 결합하는 것을 의미했고, 전 세계 속의 한국 사회가 과거와 현재에 처한 위치를 설명해주었다. 또한 '민족주의', '사회정의', '진보' 등의 가치에 대한 신념을 강력하게 보장해주면서 이를 실현하는 규범으로 작용하는 등 강력한 지적 경험이 되었다. 이들의 활동은 두 가지 구체적인 목표, 즉 조선 독립의 성취와 빈곤이나 다른 사회적 문제를 해결하는 데로 귀결되었다.

이런 의미에서 우리가 지금까지 살펴본 젊은 공산주의자들은 기본적으로 이론에 도취된 사람들이었다. 그들은 친구들과 함께 사상적 연구집단 활동의 일부분으로 공산주의에 대해 토론했고 깊이 생각했다. 토론이나 연구에 만족하는 한 이들은 어느 정도 여유 있는 활동 범위를 가졌다. 그러나 이들이 이론을 실천에 옮겨야만 했을 때, 더 나아가서 시위를 기도하고 광범위한 조직 활동을 전개하며 일본 제국주의의 '타도'를 꾀하게 되었을 때 이들은 즉각 체포되었다.

2~6년간 투옥된 후 이들 대부분은 공산당의 활동대열에 복귀하지 않았다. 물론 끊임없는 체포와 붕괴에도 계속해서 투쟁에 돌입하는 소규모의 헌신적인 핵심 집단이나 예외적 존재가 없었던 것은 아니다. 그러나 이들은 어디까지나 예외였으며, 공산주의운동에서 지속적인 지도력을 행사할 수도 없었다. 조공에서 당직을 차지했던 기간이 너무나 짧았기 때문에 어떤 개인도, 실로 어떤 파벌도 확고한 위치를 점할 수 없었던 것이다.

11. 실패와 그 근본 원인

거의 전적으로 해외에서 운동이 전개되었던 이전 시기와는 달리 그 당시 한국 공산주의운동은 국내에 기반을 구축하는 데 집중되었다. 일국일당 원칙에 따라 공산주의운동의 지도자들은 서울에 운동의 작전 사령부를 설치하려고 했으며, 시베리아의 한인 집단을 포함해 해외의 모든 운동세력을 조공의 권위하에 흡수하고자 했다. 그와 동시에 국내의 당 지도자들은 특수한 역사와 필요성을 강조하면서 블라디보스토크, 상하이, 도쿄, 간도 등 해외의 중심적인 한인 거주지에 당 지부를 설치했다. 그러나 통일된 협동운동을 성취하기 위한 이들의 노력은 결국 실패로 돌아갔다.

무원칙한 파벌투쟁은 계속되었다. 이는 가장 근본적인 원인의 필연적 산물이었다. 한국의 문화에서 조직이나 집단 간 관계의 본질, 해외운동 지도자들의 분산적·자족적自足的 태도, 자칫 운동에 다양한 영향력을 행사할 수 있는 소련과 중국, 일본의 급진주의자들과의 광범위한 접촉, 계속된 실패에 따른 좌절, 당원 획득의 기반 협소, '온건파'와 '과격파' 간에 갈등을 조장한 일본 제국주의자들의 효율적인 전술 등이 한국 공산주의운동의 성장을 억제했다. 당은 너무나 오랫동안 서로를 잘 알고 지낸 지쳐버린 사람들의 모임으로 전락했다.

과거 급진운동의 중심체였던 상해파와 이르쿠츠크파는 계속 새로운 집단, 즉 처음에는 화요회와 북풍회로, 그 뒤에는 일월회로, 또다시 ML파와 서울파로 분열되어 대치했다. 파벌은 이합집산을 거듭했다. 국내의 결의와 해외로부터의 위협에도 이 시기의 공산주의운동은 처음 시작될 때와 마찬가지로 형식적인 내부 통일조차 이루지 못한 채 끝나고 말았다.

이 시기가 끝나갈 무렵 당의 조직 기능을 해외로 옮기려는 노력이 다시 대두되었다. 다른 대안은 없는 듯했다. 일본은 만 4년이 채 안 되는 기간에 국내의 당 조직을 네 차례 일망타진했고, 당원들 대부분이 검거되었다. 세계 역사상 어느 공산당에도 당국의 밀정이 조공에서처럼 깊이 침투해 내부 기밀이 완전히 탐지되었던 사례는 존재하지 않는다. 식민지 조선의 치안은 고도로 유능한 경찰조직이 담당했다. 한국 문화의 뿌리 깊은 군집성群集性은 어떤 의미에서 일본 당국의 과제를 용이하게 만들었다. 일본 당국은 어느 한 사람을 체포해 그를 '집중적'으로 취조하면 배후의 큰 조직을 적발해낼 수 있었다.

간신히 명맥만 유지해온 지하운동에 대한 대안은 무엇이었을까? 이 시기 후반의 가능성 있는 유일한 대안이 해외에 강력한 운동기지를 구축하는 것이었던 반면, 초기 단계의 대안은 국내에 강력한 협동전선을 결성하는 것이었다. 한국의 공산주의자들은 언제나 자기들만으로는 한국 사회에 깊은 뿌리를 내리고 있는 다양한 종교·사회단체와 경쟁이 되지 않는다는 사실을 자각하고 있었다. 실로 조공은 오직 광범위한 민족주의운동과 상호작용할 때만, 다양한 사회경제적 이익 집단—비록 그중 일부는 형성 단계에 있었지만—과 결합할 수 있을 때만 발전할 수 있었다.

이런 까닭에 공산주의자들에게 통일전선 전술은 지극히 논리적인 귀결이었다. 민족주의만이 그 당시 한국의 급진적 대중운동에 기반을 제공할 수 있는 유일무이한 이슈였고, 여기서조차 성공의 가능성은 극히 희박했다. 일본의 통치는 이제 확고한 기반을 잡았다. 대부분의 민족주의자는 일본의 통치가 계속되리라는 전망을 하게 되었고, 타협파들은 점차 일본 제국 내에서 한국의 자치 문제를 거론하기 시작했다. 대부분의 식민지에서와 마찬가지로 한국의 민족주의운동은 그 모든 형태에서 지극히 엘리트적인 운동이었다. 민족주의운동은 농민대중을 감동시키지 못했고, 민족감정에 호소하는 산발적인 시위 등 조야한 형태에서만 대중에게 영향을 미칠 수 있었다. 그럼에도 한국의 공산주의자들로서는 과거와 마찬가지로 당시에도 민족주의적 문제를 붙잡는 것만이 가장 큰 가능성을 가져다줄 수 있었다. 그것은 그들 대부분이 여전히 민족주의적이었다는 사실 때문만은 아니다.

그러면 무엇 때문에 공산주의자들은 잠시 동안이나마 전망이 밝았던 통일전선을 위한 잠재적 역량을 동원하는 데 실패했을까? 여기에는 두 가지 요인이 결정적 중요성을 갖는다. 첫째, 일본 당국은 공산주의자들이 신간회 등 조직을 지배하는 데 충분한 역량을 발휘하는 것을 결코 용납하지 않았다. 초기에는 공산주의자들의 영향력이 극히 광범위했고 그들은 신간회 지방 지회의 다수를 장악했다. 실제로 가장 중요한 지회들은 공산주의의 궤도를 이탈하지 않았다. 그러나 2·3·4차 조공의 대량검거로 이들이 통일전선 전술을 충분히 활용하는 것은 불가능해졌다. 주기적인 궤멸의 위협에 직면한 조직체가 이질적인 외곽단체를 통제하는 데 필요한 지배력과 권위를 발전시킬 수는 없었다. 게다가 점차로 신간회 내의 온건파들은 공산주의자와 협동하고 공산주의 노선을 추종하는 것이 이롭지 않다는 것을 깨닫게 되었다. 문제는 개혁改革이 혁명보다 현실적으로 가능한 목표가 아닌가 하는 점이었다. 더구나 이 점에 관한 한 일본의 정책은 효율적이었다. 일본 당국은 극좌집단에 대해 매우 엄격한 통제를 가한 반면, 온건 민족주의자들의 좌경화를 방지하기 위해 그들의 활동 영역을 넓혀주었다. 이런 상황에서 통일전선 내부에 분열이 생기게 된 것은 불가피했다.

마찬가지로 중요한 요인은 한국 공산주의운동이 처한 시기상의 문제였다. 신간회는 중국의 국공합작이 파멸하기 몇 달 전인 1927년 2월에 탄생했다. 그러나 중국 공산주의자들에게 닥친 재앙은 공산주의 세계에 즉각적인 반향을 불러일으켰다. 만약 국공합작이 조금 일찍 실패했다면 스탈린은 곤경에 처했을 것이다. 스탈린과 그의 추종자들은 트로츠키파에서 잘 알고 있는 것처럼 중국 공산주의자들이 추구하던 정책을 지시했다. 하지만 1927년 중반에 스탈린은 소련공산당을 완전히 장악했고, 중국 관련 정책이 실패했음에도 자기 지위를 유지할 수 있는 조건을 확보해놓았다. 그렇지만 아직 비상수단에 호소해야만 했던 스탈린은 중국에서 속죄양을 찾아내야 했다. 이 작업은 신속히 이루어져 천두슈의 '우익 기회주의'는 신랄한 공격을 받았다. 천두슈는 민족 부르주아지의 본질이나 중국공산당의 역할을 오판했고, 따라서 청산주의적 정책을 취하는 오류를 범했다는 비난을 받았다. 그동안 1928년 9월 코민테른 제6차 대회를 중요한 전환점으로 하여 국제 공산주의운동의 노선이 변화했다. 이제 민족 부르주아지의 기만성과 그들과의 협동이 갖는 위험성이 강조되었다.

그럼에도 코민테른은 중국에 관한 근본적인 오류를 공식적으로 인정하지 않았고, 아직까지 통일전선 전술을 지속하는 듯한 태도를 취했다. 그러나 한 국에 관한 한 코민테른의 간부인 오토 쿠시넨은 좀더 솔직했다. 1928년 말 한 국 공산주의운동에 관한 새로운 결정서가 발표되었는데, 이 지침은 1924~1927년의 정책과는 전혀 다른 것이었다. 협동전선은 아직까지 공산주 의자들의 목표였지만 이것은 어디까지나 엄격히 공산주의적인 협동전선을 의미하는 것이었고, 공산당과 소위 대중조직의 순수성, 즉 독자성은 어떤 대 가를 치르더라도 보호되어야 했다. 공산주의자의 목표는 협동전선을 장악하 는 것이지 이에 흡수되는 것이 아니었다. 한국혁명은 아직까지 제국주의나 봉건 잔재와 투쟁해야 하는 한국 사회의 성격과 발전단계에 따라 부르주아 민 주주의 혁명으로 규정되었다. 그러나 부르주아지는 그들 자신의 혁명을 지도 할 역량을 갖추지 못해 이 혁명은 프롤레타리아트에 의해 영도되는 '통제된' 부르주아 민주주의 혁명이어야만 했다. 혁명을 성공적으로 완수하기 위해서 는 노동자와 농민 대중을 동원해야 했는데, 이때 대중의 절대 다수를 구성하 는 농민의 역할이 강조되었다. 따라서 가장 중요한 슬로건은 농업혁명과 농 촌기지 건설이었다. 실질적인 의미에서 코민테른은 중국의 국공합작 실패로 프롤레타리아트의 가장 적절한 동맹자를 부르주아지에서 농민으로 대치했 다. 마르크스주의와는 달리 레닌주의는 이런 입장을 선호하는 경향이 강했 다. 1920년대 초반의 사태발전은 정책 방향을 아시아 '부르주아지'에게로 돌 려놓았지만, 이제 이 정책은 다시 전환되었다.

이로써 한국의 민족협동전선이 뿌리를 내리기 전에 코민테른의 정책은 변 화했다. 민족단일당이라는 관념은 즉각 야마카와주의나 천두슈의 우경 오류의 변형인 청산주의의 한 형태로 규정되었다. 통일전선 전술은 이제 다른 방향에서 추구되었다. 단일당을 해산하고 그 대신 공동투쟁위원회나 연락기관이 조직되어야 했다. 동시에 조선공산당은 대중에 기초해 당의 규율과 통제 아래 노동자와 농민의 대중조직을 건설해야 했다. 당은 어느 누구와 권력을 나눠 갖거나 당의 독자성을 상실해서도 안 되고, 당의 정책은 희석될 수 없으며, 당은 내부 분열로 붕괴되어서도 안 된다는 것이다. 1930~1931년 코민테른의 축복하에 위와 같은 사항이 한국 공산주의의 정책으로 채택되었다. '아래로부터의 통일전선 전술'은 공산주의자들에게 신간회를 내부로부터 사보타주하도록 했는데, 이는 일본 관헌 측이 절실히 원하는 것이기도 했다.

이 기간에 통일전선 전술의 발전은 코민테른-조공관계의 본질 중 한 측면에 불과했다. 양자의 관계는 전적으로 코민테른에 의해 지배되었다. 쿠시넨이 코민테른의 동의와 허가가 있을 때만 조공 내부의 파벌투쟁이 허용된다고 주장했을 때, 그는 단지 자신과 여타의 코민테른 간부들이 기본 원칙으로 받아들였던 것을 되풀이했을 따름이다. 그는 이렇게 말했다. "1919년(코민테른이 창립된 해) 이래 코민테른의 허가 없이는 파벌투쟁은 용납되지 않았다. 물론 동지 제군에게 이러한 허락이 주어진 바도 없다."[90]

이 시기 어느 나라의 공산당도 코민테른의 지시에 도전하지 않았다. 코민테른의 지시에 도전하는 사람들은 운동선상에서 탈락하거나 축출되었다. 그리고 코민테른은 기본적으로 소비에트 정책의 산물이었다. 조선공산당은 물론 코민테른에 극도로 의존하고 있었다. 조공의 지도자들 스스로 인정한 것처럼 조공은 자금원과 운동기지를 외부에 거의 전적으로 의존하고 있는 이 세상에서 기반이 가장 약한 공산당이었다. 일본과 마찬가지로 한국은 작고 '질서가 잘 잡힌' 사회여서 독자적인 공산주의 조직이 국내 토양에서 성장하기란 어려운 일이었다. 오직 시베리아와 만주만이 운동이 성장할 수 있는 기반이

---

90 쿠시넨, 앞의 책, 17쪽.

될 수 있었다. 이 같은 점을 염두에 두고, 그 당시가 내부의 정치역학을 포함한 여러 가지 이유에서 소비에트-코민테른 당국이 아시아의 공산주의운동에 비상한 관심을 기울였던 시기라는 점을 고려하면서 우리는 코민테른이 한국의 민족주의와 사회개혁의 급진론자들을 지원했을 때 이 세상 모두가 이들을 외면하고 있었다는 사실에 주목해야 한다.

이제 그 당시의 한국 공산주의운동을 인접한 일본과 중국의 공산주의운동과 비교해보자. 우리가 살펴본 바와 같이 한국 공산주의운동은 비록 서로 다른 방식이긴 하지만 일본과 중국의 동지들로부터 상당한 자극을 받고 있었다. 식민 본국의 공산당으로서 일본공산당은 한국 공산주의운동의 형성단계에서 중요한 역할을 수행했다. 이런 관계는 식민 본국과 식민지 사이라면 어디서든 찾아볼 수 있다. 많은 한국인이 일본 유학 시절에 공산주의자가 되었고, 이시기 일본의 저명한 공산주의자들에게는 충실한 한국인 추종자가 있었다. 이런 점은 일정한 의미에서 가히 ML파의 교조敎祖라고 불릴 만한 후쿠모토 가즈오의 경우에 특히 잘 나타난다. 일본의 분위기는 다른 식민 본국과 식민지 관계에서와 마찬가지로 한국에 비해 좀더 자유로웠다. 급진적인 사상단체들은(만약 공공연히 공산주의적이거나 명백히 공산주의자들이 장악한 것이 아니라면) 한국에 비해 활동하기가 한결 쉬웠고, 급진적인 출판물은 더 자유롭게 유통되었다. 어떤 의미에서 도쿄에서는 문제가 많은 글들이 출판될 수 있고, 급진분자들이 모임을 가질 수 있으며, 프롤레타리아 문예운동조차 제약받지 않고 꽃을 피울 수 있는 안식처였다.

그러나 이 시기가 끝나갈 무렵 일본의 상황은 좀더 경색되어 공산주의자들은 한국에서와 마찬가지로 어려운 국면을 맞이했다. 1928~1930년 일본에서는 대량 검거, 밀정의 공산주의 조직 침투, 주기적인 공산주의 간행물의 압수 등이 빈발했다. 이로써 한국과 일본의 공산주의운동은 효과적인 당 조직을 유지하거나 지도력의 경험을 쌓고 대중적 기반을 확보하는 것이 불가능한 효율적인 전제주의 국가에서 살아남아야만 했다. 1927년까지 중국공산당이 당면했던 상황은 이와는 근본적으로 달랐다. 초기에 중국 공산주의자들은 상하이의 외국인 조계租界에서 안전하게 활동할 수 있었고, 1923년 이후에는 국민당이 지배하거나 영향력을 행사하는 지역에서도 자유롭게 활동할 수 있었다. 1926~1927년 공산주의자들의 활동 범위는 전 중국으로 확대되었으나 곧이어 쿠데타가 일어났다. 불과 몇 주일 안에 수천 명의 중국 공산주의자가 살해되었으며, 일본이나 한국과는 비교가 되지 않을 정도의 폭력이 난무했다. 이 시기가 끝나갈 무렵 공산주의자로서 중국의 국민당 정부에 체포되는 것은 제국 일본에서 같은 운명에 처해지는 것보다 훨씬 위험한 일이었다. 그럼에도 중국의 토착 공산주의운동은 장시江西 지방에서 한국이나 일본과는 비교되지 않을 정도로 확고한 뿌리를 내리고 있었다.

1930년에 접어들자 동북아시아의 공산주의운동은 절망적인 상태에 놓이게 되었다. 민족주의운동을 장악하려던 도박은 실패로 끝나고 말았다. 물론 일본에서는 이런 기회가 존재조차 하지 않았다. 일본의 공산주의자들은 민족주의운동과 투쟁해야 했으며, 반제국주의 혹은 소련에 치우친 국제주의를 받아들였다. 그들에게는 러시아만이 진정한 조국이었다. 이와 달리 중국 공산주의자들은 통일전선을 이용해 민족주의를 자신들의 무기로 삼는 단계까지 거의 도달했다. 그러나 이 단계에서 이들은 실패했고, 민족주의는 국민당의 무기가 되고 말았다. 한국에서도 공산주의운동이 민족주의운동에 흡수된다면 자신들도 광범위한 민족운동의 지도력을 상실하게 될 거라는 이론을 따르는 젊은 공산주의자들에 의해 전도유망했던 민족단체 신간회가 해산되었다.

동북아시아의 어느 곳에서나 공산주의운동은 기본적으로 이론에 도취된 젊은이들에 의해 전개된 소부르주아운동이었으며, 학생·노동자·농민에게 영향을 미치기 위해 산발적인 행동을 취하는 사상단체들의 운동이었다. 그러나 농민들은 이 시기가 끝날 때까지 거의 조직되지 않았다. 노동자들은 단지 몇몇의 산업 중심지에서만 조직되었으며, 이들이 급진주의를 위해 치러야 했던 대가는 너무나 큰 것이었기 때문에 노동자들은 운동을 저버렸다. 다만 끊임없이 배출되는 젊은 학생층만이 급진주의의 메아리를 들을 수 있었고, 따라서 당의 소부르주아적 성격은 영속화되었다. 그러나 1930년 중국은 또다시 예외에 속했다. 학생이나 도시노동자와는 동떨어진 지역에서 새로운 공산당이 출현했다. 이로써 중국의 공산주의자들만이 농민과 농업혁명에 중점을 두라는 코민테른의 새로운 권유를 실천에 옮길 수 있었다.

이 시기의 코민테른은 한국·일본·중국의 공산당을 지배했고, 이들 세 나라에 대한 코민테른의 통제에 의미 있는 정도 차이를 지적하기는 어려운 일이다. 이들 3국 공산주의운동의 기본 테제는 소련의 주도하에 소련의 국익을 반영하는 코민테른이 작성한 테제였다. 부하린은 숙청될 때까지 보이틴스키, 보로딘, 갈렌General Galen(Vasily Blücher) 그리고 일본에 있던 발틱의 혁명가 존슨Jonson과 함께 코민테른이 동일한 목표를 추구하는 민주적으로 선출된 동지들의 통제조직이라는 명목으로 코민테른의 지배를 정당화했다. 그러나 스탈린이 지배하는 코민테른은 아시아의 공산주의자들에게 막대한 타격을 입힌 비극적인 실수를 연발했다. 이런 일련의 실수들 가운데 가장 치명적인 것은 1927년 이후 세 나라의 공산당들이 충실히 추종하려고 했던 좌선회 결정이었다. 이 시기의 동북아시아 공산주의에 대해 '올바른 정책'이 존재했는지는 매우 의심스럽다. 한국 공산주의자들이 어떤 길을 택했다고 해도 그들이 신속하고 용이하게 지배적인 위치로 부상하거나 권력을 장악한다는 것은 논리적으로 기대할 수 없는 일이었다. 한국 공산주의자들은 이를 위해 자신들이 예측할 수 없는 사건, 한국의 영역을 벗어난 세계사적인 사건의 도래를 기다려야 했다. 그러나 이들 사건은 이미 임박해 있었다.

노동자, 농민, 유격대

1928년 이후 한국 공산주의운동의 전반적인 지침이 된 것은 코민테른 6차 대회의 결의안과 이를 한국 상황에 구체적으로 적용시킨 「12월 테제」였다. 중국에서 맛본 충격적인 좌절의 경험은 코민테른을 좌선회하도록 만들었다. 민족협동전선은 아직까지 코민테른의 표면적인 목표였으나 여기에는 사실상 불가능한 조건이 따라다녔다. 코민테른은 아래로부터의 통일전선, 즉 부르주아지의 '반동적 경향'을 분쇄할 수 있는 강력한 혁명의 주력 부대를 이룩하기 위해 노동자와 농민을 공산주의의 기치 아래 동원할 것을 요구했던 것이다.

코민테른은 조선공산당이 이런 과제를 수행하기 위해 완전히 새롭게 재조직되어야 한다고 지시했다. 소부르주아 지식인들로 구성된 당 지도부는 '올바른 마르크스-레닌주의의 원칙'으로 무장되고, 이를 실천에 옮길 수 있는 '프롤레타리아트의 진정한 대표자'들로 대치되어야만 했다. 당의 협소한 '연구단체'적 조직구조는 혁명적 노동조합과 농민조합에 기초한 새로운 운동에 의해 전적으로 개조되어야 한다는 것이다. 당은 그 '정신'을 노동자와 농민대중으로부터 구해야 하며, 당의 지도력은 '프롤레타리아트의 가장 진보적인 분자'를 원천으로 해서 발전해야 했다. 어떤 대가를 치르는 한이 있더라도 공산주의운동의 부르주아지에 대한 독자성은 보장되어야 했고, 이를 위해 공산주의자들은 민족개량주의자들과의 전술적 연합과 조직적 결합의 차이에 대해 최대한 경각심을 지녀야 했다.

이 같은 지시에 복종해 한국의 공산주의자들은 앞서 살펴본 것처럼 신간회의 해소를 단행했다. 이와 아울러 그들은 코민테른과 프로핀테른의 노선에 의거해 대중에 기초한 공산주의운동을 건설하는 매우 어려운 작업에 착수했다. 이런 노력과 그 성과를 평가하기 위해 1928년 중반의 상황으로 되돌아가 보기로 하겠다. 앞서 지적한 대로 조선공산당은 제4차 중앙집행위원회의 대량 검거로 붕괴되었고, 게다가 1928년 8월의 코민테른 6차 대회는 경쟁적인 두 파벌 집단이 파견한 대표의 어느 쪽도 승인하기를 거부했다. 그 대신 코민테른은 한국 공산주의운동에 관한 결의안을 기초할 위원회를 구성했고, 그 결의안(「12월 테제」)은 모든 경쟁적 파벌 집단에 대한 승인을 보류하면서 당의 전면적인 재조직을 요구했다.

따라서 1928년 중반 한국에는 공산당이 존재하지 않았다. 또한 한국 공산주의운동이 다양한 형태로 여러 곳에서 지속적으로 전개되었음에도 공산당은 제2차 세계대전 이후까지 공식적으로 재건되지 않았다. 국내에 남아 있던 과감한 분자들로 구성된 소집단은 공산주의운동에 활력을 불어넣기 위해 끊임없이 노력했지만, 그들이 치러야 했던 대가는 앞으로 살펴보는 바와 같이 대단히 컸다. 한국 공산주의자들의 중요 활동은 1925년 이전과 마찬가지로 다시 한번 해외기지에서 시작되었다. 국내에 강력한 토착기지를 유지할 수 없는 상황에 직면한 한국 공산주의자들은 다시 만주와 일본, 시베리아, 중국 본토 등에 널리 분산된 기지에서 활동해야만 했다. 이들 각각의 운동기지 사이의 관계는 한편으로는 연락과 협력, 다른 한편으로는 경쟁과 분열이라는 특징을 갖는다. 아시아 공산주의운동이 민족 단위로 진행되고 있는 상황에서 코민테른이 내린 새로운 지시는 상황을 더욱 복잡하게 만들었다.

1. 1925년 이후 만주에서의 한인 공산주의운동

만주의 상황을 먼저 살펴보기로 하자. 만주는 모든 면에서 대단히 중요한 지역이었다. 1930년 당시 간도 지방에만도 40만여 명의 한국인이 살고 있었으며, 만주 지역 전체의 한국인은 60만 명을 상회했다.[1] 이들 재만在滿 한인의

1 한국과 간도와의 지리적 인접성이나 중국인의 여타 만주 지역에서의 토지 이용 가능성을 반증이라
도 하듯, 1910년 한국이 국권을 상실할 당시 재在간도 중국인이 3만 3,500명인 데 반해 재간도 한인
의 수는 무려 10만 9,500명에 달했다. 1910년 이후 주로 정치적 이유 때문에 이 지역으로의 한국인
이민은 급증했다. 다음에 나온 표를 통해 인구증가 상황을 살펴보자.

간도의 인구 구성

연도	한인	중국인
1910	109,500	33,500
1912	163,000	49,000
1916	203,426	60,896
1921	307,806	73,748
1926	356,016	86,347
1931	395,847	120,394

이 표와 기타 자세한 사항은 다음 자료를 참조하라. 만주국滿洲國 군정부軍政部 고문부顧問部 편,
『滿洲共産匪の研究』, 출판지 미상, 1937, 543쪽 이하. 이 기간 재만 한인의 숫자에 대해서는 각각의
통계에서 큰 차이가 난다. 한 가지 예로 간도 주재 일본영사관은 1926년 재만 한인이 54만 2,185명
이라고 집계한 반면, 남만주철도주식회사南滿洲鐵道株式會社는 78만 3,187명이라고 보고했다. 정
부 당국의 통계는 다음과 같다.

재만 한인 인구수

1919	431,198	1927	558,280
1920	459,427	1928	577,052
1921	488,656	1929	597,677
1922	515,865	1930	607,119
1923	528,027	1931	630,982
1924	531,857	1932	672,649
1925	531,973	1933	673,794
1926	542,185	1934	719,988

자료: 위의 책, 508~509쪽.

통계숫자 간의 차이에 관한 설명은 다음 자료를 살펴보라. 이훈구李勳求, 『만주滿洲와 조선인朝鮮
人』, 평양, 1932, 88~89쪽. 우리는 재만 한인의 압도적 다수가 농업에 종사하고 있었음에 주목해
야 한다. 1932년 어느 일본 관리가 재만 한인의 숫자를 80만 명으로 추정했는데, 한인의 수가
5,000명을 넘는 도시는 네 곳에 불과했다. 펑톈奉天은 2만 7,227명, 안둥은 1만 3,677명, 톄링鐵嶺
은 8,226명, 창춘長春은 5,079명이었다(『滿洲共産匪の研究』, 513~514쪽).

상당수는 정치적 목적을 위해 동원될 수 없었던 것일까? 그리고 누가 이를 가능케 할 수 있었을까? 일본 당국은 중국 관헌들이 치안유지를 위해 적절한 조치를 취하지 않는다고 비난하면서 이 지역의 공산주의 활동에 비상한 관심을 기울였다. 1930년 일본은 성인成人 재만 한인 가운데 10분의 1이 '공산당원 혹은 공산주의 동조자'라고 주장했다.[2]

한국인들이 왜 만주로 이주했는지를 밝혀주는 믿을 만한 연구가 이루어진 적이 없다. 그러나 만주 이민의 대부분은 경제적 이유 때문에 고국을 떠났음이 틀림없다. 한국에서의 생활은 언제나 빈곤한 것이었지만 일본의 한국 점령 이후 생활은 더욱 빈궁해졌다. 그러나 재만 한인 중 상당수는 정치적 동기에서 만주로 모여들었다. 재만 한인 중에는 전투적 민족주의자가 아주 많아서 이 지역은 공산주의자들이 활동하기에 알맞은 토양을 제공했다. 여기서 다시 강조해야 할 점은 반식민지주의反植民地主義가 이 시기 한국 공산주의운동의 가장 두드러지고 지속적인 주제였다 보니 민중에게 공산주의와 민족주의의 구별은 상당히 불분명했다.

---

2 간도총영사 오카다 겐이치岡田兼一가 시데하라 기주로幣原喜重郎 외무대신에게 보낸 보고를 참조하라. 「東滿に於ける朝鮮共產黨各派の近況に關する件」, 1930년 3월 4일자, AJMFA, R S102, F 6179~6198.

간도 지역에서 압수된 선전 문건

	1923년		1924년		1925년		1926년		1927년	
	종별	부수	종별	부수	종별	부수	종별	부수	종별	부수
공산주의 선전물	45	2,078	40	631	101	2,527	136	2,519	239	7,867
민족주의 선전물	81	2,130	124	2,819	101	1,881	123	687	91	2,548
계	126	4,208	164	3,450	202	4,408	259	3,206	330	10,415

자료: 「間島·琿春地方共產主義運動に關する統計」, AJMFA, R S722.

위의 표에 나타난 1920년대 중반의 추세를 보면 나름대로 느끼는 바가 있을 것이다. 우연히도 간도성 옌지현은 다른 어떤 현보다도 '불온'문건이 많이 나온 지역인데, 이는 옌지현이 함경북도와 접해 있기 때문이다.

만주의 한인 사회에도 역시 극심한 경제 문제가 존재했다. 가장 중요한 것은 토지와 토지소유권 문제였다. 1909년 일본과 청국淸國 정부 사이에 체결된 간도협약間島協約에 따라 한국인은 간도에서의 토지와 재산에 대해 중국인과 동등한 권리를 보장받았다. 그러나 간도를 제외한 만주 지역에서 한국인들은 중국에 귀화하지 않는 한 토지를 소유할 수 없었다. 간도 지방에서조차 중국인의 23.7퍼센트만이 순소작농純小作農이나 자소작농自小作農이었던 반면, 한국인의 경우 전체의 56.6퍼센트가 이 범주에 속했다.[3] 재만 한인은 대체로 빈곤했으며, 공산주의자들은 이런 조건을 결코 간과하지 않았다.

만주의 한인 농민들이 겪어야 했던 가장 심각한 문제는 중국 관헌들의 극심한 탄압이었다. 1925년 이전에는 이런 일이 일어나지 않았다. 사실상 초기의 한인 이민들은 황무지를 옥답으로 개간했기 때문에 환영을 받았다. 게다가 잠시 동안이나마 중국 당국은 한국 민족주의자들을 적극적으로 지원했다. 그러나 재만 한인이 점차 일본 권력에 대한 저항의 상징이 아니라 일본 권력 그 자체의 상징으로 비치면서 이 같은 우호적인 관계가 변화하기 시작했다. 일본 당국은 재만 한인의 '10분의 1'이 '친공산주의적'이었다고 우려한 반면, 중국인들은 '10분의 9'가 '친일' 혹은 일본의 침략을 위한 편리한 도구라는 데 주목했다. 중국인들은 대부분 재만 한인을 일본 제국주의의 '앞잡이'로 여겼던 것이다. 재만 한인 사회가 발전할수록 만주의 일본 경찰과 영사관 관원의 수는 증가했다. 때로 '충성스러운' 한인을 보호하고, '불령선인'을 색출한다는 명목으로 일본은 군대를 파견하곤 했다.[4]

1925년 장쭤린의 봉천奉天 정부와 조선총독 사이에 불령선인 취체를 골자

---

3 1930년 간도의 전체 한인 농민의 31.2퍼센트가 자기 토지를 갖지 못한 순소작농이었고, 중국 농민의 경우 13.7퍼센트만이 이 범주에 속했다. 『滿洲共産匪の硏究』, 554쪽.
4 한인 사회가 발전하면서 중국인과 한국인 간의 마찰도 자연히 증가했다. 이 경우 일본영사관은 종종 한국인에 대한 치외법권을 주장함으로써 중국인을 모욕했고, 이에 따라 두 민족 간의 감정은 더욱 악화되었다.

로 하는 협정(소위 미쓰야협정三矢協定—옮긴이)이 체결되었다. 이 협정으로 일본은 봉천 정부의 적극적인 협력에 대한 대가로 한인 독립운동가가 체포될 때마다 중국 측에 보상금을 지급하기로 했다. 그 결과 재만 한인의 민족주의운동과 공산주의운동은 심각한 타격을 받았으며, 정치 문제에 개입하지 않은 많은 한국인조차 큰 어려움을 겪게 되었다. 대부분의 경우 중국 관헌들은 '불령선인'을 색출하라는 지시를 권력 남용의 면책특권으로 사용했다. 중국 관헌들은 급진분자를 단속한다는 명목으로 무고한 농민들을 학살하고 체포하고 괴롭혔으며, 그들로부터 많은 '벌금'을 징수하거나 토지를 약탈했다. 이런 횡포는 1927년 이후 더욱 증가했다.[5]

우리는 이훈구李勳求의 조사를 통해 이 시기의 재만 한인 농민이 겪은 참담한 생활상을 밝혀주는 자료를 볼 수 있다. 1930년 어느 한인 집단거주지의 가장家長 201인에게 그들이 당면한 세 가지 심각한 문제를 순서에 따라 말해달라는 질문의 결과는 〔표 12〕와 같다.

한 곳의 집단거주지에서 행한 조사 결과에 지나치게 의존하는 것은 현명하지 못한 일이지만, 이 조사는 다른 자료들에서 얻을 수 있는 결론을 대체로 뒷받침해준다. 〔표 12〕의 여러 가지 항목을 몇 개의 범주로 나눠볼 때 우리는 재만 한인에게 경제 문제와 정치 문제가 거의 비슷한 중요성을 갖고 있었음을 알 수 있다. 입에 겨우 풀칠을 하거나 최저 생활수준 정도를 근근이 벗어나기 위해 겪어야 하는 어려움은 이루 말할 수 없을 정도였다. 그러나 허약하고 부패하며 편견에 빠진 정부가 다스리는 지역에서 살아가는 것 역시 힘든 일이었다. 이런 상태에서 재만 한인이, 심지어는 민족주의적 감정을 마음속 깊이 품고 있던 사람들조차 종종 일본 당국에 보호를 의뢰했다는 사실은 그다지 놀라운 일이 아니다. 그리고 재만 한인의 다양한 민족주의 단체가 한인 밀집지에서 자위단 결성에 착수한 것도 당연한 일이었다.

---

5 자세한 것은 다음 책을 참조하라. 이훈구, 앞의 책, 239~263쪽.

[표 12] 재만 한인이 당한 각종 곤란 빈도수[6]

조목	제1		제2		제3	
	응답자	비율(%)	응답자	비율(%)	응답자	비율(%)
1. 생활 곤란	41	20.4	13	6.5	6	3.0
2. 득전得錢 곤란	46	23.0	15	7.6	7	3.5
3. 정치적 불안	42	21.0	79	39.4	26	12.8
4. 신변위험	16	8.0	25	12.5	82	41.2
5. 나쁜 환경	0	–	1	0.4	18	8.9
6. 추방	4	2.0	7	3.5	11	5.4
7. 생명불안전	8	4.0	12	6.0	4	2.0
8. 중국 관헌의 무법	8	4.0	11	5.5	10	5.0
9. 질병	4	2.0	10	5.0	10	5.0
10. 동포 간의 불화 용인容認	2	1.0	8	4.0	3	1.4
11. 마적馬賊	3	1.4	10	5.0	12	6.0
12. 중국 관헌의 압박	3	1.4	6	3.0	9	4.4
13. 아동교육	1	0.4	1	0.4	0	–
14. 중국 관헌의 주구誅求	1	0.4	1	0.4	2	1.0
15. 중국인과의 토지관계	0	–	1	0.4	1	0.4
16. 경제압박	16	8.0	1	0.4	0	–
17. 집금集金	4	2.0	0	–	0	–
18. 무답자無答者	2	1.0	0	–	0	–
합계	201	100	201	100	201	100

자료: 이훈구, 『만주와 조선인』, 105~106쪽.

이런 혼란스러운 환경은 한인 공산주의운동이 발전할 수 있는 좋은 조건이 되었다. 더구나 묵과할 수 없는 중요한 요인이 또 하나 있었다. 만주의 지리적 위치는 이 시기의 공산주의운동에 중요성을 부과했다. 북동쪽으로는 소련, 서쪽으로는 중국, 남쪽으로는 한국과 접해 있는 만주는 처음에는 동북아

---

6 원서의 각주 6)에서는 이 표의 주요 항목만을 간추려 인용하는 과정에서 생긴 착오에 대해 설명하고
   있으나 본 번역에서는 이훈구가 작성한 표의 전문을 인용했다―옮긴이.

시아, 더 나아가 전 세계를 소용돌이 속에 휘몰아 넣은 정치적·군사적 갈등의 요람이었다.

1920년 이래로 한인 공산주의자들은 만주에서 활발하게 활동했고, 만주의 모든 주요 도시는 때때로 한인 급진운동의 중심 기지가 되었다. 앞서 말한 것처럼 1921년 일본 측의 한 보고서는 약 15만 명의 재만 한인이 공산주의적 선전의 영향을 받고 있다고 추산했다.[7] 1923년 이후 상해파와 이르쿠츠크파 등 기존 파벌 집단의 활동은 쇠퇴했지만 한국 본토에 공산당이 세워지자 새로운 추세가 생겨났다. 짧은 기간에 한국 공산주의운동의 모든 파벌 세력은 만주 지역에 전초기지를 확보했다. 가장 두드러진 노력은 1·2차 조공을 지배했던 화요회가 후원한 것이었다. 만주총국의 설치문제를 논의했던 1차 조공 중앙집행위원회는 1925년 11월의 대검거로 당이 붕괴될 때까지 구체적인 작업에 착수하지 못했다. 그러나 1926년 5월 대검거를 모면한 몇 안 되는 당 간부 중 한 사람인 김찬의 주도로 마침내 조선공산당 만주총국이 설치되었다.[8] 만주총국의 본부는 상해-치타파의 본부가 있던 닝안현 닝구타寧古塔에 설치되었다.

1927년 말까지 재만 한인 공산주의자들의 조직 활동은 대체로 화요회계火曜會系가 주도권을 행사했다. 화요회계가 주도했던 이때조차 서울과 만주 간

---

7 제1장 101쪽을 보라.
8 서울을 탈출한 김찬은 1926년 1월 상하이에 도착했다. 여기서 김찬은 남만춘, 조봉암, 김단야, 여운형 등 망명객들과 협의해 조공 상해부를 설치하기로 한 뒤 조봉암에게 중앙집행위원회의 결정에 따라 만주총국을 조직하라고 권유했다. 4월 중순 김치정(김지종金知宗=김동명金東明의 착오로 보인다-옮긴이), 최원택崔元澤 등과 상하이를 떠난 조봉암은 만주로 향했다(우연하게도 김지종은 모스크바공산대학 출신이었다). 이들 세 사람은 블라디보스토크에서 온 세 명의 노련한 공산주의자인 윤자영, 김철훈, 김하구를 포함해 많은 사람과 회합을 가졌다. 만주총국 설치에 합의한 이들은 책임비서에 조봉암, 조직부장에 최원택, 선전부장에 윤자영을 각각 선임했고, 이들 세 사람과 김하구, 김철훈, 김용락(전용락全容洛 또는 全龍洛의 착오로 보인다-옮긴이) 등으로 상무집행위원회를 구성했다. 자세한 것은 다음 자료를 참조하라. 고등법원 검사국, 「金燦豫審終結決定」, 『思想月報』, 2권 2호, 1932년 5월, AJMFA, R S357, 1,896~1,897쪽.

의 연락과 조정은 많은 문제를 안고 있었지만,[9] 조직 활동은 상당한 진전을 보았다. 그러나 당과 공청共靑 어느 것도 당원과 회원 수가 급속히 증가한 것은 아니었고, 게다가 공산주의운동에서 민족주의자가 차지하는 비중이 너무 커서 당내에 '순수한 공산주의자'가 과연 존재하는가 하는 문제가 제기될 정도였다.[10] 반면 바로 이런 이유 때문에 공산당은 특히 지식층 청년들 사이에서 당의 규모에 비해 대단한 영향력을 행사할 수 있었다. 1927년 말 일본 당국은 재만 한인의 공산주의운동을 깊은 우려 속에서 지켜보고 있었다.

만주총국의 간부들은 먼저 동만東滿, 남만南滿, 북만北滿을 관할하는 세 개의 구역국區域局을 조직하는 데 착수했다. 이 중 가장 중요한 지부인 동만구역국東滿區域局(=동만도東滿道)에 대해서는 많은 자료가 남아 있다. 동만구역국의 간부들은 과거 상해파와 이르쿠츠크파가 조직해놓은 공산주의 세포를 조사해 그중 '유망有望한 분자'만을 새로운 조직에 충원하라는 지시를 받았다. 한국인이 많이 거주하는 지역에는 약 1개월 과정의 '간이 교육기관'을 두어 '기본적인 정치교양'을 실시하고, 중앙도서종람소中央圖書縱覽所와 순회문고

---

9 물론 몇 가지 문제는 국내의 조공 간부진이 급속히 검거되어버린 데서 비롯되었다. 앞서 인용한 것처럼 강달영은 김찬에게 보낸 1926년 4월 4일자 서한에서 전임 책임비서 김재봉이 자신에게 만주총국에 관해서는 전혀 알려주지 않았고, 더구나 서울의 신임 중앙집행위원 중 일부는 상하이에 있는 동지들의 의도를 불신하고 있다고 불만을 토로했다. 또한 우리는 조봉암에 관한 논쟁을 살펴보았다. 실로 강달영은 1926년 4월 6일 코민테른에 보내는 보고서에 김찬을 만주총국의 책임비서라 기록했고, 이 문제는 곧이어 조봉암이 중국 본토로 귀환함으로써 무마되었다. 1927년 1월 이후 오의선(오의선吳義善의 착오로 보이며, 가명은 우단우禹丹宇─옮긴이)이 만주총국의 책임비서가 되었다. 강달영의 서한에 대해서는 다음 자료를 참조하라.『思想月報』, 2권 9호, 2,757~2,760쪽. 그리고 오의선의 책임비서 취임에 대해서는 다음 자료를 참조하라. 「朝鮮共産黨의 體制, 組織, 活動槪要」, AJMFA. R S722. 이 문서는 만주총국의 동만구역국 책임비서인 안기성安基成(일명 정재윤鄭在潤)의 취조 보고서다.

10 안기성(위 문서)은 일본 관헌들에게 자신이 훌륭한 공산주의자를 키워내는 데 많은 어려움을 겪었다고 말했다. 그는 재간도 한인의 교육·문화수준은 일반적으로 낮았고, 민족주의적 감정은 아주 강했다고 말했다. 따라서 당원 중 '순수한 공산주의자'는 거의 없었다는 것이다. 안기성은 또 취조관들에게 농부들의 경제적 조건이 개선되자 공산주의의 효율성이 감소하기 시작했고, 학생 중에서조차 헌신적인 공산주의자는 드물었다고 진술했다.

를 설치해 '진보적' 선전물을 널리 읽히라는 과제도 부과되었다. 만주의 수많은 한인 학교는 청년운동을 발전시킬 수 있는 곳이었기에 당의 특별한 활동 목표가 되었다. 특히 한인 학교의 교원들은 공산주의운동의 핵심 인물이 될 수 있다는 희망 아래 중요 공작대상이 되었다.[11]

재만 한인 공산주의자들은 다양한 민족운동 내부에 침투해 활동하는 데 집중적인 노력을 기울였고, 그 당시 산재해 있던 노동단체와 농민단체에 대해서도 내부 공작을 전개하는 데 주력했다. 말할 것도 없이 이 시기는 민족협동전선의 시기였으며, 서울의 2차 조공 중앙집행위원회는 만주총국에 대해 '제국주의에 반항하는 모든 요소'를 결합해 '협동전선적 단일당'을 결성하라는 특별지시를 내렸다. 만주총국은 자신의 정체를 드러내거나 신간회의 지방 지회에 참가해서는 안 되었다. 서울의 조공이 내린 이런 지시는 적어도 동만구역국에서는 집행되었다. 민족주의자들과의 공동 행동은 정치 문제뿐 아니라 군사문제에서도 계획되었다. 예를 들어 1927년 1월 25일자 동만구역국 간부회의 회의록은 조선독립단朝鮮獨立團 명의로 민족단체를 결성하기 위해 간부진을 조직할 것을 결정했음을 보여준다.[12] 동만구역국은 한인 거주자들 가운데 군사 경험이 있는 사람들의 명단을 수집해 조선독립단의 간부후보로 삼고자 했다.

이런 다양한 계획과 활동은 만주총국의 간부들이 1927년 10월 일본 경찰에 검거됨으로써 중단되었다. 한인 공산주의자들의 역량이 강력해질수록 그들의 접촉 범위는 넓어지고 과감해졌다. 그러나 이처럼 접촉 범위가 넓어지자 일본의 첩자가 공산주의 조직 내부에 침투해 중요한 정보를 빼내갔다. 한 가지 예로 이들은 정재윤(안기성安基聖의 가명)이 동만구역국의 책임비서이고,

---

11 이 같은 노력에도 불구하고 1927년 10월의 검거 당시 압수된 당원 명부에는 대부분 이전 시기에 공산주의운동에 열성적이었던 당원 73명, 후보당원 42명만이 동만구역국 소속으로 되어 있다.
12 자세한 것은 다음 자료를 참조하라. 간도 주재 일본총영사관, 「間島及接壌地方共産主義運動の概況」, 1928년 6월 25일, 등사판, *AJMFA*, R S721~722.

동만주 공산주의운동의 중심지가 룽징龍井이라는 사실을 알아냈다. 첩자를 통해 지역 공산주의운동 수뇌부의 비밀회합이 10월 3일에 개최될 예정이라는 정보를 입수한 일본 당국은 비밀회합 장소를 덮쳐 만주총국 조직부장 최원택, 선전부장 김치정(김동명金東明의 착오인 듯하다 — 옮긴이), 안기성(=安基成) 등을 검거했다. 이들의 검거로 일본은 서울과 만주총국에서 보낸 지령, 각종 회의록, 보고서, 동만구역국의 세포와 당원 명부 등 수많은 문서를 입수했다. 이들 문서를 면밀히 검토한 일본 경찰은 만주총국에 대해 혹은 적어도 동만구역국에 관한 한 공산주의 지도자들만큼의 지식을 갖게 되었다. 일본은 200명 이상을 대량 검거한 뒤 이 중에서 최고지도자로 판단한 28인을 한국으로 송치해 재판에 회부했다.[13]

껍데기만 남은 조직이 즉각 재건되긴 했지만 만주총국은 이 타격을 극복하지 못했다. 그해 11월 이동산李東山을 책임비서로 하여 닝안현 둥징성에서 재조직된[14] 만주총국은 민족적 시위계획을 후원하고 지방조직을 재건하는 데 착수했다. 그러나 후계 만주총국은 1929년 6월 우영선(우용선禹用善의 착오인 듯하다 — 옮긴이), 유일근柳一根 등 30여 명의 공산주의자를 모아 조직에 활기를 불어넣을 때까지 대체로 동면 상태에 있었다. 1930년 3월 우용선-유일근 집단은 세포조직 다섯 개, 당원 48명, 민족유일당 당원 74명, 당이 통제하는 표현단체 청년회원 57명을 확보했다.[15]

그러나 화요회는 국내나 국외에서 1925~1927년 대량 검거의 타격을 완전히 극복할 수가 없었다. 앞서 살펴본 것처럼 1927년 10월까지만 해도 만주총국에는 구상해파, 이르쿠츠크파 출신이 다수 있었지만 화요회파가 주도권

---

13 상세한 것은 다음 자료를 참조하라. 『思想月報』, 3권 4호, 1933년 7월, 55쪽, AJMFA, R S358.
14 후계 만주총국의 간부로는 이동산 외에 김백파金白波(조직부장), 김홍선金洪善(선전부장) 등이 있고, 공청 간부로는 책임비서 최충호崔忠浩, 조직부장 석금산石錦山, 선전부장 한별 등이 있다. 「間島 5·30事件豫審終結書」, 『思想月報』, 1권 4호, 1931년 7월 15일, 173~200쪽(176), AJMFA, R S355.
15 앞서 언급한 다음 자료를 참조하라. 「東滿に於ける朝鮮共産黨各派の近況に關する件」, F 6190~1.

을 행사하고 있었다. 10월 이후 국내의 조선공산당 내에서 가열되고 있던 파벌투쟁은 즉각 만주 지방에 반영되었다. 이런 상황이 야기된 것은 일본 탄압의 결과이기도 했다. 한국과 만주에서 지배적인 당 조직을 파괴하고 대부분의 주요 지도자를 검거한 일본은 수많은 분산된 집단의 출현이라는 조건을 창출해낸 것이다.

한국에서 ML파가 가장 중요한 공산주의 집단으로 부상한 것도 바로 이때였다. 3차 조공의 책임비서가 된 ML파의 안광천은 박윤서朴允瑞(=박윤세朴允世)를 만주총국 재건 책임자로 임명했다. 박윤서가 이동산이나 기존의 만주총국 간부들과 어떤 접촉을 가졌는지는 확실하지 않지만 어쨌든 두 파의 합동은 이루어지지 않았다. 그 대신 박윤서는 1928년 1월 새로운 만주총국을 조직했다. 블라디보스토크에서 첫 출범한 만주총국은 곧이어 지린성 반스현般石縣으로 자리를 옮겼다. 이와 동시에 ML파 만주총국은 자체의 공청을 조직했고, 당원에게 군사교육을 실시하기 위해 총국 산하에 군사부를 설치했다.

이로써 1928년 당시 만주에서는 ML파와 화요회파가 경쟁적으로 조직 활동을 벌였다. 이 두 집단은 재만 한인 공산주의자들 사이에서 가장 중요한 조직체였지만 서울파와 상해파 역시 만주에 각각 별도의 조직을 유지하고 있었다. 상해파는 화요회파의 검거로 무주공산이 된 지역을 차지하기 위해 1927년 10월의 대검거 직후 간도 룽징에서 소위 재만조선공산주의자단체在滿朝鮮共産主義者團體를 조직했다. 이 단체의 핵심 역할은 주건朱建(또는 朱鍵)과 검거를 모면한 동만구역국 출신이 담당했다. 서울파는 좀더 간단한 명칭을 사용해 '조선공산당'과 '고려공산청년동맹'을 조직하여 성省·현縣 기본 세포단체의 기관을 갖추고 은연중에 한 세력을 형성했다.[16]

---

16 상해파의 단체를 조직하는 데는 주건 외에도 이인영李麟永, 박창익朴昌翼, 김일수金一洙, 여남수呂南壽 등이 활약했다. 주건, 김희창金希昌, 오성세吳祁世, 강문수姜文秀 등을 최고 간부진으로 한 이 단체는 당원 130명, 공청원 146명을 보유했던 것으로 알려져 있다. 1930년 무렵 일본은 당원 수와 영향력으로 볼 때 이 단체가 가장 강력한 것이라고 기록했다. 앞의 문서, F 6180~3.

코민테른 6차 대회가 개최될 무렵 만주의 상황은 이처럼 혼란스러웠다. 앞에서 살펴본 대로 상해파와 서울파는 ML파에 대항하여 코민테른의 승인을 획득하기 위해 연합했으며, 이동휘나 김규열金圭烈 등 노련한 인물을 모스크바에 파견했다는 사실을 기억해야 한다. 이들은 블라디보스토크로 돌아와 자파 동료들에게 코민테른의 견해를 상세히 설명해주었다. 이에 '파벌을 일소한 공산당'을 조직한다는 방침이 결정되었고, 과거 화요회파와 ML파에 가담했던 인물들은 새로운 당에 가입하라는 권유를 받았다.[17] 당의 통합을 위한 노력을 시작한 사람들이 구파벌의 지도자들이었다는 점은 통합운동의 성과가 제한적일 수밖에 없었다는 데 상당한 이유를 제공했다. 화요회파였던 안상훈安相勳과 ML파였던 김영식金泳植이 새로운 조직에 참가했지만 이런 사실이 '파벌을 일소'할 수는 없었다.

이들은 공산당이 국내에 재건되어야 한다는 데 대체로 동의했지만 불행히도 경찰의 극심한 탄압 때문에 국내에서의 당 재건은 불가능했다. 따라서 한국과 인접한 지린성의 둔화敦化를 선택해 코민테른과의 연락사무를 담당할 이동휘만을 남겨놓고 이곳으로 근거지를 옮겼다.[18] 1929년 1월에 접어들자

서울파의 활동은 앞서 언급한 자료에 나와 있다. 「間島5·30事件豫審終結書」, 『思想月報』, 같은 호, 180쪽.

17 블라디보스토크 집단의 주요 인물로는 이동휘와 김규열 외에도 상해파의 김철수, 최동욱崔東旭, 오성세, 김일수, 윤자영 등이 있고 서울파 지도자로는 김영만이 있었다.

18 60대에 접어든 이동휘에게 이때는 그의 정치 활동의 마지막 시기였다. 그는 1935년 1월 31일 블라디보스토크에서 '고령과 피로'에 지쳐 세상을 떠났다. 그가 세상을 떠남으로써 과거의 노선에 따라 한국 독립을 위해 싸워온 최후의 투사가 무대에서 사라져버렸다. 앞서 살펴본 바와 같이 마르크스-레닌주의의 교의에 대해 최소한의 이해와 관심밖에 갖고 있지 않던 이동휘는 코민테른의 입장에서 볼 때 결코 '훌륭한 공산주의자'는 아니었다. 이동휘가 공산주의에 대해 관심을 가진 기본적인 이유는 공산주의가 독립투쟁을 적극 지원하고, 독립투사들에게 소련이라는 안전한 은신처를 제공해줄 뿐 아니라 한국의 독립운동에 실질적인 물질적·정치적 지원을 보내는 유일한 원천이었기 때문이다. 우리가 만약 '김산'의 증언을 믿는다면 이동휘는 불우한 만년을 보냈다. Kim San and Nym Wales, Song of Ariran, 뉴욕, 1941, 54쪽. 그런데 놀라운 사실은 한국 공산주의운동에 대한 소련의 최초 연구 성과에는 이동휘라는 이름조차 나와 있지 않다는 점이다. 현대 소련의 역사가들에게 이동휘는 아무런 의미가 없었던 것이다.

이들은 둔화 교외의 주건의 집과 안상훈의 집에서 조직과 활동계획을 논의하는 모임을 가졌다. 이 자리에서 국내의 여러 동지와 접촉해 코민테른의 지령을 전달하고, 새로운 프로그램에 따른 당 재건을 돕기 위해 안상훈을 국내에 파견하기로 결정했다.[19] 그리하여 안상훈은 1929년 12월에 '12월 테제'의 사본과 김철수, 김영만의 소개장을 갖고 서울로 잠입했다. 서울에서 안상훈은 구서울파의 방한민方漢旻, 이준렬李駿烈 등과 접촉했고 뒤이어 부산과 자기 고향인 안동에서 사회운동자들과 관계를 맺었다. 이미 당 재건을 위한 노력에 착수했던 방한민을 비롯한 서울파에 속한 인물들은 벌써 「12월 테제」의 내용을 알고 있었으며, 구체적인 지시가 내려오기를 기다리고 있었다.[20] 안상훈의 도착과 함께 이들은 활발한 활동을 전개했지만 불과 석 달 만에 과거의 전례가 되풀이되었다. 공산주의자들의 활동이 일본 경찰에 포착되었고, 6월 초순에 핵심 인물 전원을 포함해 총 75명이 검거되었다. 방한민과 이준렬, 이빈용(이민용李敏用의 착오인 듯하다―옮긴이), 정헌태鄭憲台 등은 7년형을 선고받았는데, 안상훈은 놀랍게도 4년형을 선고받았을 뿐이다. 공산주의자들의 활동은 다시 실패로 끝나고 말았다.

둔화에 근거지를 둔 집단은 정세를 평가하기 위해 6월 말에 다시 모였다. 그 자리에서 이들은 국내에서 즉각적인 당 재건을 꾀하는 것보다 만주에서 기초 작업을 계속하는 것이 더 현명하다고 합의했다. 이에 따라 이들은 만주에

---

19 안상훈은 과거 화요회 회원이었을 뿐 아니라 1925년 가을 조공 집행위원회가 모스크바 동방노력자 공산대학에 파견한 21명의 유학생 중 한 사람이었다.

20 방한민의 경력은 이 시기 다른 수많은 한국 공산주의자의 경력과 매우 유사하다. 도쿄의 니혼대학에 잠시 유학하던 중 언론인이 되기 위해 귀국한 방한민은 『동아일보』, 『조선일보』 등의 기자를 지냈고 한때 교편을 잡기도 했다. 일찍이 공산주의 활동 혐의로 체포되어 10년형을 선고받은 방한민은 5년간 복역 후 1928년 6월에 석방되었다. 서울파의 지도자인 이운혁李雲爀은 1928년 여름 블라디보스토크로 망명하기에 앞서 교사로 있던 동지 이준렬에게 방한민이 출옥하는 즉시 그와 접촉해 서울파 조선공산당을 재건하라고 지시했다. 안상훈이 국내에 잠입했을 당시 이 작업은 진행되고 있었다. 경기도 경찰부, 「朝鮮共產黨の新組織企劃檢擧に關する件」, 1929년 8월 10일자 보고, AJMFA, R S722.

서 운동을 지도할 간부진을 구성하고 조직의 명칭을 조선공산당재건설준비위원회朝鮮共産黨再建設準備委員會(이하 준비위원회로 줄임)로 결정했다. 준비위원회의 본부는 임시로 주건의 집에 두기로 했고, 김철수가 책임을 맡았다(김철수는 1921년 상하이에서 코민테른의 자금을 최초로 국내에 반입했고, 1925년 12월 2차 조공의 중앙집행위원으로 활동했다). 같은 해 6월 25일 준비위원회를 발족하면서 이들은 「전 조선공산주의 동지제군」이라는 제목의 선언문을 발표했다.[21] 쉽게 예상할 수 있듯이 이 선언서는 「12월 테제」의 노선을 답습했다. 이들은 한국 공산주의운동이 경찰의 야만적 폭압, 당과 대중의 분리, 당내의 극심한 파벌투쟁 등으로 무참한 패배를 맛보았다고 주장했다. 이들은 과거의 파벌투쟁이 '무원칙'한 것이었으며, 모든 파벌 집단은 '용감히 해체'되어야 한다고 공언했다. 이 같은 '역사적 임무'가 바로 준비위원회에 주어진 것이다.

그러나 행간에 감춰진 뜻을 살펴볼 때 우리는 파벌투쟁도, 순수한 전술적 논의도 결코 완결되지 않았다는 사실을 쉽게 알 수 있다. 기본적으로 준비위원회는 상해-서울파의 조직체였고, 모든 한국 공산주의자는 이를 잘 알고 있었다. 게다가 준비위원회의 선언문은 당에 관한 '잘못된 이론'들이 아직도 널리 존재하고 있다는 사실을 분명히 인정했다. 이들은 모든 파벌이 반半자치적으로 존재하면서 연합체로 통합되어야 한다는 '연립합동론'聯立合同論이 종파주의를 고취하는 새로운 파벌적 경향이며, '소아병적 사상'의 산물이라고 날카롭게 비난했다. 이들은 또 공산당 건설을 적당한 시기로 미루고 모든 공산주의자는 현시점에서 대중조직을 건설하고 획득하는 데 힘을 기울여야 한다는 '자연성장론'自然成長論(현재 흔히 야마카와 히토시의 해당론으로 널리 알려진 이론)을 비난했다. 선언문에 따르면 이런 이론은 노동자계급의 유일무이한 전위로서 공산당이 수행해야 할 역할의 결정적 중요성을 부정하는 것이었다. 선언문은 이런 이론은 잘못된 것일 뿐 아니라 틀림없이 파벌투쟁을 악화시킬 것이

---

21 선언문의 전문은 다음 자료에 수록되어 있다. 『思想月報』, 1권 6호, AJMFA, R S355. 299~306쪽.

라고 주장했다. 이와 함께 선언문은 완벽한 이념적 무장을 갖춘 정수분자들만이 당을 발전시킬 수 있다는 주장은 당과 대중을 분리시키는 배타주의에 빠진 오류라고 지적했다. 이런 방식으로 준비위원회의 선언문은 후쿠모토주의와 이를 신봉하는 ML파에 도전했다. 마지막으로 이들은 '도박론'賭博論을 신봉하는 '고루한 수령층'들이 각 파벌에 아직도 존재하고 있다고 지적했다. 도박론자들은 코민테른의 결정을 무시하고 계속적인 파벌투쟁의 결과에 당의 장래를 맡기려 한다는 것이었다. 준비위원회의 선언문은 이런 사람들은 단지 자기비판을 가장 두려워하는 소부르주아적 특성을 드러내고 있을 뿐이라고 주장했다.

준비위원회는 상당히 활기차게 공작을 진행시켜나갔다. 김영만은 1928년 8월 블라디보스토크에서 개최된 범태평양노동조합대회汎太平洋勞動組合大會에 준비위원회 대표로 참석해 프로핀테른의 정책에 관한 정보를 입수했다. 준비위원회의 조직망은 특히 만주 지역에서 팽창해갔다. 주건을 책임자로 하는 만주부 산하에 동만, 남만, 북만의 각 지국이 설치되었으며 각 지국 밑에 지부가 설치되었다. 그러면서 준비위원회는 많은 요원을 국내로 파견했다. 1930년 1월 김철수는 본래 안상훈에게 주어졌던 사명을 완수하기 위해 국내로 잠입했으며, 같은 해 5월 오성세가 공청 재건을 위해 김철수의 뒤를 따랐다. 1930년 말까지 약 20명의 준비위원회 소속 공산주의자들이 국내로 들어왔고, 이 중 한 사람인 김일수는 국내에서 약 15명의 청년을 선발하여 특별 훈련을 받도록 간도로 파견하려는 간부훈련 계획에 착수했다. 이 계획에 따르면 선발된 청년들은 만주에서 공산주의 이념과 혁명전술에 대해 2~3주간 집중 교육을 받고 국내로 돌아와 투쟁한다는 것이었다.[22]

---

22 간도 옌지현에서 행해진 훈련은 윤자영이 담당했다. 훈련을 마친 사람들 중 일부는 공산주의자들이 집중적으로 노동운동을 전개하고 있던 흥남興南의 조선질소비료공장에 침투했다. 「朝鮮共産主義運動の發展」, 『思想月報』, 3권 2호, 1933년 5월 15일, 19~20쪽. AJMFA, R S358.
이들 둔화 그룹이 국내로 파견한 인물들이 검거되는 비율은 아주 높았고, 김철수 역시 1930년 5월

이 기간에 ML파와 화요회파의 잔당들은 대체로 별다른 활동을 벌이지 않았지만 이들의 조직은 그대로 유지되었다. 바로 그 때문에 과거 ML파나 화요회파와 관계를 맺었던 사람들은 준비위원회에 참가하지 않았다. 따라서 준비위원회는 자신들의 의도와는 달리 과거의 파벌 전통에 제동을 걸지 못했다. 이런 사실은 곧 코민테른에 알려졌고, 코민테른은 이에 심한 불만을 표시했다. 1929년 말 코민테른의 주도로 한국 공산주의운동선상의 파벌투쟁을 제거하기 위한 새로운 급진적 방안이 강구되었다. 이 새로운 방안은 중국공산당에 만주의 한인 공산주의운동의 전 책임을 위임하는 것으로, 기존의 모든 한인 공산주의 조직을 해체하고 공산당원이 될 자격이 있는 모든 재만 한인은 중국공산당에 입당하라는 내용이었다.

이 새로운 정책을 이해하기 위해 과거 한국과 중국의 공산주의운동이 어떤 관계에 있었는지를 지난 수년간의 발전과정을 중심으로 살펴보기로 하자. 한국이 식민지로 전락한 바로 그때부터 수많은 한국의 독립운동가들이 중국을 망명지 혹은 독립운동 기지로 이용했다. 적어도 1920년경 중국에서는 한인 공산주의운동이 시작되었고, '상하이'라는 도시의 명칭은 한국 공산주의운동에서 중요한 파벌의 명칭으로 사용되었다. 베이징에도 많은 한인 공산주의자가 존재했다. 이런 상황은 국공합작이 결렬된 이후에도 조금 약화되긴 했지만 계속되었다. 김찬, 김단야, 조봉암 등 많은 공산주의 지도자가 상하이의 프랑스 조계 같은 지역을 이용해 활발한 활동을 벌였다. 한국인 망명자들이 벌인 독립운동 내부의 정치역학은 대단히 복잡했다. 중국의 한인들은 강력한 민족주의만을 유일한 정치적 공통분모로 한 채 무정부주의자, 무력항쟁을 주장하는 보수적 민족주의자, 민족적 공산주의자 등 다양한 형태로 정치 활동을 벌였다.[23] 소위 공산주의자라 불리는 사람들조차 행동방식과 협력관계에서 서로

체포되고 말았다. 자세한 것은 다음 자료를 참조하라. 경성지방법원 형사부, 「조선공산당재건운동 등 사건판결사본」朝鮮共産黨再建運動等事件判決寫本, 경성, 1933.

큰 차이를 보였다. 앞으로 살펴보겠지만 이 중 일부는 국민당, 물론 대다수는 중국공산당과 연계를 맺고 있었다. 이 시기에 한인의 숫자는 많지 않았지만 중국 혁명의 거의 모든 단계에 관련되어 있었다. 예를 들어 일부 한인들은 황포군관학교黃埔軍官學校에서 교육을 받거나 심지어 교관이 되기도 했으며, 일부는 중국인들과 죄익 서적 간행에 종사하기도 했다. 한인들은 상하이에 있던 코민테른 원동국遠東局의 창설 단계부터 참여했고, 중국에서 바야흐로 발흥하기 시작한 노동운동이나 문화운동, 학생운동에도 깊이 관여했다.

국공합작의 붕괴는 재중국 한인 공산주의자들에게는 쓰라린 경험이었다. 가장 경험이 풍부한 혁명가들을 포함해 많은 한인이 광둥봉기廣東蜂起의 와중에 살해되었다.[24] 이후 국민당이 장악하고 있던 도시에서의 활동은 매우 위험

---

23 자세한 것은 다음을 참조하라. 이정식, *The Politics of Korean Nationalism*, Berkeley, 1963(특히 9, 10장).

24 1927년 12월 11~14일의 불과 며칠간 광둥을 점령하고 코뮌을 세웠던 공산주의자들은 막대한 타격을 입고 광둥에서 물러났다. 이런 무모한 모험은 코민테른의 용인을 받았을 뿐 아니라 오히려 코민테른의 강요를 받았던 것이었다고 믿을 만한 충분한 이유가 있다. 이보다 몇 달 전인 9월, 국민당과의 합작이 결렬된 것을 시인한 코민테른은 소비에트 정권의 수립을 지지했고, 이후 군사행동을 취해야 한다고 주장했다.
1925~1927년 광둥에 있으면서 봉기과정에서 핵심적인 역할을 했다고 주장하는 김산은 이 사건에서 한국인들이 수행한 역할에 대해 몇 가지 정보를 제공해주었다. 김산에 따르면 1927년 광둥에는 800여 명의 한국인이 모여들었는데 이들 대부분은 정치적 혁명가로서, 그중에는 만주에서 온 공산당원도 상당수 있었다고 한다. 이들의 평균 연령은 약 23세로 40세 이상은 한 명도 없었다고 한다. 이들 조선 혁명가는 통일된 지도력을 갖지 못한 채 잡다한 집단으로 나뉘어 있었다. 김산에 따르면 중국공산당은 이들 조선 혁명가에게 지시를 내릴 권한을 갖는다고 믿고 있었다. 김산은 다양한 배경을 가진 약 80명의 한국인이 KK라고 알려진 비밀결사를 조직했다고 말했다(KK는 한국 공산주의자의 독일어 약자다. 이는 아마도 당시 광둥에 있던 독일인 공산주의자 하인츠 노이만Heinz Neumann의 영향 때문인 것 같다).
국공합작이 결렬된 1927년 봄, 광둥이 위험한 지역이라고 판단한 많은 한국인이 이곳을 떠났다. 봉기가 시작되었을 무렵 광둥에는 약 200명의 한국인이 살고 있었는데, 이들 대다수가 봉기에 열성적으로 참여했다고 한다. 다음은 김산의 말이다. "한인들은 경험이 풍부했고 그들 중 상당수가 모스크바에서 훌륭한 정치·군사교육을 받은 바 있었기 때문에 사업의 모든 부문에서 요직을 담당했다. 많은 중국인은 이들이 한국인인지를 알지 못했지만 이들은 꼼뮨이 수립되어 있는 동안 당원들의 연락망으로 활동했다." Kim San and Nym Wales, 앞의 책, 92쪽.
김산의 강한 반중국적·민족주의적 관점에 주의해야 하지만 그의 설명에는 틀림없이 상당한 진실이

한 상황이었다. 따라서 공산당과 밀접한 관련을 맺고 있던 한인 대부분은 이곳을 떠나야 했다. 그중 일부는 중국 공산주의자들을 따라가 뒷날 마오쩌둥이 장시소비에트江西共和國를 수립하는 데 일조했고, 이들 가운데 한 사람인 무정武亭은 펑더화이彭德懷 장군의 참모장이 되었다. 1927~1928년 중국 본토에서 보낸 한인 공산주의자들의 대부분은 신변 안전을 위해, 혹은 만주가 일본 제국주의에 대한 투쟁의 중심지였기에 만주로 활동무대를 옮겼다.

우리는 언제, 어떻게 해서 코민테른이 재만 한인 공산주의운동의 일체 사무를 중국공산당에 위임하는 결정을 내렸는지에 대해 정확히 알고 있지는 않았다. 이 결정은 어떤 의미에선 코민테른이 오랫동안 추구해온 일국일당정책을 한국문제에 적용하고 있는 것처럼 보인다. 그러나 한국 공산주의운동에 관한 한 일국일당정책이 적용된 적은 없었다. 한 가지 분명한 사실은 코민테른의 새로운 정책이 만주에서의 중국 공산주의운동이 보유한 역량에 기초한 것은 아니라는 점이다. 중국 공산주의자들이 만주 지역에서 활동하기 시작한 것은 1923년경인데, 이 지역에서의 운동은 아주 느리게 발전했다.[25] 만주에서 중국공산당이라는 명칭을 최초로 사용한 집단은 1926년 7월에 조직된 중국공산당 다롄지방위원회大連地方委員會였고, 중국공산당 만주성위원회滿洲省委員會는 1928년 1월에야 결성되었다.[26] 비록 다롄과 하얼빈, 펑톈, 우순撫

담겨 있다. 투쟁과정에서 한인이 입은 피해는 막대한 것이었음이 분명하다. 김산은 단호히 주장한다. "우리는 꼼뮨의 대재앙에서 조선 혁명의 정화精華와 전 당원의 핵심을 잃어버렸다."(앞의 책, 129쪽)

25 1923년 말 남만주철도주식회사와 민간공장 내의 중국인 직공들이 다롄중화공학회大連中華工學會를 조직했다. 일본의 관헌 자료에 따르면 이 단체는 공산주의자들이 장악하고 있었다. 남만주철도주식회사南滿洲鐵道株式會社, 『滿洲共産運動槪觀』, 다롄, 1935, 2쪽.

26 좀더 자세한 내용은 다음을 참조하라. 이정식, *Communism and Counter-Insurgency in Manchuria*(미간행 원고) 제1장 참조(이 책은 1983년 *Revolutionary Struggle in Manchuria*라는 제목으로 캘리포니아대학 출판부에서 간행되었다. 해당 내용은 제2장 48~50쪽을 참조하라. 이 책의 한국어 번역본은 다음과 같다. 이정식 지음, 허원 옮김, 『만주혁명운동과 통일전선』, 1989, 사계절―옮긴이).

順 등 공업 중심지에서 노동자를 조직하기 위한 활동이 상당히 활발하게 전개되고 있었지만, 코민테른의 지령이 전달되었을 당시 중국공산당 만주 지부는 아직 초기 단계에 지나지 않았다. 게다가 만주에서는 농민이 압도적 다수를 차지하고 있었음에도 중국공산당은 농촌에 파고들지 못했으며, 이 시기에 중국공산당의 위치는 매우 불확실했다. 따라서 코민테른이 이런 결정을 내린 이유는 어떤 대가를 치르더라도 한국 공산주의운동 내의 파벌투쟁을 종식시키고자 했던 것으로 생각된다. 물론 코민테른이 한인 공산주의운동을 중국공산당의 지도하에 합류하게 함으로써 중국 공산주의자들의 역량을 강화시켜 앞으로의 결정적 시기에 만주를 '중국 방위'의 기지로 삼는 데 도움을 주고자 했다는 추측도 가능하다.[27]

어쨌든 1929년 11월 재만 공산주의운동의 자문역으로 활동하라는 코민테른의 지시를 받은 두 사람이 모스크바에서 상하이로 파견되었다.[28] 이 중 한 사람은 시베리아 출신의 한국인으로 모스크바 동방노력자공산대학 졸업생인 한빈韓斌이었다. 한빈은 과거 국내에서의 공산주의 활동으로 5년형을 받은 경력의 소유자였다. 다른 한 사람은 같은 대학 출신의 중국인 이춘산李春山*이었다. 코민테른의 지시를 받은 이들 두 젊은이는 중국공산당 간부들과 협

1928년 중국공산당은 펑톈에 만주성위滿洲省委를 처음 설치하고 주요 지역을 관장하기 위해 세 개의 지부를 두었다(남만도는 펑톈, 북만도는 하얼빈, 동만도는 옌지). 이들 구역국 아래에는 시·현위원회와 특별지부가 있었다. 중국 공산주의자들은 이와 아울러 공청과 혁명호제회革命互濟會도 조직했다.

27 뒤에 살펴보겠지만 재일 한인들에게도 이와 유사한 지령, 즉 한인 공산주의 조직을 해체하고 한인 당원들은 일본공산당에 입당하라는 지시가 내려졌다. 이는 '일국일당 원칙'을 실시하라는 결정이 국내의 당 재건운동을 고무하는 한편, 해외에 만연해 있던 한인 공산주의자 내부의 분파주의를 극복하기 위해 취해진 것이라는 사실을 강하게 암시한다.

28 상세한 사항은 간도총영사관이 외무대신에게 보낸 보고서에 나와 있다. 「在滿鮮人共産黨ノ中國共産黨ヘ入黨シタル經過及近隣地方鮮人·支人共産黨ノ現狀」 1930년 9월 18일, AJMFA, R S102, F 6537~50.

* 중국 국적의 한국인이다. 『中央日報』, 난징南京, 1933년 4월 11일자(추헌수秋憲樹 편, 『자료한국독립운동』資料韓國獨立運動, 제2권, 서울, 1972, 57~58쪽에 수록)를 참조하라.

의한 후 하얼빈으로 갔다. 1930년 1월 중국공산당의 고위간부 쑤원蘇文과 함께 하얼빈에 도착한 이들은 중국공산당 만주성위원회 간부 14인과 각 파벌의 한인 공산주의 지도자 열두세 명을 모아 대회를 소집하고, 이 자리에서 코민테른의 제의를 밝혔다.

일부 한인 공산주의자는 중국 공산주의운동에 종속되는 데 반대하긴 했지만, 대부분은 이를 받아들였다. 이에 따라 4월 초 ML파는 공식적으로 자파의 만주총국 해산을 선언했다. 화요회파 역시 6월 자파의 만주총국을 해산했고, 서울-상해파는 같은 달에 준비위원회를 해산했다. 그리하여 1930년 중반 만주의 모든 한인 공산주의자는 공식적으로 중국공산당의 지도를 받게 되었다.[29]

이후의 사태 진전을 파악하려면 그 당시 중국 공산주의운동이 처한 상황을 이해하는 것이 반드시 필요하다. 한인 공산주의자들에게는 불행한 일이었지만, 그때 중국 공산주의는 심각한 위기에 빠져 있었다. 1930~1931년 중국공산당은 치열한 파벌투쟁과 실패로 계속 어려운 고비를 넘고 있었다. 거듭된 내부 숙청과 극단적인 반공정책을 취한 국민당 정부의 대학살로 중국 공산주의운동은 퇴조기에 접어들었다.[30]

당 지도부의 잦은 교체는 이런 상황을 잘 반영하고 있다. 때때로 발생하는

---

29 일본 당국의 보고서에 따르면 만주총국 책임비서 김찬은 중국공산당으로의 흡수·통합을 반대한 사람 중 한 명이었다. 그러나 1930년 6월 코민테른은 비록 김찬 일파가 구만주총국을 지지하고 있지만, 한인 당원은 각 파벌을 통해 8할 이상이 중국공산당에 가입했고, 구만주총국은 사실상 유명무실해졌을 뿐이라는 보고를 받았다.

새로운 조직체계는 각 현에 책임비서를 두고 그 아래에 조직부, 선전부, 교양부, 유격대, 민중폭동위원회를 설치하도록 되어 있었다. 각 부의 책임자는 활동의 편의상 한인과 중국인을 각각 한 사람씩 두기로 했지만 실제로는 중국인 중에 간부를 맡을 사람이 없었기 때문에 뒤에 살펴보는 것처럼 간부의 대부분이 한인으로 메워졌다.

그 당시 조선공산당 각 파의 당원 명부에 기재된 사람들의 중국공산당 입당 수속을 위해 임시재만선인공산주의자동맹臨時在滿鮮人共產主義者同盟이 조직되었는데, 이 단체는 당원 명부 재적자 전부가 중국공산당에 가입을 완료한 후 해산되게 되어 있었다. 같은 문서, 6,540~6,544쪽.

개인적인 회의에도 불구하고 코민테른의 정책을 충실히 실행하고자 했던 학자 출신의 당 지도자 천두슈는 국공합작의 붕괴와 이에 따른 공산주의자들의 대학살에 대한 책임을 져야 했다. 천두슈의 뒤를 이은 취추바이瞿秋白 역시 광둥코뮌 대실패의 책임을 피할 수가 없었다. 이로써 1928년 봄 당의 최고 권력은 '5·30운동'의 영웅인 상하이 출신 노동운동 지도자 리리싼李立三에게로 돌아갔다. 리리싼은 1930년 말 왕밍王明(=천사오위陳紹禹)으로 대표되는 소위 유학생 집단(유소파留蘇派)에 의해 물러날 때까지 당권을 장악했다. 그러나 그때 장시소비에트 지역을 제외하고는 중국공산당은 궤멸 상태에 빠졌으며, 파벌투쟁이 만연해 있었다.

이 시기에 당 이론가들은 '좌경 모험주의'左傾冒險主義라고 비판했는데, 이 비판은 적절한 것이었다. 리리싼과 그의 후계자들이 취한 정책은 이들에 앞서 당 지도부에 있던 사람들과 마찬가지로 코민테른의 지시를 그대로 따른 것이었다. 코민테른, 좀더 정확하게 당시 권력의 정점에 있던 스탈린은 중국 정책의 실패에 대한 책임을 모면할 수가 없었다. 실상 코민테른의 모든 주요한 결정은 불가사의하고 모호한 것이었다. 아시아의 공산주의 지도자들은 종종 그들이 받은 지령의 의미가 불확실하다거나, 자신들이 통제할 수 없는 상황으로 말미암아 코민테른의 지시에 따를 수가 없었다. 코민테른의 모호한 지시로 말미암아 코민테른(그리고 크렘린)은 일련의 실패에도 불구하고 이데올로기적으로 무사할 수 있었다. 앞서 말한 것처럼 소비에트 지도자들의 기본 전술은 언제나 '중도적'中道的 입장을 취하는 것이었다. 따라서 현재의 추세나 소

---

30 이 시기의 중국 공산주의운동을 상세히 다룬 영문서적으로는 다음과 같은 것이 있다. Conrad Brandt, *Stalin's Failure in China, 1924~1927*, Cambridge, Mass., 1958; Harold R. Isaacs, *The Tragedy of Chinese Revolution*, Stanford, 1951; Robert C. North, *Moscow and Chinese Communists*, Stanford, 1953; Benjamin Schwartz, *Chinese Communism and the Rise of Mao*, Cambridge, Mass., 1951; Edgar Snow, *Red Star Over China*, New York, 1938. 일본어 서적으로서는 다음과 같은 것이 있다. 하타노 가니치波多野乾一, 『資料集成中國共産黨史』, 도쿄, 1961(전 7책 중 1~3권이 이 시기를 다루고 있다).

위 객관적 정세발전에 따라 '우익 기회주의'右翼機會主義와 '좌경 모험주의'는 교대로 또는 동시에 비난의 무기로 사용될 수 있었다. 물론 중도적 입장은 공산주의운동뿐 아니라 성공을 거둔 대부분의 정치운동에서 찾아볼 수 있다. 그러나 이는 당시 소련과 아시아의 공산주의운동 간의 관계에서는 각별히 중요한 요인으로 작용했다.

1930년경 코민테른의 중국 분석은 자신이 만든 미로에서 헤어나지 못하고 있었다. 소련의 국내 정치와 밀접하게 결부된 '중국 문제'에 대해 소련은 많은 노력을 기울였고, 수백만 단어에 달하는 문건과 지령을 내려보냈다. 그 당시 스탈린은 어쩌면 중국이라는 낱말조차 듣기 싫었을 것이다. 그러나 트로츠키 일파와의 권력투쟁에서 중국 문제를 주요 이슈로 삼아온 스탈린은 이제 과거 코민테른이 내린 모든 기본 결정을 옹호해야 했다. 스탈린주의자들은 "우리는 원래 그런 계획을 갖고 있었다"며 중국 무대의 어떤 사태발전도 승리를 향한 공상 속의 청사진에 따른 것이라고 끼워 맞췄다. 이런 태도는 극단적인 낙관론을 요구했고, 실제로 스탈린주의자들은 당시 중국의 상황 전개에 대해 누구보다도 낙관적인 견해를 갖고 있었다. 그러나 중국 정책이 실패하자 도망갈 구실을 찾아야 했던 이들은 중국 공산당원들에게 책임을 물었다. 만약 코민테른의 청사진이 그대로 시행되지 않았다면 이는 중국 공산주의자들의 잘못 때문이라고 책임을 돌려야 했던 것이다. 이로써 스탈린주의자들은 국민당과의 통일전선에 대한 코민테른의 견해는 '언제나' 올바른 것이었으며, 문제는 천두슈 등 지도자들이 통일전선에서 공산당의 역할을 잘못 이해했고, 따라서 정책 변화의 시기를 놓친 데 있다고 주장했다. 그러나 스탈린주의자들의 입장은 다른 측면에서도 보강되어야 했다. "우리는 원래 그런 계획을 갖고 있었다"라고 하면서 중국에서의 상황 전개를 극히 낙관적으로 관측했던 스탈린과 코민테른은 청사진을 구겨버린 어떤 사태를 찾아내거나 창출해야 할 처지에 직면했다. 좌경 모험주의의 시대는 이렇게 만들어졌다.

코민테른에 따르면 당시 중국의 상황은 다음과 같았다. 부르주아지의 주도적 세력은 예상했던 대로 혁명전선에서 이탈했다. 국민당은 반혁명적 역할을 하도록 예정된 봉건주의자들과 부르주아지의 연합에 불과하다. 국공합작은 한때 타당한 것이었지만 지금 단계에선 일고의 가치도 없다. 현 단계의 기본 전술은 아래로부터의 통일전선 전술이며, 노동자와 농민 대중은 프롤레타리아트의 전위인 공산당에 의해 동원되고 조직되고 지도되어야 한다. 그리고 올바르게 조직되고 지도된 이 같은 연합을 통해서만 부르주아 민주주의 혁명은 성공할 수 있다. 아직까지 정당한 목표인 부르주아 민주주의 혁명은 이미 지도력을 상실한 부르주아지에 의해 완수될 수 없다. 부르주아지의 시대는 지나갔다. 더구나 이 혁명은 부르주아지를 위한 것이 아니다. 반대로 부르주아 민주주의 혁명은 기본적으로 농업혁명이어야 한다.

수적으로 보나 담당하고 있는 전략적·경제적 기능으로 보나 혁명의 성공에 필수적인 농민은 프롤레타리아트에 의해 영도되는 현 단계의 연합에서 부르주아지를 대신해야 했다. 사실상 코민테른 측의 자료들은 혁명에서 농민들이 떠맡아야 할 역사적 역할을 논하는 데까지 나아가고 있었다. 농민에 대한 마르크스주의적 반감은 거의 사라졌다. 물론 혁명의 지도권은 '프롤레타리아트'의 수중에 장악되어야 했다. 그러나 누구든지 이념의 변화를 통해 자신을 프롤레타리아화할 수 있는 것이 아닌가?

일련의 시행착오에도 불구하고 중국은 결국 혁명과정에 접어들었으며, 이 과정에 적합한 정책이 요구된다. 어떤 일이 있더라도 혁명의 타력惰力은 지속되어야 한다. 도시와 농촌에서 모두 "당은 대중을 향하여야 하며 대중을 영도해야 한다." 어느 지역에서는 소비에트 정권을 수립하는 일이 명백히 타당할 것이며, 다른 지역에서는 노동자와 농민의 전적인 동원이 필요하다. 모든 경우 반동 세력에 대한 도전이 행해져야 한다. 이런 일은 당연히 홍군紅軍의 창설을 요구하지만 좀더 초보적인 수준에서는 먼저 유격대를 조직해야 한다. 오직 이 길만이 승리를 향한 혁명의 계속을 보장할 수 있다.

이처럼 간단한 형태로 1930년 무렵 코민테른의 중국 정책을 요약할 때 우리는 필연적으로 그때그때의 정책 변화나 문맥 속의 모호성과 상호 모순, 새로운 정책 속에 나타난 뉘앙스 등을 경시하게 된다. 그러나 그와 동시에 정책의 핵심 주제를 꾸밈없이 강조함으로써 당시에 활동했던 아시아 공산주의자들이 직면했던 난관을 극적으로 드러낼 수 있다. 여기서 지적해야 할 것은 위에 요약된 정책은 중국 내부의 특수한 상황에 관한 것을 제외하고는 중국뿐아니라 한국과 일본 공산주의자들에게도 적용되었다는 점이다. 예를 들어 위에 말한 기본 요점은 모두 「12월 테제」의 내용과 일치한다. 왜 아니겠는가? 양자의 근원은 모두 코민테른 6차 대회였다. 그 당시는 국제 공산주의운동이 개별 공산당에 대한 상이한 기본 정책을 제시할 준비가 전혀 되어 있지 않았던 시기다. 개별 공산당에 대해 상이한 정책을 제시한다는 것은 특히 소련의 국가적 이익을 추구하기 위해 끌어다 붙인 마르크스-레닌주의의 보편적 '진실'에 공공연히 도전하는 중대한 위험을 내포하는 일이었다. 또한 국제 공산주의운동은 개별 공산당의 토착 지도자들이 자기들의 과제를 실용적 견지에서 규정해나가는 것을 허락할 수도 없었다. 단지 개별 공산당들이 코민테른의 '지부'라는 점만이 끊임없이 지적되었다.

리리싼 노선의 채택은 만주의 공산주의운동에 직접적인 영향을 미쳤다. 그전에는 공산주의자들은 만주를 사회적·경제적 수준에서 중국과 아무것도 공유하지 않은 독특한 지역으로 취급했다(소위 관외주의關外主義—옮긴이). 이 견해에 따르면 만주는 군벌 상호 간의 전쟁에 별다른 영향을 받지 않았다. 만주는 이 지역에서 자신의 권위를 확고히 하고 있던 유일한 군벌 장쭤린이 지배하고 있었다. 따라서 이 지역의 농민은 중국 본토와는 달리 끊임없는 군벌 전쟁으로 빈궁해지지 않았다. 더구나 만주에는 상당한 면적의 토지가 미개간 상태로 남아 있어 소작 문제는 적어도 중국인들 사이에선 중국 본토의 다른 어느 지역보다도 훨씬 덜 심각했다. 게다가 정치적 안정과 기타 요인으로 만주의 도시경제는 호황을 맞고 있었다. 이런 모든 이유로 만주의 노동자·농민운동은 발전이 미미한 상태였고, 만주 '대중'의 정치적 의식은 지극히 제한되어 있었다.

이런 정세분석은 신중하고 제한된 행동을 요구하는 것으로, 새로운 전투적 노선에 들어맞지 않았다. 따라서 이 분석은 배척되어야 했다. 만주는 이제 중국 본토와 정치적으로 통합되어갔기 때문에 만주에 대한 새로운 분석이 불가피했다. 리리싼 시대의 테제는 다음과 같았다. 장쉐량張學良이 중국 본토의 정치에 개입함으로써 만주의 고립은 종식되었다. 만주의 노동자와 농민 대중은 전쟁의 비극에 완전히 말려들게 되었다. 더구나 장쉐량에 대한 미국 측의 무기 판매는 과거 장쭤린 주변에 모여들었던 일본의 지원을 받던 집단과 장쉐량 간에 적대관계를 형성했고, 두 집단 간의 무력충돌로까지 발전했다. 마침내 만주 경제는 점차 전 세계적인 공황의 영향을 받게 되었으며, 노동자와 농민 사이에는 상당한 동요가 일어났다.[31] 따라서 만주에서도 혁명적 봉기를 위한 조건은 성숙해갔다.

만주 지역에서의 군사적 임무는 필연적으로 한인 공산주의자들에게 주어졌다. 코민테른의 이론과 리리싼 노선을 실천에 옮기기 위해 소명을 받은 사람들은 바로 이들이었다. 한인 공산주의자들은 비록 그 숫자는 적었지만 그 당시 만주의 공산주의운동에서 유일하게 조직된 집단이었다. 이 지역의 중국 공산주의자들은 한 줌의 지식인과 몇몇 도시 지역에 산재한 극소수 노동자에 불과했다.[32]

이로써 한인 공산주의자들의 중국공산당 입당이 완료되기도 전에 중국 공

---

31 경제적 조건에 대한 공산주의자들의 분석은 몇 가지 장점을 갖고 있다. 대두大豆(간도 지역 농산물 중 약 3분의 1을 차지) 가격의 경우 1924~1928년의 평균치를 100으로 할 때 1929년에는 88, 1930년에는 64.8로 각각 하락했으며 1932년에는 35로 급락했다. 이에 대해서는 앞서 언급한『滿洲共產匪の研究』(74쪽)를 참조하라. 리리싼주의가 만주에 미친 광범위한 영향에 대해서는 노스North가 저술한 앞의 책 9장을 참조하라.

32 푸순撫順에서 약간의 조직 활동을 벌이던 중국 공산주의자들은 1930년 같은 지역에서 '폭동'을 일으킬 계획을 짰지만 당 간부들이 검거되어 실행에 옮길 수 없었다. 지린과 펑톈에도 당의 소규모 조직이 존재했다. 만주국중앙경무통제위원회滿洲國中央警務統制委員會,『滿洲に於ける共產運動の推移概要』, 출판지 미상, 1937, 22쪽.

산주의자들은 한인 동지들에게 간도에서 대규모 폭동을 일으킬 것을 지시했다. 폭동의 목적은 일본 제국주의와 '반동적 국민당 군벌 집단'을 구축하고, 이를 대신해 소비에트공화국을 수립하는 것이었다. 중국공산당의 만주성위원회는 마침내 이것을 실천에 옮기라는 지시를 내렸고, 거사일은 리리싼을 영웅으로 만든 5·30운동 5주년 기념일인 1930년 5월 30일로 정해졌다. ML파 만주총국의 전 간부로 당시 중국 공산당원이었던 박윤서朴允瑞는 만주성위원회의 특별 대표로 룽징에 파견되었다. 그는 여기서 1928년 ML파에 의해 세워진 만주총국의 동만구역국 간부들과 협의했다. 그때 만주총국은 공식적으로 해체 선언을 한 뒤였지만, 동만구역국은 한인 공산주의자들의 중국공산당 입당사무를 원조하기 위해 계속 활동하고 있었다. 당 지령을 전달받은 이들은 구체적인 계획을 수립하고 김근金權을 거사의 총책임자로 선정했다. 다음 달 구화요회과 당원과 관련자들을 포함해 다양한 동지들 간에 접촉이 이루어졌다. 5월 29일 저녁, 이들은 마침내 행동을 개시했다.

일본 관헌 자료에 따르면 불과 150~200명에 지나지 않는 핵심 집단이 일으킨 5·30폭동의 피해는 지극히 광범위했다고 한다. 전 간도 지역으로 확산된 5·30폭동 당시 총과 화염병 등으로 무장한 폭도들은 관공서, 교통·통신시설과 '경찰밀정', 친일파, 부호의 집을 공격했다.[33] 이 '폭동'은 중국공산당의 지시에 따라 한인 공산주의자들이 행한 수많은 테러 활동 중 최초의 것에 지나지 않았다. 적색 인터내셔널 기념일인 8월 1일과 국치일國恥日인 8월 29일에 지린-둔화 철도 연변 지역의 한인들은 사보타지와 폭동 등 다양한 행동을 개시했다. 수확한 곡식을 불태우고 지주의 재산을 파괴하는 소규모의 '유격' 활동도 1930년 가을부터 시작되었다.[34] 리리싼 노선의 포기 결정이 마침내

---

33 5·30폭동에 관한 자세한 내용은 다음 자료를 참조하라. 「間島5·30事件豫審終結書」, 『思想月報』, 같은 호, 173~200쪽.
34 동만철도주南滿鐵道株, 『滿洲共產黨運動槪觀』, 大連, 1935, 4쪽; 내무성 경보국, 『中華民國に於ける 共產主義運動の現況』, 도쿄, 1931, 30쪽.

재만 공산주의자들에게도 전해져 '폭동'이 종식된 1931년 봄까지 그동안 190명의 사상자가 발생했으며, 공적·사적 재산 피해도 실로 막대했다.[35]

그 당시 중국 본토에서도 이와 유사한 대규모 폭동이 빈발했다는 점을 기억해야 한다. 1930년 7월 28일 펑더화이가 지휘하는 홍군 제5군은 창사長沙를 공격해 대규모 피해를 입고 퇴각할 때까지 며칠간 주요 도시를 장악했다. 실패가 명백해지기 전까지 코민테른은 창사 점령에 대해 황홀한 찬사를 보냈다. 창사에서 패배한 이후에도 리리싼은 몇 달간 당권을 계속 잡고 있긴 했지만 그의 운명은 이미 결판난 것이었다. 11월 중순 코민테른은 리리싼의 '모험주의', '맹동주의'를 격렬한 어조로 비난하는 서한을 발표했다. 리리싼이 코민테른 정책의 충실한 집행자가 되고자 했던 것은 전혀 문제시하지 않았다. 그의 전임자인 천두슈나 취추바이처럼 리리싼 역시 실패했고, 그 책임은 크렘린이 아니라 중국 현지의 공산주의자들이 온전히 떠안아야 했다.

모스크바가 제시한 전술에서는 새로운 점들이 강조되었다. 농민의 중요성을 특별히 강조한 과거의 노선은 부르주아 민주주의 혁명 단계에서 성공의 열쇠는 농업혁명에 있다고 주장했다. 그러나 과거의 노선은 혁명에 대한 프롤레타리아트의 헤게모니를 보장하기 위한 기반인 도시기지都市基地를 확보하려면 공산당과 홍군이 '모두' 필요하다는 사실도 강조한 적이 있다. 광동과 창사에서 참담한 실패를 맛본 코민테른은 국민당 권력의 손길이 미치지 않고 방위가 가능한 소비에트 지역의 즉각적 확보에 중점을 두었다. 이는 소비에트 지역에서 홍군 활동이 강화되어야 하고, 이런 지역에서만 홍군이 제대로 활동할 수 있다는 것을 의미했다. 이 같은 상황에서 도시중심주의는 중국에 대한 공산주의적 교의에서 사라지고 말았다. 이 점에 관한 이정표라고 할 수 있는 코민테른의 1930년 11월 16일자 서한은 이듬해 1월 7일 개최된 중국공산당 4차 중앙위원회 전원회의(4중전회四中全會)에서 전폭적인 지지를 받았

---

35 『滿洲共産匪の研究』, 69쪽.

다.[36] 바로 이때 코민테른 중국 정책의 핵심 인물인 파벨 미프Pavel Mif의 지원을 받는 소위 귀국 유학생 집단인 유소파가 실각한 리리싼을 대신해서 재빨리 권력을 장악했다. 그러나 공산당이 그 당시처럼 혼란과 곤경, 좌절에 빠져 허우적댄 적은 일찍이 없었다.

이런 상황 전개를 고려해볼 때 뒷날 북한의 공식적인 공산주의 역사에서 5·30폭동을 "이 당시 동만 지역의 종파주의자들이 리리싼의 극단적 정책에 추종하여 일으킨 모험주의적, 맹동적 행동"이라고 규정한 것은 그다지 놀라운 일이 아니다.[37] 그러나 더욱 중요한 것은 당시의 한인 공산주의 지도자들 스스로 5·30폭동, 그와 유사한 일련의 폭동들을 '실패'한 것이라고 개인적으로 규정했다는 점이다.[38] 대중은 동원되지 않았다. 아니, 대부분의 경우 대중은 소외되었다. 강력한 반응을 보인 것은 오히려 일본이었다. 1931년 4월까지 동만 지역에서 모두 3,168명이 폭동에 연루된 혐의로 체포되었다. 공산주의운동에 극히 미약한 정도나마 관여했다는 사실조차 극히 위험한 것이었다. 이런 상황은 아래로부터의 통일전선 전술을 채택해 '대중과 결합'하려고 했던 공산주의자들의 노력에 커다란 장애물이 되었다. 1930년 8월 간도 지역의 당 조직을 재건하라는 지령이 하달되자 공산당은 외곽단체를 강화하려는 운동을 전개했다.[39] 갑자기 농민회農民會, 반제동맹反帝同盟, 호제회互濟會, 부녀

---

36 코민테른의 서한은 국민당이 수집한 중국공산당과 공산당 지부의 문서인 다음 자료를 참조하라. 『赤匪反動文纂彙編』, 212~220쪽. 4중전회의 결의안은 다음 자료를 참조하라. Conrad Brandt, Benjamin Schwartz & John K. Fairbank, *A Documentary History of Chinese Communism*, Cambridge, Mass., 1952, 209~216쪽.

37 림춘추林春秋, 『항일무장투쟁시기를 회상하여』, 평양, 1960, 4쪽.

38 일본 당국에 압수되어 핑취平區 공산주의위원회의 서한으로 밝혀진 한 문서는 다음과 같은 이유로 5·30폭동을 실패로 규정했다. "오직 투쟁만 강조할 뿐 투쟁을 행해야 하는 의미를 이해하지 못하여 '중한노고군중'中韓勞雇群衆을 선도하지 못했다. …… 중국공산당이나 소련으로부터 무기를 제공받을 수 있으리라 기대하는 등 대중을 의존적 경향에 빠지게 했고, 실제적인 투쟁역량이 부족했다. …… 대중을 동원하는 데 '겁'을 먹고 있었다."(『滿洲共產匪の研究』, 69~70쪽)

39 이때 중국공산당 연변당부延邊黨部는 동만특별위원회東滿特別委員會로 개칭되었고, 그 산하에 옌허延和(옌지延吉-허룽和龍)현위원회를 비롯해 각 현에 구역區域위원회가 설치되었다. 위의 책, 69쪽.

회부女會 등 각종 대중단체가 우후죽순처럼 생겨났다. 그러나 주어진 상황에서 이들 단체의 회원을 모집하는 것은 대단히 어려운 일이었다.

1931년 봄 중국공산당의 새로운 노선이 확립되었다. 그해 3월 중국공산당 옌허현延和縣위원회 책임으로 선출된 김상선金相善(=진공목陳公木)은 같은 달 우리의 주목을 끄는 보고서를 동만특별위원회東滿特別委員會에 제출했다.[40] 그는 옌허 지방의 혁명적 대중에게는 "오직 혁명에 의한 진정한 소비에트 정권을 수립하는 것만이 살아남을 수 있는 길"이라고 주장했다. 이어서 그는 최근 200여 명의 당원과 1,300여 명의 혁명 군중이 검거되었지만 "우리의 견결한 투쟁"은 계속되고 있으며, 점차 심화되어가는 경제적·정치적 위기의 결과로 정세는 결정적 시기에 다가가고 있다고 주장했다. 그는 옌허의 대중은 해방을 위해, 또한 토지 획득을 위해 투쟁하고 있으며 "완전한 토지혁명 실시가 목전의 중심 임무"라고 계속 보고했다. 그 방법은 무엇인가? 보고서에 따르면 유격전쟁이 진행 중이며 여덟 개의 촌락이 이미 적색구赤色區화되어 토지재산을 몰수해 중한빈민中韓貧民에게 분배했다고 했다. 또한 반혁명 세력의 잔당을 숙청했고, 적의 '주구'를 공개적으로 처형했으며, 통치계급의 교통을 차단하고, 소비에트의 의의를 선전하는 한편 라오토우거우老頭溝에서는 2·7직공기념일職工記念日을 맞아 군중 수천 명을 동원해 공개적으로 기념식을 거행하기도 했다.

그러나 옌허현위원회는 자신의 몇몇 중대한 약점을 인정하지 않을 수 없

---

40 김상선은 1929년 5월 이래 ML파의 만주총국 조직부장으로 있었다. 국내에서 3·1운동에 가담해 일년간 복역한 김상선은 중국에서 한커우漢口에 있는 우한武漢중앙군사정치학교를 비롯해 여러 학교를 전전했다. 1930년 7월 중국공산당에 입당해 같은 해 12월 간도로 파견된 그는 이듬해 3월 옌허현위원회 책임에 선출되었다. 이 위원회와 위원회 외곽단체의 간부들은 모두 한국인이었다. 자세한 것은 다음 자료를 참조하라. 간도총영사관 쥐쯔제분관局子街分館 경찰서, 『延和縣內に於ける共産運動の實情及黨秘密文書譯文』, 1931년 5월, AJMFA, R S373~4. 그리고 간도총영사가 외무대신에게 보낸 보고문을 참조하라. 『中國共産黨延和縣中心委員會農民協會の組織及行動』, 1930년 7월, AJMFA R SP103, F6756~61.

었다. 당과 도시 노동대중, 병사兵士들과의 연계가 대단히 취약하다는 것이었다.[41] 게다가 중국 대중은 거의 참석하지 않았다. 엔허현위원회는 순전히 한국인으로만 구성되었다. 핑강구平崗區의 농민협회, 반제단체에 참가한 4~5명을 제외하고는 중국인 참가자 수는 전혀 늘어나지 않았다. 보고서에서는 이를 "국민당 군벌이 민족감정을 격발시키는 기만정책을 취"하고 있기 때문이라고 주장했지만 곧 살펴보게 되듯이 거의 같은 중요성을 지닌 다른 요인도 많았다.

김상선의 보고서는 목전에 닥친 당의 중대한 임무를 제시하는 것으로 끝을 맺었다.

> 중한中韓 피착취 압박군중을 발동·연합하여 일으켜 세워서 일본 제국주의, 국민당 군벌통치계급을 압도하여 토지를 몰수하여 농민들에게 분배하고 무장적武裝的 소련 옹호 및 조선 혁명의 원조를 행하는 것이 목전의 중대한 임무라고 믿는다.

이상이 1931년 9월 만주사변이 발발할 당시 공산주의자들의 투쟁 목표였다. 당연히 만주사변은 앞으로의 공산주의운동 전개에 중대한 영향을 미치게 된다. 일본은 이제 재만 공산주의자들을 탄압할 새로운 동기를 갖게 되었고, 이 과제를 수행할 새로운 권력을 확보했다. 일본의 만주 점령 직후 동만주의 한인 공산주의자들은 중국인 애국단체들과의 연대를 모색했지만, 이렇다 할 성과를 거두지 못했다. 실상 한중韓中관계는 과거와 마찬가지로 적대심과 의구심으로 얼룩졌다. 이 시기의 사태발전은 일반적으로 이 같은 태도를 강화시켰다. 일본의 압력이 증가하자 일부 중국 민족주의자는 이에 굴복했고, 이 중 몇몇은 일본의 환심을 사기 위해 그들이 알고 있는 공산주의운동에 관한

---

41 같은 문서.

정보를 제공했다. 이렇게 수집된 정보를 토대로 일본은 1932년 4월 대규모 소탕작전을 전개했다. 간도 주재 일본 총영사는 그해 말까지 1,200명 이상의 '공산주의자와 공산주의 동조자'가 총살되었고, 1,500명이 투옥되었다고 보고했다.[42]

일본군이 쉽게 접근할 수 있는 도시 중심지나 농촌 지역에서 공산주의운동을 활발히 전개한다는 것은 이제 불가능한 일이 되고 말았다. 따라서 공산주의자들이 살아남을 수 있는 지역에 소비에트를 건설하고 이를 방어할 홍군의 세력을 키운다는 중국공산당의 신노선은 실행에 옮길 수 있는 유일한 전략이었다. 1932년 말 동만특별위원회의 잔여 인원들은 그들의 추종자들과 함께 간도의 오지 지역으로 이동했다. 1932년 11월에서 이듬해 2월까지 옌지와 왕칭汪淸, 훈춘 등의 현에 대략 4,100명의 인구를 포괄하는 다섯 개의 '소비에트 구역'이 건설되었다. 이와 아울러 공산주의자들의 역량이 소비에트를 건설할 만큼 충분하지 않은 지역에는 여섯 개의 '혁명위원회'가 출현했다.

공산주의자들은 필연적으로 군사력에 주안점을 두었다. 각각의 소비에트와 혁명위원회는 30~100명으로 구성된 군사조직을 보유했지만[43] 이들은 자

---

42 간도 총영사가 외무대신에게 보낸 보고서(AJMFA, R S373, 78쪽). 중국 관헌들은 1931년 6월 펑톈에서 만주성위 간부들을 검거했다. 그러나 중국 지도자 몇몇은 검거를 모면하고 당과 세포조직의 재건을 꾀했다. 리청상李承相과 류이청劉—成은 펑톈공원에서 중국공산당 본부에서 파견한 장명콴張蒙寬과 만나 장을 의장, 리를 조직부장, 류를 선전부장으로 하여 위원회를 재건했다. 만주사변이 발발하자 항일 활동의 폭은 넓어져 공산당은 반일 선전문을 배포할 수 있었고, 한때는 신문도 발간했다. 그러나 1931년 9월 최고지도자들은 다시 일본의 비밀경찰에 체포되었고, 당 조직은 괴멸되었다. 1931년 1월 당은 만주성위 본부를 하얼빈으로 옮겼고, 이에 따라 외곽단체들도 소재지를 조정했다(자세한 내용은 다음 책을 참조하라. 이정식, Revolutionary Struggle in Manchuria, 142~147쪽 — 옮긴이).

43 『滿洲共産匪の硏究』, 80쪽. 당시 만주의 도시 중심지에는 노동운동에 중점을 둔 당 조직이 형해만 남은 형태로나마 존재했다. 한 자료에 따르면 만주성위는 블라디보스토크의 범태평양노동조합(프로핀테른) 서기국과 접촉해 지시를 받으라는 지령을 받았다. 그 당시 하얼빈에 만주노동총동맹이 조직된 것도 프로핀테른 요원들의 도움을 받았는데, 리야오쿠이李耀奎는 1933년 1월 코민테른 원동국 간부인 미프와 회담한 후 블라디보스토크에서 만주로 파견되었다.

체 방어에 주력할 수밖에 없었다. 공산주의자들이 통치하는 지역은 기껏해야 일본군으로부터의 피난처였을 뿐 공격의 전진기지는 아니었다. 점차 시간이 흐르면서 일본의 포위망은 이들 지역을 공략하기 시작해 소비에트를 인접 지역으로부터 고립시켰다. 자신들의 식량조차 조달할 수 없게 된 공산주의자들은 외부 지역에서 식량을 약탈할 수밖에 없었다. 이런 약탈행위와 공산주의자들이 취한 가혹한 토지몰수정책 때문에 일반주민들은 '빨갱이'와 마적馬賊을 동일시하게 되었다. 게다가 수많은 '회색'분자가 존재했다. 이때는 빈농들조차 소외되었다고 한다. 공산주의자들을 끊임없이 '공비'共匪라고 공격하는 일본의 선전은 그 효과를 발휘하기 시작했다.

중국 본토에서도 이와 놀랍도록 유사한 상황이 벌어지고 있었다. 마오쩌둥이 이끄는 중국 공산주의자들은 그들의 재만 동료들과 마찬가지로 국민당의 성공적인 소공작전掃共作戰에 대항해 '장시소비에트공화국'을 방어하는데 주력했다. 재만 공산주의자들과 마찬가지로 장시의 공산주의자들 역시 '토지개혁'에 대해 '좌익 극렬주의'左翼極烈主義적 오류를 범했다는 사실을 훗날 자인해야 했다. 중국 본토의 당 내부 조건도 만주와 유사하게 심각한 파벌투쟁으로 특징지을 수 있다. 잘 알려진 것처럼 장시 지역을 유지할 수 없었던 중국 공산주의자들은 1934년 중반 장정長征을 향한 준비를 시작했다.

그러나 재만 한인 공산주의자들에게 옌안延安과 같은 피난처는 존재하지 않았다. 동만특별위원회는 마침내 1935년 초 2년 넘게 극히 불안한 상태로 유지해온 '소비에트 구역'을 포기하기로 결정했다. 이런 결정이 장시소비에트의 포기 결정과 어느 정도 관련이 있는지 확실하지 않지만, 그 시기로 미루어볼 때 어떤 연관이 있었을지도 모른다. 소비에트에 남아 있던 소수의 농민들은 적에게 투항하는 것이 허용되었고, 소비에트와 혁명위원회가 관할하는 지역에서 조직된 유격부대들은 동북인민혁명군東北人民革命軍 제2군第二軍 성립의 기반이 되었다. 동만특위는 1933년 6월 종래의 무장부대를 개편한다는 결정을 내렸고 이에 따라 1934년 3월 제2군이 정식으로 성립되었을 때 그 병

력은 1,000명에 달했다.[44]

1933~1936년 동만주 공산주의운동의 현황에 관한 일본의 통계는 대단히 시사적이다. 첫째, 1930~1932년 당과 외곽단체에 대한 극심한 탄압에도 간도의 공산주의자들은 살아남은 것으로 보인다. 1933~1934년 당원 수는 대략 500명이었다(〔표 13〕참조). 그러나 우리의 추측으로 이들 가운데 대부분은 소비에트 구역 혹은 적어도 혁명위원회가 설치된 지역에 살고 있었으며, 고참 당원 대부분이 살해되거나 투옥되어 그 공백을 메우기 위해 충원된 아주 젊은 공산주의자였을 것이다.

둘째, 중국인이 약간 있긴 했지만 당원의 대부분은 한국인이었다. 당 외곽단체원 숫자까지 포함시킬 경우 중국인 공산주의자는 한국인의 20분의 1에 불과할 정도로 극히 미미한 존재였음을 알 수 있다(〔표 14〕참조).

물론 이 지역의 인구는 절대다수가 한국인이었다. 어쨌든 동만주의 공산주의운동에서는 대부분 극히 짧은 기간의 당 경험을 가진 뒤 유격대원으로 활동하는 젊은 한국인이 압도적으로 다수를 차지하고 있었다. 당시의 지배적인 상황을 봤을 때 공산주의운동은 직접적인 행동을 원하고, 이를 위해 고난을 잘 견뎌낼 수 있는 20대 청년을 주축으로 이루어지고 있었다. 이 시기는 독서회의 시기가 아니었다. 아니, 지식인이 당의 지도력을 행사하던 때는 이미 지나갔다. 이런 상황은 앞으로 공산당의 운명에 커다란 영향을 미치게 된다.

〔표 13〕에서 우리는 공산주의자들의 숫자가 1934년 초반 급격히 줄어든 사실을 볼 수 있다. 그 주된 원인은 공산주의자들에게 동조하는 반일회의 회원이 격감했기 때문이다. 반면에 당시 인민혁명군人民革命軍의 숫자는 완만하

---

44 같은 책, 164~165쪽. 일본의 한 관헌 자료는 코민테른이 적어도 1932년 만주의 정세를 분석하면서 만주에 소비에트구를 설치하기에는 시기상조라는 결론을 내렸다고 밝히고 있다. 코민테른은 다시 한번 도시 중심지에 기반을 둔 반만주국反滿洲國·반일민족운동을 전개하라고 촉구했다. 모스크바가 만주성위에 대해 프로핀테른 블라디보스토크 지부와 긴밀한 관계를 수립하라고 지시한 것은 아마도 이 무렵의 일일 것이다. 고등법원 검사국,「滿洲國を觀察して」,『思想彙報』, 제3권, 130쪽 이하.

[표 13] 재간도在間島 공산주의자의 현황

종별	1933년 9월	1934년 4월	1934년 12월
공산당	580	360	465
공청共靑	830	418	731
반일회反日會	11,800	2,960	912
인민혁명군	560	920	1,096

자료: 간도 총영사의 보고, 『滿洲共產匪の硏究』, 96쪽에서 재인용.

[표 14] 1933년 말 간도 공산주의운동의 한국인과 중국인 구성

종별	한국인	중국인	계
공산당	580	217	797
공청	830	19	849
공산소년단	1,950	14	1,964
반일회	11,800	390	12,190
인민혁명군	565	16	581
계	15,725	656	16,381

자료: 『大阪朝日新聞』, 1934년 1월 11일자 및 『滿洲共產運動槪觀』, 45쪽에서 재인용.

게나마 증가하고 있었다. 이 같은 상황 전개는 앞으로 김일성의 등장을 논하는 과정에서 상세히 분석하기로 하고, 여기서는 이때 공산주의운동이 산간벽지로 퇴각하는 과정에서 점차 고립되어가고 있었음을 지적하는 데 그치고자 한다. 동만 지역에서 활동하는 공산주의 유격대원의 수는 변동이 심했지만 1935~1936년에는 평균 1,000명 수준을 유지했다([표 15] 참조). 물론 일본은 공산 유격대(공비) 외에도 소위 병비兵匪와 토비土匪를 상대해야 했다([표 16] 참조). 병비는 기본적으로 국민당과 연결된 만주 군벌 휘하의 반만주국反滿洲國 세력이었다. 이 지역의 어디서나 찾아볼 수 있는 토비 혹은 마적은 험준한 지형과 정치적 혼란을 이용해 약탈행위를 일삼는 자들로 로빈 후드와 같은 의적義賊도 있었지만 대부분은 그렇지 않았다. 물론 일본 측의 반일 집단들에

[표 15] 1935~1936년 동만 지역*
공산유격대 월별 현황

월별	1935	1936
1월	1,180	780
2월	1,500	830
3월	1,630	870
4월	1,080	970
5월	1,410	1,460
6월	1,950	1,260
7월	1,380	1,510
8월	1,180	
9월	850	
10월	1,000	
11월	810	
12월	690	

자료: 『滿洲共產匪の硏究』, 169~170쪽. 만주국 제2군
관구 월보月報에 따라 작성했다.
*여기서는 옌지와 왕칭, 훈춘, 허룽和龍, 에무額穆,
둔화, 화뎬樺甸, 안투만을 포괄할 뿐이고, 제2군의
작전 지역에 속해 있는 푸쑹撫松과 닝안, 둥닝東寧은
포함되지 않았다.

대한 분류는 항상 정확하다고는 볼 수 없을뿐더러 이들 집단이 서로 뚜렷하게 구별되는 것도 아니었다. 하여튼 1936년 중반까지 제2군관구第二軍管區 지역 내의 모든 '폭도'나 '비적'의 실질적인 숫자는 계속 감소했다. 병비는 사실상 소탕되었고, 공산 게릴라는 1,000명 이하로 줄어들었으며, 토비가 가장 큰 집단으로 남게 되었다. [표 15]에서 동만 전체를 살펴볼 때 공산주의자의 수는 1936년 초반에 다시 증가하기 시작했지만, 그해 7월 유격대원 수는 1,500명에 불과했다. 그로써 이제 수십만 명을 상회하는 일본군에게는 아무런 위협도 되지 못했다.

앞서 살펴본 것처럼 중국공산당 동만특별위원회는 1935년 초 간도의 소비에트 구역을 포기하라고 지시했다. 동북인민혁명군 제2군의 핵심인 공산유격대는 서부의 오지로 이동해 제1군의 작전 구역과 인접한 지역에 근거지를 확보했다. 그러나 일본군은 무자비한 추격을 계속해 1935년 가을에서 겨울까지 집중적인 '소탕작전'을 벌였다. 이 무렵 소위 제2군은 대대병력도 유지할 수 없었고, 소총을 제외하고는 거의 아무런 장비도 갖추지 못했다([표 17] 참조). 제2군의 편제는 둘로 나뉘어 있었다. 그중 제2사第二師는 저우바오중周保中 휘하의 제5군과 합작하기 위해 북상하여 닝안寧安 지방으로 이동했으며, 제1사는 제1군에 가담했다.[45]

이렇게 1936년 한인 공산유격대는 간도 지역에서의 활동을 포기했고, 일

[표 16] 만주군 제2군관구 관할 지역 내의 제諸 무장단체 현황

	공비	병비	토비	계
1935년 1월	1,695	1,660	2,241	5,596
6월	1,260	960	2,715	4,935
10월	1,290	1,680	2,403	5,373
1936년 1월	780	250	1,750	2,780
4월	1,150	110	1,290	2,550
7월	950	360	1,305	2,615

자료: 같은 책, 184~186쪽.

본은 동만 지역의 공산주의운동을 사실상 제압했다고 자랑할 수 있었다. 가혹하고 끊임없는 일본의 압력이 이런 결과를 초래했음은 말할 것도 없다. 그러나 다른 요인들도 있었다. 물고기 떼는 그들이 헤엄칠 수 있는 물이 말라버렸음을 자각했다. 어느 모로 보나 유격대는 민중의 지원을 받지 못하고 있었다. 한 예로 반일회의 회원 수가 1933년 가

[표 17] 동북인민혁명군 제2군의 장비와 민족 구성(1935년 12월)

병력	한국인	517
	만주인	189
	계	706
무기	박격포	1
	중기관총	1
	경기관총	4
	장총	648
	권총	58
	폭탄	232

자료: 같은 책, 186쪽. 하얼빈 경무국 보고에 근거한 것이다.

을 약 1만 2,000명에서 1934년 말 불과 1,000명 미만으로 감소한 사실을 상기해보자(〔표 13〕 참조). 15개월 사이에 공산 유격대의 동조자이자 지원자였던 민간인 숫자가 93퍼센트나 감소한 것이다.

그 이유가 무엇일까? 우리가 앞서 지적했던 것처럼 1930~1934년 간도의 한인 공산주의자들이 취한 모든 행동은 대중을 소외시켰고 대중을 분노케 만

---

45 상세한 것은 다음을 참조하라. 앞의 『滿洲共産匪の硏究』, 171~182쪽.

드는 결과를 초래했다. 폭력과 약탈, 무법으로 점철된 이 '모험주의'의 시기는 대중, 특히 중국인들로부터 지원을 받지 못했다. 그러나 더욱 중요한 것으로 생각되는 요인은 일본의 만주 진출에 대한 한인 사회 내부의 묘한 감정이었다. 오랫동안 한국 민족주의의 온상이었던 이 지역의 한인 대부분은 조국의 독립을 열렬히 바랐다. 하지만 민족주의자들의 영웅적 노력에도 불구하고 현실과 괴리된 이런 꿈은 이제 그 어느 때보다 더욱 멀어졌다. 그들에게 가능한 두 번째의 선택은 재만 한인들이 1931년까지 겪어온 중국의 통치였지만, 장쉐량 정권은 결코 관대한 정부가 아니었다. 앞서 살펴봤듯 1925년 이래 재만 한인들은 학정에 시달렸고, 중국인과 한인 사이의 마찰은 점차 악화되어갔다. 이로써 만주에서 일본 정부는 한인의 압제자이기보다 해방자로 표방할 수 있게 되었고, 실제로 그런 식으로 선전했다. 반일회 회원 수의 감소는 이 기간 일본이 한인을 향해 취한 다양한 선전과 행동의 효율성을 보여주는 한 가지 사례에 지나지 않는다. 또 다른 예로는 간도의 여러 소비에트 구역에서 수많은 탈주자가 발생했다는 사실이다. 1933년 초반부터 1935년 중반까지 5,000명에 가까운 사람이 소비에트를 탈출해 일제에 귀순했다.[46]

그러나 이 기간에 공산주의자들에게 이루 말할 수 없는 타격을 입힌 또 다른 요인은 야만적인 피의 숙청을 동반한 공산 진영 내의 내분 격화였다. 이 시기에 일어난 많은 사건의 진상은 아직도 밝혀지지 않고 있다. 사건의 진상이 완전히 밝혀진다면 공산주의자들은 크게 당혹해할 것이다. 공산주의자들이 당혹해할 일들 중 하나로 공산주의운동 내의 한인과 중국인 간의 민족차별에서 비롯된 갈등을 들 수 있다.

이때 일어난 숙청에 관한 자료는 완전한 것은 아니지만 사건의 윤곽을 보여준다. 먼저 민생단民生團 사건부터 살펴보자. 1931년 11월 한 무리의 한국인들은 간도의 상업 중심지인 쥐쯔제局子街에서 민생단이라는 단체를 조직했

---

46 위의 책, 101~111쪽, 간도 영사의 보고.

다. 일본의 후원을 받은 이 단체의 목적은 간도 한인들의 민생을 개선한다는
것이었다. 일본 관헌들은 민생단을 공식적으로 인가해주었지만, 곧 이 단체
가 민족주의적 사조에 기울어지는 것이 아닌지 의심하기 시작했다. 그 결과
민생단은 불과 8개월을 넘기지 못하고 1932년 7월 해체되고 말았다.

일본이 민생단을 의심했던 것과는 전혀 다른 각도에서 공산주의자들 역
시 이 단체를 의심했다. 공산주의자들은 민생단을 한인 공산주의자들의 세포
조직에 침투하기 위한 일본인들의 무기로 여겼으며, 각 세포의 지도자들이
비밀리에 일본과 협잡하고 있다고 공격했다.[47] 그 진상을 밝히기는 극히 어려
운 일이지만 민생단원의 일부는 일본의 요원이었을 것이다. 물론 일본은 항
상 공산당 내부에 첩자를 침투시켜놓곤 했다. 게다가 민생단원들이 처음에는
그렇지 않았다고 해도 회유에 따른 것이든, 강압에 따른 것이든 일본의 정보
원으로 활동했을 가능성은 농후했다. 또한 우리는 진실한 공산주의자라면 어
떤 개념의 것이든 이중 당적과 위로부터의 통일전선에 대해 끈질기게 반대했
으리라고 추측할 수 있다. 이런 전술은 적어도 이 시점에는 유행에 뒤진 것이
었다.

어쨌든 일본의 탄압과 수많은 변절자로 말미암아 곤경에 처해 사기가 크
게 떨어진 공산주의 지도자들은 갑자기 남을 의심하고 불신하는 편집병적 경
향에 빠지게 되었다. 누구나 반동행위를 계획하고 있다고 의심한 이들은 일
련의 가혹한 숙청에 착수했다. 훗날 공산주의자들이 자인한 것처럼 유격대
내부의 '진실된 혁명가' 다수가 민생단원이라는 모함을 받았다. 민생단원이

---

47 일본이 노획한 문서에 나타난 공산당의 민생단 성립에 관한 견해는 다음과 같다. "일제의 만주점령
이후 우리 진영 내의 몇몇 파쟁수령 등은 일부분은 공개적으로 적에 귀순하고, 일부분은 우리 진영 내
에 잔류하여, 오랜 동지관계를 이용하여 대내隊內에 민생단을 조직했다. 대내에 잔류하고 있던 파쟁
영수 등은 자기의 이익과 지위를 위해 공개적으로 귀순하지 않고 비밀리에 일제와 결합하여 민생단운
동에 몰두했다. 일반군중과 당黨 단원團員의 대부분은 정치수준이 낮았기 때문에 민생단의 기만작용
을 알지 못하고 있었기에 민생단은 혁명대 내에서 용이하게 활동할 수 있었다." 같은 책, 113쪽.

라는 사실을 고백하지 않았을 때 이들은 조직의 비밀을 팔아먹고도 개전의 정을 보이지 않는다는 이유로 처형되었고, 고문과 위협을 면하기 위해 거짓으로 민생단원이라고 자백한 사람들 역시 적의 첩자라는 이유로 모두 총살되고 말았다. 소비에트 구역 내의 주민들은 이런 살인을 정당화하기 위한 '군중심판'에 동원되곤 했다.[48]

잘 알려진 바와 같이 '군중심판'을 비롯한 이런 조류는 당시 장시소비에트 내의 중국 공산주의운동에서도 나타나고 있었다. 만주에서는 일본이 이런 당 내부의 분열을 재빠르게 이용함으로써 공산주의자들의 상황은 더욱 악화되었다. 1934년 9월 일본은 공산 유격대를 제거할 목적으로 협조회協助會라는 민간단체를 조직했다. 이 단체는 정보 수집, 선전 활동, 귀순자 선무宣撫 등을 벌이는 한편 유격대 지도자를 지지기반에서 분리시키거나 서로 다른 유격부대들 사이에 이간 책동을 자행하기도 했다. 협조회원의 상당수는 유격대의 조직과 인원에 대해 잘 알고 있는 투항한 공산주의자들로서 일련의 숙청과 내부 투쟁과정에서 공산주의운동으로부터 이탈한 자들이었다.

협조회가 창설된 1934년 9월 6일부터 1936년 6월 20일까지 이 단체는 다음과 같은 성과를 거두었다고 주장한다.

귀순자	2,255명
검거자	3,207명
적발세포摘發細胞 조직	287
압수 무기	237
압수 실포實炮(=탄약)	4,506발[49]

---

48 림춘추, 앞의 책, 93쪽.
49 만주국滿洲國 치안부治安部 참모사參謀司, 『國內治安對策の硏究』, 출판지 미상, 1937, 155쪽(이 책은 앞서 언급한 『滿洲共産匪の硏究』의 제2집으로 간행된 것이다─옮긴이).

일본이 협조회가 거둔 성과를 과장했을 수도 있다. 당시의 공산주의자들은 외부의 도움 없이도 자신을 파괴해버리는 데 비상한 능력을 발휘했다. 그러나 협조회의 존재와 활동이 공산주의 대열 내부의 편집병적 분위기를 심화시킨 것은 틀림없는 사실이다. 갑자기 공산주의단체의 고위간부들조차 동료의 의심을 받고 조사를 당했다. 심지어 동북인민혁명군 제2군 제1사 사장 주진朱鎭이나 동만특위 조직부장 이상묵李相默 등도 적의 첩자가 아닌가 하는 의심을 받았는데, 처형의 공포에 싸인 주진은 일본에 투항했고 이상묵은 대열을 빠져나와 비공산주의 유격단체에 가담했다.[50]

모함받았을 당시 이들이 일본의 첩자였는지 밝혀주는 증거는 없다. 그러나 모함에 자극을 받은 주진은 투항해 자발적으로 일본에 협력했다. 이런 사태 진전으로 공산주의자들의 의심은 더 굳어졌고, '숙청 공작'은 계속되었다. 이를 적극 지원한 중국공산당 만주성위는 동만 지역의 특별 '숙청위원회' 책임자로 웨이정민魏拯民을 파견했다. 이 특별조직은 후에 웨이정민이 서기로 취임한 동만위원회의 감독을 받았다.

여기에다 더욱 심각한 사태가 발생했다. 만주성위는 문제의 근원이 동만 지부에 한인 당원이 너무 많은 데 있다고 결론지었다. 따라서 한인 당원들은 분리되었고, 각급 당 간부직은 중국인에게 배당되었다. 이 같은 행동을 정당화하기 위해 중국인 간부들은 '모든' 한인 공산주의자가 민생단원이거나, 적어도 '무의식적'으로라도 민생단의 영향을 받았다고 주장했다.[51] 실제로 그

---

50 림춘추, 앞의 책, 96~97쪽. 이상묵은 1936년 4월 일본 경찰 당국에 체포되고 만다. *AJMFA*, R SP105, 9,606쪽.
51 림춘추, 위의 책, 93~95쪽. 우리가 수집한 자료들 가운데 가장 흥미로운 이야기는 한때 동지의 비난을 받아야 했던 김산의 고백이다. "나의 스파이 혐의와 리리산주의자들의 교리가 휩쓸고 지나간 후 내 마음은 깊은 혼란에 빠졌다. 나는 내가 겪은 어려움이란 내가 중국들을 속의 한 한국인이기 때문에 겪는 것이란 생각을 떨쳐버릴 수 없었다. 중국 공산주의자들조차도 민족주의적 성향이 짙었기에 외국인은 언제나 손쉬운 표적이 되었다. 전반적으로 사기가 저하되어 있던 그 당시에 리리산에 대한 공격은 신랄하기 이를 데 없었다. 수천 명의 공산주의자가 체포, 투옥 또는 처형당했고 다른 사

당시 중국인들의 사고와 행동은 극단적인 민족차별에 기인한 것이었다. 중국 인들에 따르면 "민생단의 아버지는 종파분자들이고, 종파분자의 아버지는 민족주의자들이고, 민족주의자의 아버지는 일본 제국주의"라는 것이었다. 이로써 다시 한번 모든 한인 공산주의자는 종파분자거나 민족주의자라는 낙인이 찍혔다. 이런 비난의 진실성 여부와는 상관없이 이것이 한인 공산주의자들을 당직에서 몰아내려는 중국인들을 통해 제기되었기 때문에 한국인들은 깊은 반감을 갖게 되었다. 뒤에 살펴보겠지만 이런 일련의 사태는 뒷날 북한 공산주의자들이 "혁명도상에 부닥친 이 난국을 명철하게 타개한 것은 오로지 혁명의 위대한 영도자 김일성 원수였다"[52]라고 주장하는 바와 같이 한국 공산주의운동의 역사적 경험 가운데 일부분으로 자리 잡았다. 과연 이 시기가 중국인 동지들로부터 한인 공산주의자들의 독립을 확립하게 되는 이정표가 되었다고 할 수 있을 것인가?

이 결과는 만주의 한인 공산주의운동이 쇠퇴하는 데 결정적 원인이 되었다. 따라서 1936년경 당과 공산 유격대는 간도 지방을 완전히 포기해야만 했다. 잔존한 소수의 한인 공산주의자는 중국 공산주의자들이 지휘하는 동북인민혁명군에 가담했다. 이 군대는 주로 소련 접경지대의 동북만주 오지나 한국 국경지대의 남만주 지역에서 활동했다. 뒤에서 좀더 자세히 살펴보겠지만

<hr />

람들은 공산당을 배반하고 국민당에 달라붙거나 아니면 운동에 대해 수동적인 태도를 취하게 되었다. 나머지는 트로츠키주의자나 파시스트가 되어버렸다. 당 외부에서의 활동은 갈수록 약화되었고, 당내의 사기는 이루 말할 수 없이 떨어져버렸다." Kim San & Nym Wales, 앞의 책, 171쪽. 그 후 그는 다음과 같이 말하기도 했다. "코민테른 6차 대회를 전후한 시기에는 모든 사람이 혁명이 성공하리란 확신을 갖고 용감히 죽어갔다. 그러나 뒷날 수많은 사람들은 혼란에 빠졌고 더 이상 당 노선을 신뢰하지 않았다. …… 이 같은 의구심은 광동에서부터 만주에까지 만연했다. 만주성위는 거의 대부분 밀고에 의해 검거되고 말았다. 1932년 지린 지역에서만도 300명의 한인 공산주의자들이 체포되었다."(같은 책, 186쪽)
이 같은 말을 할 당시 김산은 자타가 공인하는 공산주의자였다. 그러나 그의 말 속에는 동료 공산주의자들을 포함한 모든 중국인에 대한 일종의 쓰라린 감정이 포함되어 있다.
52 이에 관한 여러 자료 중에 다음을 참조하라. 박상혁朴尙赫,『조선민족朝鮮民族의 위대偉大한 령도자領導者』, 평양, 1964, 69쪽.

김일성의 유격대도 이들 집단 중 하나였다. 그러나 1937년 중일전쟁이 발발하기 전까지 만주에서 일본은 중국 본토에서 국민당이 그랬던 것처럼 공산주의의 위협을 단지 그림자에 불과한 것으로 만들어놓았다. 중국공산당(혹은 좀더 궁극적인 책임이 있는 코민테른)의 정책은 만주와 중국 본토에서 이런 상황이 전개되는 데 결정적 역할을 했다.

2. 중국 내에서 한인 공산주의자들의 활동

중국 본토의 상하이, 베이징, 광둥 등은 오랫동안 한국 급진주의의 중심지였다. 비록 이들 도시의 한인 망명자 수는 만주의 전체 한인 숫자에 비해 극소수에 지나지 않았지만 활동적인 급진적 지도자의 비율은 대단히 높았다. 그런데 1923년 이후 극심한 분열이 발생해 민족주의자들을 망라하는 한국 망명정부를 구성하려는 모든 노력은 실패로 돌아갔으며, 다양한 한인 독립운동단체 간의 연락을 유지하는 일조차 불가능해졌다. 그러나 코민테른의 지시에 자극을 받은 공산주의자들은 1920년대 중반 중국의 국공합작을 모델로 새로운 통일전선 형성을 위한 노력을 재개했다. 이런 노력의 결과 마침내 1927년 3월 21일 상하이에서 한국유일독립당촉성회韓國唯一獨立黨促成會가 발족했다.[53]

그러나 그 발족 시점은 별로 상서롭지 않았다. 한 달도 채 지나지 않아 중국의 국공합작이 결렬되자 상하이는 공산주의자에 대한 일대 유혈참극의 무대로 변했다. 이로써 한국유일독립당촉성회는 아무것도 이루지 못한 채 1929년 10월 해산되고 말았다. 이 기간에 상하이의 프랑스 조계는 아직도 외국인 공산주의자들에게 어느 정도까지는 신변을 보장해주고 있었다. 1928년

---

53 『支那及滿洲に於ける共産運動槪況』, 도쿄, 1933년 9월, 66쪽. 이 보고서는 1932년 12월까지의 상황을 다루고 있다.

1월 이곳에서 홍남표洪南杓, 정백鄭栢, 현정건玄鼎健, 고경흠(구연흠具然欽의 착오로 보인다 — 옮긴이) 등을 포함한 한인 공산주의자들은 중국공산당에 가입하고 중국공산당 장쑤江蘇위원회 법남구法南區 산하에 중국공산당 한인 지부를 설치했다.[54]

이후 중국 내에서 독자적인 한국 공산주의운동은 사라져버렸고 한인 공산주의자들은 이제 중국공산당에 속하게 되었다. 앞서 살펴본 것처럼 이와 동일한 정책은 만주에서도 곧 실행되었는데, 그 의미는 심각한 것이었다. 코민테른이 새로운 정책을 시행하는 데 결정적 역할을 했음은 의문의 여지가 없다. 새로운 정책의 기본 공식은 각 지방의 한인 공산주의자들은 개인 자격으로 중국공산당에 입당하되, 중국공산당 내에 한인 지부나 조직을 결성함을 허용한다는 것이었다. 전적으로 한인으로만 구성된 이들 지부는 한인 공산주의자들의 협력의 기회를 제공했으며, 일정한 정도로 자율성 혹은(더욱 정확히 말해) 특별임무를 부여받고 있었다. 따라서 한인 지부가 발행하던 『앞으로』 같은 잡지는 당의 일반 노선을 따르면서도 한국 문제를 강조했다. 그러나 공산주의운동의 지휘체계는 코민테른과 코민테른의 특파원으로부터 중국공산당과 그 간부들로 이어졌으며, 여기서 또다시 한인 공산주의자들에게로 내려왔다. 따라서 중국 내 한인 공산주의자들의 운명은 개인으로든, 집단으로든 간에 중국 공산주의운동의 진전에 달려 있게 되었다.

1930년 무렵 상하이에서의 공산주의 활동은 점차 어려워졌다. 프랑스 경찰은 중국과 일본 관헌과 협력해 프랑스 조계 내의 한인 혁명가들을 검거하기

---

54 위의 책, 다른 어떤 자료는 한인 지부가 1927년 9월에 설치되었다고 기술하고 있다. 내무성 경보국, 『昭和7年に於ける社會運動の狀況』, 도쿄, 1,558쪽. 이 연차보고서(1927~1942년)는 앞으로 인용할 때 『社會運動の狀況』이라 줄이고 해당 연도를 첨부하겠다.
본고에서 이용한 자료나 이 시기에 작성된 다른 수많은 문서는 여운형을 중국 공산당원이라 서술하고 있다. 그러나 여운형은 체포되어 취조를 받을 당시 자신이 공산당원이라는 사실을 완강히 부인했다. 고등법원 검사국 사상부, 「여운형심문조사서」呂運亨訊問調査書, 『조선사상운동조사자료』朝鮮思想運動調查資料, 제2집, 경성, 1933년 3월.

시작했다. 한국유일독립당촉성회 해산 후 한인 공산주의자들은 중국공산당의 지원을 받아 공산주의자 조직인 한국독립운동자동맹韓國獨立運動者同盟을 조직했다. 그러나 이 단체의 중심인물인 고경흠은 1930년 9월 상하이 경찰에 체포되었고, 조직은 붕괴되어[55] 거의 일 년 가까이 활동은 침체에 빠졌다. 1931년 1월 중국공산당 상하이 지부 서기가 된 조봉암이 조직 확장을 위해 정력적인 활동을 벌이기 시작함에 따라 한인 전위단체들이 당내에 설치되었으며, 중국공산당 중앙위원회의 지원 아래 잡지『혁명의 벗』革命之友이 발간되었다. 만주사변 발발 직후 조봉암, 홍남표 등 30~40명의 공산주의자들은 상하이한인반제동맹上海韓人反帝同盟을 조직했다. 이 단체는 이 지역 한인 공산주의운동의 핵심체로서 정력적인 반일 선전 활동을 벌이는 한편, 중국공산당의 기본 정책과 슬로건을 적극 지지했다.[56]

그러나 일본과 프랑스 경찰의 압력은 점차 극에 달했다. 1932년 9월에서 12월 사이에 조봉암, 홍남표 등을 비롯해 영향력 있는 한인 공산주의자 10명

---

55 고경흠(구연흠의 착오 - 옮긴이, 이하 구연흠으로 서술)에 대한 법원의 판결은 다음을 참조하라. 『思想月報』, 1권 11호, 1932년 11월, 1,701~1,715쪽, AJMFA, R S356. 일찍이 공산주의운동에 투신한 구연흠은 1920년대의 민족주의-공산주의 지도자들과 여러모로 흡사한 배경을 갖고 있다. 1899년(1883년의 착오 - 옮긴이)에 태어나 전통교육을 받은 구연흠은 한학漢學에 밝았고, 대한제국 말기에 말단관리를 지냈다. 구연흠은 한일합방에 반대해 만주로 가서 1919년『봉천만주일보』奉天滿洲日報 기자가 되었다. 2년 뒤 한국으로 돌아온 그는 1924년『동아일보』 지방부장이 되었고 이듬해『동아일보』와 경쟁하고 있던『시대일보』의 논설부장으로 자리를 옮겼다. 이보다 앞서 1923년 7월 구연흠은 홍덕유, 김재봉, 김찬 등과 함께 신사상연구회를 조직하는 데 참여했다. 1925년 6월 조선공산당에 가입한 그는 이듬해 2월 강달영의 2차 조공에서 중앙집행위원에 선출되었다. 구연흠은 그해 10월 검거를 피해 상하이로 망명한 후 1927년 3월 제2차 모프르(MOPR, 국제혁명위원회희생자구원회) 세계대회에 참석하기 위해 잠시 모스크바를 방문한 때를 제외하고는 검거될 때까지 상하이에서 조직 활동에 몰두했다.

56 앞의『支那及滿洲に於ける共産運動槪況』, 66~67쪽. 상하이한인반제동맹은 기관지『적기』赤旗를 통해 일본과 프랑스 경찰이 안창호安昌浩 등 민족주의 지도자들을 체포한 사실을 비난한 것을 비롯해 상하이 노동자들의 파업을 지원했고, 일본의 침략을 방어하기 위한 비행기 구입자금의 모금운동을 실시했으며, 상하이 주둔 일본군에 선전 활동을 펴기도 했고, 국민당을 '반동적 자본주의배'라고 직접적으로 비난했다.

이 상하이에서 체포되었다. 그 결과 이 지역에서 한인 공산주의 활동은 침체에 빠졌으며 1932년 이후 상하이 지역의 운동은 극히 부진해 소규모 활동만 전개될 뿐이었다. 상하이는 한인 공산주의자들에게 더는 활동이 가능한 도시가 아니었으며, 광둥과 함께 추억의 도시가 되어버리고 말았다. 이제 지속적인 조직 활동을 유지하는 것보다 단독 혹은 집단적 테러 활동을 기대하는 것이 훨씬 손쉬운 일이 되었다.

그럼에도 몇몇 인물은 활동을 계속했다. 체포를 모면하고 공산주의운동의 중심인물로 부상한 김단야를 통해 코민테른과 중국공산당은 몇몇 사람에게 자금과 활동 지침을 전달하면서 국내로 돌아가 공산주의 활동에 종사하라는 지령을 내렸다. 이들이 바로 김형선金炯善과 박헌영이었다.[57] 그러나 다른 지하운동가들과 마찬가지로 김형선과 박헌영은 곧 체포되었고, 상하이와 국내와의 연락은 끊어지고 말았다. 1933년 김단야는 중국공산당으로부터 상하이 한인 지부를 재조직하라는 지령을 받았다. 김단야의 과제는 한인 반제동맹과 호제회互濟會의 재건, 만주유격단체의 인원 보충에 집중되었다. 하지만 일본의 집중적인 감시로 기대만큼의 성과를 거두지 못한 채 1934년 1월 김단야가

---

57 김형선의 공산주의자로서 경력은 1924년으로 거슬러 올라간다. 마산馬山공립보통학교를 졸업한 후 김형선은 학자난으로 일 년 만에 마산간이농업학교를 중퇴해야 했다. 이후 창고회사에서 사무원으로 근무하던 김형선은 1926년 마산청년회와 마산해륙운수조합 집행위원으로 활동했을 뿐 아니라 『조선일보』의 마산지국장이 되었다.
김형선은 1925년 4월 제1차 조선공산당이 세워진 뒤 가장 먼저 조공의 지방조직으로 인정을 받은 적이 있는 마산공산청년회와 마산공산당을 이미 1924년 여름에 조직했고, 한국에 대한 일본의 압력이 가중되자 1926년 초 상하이로 망명했다. 1928년 상하이에서 중국공산당 한인 지부에 가입한 그는 한국의 각종 급진운동에서 두각을 나타낸 바 있다. 『思想彙報』, 제2호, 12~13쪽.
박헌영의 활동에 대해선 앞서 조금 살펴본 바 있지만 여기서는 좀더 자세히 알아보기로 하자. 1차 공산당사건에 연루되어 체포된 박헌영은 옥중에서 정신이상을 가장해 1928년 석방되었다. 그해 8월 그의 부인(주세죽朱世竹)과 모스크바의 마르크스학원 예비과정에 입학한 그는 1931년 여름까지 여기서 수학했다. 그 후 블라디보스토크로 돌아와 약 일 년간 한인 학교에서 교사생활을 한 박헌영은 1932년 8월 공산주의운동을 벌이기 위해 상하이로 갔다. 1933년 1월 김단야와 만난 박헌영은 이해 7월 체포될 때까지 김단야를 도와 국내에 자금을 전달하고 요원을 파견했다. 검거된 후 국내로 압송된 박헌영은 징역 6년형을 선고받고 복역한 후 제2차 세계대전 전야에 석방되었다.

의문 속에 사라져버리자 운동은 다시 붕괴되고 말았다.

그러나 곧이어 한인 공산주의자들에게 희망을 불어넣을 수 있는 새로운 사태가 발생했다. 좌경적 통일전선이 출현한 것이다. 복잡한 협상을 포함한 3년여의 준비 작업 끝에 6월 20일 난징南京에서 열린 예비회합을 거쳐 마침내 1935년 7월 초에 민족혁명당民族革命黨이 조직되었다.[58] 다시 한번 시기상의 문제가 중요한 의미를 지닌다. 1935년 7~8월 코민테른 7차 대회가 모스크바에서 개최되었으며, 국제 공산주의운동의 최대 과제는 반일연합전선反日聯合戰線의 결성으로 확인되었다.

좌익이 주도권을 잡은 이 새로운 한인 정당은 김원봉이 영도하는 의열단의 강력한 영향을 받고 있었다. 이때 민족혁명당의 총서기總書記로 취임한 김원봉의 생애와 활동을 통해 우리는 한국의 혁명적 민족운동의 복잡한 이면사의 또 다른 측면을 볼 수 있다.[59]

김원봉은 3·1운동 직후 20대 초반의 나이에 테러리스트로서 혁명 활동을 시작했다. 김원봉과 그가 만주에서 포섭한 10여 명의 추종자는 의형제를 맺고 일본인과 친일파를 살해하는 일에 신명을 바치기로 맹세했는데, 이 집단의 명칭이 바로 의열단이었다. 제2차 세계대전이 끝날 때까지 자기들의 과업을 충실히 수행해온 이 소규모 집단의 활동 중 가장 주목할 만한 테러행위는 1933년(1922년의 착오 — 옮긴이) 3월 28일 상하이에서 다나카 기이치田中義一 대장을 암살하려고 한 사건일 것이다.

김원봉이 언제부터 자신을 공산주의자로 생각했는지는 확실하지 않다. 첫번째 증거는 1928년 그가 ML파의 지도자였던 안광천을 상하이에서 만난 사실이다. 공산주의 지도자들로부터 자금과 임무를 부여받은 김원봉은 이듬해

---

58 상세한 것은 다음을 참조하라. 이정식, *The Politics of Korean Nationalism*, 163~164쪽, 194~196쪽, 207~210쪽.
59 당시 김원봉이 수행한 역할은 위의 책 189쪽 이하에 자세히 소개되어 있다. 또한 김원봉의 전기를 참조하라. 박태원朴泰遠, 『약산若山과 의열단義烈團』, 서울, 1947(약산은 김원봉의 호).

조선공산당재건동맹朝鮮共産黨再建同盟을 조직하고 한인 혁명가를 교육하기 위한 정치군사학교의 설립이라는 목적을 갖고 베이징으로 향했다.[60] 1930년 2월에서 이듬해 2월까지 약 19명의 학생이 김원봉의 훈련계획에 따른 과정을 이수했고, 이들 대부분은 국내에서의 조직 활동을 위해 한국으로 파견되었다(이들의 활동에 관한 상세한 내용은 『思想彙報』, 제4호, 1935년 9월, 20~32쪽을 참조하라―옮긴이).

만주사변의 발발로 중국 북부에서 일본의 압력이 가중되자 난징으로 이동한 김원봉은 1932년 봄 일본 제국주의에 대한 한중동맹韓中同盟 결성을 목적으로 국민당 정부의 고위간부들과 접촉했다. 일설에 따르면 장제스가 개인적으로 김원봉의 활동에 깊은 관심을 갖고 있었다고 한다. 어쨌든 그는 강탁姜鐸을 김원봉의 고문으로 파견했고, 매달 3,000원을 비용으로 제공하기로 했다. 또한 김원봉에게 난징 교외에 위치한 교육기관을 제공했다. 그러나 김원봉이 공산주의자들과 관계를 맺고 있었다는 사실을 국민당이 알았는지 여부는 확실치 않다.

이런 지원을 토대로 김원봉은 1932년 가을에 활동을 재개했다. 1933년 4월 김원봉의 학교에서 1기생 26명이 배출되었으며, 이듬해 2기생 35명이 교육 과정을 이수했다. 정치와 군사 부문으로 나뉜 교육과정을 이수한 졸업생들은 뒤에 각종 반일 활동을 전개하기 위해 국내나 만주로 파견될 예정이었다.[61] 애

---

60 조선총독부 경무국, 『最近に於ける朝鮮治安狀況』, 경성, 1934년 5월, 299쪽. 모스크바의 마르크스 학원을 본떠 '레닌주의정치학교'라고 불린 이 학교의 교과 과정은 6개월간 공산주의 이론, 한국 혁명사, 조직과 투쟁전술을 공부하는 것이었다.
이 학교를 다닌 학생들의 다양한 전력은 매우 흥미롭다. 경성사립중등학교(현 서울고)를 중퇴한 이진일李鎭壹은 국민당의 난징중앙군관학교에 입학하기 위해 중국으로 망명했지만, 톈진에서 만난 친구의 권유로 레닌주의정치학교에 입학했다. 4개월간 교육을 받은 그는 열렬한 공산주의자가 되어 국내로 잠입했다. 휘문고보 중퇴생인 정동원鄭東源은 '대학'에 진학하기 위해 베이징으로 왔지만 곧 공산주의 서클에 빠져들었고 이어 레닌주의정치학교에까지 입학하게 되었다. 1929년 3월 황포군관학교를 졸업한 오윤봉(어윤봉魚允鳳의 착오―옮긴이)은 후베이성湖北省의 국민혁명군에 배치되었으나 부대를 이탈해 레닌주의정치학교에 입학했다.

당초 국민당 정부와의 합의 내용에 따르면 이들은 만주에서 군사 활동 혹은 테러 활동을 벌이기로 되어 있었다. 그러나 졸업생들 대부분은 한국으로 파견되어 국내에서 노동자, 농민, 학생 등을 조직하고 의열단과 공산당 지부를 설치하는 과업에 종사했다.

당시 김원봉의 활동이 다른 어느 한국인의 활동보다 실질적으로 공산주의 운동에 크게 이바지했음은 의심의 여지가 없다. 그러나 코민테른식 공산주의자가 아닌 김원봉은 언제나 한국 공산주의운동에서 주변부에 머물러 있었다. 사실 정화암처럼 김원봉을 개인적으로 잘 알고 있던 사람들은 그가 어느 모로 보나 진실한 공산주의자는 아니었다고 말한다. 김원봉은 당시의 공산주의적 관점에서 볼 때, 가장 나쁜 형태의 소부르주아적인 악덕을 지닌 민족주의적 공산주의자의 완벽한 전형으로 간주되었을 것으로 보인다.

따라서 김원봉이 걸어야 했던 길은 가시밭길의 연속이었다. 1936년 중엽 김원봉을 수반으로 하는 조선민족혁명당朝鮮民族革命黨은 난징의 본부 외에도 화중華中(상하이)과 화남華南(광둥), 화서華西(장시성의 난창), 화북華北(베이징)에 각각 지부를 설치했다. 비록 김구를 비롯한 일단의 핵심적인 민족주의자들이 참가를 거부했지만, 민족혁명당은 현존하는 가장 강력한 한인 민족주의 단체였다고 말할 수 있다. 그러나 두 가지 방면에서 곤란한 문제가 발생했다. 첫째, 일본으로부터 강력한 압력을 받고 있던 국민당 정부는 김원봉을 비롯한 민족혁명당 간부들에게 더는 적극적 지원을 할 수 없음을 통보했다. 따라서 학생교육을 계속할 수 없게 된 당 간부들은 모든 요원을 간첩, 테러, 조직 활동을 위해 국내 또는 만주, 중국 북부 등지에 파견하기로 결정했다. 1937년 봄 또 다른 중대한 문제가 발생했다. 당 지도자들, 특히 김원봉과 이청천 간의 개인적·이데올로기적·정책적 차이로 민족혁명당이 분열되고 만 것이다.[62]

---

61 이정식, *The Politics of Korean Nationalism*, 190쪽 이하.
62 위의 책, 196쪽.

이같이 중일전쟁 전야의 중국 내 한인 민족운동은 크게 분열되어 있었다. 그 당시 민족주의자들의 대다수가 좌경화되어 김구를 비롯한 비공산주의 세력은 크게 약화되었다. 국민당 정부는 극단적인 국내 반공정책에도 불구하고 일본의 압력으로 지원을 중단할 때까지 민족혁명당에 실질적인 도움을 주었다. 그러나 좌익은 다시 한번 자체 분열되었고, 좌파 진영 내의 많은 사람은 코민테른 계열의 인정을 받은 적이 없는 민족주의적 공산주의자 김원봉의 지도를 더는 받아들이려고 하지 않았다.

한편 1937년 7월 7일 베이징의 남서쪽 14킬로미터 지점에 위치한 마르코 폴로다리에서 포성이 울렸다. 중국과 일본 간의 선전포고 없는 전쟁이 시작된 것이다. 국민당 정부는 다시 한번 한인들의 지원을 얻는 데 깊은 관심을 표명했다. 7월 10일 여러 한인 지도자를 난징 근교의 루산盧山에 초청한 국민당 정부는 자금을 제공하면서 연합전선 결성을 촉구했다. 그해 9월 김구와 김원봉은 군사적 훈련과 행동에 추종자를 규합하라는 요청을 받았다. 김원봉의 민족혁명당에 관계한 대부분의 좌익 출신 한국 청년들은 1937년 겨울 난징의 싱쯔군관학교星子軍官學校에서 교육을 받았다.

그러나 중국국민당이 곧이어 상하이, 난징 등을 비롯한 연안 주요 도시를 포기하자 한인 혁명가들은 이제 두 갈래의 기로에 놓이게 되었다. 대륙 내부로 이동할 것인가, 아니면 유격대를 따라 북상할 것인가? 싱쯔군관학교 학생 가운데 대다수는 1938년 봄 중국 동북인민혁명군에 가담해 만주로 가거나 연락을 유지하며 활동하기로 결정했다. 그러나 민족혁명당과 당 군사부의 활동을 국민당이 통치하는 지역으로 국한하고, 이로써 중국 정부와의 교섭에 유리한 입장을 고수하려고 했던 김원봉은 만주로의 이동에 반대했다. 이 문제를 둘러싸고 또 다른 중요한 분규가 발생했다. 김원봉의 반대파는 한커우로 이동해 조선청년전시복무단朝鮮靑年戰時服務團을 결성하고 화북 지방의 중공 팔로군八路軍과 관계를 맺었다. 이들의 지도자 최창석崔昌錫(최창익崔昌益으로 더 잘 알려져 있다)은 김원봉을 당이나 운동을 올바로 이끌 수 없는 형편없는 마르크스-레닌주의자라고 생각하는 열렬한 공산주의자였다. 최창석은 이런 도전을 행할 때 여러 사람의 자문을 받았음이 틀림없다.

그러나 오랜 협상의 결과 의용군을 편성하고 조선청년전시복무단을 비롯한 모든 한인이 이에 참가하기로 간신히 타협이 이루어져 조선의용군朝鮮義勇軍은 각 방면의 전선에 지대支隊를 파견하기로 했다. 극심한 재정난을 겪고 있던 조선청년전시복무단은 이 제안을 수락했다. 조선청년전위동맹朝鮮青年前衛同盟으로 개명한 전시복무단은 조선민족전선연맹朝鮮民族戰線聯盟이라고 불리는 연합전선에 가담했다. 그러나 이것이 전부는 아니었다. 1938년 10월 10일 한커우에서 국민당 정부 군사위원회 정치부 간부 다섯 명과 조선민족전선연맹의 지도원 네 명으로 구성된 고문위원회 산하에 조선의용대朝鮮義勇隊가 발족했으며, 김원봉이 총사령總司令으로 선출되었다. 마침내 조선의용대는 대부분의 중심 도시에 소규모 조직을 설치하는 등 전 중국에 걸쳐 83개 지대를 설치했다. 조선의용대의 임무는 정보 수집이나 일본군 포로의 심문에서부터 중국 거주 한인에 대한 선전 활동에 이르기까지 매우 다양했다.

그러나 오래된 문제는 여전히 미해결 상태로 남아 있었다. 한인 부대는 어디서 활동해야 할 것인가? 조선청년전위동맹의 지도자들은 북상할 것을 원했던 반면 김원봉은 조선의용대가 충칭에 머물러 있기를 바랐다. 게다가 김구등 협동 가능한 세력을 끌어들여 연합전선을 확장하려던 시도는 실패하고 말았다. 서로 분열되어 개인적인 위치를 확고히 할 수 없었던 공산주의자들은 소위 우익과 권력을 나누어가지기를 거부했다. 그런데 새로운 사태가 또 발생했다. 펑더화이의 참모장으로서 장정에 참여했다가 잠시 병으로 휴양을 취하고 있던 무정이 중국 공산주의자들의 후원 아래 화북 지방에서 새로운 한인 지도자로 등장한 것이다. 무정의 건강이 회복되자 중국 공산주의자들은 그에게 과거의 정치 중심지인 상하이, 난징, 베이징, 우한武漢 등지에서 300여 명의 청년을 모아 한인 군사조직을 만들 것을 허용했다.

무정 휘하에 모인 젊은이들의 성분은 실로 다양했다. 일부는 옌안의 항일

군정대학抗日軍政大學 출신이었고, 일부는 모스크바의 군사학교 출신이었으며, 개중에는 황포군관학교 출신도 있었다. 물론 군사교육을 전혀 받지 못한 사람들도 포함되어 있었다. 1939년경 무정 휘하의 한인 부대는 적극적인 군사 활동에 종사했고, 무정의 활동은 즉각 한인 혁명가들 사이에 널리 알려지게 되었다. 무정의 출현은 김원봉에게 새롭고도 중요한 경쟁자가 등장한 것을 의미했다. 조선의용대 대원들 중 김원봉에게 불만을 품은 사람들은 자연히 무정 주위로 몰려들었다. 그리하여 옌안은 이제 한국 독립운동의 새로운 중심지가 되었다. 한 가지 예로 조선청년전위동맹의 간부들은 옌안을 방문한 뒤 1939년 화북조선청년연합회華北朝鮮青年聯合會의 준비위원회를 결성했다. 마침내 1941년 1월 10일 화북조선청년연합회는 무정을 주석主席으로 하여 정식 발족했고, 각지에 지부를 설치했다. 당시 항일연합전선정책에 따라 화북조선청년연합회는 공공연히 공산주의적 기치를 내걸지는 않았지만, 연합회의 각종 선전물은 그 성격을 뚜렷하게 보여주고 있었다.[63]

---

63 일본의 자료에 따르면 화북조선청년연합회의 강령은 다음과 같다.
  1. 전화북全華北의 유망流亡 조선 청년을 단결하여 조국광복의 대업에 참가하게 할 것. 일본 제국주의하에 있는 조선 통치를 전복하고 독립자유한 조선 민족의 공화국을 건설할 것
  2. 조선 민족의 반일전선을 옹호하여 전 조선 민족해방의 전쟁을 발동할 것
  3. 공동으로 노력하여 화북 각지의 조선 인민을 보호하고 특히 청년에게 정치·경제·문화 등의 이익을 부여할 것
  4. 폭적暴敵 점령하의 중국 각지에서 압박과 박해에 신음하고 윤락淪落의 못에 빠져 있는 조선 인민, 특히 조선 청년을 보호하여 생활의 안정을 꾀하는 공작을 할 것
  5. 일본 제국주의의 중국 침략을 반대하고 중국의 항일전쟁에 적극적으로 참가할 것
  6. 대만臺灣 민족해방운동과 일본 인민혁명을 돕고 이로써 한·대·일 인민의 반일연합전선을 결성할 것
  이 자료는 그 당시 한국 측을 대표해 김종신(김정신金鼎臣의 착오로 보인다—옮긴이)과 중국공산당 중앙위원회 사이에 다음과 같은 요지의 14개 항의 합의가 이루어졌다고 밝히고 있다. ① 중국공산당은 조선의 독립에 원조를 제공할 것 ② 조선청년당朝鮮青年黨은 중국공산당의 지도를 받는다. 그러나 조선청년당의 당정 방침에 관하여 중국공산당은 이를 개변改變할 수 없다. 단, '특수 환경'의 아래에서 조선청년당의 동의를 얻어 임기응변의 처치를 할 수 있다. ③ 조선 독립의 경우는 (조선) 국내의 '부흥'정치에 관하여 중국공산당의 '의견'을 받아들인다. ④ 중국 항전 시기에 있어서 조선 인민은 중국(인민)과 동등한 항전지위抗戰地位를 가지며, 항전에 대한 각 방면의 유리한 제휴·호조互

1941년 중반 조선의용대 대부분이 화북 지방으로 이동하자 국민당과 김원봉은 운동의 주도권을 행사할 수 없게 되었다. 중국 공산주의자들과 무정이 승리한 것이다. 그러나 문서상으로는 김원봉이 여전히 조선의용대의 총사령이었으며, 조선의용대 화북지대華北地隊는 조선민족전선연맹의 산하단체였다. 그럼에도 실질적으로 화북지대는 옌안으로부터 재정적·물질적 지원을 받으며 무정의 지휘를 받고 있었다. 우리는 김원봉의 몰락을 옌안의 공산당학교 졸업생으로 당시 충칭에서 김원봉의 개인비서로 있었던 쓰마루司馬璐의 기록을 통해 자세히 알 수 있다.[64]

쓰마루에 따르면 300여 명의 조선의용대는 1940년 9월 당시 충칭에 와 있던 저우언라이周恩來의 주목을 끌었다. 공산주의자들은 쓰마루한테서 조선의용대의 내부 대립 등 상세한 정보를 얻을 수 있었다. 뒷날 쓰마루는 김원봉을 설득해 조선의용대를 공산주의자들이 장악하고 있던 화북 지역에 파견하도록 하라는 임무를 부여받았다. 김원봉과 가까운 한인들의 도움을 받은 쓰마루는 이 임무를 성공적으로 수행할 수 있었고, 충칭의 국민당 정부는 완전히 기만당했다. 조선의용대 병력의 주둔 상황에 대한 허위 보고가 국민당 정부에 제출되었으며, 국민당 지도자들이 의심을 갖기 전에 의용대 병력의 80퍼센트가 화북으로 이동한 것이다. 김원봉은 화북 지역에서도 자신이 계속 조선의용대의 영도권을 장악할 수 있으리라는 계산으로 이 계획에 찬성했지만,

---

助를 철저히 실행한다.

이상은 모두 베이징에서 쓰인 공안검사 사노 시게키佐野茂의 보고서에 따른 것이다. 『思想彙報』, 26호, 1943년 10월, 85~86쪽(일본 사법성, 『思想月報』, 99호에 재록).

당시 일본의 다른 비밀문서와 마찬가지로 이 보고서도 한·중 공산주의자 간의 관계를 평가하는 데 대단히 솔직했다. 일본의 요원에 따르면 중국공산당은 한국 민족주의를 이용한 반면, 한인들은 의식적으로 중국공산당을 자신의 목적에 따라 이용했다. "이들의 궁극적인 목표는 조선 독립이지 단순히 중국공산당에 복종하는 것이 아니다."(위의 책, 85쪽)

64 쓰마루司馬璐, 『鬪爭十八年』, 홍콩, 1952, 173~180쪽(쓰마루가 이 부분을 서술하면서 붙인 소제목은 「나는 나의 조선인 벗을 망하게 했다」我毀滅了我的朝鮮友人이다―옮긴이).

병력이 일단 공산주의자들이 장악한 지역으로 이동하자 김원봉의 영향력은 차단되었다. 김원봉이 자신도 화북 지역으로 가겠다고 요청했을 때 저우언라이는 그에게 혁명적 활동은 옌안뿐 아니라 충칭에서도 수행할 수 있을 것이라고 통보했다. 마침내 김원봉은 중국공산당으로부터 '일개 소자산계급적 기회주의자', '개인 영웅주의자'라는 비난을 받게 되었다.

그동안 정력적인 활동을 벌인 화북조선청년연합회의 활동상은 옌안에서 발간되던 중국공산당 기관지인 『해방일보』解放日報에 보도되기까지 했다. 1942년 8월 제2차 대회에서 화북조선청년연합회는 조선독립동맹朝鮮獨立同盟으로 명칭을 바꿨고, 조선의용대는 조선의용군으로 개편되었다. 저명한 한글학자인 김두봉金枓奉은 충칭에서 옌안으로 가 조선독립동맹 중앙집행위원회 주석에 취임했고,[65] 무정은 박효삼朴孝三을 대신해 조선의용군 총사령에 취임했다. 1942년 11월에는 무정을 교장으로 하는 화북조선청년혁명학교華北朝鮮靑年革命學校가 타이항太行에 설립되었다.

옌안에서 활동하던 한인 집단의 규모는 그리 크지 않았다. 1941~1945년 이 집단의 전체 인원수는 200~300명을 넘지 못했다(사실상 『해방일보』는 오카노 스스무[岡野進, 또는 노사카 산조野坂參로도 알려짐]가 이끄는 옌안의 일본인 반전집단反戰集團에 더 많은 관심을 기울이고 있었다). 그럼에도 많은 한국인이 일본군과의 전투에서 싸우다가 죽어갔다.[66] 3·1운동 기념식은 매년 거행되었고, 한

---

65 이정식, *The Politics of Korean Nationalism*, 221쪽. 당시의 김두봉에 대해서는 다음 자료를 참조하라. 이윤재李允宰, 「한글 대가大家 김두봉 씨金枓奉氏 방문기訪問記」, 『별건곤』別乾坤, 4권 7호, 1929년 12월, 12~16쪽. 이윤재는 1929년 8월 8일 김두봉이 가족과 함께 살고 있던 상하이로 그를 찾아갔다. 일본의 검열에 의해 모든 자극적인 내용이 삭제되었으리라고 추측되는 이 글에서 이윤재는 김두봉이 비록 공산주의자들과의 논쟁에 휘말려 있긴 하지만 비정치적인 인물이라고 주장했다. 이윤재에 따르면 당시 인성학교仁成學校 교장으로 조선어사전을 편찬 중이던 김두봉은 공산주의자들이 학교 교실을 집회 장소로 이용하려고 하며, '천진한 아동의 머릿속에 그런 정치적 투쟁의 악습관을 길러'주려 한다고 비난했다고 한다.
김두봉이 통일전선 활동을 위해 공산주의 진영에 가담한 것은 조금 후의 일이다.

66 한 가지 예로 1942년 9월 20일자 『해방일보』解放日報는 항일전쟁에서 산화한 11명의 한국인을 찬

국 역사상 다른 중요한 사건들에 대해서도 기념식이 거행되었다.[67] 옌안의 한인 공산주의자들은 중국공산당을 충실히 추종했다. 한 가지 예로 옌안에서 마오쩌둥과 그의 측근들이 정풍운동整風運動을 시작하자, 이는 곧 한인들 사이에도 파급되었다. 그리고 1943년 말 화북조선청년혁명학교는 중국의 항일군정대학을 염두에 두고 화북조선혁명군정학교華北朝鮮革命軍政學校로 명칭을 바꾸었다.[68]

중국 공산주의자들은 무정을 한인 혁명가들 가운데 핵심 인물로 여겼다. 당시 중국 공산주의 언론의 주목을 받던 유일한 한국인이었던 무정을 수식하는 관용어인 '혁명적 지도자'라는 말에서 알 수 있듯, 옌안의 중국 공산주의 지도자들은 무정을 한국 독립운동(공산주의운동)의 중심 지도자로 생각했음이 분명하다.

지금까지 서술한 사건들은 앞으로 결정적인 중요성을 갖게 된다. 일본이 항복하기 이전 15년간 중국 공산주의자들은 점차 한국 혁명운동의 영도권을 장악해갔다. 이들은 국민당의 영향력, 특히 국민당의 한국 '좌익'에 대한 영향력을 거의 전무한 상태로 만드는 데 성공했다. 게다가 중국 공산주의자들은 김원봉과의 권력투쟁에서 승리한 무정으로 대표되는 자기들의 한인 지도자들을 선택했고 여러모로 힘을 실어주었다. 나중에 살펴보겠지만 이런 사태 진전은 1945년 8월 이후 북한의 정치 상황을 지극히 복잡하게 만들었다.

양하는 전면기사를 실었다. 다음 날 열린 이들의 추도식에는 중국군 총사령관 주더朱德가 참석해 짤막한 연설을 했다. 『해방일보』, 1942년 9월 21일자, 2면.

67 위의 신문, 1942년 3월 2일자, 2면을 보라. 국치 33주년 기념일에 무정은 과거 국민당이 일본과 타협한 것을 매국노 이완용李完用의 행동과 같은 것으로 빗대어 말했다. 같은 신문, 1943년 9월 5일자, 1면.

68 타이항발 보고서는 적지에서 탈출한 '많은 한인 청년'이 이 학교에 입학했다고 지적했다. 학생들은 틈틈이 노동하면서 채소와 밀의 재배, 숯 제작방법에 관한 책을 포함한 '22종의 서적과 문서'로 공부했다. 이 학교는 명칭을 바꾸면서 군사·정치의 두 부분으로 나뉘었고, 좀더 '정규적'인 훈련이 실시되었다. 같은 신문, 1944년 2월 13일자, 1면.

3. 소련의 역할

한편 이 시기에 코민테른이 직접 행사한 영향력과 별도로 소련은 어떤 영향을 끼쳤을까? 그에 대한 증거는 찾아보기 극히 어렵다. 그러나 블라디보스토크는 여전히 한인 혁명가들의 망명지로, 훈련 중심지로, 공급기지로서 기능했다. 1934년 적색농민조합赤色農民組合 활동으로 체포된 임민호林民鎬의 증언은 당시의 전형적인 상황을 말해줄 것이다.[69]

간도 경찰 당국이 1927년 12월 동만주 일대의 한인 공산주의자에 대한 대검거를 단행했을 때 임민호는 이를 피해 '망명자대회'를 개최하기에 충분할 만큼의 한인 공산주의자들이 모여 있던 블라디보스토크로 갔다. 곧이어 그는 모스크바로 근거지를 옮긴 뒤 동방노력자공산대학에 입학하여 민족혁명과 공산주의 혁명에 대해 공부하고, 1932년 블라디보스토크로 돌아왔다. 프로핀테른 동양부 책임자의 지령을 받은 임민호는 그해 9월 함흥에서 태평양노조太平洋勞組 후계後繼 조직 활동을 전개하라는 사명을 띠고 국내로 잠입했다.

그 당시 한국에서는 많은 공산주의자가 일본 경찰에 체포되었다. 앞서 살펴보았듯 프로핀테른 블라디보스토크 지부는 만주, 일본, 한국의 노동운동과 농민운동에 대해 광범위한 관할권을 갖고 있었다. 당시의 옌안 집단이 주로 직접적인 군사 활동의 확장에 치중하고 있던 반면, 소비에트-코민테른 당국은 주로 이런 적색노동-농민조합의 결성, 정치적 시위, 선전 활동에 역량을 집중하고 있었다고 보는 게 타당할 것이다. 이에 관해서는 다시 살펴보기로 하겠다.

---

69 『思想彙報』, 제3호, 10~27쪽.

1918년 12월	592	1928년 12월	2,984
1919년 12월	448	1929년 6월	4,433
1920년 12월	980	1930년 10월	5,285
1921년 12월	1,516	1931년 10월	5,062
1922년 12월	1,912	1932년 12월	4,977
1923년 12월	667	1933년 12월	5,369
1924년 12월	990	1934년 12월	6,093
1925년 12월	1,575	1935년 12월	7,292
1926년 12월	2,256	1936년 12월	7,810
1927년 12월	2,482	1937년 12월	9,914

4. 일본 내의 급진적 한국인들

한국 급진주의의 주요 해외 중심지로 우리가 살펴봐야 할 또 다른 곳은 일본
이다. 일본은 시작단계에서부터 한국 공산주의운동에 활력을 불어넣는 원천
이었다. 도쿄제국대학을 비롯한 일본의 고등교육기관과 조선공산당 간에는
중요한 통로―비록 일본의 감옥에서 끝이 나지만―가 뚫려 있었다. 이는 정
열적 희생정신과 지적 흥분으로 충만해 있지만 사회 현실 혹은 노동대중과는
어느 정도 유리된 '독서회'를 통한 것이었다. 그것은 또한 민족주의와 공산주
의를 결합한 것이고, 일본인 급진주의자와 한인 급진주의자 간의 긴밀한 관계
를 보장하는 통로이기도 했다. 북풍회와 ML파 등 집단의 중핵을 형성하는 젊
은 지식인들은 일본에서 귀환한 사람들이었다. 한국 공산주의자와 일본 공산
주의자 간에는 언제나 긴밀한 관계가 유지되었다. 이로써 후쿠모토의 몰락은

---

70 요시우라 타이조, 『朝鮮人の共産主義運動』, 사법성 형사국刑事局, 『思想研究資料特輯』, 제71호,
1940, 출판지 미상, 13쪽.

한국 내의 충실한 지지자, 즉 ML파 지도자들에게 즉각적인 반향을 불러왔다.

1919년 이후 일본 유학생의 숫자는 꾸준히 증가했다. 다만 1923년 관동대진재關東大震災에 이은 반한인 폭동 이후의 몇 년간과 공황이 심화되었던 기간은 예외였다.

대부분의 한인 유학생은 고학을 통해 생계와 숙식 문제를 해결해야만 했다. 이들은 낮에는 일하고 밤에는 학교를 다녔다. 학교 정규 과정을 실제로 끝마친 사람의 수는 극히 적었고, 대부분 경제적 이유 등으로 중도에서 학업을 포기해야만 했다. 일반적으로 학우회學友會나 동창회에 소속되어 있던 일본의 한인 유학생들은 동향관계나 학교관계로 함께 자취하며 생활했다. 경제적 조건, 생활방식, 빈번한 개인적 좌절의 영향 등으로 이들은 정치적 급진주의에 빠져들었다. 한국인에 대한 일본인의 편견은 경제적 하층 계급보다 학생층에게 더욱 날카롭게 와 닿았다. 그렇다 보니 민족주의적 감정은 유학생들 사이에서 고조되어 있었다.

전체 재일 한국인 중에서 유학생이 차지하는 비율은 극히 낮았다. 1920년대 중반 이후로 재일 한국인 수는 천문학적으로 증가했다. 1913년 말에 불과 3,635명이던 재일 한국인 수는 1918년 말 2만 2,411명으로 증가했다. 그로부터 10년 후 재일 한국인 수는 10배가 늘어난 23만 명에 달했고, 한국인의 급작스러운 일본 유입에 대한 관심이 표명되기 시작했다. 1925년부터 한국인 이민 수를 제한하거나 통제하려는 움직임이 시작되었지만, 각계에서 이런 제한에 대한 반발이 꾸준히 제기되었다.[71]

1937년 말 재일 한국인 수는 73만 명에 달했다. 이런 급작스러운 증가는 심각한 정치적·사회적 문제를 불러왔다. 재일 한국인은 사회경제적으로 하층 계급에 속하는 남한 출신이 대부분이었는데, 고국에 있을 당시 교육받지 못하고 기술도 갖지 못한 소작인이나 일용노동자 출신이었다. 그 당시 한국

---

71 위의 책, 7쪽.

인 이민에 대해 일본인들이 갖고 있던 전형적인 관념은 이들이 "조포粗暴하며, 흥분을 잘하고, 쉽게 부화뇌동하고, 근검위생의 사상이 모자라고, 낭비하며 게으르고, 불결하고 더럽다"는 것이었다.[72]

이때의 통계 자료는 대부분의 재일 한국인이 교육적·직업적 능력 부족과 일본인들의 편견으로 아주 천대받는 일에 종사할 것을 강요당하고 있었음을 단적으로 보여준다. 어떤 자료는 1930년 당시 재일 한국인의 불과 10퍼센트가 '중류생활'을 했고, 이외에 15퍼센트만 공장이나 광산에 정규적으로 고용되어 있었다고 추정했다. 나머지 한국인은 공사판 노동자, 청소부, 농업노동자 등의 잡역에 부정기적으로 취업하고 있었을 뿐이다. 실업 상태에 놓인 한국인의 비율은 극히 높았으며, 오사카大阪의 대규모 한인 빈민촌의 생활조건은 열악하기 그지없었다. 일본인들은 관변 또는 민간 차원에서 약간의 구제사업을 벌였지만, 별다른 실효를 거두지 못한 채 일부 한인은 해마다 기아에 시달렸다. 일반적으로 재일 한인들은 오사카와 교토京都, 간토關東 지역에 밀집해 있었다.

따라서 폭력과 무질서가 재일 한인 사회에 만연해 있었고, 다양한 급진운동이 대중적 지지를 받을 가능성이 농후했다는 사실은 별로 놀라운 일이 아니다. 초기 단계에는 오스기 사카에 등 일본 무정부주의자가 한인 사회에 파고들고자 했고, 일본의 무정부주의운동은 한인 사회로부터 실질적인 지원을 받고 있었다. 일본의 공산주의운동 역시 그 기원에서부터 국내외의 한인들과 밀접한 관련을 맺었다. 우리는 앞서 흑도회, 북성회 등 정치적 경향을 가진 사상단체가 일본 내에 출현한 사실과 코민테른의 대표 또는 연락원으로 활동한 적이 있는 한국인들에 대해 살펴보았다.

특히 1925년 이후 재일 한국인의 급진운동은 학생-지식인단체뿐 아니라 노동조합 형태로도 나타났다. 1925년 2월 결성된 재일본 조선노동총동맹은

---

72 같은 책, 17~18쪽.

[표 18] 재일 조선인단체 누년累年 통계

연월	공산계						무정부계		민족·공산 양계		민족계	
	극좌		좌익		계							
	단체 수	인원	단체 수	인원	단체 수	인원	단체 수	인원	단체 수	인원	단체 수	인원
1929. 9	–		–	–	40	25,370	15	335	12	2,455	98	7,162
1930. 10	–	–	–	–	38	8,393	13	565	–	–	143	13,182
1931. 10	–	–	–	–	50	12,400	12	644	–	–	147	11,887
1932. 12	86	10,766	33	3,078	119	13,844	13	1,026	–	–	179	22,133
1933. 12	86	8,158	27	2,758	113	10,943	12	662	–	–	182	22,564
1934. 12	39	2,604	35	2,657	74	5,261	11	616	–	–	230	18,036
1935. 12	33	2,094	31	2,470	61	4,488	10	547	–	–	251	16,135
1936. 12	20	1,104	26	2,248	46	3,352	5	430	–	–	301	19,508
1937. 12	7	463	34	2,269	41	2,732	5	210	–	–	304	19,540

자료: 요시우라 타이조, 『朝鮮人の共産主義運動』, 사법성 형사국, 『思想硏究資料特輯』, 제71호, 1940, 13쪽.

일본 노동운동의 좌익과 관계를 맺었다. 그러나 1928년부터 정부 당국이 공산주의자들에 대해 지속적으로 탄압을 가하자 재일 한인 공산주의자들은 일본 공산주의자 못지않게 막대한 타격을 입었다. 일본의 관헌 자료를 토대로 작성한 [표 18]에는 이런 사정이 잘 나타나 있다. 물론 우리는 일본 관헌 자료의 분류와 숫자를 받아들일 수밖에 없다. 다른 보조 자료에 따르면 '극좌'極左는 코민테른의 규율, 따라서 일본공산당의 규율을 받아들이는 한인 공산주의자를 의미한다. '좌익'과 '민족·공산 양계兩系'의 구분이 무엇을 의미하는지는 분명하지 않지만, 아마도 후자는 의열단 등 단체를 지칭한 것으로 보인다. 어쨌든 1929년 당시 거의 3만 명에 달하던 재일 한인 공산주의자 수는 1930년 가을 8,000명 선으로 격감했다. 이런 급격한 감소 원인으로는 간부들의 대량 검거와 그에 따른 추종자들 간의 공포—특히 노동운동의 경우—등이 지적될 수 있다. 공산주의자들은 자신들의 조직양식을 합법에서 비합법 형태로 전환했을 때, 자신들을 따르는 대중은 극소수에 지나지 않는다는 사실을 깨달았을 것이다.

1930년 이후 재일 공산주의자 수는 비록 1930~1932년 약간 증가했지만 과거와 같은 수준을 회복하지 못했다. 1933~1937년 말에 급격한 감소로, 일본 관헌들은 일본 본토에서 한인 공산주의 세력은 별다른 위협이 되지 않을 정도로 파괴되었다고 주장하기에 이르렀다. 그렇게 되자 비공산주의적 민족주의운동이 비록 그 실체는 미약한 것이라고 해도 훨씬 더 심각한 문제로 부각되었다.

이제 좀더 구체적인 사항을 간단히 살펴보기로 하자. 조선공산당 일본 총국은 1927년에 처음 설치되었는데, 당시의 간부진은 책임비서에 박락종, 조직부장 최익한崔益翰, 선전부장 한림韓林 등이었다. 그러나 1928년 초에 일본 총국 조직이 적발되어 박락종과 최익한은 검거되었다. 곧이어 후계 조직이 건설되어 김한경을 책임비서로 선출했다. 고려공산청년회의 일본부도 설치되었는데, 두 조직은 서로 밀접한 관계를 유지했다. 공산주의자들이 1928년 국치일인 8월 29일에 도쿄에서 시위를 일으키자 약 150명의 한인이 혁명가를 부르며 시내 중심가를 행진했다. 곧이어 검거사태가 일어났고 일본의 한인 공산주의 조직은 다시 한번 폭로되었다. 조공의 일본 조직과 합법단체인 재일본 조선노동총동맹, 신간회 도쿄 지회 사이의 직접적인 연계관계가 적발되면서 조공과 공산청년회의 일본 조직은 붕괴되고 말았다. 1928년 이후 여러 해 동안 재일 한인 공산주의자들의 활동은 기본적으로 노동운동을 통해 이루어졌다.

재일 한인 공산주의자들에게 조선공산당 일본 총국과 고려공산청년회 일본부를 공식적으로 해체하고 일본 공산주의 조직에 가입하라는 지령이 떨어진 것은 1931년 말의 일이었다. 그러나 이런 결정은 실질적으로 1928년 코민테른이 내린 것이었다. 1931년 12월 23일 일본공산당 기관지인 『아카하타』赤旗는 조공 일본 총국과 공산청년회 일본부의 해체성명서를 게재했는데,[73] 이 성명서는 1928년 코민테른으로부터 해체 지령이 있었지만 이것이 실천에 옮겨지기 전 총국과 일본부는 '백색白色테러'를 통해 파괴되었다고 분명히 밝히고 있다. 일본 총국 해체의 필요성을 설명하면서 이 성명서는 '당과 공청의 해외부대'가 당해當該 지역의 프롤레타리아 운동과 하등의 유기적 관련 없이 독립적으로 기능하고 있었다는 것은 확실히 하나의 '변칙적 존재'였다고 주장했다. 이런 사실을 자각한 한인 '대중'은 공식적인 지령을 기다리지 않고 '대중 자신의 자연성장적 창의'(코민테른이 늘 사용하는 공식)에 의해 일본공산당에 가입했다는 것이다. 『적기』에 실린 성명은 이런 현상은 이미 대중이 협소한 민족적 한계를 초월하고 세계 노동계급으로서의 공동 이익을 자각해 현실 투쟁의 과정 속에서 가장 신뢰할 수 있는 이민족異民族 맹우盟友들을 발견하게 된 것이라고 주장했다.

당시의 코민테른 노선에 내포된 '극좌주의'極左主義는 중국에서와 마찬가지로 일본 공산주의운동에도 심각한 영향을 끼쳤다.[74] 일본 공산주의자들한테 이 시기는 중국인 동지들의 경우처럼 고난의 연속이었다. 1928년 2월의 총선거 당시 좌익 후보들이 등장함으로써 일본 공산주의자들은 선거운동 과정에서 거의 표면에 노출되었다. 한 달 후 막대한 정보로 무장한 일본 경찰은 약 1,200명을 검거해 그중 500여 명을 국가전복 혐의로 기소해버렸다. 그때 국외에서 수사망을 피할 수 있었던 공산주의자들만이 훗날 당이 재조직되었을 때 활동할 수 있었다. 그러나 이들 대부분은 젊은 학생이었다. 이로써 1928년 이후 일본은 중국과 마찬가지로 '귀국 유학생 시대'에 접어들게 된다.

모스크바에서 귀국한 학생들 중 장기간 활동할 수 있었던 사람은 극소수에 불과했다. 일반적으로 이들은 불과 몇 달간 활동하다가 검거되어 오랜 징역형을 선고받았다. 이처럼 당의 지도권은 계속 이동했고, 당 조직은 크게 혼

---

73 『아카하타』, 61호, 1931년 12월 23일, 12쪽. 아카하타 본부가 1954년 도쿄에서 복간한 제1권에 수록되어 있다.

74 Robert A. Scalapino, *The Japanese Communist Movement, 1920~1966*, Berkeley, 1967, 39~44쪽.

들렸다. 이런 상황에 직면한 좌익 인사들 ─ 심지어 일부 공산주의자와 공산주의 동조자를 포함해 ─ 은 그들이 안주할 수 있는 합법적 좌익 정당을 조직하는 길만이 그들이 의지할 수 있는 유일한 방도라고 믿었다. 이제 오야마 이쿠오와 호소사카 가네미쓰가 이끄는 집단은 1929년 가을 노농당勞農黨을 결성했다. 그러나 코민테른 계열의 공산주의자들은 노농당이 공산당에 손실을 줄 것이며 비합법적 활동의 중요성을 감소시킬 것이라는 이유로 신당 출현을 맹렬히 반대했다. 국제 노선은 이미 좌경해 있었고 일본공산당은 그 노선에 따를 의무가 있었다. 그런데 일본공산당은 노농당 반대투쟁에서 한인 공산주의자들의 도움을 크게 받았다. 이를테면 1929년 10월 3일 재일본 조선노동총동맹과 신간회 도쿄 지회 소속의 한인 150여 명은 오야마 이쿠오를 비롯한 노농당 지지자들의 정치집회를 습격해 오야마가 자신의 입장을 설명하려는 것을 저지했다.

1929년 이후 일본공산당은 점차 한국 문제를 중요시했고, 그 어느 때보다도 높은 비율의 당원을 한인 사회로부터 받아들였다. 일본공산당은 한인 당원들을 수용하기 위해 당내에 민족부民族部를 설치하여 한국과 대만臺灣 문제에 중점을 두게 하고 이 지역 출신의 노동자, 학생들을 적극적으로 모집했다. 한국인들에 대한 공산주의자들의 호소는 두 가지 방면, 즉 독립과 평등한 대우에 초점을 맞췄다. 첫 번째 문제에 관한 한 일본의 다양한 정치 세력 중 공산주의자들만 이를 독점하고 있었다. 일본의 정치에서 순수한 한국 민족주의의 유일한 출로는 공산주의운동뿐이었다는 사실을 결코 간과해서는 안 된다.

더구나 만주사변 발발 후 일본공산당은 한인 혁명가와의 협력을 더욱 강화했다. 일본공산당의 주요 관심은 당시 국제 공산주의운동에서 절박하게 요청되던 반제동맹反帝同盟의 조직 문제였다. 이로써 1932년의 일본공산당 테제는 일본 제국주의의 속박 아래 있는 모든 식민지의 해방을 주장하는 것과 함께 과거 투쟁의 주요 결함은 "조선·중국 노농勞農의 혁명적 봉기에 대한 실천적 지지의 부족, 출정 병사와 조선·중국 혁명적 부대와의 교환交驩, 혁명군과의 공동 동작의 선전선동의 결여"에 있다고 지적했다.[75] 또한 1932년 중반 『아카하타』는 한국 독립운동과 반전운동反戰運動은 불가분의 관계에 있다고 주장했다.[76] 『아카하타』의 주장에 따르면 한국 해방은 일본 제국주의에 치명 적인 타격을 가져올 것이므로 일본이 더는 전쟁을 수행하지 못하게 만든다는 것이었다. 따라서 일본 공산주의자와 한국 동지들 간의 긴밀한 결합은 필수 적이었다. 『아카하타』는 일본의 '가장 뛰어난 투사들'이 한국에 파견되어 당 사업을 도와야 하며, 한국 대중을 동원하는 것을 지상 과업으로 정해야 한다 고 주장했다. 곧이어 『아카하타』의 주장을 뒷받침하는 지하 활동이 일어났 다. 1929년 9월 상하이의 한국 공산주의 지도자들은 국내의 당 재건 문제를 토의하기 위한 회합을 개최했다.[77] 이 회합에는 한위건, 양명, 최봉관崔奉官을 비롯해 당시 중국공산당의 한인 지부 간부로 활동하고 있던 사람들이 대부분 참석했다. 이들은 조선공산당 재건이 지상의 과업임을 확인하고, 그 첫 단계 로 국내와의 연락기지를 건설하기 위해 일본과 만주에 당원을 파견하기로 결 정했다. 이에 따라 다섯 명의 공산주의자가 좌익 노동조합과 문화단체에 가 담해 활동하라는 지시를 받고 도쿄로 파견되었다.

1930년 초반 상하이에서 도쿄로 잠입한 고경흠과 김치정 등은 조그만 출 판사인 무산자사無產者社를 중심으로 조직 활동에 착수했다. 이들은 고경흠, 김치정, 김삼규金三奎 등을 편집인으로 하여 발행되던 『무산자』無產者를 당 재 건의 기관지로 삼기로 결정했다. 이 잡지의 핵심적인 집필자는 고경흠으로, 그는 1930년 4~11월 한국 공산주의운동의 다양한 국면을 다루는 많은 논문 과 팸플릿을 작성해 일본과 한국 내의 한인 급진분자들에게 널리 보급했다.

75 1932년 일본공산당 테제의 전문은 *International Press Correspondence*(1932년 5월 26일자)를
    참조하라. 이 테제에 대한 상세한 설명과 해석은 다음을 참조하라. George M. Beckmann and
    Okubo Genji, *The Japanese Communist Party, 1922~1945*, Stanford, 1969, 229~238쪽.
76 『아카하타』, 91호, 1932년 8월 20일자, 1쪽(아카하타 본부 편, 1954, 제3권).
77 『社會運動の狀況』, 1932년판, 1,504쪽.

비록 신간회의 해소는 코민테른과 프로핀테른의 지시에 따른 것이긴 하지만, 앞서 논의한 것처럼 고경흠이 집필한 팸플릿 중 하나는 공산주의자와 신간회의 협동을 종식시키는 데 일익을 담당했다. 고경흠은 1930년 말 자금 조달을 위해 중국으로 건너가 베이징에서 한위건에게 약간의 자금을 받고 1931년 봄 도쿄로 돌아왔다. 그러나 같은 해 8월 일본 당국은 『무산자』 그룹을 급습해서 고경흠, 김삼규 등을 체포했다.[78]

이제 재건운동을 계속 수행할 책임은 김치정, 김두정 등 검거를 모면한 사람들에게로 돌아갔다.[79] 1932년 초 활동을 재개한 이들은 마침내 표면기관으로 노동계급사勞動階級社를 조직했으며, 1932년 6월 20일 『노동계급』 창간준비호를 발행했다. 그동안 일본공산당 최고 지도부와의 관계도 수립되었다. 김치정은 일본공산당 민족부와 접촉하는 한편 당에도 입당했다. 그리고 같은 해 7월 조선공산당 재건을 위한 구체적인 조치가 즉각 취해져야 한다는 내용의 상신서上申書를 일본공산당 중앙위원회에 제출했다. 이에 일본공산당은 최근 모스크바에서 귀환한 당의 핵심 인물 곤노 요지로紺野與次郎를 수반으로 하는 특별위원회를 구성했다. 그해 9월 특별위원회를 대표한 곤노 요지로는 한국 내의 실제 투쟁은 한국인과 일본인의 협동으로 이루어져야 하며, 조선공산당 재건을 위해 우수분자를 즉각 파견해야 한다는 김치정의 제안을 받아들였다.[80]

이로써 1932년 일본공산당은 조공재건운동朝共再建運動을 전면 지원하기 위한 노력을 기울였다. 한편 한인 공산주의자들은 일본 내의 모든 독자적인

---

78 위의 책, 1,477쪽.
79 같은 책, 1,508~1,512쪽. 고경흠 외에도 김치정은 이때 일본에서 벌어진 한국 공산주의운동의 핵심 인물이었다. 14세에 고아가 되어 '구차스러운 환경'에서 성장한 김치정은 1927년 상하이로 갔다. 그는 1929년 1월 국민 정부 직할의 상하이 비행장 육군 중위로 있다가 김원봉 등을 만나 공산당에 입당했다. 중국공산당 상하이 시 당부와 한인청년동맹에 가입해 활발한 운동을 벌인 김치정은 1930년 1월 일본으로 건너갔다.
80 『思想彙報』, 제6호, 182쪽; 같은 책, 제3호, 50쪽; 『社會運動の狀況』, 1933년판, 1,586쪽.

조직을 해산하고 일본공산당과 그 외곽단체를 통해서만 활동하기로 했다. 일본공산당 내에서 한인 당원이 차지하는 비율은 그 어느 때보다도 높았다. 1945년 이전 일본 공산당원의 숫자는 1,000명을 넘지 않았지만 외곽단체에 속한 숫자는 훨씬 많았다. 1932년 49명의 한국인이 일본 공산당원이라는 죄목으로 검거되었고, 이듬해는 당원으로 85명, 공청원共靑員으로 64명이 검거되었다. 그러나 한인 당원은 당내의 수적인 비중에도 불구하고 당의 고급간부에 임명되지 못했으며, 일부만 지방의 시·현위원회 간부직에 임명되었을 따름이다.

이때 한인 공산주의자들이 집중적으로 활동한 분야는 일본의 노동운동이었다. 일본의 노동조합운동은 1925년 공산주의자의 주도로 일본 노동협의회勞働協議會가 결성되면서 분열되었는데, 1만 5,000명의 회원을 가진 이 협의회는 1928년 중반 정부에 의해 강제 해산될 때까지 공산주의자들의 강력한 영향력 아래 있었다. 몇 달 후인 1928년 12월 25일 지하地下의 계승자로 일본 노동조합전국협의회勞働組合全國協議會(이하 전협全協으로 줄임)가 정식 출범했다. 지도자들 거의 대부분이 공산당원이었던 전협은 완전히 공산주의자들의 통제를 받았다. 2만 3,530명의 회원과 아홉 개의 지부를 갖고 있던 재일본 조선노동총동맹은 1929년 12월 해체를 결의하고 전협에 가맹했다. 재일본 조선노동총동맹은 임시로 김두정金斗楨*을 수반으로 전협 조선인위원회朝鮮人委員會로 개칭하고 회원의 전협 합류사업에 착수했다. 그러나 1930년 4월 한인 노동운동 지도자 다수가 체포되어 전협 조선인위원회의 활동은 거의 궤멸 상태에 빠졌다.

그럼에도 1930년 말까지 2,600명 이상의 재일본 조선노동총동맹원이 전

---

* 김두용金斗鎔의 착오로 보인다. 임철섭林澈燮, 김호영金浩永 등과 함께 재일본 조선노동총동맹의 전협으로의 해소를 주도한 김두용은 1930년 4월 일본 경찰에 검거되었다. 『社會運動の狀況』, 1930년판 참조.

협에 가입했다. 당시 전협의 총 회원 수는 6,000여 명에 불과했기 때문에 회원 중 한인이 차지하는 비중은 실로 엄청났다. 1931년 10월 당시 전협 내의 한인 회원 수는 4,500명이었다. 일본 치안 당국에 따르면 이들은 질적으로나 양적으로나 한인 급진분자의 핵심 집단이었다. 이들 가운데 약 2,400명은 오사카 지역 거주자였고, 1,400명은 도쿄 지역 거주자였다. 이들 가운데 대다수는 토건노조土建勞組 소속이었지만 화학·출판·섬유·금속 노조 소속의 노동자도 상당수에 달했다. 전협의 회원 수가 감소했던 1933년 말에도 전협 내의 한인 회원 수는 3,970명이나 되었다. 이제 이들이 과반수 이상을 점한 것이다. 게다가 아홉 명의 한국인이 주요 간부직을 차지했다. 따라서 전협이 1933년 11월 30일에 한글로 된 『노동신문』勞動新聞을 창간한 것은 그리 놀라운 일이 아니다.

이처럼 1930년대 초반 일본 공산주의운동에서 한국인이 차지하는 역할은 특히 수적인 면에서 대단히 중요했다. 한국인들은 수적인 면에서 일본의 공산주의적 노동운동의 절반가량을 차지했으며, 공산당원에 관해서는 정확한 통계는 없지만 아마도 3분의 1 이상을 점했던 것으로 추측된다. 그러나 우리는 이 시기의 일본 공산주의운동이 전반적으로 퇴조하고 있었음에 주목해야 한다. 한국인들이 일본 공산주의운동에서 좀더 중요한 역할을 수행하게 되었던 것은 무엇보다도 공산주의운동이 일본인들에게 매력을 잃어가고 있었기 때문이다.

실제로 두 명의 지도적인 일본 공산주의자 사노 마나부佐野學와 나베야마 사다치카鍋山貞親는 국제 공산주의운동은 소련의 국익을 실현하기 위한 수단에 불과하다고 비난하면서 전향轉向을 선언했다. 그때 이들은 비록 옥중에 있었지만 자기들 스스로는 아직 사회주의자라고 주장했다. 그러나 이는 어디까지나 일본 식의 사회주의였다. 일본과 한국의 민족주의가 이때처럼 뚜렷하게 차이가 난 적은 없었다. 사노 마나부와 나베야마 사다치카의 전향은 많은 일본인 공산주의자에게 영향을 끼쳤지만, 이들을 뒤따른 한국인 공산주의자는 한 명도 없었다.[81] 1930년 중반 일본의 공산주의는 허상에 지나지 않았다. 다만 '급진주의와 폭력에 흐르기 쉬운' 한국인들의 유산만이 일본 군국주의 시대의 배경과 대비될 뿐이었다.

5. 1928년 이후 국내의 공산주의

공산주의자들은 국내에서 당을 재건하기 위해 어떤 노력을 기울였을까? 우리는 먼저 1928년 중반 4차 조공 검거 이후 국내에 남아 있던 극소수의 공산주의자들은 즉각적인 당 재건운동을 포기했다는 사실을 상기해야 한다. 이런 까닭에 상하이에 있던 김단야는 그곳에 당 본부를 수립해야 할 상황에 놓이게 되었다. 게다가 코민테른 6차 대회 당시 모스크바에 와 있던 경쟁적 관계에 놓인 두 파벌 집단의 어느 쪽도 승인하기를 거부한 코민테른은 전반적인 한국 상황을 재검토할 것을 지시했다. 이것이 프로핀테른 「9월 테제」(1930년)와 함께 한국 공산주의운동의 기본 방향을 제시한 코민테른의 「12월 테제」가 나오게 된 내력이다.

「12월 테제」의 가장 중요한 명령은 당의 소부르주아적 성격을 불식하고

---

81 그러나 치안유지법 위반으로 검거된 한국인 중 전향한 사람 수는 1930년 이후 급속도로 증가했다. 다음에 나온 숫자를 참고하라(『思想彙報』, 제4호, 181쪽).
1927: 4,   1928: 15,   1929: 50,   1930: 73,
1931: 122,   1932: 337,   1933: 313,   1934 : 473.
1935년 86명의 전향 동기에 대한 조사가 행해졌다. 이 중 50명은 자신의 과오를 '자각'해서, 16명은 '관헌의 권유'로, 여덟 명은 '가족을 사랑'해서, 다섯 명은 정부의 도움으로 직업을 얻었기 때문이라고 답했으며, 나머지 한 명은 모호하게 답변했다. 이런 분류는 극히 불만족스러운 것이지만 위에 나타난 전향 이유는 사노 마나부를 비롯한 일본의 전향한 주요 지도자들로부터 영향을 받은 것 같지는 않다. 오히려 이들의 전향 동기는 개인적·감정적·비정치적인 것이었다. 그러나 한 가지 점은 분명했다. 계속된 실패를 맛보고 장래의 희망이 없어진 상태에서 깊은 좌절에 빠진 사람들이 정치운동에서 이탈하는 건 아주 쉬운 일이라는 점이다.

대중적 기반을 확고히 하기 위해 노동자와 빈농층을 당에 흡수하는 것이었다. 이 과제와 관련해 프로핀테른 「9월 테제」는 낙관적인 견해를 피력했다. 「9월 테제」에 따르면 최근의 노동자 파업에 한국 농민이 보낸 지원은 노동자와 농민이 공동운동을 벌이려는 경향을 나타낸 것이었다. 「9월 테제」는 '노동자계급이 지도하는 프롤레타리아트-농민의 동맹'은 이미 한국에서 꽃피기 시작했다고 주장했다.[82] 「9월 테제」는 이어 4만 5,000명의 조합원을 가지고 있으나 소부르주아적·민족주의적 분자의 지도 아래 놓여 있는 '개량주의적' 단체인 조선노동총동맹과는 별도로 '좌익' 노동조합을 조직하는 일이 시급한 과제라고 선언했다. 대중의 지지를 획득하기 위해선 경제 문제와 정치 문제가 연결되어야 하며, 조선노동총동맹이나 신간회와 같은 단체의 정체는 무자비하게 폭로되어야 한다는 것이었다. 「9월 테제」는 전위 지도자들은 임금과 노동조건, 기타 즉각적인 경제적 관심사 같은 문제에서 출발해 노동대중을 정치적 권리 획득, 농업혁명, 일본 제국주의에 대한 투쟁으로 인도해야 한다고 주장했다. 「9월 테제」가 강조한 것은 즉각적인 당 재건이라기보다는 공산주의의 대중적 기반 확보, 즉 도시노동자와 농민의 지원을 얻기 위한 전투적·독자적 투쟁의 전개였다. 조합운동組合運動을 통해 행해질 투쟁은 필연적으로 지하에서 전개되어야 하며, 일본 제국주의뿐 아니라 한국 내의 모든 부르주아적 요소에 대한 투쟁이어야 한다는 것이었다.

우리는 1929년 이후 한국 공산주의자들이 벌인 활동을 살펴볼 때 이 같은 지령을 염두에 두어야 한다. 또한 다른 두 가지 기본적인 사태도 잊어서는 안된다. 첫째는 일국일당 원칙을 엄격하게 적용하기 시작한 코민테른이 국외에 거주하고 있는 모든 한인 공산주의자에게 자신이 살고 있는 나라의 공산당에 입당하라는 지령을 내렸다는 사실이고, 둘째는 투옥되지 않은 공산주의자들

---

82 「조선의 혁명적 노동조합운동의 임무」, *Resolutions of the Fifth Congress of the R. I. L. U.*, London, 1931, 153쪽.

은 만주와 상하이, 베이징, 도쿄, 오사카, 블라디보스토크, 모스크바 등 5~6개 지역에 분산되어 있었다는 점이다. 모든 명령이나 지시와는 달리 그들 간에는 연락관계도 완전하지 못했고, 파벌투쟁도 사라지지 않았다. 따라서 각 공산주의자 집단이 서로 아무런 연락 없이 독자적으로 국내에 요원을 파견하려고 했던 노력은 흥미로울 뿐 아니라 중요한 의미를 지닌다.

우리가 앞서 강조한 것처럼 해외의 한인 공산주의운동은 만주에서 가장 활발히 전개되었다. 이 지역의 한인 공산주의자들에게 자체 조직을 해산하고 중국공산당에 입당하라는 지령이 떨어지자 약간의 거부반응이 없었던 것은 아니지만 대부분은 이에 복종했다. 이 지령은 이동휘와 김규열이 코민테른 6차 대회에서 돌아온 후 구상해파와 서울파가 조직한 조선공산당재건설준비위원회의 해산을 의미하는 것이었다. 그러나 준비위원회 간부들은 이미 국내로 잠입했거나 해산 지령이 떨어진 직후 국내로 기반을 옮겼다. 1930년 9월 이들은 흥남에서 가진 모임에서 조공재건운동을 계속하기로 결정했다.[83] 이들은 준비위원회의 본부를 국내로 옮긴다면 코민테른의 새로운 지령을 위반하는 것이 아니라고 믿었음이 틀림없다.

그해 10월 이들은 자기들의 결정사항을 보고하고 코민테른과 프로핀테른으로부터 앞으로의 지시사항을 하달받기 위해 새롭게 선출한 준비위원회 책임비서 김일수를 블라디보스토크로 파견했다. 블라디보스토크에서 김일수는 앞으로 조공재건운동의 모든 사무를 중국공산당이 관장하기로 한 사실을 알게 되었다. 따라서 한인 공산주의자들의 활동이 중국-만주 지역에서 행해지든, 한국 국내에서 행해지든 간에 한국 공산주의 자체가 중국공산당에 종속된 것이라는 점에는 더 이상 의심의 여지가 없었다. 실제로 중국공산당은 코민

---

83 윤자영, 김일수, 오성세, 조덕진趙德進 등이 참석한 이 회합은 흥남에 있는 박원진朴元鎭의 집에서 개최되었다. 여기서 김일수는 책임비서, 윤자영은 선전부 책임, 조덕진은 조직부 책임, 오성세는 공청부 책임에 각각 선임되었다. 이들은 조직 활동의 목적으로 한국을 5개 구역으로 나누어 소수로 구성된 구역간부회를 두기로 결정했다. 『朝鮮共産黨再建運動等事件判決寫本』, 31쪽.

테른의 지령을 수행하기 위해 중국인 황모黃某가 책임을 맡고 있던 중국공산당 동만특별위원회 산하에 조선국내공작위원회朝鮮國內工作委員會(이하 공작위원회로 줄임)를 이미 설치해놓았다.[84]

이 같은 사실이 모두 1930년 12월 25일 홍남에 다시 모인 준비위원회 간부들에게 보고되었다. 더구나 이 회합에는 과거 준비위원회 만주부 책임자였던 주건이 새로운 공작위원회의 밀사 자격으로 참석했다. 주건은 자신이 공작위원회를 대표하여 한국의 국내 상황을 조사하기 위해 왔다고 설명했다. 홍남의 준비위원회 간부들은 김일수를 다시 간도로 파견해 황과 면담케 하고 코민테른-프로핀테른의 계획을 지지할 것을 서약해야 한다고 결정했다. 1931년 2월 간도로 간 김일수는 황과 만나 새로운 조직체계에 관한 설명을 들었다. 그는 또 동만특별위원회는 오직 '파벌적 관념을 포기'한 한인 공산주의자들과만 협동할 방침이라는 사실을 통고받았다. 명백히 운동권 내에서 앞으로의 활동가를 걸러내는 작업이 행해질 예정이었다.

김일수가 국내로 돌아온 뒤인 3월 20일 새로운 회합이 개최되었다. 오랜 토론 끝에 준비위원회 간부들은 당 재건운동을 중지하고, 그 대신 '노동자와 농민에 대한 공산주의적 교양훈련을 실시'하는 데 주력하기로 결정했다. 앞으로의 가장 시급한 과제는 혁명적 노동조합, 농민조합을 결성하는 일이라고 생각한 것이다. 명백히 이런 활동계획은 황이 김일수에게 추천한 것이며, 코민테른 정책의 정당한 해석으로 간주되었다. 이로써 준비위원회는 일본의 전협을 모델로 조선좌익노동조합전국평의회조직준비회朝鮮左翼勞動組合全國評議會組織準備會로 개편되었다. 김일수는 계속 서기書記 책임을 맡았고, 여타 준비위원회 간부들은 모두 유임되었다.

---

84 위의 책. 코민테른은 1930년 6월 중국공산당에 일본공산당과 코민테른과의 연락 재개, 대만공산당 재건과 '아울러' 조선공산당의 재건을 지원하라고 지시했다. 중국공산당이 조공 재건 사무를 담당하기 위해 만주성위를 설치한 것은 이 지령에 근거한 것이다. 만주성위는 이에 따라 조선국내공작위원회를 설치했다(같은 책, 30쪽).

과거의 연줄에 따라 흥남 그룹은 전국의 공산주의자나 공산주의 동조자들과 접촉하기 시작했다.[85] 그러나 계획이 실행에 옮겨지자마자 오래된 문제들이 다시 발생했다. 메이데이를 기해 혁명을 선동하는 삐라를 살포하려는 계획을 적발한 일본 경찰은 관계자 전원을 일망타진했다. 계속된 검거로 말미암아 총 245명이 체포되어 이 중 79명이 기소되었다. 몇몇 간부는 검거를 모면했지만 이들의 운동은 1931년 가을에 완전히 붕괴되었다.[86]

만주에서 시작된 다음 운동은 코민테른의 직접적인 지도를 받은 것이었다. 1931년 5월 제15차 전원회의에서 코민테른은 한국의 상황을 다시 한번 검토했다. 그 결과 코민테른은 하바롭스크의 극동국極東局에 한국 국내의 활동을 고무하기 위해 만주로 우수한 한인 요원들을 파견하라는 지시를 내렸다. 아마도 그 당시 러시아인들로부터 파벌투쟁을 초월할 수 있을 정도로 훈련을 받은 한인 공산주의자가 상당수 존재했던 듯하다. 이때 하바롭스크에서 10여 명의 한인이 만주로 파견되었는데, 이 중 핵심 인물은 과거 상해파에서 공산주의운동을 시작했던 노련한 윤해였다. 윤해는 한국 국경 근처의 훈춘에서 조선연락부朝鮮連絡部를 지도하라는 사명을 부여받았다. 이로부터 조선국내공작위원회는 이 연락부의 지시를 받게 되었다.[87]

국외의 감독기관체제가 어느 때보다도 복잡한 상황이던 시점에 새로운 인물 한전종韓珱鐘이 국내 운동에 활기를 불어넣기 위해 파견되었다. 다른 수많은 젊은 공산주의자와 유사한 혁명운동 경력을 지닌 한전종은 1931년 11월

---

85 『思想月報』, 3권 1호, 19~21쪽.

86 상세한 것은 59명의 공판 기록을 수록한 다음 책을 참조하라. 『朝鮮共産黨再建運動』, 142쪽. 그리고 이 사건에 관련된 인물들에 대한 서술은 다음 책에 의거한 것이다. 『思想月報』, 2권 6호, 1932년 9월호, 2,373쪽, AJMFA, R S357.

87 오카다岡田兼一 총영사가 시데하라幣原喜重郎 외무대신에게 보낸 보고다(「東滿地域朝鮮共産黨連絡部設置に關する件」, AJMFA, R S374, F S9452, 478~482쪽). 연락부 간부는 윤해를 책임자로 해서 오성린(오성륜吳成崙의 착오로 보인다—옮긴이), 박윤서, 최일崔— 외 다섯 명이었다. 이 보고서에 따르면 윤해는 중국공산당 동만특위 산하 왕청현汪淸縣위원회 책임자이기도 했다.

국내로 잠입했고, 그 후 몇몇 동료가 한전종의 뒤를 따랐다.[88] 5개월여의 공작 끝에 이들은 서울과 흥남, 평양 등지에 소수의 공산세포를 조직하는 데 성공했다. 그러나 이 새로운 운동을 적발한 일본 경찰은 1932년 4월 중심인물 78명을 검거했다.[89]

만주에 근거를 둔 한인 공산주의자들이 실패를 거듭하고 있는 동안 상하이에서는 노련한 공산주의자 김단야의 지도로 별도의 운동이 시작되었다. 중국 공산당 상하이 지부의 지원을 받던 김단야는 공산주의 선전물로 노동자, 농민을 교양하라는 사명을 띤 소수의 요원을 국내로 파견했다. 이 중 최초로 파견된 인물은 1931년 2월 서울에 도착한 김형선이었다. 곧이어 오기만吳基滿이 보조원으로 파견되었고, 김형선의 누이동생으로 1925년 공청共靑이 모스크바로 보낸 유학생 21명 중 한 사람인 김명시金命時가 약간의 자금과 활동지침을 가지고 이들과 합류했다. 국내로 잠입한 이들 소수분자는 평양 부근의 철강업노동자 내부에 적색노동조합을 조직하고자 노력하는 한편, 서울과 인천 등 도시에 공산주의 선전물을 반포하는 등의 활동을 전개했다. 여느 때와 마찬가지로 검거는 신속했다. 첫 검거를 모면하고 상하이로 피신한 김형선은 김단야와 협의한 후 1932년 중반 다시 국내로 잠입했다. 일 년여에 걸친 헛된 노력을 계속한 끝에 마침내 김형선은 체포되어 8년형을 선고받았고, 이와 거의 동시에 상하이의 일본 경찰은 이들 조직을 궤멸시키는 데 성공했다.[90]

---

88 수원고등농림학교水原高等農林學校 재학 당시부터 활동적이었던 한전종은 정치운동을 벌이다 퇴학처분을 받았고, 수해水害를 입은 그의 가족은 뒤에 간도로 이주했다. 간도의 어느 중학교 교사가 된 한전종은 한때 신문사 지국을 경영하기도 했다. 이후 그는 함경남도로 가 광산에서 서기로 일했고, 1929년 공산주의 서적을 읽기 시작한 뒤 만주에 기반을 둔 몇몇 한인 공산주의자와 알게 되었다. 그는 1931년 10월 중국공산당 동만특위 간부인 주건에 의해 국내 공작에 관한 강습을 받았다.

89 한전종 일파에 대한 판결문은 다음을 참조하라. 『思想彙報』, 1호, 19~33쪽; 조선총독부 경무국, 『滿洲事變に對する反戰運動の概況』, 등사판, 1932년 12월, AJMFA, R S403, File S9452, F59~270. '보성고등보통학교 반제반 사건'普成高等普通學校反帝班事件이라고도 알려진 이 사건으로 총 78명이 체포되어 그중 16명이 징역 6월~4년형을 선고받았다.

상하이 출신의 공산주의자들이 거둔 성과는 실패를 거듭했던 만주의 한인 공산주의자들에 비해서도 더욱 보잘것없었다. 좀더 나은 성과를 거둔 집단은 도쿄에서 활동하던 고경흠 일파였다. 이들 집단의 도쿄에서의 활동은 앞서 살펴보았기 때문에 여기서는 이들의 국내 활동만 간단히 살펴보기로 하겠다. 베이징에서 갓 돌아온 고경흠은 1931년 2월 17일 서울 근교 김포金浦에서 과거의 ML파 동지들과 비밀회합을 가졌다. 이들은 권대형權大衡[91]을 책임자로 조선공산당재건설동맹朝鮮共産黨再建設同盟을 조직하고, 코민테른-프로핀테른의 정책 실현을 추구하기로 결정했다. 그러나 두 달 후에 이 단체는 조직을 유지하는 것이 단체 내에 파벌투쟁을 일으킬 위험이 없지 않다는 이유로 해산을 결정했다. 내외의 어떤 압력 때문에 이런 결정이 내려졌는지는 분명치 않지만, 어쨌든 이들 집단은 다른 공산주의자들과 마찬가지로 혁명적 노동조합·농민조합 결성에 매진할 것을 맹세했고 이를 위해 책임을 분담하기로 했다. 권대형과 고경흠, 서인식徐寅植 등은 출판부, 이정림(이종림李宗林의 착오로 보인다－옮긴이), 강진, 김기선金琪善 등은 조직 활동을 담당했다.

약 2년간 활동을 계속하면서 이들은 경성제국대학에 침투한 것을 비롯해 서울 근교의 여러 고등교육기관에 세포를 설치하는 등 학생이나 노동자들과 중요한 연계를 맺었다.[92] 1932년 초에 일부 조직원이 검거되었지만, 이들은 그에 굴하지 않고 대구와 1929년 대규모 학생시위가 일어났던 광주에 요원을

---

90 『支那及滿洲に於ける共産運動槪要』, 68쪽.
91 권대형은 이 시기의 전형적인 공산주의자 중 한 사람이다. 한때 와세다대학 전문부를 다니다가 약 일 년 만인 1926년 학업을 중단한 그는 이후 일월회, 신흥과학연구회新興科學硏究會, 재동경 조선 청년동맹, 재일본 조선노동총동맹 등에서 활동했다. 자세한 것은 다음 자료를 살펴보라. 「共産主義 者協議會事件判決文」, 『思想月報』, 3권 4호, 1933년 1월, 11~21쪽.
92 「京城帝國大學反帝同盟事件判決文」, 위의 책, 2권 9호, 1932년 12월, 2,801~2,855쪽, AJMFA, R S357.
이종림은 경성제대 학생 신현중愼弦重을 통해 대학 내에 공산주의자 그룹을 조직하는 한편 경성치 과의학전문학교, 제2고등보통학교 학생들과도 관계를 맺었다. 한편 신현중은 1931년 8월 정부기 관, 은행, 병원의 사환 등을 포함한 다양한 청년층으로 적우회赤友會를 조직하라는 지시를 받았다.

파견하는 등 활동을 계속했다. 이 도시들에서 혁명적 노동조합을 결성하기 위한 이들의 노력은 약간의 성과를 거둘 수 있었다.[93] 이와 아울러 어떤 격문의 경우 약 5,000매를 인쇄하는 등 출판 활동도 대단히 활발히 전개되었다. 또한 이들은 주요 도시에 반제동맹反帝同盟의 지부를 설치했고, 간부 중 한 사람인 이문홍李文弘은 함경남도에 적색농민조합을 결성하는 데 상당한 성공을 거두었다.[94] 북한의 초기 공산주의 지도자들 중 상당수는 함경도 출신이었는데, 이들은 대개 적색농민조합운동의 세례를 받은 사람들이었다.

이 같은 성과를 거두기 위해 이들은 막대한 대가를 치러야 했다. 계속된 검거의 결과 고경흠 집단의 세력은 크게 약화되었고, 1933년 말까지 대부분의 주요 지도자가 운동무대에서 사라져버렸다. 그러나 수천 명의 학생과 노동자, 농민에게 공산주의자들의 메시지는 효과적으로 전달될 수 있었으며, 이들 집단의 검거 후에도 비록 외형밖에 남지 않은 형태일지라도 상당한 조직이 유지되었다. 이런 성공의 대부분이 구ML파의 전국적인 연대와 샘솟는 활력에 기인한 것임은 의심의 여지가 없다.

그 당시에는 해외에서 또 다른 집단이 국내로 파고들고자 노력하고 있었다. 즉 베이징에서 김원봉과 제휴한 안광천이 국내로 요원을 밀파한 것이다. 김원봉의 비정통적 성격 때문에 이들 집단은 흔히 민족주의적 공산주의자로 간주된다. 과거에 도쿄에서 활동하던 일월회의 지도자였으며, 3차 조공의 책임비서를 지낸 바 있던 안광천은 중국으로 망명한 뒤 상하이에서 김원봉과 처

---

93 이종림과 이평산李平山이 학생 활동을 지도하는 데 주력하는 동안 다른 동료들은 별도의 조직 활동에 몰두하고 있었다. 1931년 7월 일부 조직원이 검거되었음에도 공산주의 최고지도자들의 회합은 같은 달 25일 대구에서 개최되었다. 당을 공식적으로 재건하는 일은 여전히 보류되었지만, 그해 8월 이들은 『코뮤니스트』와 『봉화』烽火라는 등사판으로 된 잡지를 100~200부씩 발간하는 작업에 착수했다. 그리고 이들은 노동자를 대상으로 두 종류의 간행물을 발간했고, 대구에는 적색노동조합건설 대구협의회를 조직했다. 이들의 활동, 특히 적색노동조합운동은 광주와 부산으로 확산되었다. 이처럼 1931년 말까지 전국 대부분의 주요 도시에서 공산주의 활동이 지속될 수 있었지만, 그 규모가 극히 작아 세포위원의 경우 10~15명을 넘지 못했다.

94 『思想彙報』, 4호, 32~54쪽.

음으로 만났다. 곧 베이징으로 활동무대를 옮긴 이들은 안광천을 수반으로 조선공산당재건설동맹을 조직했다.* 오랫동안 의열단 단장으로 활동해온 김원봉은 그의 정치학교를 베이징에 이어 난징에도 설치했다.

1930년 8월 이후 김원봉이 훈련시킨 학생들이 국내로 잠입했다. 1932년 가을 이들 중 일부는 새롭게 국내로 잠입한 극소수 인물들과 함께 정기적 회합을 갖기 시작했고, 구체적인 역할을 분담했다. 이진일李鎭壹은 서울 지역의 지식계급, 이강명李康明은 같은 지역의 도시노동자, 정동원鄭東源은 전라북도의 농민에 대한 조직 활동을 담당했다. 일본의 관헌 자료는 이들 베이징 그룹이 1934년부터 신의주를 비롯해 원산, 대구 등지의 노동자나 학생들과 접촉하기 시작했다고 보고했다. 결국 김원봉이 파견한 사람들에 의해 조직되었다고 알려진 130여 명이 검거되었는데, 3년간의 노력에 비하면 대단치 않은 결과라고 할 수 있다.

이 같은 분산된 해외 망명기지로부터의 침투와는 별도로 소련은 국내로 수많은 공작원을 파견했다. 이들은 코민테른과 프로핀테른의 직접적인 지령과 신임장을 받고 있었기 때문에 당시의 복잡하고 혼란한 상황을 더욱 복잡하게 만들었다. 코민테른-프로핀테른 당국은 대부분의 경우 자신들이 파견한 공작원들과 중국, 일본 등지에서 잠입한 공산주의자 간의 협동을 꾀하는 데 아무런 노력을 기울이지 않았을 뿐 아니라 종종 국내에 파견된 공작원 상호 간의 정보 교환조차 제대로 이루어지지 않았다. 이는 보안상의 이유 때문이었을 테지만 모든 사태를 절망적인 상황으로 끌고 갔다. 그러나 어떤 측면에서 볼 때 소련이 파견한 공작원들은 다른 어느 지역에서 잠입한 공산주의자들보다도 활동을 성공적으로 전개했기 때문에 이들의 활동은 주목할 만한 가치

---

* 안광천과 김원봉 등은 레닌주의사社라는 출판사를 만들어 기관지 『월간月刊 레닌주의』를 발간했다. 사공표司空杓(안광천의 가명인 듯하다)가 쓴 「조선의 정세와 조선 공산주의자의 임무」라는 장문의 논문이 실린 이 잡지의 창간호(1929년 5월호)는 최근 일본에서 영인되었다(박경식 편, 『朝鮮問題資料叢書 第七卷—1930年代 朝鮮革命運動論』, 1982).

가 있다.

일본의 관헌 자료는 1930~1935년 코민테른과 프로핀테른이 18명의 공작원을 국내에 파견했다고 기술하고 있다.[95] 그러나 실제로 국내에 잠입한 공작원 수는 이보다 훨씬 많았을 것이다. 소련이 직접 국내로 파견한 공작원들 대부분은 모스크바 동방노력자공산대학 출신이었다. 이로써 한국 역시 중국이나 일본과 마찬가지로 '귀환 유학생 시대'를 맞이하게 된다. 이들 청년의 대부분은 모스크바에 유학하기 전 국내나 만주에서 실제 운동에 종사한 경력을 가지고 있었다.[96]

프로핀테른이 파견한 공작원이었던 이들의 활동은 무엇보다도 도시노동자, 특히 흥남과 함흥, 평양 등 북부 지역에 집중되었다. 일본의 검거 결과로 다시 한번 우리는 이들 공작원의 몇몇에 대해 상세한 기록을 얻을 수 있다. 여기서는 사건 자체의 중요성과 이 사건에 소련이 파견한 공작원들이 벌인 모든 활동에 공통적으로 나타나는 특성이 잘 반영되어 있다는 점에서 범태평양노동조합사건汎太平洋勞動組合事件에 관해 살펴보기로 하자.[97] 이 사건의 핵심 인

---

95 일본의 정보 자료에 따르면 공작원들의 연도별 검거 상황은 다음과 같다.

	1930	1931	1932	1933	1934	1935	계
코민테른	–	2	–	2	1	2	7
프로핀테른	1	–	7	1	1	1	11

96 모스크바공산대학의 교과과정과 환경에 대해서는 조선총독부 경무국장의 1928년 12월 28일자 보고 「國際共產大學卒業生歸鮮に關する件」을 보라. 이 보고서는 공산대학 졸업생인 정일우鄭一宇(=정석행鄭碩行), 김석연金石然(=김도엽金度燁) 등 두 명의 취조과정에서 작성된 것이다(AJMFA, R S722).

97 상세한 것은 다음 자료를 참조하라. 「朝窒(朝鮮窒素肥料工場)赤色勞動組合事件判決」, 『思想彙報』, 3권 1호, 1933년 4월, 11~29쪽, AJMFA, R S358. 공산주의자들은 1927년 5월 중국 한커우에 설치된 범태평양노동조합 비서부를 통해 동아시아의 노동운동을 지도하고자 했다. 국공합작이 결렬된 후 비서부는 상하이로 이동했다. 이 비서부는 프로핀테른이 중국에 파견한 얼 브로더Earl Browder가 책임자로 있었다. 외무성 상하이 총영사, 「中西地方共產黨及共產匪行動狀況に關する調査報告書」, 1930년 12월, 145쪽, AJMFA, R S55.

물은 김호반金鎬盤과 한병류韓炳璗, 장회건張會建 등 세 명이다. 사건의 주모자인 김호반은 어려서 러시아로 이주해 블라디보스토크에서 자란 러시아화된 한인으로, 그곳에서 대부분의 교육을 받았다. 소련 노동조합의 일원으로 공산주의운동에 투신한 그는 모스크바 동방노력자공산대학에 입학했다. 그러나 일 년 후인 1925년 김호반은 조선인 학생 간의 파벌투쟁에 가담했다는 이유로 퇴학 처분을 받았다. 1928년 6월 소련공산당 블라디보스토크 지부에 가입한 김호반은 그해 가을 공산대학 재입교 허락을 받았고, 1930년 3월 공산대학을 졸업한 뒤 태평양노조 블라디보스토크 지부로 파견되었다.

김호반은 1930년 8월 15~16일 모스크바에서 개최될 예정인 프로핀테른 제5회 세계대회에 보낼 두 명의 한국 대표를 물색하기 위해 이이규李利奎를 파견했다. 그리고 이이규는 함흥노동연맹咸興勞動聯盟 집행위원장으로 활동적인 노동운동 지도자이던 한병류와 도쿄에서 4년간 유학한 후 신문기자로 있으면서 신간회 함흥 지회의 간부를 겸했던 장회건을 대표로 선정했다. 김호반과 함께 프로핀테른대회에 참석한 이들은 「9월 테제」 작성에 참여한 후 1930년 10월 블라디보스토크로 돌아왔다. 블라디보스토크에서 프로핀테른 간부들과 여러 차례 회합을 가진 이들 세 명은 마침내 이이규와 함께 다시 국내로 잠입했다.

국내 활동에서 이들은 고차원의 수완을 발휘했다. 먼저 노동조합 내부에 세포를 심고 핵심 인물을 포섭해 기존의 시·군 노동조직을 장악하려고 했던 이들의 첫 번째 활동 목표는 함흥노동연맹이었다. 유력한 동지 이주하李舟河를 맞아들인 이들은 평양노동연맹平壤勞動聯盟 산하의 각종 노동조합에도 파고들어 갔다.[98] 1931년 5~6월 첫 검거가 닥칠 때까지 이들의 활동은 상당한

---

98 애당초 공산주의자들의 활동은 노동자들이 '연구회'를 조직하고 있던 흥남비료공장에 집중되었다. 1931년 1월 25일 연구회는 이 공장 노동자인 김인덕金仁德을 집행위원장으로 하여 좌익 노동조합 결성준비회로 개편되었는데, 곧 함흥위원회에 흡수되었다. 한편 제2차 세계대전 이후 북한에서 두각을 나타낸 이주하는 김호반으로부터 주요 도시 적색노동조합의 활동 상황을 조사하라는 과업을

진전을 보았다. 체포를 모면한 장회건은 1932년 중반 검거될 때까지 홍남, 평양 등지에서 운동을 지도했고, 장회건이 검거된 뒤에는 또 다른 모스크바 유학생인 박세영朴世榮이 1933년 검거될 때까지 계속 활동했다.[99]

이 사건에 말려들어 체포된 사람은 거의 200명에 달했다. 그러나 김호반, 한병류, 장회건이 심어놓은 조직이 공산주의자들에게 가치 없는 것이라고 단정 짓는다면 커다란 잘못이다. 이들의 활동은 대부분의 경우 훗날의 운동에 동원될 수 있는 전투적 노동자의 중핵을 조직해놓은 것이었다. 우리가 앞으로 주목해야 할 이주하는 그 하나의 예에 지나지 않는다. 게다가 이들의 활동이 주로 북부 공업 지역에 집중되었다는 점은 이들의 조직이 포괄한 인원수 이상의 의미를 지닌다. 이와 마찬가지로 이들의 활동은 소련이 직접 지도한 것이었고, 김호반처럼 다소 러시아화된 한인들이 관여하고 있었다는 사실은 장래에 아주 중요한 의미를 지닌다.

소련에서 잠입한 공작원들은 노동운동을 강조했지만, 그렇다고 해서 학생운동이나 지식인운동을 등한시한 것은 아니었다. 이 시기의 한국에서 특기해야 할 일대 사건은 경성제국대학의 일본인 교수 미야케 시카노스케三宅鹿之助가 젊은 프로핀테른 공작원의 은신처를 제공해주었다는 사실이다. 미야케 교수 사건은 일본의 가와카미 하지메河上肇 사건과 마찬가지로 한국의 지식인 사회와 관료 사회에 커다란 파문을 불러일으켰다.[100]

그러나 이 시기에 한국 공산주의자들의 활동대상이 산업노동자였든 학

부여받았다. 평양의 정달헌鄭達憲을 통해 이주하는 평양노동연맹과 평양교통노동조합의 간부인 한정유(한종유韓宗瑜의 착오로 보인다―옮긴이)와 접촉했다. 이들은 함흥과 홍남에 있는 위원회와 유사한 조직을 평양에 만들었다. 『思想月報』, 같은 호, 22~25쪽.

99 박세영은 프롤레타리아 엘리트지만 '순수한 프롤레타리아트' 출신이다. 18세부터 서울에서 인쇄직공으로 일한 그는 여러 인쇄직공조합에 가입했다. 1928년부터 박세영은 관록 있는 공산주의자 정재달의 지도로 공산주의운동에 투신했다. 1929년 9월 정재달의 추천으로 소련으로 간 그는 동방노력자공산대학 속성과에 입학해 1931년 6월 졸업했다. 그 후 박세영은 프로핀테른 블라디보스토크 지부의 그리고리 박Grigorii Pak으로부터 국내 활동에 관한 지시를 받았다. 『思想彙報』, 1호, 54~55쪽.

생-지식인 집단이었든 간에 도시에서 혁명역량을 동원하려는 공산주의자들의 시도는 큰 어려움에 봉착했다. 일본식 경찰국가의 비상한 효율성 외에도 긴밀하게 조직된 한국 사회 자체가 공산주의자들이 결코 해결할 수 없는 어려운 문제를 제기한 것이다. 문제는 복잡했다. 각 개인은 자신이 소속된 집단을 통해서만 움직였기 때문에 정치적 동원이 쉽게 이루어지는 일은 드물었다. 따라서 조직원의 획득은 가족, 학교, 지연地緣, 직업관계 등을 통해서만 가능했다. 물론 이는 강력한 운동역량의 원천일 수도 있었다. 그러나 그와 동시에 이런 연계관계는 종종 대량 검거를 용이하게 만들었고, 집단적인 동원을 가능하게 하는 동시에 운동으로부터의 집단적인 이탈을 초래하기도 했다. 공산주의운동은 무엇보다도 비합법적인 것이었다. 더욱 중요한 사실은 순수하게 민족적·문화적 반응에서 나온 것이 아닌 일체의 정치적 결정은 은연중에 복합적인 전체 행동규범에 대한 도전을 뜻하는 것이어서 이런 행동규범이 사라지거나 다른 것으로 대체되었을 때만 사회에 뿌리를 내릴 수 있었다는 것이다.

과연 농민의 경우도 이와 같았을까? 아시아의 현대 정치에서 가장 흥미로우면서도 연구되지 않은 부분이 바로 이 점이다. 얼핏 보기엔 아시아의 농민 문화 속에 내포된, 흔히 보수주의라고 일컬어지는 고도의 전통주의가 이 문제에 대해 해답을 제공해주기에 더 이상의 의문은 필요 없는 듯하다. 그러나 자세히 살펴볼 때 농촌의 전통주의는 표면에 나타난 모든 형태, 특히 정치적 표상에 관한 한 결코 보수적인 것이 아니었다. 게다가 농촌의 전통적 생활방식

---

100 미야케 사건의 상세한 내용은 다음 자료에 잘 나와 있다. 위의 책, 4호, 59~68쪽.
    도쿄에서 간행되는 친북한계 잡지 『朝鮮研究』(1966년 8월호)에서 미야케는 검거될 당시 자신은 한국 공산주의운동에 전혀 관여한 적이 없다고 주장했다. 그러나 그는 과거 베를린에서 유학할 당시 독일공산당의 활동에 관심을 갖고 마르크스-레닌주의 서적을 수집한 사실을 인정했다. 또한 미야케는 그 당시 이재유와는 전혀 알지 못했던 사이로, 이재유는 경찰의 추적을 받다가 자신의 집에 뛰어들어 은신처를 제공해달라고 요구했을 뿐이라고 주장했다(아마도 이재유는 미야케가 좌익에 동정적이라고 생각했던 것 같다). 이재유를 마루 밑에 숨겨준 미야케 부부는 한 학생을 시켜 이재유가 변장하기 위해 갈아입을 옷을 사오게 했다. 이 사건의 공판에서 미야케는 징역 2년을 선고받았다(7쪽).

은 새롭고 분산되어 사회적 결집력을 결여한 근대화된 도시사회에서는 볼 수 없는, 즉 정치적 동원에 이용될 수 있는 일련의 조직을 내포하고 있었다. 간단히 말해 농민문화는 근대화의 물이 들지 않았으면서도 어떤 형태의 근대성과도 상호작용할 수 있는 정치적 유산을 물려받았다. 상고시대로부터 농민은 흉년이 들면 감세를 요구했고, 지주地主-전호佃戶의 관계나 고리대 문제가 악화될 경우 대규모 민란을 감행했으며, 약탈자에 대해 때로는 공격적이기도 한 자체 방어기술을 발전시켰다. 게다가 농민층 전체는 여러 측면에서 국가의 착취와 수탈을 피하기 위해 언제나 국가와 투쟁하고 있었다. 이런 까닭에 농촌 사회에는 언제나 혁명적 잠재력이 숨 쉬고 있었는데, 사회과학자들이 대체로 이 점을 무시해왔다는 사실은 자못 놀라운 일이 아닐 수 없다. 공산주의자들 역시 상황이 선택의 여지 없이 죄어올 때까지 분명히 이 점을 간과해왔다.

중국에서와 마찬가지로 이 시기 한국에서 일어난 사태발전은 농민문화의 이런 특성을 상당히 반영하고 있었다. 양적으로나 질적으로나 이 시기의 공산주의자들은 다른 어느 부분보다도 적색농민운동赤色農民運動에 적극적으로 침투해 들어갔다. 1926년 이후 1932년을 정점으로 10년간 약 1만 8,000명의 한국인이 치안유지법 위반으로 체포되었고, 이 중 5,000명이 기소되었다(〔표 19〕 참조). 이 표에 나타난 사건들에는 소수의 보수적 온건 민족주의자가 포함되어 있지만, 그 대부분은 우리가 여태까지 살펴온 공산주의자들의 활동이었다. 불행하게도 우리가 이용할 수 있는 일본의 관헌 자료는 검거된 자, 기소된 자의 직업적 분포가 어떠했는지를 밝히고 있지 않다. 그러나 단편적인 자료를 종합해볼 때 도시노동자와 학생을 조직하려던 공산주의자들의 집중적인 노력에도 농민은 〔표 19〕에 나타난 숫자에서 큰 비중을 차지했다.

1931년 3월부터 1932년 7월 사이에만 해도 약 950명이 적색농민운동 관계로 검거되었다. 이와 마찬가지로 중요한 점은 이 중 86퍼센트인 819명이 함경남북도에서 검거되었다는 사실이다. 소련과 간도 지역에 접해 있는 함경북도나 만주와 접해 있는 함경남도의 국경 지역은 모두 험준한 산악지대로,

[표 19] 한국인의 치안유지법 위반 상황

연도	피검자被檢者		기소자起訴者	
	사건	인원수	사건	인원수
1926	45	356	27	157
1927	48	279	32	135
1928	168	1,415	98	494
1929	206	1,271	106	443
1930	252	2,661	140	690
1931	180	1,708	99	651
1932	254	4,381	159	1,011
1933	205	2,007	115	539
1934	145	2,065	84	518
1935	135	1,478	76	437
총계	1,638	17,621	936	5,075
일본인(위 계수에 미포함)	21	89	18	33
중국인(위 계수에 미포함)	–	3	–	–

자료: 『思想彙報』, 8호, 58~60쪽.

이곳에서는 역사적으로 정부 당국에 골치 아픈 문제가 계속 발생해왔다. 일본 당국자들은 함경도 사람은 성질이 '거칠며 다루기 힘들고', 극단적으로 민족주의적이며, 당국에 반항적이라고 불평했다. 사실상 생활조건이 어렵고 절박하며, 중앙정부라는 먼 소문에 불과한 이 지역은 전투적인 하위 정치문화political subculture를 배양해왔다.

1935~1936년 좀더 큰 규모의 사건이 다시 발생했다. 다시 한번 모스크바 공산대학 유학생인 프로핀테른 공작원 현춘봉玄春逢[101] 같은 '외부 선동가'가 개입되었다. 그러나 일본 당국자를 놀라게 한 것은 무엇보다도 적색농민운동

---

[101] 현춘봉의 활동과 생애는 같은 책, 제7호를 참조하라(현칠종玄七鍾으로 더 잘 알려진 현춘봉에 대해서는 제7장에서 다시 살펴보게 될 것이다―옮긴이).

이 쉽게 발전할 수 있었다는 사실과 지도자들이 제거된 이후에도 운동이 계속 될 수 있을 정도로 역량이 성숙했다는 점이다. 일본 당국자들은 대단히 강하 고 잘 짜인 조직체계와 대결해야 했다. 11세에 불과한 소년이 경찰서의 동정 을 살피기도 했고, 총독부가 만들어놓은 경방단警防團 내부에도 공산주의자 들의 정보원이 잠입해 있었으며, 농민들은 대규모 지하 저장소나 동굴에 식량 을 비축해놓았다. 간단히 말해 농민들은 새로운 정치운동을 위해 모든 전통 적인 경험과 지식을 동원한 것이다.

1935~1936년에 걸친 불과 6개월 동안 함경도 지역에서만 1,043명이 적 색농민운동과 관련해 검거되었고, 1937년에는 228명이 추가로 검거되었다. 적색농민운동의 진전에 심각한 위기감을 느낀 일본은 1936년 말 함경도 지역 의 이 같은 추세를 근절하기 위해 일련의 특별대책을 세웠다. '사상정화'思想 淨化를 위한 특별위원회를 설치한 일본은 전향한 공산주의자들에게는 죄를 묻지 않을 것을 약속하면서 이들을 위한 특별계획을 수립했다. 이와 아울러 수많은 청년을 사상교화의 목적으로 경방단 등 '자체 방위' 조직에 가입시키 고 교양강좌를 개설했다. 1936년 12월부터 1937년 3월까지 이 지역에서만 도 약 600회의 강연회가 개최되어 5만여 명의 한국인이 동원되었다. 이런 계 획은 비슷한 문제에 직면한 적이 있던 만주에서도 실행되어 큰 성공을 거둔 적이 있다.

일본은 대체로 자신들이 거둔 성과에 만족해했다. 1937년 중일전쟁이 발 발했을 당시 한국 공산주의운동은 또다시 퇴조기에 접어들었다. 거의 모든 지도적 공산주의자는 투옥되거나, 망명하거나 침묵을 지켰다. 실로 한국은 코민테른 제7회 대회 이후의 주요 변화가 별다른 영향을 끼치지 못한 몇 안 되 는 나라들 중 하나였다. 부르주아지와 연합해 반파쇼 인민전선을 결성하라는 새로운 요구는 한국에서는 아무런 의미를 갖지 못했다. 이강국李康國, 이주하 등 검거를 모면한 소수의 공산주의자는 1935년 코민테른의 새로운 테제를 국 내에 유포한 듯하다. 적어도 1937년에 새 테제의 한글 번역본이 나타났다.[102]

이주하는 원산 지역에서 적색노동조합을 부활시키기 위해 노력했다. 또 다른 사태발전도 주목할 만하다. 미야케 교수 사건의 핵심 인물인 이재유의 친구 이관술李觀述은 1937년 자기 누이동생(이순금李順今─옮긴이)과 함께 콤그룹을 조직했다. 콤그룹의 조직책인 김삼룡金三龍이나 출옥한 후 콤그룹의 지도자가 된 박헌영 등 이 조직의 인물들은 훗날 공산주의운동에서 뚜렷한 자취를 남기게 된다. 이 콤그룹은 화요회파, ML파, 상해파 등 과거의 거의 모든 파벌에서 정예분자를 흡수했다.[103] 그러나 이 운동 역시 일본 경찰의 탄압에 쓰러지고 말았다. 1940년 12월 서울에서 일련의 검거가 단행되었고, 남은 지도자들은 1941년 6월 함경도에서 검거되었다. 같은 해 10~12월, 마침내 모든 활동은 종식되었다. 제2차 세계대전이 다가올 무렵 일본 당국이 관심을 보인 유일한 항일 활동은 만주 접경지대의 무장 '적색 유격대'의 공격이었다. 일본의 관헌 자료에 김일성이 처음으로 두각을 나타내는 1937년의 혜산진惠山鎭 사건을 어느 일본인 검사는 반도半島 전체를 놀라게 했다고 기술했다. 그러므로 우리는 소위 공비共匪들, 특히 훗날 권력을 잡게 되는 한 청년에 대해 좀더 자세히 살펴보아야 할 것이다.

6. 김일성의 등장

북한의 경우 1960년대와 1970년대는 개인숭배가 극단적으로 행해진 스탈린주의 시대였다. 따라서 우리가 북한 측의 자료에만 전적으로 의존한다면 김

---

102 자세한 것은 같은 책, 제14호, 48~49쪽을 참조하라.
103 1937년 공산주의 활동관계로 체포된 사람은 모두 228명이다.
　　자세한 것은 다음 책을 참조하라. 한재덕, 『한국의 공산주의와 북한의 역사』, 『공산주의 이론과 현실 비판전서』, 제5권, 서울, 1955(1965년의 착오─옮긴이), 79~81쪽; 홍태식洪泰植, 『한국 공산주의운동 연구와 비판』, 서울, 1969, 446~447쪽.

일성의 과거에서 사실과 환상을 분리해낼 수 없다. 일본이 남긴 자료는 방대한 분량에 비해 1937년 이전 김일성의 행적에 관해 직접 언급하고 있는 부분은 얼마 되지 않는데, 다행히도 몇몇 중요한 사항에 관해 아주 유용한 도움을 준다. 일본의 관헌 자료에 처음 보이는 김일성에 관한 극히 소략한(그리고 부정확한) 정보는 다음과 같다.

김일성……본적: 조선, 출신별: 농부, 성격: 불상不詳, 학력 ·경력·기타: 농업을 경영하다가 공비의 선전에 의해 비화匪化함, 가족 상황 :불상, 연령: 30[104]

1938년에 작성된 이 보고서는 김일성의 나이와 직업이 모두 잘못된 것으로 별다른 도움이 되지 않는다. 이후 일본은 김일성에 대해 좀더 많은 정보를 수집하게 되지만 그들이 모든 '중요' 공산주의자나 그다지 중요하지 않은 수많은 공산주의자에 대해 파악하고 있던 정도로 상세한 정보를 얻을 수는 없었다. 왜일까? 첫째, 김일성은 한 번도 체포되지 않았기 때문에 집중적인 취조를 통해 많은 자료를 제공하는 유형에 속하지 않았다. 그러나 그의 가까운 동료들은 일본 경찰에 다수 검거되었으며, 적어도 그들의 일부는 김일성에 관해 자신들이 알고 있는 것을 진술했다.

처음에 김일성을 그다지 주시하지 않은 일본은 그에 대한 파악을 소홀히 했다. 그러나 1937년부터 한국과 일본의 언론이 만주 접경지대에서 벌어진 일련의 사건들을 '김일성비'金日成匪의 활동으로 보도하면서 그는 주목을 받기 시작했다. 김일성은 일본 당국에는 알려지지 않은 인물이었기 때문에 그가 하지 않은 활동까지 김일성이 한 것으로 알려지는 등 그의 활동은 크게 과장되었다. 일본 당국은 1940년 2월 양징위楊靖宇가 사망한 이후 김일성을 만

---

104 오카모토 고이치岡本吾市 검사, 「滿洲に於ける中國共產黨と共產匪」, 『思想情勢視察報告集』, 4호, 사법성 형사국, 『思想研究資料特輯』, 41호, 1938.

주 오지의 가장 중요한 유격대 지도자로 간주했는지도 모른다. 하지만 김일성이 곧이어 시베리아로 후퇴하자 일본은 문제가 종식된 것으로 생각했다. 또한 일본 당국자들이 김일성을 과연 정치전선의 김원봉과 안광천, 김단야, 김상선, 이상목(이상묵李相默의 착오로 보인다 — 옮긴이) 등이나 중국-만주 군사전선의 무정, 주진 등 중요 '급진위험분자'와 동격으로 생각했는지도 확실하지 않다. 1937년을 전후해 이들의 전부는 아니지만 상당수가 사망, 투옥 또는 전향했다. 반면 김일성은 소수의 경쟁자 — 실질적이든 잠재적이든 — 와 함께 '살아남았다'. 모든 혼란스러운 혁명적 시기에는 이 사실만이 중요한 의미를 지닌다. 하여튼 1945년 이전에 이 젊은이가 실질적으로 수행한 역할은 과연 무엇인가?

우리는 지금 김일성의 유년시절에 대해 많은 것을 알고 있다.[105] 그는 1912년

---

105 1945년 이후 북한에서는 당국의 주관으로 김일성의 공식 전기가 여러 차례 간행되었다. 가장 앞서 간행된 것 중 하나가 다음 책이다. 조선노동당 중앙위원회 선전선동부 편, 『김일성 장군의 약전』, 평양, 1952(일본어판, 學友書房, 도쿄, 1954). 해방 직후 한재덕이 김일성을 찬양하는 글을 썼지만, 일반적으로 김일성의 최초 공식 전기(한설야의 책보다 시기가 빠른 김일성의 전기로는 다음 두 가지가더 있다. 석단石單, 『金日成將軍鬪爭史』, 서울, 전진사前進社, 1946년 1월, 33쪽; 북조선예술연맹, 『우리의 태양 — 해방 1주년 기념 김일성 장군 찬양특집』, 평양, 1946. 앞의 석단이 쓴 책은 그간의 김일성에 관한 연구에서는 전혀 언급되지 않은 것으로 목록상으로만 확인된다(『出版大鑑』, 出版文化, 7호, 1949, 26쪽; 해방 4년간의 출판 서적 목록) — 옮긴이)의 저자는 한설야로 알려져 있으며(한설야, 『김일성 장군』, 평양, 1946), 이 책은 김일성의 50회 생일에 영역되었다(Han Sul Ya, Hero General Kim Il Sung, Tokyo, 1962). 따라서 한설야의 숙청은 김일성과 그의 정권에 적지 않은 충격을 주었고, 지금까지 출간된 전기들 가운데 가장 자세한 책(백봉白峰, 『민족民族의 태양太陽 김일성金日成 장군將軍』, 평양, 1968)을 출간하기 위한 준비 작업에 박차를 가했음이 틀림없다. 세 권으로 된 이 책의 영역판은 『뉴욕타임스』New York Times를 비롯한 세계 주요 신문에 전면광고를싣는 등 요란한 팡파르를 울리며 출판되었다(백봉, Kim Il Sung: Biography, Tokyo, 1969~1970). (본 번역에서의 인용문과 페이지 수는 두 권으로 된 한국어판에서 따온 것이다 — 옮긴이). 김일성의 경력에 관한 광범위한 자료는 북한에서 간행된 좀더 일반적인 서적 가운데서도 찾아볼 수 있다. 그중 중요한 몇 가지를 열거하면 다음과 같다.
조선역사편찬위원회, 『조선민족해방투쟁사』(일본어판; 교토, 1952).
이나영, 『조선민족해방투쟁사』, 평양, 1958(일본어판; 도쿄, 1960).
조선민주주의인민공화국 과학원 력사연구소, 『조선통사』朝鮮通史, 평양, 1958, 전3권(일본어판, 學友書房, 도쿄, 1959, 전3권, 이하 『조선통사』로 줄임).

4월 15일 김성주金成柱라는 이름으로 평양 근교의 외가(현재 평양시 만경대구
칠골동)에서 태어났다. 공식 전기에는 '빈농 출신'으로 되어 있지만, 그의 가
족들이 때로 심각한 경제적 곤란을 겪었다고 해도 이들은 '중하류계층'이라고
보는 것이 더 타당하다. 김일성의 아버지 김형직金亨稷은 큰 농가 출신이고,
어머니 강반석康盤石은 향리 칠골漆谷에 창덕학교彰德學校를 세운 강돈욱康敦
煜의 둘째딸이었다.

김형직의 가족이 처해 있던 정확한 경제적 처지는 알려져 있지 않다. 이기
건李奇建에 따르면 한때 소학교 교원이었던 김일성의 아버지는 만주 압록강변
의 바다오거우八道溝에서 조그만 한약방을 운영했다고 한다.[106] 따라서 김일
성이 행동주의에 경도된 것은 경제적 이유가 아니라 정치적 이유 때문이었음
이 틀림없다. 그의 가족은 강한 반일민족주의적 성향을 지니고 있었다. 이 시
기의 다른 수많은 사람처럼 김형직도 1917~1919년 민족운동에 가담했고,
그 결과 잠시 철창 신세를 지기도 했다. 김형직이 출옥한 후 그의 가족은 만주
로 이주했고, 김일성은 바다오거우에서 보통학교를 다녔다. 그러나 그 후 김
일성은 혼자 귀국해 외조부가 세운 창덕학교에 입학했다. 한편 1924년 다시
국내로 돌아온 그의 아버지는 어떤 정치적 사건에 연루되어 가족과 함께 만주
로 완전히 이주했으나, 김일성의 양친은 모두 많지 않은 나이에 세상을 떠났
다.[107] 1927~1929년 지린의 위원毓文중학교를 다닌 김일성은 중도에 학업을

---

106 이정식과 이기건과의 인터뷰, 1969년 10월 7일, 서울.
107 김일성의 아버지는 1926년 6월 5일, 32세를 일기로 세상을 떠났다. 뒷날 북한의 공식 자료들은 그
    의 죽음이 일본의 고문과 '긴 세월을 휴식 없이 투쟁에 몸 바친 결과' 심신이 허약해진 탓이라고 주장
    했다. 김일성의 어머니는 40세 되던 1932년에 세상을 떠났는데, 김일성은 불과 20세에 양친을 모두
    잃었다. 오늘날 북한 측의 찬사에도 불구하고 김일성의 부모가 민족운동에 얼마나 관여했는지는 확
    실하지 않다. 사실 김일성의 아버지와 어머니는 조선노동당朝鮮勞動黨이 1960년대 말 이들을 항일
    민족운동의 영웅으로 갑자기 치켜세울 때까지 거의 주목받지 못했다.
    대표적인 예가 1968년 6월 13일자 P'yŏngyang Times에 실린 「김형직 선생은 불굴의 항일혁명투
    사다」Mr. Kim Hyŏng-jik is Indomitable Anti-Japanese Revolutionary Fighter다. 이 기사에
    따르면 기독교계의 숭실중학교崇實中學校에 다니던 김일성의 아버지는 "일본 제국주의와 동맹을

중단했다. 공식 전기에 따르면 그는 중학교에 입학하기 전에 벌써 사회주의 서적을 읽기 시작했고, 불과 15세이던 1927년 지린공산청년동맹吉林共產青年同盟(백봉의 전기에는 조선인지린소년회朝鮮人吉林少年會로 나와 있다―옮긴이)을 조직한 것으로 되어 있다. 2년 뒤 그는 중국 관헌에 검거되어 잠시 복역한 후 1930년 출옥했다.[108] 이것이 김일성의 생애 중 유일한 투옥 경험으로 보이는

맺고 '사랑'이란 미명하에 학생들의 노동을 착취하는 악독한 미국 선교사들"에 항거해 동맹휴학을 주도했다. 미국인에 대한 반항과 학자난―그들은 이 사실을 인정했다―으로 중도에 학업을 그만둔 그는 순화학교順和學校와 명신학교明新學校에서 잠시 교편을 잡기도 했지만 곧 '직업혁명가'가 되었다. 일설에 따르면 1917년 3월 23일 조선국민회朝鮮國民會를 조직한 김형직은 그해 가을 수백 명의 애국지사와 함께 투옥되었다고 한다. 석방된 후 김형직은 자신의 활동무대를 떠나 "항일애국을 위해 조선 인민을 규합하여" 압록강 국경지대로 향했다. 이 설명에 따르면 김형직이 보통학교 교사나 한의사 외에 농업이나 다른 직업을 갖지 않은 것으로 되어 있다. 따라서 그는 한국을 비롯한 각국의 공산주의운동사에서 쉽게 발견할 수 있는 소지식인 범주에 속한다고 하겠다. 비록 김형직이 자신의 활동 때문에 잠깐이나마 투옥이라는 대가를 치른 민족운동가란 것이 사실이라고 해도 그가 수행한 정치적 역할은 매우 과장되었을 것이다.
김일성의 어머니 강반석에 대해 오늘날 북한 공산주의자들이 주장하는 바도 지극히 과장되어 있다. 이들에 따르면 강반석은 한때 자신의 아들에게 몰래 권총을 가져다주었다고 한다. 우리가 확인한 바로 김일성의 외삼촌인 강진석康晉錫은 항일 활동을 벌이다가 13년간 투옥된 끝에 옥중에서 사망했다. 아마도 그는 김일성의 친척들 가운데 정치 활동에 가장 깊이 관여한 인물일 것이다. 김일성의 할아버지조차 "자녀를 진실된 항일투사와 정력적 교육가로 키운 선구자로 조국의 독립을 위해 싸운 열렬한 애국자"라는 찬사를 받고 있다.
김일성의 가계에 관한 북한 측의 공식 자료는 다음과 같다. 남효재, 『조선의 어머니』, 평양, 1968; 조선노동당 중앙위원회 직속 당 역사연구소, 『불굴의 반일혁명투사 김형직 선생』, 도쿄, 1969; 송승칠, 『조선 인민의 위대한 수령 김일성 동지의 혁명적 가정』, 평양, 1969; 백봉, 앞의 책, 1권, 10~23쪽.
108 김일성의 마지막 공식 전기에 따르면 '장군'은 화뎬에 있는 아버지의 친구집에서 처음으로 사회주의 출판을 접하게 되었다. 새로운 지식에 눈뜬 김일성은 비합법적인 'ㅌ·ㄷ'(타도제국주의연맹打倒帝國主義同盟―옮긴이)을 조직했다. 그러나 "뜻을 이루려면 무엇보다도 맑스-레닌주의 선진사상을 연구하고 조직의 세력을 크게 펴야 한다"고 생각한 15세의 김일성은 화뎬을 떠나 지린으로 갔다(48~49쪽, 실상 그가 지린으로 간 것은 중학교에 입학하기 위해서였다).
김일성의 초기 정치 활동에 대한 흥미로운 설명으로는 1945년 12월 서울에서 간행된 어설픈 저작이 있다. 이 책의 저자에 따르면 화요회파의 김찬, 서울파의 신일용辛日鎔, 상해파의 구자영(인용문 원본의 저자가 윤자영尹滋英을 잘못 서술―옮긴이) 등이 사회주의 연합전선을 만들고자 노력할 때 혁명적 정열에 불타는 김일성은 지린의 "소년운동 지도자" 중 한 사람이었다는 것이다. 이런 노력을 보고 자극을 받은 김일성은 중학교를 중퇴하고, 새로운 사회건설에 관심을 가진 젊은이들과 접촉하면서 정치 활동을 벌이기 시작했다고 한다. "좌·우익의 소아병적 경향을 배제"한 김일성은 'ㅌ·ㄷ'

데, 그는 일본 경찰에 한 번도 체포되지 않은 몇 안 되는 한국 공산주의자들 중한 명이었다. 출옥한 후 김일성은 창춘長春에서 약 40킬로미터 떨어져 있고 공산주의 활동의 역사가 깊은 한인 부락인 구자툰城家屯에 자리 잡았다. 여기서 김일성과 그의 동료들은 청년과 부녀자, 농민층에 공산주의 전위단체를 조직하고 이를 강화하는 데 힘썼다고 한다. 공식 전기에 따르면 김일성과 그의 동료들은 잡지『볼쉐비크』를 발행하면서 정치·군사교육을 실시하는 학교를

을 조직하고 건설동지사建設同志社 조직에 참여했다.

그러나 이 설명에 따르면 김일성은 정치 활동에 참여했음에도 학업을 계속하기를 강력히 원했던 것 같다. 그 결과 김일성은 "잡다한 사회의 임무를 동지들에게 맡기고" 모스크바 동방노력자공산대학에 입학할 준비를 했다. 그러나 김일성이 하얼빈에서 학자금과 입학 수속을 준비하고 있을 때 "일이 지우一二知友의 탈선적 행동으로 지향指向에 차질"이 생겨 그는 계획을 포기하고 중국인 동지 장야 칭張亞靑과 함께 제2의 고향인 푸쑹撫松으로 돌아왔다.

이상의 서술 내용은 다음 자료를 참조한 것이다. 최형우崔衡宇,『조선혁명운동소사』朝鮮革命運動小史, 제1집, 서울, 1945. 이 책의 28~31쪽에는 김일성에 관한 내용이 실려 있다. 이 책의 저자는 김일성에게 큰 찬사를 보내고 있지만, 이와 동시에 여러 '우익' 민족주의자에게도 찬사를 아끼지 않고 있다. 우리는 이 저자가 김일성에 관해 설명한 부분의 정확성을 판단할 수는 없지만, 1945년 이전의 민족주의운동에 대한 저자의 전반적인 지식은 대체로 정확할 것이다. 게다가 백봉의 전기 제1권 58쪽과 86쪽에는 이 소책자의 사진이 실려 있고, 57쪽과 87쪽에 이 책을 직접 인용하기까지 했다는 것은 매우 흥미로운 일이다.

오늘날의 전기작가들은 위원중학교의 '선진적' 교사들과 그가 접할 수 있었던 좌익 서적들로부터 마르크스-레닌주의에 대한 김일성의 지식이 급속히 증대되었고, 이 무렵『자본론』까지 독파했다고 말한다(『자본론』을 불과 15세에 읽었다고 주장하는 것이 흥미롭다).

알려진 바에 따르면 김일성은 1926년 겨울 푸쑹에서 새날소년동맹을 조직했다. 지린에 도착한 직후인 1927년 봄 김일성은 조선인지린소년회朝鮮人吉林少年會를 조직했고, 같은 해 여름에는 민족주의 쪽에서 이미 공산주의 쪽으로 기울어진 조선인유길학우회朝鮮人留吉學友會를 지도했다고 한다. 한편 화뎬에서 온 옛 친구들과 합류한 김일성은 타도제국주의동맹(ㅌ·ㄷ)을 '반제청년동맹'反帝靑年同盟으로 개편했다. 이 '비밀결사'는 주로 여러 한인 학교에 반일애국사상을 전파했다고 한다(북한에서는 이 단체의 창립을 근대사와 현대사를 나누는 시대 구분의 분기점으로 삼고 있다.『조선전사』, 제16권—옮긴이).

이상의 단체들은 통일전선정책에 따라 김일성이 1927년 여름 지린에서 조직한 것으로 알려진 공산주의청년동맹共產主義靑年同盟 산하에 결집했다. 그러나 그 당시 젊은 김일성의 동료, 정치적 성향, 상급자 등에 대해서는 아무런 설명이 없다. 상세한 것은 다음 자료를 참조하라. 백봉, 앞의 책, 제1권, 48~63쪽; 소금이So Gum I, 「우리나라 공산청년운동의 역사적 전환에 대하여」Historic Turn in Development of Communist Youth Movement in Our Country, *P'yŏngyang Times*, 1972년 2월 2일자, 2면.

설립했다. 이곳을 중심으로 이들은 1930년 8월 무장소조武裝小組를 파견해 함경남도 풍산군豊山郡의 한 경찰주재소를 습격했다. 그러나 아무런 성과를 거두지 못한 채 무장단의 지도자는 체포되어 15년형을 선고받았다.*

1931년 초반에 김일성은 유격대원을 이끌고 둔화현으로 갔다. 한설야에 따르면 이때 김일성은 동만공신청년동맹 책임비서로 있었다고 한다. 또한 한 설야는 김일성이 같은 해 10월 공산당에 입당했다고 기술하고 있다.[109] 그러나 19세의 한인 청년이 극히 중요한 동만 지역의 공산청년동맹 책임비서가 되기는 힘들었을 것이며, 한설야 이후 공식 전기를 집필한 백봉은 김일성이 이 직위를 차지했다는 것에 대해서는 언급하지 않았다. 또한 백봉은 김일성이 1931년 10월 공산당에 입당했다는 데 대해서도 아무 언급도 하지 않았다.

여기서는 당시 재만 한인 공산주의운동이 처했던 일반적인 상황으로 눈을 돌리는 게 좀더 현명할 것이다. 김일성이 처음 공산주의운동에 발을 들여놓은 1926년 당시 재만 한인 공산주의운동은 대체로 화요회파가 장악하고 있었다. 그러나 1930년 중반 만주의 모든 한인 공산주의 조직은 자진 해산했고, 운동의 주도권은 중국공산당으로 넘어갔다. 따라서 젊은 김일성은 중국공산당에 입당해 중국 공산주의자들의 지시를 받아야 했을 것이다. 공식 전기에서 김일성이 1931년 공산당에 입당한 사실을 빼버린 것은 김일성과 중국공산당과의 초기 관계를 완전히 삭제해버리기 위한 것이라고밖에 설명할 수가 없다. 이 목적은 말할 것도 없이 김일성을 외국 공산당에서 처음 성장한 인물이 아니라 순수한 한국인의 영웅으로 만들기 위한 것이었다. 1968년판 김일성의 전기 제1권을 통독한 사람들은 이 책이 만주의 공산주의운동을 상세히 다루고 있으면서도 중국공산당에 대해서는 단 한 번도 직접적인 언급을 하고 있

---

* 백봉에 따르면 이 지도자는 서대문형무소에서 복역 중 1935년 '애석'하게도 옥사했다고 하는데, 그는 다름 아닌 김일성의 작은삼촌 김형권이었다.

109 한설야, 앞의 책, 4쪽.

지 않다는 사실을 발견할 수 있을 것이다. 이는 전적으로 김일성이 독자적인 집단을 조직하고 지도했다는 인상을 부각시키기 위한 것이다. 또한 이 책은 김일성의 상급자나 김일성에게 지시를 내린 일련의 지휘체계도 전혀 다루지 않았다. 그 대신 앞으로 살펴보겠지만 다른 모든 공산주의 분자를 좌익 오류 (리리싼주의), 종파주의, '대국주의'大國主義 등 간접적으로 비난하는 내용으로 가득 차 있다.

김일성이 실제로 1931년 동만공산청년동맹의 책임비서를 지냈는지 대단히 의심스럽다. 물론 당시 동만의 공산주의자들 대부분은 한국인이었다. 이때는 수천 명의 노련한 공산주의자들이 체포되거나, 운동대오 내에서 숙청당하거나, 침묵을 지키거나 전향해버려 운동이 극도의 혼란에 빠진 시기였다. 따라서 공산당의 요직, 특히 공산청년동맹의 경우 책임비서와 같은 요직이 김일성 정도의 나이와 경험밖에 지니지 않은 인물에게 돌아갈 가능성도 있었다. 그러나 백봉이 이를 전혀 언급하지 않았다는 사실은 아마도 한설야의 기술이 부정확한 것이었거나, 북한 공산주의자들이 김일성과 당시 만주 공산주의자들의 활동을 밀접하게 연관 짓는 것은 현명한 일이 아니라고 판단했기 때문일 것이다.

1931년 9월 '만주사변'이 발발하자 공산주의자들은 어떤 식으로든 새로운 사태 진전에 대응해야 했다. 그해 11월 옌지현延吉縣 밍웨거우明月溝에서 무장 유격대 조직 문제를 토의하기 위해 열흘간 회의가 개최되었는데, 공산당에 입당한 지 불과 한 달밖에 안 된 19세의 김일성은 이 회의에서 안투현安圖縣의 다사허大沙河, 샤오사허小沙河 등에서 지하공작을 맡아보게 되었다고 한다. 이 회합이 있은 직후 잠시 가정사정으로 운동대오를 떠났던 김일성은 1932년 초반 지하 활동을 재개했다. 그러나 공식 전기는 김일성이 1932년 4월 25일 18명의 애국청년들과 함께 항일유격대 창건을 선포했다고 기술하고 있다.[110]

그 당시 김일성 주위에 모인 학생들이 주축이 된 젊은 유격대원들을 무엇

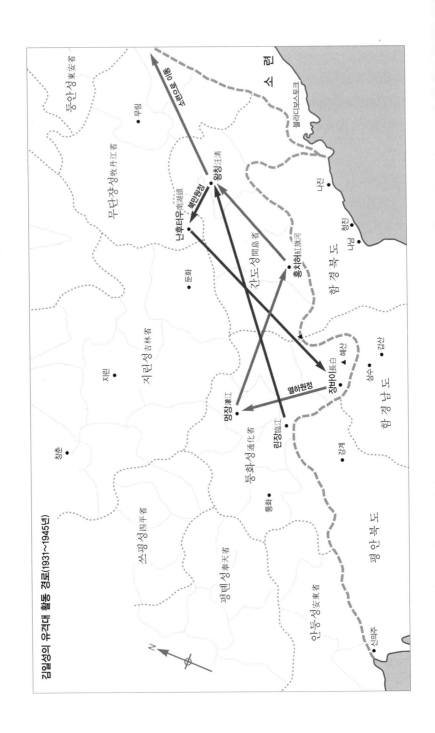

김일성의 유격대 활동 경로(1931~1945년)

소련으로 이동

소련

블라디보스토크

나진

청진

무림

둥안성東安省

무단장성牧丹江省

남흥洪旗河

북만원정

남후타우南湖頭

훈춘

왕청汪淸

간도성間島省

열하원정

함경북도

지린성吉林省

지린

멍장濛江

린장臨江

장베이長白

해산

삼수

둥화성通化省

둥화

갑산

함경남도

쓰핑성四平省

강계

펑톈성奉天省

안둥성安東省

평안남도

평안북도

신의주

N

이라고 불렀든 간에 김일성이 1932년 봄 안투현의 오지에서 유격대 활동을 시작했다고 보는 게 타당할 것이다. 비록 리리싼주의의 시대는 지났다고 해도 중국 공산주의자들의 노선은 소비에트구區의 건설, 토지몰수와 '빈농'에 대한 토지분배, 또는 '제국주의자'와 그들의 '주구'에 대한 무자비한 투쟁을 추구하는 등 '좌익' 노선을 따르고 있었음을 상기해야 한다. 아울러 1932년 가을 동만 지역의 한인 공산주의자들이 이 노선에 따라 옌지, 왕칭汪淸, 훈춘 등에 다섯 개의 소비에트 구역을 조직했음을 잊어서는 안 된다.

이들 소비에트 구역은 김일성이 활동을 시작한 안투현의 동북쪽에 자리 잡고 있었다. 안투에서 첫 활동을 시작할 당시 김일성은 중국 민족주의자들로 구성되어 때때로 일본과 투쟁하던(물론 공산주의자와도 투쟁하던) 중국 구국군救國軍 측의 지원 혹은 적어도 묵인을 받아야 했다. 더구나 이 단체는 일본에 협력하는 상당수의 재만 한인 때문에 반한反韓적인 성향을 지니고 있었다. 김일성은 3~4명의 동지를 데리고 이 부대의 사령관인 웨이魏(우이청, 즉 吳義成의 착오로 보인다 ─ 옮긴이)를 방문하는 데서 교섭을 시작했다고 한다. 예상대로 김일성은 교섭 도중 웨이의 '마음을 온통 흔들어놓았고' 웨이의 부대가 관할하는 지역에서는 공개적으로 활동할 수 있다는 허락을 받아냈다고 한다. 또한 김일성은 당시 남만주에서 활동하던 양세봉梁世奉(=양서봉梁瑞鳳)의 조선혁명군朝鮮革命軍과도 관계를 맺으려고 했으나 아무런 성과도 거두지 못했다. 1932년 9월 동만주 량장커우兩江口에서 열린 회의에서 여러 한인 유격대

---

110 당시에 대한 초기의 기록으로는 유격대원들의 회상기인 다음 책을 참조하라. 『항일무장투쟁 전적지를 찾아서』, 평양, 1960, 43쪽. 이 기록에 따르면 안투 무장유격대는 소위 "조선 인민이 안도(안투) 지역에서 최초로 조직한 혁명적 무장대"라는 것이다.
백봉은 1968년의 전기에서 이 사실을 아주 과장해서 서술했다. "김일성 장군이 창건하신 이 항일유격대는 실로 조선 인민이 역사상 처음으로 가지게 된 선진적 노동자, 농민, 애국청년들로 조직된 최초의 맑스-레닌주의적 혁명군대였다." 백봉, 앞의 책, 제1권, 100쪽.
이 인용문에 함축된 다른 설명들은 차치하고라도 19명의 청년이 군대를 조직했다는 사실은 믿기 어렵다. 앞으로 살펴보겠지만 이 전기가 나오기 전에 북한의 역사가들은 이보다 2년 후인 1934년 3월 김일성이 '조선인민혁명군'을 조직한 사실을 강조했다.

지도자들은 "구국군救國軍과 공동투쟁을 진행할 것인가, 아니면 유격대가 단독으로 활동할 것인가" 하는 문제를 놓고 토론을 벌였다. 이때 회의에 참석한 김일성은 공동 투쟁을 해야 한다고 강력히 주장했다고 했는데, 그 이유는 아마도 중국 구국군이 한인 유격대에 비해 인원수나 무기 면에서나 훨씬 우세했기 때문일 것이다. 그동안 일본의 압력이 가중되어 1932년 12월 김일성의 유격대는 험준한 둥닝현東寧縣 라오헤이산老黑山으로 퇴각해야 했다. 이들이 목적지에 도착한 한겨울, 유격대원의 숫자는 김일성이 처음 유격대를 조직할 당시의 18명으로 줄어들었다. 1933년 1월 유격대는 라오헤이산을 떠나 '반일유격군'이라는 깃발을 들고 왕칭현 야오잉거우腰營溝로 향했다.[111]

야오잉거우에서 김일성의 유격대는 또 다른 한인 유격대와 합세했다. 통합된 유격대의 무장대원 수는 90명이었으며, 이외에 약간의 비무장대원도 있었다. 이제 왕칭현 유격대는 본래의 지도자인 양성룡梁成龍을 대장으로, 김일성을 정치위원으로 하여 독립 부대로 성립했다(이 사실은 김일성을 유일한 지도자로 그리려는 백봉의 전기에는 언급되어 있지 않다).

김일성은 전 시기를 통해 군사 활동과 밀접히 연결되어 있기는 하지만 그가 처음부터 정치적 임무를 맡았다는 사실은 매우 중요한 의미를 갖는다. 공청에서 그의 지위나 이후 정치위원으로서의 역할이 갖는 의미는 대단히 큰 것이었다. 스탈린이나 마오쩌둥처럼 김일성 역시 공산당이 학습단체로서의 성격을 불식하고 권력의 고삐를 잡아나가던 시기에 정치와 군사, 소지식인적 성격과 실천가적 성격을 아울러 지닌 채 시대적 요구에 부응해갈 수 있었던 것이다.[112]

1933년 봄 일본은 동만 산악 지역에 근거지를 둔 유격대에 대해 첫 번째 대규모 공격을 단행했다. 이와 함께 일본은 일체의 반일세력, 즉 공산주의자

---

111 위의 책, 108~110쪽.
112 제1세대 한국 공산주의 엘리트에 대한 더욱 자세한 평가는 이 책의 9장을 보라.

와 비공산주의자 모두를 이 지역의 주민과 촌락에서 분리시키기 위한 광범위한 정치공작을 전개했다. 북한의 공식 역사가들은 이 시기 김일성의 정치적·군사적 역량을 과장하기 위해 한 에피소드를 언급하고 있다. 이것이 바로 1933년 9월 소비에트 국경지대의 유서 깊은 성곽도시 둥닝에 대한 유격대의 습격이다.

북한 공식 사가史家들의 설명에 따르면 이는 한인 항일유격대와 중국 구국군이 처음으로 대규모 공동 작전을 감행한 중요한 의의를 지녔다고 한다. 불과 21세의 '김일성 동지'는 왕칭현 3단(연대)의 3개 중대, 훈춘현 4단(연대)의 3개 중대를 우이청이 이끄는 1,000여 명의 중국인 부대와 협동하면서 지휘한 것으로 되어 있다. 북한 측의 자료에 따르면 둥닝 사건에서 중국인들은 단지 부차적인 역할만 했을 뿐 습격은 기본적으로 김일성의 주도하에 이루어졌다는 것이다. 북한 측의 여러 공식 자료에서는 한인 유격대 병사들이 중상을 입은 중국인 부대장(여장旅長) 스중헝史忠恒을 구출했고, 이로써 그와 그의 부대는 김일성의 '유격대에 합류했다'고 기술하고 있다.[113]

---

113 여러 기록 중에서 최현崔賢의 「잊을 수 없는 첫상봉」(조선로동당 중앙위원회 직속 당력사연구소 편, 『항일 빨치산 참가자들의 회상기』, 일본어판, 도쿄, 1961, 1권, 1~18쪽)은 그 당시 상황을 잘 설명해준다. 또한 다음 자료도 참조할 만하다. 한설야, 앞의 책, 12~13쪽.

그러나 다시 한번 둥닝전투와 그에 따른 일련의 전투에 대한 최초의 공식 해설을 살펴보기 위해 백봉의 전기를 보자. 백봉은 일본의 복합적인 정치·군사공작은 중국 구국군과 유격대 사이의 대립과 반목을 조장하는 등 심각한 결과를 초래했다고 인정했다. 누가 과연 이 문제를 해결할 수 있을 것인가? "이 어려운 사업을 감당·수행할 능숙한 수완과 지략과 정치사상적 준비를 갖추신 분은 오직 김일성 장군뿐이었다."(113쪽) 게다가 민족주의자들과의 협동을 추구하는 과업은 공산 진영 내부의 '좌익 오류'로 말미암아 혼란을 빚고 있었다. 그러나 김일성은 50명의 부하만을 이끌고 1933년 6월 우이청을 찾아갔다. 김일성은 다시 한번 '거만한 중국인 장군'을 감격시켰고, 일본에 대한 공동 전선을 편다는 합의가 이루어졌다.

백봉에 따르면 "장군(김일성)은 반일공동전선의 위력을 시위하여 구국군들에게 항일유격대의 용감성과 대담성을 보여주고 승리의 신심信心을 안겨" 주기 위해 둥닝을 공격하기로 결정했다. "장군의 총지휘하에" 1,600여 명이 참가한 이 전투에서 사기가 떨어진 중국 구국군 병사들의 일부가 도망친 반면 김일성의 유격대는 용감히 싸워 승리를 얻어냈다는 것이다. 중국인, 특히 구국군을 비하하는 어조는 초기 저작보다 백봉의 전기에서 더욱 두드러지게 나타난다.

이 사건에서 김일성의 역할은 매우 과장되었음이 틀림없다. 물론 북한 측이 둥닝 사건을 강조하는 데는 그만한 이유가 있다. 이 사건은 김일성이 아주 젊은 시절부터 군사적·정치적 역량을 과시했다는 '증거'일 뿐 아니라 중국인과 한국인 간의 협동에 쐐기를 박으려는 일본의 시도를 좌절시킨 김일성의 능력을 '과시'함으로써 그의 순수한 공산주의적·초민족적 기원을 '증명'해준다. 김일성의 경력을 찬미하는 노래에서 북한 공산주의 작가들은 두 가지 기본적인 곡조를 구사하고 있다. 이는 첫째 마르크스-레닌주의의 본질을 완전히 파악한 그들의 지도자가 군사적·정치적 분야에서 탁월한 능력을 과시했고, 둘째 그가 부단히 민족해방과 기타 여러 가지 민족적 문제에 몰두함으로써 깊은 애국심과 조국에 대한 헌신을 발휘했다는 것이다. 이처럼 김일성을 찬미하는 노래에서는 국제주의와 민족주의가 세심한 배려에 따라 균형을 이루고 있다. 둥닝사건은 국제주의를 부각시킨 것이고, 1935년 다황웨이大荒威 회의와 야오잉거우회의는 민족주의를 강조한 것이다. 그러나 이들 사건은 검토해볼 필요가 있다.

앞서 설명한 대로 1934~1935년 공산주의자들에 대한 일본의 군사적·정치적 압력은 급격히 증가했다. 1935년 초반 한인 공산주의자들은 동만주 지역의 소비에트 구역(=해방구)을 포기해야만 했다. 한인 유격대는 이제 동북인민혁명군 제2군의 중핵을 형성하기 위해 재편되었다. 해방구를 포기한 이후 제2군은 제1군이 주둔한 서만주 내지로 이동했다. 그러나 1935년 가을부터 겨울까지 일본은 대규모 공세를 감행했다. 그 결과 제2군은 막대한 타격을 입고 둘로 나뉘었다. 제2사는 저우바오중이 이끄는 제5군에 합류했고, 제1사는 제1군에 가담했다.

이런 사실은 여러 믿을 만한 자료를 통해 확인할 수 있다. 그러나 북한 공산주의 집단의 공식 역사가들은 이 시기의 실상이 어떠했다고 주장하고 있는가? 이들의 전형적인 설명은 다음과 같다.

1934년 3월에 (김일성 장군은) 동만반일인민유격대東滿反日人民遊擊隊를 핵심으로 동북 각지에서 활동하던 유격대를 통합하여 조선인민혁명군朝鮮人民革命軍을 창건하였다. 이와 같이 각 지구에서 활동하던 유격부대들의 조선인민혁명군으로의 통일은 조선 인민의 항일무장투쟁에 있어서 거대한 의의를 가지었다.[114]

처음 우리는 일본이나 중국 측의 기본 자료들이 이 시기와 관련해 김일성은 물론이고 조선인민혁명군에 대해 전혀 언급하고 있지 않다는 사실을 이상하게 생각했다. 그러나 이 문제는 쉽게 풀린다. 김일성의 부하들 중 한 사람인 림춘추는 조선인민혁명군은 실상 '조선 인민만으로' 편성된 제2군을 의미한다고 밝히고 있다. 림춘추에 따르면 제2군이 국내에서 활동할 때는 조선인민혁명군으로 알려졌고, 국외에 있을 땐 제2군이었다는 것이다. 그러나 우리가 알고 있기로는 김일성은 동북인민혁명군 제2군을 조직한 적도, 지도한 적도 없다. 또한 제2군은 전적으로 한인으로만 편성되었던 것도 아니다.

제2군의 군장軍長은 왕더타이王德泰, 참모장은 류한싱劉漢興으로 모두 중국인이었다. 일본이 남긴 여러 자료를 통해 우리는 이 시기 제2군의 윤곽을 알 수 있다.[115] 제2군 안에 두 개의 '독립사'獨立師가 설치된 것은 1934년 봄의 일이었는데, 제1독립사는 1934년 3월 옌지현 싼다오웨이三道崴에서 약 15명의 한인과 중국인 공산주의 지도자들(아마 김일성도 참석했을 것이다)이 회합을 가진 직후 창설되었다. 사장師長에는 한국인 주진, 정치위원에는 왕더타이가 각각 선임되었는데 왕더타이는 주진의 뒤를 이어 사장이 되었다. 앞서 살펴봤듯 적의 첩자라는 누명을 쓴 주진이 일본에 투항해버린 것이다.[116] 같은 자

---

114 『조선통사』, 제2권, 320쪽; 이나영, 앞의 책, 354쪽.
115 『思想彙報』, 제3호, 1935년 1월, 135~136쪽; 『滿洲共産匪の硏究』.
116 위의 책, 166~168쪽.

료에 따르면 제2군 제2독립사는 왕칭현에서 활동하던 유격대를 주축으로 1934년 5월 30일에 발족했다. 이때 김일선金日善이 제2사 제2단第二團(연대) 정치위원에 선임되었는데, 그가 김일성과 동일인이라고 믿을 만한 근거가 있다.[117] 또한 제3단으로 기록된 중국인 허우궈중侯國忠은 훗날 일본의 기록에 종종 김일성과 함께 등장하는 허우侯라는 인물일 것이다.

22세의 젊은 김일성이 조선인민혁명군을 창설했다는 신화와 김일성이 전에 왕칭현 유격대에서 가졌던 직위와 유사한 동북인민혁명군 제2군 제2단 정치위원에 임명되었다는 사실 사이에는 상당한 차이가 있다.[118] 게다가 그가 향후 수년간 지휘관으로 있었던 부대는 100명 내외의 중대 병력 수준이었다.[119] 그러나 림춘추는 1936년 3월 김일성이 한국인뿐 아니라 중국인을 단장團長(연대장)으로 휘하에 거느린 제2군 제6사장이 되었다고 주장하고 있다. 이 말은 사실인 것으로 보인다. 이처럼 김일성은 1936년 아주 젊은 나이임에도

---

117 김일선과 김일성이라는 이름은 당시 일본 측의 기록에 여러 차례 나오는데, 그 서술방식으로 보아 동일인인 듯하다. 예를 들어『滿洲共産匪の硏究』에는 1934년 5월 30일 김일선이 제2군 제2독립사 제2단 정치위원으로 되어 있다(167쪽). 다른 자료인 간도 총영사의 보고서에는 김일성이 1935년 5~6월 100여 명의 부하를 이끌고 왕칭 지역에서 '공산비'로 활동하는 제2군 제2사 제1단 제3연장 連長으로 되어 있다(9,390쪽, 9,396쪽, 9,402쪽).
그러나 영사관 분관分館 측의 보고서에는 김일선이 이와 동일한 직함을 갖고 있으며 이들 두 이름은 옌지, 훈춘, 왕칭 현 등지에서 1935년 가을 제2사 제3연장으로 나타난다. 이상의 내용은 다음 자료를 참조하라.「昭和10年(~11年)間島沿邊地方治安狀況槪要」, AJMFA, SP205-5, R SP105.
물론 이들이 동일인이 아닐 가능성도 있지만, 김일성과 김일선을 동일인으로 보는 게 좀더 사실에 가까울 것이다.
118 위 사실과 상반된 기록으로 김일성의 전기작가 한설야의 주장을 살펴보자. "당시의 상황과 조건을 염두에 두고 장군은 일제 침략자에게 보다 강력한 타격을 가하기 위해 동만 지역의 유격대를 대규모 통일 부대로 조직했다. …… 1934년 3월 마침내 장군은 동만주 각 현에 주둔하고 있는 항일유격대를 핵심으로 조선인민혁명군을 결성하는 데 성공했다. 조선인민혁명군은 여러 개의 독립사로 구성된 강력한 대규모 부대였다."(앞의 책, 14~15쪽)
119 주 117의 간도 총영사의 보고서를 참조하라. 그해 7월 김일성은 왕칭현 탕수이허쯔塘水河子에서 약 40명의 대원을 거느린 제3연장(제2군 제2사 제1단)으로 보고되었다. 8월에는 김일성이 옌지현에서 100명의 부하를 거느리고 제2연장으로 있다는 보고가 있었다(같은 문서, 9,402쪽).
우연히도 이 기간 백봉은 김일성의 정치적·군사적 직위에 관해서는 아무런 설명도 하지 않고 있다.

비약적으로 승진했다. 그 이유는 무엇일까? 물론 우리는 이 시기에 발생한 일련의 숙청과정에서 주진을 비롯한 많은 사람이 제거되었다는 사실을 알고 있다. 일본의 검거로, 또는 공산주의자 내부의 투쟁으로 공석이 생겼을 때 여기서 살아남은 사람들에게는 급속한 승진의 기회가 주어졌다. 그러나 이외에도 또 다른 요인이 있을 수 있다. 림춘추는 1935년 김일성의 영향력이 우리가 앞서 자세히 살핀 반민생단투쟁反民生團鬪爭[120] 과정에서 '편협한 민족주의자들'(중국인 좌익 모험주의자들을 지칭한다 — 옮긴이)을 '명철하게 비판'한 이후 급성장했다고 기술하고 있다.

그 당시 공산주의자의 주도하에 실시된 공산주의자의 숙청과 심지어 처형은 재만 한인에게 그리고 중국인과 한국인 간의 관계에 지울 수 없는 상처를 남겼다. 림춘추는 동만특위의 책임자였던 심송도(김성도金成圖의 착오로 보인다 — 옮긴이)나 왕청현위원회 위원 송일宋— 등 중국공산당의 한인 당료들이 상당수의 한인 공산주의자들을 민생단원이나 반당분자로 몰았다고 공격했다. 림춘추는 김일성이 "종파분자들과 일부 기회주의자들에 의하여 반反민생단투쟁이 극좌적으로 진행됨에 따라 공산주의자들의 대오가 막대한 손실을 당"했다고 공공연히 비난했다고 말했다. 이런 일은 1935년 봄 왕청현에서 열린 두 차례의 중요한 회의에서 일어났다.[121]

첫 번째 회의는 1935년 이른 봄 다황웨이에서 열렸고, 두 번째 회의는 그해 3월(몇몇 자료는 5월로 기록)에 열렸다. 림춘추와 그 후의 북한 자료에 따르면 김일성은 이 두 차례의 회의에서 지도적 역할을 수행하면서 중요한 연설을 했다. 이 연설에서 그는 과거의 '그릇된 공격'에 대항해 '한인 공산주의자와 민족주의자들'을 옹호했다. 게다가 그는 모스크바 유학생 출신으로 이 지역의

---

120 민생단사건은 다음에서 자세히 다루고 있다. 림춘추, 앞의 책, 91~107쪽; 『滿洲共産匪の硏究』, 109~126쪽; 백봉, 앞의 책, 제1권, 156~169쪽.
121 림춘추, 앞의 책, 99~100쪽; 백봉, 앞의 책, 제1권, 169~174쪽.

중국공산당 만주성위원회의 최고지도자로 있던 웨이정민을 비롯한 지방 당 간부들이 '좌경적 오류'를 범했고, 상황을 '비과학적으로 분석'했다고 비난했다.[122] 북한 측의 자료에 따르면 이 두 차례의 회의에서 김일성은 만주 공산주의자들에게 새로운 지침을 제시했다. 김일성은 기동성 있는 대규모 유격투쟁을 전개하기 위해 영구적인 유격 근거지를 포기할 것을 주상한 것이다. 더 나아가서 그는 노동자와 농민을 주축으로 광범위한 반제연합전선 구축 등 정치활동에 착수해야 한다고 주장했다고 한다.

1950~1960년대의 북한 공산주의자들이 야오잉거우회의에 비상한 중요성을 부여했음은 의심할 여지가 없다. 림춘추는 "혁명 군중들은 김일성 동지의 연설을 열렬히 지지"했고, 그 결과 "조선 혁명운동에 있어서의 영도의 중심은 김일성 동지에게 완전히 집중" 되었다고 말했다.[123] 또 다른 북한 측의 자료는 야오잉거우회의가 "항일무장투쟁을 말살하려는 일제의 내외 협공작전을 파탄시키기 위한 적극적인 조치"인 동시에 "혁명역량을 보존하여 조선혁명의 새로운 앙양을 일으키기 위한 독창적인 창견"(백봉, 179쪽—옮긴이)을 보여준 것이라고 주장했다.

당시는 진정 위기 상황이었다. 여러 해 공산주의자들은 서로 반역행위를 했다고 비난하고 서로 숙청해왔다. 군사적 모험주의는 끊임없는 패배라는 대가를 치러야 했다. 수천 명이 대열을 이탈했고 사기는 땅에 떨어졌다. 현시점에서 돌이켜보건대 김일성이 수많은 장애물을 넘어 지도자로 부각된 것은 바로 이 시기로 거슬러 올라갈 것이다. 그러나 과연 그가 위에 나열한 기본적인 새 노선을 주장한 것으로 볼 수 있을까? 그렇지는 않다. 앞서 살펴본 대로 '좌익 모험주의'에 대한 공격은 그전부터 시작되었고, 코민테른 제7회 대회에서 채택된 테제에서 절정에 달했다. 이때 마오쩌둥을 비롯해 요직에 앉아 있던

---

122 림춘추, 앞의 책, 100~104쪽.
123 위의 책, 104쪽.

모든 중국 공산주의 지도자는 자신들이 심각한 과오를 범했음을 자인하면서 '좌익 모험주의'를 비판하고 있었다. 더구나 우리가 확인할 수 있는 자료들에 따르면 유격 근거지를 포기하라는 결정이 내려진 것은 1935년 1월이었다. 웨이정민의 이름으로 전달된 이 지령은 당시 중국 남부에서 벌어지고 있던 상황을 볼 때, 본래 공산당 본부에서 나온 것이라고 추측된다. 다른 자료에 따르면 국제공산당의 중국 대표인 왕밍王明과 캉성康生은 지둥吉東의 공산당 책임자(아마도 웨이정민일 것이다)에게 보낸 6월 3일자 서한에서 제2군은 "압도적으로 우세한 적군과의 시기상조의, 또는 혁명에 불리한 충돌을 피하라"고 지시했다.[124] 이런 결정은 1935년 '7월' 야오잉거우에서 열린 공산주의 지도자들의 회의에서 채택된 것으로 알려졌다.

야오잉거우회의를 비롯한 당시의 중요한 사건들이 일어난 정확한 날짜가 언제였는지 상관없이 오늘날 김일성의 업적으로 돌려지고 있는 정책들은 실상 만주 공산주의자들이 이미 코민테른과 중국공산당의 최고지도자들로부터 지시받았던 것임이 틀림없다. 물론 김일성이 야오잉거우회의에서 위에 말한 정책들을 제기하는 연설을 했을 뿐 아니라 국제 공산주의운동과 중국 공산주의운동의 노선 변화를 계기로 과거 지방무대에서 권력을 장악하고 있던 한인이나 중국인 지도자들을 공격했을 가능성은 충분하다(그러나 그가 당시 웨이정민을 공공연히 공격했는지는 매우 의심스럽다). 더구나 이런 공격을 감행함으로써 김일성이 상당한 추종 세력을 획득했을 수도 있다. 우리가 앞서 살펴본 것처럼 '좌경화'左傾化가 절정에 달했을 때 중국인의 한인에 대한 민족차별은 대단히 중요한 사건으로 부각되었다. 만약 김일성이 은연중에라도 한국인을 '한국인'으로서 보호하는 민족주의적 역할을 수행했다면 그의 정치적 입장은 강화되었을 것이고, 그 과정에서 과거의 한인 공산주의자들의 지도력을 파괴했을 것이다. 간단히 말해 김일성이 오늘날 자신의 업적으로 돌리고 있는 야오

---

124 이 서한의 일본어 번역은 『滿洲共産匪の硏究』, 부록 47~57쪽을 보라.

잉거우회의에서 채택된 정책을 수립하거나 주장하지 않았다고 해도 이것은 김일성이 이런 정책을 이용하고, 한국 민족주의자로서의 역할을 수행함으로써 중요한 개인적 소득을 올렸을 가능성을 부정하는 것은 아니라는 말이다. 게다가 공산주의운동이 뿌리 깊은 내분에 빠져 있을 당시 김일성은 비록 소규모라 하더라도 자신의 무장 부대를 보유하고 있었다.

김일성이 일본의 '공비' 문제에 관한 관헌 자료에 때때로 등장하기 시작한 것은 바로 이 시기부터였다. 제2군이 본래의 근거지를 버리고 제5군, 제1군과 합류하기 위해 북상한 1935년 7월에 김일성은 약 300명의 병력을 거느리고 왕칭현 뤄쯔거우羅子溝를 떠났다. 같은 달 김일성은 제5군 사령부가 있던 닝안현 산둥툰山東屯에 도착했다. 오늘날 북한 측의 자료들은 이 짧은 거리의 이동을 김일성의 북만원정北滿遠征이라 부르고 있다.

일본 측의 자료에 따르면 중국공산당 만주성위는 1935년 말 북만주 유격 부대를 재편성할 것을 지시했고, 1936년 4월 두 부대의 정치·군사 지도자들은 닝안현 다거우大溝의 회합에서 부대의 재편을 달성했다.[125] 새로운 유격대는 동선東線, 중선中線, 서선西線 지휘부로 구성되었으며 산하에 도합 14개의 단위 부대를 거느리게 되었다. 이 부대의 총병력은 일본이 전선에서 수집한 정보가 정확한 것이라면 2,000명을 넘지 않았다. 총지휘는 중국인 저우바오중이 맡았고, 총지휘부 정치위원에는 후런胡仁이 선임되었다. 김일성은 에무額穆에 주둔하는 100명가량의 유동대遊動隊를 지휘했다. 그러나 일본의 자료가 정확하다면 김일성은 차이스룽紫世榮이 지휘자로, 푸셴밍傅顯明이 부지휘자로 있던 중선 지휘부의 정치위원을 겸했다. 중선 부대는 김일성 부대 외에도 약 500명 규모의 3개(4개의 착오로 보인다—옮긴이) 부대를 더 보유하고 있었다. 비록 다른 두 명의 한국인이 소규모 부대—김화金和가 무링에 28인의 유동대, 박순일朴順一이 주둔지 미상 지역에서 30명의 유동대를 지휘했다[126]—

---

125 위의 책, 175~178쪽.

를 이끌고 있었지만 김일성은 선線 수준에서 지도적 지위를 점하고 있던 유일한 한국인이었다.

북한 측의 자료는 1936년 2월 이후의 김일성의 활동에 대해 이와 다르게 이야기하고 있는데, 이에 관한 그들의 기술이 더 정확한 것으로 보인다. 그들은 김일성 부대의 정확한 위치에 관해서는 언급하고 있지 않지만, 김일성이 북상北上해 제5군과 합류한 사실을 인정하고 있다. 북한 공산주의자들의 기록에 따르면 1936년 2월 "조선 혁명의 발전에 있어서 결정적 의의를 갖는 중대한 회의의 하나"가 닝안현 난후터우南湖頭에서 개최되었다. 이 회의에서 김일성을 비롯한 한인 지도자들은 코민테른 7회 대회에 참석한 후 갓 돌아온 웨이정민(당시 제2군 정치위원)과 회합했다.[127]

이 자리에서 웨이정민은 코민테른 7회 대회에서 채택된 기본 테제에 관해 상세히 설명한 뒤 조선공산당을 재건설하라는 코민테른의 지령을 전달했다. 이에 대해 김일성은 코민테른의 새로운 노선을 받아들일 것이며, 자신의 부대를 요원들이 국내에 침투하기 쉬운 한만 접경지대로 옮겨 즉각 당 재건사업(북한 측의 자료는 당 '창건'이라는 표현을 쓰고 있다 — 옮긴이)에 착수하겠다고 말했다고 한다. 북한 측의 모든 자료는 한결같이 김일성 부대가 난후터우회의 직후 장백산長白山 지역으로 이동했다고 기술하고 있다. 같은 해 3월 유격대는 간도 접경지대의 미훈전迷混陣에 도착했다. 림춘추에 따르면 김일성이 이때 공식적으로 제2군 제6사장이 되었다고 하는데, 이는 아마도 김일성의 부대가 당시 제6사로 승격된 것을 말하는 듯하다.[*] 남하를 계속한 김일성은

---

126 같은 책, 같은 곳.
127 『항일무장투쟁 전적지를 찾아서』, 254~258쪽; 림춘추, 같은 책, 130쪽 이하; 『조선통사』, 제2권, 352~355쪽; 백봉, 같은 책, 192~194쪽. 백봉은 다시 한번 중국인이 참석했던 사실을 무시해버리고 난후터우회의가 오로지 김일성에 의해 계획되고 지도된 것으로 서술했다.
* 백봉에 따르면 김일성은 이때(난후터우회의)부터 항일유격대를 조선인민혁명군이라 불렀다고 한다. 앞의 책, 194쪽. 물론 이 책에는 웨이정민이 행한 역할은 전혀 언급되어 있지 않다.

1936년 5월 푸쑹현撫松縣에 도착했다.

북한 측의 자료에 따르면 바로 이 무렵 또 다른 중대 회의가 개최되었다. 유격대 지도자들은 보름간에 걸친 둥강東崗회의 끝에 조국광복회祖國光復會를 결성한 것이다. 그해 5월 5일 공식적으로 발족한 조국광복회는 당시 채택된 10대 강령에서 볼 때 반파쇼 인민전선을 결성하라는 코민테른의 요구를 명백히 반영한 것이었다.

조국광복회 10대 강령

1. 조선 민족의 총동원으로 광범한 반일통일전선을 실현함으로써 강도 일본 제국주의의 통치를 전복시키고 진정한 조선 인민정부를 수립할 것

2. 조중민족朝中民族의 친밀한 연합으로써 일본 및 그 주구 '만주국'을 전복하고, 중국 인민들이 자기가 선거한 혁명정부를 창설하여 중국 영토 내에 거주하는 조선인의 진정한 자치를 실행할 것

3. 일본 군대, 헌병, 경찰 및 그 주구의 무장을 해제하고 조선의 독립을 위하여 진정하게 싸울 수 있는 혁명군대를 조직할 것

4. 일본 국가 및 일본인 소유의 전체 기업소, 철도, 은행, 선박, 농장, 수리水利 기관과 매국적 친일분자의 모든 재산과 토지를 몰수하여 독립운동의 경비에 충당하며 일부분으로는 빈곤한 인민을 구제할 것

5. 일본 및 그 주구들의 인민에 대한 채권, 각종의 세금, 전매제도를 취소하고 대중생활을 개선하며 민족적 산업을 장애 없이 발전시킬 것

6. 언론, 출판, 집회, 결사의 자유를 전취하고 왜놈의 공포정책 실현과 봉건사상 장려를 반대하며 일체 정치범을 석방할 것

7. 양반, 상민 기타의 불평등을 배제하고 남녀, 민족, 종교 등 차별 없는 인류적 평등과 부녀의 사회상 대우를 제고하고 여자의 인격을 존중할 것

8. 노예노동과 노예교육의 철폐, 강제적 군사복무 및 청소년에 대한 군사교육을 반대하며 우리말과 글로써 교육하며 의무적인 면비교육免費敎育을 실시

할 것

9. 여덟 시간 노동제의 실시, 노동조건의 개선, 임금의 인상, 노동법안의 확정, 국가기관으로부터 각종 노동자의 보험법을 실시하며, 실업하고 있는 근로 대중을 구제할 것

10. 조선 민족에 대하여 평등적으로 대우하는 민족 및 국가와 친밀히 연합하며 우리 민족해방운동에 대하여 선의와 중립을 표시하는 나라 및 민족과 동지적 친선을 유지할 것[128]*

---

128 이 강령의 일본어판은 다음을 참조하라. 『思想彙報』, 14호, 64쪽. 또 다른 영문판으로는 다음과 같은 자료가 있다. 백봉, 영문판 제1권, 282~283쪽.

* 저자들은 오늘날 북한 측이 제시하는 10대 강령을 백봉의 김일성 전기 영문판에서 인용했다. 본 번역에 소개한 것은 백봉의 한국어판, 제1권, 202쪽에서 따온 것이다. 그러나 널리 알려진 것처럼 오늘날 북한 측이 제시하고 있는 10대 강령은 위의 『思想彙報』 14호에 실린 것을 훗날 개작한 것으로 보인다. 독자 여러분의 비교를 위해 『思想彙報』에 실린 10대 강령(초안)을 소개한다.

10대 강령

1. 한국의 민족단체와 개인을 구별하지 않고, 국내외를 논하지 않고 일제히 단결하여 강도 일노日奴와의 강력한 투쟁에 의해 조국의 독립과 해방을 완성할 것

2. 왜노倭奴(왜놈으로 읽어야 하며, 이하 같다 — 옮긴이)의 식민지통치하에 있어 선전하는 위만적僞瞞的 자치自治를 굳게 반대하고 중한민족中韓民族의 긴밀한 연합으로써 공동의 적인 일본의 통치를 타도하여 재만 한인의 진정한 자치를 실행할 것

3. 왜노와 중한주구中韓走狗의 재산 및 무장을 탈취하여 재만 한인의 자치와 조국의 광복을 위해 끝까지 결전할 각종 무장대를 조직할 것

4. 왜노, 중한주구의 모든 재산(토지 포함)을 몰수하여 반일경비에 사용하고 일부분으로 대한인 실업자를 구제할 것

5. 일체의 가렴잡세를 폐지하고 왜노의 경제독점정착에 반대하여 공농사업共農事業을 발전하여 공농병工農兵, 청년, 부녀 및 일체의 노농 군중의 실제생활을 개량할 것

6. 언론, 집회, 결사 및 각종 반일투쟁의 자유를 실행할 것

7. 왜노의 식민지 노예교육에 반대하여 면비교육免費敎育을 실행하고 민족문화 고양을 위해 특별평민학교를 설치할 것

8. 왜노의 한인에 대한 일체의 병역의무제도를 폐지하고 반혁명적, 반소련·중국 혁명진공進攻 등의 전쟁참가를 반대할 것

9. 일본의 모든 법령, 체포, 구금, 도살 등의 백색공포정책에 반대하고 모든 정치범인을 석방할 것

10. 한국 민족에 대해 평등대우를 하는 민족과 친밀히 연합하고 동시에 한국 독립운동에 대해 선의의 중립을 지키는 국가민족과 우의적 관계를 유지할 것

1936년 6월 10일

우리는 이 10대 강령이 거의 전적으로 민족주의와 민주주의만을 강조하고 있음에 주목해야 한다. 10대 강령에는 실로 '사회주의'적 개혁방안, 올바른 '이데올로기', 프롤레타리아트의 헤게모니 등에 대한 언급이 없으며 공산주의자들이 후원한다는 인상이 전혀 나타나 있지 않다. 이는 물론 코민테른의 신전략과 전적으로 일치한 것이었다.

북한 공산주의자들의 자료는 소위 난후터우회의와 둥강회의에서의 김일성의 역할을 다시 한번 과장하고 있는 것으로 보인다. 당시의 일본 자료는 국내의 공산주의운동을 부활시키기 위한 공산주의 지도자들 간 고위회의가 이보다 훨씬 앞서 열렸음을 기록하고 있지만, 이 회의에 김일성이 참석했는지 여부에 관해서는 전혀 언급하고 있지 않다.[129] 게다가 일본의 기록에 따르면 조국광복회선언에 서명한 사람은 김일성이 아니라 오성륜吳成崙, 엄수명嚴秀明(=嚴洙明), 이상준李相俊으로 되어 있다.[130]

그러나 모든 자료는 김일성과 그의 유격대가 1936년 가을 간도의 장백산

---

129 『滿洲共産匪の研究』, 242~279쪽.
130 림춘추에 따르면 24세의 김일성이 조국광복회 회장에는 "과거부터 오늘의 무장투쟁에 이르기까지 명성이 높고 연령도 많은 동지들로 하는 것이 좋겠다"라고 주장했음에도 회의 참가자들의 완강한 제의로 회장에 추대되었다고 한다. 또한 김일성은 조국광복회 창립 선언을 김동명金東明이라는 가명으로 발표하기로 결정했다고 한다(138~139쪽). 그러나 김동명은 실존했던 인물로 조선공산당 만주총국의 주요 지도자들 중 한 사람이었기 때문에 김일성이 그런 가명을 사용했는지 의심스럽다. 다음 자료에는 위의 세 사람 이름은 실려 있지만, 김일성의 이름은 실려 있지 않다. 『思想彙報』, 14호, 60~63쪽.
예상한 것처럼 난후터우회의와 둥강회의를 "조선 혁명발전에서 새로운 국면을 열어놓은 역사적 회의"로 규정한 백봉은 처음으로 조국광복회의 설립을 주창하고 "투쟁의 앞길을 가리켜준" 사람은 김일성이었다고 단호히 주장했다(198쪽). 백봉은 10대 강령을 누가 작성했는지 밝히지 않았지만, 둥강회의의 모든 사항이 김일성을 중심으로 이루어졌다고 서술했다.
"둥강회의에서 내놓으신 장군의 방침들은 조선 혁명운동의 발전에서 획기적인 전환의 길을 밝혀준 강령적綱領的 노선이었고, 공산주의자들과 국내 혁명가들에게 투쟁의 앞길을 가리켜준 유일한 지침이었다. 회의 참가자들은 김일성 장군의 맑스-레닌주의적 탁견과 과학적인 통찰력에 다시 한번 감탄을 금치 못하면서 장군의 새로운 방침들을 열광적으로 지지·찬동했다."(198쪽)
게다가 백봉은 둥강회의에서 김일성이 조국광복회 회장으로 추대되었을 뿐 아니라 기관지 『3·1월 간』을 간행하기로 결정했다고 강력히 주장했다(200쪽).

지역에서 활동했다는 데 일치하며, 일본의 자료들은 김일성의 직위를 '동북인민혁명군 제2군 제6사장'으로 못 박고 있다. 그런데 오늘날 북한 공산주의자들이 주장하는 김일성의 역할과 당시에 수집된 일본의 관헌 자료 사이에는 차이가 있는 것이 당연하다. 전자는 김일성만이 홀로 중요한 역할을 수행했다고 하면서 그의 권위를 부각시키는 반면, 후자에서는 김일성이 중국공산당 만주성위가 파견한 제6사 정치위원 웨이민성魏民生(=웨이정민)이나 김일성의 상급자로 당시 제2군 정치주임이었던 김광金光(전광全光=오성륜의 착오-옮긴이) 등과 권력을 나누어 가져야 했다. 우리가 알고 있는 그 당시의 일반적인 정세에 견주어볼 때, 우리는 일본 측의 자료를 좀더 정확한 것으로 받아들이게 된다.

어쨌든 장백산 지역에서 제6사가 설립된 직후인 1936년 10월경부터 30여 명의 공작원이 국내로 잠입했다. 한국인이 많이 살고 있었던 장백산 일대에는 이제순李悌淳 등 활동적인 청년을 핵심 인물로 곧 조국광복회 장백현공작위원회長白縣工作委員會가 설치되었다. 1936년 겨울 김일성은 이제순을 통해 국내의 박달朴達, 박금철朴金喆과 연계를 맺었다.[131] 국내에서 지하조직 활동

---

131 림춘추, 앞의 책, 162쪽. 박달은 회고록에서 1936년 11월 박금철을 통해 처음으로 김일성 측과 접촉했다고 서술했다. 김일성이 보낸 권영벽權永壁을 갑산군甲山郡 운흥면雲興面 소재 박금철의 집에서 만난 박달은 이제순과 접촉하기 위해 12월 초 압록강을 건넜다. 12월 말 박달이 다시 장백현에 갔을 때 이제순은 그를 김일성의 은신처로 안내했고, 여기서 그들은 이틀간 혁명 전략과 전술을 토의했다. 박달은 자기가 만난 사람이 너무 젊었기 때문에 이 토론이 끝날 때까지 그가 김일성인지 몰랐다고 서술했다.
토론이 끝난 뒤 김일성은 박달에게 아마도 '제6사장 겸 정치위원의 이름으로' 조국광복회 지방 지부를 설치하는 데 주력해 조선 민족해방을 위한 조직 활동을 수행하라고 지시했을 것이다. 박달, 『조국은 생명보다도 귀중하다』, 평양, 1960, 22~28쪽.
다음 자료는 그 당시의 김일성에 대한 매우 희귀한 자료 중 하나다. 『삼천리』, 1938년 11월호(10권 11호), 136~139쪽. 이 글에서 어느 기자는 김일성의 '부하'로 5년간 '활약하다가 '귀순'한 두 여성과 김일성 부대에 의해 납치되어 7개월간 감금되었던 73세 노인의 이야기를 서술하고 있다. 이 사건들은 1936년에 일어난 일이다. "아직 20을 넘지 못한 새파란 아가씨"였던 간도 태생의 두 소녀는 김일성을 "아직 27세밖에 안 되는 건강한 청년"이지만 "젊은 사람치고는 퍽이나 노련"한 사람이라고 말했다. 그들은 김일성의 기본 부대는 60여 명에 지나지 않지만 수백 명의 '보조대'가 있다고 주장했

이 전개되기 시작한 1937년 1월 박금철의 집에서 마침내 갑산공작위원회甲山
工作委員會가 조직되었다.[132] 이들은 공작위원회를 조선민족해방동맹朝鮮民族
解放同盟으로 개칭하고, 이를 진정한 반일민족통일전선으로 발전시키기 위해
일본 제국주의에 반대하는 모든 한국인을 조직에 흡수해 들이기로 결의했다.
이들은 종파주의를 철저히 배격하는 한편 경방단, 학교, 관청 등 적의 모든

다. 이들 수백 명 중 11명은 여성이고 나머지 약 절반은 만주인이었다. 그들은 "김일성이 무언자無言
者이며 침묵을 지키며" 대원들을 "일사불란하게 통제해가며 외공내수外攻內守하는 그의 수완은 듣
는 대로"라고 평가했다.

또 다른 사람은 유격대에 끌려가 7개월이나 장백산맥 부근의 '마적 감옥'에 투옥되어 있다가 탈출한
김정부金鼎富라는 노인이었다. 그는 투옥되어 있던 1936년 12월, 김일성과 만났을 때 어떻게 지내
느냐고 묻는 김일성에게 "우선 굶어 죽겠소. 보리죽 물을 하루에 두 완자腕子씩 주니 늙은 놈이 어떻
게 살아가나요. 나쁜 아니라 여기 납치된 십여 인이 한 달을 못가서 다 죽을 것이요"라고 답했다 한
다. 김일성은 김정부 노인에게 밥을 많이 주겠다면서 "우리의 살림살이가 넉넉지 못하니 자연 그렇
게 됩니다"라고 변명했다.

김일성은 간도에 부모와 처자가 다 있지만 "집에서는 생활도 넉넉한데 나는 보리죽을 먹으며 이 고
생을 하오"라고 말했다. 노인이 김일성에게 "대관절 우리에게 무슨 죄가 있어서 이러는 거요"라고
따지자 "먹고 남는 것 좀 보조해달라는 말"이라고 답했다. 노인이 김일성의 활동에 대해 자신도 과거
에 "○○○시대에 일해본 적 있지만 그렇게 일이 쉽사리 되어질 것 같지 않소"라고 말하자 김일성은
"아버지는 늙은이가 되어 잘 모릅니다"라며 큰일을 위해서는 작은 일을 돌보지 말아야 한다고 답했
다. 노인이 유격대가 장백부長白府를 공격할 것인가 묻자 김일성은 장백은 한 시간이면 도시를 장악
할 수 있지만 "산세 지리가 3일을 점령치 못할 지역"이라며 공연히 백성에게 괴로움을 준다면 무슨
이익이 있겠는가 하면서 "철없는 부하들은 치자고 하지만 나는 절대 불응"했다고 답했다. 김일성은
장백 외에도 압록강변의 10여 개 소도시는 "다 한 번씩 손을 대었지요"라면서 "우리 본대는 북에 얼
마든지 있고 우리는 지금 압록강 안岸으로 시찰 온 것"이라고 말했다.

일본이 상당히 정확하고 진실한 이 인터뷰 기사의 출판을 1938년 11월 당시 허락했다는 사실은 매
우 흥미로운 일이다. 이는 오랫동안 일본 제국 전역을 통해 정치 '활동'이 엄격히 규제되어왔음에도
출판 활동의 폭은 놀라울 정도로 자유로웠다는 사실을 보여준다. 여기서 다시 한번 '말할 수 있는
것'과 '실행할 수 있는 것'의 차이가 두드러지게 나타난다.

(이보다 앞서 『삼천리』, 1937년 10월호(9권 5호)에는 「국경의 비적괴수 김일성 회견기」라는 김정
부 노인의 훨씬 자세하고 김일성에 대해 우호적인 인터뷰 기사가 실린 바 있다. 이 기사를 쓴 사람은
김일성 부대의 보천보 습격을 대서특필한 『동아일보』 혜산진 주재 기자 양일천梁—泉이었다. 양일
천은 이 기사를 쓴 직후 혜산진 사건이 일어나 김일성이 조직한 조국광복회의 지하조직원들이 검거
될 때 같이 체포되었다. 이를 보면 김일성은 국경 지역에서 벌어지는 자신의 활동을 중앙에 알리는
언론 공작에 상당히 능했음을 알 수 있다―옮긴이.)

132 박달, 위의 책, 34~58쪽.

조직체에 공작원을 침투시키기로 했다. 또한 조국광복회의 10대 강령을 그대로 조선민족해방동맹의 강령으로 채택했다. 만주의 유격대를 적극 지원하기로 결의한 이들은 연락 거점을 확보하고, 유격대를 위해 정보와 식량, 의복 등 보급품을 수집하며, '인민혁명군'에 가담할 '애국적 청년'을 모집하기로 결정했다. 일본이 취조과정에서 얻은 자료들은 박달을 비롯한 북한 공산주의자들의 회상기를 통해 얻을 수 있는 우리의 정보를 보충해준다. 일본의 관헌 자료에 따르면 그 당시 국내에 잠입한 공산주의자들의 기본 목표는 조국광복회, 민족해방동맹 등의 산하조직을 설치해 반일인민전선을 통일·강화하고, 모든 '선진분자'를 궁극적으로 공산당에 가입시키기 위해 이들 조직에 흡수하는 것이었다. 그러나 북한 공산주의자들 스스로 인정하는 것처럼 모든 활동은 중국공산당의 감독하에 이루어졌다.

공산주의 공작원들은 급속히 접촉 범위를 확대시켜나갔다. 예를 들어 천도교 교도에 주목한 이들은 국경지대의 천도교 간부들을 조국광복회에 가입시켰다. 이는 1945년 이후 공산주의자들이 기독교도와 대항하기 위해 천도교도를 적극 지원하게 되는 사태를 예고하는 것이었다. 또 '상당수'의 공작원을 흥남과 함흥, 원산 등지에 파견해 군수공장, 철도, 통신시설, 경찰서 등의 방화나 기타 파괴 수단을 동원하여 공격할 계획을 작성한 이들의 활동 목적은 유격대를 위해 무기와 탄약을 획득하고 약탈행위를 통해 자금을 조달하는 것이었다.[133]

---

133 『思想彙報』, 14호, 1938년 3월, 53~54쪽. 여기에는 김일성이 사장으로 있던 제6사가 장백현 일대에서 벌인 활동이 상세히 나와 있다. 제6사의 작전 범위는 장백현을 비롯해 린장현臨江縣, 푸쑹현, 안투현 등에 걸쳐 있었다. 만주성위가 제6사 정치위원으로 파견한 웨이민성은 제2군 정치위원 전광(全光=오성륜의 착오-옮긴이)의 지도로 각지에 정치공작 요원을 보내 항일인민전선 조직에 주력했다. 권창욱權昌郁(권영벽權永璧-옮긴이) 등 공작원들은 1936년 10월에서 1937년 6월까지 정치공작을 벌였다. 이들 공작원의 사명은 첫째 재만 한인 조국광복회를 조직하고, 둘째 조국광복회 회원들을 공산주의적으로 교양시켜 이 중 세포조직에 가장 합당한 인물을 선발하고, 셋째 신체 건강한 사람들을 무장대에 입대시킬 것 등이었다.

공산주의자들의 주요 활동은 만주국 간도성 장백현 지역과 함경남도 국경 지대에서 전개되었다. 앞서 살펴본 것처럼 이 지역의 역사적 배경, 경제적 곤궁, 험준한 지형과 원시적 통신수단 등은 이 지역을 전도유망한 혁명기지로 만들었다. 이들의 활동은 1937년 봄에 더욱 활발해졌다. 만주로 김일성을 방문해 그간의 활동 상황을 보고한 박달과 박금철은 제6사 요원들로부터 앞으로의 활동 방침에 대한 지시를 받았다. 이 자리에서 이들은 생산과 빨치산 활동을 계절적으로 바꾸어가며 하는 '생산유격대'生産遊擊隊를 조직하기로 결정했다.

국내와 연계를 맺는 데 성공한 만주 유격부대는 국내 침공을 감행하기로 결정했다. 그 결과가 바로 오늘날 북한 공산주의자들이 '조선혁명운동사의 대 이정표'라고 찬양하는 소위 혜산진 사건이었다. 1937년 6월 4일 김일성은 소수의 유격대(일본의 관헌 자료에 따르면 80명, 북한 공산주의자들에 따르면 150명)를 이끌고 혜산진에서 약 24킬로미터 떨어진 압록강변의 황량하고 외딴 마을 보전保田(=보천보普天堡)에 대한 공격을 감행했다. 동조자들이 제공한 뗏목을 타고 압록강을 건넌 김일성의 유격대는 오후 10시를 기해 경찰주재소, 면사무소, 산림보호구, 농업시험장, 우체국 등 관공서에 공격을 개시해 일곱 명의 경찰을 살해하고 일곱 명에게 중상을 입혔을 뿐 아니라 각종 선전문을 살포하고 물자를 노획했다. 김일성은 마을 주민을 모아놓고 정열적인 연설을 한 뒤 압록강을 건너 만주의 산악지대로 사라졌다.

의심할 여지 없이 이 사건은 유격대의 사기를 크게 진작시켰다. 그러나 이런 허세는 엄청난 대가를 요구했다. 일본은 당연히 세밀한 조사에 착수했고,

---

김일성과 상의한 후 이들 정치공작원은 깊은 숲 속에서 공산당 장백현 위원회 조직의 전 단계로서 장백현 정치공작위원회政治工作委員會를 조직했다(55~57쪽).

박달의 활동에 대한 일본의 기록은 박달 자신의 회고와 아주 유사하다(같은 책, 18호, 20~22쪽). 김일성의 공격이 있기 한 달 전인 1937년 5월 제4사의 최현崔賢(1971년 당시 북한 민족보위상)이 약 200명의 유격대를 이끌고 무산茂山(함경남도)의 일본인 제재소를 공격했던 사실은 실로 흥미롭다.

그 결과 공산주의자들의 지하공작원과 지방조직이 적발되어 유격대에 정보를 제공한 사람들이나 공산주의 동조자들은 일본에 철저히 파악되었다. 보천보 사건 이후 실로 수많은 검거가 꼬리에 꼬리를 물고 이어져 이 지역의 공산주의 활동은 사실상 종식되었다. 오늘날 북한 공산주의자들이 이 사건에 대해 보내는 엄청난 찬사에도 불구하고 보천보 사건은 전체 운동선상에는 명백히 손상을 가져온 것이었다. 사실상 이 사건은 '맹동적 모험주의'의 또 다른 사례에 지나지 않는다.[134]

이 기간에 더욱 중요한 사례는 유격대와 일본군 간의 직접적인 군사충돌일 것이다. 한 가지 예로 북한 공산주의자들은 600여 명의 유격대가 1937년 6월 30일 압도적 다수의 일본군을 상대로 싸웠다고 주장한다. 북한 공산주의자들이 간삼봉間三峰 전투라고 부르는 이 사건에서 유격대는 약 1,500명의 적을 살상 또는 포획했다고 한다.[135]

이에 일본은 만주국-한국 국경지대의 '공비'에 대한 대규모 토벌작전을 감행하기로 결정했다. 그리고 앞서 살펴본 것처럼 일본은 토벌작전과 병행해 사상정화정책思想淨化政策을 실시했다. 이후 유격대와 그에 동조하는 세력은 거의 전적으로 수세에 몰리게 되었다. 정치적인 면에서도 일본 당국은 국내와 장백현 지대에서 공산주의 조직의 대부분을 적발해냈다. 1937년 10월 장백현에서 59명, 국내에서 162명 등 총 221명에 대한 대규모 검거가 단행되었다. 이때 피검된 사람들에는 박금철을 비롯한 다수의 요인이 포함되어 있었다.[136] 그 뒤로 국경지대에서 공산주의자들의 공작은 거의 자취를 감추고

---

134 『思想彙報』, 14호, 59~60쪽. 보천보 사건 이후 모든 지하 활동을 적발해내려는 일본의 노력이 한층 더 강화되었다. 그 결과 김일성과 관계를 맺고 있던 사람들은 1937년 후반부터 1938년까지 거의 모두 검거된다. 우연히도 이때 몇몇 공산주의자는 조국광복회의 자금 조달을 위해 강도행위를 감행했다. 뒤에 살펴보겠지만 몇 년 후 김일성 자신은 이런 행동을 '맹동적 모험주의'로 간주하면서 국내에서 탈출한 몇몇 사람을 비판적인 시선으로 바라보았다.

135 상세한 내용은 다음을 참조하라. 과학원 력사연구소, 『朝鮮近代革命運動史』, 평양, 1961, 378쪽.

136 첫 검거를 모면한 박달은 1938년 9월에 체포되어 무기징역을 선고받았다.

말았다.

군사적인 면에서도 공산주의자들은 심각한 문제에 봉착했다. 비록 북한 공산당의 공식 사가들은 유격대가 '연전연승'을 거두었다고 주장하고 있지만 실상은 정반대였다. 일본의 압력이 가중되자 유격대는 많은 피해를 보게 되었고, 특히 식량문제는 갈수록 심각해졌다. 일본은 주요 마을에 집단부락集團部落제도를 실시하고 무장한 자위단을 조직했으며, 외딴 마을의 주민들에게는 식량배급제도를 실시해 유격대에 제공할 여분의 식량을 보유하지 못하도록 했다. 전체적으로 볼 때 이런 체제는 유격대가 생존을 유지하는 데만도 많은 시간을 소비하게 만들 정도로 유격대의 물자 조달을 효과적으로 봉쇄했다. 그리하여 유격대가 더 이상 어떤 의미 있는 정치적·군사적 행동을 취한다는 것은 불가능해졌다.

따라서 1937년 유격대는 장백현 근거지를 포기하게 된다. 김일성은 1937년 8월 린장현臨江縣에 나타났고, 겨울에는 멍장현蒙江縣에 나타나는 등 1938~1939년에 계속 이동해야 했다.[137] 일본은 이 같은 일련의 사태에 만족해했다. 1939년 통화通化 지방의 정세에 대한 한 보고서는 1937년 이래로 정치-군사 측면에서 복합적인 노력의 결과 치안 상황이 크게 호전되었다고 주장했다.[138] 통화 지방에 '공비'가 아직 존재하기는 하지만 이들은 멀리 떨어진 산악과 산림지대로 퇴각했다는 것이다. 약 200명의 양징위楊靖宇 부대는 멍장현 부근, 같은 규모의 김일성 부대는 푸쑹-장백-린장臨江 연변 지역, 100여

---

137 알려진 바에 따르면 1938년 4월 김일성은 린장현에 있었다. 훗날 공산주의 측 자료들은 이때 김일성이 약 400명의 유격대를 거느리고 있었다고 주장했다. 같은 해 10월 멍장현으로 이동한 김일성은 1939년 4월 장백현에 나타났다. 공산주의자들의 자료에 따르면 멍장에서 장백까지의 '위대한 고난의 행군'은 "적의 동계토벌공세를 섬멸하고, 파괴된 혁명조직을 복구하며, 인민을 고무하기 위해 취해졌다." 이는 때로 기온이 영하 40도까지 떨어지는 혹독한 추위 속에서 100여 일간 행해진 것이다. 1939년 여름에서 가을, 김일성은 다시 통화현과 안투현 지역으로 옮겨갔다.

138 「康德五年度(1938)復興工作 實績報告書」, 만주국滿洲國 국무원國務院 총무청總務聽, 『宣撫月報』, 4권 4호, 1939년 4월, 174~193쪽.

명의 최현 부대 역시 그 근처에 주둔하고 있었다. 이 보고서에 따르면 이 지역의 '공비' 900여 명 중 대략 500명이 한인이고, "비록 이들은 공산 유격대임을 표방하나 과거 양서봉梁瑞鳳(=양세봉梁世奉)이 지휘한 조선혁명군과 유사한 성격의 집단"이라는 것이다.[139] 이 보고서에는 김일성이 양징위의 부하로 기록되어 있고, 그의 부대는 양징위의 부대보다 활동이 미약한 것으로 나타나 있다.

복합적인 군사·사상선무 공작은 계속되었다. 한 가지 예로 약 50명의 '귀순공비'들은 김일성 부대 내에서 투항자를 만들어내는 데 동원되었고, 이 지역의 600여 부락에는 자위를 위해 소총 1만 6,000정이 보급되었다. 그뿐 아니라 약 1,000킬로미터의 도로가 새로 개통되고 구舊도로는 대대적으로 보수되는 등 치안 상황이 크게 개선되었다. 일본은 전신시설을 개선하는 한편 유격대의 식량 조달을 차단하기 위한 수단도 강구했다. 1938년 9월 이후로 모든 주민은 사진이 부착된 주민증을 지니고 다녀야 했다. 1938년 9월에서 1939년 2월까지 일본은 유격대가 집중되어 있던 통화 지방에서 '공비' 340명을 사살했고 106명을 포획했으며 608명이 귀순—총 1,054명—했다고 보고했다.

---

139 이에 관한 일본의 정보는 기본적으로 정확하다. 북한 공산주의자들의 자료에 따르면 최용건崔庸健 휘하의 조선혁명군 대원들은 1938년 3월 김일성의 조선인민혁명군에 합류하기로 결정했다. 이는 양세봉이 지휘하는 구舊조선혁명군과 통일전선을 형성하려는 수년간에 걸친 김일성의 끈질긴 노력이 마침내 성과를 거둔 것을 의미한다. 앞서 살펴봤듯이 양세봉 집단은 결코 공산주의자들과의 합작을 원치 않았기 때문에 과거의 협상은 모두 실패로 돌아갔다. 조국광복회 설립 이후 김일성은 다시 한번 양세봉과 협상을 벌였지만 별다른 성과를 거두지 못했다.
그러나 1938년 초 최용건과 그의 부대는 모든 유격대에 대한 일본의 막대한 압력과 생존을 위한 필사적인 노력 때문에 김일성 부대에 합류했다. 백봉은 비록 최용건 부대(자료 정리과정에서 약간의 착오가 있었던 듯하다. 백봉의 책(한국어판, 231쪽)에는 이 부대가 최용건의 유격대가 아니라 최윤구崔允龜 사령司令이 지도하던 조선혁명군으로 되어 있다. 최윤구는 인민혁명군의 사령부 참모로 있다가 1938년 12월 화톈전투에서 전사했다. 또한 양세봉도 조국광복회 설립 이전에 1934년 9월 일제 밀정에 의해 살해당했다. 위에 양세봉과 협상을 벌였다는 것은 최윤구 등 그의 부하와 협상을 벌인 것으로 봐야 할 것이다—옮긴이)가 "김일성 장군의 육친적인 사랑과 올바른 지도 밑에 모두가 공산주의자로 자라났다"(앞의 책, 231쪽)고 주장했지만 이들이 공산주의자가 아니었다는 점만은 인정해야 할 것 같다.

김일성을 따르는 200여 명의 유격대원과 이 지역 대부분의 유격대원은 '진실한 공산주의자'든 아니든 간에 산전수전을 다 겪은 사람들이었다. 또한 이들은 사회주의와 독립이라는 교의에 대해서도 깊은 신념을 갖고 있었지만, 당시와 같은 상황에서 행동을 계속해가기에는 훈련과 사상교양이 부족했다. 북한 공산주의자들의 자료는 1940년 8월 10일 지린성 둔화현 샤오하얼바링 小哈爾巴嶺에서 유격대회의가 개최되었다고 말해준다.[140] 이 자리에서 김일성은 새로운 정책을 제기하기에 앞서 내외 정세를 검토했다고 한다. 국제적으로는 팔로군八路軍과 신사군新四軍, 중국 인민이 매일같이 일본에 가하는 '심각한 타격', 소련의 놀라운 성장 등과 아울러 미·영 제국주의자들이 꾸민 흉계의 완전한 파탄 등으로 점차 호조건이 성숙되어가는[141] 한편, 국내적으로는 특히 만주 지역에서 결정적 실패를 맛본 일본이 이제 유격대를 토벌하고, 유격대의 식량 조달을 봉쇄하기 위해 어떤 도박이라도 감행하려 하고 있다는 것이었다.

따라서 김일성은 현재의 상황에서 유격대는 무장역량을 끝까지 보전하는 것을 일차적 과업으로 삼아야 한다고 주장하면서 이렇게 말했다.

적들과의 싸움에서 아직 우리는 최후 결전에 다다른 것은 아니다. 만약 최후 결전이라면 우리는 모든 희생을 무릅쓰고 조국과 인민을 위하여, 최후의 승리를 위하여 응당 결사전에 나서야 한다. 그러나 아직은 최후 결전의 시기가 아

---

140 림춘추, 앞의 책, 277~281쪽.

북한 측의 자료들은 1938~1940년 김일성과 그의 유격대가 일본에 거듭해서 위대한 승리를 거두었다고 주장하고 있다. 물론 일본군은 복병에 의해 심한 타격을 입었고, 이 기간 일본군이 입은 모든 인명 손실(중국 민족주의자와 항일유격대에 의한 손실을 포함해)은 막중한 것이었다. 그러나 각각의 전투에서 적이 입은 구체적인 피해 상황을 서술할 때는 북한 공산주의자들조차 작전 규모가 아주 작았고 김일성의 '총명함'은 주로 '나비와 닭과의 싸움' 전술, 즉 적의 주위를 맴돌아 포위되지 않는 전술을 사용했다는 사실을 인정하고 있다.

141 위의 책, 280~281쪽; 백봉, 앞의 책, 제1권, 341~343쪽.

닌 이상 우리들이 10년간의 실지전투를 통하여 정치·군사적으로 단결·육성된 견실한 간부들을 혁명의 전체 이익과는 하등의 관련이 없는 격렬한 대규모적인 전투에 되는 대로 내몰아 무모한 희생을 내게 하는 모험행동주의를 엄격히 배격해야 한다. 우리는 이런 현 정세에 정확히 입각하여 앞으로 적에게 결정적 타격을 주며, 대사변을 영접하기 위하여 우리의 귀중한 혁명역량을 계속 보존·육성해야 한다(백봉, 앞의 책, 342~343쪽 — 옮긴이).

김일성은 따라서 유격대는 혁명역량을 보존하기 위해 소부대로 축소하여 활동해야 하며, 장래 조중朝中 인민을 지도할 책임이 있는 소부대 유격대원들이 적절한 정치교양을 쌓을 수 있도록 더욱 주의를 기울여야 한다고 강조했다. 그는 이어 모든 대원과 지휘관은 일상생활과 일상투쟁을 헌신적인 지도력을 함양하는 학교로 삼아 자신의 정치의식을 진작시켜야 한다고 말했다. 김일성은 모든 공산주의자는 조직가이자 선전가이며 선동가가 되어야 하고, 반일인민전선은 마르크스-레닌주의의 보편적 진리의 토대 위에 구축되어야 한다고 주장했다. 김일성의 주장을 요약하면 해방투쟁의 국제적 조건은 극히 양호하지만, 만주에서는 즉각적인 전술 전환이 요구되고 있다는 것이다.

비록 오늘날 북한 공산주의자들이 1940년 8월 김일성이 행한 연설이라고 제시하는 글은 그들의 '위대한 지도자'를 전지전능한 인물로 만들기 위해 그의 행동을 사후에 정당화하고 또 여러 곳에 날조된 문구를 끼워 넣은 것이지만, 우리는 북한 공산주의자들이 제시하는 글을 세밀하게 검토함으로써 사태를 더 잘 파악할 수 있다. 모든 허식을 벗겨버렸을 때 김일성 혹은 간부들은 일본의 극심한 탄압에 대항해 유격대 활동을 계속 수행하는 일은 자살행위나 마찬가지라고 말한 것이다. 유격대의 대오는 이미 크게 약화되었으며, 작은 목표를 공략하다가 수많은 동지가 죽어갔다. 따라서 유격대는 국제적으로 좀 더 유리한 환경이 조성될 때까지 군사·정치에서 집중적 훈련을 받을 수 있는 안전한 지대로 퇴각하는 것이 필요했다. 만주와 국내에서 소부대 또는 소조小組

활동이 결코 중단되어서는 안 되지만, 대규모 공작을 전개하는 것은 상황이 개선되기를 기다려야 한다는 것이었다.

그러면 과연 어느 곳이 이런 특권을 보장해주는 피난처였을까? 북한 공산주의자들의 자료는 1941년 봄 이후로 김일성의 활동에 대해 일체 언급하고 있지 않다. 그 이유는 간단하다. 김일성과 그의 유격대원 일부는 그동안 소련에서 실질적인 훈련을 받고 있었는데, 소련과 김일성 그 어느 쪽도 당시의 세세한 일이 밝혀지는 것을 원하지 않았기 때문이다. 소련 측에서 볼 때 이는 일본과의 불가침협정(1941년 4월 체결)이 효력을 발하고 있을 때 아시아 공산주의운동에 깊숙이 개입한 사실을 나타내는 것이며, 김일성에게 이는 그의 권력 장악이 소련의 지도와 후원으로 이루어졌다는 명제를 증명해주는 것이 된다.

이 때문에 림춘추는 1941~1945년 김일성과 그의 유격대의 활동을 극히 모호하게 취급하고 있다. 림춘추는 조선인민혁명군이 혁명의 핵심 세력을 끊임없이 재교육하면서 소부대 활동을 계속했다고 말한다. 그에 따르면 이 같은 재교육의 목적은 이데올로기적 기술소양을 갖춘 정치·군사 간부를 키우기 위함이었다. 그의 가장 솔직한 서술은 다음과 같다.

인민혁명군은 김일성 동지의 이런 현명한 조치에 의하여 형제국가 인민들의 사심 없는 물심양면의 방조를 받으면서 군사정치 학습을 진행하였는 바, 이는 우리들로 하여금 현대적 군사과학과 맑스-레닌주의 기본을 소유하게 했다. 그리하여 우리의 무장대오는 더욱 튼튼한 골간으로 강화·발전되게 되었다.[142]

---

142 림춘추, 앞의 책, 303쪽. 이와 함께 백봉은 김일金一이나 강건姜健 등이 만주와 국내에서 행한 소규모 공작에 대해서도 언급하고 있다.
최근의 설명에 따르면 김일성은 1941년 6월 30일 임시 근거지인 왕청현 자피거우夾皮溝에서 부하들의 올바른 '활동 방향'을 모색하고 있었다고 한다. 이들은 김일성이 1941년 봄 안투현과 옌지현에 있었다고 말하지만, 전쟁 중의 활동에 대해서는 아무런 정보도 제공하고 있지 않다. 리창규Li Chang Gyu, 「수령께서는 성스러운 조국해방전쟁을 승리로 이끌었다」Leader Guided Scared War of Fatherland Liberation to Victory, P'yŏngyang Times, 1972년 2월 19일자 2면.

이 기간에 활동한 김일성에 관한 일본 정보기관의 자료는 매우 드물지만, 1944년 11월의 매우 흥미로운 보고서가 하나 있다. 그 요지는 다음과 같다.

김일성은 중국공산당 북만성위北滿省委 정치위원 겸 동북항일련군東北抗日連軍 제3방면군 제10지대장직을 가지고 있었다. 제3방면군 총사령은 장서우젠張壽錢이었다. 김일성은 현재 블라디보스토크 근교 오간스카야 야영野營학교에서 만주에서 활동할 불령선인을 훈련시키는 데 열중하고 있다. 최근 수집된 정보에 따르면 김일성은 미군 공군의 공습과 때맞춰 한만 국경지대 주요 지점의 철도를 파괴하기 위해 공작원을 파견할 준비를 하고 있다고 한다. 이 철도 파괴는 군수물자보급을 방해하고 동 지역 주민을 교란하기 위함이다. 미군의 공습은 미국과 소련의 비밀합의에 의해 계획되고 있다.

김일성은 1944년 6월 중순 모스크바를 방문했다. 충칭重慶과 옌안도 방문한 바 있는 김일성은 중국 공산주의자뿐 아니라 소련 주재 미국대사관, 중국대사관 요인들과도 접촉했다. 이때 그는 위에 말한 작전계획을 수교받았다.[143]

우리는 현재 일본 정보 당국의 이 보고서, 특히 김일성의 모스크바와 충칭, 옌안 여행 부분을 입증할 수 없다. 그러나 김일성이 블라디보스토크 근처에서 당과 군사지도자의 훈련에 종사하고 있었다는 주장은 림춘추가 암시한 것이나 다른 자료의 기록들과 어긋나지 않는다. 몇몇 북한 공산주의 역사가는 김일성이 제2차 세계대전이 끝날 때까지 만주에 있었다는 인상을 주려고 노력하고 있다.[144] 그러나 김일성과 그의 몇 안 남은 부하들이 1941년 여름 소련으로 갔다는 사실은 분명한 것 같다. 그들은 간혹 군사적 행동과 정치 활동을

---

143 내무성 경보국, 『特高月報』, 1944년 11월, 76쪽.
144 다음 자료를 참조하라. 이나영, 앞의 책, 429쪽; 조선역사편찬위원회, 『조선민족해방투쟁사』(일본어판), 320쪽.

위해 출정하는 경우를 제외하고는 소련군과 함께 다시 국내로 들어올 수 있게될 때까지 그곳에(아마도 하바롭스크 부근) 머물러 있었다.

이상에서 살펴본 바와 같이 김일성에 관한 기록은 충분하지 않다. 시간이 흘러 새로운 자료가 공개되거나 발견된다면 우리의 서술 중 일부는 틀림없이 다시 쓰여야 할 것이다. 그러나 몇몇 오랜 논쟁은 이 자리에서 해결할 수 있다. 과거 일부 한국 저술가는 김일성이 1910년 국권 상실 직후 한만 국경지대에서 활동한 전설적인 민족영웅, 노老 김일성 장군을 의도적으로 사칭한 것이라고 주장했다. 그러나 김일성 장군이라는 인물이 실존인물인지를 밝혀주는 직접적인 자료는 존재하지 않는다. 그리고 김일성은 전설적인 김일성 장군이 관여했다는 민족운동과 자신을 결부시킨 일도 없다. 김일성의 본명은 김성주金成柱로 그가 이름을 바꾼 것은 사실이지만, 이는 한인 독립운동가들 사이에서는 아주 흔한 일로 대부분의 독립운동가들은 한두 개의 가명을 사용했다. '또 다른 김일성'에 관한 전설은 아직도 일부 한국인들 사이에서 회자되고 있지만, 우리는 김일성이라는 이름을 사용하여 두각을 나타낸 인물에 대한 기록에 접하지 못했다.[145]

북한을 지배한 김일성은 1932~1941년 만주에서 소수의 유격대를 이끌었던 바로 그 사람이다. 김일성이라는 인물을 조작해내기 위해서는 그때 이래 김일성과 관계를 맺고 있던 다른 사람들을 모두 조작해내야 했기 때문에 그것은 불가능한 일로 보인다. 최용건崔庸健과 김책金策, 안길安吉, 강건姜健, 김일, 최현 등 당시에 한때나마 김일성의 동지였던 사람들은 모두 실존인물일

---

145 김일성의 전설에 대해서는 김창순의 설명이 가장 포괄적이다. 그에 따르면 독립운동에 나선 애국자들이 1920년대에 정의부正義府를 조직했는데 그중 특출한 지도자 한 사람이 김일성 장군을 칭했다고 한다. 1931년 그가 병사하자 제2세 '김일성'인 김양녕金陽寧이 대를 이었는데, 그 역시 1937년 전사했다는 것이다. 이후 김일성 장군을 참칭하는 사람이 여러 명 나타났고, 관동군關東軍에서 김일성 장군의 머리에 현상금을 걸자 김일성의 머리가 수십 개나 사령부에 쇄도했다고 한다. 김창순, 『북한십오년사』北韓十五年史, 서울, 1961, 55~56쪽.

뿐 아니라 자기들의 지도자를 따라 북한 정권의 요직을 차지했다. 훗날 북한 공산주의자들은 김일성을 영웅적 중요 인물로 부각시켰지만, 실상 그는 당시 상대적으로 비중이 작은 지도자에 불과했다는 사실을 잊어서는 안 된다. 우리가 살펴본 것처럼 김일성은 때로 1,000명 이상의 여러 유격대에 영향력을 행사했고, 한두 번의 경우엔 좀더 많은 병력을 통제하기도 했지만 그가 직접 지휘한 유격대원 수가 300명을 넘었던 적은 없었던 것으로 보인다.

앞서 언급했듯 그 당시 김일성에 비해 더 강력한, 장래의 지도자로서 가능성을 가진 한국 공산주의자를 찾아내는 일은 아주 용이하다. 가장 두드러진 두 사람은 김원봉과 무정이었다. 이 시기를 대표하는 민족주의적 공산주의자 김원봉은 실로 중국-만주 지역의 모든 한인 혁명가를 자신이 지휘하는 반일 전선에 통합시키는 데 거의 성공했다. 옌안의 중국 공산주의자들과 가장 밀접한 관계를 맺고 있던 무정은 김원봉의 추종 세력 중 상당수를 자기편으로 만들었고, 1940년 이후 무정의 명성은 떠오르는 별과도 같았다. 이들 이외에도 김일성에 비해 성공적이었던 공산주의 지도자들은 상당히 많았다. 그러면 과연 우리는 김일성이 권력을 장악하게 된 궁극적인 요인들을 분리해낼 수 있을까? 이런 요인들이 1945년 일본이 항복하기까지 20여 년간 한국 급진주의의 행태에서 찾아질 수 있을까?

우리는 능력, 행운, 시기 등의 요인을 무시할 수 없다. 김일성은 일찌감치 자신의 명석한 두뇌와 성품을 과시했다. 능력 없는 젊은이는 결코 김일성처럼 급속하게 선배 공산주의자들의 주목을 끌 수 없었을 것이며, 그 정도의 책임을 부여받을 만한 신망을 얻을 수도 없었을 것이다. 게다가 김일성은 언제나 과감한 추진력과 실천력을 가진 인물이었다고 볼 수 있다. 또한 우리는 김일성이 이런 추진력과 함께 공산주의 지도자에게 극히 유용하게 사용될 수 있는 무자비하고 잔인한 성격을 겸비하고 있다고 생각할 수 있다. 이 점을 중국 공산주의자들은 김일성한테서 1930년대에 발견했고, 소련인들은 1940년대에 발견한 것으로 보인다.

그러나 김일성만 재능 있고 헌신적인 공산주의자는 아니었다. 당시를 전후해 공산주의운동에 발을 들여놓은 한국인들 중 적어도 100명은 매우 재능 있고 헌신적인 공산주의자였다고 할 수 있다. 우리가 앞서 살펴본 것처럼 대부분의 한국 공산주의자는 교육 정도로 보나 기질로 보나 소지식인이었다. 공산주의운동의 본질상 극심한 역경에도 불구하고 계속 운동권에 머무르려고 했다면 이들은 공산주의를 깊이 신봉해야 했다. 물론 조직의 관리능력이나 개인의 성품은 천차만별이었지만, 유독 김일성만이 홀로 유능했다고 말할 수 있는 증거는 없다.

요행, 운수 또는 운명—인생에서 스스로 조절할 수 없는 요건을 무엇이라 부르던 간에—등이 경쟁의 폭을 좁혀갔다. 장래가 촉망되던 공산주의자들 중 상당수가 옥중에서 운동 경력에 종지부를 찍었거나 최고지도자로 부상할 수 있는 가능성에서 멀어졌다. 다른 수많은 사람은 실천과정 중에서 살해되었거나 투쟁이 종식되기 전에 세상을 떠났다. 처음 출발한 사람 중 극소수만이 살아남았고, 김일성은 그런 사람들 중 한 명이었다.

김일성이 살아남을 수 있었던 것은 명백히 그가 공산주의운동에 뛰어든 시기와 이 시기에 형성된 그의 경력이 갖는 특수한 조건과 밀접하게 연결되어 있다. 모든 정치운동에는 내부와 외부에 걸친 끊임없는 투쟁 속에서 아무도 살아남을 수 없는 시기가 있기도 하고, 관련된 모든 사람이 실패자라는 낙인이 찍히는 시기도 있다. 초기 한국 공산주의운동의 성격을 살펴볼 때 1920년대에 출현한 어떤 활동가라도 한국 공산주의운동을 통일·강화하는 데 필요한 내외의 지지를 획득하기에 엄청난 약점을 지니고 있었다. 앞으로 살펴보겠지만 김일성에게도 심각한 문제가 없었던 것은 아니다. 그러나 적어도 그는 과거의 오랜 파벌투쟁에 깊이 개입되지 않았고, 일본에 의한 검거와 투옥과정에서 누명을 쓰는 일도 없었으며, 더욱이 어떤 종류든 간에 군사조직과 항상 연관을 맺고 있었다. 이런 모든 요인은 어느 정도 그가 공산주의운동에 뛰어든 특수한 시점의 산물로, 바꿔 말해 시기의 문제라고 할 수 있다.

그러나 이런 요인, 즉 능력과 요행, 시기 중 그 어느 것도 김일성의 궁극적인 승리에 실제로 중요하게 작용하지는 않았다. 그가 승리한 가장 중요한 이유는 간단하다. 바로 소련의 지원이다. 김일성은 소련 권력의 등에 업혀 북한에 들어왔고, 소련이 갖는 권위로부터 세례를 받았다. 물론 구체적인 상황은 매우 복잡하다. 그러나 구체적인 상황의 복잡성 때문에 김일성이 소련인들에 의해 선택되었다는 근본적인 사실을 보지 못해서는 안 된다. 물론 김일성이 북한에 돌아왔을 때 소련인들은 자신들의 선택을 구현할 수 있는 권력을 갖고 있었다.

7. 1945년 이전의 한국 공산주의에 대한 몇 가지 관찰

1945년 이후 시기로 들어가기 전에 먼저 우리의 분석 범위를 넓혀보자. 제2차 세계대전 이전의 한국 공산주의를 연구하고 난 뒤 우리는 과연 그 운동의 성격을 어떻게 규정지을 것인가? 첫째, 한국 공산주의운동의 주동 세력을 볼 때, 그들은 다른 정치적 통로를 통해 이루어지던 정치적 근대화를 이룩한 세력이나 민족주의운동의 지도 세력과 동일한 유형의 사람들이었다. 한국 공산주의운동의 초기 지도자들은 전체 한국 인구의 5퍼센트도 안 되는 좀더 '서구화'(대부분의 경우 '일본화'日本化라고 하는 것이 더욱 타당할 것이다)된 고등교육을 받은 상층 출신이었다. 이들에게 가장 중요하고 우선적인 목표는 당시 한국 사회의 가치관에 비춰볼 때 매우 급진적인 것이라고 할 수밖에 없는 민족주의의 발전과 평등이었다. 이들이 사용한 수단에는 첫째 후견제後見制에 대한 의존, 둘째 개인을 집단의 엄격한 규율에 종속시키는 위계질서가 강력하게 잡힌 조직구조의 발달, 셋째 이성과 신념뿐 아니라 권위에 대한 복종에 의존하는 이데올로기 체계 등이 포함되었는데, 이들 방법은 전통적인 것이었다.

그러면 이들 급진적 지식인 혹은 소지식인은 한국 사회 내의 어떤 사회경제적 집단과 가장 성공적으로 접촉할 수 있었을까? 도시노동자계급은 결코 아니었다. 일본은 도시에 강력한 권력을 행사할 수 있었고, 급격한 문화적 변동을 겪고 있던 노동자들은 규율을 갖춘 단합된 세력으로 쉽사리 등장할 수 없었다. 농민, 실로 농민만이 그 당연한 대상이었다. 이는 농민들의 불만 때문만은 아니었다(실제로 농민층의 요구를 이해하고 지원할 수 있었던 것은 교육받은 층 가운데 극히 일부에 불과했다). 농민층이 중요했던 이유는 농민이 전통적인 조직구조를 거의 완전히 유지하고 있었으며, 더욱 중요하게도 농민층은 공산주의자들이 이용할 수 있는 정치적 행동력을 지니고 있었다. 급진적 목표에 도달하기 위해 전통적 수단을 사용하는 것을 서슴지 않았던 공산주의자들에게 농민은 바로 가장 좋은 접촉대상 또는 목표였다.

한국 공산주의자들이 어느 지역보다도 만주-한국 국경지대의 간도와 함경남도의 농민층에 깊숙이 뿌리 내리고 많은 활동 성과를 올릴 수 있었던 것은 결코 우연이 아니다. 이들 지역은 중앙의 통제력이 잘 미치지 않는 변경지대였고, 따라서 불평분자나 범죄자 혹은 다른 종류의 독립적인 인간들이 모여들 수 있는 지역이었을 뿐 아니라 정부에 대한 농민층의 반항이 전통적으로 강했고 정부가 이에 대처할 수단을 거의 갖고 있지 못한 지역이었다. 민족주의나 농업개혁 등 매력적인 문제들을 들고 나오는 것은 공산당에 유리하게 작용했다. 그러나 공산주의자들이 활발히 이용한 농민층의 불만은 지방적이고 특수한 것이 많았다.

사실상 공산주의운동에 투신한 사람들의 동기에서 이성적理性的인 요소가 어느 정도의 역할을 했느냐 하는 데는 문제가 많다. 1930년대 말을 포함해 공산주의자들에 대한 자료들은 민족주의나 경제적 개혁이 이들이 공산주의운동에 투신하게 된 중요한 동기였음을 보여주지만, 그와 동시에 친구와 친척, 동료들의 호소 역시 적어도 이와 동등한 정도로 작용했음을 보여준다. 결국 한국 정치의 본질적인 군집성은 다른 정치운동에 대한 투신과 마찬가지로 공산주의운동에 대한 투신에서도 그 모습을 나타냈다. 어느 한 사람이 마르크

스주의 서적을 읽고 공산당이 민족해방이나 급속한 사회경제적 변화의 희망
찬 가능성을 제시해준다고 믿어 공산주의운동에 가담했다면 다른 한 사람은
자신의 동창과 가까운 친구, 형제의 권유로 가담하게 되었다.

오지의 농민층에 대한 공산주의자들의 활동이 한국 내보다 중국에서 더욱
성공적이었던 것은 한국이 국토가 좁은 나라여서 근대적인 정부가 행사할 수
있는 군사적·정치적 수단이 쉽게 효율성을 발휘할 수 있었고, 따라서 일본의
지배력이 확고히 자리 잡을 수 있었기 때문이다. 일본 통치의 효율성은 결코
과소평가되어서는 안 되며, 일본의 침략이 순전히 군사적인 것이었다고만 보
아서도 안 된다. 일본은 '집단부락제도'에서 토지개혁 문제, 금융개혁에 이르
기까지 여러 가지 미묘한 형태의 정치적·경제적 정책을 실시했으며, 이데올
로기 교육이나 사회경제적 변혁을 도모하기도 했다. 물론 일본은 민족적 감
정에는 효과적으로 대응하지 못했고, 그 개혁이라는 것도 한국 민족이 원하던
방향은 아니었다. 그럼에도 1940년 이후 만주와 한국에 대한 일본의 지배는
과거 그 어느 때보다도 확고한 것이었고, 공산주의자들은 그들의 용감한 구호
에도 불구하고 깊은 절망에 빠지고 말았다. 그들이 바랄 수 있던 오직 하나의
희망은 연합국 측이 일본에 패망을 가져다주는 것이었다. 다시 말해 일본은
한국 공산주의운동에 대처할 수 있었지만, 미국을 비롯한 연합국의 군사력에
저항할 수는 없었던 것이다.

또 한 가지 중요한 문제가 남아 있다. 1945년 이전 한국 정치의 다른 국면
들과 마찬가지로 한국 공산주의는 가능한 어느 지역에서라도 지지기반과 원
천을 찾아야 했다. 따라서 한국 공산주의는 조직상의 결속력이나 통일된 정
치적 전망이 부족했다. 1928년 이후 다시 국외로 기반을 옮겨야 했던 한국 공
산주의자들은 이후 1945년까지 주로 해외 기지에서 활동해야 했으며, 국내
에서는 공산당도, 효율적인 운동도 유지할 수 없었다. 실로 이 시기의 모든 한
국 공산주의자는 중국·일본·소련 등 외국 공산당에 입당해야 했다.

이런 조건에서 이들은 국외의 변수에 커다란 영향을 받게 되었고, 그 결과

해방 후 극단적인 갈등관계를 초래하게 되는 씨앗이 뿌려진 것이다. 물론 코민테른은 국제 공산주의운동에 절대적 권위를 행사했고, 따라서 어느 곳에서나 코민테른에 따른 노선 통일이 이루어질 수 있었다. 그러나 국내의 지하운동 세력은 물론 도쿄, 블라디보스토크, 옌안 등지의 공산주의 세력은 어떤 특정한 문제에 대해 태도나 입장을 달리했는데, 무엇보다도 조직과 인맥을 달리했다. 한국 공산주의운동의 양상은 이런 요인들의 강력한 영향에서 벗어날 수가 없었다. 이제 한국 공산주의자들은 역사상 한국이 소련·일본·중국과의 관계에서 일종의 세력 균형에 따른 독립을 유지할 수 있었던 사실에 다시금 직면하게 되었다. 제2차 세계대전이 끝나자 이 문제에 한 걸음 더 다가서게 된다.

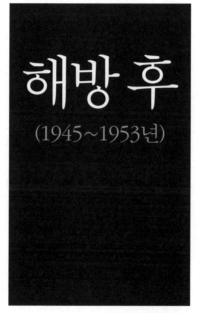

2부

해방 후

(1945~1953년)

COMMUNISM
in KOREA

제 4 장

미 군정기의 한국 공산주의

1945년 8월 14일 자정을 한 시간 앞두고 식민 당국의 군·관 최고책임자들은 천황의 항복 메시지를 들었다. 모든 것을 부숴버렸던 전쟁이 갑작스러운 종말을 맞은 것이다. 정무총감 엔도 류우사쿠遠藤柳作와 그의 고문들은 즉시 서울에 있는 저명한 한국 민족주의자 몇 명을 초빙해 치안유지의 책임을 떠맡기기로 결정했다.[1] 일본 관리들이 선택한 세 사람은 여운형과 안재홍, 송진우로 이들은 모두 정치적 경험이 풍부한 명망 높은 인물이었다. 일본 관리들은 확실하게 자신들의 시대가 끝났고, 정치 영역에서 크나큰 변화가 잇따라 일어나리라는 사실을 받아들이고 있었다.

이후 정치적으로 중요한 역할을 담당하게 될 여운형은 이미 언급한 대로 확고하게 좌익 편에 서 있었다. 여운형은 오랫동안 공산주의운동 내부에서 또는 공산주의운동과 밀접한 관련을 맺으면서 일해왔다. 난징의 진링金陵대학을 졸업한 여운형은 1919년 베르사유강화회의에 김규식金奎植을 파견해 처음으로 정치적 명성을 얻은 뒤 여러 국제회의의 대표로, 일본 정계에서 한국 민족주의의 대변자로 그리고 중국에서는 급진적인 한인 단체의 열성적인 일꾼으로 활약했다.[2] 여운형은 1930년 상하이에서의 정치 활동 때문에 일본

1　모리타 요시오森田芳夫, 『朝鮮終戰の記錄』, 도쿄, 巖南堂, 1964, 70쪽. 이 저서는 한국 현대정치사 연구에 귀중한 공헌을 하고 있다. 전직 총독부 관리인 모리타 요시오는 본래 일본인의 본국 귀환 문제에 주목했으나, 일본 항복 직후의 일반적인 한국 상황에도 많은 관심을 쏟았다.

2　위의 책, 38~42쪽. 앞서 말한 것처럼 여운형에 관한 가장 좋은 자료는 고등법원 검사국, 『여운형심문조서』(『조선사상운동조사자료』, 제2집, 서울, 1933)이다. 좀더 최근의 것으로는 여운형의 동생이 쓴 다음 자료를 참조하라. 여운홍呂運弘, 『몽양 여운형』夢陽 呂運亨, 서울, 1967; 이정식, 『여운형: 시대와 사상을 초월한 융화주의자』, 서울대학교 출판부, 2008. 여기서 '몽양夢陽'은 여운형의 호다.

경찰에 체포되어 감옥에서 3년을 보내고 난 뒤 서울의 주요 일간지 중 하나인 『조선중앙일보』朝鮮中央日報 사장을 지냈다.

'동반자'fellow traveler라는 용어는 의미가 모호해서 학자들이 사용하기를 주저하는 경우가 많지만 여운형에 관한 한 정확하게 들어맞는 유일한 정치적 수식어일 것이다. 의심할 여지없는 확고한 민족주의자인 여운형은 한국과 중국의 공산주의운동에 깊이 관여해왔다. 여운형이 제2차 세계대전 전에 언제 공식 당원이 되었는지, 혹은 심지어 당원이 된 사실이 있는지에 대해서는 증언이 엇갈린다. 그는 확실히 어떤 단계에서는 자신을 공산주의자로 생각했으며, 잘 알려진 것처럼 공산주의운동과 밀접한 관계를 맺었다. 그러나 1945년 이후로 여운형은 조선공산당원이 아니었다. 만약 그가 정식 당원이었다고 해도 그것은 아마 1930년 체포와 함께 끝이 났을 것이다. 더욱이 1945~1947년 여러 정치적 활동을 통해 공산주의자들과 가까운 관계에 있었음에도 공산당 수뇌부는 결코 여운형을 신뢰하지 않았다. 동시에 미 군정美軍政의 최고당국자뿐 아니라 한국 정치계의 다른 세력들, 특히 민족 진영에서는 그에게 깊은 의혹을 품고 있었다.

이에 대해 여운형의 지지자들은 민주주의적 사회주의 방법을 통한 철저한 변혁과 한국의 완전 독립(그리고 통일)이라는 무거운 책임을 떠맡은 인물의 불가피한 운명이라고 주장할 것이다. 그의 반대파('좌익'과 '우익'에 걸친)는 여운형이 본질적으로 기회주의자이며, 전술적 입장 못지않게 근본적인 정치적 가치 기준까지도 바꾼 사람이라고 혹평할 것이다.[3]

아마도 양측의 평가 모두 어느 정도의 진실을 담고 있을 것이다. 여운형이 넓은 의미의 '좌익' 활동에 근본적으로 공감하고 있었음은 확실하다. 그는 일본이 항복한 후 공산주의자들이 주도한 통일전선에 종종 가담해왔다. 또한

---

3 예를 들어 조선공산당원이었던 김남식은 그 당시 자신은 여운형을 기회주의자, 부르주아적 민족주의자로 간주했다고 단언했다. 스칼라피노와 김남식의 인터뷰, 서울, 1968년 12월 7일.

미 군정 당국과의 유대를 유지하면서 김일성이나 소련인들과도 관계를 맺었고, 그 관계를 지속하고자 노력했다. 결국 여운형은 서로 모순되는 자신의 정치적·감정적 신념에 따라 상반되는 방향으로 끌려가서, 어떤 고정된 정치 노선을 추구할 수 없었던 인물로 보인다.

여운형에 대한 평가가 어떻게 내려지든 간에 한국 현대사에 등장하는 중요한 정치가들의 입장과 동기를 정확히 해명하는 일은 결코 쉬운 일이 아니다. 다시 한번 이 연구의 친숙한 주제를 되풀이해야겠다. 한국 정치의 어마어마한 복잡성, 특히 급진적 민족주의자나 사회주의자, 공산주의자를 구별하는 데 따른 복잡성은 많은 개별적 인물과 공산주의운동과의 정확한 관계를 식별해내기 어렵게 할 뿐 아니라 '공산주의자'가 된다는 것이 각 시대마다 다양한 개인 혹은 집단에게 무엇을 의미했느냐 하는 더욱 미묘하고 흥미로운 문제를 제기한다. 예를 들어 조선독립동맹의 김두봉 같은 사람이 자기 자신을 공산주의자라고 생각했다면 과연 언제부터 그렇게 생각했으며, 또한 다른 사람들도 그렇게 생각했을까? 현준혁玄俊爀 같은 비극적 인물은 일본의 항복 발표 후 즉시 평양의 당 조직을 수립하는 데 지도적 역할을 했지만 과연 '진정한 공산주의자'라고 말할 수 있을까? 이 문제는 뒤에서 좀더 깊이 다룰 기회가 있을 것이다. 우리는 여기서 여운형을 공산주의자들과 긴밀하게 협조하기를 주저하지 않았고, 그로써 그들의 주의主義를 크게 고무했으나 결코 그들 기관의 중앙에는 설 수 없었던 혁신적인 좌익 민족주의자로 보아야 할 것이다.

안재홍의 정치 경력은 비교적 덜 급진적이었다. 와세다대학을 졸업한 뒤 그는 한국 YMCA에서 근무했고, 한때 서울중앙학교中央學校의 학감學監을 지냈으며, 그 후 『조선일보』와 『시대일보』 등 두 민족지의 사장을 역임했다(『시대일보』의 사장은 지내지 않았다—옮긴이). 오랫동안 민족주의의 대의를 열렬히 지지해온 그는 3·1운동에 가담해 3년간 복역하기도 했으며, 그 뒤에는 신간회의 주요 간부로 활약했다. 1936년 조선독립동맹 주석인 김두봉의 요청에 따라 한 청년을 옌안으로 보냈던 안재홍은 이 일이 탄로 나서 다시 실형을 선

고발았다(그는 당시 민족혁명당 간부였던 김두봉의 요청으로 한 청년을 난징의 군관
학교에 보냈다가 옥고를 치렀다. 조선독립연맹은 1942년에 결성되었다 - 옮긴이).[4]

세 사람 중에서 가장 온건한 송진우는 메이지대학을 졸업했고, 중앙학교
교장으로 있을 당시 안재홍과 친분을 쌓게 되었다. 더욱이 그는 오랫동안 한
국에서 가장 이름 있는 신문인 『동아일보』의 사상을 지냈다(한국의 민족주의자
들 대부분이 경력 측면에서 기독교와의 연계, 일본에서의 고등교육, 정치 활동과 결부된
교육·저널리즘 분야에서의 경력 등 서로 놀랄 만큼 흡사하다는 사실은 주목할 만한 가치
가 있다). 송진우 역시 3·1운동에 참여해 징역을 살았고, 일본 패망 당시에는
온건한 정치적 신조를 지닌 탁월한 민족주의자 중 한 사람으로 부각되었다.

그러나 총독부 당국으로부터 교섭을 받은 송진우는 "일제는 이미 망하였
으며 정권은 가만히 있어도 굴러오게 되었는데 무엇이 급해서 총독부로부터
정권을 넘겨받을 필요가 있겠는가? 그들에게서 정권을 받으면 그 대가로 일
인日人 보호의 책임을 져야 할 것이니 그 같은 일은 하기가 싫다"라고 하면서
제의를 거절했다. 실제로 송진우가 원한 것은 충칭의 임시정부가 빨리 한국
에서 합법적인 정부로 자리 잡는 것이었고, 그는 그 정부 안에서 지도적 역할
을 담당할 준비를 갖췄다.[5]

그러므로 서울에서 한국인들 사이에 벌어진 최초의 정치적 움직임은 안재

---

4   고등법원 검사국, 「安在鴻の暗躍事件」, 『思想彙報』, 15호, 1938년 7월, 205~208쪽.
5   김을한金乙漢, 『여기 참사람이 있다』, 서울, 1960, 99쪽. 뛰어난 저널리스트인 김을한은 이 시기의
    정치지도자들 대다수와 긴밀한 관계를 맺고 있었다.
    (다음은 송진우가 총독부 측의 제의를 거부했다고 강력히 주장하는 자료다. 김준연, 『독립노선』獨立
    路線, 서울, 1947. 그러나 당시 조선총독부 고위 관리를 지낸 최하영은 송진우와는 치안유지를 위해
    교섭한 사실이 없다고 이를 부인했다. 최하영崔夏永, 「정무총감政務總監, 한인과장韓人課長 호출呼
    出하다」, 『월간중앙』, 1968년 8월호. 한편 엔도는 1957년 8월 13일자 『국제 타임스』와의 회견에서
    "우리는 무정부 상태를 우려하여 呂氏에게 치안대책을 위촉했을 뿐 정권 이양 교섭은 하지 않았다.
    宋氏에게는 전쟁이 끝나기 전 여러 번 협력을 요청했지만 거부당하였기 때문에 그와는 다시 교섭하
    지 않았다"고 밝혔다. 이동화李東華, 「8·15를 전후한 여운형의 정치 활동」, 『해방전후사의 인식』,
    1979, 344쪽에서 재인용 - 옮긴이.)

홍과 손잡은 여운형의 주도하에 진행되었다. 여운형은 당시 경찰서와 감옥에 구금 중인 모든 정치범의 즉각적인 석방과 집회 자유의 보장을 조건으로 자신에게 제의된 역할을 수락했고, 일본 측도 그의 요구에 동의했다.

1. 조선인민공화국의 출현

한국 민족주의 지도자들의 협력을 얻고자 한 일본의 의도가 무엇이었든 간에 여운형과 안재홍은 그들의 위치를 최대한 활용해 자신들의 정치적 목적을 추구했다. 8월 15일 여운형과 안재홍은 식민지 관리들과 접촉한 지 불과 몇 시간 만에 다수의 동조자, 동료들과 서둘러 협의한 뒤 서울에 본부를 둔 건국준비위원회建國準備委員會(이하 '건준'으로 줄임―옮긴이)를 발족시키고 여운형은 위원장, 안재홍은 부위원장에 각각 취임했다. 8월 16일 오후 3시 경성방송국京城放送局은 일본의 무조건 항복 이후 최초로 국민 전체를 상대로 한 한국 정치지도자의 중요 연설을 방송했다.[6] 안재홍은 건준의 결성과 모든 정치범의 석방을 알리고, 이어 그가 시사한 바에 따르면 정규 국군의 모태가 될 무위대武衛隊의 창설에 대해 밝혔다. 이로써 대한민국 임시정부나 수많은 정치지도자가 아직 해외에 머물고 있는 시점에 건준이 정치무대에서 주도권을 잡았음은 명백해졌다.

안재홍의 연설은 절제와 질서를 호소하는 내용을 담고 있었지만, 일본 관리들은 이 내용에 경악하고 당황해했다. 그들은 이 시점에 한국인으로 구성된 집단이 공식적인 정치 활동을 담당하고자 시도하는 것을 바라지 않았으며, 정부의 권위를 이양한 것은 절대 아니었다. 그들은 연합국 당국이 도착할 때

---

6 이 연설의 원문은 다음에 수록되어 있다. 월추산인月秋山人,『조선 동포朝鮮同胞에게 고告함』, 서울, 1945, 27~31쪽.

까지 치안유지를 도와달라고 부탁했을 뿐이다. 따라서 그들은 주권이 건준에 넘어갔다는 인상을 불식시키기 위해 즉시 이 문제에 관한 '수정문'을 안재홍의 연설과 함께 8월 17일자 『경성일보』京城日報에 실었다.[7] 또한 그들은 건준의 해체를 기도했으나, 이는 실패로 끝나고 말았다. 8월 20일 조선 주둔 일본군 당국의 강력한 요청으로 총독부는 모든 한인의 정치나 '치안' 유지단체는 간판을 떼고 즉시 해산하라는 명령을 내렸다. 그럼에도 건준 본부는 치안유지에 협조하겠다고 서약한 뒤 계속적으로 활동을 펼쳐나갔다.[8]

일본의 깊은 의구심에도 건준의 영향력과 세력은 급속도로 커졌다. 두 지도자의 활약과 경험, 건준의 존재와 강령을 발표할 보도기관의 선점先占, 반대 세력 혹은 사실상 어떤 뜻있는 대안의 결여 등이 건준의 성공을 고무한 요인이었다. 흥분과 열광으로 가득 찬 초기에 한국인의 애국심이 수월하게 표출될 수 있었던 것은 건준을 통해서였다. 예를 들어 송진우가 지도하는 몇몇 온건주의자가 적어도 잠재적인 경쟁조직으로서 한국민주당韓國民主黨(이하 '한민당'으로 줄임 − 옮긴이) 결성을 발표한 것은 9월 7일이 되어서였다. 그동안 사실상 건준의 지방조직인 인민위원회人民委員會가 8월 31일까지 지방 유지들의 주도로 남북에 걸쳐 약 145개나 조직되었다.[9] 이 무렵에는 오랜 기간 해외에 임시정부가 존재했음에도 건준이 해방 후 한국 정부의 기초를 이룰 거라는 징후가 뚜렷했다.

흥미로운 사실은 초창기에 평양의 건준은 온건파의 수중에 남아 있었던 반면, 서울의 건준은 급속도로 좌익의 통제하에 들어갔다는 점이다. 이것은 물론 여운형이 지도력을 발휘한 결과였다. 어쨌든 탁월한 좌익 운동가의 대다수는 남쪽에 있었다. 북에서는 소련이 권위를 내세울 때까지 조만식曺晩植

---

7   모리타 요시오, 앞의 책, 82쪽.
8   같은 책, 103~104쪽.
9   한국군사혁명사 편찬위원회, 『한국군사혁명사』, 제1집(상), 서울, 1963, 7쪽.

의 영향력이 온건파를 떠받치고 있었다.

서울 건준의 부서는 다음과 같이 안배되었다.

위원장 여운형
부위원장 안재홍
총무부 최근우崔謹愚
조직부 정백
무경부武警部 권태석
재무부 이규갑李奎甲
선전부 조동호[10]

여운형을 비롯한 이들은 대부분 중요한 직책을 맡은 몇 명을 포함해 강한 좌익적 성향을 지니고 있었다. 예를 들어 정백은 최창익과 함께 1923년 사회주의 연구 모임인 민중사民衆社를 처음 조직한 이래로 사회주의와 공산주의 운동권에서 활약했고, 조동호도 1925년 제1차 조선공산당 발기인 중 한 사람이었다.

9월 2일 새로운 간부 명단이 발표되자 좌익 세력이 커졌다는 사실이 분명해졌다.[11] ‘요직’은 다음과 같이 안배되었다.

총무부 최근우
조직부 이강국(원산 공산주의 사건의 지도자)
선전부 이여성(과거 일월회와 북성회의 지도자, 신문기자)
치안부 최용달崔容達(원산 사건에서 또 하나의 주요 인물, 교수)

---

10 『한국일보』, 1955년 8월 17일자와 『조선신문』朝鮮新聞, 1959년 6월 21일자. 앞의 책, 76쪽 참조.
11 『한국군사혁명사』, 제1집(상), 8쪽.

문화부 함병기咸秉機

건설부 윤형식尹亨植

조사부 최익한(과거 ML파의 지도자), 고경흠(ML파 재건운동 지도자)

양정부糧政部 이광李珖

후생부 정구충鄭求忠

재정부 김세용金世鎔(과거 일월회의 지도자)

교통부 김형선(과거 조공의 마산 지부 지도자)

기획부 박문규朴文圭(마르크스주의 농업경제학자)

서기국 최성환崔星煥

조직·선전·치안·조사·재정·기획·교통부 등 주요 부서가 해방 전의 공산
주의운동과 직접적인 관계를 맺고 있던 사람들한테로 돌아갔다는 점과 그들
이 정치적 견해를 바꿨다는 어떤 증거도 없다는 사실에 우리는 주목해야 한
다. 더욱이 민족주의자로서 건준 부위원장이었던 안재홍이 조직의 좌경화에
반발해 9월 1일에 사임한 것은 의미심장한 일이다. 안재홍의 자리는 허헌許憲
으로 대치되었다. 허헌은 유명한 변호사로 신간회의 중앙집행위원회 위원장
을 지냈고, 해방 전 법정에서 많은 한국 공산주의자의 변호를 맡았던 인물이
다. 허헌도 이 시기에 여운형처럼 공산당원으로 여겨지지 않았지만, 확실하
게 좌익 사상에 공감하면서 공산주의 지도자들과 깊은 교분을 맺고 있었다.

건준 내에서 공산주의자들의 영향력이 어느 정도로 상승하고 있는지는 9월
6일 이른바 전국인민대표자대회全國人民代表者大會가 열렸을 때 가장 분명하
게 드러났다.[12] 이 대회가 개최된 시점은 결코 우연이 아니었다. 대회는 미 점

---

12 전국인민대표자대회에 대한 상세한 자료는 다음을 참조하라. 민주주의민족전선 사무국 편, 『조선해
방연보』朝鮮解放年報, 서울, 문우인서관文友印書館, 1946, 85~92쪽. 책의 뒤표지와 속표지에는
『조선해방일년사』朝鮮解放一年史라는 다른 제목이 쓰여 있다. 이 책은 공산주의자의 시각에서 본
1945~1946년의 정치적·사회경제적 발전에 관한 가치 있는 자료다. 편집자인 이강국, 최익환, 박

령군이 남한에 도착하기 이틀 전에 열렸는데, 그것은 분명히 전국인민대표자 대회를 기정사실화해 미군을 맞으려는 노력의 일환이었다. 이 대회에서는 55명의 중앙인민위원과 그 후보위원, 고문들이 선출되었다. 그 뒤 이 중앙인민위원회는 주석主席, 부주석, 국무총리와 각 부 부장 등을 선출해 정부를 수립했다. 이로써 이른바 조선인민공화국朝鮮人民共和國(이하 '인공'으로 줄임—옮긴이)이 탄생했다.[13]

인공의 조직을 보면 표면상으로 중간파와 우익을 많이 수용하고 있는 것으로 보인다. 오랫동안 한국 민족주의의 상징이었던 이승만이 주석에 선출되었고, 여운형은 부주석에 선임되었다. 김구와 김규식, 신익희申翼熙 등 걸출한 해외 망명가들도 김성수, 안재홍, 조만식 등 국내의 온건 민족주의자들과 함께 내각의 부장이나 중앙인민위원회 위원으로 선임되었다. 하지만 55명의 중앙인민위원 중 39명과 후보위원 20명 중 16명이 공산당원인 것으로 알려졌다.[14] 허헌은 인민공화국의 국무총리로 지명되었다. 보수파나 온건파의 다

문규, 이석태 등은 모두 중요한 공산주의자 혹은 마르크스주의 지식인들이다.

이 시기의 정치 활동에 관한 유용한 영문 자료로 다음과 같은 것이 있다. E. Grant Meade, *American Military Government in Korea*, New York, 1951. 특히 53~73쪽을 보라. 미드는 본래 전라남도를 다루었다. 그에 따르면 이 지역에서는 일찍이 8월 17일에 온건파의 주도 아래 건준이 세워졌다. 이 조직은 8월 24일 위원회의 재조직과정에서 많은 보수주의자가 축출됨으로써 좌경화되었다. 좌익은 전국인민대표자대회 직전인 9월 4일에는 더 큰 세력을 장악했다. 미드는 몇몇 미군정 관리의 믿음과는 달리, 이 시기에 건준이 공산당의 통제하에 들어가지는 않았다고 주장했다. 지방 지도자들은 "당원도, 교조적인 동반자도 아니었으며" 공산당원은 집행위원회 구성원 33명 중 단지 두 명에 불과했다는 것이다. 그는 그럼에도 공산주의자들은 군郡 수준의 조직을 서둘러, 9월 말에 실시된 지방인민위원회 선거에서 결정적인 승리를 얻었다고 지적했다. 그에 따르면 건준이 피선 대의원 71명으로 구성된 지방인민위원회로서 공식적으로 자리 잡은 10월 초에는 거의 모든 지도자가 '좌익'이었다고 한다(56~57쪽).

13 오영진吳泳鎭, 『하나의 증언證言』, 출판사 불명, 1952, 60쪽. 뛰어난 극작가의 한 사람인 오영진은 이 기간 조만식의 개인비서로 일했다. 북한의 정치에 깊이 관여했음에도 그의 회고록은 놀랄 만큼 객관성을 유지하고 있다(서울대 소장본에는 국민사상지도원國民思想指導院, 『소 군정하蘇軍政下의 북한—하나의 증언』, 1952년으로 되어 있다—옮긴이).

14 박일원朴馹遠, 『남로당총비판』南勞黨總批判, 서울, 1948, 34쪽.

수가 건준과 전국인민대표자대회의 정치적 지향을 충분히 인지한 뒤 이를 보이콧한 것은 사실이다. 이는 자리 분배와 정책 결정에까지도 영향을 미쳤다. 하지만 공산주의자들로 대표되는 좌익은 건준을 그들의 합법적 통로로 만들려고 했음이 틀림없다. 사실 그들은 중국이나 베트남의 '동지'들이 했던 방식대로 통일전선 전술을 채용함으로써 권력구조 전체를 장악하기를 원했다. 그들의 눈에는 공산당의 성공을 보장하는 상황이 무르익은 것처럼 보였다.

다양한 내적·외적 요인은 공산주의자들의 낙관주의를 고무시키기에 충분했다. 국내에서는 특히 학생과 지식인들 사이에서 급속한 좌경화 바람이 일었다. 구질서는 와해되었고 따라서 구시대적 사고방식도 크게 흔들렸다. 더욱이 한국의 저명인사들 가운데 대부분은 과거의 경력 때문에 전적으로 혹은 부분적으로 불신을 받게 되었다. 일본 통치질서의 돌연한 붕괴가 국내의 민족주의적 노력에 따른 것이 아니라 전적으로 외부적 힘의 산물이었음에도 좌익이 만들어낸 정치적 상징들이 큰 영향을 발휘하는 '해방'의 열띤 분위기가 조성되었다. 식민지 시대를 오직 그 해악만을 강조해 '특권, 착취, 억압'과 동일시하는 것이 이제 당연한 일로 생각되었다.

당시 한국 사회를 괴롭히던 심각한 사회경제적 문제들은 이런 작업을 더욱 용이하게 만들었다. 전쟁의 마지막 기간에 생산은 급격하게 떨어졌다. 일단 통제가 없어지자 인플레이션은 걷잡을 수 없었고 온갖 상품의 품귀 현상이 일어났다. 식량 문제는 북에서도 남에서도 심상치 않았으며, 1945년에 닥친 혹심한 가뭄은 문제를 더욱 복잡하게 만들었다.

특히 학생과 지식인 사회에는 좌익에 유리한 다른 요인들이 존재했다. 고등교육을 받은 한국인은 극소수에 불과했는데, 그나마 대부분의 학벌 좋은 지식인은 일본과의 협력으로 이름을 더럽혔다. 반면 좌익 혁명가들은 처음에는 은밀하게, 해방 직후에는 공개적으로 동경을 한몸에 받았다. 그들을 일본의 압제에 대항한 투쟁의 영웅으로 그리고, 그들에게 로빈 후드의 상징성을 부여하는 것은 쉬운 일이었다. 이 같은 성공이 비록 그들의 노력으로 얻어진 것은 아니지만 그런 환경에서는 흔히 일어나는 현상으로, 그들의 활동 범위와 성격을 빠른 속도로 재해석하게 만들었다. 한때 공산주의운동을 하는 것이 무척 위험스러워 보였지만 이제 대부분의 학생에게 이는 아무 해가 없을 뿐 아니라 심리적으로도 깊은 만족감을 가져다주는 행동이 되었다. 하지만 소위 지식층 내에서조차 공산주의의 의미, 즉 공산주의나 민주주의적 사회주의, 자유민주주의의 차이를 제대로 이해하는 사람이 드물었다는 점은 다시 한번 강조할 필요가 있다. 그러므로 이 시기의 한국 정치를 살펴볼 때 다른 나라의 문화나 인텔리겐치아가 갖는 시각과 관점에 입각해 이를 파악해서는 안 된다.[15]

당시 상황은 복잡하고 대단히 혼란스러웠다. 우리는 그때 좌익을 고무시킨 몇 가지 내부적 요인을 제시했다. 이들 요인을 경시할 수는 없지만 중요한 외부적 요인들 역시 존재했다. 우선 통찰력을 가진 한국인들은 소련이 조국의 장래에 큰 영향을 미치리라는 점을 인식했다. 러시아와 중국, 일본의 경쟁 구도에 크게 요동친 한국의 최근세사를 누가 잊을 수 있겠는가? 이제 일본은 세력 다툼에서 완전히 물러났고, 중국은 10년간의 전쟁으로 말미암아 피폐할 대로 피폐해진 상황이었다. 그 반면 소련은 전쟁의 손실에도 제2차 세계대전을 통해 두 강대국 중 하나로 부상했다. 다른 한 강대국인 미국은 멀리 떨어져 있었고, 동아시아에 대한 관여 여부도 아직 불분명한 상태였다. 하지만 소련

---

15 한국인 평자 한 사람은 다음과 같이 서술했다. "좌익과 중간 노선파(후에 명명되었지만)의 활발한 공세는 거리의 풍속이 되고 유행이 되고 만 듯싶다. 지식인과 청년들은 대개가 독점자본과 대재벌을 배격한다. 富의 편재에 대하여서는 생리적인 혐오를 느낀다. 일정하 36년 친일함으로써 약간의 부를 축적하느냐, 빈곤을 감수함으로써 민족정신을 견지하느냐의 기로에 서서 혼연히 후자를 택한 이 민족에 있어서 부는 일종의 죄악시가 된다. 이러한 독점적인 자본과 부의 편재를 부정하고, 그리고 일인이 고스란히 놓고 간 주인 없는 이 나라의 모든 부의 국유화 또는 균등한 재분배를 주장하는 것은 응당 문화인의 양심이고 해야 할 일이라고 생각했다. 그리고 이것은 좌익 노선만이 성취할 수 있고, 따라서 그 노선을 좇는 자만이 양심적인 문화인의 자격을 향수한다고 생각했다. 따라서 사회주의적 세계관과 정책만이 이즈러진 조국을 재건하는 유일한 지표인 듯싶었다." 오영진, 앞의 책, 60쪽. 그 당시 한국 정치에 영향을 미친 다양한 요인에 대한 다른 논의로는 다음 자료를 참조하라. 그레고리 헨더슨Gregory Henderson, *Korea: The Politics of the Vortex*, Cambridge, Mass, 1968, 제5장.

은 한국과 국경을 접하고 있었으며, 동북아시아 전체에 대한 소련의 관심은 누가 봐도 확실했다. 소련 세력과 제휴한 정치운동은 당연히 성공할 것처럼 보였다.

처음에 대부분의 한국인은(일본인은 물론이고) 소련이 북한뿐 아니라 남한도 점령할 거라고 예상했다. 38선 분할 점령의 소식은 한국에 즉시 전해지지 않았다. 소문에 따르면 엔도 정무총감이 여운형한테 러시아인들이 8월 17일 오후 2시 서울에 도착할 거라고 말했다고 한다. 16일 적군赤軍의 선발대가 오후 1시 경성역에 도착한다는 소문이 갑자기 시내에 쫙 퍼졌다. 모리타 요시오는 수만 명의 사람들이 손에 태극기와 적기赤旗를 들고 소련군을 환영하러 역전에 모였다고 전한다.[16] 다음 날에는 비슷한 소문이 함흥, 대전, 대구, 부산을 휩쓸고 지나갔다. 모든 사람이 이제나 저제나 하고 러시아인들의 출현을 기대했다.

당시 모든 한국인이 소련을 연합국의 일원으로 보았다는 점을 명심해야 한다. 소련과 미국의 불화 가능성에 대해 진지하게 생각해본 사람은 있다고 해도 극히 드물었다. 그 무렵 한국에 조성된 국제정치적 조건들은 이데올로기적 차이처럼 실로 모호했다. 이는 일본 세력이 축출되고 소련군이 대규모로 진주함으로써 정치적 지향을 가진 한국인들, 특히 좌익 성향의 사람들이 논리상 소비에트의 정치 형태가 당연히 영향력을 행사하게 되리라고 기대했을 것이라는 우리의 초기 주제와 배치되지 않는다.

2. 남한에서의 공산당 출현

건준이 정부 형태로 바뀌어감과 동시에 공산주의자들은 통일전선뿐 아니라 독자적인 활동에도 힘을 기울였다. 당의 재조직은 외관상으로는 옛 서울계와

---

16 모리타 요시오, 앞의 책, 68쪽.

화요계 공산주의자들의 주도로 일본 항복 직후부터 시작되었다. 최초의 움직임에 대한 기록은 빈약하며 세부사항에서는 상충되는 면이 있기도 하지만, 예비 회합은 8월 15일 일본이 항복한 바로 그날 저녁에 소집된 것으로 보인다. 공식적인 당 재조직 일자를 8월 16일로 잡은 기록도 있고 8월 17일로 보는 기록도 있는데, 여하튼 최초의 '선언'은 8월 18일에 발표되었다. 다음 날 서울 중심가에 위치한 장안長安빌딩에는 '조선공산당 서울시당부'라는 간판이 내걸렸고, 이런 연유로 그들은 그 후 장안파長安派로 불렸다. 장안파의 지도자는 옛 ML계와 서울계의 저명한 인물인 최익한과 이영李英이었다. 하지만 조동호 같은 화요회 출신들 역시 적극적이어서 12명으로 구성된 최초의 '중앙위원회'는 파벌 대표들이 망라된 양상을 보였다.[17]

이 시기에 즈음해 비록 짧은 기간이지만 폭풍처럼 휘몰아쳤던 남한의 공산주의운동에서 가장 중요한 지도자 역할을 하게 되는 박헌영이 전면에 나타

17 우리는 그 당시의 시점에 가까운 자료 두 가지를 찾아냈다. 장안파가 발행한 『혁명신문』革命新聞, 1945년 10월 4일자는 "8월 15일 저녁에 8월 혁명 이전부터 극히 제약된 정세 밑에서 분산적으로 지하운동을 계속하던 제諸 서클이 중심이 되어 조선공산당을 결성하였으며 그 중앙위원은 조동호 외 10명이었고, 다음날 덕성德成 여자학교 강당에서 홍남표洪南杓 동지의 사회하에 재경혁명자대회在京革命者大會를 소집했는데, 소련군이 막 서울에 들어왔다는 소식에 따라 '조선독립만세!'를 부르고는 산회하였다"라고 보도했다.

조공(장안파) 중앙위원회의 기관지 『전선』戰線은 1945년 10월 31일자에 다음과 같은 기사를 실었다. "8월 16일, 전기前記 혁명자대회 중심 분자가 전기 계동桂洞 모처에서 조선공산당을 조직하여 당당한 깃발을 대중 앞에 날리게 되었다. 당일 오후에는 전기前記 고려공산당高麗共産黨 조직위원회組織委員會(『전선』에 따르면 8월 15일 동대문 밖 모처에서 이 단체가 구성되었다고 한다 ─ 옮긴이)는 당이 급속한 또는 편협한 결성체임에 대하여 다소 항의가 있었으나 그의 역사적 필요성을 인식하고 당일 석각夕刻에 곧 입당하고 이어서 곧 경성지구위원회京城支區委員會를 조직하였다."

1946년 6월 23일자 The American XXIV Corps G-2 Summary, No. 41의 주장은 다음과 같다. "1945년 8월 해방의 날 저녁, 서울에서는 두 정치 집단의 모임이 있었다. 하나는 여운형의 건준 결성을 돕기 위한 것이었고, 다른 하나는 조공의 재건을 논의하기 위한 것이었다. 전자의 구성원은 여운형 자신과 정백鄭栢, 홍남표洪南杓, 안기성安基成, 그리고 박헌영의 화요계 인물인 홍증식洪增植, 홍덕유洪惠裕 등이었으며, 후자는 대부분 서울청년회의 전 회원들인 최익한, 하필원河弼源, 김광수金光洙(김철수의 동생), 이영李英 등으로 구성되어 있었다. 이 두 그룹이 서로 알게 되자 그들은 즉시 합병하여 여운형과 홍덕유를 제외한 나머지 모두는 8월 17일 조공(장안파)에 입당했다."

났다. 박헌영과 소수의 옛 동지는 8월 19일에 성명을 발표했다. 다음 날 당 중앙의 요직에 취임하라는 장안파의 요청을 거절한 박헌영은 조선공산당재건준비위원회를 결성하고 이미 존재하는 당의 해체를 요구했다.[18]

박헌영파의 8월 19일 성명은 몇 가지 중대한 문제에 관해 공산주의 노선을 최초로 밝혔다.[19] 한국에서는 어떤 형태의 혁명이 요청되는가? 박헌영과 그의 동료들은 2단계 혁명의 필요성을 전적으로 옹호했다. 더욱이 그들은 오늘의 한국은 '부르주아 민주주의 혁명', 즉 낡은 형식의 부르주아 혁명이 아니라 '특수한 신민주주의적新民主主義的 혁명'을 수행해야 한다고 강력하게 주장했다. 이것은 한국 사회에 부과된 식민지·반半봉건적 조건을 고려하면서 사회주의가 꾸준히 성장하고 자본주의는 끊임없이 쇠퇴해가는 국제 환경 속에서 개발되었다는 이른바 신민주주의로 귀착될 것이었다.[20] 이 성명이 잘 알려진 중국 공산주의자의 저서, 특히 마오쩌둥의 이른바 신민주주의에 대한 저술로부터 영향을 받았을 수도 있다. 하지만 꼭 그렇다고 말할 수는 없었다. 2단계 혁명의 개념은 아시아에서 오랫동안 전통적인 국제공산당의 일관된 정책이었고, 박헌영파는 본질적으로 옛 노선을 되풀이하고 있었던 것이다.

그러면 혁명의 첫 단계는 어떻게 달성되었는가? 공산당의 지도 아래 '광범한 민주주의적 인민전선'이 만들어져야 했다. 이 전선은 노동자와 농민, 혁명적 인텔리겐치아 그리고 모든 소자본가와 민족자본가 분자를 포함해야 하

---

18 『전선』, 1945년 10월 31일자에 따르면 당시 전라남도 광주에서 벽돌공으로 은신해 있던 박헌영은 8월 19일 상경했다. The XXIV Corps G-2 Summary, No. 41에서는 그가 "1925년 조공의 당원 명부, 당을 재조직하기 위한 비밀계획, 그리고 모스크바로부터 온 최근의 지령"을 가지고 17일에 상경했다고 주장한다. 8월 초 일본에 대한 소련의 급작스러운 공격에도 불구하고 서울에 남아 활동하고 있던 소련영사관과 박헌영이 신속히 접촉했다고 가정할 사람이 있을지도 모르지만 이 '지령'에 대한 언급은 개연성이 없어 보인다. 박헌영의 요청에 따라 이전의 동료였던 조동호, 홍남표, 정재달, 최원택 등은 장안파 조공에서 탈당했다.

19 '조선공산당 중앙위원회 대표 박헌영'의 이름으로 나온 1945년 10월 30일자 「조선공산당의 주장」에서 인용, 『해방일보』(박헌영과 조공의 기관지), 1945년 11월 5일자를 참조하라.

20 김종명金鍾鳴, 『조선신민주주의혁명사』, 도쿄, 1953, 96쪽.

며, 그 임무는 주요한 적을 고립시킴으로써 사회주의 단계로의 길을 열어주기 위해 가능한 한 빨리 부르주아 단계가 완성에 이르도록 지도하는 것이었다.

물론 조선의 혁명 계단은 자본혁명 계단이다. 조선에서 일본 제국주의를 철저적으로 숙청하고 일체의 지주의 토지를 몰수하여 농민에게 나누어주는 토지혁명을 실시할 것이다. 그러나 현 계단의 국제정세는 조선으로 하여금 일본 제국주의적 요소를 철저적 숙청하는 데 있다. …… 일본 제국주의 잔재 요소를 철저적으로 숙청만 하면 우리의 투쟁적 대상인 대지주·대자본가계급은 필연적으로 몰락·소탕되지 않을 수 없다.[21]

분명히 이것은 '봉건' 계급과 마찬가지로 '자본가' 계급(한국에서는 그 존재가 희소한 계급)의 기초도 철저히 와해시키는 통제된 부르주아 혁명이 될 것이었다. 그 시대의 다른 공산주의자들처럼 한국의 공산주의자들도 소위 부르주아 혁명 전에 권력을 장악하고, 이어서 사회주의로의 이행을 순조롭고 불가피하게 만드는 프로그램에 입각한 연속적인 혁명을 사실상 지지하고 있었다.

공산주의자들에 의해 통제되는 '부르주아' 혁명 단계는 그들 자신도 잘 알고 있었지만, 전통적인 '부르주아적' 특성들을 지니지 않았다. 그리고 권력장악의 기술은 '아래로부터의 통일전선'과 '위로부터의 통일전선' 전술의 사용을 모두 포함하고 있었다. 대중과 민족주의적 지향을 지닌 엘리트들은 모두 전선에 동원되어야 했으며, 당은 항상 주의 깊게 이들 하나하나의 기본 성격을 유지시키면서 쉽게 조종할 수 있는 여지를 확보해야 했다.

공산주의자들은 고난에 찬 그들의 역사상 처음으로 국내에서 공개적인 활동을 시작했다. 당시 유일하게 심각한 문제는 해묵은 분파주의였다. 정치적

---

21 1945년 10월 13일, 조선공산당 평남平南지구 확대위원회에서 채택된 「정치 노선에 관하여」로부터 인용. 『해방일보』, 1945년 10월 31일자에 수록되어 있다.

경쟁의 개시를 알리는 출발신호가 떨어지자마자 공산주의자들은 언제나 그 랬던 것처럼 각기 다른 방향으로 흩어져 달리기 시작했다. 하지만 초기부터 적어도 남쪽에서는 박헌영 일파가 주류를 형성할 것 같은 조짐이 보였다.

첫 번째 문제는 장안파 당의 해체 여부였다. 장안파 기관지인 『전선』에 따 르면 재건파(박헌영의 파벌)는 (장안파 당에 대한) 참가조건으로 중앙부 구성과 당원 심사에 대한 모든 권한을 요구했다고 한다. 이는 정확한 사실로 보인다. 8월 22일의 회합이 유산된 이후 9월 8일 서울 계동에서는 더 중요한 회의가 열렸다. 약 60명의 공산주의자가 모인 가운데 박헌영은 그의 입장을 밝혔다. 여기서 박헌영은 자신이 당을 재건하는 데 적절하다고 생각되는 어떤 조치라 도 취할 수 있는 모든 권한을 요구했다. 장안파는 자신들이 소수임을 깨닫고 그 회합이 본래 개인적인 친목 회합이므로 그런 중대한 결정을 내릴 수 없다 고 주장했다. 그들은 더욱이 '현재 조공이 엄연히 존재함에도' 박헌영은 기존 하는 당의 바깥에다 당외당黨外黨을 조직하려는 것이며, 그럼으로써 일국일 당 원칙을 무시하고 있다고 비난했다. 하지만 투표가 실시되어 예상대로 재 건파가 승리를 거두었고, 그로써 장안파는 중심 무대에서 밀려났다.[22]

---

22 9월 8일의 회합에 대해서는 두 가지 해석을 찾아볼 수 있다. 하나는 『전선』, 1945년 10월 31일자에 실린 장안파의 해석이고 다른 하나는 재건파(박헌영파의 조공)가 『해방일보』, 1945년 9월 25일과 10월 12일, 10월 18일자에 발표한 것이다. 재건파는 장안파보다 약 세 배쯤 많이 참석했던 것으로 보이며 다른 파벌 역시 명단에 올라 있는데, 이정윤李廷允이 지도하는 '적기파'赤旗派가 그것이다. 박헌영은 연설에서 당 통일의 시급성을 역설했다. "북부 조선에서 소비에트연방의 붉은 군대는 일 본군의 무장을 해제하고 조선의 자유와 독립을 선언하였고, 미군도 멀지 않아 서울에 들어오려 하고 있다. 이러한 형편에 지주와 대부르조아들의 반동적 반민주주의적 운동은 권모술수를 가지고 좌익 내부에 그 손을 뻗쳐오고 있는 것이 그 특징이다. …… 각 단체, 각 파벌, 각 계급에 접근하여 신교信 交, 성별을 초월하고서 가장 넓은 범위의 통일민족전선을 결성하기에 노력한 결과로 '조선인민공화 국'을 건설"하였으며 '인민중앙위원회'를 발족시켰다. 당의 재건은 이러한 조건 아래서 시작되었다. "지하운동의 혁명적 공산주의자 그룹들과 출감한 전 투적 동지들"—맑스·레닌·스탈린주의의 이론으로 무장하고 실지 투쟁 경력을 가진 전투적 요소 들—이 당 재건의 핵심을 형성해야 한다. "과거의 파벌 두령이나 운동을 휴식한 분자"는 아무리 명 성이 높다고 해도 지도자로서 중앙에서 일할 자격이 없다(후자의 언급은 주목할 만하다. 왜냐하면 장안파 다수가 일본에 투옥되었을 때 공개적으로 전향했기 때문이다).

3. 미국의 초기 정책과 한국의 '좌익'

이상이 미 점령군이 9월 9일 한국에 도착했을 때의 상황이었다. 그 전날 하지 J. R. Hodge 중장과 그의 참모들은 인천 앞바다에 정박한 함상에서 건국준비위원회를 대표한다는 백상규白象圭, 조한용趙漢用, 여운홍(여운형의 동생) 등의 방문을 받았다. 그들은 하지의 참모들에게 '신뢰할 수 있는' 그리고 '협조적' 인 한국인들의 이름을 생각나는 대로 불러주었다. 또한 여러 망명정부에 대한 미국의 견해를 구했으며, 미 군정에 대한 전적인 지지를 언명했다. 마지막으로 그들은 미 군정과 한국민 사이의 연락 업무를 맡겠다고 제의했다.[23]

하지는 9월 12일 경성부민관京城府民館으로 대표를 보내도록 모든 정치 집

계속된 토론에서 최익한은 박헌영의 의견에 대해 당연히 강력한 반대 입장을 취했다. 그는 재건파의 테제가 "개량주의적이요, 경제주의적이요, 아나키스트적"이라고 공격했다. 박헌영은 토론 뒤에 결론을 내리도록 허락받고는 "앞으로 조직될 중앙에는 노동자, 농민 출신의 지도자가 많이 들어와야 되고 혁명적 인텔리겐챠의 자리도 몇 개에 불과해야 된다. 물론 당은 혁명적 이론을 파악한 혁명적 인텔리겐챠와 실천운동의 투사인 노동자와 결합하여서 훌륭한 볼셰비키당이 될 수 있다"고 말한 뒤 "과거 우리의 최대 결점의 하나는 곧 우리가 대중과 분리되었다는 사실 그것"이라고 결론지었다.
재건파가 제안한 세 가지 결의안―박헌영의 보고에 찬성한다. 주요 당 간부를 선임할 최종 권한을 박헌영에게 위임한다. 당의 기본 강령과 전략, 전술을 규정하기 위해 당 대회를 소집한다―은 소수의 반대표가 나왔을 뿐 절대 다수로 가결되었다.
그러나 반대자들은 이 회합의 결정을 받아들이기를 거부했다. 이영, 정백, 최익한은 이어 박헌영의 지배에 대한 반대파의 선두에 서서 그 회합이 불법이며 대표성이 없다고 비난하는 유인물을 준비했다.

23 점령 당국이 편찬한 *History of the US Army Forces in Korea* (Part II)에 따르면 이 세 사람은 전국에 걸친 135개의 독자적인 '위원회'로 구성되고 한국민을 위한 민주주의적 형태의 정부 수립을 목적으로 하는 하나의 조직 대표로서 출두했다. 그러나 하지 장군은 자신이 직접 그들을 만날 수는 없다고 결정했다. 왜냐하면 그들은 일본의 후원을 받는 것으로 생각되었고, 어떤 기존의 정치 집단을 지지하는 것으로 보일 조그마한 가능성이라도 배제하는 것이 현명하다는 고려가 있었기 때문이다. 같은 기록에 따르면 이들 일행은 38선에서의 한국 분할, 통화와 인플레 문제, 식량사정 등에 대해 '얼마간의 관심'을 표명했다. 또한 그들은 상륙 시의 미군의 규율에 대해―아마도 북에서 소련군의 행동에 영향받았을 것인데―문제를 제기했다. 여운홍의 설명은 『몽양 여운형』의 162~166쪽을 보라. 여기에 인용된 주한미군(USAFIK, United States Armed Forces in Korea) 보고서와 기록들, the XXIV Corps G-2 Summaries뿐 아니라 앞에 인용한 *History of the USAFIK*도 그 대부분이 수납번호 RG-332로 국방성 전사국Department of Defense, Office of Military History에 분류되어 있는 문서철의 일부다.

단에 요청했다. 약 1,200명이 참석한 그 자리에서 하지는 그 시점에 한국의 정부로서 어떤 한 곳의 당이나 단체를 승인할 의사가 전혀 없다는 사실을 분명히 했다. 따라서 소위 인공과 점령군 당국 사이에 반목이 싹트기 시작했다. 점령군 당국의 보고서는 인공이 곧 사실상 잘 조직된 좌익 운동의 일부임을 알게 되었다고 밝혔다. 사실 다수의 군정 관리는 인공을 공산당이 조종하는 것으로 간주했다. 우리가 보아온 바와 같이 이것은 기본적으로 정확한 판단이었다.[24] 그러므로 미국은 상륙 직후부터 좌익이 강력하게 통제하고 있으며 공산주의자들이 지배적인 위치를 점하고 있으면서도 당이 아니라 정부, 즉 38선 이남에 있는 유일한 합법적 정부라고 주장하는 통일전선 조직을 다루어야 했다.

그 '정부'가 지방 수준에서 권력을 장악하기 위해 어떻게 움직였는지는 1945년 10월에 군수로 있었던 인물과의 인터뷰에서 잘 드러난다. 10월 9일 군郡인민위원회 후원으로 대회가 열렸고, 각 읍과 면에서 온 '대의원' 수백 명이 이 자리에 참석했다. 군수 김중희는 군청으로 돌아가 군중 앞에 서게 되었는데, 인민위원회 위원장은 그를 이전에 일본의 주구였으며 지금은 미국의 앞잡이라고 비난했다. 이어 위원장은 조선 인민은 이제 스스로 통치권을 접수했다고 선언했다. 어떤 사람은 인민이 지금 이 군을 해방시키고 있다고 소리

---

24 미 군정 보고서는 9월 중순 인공이 각 지방에 걸쳐 학생, 농민, 노동자를 대상으로 많은 외곽단체를 조직했다고 지적했다. 그중에는 '가능한 대로 무장한 급진적 학생, 암살단원, 범죄자'들로 구성되었다고 알려진 소위 '학도치안대'도 있었다고 한다.

점령군의 포고에도 불구하고 인공은 지방에서 정부 기능을 떠맡고 있었다. 오랫동안 한국에 체류한 선교사 언더우드H. H. Underwood 박사는 12월에 농촌 지역을 여행한 뒤 "인공은 남한을 통해 가장 강력하고 활동적인 조직이다"라고 보고했다. 그는 계속해서 한민당韓民黨은 많은 지역에서 조직되지 못했거나 엉성하게 조직되었을 뿐이며, 인공 세력이 내건 토지개혁과 공장해방에 필적할 만한 어떤 대안도 제시하지 못하고 있는 것으로 보인다고 말했다. 군정 관리들은 그의 인공 세력에 대한 평가를 확인하면서 다음과 같은 불길한 주석을 덧붙였다. "인공의 세력이 성장하고 있다. 그들은 온갖 수준에서 행정기관을 조직하고 있으며 다른 당들은 그들과 공존할 기회조차 얻지 못하고 있다. 군정이 다른 당에게 유리하도록 중재하지 않았다면 어떤 다른 당도 살아남을 수 없었을 것이다."

쳤다. 인민들은 김중희에게 직무를 인민한테 넘긴다는 서류를 준비해 관인을 찍고 사인을 한 뒤 관인과 사무실 열쇠를 인민위원회에 넘기라고 요구했다. 김중희가 해리스Harris 장군이 군정의 별도 통지가 있을 때까지 집무를 계속할 것을 명령했다고 주장하며 버티자 분위기가 극도로 험악해져 많은 사람이 그에게 욕설을 퍼붓고 위협하는 몸짓을 취하기 시작했다.

김중희는 결국 위원장의 지시대로 군청의 모든 행정 업무를 즉시 인민위원회 위원장에게 이양한다는 성명서를 썼고, 이를 군중 앞에서 낭독하도록 강요받았다. 군청 청사에는 옛 간판이 철거되고 인민위원회의 간판이 내걸렸다. 동시에 모든 군 관리가 축출되고 인민위원회 사람들로 대체되었다. 인민위원회의 소위 치안대 책임자가 경찰서를 접수했는데, 이로써 위원회는 경찰 소유였던 약 50정의 소총과 6정의 권총을 보유하게 되었고, 그런 식으로 인민위원회는 군郡을 완전히 장악했다. 결국 많은 지역에서 이와 유사한 일이 전개되고 있던 남한에서 인공과 주한미군 사이의 파국은 불을 보듯 뻔한 일이었다.

게다가 이미 지적했듯이, 인공 내에서 공산주의자의 역할은 점점 확장되고 심화되어갔다. 사실상 장안파에 대한 박헌영의 비교적 손쉬운 승리는 소위 인공 안에서 그가 수행한 결정적 역할 덕분이었다. 당시 여운형의 측근이었던 이동화에 따르면 여운형의 동의로 인공의 마스터플랜을 작성한 사람은 바로 박헌영이었다.[25] 박헌영도 스스로 동지들에게 9월 8일의 조공 회합 때 자신이 인공 수립에 결정적 역할을 했다고 말했다.[26] 그리고 만약 공산주의자들이 인공 조직체계의 정점에서 지도적 역할을 했다면, 그 하부 수준에서도 그들은 가장 중요한 역할을 했을 것이다. 각지의 인민위원회로부터 올라온

---

25 1967년 3월 29일 서울에서 행한 이정식과 이동화의 인터뷰. 이동화는 여운형 자신이 인민공화국 창설에 동의한 것을 후회했다고 덧붙였다.
26 알려진 바에 따르면 박헌영은 "최근 여러 동무들과 접촉하지 못한 것은 내가 인민공화국을 만들어내느라고 여가가 없었던" 때문이라고 말했다 한다. 『전선』, 1945년 10월 31일자.

보고는 공산주의자들이 군이나 시 수준에서 위원장, 부위원장 자리를 많이 차지했다는 사실을 보여준다.

4. 공산당의 강령

한편 9월 11일 박헌영파는 장안파 지도자들의 끊임없는 저항을 무시하고 통합 조선공산당의 결성을 공식적으로 발표했다. 동시에 박헌영파의 기관지인 『해방일보』는 그 첫 호에 4항목으로 된 강령을 실었다.

1. 조선공산당은 조선의 노동자, 농민, 도시 빈민, 병사, 인텔리겐챠 등 일반 근로 인민의 정치적·경제적·사회적 이익을 옹호하여 그들의 생활의 급진적 개선을 위하여 투쟁한다.
2. 조선 민족의 완전한 해방과 모든 봉건적 잔재를 일소하고 자유발전의 길을 열어주기 위하여 끝까지 투쟁한다.
3. 조선 인민의 이익을 존중하는 혁명적 민주주의적 인민정부人民政府를 확립하기 위하여 싸운다.
4. 프롤레타리아트의 독재를 통하여 조선 노동계급의 완전 해방으로써 착취와 압박이 없고 계급이 없는 공산주의사회의 건설을 최후의 목적으로 하는 인류사적 임무를 주장한다.[27]

이 강령은 박헌영 일파의 근본적 지향에 대해 하나의 실마리를 제공한다. 1945년 이전부터 활동해오면서 잔뼈가 굵은 혁명가들은 이 시기에도 여전히 「12월 테제」에 집착했다. 그들의 좌익 편향된 사고는 그 무렵 발표된 긴 논박

---

27 『해방일보』, 1945년 9월 19일자.

문에 훨씬 분명하게 나타나 있다. 지주와 부르주아지에 대해 날카로운 공격을 퍼부은 이 논문은 "그들 지주 부르조아지들은 어떤 일파의 반동적 국수주의자들과 손을 맞잡고 한국민주당이니 무슨 당이니 무슨 동맹이니 하는 것을 만들어 가지고 대중을 속이고 있다"라고 주장했다.[28] 바꿔 말하면 인공(지도적 구성원인 공산주의자와 더불어)이 유일한 합법적 정부이므로 그에 대한 반대파는 모두 소탕되어야 한다는 것이다.

소련이 박헌영을 중심으로 한 새로운 조선공산당의 입장을 완전히 승인했는지는 확실하지 않다. 9월 15일 평양에서는 남한의 운동과 직접 관계되는 하나의 사건이 일어났다. 즉 현준혁을 의장으로 하여 조공 평남지구平南地區 확대위원회가 개최된 것이다. 이는 당시 북한의 주요한 공식적 공산주의 조직이었고, 소비에트 당국의 직접적인 통제 아래 있었다. 따라서 그 성명은 소련의 믿을 만한 견해로 들린다.

현준혁파의 9월 성명은 과거 조공의 정책적 입장을 신랄하게 비판했다. 첫째, 당은 미국과 영국의 역사적 진보성을 '모호'하게 취급했다. 즉 조공은 그들을 민주주의 진영의 일부라기보다는 제국주의 진영의 일부로 생각했다는 것이다(당시 소련은 한국의 장래에 대한 교섭을 방해할까 봐 우려해 연합국, 특히 미국에 대한 귀에 거슬리는 공격을 피하려고 했다). 그 위에 이 성명은 일제의 잔재세력만을 배제한 채 가능한 한 광범위한 기초 위에 '민족적 통일전선'을 결성할 필요성을 강조했다.

그리고 당은 오직 그처럼 폭넓은 의견 수렴을 통한 정책에 의해서만 내부적 불화가 커지는 부담을 극복할 수 있고, "반대진영으로 쏠리는 대중의 밟는 발걸음을 멈추어 가지고 공산주의의 정의성正義性과 역사적 필요성을 파악할 시간적 여유를 주는 한편, 반대진영의 기만성과 반동성, 비대중성을 폭로하게 되는 것"이라고 시사했다.[29]

---

28 「인민공화국 정부 지지―반정부 음모를 분쇄하자!」, 위의 신문, 1면.

남쪽 파벌들에게 9월 성명이 함축하는 바가 무엇이었든 간에 한 가지 사실은 확실하다. 한국 공산주의운동의 중심은 아직 서울에 있는 것으로 간주되었으나 궁극적인 권위의 중심은 평양, 즉 모스크바에 있었다. 왜냐하면 최종적인 정책 결정이 소련 권위의 두 축을 이루는 평양과 모스크바에서 이루어졌기 때문이다.

남에서도, 북에서도 서울은 조공 중앙 본부의 소재지로 인식되었을 뿐 아니라 9월 중순 현재 박헌영은 평양에서도 당의 전국적 지도자로서 대접받았다. 그러나 남한을 지배한 것은 러시아가 아니라 미국이었기 때문에 남한에는 근본적으로 상이한 정치적 조건이 깔려 있었으며, 당의 성장과 전술이 모두 불가피하게 이로부터 영향을 받았다.

한국에 대한 소련의 지배는 38선 이북 지역에만 한정된 반면, 당에 대한 지배는 정책에 대해서나 지도자에 대해서나 남북 모두에 영향을 미쳤다. 접촉의 방법도 다양해졌다. 남한의 지도자나 지도자로 행세하는 사람들은 비밀리에 평양을 왕래했다. 서울에 있는 소련영사관은 연락 통로로 쉽게 이용되었으며, 특수지령을 휴대한 당 요원들이 평양에서 자주 남쪽으로 파견되었다. 그외에도 라디오 방송과 당의 간행물들이 빠르고 신뢰할 만한 의사전달 수단의 역할을 했다.

---

29 9월 15일 성명의 원문은 다음을 참조하라. 『해방일보』, 1945년 10월 30일자; 『혁명신문』, 1945년 10월 16일자. 남한의 공산계 신문인 이들 둘은 모두 북측 성명의 발췌문만 싣고 있는데, 발췌 부분의 선택에 차이가 나는 것이 흥미롭다. 예를 들면 장안파의 기관지인 『혁명신문』에는 연합국에 대한 비판을 중지하고 민족통일전선을 확충하며 "우리는 2보 전진을 위한 1보 퇴각의 신축성 있는 전술을 채용하지 않으면 안 된다"는 견해로 끝맺는 명백한 명령이 게재되었다. 그런데 이 단락은 박헌영파의 기관지인 『해방일보』에는 실리지 않았다. 『혁명신문』에는 친일 요소를 숙청하고 비친일적 민족 대동단결을 이루기 위해 "비친일파의 사유재산과 사유토지도 승인되지 않으면 안 된다"라는 결정서의 다른 한 부분이 빠져 있다. 물론 『혁명신문』에만 게재된 부분이 장안파의 날조일 가능성도 있다.

5. 파벌투쟁

앞으로 살펴보겠지만 소련은 당의 최종 결정을 내리는 데 그들의 권위를 십분 활용했다. 그러나 그들이 치밀한 정책을 준비해서 한국에 들어왔다고 믿기는 어렵다. 의심할 여지 없이 그들도 현실에 부딪혀서는 당혹해할 때가 많았고, 서로 엇갈리는 비난의 화살을 뚫고 나갈 수 없을 때도 종종 있었다. 그러므로 초기에 서울의 분파주의는 방치되었고, 장안파는 이전의 좌절에도 불구하고 소련의 승인을 얻고자 필사적으로 노력했다.

10월 초순 장안파 지도자들은 인공 창설과 관련된 재건파의 '오류'를 공격하기 시작했다. 그들의 주장은 반공주의자와 흡사했다. 그들은 전국인민대표자대회가 대중의 적절한 훈련과 동원 없이 급작스럽게 소집된 것을 격렬히 비난했다. 사실 "대회는 근근 4~5시간 만에 종료하는 일사천리주의의 아희兒戲에 퇴頹한 경솔과 실책" 때문에 "민주주의적 원칙에 대한 완전한 이탈"이 발생했다. 따라서 대회에서 통과된 '국가조직임시법안'國家組織臨時法案이 "대회의 혁명적 성질의 결여를 완전히 표시"하고 있는 것은 그리 놀랄 일이 못 되며, "전술적으로 졸렬한 인민공화국의 출현"으로 "조선혁명운동의 진로에 거대한 장해"를 구축했고, 인민적 토대를 갖지 못한 인공은 미군이 주둔하여 정부로서 활동하는 것을 금지시켰을 때 제대로 부정조차 하지 못하는 결과를 가져왔다는 것이다.[30]

장안파의 대변자들은 다른 부르주아 분자들과 달리 자신들은 인공 자체를 부정하는 것이 아니고 오히려 인공을 강화시키기 위한 구체적 활동이 필요하다고 밝혔다. 그러려면 인민위원회가 "현재의 행정적 조직을 지양하여 선동

---

30 충분한 비판을 위해서는 다음을 참조하라. 주민周民, 「제2회 전국인민대표자대회 소집에 관한 제의」, 『혁명신문』, 1945년 10월 4일자; 주민, 「혁명 정권과 인민대표자대회」, 『혁명신문』, 1945년 10월 16일자.

선전적 조직 활동을 중축으로 하는 강력한 투쟁조직으로 개편"되어야 하며, 제2회 전국인민대표자대회가 소집되어야 한다는 것이었다. 사실 10월 2일 인공 중앙위원회는 다음 대회가 1946년 3월 1일에 소집된다고 발표했다. 그러나 이것은 다만 지나친 조급성과 좌익 기회주의에 대한 징안파의 비난을 불러왔을 뿐이다.

박헌영파는 이러한 비판을 불식하려고 노력했지만, 그들의 반박성명은 오히려 그들이 수세에 몰린 듯한 인상을 주었다. 그들은 9월 대회에서 자신들이 수행한 결정적 역할을 부인하려고 하지 않았으며, 혼돈되고 변화하는 정치 상황으로 말미암아 대표자들이 "비상편법에 의한 부득이한 방법"으로 선출되었다는 사실을 시인했다(박헌영과 그의 동료들이 미군 당국이 한국 땅을 밟기 전에 인공을 조직하는 것이 반드시 필요하다고 생각했음이 틀림없다는 사실은 분명히 언급되지 않았다). 그러나 그들은 인공 인민위원회는 과도기적 존재로 간주되어야 하며 "그 인민위원회에 부여된 최대의 임무는 이 제2회 인민대표자대회를 소집하여 광범한 인민의 총의에서 선출된 인민정부의 수립을 조속한 기간 내에 성립시키는 것"이라고 주장했다. 그러나 "근로대중의 선거나 일반적인 정치적 생활 경험이 박약하여" 그러한 활동을 즉각 실행에 옮길 수는 없었다.[31] 장안파의 공격이 박헌영과 그의 추종자들에게 별 문제가 되지 못했던 반면, 다음 대회는 부일附日 협력자와 민족반역자만을 제외한 모든 계급을 될수록 광범위하게 대표해야 한다고 주장한 평양의 9월 15일 성명은 확실히 그들의 주의를 끌었다.

바로 10월의 맹공격이 가해질 즈음, 장안파의 두 거두인 이영과 최익한이 평양에 다녀왔다. 이들은 9월 30일 서울을 떠났다가 10월 15일에 돌아왔는데, 후에 박헌영파는 이들이 그릇된 보고를 퍼뜨림으로써 당에 대해 음모를 꾸몄다고 비난했다. 물론 이 순례여행은 소련 점령군으로부터 나오는 지령의

---

31 「제2회 전국인민대표자대회의 정치적 방향에 대한 제의」, 『해방일보』, 1945년 10월 18일자 사설.

우위성과 소련의 승인이 지닌 절대적 중요성을 다시 한번 상징하는 것이었다. 그들의 여행에는 두 가지 기본 목적이 있었던 것으로 보이는데, 소련의 승인을 탄원하는 것과 소련 최고 당국으로부터 그 시기 올바른 당의 노선을 알아내려는 것이었다. 그리하여 10월 12일 열린 장안파 조공 중앙위원회는 「정권 수립과 민족통일전선에 관한 결정」을 새로 발표했다. 장안파의 중앙위원회 정치국은 이영과 최익한이 평양에서 국제적 정세에 대한 안정된 정치 노선을 받아왔으므로 당은 그에 따라 전술을 수정해야 하기 때문에 결정문이 요청된다고 밝혔다.[32]

10월 결정문은 당이 운동에 깊이 부식된 소부르주아적 심성의 반영인 극좌주의적 편향에 얽매여 있다고 '대담하게 인정'했다. 또한 미국과 소련의 우호와 협력하에서만 한국의 자유와 독립이 빨리 획득될 수 있기 때문에 소련과 미국의 '역사적 기여'는 올바르게 평가되어야 한다고 지적했다. 한국의 현 혁명은 필연적으로 전진하는 부르주아 민주혁명이어야 하지만, 혁명의 속도는 강제될 수 없는 것이었다. 그렇지 않으면 당이 대중으로부터 고립될 것이기 때문이다. 여러 가지 약점으로 말미암아 민족 부르주아지는 그 역사적 임무를 수행할 수가 없다. 그러므로 당연히 현 단계에서는 프롤레타리아트가 혁명을 지도해야 한다는 것이었다. 하지만 부르주아지의 반동적 성격을 공공연히 강조함으로써 그들을 적의 진영으로 밀어넣어선 안 된다. 그들은 어떤 문제들, 예를 들어 토지개혁에 협조할 것이다. 결과적으로 민족전선의 수립에서는 단지 민족반역자만이 배제되고 부자를 포함한 모든 사람이 망라되어야 한다는 것이다.

이 '수정된' 결정문이 이영과 최익한이 평양 여행을 통해 얻어진 소련의 한국 공산주의에 대한 현행 노선을 정확히 반영하고 있다는 점은 확실한데,

---

32 『혁명신문』, 1945년 10월 31일자. 이 기사는 중앙위원회가 10월 12일에 열렸다고 말했는데, 결의문은 중앙위원회 기관지인 『전선』, 10월 13일자에 10월 9일부로 발표되었다.

장안파는 심지어 이들의 귀환도 기다리지 않고 자신들의 강령을 그 노선에 맞추기 위해 서둘렀던 것이다.[33] 그러나 이 결정문은 이영, 최익한을 비롯한 장안파의 입장을 강화시켜주지 못했다. 10월 13일 '북조선 5도 당원 및 열성자 연합대회'가 평양에서 열려 북한뿐 아니라 남한의 공산주의자들한테도 매우 중요한 일련의 보고와 결의문을 채택했다.

다행스럽게도 우리는 이 회의의 회의록을 이용할 수 있었다.[34] 처음부터 박헌영이 참석자들로부터 조선공산당의 수뇌로서 인정받았고, 서울이 당의 본부로 받아들여졌다는 점은 매우 흥미롭다.[35] 국제 정세에 대한 연설은 십중팔구 러시아인이 한 것으로 이는 미소관계의 뚜렷한 악화를 시사해준다. 미국과 영국은 폴란드 문제와 동구권 사람들에 대한 그들의 태도 때문에 강경한 공격을 받았으며, 영국은 그리스를 인도식의 식민지로 만들려 한다고 비난받았다. 유럽의 대부분을 미국과 영국군이 점령해서 '민주주의 문제'는 프랑

---

33 새 결정문의 전문은 다음에서 볼 수 있다. 『전선』, 1945년 10월 13일자; 『혁명신문』, 1945년 10월 16일자. 예상했던 대로 그 결정문은 박헌영파가 극좌주의적 과오를 저지른 주범이라고 암시하면서 그들을 맹비난했다.

34 회의록은 다음을 참조하라. 조선산업노동조사소朝鮮産業勞動調査所 편, 『옳은 路線을 위하여』, 서울, 1945. 참가자의 이름은 편집자에 의해 삭제되었고, 발언자의 성만 나와 있다.

35 서울의 박헌영한테는 다음과 같은 전문이 발송되었다.

　　박헌영 동지에게 보내는 전문

　　우리는 금번 세계대전에 있어서 스탈린 대원수의 세계 평화와 해방을 위한 참되고 위대한 정책 밑에 지도되는 붉은 군대의 영웅적 투쟁에 의하여 그 모든 유리한 조건이 실현되는 조선에 있어서, 더욱이 북부 조선에 있어서 박헌영 동지의 정당한 노선을 밟아서 5도 연합회의가 열리게 됨에 대하여 전 세계 무산계급의 조국인 소연방 스탈린 대원수께 감사를 드리는 동시에 조선 무산계급의 지도자인 박헌영 동지에게 심심한 감사를 드린다.

　　우리들은 동지의 정당한 볼셰비키적 지도하에서 우리 볼셰비키 진영을 더욱 확대·강화하고 목전에 박두한 모든 정책을 위하여 동무의 건강을 축원한다.

　　　　조선공산당 만세!

　　　　조선인민공화국 만세!

　　　　전 세계 프롤레타리아의 영수 스탈린 동지 만세!

　　　　조선 무산계급 영수 박헌영 동지 만세!

　　　　　　1945년 10월 13일

　　　　　　　조선공산당 북부 5도 연합회

스·그리스·벨기에나 네덜란드에서도 해소되지 못하고 있었다. 그럼에도 이 연설은 이들 문제가 해결될 것이라고 암시하면서 세계 평화가 소련·영국·미국의 협동으로 유지될 것이라고 주장하는 낙관적인 어조로 끝을 맺었다.

'오吳 동무', 아마도 오기섭吳琪燮으로 보이는 이 인물은 당의 정치적 임무에 대한 보고를 했다. 이 보고의 핵심은 "조선의 현 계단은 자본주의의 계단"이며 "이 계단에서 우리는 통일된 인민자주적 공화국을 건설해야 한다"는 것이었다. 다시 한번 박헌영의 지도력이 역설되고 강력한 지지를 받았으며 다른 사람들은 통렬한 비판을 받았다. 이전에 '말로만 싸워온 전락한 공산주의자들'은 엄격한 검사를 거쳐야만 입당 허가가 떨어졌다. 서울의 이영 일파는 특히 맹렬한 비판대상이 되었다. 그들의 강령은 현 단계를 사회주의 혁명 단계로 보아 한국의 해방에 대한 연합국의 공헌을 인정하지 않고 '공허한 혁명적 언변'을 쓰면서 광범한 대중을 인공으로 동원하는 데 실패한, 극좌주의의 한 형태로서의 트로츠키주의라고 비난받았다. '오 동무'는 이어 당내에는 친일분자·반동분자들을 민족전선에 집어넣으려 하는 '우경적 경향'도 잠복해 있지만, 가장 중요한 문제는 이영 일파의 예에서 보다시피 극좌적 경향이라고 결론지었다.*

---

* '오○○동무'가 한 보고의 원제목은 「정치적 현세와 당의 임무」다. 『옳은 路線을 위하여』의 자료적 가치를 높이 평가하는 이정식 박사의 요구에 따라 중요 부분을 소개한다.

"일본 제국주의의 붕괴로 말미암아 조선은 해방되었다. 조선의 현 계단은 자본주의 계단이다. 이 계단에서 우리는 통일된 인민자주적 공화국을 건설해야 한다. 이 과제의 분석은 생략하고 조공운동 현상을 살펴보자. 해방 전 조선의 운동은 역사가 길다. 그 운동을 평가한다면 쿠시넨 동무가 말한 바같이 조선의 과거 운동은 두 가지 종류로 나눌 수 있는데 그 하나는 이론만 가지고 말로만 싸우는 운동이요, 또 하나는 맑스-레닌주의의 이론은 몰라도 일본 제국주의와 실지로 꾸준히 싸워온 그것이다. 첫째의 말로만 싸워온 동무들은 일본 제국주의의 탄압이 고高해짐에 따라 전부가 굴복하였다. 1936년 일본 제국주의가 중국 침략을 개시하자 동무들에 대한 전시적戰時的, 고압적 철퇴 아래 표면상은 우리 조선공산운동은 일소되었다고 볼 만큼 되었다. 그러나 진정한 볼세비키들은 지하에서, ○○(판독 불능)에서, 광산과 공장에서 투쟁을 해왔다. 일본 제국주의 전시 고압 밑에서 무명의 공산주의자가 있었던 것을 잊어서는 안 된다. 8월 15일 이후 일본 제국주의가 붕괴되었다는 점과 붉은 군대가 진주해왔다는 점에서 공산운동은 급속도로 발전해왔다. 과거, 운동을 해온 동무들은 박헌영 동무를 중심으로 하여 그 토대 위에서 활발히 투쟁해왔다. 우리는 박동무의 강안康安과 우리 운동의 볼셰비키화를 위하여 기립하자. (일동 기립하다.)

해방된 이후 우리는 공당문共黨鬥을 개방했다. 공장에서, 농촌에서, 광산에서 노동자·농민들이 들어오도록 문을 열어놓았다. 그러나 말로만 싸워온 전략했던 공산주의자는 엄정한 조사를 거쳐서만 들어올 수 있는 것이다.

조공운동은 발전하고 있지만 조공문제에 있어서 너무 약하다. 당면문제로 세포를 중심으로 하고 있지만 아직 되지 못한 곳도 많다. 그리고 둘째로는 조선운동의 전통이라 할까 경성을 중심으로 하고 있는 이영 일파의 그룹과 투쟁하지 않으면 안 된다. 당의 그룹은 많다. 이영 일파의 프로그램에는 트로츠키즘을 가졌다는 것이다. 조공운동의 확대 강화를 위하여 해외에서 들어온 형제 당원들에게 많은 기대를 한다.

우리 당에는 두 가지 경향이 있는데 하나는 우경이요, 또 하나는 좌경이다. 이 좌우경과 투쟁하지 않고 우리 운동을 볼셰비키화할 수는 없다.

우경적 경향: 조선 인민의 당면한 문제인 독립을 위해서는 민족통일전선을 구성해야 한다니까 친일적 조선인, 즉 과거 일본 제국주의와 결탁하여 노동자, 농민을 착취하던 반동분자도 포함하여 인민주권 수립에 참가할 수 있는 줄 아는 경향이다. 이는 절대로 배격하지 않으면 안 된다. 일본 국가와 군대는 패퇴했지만 일본적 요소는 다분히 잔존되어 있다는 것을 잊어서는 안 된다.

좌경적 경향: 한 가지는 우리가 오랫동안 지하실운동에서 국제정세를 정확히 파악하지 못하던 관계로 현 단계를 사회주의혁명 단계라고 보는 것이요, 둘째로는 세계혁명의 본령인 쏘연방의 국제정책과 조선 민족의 해방이 우리의 내재적 힘으로 된 것이 아니고 연합국의 힘으로 되었다는 객관적 정세에 두어 범하는 오류이다. 셋째는 과거 전략했던 동무가 과거를 청산하기 위하여 공허한 혁명적 언변을 쓰는 데서 생기는 오류이다.

우리 공산주의자가 범하는 오류의 근본적인 것은 좌경적인 것이다. 이것으로는 인민주권을 수립하는 데 인민을 광대히 집결시키지는 못한다."

이어 '오○○ 동무'는 당의 규율문제를 강조하면서 보고를 끝맺었다.

"다음에 당규에 대하여 말하겠다. 당의 결의에 있어서 소수파는 다수파에 복종해야 하고, 당규는 엄밀히 준수되어야 하며, 당 사업이 합법기에 있어서도 비밀은 엄수되어야 한다. 대중적 볼셰비키를 위하여 당증黨證 가진 당원 1인이 당증 안 가진 범인凡人의 당원을 획득해야 한다. 대중적 보조조직을 노동자, 농민의 각 단체 속에 가져서 당의 정책을 대중 안에서 실행해야 할 것이다.

당의 볼셰비키 재활을 위하여 우리는 과거를 청산하고 하루 속히 자기비판에서 재출발하지 않으면 안 된다. 조공문제를 생각할 때 일본의 재흥문제가 남아 있고, 아직 조공 내에는 일본 제국주의 잔재가 남아 있다는 것을 경계하지 않으면 안 된다.

우리는 이론과 사상의 통일을 위하여 맑스-레닌주의로 무장하지 않으면 안 된다. 간부의 교양은 절대로 필요하며 노선을 바로 세우기 위하여 기관지를 간행해야 할 것이다. 당내 모든 것은 민주주의적이어야 한다. 그러나 결정에 있어서 실행할 때는 절대 복종해야 한다. 그러기에 민주주의적이면서 독립적인 것이다.

규율은 당의 생명이요, 당원의 생명이다. 이것이 없이는 혁명이 없다. 우리는 당의 볼셰비키화를 위해 투쟁하여 세계에 뒤떨어지지 않기를 서로 약속하자.

一. 스탈린 동무 만세!

一. 조선공산당 만세!

一. 조선인민공화국 주권 만세!"

당 조직에 대한 보고는 '金 동무'가 했다(어떤 이는 이 사람을 김일성이라 믿고 싶어한다). "당이 건설된 지 불과 2개월이라 당조차 튼튼하지 못하다"고 지적하면서 '김 동무'는 민족전선과 부르주아 민주혁명 단계에 관한 유연한 노선을 되풀이했다. '김 동무'는 박헌영이 연소한 당 안에서 '모든 자유주의적 그룹'을 추방했다고 찬양하고는 "박 동무의 지시 밑에서 우리에게 박두한 문제를 토론"하자고 말했다. 당원을 보강하는 데 있어 노동자와 농민에게 더욱 주의를 돌릴 것을 촉구한 그는 현재 당이 주로 지식층에 의존하며 당원의 불과 30퍼센트만 노동계급(노동자와 농민을 모두 포함) 출신이라고 인정했다. '오 동무'처럼 그도 이영과 최익한 일파를 극좌주의라고 비난하며, 그들이 사실상 일제에 공명하는 트로츠키적 입장을 지녔다고 공격했다. 게다가 그는 그들이 "동지와 동지 사이에 이간정책을 심고 중상中傷을 하고 의리를 팔았다"고 가혹한 용어까지 사용했다.*

이 회의에서 지부는 중앙에 복종해야 한다는 원칙이 수립되었다고 추정된다. 이것으로 서울의 우위는 확증되었다. 그러나 동시에 한국 상황의 특수성을 이유로 북조선분국北朝鮮分局의 창설이 결정되었고, 중앙에서 당원증을 인쇄해 북으로 보내는 것이 기술적으로 곤란하기 때문에 당원증은 중앙의 승인 아래 북에서 발급하기로 결정되었다. 또한 뒤에 살펴보겠지만 북한의 지방 활동에 대한 보고도 있었다. 대회는 북조선분국 위원회 위원 17명을 임명한 뒤 폐회했다.

이 회의록은 몇 가지 매우 중대한 진전을 보여주고 있다. 김일성은 10월 14일에야 평양에서 공식적으로 등장했다. 이 무렵 그는 남한 사회에서나 북한 사회에서나 아직 그다지 알려지지 않았다. 그동안 당의 북조선분국(추측건대 소련의 지도하에 있는)은 박헌영의 지도력을 승인했으며, 과격한 용어로 장안파를 비난했다. 이제 장안파의 몰락은 불가피한 상황이었다.

---

* '김○○ 동무'의 보고 전문은 이 책의 제5장 514~517쪽을 참조하라.

김일성의 지지자들은 훗날 그렇게 하는 것이 정치적으로 불가피해졌을 때, 이 시기의 '박헌영 도당'이 중요한 부분에서 '우경적 오류'를 범했다고 공격하게 된다.[36] 박헌영의 8월 20일 첫 성명은 우익 패배주의를 고취하고 대중의 계급의식을 마비시키는 반소·친미의 문서로 간주되었고, 요즘은 이 도당이 "미제의 충실한 주구인 이승만이 영도하는 친미적 부르주아 공화국"의 수립을 옹호했다고까지 얘기한다. 그러나 이러한 악의에 찬 그릇된 비난은 훨씬 더 훗날 박헌영이 숙청된 뒤에야 나온 것이다. 이 당시 박헌영은 소련의, 또 김일성의 인정을 한몸에 받았다.

그러므로 이영과 최익한이 10월 15일 서울로 돌아왔을 때 그들의 장래는 그리 낙관적이지 않았다. 아마 이것이 10월 20일 재건파에 당내의 분파주의와 극좌적 지향을 극복하고 하나로 통합된 당 조직을 만들기 위한 '신중한 토의'를 요구하는 타협적인 편지를 보낸 주된 이유일 것이다.[37] 재건파가 이 편지에 답한 흔적은 찾아볼 수 없다. 그동안 장안파는 평양 노선에 직면해 자발적으로 급속히 우익 측으로 기울어졌다. 10월 24일 장안파의 대표 5인은 두 보수정당인 송진우의 한민당, 안재홍의 국민당國民黨 대표들과 함께 충칭의 임시정부 지지를 서약하고 임시정부의 조속한 환국을 촉구한다는 공동성명을 발표했다. 또한 그들은 '전 조선 민족의 통일된 완전한 민주주의적 자주독립적 정식 정부 수립'의 기초를 마련할 국민대회 준비위원회의 구성에 동의했다. 참가한 세 정당은 이 목적을 달성하기 위해 김병로金炳魯, 백홍균白泓均, 최익한, 김준연, 최성환 등 5인으로 구성된 국민대회준비회國民大會準備會를 발족시켰다.[38]

---

36 예를 들어 다음 자료를 보라. 한임혁, 『김일성 동지에 의한 조선공산당 창건』, 평양, 1961, 27쪽 이하.
37 이 편지는 『전선』, 1945년 10월 31일자에 「당 통합 촉진에 대한 약보略報」의 한 부분으로서 공개되었다.
38 이 공동성명과 일련의 결의사항은 한 장짜리 신문에 발표되었는데, 교섭이 10월 17일에 시작되었다는 주장과 아울러 이러한 진전이 언젠가는 전국적 통일전선으로 이끌어지리라는 희망을 담고 있다.

3당 연합의 이러한 결정 다음 날인 10월 25일, 장안파의 대표를 포함한 3당 대표들은 16일에 귀국한 이승만과 두 시간 정도 환담했다. 이승만은 귀국 시 영웅 대접을 받았다. 그는 새로운 3당 연합 측에서도 대단히 비판적으로 보는 인공의 주석 취임 제의를 거절했다.

장안파가 1945년 4월 24일 중국공산당 제7차 전국대표회의에서 마오쩌둥이 발표한 소논문 「연합정부론」聯合政府論을 두루 인용함으로써 이 다양한 정치회동을 정당화하려고 한 것은 매우 흥미롭다. 마오쩌둥은 독립적·민주적 연립정부의 수립을 위해 다양한 비非 제휴 요소와 함께 모든 정당과 단체의 연합을 요구했다. 그는 이것이 일본 침략자의 구축과 신중국 건설을 위한 오직 하나의 확실한 길이라고 주장했다.

그러나 의심할 바 없이 새로운 행동 노선을 자극한 것은 마오쩌둥이 아니라 소련 지도자들이었다. 그리고 마오쩌둥이 기대한 '프롤레타리아 지도하의' 연합 형태와 이제 만들어진 3당 연합과는 큰 차이가 있었다. 비록 장안파가 찬동했다고 해도 보수정당이 장안파보다 훨씬 더 세력이 강하다는 사실은 공산주의적 관점에서 봤을 때 이 연합의 이용 가능성을 의심하게 했다. 당연히 박헌영파는 11월 5일의 성명에서 이들이 "인민정부 수립에 있어 부르조아에게 그 영도권을 무조건 내맡겼다"라고 자신들의 공산주의 경쟁상대를 통박했다.[39]

발표문 뒤에 조공(장안파) 서기국의 장문의 성명서(10월 24일자―옮긴이)가 따른 것으로 보아 이 신문은 장안파를 통해 발행된 것 같다(이 번역에는 『혁명신문』의 일자 미상 호외를 이용했으며, 이 날의 3당 대표 회동은 김준연 등 국민대회준비회 측이 알선한 것으로 위의 다섯 명은 이 회의의 교섭위원으로 선정되었다―옮긴이).

39 「반대파에 대한 성명서-조선공산당 당면정치대책 협의회」, 『해방일보』, 1945년 11월 5일. 이 성명은 서두부터 "국제 트로츠키파'는 조선에서도 반동적, 반인민적 음모를 공연히 전개"하면서 "조선혁명은 '제2계단으로 돌입하였다'고 대담하게 선언하여 무산혁명을 조선혁명의 성질로 규정"하여 혁명 단계를 그릇되게 해석했다고 비난했다. 당은 "소수가 다수에 복종하는 원칙을 유린"한 이영, 최익한 일파가 분파적 활동을 벌여 "조직적으로 트로츠키주의를 조선에서 재생산"한 사실에도 불구하고 "오직 그들이 그들의 과오를 뉘우쳐서 당의 규율에 복종하고 그의 극좌적 이론을 청산하면 그

평양과 서울 양측으로부터 엄청난 압력이 가해지자 장안파는 11월 23일 마침내 무릎을 꿇고 말았다. 아마도 밀사들이 수없이 평양을 왕래하고 수많은 막후회담이 열렸을 것이다. 여하튼 장안파는 11월 24일에 공개적으로 해체를 발표했다. 장안파의 공식 성명은 통일된 당을 위하여, 통일전선 활동을 방해하지 않기 위해 이러한 희생을 감수한다고 하면서 "100일이란 짧은 기

들을 포용"하고자 했다고 주장했다. "그러나 그들은 당을 파괴하기 위하여 평양에 대거 진출하여 온 갖 중상과 허위로써 모든 음모를 기도하였으나 38도 이북 5도대회에서는 그들의 오류를 정당히 지적"한 후 "조선 민중 앞에 그들 자신의 모든 오류를 공개"하고 "그들의 조직체를 즉시 해산"하라는 지령을 내렸다. 이영과 최익한 일파는 이 지령을 "절대 실행할 것을 맹세"하고 서울로 돌아갔으나 이른바 3정당 공동성명서를 발표해 충청임시정부重慶臨時政府를 적극 지지했다. 반면 이들은 "반일투쟁의 집중적·정치적 표현인 조선인민공화국"에 대해서는 "전면적으로 부정적, 말살적 태도를 표명"했을 뿐 아니라 "한국민주당 수령에게 무조건 항복"하고 마침내 "반계급적, 반인민적, 반동적 진영으로 투항하고 말았다."
이어서 이 성명은 인민공화국 중앙위원회를 "비민주주의적이니 미봉책이니 관료적 경화硬化니 분파적 봉쇄성이니 하는 허위적, 중상적 언사로써 부정"해온 이영과 최익한 일파에 대해, 인공에 이 같은 비난을 가한 자는 "부르조아 중에서도 가장 타락하고 부패한 부분"이라고 몰아세웠다. 더욱이 그들이 "해외의 반제세력을 규정할 때 10여 년간 하루도 쉼이 없이 무기를 잡고 만주의 광야에서, 북조선 일대에서 일군과 영웅적 투쟁을 계속한 김일성 의병운동에 대하여는 일언의 규정도 없는 것은 이 일파의 본색을 완전히 폭로하는 것"이었다.
박헌영 집단이 공개적으로 김일성에 대해 언급한 것은 이번이 처음이었는데, 김일성을 의병운동의 한 부분으로 잘못 취급한 것(그럼으로써 과거의 김일성 신화를 되풀이한 것)으로 보아 박헌영 집단은 김일성의 활동에 대한 정확한 정보를 결여하고 있었음이 틀림없다.
『해방일보』의 같은 호는 1면 가운데 약 6분의 1을 "8월 15일 이전에 우리 민족이 진정한 지도자를 가졌다면, 이 김(일성) 장군을 첫 손가락에 꼽지 않을 수 없을 것이다"라는 주장과 함께 김일성에게 할애했다(「조선의 청년영웅 김일성 장군을 환영」). 기사는 다음과 같은 구호로 끝을 맺었다. "청년영웅 김일성 장군 만세! 조선 절대독립 만세! 조선 근로 인민해방 만세!"
실상 장안파는 이보다 일주일 전인 10월 27일자 『전선』에 「김일성 장군을 환영하자」라는 제목의 글을 실어 김일성을 찬양했다. 이 기사에서 김일성은 "수많은 군성群星 가운데 오직 혜성 같은 존재"라고 불렸으며 만주에서의 유격대 활동도 짤막하게 소개되었는데, 그는 게릴라전의 맹장인 유고슬라비아의 요시프 브로즈 티토Josip Broz Tito 원수와 비교되었다. 더욱이 10월 31일에 『혁명신문』은 '전 민족의 위대한 지도자'인 이승만 박사와 김일성 장군의 귀국을 환영하는 좀더 긴 기사를 통해 3,000만 동포가 오랫동안 이 두 영웅을 흠모하고 그들의 귀국을 기대해왔다고 주장했다.
앞서 지적했듯이 김일성은 10월 14일 평양에서 처음으로 공식 석상에 등장했다. 서울에서 그에 대한 찬양이 지체되었던 것은 흥미롭다. 그러나 찬사가 한꺼번에 쏟아져나온 것은 그 젊고 비교적 생소한 게릴라 투사가 적어도 북한에서는 러시아가 선택한 정치적 주역이 되었다는 기별을 남쪽의 공산당 지도자 모두가 받았음을 시사한다.

간에 우리 당은 많은 기여를 했으며, 아울러 많은 과오도 저질렀다"고 발표
했다.[40]

6. 당과 외곽단체의 강화

이 시기 남한에서 공산당의 세력이 어느 정도나 되었으며, 끌어낼 수 있는 힘
의 원천은 무엇이었을까? 첫 번째 질문에는 정확히 답변하기가 어렵다. 미 군
정 당국은 한국 도착 직후인 9월 초에 조공은 38선 이남 지역에서 약 3,000명
의 당원이 있다고 추정했다. 1946년 1월엔 그 추정치가 2만 혹은 3만 명으로
증가했고, 앞으로 살펴보겠지만 그 직후에 공산주의자들 스스로 공개적으로
당원의 급격한 증가를 주장했다. 1946년 늦봄 무렵 조공 지도자들은 당원이
20만 명에 달했다고 주장했다. 미 군정 당국이 파악한 수치는 비교적 적어 대
체로 4만 혹은 6만 명 정도였다. 일 년이 지나 격렬한 사건들이 빈발한 뒤인
1947년 9월, 미 군정은 당원을 대략 3만 혹은 4만 명일 거라고 추정했으며,
이윽고 공산당의 운명도 기울기 시작했다.
    한 가지 문제는 비록 이 모든 수치가 정확하다고 해도 당원 숫자가 그대로
당세의 지표가 되지 못한다는 점이다. 우리는 이미 인공과 전국에 걸친 인민
위원회를 통제할 수 있는 공산당의 막강한 영향력을 보았다. 11월 초 공산당
은 수많은 청년과 노동자, 농민의 외곽조직에 대해 실질적인 통제력을 획득함
으로써 세력을 상당히 증대시켰다.
    먼저 노동조합 내부의 상황을 살펴보자. 9월 초 공산당의 후원으로 노동

---

40 장안파의 공개성명은 다음 기사에 실려 있다(이것은 오한근吳漢根 씨의 개인 소장 자료다). 「공산당
의 합병과 통일—일국일당 원칙하에 장안파 해체」, 『자유신문』自由新聞, 1945년 11월 24일자. 이
기사는 이영을 의장으로 한 장안파 지도자들의 회의와 앞에서 요약한 대로 장안파를 해체하고 재건
당에 합류키로 결정한 이유들을 보도했다.

자의 조직이 시작되었다. 김남식에 따르면 노동자들을 조직하는 임무를 맡았던 조직요원들의 대다수는 정력적이고 활동적이며 중등교육을 받은 20대의 젊은이들로서 나로드니키Narodniki 식*으로 일터와 공장에 뛰어든 열정적인 청년 혁명가들이었다. 그러한 청년들은 남한에서 가장 중요한 산업지대의 하나인 영등포永登浦 지구等 주요 지역에서 당의 든든한 버팀대가 되어주었다.

9월 2일 이미 『대중』大衆(조선공산당 경성지구위원회〔장안파 계열〕에서 간행한 신문—옮긴이)은 운수노동조합 조직준비위원회의 결성을 보도했다. 그 직후에 일본인 소유의 공장에서 위원회 소속 노동자들의 주도로 최초의 중요한 분쟁이 일어났다. 일본인은 어쩔 수 없이 공장을 잃고 한국에서 떠나야 했기 때문에 양보는 어렵지 않게 이루어졌다. 이것은 노동운동 조직가의 위신을 높였고, 조합원은 급속하게 늘어났다.

이들 젊은 조직요원의 활동을 통해 경제적 문제는 즉시 정치적 문제와 결부되었다. 미 군정이 자리 잡기 전에 이미 공산주의자들이 남한의 조직된 노동운동을 독점하리라는 조짐이 나타나기 시작했다. 사회민주주의자와 좌익 온건파들은 당의 조직에만 몰두했고, 우익 지도자들이 이 분야에서 주도권을 잡는다는 것은 거의 기대하기 어려웠다. 그러므로 노동운동은 열성적인 청년 당원들—공산당 내의 지도자들조차 그들의 어떤 경향에 대해서는 비판적이었다—의 지도로 급속히 좌경화되었다.[41]

9월 26일 노동조합전국평의회勞動組合全國評議會 준비위원회가 발족되었다. 10월 한 달 동안 수많은 노조가 산업별 기초 위에 전국적 규모로 조직되었고, 마침내 11월 5일 조선노동조합전국평의회(이후 '전평'으로 줄임—옮긴이)의 결성대회가 열렸다. 이 대회는 당시 남한의 조직노동자에 대한 공산당의 광

---

* 19세기 후반 러시아에서 서구식 자본주의를 비판하고 농촌 공동체에서 공산주의 사회의 모태를 찾았던 청년 귀족과 급진적 지식인을 중심으로 일어난 농본주의적 사회주의다.
41 예를 들어 다음 자료를 보라. 「조선노조운동의 당면임무」, 『해방일보』, 1945년 11월 21일, 24일, 27일자. 이 기사의 필자는 미 점령 당국과 충돌을 가져올 재산몰수 등의 행동에 대해 경고하고 있다.

범한 통제력을 훌륭하게 입증해준다. 50만 노조원을 대표한다는 전국 13개 도의 대의원 약 505명이 서울에 모였다. 애국가와 〈적기가〉赤旗歌 제창에 이어 위원장 허성택許成澤이 개회를 선언했고, 박헌영과 김일성, 루이 사양Louis Saillant(새로 조직된 세계노동조합연맹World Federation of Trade Unions의 총서기)*, 마오쩌둥 등 4인의 명예의장을 선출했다. 그리고 일련의 결의문이 채택 되었는데 먼저 "이 대회를 가지게 한 조선 무산계급의 영수 박헌영 동무"에게 감사의 메시지를 보내기로 결의한 다음, 이어 해방을 위해 노력한 "소·미·영·중 연합국 노동자 대중에게 감사의 메시지를 보낼 것", "무산운동의 교란 자 이영 일파를 박멸할 것", "조선민족통일전선의 수립에 대한 박헌영 동무의 노선을 절대로 지지할 것" 등을 결의했다. 그리고 회의 중에 박헌영을 비롯해 인공 노동부장 이주상李青相, 서울시 인민위원회 대표 김광수金光洙, 공산청 년동맹 대표 권오직權五稷 등이 보낸 메시지가 낭독되었다.[42]

11월 5일 이 대회는 남북한을 통틀어 전국적으로 통일된 노조운동을 유지 하려는 마지막 시도를 의미했다. 북한의 노동조합은 곧 '자치'를 인정받아 독 자 노선을 추구하기 시작했다. 이는 정치 영역에서의 사태 진전을 반영한 것 으로, 11월 30일에는 전평북조선총국全評北朝鮮總局이 창설되었다. 1946년 5월 25일에는 북조선총국 확대집행위원회가 열려 조직의 명칭을 북조선직업 총동맹北朝鮮職業總同盟으로 바꿀 것을 결정하는 최종적인 조치를 취했다. 이

---

* 어느 자료를 보면 국제노동조합 서기장 라온 치온이라고 되어 있다―『신조선보』新朝鮮報, 1945년 11월 7일자.

42 『매일신보』每日新報, 1945년 11월 6일자를 보면 이 회합의 상세한 보고가 실려 있다. 대회 이틀째, 아마도 군정 당국의 비판을 피하기 위한 노력인 듯 영국 노동장관과 소련 노동장관 그리고 미국 노 동총연맹산업별회의AFL-CIO의 시드니 힐먼Sidney Hillman이 명예의장으로 추가된 점을 부언해 둔다.
위원장 허성택許成澤과 제1부위원장으로 선출된 박세영朴世榮은 해방 전의 지하 공산주의운동에서 오랜 경험을 쌓아온 인물들이다.
다음에 나온 도표는 해방 후 6개월간 남북한 노동조합의 발전을 나타내는 것으로, 여러 자료를 종합 해 작성했다.

것은 이미 행정상의 현실이었던 남북 간의 활동과 간부의 완전한 분리를 확인하는 것일 뿐이었다.

그동안 농민의 조직사업 역시 완성되었다. 1945년 12월 8일 전국농민조합총연맹全國農民組合總聯盟(이하 '전농'으로 줄임— 옮긴이) 결성대회가 서울에서

1945년 11월과 1946년 2월 현재 노동조합의 세력

산업	설립일①	지부 수① 1945. 11	북한의 지부 수① 1945. 11	지부 수② 1946. 2. 15	분회 수② 1946. 2. 15	조합원② 1946. 2. 15
금속	45. 11. 2	19	8	20	215	51,364
화학	45. 11. 3	19	9	18	167	49,015
섬유	45. 11. 3	10	4	16	121	30,268
출판	?	19	8	16	65	4,368
운수	–	–	–	28	140	58,041
식료	45. 11. 3	23	10	23	108	22,523
토건	45. 11. 3	17	7	17	127	59,118
전기	45. 11. 4	11	5	14	54	15,742
목재	45. 11. 4	26	11	11	125	30,722
어업	–	–	–	9	50	35,653
광산	45. 11. 1	(88)	?	9	123	64,572
통신	45. 11. 3	21	10	9	40	10,215
철도	45. 11. 2	20	11	14	117	62,439
일반봉급	?	18	10	14	107	17,065
해원	–	–	–	7	9	4,720
조선	45. 11. 4	13	6	10	38	5,549
연합	–	–	–	–	74	53,101
합계		216(304)	99	235	1,680	574,475

자료: ① 『전국노동자신문』全國勞動者新聞, 1945년 11월 16일자.
② 민전 사무국 편, 『조선해방연보』朝鮮解放年報, 서울, 1946, 158쪽.
1946년 2월 현재 57만 4,000명으로 기록된 노조원의 약 절반은 북한에 있다고 추정해도 좋다. 1946년의 『조선해방연보』는 조합원의 약 75퍼센트가 남자이고, 그중 약 60퍼센트가 청소년이며 나머지도 장년임을 보여준다. 노조원의 평균 연령은 아마 35세에 가까웠을 것이다. 여성 조합원 중 80퍼센트가 젊은 여성이며 그들 대부분은 사춘기의 방직노동자였다.

개최되었다. 남북의 330만여 조합원을 대표한다는 13도, 22시, 219군에서 상경한 545명의 대의원이 상설 전국조직을 결성하고, 기본 정책을 수립하기 위해 모여들었다. 이용 가능한 수치로 미루어 그들이 주장하는 330만 조합원 중 대략 200만 명이 38선 이남에 살았다고 볼 수 있다.[43]

대회 두 번째 날에는 28항목의 행동강령이 채택되었다. 예상대로 가장 중요한 조항들은 토지개혁에 관계된 부분이었는데, 그 내용은 남북공산당의 현

43

전농全農의 조직 상황

道 연맹	府·郡·島 지부	面 지부	里·部落班	조합원 수
전라남도a	14	110	3,019	369,414
전라북도a	12	103	2,075	301,645
경상남도a	15	182	1,877	459,759
경상북도a	17	127	2,598	275,913
충청남도a	12	97	1,890	122,563
충청북도a	6	57	1,750	116,978
경기도b	15	134	3,239	193,549
강원도c	21	179	1,857	175,852
황해도d	17	227	981	204,277
평안남도d	14	140	1,640	173,545
평안북도d	19	178	1,600	279,424
함경남도d	15	135	1,979	450,746
함경북도d	11	76	783	199,532
총계	188	1,745	25,288	3,323,197

자료: 『조선해방연보』, 167쪽.
a. 38선 이남
b. 38선 이남이지만 이북 지역도 약간 포함
c. 38선으로 거의 균등히 분할됨
d. 북한 지역
조합원 수는 가장家長만을 계산하기도 하고
가족까지 모두 포함해 계산하기도 하는 등 여러 가지
방법으로 계산된 것으로 보인다.

입장을 반영해 비교적 온건했다. 일제와 '민족반역자' 소유의 모든 토지는 몰수해 빈농에게 분배하며, 친일파와 민족반역자가 아닌 조선인 지주의 토지는 소작료를 3·7제로 정하고 현물 납부가 아니라 원칙적으로 금납金納으로 한다. 세금과 모든 공과公課는 지주가 부담하고, 종자와 비료값은 지주와 소작인이 균등히 부담해야 하며, 감작減作이나 경작되지 않은 토지(부작지不作地)는 소작료를 감면해야 하고, 농민의 최저 생활을 국가가 보장한다. 일제나 민족반역자에 대한 모든 채무는 폐기하고 그외의 고리대금은 그 이자를 연 5리 이내로 감하한다는 것이 주요 골자였다.[44]

공업 분야의 전평처럼 전농全農도 출발부터 공산당의 통제 아래 있었다. 더욱이 조합 지부는 노동조합운동에서와 마찬가지 양상으로 보통 열성적 청년 공산주의자들을 통해 조직되었다. 훗날 전향한 공산당의 여성 조직원인 소정자蘇貞子는 진주 지방의 농민조합 지부 결성과정을 생생하게 들려준다.[45] 서울로부터의 원칙적인 지령에 따르는 지방 조공 조직원을 통해 면밀한 준비가 끝난 뒤 집회날짜가 정해졌다. 예비선전 활동이 최대한 전개되었고, 지정된 시간이 되자 수천 명의 농민이 꽹과리를 두드리며 몰려들었고 대회장은 대단히 시끌벅적했다. 엄청난 군중에 놀란 경찰이 즉시 집회 인원을 500명으로 제한했고, 주최 측이 이에 반발해 한참 옥신각신하던 끝에 결국 결성대회장은 형식적으로 새끼줄을 둘러치고 500명만 줄 안에 들어가 앉고 나머지 수천 명은 그 주위에 뺑 둘러섰다.

집회의 연설은 공산당의 지령 내용과 그대로 일치했다. 소정자 자신은 정치적으로, 경제적으로 스스로를 조직하려는 한국 인민의 노력을 방해하는 미군정에 대한 공격에 연설의 초점을 맞추었다. 그녀는 "한날한시에 해방된 우

---

44 상세한 것은 다음을 참조하라. 『조선해방연보』, 168쪽. 토지 문제에 대한 조공의 거의 대동소이한 결의안은 다음 자료에서 볼 수 있다. 『해방일보』, 1945년 10월 3일자.

45 소정자, 『내가 반역자냐』, 서울, 1966, 30~31쪽.

리 땅 북조선에는 이미 모든 주권이 노동자·농민의 손에 있다지 않습니까? 피착취계급인 노동자와 농민이 단결하여 우리도 북조선 농민들과 같이 토지의 주인이 되고 나라의 주인이 됩시다!"라고 외치던 일을 상기했다(이 연설 때문에 지명 체포령이 내려진 그녀는 체포되기 전 경찰의 눈을 피해 당 간부인 청년과 절에서 결혼식을 올렸다).

이 시기를 통해 공산주의자들은 농민의 마음을 끄는 데 유리한 점을 많이 가지고 있었다. 그러나 극복해야 할 중대한 장애물도 있었다. 그들의 주된 이점은 한국 농촌의 경제적 여건이 항상 극도로 나빴고, 전쟁의 결과로 더욱 열악해졌다는 점이다. 비료, 종자나 다른 농업 필수품들은 대단히 부족했고 날씨까지 나빠 상황이 더욱 복잡해졌기에 공산주의자들이 경제적인 견지에서 호소할 여지가 많았다. 자연히 공산주의자들은 토지를 경작자에게 준다고 선동했고 집단화를 거론하지 않았다. 그들은 양반제도의 견디기 어려운 불공평성을 강조하며, 모든 사람이 자신의 토지를 소유하고 관헌의 억압이 그치고 세금이 사라지는 새롭고 민주적인 시대를 약속했다.

그러나 이런 유토피아를 펼쳐 보여도 농민들은 항상 기대처럼 반응을 보이지는 않았다. 몇 세기에 걸쳐 농민들은 지금 주어진 것과는 근본적으로 다른 정치문화 속에서 살아남는 법을 배워왔다. 비록 반대 입장의 저술도 많긴 하지만 이 문화가 전적으로 무지와 순종에 기초하지는 않았다. 대부분 매우 미묘했던 상호 의존관계는 지방계층 간의 관계를 포함해 한국의 농촌 사회 전체를 지배했다. 이러한 체계를 '보수적'이라고 규정하는 것은 확실히 타당하다. 하지만 이는 농민 전체의 생활방식이었으며 그 자체가 가치나 태도, 친족관계 등을 망라하고 있었다. 그러므로 비록 사적인 정부가 종종 공적인 정부를 압도하는 그런 문화였지만, 그것은 가장 포괄적인 의미에서 정치적이었다.

농민들이 새로운 정치의 와중에 휩쓸려들었을 때(보통은 그 의미를 거의 이해하지 못했고 외부의 조종에 따른 것일 때가 많았다), 그 결과는 비참할 수밖에 없었다. 새로운 정치가 어떻게 한 마을에 영향을 미쳤는지를 예증하기 위해 경상북도의 어느 농부가 회상하는 1946년 10월의 대구폭동大邱暴動 이야기를 인용해보자.

그해 10월 2일인가 3일인가 잘 기억되지 않습니다만 우리 마을 사람들은 새벽 잠에 놀라 일어났습니다. 난데없이 부락의 종이 울리고 있었기 때문입니다. 아버지와 엄마와 함께 울타리로 나가보니 집 앞길을 약 50명의 남자 부락민들이 모두 삽, 곡괭이, 막대기 등을 들고 떠들썩하게 지나가고 있었습니다. 5리쯤 떨어진 곳의 이웃 마을 사람들이라고 했습니다. 노인도 있고 청년도 있고 국민교를 갓 나온 소년도 간혹 끼어 있었습니다. "가자, 면소面所로 가자!" 큰 난리가 난 것 같았습니다. 그들이 지나간 지 얼마 되지 않아 우리 마을 남자들도 막대기를 들고 1킬로쯤 떨어진 곳의 면사무소로 몰려가게 되었습니다. 양복차림의 청년 두어 사람이 연설하기를 "대구는 인민위원회가 점령했다", "경찰은 무장을 해제당했다", "일본놈의 앞잡이들을 쳐부수자", "공출이 없는 세상이 와야 한다"는 등의 내용이었다 합니다. 연설한 청년들은 대구서 간밤에 이웃 마을에 도착했답니다. 뒤에야 알았습니다만 청년들은 좌익계서 파견된 공작원이었습니다.

그때만 해도 마을 사람들의 생활은 날로 뛰는 물가로 말이 아니었습니다. 일본군이 물러나고 우리 세상이 됐다는 건 말뿐이요, 일본인 밑에서 면서기를 한 자가 그대로 면소에서 으스대고 있었습니다. 그 한국인 면서기는 일제 때 공출을 시키는 데 마귀와 같은 존재였다 합니다. 과중한 부과賦課에 응하지 않는다 해서 비 오는 날 땅바닥에 무릎을 꿇게 하고, 집안을 뒤져 강탈하다시피 양식을 거두어간 바로 그 자가 해방된 이 땅에서도 여전히 면서기의 자리를 차지하고 있다는 것을 마을 사람들은 좋게 생각하지는 않았던 것입니다. 그 면서기는 우리 마을에서 10리는 떨어진 다른 마을의 부농이었습니다. 물론 일본놈 밑에서 일하고 그래서 재산이 늘어난 것이겠지요······.

농민들은 면사무소로 간다는 것이 바로 악독한 공출에 대한 원한을 풀 수 있는 기회라고 여겼을 것입니다. 선동과 인솔 역할은 인민위원회의 청년들이 했을 것입니다. 그때는 방방곡곡에 인민위원회가 있었습니다. 해방이 되자 너도나도 해서 조직된 것이죠. 보통학교를 나온 청년이면 으레 마을 인민위원회에 가입하고 있었습니다.

그리하여 면사무소로 밀려간 사람들은 거기서 사무소를 때려 부수고 서류를 꺼내 불태워버렸습니다. 면사무소 직원들은 이 한꺼번에 일어선 농민들과 대항할 힘은 없었습니다. 경찰관도 도망가고……. 흥분한 그들은 그 길로 다시 몰려갔습니다. 10리 길 논두렁을 이어 소란스럽게. 원한의 대상인 그 악독했던 면서기, 친일파인 그 사람의 마을로 간 것입니다. 가옥과 재산을 마구 때려 부숴 불태워버렸습니다. 그 사람 집에 있는 족보까지 꺼내 불살라버리고는 의기양양하게 돌아온 것입니다. 마을 사람들은 그날 저녁에서 밤에 이르기까지 온통 잔치바람이었습니다. 밀주에 벌겋게 된 그들은 완전 보복과 승리감에 취해 금방이라도 공출도 없는 아주 잘살 수 있는 자유로운 세상이 된 걸로 알고 있었습니다. 누구나 다 그렇게 생각하고 있었을 것입니다.

그러나 그로부터 마귀가 이 마을들을 찾아왔었다는 것을 날이 새고 다음 날이 되어서야 알게 되었습니다. 이미 계엄령이 내린 대구지구로부터 응원 경찰이 미군 병사들과 함께 출동해온 것입니다. 마을 사람들은 뒷산으로 도망갔습니다. 이로부터 밤에는 내려오고 낮에는 산으로 가는 슬픈 생활이 습성처럼 되어갔습니다. 보복당한 그 면서기의 복수행위는 꾸준히 계속되었습니다. 밤낮없는 검거와 수색에서 산으로 도망가다가 개천가에서 총에 맞아 죽은 청년도 있었습니다. 폭동에 가담한 농부의 집은 불타고, 그때 피할 길 없이 타죽은 늙은이와 어린 것들이 있었습니다. 그보다 더 지긋지긋한 것은 산에서 내려온 폭도들에 의해 양식을 약탈당하는 것이었습니다. 경찰은 또한 폭도에게 양식을 제공했다는 이유로 그 농민을 체포하고……. 부락민들은 오랜 동안이나 이런 환경 속에서 살아가지 않으면 안 되었습니다. 패가망신한 농가도 많았습니다. 소름끼치는 시대였습니다.[46]

물론 수많은 농촌 마을, 심지어 정치에 많이 물든 마을에서도 이 정도로까지 사태가 진전된 곳은 드물었다. 이 마을이 남한에서 좌익의 본거지 가운데 하나인 대구 근교임을 명심해야 한다. 확실히 그 당시 농촌에는 정당한 불만이 존재했으나 대부분 방치되고 있었다.[47] 실로 농촌은 광범위한 정치적 발전

46 이목우李沐雨, 「대구 10·1폭동사건」, 『세대』世代, 1965년 10월호, 230~231쪽.
47 이은직李殷直은 세 권으로 된 소설(『탁류』濁流, 도쿄, 1967~1968)에서 농민의 불만과 공산당의 조직 활동을 매우 호의적인 견지에서 이야기했다. 이은직은 1917년 전북 정읍에서 태어나 1941년 도쿄의 니혼대학을 졸업했다. 이 소설에서 그는 고향읍의 농민운동을 다루면서 자서전적인 것 이상을 쓰고 있다.

소설은 일본에서 고향마을로 돌아온 남주인공 이상근이 모든 농민이 3·7제(생산물의 70퍼센트는 소작인에, 30퍼센트는 지주에 속하게 하는 것)에 대해 이야기하는 것을 발견하는 장면으로부터 시작한다. 이상근의 형은 일본인 지주의 소작인이었는데, 농민조합은 그에게 인민위원회에 30퍼센트를 바치라고 요구하지만 미 군정은 이를 저지하고 새로 설립된 신한공사新韓公社에 소작료를 지급하게 한다.

가까운 읍에서 온 한 청년이 그에게 농민조합의 조직자가 되라고 설득했고, 이상근은 마을 농민들에게 행한 첫 연설에서 그들의 가난은 양반과 일본의 압제의 소산이라고 이야기했다. 처음에는 소작료와 이자율의 인하에 대한 보편적인 열망에도 불구하고 농민조합에 가입하는 것을 꺼리며 지주나 정부가 귀찮게 굴까 봐 두려워하던 사람들도 결국 숱한 권유 끝에 모두 조합에 가입키로 동의했고, 이상근은 위원장으로 피선되었다.

그러나 입회원서가 분배되자 주로 빈농인 약 70퍼센트만이 서명했다. 마을의 보다 영향력 있는 사람들 사이에 회원을 확충하는 것이 필요했다. 조합이 발족되자 그를 포함한 다섯 명의 회원이 지주를 방문해 소작료를 30퍼센트로, 이자율을 10퍼센트로 인하할 것을 요청했다. 하지만 지주와 그 하인들한테 두들겨 맞은 대표들은 그 보복으로 조합원들을 모아 지주를 두들겨 팼다.

이때 미 군정 경찰이 조합을 억압하기 시작해 인민위원회는 모든 외곽조직들과 함께 탄압을 받았다. 군수로 임명된 지주의 아들은 즉시 이상근과 그의 동지들을 체포하기 위해 경찰을 파견했다. '조직'(당)은 그에게 이웃 군으로 피신해 조직사업을 재개하라고 명했다. 그러나 이웃 군의 동지들은 곧 경찰의 검거를 우려해 그에게 도청소재지로 가라고 재촉했다. 옛 친구가 써준 소개장 덕분에 그는 도청의 상무과商務課에 일자리를 얻어 도 군정 책임자인 미군 대위와의 연락을 맡았다. 그는 미 군정 질서에서 무지와 부정, 자의성을 목격하고 그들과 싸우려 했다(이 소설에는 미국인들이 한국 농민들로부터 쌀을 실어다가 미국의 빈민들에게 주었다고 나오는데, 이는 러시아인들이 북에서 실지로 행하고 있던 일의 역설적인 풍자다). 그러나 '조직'은 이상근에게 그가 전략적 위치를 점하고 있으므로 감정을 억제하고 자신을 드러내지 말라고 충고했다. 그럼에도 한 미국 선교사는 정보요원에게 그의 뒤를 바싹 쫓도록 하고, 그는 부산에 석 달간 가 있으라는 명령을 받았다. 거기서 그는 일본에서 온 귀환자들을 돌보았다.

남한 경찰을 포섭하려고 노력하던 이상근은 결국 노출되어 투옥된다. 그러나 그는 곧 석방되어 두 미국인(군장교와 기자)과 오랜 대화를 가졌다. 여기에서 조공의 미국인에 대한 태도가 어느 정도 명

과정에서 아무런 발언권도 갖지 못했다. 미 점령군은 군郡 수준에서는 좀처럼 활동하지 않았고, 한국말을 거의 하지 못했으므로 촌락에서 농부와 대화할 수 있는 미국인은 극히 드물었다. 심지어 도道 수준에서도 군정은 대체로 통역에 의존하는 정부였다. 서울 사령부에서는 미국이나 영국에서 교육받은 수십 명의 한국인이 1945년 이전에 선교사였던 미국인 몇 명과 함께 이 방면에서 중요한 역할을 했다. 그러나 지방으로 내려갈수록 자격(그리고 도덕성)이 의심스러운 한국인들이 마찬가지로 자격(그리고 도덕성)이 의심스러운 미국인 군정 관리의 대리로서 활동하는 것이 자주 눈에 띄었다. 사실 현재 많은 한국인은 해방 직후에 만연한 부패의 원인을 1945~1948년의 미국인과 그 통역들, 특히 대민 업무에 종사한 자들한테서 찾는다.

공산당 선전가들이 농촌 지역에서 비옥한 토양을 발견한 것은 그리 놀라운 일이 아니었다. 그러나 위와 같은 사건은 공산주의자들을 통해 고취된 행동이 선동가를 제외한 관계된 모든 사람에게 어떤 비극을 몰고 올 수 있는지를 보여준다. 따라서 다수의 농민조합 지부를 농민이 아니라 젊은 학생이나 소위 지식인들이 지배한다는 사실은 많은 농민의 가슴속에 의혹을 증대시켰다. 이것이 진정한 농민운동인가, 아니면 동에 번쩍 서에 번쩍하는 몇몇 도시 아이들의 장난인가? 1945년 12월 14일자 『해방일보』에는 이를 잘 드러내주

백하게 드러난다. 그는 스미스Smith 기자에게 미국은 일본에 대해서는 연구하고 친선관계를 발전시키려고 노력하지만, 한국에 대해서는 입으로 '해방'을 말하면서도 마치 식민지처럼 다루는 등 매우 '성의 없는 태도'를 보이고 있다고 말했다.

스미스는 일본 정치인들은 미국을 기술적으로 이용하는 방법을 아는 반면, 한국인들은 정치적 성향이 어떠하건 미국을 이해하지 못하고 미국인과 효과적으로 의사소통하는 방법을 모른다고 반박했다.

'조직'은 이상근에게 스미스와 함께 서울로 가서 가능한 한 그에게 영향을 미치라고 명령했다. 이상근은 스미스를 당의 경제학자에게 소개하는데, 그 학자는 그와 친밀한 관계인 것 같았다. 그러던 중 이상근은 부산으로 돌아가 귀환한 무단거주자들(미 군정은 곧 그들을 강제로 쫓아냄)과 일하며 부두 노동자와 여성 방직노동자를 상대로 선동적인 강연을 했다. 하지만 그런 강연을 하면서 체포를 면하는 것은 더욱 어려운 일이 되었고, 따라서 운동은 위축되었다.

이 소설을 통해 남한 공산주의자들이 자신들과 국내의 적 그리고 미국인들을 어떻게 보았는지를 매우 낭만화된 형태로 알 수 있다.

는 편지가 실려 있다. 아마도 자영농민이 쓴 것으로 보이는 이 편지는 전농 전
국대회를 지식인이 주도한 것에 대해 크게 비판했다. 이것이 그 혼자만의 반
응이 아님은 확실하다.[48]

북에서는 급진적 소지식인 주도의 노동자와 농민 조직이 당국의 승인하에
방해받지 않고 계속될 수 있었다. 그러나 정치적 상황이 철저히 달랐던 남에
서는 특히 공산당 최고지도자들이 지방 수준에 무모한 폭력적 활동을 지시함
으로써 공산당의 활동은 뚜렷하게 도전을 받았다. 해방 직후 몇 개월간 청년,
특히 학생당원 모집은 공산당 조직 활동의 중심이었다. 우리는 학생들이 왜
그렇게 결정적으로 중요한지를 앞서 이야기했다. 학생들은 성공적인 혁명 활
동에 필수적인 시간과 대담성, 정력을 가지고 있었으며, 마르크스-레닌주의
의 열성적인 선전가가 되기 위한 교육과 젊음, 자신감을 지녔다.

최초로 출현한 학생조직은 일본이 항복하고 겨우 며칠 후인 1945년 8월
18일에 결성된 조선학도대朝鮮學徒隊였다.* 이 조직의 중핵을 형성한 것은 국
립서울대학교 학생들이었는데, 그 당시 최상호崔尙浩 등 중심인물은 드러나
지 않았지만 조선공산당 조직원이었다.[49] 바로 같은 날 공개적인 공산당 조직

---

48 이 편지의 필자는 그가 대회에 참석했을 때 " '참 잘한다' 하는 것 이외에 감히 다른 느낌이 날" 수 없
었지만 참석자 모두가 인텔리처럼 보였다고 기록했다. 참석자들은 "그저 비슷비슷 양복 입고 면도
하고" 똑같아 보였다. 그는 비꼬듯이 "혹시 지게를 벗고 구루마를 광에 넣고서 서울 오신다고 치례
를 하였는지는 모르지만" 이라고 덧붙였다. 그러고는 농부가 대회에 많이 참석해야 하며 「열 사람 보
내는 중에서 인텔리는 한 사람뿐이라도 좋지 않은가」라고 진지하게 되물었다. 『해방일보』, 1945년
12월 14일자 '시사소감' 時事小感 난에 「농민 대표자의 인상」이라는 제목으로 발표된 이 글의 필자
는 鐘路 ×生으로 되어 있다 — 옮긴이).

* 해방 후 최초로 조직된 학생단체는 8월 17일에 결성된 건국치안대建國治安隊였다. 이 단체는 8월
25일 조선학도대가 결성될 때 발전적으로 해소되었다 — 『조선해방연보』, 201쪽.

49 1945년 당시 대학생이었으며 1946년 3월 조공에 입당한 김정기金定基는 당시 학생들 사이에서의
활동에 대해 많은 이야기를 상세히 들려주었다. 그는 자신이 해방 전에는 이데올로기적 지향을 갖지
않았으나, 1945년 말에 친구가 준 가와카미 하지메河上肇의 『貧乏物語』 등 좌익적인 여러 가지 소책
자를 읽기 시작했다고 말했다. 다음 단계는 공산주의 학생들이 이끄는(비록 당시에는 그들의 정치
적 관계를 몰랐으나) '독서회'에 가입하는 것이었다. 또한 그는 좌익 교수들의 강연에 참석하기 시
작했고, 그들이 주는 '새로운 지식'에 자극받게 되었다. 그동안 그는 혜화전문대학(후에 동국대학

인 조선공산주의청년동맹朝鮮共産主義靑年同盟이 창설되었다. 이후 몇 개월간 대학과 중학교에서 조직 확장 활동이 전개되었다. 1945년 12월 11일, 조선청년단체총동맹朝鮮靑年團體總同盟(이하 '청총'으로 줄임―옮긴이)이 결성되었는데,* 청총은 좌익의 조종을 받았으나 급진파뿐 아니라 온건파까지 망라한 광범한 전선조직을 지향했다. 따라서 청총의 강령은 광범한 동의를 얻을 수 있도록 총괄적이고 막연하게 작성되는 경향이 있었다. 예를 들어 12월에 채택된 청총의 강령은 '진보적 민주주의 국가'를 건설하고 '일본 제국주의의 잔재와 봉건적 요소, 모든 반동세력'을 일소하기 위한 청년의 단결을 강조했다.

청총이 결성된 지 한 달도 못 되어 신탁통치信託統治 문제가 발생했다. 청

교)에서 서울대학교로 학교를 옮겼다. 서울대학교는 미야케 시카노스케三宅鹿之助 교수 사건과 같은 전통을 유산으로 가진 좌익 활동의 중심지였다.

김정기에 따르면 1946년 초쯤 대부분의 대학이 대단히 정치적으로 변해갔다. 심지어 학생들은 정치적 입장에 따라 친구들을 선택했다. 그 당시 가장 큰 조공의 학생조직은 고려대학교에 있었는데 당원은 약 30명이었다. 다른 대학들에도 대부분 10~15명의 당원이 있었다. 당원 수는 그 후 남조선노동당 시대에 더욱 늘어났다. 1947년 공산주의 활동의 중요한 본거지 중 하나인 서울대학교 상대商大에서는 학생당원이 200명에 달했다.

당 세포는 당원이 세 명 이상이면 조직되었다. 학생세포들의 조직구조는 다음과 같았다. 세포책은 당 지구위원회(당시 서울에만 여덟 개의 지구위원회가 있었고, 각 지구위원회는 청년부를 가지며, 청년부에는 다시 학생과가 있었다)의 학생과로부터 지시를 받았다. 모든 청년부는 다시 조공 중앙위원회 청년부에 직속되었다. 학생과 책임자나 학생당원들과 관계하는 고위간부들은 언제든지 전문적인 당 조직원들이었다.

김정기에 따르면 학생당원의 숫자는 초기에는 다른 대학 출신이라도 서로 안면이 있을 정도로 상당히 적었지만, 뒤에는 이와 달리 학생당원이 많아졌다. 그러는 사이 당은 중학생들에게도 관심을 기울여 선전과 모집을 위해 '민주적 서클'을 만들기 시작했다. 60명 학급에 당원이 다섯만 있어도 학급의 여론을 바꿀 수 있었다. 그에 따르면 공산주의자들은 정치적으로 의식이 덜 깬 학생들을 다루는 데 놀랄 만큼 능력을 발휘했다. 당에서 어떤 운동이 지시되면 사전에 며칠간 세포회의가 열려 세부적 계획을 작성해 누가 무엇을 어떤 식으로 발언하는가를 결정했다. 심지어 토론을 이끌어내기 위해 발언자에게 당내의 누군가가 도전하는 전술도 자주 채택되었다. 김정기는 미조직 다수는 불가피하게 잘 조직된 소수를 따르게 된다고 말하면서, 1946년 말에 국립대학교 설립안(이른바 국대안國大案)을 반대하는 전국적인 동맹 휴학을 일으켜 1947년 봄까지 이끌어간 공산당의 주요 성공 사례를 인용했다. 1967년 5월 26일, 서울에서 행한 이정식과 김정기의 인터뷰.

* 청총 결성에 관한 기록은『해방일보』, 1945년 12월 14일, 15일, 18일자와『건설』, 제6호(1946년 1월 19일)에 실린「조선청년총동맹 결성대회 방청기」를 참조하라.

년운동도 다른 모든 정치운동과 마찬가지로 심하게 분열되었고 공산주의자들은 큰 타격을 받았다. 1946년 4월 25일, 내부 대립의 결과 공산당 주도의 좌익은 조선민주청년동맹朝鮮民主青年同盟(이하 '민청'으로 줄임—옮긴이)을 새롭게 조직했다.[50] 추측건대 이 동맹은 공산당과 공산당 외곽조직, 즉 전평과 전농, 조선부녀총동맹朝鮮婦女總同盟(이하 '부총'으로 줄임—옮긴이), 기타의 청년부를 총괄한 것이었다. 민청民青은 남한의 청년에게 '민주주의의 학교'임을 자처하면서 강습회와 독서회, 야학, 음악회, 웅변대회 등을 개최해 청년들의 교양을 높이기 위해 힘썼다. 민청은 때로는 운동대회를 후원했으며 수재동포 구제사업, 청소 작업, 도로 수리를 하고 모내기철과 추수철에 농촌에 일꾼을 파견하기도 했다. 물론 이런 일은 당이 '인민 속에서 인민을 위하여' 분투노력하기 위한 방법이었다.

당시의 급진적인 남한 학생들은 영웅을 가지고 있었을까? 박헌영이 가장 널리 인정된 지도자였지만, 그가 청년층의 마음을 강하게 끌 만한 카리스마를 가졌다는 증거는 없다. 김일성도 큰 매력은 없었다. 사실상 김일성에 대해서는 거의 아무것도 알려져 있지 않았다. 오히려 여운형과 김규식, 김구, 이승만처럼 정치 성향이 갖가지인 사람들이 유명한 공산주의자들보다 개인적으로 더 많은 지지를 얻을 수 있었다고 믿을 만한 충분한 이유가 있다.

몇몇 관찰자에 따르면 공산주의자들 중에서도 옌안에서 돌아온 사람들이 정치적으로 의식화된 당시 청년들한테 초기 단계에는 가장 큰 충격을 주었다고 한다. 일본군에서 탈영해 옌안으로 간 숱한 '학병'擧兵들은 조선독립동맹에 가담했고, 그곳의 혁명적 분위기 속에서 생활하며 싸우고 공부했다. 중국에서 돌아온 장년의 민족주의적 공산주의자들과 함께 이 청년 혁명가들은 이제 고국에 돌아와 그들의 모험담을 널리 소개할 기회를 갖게 되었다. 옌안에서의 생활을 묘사하는 소설과 희곡도 많이 쓰였다. 예를 들어 청년 극작가인

---

50 자세한 것은 다음을 보라. 『조선해방연보』, 183~185쪽.

김사량金史良은 옌안의 한국 투사들을 영웅적으로 그린 희곡 『호접』胡蝶을 썼는데, 이 연극은 서울에서 공연되어 큰 성공을 거두었다.[51]

1945년 말 여성들을 동원하려는 좌익의 노력도 열매를 맺었다. 80만 회원을 주장하는 부총은 12월 22일부터 3일간에 걸쳐 결성대회를 개최했다. 다른 외곽단체처럼 부총도 공산당의 지령하에 움직였다. 소정자로부터 우리는 당시 공산주의운동에서 여성의 역할에 대해 많은 것을 알 수 있었다. 해방 직후에 접한 마르크스주의 서적을 통해 공산주의자가 된 소정자는 조선공산당 진주시당晋州市黨의 첫 여성당원 3인 가운데 한 명이었다.[52] 그녀의 초기 임무 중 하나는 여성 방직노동자들과 관계를 맺고 노조를 만들도록 돕는 것이었다. 또한 그녀는 밤에 공산당의 삐라를 살포했는데 진주여고의 학생과 교사 책상, 그녀가 일하던 부총 사무실, 심지어 진주경찰서 뒷마당에 갖다놓기도 했다. 처음에는 부총에서 정보를 수집하도록 신분이 노출되어서는 안

---

51 옌안에서 돌아온 사람들이 행사한 영향에 대한 관찰은 다음을 참조하라. 박성환朴聖煥, 『파도는 내 일도 친다』, 서울, 1965, 45~46쪽.
  박성환은 젊은 여성 공산주의자들의 활동을 "'여성특공대'가 되어 6·25사변 전후를 통하여 대한민국을 크게 괴롭힌 것"이라고 흥미 있는 지적을 하고 있다. 하나의 예로 그는 조선독립동맹의 일원인 김명시金命時가 준 충격을 들었다. 1945년 말 서울 YMCA 강당에서 자신의 옌안 생활을 이야기했을 때, 김명시는 주로 여학생 청중으로부터 우레와 같은 박수를 받았다.

52 소정자에 따르면 공산주의 서적은 그녀의 마음속에 희미하게 존재하던 민족적 압박과 빈부의 차를 용인하는 사회에 대한 불만을 용솟음치게 했다. 압박과 착취계급, 빈부의 차가 없는 사회의 전망이 그녀를 현혹시켰다고 한다.
  그녀는 입당한 순간부터 운동가로서의 생활이 이상과는 거리가 멀다는 것을 깨달았다. 당은 이상주의적인 학생, 이론을 가지고 노는 부유한 인텔리, 당을 출세의 새로운 기회로 생각하는 일정 때의 건달, 불법 활동을 가장하려는 깡패 그리고 노동자와 농민(거의 중요한 역할을 하지 못하는)의 기묘한 혼합체였다.
  그러나 당시에 그녀는 진심으로 공산주의를 믿었으며 당을 위해서는 어떠한 희생도 감수할 준비가 되어 있었다. 혹독히 추운 밤에 삐라를 돌리고 위험을 무릅쓰고 메시지를 전달하며 나중에는 공산당 지하요원으로 활약한 그녀는 당이 요구할 수 있는 충실하고 헌신적인 추종자의 본보기였다. 그녀의 남편은 뒤에 체포되어 남한에서 처형당했고, 그녀는 북한으로 가서 인민군에 합류해 한국전쟁에 참가했다. 그 후 간첩으로 남파되어 첫 번째 임무를 마치고 무사히 북으로 귀환한 소정자는 두 번째 남파되었을 때 체포되었다. 그녀는 그 뒤 반공전선의 선두에 섰으나 1967년에 요절했다. 소정자, 앞의 책.

된다고 명령받았으나, 뒤에 그녀는 진주부녀동맹 집행부 서기로서 '표면'에 나서게 되었다.

그리하여 1945년 말 공산당이 지도하는 좌익은 외곽단체 조직사업에서 중간파와 우익을 훨씬 능가했다. 공산당의 실제 당원 수는 당시로서는 소수였지만 공산당 지도층에 의해 공산당의 목적을 위해 동원될 수 있는 인원은 수십만 명, 어쩌면 100만 명에 달했다. 물론 외곽단체의 인원수를 기계적으로 합산해 공산당 전체 세력의 지표로 삼지 않도록 조심해야 한다. 막상 일이 닥치면 당의 목적을 위해 기꺼이 희생하겠다는 외곽단체의 인원수는 상당히 적었다. 사실상 당원 명부는 종잇조각일 뿐이었고 수동적인 무수한 당원 속을 헤치고 다니는 열성분자는 소수였다. 1946년과 그 이후 남한에서 공산당원과 외곽단체 인원수의 동향을 살펴보면 그 수는 많았지만 참여의 열기는 뜨겁지 않았음에 주의해야 한다.

우리는 이제 1945년 후반기의 사건에 주목해야겠다. 왜냐하면 이후 수십 년간 남한 정치의 기본 방향이 해방 후 6개월 동안에 결정되었기 때문이다. 1945년 9월 초 인공이 처음 세워졌을 때, 좌익은 알다시피 극도의 혼란 상태를 최대한 이용할 수 있었다. 남한의 거의 전 지역에서 명사 혹은 지방 유지들이 인민위원회의 구성에 적극 가담해 인민위원회에 품격과 권위를 부여했다.

그러나 지방이나 도 인민위원회의 구성원은 대체로 유명인사가 아니었다. 이들 인민위원회 간부는 일제하에서 부역하지도 않았고 지주 집안 출신도 아닌 중등교육을 받은 젊은이들이었다. 그들 대부분은 신문을 읽을 줄 알며 정치적 상급 수준의 친구를 몇몇 가지고 있다는(마을이라면 가까운 읍의 어떤 사람을 알며, 도라면 서울의 누군가를 안다는) 이유로 그들이 속한 공동체 내에서 지식인으로 간주되었다. 요컨대 인민위원회 간부의 태반은 소지식인이었다.

인민위원회 참가자 모두가 좌익인 것은 결코 아니었고 초기에는 더욱 그러했다. 그러나 서울의 우익과 중간파 지도자들이 '인공'에 참가하기를 거부하고 미 군정 당국이 인공의 승인을 거부하자 비非좌익의 대부분이 인민위원회에서 떨어져나갔다. 따라서 출발부터 공산당의 강력한 통제 아래 있던 인공은 11월에 접어들자 여러 가지 면에서 공산당의 기구라는 점이 지방 수준에서조차 뚜렷하게 드러났다. 처음부터 정면충돌을 피하려고 하면서도 좌익을 견제해왔던 미 군정 당국은 소련을 자극하지 않고 합의된 기초 위에서 체제를 움직여나갈 수 있기를 바랐다. 동시에 이들은 공산당의 움직임을 정치적 지배력으로 인정할 의향을 전혀 갖고 있지 않았으며, 공산당의 의도나 전술도 쉽게 식별해낼 수 있었다. 군정의 구체적 조치는 아치볼트 V. 아널드Archibald V. Arnold 소장을 보좌할 고문의 임명에서 나타났다. 고문으로 신중하게 선택된 사람들 가운데는 온건파 혹은 보수주의자가 10명이었고, 좌익 측의 인사로는 유일하게 여운형이 지명되었을 뿐이다.

이 제도는 일본의 통치 형태와 너무 유사해서 아무도 달가워하지 않았다. 군정은 처음에는 일본 관리들 그리고 그들이 떠난 뒤에는 일본을 위해 봉사하던 다수의 사람들―물론 그들은 경험이 많았고 일반적으로 온건했다―과 함께 인공이나 인민위원회 조직에 맞섰기 때문에 문제를 더욱 복잡하게 만들었다.

자연히 인공과 미 군정 사이의 관계는 악화되었다. 10월 10일에 아널드 소장은 강경한 성명을 발표했다.

38도 이남의 조선 땅에는 오직 하나의 군軍 정부가 있을 뿐이고 그외에는 다른 정부가 존재할 수 없다. 군정은 통치의 모든 국면에서 배타적인 지배력과 권위를 가진다. 자칭 '관리', '경찰단체', '전 인민을 대표'한다는 크고 작은 대회, 자칭 '조선인민공화국 정부' 등은 전혀 권위도 세력도 없으며, 실재하지도 않는다.

그러한 고관대직高官大職을 참칭하는 자가 있다면 그들은 흥행 가치조차 의심스러운 괴뢰극을 당장 그만두어야 한다.

최근 자유로운 언론을 통해 발표된 '반역자를 제외한 18세 이상의 모든 남녀에게 선거권을 부여한다'는 허구적인 1946년 3월 1일 선거의 소집은 한국 인민에 대한 사기다. 자유로운 인민에게 선거권과 정부에 보낼 자신의 대표를 선출하는 권리보다 신성한 것은 없다. 이 권리는 인민을 그릇된 희망으로 인도하는 자칭 정치가의 장난감이 되기에는 너무나도 신성하다.[53]

인공에 대한 점령군의 태도에서 어떤 의혹이 있었다면 이제 그것은 한꺼번에 풀렸다. 그러나 남한의 공산주의자들 역시 그들 자신의 사정으로 말미암아 정면충돌을 원하지 않았다. 실상 소련은 어떤 대가를 치르더라도 그러한 충돌을 피하라고 명령했다. 당시 정권을 장악하려는 그들의 한 가지 희망은 '평화적'인 길을 통해서였다. 확실히 그들은 미 군정에 도전해 승리하기를 바랄 수 없었다.

그러면 그들의 대응전술은 무엇이었을까? 해답은 인공이 발간해 10월 셋째 주 서울에 널리 유포된 『반역자와 애국자』라는 소책자에 나와 있다. 이 책자의 필자는 분노와 유감에 싸여 군정이 스스로 반역적·반동적인 친일배에 둘러싸이도록 방치했으며, 따라서 인공에 뚜렷하게 반영된 진정한 한국 인민의 소리를 외면하게 되었다고 비난했다. 10월 20일에는 비슷한 주제를 담은 「미국 시민에게 보내는 메시지」가 발표되었다.

사건은 미 군정과 좌익 간의 중대한 최초의 위기를 향해 치달렸으며 1945년 11월 말 전국인민대표자대회에서 위기는 극에 달했다. 인공 주최로 11월 20~22일 사흘간 서울에서 열린 이 대회의 가장 중요한 문제는 자칭 조선인민공화국이 한국민의 정부라는 주장을 철회하고 정당의 지위를 받아들이라는 군정 측의 요구를 수락할 것인가 여부였다.

대회에 앞서 몇 가지 중요한 사건이 발생했다. 이 시기에 여운형만큼 활발한 활동을 벌인 정치가는 없었다. 서로 대립하던 미 군정과 좌익은 각기 그의 지지를 얻으려고 부단히 노력했다. 11월 12일 인공 창설의 대부 격인 여운형

---

53 XXIV Corps G-2 Summary, No. 41(1946년 6월 23일자)에 실린 아널드 장군의 10월 10일 성명.

이 갑자기 인공에서 물러나 조선인민당朝鮮人民黨의 결성을 발표하자 공산당은 심각한 정치적 타격을 입었다. 여운형과 그의 가까운 동지들이 떠남으로써 인공의 주요 인물로는 허헌과 박헌영만 남게 되었다. 이제 공산당의 지배를 은폐할 방도가 사라져버린 것이다.

박헌영은 그 당시 극한 대립을 피하기 위해 필사적으로 움직였다. 10월 말과 11월 초에 그는 몇 번의 기자회견에 응했다. 회견의 주요 골자는 한국인이 군정에 완전히 협력해야 한다는 것이었다. 이에 대해 반발이 일어나 해명하라는 항의와 요구가 고조되었지만 점령 당국과의 충돌은 없었다. 당시에 연합국을 평가하는 데 매우 관대했던 박헌영은 한국민이 자신들의 현재의 자유가 망명가들이 아니라 연합국 덕분임을 깨달을 때까지는 통일 독립 민주조선을 성취하는 데 어떠한 진보도 있을 수 없다고 주장했다.[54]

11월 15일 박헌영은 하지, 아널드와 회견을 했다. 다음 날 박헌영이 언론에 제공한 정보에 따르면 미국은 자기들의 점령 목적을 "건전한 경제 기초 위에서 조선 독립을 보장하는 데 있다"고 밝히면서 박헌영에게 협력을 요청했다고 한다. 박헌영은 자신이 이 요청에 즉각 찬성했고 군정정책이 '잘못된 방향'으로 가고 있을 때 공산당이 이를 비판할 권리가 인정된다면 모든 협력을 아끼지 않겠다고 약속했음을 밝혔다.

11월 말 전국인민대표자대회가 개최된 것은 이러한 배경에 반反한 것이었

---

54 그러한 언급이 사실이긴 하지만 그것은 여러 방향으로 해석될 수 있는 것이었다. 만약 이승만의 역할을 경시한다면 그것은 김일성의 역할도 마찬가지로 경시되는 것이었다.
박헌영은 『자유신문』과 10월 31일 인터뷰를 가졌다. 다음 날인 11월 1일 『매일신보』와의 인터뷰는 널리 보도되었는데, 그 인터뷰에서 박헌영은 자신이 미군과 소련군의 한반도로부터의 즉각 철수를 지지한다고 미국 기자에게 말했다는 이전의 보도를 부인했다.
이러한 인터뷰와 병행해서 공산당을 될수록 온건하고 '호감이 가게' 보이도록 하려는 시도도 있었다. 예를 들면 조공이 배포한 날짜 미상의 유인물은 조공이 프롤레타리아 혁명과 사회주의 국가의 수립을 지지한다는 '소문'은 '오해'라고 주장하면서 다음과 같이 말했다. "당은 모든 계급의 완전한 해방에로 나아가는 필요한 한 단계로서 부르조아 민주주의의 건설에 찬동하며 항상 지지한다." (이 회견의 내용은 『신조선보』, 1945년 11월 17일자, 1면 참조—옮긴이)

다. 남북에서 약 1,000명의 대표가 모여들어 대회 벽두부터 긴장이 고조된 가운데 활발한 토론이 벌어졌다. 알려진 바에 따르면 우익 세력이 매수해서 조직된 청년 집단의 파괴 시도가 몇 번 있었지만 미군 헌병 개입 등의 이유로 이러한 시도는 실패로 돌아갔다.

대회 3일째이자 마지막 날 가장 중요한 문제가 상정되었다. 막후 협상과 토론이 오랫동안 진행되었지만 심지어 상부 지도자들 사이에서조차 적절한 행동 노선을 둘러싸고 의견이 갈라졌다. 인공의 국무총리인 허헌은 인공 중앙위원회가 적어도 그 문제에 관해 합의에 이를 수 없었다고 인정했다. 그는 대표들에게 이 문제를 제기하면서 최근의 전개과정을 상세히 설명했다. 여운형은 사임 전인 10월 29일 군정청으로 가서 국제법에 따르면 한 나라에 하나 이상의 정부가 있을 수 없으며, 특히 인공은 미 군정을 부정할 의도가 없다는 입장을 밝혔다. 말할 필요도 없이 이 주장은 미 군정 당국에 아무런 영향도 끼치지 못했다. 허헌은 3주일이 지난 뒤에도 난국은 여전히 존재한다고 자인했다. 인공이 '국'이라는 말을 빼고 '당'으로 바꾸든지 아니면 해체 명령을 받든지 둘 중 하나였다.

박헌영 자신은 조정을 원했던 것으로 보이긴 하지만 급진적 청년들은 대회에서 호칭의 변경을 막는 데 성공했다. 그 대신 이 대회로서는 그런 결정을 내릴 권한이 없으므로 문제를 다음 전국대회가 열릴 때까지 연기한다는 결의안을 채택했다. 더 나아가서 결의안에 인공은 미 군정과 협력하려고 노력해왔지만 "미 군정은 그때마다 협력을 거부"했다고 명기했다.[55]

군정 질서에 대한 뚜렷한 도전이었던 11월 25일의 회의에 대해 미 군정 당국은 인공을 불법화시킴으로써 대응했다.

대회가 공식적으로 휴회한 뒤 박헌영과 그의 가까운 동지들은 '발전적 해소' 전술이 널리 받아들여지도록 만드는 데 성공했다. '발전적 해소' 전술이란

---

55 민주주의민족전선民主主義民族戰線 선전부宣傳部, 『의사록』議事錄, 서울, 1946.

본질적으로 당이 새롭고 광범한 기초를 가진 통일전선, 즉 중간파의 여러 요소와 소수의 선택된 우익 인물을 포함하는 통일전선을 건설하는 데 정력을 쏟아붓는 동안 인공이 시들어 없어짐을 용인하는 것이었다. 이 전술은 소련의 정책을 따른 것일 뿐 아니라 당시 공산당이 대비하고 있지 못했던 미 군정과의 매우 위태로운 정면충돌을 피할 수 있는 유일한 전술이었다. 더욱이 그것은 국내 정치 부문의 몇 가지 새로운 전개에 따른 접근법이었다. 앞서 여운형의 인공 이탈을 언급한 바 있는데 공산주의자들로서는 그의 인민당을 어떤 뜻 있는 연합에 끌어들일 필요가 있었다. 게다가 전국인민대표자대회가 열리던 바로 그때 유명한 민족주의자이자 충칭의 대한민국 임시정부 주석인 김구가 여러 동지와 함께 서울로 돌아왔다. 한국인의 유일한 대표기구로서 이 정부를 인정하는 광범한 지지기반이 있었기 때문에(기억하겠지만 장안파조차 임시정부를 지지하는 3당연합에 가담했다) 공산당으로서는 이를 감안한 전술을 개발하는 것이 불가피해졌다.

7. 경쟁적 합작 공세

1945년 겨울부터 미 군정을 포함한 남한의 모든 정치 세력은 합작에 힘을 쏟았다. 이런 상황이 일 년 가까이 지속되었지만, 우익과 좌익은 결국 완전히 적대적인 두 진영으로 나뉘었다. 이 과정의 어떤 부분은 남한에서 공산당의 운명에 직접적인 영향을 미치므로 자세히 검토할 필요가 있다. 각 파가 전개한 운동을 우선 좌익 진영부터 살펴보자.

널리 받아들여진 발전적 해소의 원칙을 가지고 공산당은 이제 '민족반역자와 반동분자'를 제외한 모든 인민의 새로운 민족통일전선의 수립에 총력을 기울였다. 물론 후기로 가면 문제가 드러났다. 예를 들어 처음부터 조선공산당은 한민당을 그런 세력으로 규정하고, 한민당원을 포함하는 어떤 조직에도 참가할 것을 단호히 거부했다. 이승만이 10월 16일 귀국했을 때 공산당은 그와 제휴하려고 노력했다. 예를 들면 이승만이 10월 25일 독립촉성중앙협의회獨立促成中央協議會(이하 '독촉' 獨促으로 줄임―옮긴이)의 창설을 발표했을 때 공산당은 약 200개의 정당, 단체와 함께 독촉에 참가했다.

그러나 불화는 급속히 깊어졌다. 대회 2일째에 박헌영은 이승만이 제안한 연합국과 미국 국민에 감사하는 결의안의 수정을 요구했다. 아이러니하게도 박헌영은 임시정부가 공식 정부로서 귀국했다는 구절을 삭제하고자 했을 뿐 아니라 분할 점령에 대한 이승만의 불평을 무마하기 원했다. 또한 그는 민족통일전선에서는 친일파와 민족반역자가 완전히 구축·제외되어야 하며 "그런 민족전선이 아니면 '통일'이라는 미명하에 일본 제국주의 잔존 세력과 친일파, 민족반역자의 도량을 허許하는 반민족적·반인민적 전선밖에는 아니 되는 것"이라고 강조했다.*

전국인민대표자대회가 열리는 11월 20일보다 2주일쯤 전인 11월 5일, 공산당은 독촉이 친일분자와 민족반역자를 배제하고 대중에 기반을 둔 민족통일전선을 건설하려는 노력을 전혀 보여주지 않는다고 비난하면서 이승만의 독촉을 탈퇴했다.[56] 비판적인 논의는 이미 전부터 날카롭게 제기되었다. 완전

---

* 조선공산당 중앙위원회는 『해방일보』, 1945년 11월 15일자에 「'독립중협'(獨立中協, 獨促)의 결의문에 대한 조선공산당의 태도」라는 성명을 발표했다. 그 뒤 조공은 독촉의 연합국에 보내는 결의문과는 별도로 「연합국에 보내는 메시지」를 발표했다. 이 메시지의 전문은 『중앙신문』, 1945년 12월 6일자에 실려 있다.

56 이 대회에 대해서는 『해방일보』, 15호(1945년 11월 25일)와 16호(1945년 11월 27일)에 상술되어 있다. 16호에는 대회 결과에 대한 당의 공식적 평가가 실려 있다. 그 평가에 따르면 "첫째로 이 대회를 통해 '전국'의 실정을 여실히 알게 된 것"이다. "인민위원회의 조직 상황을 보면 38도 이북은 아니 조직된 곳이 없고" 38도 이남에서는 조직 작업을 마무리 짓기 위한 준비가 진행 중이었다. 그러나 '친일파 민족반역자'가 그러한 활동을 방해했다. 또한 그들은 인민위원회와 군정 사이를 이간시키기에 광분하고 있었다.

북에서나 남에서나 연합국의 노력은 찬양받았다. 북에서는 "노동자 대중이 스타하노프Stakhanov 운동(스타하노프 제도, 개인적인 창의로 능률을 올린 노동자에게 보수를 줌으로써 생산 증대를 꾀하는 방법―옮긴이)을 적극적으로 전개하고 있으며, 농민 대중은 동지와 나라를 위해 성출미운동誠出

한 주권을 획득하기까지는 어떤 사람도 독립정부 수립을 위한 운동에서 배제되어서는 안 되며, 좌익에서 우익에 이르는 모든 세력은 이 투쟁에 참가하도록 허락되어야 한다는 것이 이승만으로 상징되는 우익의 입장이었다. 이는 한국의 통일과 독립을 획득하려면 오로지 가장 광범한 내부적 단합에 기초해야 하며, 완전한 독립이 달성된 뒤에 친일분자들을 처리할 수 있다는 것이다.

米運動을 열렬히 하고" 있었다. 이것은 "사이비 지도자들의 반동적 데마(흑색선전)에 대한 실물적 반증"이었다.

남한에서는 "군정청이 경남 인민위원장을 검거하였다가 그것이 무고인 것을 알고는 즉시 석방"했고, 더 나아가 그에게 "전폭적 협력"을 요청했다고 한다. 따라서 "남부 조선에 있어서 인민위원회와 군정과 약간의 마찰이 있었다면 그는 군정의 본질과는 기본적 관계가 없는 것이고 민족반역자의 중상과 무고에 의한 것"이라는 주장이다(조공 지도자들이 미 군정과 정면충돌을 피하고 문제의 핵심을 '우익'에 전가하기 위해 비상한 노력을 기울였음에 주목하라).

두 번째 성과는 중앙과 지방 인민위원회 간의 유기적 연락이 강화된 것이었다.

공산당은 이 대회가 거둔 세 번째 성과를 다음과 같이 지적했다. "중앙위원회의 민족과 통일에 대한 열성과 아량을 우리는 이 대회를 통하여 알 수 있었다. 대회에서 발표한 성명서는 자자구구 민족과 국가를 사랑하고 민족통일에 대한 최고의 성의를 표현하였는데, 특히 성명서는 '우리는 절대로 장래 정권을 전횡하려는 의도가 아니며, 도리어 우리의 진정한 노력으로써 민주주의 원칙하에서 민족통일전선 기초 위에 수립될 보다 더 완전한 통일 정권의 확립에로 발전될 것을 기원한다'라고 말하였다."

"조선인민공화국은 조선 인민의 동경의 국호이며 의욕의 단체이나 미 군정의 의사를 존중하며 그에 협조하는 의미에서 미 군정으로부터 개명改名 교섭이 있은 후로부터는 '인민공화국'이라는 문자의 사용을 피하여왔으며 미 군정이 존재하는 한 38도 이남에서는 정부로서의 기능과 행동을 할 수 없으며 또 하려고도 하지 않는다고 명언하였다. 대회에서 국호문제의 사수를 부르짖는 대표들의 이구동성의 외침을 들을 때 이 중앙(인민)위원회에서 이상과 같은 성명을 한 것은 중앙위원회가 조선의 독립을 원조하기 위하여 온 미 군정과 얼마나 협조하려고 하는가의 열의를 알 수 있는 것이다. 우리는 이 대회를 통하여 인민위원회와 군정과의 협력이 더욱 전진하여 보다 더 광범한 민족통일전선이 형성될 것을 기대한다."

우리는 당시의 공산당정책의 내용과 분위기를 충실히 전달하기 위해 『해방일보』를 인용했다. 박헌영과 그의 추종자들은 미 군정과의 충돌을 피하여 연합국에 대한 지지를 포함해 온건한 입장을 견지하라는 소련의 지시를 충실히 수행하려 했다. 전술적으로 그러한 정책은 중요한 의미를 갖는다. 공산주의자들의 가장 큰 희망은 조직을 그대로 보존하고 자신들의 영향력이 압도적이지는 않더라도 두루 미치는 그러한 통일전선에 의해 보호되는 것이었다. 그러한 입장에서 공산주의자들은 북쪽에 수립된 체제가 남쪽에서도 이미 단초적인 형상을 드러내고 있으며 앞으로 더욱 발전할 수 있으리라는 기대로 통일을 위한 미·소협상의 성공을 희망할 수 있었다.

이러한 사실에 비춰 앞으로 보게 되겠지만, 박헌영 일파가 그 당시 미 군정 당국에 조건부 항복한 것을 포함한 반역적 활동으로 김일성에게 숙청된 것은 아이러니하다.

그 반면 박헌영으로 상징되는 좌익은 친일분자와 민족반역자를 처음부터 제외시켜야 한다고 주장했다. 이상의 입장에다 연합국의 의견을 참조해야 한다는 조항을 덧붙였을 때, 소위 우익적 입장은 분명히 전술적 우위를 점하게 되었다. 한국의 완전 통일과 즉시 독립을 완강히 주상하는 이승만은(이미 그는 입장이 다를 경우 군정을 무시하는 것도 불사하겠다는 뜻을 나타냈다) 가장 순수하고도 열정적인 민족주의자로 부상하고 있었다. 12월에 들어 심각한 트라우마를 안겨준 사건들이 일어나기 이전에도 공산당은 소련의 정책을 추종하면서 통일과 독립을 지연시킨다고 비난받을 만한 위험에 처해 있었다.

물론 이 같은 상반되는 정략의 정치성은 쉽게 이해가 간다. 만약 공산당이 그들이 규정한 대로 친일분자와 민족반역자를 배제한다면, 그들은 정치 영역을 지배할 기회를 무한히 늘릴 수 있을 것이다. 그들과 반대파 양쪽 모두가 이러한 기본적 사실을 알고 있었다. 또한 당시에 공산당은 이승만을 공개적으로 공격하는 것을 매우 꺼렸다. 그들도 인정했다시피 이승만은 민족적 영웅이었고 무엇보다도 반일의 영웅이었다. 그러나 이승만을 공격하지 않고서는 공산당은 자신의 위치를 확실하게 유지할 수가 없었다.

따라서 12월에 접어들자 양측의 비난과 반박은 점점 고조되어갔다. 조공 기관지인 『해방일보』의 12월 4일자 사설에서 공산당은 이승만이 만주와 중국에서 투쟁한 항일유격대의 혁명적 공훈을 경시하는 '큰 오류'를 저질렀다고 비난했다.[57] 이승만은 그러한 분자들보다 반일투쟁을 방기하고 개인적 번영과 부의 축적에 노력을 집중한 사람들에게 더 많은 관심을 쏟았다는 것이다.

---

57 『해방일보』의 사설은 이들 유격대를 열거하면서 "만주·시베리아를 중심하여 청산리靑山里 항일의 병투쟁, 5·30폭동, 김일성 장군의 북선北鮮 국경지대 및 동남만東南滿에 의거한 무력투쟁, 최무정崔武丁 장군을 중심한 북지전선北支戰線에서 용명을 떨친 항일투쟁, 중지전선中支戰線에서 이청천李靑天, 김원봉金元鳳 장군의 항전부대 등 일련의 혁명투쟁이 부절不絶히 일어났던 것은 엄연한 역사적 사실"이라고 강조했다. 「민족통일전선에 대한 원칙적 차이」(其 2), 『해방일보』, 21호, 1945년 12월 4일자.
이후의 사건들에 비춰볼 때 여기서 김일성을 특별히 강조하지 않은 점은 대단히 흥미롭다.

편집자는 이 박사가 "이 민족전선에서 이 역사적 혁명운동의 주조主潮를 바로 파악하여 그 주조로서 이 전선에 주력"을 삼아야 한다고 결론지었다. 충칭 임시정부 요인들이 속속 귀국하고 있던 때였으므로 이 문제는 더욱 중요해졌다. 『해방일보』는 다음과 같이 주장했다.

우리는 이들 요인들의 수십 년간 국외에 있어 그 반일적 태도를 지속한 것을 찬양하는 자의 하나이다. 그러나 이들 요인은 국외에 있는 반일혁명파의 한 당파에 불과한 것을 언명하는 동시, 그의 국외 주력은 오히려 만주와 북지北支에 있었음이 엄연한 역사적 사실이란 것을 단언하는 바이다(방점 필자).

조선공산당(남한)은 당시 김일성을 떠받들려 하지는 않았지만, (연안파를 포함해) 공산유격대를 충칭에서 끝까지 활동한 민족주의자들보다 우위에 놓을 태세만큼은 확실하게 갖추고 있었다. 오랫동안 한국 민족주의를 괴롭혀온 서로 다른 지리적 환경이나 이데올로기적·정치적 외피에 따른 파벌 대립이 급속도로 남한에 이식되었다. 그러나 이때의 문제는 누가 전 한국의 미래를 지배할 것인가 하는 것이었다. 『해방일보』는 12월 4일자의 마지막 문장에서 이 문제를 다음과 같이 단도직입적으로 다루고 있다.

따라서 각 당 각 파는 다함께 자기 당파의 조선 혁명 역사에 차지한 그 역할을 정당히 평가하여 각각 자기중심주의를 지양하고 어느 부대, 어느 당파가 이 통일전선에 중심 부대가 되어야 할 것을 인식하고 허심탄회로 이 전선에 적극 협력·참가하기를 요망하는 바이다.[58]

---

58 위의 신문, 1면. 12월 8일에는 사설의 제3부가 발표되었다. 이 글은 거의 전부 이승만에 대한 공격에 할애되었는데, 거기서 이승만은 오직 소수 특권계급, 자본가, 지주에 중심을 두고 절대 다수의 근로대중은 전혀 무시하고 있다고 비난받았다. 따라서 이제 대중은 조공을 통해서만 대표된다는 것이었다.

국내의 정치적 상황이 이렇게 복잡해지는 동안 중대한 돌발사건이 일어났다. 한국에 5년간 신탁통치를 부과한다는 12월 27일의 모스크바 3상회의三相會議 결정이 전해진 것이다.[59] 이 발표는 완전히 새로운 것은 아니었다. 10월 말 미 국무성 극동국장인 존 케이터 빈센트John Cater Vincent가 한국에 신탁통치제가 실시될지도 모른다고 공개적으로 말했다는 기사가 신문에 보도되었다.[60] 이 뉴스로 남한 정국은 들끓었고 공산당 지도자들도 다른 사람들 못지않게 흥분했다. 조공 최고간부 중 한 사람인 김삼룡은 소련의 태도나 신탁통치안의 성격은 잘 모르지만, 만약 빈센트의 말을 인용한 것이 정확한 내용이라면 그것은 "조선의 현실에 대한 잘못된 인식에서 나온 것이며, 인민의 의지를 무시하는 충격적인 사실"이라고 주장하는 장문의 성명을 발표했다.[61]

그러므로 모스크바협정의 소식이 한국에 전해졌을 때 즉각적인 반응은 거의 보편적으로 탁치 반대라는 입장이었다. 이승만과 우익 전체는 대단히 분개했다. 미 군정의 당혹함에 크게 힘입어 그들은 마지막까지 신탁통치와 싸울 것을 약속했다. 공산당 역시 격분했다. 12월 29일 『서울신문』은 조공의 저명한 지도자 정태식鄭泰植의 다음과 같은 말을 인용했다. "만일 조선에 대한

---

59 모스크바협정의 공식적인 영어 원문은 다음 자료를 보라. *U.S. Department of State Bulletin*, 1945년 12월 30일, 1,030쪽. 협정은 미소 양국 대표로 구성되는 공동위원회를 설치, '조선의 민주적 정당·사회단체'와 협의해 '조선임시민주정부' 수립을 준비한다고 되어 있다. 위원회가 작성한 건의문은 두 공동위원회 대표국의 최종 결정이 있기 전에 미·영·중·소 정부에 제출되어야 하고 그런 식으로 "최고 5년간의 4개국 신탁통치에 대한" 협정도 이루어질 것이며, 남북 조선에 관련된 정책을 조정하는 회의를 개시하기 위해 미소 주둔군 대표들은 2주일 이내에 소집되어야 한다고 주장했다.

60 *New York Times*, 1945년 10월 21일자, 22쪽(빈센트의 발언을 보도한 한국 신문으로는 『매일신보』, 1945년 10월 23일자가 자세하다 — 옮긴이).

61 김삼룡의 성명은 다음에 실렸다. 『매일신보』, 1945년 10월 25일자. 게다가 10월 31일의 『해방일보』에는 「신탁관리信託管理란 만부당萬不當 — 미 극동부장 언명에 대하여」라는 제목으로 신탁 개념을 분명히 비난하는 기사가 실렸다. 이 기사의 필자는 심지어 "조선보다는 역사적으로나 문화적으로나 무엇으로나 수천 년 뒤떨어진 비율빈比律賓(필리핀)에 대하여도 미 정부는 독립을 약속했다"라고 썼다. 이 논지는 강한 종족적 편견을 지님으로써 훌륭한 마르크스-레닌주의자에 적합한 논쟁 형태는 못 되었다.

신탁통치가 사실이라고 한다면 우리는 여기에 대해 절대 반대한다. 5년은커녕 다섯 달이라도 반대할 것이다."[62] 박헌영은 1월 1일에 가진 하지 장군과의 개인적 면담에서 자신이 신탁통치를 완전히 반대한다고 밝혔다. 게다가 공산당은 1월 3일로 예정된 민족통일자주독립촉성시민대회民族統一自主獨立促成市民大會의 조직에 앞장섰다. 대회는 서울시 인민위원회와 외곽단체인 반反파쇼 공동투쟁위원회共同鬪爭委員會가 주도했다.

그러나 1월 1일과 3일 사이의 어느 시점에 공산당 지도부는 근본적으로 입장을 바꾸도록 '설득'당했다. 이처럼 숨 가쁘게 돌아간 72시간 동안 무슨 일이 일어났는지에 대해서는 여러 가지 해석이 있다. 당시 조공 경기도당 청년부 책임자였던 박일원朴馹遠에 따르면 모스크바 결정이 발표된 직후 당 정치국원인 강진이 서울 주재 소련부영사인 샤브신A. I. Shabshin과 장시간 회담했다고 한다.[63] 또한 박일원은 박헌영이 비밀리에 급히 평양에 갔다가 1월 2일에 돌아왔다고 서술했다. 그의 서술대로라면 박헌영이 돌아온 즉시 나동욱羅東旭의 집에서 중앙위원회 확대회의가 열렸다. 박헌영은 그 문제를 당에 대한 충성의 문제로 만들어 상당한 반대를 무릅쓰고 모스크바 결정 절대 지지를 강압적으로 결의하도록 했다. 미 점령군 측의 자료에 따르면 가능한 수단을 총동원해 모스크바협정을 지지하라는 조선공산당 북조선분국 책임비서 명의로 된 지시문이 산하의 모든 지부조직에 하달되었다.[64]

---

62 『서울신문』, 1945년 12월 29일자.
63 박일원, 『남로당총비판』, 42쪽.
    미국 측의 정보에 따르면 당시에 평양과 모스크바로부터 지령을 받아 남한의 공산당에 명령을 내리는 사람은 샤브신이었다. 알려진 바로는 명목상 미소공동위원회 소련 측 대표의 한 사람이자 평양의 제25군 최고정치사령부 책임자인 발라사노프Gerasim Maritnovich Balasnov가 북한의 공산당 활동을 통제했으며, 나아가 전 한국의 공산당 활동에 최종적인 책임을 지고 있었다고 한다. XXIV Corps G-2 Summary, No. 41, 1946년 6월 23일.
64 뒤에 행해진 기습 수색에서 조선공산당 북조선분국에서 나온 1946년 1월 2일자의 기록이 발견되었는데, 그 기록은 모스크바 결정을 지지하는 데 사용될 격려문, 슬로건, 논지들을 상세히 규정하고 있었다. History of the US Army Forces in Korea, Part II, 26쪽.

제4장 _ 미 군정기의 한국 공산주의 **441**

정확한 사건의 전개과정이 어떻든 간에 북한의 소련 점령군 사령부가 일반당원 사이에 야기될 엄청난 불만에도 불구하고 신탁통치 문제에 대한 처음의 입장을 바꾸도록 서울(그리고 평양)의 공산당 지도부에 강요한 것은 확실하다. 이때만큼 한국 공산주의운동에 대한 러시아의 권위가 결정적으로 시험대에 오른 적이 없고, 그 권위가 뚜렷하게 드러난 때도 없었다. 미국인들이 극히 인기 없는 이 협정을 지지하도록 비공산주의자들을 필사적으로 헛되이 설득하는 동안 러시아인들은 참으로 잘 훈련된 정치운동이 무엇을 할 수 있는지를 보여주었다.

따라서 시민대회는 모스크바 3상회의 지지 데모로 완전히 뒤바뀌었다. 조공은 새로운 입장을 위해 필연적으로 크나큰 대가를 치러야 했다. 실상 전前공산주의자를 포함한 몇몇 관찰자는 이 사건을 분수령으로 해서 한국인의 민족주의적 열망을 거역해야 했던 남한의 공산당이 해방 후 초기 몇 달간 축적한 대중적 지지 수준을 다시 회복할 수 없을 것이라고 주장했다. 그런 견해를 입증 또는 반증하기는 어려운 일이며, 앞으로 보게 되겠지만 공산당은 그 후에도 수많은 고비를 넘기게 된다. 그러나 공산당은 자신들이 수세에 몰렸으며, 대부분의 전술적 이점이 갑자기 중간파와 우익에 넘어가버렸음을 깨달았다. 심지어 당원들조차 다루기가 쉽지 않았다. 우리는 신탁통치문제가 민족감정과 밀접하게 관련되어 있었음을 고려해야 한다. 신탁통치는 한국에서 일반적으로 제1차 세계대전 후 국제연맹League of Nations의 위임통치 체제와 동일시되었으며, 한국인을 '남양군도의 미개한 원주민'처럼 취급한다는 비난을 널리 받았다. 결국 자부심과 민족감정이 그 문제와 뒤엉켜 격한 반대감정으로 분출되면서 공산당은 이제까지 장악해온 중앙무대로부터 축출당할 위험에 처하게 되었다.

타격을 입은 공산당은 신탁통치를 강조하지 않고 임시민주정부의 수립 약속을 부각하는 식으로 모스크바협정을 해석하려고 노력했다. 그들은 협정의 핵심이 4대국이 조선 임시정부를 감독 또는 지지한다고 규정한 조항에 있다고 주장했다. 사실 공산당은 때로 협정은 지지하지만 신탁통치는 계속 반대한다고 주장하기도 했다. 신탁통치라는 용어의 사용은 실제로 공산당의 신문에서 금지되었고, 그 대신 외국 감독자와 국내 지도자들 간의 관계를 묘사할 필요가 생기면 언제나 후견後見이라는 용어가 쓰였다. 아울러 우익이 연합국과의 협력을 거부함으로써 임시정부의 수립을 지연시키고, 그럼으로써 독립을 확고히 하는 과정을 방해한다고 비난하는 작업도 진행되었다.[65]

러시아인들은 한국의 공산당에 커다란 정치적 희생을 감수하도록 강요했고, 그것은 받아들여졌다. 비공산세력들과의 관계에서 소련이 공산세력과 맺고 있던 관계와는 전혀 다른 관계를 맺고 있으면서 소련의 전술을 활용할 준비가 안 된 미국인들은 우파, 중간파 또는 중도좌파에 대해 소련과 같은 영향력을 발휘할 수 없었다. 하지 장군은 한민당 지도자인 송진우에게 협정에 진실로 포함된 것은 헌정, 즉 입헌민주주의로 가는 예비단계로서의 훈정기訓政期, 다시 말해 통치의 훈련을 쌓는 기간이라고 설명함으로써 그의 잠정적인 지지를 얻었다. 송진우는 이 견해를 김구에게 설명했으나 김구는 그런 사고방식을 완전히 거부했다. 우연의 일치인지 아닌지 모르지만 김구를 방문한 바로그날 송진우는 배후가 밝혀지지 않은 집단에 의해 암살되고 말았다.[66]

성격상 전혀 유연하지 못한 한국의 정치는 이제 감정이 고조되면서 사활

---

65 조공의 새로운 입장에 대한 최초의 공식적 설명은 『조선인민보』, 1946년 1월 3일자에 발표된 1월 2일의 조공 중앙위원회 성명을 보라.
성명은 3상회의를 "세계 민주주의발전에 있어서 또 한 걸음 진보"한 것으로 묘사하면서 시작된다. 이 성명에서 "김구 일파의 소위 반신탁운동은 조선을 위하여 극히 위험천만한 결과를 나타낼 것은 필연이다"라는 비난을 받았다. 이제 한국의 독립이 약속되었으니 만약 통일이 이루어진다면 임시민주정부가 감독을 받는 5년이라는 기간은 단축될 수 있으며, 그러므로 모든 한국인은 '친일파, 민족반역자, 국수주의자'들을 제외하고 민주주의 원칙을 내세우며, "조선민족통일전선을 완성함에 전력을 집중"해야 한다는 것이었다.
66 김을한金乙漢, 『여기 참사람이 있다』, 100쪽.
이정식과 홍종인洪鍾仁의 인터뷰(Berkeley, California, 1966년 1월 8일)에서도 이러한 사실에 대한 논의가 있었다.

의 기로에 서게 되었고, 신탁통치의 지지자들한테는 그들의 정치적 입장이 무엇이든 간에 생명을 염려할 충분한 이유가 발생했다. 그러나 이 문제를 떠나서도 정치적 분위기가 급속히 증오로 가득 차고 정치문화는 너무 쉽게 폭력에 적응되어 테러와 암살이 모든 집단의 가장 중요한 정치무기로 등장했다.

이러한 환경 속에서도 정치적 합작은 계속 추구되었다. 처음에는 좌익 쪽에서 가능성이 없음에도 합작을 진행시키고 있는 것처럼 보였다. 공산당은 이제 최근 중국에서 간부진 다수가 돌아온 임시정부와 협력하는 데 전력을 기울였다. 12월 31일 인공 중앙위원회 대표 4인(홍남표, 정백, 홍증식, 이강국)이 임시정부 대표 3인(최동오崔東旿, 성주식成周寔, 장건상)과 만나 통합위원회의 즉시 수립을 제의했지만, 1946년 1월 1일 임정 비서처는 이를 거부하는 성명을 발표했다. 그러나 1월 7일에는 또 다른 시도가 있었다. 한자리에 모인 4당 대표, 즉 조선인민당(여운형)과 국민당(안재홍), 한민당(새로 김성수가 이끄는), 조선공산당(박헌영)은 '조선 자주독립'을 보장하며 조선의 '민주주의적 발전'을 원조(후원)한다는 조건으로 모스크바회의의 '정신과 의도'를 전적으로 지지한다고 선언하는 공동성명을 발표했다. 성명은 이어 "신탁은 장래 수립될 우리 정부로 하여금 자주독립의 정신에 기基하여 해결" 해야 한다고 주장하면서 모든 암살과 테러 행동에 대해 비난을 퍼부었다.

위의 단어 구사에서는—틀림없이 오래고 곡절 많은 협상을 거쳐 도달했을—신탁통치 지지 문제에 대한 교묘한 회피를 탐지할 수 있다. 사실 이 성명은 모스크바협정의 근본적 지침에 대한 반대를 내포한 것으로 보는 것이 좀더 정확할 것이다. 이러한 방법을 씀으로써 좌익, 특히 공산당은 주류의 위치로 되돌아갈 수 있었을까?

성명의 교묘한 어조에도 한민당 지도자들은 성명이 발표되자마자 이를 부인했다. 한민당 지도자들은 긴급 간부회의를 거쳐 이 성명이 신탁통치를 반대하는 한국인의 정신을 무시하고 기본적 문제들을 얼버무리려 한다고 주장하는 성명을 발표했다. 4당 대표에 신한민족당新韓民族黨의 이규갑이 추가된

회의가 다시 1월 9일에 개최되었으나 성과 없이 끝났다. 14일의 회의에서 여운형의 조선인민당 대표는 참석한 정당 모두가 모스크바회의의 정신을 지지하되 신탁통치는 공개적으로 반대하자고 제의했다. 공산당은 이 제안을 물리침으로써 그들이 받아들일 수 있는 한계를 뚜렷하게 시사했다. 해방 이래로 한국 정치인들이 당면한 가장 중대한 문제에서 우익·중간파·좌익의 합작은 결렬되고 말았다.

결국 신탁통치 문제는 우익에는 엄청난 이익을 가져다주고 좌익에는 심각한 손실을 안겨준 것으로 판명되었다. 좌익과 중간파의 합작이 실패로 돌아가자 우익은 모스크바 결정을 정치적 단결을 이끌어내기 위한 촉매로 이용했다. 2월 1일 임정 지도자들은 온건파와 보수적 집단 모두가 참석한 비상국민회의非常國民會議를 소집했다. 이 대회로부터 2월 8일 대한독립촉성국민회大韓獨立促成國民會가 탄생되었고, 이승만은 이제 이 운동의 의심할 바 없는 지도자로 부상했다.

그러나 상황은 미국이 바라는 대로만 전개되지 않았다. 자신들이 중간파로 규정한 사람을 중심으로 한 힘의 균형을 원했던 미 군정 대표들은 열성적으로 광범위한 합작의 성공을 위해 노력했다. 이를 위해 군정은 재남조선在南朝鮮 대한국민대표민주의원大韓國民代表民主議院의 수립을 목표로 하는 일련의 협의와 비공식적 토론을 후원했다. 처음에는 공산당을 비롯한 좌익이 참여할 것을 기대했으나 박헌영은 결국 비협력으로 입장을 굳혔다. 협상 기간에 그는 "소련이 이를 어떻게 생각할까?"라며 거듭 물었다고 한다.[67] 결국 그는 어떤 개인적 참가도 저지했으며, 따라서 공산당은 모든 중대한 참여의 기회를 잃고 말았다.

미 군정 측은 비공산주의적 좌익, 그중에서도 특히 여운형 일파를 공산당으로부터 떼어내는 데 노력을 집중했다. 여운형은 민주의원은 성격상 정부가

---

67 XXIV Corps G-2 Summary, No. 41, 1946년 6월 23일.

아니라 자문기관이어야 하며, 결정도 단순히 다수결로 내려질 수는 없고, 끝으로 민주의원은 정치적 문제를 다루지 않아야 한다는 세 가지 엄격한 조건을 내걸었다. 마지막 조건은 명백히 불가능한 것으로, 사람들은 처음에는 여운형이 단지 전술적 이유로 이것을 제기했기를 바랐다. 따라서 최익한(인공과 조선공산당), 백상규(인민당), 황진남黃鎭南(인민당) 등 좌익 대표들과 함께 여운형이 참석한다는 조건으로 2월 14일의 결성대회 준비가 진행되었다. 임명된 의원 28명은 당시의 정치적 어법으로 분류하면 우익이 20명, 중간파 네 명, 좌익이 네 명이었다. 그러나 14일 아침에 여운형과 최익한은 나타나지 않았다. 전날 저녁 임정 선전부장인 엄항섭嚴恒燮은 어떤 연설을 했는데, 여운형은 이것을 자기가 제기한 조건을 위반한 것으로 간주했다고 알려졌다. 이러한 상황 전개에 실망한 하지 장군은 즉시 엄항섭의 행위를 비난했다. 여운형이 백상규와 황진남을 민주의원에 내보낸 것은 아마도 이에 대한 반응일 것이다. 그러나 그들은 발언을 거부했고 더는 나타나지도 않았다.

따라서 1946년 2월 중순, 강력한 연합체를 만들어 그것을 지배하려는 보수·온건파 좌익 간의 팽팽한 경쟁은 무승부로 끝났다. 2월 14일 발족한 민주의원은 처음부터 우익—최근의 사건으로 크게 강화되어 극단적인 민족주의적 색채까지 띠게 된—의 기구였다. 다음 날인 15일에는 좌익의 기구인 민주주의민족전선民主主義民族戰線(이하 '민전'으로 줄임—옮긴이)이 정식으로 출범했다. 온건파를 설득하려는 노력을 포기한 뒤 공산당 주도의 좌익은 여운형과 인민당의 협력을 얻어 대부분 공산당의 외곽단체인 29개 조직을 소집해 민전을 결성했고, 위원 305명의 중앙위원회는 이 새로운 조직의 정책 결정기구 역할을 했다.[68]

---

68 민전에 관한 상세한 자료는 『조선해방연보』, 92~105쪽, 128~136쪽에서 볼 수 있다. 민전 결성은 29개 단체가 참가한 1월 19일의 예비회담에서부터 실행에 옮겨졌다. 1월 31일 24명으로 구성된 준비위원회가 구성되어 다음 날 민전선언을 발표했다. 이 2월 1일 선언에서 지도부는 이전에 인공이 맡았던 역할을 담당하겠다는 의도를 분명히 했다. 선언문은 어떠한 '반민주주의적 부분'도 진실하

이때 이러한 활동이 일어난 것은 우연이 아니었다. 1월 14일에는 미소공동위원회美蘇共同委員會가 다음 달에 서울에서 열린다는 발표가 있었다. 많은 사람들은 이 첫 번째 회의에서 민족정부 수립에 관한 중요한 결정이 내려질 것이라고 믿었으며, 자연히 남한의 모든 정치세력은 전력 강화에 총력을 기울였다.

그러나 서울회의에서는 어떠한 중대결정도 이루어지지 않았다. 미소공위美蘇共委가 공위에 참가할 한국 대표 문제로 곧 벽에 부딪히자 미국과 소련 대표 간의 설전이 고조되었다. 곧 살펴보겠지만 이는 남한의 정치무대에 곧바로 영향을 끼쳤다. 미소공위가 5월 무기 휴회에 들어간 뒤 양측은 자신들의 합작을 위한 노력을 배가시켰다. 미 군정 당국은 민주의원이 중간파나 비공산계 좌익의 인물들을 추가하여 이를 좀더 광범위한 기초를 가진 기구로 대치시키기 위해 다시 한번 전력을 기울였다. 하지 장군 이하 미 군정 지도자들은 특히 여운형과 김규식을 설득하는 데 막대한 시간을 소비했다.

그러나 또다시 좌익과 우익은 미국의 기대와는 다른 방향으로 나아갔다. 여운형은 적어도 미국의 견지에서는 다루기 어렵고 점차 방심할 수 없는 인물

게 반동성을 지양한다면 민전 참여를 '흔연히 포용할 아량과 용의'가 있다고 밝힌 뒤 총선거를 통해 인민대표대회가 구성될 때까지 '과도적 임시국회의 역할을 장악할 것이며 (3상회담에서 결정된 협정의 조항 아래) 임시적 민주주의정부 수립의 책임을 자부한다'라고 선언했다. 위의 책, 95쪽.
박일원은 민전 결성에 다섯 가지 이유가 있다고 주장한다. "가) 반탁과 친탁은 원칙적인 대립이므로 좌우합작으로서의 통일전선 결성은 불가능하다는 것, 나) 반탁은 애국적이고 친탁은 매국적이므로 좌익 계열 내 양심분자의 이탈을 방지함으로써 친탁 진영의 지반을 공고히 하려는 것, 다) 2월 14일, 민주의원이 창설되자 그것을 무력화하려는 것, 라) 진정한 민족통일체를 가장하여 자파 세력의 확대를 도모하려는 것, 마) 인민당·신민당 등 우당友黨과 각 대중단체 내 공산당의 지배력을 강화하려는 것." 박일원, 앞의 책, 44~45쪽.
민전 중앙상임위원 73명을 분석해보면 조공과 관련 있는 인물이 4분의 3 이상이라는 것이 드러난다. 중앙위원과 중앙상임위원의 명단은 다음을 보라. 『조선해방연보』, 129~131쪽. 조공 당원과 그들의 직위를 적어보면 다음과 같다. 사무국장 이강국, 조직부장 홍덕유(후에 김계림金桂林), 선전부장 김오성金午星(후에 박문규朴文圭), 문화부장 이태준李泰俊, 재정부장 안기성, 기획부장 최익한, 조사부장 오영吳英, 위의 책, 131쪽.

이 되었다. 5월 말과 6월 초 개최된 예비회합에서 그는 허헌을 포함시키자고 강력히 주장했는데, 허헌이 공산당 노선에서 이탈했다고는 결코 볼 수 없었다. 6월 중순 여운형은 합의가 가능할 것 같다고 시사했지만, 며칠 뒤인 6월 20일 허헌은 자신이든, 여운형이든 어떤 회의건 간에 모스크바협정을 지지하는 성명과 함께 시작해야 한다는 입장이 확고하다고 선언했다. 미국은 협정 조인국이므로 이 입장에 반대하기가 어려웠지만, 분명히 그것은 우익의 참가를 저지하는 것이었다. 또한 이 무렵 박헌영은 중요한 합의가 이루어지기까지 많은 장애가 남아 있다고 지적했다.

협상은 여름내 계속되었고 미국은 결실을 맺으려고 온 힘을 다했다. 7월에 새로운 합작의 구상을 논의하는 예비회합의 방식이 결정되었다. 그 방식에 따르면 우익 다섯 명에 좌익 다섯 명의 비율로 대표를 파견하고 김규식과 여운형이 한 주씩 번갈아 의장을 맡도록 되어 있었다. 이렇게 하여 좌우합작위원회左右合作委員會의 예비회담이 7월 22일에 열렸다. 예상했던 대로 이승만 등 지도자들은 일반적으로 협상에 대해 회의적인 견해를 지니고 있었다. 하지만 그 당시 더욱 중요한 사실은 초기에 얼마간 애매한 태도를 취하던 공산당이 이제 총력을 기울여 좌우합작위원회의 활동을 방해했다는 사실이다. 이 새로운 활동의 배후에는 소련의 입김, 더 정확하게는 평양의 영향력이 작용했다. 6월 22일 평양 당국은 남한의 좌익과 보조를 같이할 것을 목표로 북조선민주주의민족통일전선北朝鮮民主主義民族統一戰線의 결성을 발표했다. 이를 발표하면서 김일성은 "민전을 가짐으로써 전체 인민들을 인솔하여 이승만, 김구 등 일체 민족반역자들에 대한 투쟁을 통일적으로 더 강력하게 전개할 것"이라고 주장했다.* 그러나 여러 가지 이유로 한 달 뒤에 다른 방법을 채택하지 않을 수 없었던 공산당은 좌익이 독자적으로 공산당 주도의 단일당으

---

* 이 보고는 1946년 6월 22일 「북조선 민주주의 각 정당·사회단체 대표회의」에서 행한 것이다. 보고서 전문은 고려대 아세아문제연구소, 『북한연구자료집』, 제1집, 서울, 1969, 104~108쪽에 실려 있다.

로 뭉쳐야 한다고 주장했다. 이에 따라 7월 23일 신민당은 북조선공산당北朝鮮共産黨에 합당을 제의하는 편지를 보냈고, 공산당은 놀랄 만큼 신속하게 움직여 며칠 후 양당 중앙위원회의 합동회의가 열렸다. 8월이 끝나갈 무렵 북조선노동당北朝鮮勞動黨(이하 '북로당'으로 줄임―옮긴이)이라는 새로운 정당이 출현했다.

이 사건이 일어난 시점은 후에 상세히 논의되겠지만 남한의 정치발전을 분석할 때 주목해야 한다. 새로운 합작운동의 초기 단계에서 박헌영과 핵심 당원들이 무관심한 듯한 입장을 취하면서도 이중적인 감정을 표시한 것으로 보아, 좌우합작운동에 대한 공산당의 정책이 아직 확립되지는 않았던 것으로 보인다. 하지만 7월 박헌영이 비밀리에 평양 여행을 하고 22일 돌아온 이후부터 그는 우익과 중간파를 포함하는 어떤 합작도 반대하는 강경한 노선을 취했을 뿐 아니라 공산주의운동 내부에서 자신의 지도력을 확고히 하고 북한에서 이미 진행되고 있는 운동과 병행해 좌익 세력 합당운동을 전개하는 데 상당한 노력을 쏟았다. 남과 북 공산당의 정치적 패턴이 동일하며 그들이 미국이든 국내 비공산 세력이든 간에 상관하지 않고 간섭을 용납하려 하지 않았다는 것은 이제 의심의 여지가 없었다.

그 당시 김규식 등 중도우파와 합작하는 길을 걷겠다고 공약한 여운형도 자신이 극도로 불리한 입장에 놓였음을 깨달았다. 개인적으로 그는 정치적 형세를 관망했던 것 같다. 한국인들과 군정 당국은 이제 여운형의 인민당과 공산당의 밀접한 유대를 의심해 양자를 면밀히 주시했다. 8월 초 모 인민당 간부의 거처를 급습했을 때, 김일성이 여운형에게 보낸 1946년 7월 18일자 편지가 발견되었다.

존경하는 여운형 선생께
선생의 최근 편지를 읽고 본인은 선생이 말씀하신 바가 올바르고 적절하다고 생각했읍니다. 서울로 가면 선생을 만나고 싶은 마음 간절하지만, 공적인 임무에 얽매여 있는지라 떠나기가 쉽지 않습니다. 하지만 본인은 수일 내에 선생을 뵈올 수 있으리라 기대합니다. 왜냐하면 방문할 기회를 가질 것을 확신하기 때문입니다. 그러니 그때를 위해 준비를 해주시지 않겠는지요.

김일성[69]

더욱이 8월 31일의 북로당 결성대회에서 최종 결론을 말하면서 김일성은 인민당과 다른 두 당, 즉 신민당과 공산당의 합당을 논의하는 준비위원회가 여운형의 발기*로 두 당의 찬성을 얻어 조직되었다고 주장했다. 첫 번째 회의는 8월 1일에 열렸다.[70] 따라서 그것은 여운형이 매우 흥미로운 시기의 대부분을 통해 비밀리에 남북의 공산당과 계속 접촉했음을 암시한다.

한편 여운형은 미 군정 당국과 사적인 대화를 계속하고 있었다. 평양 비밀 방문 후 박헌영의 강한 반합작 입장에 놀란 여운형은 7월 말 미 군정 당국에 박헌영을 '단호하게' 그리고 신속히 다루지 않는 한 그들의 합작을 위한 공동 노력은 수포로 돌아갈 것이라고 귀띔했다.[71] 여운형은 심지어 박헌영이 7월 29일 공판 예정인 조선정판사朝鮮精版社 사건과 관련이 있을 수 있다고 암시했다. 하지 장군은 개인적으로 최근에 일어난 사건들이 여운형으로 하여금 박헌영에 대해 이전에 지녔던 증오와 엄청난 두려움을 갑자기 되살리게 했다고 추측했다. 그러나 자신이 광범위한 정치 세력들을 최대한으로 규합하는 합작운동의 중심에 서야 한다고 생각한 여운형이, 공산당이 그 운동을 방해하고 대신 좌익 합당에 전념한다면 자신이 아니라 박헌영이 남한의 정치적 중심

---

69 USAFIK, Accession No. RG-332. 김일성이 실제로 남한을 다녀갔는지 아닌지에 대해서는 증거가 없다.
* 여운형의 명의로 된 1946년 8월 3일자 조선인민당의 3당 합당 제안문은 『조선인민보』, 1946년 8월 5일자를 참조하라.
70 김일성, 「질문과 토론에 관한 결론」, 『근로자』, 제1호, 1946년 10월호, 34쪽.
71 XXIV Corps G-2 Summary, 1946년 10월.

서게 된다는 것을 깨달았다고 보는 게 좀더 타당할 것이다. 또한 여운형은 박헌영과 자신이 북쪽(즉 소련)의 승인을 받기 위해 경쟁한다고 느꼈을지도 모르며, 자신만이 진정한 합작운동을 지도할 수 있다는 판단으로 자신의 전체적 입장을 합리화했을지도 모른다.

여운형은 그의 논리가 어떻든 간에 이 복잡한 기간에 미국 측과 공산당 양쪽 모두와 연계를 맺고 있었다. 그러나 당시의 주한미군 사령부 기록에 따르면 여운형과 관계를 유지해왔던 미국인들 사이에서 그의 주가는 크게 떨어졌다. 여운형은 조선정판사 사건 공판이 정치적 목적으로 이용되지 않으리라는 것과 군정이 민족적 합작운동에 '가능한 모든 지원'을 다하기는 하겠지만, 좌익 내부에서의 투쟁은 결국 자신이 스스로 해야 한다는 것을 깨달았다. 실제로 군정 당국은 여운형이 용기 부족이든 비밀언약 때문이든 간에 박헌영과 결판을 낼 수 없으며, 자신을 궁지에서 구출해주도록 그들에게 바라고 있다고 느꼈다.[72]

미국은 여전히 여운형을 불신했지만 8월 초부터 그는 공산당으로부터 멀어지는 것처럼 보였다. 8월 13일 여운형은 인민당 당수직을 사임했는데, 이는 그가 조공과 어떤 형식의 합당에도 반대했으나 더는 당내에서 합당을 효과적으로 저지할 수 있을 만한 힘을 지니지 못했기 때문인 것으로 알려졌다. 이틀 뒤 인민당 집행위원회가 기권 53, 찬성 48, 반대 31로 합당을 가결한 후 여운형은 온건파 당원들에 대한 지도력을 회복했고 공산주의자들에게 당에서 물러날 것을 요구했다. 그동안 그는 김규식이나 비슷한 견해를 지닌 다른 사람들과 회합을 가지면서 중간파와 협상을 계속했다. 그리하여 8월 26일 여운

---

72 여운형은 왜 상황을 교란시키는 공산주의자들에 대해 전면적 싸움을 수행하지 않느냐는 질문을 받았을 때 남한의 노동자, 농민, 청년 단체들이 자신과 박헌영에 대한 지지로 나뉘어 있는데, 만약 자신과 박헌영 사이에 분열이 생긴다면 그것은 합작운동에 해를 끼칠 것이라고 답했다 한다. 여운형은 지금 박헌영의 체면을 손상시킬 수만 있다면 그에 따라 이들의 상당한 부분을 자신한테로, 따라서 '우리 편'으로 끌어들일 수 있을 것이라고 되풀이해서 말했다. 위의 보고서.

형, 정노식鄭魯湜, 장건상은 박헌영에게 적대적인 전前 공산주의자 10명과 함께 김규식과 중간파, 우익의 인물들을 만나 합작 문제를 논의했다.

합작운동의 정치적 복잡성은 9월에 이르러 새로운 국면에 접어들었다. 여운형은 자신이 공산당이 충동한 합작 반대를 극복하기 위해 노력하는 중이라고 군정 당국에 사적으로 알렸다(노력한 것이 아니라 알린 게 사적인 것이다). 그러나 그는 깊은 늪 속으로 빠져들어 갔고 9월에 몇 번 열린 좌우합작위원회의 모임에서 좌익의 주장은 바뀌어갔다. 9월 20일 여운형은 마지막으로 하지에게 공산당의 요구사항을 제출했다. 이는 그가 이 기간을 통해 공산당과 협상해왔다는 분명한 증거다. 이 요구는 조공의 활동에 대한 초강경 조치의 일환으로 나온 박헌영과 이강국 체포령의 철회, 정간된 좌익계 언론인들의 석방, 완전한 언론자유의 보장과 함께 좌익 신문들의 정간 해제 등이었다. 여운형은 이 요구사항을 홍남표로부터 전달받았는데, 그 요구들이 충족되지 않는다면 공산당은 어떠한 합작에도 참여하지 않을 것이라고 주장했다. 여운형 자신의 입장은 분명하지 않았다.

9월 14일 이후 좌익 진영 전체는 합작 제의와 3당 합당문제에 대해 계속 회의를 진행하고 있었지만[73] 좌익의 분열은 치유될 수 없었다. 박헌영의 공산당은 남조선노동당南朝鮮勞動黨의 결성을 확고히 결정했고, 9월 24일에 시작되는 일련의 파업들을 계획했다. 박헌영과 논쟁해봐야 아무 소용 없다는 것을 확신한 여운형은 평양에 가기로 마음먹었다.

평양으로 출발하면서 여운형은 자신의 대리인들과 김규식 사이에 혹시 협상이 타결될 경우 쓰라고 도장을 남겨놓고 떠났다. 9월 27일 좌우합작 7원칙의 합의가 이루어졌지만, 여운형의 대리인들은 지도자의 부재를 이유로 날인을 거절했다. 여운형은 10월 1일에 돌아와서 사적으로 미국인들과 만났다. 여운형은 자신이 북쪽 소식통으로부터 남쪽의 공산당 지도부가 좌우합작협

---

73 『동아일보』, 1946년 9월 22일자.

상을 방해하고 미 군정을 공격하기 위해 총파업을 조직하고 있으며, 11월에 '인민혁명'을 일으킬 계획이라는 정보를 얻었기 때문에 이 모든 것을 저지하기 위해 북한에 다녀왔다고 말했다. 그는 평양에서 김일성과 김두봉, 그외의 사람들과 만나 협의하는 도중 미국의 정책에 대한 그들의 오해를 바로잡아주었으며 박헌영의 파괴 활동이 폭력의 만연, 미국인들과의 충돌, 한국인 전체의 손해로 귀결될 것이고 점령 기간의 연장을 초래하게 될 뿐임을 역설했다고 말했다(흥미롭게도 여운형은 '북조선 삼두체제'의 한 사람인 무정의 인기가 많이 떨어졌다고 덧붙였다).[74]

여운형이 서둘러 북한을 다녀온 내막이 어떻든 간에 이 시기에 나온 다른 증거와 함께 이 보고는 그가 남한 좌익의 주도권을 놓고 자신이 박헌영과 경쟁하고 있음을 인식했으며, 이러한 목표를 달성하기 위해 미국과 북한 공산주의자의 지지를 얼마간이라도 얻기 원했다는 사실을 보여준다. 현 시점에서 보면 이러한 기대는 매우 비현실적인 것처럼 보이지만, 미국인들과 평양의 지도자들(러시아인과 한국인)이 그들 각자의 목적을 위해 이 기간에 여운형과 접촉했다는 것은 의심할 여지가 없다.

러시아 당국이나 북한 공산주의자들이 여운형에게 무엇을 약속했든 간에 남한의 공산당은 급진적 행동 노선을 실천에 옮겼다. 9월 24일 철도노동자들은 전국적 파업을 시작했고, 인쇄노조도 뒤이어 9월 26일부터 파업에 돌입했다. 이어 29일에는 대구의 40개 공장 노동자들이 파업을 선언했고, 10월 1일에는 서울의 전기노동자 모두가 직장을 이탈했으며, 10·1폭동으로 알려진 대구에서의 유혈사태가 뒤따라 발생했다. 확실히 여운형은 극좌파에 더는 어떠한 영향력도 행사할 수 없게 되었다.

평양에서 돌아온 며칠 후인 10월 4일 여운형은 자신과 김규식의 이름으로 소위 '좌우합작 7원칙'을 내놓았다. 그들은 7원칙이 7월 27일에 민전이 제시

---

[74] XXIV Corps G-2 Summary, 1946년 10월.

한 5원칙[75]과 7월 29일 우익이 제출한 8원칙[76]을 절충한 것이라고 주장했지만 좌익도 우익도 만족시키지 못했다. 좌익이 모스크바협정의 완전 지지를 요구한 데 반해 좌우합작위원회는 "조선의 민주독립을 보장한 3상회의 결정에 의하여 남북을 통한 좌우합작으로 민주주의 임시정부를 수립할 것"을 주장했다. 좌익이 요구한 무상몰수·무상분배에 기초한 토지개혁에 대해 좌우합작위원회는 "몰수, 유조건 몰수, 체감매상遞減買上"에 기초한 토지개혁을 주장했다. 이러한 타협방법은 공산당이 보기에는 너무 미온적인 것이었다. 한편 우익 측인 한민당은 좌익 편향의 7원칙을 격렬히 비난했는데,[77] 이러한 비난은 원세훈元世勳이 이끄는 한민당 내 진보파의 대량 탈당과 좌우합작위원회로 지식인을 결집시키는 결과를 가져왔다. 그러나 사태의 이 같은 전개는 주요 문제에 대한 합의가 불가능한 정치적 교착 상태를 초래했다.

좌우합작을 이루려는 본래의 목표를 이루는 데 실패한 뒤 미 군정 당국은 좌우합작위원회를 기본적인 문제에 대한 자문기구로서 활용하기 시작했다. 10월폭동 이래로 고조된 혼란스러운 상황에서 군정청과 좌우합작위원회는 10월 23일부터 여러 가지 긴급한 문제에 대해 숱한 회합을 가졌다.[78] 그러나 무대의 중심은 점차 여운형으로부터 김규식한테로 옮겨졌다. 남로당南勞黨에 반대하는 좌익 인사인 여운형과 백남운白南雲은 사회노동당社會勞動黨을 결성했으나, 그들은 평양의 완강한 반대에 부딪혔다. 평양 당국과 사회여론의 광범위한 압력에 굴복해 백남운은 사로당社勞黨과 남로당의 통합을 제의했으나 남로당은 이 제안을 거절하고 대신 사로당의 무조건 해체를 주장했다.[79] 11월

---

75 『서울신문』, 1946년 7월 27일자.
76 『동아일보』, 1946년 7월 31일자.
77 위의 신문, 1946년 9월 7일자.
78 좌우합작위원회의 활동과 자세한 내용은 다음 자료를 참조하라. 이정식, 『김규식의 생애』, 서울, 신구문화사, 1974.
79 『동아일보』, 1946년 11월 10일자와 『조선일보』, 1946년 11월 12일자.

454   2부 _ 해방 후

12일에 여운형은 민전을 탈퇴하고 정체된 좌우합작위원회뿐 아니라 사로당의 해소를 주창했다.[80] 이때 여운형은 깊이 괴로워하고 환멸을 느꼈던 것 같다. 몇 주 후인 12월 4일, 그는 다시 한번 모든 정치 활동으로부터의 은퇴를 선언했다.[81]

8. 남한공산당 내부의 투쟁

이 시점에서 남한공산당의 내부 사정으로 돌아가는 게 적절할 것이다. 앞서 살펴본 것처럼 박헌영은 1945년 말 자신의 주도권에 대한 여러 가지 도전을 극복했고, 소련의 완전한 지지에 힘입어 지도자로서의 권위를 행사했다. 그러나 1946년 봄 무렵부터 당내에 여러 문제가 발생하기 시작했다. 공산주의

---

80 『동아일보』, 1946년 11월 14일자; 『조선일보』, 1946년 11월 16일자(『동아일보』, 1946년 11월 14일자에 실린 여운형의 세 가지 주장은 본문과는 다르다. 1. 사로·남로당의 무조건 합동 2. 제1안이 즉시 실행될 수 없다면 독자적으로 사로당으로 출발하되 남로당과의 합동 교섭을 적극 추진 3. 제2안도 불가능하다면 사로당만으로 민주 진영의 통일체를 삼을 것—옮긴이).

81 물론 여운형은 은퇴하지 않았다. 1946년 12월 말 그가 다시 평양에 다녀오고 나서 그의 추종자들은 남한 전역에 걸쳐 지지자를 모으기 시작했다. 1947년 5월 24일 그는 드디어 근로인민당勤勞人民黨의 창당을 발표했다. 그러나 일이 얼마 진척되기도 전에 여운형은 1947년 7월 19일 집 근처에서 암살되었다. 여운홍, 앞의 책(정계 은퇴를 선언한 여운형의 성명 전문은 다음을 참조하라. 『한성일보』, 1946년 12월 5일자—옮긴이).

비록 근민당의 의도가 공산주의자를 제외한 '같은 뜻을 지닌 사람들'을 모으는 것이었지만, 여운형은 끝까지 공산주의자들한테서 벗어나지 못했다. 1947년 3월 미 군정은 그를 뉴델리New Delhi의 국제회의에 파견할 것을 제의했다. 평소 네루Nehru를 만나고 싶어했던 그는 그때 공식 연설을 하러 대구에 가 있었는데, 그 기회를 흔쾌히 받아들여 제의를 기꺼이 수락했다. 그러나 서울로 돌아왔을 때 공산당의 반대가 너무도 강경해 여운형은 그 여행을 취소해야만 했다. 1970년 2월 19일자, 이정식과 여운홍의 인터뷰.

여운형이 죽은 뒤 근민당 중앙위원회는 그의 이데올로기적 견해를 규정짓기 위해 이틀간 토론을 했는데, 공산주의자들은 그가 공산주의자라 주장했고 그 반대파는 그것을 부정했다. 1970년 2월 22일자, 이정식과 유병묵劉秉默과 인터뷰. 주의해야 할 것은 현재 평양 정권이 여운형의 역할에 대해 초기의 강한 유보적 태도를 감추고 공개적으로 '진보적'이라고 선언한다는 점이다.

자들은 신탁통치 문제에 크게 당혹해했고, 앞서 보았던 것처럼 공산주의자들이 이 문제에 대한 당 노선을 받아들이기란 대단히 어려워 보였다. 그러나 미소공위가 한국의 통일방안에 합의할 가능성이 보이는 한, 당은 그 내적 문제들을 억누를 수 있었다. 한국 정치인들을 세 가지 범주로 분류한 4월 초 공산당 측이 자료는 낭시 공산당에 대해 많은 것을 시사해준다. 이 자료는 한국의 정치지도자를 박헌영과 여운형, 허헌, 김두봉, 김일성, 이주하, 무정, 김원봉 등 '우리가 지도자라고 부르는 인사들', 다음으로 김규식과 김병로, 홍명희 등의 '중간파' 그리고 이승만과 김구, 김성수, 조완구趙琬九, 조만식, 장덕수, 조소앙趙素昻 등 '반동분자'로 분류했다.[82]

이들 '지도자'를 열거한 순서는 남북의 모든 주요 인물이 망라되어 있는 명단 자체만큼이나 흥미롭다. 남쪽의 당은 당내의 인물 그리고 동반자로 간주하거나 간주하고 싶어하는 사람들을 북한의 지도자들보다 훨씬 큰 비중으로 다루었던 것이다.

당시 미소공위는 아직도 서울에서 개회 중이었다. 미 군정의 또 다른 정보문서는 공산당의 전략과 전술에 대해 흥미로운 증거를 제공해준다. 이 문서에 따르면 공산당의 긴급한 문제는 어떠한 정부가 들어선다고 해도 소위 비민주적 인물들을 배제하는 것이었으며, 공산당은 소련의 제의가 받아들여질 때까지 인민을 총동원해 미소공위에 압력을 가해야 한다는 계획을 세웠다고 한다. 한편 국내에서 초점이 되는 문제를 쌀값, 정당의 등록을 규정하는 새 법률, 특정 사립학교의 폐쇄를 강요하는 '악법' 등이라고 지적한 공산당은 이러한 모든 문제에 대해 대중운동의 지침을 하달했고, 매달 10일에 자세한 경과보고를 제출하라고 지시했다.[83]

---

82 XXIV Corps G-2 Report, 1946년 5월 22일자의 도큐멘트Document B(1946년 4월 2일부).
83 4월 초 부산에서 나온 도큐멘트 A에 중요한 문제들이 설명되어 있다. 이 문서에 실린 공산당의 입장은 "스티코프Shtikov 장군은 우리에게 미소공위의 기본적인 의무를 명백히 보여주었고 그래서 우리는 소련 대표의 요구를 굳게 주장해야 한다"는 것이었다. 이 요구란 "모든 비민주적 반탁적 인사

공산당은 이제 이슈의 선택으로 보나 정치운동을 지도하는 방식으로 보나 상당히 세련된 면을 보여주었다. 그들이 추진한 문제에는 두 가지 기본적 유형이 있었다. 즉 통일 절차를 규정하는 규칙처럼 공산당(그리고 소련)에 본질적으로 중요한 문제와 식량의 확보나 그 가격 등 남한 민중에게 즉각적으로 관계되는 문제가 그것이다. 성공적인 모든 정치가처럼 공산주의자들 역시 광범위한 문제를 다루면서 각 가정의 시급하고 직접적인 관심사에 초점을 맞추는 것이 중요함을 이해하고 있었다. 더욱이 전술적으로 공산당은 편지쓰기부터 가두시위와 공개집회에 이르기까지 폭넓은 동원기술을 발휘할 준비가 되어 있음을 증명해 보였다.

이러한 활동을 하기 위해 공산당은 풍부한 자금을 필요로 했다. 미국과 군정청 역시 그러한 자금의 출처에 관심을 쏟고 있었다. 6,000만 원으로 추정되는 초기 자금은 주로 일본 재산이나 기타 적산재원敵産財源을 접수·조정해 얻은 것이었다. 1946년 3월 소련 점령군이 새로운 자금원이라는 증거가 포착되었다. 점령 초기에 소련인들은 북한에 조선은행권朝鮮銀行券을 통용하는 대신 적군군표赤軍軍票를 찍어냈기 때문에 조선은행권은 남한의 조직사업에 사용

들을 민전을 핵으로 하여 형성되는 새로운 정부에서 배제하고, 조선 인민들은 반파시스트 정부를 수립할 수 있어야 하며, 과거에 갖고 있던 러시아에 대한 잘못된 반감을 떨쳐버린 민주조선을 건설해야 한다는 것"이었다.

같은 문서에서 당은 쌀의 가격과 부족 사태를 중심 문제로 제기했고, 부정직한 상인을 적발하고 시민의 회합을 마련하며, 군정에 항의문을 보내기 위해 각 거리를 별개의 단위로서 조직했다. 통일에 대한 소련의 입장을 지지하기 위해 당은 대중과 최대한 접촉할 수 있도록 공공집회, 팸플릿과 삐라, 신문 그리고 연극 상연 등의 폭넓은 전술들을 지령했다. 미소공위에는 청원과 결의문, 개인 편지들이 넘쳐흘렀다. 대중을 동원하는 데서 당 조직원들은 시급한 것이면서 쉽게 이해될 수 있는 사건이나 욕구들을 가장 강조했다. 쓰이는 말도 단순해야 했고 각종 문건도 짧아야 했다. "반인민전선의 지도자들"에 대해서는 "과감하게 공격"해야 하지만 반대파에 속하는 일반인들은 우리 편으로 끌어오기 위해 정중히 다루어져야 했다.

4월 3일부의 다른 문서에는 "비록 우리가 각 지역에 도道의 선전선동 지도자를 보낼지라도 운동은 본질적으로 그 지역 자체 내에서 발전되어야 한다"는 것과 "반미연설을 피하기 위한" 시도가 있어야 한다는 주장이 담겨 있다. 주 82의 보고서에 같이 실려 있다.

될 수 있었다.* 몇 가지 정보에 따르면 러시아인들은 당시 서울에 있는 소련 영사관을 통해 북으로부터 남한의 공산당에 자금을 보내고 있었다. 한 보고 서는 소련이 약 7,000만 원을 당에 보내주기로 약속했고, 박헌영 자신도 주로 출판 활동의 자금으로 200만 원을 받았다고 지적했다. 사실이 어떻든 간에 조공 지도자들 가운데 상당수가 좋은 의복과 자동차를 구입하는 데 별다른 어 려움이 없었던 것처럼 보였고, 사치스러운 생활을 즐길 수 있었다(당시 미화 1달 러는 한화 15원―옮긴이).

다른 많은 요인과 함께 5월 초 미소공위 결렬의 결과로 미 군정과 남한공 산당 사이의 관계는 급속히 악화되어갔다. 이러한 사건들은 바로 러시아인들 의 몇 가지 기본적인 정책 변화를 유도해냈다. 그들은 이제 남한과 북한에서 민주주의민족전선을 만들 것과 이를 넘어서서 모든 좌익적 요소를 망라하는 형태로 공산당을 재편할 것을 결정했다. 이는 러시아인들의 통제 아래 있는 북한에서는 별다른 큰 어려움 없이 실현되었으나 남한에서는 박헌영과 그의 동지들에게 심각한 문제를 불러일으켰다.

당의 재편이라는 곤란한 문제가 북으로부터 제기되기 전에 박헌영은 당 내부에서도 다시 한번 공격을 받았다. 그의 새로운 비판자는 해방 전부터의 당 지도자이며 그 당시 인천시당부의 핵심 인물이던 조봉암이었다. 조봉암은 박헌영에게 자신의 불만을 토로한 장문의 편지를 보냈다. 5월 초 『동아일보』 는 밝혀지지 않은 출처로부터 이 편지를 입수해 지상에 발표했다. 이는 당에 커다란 혼란을 일으켰으며, 당 내부의 새롭고 미묘한 분열을 드러냈다. 조봉 암은 민전 결성에서 당이 채택한 서투른 전술부터 비판하기 시작했다. "민주 주의민족전선은 잘된 줄 아오마는……" 하고 그는 비판을 시작했다.

---

* 북한의 소련 군정 당국이 거둬들인 조선은행권의 남한 유입에 대해서는 박갑동, 「내가 아는 박헌 영」, 제80회, 『중앙일보』, 1973년 5월 30일자를 참조하라.

역시 통일전선으로서는 너무 우리 당원이 과대히 침투했기 때문에 비당(원) 군중의 능동적 활동을 스스로 제약시키고 있다고 보오. 당이 크고 옳은 전선을 내세운 바에는 대중을 그 길로 나가도록만 하면 족하지 않겠소. '지방에서는 당원이 절대 다수를 차지하여야 된다' 등의 지령은 과오로 생각되오.[84]

조공의 서툰 전술 때문에 누구나 민전이 조공의 도구임을 알게 되었다는 비난과 함께 조봉암은 모스크바 3상회의 지지투쟁 역시 졸렬하게 수행되었다고 주장했다. 결과는 '미조직 대중'을 적에게 헌상한 것이었다. 그는 1월 3일의 시민대회에서 이루어진 급작스러운 전환을 특히 강조했으며, 납득할 만한 해명이 없고 그 사건을 '공개적으로 비판'하지 않은 것 때문에 얼마나 많은 과오를 거듭할까 하는 점을 생각하면 놀라움을 금할 수 없다고 말했다.

그리고 조봉암은 박헌영을 훨씬 더 개인적인 면에서 공격해 그가 당의 인사문제에 대해 무원칙하고 종파적이며 '봉건적인' 정책을 추구할 뿐 아니라 간부 등용은 정실에 치우친다고 비난했다.

그러나 조봉암은 "우리의 김일성과 무정의 영웅주의에 대해서 최대의 경계를 해야 할 것"이라고 주장함으로써 북한 지도자들에 대한 유보적인 입장을 시사했다. 그는 편지의 뒷부분에서 자신한테 가해진 비난에 답하려 했고, 그로써 편지를 쓴 이유를 나타냈다. 조봉암은 1945년 이전의 한국 공산주의 운동에서 중요한 인물로 손꼽혔으나, 일제 치하에서 감옥에 투옥된 뒤 전향한 사람들 중 한 명이었다. 결과적으로 그는 해방 후 지방 간부의 지위로 전락했

---

84 조봉암, 「존경하는 박 동무에게」, 『동아일보』, 1946년 5월 9~11일자. 이 편지는 당 외부로의 발표를 의도하지 않았음이 확실한 것 같다. 어느 '중간파' 한국인에 따르면 그 편지는 미국의 방첩 활동을 통해 조봉암의 가택수색 중 발견되어 한국의 주요 신문인 『동아일보』에 발표하도록 주어진 것이었다. 박영수朴英樹, 「韓國政黨略史」(IV), 『ユリア評論』, 도쿄, 1966년 8월, 43쪽(박영수는 바로 「내가 아는 박헌영」으로 잘 알려진 박갑동의 필명이다. 이 편지는 『동아일보』에 앞서 안재홍이 경영하던 『한성일보』, 1946년 5월 7~9일자에 보도되었다―옮긴이).

고, 이는 그에게 실로 한 맺히는 일이 아닐 수 없었다.[85]

예측한 대로 이 편지로 말미암아 조봉암과 당은 완전히 결별했다.[*] 8월 초 그는 『동아일보』와의 인터뷰에서 박헌영의 당이 자신을 '당연히 제명했을 것'이라고 말했다. 조봉암은 박헌영을 '경성 콩그룹파 당수'라 불렀고, 그가 '파멸적인 섹트화와 민족분열의 제 정책'을 추구함으로써 민족을 양분시켰다고 비난했다.[86]

---

85 조봉암은 편지에서 자신한테 퍼부어졌던 여러 가지 비난을 다루었다. 그는 태평양노동회의와 관련해 모프르MOPR 자금을 유용했다는 비난을 부정했다. 이어 조봉암은 당원인 첫 번째 부인을 '버리고' 비당원과 결혼했음을 인정하고 이것을 '죄'라고 고백했으나, 그의 두 번째 부인도 훌륭한 당원이 되었고 중국공산당 내에서 중요한 역할을 했다고 덧붙였다. 또한 그는 하급 당원이 저지른 상하이에서의 강도사건에 대해 상급자로서 감독의 책임을 인정했지만, 이에 개인적으로 가담하지 않았음은 물론이요 그때 그 사실을 알고 있지도 못했다고 주장했다. 그는 자신이 '당국의 촉탁'이라는 '소문'과 출옥 후 이권을 얻어 부유하게 살았다는 비난을 단호하게 부정했다. 되풀이되겠지만 이러한 비난은 해방 전의 사건과 관련해 상급 당원들이 서로에게 퍼부은 비난의 전형적인 예였다.

* 조공 측은 이 편지가 신문지상에 공개되자 크게 당황했다. 조공은 준기관지 격인 『현대일보』 등을 동원해 조봉암과의 일문일답을 거쳐 편지가 공개된 경위를 밝혔다. 조봉암은 인천 CIC(미 방첩대)가 민전회관을 급습했을 때, 현장에 있던 자신의 몸을 수색해 이 편지의 초고를 빼앗아갔다고 말했다. 그는 CIC에 여러 차례에 걸쳐 이 편지를 되돌려달라고 요청했으나 CIC가 임의로 이를 공개했다는 것이다. 조봉암은 공개된 내용의 대체적 윤곽은 초고와 같으나 일부는 개필된 부분도 있는데, 김일성과 무정에 관한 부분은 완전히 CIC의 조작이라고 강조했다. 그는 앞으로 더욱 당에 충성할 것이라고 말하면서 이렇게 덧붙였다. "남의 사신私信을 이용해 우리 당내의 내분을 책동하는 어리석은 시도는 완전히 분쇄해야 할 것이다." 「미발표未發表의 사신초고私信草稿」, 『현대일보』, 1946년 5월 15일자. 조봉암은 '앞으로 더욱 당에 충성할 것'이라고 맹세했으나 결국 이 편지를 계기로 공산주의운동에서 이탈했다. 이후 그는 『동아일보』, 1946년 6월 26일자에 공산당을 부인하는 성명서를 발표했다.

86 이 인터뷰는 다음에 실렸다. 『동아일보』, 1946년 8월 2일자. 조봉암은 그가 사용한 '경성 콩그룹'이라는 용어가 박헌영이 주도한 당 이외에 공산당이 따로 있는 것을 의미하는가 하는 질문을 받았을 때 "한 나라에 공산당이 여럿 있을 수는 없겠지마는, 경성 콩그룹 외에도 전국에 많은 공산주의자의 그룹이 있으니까 그 각개의 그룹이 통일되어 당내 민주주의의 중앙집권적 조직이 완성되고 당내 당외에 옳은 정책이 세워져야 비로소 옳은 공산당이 될 줄 믿는다"라고 대답했다. 조봉암이 정치무대에 복귀해 1959년 처형될 때까지 정치적 경력의 궤적을 여기에 간단히 적어보겠다. 공산당을 떠난 뒤 그는 '우익'에 가담해 1948년 제헌국회에 성공적으로 진출했다. 이어 그는 이승만 정권에서 농림부장관으로 임명되고 1950년에 다시 국회의원으로 선출되어 국회부의장이 되었다. 1952년 그는 이승만과 대결해 대통령에 입후보했으나 이승만의 523만 8,769표에 비해 단지 79만 7,504표를 얻었을 뿐이었다. 그러나 1956년의 대통령 선거에서는 선거운동의 마지막 단계에

조봉암사건은 매우 당혹스러운 것이기는 했지만 좌우합작과 당 조직에 관련된 정책으로 야기된 내적 위기보다는 덜 심각했다. 후자가 중심 문제로 되기 전에도 조공의 주도권이 박헌영의 손을 떠나고 있다는 여러 가지 보고가 미 군정에 접수되었다. 이 보고들에 따르면 핵심적 역할은 '지식인이며 신사'로 간주되는 전남의 양반 출신 인물로서 공식적 지도자가 되기로 예정되어 있는 김철수와 함께 이강국, 홍남표, 이주하 등이 담당했다.[87] 그러나 이 보고는 과장이 섞이고 부분적으로 부정확했다. 위에 기록된 핵심 인물들은 박헌영파의 일원이었다. 그럼에도 1946년 늦봄 무렵 박헌영은 점증하는 어려움에 직면해 있었다.

내부 문제들이 고조될 때인 6월에 박헌영은 이미 언급했던 것처럼 38도선을 넘어가 북한에서 5주간 머물렀다. 이 기간 평양에서는 박헌영과 소련 당국 간에 모든 문제에 대해 합의가 이루어진 것으로 보인다. 여행에서 돌아왔을 때 그는 합작 노력에 반대하는 강경한 입장을 취했을 뿐 아니라 그의 장기 부재로 용기를 얻었던 당내의 반대파도 닥치는 대로 물리쳤다. 그의 반격은 몇몇 외곽단체에서 시작되었다. 민전 공동의장으로서 그는 민전의 특별개회를 요구했다. 그리고 나서 새로운 좌익 지향의 당을 지지하는 편에 서서 우익이나 중간파와의 어떠한 합작도 강력히 반대했다. 한편 그는 조공 내의 많은 인물들에게 당 비서로서 자신의 위치를 평양에서 확인했으므로 그 권위에 계속 의문을 가지는 자는 스스로를 매우 심각한 위험 속에 빠뜨릴 것이라고 경고했

서 제1야당 입후보자인 신익희가 갑작스럽게 사망한 것에 일부 힘입어 이승만의 504만 6,437표에 대해 216만 3,808표를 얻었다. 물론 이승만과 그의 추종자들은 격노했다.

더욱이 같은 해 12월에 조봉암은 '평화통일'을 주요 강령으로 하는 진보당進步黨을 조직했다. 그 뒤 조봉암과 많은 동지는 국가변란을 기도하고 북한공산당과 공모했다고 기소되었다. 유죄가 선언되어 그는 사형을 언도받고 1959년 7월 31일 처형되었다(자세한 것은 다음을 보라. 윤기정尹基禎, 『한국공산주의운동비판』韓國共産主義運動批判, 서울, 1959, 256~489쪽. 최근 진보당원이었던 권대복權大福의 조봉암과 진보당에 관한 자료집이 출간되었다. 권대복 엮음, 『진보당』, 서울, 1985 — 옮긴이).

87 USAFIK, Accession No. RG-322. *op. cit.*

다. 몇 가지 보고서에 따르면 그는 이 기회를 이용해 소수의 매우 신임하는 동지들에게 자신이 어떤 일급 비밀정보, 즉 공산당이(소련인지 북한인지는 불분명하지만) 3년 내에 가능하면 평화적으로, 하지만 필요하다면 무력을 사용해서라도 남한을 점령하려 한다는 것을 들었다고 이야기했다.

민전회의에서 박헌영은 좌익이 합작 문제를 다루는 협상 테이블에서 철수해야 한다고 강력히 요구했다. 그는 미 군정 당국이 만든 남한 입법기구와의 어떠한 제휴도 엄격히 금지할 것을 제의했다. 그 회의에서 나온 보고서에 따르면 그는 조공의 이주하와 홍남표, 이미 사라져버린 인공을 명목상 대표하는 허헌의 강력한 지지를 받았다. 반대파는 김원봉의 도움을 받는 여운형이 이끌었고, 백남운은 토론 내내 양다리를 걸치고 있었다(여운형이 군정 당국에 박헌영을 단호하게 처리하라고 청원한 것이 이 기간이었음을 명심하라).[88]

한편 박헌영은 조공 내부의 반대파를 공격했다. 좌익 정당들의 합당을 둘러싼 당 내부의 위기는 8월 초 신문 보도로 널리 알려졌다. 박헌영의 반대파는 어떤 합당도 당 대회의 비준이라는 적법 절차를 밟아야 한다고 주장했다. 8월 4일 김철수와 이정윤, 강진, 서중석徐重錫, 문갑송文甲松, 김근金槿 등 여섯 명의 중앙위원은 당의 주도권을 갖고 있는 자들이 관료주의적이고 트로츠키적인 경향을 보이면서 당의 결속을 위협한다고 비난하는 공동성명을 냈다. 이들이 지목한 주요 인물은 이주하와 김삼룡, 이현상李鉉相이었다. 그러나 박헌영에게도 따로 공격이 퍼부어졌다.[89]

---

88 상임위원회의 충분한 협력을 얻을 수 없게 되자 박헌영은 '타협'을 추진했으며, 다섯 가지의 주장이 받아들여진다면 합작운동에 동의하겠다고 단언했다. 그것은 모스크바협정에 대한 전면적인 무조건적 지지, 검거 투옥된 민주주의 애국지사의 즉시 석방, 북한에서 실시된 것과 유사한 토지개혁의 수행, 공직으로부터 '반동분자'들의 추방 그리고 미 군정으로부터 인민위원회로의 즉각적인 정부 기능 이양 등이었다. 우익과 중간파의 입장을 감안할 때 이 조건이 받아들여질 가망은 거의 없었다(1946년 7월 25일 좌익 측이 민전을 통해 발표한 좌우합작 5대 원칙의 전문은 다음을 참조하라. 정시우鄭時遇, 『독립獨立과 좌우합작左右合作』, 서울, 1946─옮긴이).

89 이 성명과 후에 강진이 발표한 더 긴 비난문에서 이 시기의 당 운영에 대한 흥미진진하고 주목할 만

강진이 트로츠키주의에 대해 계속 언급하고 있다는 점은 그들 모두 소련의 지지를 얻기 위해 투쟁해야 했다는 필요성을 분명하게 보여준다. 이는 사실상 가망성 없는 주장이었는데, 그것은 박헌영이 러시아인과 가장 가까이 접촉한 사람이었기 때문이다. 8월 7일 박헌영은 이정윤의 제명과 김철수, 서중석, 강진, 김근, 문갑송의 무기한 정권停權 처분을 발표했다. 이들 대부분은 구서울계의 인물이었다. 박헌영 일파는 종종 '경성제대 그룹'으로 언급되었는데, 이는 해방 전에 그들이 이 조직에 관계했기 때문이다.

이 처분을 조용히 받아들이지 않은 반박헌영파는 긴급한 문제를 논의하기 위해 당 대회를 소집해야 한다고 요구했다(이들 반박헌영파는 흔히 대회파大會派 또는 반간부파反幹部派라고 불린다—옮긴이). 박헌영파에서는 현재의 정치적 조건에서 당 대회를 개최하는 것이 어렵다는 등 여러 가지 이유를 내세워 이 요

한 설명이 제기된다. 이 설명이 반反박헌영파의 확인되지 않은 견해라는 것을 기억해두어야 한다. 그들은 초기의 당 통합(장안파의 흡수)이 박헌영파만에 의해 완전히 비밀리에 진행되었다고 주장했다. 후에 박헌영파가 아닌 몇몇 동지가 당 중앙위원으로 지명되었으나 그들은 명목상으로만 위원이었지 중앙위원의 전체 명단조차 알지 못했다. 중앙위원회회의에는 종종 많은 방청객이 초대되었는데, 아무도 정확히 누가 중앙위원이고 누가 방청객인지를 알지 못했다.
더욱 심각한 것은 박헌영파에 속하지 않은 동지들이 중요한 당 부서에서 전부 제외되었고, 중대한 결정도 통보받지 못했다는 점이다. 재정, 개인적 임무, 지방이나 도道의 제안 등 문제들이 중앙위원회로 보고되지 않았다. 완전히 박헌영파의 통제 아래 있는 서기국書記局은 정치국이나 조직국보다 훨씬 더 강력한 실권을 가졌다. 예를 들어 선전부장 강문석姜文錫, 청년부장 박광희朴光熙, 인천시당 책임자 김태용金泰瑢, 강원도당 김점권金點權 등의 임명은 모두 조직국에 통보되지 않고 서기국을 통해 행해졌다. 전국적·지방적 수준에서 각급 당기관을 완전히 장악한 박헌영파는 정치국이나 조직국 등 중앙당기관의 회합을 피할 수 있었다.
강진의 성명은 이주하가 박헌영보다 더 큰 권력을 행사했다고 말한다. 이주하는 해방 후 고향인 원산으로 돌아가서 친척·친지들과 '탈락분자'를 포함해 그 밖의 사람들을 모아 자신의 지도하에 공산주의운동을 재건했다. 이 과정에서 이주하는 그의 부재 중에 비합법적 지하운동을 실제로 이끌었던 사람들을 배제했고, 그와 의견을 달리한 사람들은 추방되거나 억압받았다. 그러나 박헌영파의 일원이었기 때문에 그는 제2비서가 되어 실질적으로 정치국·조직국·서기국을 지배했다.
비슷한 비판이 김삼룡과 이현상을 통해서도 제기되었다. 김삼룡은 전략적으로 중요한 서울 영등포 지역의 분열에 대한 책임과 모스크바협정을 최초로 공격한 데 대해 비난받았다.
이현상은 '국제 노선'을 말하며 자신의 행동을 합리화시켰으나 실상은 종파주의적 트로츠키주의의 지도자가 되었다고 탄핵되었다. 『조선일보』, 1946년 8월 25일, 29일, 30일자.

구에 반대했다. 곧 보게 되겠지만, 9월 초에는 대부분의 주요 공산주의자들이 체포되거나 지하로 숨어들어야 했다. 그럼에도 몇 주일 후인 9월 29일 여러 지역에서 모인 조공 내의 반박헌영파 대표 약 250명이 서울에서 당을 '재건' 하기 위한 회합을 가졌다. 윤일尹―의 사회로 열린 이 회합은 만장일치로 현 지도부에 대한 불신임안을 통과시키고, 김철수를 위원장으로 하는 27명의 중앙위원을 새로 선임했다. 그런데 회의에 참석한 대표들이 지방정세 보고를 듣는 동안 의장과 그 밖의 몇 명이 미 군정 당국에 체포되었다.

그들은 다음 날 석방되고 회의는 계속되었지만, 이 사건은 당시의 상황을 잘 반영해주고 있다. 잠시 후에 자세히 다루겠지만 당 정책의 좌경화로 말미암아 이미 많은 공산주의자가 지하로 들어가버렸으며, 내부 논쟁과 분열에 휩싸인 공산당은 겨우 반합법적 지위밖에 갖지 못했다.

그 사이에 박헌영은 모든 좌익 정당 내부의 반대를 무릅쓰고 좌익 통합계획을 끈기 있게 추진해나갔다. 남조선노동당의 창당은 9월 3일 발표되었으나 남로당의 공식 출범은 11월 13일 이후에야 이루어졌다. 하지만 극단론과 그에 따르는 제재의 악순환이 계속되었다. 1946년 가을 유혈폭동과 노동쟁의, 시위가 남한을 휩쓸었다. 이 사건과 관련해 1,500명이 체포되었는데, 그들 가운데 상당수는 이름 있는 공산주의자였다.

이로 말미암아 1946년 말 남한의 공산주의운동은 여전히 큰 세력을 갖고 있기는 했지만, 매우 심각한 문제들에 봉착하게 되었다. 주요 지도자들은 사방에서 지속적인 공격을 받고 있었으며, 그들 가운데 다수가 지하로 숨거나 투옥되거나 북한이라는 성역으로 들어갔다. 체포영장이 발부된 직후인 9월 초 38선을 넘은 박헌영은 1946년 10월에 38선 바로 북쪽에 있는 해주海州로 피신했다. 그곳에서 박헌영은 소련 점령군 사령부 정치부와 긴밀한 관계를 유지하면서 남한의 당으로 계속 명령과 지시를 내렸다. 해주에 머문 동안 그가 당의 모든 활동에 대해 확고한 지휘권을 행사했음은 의심의 여지가 없다.[90]

9. 남로당의 조직구조

점점 불리해지는 상황 속에서 살아남기 위해 남로당은 조직을 더욱 강화해야만 했다. 따라서 상황이 요구하는 합법과 비합법 활동을 해야 하는 표면상의 당 조직과 지하조직에 대해 짧게나마 고찰해야겠다.

규약상으로는 당 최고결정기구로서의 역할을 수행하기 위해 당 대회가 매년 열리도록 되어 있었지만, 그런 대회를 연다는 것은 도저히 불가능했다. 다수의 위원이 참석한다는 것이 불가능했기 때문에 남로당을 탄생시켰던 11월 22~23일의 당 대회조차 거의 형식적인 것에 머물렀다. 규약에 따라 당 대회에서 선출된 중앙위원도 이 시기에는 41~45명 정도였다. 중앙위원회는 적어도 석 달에 한 번씩 회의를 갖도록 정해져 있었지만 당에 대한 제재 조치로 다시는 모이지 못했고, 그 대신 이른바 중앙상무위원회가 그 기능을 담당했다.[91]

그러나 실제로 모든 기본적인 정치 노선과 명령, 지시를 발표했던 것은 허헌과 이승엽李承燁, 이주하(박헌영의 대리), 이기석李基錫, 김삼룡, 구재수具在洙, 김용암金龍岩 등 7인으로 구성된 중앙정치위원회였다. 허헌과 이기석은 간판 격이었고, 주요 인물은 이주하와 이승엽이었다. 그러나 당시 박헌영은 도피 중임에도 아무도 지도자로서 그의 위치에 도전할 만한 인물이 없었다.

남로당의 조직구조는 전형적인 공산당 식으로, 11~13명으로 구성된 중앙상무위원회가 정치위원회 결정사항의 집행을 담당했다. 그 밑에 조직과 선전에서 노동자, 농민, 청년, 부녀 등 직능단체에 대한 활동에 이르기까지 당

---

90 권오직權五稷, 박치우朴致祐, 정재달, 이원조李源朝, 이태준이 해주에 있는 박헌영의 임시 당 본부에서 일했다. 이들은 대개 남한 출신의 지식인으로, 모두 전쟁 중에 죽거나 아니면 김일성에 의해 숙청당하는 불행한 최후를 맞았다. 자세한 것은 다음 자료를 보라. 박일원, 『남로당총비판』, 88~89쪽.

91 중앙위원의 정식 명단은 비밀사항으로 취급되어 발표되지 않았으나 여러 가지 명단이 보도되었다. 박헌영이 중앙위원이라고 언급한 45명 가운데 28명은 구舊조공 출신이고 아홉 명은 인민당, 여덟 명은 신민당 출신이었다. 위의 책, 87~88쪽.

업무의 모든 분야를 담당하는 약 13개의 부서가 짜여 있었다.[92] 적어도 문서 상으로는 당 결정사항의 실행과 '반당파'에 대한 투쟁을 임무로 하는 중앙감찰위원회中央監察委員會도 설치되어 있었다.

이 전국적 조직 밑에 대도시와 도를 필두로 일련의 지방위원회 혹은 구역위원회가 구성되었다. 사상 말단조직인 남로당 세포조직은 어려운 때 당의 안전을 유지하기 위한 노력의 일환으로서 3~5명으로 구성된 소그룹으로 나뉘어 있었다. 당의 핵심을 구성하는 이들 세포조직 외에 남로당은 비당非黨조직, 특히 외곽조직으로 이용했던 조직 내에 '특수 세포조직'(프락치)을 구축할 것을 장려했다. 이 경우 당원들은 자신의 정체를 노출시키지 않았다.

1946~1947년 기본적인 표면조직은 이미 지적한 대로 민주주의민족전선이었다. 민전은 공동 의장직을 맡고 있는 사람이 여섯 명이나 되는 일종의 집단지도 체제에 385명으로 구성된 중앙위원회를 갖고 있었다.[93] 민전은 당시 남한에 약 700만 명의 지지자를 가지고 있다고 주장했지만, 가입자나 지지자 수를 확인할 길은 전혀 없었다. 전국적으로 그리고 지방 수준에서 남로당은 필요한 곳에 당원을 침투시킴으로써 민전에 대한 확고한 지배권을 구축했다. 물론 민전의 주된 임무는 대부분의 시민이 좌익을 지지하고 있다는 주장을 밀고 나가는 것이었다.

민전 외의 주요 외곽단체들은 해방 직후 공산주의자들을 통해 조직된 전

---

92 13개의 부서는 중요도에 따라 세 부문으로 나뉘었다. 제1급은 조직부(김삼룡), 간부부(구재수), 선전부(강문석)였다. 제2급은 노동부(이현상), 농민부(송을수宋乙秀), 청년부(고찬보高贊輔), 부녀부(김상혁金相赫)였다. 제3급은 구호부救護部(김용암), 재정부(이천진李天鎭 혹은 성유경成有慶), 협조부(정노식鄭魯湜 혹은 박경수朴景洙), 문화부(김태준金台俊), 조사부(정태식) 그리고 총무부(김광수)였다. 같은 책, 90~91쪽, 148쪽.

93 초대의장 6인은 허헌, 박헌영, 김원봉, 여운형, 김창준金昌俊, 김기전金起田이었다. 이외에 10명이 부의장으로 선출되었다(『조선해방연보』의 129쪽에 보면 초대의장이 허헌, 박헌영, 김원봉, 여운형, 백남운 등 5인으로 되어 있으며, 중앙위원 수도 391인으로 되어 있다. 3·1운동 당시의 민족대표 33인 중 한 사람인 기독교 목사 김창준과 천도교청우당天道敎靑友黨의 김기전이 의장에 선출된 것은 1947년 1월 29일의 민전확대중앙위원회에서다—옮긴이).

국 규모의 산업노동자와 농민, 여성, 청년들의 전국 규모 동맹이었다. 공산당 통제 아래 있었던 조선노동조합전국평의회朝鮮勞動組合全國評議會는 한때 조합원이 200만 명이 넘는다고 주장하기도 했다. 그러나 전평은 당의 지시에 따르는 정치적 조합이었으므로 커다란 손해를 입으면서도 노동자의 직접적·경제적 이해와 거의 혹은 전혀 관련 없는 격렬한 파업이나 조업 중단을 계속 감행했다. 그 결과 전평은 1946년 이후 급격하게 일반노동자들의 지지를 잃었으며, 많은 경우 공산당원들만이 전평의 하부조직에서 활동했다.

전국농민조합총연맹은 당시 201만 5,673명의 맹원을 가졌다고 주장했음에도 본질적으로 당 본부에서 움직이고 있던 또 하나의 공산당 외곽단체였다. 지방이나 지역 지부는 세력이 약해 당 조직원들이 대부분 현지의 업무를 담당하고 있던 형편이었다. 따라서 전농은 전평과 마찬가지로 공산주의운동과 동일성이 분명해지면서 그 세력이 약화되었다.

남조선민주여성동맹南朝鮮民主女性同盟은 또 하나의 고도로 중앙집권화된 형태로 운영되고 있던 공산당의 외곽단체로서 대중의 지지는 미미했다. 회원 수가 70만 명이라는 주장이 있었지만 이 숫자는 비공산주의자들의 세찬 논박을 초래했으며, 대부분의 경우에서와 마찬가지로 매우 과장된 숫자였을 것이다. 민청民靑이 불법화되자 새로이 조직된 조선민주애국청년동맹朝鮮民主愛國靑年同盟*의 간부진과 회원들은 거의 남로당원이었다. 실제로 이 조직은 다른 조직과 달리 당의 전투적 전위대로서 활약했으며, 유격대 활동과 같은 희생이 따르는 일도 당의 명령이 떨어지면 마다하지 않았다.

1948년까지는 상당수의 남한 지식인들이 좌익에 속해 있었다. 많은 작가와 예술가, 음악가, 과학자, 법률가, 교육자, 언론인들이 조선문화단체총연맹

---

* 미 군정 당국은 미소공위의 재개를 앞두고 1947년 5월 17일 행정명령 2호를 내려 민청을 해산시켰다. 이에 좌익 진영에서는 즉각적으로 6월 5일 연안파의 고찬보를 위원장으로, 조선민주애국청년동맹을 조직했다.

朝鮮文化團體總聯盟에 가입했다. 이 연맹은 공산주의자들에 의해 완전히 지배되고 있지는 않다고 해도 공산당이 이용할 수 있는 또 하나의 조직이었다. 정치적 관점에서 볼 때 이 연맹은 민전 내에서 가장 다양한 견해를 가진 조직이었을 것이다. 연맹의 모든 회원이 공산주의자거나 남로당에 가입한 것은 결코 아니었으나, 이 연맹은 남한에서 가장 명망 높은 인사를 다수 포함하고 있어서 공산당에 매우 중요한 단체였다.

끝으로 조선협동조합중앙연맹朝鮮協同組合中央聯盟이 있다. 이것은 해방 직후 남한에 널리 퍼졌던 적극적인 협동조합운동이 성장해 이루어진 단체였다. 이 조직은 점차 공산당의 통제 아래 들어가게 되면서 애초 활동의 대부분을 포기했다. 이 연맹은 분명 북한과 밀수사업을 하고 있었으며, 그렇게 해서 상당한 자금을 남로당에 마련해주었다.[94] 이 조직의 회원이 50만여 명이라는 주장 역시 엄청나게 과장된 것이었다.

위에서 살펴본 조직들의 회원 수가 과장된 것이었고, 대부분의 경우 이들 조직 자체가 본부를 장악한 소수의 공산주의자들에 의해 운영되다시피 했을지라도, 초기 단계에 남한의 공산주의자들은 이들 조직을 자신들의 뜻대로 움직이는 데 뛰어난 능력을 보여주었다. 이들 조직의 취약점이 드러난 것은 남로당이 와해되고 지하로 들어가지 않을 수 없게 된 뒤의 일이었다.

10. 공산당과 미 군정 간의 격증하는 충돌

점령 이후 몇 달 동안 공산당은 연합국에 대해 강력한 지지 노선을 취하고 있었으며, 미 군정 당국이 규정한 한계 내에서 활동하겠다고 거듭 약속했다. 박

---

94 강원룡姜元龍 목사에 따르면 이 기간 남북한 간에 대규모 밀수가 행해졌으며, 남한 경찰은 공산주의자들의 협박을 받거나 매수당했다고 한다. 1969년 12월 12일자, 이정식과 강원룡 목사의 인터뷰.

헌영과 그 밖의 남한공산당 지도자들은 군정이 '잘못된 방향으로 가고 있을 때' 점령군의 정책을 비판할 수 있는 권리를 유보留保하기는 하지만, 한국의 독립과 민주주의에 대한 미국의 성실한 기여뿐 아니라 해방자들이 한국민에게 베푼 은혜를 기꺼이 인정한다고 말했다.* 그들이 말했던 것처럼 문제는 미군정을 둘러싸고 있는 한국인들, 즉 영향력 있는 지위를 차지하려고 책동하던 '반동분자'와 '민족반역자'들에게 있었다. 그로 말미암아 공산당의 첫 전술은 미 군정과 한국의 보수온건 정치인 사이를 분명하게 갈라놓는 것이었다.

알다시피 이 전술은 1946년 봄에 일어난 사건들로 말미암아 타격을 입었다. 미소공위가 시작되자 공산당은 한반도의 통일에 대한 소련의 입장을 지지할 것을 촉구하는 데 많은 힘을 기울였다. 공산당의 이러한 활동은 미국 정책 전반에 대한 공격을 점점 증가시키는 결과를 낳았다. 게다가 조공에 큰 타격을 입히고 조공과 미 군정 당국 사이를 더욱 갈라놓게 되는 기묘한 사건이 발생하자, 이러한 상황을 더는 감출 수가 없었다. 1946년 5월 6일 미군 수사대는 서울 중심가에 있는 근택近澤빌딩을 수색했다. 그 건물에는 조공 본부뿐 아니라 공산계 신문을 발행하는 조선정판사朝鮮精版社가 자리 잡고 있었다. 그곳에서 종이와 잉크, 원판, 약 1,200만 원에 달하는 위폐(당시 환율로 약 12만 달러)를 비롯한 위조지폐 설비 일체가 발견되었다.

두 명의 공산당 간부를 포함한 다수의 공산당원이 이 사건에 연루되었는데, 하지 장군은 피의자들을 조공 당원으로 취급하지 말고 개인 자격으로 다루도록 직접 지시했다. 그러나 사건의 성질상 공산당에 그 여파가 미치지 않을 수 없었다. 게다가 재판이 끝날 무렵 피의자들은 일제히 일어나 〈적기가〉를 불렀다. 재판 도중 한번은 군중이 피의자들의 석방을 요구하는 시위를 벌여 한 명이 죽고 50여 명이 투옥되는 불상사가 일어났다. 피의자들은 전원 유

---

* 그 한 가지 예로 1946년 7월 4일 미국 독립 170주년을 맞이해 하지에게 보낸 조선공산당의 축하 메시지를 보라. 『독립신문』獨立新聞, 1946년 7월 4일자.

죄 판결을 받았는데, 보수 언론은 조선정판사 사건을 아주 자극적으로 보도했다. 이 때문에 조공이 위조지폐 사건과 관련되었다는 사실이 남한 전체에 널리 알려지게 되었다.[95]

조선정판사 사건을 수사하면서 남한의 공산당과 소련 당국 사이의 연결을 나타내는 많은 문서를 발견한 수사 당국은 이를 폭로했다. 몇 가지 문서는 이미 확실한 증거를 포착하고 있던 간첩 활동에 관한 것이었다. 1946년 3월 5일 소련 첩자로 활동하던 두 명의 한국인을 서울에서 체포한 수사대는 이들로부터 미군의 후원을 받는 해안경비사관학교海岸警備士官學校에 입학하기 위해 남파되었다는 내용의 서명 날인된 자술서를 받아냈다. 만약 입학이 불가능하게 되면 남한의 주요 도시를 돌아다니면서 미군의 군사력과 현지의 경제 사정에 관한 정보를 얻을 예정이었다고 진술했다. 인천은 해운과 무역의 성격이나 항구에 정박한 군함의 수효를 조사할 기회가 있기 때문에 그들의 특별한 활동대상지였다.

5월 18일 미 방첩대(CIC, Counterintelligence Corps)는 조공 서울 본부에서 비밀문서를 입수했고, 6월 25일에는 조공 강원도 원주지부로부터 또 다른 문서들을 얻어냈다. 이 문서들에 의해 하부 공산당 조직들이 지역 내 미군의 병력 이동 상황과 활동상에 관한 정보를 수집하여 보고하라는 명령을 받았음이 입증되었다. 6월 27일 하지 장군은 이들 정보가 조공을 거쳐 서울의 소련 영사관으로 들어간다는 징후가 있다고 발표했다.

북에서 내려오는 공산 진영의 첩자들이 중도에서 체포되는 것은 이제 일

---

95 대건인쇄소大建印刷所에서 발행한 『위폐사건공판기록』僞幣事件公判記錄(1947)에 보면 재판과정이 나와 있다. 미 군정과 조공 양쪽에 대해 크게 비판적인 박영수는 이 사건이 사실무근이라고 주장했지만(박영수, 앞의 책, 42쪽) 대부분의 자료들은 이 사건의 내용을 사실이라 보고 있다(미 군정과 우익 측은 당시 극심한 인플레의 책임을 공산당이 찍어낸 위조지폐 탓으로 돌렸다. 공판이 진행되자 공산당 측은 이 사건이 완전히 날조된 것이라고 강력히 주장했다. 공산당의 주장은 다음을 참조하라. 『현대일보』, 1946년 5월 17일, 7월 21일, 7월 23일, 8월 21일, 8월 22일, 8월 25일, 9월 4일자 등―옮긴이).

상적인 일이 되었다. 처음에 콜레라 예방접종 증명서를 제시하지 못했다는 이유로 체포된 어떤 사람은 네 명의 소련군 장교와 한 명의 한국인 교관이 운영하는 북한의 비밀학교에서 간첩 활동과 유격 활동 전술을 교육받았다는 사실을 인정했다. 그는 800여 명의 한국인이 그곳에 있는데, 중요한 입학 자격 중 하나는 남한 말씨를 쓰는 능력이라고 말했다.

8월 7일 인민당 정치국장 김세용의 집이 급습당했다. 발견된 문서들 가운데는 경찰과 해안경비대, 미 군정조직에 관한 상세한 자료와 미군 군사시설, 미군 부대에 관한 정보가 포함되어 있었다. 이들 문서는 북한 측의 첩자들이 한국군 부대 내에 상당히 침투해 있음을 폭로했다.[96]

물론 첩보 활동이나 침투가 결코 일방적이 아니었다는 것은 추측할 수 있다. 의심의 여지 없이 미국이나 남한 첩자들도 같은 기간에 북쪽으로 침투하려고 노력했을 것이다. 그러나 공산 진영이 분명 우세했다. 북한은 이미 진정한 반대당이나 반대단체가 없는 치밀하게 조직된 경찰국가가 되어 있었다. 반대로 남한에서는 공산당과 그들이 지배하는 외곽단체들이 간첩 활동을 위한 '안전 거점'으로 활용되었다.

제보자와 첩자, 공산주의에 환멸을 느낀 전향자들을 통해 미 군정 당국이 소위 한국에 대한 공산당의 '장기 계획서'(마스터플랜)라는 '문헌'에 대해 알게 된 것도 바로 이때였다. 우리는 여기서 그러한 문헌 혹은 계획이 실제로 있었다는 확실한 증거가 없다는 점을 강조해야겠지만, 한편 그러한 보고가 여러 소식통을 통해 들어왔음에도 서로 비슷한 문투로 되어 있었을 가능성을 간과할 수 없다. 하여튼 미 군정 당국과 그들의 협력세력들은 이 '계획'을 실존하는 것으로 다루었다.

계획의 윤곽은 다음과 같았다. "남한에서의 조선공산당의 당면 임무는 가

---

96 USAFIK, Accession No. RG-322, 24군단장 앞으로 보내는 날짜 미상의 보고서, 「소련 공산주의
    자들의 영향하의 남한 내 간첩 활동」.

능한 한 빠른 시일 내에 당원 수를 증가시키는 한편 모든 외곽단체를 강화하는 것이다. 이들 조직이 충분히 강해졌을 때 그 대부분 혹은 전부가 공개적으로 조공과의 단교를 선언한다. 그러면 당은 우익과 화해하려는 의사를 넌지시 표명한다." 전하는 바에 따르면 공산당은 자신들과 관계를 끊은 외곽단체들이 중립적으로 인식되는 데 대해 큰 기대를 걸었다. 이러한 방법으로 그들은 실제로 최대한 좌파로 경도된 통일전선 정부 수립을 위한 기반을 조성하는 한편, 겉으로는 공산당이 상대적으로 세력이 약한 것처럼 보일 수 있는 그림을 제시할 수 있기를 바랐다. "통일전선 정부 내의 공산분자들은 극소수로 보일 것이므로 정부가 수립되기만 하면 미국은 곧 철수할 것으로 생각된다. 정부 수립 직후 여러 가지 큰 사건과 소요가 전국에서 일어날 것이다. 이는 공산당이 선동한다. 이때가 오면 공산당은 정부 내의 유력한 공산분자뿐만 아니라 경찰과 군대 내에 깊숙이 침투해 있는 공산주의자들과 함께 '질서를 회복하기 위한' 활동을 개시하며, 이러한 방식으로 권력을 장악한다"는 것이 공산당의 계획이었다.

이 교묘한 전술은 남한의 정세로 보아 터무니없는 것이 아니었다. 그러나 이 계획의 폭로는 남한의 공산 세력과 비공산 세력 사이의 관계를 개선하는 데 도움이 될 수 없었다. 이어 좌우합작이라는 지루하고 결과적으로 실패로 돌아간 노력이 계속되었으며, 또 같은 시기에 한국의 공산주의운동에 대한 소련의 새로운 정책이 박헌영을 거쳐 조공을 통해 시행되고 있다는 구체적인 증거가 나타났다. 게다가 여운형이나 그 밖의 사람들로부터 나온 정보를 종합해볼 때, 공산당이 비폭력적 저항에서 폭력적 저항으로 옮겨가려고 한다는 결론이 내려졌다.

이 정보는 곧 사실로 판명되었다. 1946년 후반 공산당은 급격히 좌경화되었다. 이미 살펴본 것처럼, 1946년 7월 박헌영은 소련의 고무를 받아 미국의 정책과 미 군정에 대한 공격에 초점을 맞춘 '신전술'을 채택했고, 신전술이 내포한 과격성이 9월 총파업을 불러왔다. 이것은 정치적으로뿐만 아니라 경제적으로도 남한의 미 군정을 약화시키려는 기도임이 분명한데, 파업이나 태업이 운수와 전기 산업을 주 대상으로 했다는 사실은 결코 우연이 아니었다. 사실상 그 당시 한국에서 유일한 대규모 수송수단이었던 기차의 운행을 막고, 전기 공급을 끊거나 감소시키는 것은 이미 악화된 경제에 막대한 피해를 끼치는 일이었다. 그러므로 공산당은 이 파업을 통해 방대한 공산세력의 영향력을 여실히 과시할 수 있었다.

공산당의 좌경화는 미 군정 측의 강경 대응을 가져왔다. 공산당이 미 군정과 우익, 중간파 단체들을 점점 신랄하게 공격하자 군정청은 9월 6일자로『조선인민보』를 위시한 세 종의 좌익 신문에 정간 명령을 내렸다.[97] 다음 날인 9월 7일 박헌영과 이강국, 이주하의 체포영장이 발부되었다. 이들 핵심 인물 가운데 이주하만 실제로 투옥되었고, 나머지 두 명은 체포되기 전에 지하로 잠적했다. 그러나 이들 외에 홍남표, 서중석, 김근 등을 포함해 다수의 인물이 이때 체포되었다. 그들은 대부분 금방 풀려났으나 이 사건은 공산주의자들이 더는 남한에서 자유롭게 활동할 수 없다는 것을 의미했다.

남로당은 좌익 인사들 사이의 심각한 내부 논쟁과 그들의 활동을 구속하는 전반적인 정치적 분위기로 말미암아 창당이 늦어져 11월에 가서야 공식적으로 출범할 수 있었다. 9월 7일 박헌영의 체포영장이 발부된 바로 그날 여운형이 당수로 있던 인민당의 위원장 대리(장건상-옮긴이)는 조공이 남로당 창당을 위해 다른 두 좌익 정당에 대해 "신의와 양심을 몰각한 행위"를 저질렀으며 새로이 남로당을 결성하는 것을 묵인받기 위해 "고압적 폭군의 태도를

---

97 8월 하순 부산의 공산당 본부를 급습해 압수한 문서들 속에서 다음과 같은 명령을 포함한 당원들에 대한 지령이 발견되었다. "주로 우익 정당에게 여러 가지 문제에 대한 책임을 지우던 것을 미국으로 그 초점을 바꾸어 미 군정을 '조선 인민을 노예화하기 위해 미국이 설치한 기관'으로 공격해야 한다. 그리하여 장래에 미소공위 지연의 책임을 단지 우익 인물들뿐 아니라 '미국 대표 측의 국제적 반동 전략' 역시 나눠 지게 해야 한다." 이 같은 내용은 USAFIK, Accession No. RG-322에 나와 있다. 9월 초 공산계 언론들은 모든 미군의 즉시 철수와 최고 권력을 '조선 인민의 진정한 대표'인 인민위원회에 넘길 것을 요구하고 나섰다.

취하고 있다"고 비난했다. 말썽은 신민당 내에서도 일어났다. 9월 19일 신민당 위원장인 백남운은 집행위원회에 합당회담 참가에 대해 찬성표를 던질 것을 권고했지만, 이 안이 부결되자 사임했다. 5일 후 소집된 당 대표자대회에서 백남운의 사표가 반려되고 합당회담 참가를 찬성하는 새 집행위원회가 구성되었으나 신민당은 공산당과의 합당 문제로 분열되었다.

앞에서 살펴본 것처럼 공산주의자들은 새로 탄생한 남조선과도입법의원南朝鮮過渡立法議院에 어떠한 형식의 참여도 거부하고, 가을 선거를 보이콧할 것을 촉구했다. 하지 장군이 우익들이 주로 선출된 선거 결과에 균형을 맞추기 위한 노력의 일환으로 20여 명의 좌익 대표를 지명했을 때, 당연한 일이지만 그는 남로당 인사를 한 명도 포함시키지 않았다. 이로써 1946년 말 미 군정과 남한 공산주의자들 사이의 관계가 두드러지게 적대적이 되었다.[98]

결국 좌경화는 공산당에 이롭지 못했다. 가을의 세력 역전 이후, 그들은 호전적 전술에 덜 의존하게 되었다. 대량 체포와 대부분 주요 지도자들의 어쩔 수 없는 피신 때문에 공산주의운동이 심한 타격을 입은 뒤 남로당은 세력 만회에 힘을 기울였고, 매우 온건한 노선을 따르는 시기가 왔다.

돌이켜보건대 1946년은 남한에서 공산당 세력이 절정에 달한 해였음이 분명하다. 남로당이 창설되었을 때는 이미 그 절정기가 지나가버린 뒤였다. 극도의 호전적 전술이 내포하는 문제는 빠른 시일 내에 성과를, 그것도 완전한 승리를 거두지 못한다면 전투적인 공산주의자들이 대중으로부터 괴리될 수밖에 없다는 점이었다. 왜냐하면 이 극도의 호전성은 대중이 치르려고 하

---

98 그 당시의 주한미군 보고서에 나타난 바에 따르면 마침내 8월 하지 장군과 그의 참모들은 간첩 활동에 대한 정보가 계속 수집되자 공산당에 대해 강경 방침을 채택했다. 정치적 이유로, 특히 미소협상과 관련해 미 국무성은 가능하다면 점령 초기의 노선에 가까운 좀더 온건한 노선이 지속되기를 희망했던 것 같다. 그러나 하지 장군은 워싱턴 측보다 우세했다. 예를 들어 세계노동조합연맹 사절단의 방한 문제는 워싱턴 측이 그 계획에 대해 얼마간 호의를 갖고 있음에도 주한미군의 승인을 얻지 못했다. 하지는 전평이 이미 1946년 7월 28일에 북한을 통해 세계노동조합연맹에 가입했는데, 전평은 완전히 공산주의자들에 의해 조직·지배되고 있는 단체라고 지적했다.

는 대가보다 훨씬 더 커다란 대가를 요구하기 때문이다. 따라서 1946년 초 조공은 대중 정당의 위치에 도달했으나 그해 말에 이르렀을 때 남로당은 이미 전위당으로 탈바꿈해 있었다. 당의 외곽단체들조차 대중에의 진정한 통로라기보다 단순히 당의 연장선상에 놓이게 되었다. 게다가 공산당의 급격한 좌경화는 미 군정에 우익 측과 긴밀한 협력을 하면서 좌익의 활동에 대해서는 용납하지 않는 태도를 취하게 만들었다.

남로당은 창당 이후 몇 개월간 합법성을 유지했고, 다양한 외곽단체들 역시 탄압받지 않고 정식 회합을 가질 수 있었다. 남로당은 당 기관지를 통해 '인민의 세력'이 너무 강해 군정이나 '반동분자'들에 의해 탄압될 수 없다는 입장을 취했다. 하지만 당시 미 군정 당국은 한국 문제에 관한 미소협정의 가능성을 모색 중이었기에 공산주의자들이 불법적 행동을 취하지 않는 한 그들과 정면으로 맞서려고 하지 않았다.

그런 이유로 민전은 용인되었으며 김두봉(김원봉金元鳳의 착오 ─ 옮긴이), 박헌영, 허헌, 여운형의 4두마차가 1947년 1월 29일에 최고지도부로 재선되었다. 불안정한 정치적 상황─이는 대부분 공산당에 의해 조장된 것이다─이 1947년 내내 남한을 휩쓸었다. 그해 봄은 3월 1일의 소요로 정점을 이루는 대규모 충돌사건들로 특징지어진다. 그 소요가 일어나고 3주일 후, 공산주의자들은 총파업으로 남한 전역을 마비시키려고 시도했으나 실패하고 말았다. 파업의 실패는 좌익에 대한 지지가 쇠퇴했음을 가리키고 있지만, 이 파업은 전반적으로 혼란스러운 분위기를 조성하는 데 이바지했다.[99]

이보다 한 달 전인 2월, 남로당 중앙위원회는 각 학교의 당 세포들에게 국

---

99 알려진 바에 따르면 아직 남한에 남아 있던 핵심적 공산당 지도자들 가운데 하나인 이승엽이 "새로이 수습된 조직의 견고 여하를 시험하고 각급 기관을 검열"하며, "10월폭동 사건 이후 남로당은 이만한 정도로 성장 발전하였다는 것을 국내외에 시위적으로 표시"하고, 미소공위의 재개 기운이 농후해지자 반탁 진영에 일대 타격을 가하기 위해 총파업이 필요하다고 주장했다 한다. 박일원, 앞의 책, 60~61쪽.

립서울대학교창설안(이른바 국대안國大案)에 반대하는 동맹휴학을 일으키도록 명령했다. 명령이 떨어지자 서울의 중학생과 대학생 다수가 즉시 동맹휴학에 돌입했으며, 곧 전국으로 퍼져나갔다. 경찰은 처음에는 개입하지 않았지만 많은 불법 행동, 예를 들어 함께 참가하지 않는 학생들을 구타하고 반대자를 납치하는 등의 사건이 일어나자 결국 개입하지 않을 수 없었다.

다시 한번 군정 당국의 미국인과 한국인 관리들은 좌파의 새로운 도전을 강력하고 단호하게 받아쳤다. 총파업과 관련해 당의 중요한 조직원 다수를 포함해 2,000명 이상이 체포되었다.

4월 미소공위가 재개되었을 때 남로당은 승리를 외치면서 당원5배가운동 黨員五倍加運動을 벌였다(나중에 김일성은 박헌영이 북로당을 제압하기 위해 남로당 원을 늘리려 했다고 비난했다). 그러나 이 운동은 눈에 띄게 성공적인 사업은 아니었던 것으로 보인다. 공산주의자들은 남북통일 문제가 한국민 스스로 논의하도록 해야 한다는 전국인민대회, 즉 남북대표자들의 회의를 개최하는 데 곧 주의를 집중하게 되었다.

그사이에 주요 현안 문제들에 관한 공산당의 입장이 남로당 기관지 『노력인민』勞力人民에 실린 몇 가지 중요한 글 속에 분명하게 표명되었다. 그중 하나는 1947년 6월 17일에 채택된 민전 사무국의 보고였다.[100] 이 글은 모스크바결정에 절대적인 지지를 보내면서 이승만의 총선거 요구를 비난하는 한편, 새 국호는 조선민주주의인민공화국朝鮮民主主義人民共和國이어야 하며, 입법부는 인민회의라 불러야 한다고 요구했다. 또 지방 정권기관으로는 모든 지역에 인민위원회를 설치하고, 의회가 선거될 때까지 입법과 행정을 겸하는 '민주주의 임시정부'는 헌법의 기초와 지방 정권기관의 선거, 각급 기관의 지도와 감독 등을 임무로 삼아야 한다고 주장했다. 물론 이러한 안은 북한에서

---

100 「정권형태를 인민위원회로, 국호는 조선민주주의인민공화국으로」, 『노력인민』, 1947년 6월 19일자, 2쪽.

벌어지고 있던 과정들과 완전히 일치했다.

또한 이 보고는 남한 경찰을 일제 잔재라고 비난하면서 맹렬한 공격을 가했다. 흥미롭게도 이 보고는 정부의 지도자문제에 관해서는 구체적인 이름의 지적을 회피해 이채를 띠었다. 반면 "큰 권리를 믿고 맡길 수 있는 위대한 지도 인물"이 아직 존재하지 않는다는 이유로, 한 개인의 손에 권력이 집중돼서는 안 된다고 지적했다. 대신에 이 보고는 '집단적·민주적 지도제'의 확립을 요구했고 경제 문제에 관해서는 예상대로 귀에 익은 토지개혁, 주요 산업 국유화, 기타의 사회경제적 개혁을 요구했다.

동시에 공산주의자들은 한민당에 대한 공격을 계속했고, 미소공위 활동에서 한민당의 어떠한 참여도 배제하라고 요구했다. 『노력인민』에 실린 한 글에서 이승엽은 한민당이 친일 경력이 있고 모스크바협정을 격렬히 반대하는— 그런데 한민당은 참가 자격을 얻기 위해 미소공위의 성명서에 서명할 뜻을 갖고 있었다—자들에 의해 주도되고 있다고 다시 비난을 가했다.[101] 이 시기에 공산당과 우익 간에는 어떠한 화해의 조짐도 보이지 않았다.

7월 15일 미소공위는 완전히 결렬되었다. 이로부터 한 달이 못 되어 남한의 경찰 당국은 저명한 좌익 인사들과 좌익 혐의가 있는 자들에 대한 대대적인 검거를 시작했다. 수도경찰청장 장택상張澤相은 공산주의자들이 남한을 무력으로 장악하고 군정을 전복하려 하기 때문에 이들을 체포하고 있다고 주장했으며, 소련 군정의 슈티코프Shtikov 장군의 항의에 대해 하지 장군도 이와 비슷한 내용의 회답을 보냈다.

1947년 중반에 이르러 미 군정과 남한 공산주의자 사이의 관계는 원활하지 않을뿐더러 적대적이기까지 했다. 물론 이는 다분히 미소관계의 악화를

---

101 이승엽, 「한민당 성명을 비판함—인민의 힘으로 공위서 제외하자」, 위의 신문.
　　덧붙이자면 1947년 6월 4일의 성명에서 민전은 민전이 남한의 모든 정당과 사회단체 대표의 반수를 차지할 권리가 있으며, 중간파와 우익이 나머지 반수를 차지해야 할 것이라고 넌지시 암시했다. 『조선일보』, 1947년 6월 5일자, 1면.

반영하는 것이었다. 냉전은 이미 시작되었고, 그 현상은 도처에서 엿볼 수 있었으며, 한반도에서는 이 냉전 상태가 특히 두드러지게 나타났다. 이러한 사실과 함께 남한의 공산주의자들은 자신이 빠져 있는 상황 때문에 더욱 불법적인 행동을 선택하지 않을 수 없었다. 이미 살펴본 것처럼 이러한 활동은 대규모의 폭력을 수반했고, 그에 대한 제재도 계속 강화되었다.

1947년 후반에 일어난 사건들은 남로당을 더욱 약화시켰지만 그들은 여전히 또 다른 공세를 기도했다. 1948년 2월 다시 한번 민전과 전평을 포함하는 여러 좌익 단체의 이름으로 총파업이 촉구되었다. 총파업의 이슈는 남한만의 단정단선 반대, 모든 외국군의 즉시 철수, 유엔을 포함한 "어떠한 외세의 간섭 없이 자신의 정부를 수립할 조선 인민의 권리" 주장, 조국의 "통일, 자유, 독립을 쟁취하기 위한 투쟁" 등 주로 정치적인 것이었다.

1948년 2월 엄청난 폭력을 수반한 파업이 일어나자 수송기관들은 태업에 들어갔고 수많은 경찰서가 공격을 받았다. 예를 들면 2월 7~10일에 경관 여섯 명이 사망하고, 24명이 부상 또는 납치된 것으로 전해졌다. 게다가 정부 관리들이나 보수파의 지도자들 가운데 다섯 명이 죽고 13명이 부상당하거나 납치되었다. 전선 절단 사건도 68건이나 일어나고, 열차는 39대나 파손되었으며, 도로와 교량 파괴행위도 널리 행해졌다. 한편 파업 참가자들 가운데 28명이 죽고 열 명이 부상당했으며 1,489명이 체포되었다.

5월 선거의 준비가 진행되고 있던 2월과 3월 내내 폭력행위가 계속되었다. 6월 초 『조선일보』는 다음과 같이 보도했다. 2월 7일~3월 24일에 약 388건의 방화사건이 발생했는데, 이 중 적어도 308건이 저명인사들의 가옥에 대한 방화였다. 그 밖에 관공서에 대한 파괴행위가 22건, 도로와 교량에 대한 것이 50건, 선거시설에 대한 것이 41건이었다. 수송과 통신 수단은 특히 심한 타격을 받아 71대의 기관차가 엔진이 파괴되거나 손상을 입었고 전화선은 563회 절단되었다. 인명피해로는 약 145명의 공무원과 150명의 민간인, 330명의 '폭도'가 죽었고 그외에 많은 사람이 부상을 입었다.

11. 공산폭동과 군부반란

앞서 언급한 숫자가 전체 인구와 시설에 비해 비교적 소규모의 투쟁을 의미한다고 할지라도, 1948년 초쯤 남로당이 점차 도시와 농촌 모두에서 유격전 형태로 전화해가고 있었다는 사실에는 의심의 여지가 없다. 한국전쟁이 일어나기 전 남한 공산주의자들의 마지막 활동은 대한민국 군대와 경찰 조직 내에서 반란을 조장하고 유격 활동을 강화하는 것이었다. 앞서 말했듯이 공산주의자들은 오랫동안 남조선국방경비대南朝鮮國防警備隊(후에 대한민국 국군으로 바뀜)와 정규 경찰 조직 내에 침투하려고 노력해왔다. 전체 군대와 경찰 조직에 공산주의자들이 얼마나 침투했는지를 정확하게 추정하는 것은 불가능하지만, 이러한 침투 노력은 1948년 무렵 상당히 성공을 거두면서 절정에 달했다.

한국 경찰 내의 공산분자를 포함해 남한에 인민해방군人民解放軍을 창설하려는 공산주의자들의 첫 시도가 1947년 말에 폭로되었다. 1948년 1월 3일 남한의 경무부장 조병옥은 부산과 그 인근 지역에서 400여 명이 체포되었는데, 그 가운데 157명은 이른바 인민해방군과 관련된 혐의로 기소되거나 이미 재판을 받았다고 발표했다. 다수의 관련자가 경찰 출신이었고 45명의 현역 군인이 군법회의에서 재판을 받았다. 수사 당국에 따르면 압수된 문서들 속에서 조직 활동의 범위를 넓히기 위한 상당한 정도의 핵심 조직이 형성되고 있었던 사실이 밝혀졌다고 한다. 그들의 활동 거점은 경상남도 일원이었는데, 1947년 3월 그곳에서 한인식韓麟植은 경상남도 군사위원회를 조직하고 자신이 총참모장에 취임했다. 한인식은 김갑수金甲壽를 사단장으로 임명했으며 부산, 동래, 울산, 진주, 남해 등의 도시와 시골에도 비밀리에 연대를 창설했다. 1947년 8월 830명의 '조직'요원과 763명의 정치요원으로 구성된 핵심 그룹이 결성되었으며, 인민해방군은 자신들이 3만 6,000명에 이르는 '동조자'와 잠재적 지지자를 가졌다고 주장했다. 각 연대는 군사 활동, 정보 수집, 소형 무기 생산, 정치 활동을 담당하는 각각의 특별 부대들을 갖고 있었다. 이

들의 주된 활동은 남한의 군대와 경찰을 전복시키려는 노력과 미군에 관한 정보 수집이었다.[102]

인민해방군은 호별戶別 전투와 산악 지역에서의 유격전에 중점을 둔 기초 군사훈련을 실시하는 데 힘을 기울였다. 예를 들면 1947년 10월 각 군郡 선발 대원 50여 명이 유명한 범어사梵魚寺 부근의 산에서 군사훈련부장의 지도로 특수훈련 과정을 수료했다. 경찰서와 경찰관에 대한 공격훈련에 크게 힘을 기울인 이들은 실제로 이러한 기습공격을 여러 차례 감행해 양측 모두가 큰 인명피해를 입었다.

1947년 11월 6일 경찰관 한 명을 살해한 혐의를 받고 있던 자에 대한 수사 결과 인민해방군 관계 문서들의 은닉처가 밝혀졌고, 이어 일주일 후에 다수의 관련자가 검거되었다.[103] 이런 종류의 사건은 이것이 마지막이 아니었다. 1948년 2월 초, 인민해방군과 관련 있는 공산당 요원이 경찰 고위층에 침투해서 정보와 통신 분야의 요직을 차지하는 데 성공했다는 사실이 밝혀지자 더 많은 사람이 체포되었다. 암호나 보안관계 서류, 혐의자 명단 등 100여 가지 경찰 기밀서류들이 이미 내부 첩자를 통해 복사되거나 도난당했다.[104] 군정 당국으로서는 계속되는 침투나 간첩 활동 중에 극히 일부밖에는 적발할 수 없었을 것이다.

그러나 이 시기에 미 군정에 대한 진실로 중대한 군사적 도전은 무엇보다도 남한의 군대 내에서 공산주의자들이 주도했던 반란이었다. 이 중 가장 심각한 것은 의심할 여지 없이 1948년 4월 3일의 제주 4·3폭동이었다. 공산주의자들이 계획하고 주도한 이 반란은 제주도의 전 군대를 망라한 것으로 일 년 이상 계속되었으며, 다른 군부대로도 퍼져나갔다.

---

102 이들은 『김일성투쟁사』, 『중국 유격대 소개서』, 『붉은 군대 활동 상황 소개』 등을 교양 교재로 사용했다.
103 자세한 것은 다음을 참조하라. 『동아일보』, 1948년 1월 4일자와 6일자.
104 『평화일보』, 1948년 2월 10일자; 『조선일보』, 1948년 2월 10일자.

어떤 면에서 제주도는 공산주의자들의 군사나 정치 활동에 이상적인 곳이었다. 제2차 세계대전이 끝나갈 무렵 일본은 제주도를 군사적 요충지로 만들어 6만여 명의 병력을 그곳에 주둔시켰다. 대량의 무기와 폭약을 산 속의 동굴에 비축했던 일본군은 철수 당시 그 상당량을 남겨두고 갔다. 식민지 시기에 15만 명가량이던 제주도의 인구는 해방 후 약 두 배로 증가했다. 더욱이 귀환자들 가운데 다수가 중국이나 일본에서 돌아왔고, 좌익과 정치적 관계를 맺었던 배경을 가지고 있었다. 청년과 노동자, 농민, 여성 단체 내에서 활동하면서 공산주의자들은 일본 항복 직후에 이미 매우 튼튼한 조직기반을 구축했다.

1948년 4월 3일 오전 2시, 문상길文相吉 중위가 지휘하는 전투부대가 미군정에 대한 반란을 선포하고 군사행동을 개시했다.[105] 그 반란의 최고지도자는 제주도의 당 총비서인 김달삼金達三으로, 그는 비밀리에 인민해방군을 조직하고 이덕구李德九를 사령관에 임명했다. 500여 명의 대원과 1,000명의 보조원이 중국에서 귀환한 자들─이들 가운데 몇몇 사람은 연안파였다─로부터 훈련을 받았다. 남한의 5·10총선거에 대한 반대투쟁과 때를 같이해 반란이 일어나자 관청과 경찰서가 공산청년동맹원이나 자위대원 그리고 정규군 내의 공산주의 동조자들로 구성된 무장 부대의 공격을 받았다. 탈영사태는 눈덩이처럼 불어났고, 한동안 섬 전체가 공산주의자들의 지배를 받게 되었다.

한국군 당국은 여수해협 바로 건너에 주둔한 제14연대에 반란 진압 명령을 내렸는데, 이 연대는 10월 19일에 오히려 반란을 일으켰다. 이번에는 마산 근처에 주둔하던 제15연대가 제14연대를 진압하라는 명령을 받았다. 그러나 제15연대는 진압은커녕 반정부투쟁 중인 제14연대와 행동을 같이했다. 이리하여 몇 주일 동안 이승만 행정부는 독립국가로서 자리 잡아가는 과정 중 극

---

105 제주도반란에 관한 자세한 공식적 설명은 다음에 나와 있다. 전사戰史편찬위원회, 『한국전쟁사』韓國戰爭史, 제1권, 서울, 1967. 또한 공산당 측의 자료로는 다음과 같은 것이 있다. 김봉현金奉鉉, 『濟州島人民 4·3武裝鬪爭史─資料集』, 오사카, 1963(4·3투쟁의 전개 과정에 대한 상세한 설명은 다음을 참조하라. 김봉현, 『濟州島─血の歷史』, 도쿄, 1978─옮긴이).

히 위급한 상황에 직면하게 되었다. 대규모 유혈전투 뒤에 두 연대의 반란은 진압되었고, 거기서 살아남은 자들은 유격전을 계속하기 위해 산으로 도망쳤다. 그동안 제주도의 반란자들은 완강하게 버티다가 접근이 어려운 섬 중앙의 산 속으로 후퇴하게 되고, 전투는 그곳에서 일 년 이상 계속되었다.[106]

여수·순천의 반란사건이 마지막은 아니었다. 1948년 12월 30일 전략적 도시인 대구 주둔 제6연대 내에서도 공산분자들의 반란이 일어났지만 재빨리 진압되었다. 이로부터 몇 달 뒤 38선에 가까운 홍천洪川과 춘천에 주둔하고 있던 제6사단 제8연대의 2개 대대가 집단적으로 탈영해 월북했다.

이러한 여러 가지 사건으로 미루어 공산당이 남한의 군대 내에 침투하는데 확실히 성공을 거두었음을 알 수 있다. 대부분의 군인들은 충성스러웠지만, 이 사건의 중대성은 이승만 정부의 깊은 우려를 불러일으켜 대응 조치를 취하게 만들었다. 이로써 김창룡의 주도로 군부 내의 '좌익'을 숙청하는 숙군肅軍 작업이 진행되었다.[107] 1948~1949년 5,000여 명의 장교와 민간인이 '총

---

106 군대나 경찰에게 제주도에서 효과적인 전투를 수행하도록 하는 데 많은 문제가 있었기 때문에 정부는 북한에서 피난 온 청년들로 구성된 극렬한 반공조직인 서북청년단西北靑年團을 이용했다. 서북청년단은 공산주의자들과 싸우고 치안을 회복하는 데 선봉적인 역할을 했다. 그러나 섬의 주민들과 사투리가 판이하게 다른 서청 단원들은 도민들에게 무차별적으로 폭력을 가했고 처단하기도 했다고 하여 비난의 대상이 되기도 했다. 보도에 따르면 제주도에 거주하는 대부분의 가구가 가족 중 몇 명이 살상되는 화를 입었으며, 따라서 많은 청년이 산으로 들어가 반란군에 가담했다고 한다.

107 김창룡은 소련 국경지대에 주둔하고 있던 일본 관동군關東軍의 하급 정보원으로 일했다. 소문에 따르면 그는 일본군에 저항하는 중국과 소련 공산주의자들의 활동을 저지하는 데 상당한 공을 세웠다고 한다. 그러나 그가 1945년 북한으로 돌아왔을 때, 어떤 제보자가 소련 당국에 그의 과거 활동을 알려주었다고 한다. 그래서 그는 소련 당국으로부터 두 번의 사형 선고를 받는 등 극도로 핍박받았다. 따라서 그가 지독한 반공주의자가 된 것과 남한으로 도망해 경비대에 투신한 것은 당연한 일이었다. 육군 본부 정보국의 소위로 임명된 그는 고위장교를 포함한 모든 군인에 대해 정보를 수집하기 시작한 것으로 알려졌다.

한국전쟁 후 김창룡은 마침내 육군 소장이 되었다. 한때 그는 대한민국에서 이승만 다음가는 제2인자로 간주되었다. 이승만은 김창룡을 전적으로 신뢰했으며, 실제로 그의 정보 활동에 무제한적인 권한을 부여했다. 그는 군 내부의 공산주의자들을 제거하는 데 성공했지만, 그 방법은 실로 무자비해 다수의 무고한 사람들이 죽음을 당했다. 때로는 장교들도 매우 사소한 혐의로 처형당했다. 김창룡 자신도 1956년 1월에 한 육군 대령의 지령에 따라 살해당했다.

살, 유기형有期刑, 파면 등으로 제거'되었다. 죄목은 반역죄와 반란죄부터 '공산주의자와의 회합·통신'에 이르기까지 다양했다. '민족해방운동가'의 명단이 드러나고 혐의자들은 무자비하게 심문을 당했으며, 종종 고문까지 행해졌다. 의심할 여지 없이 다수의 무고한 사람이 기소되었고, 그중 많은 사람이 사형을 당했다. 그렇지만 핵심적인 공산주의자들도 다수 이러한 숙청 작업으로 적발되었다는 사실은 분명한 것 같다. 어떤 사람들은 이 숙군 작업으로 말미암아 후에 한국전쟁이 일어났을 때, 국군이 공산주의자들의 손에 의한 파괴를 면할 수 있었다고 주장했다.[108]

그 사이에 북한은 남한의 공산주의자들이 군사기지를 구축하는 것을 돕는 나름의 조치를 취하고 있었다. 1947년과 1948년 초쯤 평양 교외의 강동江東에 강동정치학원江東政治學院이 설립되었다. 그 목적은 남한 출신자들에게 3~6개월간 군사훈련을 시켜 그들을 유격대 전사로 남파하는 것이었다.

1948~1949년 군 내부에 공산주의자가 얼마만큼 침투했는지 확인할 길은 없다. 대개의 경우 공산당과의 관계가 명확하지 않았다는 것은 틀림없다. 그러나 앞서 지적한 대로 공산주의자들의 침투는 깊은 우려를 자아내기에 충분했다. 덧붙여 말하면 후에 남한에서 대통령을 지낸 박정희朴正熙조차 이 기간에 깊은 의혹을 받고 있었으며, 공산주의 가담과 정부에 대한 반역 혐의로 기소되었다. 그는 가까스로 사형만은 면할 수 있었다.

108 『한국전쟁사』, 제1권, 495쪽. 덧붙여 말하면 이 책은 남한의 경찰과 군대 내에 공산주의자들이 대량 침투한 사실에 대해 미 군정을 탓하고 있다. 이 책은 "공산주의자의 전략·전술을 모르는 미 군정의 실책으로 말미암아 경비대 내에 좌익계가 침투"했으며, "경비대 내에 적색이 오염되도록 방치한 책임 소재는 미 군정이 져야 한다"고 주장했다. 한국 정부의 공식적인 전사 집필자는 계속해서 "만일 여·순반란 사건이 발생하지 않고(이 사건은 군이 내부의 공산주의자들에 대해 조처를 취하도록 만들었다) 북괴의 침공을 받았다면 하루아침에 대한민국은 적화되었을 것이다"라고 주장했다. 군대와 경찰에의 공산주의자들의 침투문제에 대한 또 다른 자료로는 박성환朴聖煥의 『파도는 내일도 친다』가 있다. 제3공화국 시절에 쓰인 이 책은 그 당시의 중요한 군관계 인사들 다수가 공산주의자였다고 주장했다. 그의 주장 속에는 군감軍監 사령관 이병주李炳冑 소령, 육군사관학교 생도대장 오일균吳一均 소령, 교수부장 조병건趙炳乾 소령과 그 밖의 많은 사람이 포함되어 있다(당시 소령과 중령은 국방경비대의 최고계급에 가까웠다). 또한 박성환은 1947년 육사를 졸업한 육사 3기 속에 공산주의자들이 크게 침투해 있어 약 80퍼센트가 공산주의자 혹은 동조자였다고 말했다. 이 숫자는 매우 높은 것으로 과장된 것 같다. 그러나 육사 3기 속에 공산주의의 영향이 강했다는 사실은 널리 알려져 있다. 1948년 여수·순천반란을 주도한 두 중위가 바로 3기 출신이었다.

1948년 11월부터 1950년 3월까지 2,400여 명의 유격 대원이 남한으로 파견되었는데, 그들 대부분이 동해안의 산악 지역을 통과하는 루트를 이용했다고 전해진다. 이들은 산 속에 머물고 있던 훨씬 더 많은 수의 현지 공산주의자들과 합류해 그들에게 최근의 당 지령을 전달했고, 대개의 경우 지도자의 직위를 맡았다. 한국전쟁이 발발했을 때 남한에서 활동하고 있던 공산 유격대원의 정확한 숫자는 알 수 없으나 2만 7,000여 명으로 추정하는 사람도 있다.[109] 여하튼 1948년 이후 남한의 공산주의운동은 주로 폭동 지향적이었으며, 군사작전이나 다른 형태의 폭력행위에 적극적으로 가담했다. 이로 말미암아 남한 정부가 중대한 문제에 봉착하게 되었던 것은 틀림없는 사실이다. 그러나 다른 면도 있었다. 1948년경 남한의 공산당은 대중 정당임을 포기하고, 지극히 헌신적이며 철저한 공산주의 신봉자들이 당의 핵심을 이루는 전위당으로 전환했는데, 이들 가운데 대다수는 청년으로 대부분 공산주의를 위해 목숨을 바칠 각오가 되어 있었다. 그러나 이 모든 각오에도 불구하고 그들은 대중을 가두나 바리케이드로 끌어낼 수 있는 감정적 일체감이나 조직이 결여되어 있었다.

12. 평가

일본 항복 직전의 한반도를 외부에서 관찰했을 때 어느 누구라도 공산주의운동이 한국 사회에서 그렇게 중대한 비중을 차지하리라고는 예상하지 못했을 것이다. 보수적이고, 가난하며, 유교의 가르침에 깊이 젖어 있고, 지식계급이 매우 드물며, 산업노동자계급도 미미한 한국은 정통 마르크스주의자들이 지적한 사회주의를 위한 필요조건들이 모두 결여되어 있었다. 한국은 레닌이

---

109 『한국전쟁사』, 제1권, 499~500쪽.

지적한 '혁명을 위해 성숙한 사회'의 여러 가지 여건도 구비하고 있지 않았다.

그런데 한국의 어느 한 지역이 짧은 시일 내에 공산주의 국가로 발전할 것이냐는 질문을 그 관찰자가 받았다고 가정해보자. 순전히 현지의 조건만을 근거로 그 지역을 지적해보라고 요구했다면 분명히 그는 남한을 꼽았을 것이다. 비록 그 세력이 미미하기는 해도 서울은 언제나 민족주의와 급진주의의 중심 근거지가 되었다. 서울은 실로 모든 한국 정치의 중심지였다. 더욱이 지식인과 학생뿐 아니라 대체로 정치적으로 각성된 한국인의 대다수가 남한에 있었다. 또한 인구가 밀집되어 있으며, 그에 따라 다른 지역보다 심각한 도시 문제와 농촌 문제가 존재했던 곳도 서울이었다.

이러한 예상이 완전히 틀린 것은 아니었다. 해방 후의 공산주의운동은 서울에 그 본거지를 두고 박헌영을 전국적 지도자로 삼고 전개되었다. 그러나 한 가지 분명하고 중요하며 결정적 요소가 개입되었으니 그것은 남한을 점령한 미국이었다. 그리고 초기부터 양측이 아무리 화해를 위한 노력을 기울였다고 해도 미 군정과 공산주의자들이 곧 충돌하게 되리라는 것은 불가피한 상황이었다. 양측이 목적 달성을 위해 사용하려는 수단뿐 아니라 양측의 기본 목적도 근본적으로 너무나 달라서 진정한 화해는 애초부터 불가능한 일이었다. 남한에서 미국만이 공산당의 권력 장악에 반대하는 세력이 아니었음은 분명하다. 실상 인공이나 여타 단체들을 통해 초기에 공산당이 조직적으로 성공을 거두었음에도 공산주의자들은 그들이 가장 강력한 분야에서도 항상 교묘하게 개발된 외곽단체들로 스스로 위장했다는 사실을 기억해야 한다. 어느 시점에서나 남한 주민들이 조선공산당을 전적으로 지지했다는 증거는 없다. 선거가 대중의 감정을 완전히 측정할 수 있는 수단일 수는 없지만, 좌익은 지방 선거에서조차 언제나 미미한 결과만을 얻었다. 특히 1945년 12월 이후로 우익 진영은 민족주의 문제를 들고 나와 이를 미국과 공산당 양자를 다 물리치는 정치적 무기로 동원할 수 있었다.

그러나 공산주의자들을 억제한 것은 미국이었다. 특히 해방 직후 첫 단계의 중요한 시기에 이 점은 두드러지게 나타났다. 그렇지 않았다면 공산당이 갖고 있던 약간의 조직력과 힘은 특히 인민공화국과 같은 외곽단체의 베일 속에 싸여 있을 때 몇 갑절의 성과를 낼 수 있었을 것이다. 여기서 잊어서는 안될 것은 좌익이 여운형, 박헌영 등 지도자 밑에서 모든 노력을 다하고 있을 무렵에 이승만, 김구 등 소위 우익 지도자들은 수만 리 멀리 떨어져 있었다는 점이다.

만약 초기에 공산주의자들을 억제했던 것이 미국 세력이었다면, 얼마 후에 공산주의운동을 분쇄한 것은 미국과 한국인들의 연합 세력, 좀더 정확히 말한다면 미 군정의 지지 아래 움직였던 남한의 비공산 세력이었다. 앞서 살펴본 것처럼 공산주의자들 자신도 여러 가지 전술적·전략적 과오를 범함으로써 자신들의 패배에 크게 한몫했다. 그중 많은, 아마도 대부분의 실책은 남과 북에서의 공산주의운동에 관한 기본 결정을 내린 소련 군정 측에서 그들한테 강요한 것들일 것이다. 그러나 많은 실책 중 대부분은 당내의 파벌싸움, 미비한 연락체계, 이와 유사한 약점들의 소산이었다.

1947~1948년 공산주의자들이 남한에서 완전히 파멸했다고 단언할 수는 없다. 학생과 지식인 사회의 상당수는 운동에 대해 어느 정도 계속 동조하고 있었다. 게다가 심한 타격을 입고 세력이 크게 감소했음에도 노동자와 농민, 청년, 여성 등으로 구성된 다양한 외곽단체 속에는 공산주의 지지자가 숨어 있었다. 경찰과 군대에도 공산당은 비밀요원을 두고 있었으며, 산악지대에는 유격대가 존재했다. 이런 사실에도 불구하고 그 후의 사건들이 보여주는 것처럼 남한에서 공산주의운동의 절정기는 이미 지나가버렸다. 그 주된 이유는 공산주의자들이 매우 적대적인 환경 속에서 활동할 수밖에 없었기 때문이다. 바로 이러한 사실이 공산주의운동이 대중을 점차 당과 유리시킨, 시기를 잘못택한 극단적 방법을 취하게 만들었다. 한국전쟁이 발발하던 무렵, 남아 있던 사람은 대개 골수 공산주의 신봉자뿐이었다.

소련 '후견'하의 북한 공산주의

제2차 세계대전이 끝난 뒤 북한 지역의 정치적 상황이 남한에 비해 좀더 순조롭게 진행된 것은 아이러니한 일이었다. 게다가 별다른 문제가 없는 한 그런 상황이 지속되리라는 것은 거의 분명한 사실이었다. 급진적이든, 중도적이든 혹은 보수적이든 간에 한국의 모든 정치 활동은 서울을 중심으로 전개되었기에 북한은 한 번도 한국 정치의 중심 무대가 된 적이 없었다. 이 밖에도 북한은 1920년의 외몽골과 마찬가지로 공산주의 혁명의 성공을 위해 필수적으로 갖춰야 할 여건이 결여되어 있었다. 그러나 아시아의 조그마한 이 두 나라에 소련이 등장한 것은 혁명을 위한 객관적 조건의 결여를 상쇄할 만큼 결정적인 중요성을 갖는다.

한반도에 공산 정권이 성립하게 된 배경을 이해하려면 우선 공산 북한에 대한 몇 가지 지정학적 사실을 알아두어야 할 것이다. 한반도의 총면적은 약 22만 제곱킬로미터로, 이는 미국의 캔자스 주 정도이고 일본의 절반 정도에 해당한다. 그중 북한 지역은 12만 제곱킬로미터로, 9만 8,000제곱킬로미터에 달하는 남한보다 더 넓은 면적을 차지하고 있다. 그러나 인구를 보면 사정이 다르다.

1944년 5월 일본이 진행한 인구조사에 따르면 북위 38도 이남 지역이 1,594만 4,000명, 인구밀도 168명인 데 비해, 이북 지역은 917만 명에 인구밀도는 겨우 74명이었다. 더구나 1946년 9월 남한 지역의 인구는 1944년보다 22퍼센트나 증가한 1,936만 9,270명으로 불어났다. 늘어난 인구의 대부분은 북한에서 월남한 사람들이었지만 만주와 해외로부터 국내로 돌아온 사람도 상당한 숫자에 달했을 것이다.

논농사와 경공업 중심인 남한에 비해 밭농사와 중공업 중심인 북한은 풍부한 삼림자원과 지하자원 그리고 충분한 수력자원 등을 보유하고 있었다.[1] 대도시의 발달이 미미하고 1940년 현재의 도시 인구가 전체 인구의 11.6퍼센트에 불과했던 한반도는 대체로 농경 사회라고 분류할 수 있었다. 말하자면 당시 한국 사회는 대부분의 주민이 농촌에서 극도로 빈곤한 생활을 영위하고 있던 낙후된 농경 사회의 한 전형이었다.

1. 북한 공산주의자들의 권력 참여

해방 직후 남한의 정치무대를 주도해나간 인물이 여운형이라면, 북한에서 그같은 역할을 해낸 사람은 조만식이었다고 할 수 있다. 북한에서 가장 존경받는 지도자였던 조만식은 민족주의와 비폭력주의에 대한 그의 강한 신념으로 '한국의 간디'라고 불렸다. 두 사람이 활동을 개시하게 된 것은 상당히 유사한 상황에서였다. 1945년 8월 12일 저녁 일본의 패전이 임박했음을 시사하는 샌프란시스코발 단파방송을 들은 평안남도의 일본인 지사는 다음 날 아침 조만식을 불러 "비상사태의 도정道政에 적극적으로 협력"해달라고 부탁했다.[2] 일본 메이지대학 출신의 기독교 장로인 조만식은 온건한 정치 신념을 지

---

1 한국의 경지 면적에 대한 다음 통계에 유의하라.

(단위: 정보)

	논畓	밭田	합계
남한 지역	1,243,360	1,090,670	2,334,030
북한 지역	444,200	2,162,500	2,606,700

이 통계는 다음 자료를 인용한 것이다. George M. McCune, Arthur L. Grey, Jr., *Korea Today*, Cambrige, 1950, 53쪽. 그런데 이 책의 원래 출전은 다음 자료다. 그라잔제프A. Grajdanzev, "Korea Divided," *Far Eastern Survey*, 1945년 10월 10일, 282쪽.

닌 열렬한 민족주의자였다.

8월 15일 일본의 항복이 발표되자 조만식은 재빨리 평안남도 치안유지위원회治安維持委員會의 조직에 착수했다. 위원회는 우선 일본인의 생명을 보호하자는 내용의 전단을 만들어 배포했다. 8월 16일에는 평양의 각 형무소와 유치장에서 정치범이 대부분인 3,000명가량의 수감자가 석방되었고, 다음 날인 8월 17일에는 치안유지위원회가 평안남도 건국준비위원회建國準備委員會(이하 '평남 건준'으로 줄임)로 재편되었다. 이러한 사실로 보아 당시에 서울과의 연락이 대단히 신속하고도 효과적으로 이루어졌음을 알 수 있다. 평남 건준의 위원장에는 조만식, 부위원장에는 역시 기독교 장로였던 오윤선吳胤善이 추대되었고, 20명이 넘는 초창기 위원들 가운데 공산주의자라곤 단 두 명뿐이었다. 이는 당시 한국에서 공산주의자와 민족주의자 간의 세력관계를 단적으로 말해주는 것이었다.[3]

그러나 소련군이 진주하면서 사정은 급변했다. 소련군은 곧 진주하리라는 널리 퍼진 소문과 달리 한 차례 강간과 약탈 소동을 벌여 그들에 대한 불신이 팽배해 있는 가운데 8월 24일이 되어서야 평양에 도착했다.[4] 소련군의 초기 정치 활동은 후일 미군이 남한에서 행한 활동과 비슷했다. 8월 25일 소련군

2 모리타 요시오, 『朝鮮終戰の記錄』, 도쿄, 1964, 182~183쪽.

3 두 사람의 공산주의자는 한재덕과 이주연李周淵으로, 둘 다 경험이 풍부한 운동가였다. 해방 전 이 주연은 화요회계의 지도하에 있던 조선농민총동맹朝鮮農民總同盟의 중앙집행위원을 지냈고, 1927~1931년 신간회 본부와 단천端川 지회의 간부를 지내기도 했으며, 1931년 단천 적색농민조합 사건에 연루되어 6년간 감옥에서 지냈다. 그는 이후 북한 정권에서 중요한 지위를 차지하게 된다. 이와 대조적으로 한재덕은 간첩으로 일본에 파견되었다가 전향했는데, 그의 저작은 이 시기에 관한 많은 재미있는 자료들을 우리에게 제공해준다(한재덕, 『김일성金日成을 고발告發한다』, 서울, 1965). 더구나 한재덕은 여러 차례의 인터뷰를 통해, 또는 그 밖의 여러 가지 형태로 필자들에게 많은 도움을 주었다. 그의 경력에 관해서는 이후에 더 서술하게 될 것이다. 한재덕이 1970년에 사망한 것은 북한 문제에 관심 있는 많은 연구자에게 큰 손실이 아닐 수 없다.
한재덕은 평양에서 이루어진 정치범 석방이 공산주의자들의 세력을 강화시켰다고 주장했다. 그러나 그는 평남 건준 내에서 공산주의자와 비공산주의자의 비율이야말로 "민족·민주 진영의 세력이 비교할 나위도 없을 만큼 절대적으로 우세했다"는 사실을 말해주는 것이라고 덧붙였다. 같은 책, 50쪽.

사령부는 "일본 관헌은 종래와 같이 행정에 임한다. 치안유지는 일·소 공동으로 행하고 일본인을 박해하는 행위는 엄벌에 처한다"라고 발표했다.[5] 그러나 바로 그다음 날 소련군은 이 최초의 명령을 철회하고 일본군과 경찰에 대한 즉각적인 무장해제와 평남 건준으로의 행정권 이양을 단행했다.

평남 건준의 재편과정에서 소련군은 막후에서 영향력을 행사했다. 한재덕에 따르면 소련군 사령부는 기존의 조직을 해체하고, 공산주의자와 비공산주의자의 수를 똑같이 해서 새로운 조직을 만들도록 명령했다. 이렇게 해서 16명의 공산주의자와 16명의 비공산주의자를 구성원으로 하여 평남 인민정치위원회平南人民政治委員會가 새롭게 구성되었다. 그러나 곧이어 파란이 뒤따랐다. 당시 조만식의 개인비서였던 오영진에 따르면 소련 제25군 사령관이자 북한 주둔 소련군 최고사령관이기도 한 이반 치스챠코프Ivan Chistiakov 대장은 8월 29일 평양에서 조만식을 비롯한 평남 건준의 간부들과 첫 대면을 갖는 자리에서 "이제부터 도道의 모든 행정에 있어서 공산당의 지도를 받으라"고 명령했다고 한다. 이 같은 거만하기 짝이 없는 소련군 사령관의 명령에 크나큰 굴욕감과 분노를 느낀 조만식 일행은 "우리는 그럴 수 없다"고 단호히 말하고 즉석에서 총사퇴 의사를 표명했다. 일이 여기에 이르자 동석했던 다른 한국인 공산주의자들은 민족주의자들을 무마시키려 애썼고, 마침내 치스챠코프도 "공산당과 협력하라"는 선으로 태도를 바꾸었다.[6]

---

4   상당수의 국내 공산주의자들의 진술을 포함한 모든 기록은 북한 진주 이후의 소련군(아시아계 소련인들이 다수 포함되었다)의 만행에 대해 언급하고 있다. 이들의 만행이 특히 심했던 지역에서는 여자들이 겁탈당하지 않기 위해 남장을 해야만 했으며, 한국인과 일본인의 재산이 무차별하게 약탈당하기도 했다. 이것은 남한 지역에서 미군의 행동이나 한국전쟁기에 나타난 중국군의 행동과 크게 대비되는 것으로, 자연히 한국 공산주의자들한테 불리하게 작용했다. 이러한 소련군의 행동을 인정하면서도 그것을 '이해'해줄 것을 호소하는 입장의 저작으로는 다음과 같은 것이 있다. 최범소崔凡嘯, 『북선北鮮의 정치상세政治狀勢』, 서울, 1945.

5   모리타 요시오, 앞의 책, 184쪽.

6   오영진吳泳鎭, 『하나의 증언證言』, 부산, 1952, 111~114쪽. 이 책에 따르면, 그 무렵 공산주의자들은 민족주의자들의 인기에 비해 자신들의 지지기반이 취약하다는 점을 잘 알고 있었다고 한다. 따라

이 일화는 가능하면 빨리 공산당을 지배적인 정치세력으로 만들고자 했던 소련군 사령부의 의도가 그대로 노출된 하나의 사례에 불과하다. 그러나 문제는 공산당의 기반이 너무 취약하다는 데 있었다. 공산주의자들 가운데는 조만식을 비롯한 민족주의 지도자들에게 비견될 정도의 대중적 인기를 얻고 있던 사람이 한 명도 없었다. 게다가 당시에는 공산주의자들의 가장 탁월한 지도자마저 남한에 체류하고 있었기에 북한의 공산주의자들은 해방 직후 정국의 서막을 조심스러운 태도로 대하지 않을 수 없었다.

평남 인민정치위원회에는 이제 평남 건준에 참여했던 이주연, 한재덕 외에도 현준혁, 김용범金鎔範, 박정애朴正愛(김용범의 아내), 장시우張時雨 등 공산주의자가 대거 참여하게 되었고[7] 내무위원(이주연), 광공위원(김광진金洸鎭), 평양 치안서장治安署長(송창렴宋昌濂) 등의 자리는 공산주의자들한테로 돌아갔다.[8] 그러나 오영진의 증언에 따르면 소련군이 진주한 그날부터 북한의 실질적 지배자는 바로 소련군이었고, 인민정치위원회는 한낱 심부름꾼에 지나지 않았다고 한다. 인민정치위원회는 평양 이외의 지역에서도 속속 조직되었다. 예를 들면 진남포鎭南浦의 경우 8월 25일에 소련군 선발대가 도착하고 9월 2일에는 본대가 도착했는데, 진남포 인민정치위원회가 조직된 것은 바로 그 다음 날인 9월 3일이었다. 이 위원회는 건준建準 지부에서 선출된 여덟 명, 공산당에서 선출된 여덟 명 그리고 공산당의 통제 아래 있던 적색노동조합에서 선출된 다섯 명 등으로 구성되었다.[9]

서 공산주의자들은 조만식과 같은 인물의 협조 없이 당시의 상황을 타개해나가기가 무척 어려울 거라는 사실도 잘 알고 있었다는 것이다.

7 한재덕, 앞의 책, 52쪽.

8 같은 책, 52쪽. 이 책에 따르면 전前 보성전문학교 교수이자 당시 모 공장의 자본주이기도 한 김광진의 경우 일반적으로는 민족주의자로 알려져 있으나, 사실은 공산당의 경리부장經理部長 지위에 있던 인물이었다고 한다. 따라서 위원회는 실제로 17명의 공산주의자와 15명의 민족주의자로 구성되어 있던 셈이다.

9 모리타 요시오, 앞의 책, 187쪽.

더욱 복잡한 상황이 전개된 38도 근처의 황해도에서는 심각한 마찰이 잇따랐다. 비공산주의자들한테는 불길한 징조가 아닐 수 없었다. 초기에는 급조된 건준 지부에서 비공산계가 확고한 우위를 점하고 있었으나, 8월 말 건준 지부가 황해도 인민정치위원회로 재편되면서 공산주의자들은 비공산주의자들과 똑같은 수의 대표를 참가시켰다. 그러나 위원장직은 여전히 비공산계 인물인 김응순金應珣이 차지했다. 이로써 위원회 내에서 심각한 내부 알력이 생기게 되었는데, 그 와중에 소련군 사령부는 9월 2일 일본인 도지사에게 행정권을 위원회에 이양하도록 지시했다. 그러나 같은 날 광공부장인 김광엽金光燁과 또 한 명의 민족주의계 인사가 좌익 측으로부터 습격을 받아 중상을 입은 사건이 발생했다. 이로 말미암아 9월 4일 위원들은 군정 당국에 더 이상 행정 기능을 수행할 수 없음을 통고하고 사표를 제출했다.

그러나 9월 13일이 되자 공산주의자인 김덕영金德永을 위원장으로 하는 황해도 인민위원회가 새로이 구성되어 일본인 지사한테서 행정권을 넘겨받게 되었다. 이에 격분한 몇몇 우익계 인물은 9월 16일 인민위원회 본부를 습격해 네 명의 공산주의 지도자를 살해했다. 그러자 좌익 측은 해주에서 우익 측의 보안대保安隊에 반격을 가했고, 이로 말미암아 시가전까지 벌어졌다. 우익 측이 지방의 질서를 유지하기 위해 조직하여 치안 업무를 맡고 있던 보안대는 이 사건 이후 서울로 쫓겨나고 말았다. 이로써 황해도는 공산주의자들의 독무대가 되었다.[10]

이러한 일련의 사건들로 볼 때 소련 점령군 당국이 비공산주의자들의 세력을 약화시키는 작업의 배후에서 중요한 역할을 담당했으리라는 것은 분명했다. 소련 군정 당국은 서울에 기반을 둔 건준의 지방 지부들을 이른바 인민정치위원회로 재편하는 과정에서 최소한 우익 측 위원 수만큼의 인원을 위원회 내에 확보하는 방식으로 공산주의자들의 세력을 강화시켜나갔다. 이런 식

---

10 같은 책, 179~181쪽.

으로 위원에 선출된 공산주의자들은 당의 실질적 세력이라든가 대중적 지지 기반과는 무관하게 선출된 사람들이었다. 그러나 공산주의자들은 이와 같은 주어진 조직 내에서의 세력을 바탕으로, 공통의 규율을 갖지 못한 채 다양한 정치적 견해로 갈라져 있는 우익 측에 점차 압력을 가중시켜나갈 수 있었다. 그리고 이 과정의 배후에서 필요할 경우 도움을 제공했던 것은 소련 군정 당국이었으며, 이들의 역할이야말로 결정적인 것이었다.

이런 식으로 북한에서는 공산주의자들이 의도한 대로 통일전선이 형성되었다. 그러나 무엇보다 가장 중요한 변수는 공산당 자신의 문제였다. 과연 공산당은 통합될 수 있을 것인가? 당은 누가 지도할 것인가? 남한의 당과는 어떠한 관계를 맺어야 할 것인가?

소련인들이 처음 점령군으로서 북한에 진주했을 때 이미 이러한 제반 문제들에 대한 확고한 해답을 가지고 있었다는 증거는 없다. 소련이 김일성에게 어떤 언질을 주었는지, 소련의 신임을 놓고 경쟁하는 김일성의 라이벌이 있었는지, 소련이 박헌영과 같은 인물을 어떻게 생각하고 있었는지에 대해서도 정확히 알 수 없다. 앞서 이야기한 대로 박헌영은 소련의 지지를 기대하고 있었던 것 같다. 그러나 소련의 지도자들은 끊임없는 파벌싸움과 1928년 이후 실질적인 당 재건에 실패한 지도자들의 무능력으로 점철된 한국 공산주의 운동사에 대한 부정적 인식 때문에 대부분의 '토착' 공산주의자들에게 그다지 좋은 인상을 갖지 못하고 있었다.

소련인들은 적어도 초기에는 소련계 한국인들을 주된 기반으로 삼으려고 했음이 분명하다. 소련계 한국인들 가운데 상당수는 소련군과 함께 귀국했는데, 앞서 보았듯이 이들은 대부분 소련에서 태어났다. 또한 소련 시민권을 가지고 있으면서 전체적으로 혹은 부분적으로 소련의 노선을 추종하는 사람들이었다.[11] 진정한 '소련파'는 바로 이들로서 오직 제2차 세계대전 말기에만 소련에서 보낸 김일성이나 그의 만주 시절 동료들과는 구별되어야 한다. 김일성과 그의 동료들은 그들이 전공을 세운 갑산甲山의 이름을 따서 '갑산파'甲山

派라고 불렀다.

모든 중요한 정책 결정을 내리던 소련군으로부터 직접적인 지휘를 받고 있던 소련계 한국인들과 젊고 활력적인 갑산파와의 결탁은 아무도 넘볼 수 없는 막강한 세력을 형성했다. 북한에서 정책 입안을 책임지는 가장 핵심적인 부서는 평양 시내의 구평양세무서 건물에 자리 잡고 있던 세칭 로마넨코 사령부인데, 이 명칭은 사령관 안드레이 A. 로마넨코Andrei A. Romanenko 소장의 이름에서 따온 것이다. 서울의 미 군정과 달리 소련군은 엄격한 보안 속에서 대단히 신중하게 움직였다. 그들은 한국인의 행정 부서에 모습을 거의 드러낸 적이 없었는데, 그 대신 한국인들이 그들을 찾아가곤 했다. 한재덕에 따르면, 김일성은 어느 날은 하루에도 서너 번씩 로마넨코 사령부를 들락거렸다고 한다.[12] 이 소련군 장군과 참모들은 주로 이른바 '43인조組'를 통해 작업을 수행했다. 소련파와 갑산파의 핵심 인물들로 구성되어 있던 이 43인조는 수시로 로마넨코 사령부에 모여 정치 문제를 토론하고 소련군이 하고자 하는 일에 대한 설명을 들으면서 여러 가지 '제안'과 명령을 하달받고는 했다. 결국 이 모임이야말로 소련 군정의 중추신경이자 북한 정치권력의 근원이었던 셈이다.[13]

---

11 소련계 한인들에게 주어진 역할은 일본 점령 초기에 미국이 미국계 일본인 2세들을 이용하려고 했던 사실과 비교될 수 있다. 다만 다른 점은 소련계 한인들이 군정 초기에 보다 중요한 역할을 수행했다는 점이다.
  이들 중 중요 인물을 꼽아보면 김열金烈, 남일, 박의완朴義玩, 박창옥, 박창식朴昌植, 박무朴茂, 방학세方學世, 임해林海, 진반수陳班秀, 한일무韓一武, 허익許翼, 허가이, 허빈許彬, 이달진李達振 등이다. 그러나 이 중 대다수는 곧 김일성과 갑산파에 의해 숙청되었고, 상당수는 소련으로 망명하게 된다. Chong-Sik Lee and Ki-Wan O, "The Russian Faction in North Korea," *Asian Survey*, 1968년 4월, 270~288쪽.
12 한재덕, 앞의 책, 53쪽.
13 로마넨코 사령부와 43인조 회의에 대한 상세한 설명은 다음을 참조하라. 김창순金昌順, 『북한北韓 15년사年史』, 서울, 1961, 54쪽. 이 연구서는 대단히 가치 있는 자료로 우리 연구에 큰 도움이 되었다. 이 책에 따르면 1948년 12월 26일 소련군이 북한에서 철수하기 전까지 인사권과 행정권을 비롯한 '모든' 권한이 로마넨코의 수중에 있었다고 한다(81쪽).

소련군 그리고 아직은 강보에 싸여 있던 그들의 한국인 동지들이 8월 중순 한국에 도착했을 당시 한국에서 이루어지던 당의 조직 활동에 대해 그들은 어떠한 평가를 내렸을까? 만약 당시 그들의 관찰이 치밀했다면 그들은 북한의 대부분 지역에서 촌락 단위 혹은 기껏해야 지역 단위로 조직 활동이 갓 진행 중이었으며, 그러한 일들은 이제 막 감옥에서 풀려났거나 지하생활을 끝낸 공산주의자들의 주도하에 진행되고 있다는 사실을 발견했을 것이다. 인접 지역과의 접촉은 아직도 부진한 반면 서울과의 연대는 일찍부터 이루어지고 있었다. 북한의 많은 지방 지도자한테 박헌영과 그의 조선공산당은 논리적으로나 현실적으로나 전국적 리더십의 표상이었다.

이제 지역별로 전개된 조직 활동의 상황을 간략히 살펴보겠다. 지역별 활동은 당연히 함경남도, 특히 함흥咸興·흥남興南 등의 도시에서 가장 활발하게 전개되었다. 흥남은 해방 이전 북한에서 지속적인 공산주의운동이 가능했던 몇 안 되는 도시 중의 하나였다. 해방 다음 날인 8월 16일, 갓 출옥한 몇 명의 공산주의자는 흥남에 모여 예비조직을 결성했다.[14] 며칠 후 100여 명의 공산주의자들이 참석한 가운데 함경남도 공산주의자협의회가 조직되었으며, 같은 시기에 노동조합이나 농민위원회 등 대중조직의 결성도 추진되어 흥남화학노동조합이 만들어졌다. 그 사이에 공산주의자인 도용호都容浩는 이 지역에 세워진 건준 지부의 책임을 맡아보게 되었다.

함경남도의 지도적 공산주의자인 오기섭의 영향력은 함경북도에까지 미치고 있었다. 식민지 시기부터 활동을 계속해온 '토착' 공산주의자였던 그는 이 지역의 다른 주요 공산주의자인 정달헌鄭達憲, 이봉수, 주영하朱寧河 등과 마찬가지로 박헌영을 따르는 인물이었다. 함경남도의 공산주의자들은 9월 말에 가서야 서울에 있던 박헌영의 당 중앙과 연락을 갖기 시작했다.[15] 이들은

---

14 함경남도와 기타 지역의 지방 활동에 대한 상세한 내용은 다음 자료를 참조하라. 최범소, 앞의 책; 모리타 요시오, 앞의 책, 164~173쪽.

공식 정책을 기다려야 한다고 주장하면서 별도의 정책 시행을 거부했다. 그러면서도 그들은 박헌영과 그 일파가 선언한 입장에 따르기 위해 조선인민공화국 지지를 포함한 자신들의 입장을 갖춰나갔다.

서울과의 연락은 북한 전 지역에 걸쳐 이루어진 것은 아니었는데, 다른 대부분 지역에서의 조직 활동 역시 함경남도와 같은 방식으로 수행되었던 것은 아니었다. 그럼에도 몇몇 공산주의자는 북한의 거의 모든 지역에서 활발한 활동을 벌였다. 강원도의 경우 당 조직은 이주하가 당 지방조직을 만들어놓은 원산 지역*에 집중되어 있었다. 토착 공산주의자로서 박헌영의 추종자였던 이주하는 곧 서울로 활동무대를 옮겨 조선공산당에서 중요한 역할을 수행하게 된다. 함경북도의 경우 당 활동은 또 다른 국내파 공산주의자인 김채룡金采龍이 지도하던 청진에 집중되어 있었다. 압록강변에 위치한 평안북도와 그 지역의 중심지인 신의주에서 당의 조직 활동은 복잡한 양상을 띤 채 전개되었다. 이 지역에서는 박헌영이 파견한 박균朴均에 의해 이루어진 초기 조직과 또 다른 토착 공산주의자인 백용구白容龜, 김재갑金載甲, 김인직金麟稷 등에 의해 별도로 조직된 민우회民友會가 양립하고 있었던 것이다. 그러나 이 두 조직은 10월 중순 소련군의 압력으로 통합되었다.[16] 황해도의 조직 활동은 해주를 중심으로 이루어졌다. 이 지역 역시 김덕영, 송봉욱宋鳳郁 등 토착 공산주의자이자 박헌영의 추종자였던 인물들이 초기에 중심적 역할을 수행했다.

이처럼 해방 직후의 몇 주일간 박헌영과 서울의 당 중앙은 그의 영도 아래 전국의 공산주의운동을 통합하는 일에서 중대한 진전을 이루었다. 8월 15일 직후부터 박헌영은 남·북한의 동지들이나 추종자들과 접촉하기 시작했다. 그의 입장은 사실상의 군사적인 남북 분단 상태와는 무관하게 한국에는 하나

15 최범소, 앞의 책, 3~5쪽.
*   1946년 초 원산시는 경기도 연천군漣川郡 일부, 함경남도 문천군文川郡·안변군安邊郡과 함께 강원도에 편입되었다.
16 김창순, 앞의 책, 91쪽.

의 공산당만 존재해야 한다는 것이었다. 박헌영은 이러한 원칙에 입각해 그의 추종자들에게 38선 이북과 이남에서 당의 지방조직을 만들도록 했다. 공산당 선전벽보에는 어떤 지역이든 간에 '박헌영 만세!'라는 구호가 등장했다. 북한의 주요 도시 중 오직 평양만을 제외한 함흥·원산·청진·신의주·해주 등지에서 박헌영의 지시를 받고 있던 토착 공산주의자들이 권력을 장악하게 되었다. 따라서 누군가 외부로부터 이 조직기반을 탈취하려고 한다면 그것은 틀림없이 격렬한 투쟁을 불러일으킬 수밖에 없었다.

평안남도의 도청 소재지로서 후일 북한의 수도가 된 평양은 공산주의자들의 조직 활동에 있어 당연히 가장 중요한 지역이었다. 이곳에서 초창기의 당조직 활동을 주도한 사람은 현준혁이었다. 그는 오랜 경험을 지닌 유능한 운동가였으나 다른 국내파 공산주의자들에 비해서 박헌영에 대해 비교적 자유로운 입장을 취하고 있었다. 본래 이 지방 태생이기도 한 그가 다시 평양으로 돌아온 것은 서울의 감옥에서 풀려난 지 며칠 지나지 않아서였다. 경성제국대학 졸업, 대구사범학교에서의 교편생활, 마르크스주의를 연구하는 독서회의 조직과 이에 뒤따른 3년간의 감옥생활, 교직에서의 파면, 북한으로의 귀향, 협동조합을 중심으로 한 적화공작에의 가담, 재수감 등으로 점철된 해방 전 현준혁의 경력은 식민지 시대의 공산주의자들이 걸었던 길의 전형을 보여주고 있다.

현준혁은 한재덕이 '대화숙大和塾 동창'이라고 이름 붙인 그룹의 일원이었다. 대화숙은 일제가 항일운동을 했거나 반일사상을 가진 인물들을 교화시키기 위해 설치한 사상보도思想輔導기관이었다. 따라서 이 그룹에는 자연히 '국내파' 혹은 '토착 공산주의자'라고 알려진 인물 가운데 대다수가 포함되어 있었다. 현준혁이 '훌륭한 공산주의자'였는지 여부에 대해서는 의견이 분분하다. 가까운 측근들조차 그를 본질적으로는 사회민주주의자이지만 심정적으로는 '급진적 자유주의자'라 여기고 있었다.[17]

어쨌든 현준혁은 나중에 연안파의 지지기반이 된 계층과 같은 유형인 평양의 지식인들에게 큰 호소력을 가졌으며, 실제로 많은 지식인이 현준혁의 휘하에 모여들었다. 그는 조선공산당 평남지구위원회를 조직해 서기의 직책을 담당하는 외에도 정치부의 책임을 아울러 맡았다. 한편 북성회와 북풍회의 회원이었다가 1930년대에는 코민테른의 지시로 아내인 박정애와 함께 한국에 파견되어 활동하다가 검거돼 감옥생활을 했던 김용범은 조직부의 책임자가 되었다(평남지구위원회에는 위의 두 부서 이외에 문화선전부, 경리부 등 모두 네 개의 부서가 있었다). 박정애는 평양의 지도자들과 소련군 사령부 사이의 통역을 맡았던 것으로 알려져 있다. 또한 '국내파'의 일원으로 알려진 이주연은 정치부에서 활동했다.[18] 이처럼 북한의 핵심 당 조직, 특히 소련군 사령부가 자리잡고 있던 평양의 당 조직은 한편으로는 조만식 같은 저명한 민족주의자와 긴밀하게 협력할 수 있는 능력을 보여주었고, 또 한편으로는 박헌영이나 소련인

---

17 1966년 9월 18일 서울에서 행한 이정식과 이홍근의 인터뷰. 현준혁과 가까운 사이였던 이홍근은 현준혁과 당시의 북한 사정에 대해 귀중한 정보를 많이 제공했다.

또 다른 자료 제공자인 양호민梁好民은 평양에서 현준혁을 만났는데, 그때의 대화 내용을 아직까지 잘 기억하고 있었다. 양호민에 따르면 현준혁은 죄수처럼 짧은 머리에 몸집이 작은 남자였는데, 실제로 그는 출옥한 지 얼마 되지 않았다. 그는 현준혁이 일찍이 중학교 교사생활을 한 적이 있어서인지 아카데믹한 혹은 문학적인 인상을 풍겼다고 회고하며 다음과 같이 덧붙였다. "그는 지식층의 지도자라는 이미지에 알맞았어요."

처음 현준혁은 양호민에게 자신을 단순히 좌익 계열의 일원이라고만 소개했으나, 이야기가 진전됨에 따라 자신이 공산당원임을 시인했다고 한다. 서울의 상황에 대해 궁금했던 양호민이 서울공산당의 리더십에 대해 묻자 현준혁은 정백(장안파의 지도자)을 대표적 인물로 꼽았다. 양호민이 보기에 현준혁 자신의 입장은 실망스러울 정도로 단순했다고 한다. 현준혁은 자신이 민족주의에 대한 굳은 신념을 가지고 있으며, 한국처럼 가난한 나라에서는 사회주의 경제체제야말로 정의와 평등을 보장하면서도 급속한 발전을 이루는 데 가장 적합한 체제라고 강조했다고 한다. 그러나 그는 변증법적 유물론과 그 밖의 이론적 문제들에 대해서는 대답을 피하면서 이러한 문제들은 일제하에서 강요된 '잘못된 교육'이 바로잡아지면서 점차적으로 탐구되어야 할 과제라고 말했다는 것이다. 여기서 우리는 당시 대다수 한국 공산주의자의 이론적인 경험과 지식의 실상을 볼 수 있다. 1968년 8월 29일, 필라델피아에서 행한 이정식과 양호민의 인터뷰(현준혁에 대해서는 다음 자료를 참조하라. 나일부羅一夫, 「현준혁玄俊爀의 내력來歷」, 『신천지』新天地, 제1권 9호, 1946년 10월호; 김남식·이정식·한홍구韓洪九 엮음, 『한국현대사자료총서』韓國現代史資料叢書, 제8권―옮긴이).

18 『대중』大衆, 1945년 9월 8일. 여기에 조선공산당 평안남도지구위원회의 간부 명단이 실려 있다. 『대중』은 장안파가 장악하고 있던 '조선공산당 경성지구위원회'의 공식 기관지였다.

들과는 일정한 거리를 두려는 야심을 가진 인물을 통해 지도되고 있었다. 1945년 9월 무렵 공산당을 태동시키는 데 중요한 역할을 했던 인물로는 전국적으로 박헌영이 가장 유력한 당 지도자였으며, 북한 지역에서는 현준혁과 오기섭이 중심인물이었다는 데 의심의 여지가 없다.

그러나 평양의 소련군 사령부는 현준혁과 그의 계획을 받아들이지 않았다. 9월 15일 개최되었던 조선공산당 평남지구 확대위원회는 현준혁의 정책에 대해 통렬한 비판을 가했다. '정치 노선에 관하여'라는 제목의 결정서는 평남지구 당부가 "국제정세에 대한 정확한 요해了解가 약하기 때문에 자기 정치노선상에 국부적 편향을 범"했다고 비판했다. 또한 이 결정서는 구지도부가 '우리의 가장 친선해야 할 국가'인 미국과 영국 등 연합국의 '역사적 진보성'을 모호하게 취급했다고 통박했다.

뒤이어 '해내 해외의 각 당, 각 파, 각 단체, 각 계급층'을 총망라한 '단일한 민족적 통일전선'을 결성해야 하며, 사유재산과 토지를 승인해야 한다는 주장을 폈다.[19] 요컨대 현준혁은 공산당의 초기 정책 결정과정에서 좌경적 오류를 범했다는 비판의 대상이 된 것이다.

김일성과 소련군 사령부는 즉시 이러한 문제를 이용해 자신들의 지위를 강화시키려고 했지만, 현준혁에 대한 공개적인 비판만으로 그의 지위를 약화시킬 수는 없었다. 분명 현준혁은 뛰어난 인물이었다. 현준혁에 대한 비판적 결정서가 채택된 지 2주일이 채 안 된 9월 28일 대낮, 현준혁은 조만식과 함께 트럭을 타고 가던 중 평양시청 앞에서 암살되었다.[20] 트럭 앞좌석에서 운전

---

19 이 결정서의 원문은 다음에 실려 있다. 『해방일보』, 1945년 10월 30일자; 『혁명신문』, 1945년 10월 16일자. 조선공산당 평남지구 확대위원회에서는 새로운 정치 노선을 천명하는 결정서와 함께 23개조의 수정 강령을 채택했다. 이 강령에서 가장 눈여겨보아야 할 대목은 제1항의 "인민 대표회의를 소집하여 인민공화국을 수립한다"는 조항이다. 이 조항이 내포하고 있는 의미는 박헌영 일파가 서울에서 급조한 인민공화국에 대해 간접적으로 비판을 가한 것으로 해석할 수 있다.

20 현준혁 암살사건의 자세한 내용은 다음을 참조하라. 김창순, 앞의 책, 66~68쪽.

사와 조만식 사이에 앉아 있던 현준혁은 갑자기 트럭에 올라탄 괴한이 발사한 권총 한 발을 맞고 그 자리에서 사망했다. 몇몇 연구자는 이 사건이 뒤이어 전개되는 북한의 정치 상황에 심각한 영향을 끼쳤다고 보고 있다. 현준혁은 '진보적' 지식인들뿐 아니라 급진적 민족주의자들에게도 상당한 인기를 끌고 있던 인물이었다. 현준혁은 아마도 박헌영(그러나 그는 남한에 있었다)을 제외한 모든 '토착' 공산주의자들 간의 경쟁에서 가장 유리한 위치에 서 있었고, 더욱이 소련인들이 중립을 지켰더라면 김일성과 같은 무명의 청년 게릴라 지도자를 압도할 수 있었을 것이다.

공산주의 진영 내의 몇몇 사람이 그를 살해했다는 점을 암시하는 증거가 많이 남아 있긴 하지만 현준혁 암살사건의 진상은 아직 확실히 밝혀지지 않았다. 김창순 등 연구자는 김일성이 9월 초에 이미 평양에 도착해 소련인들의 도움을 받아 공산주의자 진영 내에 자신의 조직기반을 구축하고 있었다고 주장했다. 또 그는 로마넨코 장군이 김용범, 박정애, 장시우, 최경덕崔璟德, 이주연, 장종식張鍾植 등 평양의 공산주의 지도자들, 즉 지방당의 핵심적인 인물들을 현준혁의 영향권에서 떼어놓으려 애썼음을 밝히고 있다. 결국 그에 따르면 현준혁은 소련인들이 김일성을 당 지도자로 내세우려는 것을 분명히 알게 되자 불만과 분노에 불타서 대항 활동을 시작했으며, 그러고 나서 얼마 지나지 않아 암살당하고 말았다는 것이다.[21] 현준혁의 고향인 개천价川의 치안유지위원회 책임자로 현준혁을 잘 알고 있던 반공주의자 문봉제文鳳濟는 현준혁이 권력다툼 과정에서 동료 공산주의자들의 손에 살해되었으며, 장시우와 김용범 등이 사건에 관련되었다고 증언했다.[22]

사건의 진상이 어떻든 간에 공산주의자들은 조만식이 피해를 입지 않았다

---

21 같은 책, 68쪽.
22 1966년 8월 1일 서울에서 가진 이정식과 문봉제의 인터뷰(문봉제는 유명한 반공단체인 서북청년회의 지도자였다―옮긴이).

는 사실을 들어 이 사건을 우익 측에서 행한 '백색테러'라고 비난했다. 현준혁의 장례식은 그의 고향인 개천에서 소련군 고위층과 주요 공산주의 지도자들이 참석한 가운데 성대하게 치러졌으며, 그에게는 '애국자'라는 칭호가 붙여졌다.

그러나 암살범은 끝내 붙잡히지 않았으며, 공개적으로 수배조차 되지 않았다. 더구나 소련군 사령부는 암살사건에 대해 극히 간략한 보도 외에는 허용하지 않았다. 이로써 현준혁은 곧 모든 사람의 기억 속에서 사라져갔으며, 그의 무덤을 찾는 사람은 아무도 없었다. 훗날 김일성은 그를 가리켜 '공산당의 탈을 쓴 민족주의 전략분자'라고 매도하기까지 했다.[23] 결국 현준혁의 죽음으로 소련군 또는 김일성이 동요했던 흔적은 전혀 없었다.

2. 김일성의 등장

이상은 김일성이 최초로 공식 석상에 등장할 무렵의 상황이다. 대부분 박헌영과 제휴하고 있던 국내파 공산주의자들은 북한 전역에서 당의 지방조직을 만들기 위해 열심히 움직였다. 현준혁의 암살사건 이후 한동안 혼란에 빠졌던 평양 지역의 당 조직은 소련을 등에 업은 인물들에게 아주 유리한 기회를 제공해주었다. 앞서 말했듯이 김창순은 김일성이 9월 초에 이미 평양에 들어와 있었다고 주장하지만, 이를 입증할 만한 명확한 증거는 없다. 김일성이 평양에 모습을 드러낸 데 대한 최초의 확실한 증거는 한재덕의 책에서 볼 수 있는데, 10월 초 그는 평양의 한 일본식 요정에서 로마넨코가 참석한 가운데 지방 지도자들과 간담회를 가졌다고 한다.[24]

한재덕의 말에 따르면 로마넨코 장군은 그 자리에 모인 민족주의·공산주

23 김창순, 앞의 책, 68쪽.

의 지도자들한테 김일성을 '일본에 반대해 싸운 최대의 애국자'라고 소개했다. 그런 다음 조만식은 김일성을 환영하는 간략한 연설에서 모든 사람이 나라와 거레를 위해 합심 협력하자고 호소했으며, 이때 김일성도 몇 마디 답사를 통해 '각계각층, 전 민족의 총력 결집'을 열심히 부르짖었다고 한다. 그러나 당시 그 자리에 참석했던 사람들은 모두 소련의 비호를 받고 있음이 틀림없는 김일성의 "시골뜨기 청년" 같은 모습(당시 33세)에 큰 충격을 받았다고 전한다. 더구나 뒷머리를 바짝 치켜 깎은 모습은 그를 "무척 경망스럽게" 보이게 했다고 한다.[25]

이러한 느낌은 며칠 후인 10월 14일 평양 공설운동장에서 열린 김일성 장군 환영대회에서 더 많은 사람을 통해 확인되었다.[26] 오영진은 평양 시민들이 처음으로 김일성을 보고 그의 연설을 들으며 느낀 실망과 분노의 감정을 잘 묘사하고 있다. 많은 사람의 가슴속에 김일성은 만주 벌판을 누비며 일본군을 격파하는 등 한국의 로빈 후드라고 할 만한 전설적인 영웅이며, 위대한 애국자로 자리 잡고 있었다. 따라서 모두 김일성이 김좌진金佐鎭, 이동휘, 이승만 정도의 연배일 거라고 생각했다.

사실상 앞서 말했던 대로 전설적인 김일성 장군에 대한 기록은 우리나라와 일본 측에 전혀 남아 있지 않으며, 김일성이라는 이름은 1936년 무장유격대의 국내 침공 사건 이후 한국의 신문에서 사라져버려 그에 관해 알려진 모

---

24 한재덕, 앞의 책, 54쪽. 한재덕은 김일성을 찬양하는 최초의 선전문인 『김일성 장군 개선기凱旋記』를 비롯해 「김일성 유격대 전사초戰史抄」, 「김일성 유격대의 생활과 투쟁」, 「김일성 장군과 병사」 등의 글을 자신이 썼다고 주장했다. 이 책에 따르면 김일성에게 '장군'이라는 칭호를 처음 붙인 것이 바로 한재덕 자신인데, "어떤 칭호를 써야 할지 몰라서였다"고 한다. 몇몇 자료는 김일성이 소련군과 함께 처음 북한에 들어왔을 때 소련군 소좌의 계급장과 정복을 입고 있었다고 말했다. 서대숙 교수는 『신천지』(1946년 3월, 230~237쪽)를 인용해 김일성이 9월 16일 해주에서 처음 모습을 드러냈다고 쓰고 있다. 서대숙, The Korean Communist Movement, 1918~1948, Princeton, 1967, 318쪽.
25 한재덕, 앞의 책, 56쪽.
26 평양 공설운동장 집회에 대한 자세한 내용은 다음을 참조하라. 오영진, 앞의 책, 141~143쪽.

든 것은 사실보다 과장되었다고 할 수 있다. 여하튼 김일성의 공식적 무대 등장은 성공적이라고 말할 수 없었다.

군중이 기대했던 백발이 성성한 노장군老將軍 대신에 확실히 30대(당시 33세)로밖에 안 보이는 젊은 청년이 원고를 들고 마이크 앞으로 다가선다. 신장은 166~67센티미터가량, 중육中肉의 몸에 짙은 감색 양복이 좀 작아 맞고 얼굴은 볕에 그을러 검었고, 머리는 중국인 요리점의 웨이터처럼 버쩍 치켜 깎고 앞 머리털은 한 치 정도, 흡사히도 라이트급의 권투선수를 방불케 한다.
가짜다!
넓은 장내에 모인 군중 사이에는 순식간에 불신과 실망과 불만과 분노의 감정이 전류처럼 전파되었다. ……
군중 심리의 격변을 아는지 모르는지 김일성은 여전히 단조롭고 억양이 없는, 오리의 목소리처럼 거센 음성으로 위대한 붉은 군대의 영웅적 투쟁을 찬양했고, 일제의 탄압 밑에 신고辛苦하던 2,000만 민족의 해방의 은인인 연합국, 그중에서도 특히 소련과 세계 약소민족의 친근한 벗이신 스탈린 대원수에게 최대의 감사와 영광을 보냈다.
군중은 이제 완전히 김일성 장군에 대한 존경과 기대를 잃었다. 연령의 차이도 있거니와 그의 연설 내용이 해방 이후 2개월이나 지긋지긋하게 들어온 공산당원의 그것과 대동소이한 점이 그에게 불리한 조건의 하나가 되었던 것이다.[27]

이로써 장래의 북한 지도자는 그 공식적 활동을 시작하게 된 것이다! 오영진과 한재덕은 김일성의 볼품없는 모습이 오히려 같은 자리에서 연설한 조만식을 훨씬 돋보이게 했다는 데 의견을 같이하고 있다.

---

27 같은 책, 142~143쪽.

과연 소련인들은 무슨 속셈을 가지고 있었을까? 거기에 대해 정확하게 알 도리는 없지만, 이후 전개되는 일련의 사태를 통해 김일성이 소련의 전폭적 지원을 받았다는 건 짐작할 수 있다. 소련군 사령부는 김일성의 배후에서 그를 도왔으며, 이것이야말로 김일성이 바라는 바였다. 그렇다면 왜 그랬을까? 이 의문에 명확하게 답변할 수는 없지만 몇 가지 가설을 세워볼 수는 있다.

첫째, 오영진의 증언은 경청할 만한 가치를 지니고 있다. 소련인들은 소규모의 무장 유격투쟁에서 전공을 세우기는 했지만, 정치적 경험이 부족한 김일성이 노련한 조만식 밑에서 정치적 실습을 받도록 하는 것이 크게 도움이 되리라는 사실을 재빨리 깨달았다. 따라서 로마넨코는 "조만식 선생은 조선의 초대 대통령이 될 것이고, 김일성은 그 밑에서 군부의 책임자가 될 것"이라는 '미끼'로 조만식에게 모스크바 3상회의의 결정을 지지해달라고 요청했다는 것이다. 오영진은 "만약 조만식이 이 제의에 응했다면 북한의 정치는 오늘과는 약간 차이가 있었을 것"이라고까지 주장했다.[28]

오영진의 이 마지막 말은 적어도 장기적 안목에서 볼 때 다소 의문의 여지가 있다. 그러나 소련의 입장에서 김일성이 좀더 좋은 기회를 맞기까지 조만식 같은 인물을 명목상의 지도자 위치에 두고자 했다는 것은 충분히 짐작할 수 있다. 모든 중요한 정치적 결정권을 쥐고 있던 소련인들에게 조만식과 같은 비非공산계 인물을 통일전선 결성의 명목상 지도자로 추대하는 것은 그러한 조치가 남한에 미칠 영향을 고려해서라도 충분히 가능하며 바람직하기까지 한 일이었다.

그러나 더욱 중요한 것은 조선공산당의 구조라든가 정책 그리고 리더십 등에 관한 문제들이었다. 이제 우리는 왜 소련인들이 하필 김일성에게 공산당의 지휘권을 맡기려 했는가에 대한 해답을 찾아보아야 한다. 김일성 외에 달리 선택의 여지가 없어서가 아니었다는 점은 확실하다. 어떤 공산주의자

---

28 같은 책, 185쪽.

도 조만식의 대중적 인기에 맞설 수 없긴 했지만, 박헌영이나 김두봉 등 노련한 운동가라면 적어도 김일성보다는 훨씬 더 큰 호소력을 가질 수 있었을 것이다.

김일성이 선택된 가장 기본적 요인은 앞에서도 살펴보았듯이 제2차 세계대전 이전 약 20년간의 경험으로 말미암아 소련인들이 국내파 공산주의자들을 불신했다는 데 있을 거라는 점은 아마도 사실일 것이다. 소련과 코민테른의 당국자들이 그간 조선공산당의 파벌투쟁에 대해 얼마나 넌더리를 냈던가 하는 점은 이미 살펴보았다. 따라서 당시 소련의 대한정책 담당자들은 과거의 파벌적 인물들을 기용하면 다시 종래의 비극적 상황이 재연될 것이라는 확신을 갖고 있었음이 틀림없다.

이미 살펴본 것처럼 김일성은 해묵은 파벌투쟁에 끼어들기에는 너무도 젊은 나이였다. 물론 그 역시 압도적으로 우세한 일본의 물리력 앞에서는 실패할 수밖에 없었다. 그 실패로 말미암아 김일성은 소련에 들어가 4년 정도 소련으로부터 훈련을 받을 수 있었다. 제2차 세계대전 당시 그의 행적에 관한 기록이 거의 없다는 것은 이미 지적한 바와 같다. 그러나 그가 고도의 정치적·군사적 훈련을 받는 등 특별대우를 받았으리라는 것은 짐작해볼 수 있다. 1947년 남한으로 탈출하기 전까지 한때 김일성과 교류한 적이 있던 오영진은 김일성이 자신의 소련 생활에 대해 이야기했던 것을 회고하고 있다. 한번은 김일성이 "내가 너무 과로한다고 생각했는지 소련에서 나를 모스크바로 불러다가 두어 달 동안 휴양시켜준 일이 있었다"고 말했다 한다.[29] 그곳에 머무르는 동안 소련인들은 볼셰비키 혁명 중에 공산주의자들을 위해 영웅적으로 투쟁한 농민 출신의 노동자 바실리 차파예프Vasily Chapayev에 관한 영화를 보여주기도 했다. 김일성은 아주 자랑스럽게 "소련 사람은 나를 조선의 차파예프라고 했소"라고 말했다고 한다.[30] 또한 자신은 "직접 총을 들고 전투(대독전

---

29 같은 책, 172~173쪽.

對獨戰―옮긴이)에 참가하지 않았으나 부하들 가운데는 견학차 종군한 사람도 있었다"고 덧붙이기도 했다.[31]

김일성과 그의 동료들에 대한 4년간의 감독과 훈련 끝에 소련인들은 김일성이 지도자로서 적합하고, 더 나아가 자신들의 입장에서 볼 때도 가장 유용한 인물이라고 판단했음이 틀림없다. 만약 정말로 그가 차파예프처럼 대접받았다면 그것은 소련인들이 그를 순진한 민중의 아들, 즉 자기들 마음대로 무엇이든 쓸 수 있는 '백지'쯤으로 생각했다는 것이 된다. 소련인들이 왜 연안파 지도자들을 아무도 지지하지 않았는가 하는 점에는 뚜렷한 이유가 있다. 이들은 소련인들과 거의 접촉이 없었으며 소련의 국익에 가장 중요한 지역 내에서 중국의 노선을 따를 위험마저 있는 인물들이었다. 만약 미소협정의 결과에 따라 한반도가 빠른 시일 내에 통일될 경우 박헌영이 전국적인 공산주의운동을 주도해나가게 될 가능성이 있다는 사실을 소련인들이 점령한 후 처음 몇 달 동안 줄곧 마음속에 품고 있었으리라는 것은 추측 가능한 이야기다. 분명 소련인들은 매우 중대한 시기에 남한에서 박헌영의 권위를 인정했으며, 박헌영은 그 대가로 모든 문제에 대해 그들의 입장을 충실하게 추종했다. 과연 소련인들이 적어도 1946년 봄까지 최후의 선택을 내리지 않고 있었는지는 확실치 않다. 그러나 어쨌든 미소공동위원회가 결렬된 이후 공산주의운동의 중심지는 남한이 아니라 북한이라는 점이 점차 분명해지게 되었다.

이유야 어찌 되었든 김일성의 권력 장악 과정에서 소련의 지원이 결정적 요인이었다는 것은 조금도 의심할 바 없는 사실이다. 그럼에도 소련군의 점

---

30 같은 책, 173쪽. 차파예프는 물론 김일성이 본 영화의 주인공 이름이다. 1934년에 처음 개봉된 이 영화는 동부전선의 25사단장이었으며 우랄 지방에서 코사크족과의 싸움에서 여러 차례 승리한 바실리 I. 차파예프Vasily Ivanovich Chapayev(1887~1919)의 전공을 묘사하고 있다. 이 영화는 실제로 차파예프 군대의 정치위원이었던 드미트리 푸르마노프Dmitri Furmanov의 소설(1923)을 각색한 것이다.

31 같은 책, 176~177쪽.

령 후 초기 몇 달간 김일성과 그의 지지자들은 두 세력으로부터 심각한 도전에 직면하게 되었다. 하나는 박헌영이 지도하는 국내파였으며, 또 다른 도전은 김두봉과 무정, 최창익, 김창만金昌滿, 윤공흠尹公欽 등을 중심으로 한 연안파였다. 이 도전을 극복해나가던 방식이야말로 김일성이 권력을 장악하는 과정에서 가장 흥미진진하고도 중대한 측면을 보여주고 있다. 먼저 국내파와의 투쟁을 살펴보기로 하자.

김일성과 박헌영 그룹 간의 내부 투쟁이 정확히 언제부터 시작되었는지를 꼽아보는 것은 사실상 불가능하다. 앞서 살펴본 것처럼 대단히 중요한 의미를 갖는 10월 중순(10월 10~13일)의 조선공산당 서북5도 책임자朝鮮共産黨 西北五道 責任者 및 열성자대회熱誠者大會*에서 "조선 무산계급의 지도자"로 지칭된 박헌영한테는 회의를 개최토록 한 데 대한 감사가 바쳐졌다. 조선공산당 북조선분국이 구성된 것은 바로 이 대회에서였으며, 그것은 남북이 별개의 당 조직을 갖춰나가게 되는 시초이기도 했다. 그뿐만 아니라 훨씬 더 훗날에와서 김일성 일파가 기록해놓은 당시의 제반 문제들은 그 거칠고도 적대적인 말투에서 그때 이미 심각한 대립 양상이 벌어지고 있었음을 시사해준다. 다음은 1961년 출간된 공식 당사에 나온 북한 측의 설명이다.

김일성 동지는, 미제에 의하여 비록 국토는 양단되었고 남북 조선에 조성된 정세는 상이하나 당은 각각 분리하여 조직할 것이 아니라 남북 조선의 전체 혁명역량을 통일적으로 지도할 수 있는 유일한 당을 창건하여야 한다고 인정하였다. 이를 위하여서는 남북 조선 각지에 지방 당 단체들이 조직되어 분산적으로나마 자기 활동을 전개하고 있는 조건하에서 이 지방 당 단체들과 공산주의자들을 포괄적으로 망라하여 그에 대한 조직적인 지도체계를 수립하고 그

---

* 이 대회의 회의록을 수록하고 있는 『옳은 路線을 위하여』에는 대회의 명칭이 '오도당창급열성자연합대회'五道黨昌及熱誠者聯合大會로 되어 있다.

를 통일적으로 지도할 수 있는 당 중앙지도기관을 선출하는 방법에 의하여 당 창건문제를 해결하는 것이 가장 적절하다고 인정하였다. 이에 있어 전국 각지의 대표들이 참가하는 당 대회를 소집하고 대회에서 당 중앙지도기관을 선출하는 것이 당내분열을 방지하고 당내에서 엄격한 민주주의 중앙집권제 원칙을 수립함에 있어 가장 적합한 방법이었다.

동시에 당 중앙지도기관은 쏘련군대가 진주하고 있는 유리한 지대인 북조선에 두지 않을 수 없었다. 이것은 해방 직후 조성된 복잡한 정세하에서 북조선 지역이 우리 혁명의 근거지-민주기지로 되어야 한다는 것과 당 중앙지도기관이 자기 앞에 맡겨진 혁명임무를 원만히 수행하려면 자기 활동을 자유롭게 할 수 있는 지역에 있어야 한다는 데로부터 출발하였다.

통일적인 당 창건을 위한 이러한 방침은 당시의 혁명정세하에서 유일하게 정확한 것이었다. 그러나 미제의 고용간첩으로서 혁명을 원치 않고 있었으며 다만 당내 '영도권' 장악에만 눈이 어두웠던 박헌영 도당과 북반부에 있던 그의 앞잡이들은 종파적 수법으로 꾸며낸 '당 중앙'을 고집하면서 김일성 동지의 당 창건에 대한 현명한 방침을 백방으로 방해하여 나섰다.

이리하여 김일성 동지가 제시한 당 창건방침은 박헌영 도당을 비롯한 종파분자들의 방해 책동으로 말미암아 곧 전면적으로 실현되기는 곤란하였다.

그러나 혁명발전의 객관적 추세가 시급한 시일 내에 통일적 당의 출현을 절실히 요구하는 조건하에서 당 창건사업은 하루도 지체할 수 없었다. 아직도 박헌영 도당을 비롯한 종파분자들의 비열한 반당·반혁명적 정체가 대중 속에 폭로되지 않았고, 그들을 혁명가로 인정하고 있는 사람들이 적지 않은 형편에서 통일적 당을 꾸리는 사업을 촉진시키기 위하여서는 박헌영 도당을 비롯한 종파분자들과 계속 원칙적인 투쟁을 전개하면서 동시에 이 난관을 뚫고 나갈 수 있는 능동적인 대책이 요구되었다. 만일 이때 신축성 있는 능동적인 대책을 강구하지 않는다면 도리어 복잡한 사태와 분열의 위험성을 격화시키며 당 창건사업을 지연시킬 수 있었다.

당 대회 소집의 실현이 난관에 봉착하게 되자 우선 분산적인 활동을 하고 있는 지방 당 조직들에 대한 통일적인 조직적 지도체계를 수립하며 동시에 전국적인 당 대회 소집을 준비할 수 있는 중앙지도기관을 시급히 창설할 데 대한 대책을 제기하지 않을 수 없다. 창설되는 중앙지도기관은 이미 실천에 옮기어지고 있는 혁명을 지도하며 당내에서 종파분자들과의 원칙적인 투쟁을 통하여 그들의 책동을 극복하고 당내 사상 의지의 통일을 보장하며 앞으로 당 대회가 소집된다면 선거를 통하여 이미 창설된 당 중앙지도기관을 일층 민주화할 것을 예견하였다. 이리하여 김일성 동지는 조선공산당 북조선조직위원회를 창설할 방침을 제시하였다.

그러나 박헌영 도당은 조선공산당 북조선조직위원회 창설이 자기들에게 치명적 타격으로 된다고 인정하고 이 조치도 극력 반대하여 나섰다. 그리고 이 도당은 당 중앙기관을 북조선 지역에 두는 것은 반대하면서 국제·국내의 극악한 반동의 마수가 집중되어 당 중앙으로서의 활동을 원만히 할 수 없는 서울에 둘 것을 한사코 고집하였다.[32]

이 주장은 박헌영이 숙청되고 나서 한참 뒤에 그리고 모든 잘못이 그에게로 돌려지던 시기에 나온 것이므로 이러한 쟁점이 해방 직후 혹은 그 이후에 실제로 제기되었던 것인지에 대해서는 확언할 수가 없다. 곧 서술하겠지만 그 당시의 증거에 따르면, 김일성은 공식적으로 박헌영과 서울의 당 중앙 양측의 우위를 인정한 것으로 보인다. 김일성과 그의 동료들이 언제부터 박헌영을 라이벌로 생각하게 되었는가 하는 점도 분명하지 않다. 그러나 그 두 사람의 성장배경과 지지기반이 전혀 다르다는 점에서 볼 때 김일성이 처음부터

---

32 한임혁, 『김일성 동지에 의한 조선공산당 창건』, 평양, 1961, 30~32쪽. 김일성 자신도 1948년 3월의 북조선노동당北朝鮮勞動黨 제2차대회에서 '몇몇 동지들'을 비판하는 연설을 했다. 그러나 여기서는 아직 박헌영에 대해서는 언급하고 있지 않다. 이정식, "Politics in North Korea: Pre-Korean War Stage", in Robert A. Scalapino (ed.), *North Korea Today*, New York, 1963, 7쪽.

박헌영에게 이 같은 적대감을 품었다고 해도 그리 놀라운 일은 아니다.

어쨌든 당의 조직구조를 남북으로 분리할 것인가, 당 중앙은 어디에 두어야 할 것인가 하는 쟁점은 어떻게 보면 달라진 남북한의 정치적 상황에 기인한다고 할 수 있다. 게다가 당 중앙의 소재 문제는 박헌영과 그 지지자들한테는 아킬레스의 힘줄과 같은 문제였다. 박헌영 그룹은 자연히 자신들의 당에 도전하거나 서울이 권력의 중심지라는 사실을 부정하려는 기미가 있을 때마다 과민한 반응을 보였다. 그러나 미군 점령 아래서, 남한의 좌익 세력 전체가 조선인민공화국이나 그 이후 조직체들의 정통성을 놓고 미 군정과 점차 격렬한 싸움을 벌여야 하는 상황 속에서 과연 당이 효과적으로 활동을 전개할 수 있을 것인가 하는 가장 중요한 쟁점은 전혀 해결되지 못한 상황이었다.

만약 박헌영이 이러한 도전에 정면으로 대처하기 위해 점령 초기에 그의 조직을 평양으로 옮겨 지지자들을 모으고 당을 장악하기 위한 전면전을 시도했다면 과연 어떻게 되었을까 하는 질문은 부질없는 것이다. 그렇게 했더라도 박헌영에게 승산은 거의 없었을 것이다. 어떻게 보면 소련의 지지야말로 가장 결정적인 요인이었으며, 소련이 박헌영 때문에 그들의 '차파예프'인 김일성을 저버릴 거라고는 생각할 수 없었다. 그럼에도 이 문제는 박헌영의 입장에서는 한번 걸어볼 만한 도박이었다고 할 수 있다. 어쨌든 박헌영은 남한에서 활동하는 편을 택했으며, 그가 북한으로 간 것은 김일성이 이미 자신의 권력기반을 확고하게 구축하고 난 뒤였다.

앞서 이야기한 조선공산당 서북5도 책임자 및 열성자대회는 10월 10일부터 13일까지 나흘에 걸쳐 개최되었다. 대회가 끝난 다음 날인 10월 14일 김일성은 처음 평양 공설운동장 군중대회에 공식적으로 모습을 드러냈다.[33] 북

---

33 지방 대표들의 예비모임은 10월 10일부터 13일까지 개최된 조선공산당 서북5도 책임자 및 열성자 대회에 앞서 10월 5일에 열렸다. 한임혁에 따르면 '진정한 혁명가'뿐 아니라 '종파주의자', '지방할 거주의자'까지 포함한 70명 이상의 인원이 참석했다고 한다.

한 측의 공식 자료들은 1945년 10월 10일을 북한공산당의 창건 기념일로 자주 인용하고 있다. 한편 소련인들은 공산주의 정책이 대중적 호응과 공식적 지지를 얻을 수 있도록 10월 12일 여러 가지 공식 성명을 발표하기도 했다.

이 사건들은 비록 소련의 전적인 후원에 의한 것이긴 하지만, 김일성과 그 동료들의 본격적인 권력 장악 시도였다는 점이 분명하다. 대회 준비는 충분하게 진행되고 있었다. 대회 개최 몇 주일 전부터 김일성 그룹은 소련의 지지와 지도를 바탕으로 북한 전역에 요원을 파견했다. 그들의 속셈은 각 지방의 당 조직에 접근해 박헌영의 추종자들로부터 권력을 빼앗아 우위를 확보하려는 것이었다. 김책, 안길, 김일 등 김일성의 충실한 동료들은 북한에서의 당 활동의 중심 지역들을 모조리 순회했다.[34] 김일성과 그의 만주 시절 동료들은 자신들의 위치를 더욱 굳건히 하기 위해 자연히 무장투쟁 시절 국내에서 그에게 협력했던 인물들과도 제휴하게 되었다. 예를 들어 조국광복회祖國光復會에 협력한 뒤 장기간의 감옥생활 끝에 8·15 직후 석방된 박금철(그는 훗날 북한 정치권력구조에서 중요한 역할을 하게 된다)이라든가, 같은 시기의 동료인 박달과 같은 인물에게 손길을 뻗쳤다. 박달은 건강상의 이유로 큰 역할을 담당하지 못했지만, 이후 출판되어 나온 일련의 문학작품 속에서 영웅 대접을 받게 된다.

앞서 살펴본 것처럼 김일성이 연설한 것은 대회의 마지막 날이었다. 이 연설 내용은 1963년판 『김일성선집』에 수록되어 있다. 그러나 앞서 밝혔듯이 그 내용을 담은 더 오래된 판본이 발견되었다. 여기에 간추려놓은 김일성의 연설 내용은 후자, 즉 더 오래된 판본에 근거한 것이다. 이는 광범위한 문제에 대해 언급해놓은 해방 후 최초의 기록이라는 점에서 단순한 흥미 이상의 의미를 지닌다. 이 기록은 문장 연결이 잘 안 되는 곳이 있긴 하지만 전문을 인용

---

34 한임혁, 앞의 책, 36쪽. 이 책에는 이 시기에 김일성파가 수행한 지방 활동이 상당히 자세하게 기술되어 있다. 그러나 이는 모두 자신들에게 유리하게 윤색된 내용이다. 같은 책, 33~35쪽.

할 만한 가치가 있다. 김일성은 '반파쇼 전선을 굳게 한다는 것'이 '현재의 형편상 첫째의 임무'라고 강조했다.

우리 당은 배워야 한다. 우리 동무들이 아직 혁명 단계의 성질을 잘 파악하시 못했다. 우리는 자기의 임무를 잘 알아야 한다. 군사학상으로 본다면 임무요 그 본거本據를 치는 것은 다음의 임무인데, 조선의 현재 형편은 첫 임무로 반 팟쇼전선을 굳게 한다는 것이나 조선에는 사회주의국가 소련과 자본주의국가 미국이 함께 들어와 조선을 해방해주었다. 그리고 우리 당은 백색테러 밑에서 노동계급을 단결시키지 못하고 당이 건설된 지 불과 2개월이라 당조차 튼튼 치 못하다. 조선이 역사적 사명을 하는 데 있어서 내본적內本的 조건으로 보면 노동자 단결이 없고 반동 부르조아지는 청산되지 않았다. 우리가 할 역할은 전 힘을 다하야 민족통일 정권을 수립해야 한다. 이곳에는 자본가도 참가한 다. 민족적 독립과 인민의 생활을 높일 정부를 내세워야 한다. 첫째의 임무를 마치고 우리는 둘째의 임무로 들어가야 한다. 그 역량을 첫 임무에서 구비해 야 한다. 우리 당도 전 인민의 총역량을 집중하여 그중에서 기본적인 노동자 의 역량을 모아 가지고 두 번째의 임무에 들어가야 한다.

이 정권에는 노동자나 자본가나 모두가 들어가야 하고 강령도 거기 적합한 것 이어야 한다. 행동강령은 내일이라도 또는 한 달 후에도 변할 수 있는 것이다. 외적 조건과 내적 조건의 성숙에 따라 다음 강령이 나오는 것이다. 현 단계에 있어서는 자본민주주의 정권을 세워야 한다. 당은 급선무로 당원 자기가 여하 한 지위에 있는가를 알아야 하며, 당선黨線을 더욱 튼튼히 하며, 모범적이고 선봉적이어야 한다. 최근 임무로 달성하는 데는 민주정부를 세우는 데 기본적 역량을 가져야 한다. 우리는 조선 공산주의자가 여하한 지위에 있었나 총괄적 으로 규정한다면 과거 30년 내 끊임없이 투쟁이 계속되었다. 3·1운동, 6·10사 건, 광주학생사건, 원산제네스트, 단천端川농민운동 등 모든 것은 비조직이었 고 산만적散漫的이었고 자연발생적이었으며, 일방 국제조건이 불리했기 때문에 실패했다. 유고슬로비아는 국제조건이 유리했기 때문에 성공했다. 조선은 혁명적 고조기에 있었음에도 불구하고 국제적 조건의 불리와 노동자의 이익을 대표할 정당이 없었고, 파벌싸움만이 있었고 국제당의 지도와 형제당의 원조를 받지 못하고 조선의 그룹은 자유주의적 경향에 빠져 각 그룹이 일체가 되어 당을 재건할 계획이 없었으므로 실패했다. 조선의 운동은 해내외에서 자라나고 있다. 우리 민족을 해방시킨 연합군이 들어오자 조선에는 경성을 중심으로 각 당과 각 파의 영웅이 나오고 있다. 우리의 동무 박헌영은 모든 자유주의적 그룹을 물리치고 조선 공산주의운동의 성과를 보이고 있다. 조선의 어린 당은 이론으로 무장하지 못하고 투쟁 경험이 적으므로 모든 지장이 있을 것이다. 박 동무의 지시 밑에서 우리에게 박두한 문제를 토론해야 한다. (1963년판 에서는 당연히 이 부분이 삭제되었다.)

김일성은 당내의 반反박헌영 세력에 대해서도 비판을 가했으며 당 규율과 정책을 지키는 것이 얼마나 중요한지를 역설했다.

○○(이영李英―옮긴이) 일파에 대한 문제―경성에 ○○ 일파가 있고 또 제3당이 계획되고 있다. 이는 대중의 역량을 분산시키는 장애물이 될 것이다. 동무들! 역류逆流는 정류正流를 이기지는 못하였다. 그러한 책동은 모두 극복될 것이라고 본다. 우리는 일본 제국주의의 앞잡이를 내보는 데 사상적, 정치적 일치성을 내놓아야 한다. 우리에게는 아직 그런 종류가 있다. 우리는 무한하게 당을 확대해야 하며 일본 제국주의의 잔재 요소를 근본적으로 물리치는 데서만 인민 정권을 수립할 수 있고 대중을 당으로 영도할 수 있는 것이다. 당 문을 넓히고 대중적 당을 만들자. 그러나 혼입분자를 넣어서는 안 되며 경계해야 할 것이다. 우리 당을 확대하는 데는 당의 규율과 정책을 옹호하며 노동자·농민을 획득하여야 한다는 것이다. 일본 제국주의는 완전히 그 전쟁 요소를 버리지 않았으며 그 주구들은 각 계층에 잠재하며 입으로는 공산주의를

부르짖고 있지만 그것은 가짜 공산주의자다. 그들은 우리 당을 파괴하려는 자다. 그런 무리가 혹은 우리 당에 들어와 있을지도 모른다. 우리 당원 전체가 이를 경계해야 한다. 양적으로 대중적으로 하면서 그 혼입분자에 대한 경계는 게을리하지 않아야 할 것이다. 우리 당은 아직 인테리 토대 위에 서 있고 노동자·농민의 토대 위에 서 있지 못했다. 당원의 성분은 각 도道마다 노동자가 30퍼센트에 불과하다. 앞으로는 노동자·농민을 당에 들어오도록 해야 할 것이며 공장·기업소·사업장에서 몇 가지 조건을 구비한 사람이라면 당에 들어오게 해야 할 것이다. 그렇다고 해서 우리는 기타 층에 대해서는 공작을 중지하느냐 하면 그것도 아니다. 먼저 파쟁분자의 역사적 죄악을 느끼니만치 지금에 있어서는 과거를 부끄러워하고 청산하려고 하고 있으니, 파벌이라는 선입감을 가지고 다시 당 운동에 들어오겠다는 자를 거절해서는 안 된다. 그런 자는 방조해주고 당을 파괴하려는 자는 구축해야 한다.

우리 사상을 통일하기 위하여 좌우경에 대한 투쟁을 해야 하는데 동무 중에는 지적 부족으로 인하여 논쟁을 잘못하는 수가 많다. 우리는 그런 자를 경향분자라고 해서는 안 된다. 우리는 늘 문제를 구체적으로 파악하도록 교양을 주어야 한다. 조선 형편에서 좌경분자가 있느냐 하면 이영, 최익한 일파는 이론이 극좌적이다. 즉 ○○○선線은 전쟁문제의 분석에 있어서 이번 전쟁이 민주주의국가가 연합한 반팟쇼전쟁이었는데도 불구하고 ○○ 일파의 주장은 사회주의국가가 현존해 있기에 금번의 전쟁을 사회주의혁명전쟁이다라고 규정하고 조선에 있어서도 계급전쟁이라고 한다. 그네들은 신문 『대중』大衆에서 계급전쟁을 부르짖고 앞으로 소련과 영·미 사이에 전쟁이 반드시 있어야 할 것을 주장한다. 이것은 스탈린 동무의 국제정책을 부인하는 것이며 이런 말은 트로츠키파의 언사이며 일본 제국주의 주구배가 하는 말이다. 이는 다시 전쟁을 일으키려는 것이요 이영은 현실에 맞지 않는 주장을 하는 가짜 좌경파이다. 다음 우경적 경향에 대해서는 연합전선을 짓는다고 해서 무산계급의 독자성을 망각하는 것은 우경적이다. 우경분자는 당이 최후의 독자성의 해결을 지을 때까지 가지 못하고 치울 것이다. 우리는 연합전선을 펴서 인민 정권을 짓는 것이다. 조선 민족의 이익을 팔아먹는 그네들까지도 용납할 수 없는 것이다. 그것은 기회주의라고 본다.

양조전선兩條戰線에 대한 투쟁—우리는 표면으로는 승인해놓고 이면에서는 음모하는 양조전선에 대한 투쟁을 확대 강화해야 한다. 이 파는 제일 위험한 것이니 좌우경에 대한 투쟁과 같이 양면파에 대하여도 철저히 구축하지 않으면 안 된다. 양면파의 개인행동을 보면 동지와 동지 사이에 이간정책을 쓰고 중상을 하고 의리를 팔고 하는 등이다.

당 규율문제—노선을 확보하는 데 절대적인 것은 규율이다. 어린 당은 다른 형제당보다도 더 규율을 높여야 한다. 조공당朝共黨은 맑스, 레닌주의적 이론이 없고 투쟁 경험이 적고 과거의 파벌정신은 아직 남아 있다. 규율은 개인은 조직에 복종하며 소수는 다수에 복종하며 하급은 상급에 복종하며 전당全黨은 중앙에 복종한다는 기본 문제를 잊어서는 안 된다. 그리고 민주제를 반대하는 자는 당 규율을 파괴하는 자다. 우리가 모든 것을 토론하는 데 여러 사람이 참가해야 한다는 과도한 민주제는 해롭고, 규율을 지키는 데 있어서 당원은 상하가 없다. 간부는 누구나 할 것 없이 당규에 복종하는 의무가 있다. 규율은 쇄성刷性이 있어야 한다. 이는 명령이 아니고 당원의 자각에 맡길 것이다.

결의에 대한 복종문제—파벌은 당의 결의를 집행치 않는 데서 생긴다. 당의 결의는 민주적으로 토론하되 결정된 후에는 복종해야 한다.

의무금 납부문제—이도 당규율 문제의 하나이다. 수입의 백분지 일 운운하는 것도 부정당한 것이다. 세계적으로 일정한 것이 없다. 의무의 액額이라든지 그 처리라든지는 회의에서 결정할 것이다.[35]

---

35 조선산업노동조사소 편, 『옳은 路線을 위하여』, 서울, 1945(1946, 도쿄 민중신문사民衆新聞社에서 재판 발행). 그 이후에 출판된 것으로는 다음과 같은 자료를 참조하라. 『김일성선집』金日成選集, 평양, 1963년판, 제1권, 3~10쪽(「당 조직문제 보고」라는 제목의 『옳은 路線을 위하여』에 실린 연설 전문은 이 책의 409~410쪽에도 재수록되어 있는데, 이 책에는 연설자의 이름이 단지 '김○○ 동

이 대회에서 행한 연설을 실은 같은 판본에 따르면, 김일성은 연설을 마친 다음 조선공산당 북부조선분국위원회 설치문제, 당 규약 기초문제, 당중 발행문제(서울 당 중앙의 승인을 얻어), 당 전선대회黨全鮮大會 소집문제 등 여러 가지 안건을 내놓았다.[36]

본질적인 문세들에 대해 위 연설문에 표현된 김일성의 입장과 8월 19일, 10월 30일에 발표된 성명서 속에서 볼 수 있는 박헌영 그룹의 입장 사이에는 별다른 차이가 없다. 더구나 예상했던 대로 북한에서 소련의 정책은 이미 기존의 주된 전술과 정책에까지 영향을 미치고 있었다. 9월 27일 평양의 소련 군 사령부는 다음과 같은 문제들을 포함한 일곱 가지 항목의 포고문을 발표했다. 즉 모든 일제 통치기구들을 철폐할 것임, 한국의 실정에 맞지 않는 소비에트식 정부체제는 강요하지 않을 것임, '부르주아 민주혁명'을 인정할 것임, 소련은 한국에 대해 어떠한 영토적 야심도 가지고 있지 않음, 종교와 언론의 자유를 보장할 것임, 일본인이나 친일파들이 소유하고 있던 토지는 몰수할 것임, 소작료는 3·7제로 고정할 것임 등이다.

소련인들은 자기들 나름대로 북한에서의 '부르주아 민주혁명'에 착수했

무'로 되어 있다. 저자들은 이 사람을 김일성으로 추정하고 1963년판 『김일성선집』에 실린 「새조선 건설과 민족통일전선에 대하여」를 이 연설과 동일한 것으로 보고 있다. 두 자료의 논지는 대체로 동일하지만 같은 연설 내용으로 보기에는 많은 문제가 있다. 한편 김남식 씨는 '김○○ 동무'를 당시 북조선 분국의 책임비서 대리를 맡고 있던 김용범으로 추정했다. 이 견해는 당의 조직 문제에 관한 보고는 당의 최고책임자가 하는 것이 관례라는 점에 의거한 것이다. 1986년 4월, 옮긴이와 김남식 씨의 인터뷰).

36 1945년의 연설에 따르면 김일성은 앞서 지적한 대로 "조선에 있어서 지리상 또는 정치적으로 중심지'인 서울에 당 중앙이 있는 것은 '정당하다고 인정'되며 '우리는 북부 조선의 특수성에 따라 모든 행정, 기타 당의 정책을 실현시킴에 있어 더욱 당 중앙과의 밀접한 지도와 연락이 요구된다'"고 밝혔다. 이어 그는 "'오도五道의 행정상 통제를 필요로 함에 따라서 북부 조선에 당 북부분국 설치의 필요로써 당 중앙에 직속된 분국을 설치'할 것이지만 '어떠한 때든지 중앙에서 필요를 인정치 않을 때, 또는 개혁 등 개선을 필요로 함이 인정될 때에는 어떤 때든지 중앙에서 처리할 권리가 있고 분국에서는 복종할 의무가 있다'"고 강조했다(이는 훗날 김일성의 공식 대변인의 주장과 상반된다). 김일성 연설의 1963년판은 더 길고, 더 잘 다듬어져 있으며, 어떤 부분은 생략되었다. 그러나 주된 골격은 바뀌지 않았다. 『김일성선집』, 제1권, 3~10쪽.

다. 10월 12일 소련군 사령부는 세 개의 공식 포고문을 발표했는데, 이는 내용과 시기라는 측면에서 볼 때 각기 중요한 의미를 갖는 것이었다. 치스챠코프Chistiakov 장군이 발표한 첫 번째 포고문은 한국인을 능멸하고 한국의 관습과 문화를 더럽힌 일본인들이 이제는 완전히 제거되었으며, 이후 한국의 자유와 독립은 전적으로 한국인들 스스로의 손에 달려 있음을 선포했다. 공장이나 공작소의 소유주들에게는 낡은 기계 설비를 수리하든가 교체해 작업을 재개토록 당부했다.

붉은 군대 사령부는 모든 조선 기업소들의 재산 보호를 담보하며 그 기업소들의 정상적 작업을 보장함에 백방으로 원조할 것이다. 진정한 사업으로 조선의 경제적 및 문화적 발전에 대하여 고려하는 자라야만 모국 조선의 애국자가 되며 충실한 조선 사람이 된다.[37]

부르주아 혁명의 수행을 위해 누가 이보다 더한 지원을 바랄 수 있었겠는가! 두 번째 포고문은 "붉은 군대는 무슨 목적으로 조선에 왔는가?"라는 제목이었다. 이것은 아마도 소련군이 점령 초기에 보인 만행으로 주민들이 가지고 있던 악감정을 무마하기 위해 발표한 포고문인 것 같은데, 소련의 힘과 선의善意에 대한 찬사가 처음부터 끝까지 나열되어 있다. 한국인들은 이제 붉은 군대가 인민을 해방시키려는 것일 뿐 절대로 정복하려는 게 아니라는 것을 믿어야 했다. 특히 "붉은 군대는 조선에 소비에트 질서를 설정하거나 또는 조선 지역을 얻으려는 그런 목적은 가지지 않았"다는 것이다.

10월 12일 발표된 세 번째 포고문은 가장 중요한 내용을 담은 '북한 주둔군 소련 제25군 사령관의 명령서'였다. 이 포고문에는 여러 조항 중 모든 '반일당反日黨과 민주주의적 단체들'은 소련 군정 당국에 등록해야 한다는 규정

---

37 김창순, 앞의 책, 44~46쪽. 이 책에는 소련 군정의 초기 정책이 자세하게 서술되어 있다.

이 있었으며, '지도기관의 인원 명부'도 제출하도록 되어 있었다. 그뿐 아니라 각 회원은 조상 때부터 가계家系의 배경 조사와 '여덟 살 때부터의 거의 일기적인 자서전 내사'를 받아야 했다. 이것을 통해 소련 군정 당국은 '활동가'들에 대한 정보를 수집하고 위험시되는 단체들을 통제할 수 있었다. 반공적이거나 친미적인 혐의를 받은 정당들은 활동이 금지되고 이에 속한 많은 인사는 온데간데없이 사라져버렸다.

게다가 이 명령서는 북한 내의 모든 무장부대를 해산하고 무기 탄약과 군용 물자들을 소련군 경무사령관警務司令官에게 바칠 것 등을 규정하고 있었다. 그러나 소련군 사령부가 인정한 인민위원회들은 "소련군과 협의하여" 규정된 인원수의 보안대를 조직할 수 있다는 허가를 받았다. 앞서 서술한 대로 건준에 소속된 초창기의 보안대는 거의 비공산주의자들로 구성되어 있어 어느 때는 건준을 장악하려는 공산주의자들에게 대항해 격렬한 싸움을 벌이기도 했다. 따라서 소련 군정 당국은 그에 의혹을 품고 심지어 위험하게 여기기까지 했던 것이다.

10월 중순에 접어들자 소련식 경찰제도는 뿌리를 내리기 시작했다. 소련의 정치 전술은 아주 단순하면서도 대부분 효과적이었다. 소련군은 비공산계 단체와 지도자들을 엄중한 감시 아래 두고 필요하면 즉시 제거했다. 반면 공산주의자들이 장악한 통일전선은 지방 수준이든 전국적인 (물론 북한 지역만의) 수준이든 간에 전폭적인 지원을 받았다. 이미 사태의 흐름은 소련인들로 하여금 김일성에게 그리고 그의 지도하에 북한에 기반을 둔 통일적 조선공산당을 건설한다는 생각을 한층 지지하도록 만들어가고 있었다.

10월 말 소련인들은 이러한 정책을 추진하기 위해 5도행정국五道行政局을 창설했다. 결과적으로 북한 정권의 초기적 형태였던 5도행정국은 공산주의계와 비공산주의계 각 15명씩 총 30명에 조만식을 위원장으로 하여 구성된 북조선 임시인민위원회에 의해 통제되었다.[38] 이것은 실로 북한을 별도의 국가로 만들어내려는 첫걸음이었다.

그 무렵 북한의 정치 상황은 중국에서 활동하던 이른바 조선의용군이 귀국함으로써 새로운 국면에 접어들었다.[39] 몇몇 자료는 조선독립동맹의 최고 간부들이 이미 9월 중순 압록강 대안의 안동현安東縣에 도착하여, 일부는 연락을 위해 남고 그중 한 그룹이 평양으로 출발했다고 밝히고 있다. 주지하는 바와 같이 옌안에 전시 사령부를 둔 조선독립동맹은 마오쩌둥의 보호와 무정의 지도하에 많은 군사요원과 정치요원들을 훈련시켜 만주와 화북 지방 각지로 파견했다.

초기에 도착한 조선독립동맹 부대에는 무장군인은 거의 없고 주로 정치지도자들이 포함되어 있었던 것 같다. 그러나 10월 말 팔로군에 복무했던 장교들이 인솔하는 2,000여 명의 조선의용군 병사가 안동에 도착했다. 조선의용군 압록강지대鴨綠江支隊의 지휘관은 고아 출신으로 어렸을 때부터 팔로군에서 자라난 약관 26세의 김강金剛이었으며, 정치위원은 황포군관학교를 졸업한 36세의 김호金浩였다.[*] 병사들 대부분은 역전의 용사였으나 신병들도 얼마간 포함되어 있었다. 당시 안동현에서만 7만여 명의 한국인이 살고 있었는데 생활이 극히 궁핍했던지라, 젊은이들은 우선 먹을 것을 얻기 위해서라도 조선의용군에 가담했다. 그래서 1945년 말 무렵까지 조선의용군 병력은 4,000여 명으로 늘어나게 되었다.

압록강지대의 두 젊은 장교 김호와 김강은 매일 평안북도 소련군 경무사령부警務司令部를 찾아가서 2,000여 명의 병사와 함께 압록강을 건널 수 있는 허락을 받으려 했고, 11월 중순이 되어서야 허가가 떨어졌다. 북한 주둔 소련군 제25군 참모장 반코프스키Bankowsky 중장은 군용기 편으로 신의주에 도

---

38 같은 책, 190쪽. 오영진의 설명은 약간 다르다. 그는 조만식이 위원장 취임을 거절했기 때문에 임시
   인민위원회에는 위원장이 없었다고 주장한다. 오영진, 앞의 책, 133~139쪽.
39 이 부분은 주로 다음 책에 근거한 것이다. 김창순, 앞의 책, 61~65쪽.
* 김창순, 앞의 책, 63쪽에는 조선의용군 압록강지대장은 김호(31세), 정치위원은 김강(26세)으로 되
  어 있다.

착해 사흘 후에 조선의용군이 압록강 철교를 건너게 될 것이라고 발표했다. 그러나 동시에 반코프스키 중장은 조선의용군을 불러들이되 신의주에서 한 걸음도 더 나아가지 못하게 하고, 도착 당일로 무장해제시키라고 경무사령관에게 지시했다.

이렇게 해서 조선의용군은 신의주 시가를 행진한 다음 신의주고보에 숙소를 정하도록 허락을 받아냈다. 그러나 그날 밤으로 무장해제당해 다음 날 대부분의 병사들은 다시 만주로 추방당하고 말았다.* 이러한 결정이 내려지게 된 이면에 무엇보다 정치적 이유가 있었다는 것은 의심할 여지가 없다. 당시 조선의용군 중 많은 수가 주로 국내에는 별 연고가 없는 상태에서 단지 '식량을 얻기 위해 입대한 병사들'이었다. 그럼에도 이러한 결정은 중요한 정치적 의미를 내포하고 있다. 무정, 김두봉, 최창익, 한빈 등 연안파 지도자들은 당시 한국의 정치 상황에서 막강한 힘을 발휘할 수 있는 잠재력을 지닌 인물들이었다. 그 당시 어떤 공산주의자들도 이들만큼 오랫동안 고도의 조직 활동 경험을 쌓은 사람은 없었다. 더구나 당시 실정으로 보아 비록 마오쩌둥이 한국 문제에 직접 개입할 여력이 없었다고 해도, 연안파는 중국공산당으로부터 강력한 지지를 받고 있었다. 따라서 만약 무정과 그 동료들이 상당 규모의 병력과 정치요원들을 이끌고 국내로 들어올 경우, 북한에서 가장 강력한 정치세력으로 떠오르게 될지도 모를 일이었다.

조선의용군에 가해진 여러 가지 제약에도 불구하고 연안파는 평안북도, 황해도를 중심으로 지방에 세력기반을 구축하기 시작했다. 그 지도자들은 계속 '조선독립동맹'이라는 명칭을 사용하면서 남북한에 걸쳐 지방 지부를 조직해나갔다. 이렇게 되자 1945년 말에 이르러 한국 공산주의운동 내에는 소련-갑산파, 국내파, 연안파 간의 치열한 삼각투쟁이 벌어지기 시작했다. 파

---

* 김두봉 자신도 이러한 사실을 인정하고 있다. 김두봉, 「독동獨同과 의용군義勇軍」, 『현대일보』, 1946년 3월 25일자.

벌 간의 연합은 평양에서 열린 서북5도 책임자 및 열성자대회 이후에 불안정하게나마 이루어졌다. 이 대회에서 공식적으로 조직된 조선공산당 북조선분국은 각 파벌의 대표 17명이 골고루 망라된 집행위원회를 구성했다. 김창순에 따르면 김일성이 제1비서, 무정과 오기섭이 각각 제2비서에 선출되었다고 한다.[40] 반면 한임혁은 12월에 열린 3차 집행위원회 회합에서야 비로소 김일성이 제1비서로 선출되었다고 주장하고 있다.[41] 어쨌든 이 기간 동안 당의 요직은 조심스럽게 안배되었으며, 비록 소련-갑산파가 유리한 위치를 점하고 있었지만 절대적 권력을 행사하는 것은 결코 아니었다. 예를 들어 당 기관지 『정로』正路의 책임 주필은 소련파의 태성수太成洙였으며 부주필은 연안파의 유문화柳文華, 편집부장은 국내파의 박팔양이었다.[42]

김일성과 그 추종자들은 12월 17~18일의 조선공산당 북조선분국 제3차 확대집행위원회에서 일대 승리를 거두었다. 김일성파의 공식적인 대변자인 한임혁은 종파분자들에 대한 투쟁이나 추방과 함께 당내에 스민 과오들을 제거하는 계기가 이때부터 마련되었다고 서술했다.[43] 김일성은 후일 "제3차 당 확대위원회가 있은 이후부터 우리 당의 당 사업이 제 궤도에 들어서게 되었으며, 대중들과 같이 투쟁하게 되어 강력한 대중적 정당의 길을 걷게 되었읍니다"라고 회고했다.[44]

그렇다면 어째서 김일성의 추종자들은 12월 회의가 김일성의 지도권을 확고하게 만든 중요한 사건 혹은 기억할 만한 승리라고 선전하고 있는 것일까? 알려진 바에 따르면 김일성파는 북한 지역의 많은 각급 지방당위원회에서 국

---

40 같은 책, 95쪽.
41 한임혁, 앞의 책, 55쪽.
42 김창순, 앞의 책, 95~96쪽.
43 한임혁, 앞의 책, 55쪽.
44 『김일성선집』, 1954년판, 제2권, 74쪽. 이 부분은 다음 책에 인용되어 있다. 한임혁, 앞의 책, 55~56쪽(이는 김일성이 북로당 제2차 대회에서 행한 보고에 나오는 대목이다 ―옮긴이).

내파의 세력을 약화시키거나 분쇄하는 책략을 쓰고 있었다. 그들은 당원의 구성에서 노동계급의 비중을 늘리고 '불순 분자'들을 제거하기 위한 당의 재조직이라는 명분하에 이러한 작업을 강행했다. 이런 조치를 수행한 인물들은 물론 당을 자신들의 생각대로 만들어갈 수 있는 위치에 있었다.

김일성은 당내의 심각한 문제들을 조목조목 지적했다.[45] 그에 따르면 해방 이후 처음 석 달 동안 북조선공산당은 4,530명에 달하는 당원과 다섯 개의 기관지를 가지게 되었다. 그러나 조직 활동에 기울인 엄청난 노력에 비춰볼 때 이는 그리 대단한 성과가 아니었다. 또한 김일성은 당원 수에 대한 부정확한 통계, 당원들에 대한 유일당증의 미발급, 많은 지방당위원회의 부실과 상당 수의 공장, 사업소, 농촌 등지에 아직 당 단체조차 구성되어 있지 않은 상태 등 당의 각급 조직에 심각한 결함이 산재해 있음을 아울러 밝히고 있다.

더욱 심각하게 지적된 것은 상당수의 친일분자와 기타 적대분자가 당내에 잔존하고 있으며, 심지어는 지도적 지위까지 차지하고 있다는 사실이었다.[46] 더구나 당원들 중 노동자계급 출신은 대략 30퍼센트, 농민 출신이 34퍼센트 정도였던 데 반해 지식분자와 상업가, 기타 성분의 사람들이 포함된 부르주아 출신은 무려 36퍼센트를 점하고 있었다.[47] 따라서 김일성은 당에서 초기에 "주로 농민과 지식분자들로써 당대열의 장성이 진행"되었는데, 이래서는 "우리 당이 참으로 노동계급의 당으로 되지 못하고 있다는 것"이고 "이런 성분을 가진 당은 노동계급의 의사와 요구를 완전히 실행할 수 없는 것"이라고 주장했다.[48] 종파주의 역시 심각한 문제로 지적되었는데 황해도와 평안북도, 함경남도 등지의 당 조직이 그런 대표적인 경우로 꼽혔다. "일부 지방당위원회들

45 12월 17일의 조선공산당 북조선분국 제3차 확대집행위원회에 앞서 행한 김일성의 연설 전문全文은 다음에 수록되어 있다. 『김일성선집』, 1963년판, 제1권, 15~28쪽.
46 같은 책, 16쪽.
47 같은 책, 17쪽.
48 같은 책, 17쪽.

은 분국 조직위원회의 지시들을 무시하거나 혹은 실행하지 않고 당의 민주주 의적 중앙집권제의 원칙을 심히 위반하여 당 규율을 약화시켰다"는 것이다. 김일성이 특히 맹렬한 공격을 퍼부었던 것은 함경남도 당위원회였다(이 지역 은 국내파의 세력이 강한 곳이었다).

한편 김일성은 지방당, 도당 지도자들에게 중대한 수많은 결점이 있다고 질타하기도 했다. 김일성은 그들이 자기 지역 내의 공장이나 제조소, 탄광, 농 촌 등을 거의 가보지 않은 탓으로 지방의 실제 사정을 잘 알지 못하고 있으며, 신의주에서 중학생들이 무장하고 도당위원회를 습격한 사건도 바로 "공산당 원들이 대중과 신중히 사업하지 않으며 그들의 동향을 알지 못하고 있는 것" 때문에 생긴 것이라고 지적했다.[49] 더욱 중요한 것은 당이 '대중과의 광범한 연계'가 없어 당원들 중에서 노동자들이 차지하는 비율이 낮다는 것이었다. 어떤 지도자들은 자신의 친족을 당의 요직에 앉히려고 했는가 하면, 어떤 지 도자들은 자기 지위를 사리사욕을 채우는 데 이용하기도 했다. 결국 당원들 대부분이 아직 제대로 훈련과 교육을 받지 못한 애송이라는 것이다.

그렇다면 당 앞에 제기되는 당면 과업은 무엇이겠는가? 김일성이 첫 번째 로 밝힌 것은 민족의 통일을 위한 장기적인 당 정책이었다. 김일성은 이렇게 주장했다.

현 단계에 있어서 북조선에서 우리 당의 정치적 총노선과 실제 활동은 모든 민

---

49 1945년 11월 23일 신의주에서 학생들의 대규모 반공봉기가 일어났다. 11월 18일 신의주 인근 용암 포龍岩浦에서 공산주의자들이 학생들을 폭행한 사건으로 신의주의 6개 중학교 학생들이 공산당 배 격, 소련 군정 반대 등을 요구하며 항의시위를 벌여 보안서 본부, 인민위원회, 도당위원회를 습격했 다. 보안서원과 소련군이 이 비무장 군중에게 사격을 가해 23명이 죽고, 700여 명이 부상했다. 다음 날 김일성이 이 사건을 수습하기 위하여 현지에 도착해 보안부장을 비롯한 몇몇 공산당 간부를 문책 했다. 그러나 이 사건은 학생뿐 아니라 일반시민에게까지도 공산당에 대한 불신을 갖게 만들었다. 자세한 것은 다음 책을 참조하라. 신의주반공학생의거기념회新義州反共學生義擧記念會, 『압록강변 鴨綠江邊의 횃불』, 서울, 1964; 한재덕, 앞의 책, 179~221쪽.

주주의 제 정당·사회단체들과의 광범한 연합의 기초 위에서 우리나라에 통일적 민주주의 정권을 수립하며, 북조선을 통일적 민주독립국가 건설을 위한 강력한 정치·경제·문화적 민주기지로 만드는 데 있읍니다.

이 공식은 훗날 약간 바뀌게 된다. 즉 북조선은 남조선의 '제국주의자들과 반동적 지배에 대한 해방투쟁'을 지원하는 '사회주의 기지'의 역할을 수행해야 한다는 것이다. 그러나 이 문제에 관한 공산주의자들의 기본 공식은 일찍이 1945년 12월에 마련되었다.

김일성의 문제 제기 중 대부분은 통일 문제보다 당내 문제, 특히 조직 문제에 관한 것이었다. 중앙조직위원회는 현재의 당원 전부를 사정司正해 모든 바람직하지 못한 분자들을 당에서 추방한 뒤, 새로운 유일당증을 발급할 권한을 떠맡아야 했다. 게다가 당원의 계급구성을 바꾸기 위해 노력해야 하며, 여기서 제기되는 주된 과제는 "우선 노동계급과 도시 및 농촌 근로대중의 가장 우수한 선진분자들을 토대로 하여" 당을 발전시키는 것이었다. 또한 "공장과 제조소 및 기타 기업소 내에 당 세포를 조직하고, 그를 조직적으로 강화" 시켜야 했다. 이렇게 함으로써 당원과 그 밖의 문제들에 관련된 제반 사항들이 점차 나아질 수 있는 것이다. 당 간부들은 보다 효과적인 훈련을 받아야 하며, 지방의 당 기관들은 당의 "당면과업에 대한 문제를 가지고 당 대표회들을 준비·진행" 해야 했다.

이러한 김일성의 발언에 국내파 대표들은 깊은 회의를 품었겠지만 그의 제안은 모두 가결되었다. 그 당시 대부분의 지방당·도당 기관들이 국내파의 지도를 받고 있는 상황에서 대대적인 조직정비 작업이 있게 되면 국내파가 직접적인 타격을 받을 것은 뻔한 일이었다. 그러나 그들로서는 불행하게도 김일성의 주장을 대부분 받아들일 수밖에 없었다. 사실 많은 기회주의자가 입당해 당의 조직사업이 느슨해지는 경우가 빈번했다. 김일성은 국내파의 약점을 잡아 그것을 최대한 이용했다. 그는 당원과 간부들을 통제하고 지방 조직의 당 중앙(이제는 북쪽에 한정된)에 대한 복종을 요구할 수 있게 됨으로써 당을 확실히 장악하게 된 것이다. 그러므로 김일성과 그의 사가史家들이 북한공산당을 장악하기 위한 투쟁에서 1945년 12월 17~18일의 확대위원회를 중대한 전기로 보는 것은 당연한 일이 아닐 수 없다.

3. 민족주의자들에 대한 탄압

그 직후 공산주의자들은 신탁통치안信託統治案을 놓고 비공산계 민족주의자들과 격렬한 싸움에 돌입했다. 이 문제는 당연히 양쪽 세력을 완전히 갈라놓았다. 당시 한국의 정치 활동에서 압도적 다수를 이루고 있던 비공산계 민족주의자들 대부분은 신탁통치에 결사적으로 반대해 서울을 비롯한 38선 이남의 여러 도시에서는 반탁시위가 기세를 올리고 있었다. 결국 중도파와 우익 측의 반탁 의사는 미소공동위원회의 결렬 구실이 되었으며, 더 나아가 한국을 통일시킬 기회마저 막아버린 셈이 되었다. 앞 장에서 서술한 대로 소련 측은 신탁통치에 반대하는 모든 정당과 단체를 미소공위의 협의대상에서 제외시키자고 주장했다. 이것은 결국 대의정치 체제나 연합정부의 수립 가능성을 처음부터 배제시켜버린 결과를 가져왔다.

이러한 진전은 물론 더 큰 맥락 속에서 파악되어야 한다. 미국과 소련은 상호 협조의 단계에서 점차 적대적인 단계로 나아갔으며, 한반도 문제는 그들 사이에 가로놓인 여러 가지 쟁점 중 하나에 불과했다. 그러나 모든 연합국이 한국 민족의 거센 반발을 무릅쓰고 신탁통치에 참가하려고 했는지 여부는 의심스러운 일이다. 연합국으로부터 여러 차례 경고가 있었지만 미국은 이를 묵살해버렸다. 그러던 중 갑자기 미국은 균형 있고 민주적인 한국 정부의 수립에서 결정적으로 중요한 개인과 그룹을 더는 통제할 수도, 영향력을 행사할 수도 없게 되어버렸다는 사실을 깨달았다. 따라서 이 무렵은 미국의 긴장과 우려가 최고조에 달해 있던 시기이기도 했다.

38선 이북에서 소련이 처해 있던 상황도 남한에서 미국의 사정과 마찬가지로 골치 아픈 것이었다. 북한에 진주할 당시만 해도 소련은 아직 뚜렷한 정치적 계획이나 명확한 일정을 가지고 있지 않았을 것이라는 점은 이미 밝힌 바 있다. 그들 역시 미국인들처럼 한반도에 '우호적인 정권'을 수립한다는 기본 원칙 이상의 세부계획을 갖고 있지는 않았던 것 같다. 분명히 이러한 입장만 가지고는 궁극적 의도를 실현시킬 수 있는 가능성은 매우 희박했다. 미국과 소련 각각의 이데올로기적 견해나 정치적 목적을 놓고 볼 때 그들이 채택한 기본 정책은 당연한 것이었으며, 혹은 적어도 여러 가지 다른 정책보다 훨씬 더 선택 가능성이 높은 것이었다고 볼 수 있다. 그러나 이러한 입장이 인정받을 수 있다고 해도 기본 정책의 적용 시기를 결정하거나, 그 정책 수행의 우선순위를 결정하는 것은 대단히 중요한 문제였다. 이 점은 신탁통치를 둘러싼 위기의 순간에 더욱 두드러지게 부각된다.

평양의 소련 군정 당국이 처음부터 비공산계 민족주의자들을 탄압해 통일전선의 가면을 벗고, 나아가 북한에 단독 공산 정권을 세우려는 움직임을 촉진시키려는 목적으로 신탁통치 문제를 이용하고자 했던 것은 아니었다. 그러나 1945년 12월 27일 이후의 사태는 이러한 식으로 급속히 전개되었다. 열쇠는 조만식이 쥐고 있었다. 남한의 민족주의자들과 마찬가지로 조만식도 신탁통치에 강력하게 반대했으며 갖은 압력에도 자신의 태도를 바꾸지 않았다. 오영진에 따르면 소련 군정 당국은 모스크바 3상회의의 결정이 발표된 직후부터 집요하게 조만식을 설득했다고 한다.[50] 공산주의자들과 민족주의자들 사이에는 많은 이야기가 오고 갔으며, 아마도 앞서 말한 대로 로마넨코 장군은 조만식이 신탁통치를 수락한다면 그를 초대 대통령, 김일성은 군부 책임자에 지명될 것이라고 약속했던 것 같다. 그 밖에 다른 많은 약속과 보장이 거듭

---

50 오영진, 앞의 책, 181~182쪽, 185쪽.

제의되었다. 김일성이나 최용건 등 공산주의 지도자들도 계속 조만식을 찾아와서 입장을 바꾸도록 종용했다.

이러한 일련의 노력이 실패로 돌아가자 소련으로서는 근본적인 전술적 결정을 내려야 했다. 조만식과 그의 동료들이 신탁통치 문제에 대해 분명한 입장을 가진 대부분의 한국인을 대변하고 있으며, 조만식 같은 인물만이 비공산계 민족주의자들을 효과적으로 대표할 수 있다는 점을 인정해야 할 것인가? 그러나 이것은 남한에서 미국이 저질렀던 실패를 반복하는 것에 불과했다. 그렇지 않으면 강경책을 써서 반탁세력을 정치일선으로부터 제거해버려야 할 것인가? 이 방법은 비공산계 민족주의자들을 한줌의 꼭두각시로 만듦으로써 공산주의자들로 하여금 즉각적이고도 압도적인 권력 장악을 가능하게 하도록 할 것이 분명했다.

소련인들은 곧 강경책을 쓰기로 방침을 굳혔다. 조만식은 평안남도 인민정치위원회 확대회의에서 공개적으로 소련군 사령부를 공격한 직후에 바로 연금되었다. 그 정확한 날짜에는 약간의 혼란이 있다. 오영진은 1946년 2월 5일이라고 한 반면, 이 대회를 상세히 기록한 한재덕은 1월 5일이라고 회고한다.[51] 한재덕은 이 대회의 주목적이 평남 인민정치위원회가 모스크바협정을 공식 지지하도록 하는 데 있었다고 설명했다. 이 무렵은 이미 상당수의 비공산계 위원들이 월남한 이후였으므로 표결한다면 공산주의자들에게 유리할 것이 틀림없었다. 따라서 한재덕은 조만식과 그의 동료들은 이 문제를 표결에 부치는 데 반대했던 거라고 회상하고 있다. 로마넨코 소장 등 소련군 장성들이 회의에 참석해 압력을 가하고 있는 가운데 공산주의자들이 이 안건을 상정하자 민족주의자들은 사퇴 의사를 표명했다. 많은 논란 끝에 로마넨코 장군이 사퇴를 수락하자 민족주의자들은 대회장을 떠나버렸다고 한다.

한재덕에 따르면 김일성은 위원회의 위원이 아니었으므로 이 대회에 참가

---

51 같은 책, 182~183쪽; 한재덕, 앞의 책, 254~257쪽.

하지 않았다고 한다. 그러나 『김일성선집』 1960년판에는 김일성이 이 대회에서 했다는 연설문이 실려 있는데, 날짜는 1월 23일로 되어 있다.[52] 이 연설이 실제로 김일성이 준비해 당시에 행한 것인지는 확인할 방법이 없다. 그럼에도 이 연설은 1946년 초 이후 조만식에 대한 공산주의자들의 공식 입장을 잘 보여준다는 점에서 그 요지를 살펴볼 필요가 있다.

김일성은 조만식 일파가 이제 반동으로 전락했다고 공박했다. 이주연 등 몇몇 사람의 올바른 충고에도 불구하고 조만식은 '미제의 반동적 계급'이나 기타 반민주세력과 결탁해 모스크바 3상회의의 결정에 끈질기게 반대했다는 것이다. 여기에서 그치지 않고 김일성은 인민정치위원회의 업적 자체도 공격했다. 즉 인민정치위원회 내에는 "썩어빠진 관료주의자들과 반동분자들이 많이 기어들어 와 여러 가지 나쁜 장난을 하였기 때문에 인민정치위원회가 사업을 원만히 수행할 수 없었"다는 것이다.[53]

놀랄 만한 용기와 끈기를 보여주었던 조만식은 결국 행방이 묘연해지고 말았다. 어떤 자료에 따르면 그는 이때부터 엄중한 감시하에 평양의 고려호텔에 연금되어 있었다고 한다.[54] 그가 결국 어떻게 되었는지는 아무도 모른다. 한국전쟁 직전 혹은 전쟁 중에 공산 정권에 의해 살해당했다는 소문이 있긴 하지만, 거기에 대한 확실한 증거는 없다. 조만식의 개인비서조차 그의 생

---

52 『김일성선집』, 1963년판, 제1권, 37~39쪽(이 연설의 제목은 「인민정치위원회는 진정한 인민의 정권기관으로 되어야 한다」로 되어 있다 ─ 옮긴이).

53 같은 책, 39쪽.

54 김창순, 앞의 책, 70~73쪽. 조만식 감금사건에 대해 김창순은 다음과 같이 설명하고 있다. 1946년 1월 1일 로마넨코 장군은 조만식을 자기 사무실로 불러 "조선에 대한 후견제後見制(신탁통치)를 지지한다면 당신은 조선의 스탈린이 될 것입니다. 그렇지만 모스크바 3상회의의 결정을 반대하는 이상 우리는 당신의 생명을 보장하기 곤란합니다"라고 위협했다. 1월 4일 신탁통치 문제를 처리하기 위해 5도 행정국위원회가 소집되었는데, 여기에는 16명의 공산 측 위원과 불과 여섯 명의 민족 진영 위원이 참석했다. 논란 끝에 찬탁의 입장이 가결되었으며, 조만식은 이에 항의해 사의를 표명했다. 공산 측 위원들은 이러한 행동이 운동을 혼란시키고 '전全 공산주의 인터내셔널'의 원칙을 무너뜨리기 위한 책동이라고 맹렬히 비난했으나, 조만식은 굴복하지 않았다. 다음 날인 1월 5일 조만식은 그의 사무실 앞에서 소련군 경비대원들에게 연행되었다.

사를 확인할 수 없었다.

공산주의자들은 이제 조만식 등 인물들의 역할을 배제하는 방향으로 급선 회했다. 조만식은 5도 행정국의 국장직 외에 1945년 11월 3일 북한에서 결성된 조선민주당朝鮮民主黨의 위원장직을 함께 맡고 있었다. 조만식이 숙청되고 난 이후 조선민주당에서는 부위원장이던 최용건이 위원장이 되었지만, 그는 공산주의자였고 김일성의 가까운 동료이기도 했다.[55] 더구나 새로이 부위원장이 된 정성언鄭聖彦이라든가 조직부장이 된 이광국李光國도 공산주의자였던 것이다.

천도교청우당을 제외하고는 조선민주당이 당시 유일하게 인정된 비공산계 정당이었다. 그럼에도 그 지도자들은 공산주의자들에 의해 공산주의자들 가운데서 선발되었다. 더구나 당 정책과 당 활동은 공산 정권의 승인을 얻어야만 했다. 이러한 상황에서는 이들 꼭두각시 정당에서 한두 명의 각료가 배출된다고 해서 크게 중요한 일은 아니었다. 통일전선정책과 연합정부 구상은 이제 완전한 사기극이 되고 말았다.

4. 새로운 공산국가의 구조와 정책

비공산계 민족주의 세력을 무력화시킨 후 소련군 사령부는 북한 단독 정부 수립을 위한 구체적인 작업에 착수했다. 미 군정과 마찬가지로 소련 군정 당국도 이제 한반도가 통일되기는 대단히 어렵다는 입장으로 기울어졌다. 그리하여 1946년 2월 8일 '북조선 각 정당·사회단체, 각 행정국, 각 도·시·군 인민위원회 대표 확대협의회'가 소련 측의 노력으로 평양에서 소집되었다. 지난 5개월

---

55 앞으로 서술하겠지만, 최용건은 김일성의 가장 가까운 측근으로 남아 민족보위상民族保衛相, 부수상, 조선노동당 부위원장 등 중책을 역임한다.

동안 소련 군정이 주도면밀하게 후원해온 모든 정치단체가 이제 활동을 개시하게 된 것이다. 더구나 반동분자들은 모두 월남하거나 숙청된 뒤인지라 이 기구에는 오로지 '민주적'이고 '진보적'인 인물들만 포함되어 있었다.

2월 8일의 확대협의회에서 김일성이 행한 연설은 1949년판 연설집에서 찾아볼 수 있다.[56] 소련군에 대한 찬사와 일본 제국주의에 대한 비난을 늘어놓은 뒤 김일성은 "지금까지 북조선에는 각 국局의 사업의 방향을 인도하며 지도할 유일한 조선 중앙주권기관이 없음으로 말미암아 각 국과 지방인민위원회사업을 지도하기와 북조선 지방에서 경제, 정치 및 문화적 생활을 지도하기에 대단히 곤란하다"고 주장했다. 따라서 "조선 통일정부가 조직될 때까지" 북조선 임시인민위원회를 조직해 각 국의 활동을 지도할 기관으로 삼는 것이 무엇보다도 필요하다는 것이다. 또한 김일성은 이 제안이 북한의 민주주의적 제 정당과 기타 사회단체들의 지도자와 소련군 사령부로부터 환영을 받았다고 주장했다.

그렇다면 이 임시인민위원회 앞에는 어떤 당면 과업이 놓여 있는 것일까? 김일성은 우선 "지방에 있는 지방정치기관들을 튼튼히 하여 그로부터 친일파와 반민주주의적 분자들을 숙청"해야 한다고 주장했다. 그는 "이 과업이 지금에 있어서 임시인민위원회 과업들 중에서 가장 중대한 과업"이라고 강조하면서 "우리가 지도기관의 변절자들과 반역자들과 타협자들을 두고 민주주의적 조선을 건설할 수 없"을 것이라고 단언했다(조만식과 같은 인물을 지지하던 민족주의자들이 만약 아직도 월남하지 않았다면 눈총을 받았을 것이다). 김일성은 임시

---

56 앞서 언급한 대로 김일성은 대회의 마지막 날 연설했다. 이 연설문은 『김일성선집』(1963년판)에 수록되어 있다. 그러나 위에서 지적한 대로 더 오래된 연설문이 발견되었는데, 앞으로 이 판본을 활용하려고 한다. 이것이 해방 이후 김일성 자신이 최초로 밝힌 확실한 견해라는 점을 염두에 두어야 할 것이다(1949년판 김일성의 연설집은 『조국의 통일독립과 민주화를 위하여』〔전2권〕이다. 본 번역에서는 김일성이 연설한 1946년의 판본을 이용했다. 8·15해방 1주년기념 중앙준비위원회, 『반일투사연설집』反日鬪士演說集, 1946, 김남식·이정식·한홍구 엮음, 『한국현대사자료총서』, 제13권 수록).

인민위원회의 두 번째 과업으로 "일본 제국주의자와 민족반역자 및 조선인 대지주들"의 토지를 몰수해 농민에게 무상분배하고, 삼림은 국유화한다는 전면적 토지개혁을 제시했다.

김일성은 "농촌경제가 우리 인민경제에 근본적 부문"이라고 강조하면서 설명을 계속해나갔다. "반역자들의 경제적 기초"는 봉건적 소작제도이고 "그 봉건적 토지 소유자는 무엇보다도 농촌에 봉건적 세력을 보전하려고 하여 어떠한 민주주의적 개혁에 대해서도 다 반대"하고 있었다. 그러므로 토지개혁 없이 "농촌경제의 발전과 부흥이 불가능할 뿐 아니라 자유민주주의적 조선 국가건설도 불가능"한 일이었다.

자연히 김일성은 생산 부문, 교통 부문, 재정·금융 부문 등 모든 분야의 급속한 회복과 발전을 주장했다. 또한 "기업가와 상업가들의 사유자본의 발전을 억압하지 않으며 중소기업들을 장려" 발전시켜 인민들한테 생활필수품을 공급하도록 해야 한다고 제안했다. 동시에 노동운동의 보장과 '공장·제조소 위원회'의 광범한 조직은 물론이고 인민들에게 '민주주의적 정신'을 가르치기 위해 교육에도 관심을 집중해야 한다고 역설했다. 마지막으로 그는 모스크바 3상회의 결정의 '진의'眞意를 인민들에게 상세히 알려 "우리 인민을 오해에 빠지게 하며 그의 통일을 파탄시키며 민주주의적 통일전선을 와해" 시키려는 반동분자들의 시도를 분쇄해야 할 것이라고 결론지었다.

전체적으로 볼 때 김일성의 연설은 핵심 공산당원 혹은 헌신적으로 동조할 것을 결심한 몇몇 사람을 제외하고는 이렇다 할 호소력을 갖지 못하는 내용이었다. '애국적 민족자본가'나 '소부르주아적 민족주의자'들과의 협력에 대한 중요성을 강조하는 무수한 언사들은 사실상 쓸모없는 것이었다. 결론은 이미 나 있었다. 모스크바 3상회의의 결정을 전폭적으로 받아들이지 않는 사람들은 이제 '민족반역자'나 '배반자'의 범주를 벗어날 수 없게 된 것이다.

임시인민위원회의 주요 간부들을 보면 공산당의 권력 독점 경향이 분명하게 드러난다. 위원장은 물론 김일성이었고, 부위원장에는 김두봉, 서기장에는 강양욱康良煜이 취임했다. 감리교(장로교의 착오 — 옮긴이) 목사인 강양욱은 김일성의 외가 쪽으로 할아버지뻘 되는 사람인데 조선민주당원으로 등록되어 있었다. 실질적으로 신정부의 각료에 해당하는 국장급 14명 가운데 상업국장과 보건국장을 제외하고는 모두 공산주의자였다. 상업국장인 한동찬韓東燦은 치과의사였으며 보건국장인 윤기녕尹基寧도 의사 출신이었다. 조선민주당의 새 위원장이며 김일성의 오랜 측근인 최용건은 보안국장을 맡았다. 김일성이나 소련군 사령부에게 전혀 부담스럽지 않은 정부가 구성된 것이다.

모든 권력이 완전히 공산당의 수중에 들어가게 되자 '민주개혁'이 실시되었다. 1946년 3~8월에는 북한 내 모든 부문에 관한 일련의 기본 법령이 공포되었다. 공산주의 이론에 따르면 이들 법령은 '부르주아 민주주의 혁명'의 완수를 위한 것이었다. 실제로 이들 개혁은 '부르주아 민주주의 혁명'과 '사회주의 혁명'이라는 서로 다른 두 단계 사이의 구분을 완전히 모호하게 하고 사실상 공산주의자들에 의해 움직여지는 마오쩌둥 식의 '신민주주의'新民主主義 노선을 따르고 있었다. 공산주의자들의 후견하에 혁명이 지속적으로 전개되어 점진적으로 사회주의로 이행하게 된다는 것이다. 실제로 이제 '일국一國 사회주의론'은 '영구혁명론'永久革命論과 결합하고 있었다. 스탈린과 트로츠키가 동아시아에서는 서로 타협하게 되었던 것이다. 이론적으로나 실천적으로나 식민지 사회에서의 전통적이고 단순한 2단계 혁명론은 완전하게는 아니더라도 크게 수정되고 있었다.

최초의 주요 법령은 1946년 3월 5일에 공포된 「토지개혁에 대한 법령」이었다. 이 법령의 중요성을 이해하려면 경제적·정치적 관점에서 당시의 농촌 상황을 간략히 살펴볼 필요가 있다. 식민지 시기의 한국은 농업이 압도적 비중을 차지하는 사회였다. 비록 농업 생산은 국민총생산의 46.4퍼센트에 불과했지만 전 인구의 68.3퍼센트가 농업에 종사했다. 더구나 소작제는 심각한 문제였다. 토지 소유는 일본인과 소수의 지주들에게 집중되어 있었다. 제2차 세계대전이 끝날 무렵 총 농가 호수의 거의 75퍼센트에 달하는 농민들이 소작농 또는 자소작농이었다.[57] 전체 농가 중 절반 정도가 전혀 토지를 소유하고 있지 못했으며, 다시 3분의 1 정도는 약간의 토지를 소유하긴 했으나 소작을 하고 있었다.

아시아의 공산주의자들은 토지 소유와 경영구조의 근본적인 개혁이야말로 막강한 사회적·정치적 의미를 갖는다는 것을 깨달았다. 물론 1927년 이후 중국 공산주의자들은 이 문제에 관해 선구적인 역할을 수행했으며, 대부분의 한국 공산주의자들은 마오쩌둥의 행동과 저작들을 연구했다. 여러 가지 점에서 한국의 농촌사회는 중국에서와 마찬가지로 한국의 정치문화를 형성하는 데 주된 역할을 했다. 유교윤리에 뿌리박은 견고한 가족제도는 개개인이 무엇보다도 중시해야 할 것으로 모든 사람은 가족을 위해 시간과 정력을 소비해야 했다. 한국 사회는 가족에서부터 문벌, 촌락에 이르기까지 각양각색의 정치적·사회적 조직으로 편제되어 있는 사회였으며 지역감정도 상당히 높은 정도로 남아 있었다. 지방의 양반들은 농민층에 강력한 영향력을 행사했다. 한국에는 이렇다 할 중간층이나 의식이 깬 상층 계급이 존재하지 않았다. 정치는 소수 양반들의 소관이었으며, 그 자식들은 높은 수준의 교육을 받아 경우

---

57 해방 직전의 한국의 농업 상황에 대한 간결한 자료로는 다음을 참조하라. Andrew J. Grajdanzev, *Modern Korea*, New York, 1944, 84~122쪽.
일본 측 자료로는 다음과 같은 책이 있다. 고바야카와 구로小早川九郎, 『朝鮮農業發達史: 政策篇』, 경성, 1944.
또한 마르크스주의적 입장에서 쓰인 한국 측 자료로는 다음을 참조하라. 인정식印貞植, 『조선朝鮮의 토지문제土地問題』, 서울, 1946; 『조선농업경제론』朝鮮農業經濟論, 서울, 1949.
공산주의자들이 제시하는 자료에 따르면 토지개혁 이전에 북한에서는 전 인구의 6.8퍼센트에 불과한 지주들이 전 경지의 58.8퍼센트를 소유하고 있었으며, 전 인구의 70퍼센트가 자기 땅을 하나도 갖지 못한 소작인이거나 약간의 땅을 가진 자소작농인데 이들이 전 경지의 불과 20퍼센트를 소유한 것으로 나타나 있다. 『조선통사』, 제3권, 30~31쪽. 이 책은 북한의 표준 역사 교과서로서 원래 평양에서 전 3권으로 출판되었다. 위에서 인용한 부분은 원래의 책으로는 제2권 2부(1945~1956년의 시기)에 해당되는데, 도쿄에서 한국어로 재출판될 때 제3권에 수록되었다. 이 책의 서문을 보면 최창익 등 '반당 반혁명분자'들이 학계에 미친 악영향과의 치열한 투쟁 때문에 출간이 연기된 것으로 되어 있는데, (앞으로 서술하겠지만) 최창익은 1956년 8월 김일성을 몰아내려는 쿠데타를 음모했다는 혐의로 숙청된다.

에 따라서는 적어도 일제 관료제도의 말단에 편입될 수 있었다. 대부분의 국민은 나랏일을 자신들과 상관없는 너무나 먼 문제로 생각하고, 기꺼이 '상전'들의 손에 맡겨두었다. 농민들은 자신들의 기본적인 경제적 이해관계를 보장해주는 상전과의 호혜적인 후견관계client relationship를 확보하는 데 온 힘을 쏟았다. 이것은 계급제도에 근거해 여러 가지 의무와 권리를 수반하는 대단히 정교한 정치-사회관계를 포함한 것이다. 그러나 양반과 농민 사이에는 다른 어떤 방식의 정치적 의사소통은 엄격하게 제한되었다.

따라서 지방 양반층을 제거하면 지방사회의 주된 정치 세력이 제거되는 셈이었다. 아마도 더욱 중요한 것은 기존 질서의 경제적·정치적 억압 외에 심리적 억압으로부터도 농민을 '해방'시킴으로써 그들에게 새로운 보호자, 지도자 혹은 지배자를 원하도록 만드는 일일 것이다.

「토지개혁에 대한 법령」[58]의 제1조는 농업제도가 경자유전耕者有田의 원칙을 취할 것임을, 제2조와 제3조는 몰수해서 농민들에게 분배할 토지의 범주를 명시했다. 즉 "일본 국가, 일본인 및 일본인단체의 소유지", "일본 제국주의자의 정치기관에 적극 협력한 자" 또는 "일본 압박 밑에서 조선이 해방되던 당시 자기 지방에서 도주한 자들" 등 "민족반역자"의 소유지, "5정보 이상 소유한 조선인 지주의 소유지", "자경自耕하지 않고 전부 소작 주는 소유자의 토지", "면적에 관계없이 계속적으로 소작 주는 소유자의 토지", "5정보 이상으로 소유한 성당·승원僧院 및 기타 종교단체의 소유지" 등이 이에 해당했다.

비록 계속 소작을 주었더라도 학교, 과학연구회, 병원이 소유하고 있던 땅은 몰수하지 않았다. 그러나 그런 땅이라도 앞으로는 소작이 금지되었고 학교 소유 토지는 학생들에게 경작토록 했다. 임야와 과수원은 분류대상에서 제외되었지만 국가에 '위탁'되어 해당 인민위원회가 관리하게 했으며, 관개

---

58 「토지개혁에 대한 법령」 전문과 그 세부 시행 규칙은 다음을 참조하라. 민전 사무국, 『조선해방연보』, 서울, 1946, 429~435쪽.

시설은 영구히 해당 인민위원회에 맡겨졌다. 또한 "조선해방운동에서 열성적으로 투쟁한 혁명자"나 "현재 민주주의적 새 조선의 건설을 위하여 중대한 국가·사회 및 정치 사업을 하는 자"의 토지는 몰수대상에서 제외되었다.

몰수된 토지에는 아무런 보상도 주어지지 않았으며, 몰수된 토지들은 '영구적인 소유지'로 분배되었다. 분배된 토지는 모든 채무나 여타 부담액 등이 면제되었으며 매매, 소작, 저당 등이 금지되었다. 분배의 규모는 가족 수와 가족 중에 노동력을 가진 자의 수에 따라 결정되었다. 공식 보고에 따르면 전 경지 면적의 50퍼센트에 달하는 98만 1,390정보가 72만 4,522호의 농가에 분배되었다. 북한 총인구 중 적어도 4분의 1 정도가 이 계획의 혜택을 직접적으로 받았다고 볼 수 있는데, 이는 미 군정 아래 일본에서 행해진 토지개혁이나 중국에서 공산당이 행한 토지개혁의 결과와 맞먹는다.[59] 확실히 토지개혁법

---

59 『조선통사』, 제3권, 31~37쪽 참조. 공산주의자들은 '빈농과 고용농'들이 1만 2,000여 개의 농촌위원회를 구성했으며, 이 위원회가 직접 토지분배를 시행했다고 주장한다. 그러나 "당은 또한 우수한 당원들과 선진노동자들을 농촌에 파견하여 직접 토지개혁사업을 지도·방조"한 것도 사실이다. 공산주의자들의 주장에 따르면 "농촌의 계급구성도 큰 변화를 가져왔다. 지주계급은 영원히 청산되었으며, 부농층도 부농층 자체로서의 토지는 몰수되지 않았으나 그가 지주적 성분을 띤 한에 있어서는 큰 타격을 받았으며 그외에 이러저러한 제약으로 말미암아 부농경리의 자유로운 발전은 매우 억제되었다. 또한 종래 농촌 주민의 압도적 다수를 차지하고 있던 빈농 및 고용농은 그 대부분이 중농으로 전화되어 이제는 중농층이 농촌의 기본 대중을 이루게 되었다. 그리하여 빈농은 매우 적어졌으며, 그 형편도 이전과는 근본적으로 달라졌다. ……해방 후 북조선에서 실시된 토지개혁은 기본적으로 부르주아 민주주의혁명과업을 수행한 것이었다. 그러나 노동계급의 영도하에 인민 정권에 의하여 수행된 이 토지개혁은 농업생산 분야에서 낡은 봉건적 착취제도를 숙청하고 농촌경리의 자유로운 발전의 길을 닦아놓은 것이 아니라, 보다 높은 혁명 과업 실천에로의 이행을 위한 실질적 전제조건들을 조성함으로써 점차 사회주의적 협동경리로 발전할 수 있는 광활한 전망을 열어놓았다." 같은 책, 36쪽.
1946년 6월 27일 「농업현물세에 관한 결정서」가 발표되었다. 임시인민위원회는 "북조선 농민들에 대하여 토지에 관한 세금, 지세 및 수익세" 등 "모든 세금"을 면제한다고 발표했다. 대신에 농민들은 수확고의 25퍼센트에 해당하는 농업현물세를 내고, 나머지는 '자유롭게' 처분할 수 있도록 했다. 25퍼센트를 세금이라고는 부르지 않았지만 기본 성격은 물론 세금과 다를 바가 없었다. 그럼에도 이 현물세는 수확량의 무려 50퍼센트에 달하던 (대부분 종자와 농기구를 포함해) 과거의 소작료에 비해서는 훨씬 가벼운 것이었다. 공산당이 처음에는 3·7제에 기초한 소작제도의 개혁을 주장했음에 주목해야 한다. 나중에 다시 살펴보겠지만, 새 제도의 부담은 현물의 평가에 달려 있었다.

령만큼 낡은 사회질서를 속속들이 타파하고 수많은 인민에게 경제적 혜택을 줌으로써 정치적 효과를 거둘 수 있는 법령은 없을 것이다. 따라서 다른 곳과 마찬가지로 토지개혁이 공산주의자들의 당면과제였던 북한에서 그들이 전국적으로 확고한 권력을 장악하고 난 뒤 채 한 달노 못 되어 이를 실시했다는 것은 전혀 놀라운 일이 아니다.[60]

2주일 후인 3월 23일 김일성은 북조선 임시인민위원회 명의로 그의 새 정

---

60 한국 공산주의의 이데올로기, 선전, 조직방법 등을 잘 보여주는 토지개혁에 대한 김일성이 쓴 장문의 보고서로는 1946년 4월 10일 조선공산당 북조선분국 중앙 제6차 확대집행위원회에서 행한 「토지개혁의 총결과 금후 과업」(김일성, 『조국의 통일 독립과 민주화를 위하여』, 평양, 1949, 제1권, 25~34쪽; 『김일성선집』, 1954년판, 제1권, 57~103쪽)이 있다.
다음 내용은 김일성의 주된 강조점을 잘 보여준다. "붉은 군대를 위수爲首로 한 연합군"에 의해 "일제가 구축된 동방에서 인민의 민주주의를 위한 투쟁은 각종 형식을 통하여 고양" 되고 있다. 이번에 북조선에서 실시된 "토지개혁은 북조선 민주주의의 기초가 될 뿐 아니라 또 전 조선 민주주의건설의 기초"가 된다. "조선의 민주건설은 토지개혁의 민주주의의 토대가 없이는 도저히 그 완벽을 상상할 수 없는 것"이고 "금번의 북조선의 토지개혁 후 민주주의의 거인적 진보와 농촌의 민주적 발전과 농민생활의 향상 및 산업의 번영 등은 남조선 민주역량의 촉진제"가 되는 것이다. 따라서 "조선 인민"은 "이 개혁을 과단 실행한 인민총의를 대표한 북조선 임시인민위원회가 통일임시정부의 핵심이 되어야 할 것을 요구"하고 있다.
김일성은 "토지개혁을 순조롭게 승리적으로 완성한 그 중심 원인과 그의 우점優點은 무엇인가?"라고 스스로 묻고 나서 다음과 같은 점들을 지적했다. 첫째, "토지개혁이 농민들의 절실한 요구에 응한 것"이었다는 점. 둘째, "8·15 해방이 있은 후 붉은 군대가 북조선에 진주하게 된 것은 조선 인민의 민주발전에 유리한 조건을 주었던" 점. 셋째, "토지개혁이 민주주의 통일전선이 잘 구성된 기초 위에서 집행"된 점. 넷째, "토지개혁사업은 노동자·농민의 굳은 연맹에서 승리의 결과를 가져온 것"이라는 점, 즉 "토지개혁사업에 있어 농민은 도시노동자의 직접 후원과 방조"를 얻었고, 이로써 "민주주의 조선건설에 있어 노농연맹의 튼튼한 주석柱石"이 세워지게 되었던 점. 다섯째, "토지개혁의 승리는 농민위원회의 활동에서 얻어온 것"이라는 점, 즉 "토지개혁은 토지에 부착된 봉건제도와 잔재를 근절할 뿐 아니라 그에 결탁된 친일·반동분자들의 본영을 농민의 손으로 파괴"해버렸고 "이 모든 것은 조선 민주주의건설의 승리를 보장하는 조건이 되고 있다"는 것이다.
그러나 토지개혁의 과정에서 몇 가지 문제가 발생하기도 했다. "당은 비록 과거에 당내 숙청공작을 해왔으나 당내에는 아직까지 이색분자들과 불순분자들이 존재"하고 있었다. "지주를 동정하는 동요분자와 우경분자들은 토지개혁을 지연" 시켰으며 "소자산계급의 조급성과 복수성"은 때로 좌경 오류를 범하기도 했다. 또한 "농민들의 강한 소유욕"은 토지를 얻은 뒤 농민들이 우경화할 가능성이 크다는 사실을 밝혀주었다. 김일성은 당이 자기 대열 내에서 "이러한 분자들을 하루 바삐 구축함으로써만 토지개혁사업은 공고해질 것이며, 당은 조직적으로 공고해지고 사상적으로 통일을 얻을 수 있을 것"이라고 주장했고, 당의 선전사업이 약했다는 점도 지적했다.

부가 행하려는 포괄적 정책인 「20개 정강政綱」을 발표했다.[61] 김일성은 '인민' 과 '적' 사이의 관계에 대한 일반적 묘사에서부터 시작했다. 김일성은 적들, 즉 "반동분자와 반민주주의적 분자들"에 대해서는 "무자비한 투쟁"을 전개하 고 "전체 인민"에게는 언론·출판·집회와 신앙의 자유를 포함한 모든 자유를 보장하며, "민주주의적 정당, 노동조합, 농민조합 및 기타 제 민주주의적 사회 단체의 자유롭게 활동할 조건"을 보장하고, 전 조선 인민들은 보통··직접·비 밀선거를 통해 지방의 일체 행정기관인 인민위원회를 결성할 의무와 권리를 가지며, 전체 공민들에게 "정치·경제생활 제 조건에서 동등한 권리를 보장"한 다고 발표했다. 누구든지 '인민'에 속해 있고 앞으로도 계속 그 범주에 남아 있 을 수 있다면 그의 미래는 보장된 것처럼 보였다. 스탈린 치하의 소련에서도 비슷한 내용이 보장되었다는 사실을 알고 있던 사람은 그다지 많지 않았으며, 북한의 미래가 스탈린 시대와 같아질 거라고 예측한 사람도 없었다.

「20개 정강」 중에는 "개인의 수공업과 상업의 자유를 허락하며 장려할 것"이라는 내용도 포함되었다. 김일성은 현 단계의 혁명이 '부르주아적' 성 격을 갖는다는 점을 강조한 것이다. 또한 20개조 정강을 통해 "대기업소, 운 수기관, 은행, 광산, 산림을 국유로 할 것"과 "생활필수품에 대한 시장 가격을 제정하여 투기업자 및 고리대금업자들과 투쟁할 것"이라고 밝혔다. 또한 문 화교육정책과 관련해 "전반적 인민의무교육제를 실시하며 광범하게 국가경 영의 소·중·전문·대학교를 확장할 것"과 "민족문화, 과학 및 기술을 전적으 로 발전시키며 극장·도서관·라디오 방송국 및 영화관 수효를 확대할 것", "국

그렇다면 토지개혁이 성공을 거둔 이 시점에 우리 앞에 놓인 임무는 무엇인가? 김일성은 식량의 증 산과 비축, 농촌에서의 조직사업과 정치교육 강화, 인민위원회사업 강화와 인민위원회 내의 이색분 자와 불순분자 제거, 군중단체의 조직사업 강화 등을 지적했다.

61 이 「20개 정강」은 한반도의 통일을 모색하기 위한 미소공동위원회가 서울에서 개최된 지 사흘 만에 발표되었다. 3월 23일 성명서의 전문은 다음 자료를 참조하라. 『김일성선집』, 1963년판, 제1권, 54~57쪽; 『조국의 통일 독립과 민주화를 위하여』, 제1권, 21~24쪽.

가기관과 인민경제의 제 부문에서 요구되는 인재들을 양성하는 특별학교를 광범히 설치할 것", "과학과 예술에 종사하는 인사들의 사업을 장려하며, 그들에게 보조를 줄 것", "국가병원 수를 확대하며, 전염병을 근절하며, 빈민들을 무료로 치료할 것" 등을 약속했다. 20개조 정강이 발표된 시기나 중요성, 그와 관련된 선전 등은 공산주의자들이 남북한 모두에 중대한 정치적 공세를 펴기 시작했음을 말해주고 있다. 이것들은 궁극적으로 '진정한 사회주의 조선'으로 나아가기 위한 첫 단계로, 통일된 '인민민주주의적 독재'를 위한 계획을 제시한 것이다. 그러나 이 계획을 선언한 정부가 자유선거에서 별로 승리할 가능성이 없는 정부였다는 점은 부인할 수 없다. 반면에 어느 정도 정치의식을 가진 사람들이 신정부를 바라보는 입장은 적개심과 두려움이 뒤섞여 있는 것 같았다. 사정은 남한에서도 마찬가지였다. 김일성과 그의 지지자들은 신탁통치 문제를 놓고 한국 민족주의에 대해 공공연하게 도전적 입장을 취하고 있었다. 더구나 그들은 이 과정에서 북한 주민의 광범한 지지를 받고 있던 조만식 같은 인물을 제거해버렸다. 게다가 나이까지 젊은 김일성은 소련을 향해 아첨 섞인 찬사를 늘어놓음으로써 그가 외세의 꼭두각시에 불과하다는 인상을 더욱 짙게 만들었다. 소련군 역시 대중적 지지를 얻어내지 못하고 있었다. 결국 한국 공산주의자들은 공공연하지는 않았지만 내부의 분열이 심화되었고, 그중 상당수 사람들은 소련의 후원을 받는 자신들이 잘 알지도 못하는 '젊은이'에게 충성을 바치려고 들지 않았다.

그러나 그렇다고 해서 3월 23일에 발표된 「20개 정강」에 정치적 의미가 없었다는 말은 아니다. 한국의 모든 산업은 90퍼센트 이상이 일본인 소유였다. 따라서 국유화는 국민에게 거의 직접적인 피해를 주지는 않았다. 이와 마찬가지로 한국인 대지주가 거의 없던 당시 상황에서 토지개혁으로 혜택을 받은 사람 수에 비해 타격을 받은 사람 수는 아주 적었다. 무상교육과 민족문화 함양에 대한 약속은 중소상인들에 대한 보호 조치와 함께 대부분 국민의 희망과 두려움에 잘 맞아떨어지는 것이었다.

두 번째 포고는 노동 문제를 다룬 것으로, 6월 20일에 공포되었다. 김일성은 이 법령을 발표하면서 북조선은 현재 사회주의가 아니라 '민주주의적 개혁건설 계단'에 있다고 다시 한번 강조했다.[62] 그는 조선 경제가 "개인자본의 발전을 허락하면서 일본 제국주의 식민지적 착취제도와 봉건적 착취제도의 잔재 착취제도를 숙청해나가고 있다"고 단언했다. 따라서 "조선 경제의 건설 방향은 사회주의적 경제제도 건설도 아니며(그러므로 이 계획에는 개인의 필요에 따라 보수를 지급하는 제도가 보장되어 있지 않았다), 동시에 조선 사회경제적 발전의 방향은 미국식 민주주의 방향도 아닌 것"이었다(그러므로 '제국주의적 착취'는 허용되지 않았다).

김일성의 설명에는 미국의 정책에 대한 길고도 통렬한 공격이 포함되어 있었는데, 이는 몇 년 동안 비슷한 논조로 계속되었다. 그는 미국이 남조선에서 '제국주의적 착취정책'을 자행해 인민을 도탄에 빠뜨리고 있고, 노동자들은 식민지 시기 때와 똑같이 "기아와 학대에 방황"하고 있으며, 이승만과 김구 등 반동세력은 미국인들에게 붙어 인민을 노예 상태로 전락시키고 있다고 주장했다. 미국인들과 국내의 적들에 대한 공산주의자들의 비방은 이때를 기점으로 이전보다 훨씬 더 극렬해졌다. 북한의 많은 주민은 그들의 정부를 단

---

62 「노동법령 초안을 발표하면서」, 1946년 6월 20일, 같은 책, 제1권, 75~88쪽. 다시 한번 김일성의 연설은 더욱 광범위한 정치적 목표들에 대해 언급하고 있다. 그는 "노동법령 초안은 마치 노동계급의 이익만을 옹호하는 것이므로 민주주의 통일전선을 파괴하는 것같이 생각하는 사람들이 있을 것"이라고 지적했다. 그러나 "건실한 민주주의 통일전선사상 기초 위에서 제정된" 노동법령은 오히려 "민주주의 민족통일전선을 확대·강화하는 조건"이 되는 것이다. 김일성은 "토지개혁에서 이승만, 김구와 파시스트 잔재들과 투쟁하는 데서 어떠한 계급보다도 용감한 것은 노동자계급"이었다고까지 말했다. 또한 김일성은 "서구라파에서 해방된 민주주의국가들이 토지개혁 등의 진보적 민주주의가 있었으나 아직도 민주주의 노동법령이 나온 나라는 없다"고 강조했다. 더구나 "남조선 미 군정청에서는 이런 법령이 못 나올 뿐 아니라"(김일성은 미국에는 아직 민주적 노동법령은커녕 노동계급에 대한 민주주의적 정책조차 서 있지 못하다고 야유했다) 민족반역자인 김구와 이승만은 일본 제국주의 체제를 유지하려 하고 있다는 것이다.
이상에서 본 것처럼 김일성이 행한 연설은 기본적으로 남한의 혁명과 공산주의 주도에 따른 한반도 통일을 강조한 것이다.

순하게 믿어버리지는 않았다. 그러나 근래에 들어서는 북한의 선전사업이 상당한 성공을 거두고 있다는 증거들이 우리가 했던 인터뷰를 통해 나타나고 있다.[63] 공산주의자들은 비록 남한으로부터의 라디오 방송을 차단할 수는 없었지만 당연히 북한의 모든 방송매체를 장악하고 있었다. 엄청난 양의 허위적이고 과장된 사실로 진실과 확실한 자료들을 은폐하거나, 전향자 혹은 좌익계 외국인 방문객들을 교묘하게 이용함으로써 북한 당국은 점점 더 효과적으로 대부분의 북한 주민에게 자신들이 아무리 비참한 처지에 있다고 해도 남한은 훨씬 더 비참한 상황에 있다고 믿도록 만들었다.

「노동법령」의 주요 내용은 남녀 동일임금제同一賃金制, 여덟 시간 노동제, 소년 노동에 관한 일반규정과 노동조합을 위한 조항 등이었다. 모든 노동자와 사무원은 북조선직업총동맹北朝鮮職業總同盟에 참여해 특별임금, 시간외 노동, 사회보험 등과 같은 사항을 결정할 수 있었다.[64]

7월 30일에 「남녀평등권에 대한 법령」이 공표되었고, 8월 10일에는 주요 산업과 철도, 기타 교통수단, 은행 등의 국유화에 관한 법령이 공표되어 1,043개의 '주요 산업'이 국가관리로 넘어갔다.[65] 그러나 10월 4일 북한 당국

---

63 우리의 인터뷰는 예외 없이 지속적이고 집중적인 선전 작업이 대중과 엘리트 양자 모두의 신념 그리고 사고 유형에 주된 영향을 미친다는 사실을 입증했다. 이 점에 대해서는 이 책의 11장과 12장에서 살펴보려고 한다.

64 노동법령의 전문은 다음을 참조하라. 민전 사무국, 『조선해방연보』, 앞의 책, 424~428쪽. 노동법령을 비롯한 북한의 다른 법률과 법령들은 다음을 참조하라. 차낙훈車洛勳·정경모鄭慶謨 편, 『북한법령연혁집』, 서울, 1969.

65 공산 측 자료에 따르면 일제 말기인 1944년경 전 산업자본의 불과 5퍼센트만을 한국인들이 소유하고 있었으며, 나머지는 모두 일본인들이 장악하고 있었다. 철도를 비롯한 운송 수단, 통신 수단, 은행, 주된 상업시설도 모두 일본인들이 차지하고 있었다. 따라서 '국유화'는 몇몇 개인에게 극히 한정된 영향을 미쳤을 따름이다. 또한 일본인들이 항복 이후 몇 주일 내에 모두 도망쳐버렸으므로, 이들 시설은 인민위원회가 관리했다. 여기에는 공산주의자들 자신이 인정하는 것처럼 '부르주아'들로부터 미약한 저항이 있었을 뿐이다. 8월 법령에 명시된 형태의 국유화는 토지개혁보다 훨씬 단순했다. 이 시기 공산주의자들은 자본주의를 부정하기보다는 제국주의 잔재를 척결하기 위해 산업 국유화를 실시한다는 입장이었다. 1946년의 총 산업생산량 중에서 72.4퍼센트를 국영 부문이 차지했고, 사적 자본주의 부문이 27.6퍼센트를 차지했다. 따라서 산업 국유화는 '부르주아 민주혁명'의 일환으

은 「개인 소유권을 보호하며 산업 및 상업 활동에 있어서의 개인의 창발성을 발휘시키기 위한 대책에 관한 결정서」를 발표해 소규모 개인사업은 계속 보호하겠다는 뜻을 밝혔다.

이렇게 볼 때 1946년 3월부터 10월까지 8개월은 북한의 공산당 지도자들이 소련의 감독 아래 주요 법령들을 발표해 새 국가의 정치·경제구조를 수립해간 시기였다. 공산당 측의 자료에 따르면 그들의 '개혁 조치'가 낡은 질서를 고수하기 위해 싸우는 친일파와 지주, '반동분자', 종교지도자들의 거센 계급적 반발에 부딪혔다고 한다. 새 정부가 반발에 부딪혔던 것은 틀림없는 사실이다. 그러나 그 반발은 공식 자료가 주장하는 대로 단순히 '낡은 질서'로부터 나온 것만은 아니었다. 몇몇 농촌 지역에 번진 불안, 학생봉기, 민족주의자들의 깊은 원한 등은 여러 자료에서 발견된다. 여러 번 지적한 대로 김일성 정권은 대중적 지지에 기반을 둔 것이 아니라 소련의 힘이 만들어낸 것이었다. 앞으로 살펴보겠지만, 어떤 정치적 선택이 주어졌을 때 북한 주민들 가운데 대부분의 지식인층은 김일성의 공산당보다는 '진보적 정당'을 선택했다. 그럼에도 당시 북한에서는 대규모 저항이 일어날 수 있는 기회가 전혀 없었다. 이것은 공산주의자들의 권력이 북한 전역을 확고하게 장악하고 있었을 뿐 아니라 주된 저항 세력이 이미 제거되었거나 저항이 쓸데없는 것임을 깨닫고 월남해버렸기 때문이다.[66] 몇 년 후 중국의 토지개혁 초기에 지방 신사紳士층에 가해진 피의 숙청과 같은 과정이 반드시 필요한 것은 아니었다. 그러나 북한의 토지개혁은 중국에 닥칠 상황의 축소판 예고편이었다. 농민들의 분위

로 수행되었다. "그러나 토지개혁의 실시가 농업 생산 분야에서 다만 사회주의로 이행할 몇 개의 전제조건을 준비하였고 사회주의로 나아갈 전망을 열어놓는 데 그쳤다면, 중요 산업 국유화는 산업 분야에서 직접적으로 사회주의적 경제형태를 창조하였으며, 우리나라 인민경제에서 국영 부문의 지도적 지위를 확립함으로써 인민경제를 계획적으로 발전시킬 수 있는 기본 조건을 지어놓았다." 『조선통사』, 제3권, 37~41쪽.

66 1945~1947년 남한의 인구는 22퍼센트 증가했는데, 이 증가의 주된 요인은 대규모의 월남에 있다. 정확한 숫자는 알려지지 않았지만 일반적으로 80만 명 정도가 이 기간에 월남한 것으로 추산된다.

기는 면과 리의 농촌위원회 활동을 통해 고조되었으며, 공산당은 어떤 위원회
가 지주들을 추방하는 데 기대만큼의 성과를 거두지 못할 경우에는 당원이나
'진보적인' 노동자들을 파견해 '돕도록' 했다. 이제 북한의 농촌 사회 전역에
서 광범위한 사회혁명이 시작된 것이다.

5. 북한에서의 통일전선운동

한편 공산주의자들은 정치전선에서도 역시 활발하게 움직였다. 그들은 통일
전선을 만들어내기 위해 상당한 노력을 기울였으며, 이는 '인민민주주의' 양
상을 특징짓는 경제개혁과 상응하는 정치적 조치였다. 1946년 6월 22일* 공
산당은 북조선민주주의민족통일전선위원회北朝鮮民主主義民族統一戰線委員會
(이하 '민전'으로 줄임 - 옮긴이)의 결성을 발표했다. 그 목적에 대해 김일성은 다
음과 같이 설명했다. "우리들은 민주주의 새 조선을 건설하기 위한 '한 집안
사람'이 되어야 하며 그럼으로써 우리 민주주의 민족통일전선 주위에 전체 북
조선 인민, 전 조선 인민들을 단결시켜야 할 것입니다."[67] 그는 계속해서 민전
이 "전체 인민들을 인솔하여 이승만, 김구 등 일체 민족반역자들에 대한 투쟁
을 통일적으로 더 강력하게 전개"해야 한다고 주장했다.

　민전의 한 가지 목표는 남한 정치에 개입할 구실을 만드는 것이었다. 남한
의 조선공산당 역시 비슷한 노력을 기울이고 있었다. 그러나 민전의 주된 기
능은 공산주의자들이 모든 정치단체와 사회단체를 통제할 수단을 만들어냄

---

* 　주 67에서 인용한 『조국의 통일 독립과 민주화를 위하여』에는 6월 22일로 되어 있으나 다른 모든 자
　　료에는 7월 22일로 되어 있다.

67 　북조선 민주주의민족전선위원회의 결성에 관한 김일성의 연설로는 다음을 참조하라. 『조국祖國의
　　통일독립統一獨立과 민주화民主化를 위하여』, 앞의 책, 제1권, 89~98쪽; 『김일성선집』(일본어판),
　　1952, 제1권, 68~71쪽.

으로써 공산주의자들의 잠재력을 최대한 동원하려는 것이었다. 물론 김일성은 민전 내의 모든 단체가 동등한 대우를 받을 것이라고 매우 조심스럽게 강조하면서 "오늘 새 조선의 민주 과업은 결코 어떤 일개 정당 단독의 힘으로써 완성되는 것이 아니고 제 민주주의 정당, 사회단체의 공동한 노력과 통일적 분투로써만 가능할 것"[68]이라고 말했다. 민전은 각 정당이 동등한 권리와 지위를 갖는 '공동한 협의기관'으로 기여하게 될 것이며, 따라서 각 정당의 책임 자들이 윤번으로 돌아가며 의장 직무를 수행하는 등 여러 가지 민주적 절차를 채택하리라는 것이 김일성의 설명이었다.

그러나 앞서 보았듯이 당시의 '민주적 정당'은 이미 공산당의 수중에 장악되어 있었다. 이 시점에 김일성 일파에게 어떤 위협이 있었다면 그것은 공산주의운동 내부에서 비롯된 것이었다. 당시 장려된 '사회단체들'을 살펴보면 이 점은 더욱 뚜렷해진다. 1945년 말에서 1946년 초에 걸쳐 공산당의 대중동원정책의 일환으로 많은 대중조직이 결성되었다. 이들 중 가장 중요한 단체는 1945년 11월에 결성되어 35만 맹원을 자랑하던 북조선직업총동맹, 과거의 공산청년동맹共産靑年同盟이 소련의 자문을 받아 1946년 1월 17일에 개편되어 맹원이 50만 명에 달하던 북조선민주청년동맹北朝鮮民主靑年同盟, 1945년 11월에 결성되어 35만 맹원을 가지고 있던 북조선여성동맹北朝鮮女性同盟, 1946년 1월 31일에 결성된 80만 맹원의 북조선농민동맹北朝鮮農民同盟, 1945년 11월에 결성된 조소문화협회朝蘇文化協會 등이었다.[69]

이들 단체는 공산당의 강력한 통제를 받고 있었다. 비록 어느 정도의 과장과 중복은 있었겠지만 200만 명에 달하는 이들 단체의 가맹원 총수는 공산당을 오히려 초라하게 만들 정도였다. 믿을 만한 공산당 간부들이 지도하고, 민

---

68 같은 책, 70~71쪽.
69 이들 조직과 그 간부, 이후의 발전에 대해서는 다음을 참조하라. 김창순, 앞의 책, 166쪽 이하. 북조선 직업총동맹에 관한 상세한 설명은 다음 책에 들어 있다. 민전 사무국, 『조선해방연보』, 423~429쪽.

전(중앙조직 이외에 지역, 도 지부까지 갖추고 있었다)을 통해 연계되어 있던 이들 외곽단체를 이용해 공산당은 국내의 모든 단체를 조종할 수 있었다. 비공산계 정당들을 계속 공산당의 꼭두각시로 남아 있게 하는 것은 물론 상당히 중요한 일이었다. 예를 들어 조선민주당의 경우 1946년 2월 이후로는 계속 공산당이 모든 것을 장악했다.[70] 당원의 95퍼센트가량이 농민이었던 천도교청우당에 대한 통제는 더욱 교묘하게 행해졌다. 공산주의자들은 위원장인 김달현金達鉉을 적극적으로 포섭해 자신들의 지도를 받아들이도록 하는 한편, 당내 '위험요소'를 감시하는 일도 게을리 하지 않았다.[71]

---

70 출신성분 때문에 공산당원이 되기에 부적합한 사람들 가운데 '진보적' 정책을 시행하는 정당에 가입하기를 원하는 사람들은 이론상으로는 조선민주당에 가입할 수 있었다. 이 개념은 중국공산당의 합법적인 통일전선 정당에 대한 태도와 일치한다. 즉 이들 정당이 소부르주아와 부르주아를 대변하고, 계급제도의 폐지를 받아들이도록 교육하는 수단으로 삼는 것이다. 물론 실제적으로는 기회주의적인 동요분자들과 진실한 공산주의자들이 요직을 나누어 갖는 것이 필수적인 일이었다. 그러나 조만식이 주도한 조선민주당은 처음부터 민족주의자들과 반공주의자들의 피난처였다. 조만식이 제거되고, 대부분의 비공산계 민주당 지도자들이 월남한 이후에도 이러한 분위기는 여전히 남아 있었다. 1946년 10월 11일 평안북도에서는 조선민주당원과 북조선노동당원 사이에 대규모 충돌사건이 있었고, 전쟁 중에는 조선민주당원들이 인민군 패잔병들을 공격하는 사건이 여러 차례 있었다. 그럼에도 조만식이 제거된 이후에는 당의 지도권이 완전히 공산주의자들의 수중에 들어갔다.

71 천도교청우당은 1946년 2월 8일 공식 창당되었으며, 기독교에 반대하는 민족종교를 기반으로 했기 때문에(초기의 조선민주당은 주로 기독교들을 중심으로 이루어졌다) 공산주의자들로부터 비교적 압력을 덜 받았다. 공산주의자들은 기독교가 친미적인 성격을 띤 것이라고 보았는데, 특히 미국인 선교사들이 한국 기독교운동에서 중요한 역할을 담당했기 때문에 더욱 그렇게 생각했다. 더구나 기독교운동은 항일민족주의운동에서 한 축을 이루었기 때문에 쉽사리 기독교인들을 친일파 혹은 '민족반역자'로 몰아붙일 수 없었다. 기독교에 대한 견제의 한 방편으로 토착종교에 기반을 둔 반대세력을 키우는 것이 있었다. 이것이 바로 천도교 그룹을 끝까지 지원한 이유일 것이다. 따라서 기독교는 '미 제국주의 침략의 도구'로 몰렸으며 천도교청우당은 '자비로운 지도'를 받을 수 있었다. 그러나 공산주의자들은 조선민주당을 개편한 이후 천도교 측에 좀더 가혹한 정책을 취했다. 공산주의자들은 오랫동안 천도교청우당의 당수였던 김달현마저 "여러 가지 방법으로 포섭하여 청우당 내의 공산당 첩보원으로 만드는 데까지 이르렀다."(김창순, 앞의 책, 165쪽) 더구나 1948년 봄 천도교 신자들이 오랫동안 남한의 신자들과 접촉을 가져왔음이 밝혀지고 나서 그들에 대한 대규모 체포가 벌어졌다. 또한 앞으로 살펴보겠지만, 한국전쟁 중 천도교 신자들이 공산당과 군의 간부들을 습격하는 경우가 많았다(한국전쟁 당시 미군이 북한에서 입수한 이른바 '노획문서'에는 평안남도의 공산주의자들이 천도교청우당을 맹렬히 비판하는 「청우당의 일반적 동향」이라는 자료가 수록되어 있다. 국사편찬위원회 편, 『북한관계사료집』北韓關係史料集, 1권―옮긴이).

1946년 봄 또 하나의 정당이 북한에 출현했다. 2월 16일 연안파가 조선신민당朝鮮新民黨의 창당을 선언한 것이다.[72] 연안파는 오랫동안 조선독립동맹이라는 명칭으로 조직 활동을 해왔다. 더구나 지도자들 가운데 상당수가 이미 공산당과 정부기관에 참여하고 있었다. 그러나 신민당의 창당선언에 잘 나타나 있듯이 연안파는 기본적으로 자신들을 소련파나 갑산파와 구별했다. 신민당이 창당되자 소위 인텔리겐치아라고 불리는 지식층들의 상당수를 포함한 많은 중산층이 여기에 참여했다. 실제로 1946년 봄 미묘한 정치적 현상이 나타났다. 당시 소련-갑산파가 완전히 장악하고 있던 북한의 공산당은 급속히 확대되고 있었다. 공산당은 당을 진정한 프롤레타리아의 당이 되게 하는 노동동맹의 방향으로 당의 사회적 기반이 변화하고 있다고 주장했다. 공산당의 빠른 조직 확대에 비해 신민당이 거둔 성과는 미약해 보였지만, 신민당에 새로 참가한 계층은 만약 통일과 근대화가 이루어진다고 할 때 북한 사회에 없어서는 안 될 부류인 학자와 문필가, 과학자, 행정 경험을 가진 사람들이 중심을 이루고 있었다.

4월 20일 김일성은 1,400여 명의 '불순분자'를 당에서 추방했음에도, 집중적인 당원 증가 활동의 결과 당원 수는 전년도 12월의 4,530명에서 2만 6,000명으로 크게 증가했다고 발표했다.[73] 또한 그는 당이 노동자와 농민들 속에 탄탄하게 뿌리 내림으로써 당원의 사회적 구성에서 큰 진전을 보았다고 강조했다. 만약 공산주의자들이 제시하는 숫자에 따른다면 1946년의 초반 6개월은 연안파와 소련-갑산파 양측 모두의 적극적인 조직 확장기로 볼 수 있을 것이다. 당의 공식 기록에 따르면 1946년 8월 공산당이 27만 6,000명의

---

72 자세한 것은 다음 자료를 참조하라. 김창순, 앞의 책, 97쪽 이하; 민전 사무국, 『조선해방연보』, 146~149쪽.

73 김일성, 「우리 당이 걸어 온 길과 당면한 몇 가지 과업에 대하여-함경남도 당확대위원회에서 한 연설, 1946년 4월 20일」, 『김일성선집』, 제1권, 1963년판, 80~88쪽에 재수록(그러나 이 연설이 1952년의 일본어판 『金日成選集』에 수록되지 않았다는 점을 볼 때, 그 신빙성에 의문이 생긴다).

당원을 가지고 있었던 데 반해 신민당은 9만 명의 당원을 보유하고 있었다.[74] (같은 시기에 남한에서도 이와 유사한 당원배가운동이 벌어지고 있었음에 주목할 필요가 있다.)

물론 연안파의 성공은 얼마간 김일성과 그 지지자들의 관용에 힘입은 바 컸다. 이 무렵 소련-갑산파는 박헌영과 국내파에 더 신경을 쏟고 있었으므로 연안파와의 대결을 원하지 않았던 것이다. 결과적으로 연안파는 신민당 창당을 전후해 비교적 자유롭게 조직 활동을 전개할 수 있었다(연안파가 남한에도 어느 정도의 기반을 가지고 있으며, 소련-갑산파가 연안파와 박헌영파의 제휴를 바라지 않았기 때문에 당연히 연안파는 북한 내에서 유리한 위치에 설 수 있었다).

그럼에도 북한 공산주의운동 내에서 두 해외파 간의 질시와 반목은 아주 심한 정도였다. 예를 들어 한재덕은 자신이 이전에 썼던 김일성 '장군'의 이야기와 마찬가지로 연안파의 혁명적 전과를 기사화하려고 한 적이 있었다고 술회했다. 그래서 김두봉을 인터뷰했으나 별로 신통한 이야기를 들을 수 없었다. 김두봉이 너무 많은 말을 해서 화를 자초할 것을 두려워한 그의 사위가 계속해서 이야기를 가로챘던 것이다. 마침내 한재덕은 '돌아온 3대 지도자'라는 제목으로 김일성, 김두봉, 최용건 3인을 소개하는 기사를 『평양민보』에 발표했다. 비록 김일성을 첫머리에 올려놓고 최대의 찬사를 보냈지만, 그는 곧 당에 불려 들어가 김용범한테 '호되게 욕을 먹었다'고 한다. 도대체 김두봉, 최용건이 '무어길래' 김일성 '장군'과 동격으로 놓고 찬양기사를 썼느냐는 것이었다. 한재덕은 만약 자신이 무정을 그런 식으로 소개했다면 더 혹독한 비난을 받았을 것이라고 술회했다. 왜냐하면 김일성파는 무정의 군사적 배경 때문에 그를 '제일 위험한 강적'으로 생각하고 있었기 때문이다.[75]

연안파가 북한 내의 지식층에 호소력을 가질 수 있었던 이유가 무엇인가

---

74 조선로동당 중앙위원회 직속 당력사연구소, 『조선로동당 력사교재』, 평양, 1964, 185쪽.
75 한재덕, 앞의 책, 225~227쪽.

하는 점은 당시 소련-갑산파가 깊이 관심을 기울이지 않을 수 없었던 사실일 뿐 아니라 오늘날에도 여전히 연구 과제로 남아 있다. 주된 이유 중 하나는 아마도 연안파가 제시한 프로그램이 상대적으로 온건하다는 데 있었을 것이다. 신민당 창당에 앞서 연안파는 조선독립동맹의 이름으로 상세한 정치적 강령을 발표했다.[76] 이 강령은 공산당의 강령과 큰 차이가 있는 것은 아니었지만 좀더 온건한 표현을 사용했으며, 마르크스주의적 용어보다 민족주의적 용어를 강조했다. 이를테면 조선독립동맹의 강령은 일본 제국주의 세력의 물적 토대를 분쇄하기 위해 일본인과 '민족반역자'의 재산만을 철저히 몰수하도록 요구하고 있었다. 그와 함께 강령은 완전 독립, 사회정의 그리고 완전한 정치적 민주주의를 특징으로 하는 민주공화국의 건설을 위해 모든 계급의 통일과 협동이 필요하다는 점을 일관되게 강조하고 있다.

이러한 차이는 곧 비난의 초점이 되었다. 남조선 신민당의 위원장인 백남운은 '사회민주주의적' 입장을 취했다고 해서 남한의 공산당으로부터 호된 비난을 받았다. 일본에서 교육받은 마르크스주의 경제학자인 그는 신민당 창당 직후인 1946년 초반 그의 이론이 '비과학적이고 반혁명적'이라는 이유로 집중 공격을 당한 것이다.[77] 소책자 『조선 민족의 진로』에서 백남운은 조선 내의 민족주의자와 공산주의자는 입장의 차이를 넘어서서 민족의 해방, 민주주의, 민주적 경제라는 기본 목표를 공유해야 한다고 주장했다. 따라서 진정한

---

76 원문은 다음을 참조하라. 「조선독립동맹 강령」朝鮮獨立同盟 綱領, 『산업노동시보』産業勞動時報, 제1호, 1946년 1월, 80쪽; 민전 사무국, 『조선해방연보』, 148~149쪽. 후자의 경우에는 간부들의 명단을 다음과 같이 열거하고 있다. 주석 김두봉, 부주석 최창익·한빈, 조직부장 이유민李維民, 선전부장 김민산金民山, 비서처장 변동윤邊東潤, 총무처장 장철張徹. 같은 책, 149쪽.

77 이기수李基洙, 「백남운 씨白南雲氏의 "연합성聯合性 신민주의 新民主義"를 박박함」, 『신천지』, 1946년 6월, 44~53, 117쪽. 이 글의 필자는 서울의 공산주의 사회과학자단체인 과학자동맹科學者同盟의 일원인 것으로 알려졌다(이 밖에 백남운의 글에 대한 비판은 『조선인민보』, 1946년 5월 9~14일 6회에 걸쳐 연재된 김남천金南天, 「백남운 씨白南雲氏 '조선민족朝鮮民族의 진로進路' 비판批判」이 있다—옮긴이).

부르주아-프롤레타리아트의 연합인 '연합성聯合性 신민주주의'를 형성해야 할 현 단계에서 양자는 동등한 위치에서 힘을 합해야 한다는 것이다.[78] 서울의 공산주의자들에게는 백남운이 공산주의의 헤게모니를 주장하기보다는 비공산계 단체들에 대등한 위치를 부여하려는 것으로 비쳤다. 물론 이것은 한국뿐이니라 나른 나라에서도 공산주의자들에게는 전혀 새로운 쟁점이 아니었다. 이 문제는 중국 공산주의운동에서도 20년 이상 논의의 초점이 되어온 문제였던 것이다.

그러나 신민당과 공산당 양당의 프로그램 사이에는 실제로 별다른 차이가 없었다. 연안파가 북한의 지식층에 호소력을 가질 수 있었던 것은 어떤 뚜렷한 근거가 있어서라기보다는 아마도 두 해외파 간의 외형적인 또는 사회적 구성상의 차이에 더 큰 이유가 있었던 것 같다. 당시 소련-갑산파에 대한 일반적인 인상은 별다른 교육을 받지 못한 유격 대원 출신으로 소련의 세력에 크게 의존한 나머지 한국 민족주의는 별로 고려하지 않았다는 정도였다. 실제로 공산당이 불한당, 변변치 못한 자들, 도시 주변의 깡패들을 상당수 긁어모았다는 소문까지 나돌았다. 연안파는 비록 중국공산당 내에서 자라나긴 했지만 그중에는 교조적인 공산주의자로 볼 수 없는 인물이 상당수 포함되어 있었다. 이것은 한국 공산주의운동의 초창기에 많은 수의 지식인이 본질적으로는 민족주의적인 열망을 고취하기 위해 좌익 운동에 가담했던 사실을 반영하고 있다.[79] 이러한 인물들은 공산주의자들이 일컫는 이른바 '소부르주아' 계층에 대해 김일성과 같은 유형의 인물보다 더 큰 호소력을 가질 수 있었을 것이다.

---

78 그의 입장을 전반적으로 보여주는 자료로는 다음과 같은 것이 있다. 백남운, 『조선민족朝鮮民族의 진로進路』, 서울, 1946(『조선민족의 진로』를 『서울신문』에 연재하다가 중단한 백남운은 1947년 5월 8~21일 12회에 걸쳐 『독립신보』에 『조선민족朝鮮民族의 진로進路 재론再論』을 발표했다. 백남운의 글 두 편과 주 77의 이기수와 김남천 등의 반박문은 김남식·이정식·한홍구 엮음, 『한국현대사자료총서』, 제3권, 4권, 8권, 11권에 각각 수록되어 있다―옮긴이).

79 제2장 참조.

그러나 가볍게 보아 넘길 수 없는 또 다른 요인이 있었다. 많은 수의 비공산주의자, 심지어 반공주의자까지도 정치적 보호를 받기 위해 신민당에 가입하는 것이 가능했다고 한다. 공산당에는 가입하기 싫고 조선민주당원이 되는 것은 별로 이득이 되지 않는다고 생각한 사람들이 신민당에 가입함으로써 점차 공산당이 득세해가는 상황에서 보호색을 띨 수 있었던 것이다.

6. 북조선노동당의 창립

신민당이 독자적인 정당으로 남아 있을 수 있었던 것은 불과 몇 개월에 불과했다. 1946년 8월 말 신민당은 북조선노동당北朝鮮勞動黨의 창당을 위해 공산당과 합당했다.[80] 남한에서도 우여곡절 끝에 11월이 되어 이와 비슷한 합당이 이루어졌다. 따라서 1946년 말에 이르러 남북은 양측 모두 각각의 단일 좌익 정당을 갖게 된 셈이다. 뿐만 아니라 양측에서 모두 공산주의자들이 당의 주도권을 쥐었는데, 특히 북한에서는 그들이 실제로 권력을 독점했다. 마침내 공산주의운동 내부에서 권위와 권력이 점차 북한 측으로 옮겨가고 있었으며, 북한 내에서는 소련-갑산파 쪽으로 쏠리고 있었던 것이다. 이 과정을 좀더 자세히 살펴보기로 하겠다.

공산주의자들의 공식 기록에 따르면 북로당은 신민당의 발의發議를 통해 창당된 것으로 되어 있다.[81] 1946년 7월 23일 신민당 측은 조선공산당 북조선

---

80 김일성은 1945년 12월의 회합에서 '북조선공산당 조직'이라는 표현을 사용했다. 그러나 우리는 '북조선분국'이 정확히 언제 북조선공산당으로 개칭되었는지를 단언할 수 없다(이 문제에 관한 상세한 설명으로는 이른바 '북한 노획문서'를 국사편찬위원회에서 간행한 『북한관계사료집』 1에 실린 김창순의 해제 「조선노동당약사朝鮮勞動黨略史; 1945년 10월~1950년 6월」 참조─옮긴이).

81 당시의 공식 기록은 다음과 같다. 김주현金柱炫, 「북조선노동당의 탄생」, 『근로자』, 제1호, 1946년 10월, 35~48쪽. 북로당 결성과정에 대한 구체적인 사실은 주로 이 글에 의존했다.

분국 측에 합당을 제의하는 서한을 띄웠다. 다음 날 중앙위원회가 소집되어 이 문제를 논의하고 나서 이에 '원칙적으로 동의'하고 이 제안이 받아들여졌다는 것을 신민당에 알렸다. 7월 28일부터 3일간 김용범이 사회를 맡고 김일성, 김두봉이 보고하는 가운데 '양당 연석 중앙확대위원회'가 개최되어 김일성과 김두봉, 최창익, 허가이許哥而, 이동화, 명희조明義朝 등 일곱 명으로 주석단이 구성되었다. 대회는 합당이 조속히 실현되어야 하며 지방별·도별 회합을 통해 양당의 조직에 이 결정사항을 알리고 기타 필요한 준비를 갖춰나간다는 점을 '만장일치로' 결정했다.[82]

한 달 후인 8월 29일(28일의 착오－옮긴이)부터 3일간 북조선노동당 창립대회가 미리 선출된 818명의 대표 중 801명과 200명의 옵서버가 참석한 가운데 평양에서 개최되었다. 먼저 스탈린 대원수를 명예의장으로 추대한 뒤 다른 '민주적' 정당을 포함해 각 정당과 사회단체 대표의 축사와 축전 낭독이 계속되었고, 대회의 주석단으로 31명이 선발되었다.[83]

둘째 날의 회의는 박일우朴一禹가 대표들의 자격 심사 결과에 대한 보고를 하는 것으로 시작되었다.[84] 이어서 김일성과 김두봉이 합당을 찬성하는 보고를 해서 즉시 동의를 얻었으며, 최창익이 강령의 초안을 발표해 비준을 얻었다. 셋째 날에는 주영하가 사회를 맡았는데, 태성수가 신당의 중앙기관지에 대해 보고하고 김용범이 당 규약 초안을 제출하여 채택되었다. 마지막으로 43인의 중앙위원을 인준했는데, 그중 29명이 공산당 측이었고, 나머지 14명

---

82 같은 책, 41~42쪽.
83 『근로자』에 실린 31명의 명단은 다음과 같다. 김일성, 김두봉, 김용범, 최창익, 허가이, 김책, 박창식, 김창만, 김교영金敎英, 박일우, 이동화, 박정애, 무정, 명희조, 임해, 김월성, 태성수, 한설야, 장순명, 김재욱金在郁, 오기섭, 주영하, 정두현鄭斗鉉, 홍성익, 오경천, 최정환, 김일, 김찬, 곽군일(박훈일朴勳一의 착오?), 윤공흠, 김영태金永泰.
84 박일우는 대표들 가운데 64퍼센트가 일제에 의해 감금되거나 투옥된 경력이 있고, 그중 263명은 6개월 이상의 감옥생활을 했다고 보고했다. 또한 모두의 투옥 기간을 합치면 1,087년에 달한다고 선언했다. 같은 책, 43쪽.

은 신민당 측이었다. 또한 13명의 조직위원회 위원과 11명의 검열위원회 위원도 선출되었다. 대회는 김일성의 폐회사에 뒤이어 다섯 번의 만세와 함께 폐막되었다. "조선의 민주주의 완전 독립 만세! 민주주의 민족통일전선 만세! 조선민주주의 공화국 수립 만세! 우리의 영도자 김일성 장군 만세! 조선 민족의 은인이며 벗인 위대한 스탈린 대원수 만세!"[85]

창립대회가 폐막되기 전인 8월 31일에 열린 중앙위원회 1차 회의에서는 재미있는 사태가 벌어졌다. 김두봉이 위원장에 선출되고, 김일성과 주영하가 부위원장에 뽑힌 것이다.[86] 또한 김두봉과 김일성, 주영하, 허가이, 최창익 다

---

85 같은 책, 47쪽.

86 같은 책, 48쪽.
　김창순은 김두봉이 위원장에 선출된 속사정을 다음과 같이 서술하고 있다. 합당대회에서 김일성과인 공산당 평안북도당 선전선동부장 박병서朴炳瑞가 "북조선노동당의 위원장에는 영명한 우리 민족의 영도자 김일성 동무를 추대하는 것이 정해진 사실"이라고 주장하자, 신민당 측 대표들은 불안한 빛을 감추지 못했다. 이때 이 대회에 귀빈으로 참석한 로마넨코 사령부의 이그나치예프 대령이 즉시 의장단에 쪽지를 보내 휴회를 선언케 했다. 공산당과 신민당의 합당이 '신민당 측 지방 대표들에게 조금도 불안을 주지 않아야 한다는 것이 당초부터의 세심한 관심사'였다. 소련 군정 관계자들은 공산당 지도부에 대해 "북로당의 중앙위원장이 반드시 김일성이어야 한다는 철칙은 없다"는 것을 본회의가 속개되면 공산당 측 간부가 선언토록 지시했다. 그러면 누가 이 역할을 떠맡을 것인가를 논의한 결과 오기섭이 발언하기로 결정되었다. 오기섭은 '신민당원들에게 비교적 잘 알려져 있고 또 인기도 좋았으며' 29일의 연설 「국치일國恥日에 관한 보고」에서 신민당 측으로부터 대단한 박수를 받았기 때문이다. 김창순에 따르면 소련인들은 '중앙위원 선출에 들어가서 김두봉이 100퍼센트의 지지표를 받고 김일성은 99퍼센트의 지지표를 받게 되는' 사태를 크게 우려했다고 한다. 왜냐하면 공산당원들은 지도부의 지시대로 김일성과 김두봉에게 지지표를 던지겠지만, 신민당원들은 전원이 김일성에게 지지표를 던질 거라는 보장이 없었기 때문이다. 따라서 소련 측은 김일성이 100퍼센트 지지로 중앙위원에 선출된 후 중앙위원회에서 김일성이 김두봉을 위원장으로 선출하자고 발의케 하는 것이 김일성의 겸양의 미덕을 과시할 수 있다는 의미에서 이와 같이 전략을 수정했다는 것이다. 김창순, 앞의 책, 98~101쪽(북로당 창립대회 회의록에 따르면 박병서는 실제 '우리의 지도자'로 "우리의 유일한 영도자 김일성 동무를 내세워야 할 것입니다. 만일 김일성 동무를 꺾는 자가 있다면 그는 반동분자요 반역자라는 것을 지적합니다"라고 발언했다. 그러나 그의 발언은 중앙위원 선출에 앞서 행한 것이 아니라 그 전날 김일성과 김두봉의 보고에 대한 토론에서 한 것이다. 또한 회의록에는 '북로당 위원장이 김일성이어야만 한다'는 것을 부정하는 오기섭의 토론이나 그의 「국치일에 관한 보고」는 보이지 않는다. 회의록에 따르면 중앙위원 선출은 김일성의 일괄 추천으로 토론 없이 이루어졌다. 다음을 참조하라. 국토통일원國土統一院, 『조선노동당대회 자료집』朝鮮勞動黨大會 資料集, 제1집, 1980 ― 옮긴이).

섯 명이 정치위원회 위원으로 선출되었다. 이 중 두 명은 소련-갑산파 출신, 또 다른 두 명은 연안파, 나머지 한 사람 주영하가 국내파 출신이지만 이미 김일성과 가까운 사이였다는 점이 눈에 띈다. 13명으로 이루어진 중앙위원회 상무위원회는 이 다섯 명을 포함해 김책과 태성수, 김교영, 박정애, 박일우, 김창만, 박효삼朴孝三, 오기섭으로 구성되었다. 김일성 일파가 약간 우세한 상태에서 조심스러운 균형이 유지되고 있었던 셈이다. 태성수는 새로운 당 기관지 『근로자』勤勞者의 편집장으로 뽑혔으며, 일간지인 『로동신문』勞動新聞을 당 기관지로 창간하고, 각 도당 지부에서도 각기 기관지를 발간하도록 조치가 취해졌다. 김용범은 검열위원회 위원장에 선출되었으며, 진반수陳潘秀(또는 陳班秀)는 부위원장이 되었다.

이로써 앞으로 수십 년간 북한을 이끌어나갈 당이 만들어졌다. 또한 비록 위원장 자리는 전술적으로 양보했지만 김일성은 당의 실질적 지도자로서의 위치를 굳히게 되었다. 그러나 주로 공식 자료를 근거로 한 위의 평가는 한 가지 중대한 사실을 왜곡하고 있다. 공산주의자들은 합당이 애초에 신민당 측에서 발의한 것이라고 주장하지만, 합당은 소련-갑산파가 이에 반대하는 사람들에게 최대의 압력을 가하면서 추진한 것임이 틀림없다.

그렇다면 신민당이 북한에서는 김일성파, 남한에서는 박헌영 그룹과 합당하고자 했던 이유는 과연 무엇일까? 확실히 신민당의 당원 수는 공산당의 당원 수에 비해 훨씬 적었지만 적어도 북한에서는 질적으로 훨씬 높은 수준을 유지하고 있었다. 더구나 많은 신민당원이 조선공산당 북조선분국을 증오하고 두려워하며 혹은 경멸하기까지 하고 있었음이 분명했다. 실제로 김두봉이 합당 문제와 관련해 '우경적 편향'을 저지른 자신의 지지자 몇몇을 꾸짖는 가운데 이러한 사실들을 언급했던 것이다. 다음의 글은 8월의 북로당 창립대회 때 그가 행한 보고에서 인용한 것이다.

전 신민당 동지들 가운데에는 주로 우경(편향)을 범한 바가 많았습니다. 구체적으로 예를 들어 말씀드리면 "양당이 합당하는 것은 공산당이 과거에 있어서 과실을 범했기 때문에, 또한 신민당 정책이 옳았기 때문에 합동하게 된 것이다" 또는 "공산당에는 무식한 사람이 많이 모이고 신민당에는 유식한 사람이 많이 모이기 때문에 배우려고 합동한 것이다" 또는 "공산당은 강대하고 신민당은 상대적으로 약한데 합동하게 되면 간부자리를 모조리 뺴앗길 위구危懼가 있으며" 또는 "오늘에 있어서는 신민당 당원을 그대로 받아들이지만 불원한 장래에 당원 심사가 있을 것이며 대규모의 숙청이 있게 될 것이다"라는 등 각자의 자의적 주관으로 독단적 해석을 내리고 있읍니다.[87]

김두봉은 이들을 논박하기 위해 이러한 '오류'들을 예로 들었으나(10년 뒤 김두봉은 틀림없이 이를 후회했을 것이다), 그렇게 함으로써 그는 자신의 동료나 추종자들 사이에 뚜렷하게 번지고 있던 불안을 드러낸 셈이었다. 이에 앞서 7월에 열린 양당 연석 중앙확대위원회 석상에서 그는 합당의 구체적 이유를 밝히는 연설을 했다. 김두봉은 신민당이 짧은 역사에도 매우 급속하게 발전했다고 주장했다. 그러나 김두봉은 이러한 발전이 단지 스스로의 힘만으로 이루어진 것이라기보다는 "붉은 군대의 절대적 원조"와 "조선공산당의 끊임없는 원조"에 힘입은 바 컸다고 인정했다. 또한 신민당의 강령이 혁명의 현 단계를 규정한 공산당의 최저 강령에는 크게 못 미치지만 민주주의민족전선을 통해 공산주의자들과 최대한 협력할 수 있는 여지를 만들었다는 것이다. 그러나 양당 사이에는 마찰이 일었고, 특히 하부에서 그 문제는 더욱 심각했다. 김두봉은 이 같은 현상이 "지식층을 전체적으로 포용하지 못한 데" 기인한 것이라고 주장했다. 따라서 현재의 '자산계급성資産階級性(부르주아―옮긴이) 민주주

---

87 북조선노동당 창립대회에서 행한 김두봉의 보고는 다음에 전문이 실려 있다. 『근로자』, 제1호, 1946년 10월, 28쪽. 그러나 그가 당 중앙위원장으로 선출되었음에도 그의 보고문은 당 기관지 『근로자』 창간호 김일성의 보고 다음에 실려 있다.

의' 혁명단계, 더욱이 민전이 존재하고 있는 현실에서 거의 동일한 강령을 가
진 두 개의 정당이 병존하게 되면 알력이 생길 뿐 아니라 민주적 역량을 분열
시키고 당 간부의 부족을 초래하게 될 것이라고 말했다.[88]

같은 자리에서 더욱 원대한 구상을 토론한 김일성은 "오늘 조선 인민들의
기본적인 요구는 하루바삐 통일적 민주주의 완전 독립국가를 창설하는 것"이
라고 주장했다. 그러기 위해서는 '일체 친일적 파쇼적 반동세력'을 숙청하고
북한에서 이미 실시된 '기본적 제諸 민주주의 개혁'을 전국적으로 실현하며,
북한을 민주주의 개혁의 '근거지'이자 '주동력'主動力으로 만들어나가야 했
다. 또한 이를 위해 "노동자, 농민, 지식분자 및 기타 근로대중"을 통합하는
대중 정당의 결성이 요구되며 "근로 대중은 더 광범위한 연합과 통일적 행동"
을 해야 했다. 이러한 조건에서 공산당과 신민당의 합당은 필연적이고도 기
본적인 수단이었던 것이다.[89]

창당대회 때 행한 두 차례의 연설에서 김일성은 이 기본 주제를 더욱 강조
하고, 더 나아가 몇 가지 더 세부적 문제들을 덧붙였다.[90] 그는 "오늘의 조선"
은 "다른 어떤 자들의 조선"이 아니라 "조선 인민 스스로가 건설하고 다스리
는 조선으로 재건" 되고 있다는 점을 강조하면서 연설을 시작했다. 만약 이 대
목이 논리적인 웅변이었다면 그것은 공산주의자를 소련의 꼭두각시라고 비
판하는 사람들을 향한 대답이었을 것이다. 김일성은 그 같은 비판을 거꾸로
그의 적들한테로 돌렸다. 그는 "조선을 또다시 독점자본의 식민지로 팔아먹
으려는 매국적 민족반역자" 등 "새로운 민족의 원수"가 있다고 주장했다. "이
반동세력은 미 군정하의 조선을 소굴로 하고 미군 반동파들과 야합해 조선 인

---

88 김주현, 앞의 논문, 『근로자』, 제1호, 40쪽에 기록된 것처럼 7월 28~30일 양당 연석으로 확대중앙
   위원회가 열렸다.
89 같은 책, 39쪽.
90 김일성, 「모든 것은 민주역량 준비를 위하여」, 『근로자』, 제1호, 1946년 10월, 7~18쪽; 김일성, 「질
   의·토론 총결보고」, 같은 책, 30~34쪽.

민의 주권을 독점"하고 있다는 것이다.

　김일성은 이어 미군의 남한 점령과 그로 말미암은 주민의 생활상을 실례를 들어가며 최대한 참혹하게 묘사했다. 김일성에 따르면 남한에서는 "수천명의 애국주의자가 나라를 사랑한다는 죄"로 감옥에 갇혔으며, "민주주의 정당 사회단체"들의 기관은 "미국 경찰들의 공공연한 엄호 밑에서 김구, 이승만 등 매국적들의 테러단의 손으로 파괴당하고 있고", "애국 학자들과 학생들은 학교에서 쫓겨나고 학교는 하나둘씩 폐쇄"당하고 있으며, "과거 왜놈들의 토지는 미국인들의 소유와 반동파 모리배들의 수중에 집중"되고 있으며, 시위에 참가한 노동자들은 비행기와 탱크, 기관총에 학살당하고 있는가 하면 "노동운동을 잘해야 한다는 연설을 했다는 이유로 8년의 징역을 살아야 하는 형편"이었다.

　이러한 묘사는 확실히 효과를 거두었다. 비록 처음에는 너무 과장된 게 아닌가 하는 의심이 들더라도 계속해서 반복하면 마침내는 이러한 참상을 사실처럼 믿게 되는 것이다. 당시로 봐서는 어느 누구도 남한 주민들 이상으로 불행한 운명에 놓일 수 없을 것처럼 보였다.

　김일성은 강력한 통일전선을 통한 작업의 중요성을 거듭 강조했다. 그러나 이 방법이 더욱 효과를 거두기 위해서는 통일되고 확고히 훈련된 대중 정당이 필요했다. 따라서 북조선노동당은 "근로대중의 통일적인 힘, 강력한 선봉 부대"로 발전해야 했다. 이 과업은 만만치 않은 것이었다. 그는 북로당 창당대회에서 "우리가 남조선까지 마저 완전히 해방시켜야만 전 조선에 완전 독립이 있는 것"이라고 명쾌한 결론을 내렸다.[91] 따라서 당은 진정한 인민정부의 상징인 북조선 임시인민위원회를 강화하고 "남조선도 북조선과 같이 모든 권력을 인민위원회가 넘겨가지도록 하여" 북한에서 실시된 민주개혁을 남한에서도 실시해야 한다는 것이다.

---

91 같은 책, 30쪽.

김일성은 다시 그러한 과제를 수행하려면 당이 단지 대중 정당으로 확대되는 것만으로는 안 되고 당의 공고화가 이루어져야 한다고 주장했다. 당 조직과 규율에 관한 부분에 특히 유의하면서 이 연설을 읽어보면 왜 김일성파가 아닌 사람들이 합당에 대해 의구심을 가졌는지를 이해할 수 있다. 그가 사용한 말투는 투박한 군사용어를 일상표현에 사용하는 단호하고 무자비한 것이었다. '당의 확대공고화'를 이루기 위해서는 모든 "좌우경左右傾과 무자비하게 투쟁" 해야 했다. 또한 김일성은 "우리들은 간첩분자들의 당내 침입을 방지하여 당내 종파쟁이를 박멸해야 하며 오직 민주주의적 완전 독립을 위하여 모든 것을 이에 복종" 시켜야 한다고 강조했다. 당을 강력한 전투 단위로 전환하기 위해서는 당의 순수성을 지키고 당을 확대 공고화하기 위한 투쟁을 끊임없이 벌여야 할 것이었다. 그러나 김일성은 "우리가 오늘 노동당을 창립하자 갑자기 내일부터 청당淸黨 공작을 해야겠다고 떠드는 것은 옳지 않다"고 지적하면서 "우리는 항상 이색분자들에 대한 경각심을 높임으로써 그들의 책동을 방지" 해야 한다고 결론지었다. 이것은 김일성과 그의 일파를 두려워하는 신민당원들을 향한 다짐이었을까?

김일성은 공산주의자들과 노동당 사이의 관계를 논의하는 데도 대단히 솔직했다. 그는 '좌경분자'들이 당시의 시대적 요구를 이해하지 못하고 있다고 주장했다. "좁은 계급적 울타리를 벗어나 광범한 대중을 포용하는 대중적 정당"을 만드는 것은 당시의 국제·국내 정세가 모든 공산주의자에게 지우는 의무였다. 김일성은 "오늘날 이 길을 걷는 데서만 우리들의 민주주의의 승리가 있고, 우리들에게 민주주의의 승리가 있어야만 조선 완전 독립이 있으며, 조선 완전 독립이 있어야만 오늘날 조선에서 맑스-레닌주의의 승리가 있는 것"이라고 강조했다.

이어서 김일성은 "노동당에서 맑스-레닌주의를 제도 이론으로 삼는가 안하는가 하는 것은 이 대회에서 제기되지 않은 문제"지만 이에 대해서도 특별히 언급하겠다고 하면서 말머리를 돌렸다. 그는 "공산주의자가 노동당에 들어온다고 해서 맑스-레닌주의를 버린 것이 아니며, 또 버릴 수도 없다"고 확언하면서 "오히려 공산주의자들이 조선혁명의 현 계단이 요구하는 대중당인 노동당원이 됨으로써 더욱 철저한 맑스-레닌주의자가 되는 것"이라고 주장했다. 그리고 "노동당을 내세우는 것은 공산당이 신민당에 투항하는 것"이라고 합당에 반대하는 사람들을 "좌경" 오류로 규정하고 이들을 "가짜 맑스-레닌주의자"로 몰아세웠다. 그러나 김일성은 "맑스-레닌주의를 포기하며 당내 규율을 약화하며, 또 노동당을 민족통일전선이라고 해서 오가잡탕분자들을 다 끌어넣으려고 하는 것"은 "우경" 오류이며 "당을 파괴하는 것"이라는 비판을 잊지 않았다.

얼핏 보기에도 이러한 주장은 대단히 흥미로웠다. 과연 노동당이 지향하는 것이 공산당이었을까 아니었을까? 김일성은 신민당을 비공산계 정당으로 생각하고 있었던 것일까? 또 만약 그랬다면 김두봉은 그러한 규정을 받아들일 마음의 준비가 되어 있었던 것일까? 이 복잡한 실상을 파헤치기 위해서는 이 당시의 동구東歐라든가, 북베트남에서의 제반 상황을 살펴볼 필요가 있다. 북베트남의 경우에는 이 문제와 특히 관련이 있다. 김일성과 그의 지지자들은 노동당을 자신들의 운동에서 최상의 수단으로 생각했으며, 언제라도 노동당을 지도하고 체제를 갖추어 이를 통제하려는 의도를 가지고 있었다. 그들은 신민당을 기본적으로 부르주아적, 좀더 구체적으로는 소부르주아적 성격을 가진 정당으로 생각했다. 심지어 그들은 신민당의 지도자들조차 설사 공산주의자라고 해도 열등한 공산주의자인 것으로 간주했다. 그러나 이 문제는 시간이 흐르면서 해결될 수 있었다. 개혁될 수 없는 사람들은 제거해버리면 그만이었던 것이다.

한편 국내파든 국제파든 상관없이 자신을 공산주의운동에 참여하고 있다고 생각하는 사람들을 모두 단일 조직에 통일시키는 작업이 필요했다. 이 점은 한국 공산주의운동의 초기부터 계속되어온 파벌투쟁을 고려할 때는 더욱 중요한 문제였다. 단일 조직은 일사불란한 통제구조를 가능케 하고, 일관된 정책을 추진하도록 하며, 한정된 인적·물적 자원의 중복이나 낭비를 줄일 수 있었다. 그러나 이러한 과제를 이루기 위해 이 조직은 명칭을 제외하고는 모든 면에서 공산당이 되어야 했다. 만약 노동당이 민주주의민족전선과 혼동된다면 그것은 치명적인 결과를 초래할 수도 있는 일이었다. 양자가 다 필요한 것이지만, 노동당의 경우 전위당으로서의 역할에 필요한 중앙집권적 권위라든가 철의 규율 그리고 '올바른 노선' 등을 갖춰야 했다. 그러나 또 한편으로 전술적 혹은 전략적 이유에서 노동당은 초기에 어느 정도의 유연성을 보일 필요도 있었다. 실제로 신민당 내의 소부르주아적 요소들은 정해진 운명에 따라 도태되어가고 있었으므로 그들을 너무 겁에 질리게 할 필요는 없었다. 사실 그중에는 써먹을 만한 부분도 있었던 것이다. 그리고 대중 정당은 설사 대중이 마르크스-레닌주의에 대해 아무것도 모른다고 해도 대중을 자기편으로 끌어들여야만 했다.

그러나 이러한 문제들에 대해 공산주의자들이 취할 수 있는 유연성은 당의 조직과 미래에 대한 매우 강경한 노선과 병행되어야만 했다. 어떠한 대가를 치르더라도 당의 절대적인 청결성을 지켜야만 했다. 이것은 기본적으로 '비판적인 엘리트'—최고지도자인 경우에만—의 역할과 권한이 보호되어야 한다는 것을 의미했다. 이러한 맥락에서 볼 때 '민주집중제'와 '철의 규율' 등은 내부적으로는 대단히 중요한 개념이었다. 새로 배출된 수많은 간부에 대해 당 지도층의 감독 아래 엄격한 훈련을 실시하는 것 역시 중요한 일이었다. 올바르게 훈련된 다음 세대야말로 식민지 지배의 상처를 안고 있는 사람들이 해결할 수 없는 문제들을 충분히 풀어나갈 수 있는 자들이었다. 아울러 당내에서는 대중과 간부 양쪽 모두에 대한 집중적 검열이 정기적으로 실시되었다. 처음의 잘못을 고치지 않거나, 당과 당의 규율을 배반한 사람들, 자신이 맡았던 일에 실패한 사람들은 숙청되었다(더 정확히 말하자면 이런 이유들은 숙청을 합리화하기 위한 구실이었다).

이것이 김일성과 소련인들의 진정한 의도였다고 한다면, 김두봉 같은 사람들의 속셈을 헤아린다는 건 더욱 어려운 일이다. 이미 살펴본 대로 그는 이전의 이동휘와 크게 다르지 않은 유형의 인물로, 급진적 민족주의자 혹은 원시공산주의자로서 오랫동안 활동해온 사람이었다. 그는 물질적·정치적 지원을 얻기 위해 국민당 지역을 떠나 중국공산당이 장악한 화북 지역으로 옮겨갔다. 어떤 사람들은 김두봉이 이론가라기보다는 최고 권력을 장악하고 싶어했고 또 자신이 그럴 자격이 있다고 생각한 행동가였지만, 자기보다 스무 살이나 아래인 인물에게 충성을 바쳐야 한다는 사실에 불쾌해하고 있었던 인물이 아닌가 생각한다. 그러나 김일성은 군대를 갖고 있던 반면 김두봉은 그렇지 못했다. 그렇다면 과연 김두봉이 자신의 개인적 명망과 핵심 심복들의 경험, 지지자들의 전체적인 역량을 통해 최고 권력을 장악하거나 그와 대등한 권력을 얻을 수 있을 것으로 생각했을까? 그것은 분명하지 않다.

확실히 이 시점에 김두봉이 행한 공식 연설은 전적으로 공산주의의 대의─스탈린과 김일성이 정의한 바 있는─에 몸을 바친 사람의 발언이었다. 예를 들어 신민당의 역할을 설명하면서 김두봉은 '조선의 자주독립과 민주주의 건설'을 목표로 하는 신민당의 다양한 정책을 강조한 뒤 그러한 것들은 역사적 역할에 부합되며, 따라서 신민당의 강령에는 "특별히 자산계급이나 소자산계급의 이익을 대변하여 내세운 정강이 없"다고 주장했다.[92] 또한 그는 "스탈린 대원수"가 "각개의 해당한 모멘트에 있어서 전 과정의 연쇄 중에서 특수한 한 고리를 잡아 가지고 전 연쇄를 끌어 잡을 수 있으며, 전략적 성취를 얻기 위한 조건들을 준비할 수 있는 그러한 특수한 고리를 얻어내는 것"이 중요하다는 사실을 강조했음을 상기시켰다. 김두봉은 "오늘의 새로운 전술단계에 있어서" 이와 같은 고리를 전력을 다해 잡아 쥐는 것이야말로 자신들에게 제기되는 중대한 과제라고 지적했다. 김두봉은 신민당의 확대를 위해 당내에 기회주의자나 애국자, '훌륭한' 공산주의자 또는 '저질' 공산주의자(따라서 아

---

92 창립대회에서 김두봉이 행한 보고다. 『근로자』, 제1호, 1946년 10월, 26쪽.

마도 모든 분자가 존재했던 것 같다)를 모두 끌어들이고 있었던 것이다.

남조선노동당의 수립은 훨씬 더 고통스러운 것이었다. 소련군이 주둔하지 않았던 남한에서 좌익들의 통합력과 규율은 상대적으로 약했으며, 신속하고 통일된 행동 역시 여의치 않았다. 따라서 이러한 점에서 남한의 좌익이 북한의 좌익에 비해 훨씬 더 느슨한 집단이었음은 분명했다. 비록 소련군의 명령이 남한의 공산당에 중대한 영향을 미칠 수 있었고, 실제로 그러했지만(예를 들어 신탁통치 문제를 보라), 김일성을 후원하는 식으로 박헌영을 후원할 고위당국은 존재하지 않았다. 소련인들은 남한의 당 조직을 계속 감시하거나 감독할 수 없었고, 좌익 내의 다양한 정치 세력에 대해 직접적인 영향력을 행사할 수도 없었다. 소련인들이 남한의 공산주의운동을 북한에 종속시켜야 한다고 느꼈던 것은 아마도 이런 이유 때문이었을 것이다.

7. 해방 이후 일 년간의 주요 흐름

1946년 가을까지 한국 공산주의운동과 직접적으로 관련된 세 가지 광범위한 양상이 분명하게 나타났다. 첫째로, 한반도와 기타 지역에서 미국과 소련의 견해 차이가 심해지면서 한반도의 통일에 대한 전망이 점차 어두워졌다. 한반도를 둘러싼 분쟁이 상당히 복잡한 양상을 띠고 있었음에도 쟁점은 "공산주의 혹은 비공산주의 중 과연 어느 세력이 통일된 한반도를 지배할 것인가?"라는 단순한 문제로 집약될 수 있었다. 이는 쉽게 타협할 수 있는 것이 아니었기 때문에 문제는 여전히 복잡했고, 양측의 입장 차이는 점점 더 심화되었다.

둘째로, 북한 지역에서 공산당의 주요 정책들은 이미 윤곽을 잡아가고 있었으며, 북한 정권의 맹아도 이미 싹트고 있었다. '통제된 부르주아 민주혁명'의 기치 아래 공산주의자들은 세 개의 분리된, 그러나 서로 밀접하게 연결된 권력기구를 만들어냈다. 정부 차원에서도 '인민위원회' 방식이 광범위하게 적용되었다. 지방의 작은 마을이나 도시의 구區에서부터 시市, 도道나 '전국적인' 단위에 이르기까지 각급 인민위원회는 모든 행정을 집행하고 감독해 나가고 있었다. 광범위한 대중의 참여는 이러한 체제를 통해 이루어졌으며, 동시에 적절하게 통제되었다. 인민위원회에 공산당의 기본 원칙인 민주집중제를 적용하고 '인민'과 '인민의 적'을 구별하는 가운데 공산당 지도자들은 '신민주주의'에 참여하는 사람들을 통제하고, 그들의 이후 행동을 지도하며 필요한 경우 그들을 다른 사람으로 효과적으로 바꿀 수 있었다. 이러한 정치적 위계질서의 정점에는 막후에서 끊임없이 자기들의 하수인을 도왔던 소련군 사령부가 자리 잡고 있었다. 이러한 행정구조의 정착을 위해 공산주의자들은 직업총동맹, 청년동맹, 여성동맹 그리고 '민주적' 정당 등 광범위한 정당과 사회단체들을 통해 대중을 동원하고자 했다. 그들이 사용한 방법은 이들 각각의 조직을 조직 내에서 당의 규율을 따르는 공산주의자들을 통해 지도하고 통제하여 민주주의민족전선으로 통합하는 것이었다. 이런 방법은 공산주의식 통일전선정책의 본질을 가장 잘 보여준다.

결정적이고 가장 중요한 권력기구는 물론 공산당 그 자체였다. 당시의 과제는 당을 통합하는 한편 동시에 당의 질적·양적 발전을 이루는 일이었다. 어느 정도의 통합이 이루어지긴 했지만 그 대가로 공산주의자들은 파벌 간의 세력 균형을 인정해주어야 했다. 그러나 그 와중에도 '부적격'하고 '불순한' 분자는 모두 제거되었으며 동시에 당은 새로운 당원들을 대규모로 받아들였다. 이렇게 해서 1945년 12월 고작 2만 6,000명에 불과했던 당원이 통합 직후에는 19만 5,000명으로, 1946년 10월에 이르러서는 40만 명으로 불어나게 되었다.

1946년 말 분명히 드러나고 있던 세 번째 양상은 공산주의운동에 관한 한 북한이 남한을 지배하는 위치에 서게 되었다는 점 그리고 북한 내에서는 김일성이 이끄는 소련-갑산파의 세력이 점차 커지고 있었다는 점이다. 남한의 공산당은 아직도 만만치 않은 세력과 유능한 지도자를 보유하고 있었다. 1947년 무렵 남로당은 당원이 37만 5,000명에 달한다고 공표했고, 따라서 만약 당내에서 인기투표가 실시된다면 박헌영은 한국 공산주의자 중 최고의 지지표를 얻었을지도 모른다. 그러나 박헌영은 모든 보호막을 잃었고, 그의 조직은 여러 가지 심각한 문제에 봉착하기 시작했다. 핵심 지도자들은 월북할 수밖에 없었고, 기기시 그들은 북한의 기존 권력구조에 전적으로 의존해야만 했다.[93] 그 구조는 소련-갑산파와 연안파가 요직을 나누어 먹는 세심하게 준비된 세력 균형이 이루어져 있었기 때문에 세력이 위축된 국내파로서는 극소수의 '믿을 만한' 사람들만이 고위직에 오를 수 있었다. 그러나 이러한 세력 균형에도 이제 최고의 지도자로 인정받게 된 인물은 김일성 '장군'이었으며, 당과 정부기관 내에서 결정적으로 우세한 권력을 장악하고 있던 그룹 역시 바로 김일성 일파였던 것이다.

---

93 김창순(앞의 책, 116~117쪽)은 박헌영과 그의 동료들이 맞닥뜨려야 했던 문제를 다음과 같이 서술하고 있다.

"조직이 파괴되고 남한에 더 붙어 있을 수가 없어서 우두머리들이 거의 북한으로 넘어가서 김일성의 식객이 되어버린 남로당의 처지에서 당을 유지한다는 것은 어려운 일이었다. 야심만만한 김일성의 천대는 여간 아니었다. 그렇다고 박헌영도 만만한 사람이 아닌지라 당을 김일성에게 고스란히 바칠 생각은 추호도 없었다. 하부당원들을 그럭저럭 취직을 시켜 일자리는 구하였으나 金·朴 사이의 반목은 나날이 짙어갔다. 또 북으로 넘어가서 취직을 한 하부당원들에 대한 대접도 金·朴의 반목을 반영하여 신통한 것이 못 되었다. 그들은 박헌영에게 불평불만을 호소하여 마지않았다. 朴 자신도 1948년 9월 9일 人共國의 부수상 겸 외상이 되기는 하였으나 하부당원들의 눈으로 볼 때는 옛날 존경하던 영도자의 신세가 딱하기만 했다. 북로당 중앙당학교에 입교한 남로당계 학생들이 술을 마시고 박헌영 만세를 불러서 크게 문제화된 일이 있지만, 이런 것도 밑바닥에 흐르는 이 같은 기운이 노골적으로 나타난 한 가지 예에 불과하다. 이 사건은 도리어 박헌영의 종파주의를 증명하는 것이라 하여 논란의 대상이 되었다. 군세기로 이름난 박헌영으로도 참기 어려운 고통이 하루하루 더하여갔다. 그런데다 시류에 편승하는 자들도 나타나서 북로당에 붙어 남로당의 비밀을 넘겨주는 배신자도 적지 아니 나타났다. 이런 중에서도 북로당에서는 비공식으로 남로당원들의 북로당 입당을 받아들일 것을 각급 당부에 지령하고, 남로당원들에게는 북로당 입당을 은근히 종용하고 있다는 것도 공공연한 비밀이었다."

이런 묘사는 1948년부터 1950년 사이의 상황을 잘 반영하고 있지만 이러한 경향은 이때 이미 나타나고 있었다.

8. 조선민주주의인민공화국의 수립

이러한 추세를 감안해 우리는 1948년 9월 9일의 이른바 조선민주주의인민공화국이 출범하기까지의 여러 가지 정치적 사건을 면밀히 검토해보아야 할 것이다. 이제 당시의 북한 공산주의자들이 몰두하고 있었던 체제 확립, 대중 동원 그리고 당의 공고화 등 세 가지 중요한 정치적 과업에 대해 각각 좀더 깊이 있게 살펴보기로 하겠다.

북조선노동당이 결성되기 넉 달 전인 1946년 5월 8일, 미소공동위원회는 한반도의 통일 절차에 대해 아무런 합의도 보지 못한 채 결렬되었다. 양국 간의 의견 차이는 회담 직전에 있었던 3월의 성명서 교환에서 이미 그 조짐이 보였다. 3월 11일 하지 장군은 미국 측 대표의 의향을 개략적으로 밝힌 가운데 미국의 민주주의에 대한 개념을 피력했다.

가장 먼저 미군의 목적은 조선에 언론·집회·신앙·출판의 자유를 수립하여 그것을 영구히 지속시키자는 것이다. 차등此等 자유는 단순히 정치적 호감을 사자고 쓰는 빈말이 아니다. 모든 진실한 민주주의가 이 기초 위에 서게 되는 것이며, 따라서 민주주의 그것만큼 오랜 것이다. 뿐만 아니라 이것은 절대적인 것으로 여기에는 예외도 없고 예외를 허용할 수도 없는 것이며, 모든 민주주의적 인간이나 각파의 민주주의적 사상이나 민주주의적 단체를 통하여 아무리 그들의 단원이 소수이거나 그들의 계획이 그들 당국자(미 군정—옮긴이)의 의도에 부합되거나 아니 되거나 그룹 전부에게 적용할 수 있는 것이다. 그럼으로써 남조선에 있어서는 모든 민주주의 단체에 대하여 온건파 혹은 극렬파, 자본가 혹은 공산파를 물론하고 아무 검열과 제재와 특권이 없이 자기들의 집회를 하고, 자기들의 연설을 방송하고, 자기들의 사상과 이론을 선전하고, 자기들의 신문을 출판하도록 허가하여온 것인 바, 차등 자유는 미국 민주주의의 근본 정신이다. 그것 역시 조선 국민의 다대수多大數가 희망하고 있는 것이라고 우리가 믿고 있는 바이며 조선 사람이 완전히 통일된 국가로서 자유를 향수하도록 조력하기 위하여 미국 대표가 희망하고 있는 바이다.[94]

하지는 계속해서 "어떤 특수단체나 좌우익 간에 어떤 편을 가려 정부를 만들자는 것"이 미국의 목적이 아니며, 따라서 "남부 조선에 있는 각 정당이 오늘까지 발표해온 정강은 미국의 지도적 정당의 것과는 상당히 상이"하긴 하지만 그렇더라도 미국으로서는 "그들이 얼마나 떠들거나 또는 훌륭히 조직되었거나 정치적 활동에 얼마나 열렬하거나를 불문하고 조선을 소수 당파로 지배시키지 않고자 하는 열의를 가지고 있다"고 강조했다.[95]

미소공동위원회에 임하는 미국 측의 의도나 '미국식 민주주의'의 개념을 북한에까지 적용시키려 하고 있다는 점에서 볼 때, 이 성명서는 기본적으로 소련에 대한 도전장이나 다를 바가 없었다. 이러한 공격적인 내용에 뒤이은 하지가 발표한 성명서의 결론 부분은 외교적 표현의 겉치레라는 점을 고려한다고 해도 대단히 모순된 것이었다. 하지는 "조선을 일본으로부터 해방시키기 위해 싸웠으며, 모스크바협정서에 조인한 위대한 국가"의 대표자인 소련 대표들 역시 "조선을 독립한 민주주의국가로 만들기 위하여 큰 관심을 가지고 있다"고 강조한 뒤 "그럼으로써 양 대표가 우호적으로 모스크바협정에 표시된 목적을 완수하기 위하여 성심으로 협조·노력하리라고 믿을 수 있을 것"이라고 주장했다.

그 당시 국제관계에서 믿어 의심치 않을 만한 일이라고는 거의 없었다. 3월 20일 회담 개막일에 이르러 소련 측의 수석대표였던 슈티코프 육군 대장은

---

94 「미국 대표단의 목적: 미소공동위원회 미국 대표단장 하지 중장의 성명」, 1946년 3월 11일; McCune and Grey, 앞의 책, 276~278쪽(276~277쪽) 재수록(여기에 인용한 번역문은 우익 신문인 『한성일보』의 1946년 3월 12일자에 실린 하지의 특별 성명 전문에서 따온 것이다. 『한성일보』는 김남식·이정식·한홍구 엮음, 『한국현대사자료총서』, 제12권에 수록되어 있다 — 옮긴이).
95 같은 책, 278쪽.

인사말을 통해 하지의 성명에 다음과 같이 답했다. 슈티코프는 "소련 민중은 조선 민족의 이 무한한 권리(독립과 자유스러운 자주적 생활에 대한 권리)를 열렬히 지지"하고 있으며 "소련은 모든 민족들의 자결自決과 자유적 존재에 관한 권리를 항상 주장하였으며, 또한 앞으로도 주장할 것"이라고 단언함으로써 소련의 입장에 아무런 문제가 없음을 밝혔다.[96] 계속해서 슈티코프는 "조선 민중은 자기의 민주주의적 제 정당과 사회단체 및 민주자치기관으로 인민위원회를 조직"했지만 "조선의 민주제도 건립을 방해하려는 반역적 또는 반민주주의적 악질분자들의 폭행으로 인하여 전 조선 민중의 내부적 생활을 점차로 민주주의화시키는 노정에 많은 난관"들이 자리 잡고 있다고 지적했다. 이어 슈티코프는 "미래의 민주주의적 조선 임시정부는 모스크바 3상회의의 결정을 지지하는 각 민주주의 정당과 사회단체를 망라한 대중단체의 토대 위에서 창건될 것"이라고 주장했다. 그러면서 마지막으로 흥미로운 한 구절을 덧붙였다.

소련은 조선이 진실한 민주주의적 독립국가가 되기를 요망하며 소련과 우의적 국가가 됨을 기대한다. 그리하여 조선은 미래에 소련을 침범함에 필요한 요새지와 근거지가 되지 않기를 요망한다.[97]

7주 후에 미소공동위원회는 어떠한 정당과 사회단체들이 새롭게 구성될 조선 임시정부에 참여할 수 있을 만큼 '민주주의적인가'에 대한 격렬한 토론 말고는 아무것도 하지 못한 채 무기한 연기에 들어가고 말았다. 미소공동위

---

96 「소련 대표단의 목적: 미소공동위원회 소련 대표단장 슈티코프 대장의 성명」, 1946년 3월 20일; 같은 책, 279~281쪽(279쪽)에 재수록(여기에 인용한 번역문은 당시의 좌익 신문인 『조선인민보』, 1946년 3월 21일자에 실린 「스티코프 대장의 인사」에서 따온 것이다. 위의 『한국현대사자료총서』, 제3권 참조─옮긴이).
97 같은 책, 280쪽.

원회가 교착 상태에 빠지자 미국은 지난 2월에 임명제로 구성되었던 민주의
원民主議院 대신 남조선南朝鮮 과도입법의원過渡立法議院을 만들기로 결정했
다. 8월이 되자 이에 관한 법령이 공포되었고, 이어서 10월과 11월에 선거가
실시되었으며, 12월에는 입법의원 본회의가 개막되기에 이르렀다. 북한에서
전개된 징치적 사건들은 이 같은 배경에서 연구되어야 할 것이다.

1946년 9월 초 북한 공산주의자들은 북로당을 창립함으로써 적어도 형식
적으로는 통일된 당을 갖게 되었다. 통일전선정책은 민주주의민족전선을 통
해 수행될 수 있었다. 이처럼 적어도 기술적인 측면에서 볼 때 그들 역시 남쪽
에서의 제도 정비에 관한 제반 노력에 필적할 만한 준비를 갖추었다.

1946년 9월 5일 북조선 임시인민위원회의 이름으로 면·군·시·도 인민위
원회의 대표를 뽑기 위한 선거가 11월 3일에 있을 것이라는 결정서가 발표되
었다. 이는 북로당이 공식 출범하게 된 지 불과 일주일 후였으며 남한에서 과
도입법의원에 관한 구상이 발표되고 나서 겨우 2주일밖에 되지 않았을 때의
일이었다. 이 선거 시기가 남한에서의 입법의원 구성 시기와 때를 같이하게
된 것은 결코 우연이 아니었다.

공산주의자들은 두 갈래로 공세를 펴나갔다. 공산당이 장악하고 있는 기
존의 인민위원회 체제를 '민주적' 선거를 거쳐 합법화시키는 한편, 남한에서
의 이러한 노력에 대해서는 폭력을 비롯하여 가능한 모든 방법을 동원해 이를
분쇄해나가는 것이었다.

미소 양측의 체제 구축 노력을 서로 비교해보는 것은 흥미로운 일이다. 양
측의 노력은 얼마간 비슷한 점도 없지 않았지만 대개는 상당한 차이점을 보이
고 있다. 대의기구를 갖추는 데에서 미국은 입법의원의 출범과 같이 위로부
터 시작했지만, 소련은 지방 인민위원회의 체제를 갖추는 데서부터 시작했
다. 미 군정 당국이 시행한 입법의원 선거는 일련의 간접선거 방식을 채택함
으로써 소련의 방식과 어느 정도 유사했음이 분명하다. 그러나 양측의 상황
은 상당한 차이를 보였다. 소련식 체제는 적어도 그 윤곽이나마 이미 북한에

서 자리를 잡아가고 있었으며, 그것이 서구식 민주주의 방식보다 뿌리 내리기에 훨씬 용이한 것이라는 사실을 의심할 사람은 아무도 없었다. 북한 상층부의 권력구조는 이제 비교적 잘 정비되었으며, 대내외적인 정책 노선 역시 분명해졌다. 따라서 당면 문제는 소련식 선거와 유사한 방법으로 이른바 민주적 집중을 꾀함으로써 기존 체제에 정당성을 부여하는 간단한 것이었다. 체제 내의 인사이동은 상황에 따라 시행될 수 있었다. 그러나 남한에서는 지금까지 어떤 유형의 제도적 장치도 제대로 만들어진 적이 없는 데다가 정치 상황도 불안정한 상태였다. 미 군정 당국을 제외한 상층부의 권력구조는 아직도 통합되어 있지 못해 국내 지도급 인사들 사이에서도, 그들과 미 군정 당국 사이에서도 알력관계가 심각한 지경이었다. 이러한 상황에서 기존 체제가 정당성을 획득한다는 것은 두말할 나위 없이 남쪽에서 훨씬 절실한 문제였으며, 북한에 비해 훨씬 이루기 어려운 일이기도 했다.

예상했던 대로 북한 공산주의자들은 첫 선거를 대단히 치밀하게 치러냈다. 선거 준비는 예상대로 소련의 방식에 따라 진행되었다. 후보 추천 권한은 도 인민위원회에 등록된 '민주적' 정당, 대중적 조직체와 단체들에 모두 주어졌으며 선거는 지역단위별 인구비례대표제로 행해졌다. 당시 소련에서 행해진 공장·학교·노동조합 단위별 선거구는 만들어지지 않았다. 노동당 지도자들은 모든 후보가 민전을 통해 '공동 후보'로 추천될 것이라고 발표했다. 이렇게 해서 유권자들은 각급 인민위원회 선거에 출마한 공식적인 민전 후보자들과 대면하게 되었다. 때로는 단일 후보도 있었다. 한편 민전을 통해 범국민적인 '사상계몽' 운동도 전개되었다. 대개는 공산당 요원을 필두로 한 선전원들이 전국 각지로 파견되었고, 각 지방에는 이른바 선거선전실選擧宣傳室이 갖춰졌다(후에 이것은 민주선전실民主宣傳室로 개편되었다).[98]

11월 3일의 선거 결과는 공산주의자들의 대거 진출로 나타났다. 공식 통

98 『조선통사』, 제3권, 67쪽 참조.

계에 따르면 투표참가율은 99.6퍼센트에 달했으며, 민전 공동 입후보자들은 도 인민위원 선거에서 97퍼센트, 군 인민위원 선거에서는 96.9퍼센트, 시 인민위원 선거에서는 95.4퍼센트의 지지표를 얻었다고 한다. 모두 3,459명의 대의원이 선출되었는데 이 중에서 1,102명이 노동당원, 351명이 조선민주당원, 253명이 천도교청우당원, 나머지 1,753명은 무소속이었다.[99]

선출된 대의원들의 사회경제적 출신성분을 분석해보면 재미있는 양상이 나타나는데, 선거 전의 상황과 비교할 때는 특히 그렇다.[100] 공산당 측의 자료에 근거한 이러한 계급 범주들이 상세한 분석을 기한 것이라고 보기에는 미흡한 점이 많긴 하지만 몇 가지 주목할 만한 특징을 보여준다. 당선자들 가운데 반 이상이 농민과 노동자였는데, 이는 노동자-농민의 연합 양상이 크게 발전했음을 나타내고 있다. 농민 출신의 숫자가 노동자들의 세 배 가까이 될 정도로 많았다는 점은 확실하다. 그러나 이것은 선거 전과 비교해볼 때 훨씬 줄어든 수치이며, 노동자들은 최소한 자신들의 수적인 힘에 걸맞을 만큼의 대표선출권을 갖게 되었다. '사무원' 범주는 아마도 대중조직과 당 기관에서 일하고 있던 사람들을 모두 포함한 듯하다. 그 같은 사람들의 직업은 대개 관료나 간부였고, 혹은 정치가들도 있었는데, 이들이 차지했던 비율은 꽤 높은 것이었다. 따라서 성별性別 구성비율을 차치하고 보면 유독 농민층만이 자기 계급의 의사를 반영할 수 있는 대표 수가 인구 구성비율에 비해 훨씬 적었던 셈이다.

남북한 양쪽에서 실시된 선거 결과를 비교·대조해보면 흥미로운 결론이 나온다. 북한에서의 선거가 한국 사회의 실질적인 사회경제적 구성을 보다 정확하게 반영하고 있었음은 두말할 나위도 없다. 실상 그러한 결과는 공산

<hr />

99 같은 책, 68쪽.
100 같은 책, 68~69쪽; Philip Rudolph, *North Korea's Political and Economic Structure*, New York, 1959, 15쪽 참조.

[표 20] 1946년 11월 3일 선거 당선자들의 사회경제적 성분(단위: %)

구분	1946년 선거	1946년 선거 이전의 인민위원 성분
노동자	14.5	5.7
농민	36.3	71.8
사무원	30.6	15.8 (인텔리 포함)
문화인	9.1	–
상인	4.3	4.6
기업가	2.1	2.1
종교인	2.7	–
전前 지주	0.4	–
총합	100.0	100.0
(여성	13.1)	

자료: 『조선통사』, 제3권, 68~69쪽.

주의자들이 선거를 통해 이루려던 중요한 목적이기도 했는데, 우리는 여기서 공산주의자들이 계급 구성을 '과학적'으로 반영하는 후보자 명부를 만들고자 상당히 동분서주했으리라는 점을 짐작할 수 있다. 물론 이 명부는 북한 사회에서 가장 많은 숫자를 가진 농민보다는 체제를 이끌어나가야 할 당 엘리트들에게 유리한 방향으로 만들어졌을 것이다. 그러나 공산주의자들은 비록 그 수는 적었지만 체제를 만족할 만큼 원활히 이끌어나갈 수 있었으며, 당원이 아닌 사람들한테도 상당히 많은 자리를 내줄 수 있는 여유까지 갖고 있었다. 이는 공산주의자들의 정치구조가 조직의 모든 단계를 구석구석까지 장악할 수 있는 간부제도를 통해 위로부터의 통제가 이루어지도록 구성되었기에 가능한 것이었다. 게다가 당은 기본적으로 지방 수준의 인민위원회를 정책 결정기구로서가 아니라 정책 집행의 방편으로 간주하고 있었으며, 인민회의 역시 의결기구가 아니라 정책의 결정과 집행을 추인하는 권한만 주어졌을 뿐이다. 따라서 재질이나 전문적 의견을 널리 개발하기보다는 명령체계를 애써 지키는 것만이 중요한 일이었다. 물론 어떤 경우에는 비당원조차 훈령에 복종해야만 했겠지만, 그런 경우에는 대개 당의 훈령으로서가 아니라 민전이나 인민위원회의 결정이라는 위장이 행해졌다.

대조적으로 미국이 한국에 이식한 서구식 의회 모델은 교육받은 엘리트들의 대폭적인 정치일선 참여를 가져왔다. 입법의원은 정권에 정통성을 부여하는 기관으로 간주되었다. 입법의원의 역할 중 하나는 정책을 결정하는 일이었으며, 입법의원의 설립이 집행기구의 정비에 앞서 이루어졌다는 바로 그 사실이 이를 시사해주는 것이라고 하겠다. 적어도 제도상으로는 선거를 통해 구성된 입법의원을 조종할 만한 어떠한 비밀적인 지휘체계도 존재하지 않았다. 리더십은 정당들 속에서 나왔지만 대중의 눈에 비친 정당이란 경쟁적이고 투쟁적인 것일 뿐 정통성을 강하게 지닌 것은 아니었다. 남한의 제도가 정비되어감에 따라 미 군정이 궁극적인 권력기구가 아니라는 사실은 점차 뚜렷해졌다. 실제로 얼마 안 가서 미 군정은 그 자신이 정통성과 권한을 부여해주었던 입법의원에 맞서 사활을 걸고 싸우게 되었다. 이러한 상황에서 인구상 구성비율을 고려해 농민과 노동자들에게 다수의 의석을 할당한다면 그것은 대단히 어리석은 짓이었을 것이다. 그러나 선거를 통해 선출된 민선의원과 군정 당국이 임명한 관선의원들로 구성된 입법의원은 미군 지휘관들의 마음속에 자리 잡은 미국식 민주주의의 철학에 따라, 사회경제적 구성을 반영한 것은 아닐지라도 북한의 대의기구에 비해 적어도 정치세력에 관한 한 훨씬 다양한 집단을 적절히 포섭하고 있었다.

북한에서는 1946년 11월 도·시·군 인민위원회 위원 선거에 이어 1947년 2월 24~25일에는 리·동 인민위원회 위원 선거, 3월 5일에는 면 인민위원회 위원 선거가 치러졌다. 2월 선거에서는 유권자의 99.80퍼센트가 투표에 참여해 그중 86.63퍼센트가 민전 측의 후보에게 지지표를 던졌다. 또한 3월 선거에서는 공식 집계에 따르면 유권자 중 99.98퍼센트가 투표에 참여해 96.80퍼센트가 찬성표를 던졌다고 한다.[101]

이들 선거가 실시되기 바로 직전 공산주의자들은 체제 구축을 위한 상당히 새로운 조치들을 단행했다. 1947년 2월 17일 그들은 앞서 선출된 1,186명의 각급 인민위원의 대표들이 참석한 가운데 나흘에 걸쳐 북조선 도·시·군 인민위원회대회를 개최했다. 새로 선출된 도·시·군 인민위원회 위원들은 제각기 세 명에 한 명씩을 다시 '선출'해 대회에 참석토록 했고, 추가로 35명의 대표가 일곱 개의 정당과 주요 사회단체들을 대변하도록 선출되었다.[102]

심의기관이나 입법기관이 아니라 명백히 비준기관이었던 인민위원회대회가 그 규모나 선발방식 그리고 기능 등에서 소련의 연방최고회의와 완전히 흡사한 것을 볼 때 그것을 모델로 취했다는 것을 알 수 있다. 인민위원회대회가 북조선임시인민위원회에서 제정했던 모든 법령을 '만장일치'로 승인하고, 김일성의 「1947년도 북조선 인민경제 발전에 관한 보고」를 채택하고, 북조선 '임시'인민위원회를 항구적인 인민위원회로 대치하기 위한 계획 등의 안건을 처리하는 데 채 나흘이 걸리지 않았다.

이에 따라 2월 21일과 22일 이틀에 걸쳐 제1차 북조선인민회의가 개최되었다. 이 회의는 북조선 도·시·군 인민위원회대회에 참석한 각급 인민위원 대표에서 다섯 명에 한 명 비율로 총 237명의 대의원을 선출해 구성된 것이다. 다시 한번 이들의 사회경제적 구성을 구분해보면 다음과 같다.[103]

다음의 표를 통해 알 수 있듯, 인민회의는 부르주아와 소부르주아에게 다수의 대표권을 부여함으로써 인민위원회 내의 엘리트적 요소가 인민위원회대회 때보다 다소 강화되어 있었다. 정당의 대표들을 자세히 살펴보면 그 윤곽이 좀더 분명하게 드러난다. 제1차 북조선인민회의에 참석한 사람들 가운데 노동당원은 88명, 조선민주당과 천도교청우당 소속은 30명, 무소속은 89명이었다. 당시 소수 정당 대표들은 공산주의자들의 확고한 통제하에 있었는

101 『조선통사』, 제3권, 69쪽.
102 같은 책, 70쪽.
103 같은 책, 70쪽.

직종	비율(%)	직종	비율(%)
농민	26	상업가	4
사무원	24	종교인	4
노동자	22	기업가	3
인텔리	15	예술가	2

데, 이른바 무소속 대의원들은 정권에 대해 더 순종적인 사람들이었다는 점을 상기할 때 인민회의와 정권과의 관계가 아주 무난했음을 알 수 있다. 사실 공산주의자들에게 적극적이고도 노골적인 적대 세력은 이미 남한으로 내려갔거나 제거된 상태였다. 적어도 표면적으로는 '인민'만이 북한에 살고 있을 뿐 '인민의 적'들은 모두 사라진 셈이었다.

2월 21일과 22일 이틀에 걸친 회합에서 인민회의는 김두봉을 의장으로 한 11인 상임의원회常任議員會(최고인민회의가 설치되면서부터는 상임위원회로 바뀌었다─옮긴이)를 구성했고 「북조선 재판소 및 북조선 검찰소에 관한 규정」을 통과해 사법기구를 설치했다. 마지막으로 인민회의는 기존의 북조선 임시인민위원회를 '항구적'인 북조선 인민위원회로 대체함으로써 이제 소련과 상당히 흡사한 체제를 갖추게 되었다. 물론 이 새로운 인민위원회는 그 구성원들이 각 행정국의 책임을 맡음으로써 북한의 정부라는 외형을 뚜렷하게 갖추었다. 22명의 위원 중 16명이 노동당 간부였고, 조선민주당과 천도교청우당 소속이 각 두 명, 무소속이 두 명이었다.[104] 김일성은 당연히 이 위원회의 위원장을 맡았다. 이제 공산주의자들은 더는 자신들의 힘을 은폐하려고(혹은 나눠 가지려고) 하지 않았다.

당시 남북한 양측은 자신들이 구축한 체제에 정통성을 부여하는 방향으로 치달려나갔다. 서울의 입법의원이 첫 회의를 소집한 것은 북한의 인민회의가 최초로 회합을 갖기 약 두 달 전인 1946년 12월이었다. 북한의 인민회의가

---

104 위원들의 명단은 다음 자료에 실려 있다. 김창순, 앞의 책, 204~205쪽.

엄격한 규율 아래 통제되었던 것과는 대조적으로 입법의원은 초반부터 복잡하고 다루기 어려운 여러 문제에 봉착했다. 비록 남한의 경우 입법의원이 미국의 군정이 끝날 때까지 유지될 수 있을지 극히 의심스럽긴 했지만, 남북한 양쪽에서 각각의 정치체제는 필요할 때 '항구적'인 정권으로 탈바꿈할 수 있는 태세를 점차 갖춰나가고 있었다.

앞서 우리는 1947년 전 기간 미국과 소련 양국이 한국에 대해 그들의 상이한 구상을 어떻게 실현시키려 했는지, 그러한 모든 노력이 어떻게 무위로 끝났는지를 자세히 살펴보았다. 1947년 11월 유엔UN이 한반도 문제에 개입하고, 또 남한에서 일련의 복잡한 사건들이 벌어지고 난 뒤 남한에서 단독선거가 실시되기 한 달 전인 1948년 4월에 급기야 평양에서 전 조선 제정당사회단체대표자全朝鮮諸政黨社會團體代表者 연석회의聯席會議(이른바 남북협상―옮긴이)가 개최되기에 이르렀다. 따라서 1948년 8월 15일의 대한민국 정부 수립은 그동안 남한에서 전개되어온 험난한 정세를 일단락 짓는 것이었다.

그로부터 3주 후인 1948년 9월 9일에는 김일성을 수상으로 한 조선민주주의인민공화국이 수립되었다. 다시 한번 북한 공산주의자들은 매 단계마다 남한의 제도 정비 노력을 저지시킬 수 있는 수단을 강구하는 한편, 남한의 제도에 상응하는 자신들의 정치기구를 만들어나갔던 것이다. 북한 공산주의자들은 이미 1947년 11월의 북조선인민위원회에서 헌법을 기초하기 위한 조선임시헌법제정위원회朝鮮臨時憲法制定委員會를 조직해 인민회의의 제4차 회의가 열린 1948년 2월 헌법 초안을 정식으로 상정했다. 그뿐 아니라 1936년 스탈린 헌법의 예에 따라 헌법 초안을 '전체 인민의 군중토의'에 부침으로써 최종안을 확정하기에 앞서 2,000건 이상의 의견을 수렴했다.

한편 1948년 7월 북조선인민회의 제5차 회의는 새로운 최고인민회의 구성을 위해 8월 25일 '전 조선에 걸친' 총선거를 실시하고, 이 새로운 입법기구에서 정식으로 헌법 제정과 정부 구성을 담당하도록 해야 한다고 결정했다. 이것은 미국이나 유엔, 5·10선거 등에 대한 공산주의자들의 뚜렷한 답변이었다. 북로당 중앙위원회는 선거에 '전국적'인 성격을 부여하기 위해 7월 13일 개최된 회의에서 남로당과의 '통합적인 지휘체계'가 마련되어야 한다고 결의했다. 8월 2일에는 당시 북한으로 올라온 남한 공산주의 지도자 거의 모두를 망라해 연합중앙위원회가 구성되었다. 또한 4월의 남북협상 때 평양으로 와서 눌러앉은 사람들한테도 지지를 구하는 등 더욱 광범위한 통일전선을 위한 노력이 시도되었다. 그러나 당시에 그러한 계획이 순전히 공산주의자들에 의해 조종되고 있다는 사실을 간파한 남한의 비공산주의자들 대부분은 그 제의에 전혀 반응을 보이지 않았다.

그럼에도 공산주의자들은 전국적인 총선거라는 허구적 주장을 밀고 나가 북한 지역에서 212명, 남한 지역에서 360명 등 도합 572명의 최고인민회의 대의원이 선출되었다고 발표했다. 공산주의자들의 공식 발표에 따르면 북한 지역의 전체 유권자 중 99.97퍼센트가 선거에 참여했고, 민전이 추천한 공동 입후보자들에게 전체 선거 참여자 중 98.49퍼센트가 지지표를 던졌다고 한다. 또한 그들은 남쪽에서도 유권자 중 77.52퍼센트가 비밀리에 실시된 선거*에 참여했다고 주장했다.[105] 공산주의자들은 남한의 모든 인민을 대변할 수 있는 '대표'들을 선출했다는 선거에서 후보들이 모습을 드러낼 수 없었던 탓으로 이 선거는 분명히 '간접선거'였다는 점까지 스스로 인정했다. 이 희한한 주장은 공산주의자들이 자랑하는 선거의 다른 측면들에 대한 신빙성까지 의심하게 만드는 참으로 우스꽝스러운 것이었다. 남로당의 각종 외곽단체 지도

---

* 박갑동朴甲東은 소련의 '전 조선적 인민 정권' 방침에 따라 남한에서 실시되었다는 '지하선거'에 대해 상세히 설명하고 있다. 박갑동, 「내가 아는 박헌영」, 122~123회, 『중앙일보』, 1973년 7월 23~24일자를 참조하라. 이 선거에 대한 남로당의 입장은 당 기관지인 『노력인민』, 1948년 7월 28일자(100호)~9월 13일자(106호)에 잘 나타나 있다. 특히 9월 13일자에는 선거 결과에 대한 박헌영의 총결 보고가 실려 있다. 『노력인민』은 김남식·이정식·한홍구 엮음, 『한국현대사자료총서』, 제5권에 수록되어 있다.
105 구재수, 「조선민주주의인민공화국 최고인민회의 대의원 자격심사위원회 보고」, 『조선인민회의의 제1차 문헌집』朝鮮人民會議 第一次 文獻集, 평양, 1948.

자들이 소속단체의 전 회원을 대신해 선거권을 행사한 경우—사실상 대부분의 경우겠지만—를 포함한다고 해도, 최근 몇 달 동안 남한의 좌익이 겪은 극심한 타격을 고려할 때 실제로 선거에 참여한 남한 주민은 극소수에 불과했을 것이다.

남한에서 그곳의 전 주민을 대표해 선출되었다는 1,000여 명의 남한 '대표'들은 8월 22일에서 24일에 걸쳐 38선 바로 북쪽에 있는 해주에서 남조선인민대표자대회南朝鮮人民代表者大會를 개최하여 최고인민회의에 참여할 대의원 360명을 선출했다. 이 대회에 관련된 면면을 살펴보면, 이러한 계획이 소련인들과 북한 공산주의자들의 감독과 지원 아래 남로당과 그 외곽단체들을 통해 수행되었음을 분명히 알 수 있다.

1948년 9월 2일 조선최고인민회의는 평양에서 첫 회의를 소집했다. 10일간 계속된 최고인민회의의 역할은 지난번의 북조선인민회의와 마찬가지로 상정된 안건에 대해 비준권을 행사하는 정도였다. 그중 중요한 것은 헌법 채택과 김일성에게 내각 구성의 권한을 위임한 것이었다. 앞에서 이미 살펴보았듯이 소련의 헌법을 본뜬 이 헌법은 현 정치체제를 근본적으로 뒷받침하고 있는 것이었다. 법제상으로 최고 주권기관이었던 인민회의는 말하자면 소련의 연방최고회의(중국의 전국인민대표대회라든가 북베트남의 인민회의 등도 이 모델을 따른 것이었다)와 같은 성격의 기관이었다. 최고인민회의가 휴회 중일 때는 동 상임위원회가 최고 주권기관의 역할을 수행했다. 국가의 중앙집행기관은 내각이었는데, 내각은 수상을 필두로 해서 17개 부서로 구성되어 있었다. 소련의 소비에트에 해당하는 인민위원회는 지방 주권기관의 역할을 수행했다. 각급 인민위원회는 민주집중제의 원칙에 따라 해당 인민회의와 상급인민위원회에 대해 책임을 지도록 되어 있었다.

이렇게 해서 탄생한 이 새로운 국가는 군대까지 갖추게 되었다. 조선인민군에 관해서는 나중에 좀더 상세히 살펴보기로 하고 여기서는 인민군의 출범이 1946년 초까지 소급될 수 있다는 사실만을 지적하고 넘어가기로 하겠다.

1946년 2월에 조직된 북조선 임시인민위원회에서 보안국장을 맡은 최용건은 1946년 7월에 설치된 보안간부保安幹部 총훈련소總訓練所의 총사령관에 취임했다. 1947년 봄 무렵에 이르러 미 군정 당국은 북한의 군사력이 12만~15만 명이며, 최신 소련제 장비를 갖추고 있는 것으로 추산했다. 이러한 병력 수는 대한민국 정부가 수립되기 전 남한이 고작 2만 6,000명의 병력을 보유하고 있었던 사실과 비교해볼 때, 공산주의자들이 한반도에서 외국군의 철수를 강력히 주장했던 배경을 쉽게 이해할 수 있도록 해준다.

한편 대중 동원 문제에 대해서도 몇몇 측면에서 큰 성공을 거둔 공산주의자들은 이 문제에 관해 신기원을 열었다고 자랑할 만했다. 1947년 말까지 북한 주민 중 대부분의 성인 남녀는 하나 혹은 그 이상의 정치단체나 사회단체에 가입해 활동하라는 권유를 받았다. 당시 북한에 살던 성인 인구는 대략 450만 명 정도였다. 한편 1947년 말까지 70만 명에 육박하는 당원을 확보한 노동당은 지구상의 모든 공산당 중 노동당을 국민에 대한 당원비율이 가장 높은 당으로 만드는 데 성공했다고 주장했다.

1946년 1월 31일에 결성된 북조선농민동맹은 같은 기간 맹원 수가 80만 명으로 늘어났다고 주장했다. 토지개혁 기간 중 북한의 전체 농가 약 90만 호 가운데 72만 4,000여 호에 달하는 농가가 일정한 토지를 분배받았다.

1945년 11월 전국노동조합평의회 북조선총국으로 처음 조직되어 1946년 5월 명칭을 바꾼 북조선직업총동맹은 총 43만 명의 노동자 중 35만 명이 가맹했으며 산하에 화학노동직업동맹, 광산노동직업동맹, 철도교통직업동맹, 일반봉급노동직업동맹 등의 산업별 직업동맹을 거느리게 되었다고 주장했다. 이 직업총동맹은 남로당을 통해 남한까지 침투했으며 한때 남한에 상당히 큰 영향을 미치기도 했다. 주지하다시피 남한에서 일어난 대규모 파업과 노동자 시위 중 다수는 공산주의자들이 부추겨 일어난 것이었다. 그러나 1947년 말에 이르러 남한 노동자들에 대한 공산주의자들의 영향력은 지도부와 열성적인 활동가들 대부분이 월북하거나 투옥됨에 따라 다른 부문에서와 마찬가지로 그 수가 크게 줄어들었다.

지지기반을 확장하려는 소련과 북한 공산 당국의 '제안'으로 구공산주의 청년동맹은 1946년 1월 17일 북조선민주청년동맹으로 명칭을 바꿔 재발족되었다.[*] 1947년 말까지 민주청년동맹에 가입한 사람들은 50만 명에 달했다. 1945년 11월에 발족한 북조선민주여성동맹北朝鮮民主女性同盟에는 35만 명이 가입했다. 그 밖에 좀더 소규모의 인원으로 구성된 다른 여러 단체가 많았는데, 그 대부분은 문화인으로 조직된 것이었다. 예를 들어 북조선문학예술총동맹北朝鮮文學藝術總同盟이라든가 조소문화협회 등이 지식인들의 동원 수단으로 활용되었다. 또한 약 17개 단체는 1946년 2월 「북조선 민주주의 각 정당·사회단체·행정국·인민위원회 대표 확대협의회」를 개최하기도 했다.

북한 공산주의자들의 조직술에 대해서는 나중에 좀더 세밀히 언급하기로 하고, 여기서는 이들의 노력이 당시 전 세계 공산주의 진영에서 하나의 이정표를 세웠다는 점만을 특별히 지적해둔다. 일찍이 근대 정당 중에서 공산주의 정당이든 아니든 이들만큼 군중 동원 정치를 강조한 정당은 없었다. 분명 북한 공산주의자들은 몇 가지 측면에서 다른 나라의 공산주의자들에 비해 독특한 강점을 갖고 있었다. 소규모적이고 동질적이며 상대적으로 밀집된 인구 구성, 공적이기보다 사적이긴 했으나 오랜 조직적 전통을 가지고 일제의 탄압을 헤쳐나왔다는 점, 마지막으로 소련과 중국 등지에서 경험과 훈련을 쌓을 수 있었다는 점 등이 바로 그들만의 이점이었다.

인민위원회 등 하부 조직들은 대부분 정책 결정기관이라기보다는 인준기관 혹은 의례적인 기관이었다. 그들이 일반인의 참여와 가맹 욕구를 어느 정도로 충족시켜주었으며, 그 심리적 효과가 어떠했는지에 대해서는 뒤에서 좀

---

[*] 김창순, 앞의 책, 171쪽에는 북조선민주청년동맹의 결성 날짜가 1946년 1월 17일로 되어 있으나 『국내외중요일지』 등 다른 자료에는 1945년 11월 27일로 되어 있다. 김남식·이정식·한홍구 엮음, 『한국현대사 자료총서』, 제12권. 그러나 1960년판의 『김일성선집』, 제1권, 33~36쪽에는 1946년 1월 17일자로 「조선민주청년동맹 북조선위원회결성에 제하여」라는 논설이 실려 있다.

더 자세히 살펴보기로 하겠다. 또한 그처럼 광범위한 동원체제에서 동원의 '질'에 관한 문제도 아울러 고찰해볼 것이다. 현재 시점에서 본다면 적어도 양적 측면에서는 군중 동원을 최우선시한 북한 공산주의자들이 이 분야에서 빠른 성과를 올렸다고 충분히 주장할 수 있다.

대중매체는 군중 동원에서 중요한 요소로, 공산주의자들은 여기에도 상당한 비중을 두었다. 김일성이 훗날 술회한 바에 따르면 한국전쟁 발발 당시 북한에서는 80여 개에 달하는 전국지와 지방 일간지 그리고 40여 종의 정기간행물이 발행되고 있었으며, 발간된 서적과 소책자의 수는 '수천만'을 헤아릴 정도였다고 한다.[106] 실로 대중은 각종 선전과 활자매체(라디오라든가 연극, 강습소 등이 이를 보강하고 있었다) 속에 푹 파묻혀 있었던 셈이다. 김일성과 그의 측근들은 당시 쏟아져나온 '정치적'이고 '문화적'인 선전물 중 상당수가 마르크스-레닌주의 관련 고전들을 번역하는 과정에서 그저 소련의 것을 그대로 베껴놓은 것에 불과하다는 사실을 솔직하게 시인했다. 정치적 측면뿐 아니라 문화적 측면에서도 당시는 도처에서 소련 문학, 소련 영화, 노어 등이 횡행하던, 말하자면 소련의 시대였다. 김일성에 따르면 당시 북한 학생 299명이 연구를 위해 소련 유학길에 올랐으며, 36명의 소련 기술자가 북한으로 파견되어 교본과 기술 관련 지침서 등의 편찬을 가르치고 도왔다고 한다.[107]

한편 공산주의자들은 숙련된 인적 자원의 양성과 정치선전의 강화라는 두 가지 목표를 갖고 교육시설을 확장하기 위해 다방면에서 노력을 게을리 하지 않았다. 그들은 정부가 수립된 첫해 동안 8,061개의 성인학교를 세워 41만 3,000명에 달하는 문맹자가 기초적인 문자 해독을 할 수 있게 되었다고 밝혔

---

106 김일성Kim Il Sung, *Selected Works*, 1965, Vol. I, 429쪽(이 연설의 원제목은 「공산주의 교양에 대하여」로 1958년 11월 20일 '전국 시·군당위원회 선동원들을 위한 강습회'에서 행한 것이다. 본문에 언급한 내용은 1963년판의 『김일성선집』, 제6권, 116~146쪽에 실린 한국어 원문에는 실려 있지 않고 영문판에만 나온다 — 옮긴이).
107 같은 책, 430쪽.

다. 또한 북한 정권은 도서관과 연구기관 외에 여러 개의 단과대학과 종합대학을 세우기도 했다. 그러나 소련의 지도와 북한 공산주의자들의 기본 목표에 따라 과학과 기술 훈련은 크게 장려된 반면 인문교육은 현저하게 위축되었다. 이렇듯 조선민주주의인민공화국 정부가 수립될 무렵, 대중매체와 교육시설의 확대는 앞으로 정치 안정과 경제 성장에 따라 좀더 정교화되어야 하겠지만 신정권이 거둔 주요한 업적 중 하나임이 틀림없다.

9. '국내파'에 대한 탄압

이제 마지막으로 공산당 내부의 추이는 어떠했는지에 대해 살펴보기로 하겠다. 앞서 지적했듯이 1946년 8월 북조선노동당이 결성될 무렵 과거의 조선공산당은 소련-갑산파의 확고한 통제하에 놓여 있었다. 국내파에 최초의 중대한 일격이 가해진 것은 김일성이 오기섭, 정달헌 등 국내파 공산주의자들의 반대를 뚫고 북한에 독립된 정당이 필요하다는 사실을 성공적으로 관철시킨 1945년 12월 17~18일의 조선공산당 북조선분국 제3차 확대집행위원회에 서였다. 이때부터 북한의 공산당 지도부 내에서 국내파의 발언권은 급속히 줄어들게 되었다. 소련-갑산파가 지배하는 새로운 조직인 중앙위원회는 국내파 인사들을 '종파쟁이' 또는 '지방할거주의자'로 내몰면서 북한 전역에 걸쳐 각급 지방당위원회를 장악해나갔다. 1946년 1월 말 '국내파' 지도자 중 김일성에게 맞설 수 있는 유일한 인물인 오기섭이 북조선분국 제2비서직에서 해임되었다. 그 즉시 오기섭은 김일성 일파가 2월 8일 조직해놓은 북조선 임시인민위원회의 선전국장에 임명되었지만, 이것은 격이 훨씬 낮은 직위였다. 한편 또 다른 경쟁 상대였던 연안파의 무정도 이 기간에 지위가 격하되어, 신민당과의 합당이 이루어지기 직전인 7월 보안간부 총훈련소의 포병사령관에 임명되었다.

김일성과 그의 지지자들은 당시 국내파 인사들을 주요 표적으로 삼고 있긴 했지만, 직위를 준다든가 그 밖의 수단을 이용해 그들을 포섭할 수 있는 한 아직은 최소한 몇몇 국내파 인사를 계속 이용하는 것이 여러모로 중요하다는 사실을 알고 있었다. 이렇게 해서 초창기에는 비교적 이름 없는 인물이었던 주영하가 당 결성 당시 김일성과 함께 북조선노동당 중앙위원회의 부위원장 자리에 오르게 되었다.[108] 김일성이 노린 것은 국내파의 영관급을 포섭해 국내파 장군들을 공격하려는 것이었다. 노동당이 결성된 1946년 8월에 이르러 북한의 주요 국내파 지도자들 가운데 김일성한테 충성스러운 사람들을 제외하고는 당 조직의 상부에서 중요한 지위를 차지하고 있던 사람은 아무도 없었다. 앞서 보았듯이 초창기의 당은 소련-갑산파가 우세한 가운데 연안파와 어느 정도 세력 균형을 유지하고 있었다.

1948년 3월 제2차 당 대회에서 김일성은 주로 국내파 인사들을 중심으로 그의 당내 정적들에 대해 공개적으로 신랄한 공격을 가했다. 그는 오기섭과 "당내 일부 동지들"이 '종파주의'에 빠져 "과거 협소한 지방 그룹에서 자기 이상은 아무것도 없다는 천상천하 유아독존의 생활을 해내려 온 우물 안의 개구리들"처럼 "케케묵은 종파적 그룹 생활을 연장"하려 한다고 힐난했다.[109] 김일성의 이러한 조롱은 비단 오기섭뿐 아니라 정달헌, 최용달, 이봉수, 이순근李舜根 등 국내파 지도자들을 모두 겨냥한 것이었다. 그 당시 김일성은 연안파의 무정과 윤공흠에 대해서도 깊은 의구심을 가진 것으로 알려져 있다. 그러나 현명하게도 공개적 비난은 국내파에만 집중되어 있었다. 김일성의 공개적 비판이 있은 뒤 사전에 조작된 계획에 따라 오기섭에 대한 비난 연설이 그 뒤를 이었다. 그중에는 과거 그의 부하이자 현재 당 부위원장인 주영하, 당 조직부장인 허가이, 함경남도당 위원장인 김열 그리고 강원도당 위원장인 한일

---

108 주영하의 이후 경력에 관해서는 다음 책을 참조하라. 김창순, 앞의 책, 102~103쪽.
109 같은 책, 106쪽.

무韓一武 등의 연설이 포함되었다.

오기섭의 숙청은 그 후 잇따라 발생한 많은 사건의 한 전형을 보여주는 것이므로 그때의 일을 김창순의 설명을 통해 좀더 상세히 살펴보기로 하겠다. 제2차 당 대회가 열리기 전에 오기섭은 이미 한 번도 아니고 두 번씩이나 좌천된 적이 있다. 북조선분국 제2비서에서 임시인민위원회 선전국장(이 자리에 있으면서 그는 당, 즉 김일성을 위해서가 아니라 그 자신을 선전하고 있었다는 비판을 받았다)으로 좌천된 지 얼마 지나지 않아 그는 또다시 노동국장으로 강등되었다. 이 자리에 있을 당시인 1946년 9월 그는 「국가와 직업동맹에 관하여」라는 제하의 논문을 『로동신문』에 기고했다. 여기서 오기섭은 국유화된 산업경제기관들이 노동자들의 이익을 무시한다면 "그 기관에서 일하는 노동자들의 이익은 역시 직업동맹에 의하여 보호되어야 한다"고 주장하면서 직업동맹의 중요성을 역설했다. 이러한 주장은 김일성 일파가 최초의 공격을 가할 수 있는 계기를 제공했다. 1946년 11월 북조선노동당 중앙위원회 제4차 확대회의가 열렸을 때 '오기섭 동지의 좌우경적 오류에 대하여'라는 의제가 제2일 회의에 상정되었다. 공격을 주도한 사람은 주영하였다. 그는 오기섭이 "자본주의 사회의 노동조합 이론을 사회주의적 소유로 전환된 북반구의 공장·기업소에다 적용시켜 사리를 잘 모르는 노동자들을 고의적으로 선동"하려 했다고 주장했다.

중앙위원 대부분은 그 논문을 읽어본 사람도 별로 없었고, 읽었다고 해도 2개월 전이라 전혀 기억에 남아 있지 않아서 주영하의 갑작스러운 비난에 무슨 영문인가 하고 어리둥절해했다. 그래서 회의는 오기섭이 신상해명을 준비할 시간을 주기 위해 잠시 휴회에 들어갔다. 회의가 재개되자 오기섭은 일어판 『레닌 선집』을 안고 단상으로 걸어 올라갔다. 김창순의 이야기가 정확하다면 그의 반격은 결사적인 것이었다. 오기섭은 자신이 논문에서 쓴 것과 똑같은 구절을 책에서 짚어가며 단상을 치는 등 적극적으로 항변했다.

자, 레닌도 이와 같이 썼다. 나도 그와 같이 썼다. 내가 어째서 좌우경적 오류를 범했단 말인가? 내가 그런 잘못을 범했다면 레닌도 그런 잘못을 범했다는 말인가? 그러지를 말고 내가 정말 눈에 가시라면 차라리 나를 '조선의 트로츠키'로 몰아라!

그러자 박일우가 일어나서 오기섭이 쓴 문제의 논문을 읽어보지 못했으니, 나중에 그 논문에 관한 검토위원회를 구성해 보고서를 작성토록 하는 것이 어떻겠느냐고 발언했다. 바로 그때 김일성이 사회를 보던 김두봉에게 발언권을 청하지도 않은 채 일어서서 말했다.

새삼스럽게 검토위원회는 무슨 필요가 있단 말인가. 오기섭은 토지개혁을 하라고 평안북도에 보냈더니 당에서 하라는 대로는 하지 않고 제멋대로 하였다. 오기섭이 당내에서 좌우경적 오류를 범한 것이 어찌 이것뿐이랴.

이 발언으로 회의는 끝이 났다.[110]

오기섭의 숙청은 제2차 당 대회가 열리기 훨씬 전부터 준비되었다. 그의 추종자들은 그를 배신하도록 강요받거나 소외되고 있었다. 오기섭이 범한 '오류'들에 대한 자료는 차곡차곡 정리되었다. 그의 당내 지위는 점차 격하되었으며, 당내 지도자들의 면전에서 봉변을 당하기도 했다. 그런데 이 경우 다른 때와 마찬가지로 희생자를 물리적으로 제거하지도, 당내 지위를 완전히 박탈하지도 않았다는 것은 대단히 흥미로운 사실이다. 오기섭은 제2차 당 대회에서 다른 위원들이 만장일치로 선출되었던 것에 비해, 우여곡절을 거쳤지만

---

110 오기섭의 숙청에 대한 자세한 기록은 같은 책, 106~111쪽을 참조하라. 방인후는 제2차 당 대회 기록을 상세히 인용해 숙청의 전말을 밝히고 있다. 방인후, 『북한北韓 「조선노동당朝鮮勞動黨」의 형성形成과 발전發展』, 서울, 1967, 112~115쪽.

당 중앙위원에 재선되었다. 그러나 그는 인민위원회 노동국장에서 당권과는 거리가 먼 조소해운공사朝蘇海運公司 부사장으로 좌천되었다. 게다가 정달헌, 최용달, 이봉수 등 그의 핵심 지지자들 대부분이 중앙위원회에서 탈락했다. 그러고 나서 얼마 지나지 않아 오기섭 자신도 중앙위원 자리를 잃고 말았다.

잠재적으로나마 김일성의 정적이 될 가능성이 있는 사람들의 지위는 점차 격하되었고, 그들의 지지 세력 역시 여지없이 분쇄되었다. 오기섭의 숙청에서 중요한 것은 시기 문제였다. 그에 대한 공격은 월북하는 남로당원의 숫자가 늘어나 북한 내에서 하나의 세력을 형성하게 되고 박헌영조차 불원간 월북할 것이라는 점이 예견되는 상황에서 단행되었다. 새로 월북한 박헌영과 그와 결탁한 오기섭, 이 두 강자가 북한의 정치무대를 함께 누비는 것은 갑산파의 입장에서 결코 달가운 일이 아니었다. 이런 과정을 거쳐 조선민주주의인민공화국이 출범할 무렵 오기섭은 완전히 빛을 잃은 존재로 전락해버리고 말았다(뒤에 살펴보겠지만 8년이 지난 1965년 조선노동당 제3차 대회에서 오기섭은 당 중앙위원에 다시 선출되었으나 이듬해 이른바 8월종파사건과 관련해 또다시 숙청되고 만다).

제2차 당 대회는 중앙위원 67명을 선출하는 것으로 폐막되었다. 이때 선출된 중앙위원들의 배경을 보면 갑산파·소련파·연안파 간의 연대를 유지하려는 노력이 이루어졌으며 김일성의 주요 정적들과 심하게 밀착되어 있지 않았던 몇몇 국내파 인사만 살아남았다. 따라서 제2기 중앙위원회는 여러 계층을 대변하는 세력들의 광범위한 연합체였다고 할 수 있다. 그러나 김일성은 국내파, 특히 북한에 세력기반을 두고 있던 사람들을 노골적으로 견제했다.

이상이 조선민주주의인민공화국 수립 당시 북한의 공산주의운동이 처한 내부 사정이었다. 1948년 4월에서 9월에 이르기까지 전개되었던 상황은 상당한 조정, 특히 정권기관 내의 요직 안배를 불가피하게 만들었다. 진정한 '전국적' 정부를 구성하려고 노력한다는 인상을 극대화시키기 위해서는 남로당 인사뿐 아니라 해주회의海州會議(1948년 8월 20일 해주에서 열린 남조선인민대표자대회─옮긴이)나 그 직후에 월북해 북한에 잔류한 다른 여러 좌익 인사를 새로운 정부 구성에 포함시켜야 했다. 요컨대 정부는 통일전선의 외양을 갖추어야만 했던 것이다.

이렇게 해서 남한에서 올라온 허헌은 최고인민회의 의장이 되었으며, 천노교청우당 위원장인 김달현과 남한의 군소 정당인 이른바 근로인민당勤勞人民黨 위원장 이영은 부의장에 선출되었다. 또한 북로당 위원장이었던 김두봉은 최고인민회의 상임위원장을 겸임하게 되었으며, 국내파의 홍남표와 조선민주당의 홍기황洪箕璜은 부위원장, 김일성의 친척이자 조선민주당 간부였던 강양욱은 최고인민회의 상임위원회 서기장을 맡게 되었다.

내각은 김일성을 수상으로 하고 그 아래에 박헌영과 남한에 있던 민주독립당의 홍명희, 김일성의 측근이자 갑산파의 핵심 인물이었던 김책을 부수상으로 하여 구성되었다. 외견상 내각에서는 철저한 세력 안배가 이루어진 듯했다. 소련-갑산파 그룹은 수상을 포함해 여섯 명이 내각에 진출했는데, 그중 다섯 명은 사실상 갑산파의 핵심 인물로서 김일성의 측근이었다. 국내파역시 여섯 명의 각료를 배출했지만 여기에는 최근 들어 국내파에 맞서 김일성을 지지하고 나선 주영하도 포함되어 있었다. 더구나 나머지 사람들조차 이제는 박헌영을 전적으로 지지할 수 없는 입장이었다. 연안파도 내각에서 4개 부서를 차지했으며 나머지 4개 부서는 대부분 남한에서 월북해온 비공산계 정당 인사들에게 돌아갔다.

그러나 좀더 자세히 살펴보면, 내각 내의 세력 균형이 겉으로 드러난 것만큼 이루어진 것은 아니었다. 소련-갑산파 인사들은 수상, 부수상 중 1석, 산업상(김책), 민족보위상(최용건) 등의 요직을 장악했고, 그 밖에도 소련에서 훈련받은 김익선金翊善이 최고재판소의 초대 소장에 임명되었다. 내각 내에서 연안파와 국내파 그리고 여타 정당 인사들이 차지한 것은 그다음으로 중요한 자리들이었다. 박헌영에게 돌아갔던 외무상 자리는 소련과 북한의 관계가 보통 김일성 자신을 통해 이루어지고 있었으며, 당시로서는 이것만이 중요한 대외관계였기 때문에 겉보기와는 달리 그다지 중요한 자리는 아니었을 것이다. 그뿐 아니라 박헌영은 외무상직을 맡음으로써 국내의 제반 문제에 깊숙이 관여할 수 없게 되었다. 내무상(박일우), 재정상(최창익), 문화선전상(허정숙許貞淑) 등 좀더 중요한 자리는 연안파에게 돌아갔다. 대개의 경우 김일성과 그의 측근들은 이러한 인물들을 신임할 만한 사람으로 여기고 있었다. 예를 들어 당시 김일성과 박일우 사이의 관계는 밀착되어 있었던 것으로 알려져 있다. 어떤 점에서 소련-갑산파와 연안파는 박헌영 일파에게 이익이 돌아가는 것을 막아야 한다는 공통의 이해관계로 손쉽게 제휴할 수 있었다.

한편 이러한 전략은 남로당과 북로당이 즉각적으로 병합되지 않았던 탓에 좀더 쉽게 실현될 수 있었다. 박헌영이 북한으로 올라온 뒤 거의 3년 동안 남로당과 북로당은 별개의 정당으로 유지되고 있었다. 이러한 상황은 김일성 일파가 북로당에 대한 지배권을 계속 행사하면서 박헌영 측의 인물들을 자신들의 그룹으로 하나하나 꾀어냄으로써 박헌영을 서서히 무력화시키는 것을 가능하게 했다.

10. 소련 대對 미국

소련의 영향력은 앞으로도 몇 년간 계속될 것이긴 했지만 1948년에 접어들자 소련의 군정은 막바지에 이르게 되었다. 소련의 힘을 빌려 아시아에서 가장 보수적인 사회 중 하나인 북한에 공산 정권이 들어서게 된 것이다. 북한이 공산주의사회로 전환한 것은 내부 혁명이나 공산주의자와 민족주의의 결합을 통해 된 것이 아니라 붉은 군대를 등에 업고 된 것이었다. 그 결과 북한에서는 애당초 공산주의운동의 국내적 기반이 있었다면 필요하지 않았을 정도의 극심한 탄압정치가 행해졌다. 북한은 특히 1946년 초 이후로 경찰국가화되어 버렸다. 1945년 8월부터 공산주의 국가가 공식적으로 출범하게 된 1948년

9월에 이르기까지 약 80만 명이 남한으로 도피해 내려왔다. 그러나 그들 전부가 공산주의자들이 말하는 '반동분자'에 속하는 사람이었던 것은 아니다. 남한에서 월북해 북으로 간 사람들의 숫자가 얼마나 되는지는 불분명하지만 대략 2만 5,000명 미만인 것으로 알려져 있다. 물론 이러한 교차이농은 가장 위험한 적들이 스스로 사라져버린 것을 의미한다는 점에서 공산주의자들한테 대단히 유리한 것이기도 했다.

공산주의자들은 나머지 적들도 마저 제거해나가기 시작했다. 일찌감치 제거된 현준혁이나 조만식이야말로 모습을 감추게 된 사람들 가운데 대표적 인사였다. 앞서 살펴보았듯이 숙청방법은 다양했다. 크게 위협적이지 않은 사람들은 좌천시킨다거나 추종자들 앞에서 자아비판을 하도록 하거나 한국판 시베리아로 내몰았다. 이 방법은 숙청된 사람들의 조직을 차차 장악해나갈 수 있도록 했기 때문에 전술적으로 좀더 현명한 것이기도 했다.

물론 이것이 남한에서 폭력과 탄압정치가 전혀 없었다는 것을 의미하진 않는다. 우리는 혼란스럽고 불안정한 남한 정세에 암살과 유혈극이 판치고 있었음을 이미 충분히 살펴보았다. 남한의 공산주의자들은 폭동을 일으키거나 모든 적에 대해 격렬한 공격을 가한다거나 비합법적이고 폭력적인 정치 활동을 일삼음으로써 자신들의 불행을 자초했다. 이러한 사건들이 안겨준 충격으로 미 군정 당국은 유화정책에서 가혹한 탄압책으로 점차 태도를 바꾸게 되었던 것이다.

그러나 1945년에서 1948년에 이르는 동안 미소 양국이 남북한에 이식시키려 했던 각각의 정치체제와 그 이식방법을 비교해보면 대단히 흥미로운 측면이 돋보인다. 앞서 살펴보았듯이 우세한 측은 소련이었다. 엘리트들을 통한 꽉 짜인 통제, 경쟁의 극소화, 지도자의 결정사항을 추인하기 위해 강조되는 군중 동원 등에 기반을 둔 권위주의적 정치체제는 한국에서 서구식 민주주의보다 훨씬 더 손쉽게 뿌리내릴 수 있었다. 사실 한국 사회의 보수성과 정치적 후진성은 서구식 민주주의자들보다 공산주의자들에게 더 유리하게 작용했다. 이렇게 되어 1948년 가을 무렵 고도로 조직되고 내부 단결도 잘된 북한이 군사적으로나 정치적으로나 남한과 비교하기 어려울 정도로 강력한 힘을 갖게 되었다는 데는 의심의 여지가 없다.

그렇다면 김일성은 어떠했는가? 이 알려지지 않은 젊은이에게 소련의 지지와 후원이 따르지 않았다면 아마도 그는 그 자리에 오를 수 없었을 것이다. 이런 점에서만 본다면 김일성은 이 무렵의 다른 어떤 정치지도자들보다도 외세에 밀착되어 있었다. 이를테면 미 군정 당국이 이승만에 대해 애증이 교차하는 감정을 가졌던 사실—미 군정 당국은 거의 언제나 이승만이나 여타의 남한 지도자들과 충돌하고 있었다—이나 로마넨코 사령부와 김일성 간에는 탄탄한 협력관계가 지속되었던 사실을 비교해보면 이 문제를 잘 이해할 수 있을 것이다. 만약 의견 차이가 생길 경우 그것들은 주도면밀하게 은폐되거나 미봉책으로 무마되었으며, 대부분 김일성이 제시한 타협안으로 조정되기도 했다. 남북한에 수립된 제도나 이에 걸린 시간을 고려해볼 때, 소련의 계획이 모든 면에서 미국을 앞섰다는 점은 부인할 수 없다.

일단 생존에 성공한 김일성은 빠른 속도로 자신의 체제를 확립해나갔다. 1948년까지 김일성은 자신의 주요한 정적 대부분을 제거하거나 그들이 자신에게 복종하도록 만들어버렸으며, 전국의 신문과 방송을 자신의 개인적인 도구로 장악했다. 당시 북한의 체제는 실권이 정상에 집중되어 있었고 김일성 자신이 당과 주요 국가기관을 확고하게 장악하고 있었기 때문에 그를 위해 효과적으로 움직였다. 그러나 아직까지 가난한 나라였던 북한은 정치사업에 모든 힘을 동원했다. 경제발전에 관한 것은 뒤에서 살펴보기로 하고, 여기서는 그 당시의 경제 사정이 1947~1948년 약간 호전되었던 것을 제외하고는 극도의 빈곤과 궁핍을 벗어나지 못했다는 점만을 지적해두기로 한다. 그럼에도 북한의 정치체제는 아주 안정된 것이었다. 통제된 부르주아 민주혁명은 완수되어가고 있었으며, 대중봉기는 말할 것도 없고 쿠데타의 기미조차 남한에서와 달리 북한에서는 거의 존재하지 않았다.

한국전쟁과 북한

1948년 가을을 맞이한 김일성과 그의 측근들은 그간의 발전 상황에 대해 대체로 만족해하면서 미래에 기대감을 가질 만한 이유를 갖고 있었다. 김일성 자신이 새 시대의 가장 중요한 시기에 살아남았으며, 북한 정치에 대한 그의 지도력은 그 어느 때보다 확고해 보였다. 박헌영을 비롯한 강력한 경쟁자들은 이미 제2선으로 물러난 상태였다. 상대적으로 불안정한 국가건설이나 당 건설의 초기 단계에 정책 결정구조의 정점에서 살아남을 수 있는 능력은 일반적으로 최고지도자가 되기 위해 이겨내야 할 가장 가혹한 시련이었다. 일단 지도층 사이에서 역할이 확실하게 정해지고 조직체계가 확립되면 지도자에 도전하기란 여간 어려운 일이 아니다. 스탈린식 공산체제에서 공적 위세와 사적 권력을 움켜쥔 주요 정치지도자는 뜻하지 않은 재난만 없다면 절대로 실각하지 않는다.

김일성과 그의 일파는 당연히 이익을 본 만큼 대가를 치러야 했다. 소련의 권한과 영향력은 아직 두루 남아 있었다. 1948년 9월 이른바 조선민주주의인민공화국이 수립되면서 소련 군정은 명목상으로는 끝이 났으며, 바로 그 직후에 소련군이 철수한 것도 사실이다. 그러나 이로 말미암아 북한에 대한 소련의 역할이 줄어든 것은 결코 아니었다. 소련군 사령부의 역할은 단지 평양 주재 소련대사관으로 이전되었을 뿐이며, 소련 정치고문들이 북한 각료들과 함께 계속 근무하면서 기본적 정책 결정사항을 재검토했다.[1] 하급 수준에서는

---

1 더 자세한 것은 다음을 참조하라. U. S. Department of State, *North Korea: A Case Study in the Techniques of Takeover*. 이 보고서는 원래 1951년 5월 기밀문서로 출간되었던 것인데, 1961년

소련 기술자들과 군사전문가들이 당시 북한의 산업이나 군사발전에 결정적 역할을 했다. 북한 공산주의 지도자들의 소련 당국에 대한 절대적 충성과 긴밀한 상호작용을 전제로, 소련 군정 기간에 형성된 정치구조는 군정이 끝난 뒤에도 적절한 변화를 거쳐 지속되었다.

소련이 북한에 대해 영향력을 행사하는 데 중요한 통로 역할을 한 것은 북한 정권의 요직에 앉아 있던 소련계 한인들이었다. 당시 요직을 차지했던 소련계 한인의 숫자는 200여 명으로 추산되고 있다. 이들 러시아화된 한인 또는 소련계 한인들은 대다수가 이중국적을 갖고 있었다.[2] 소련 군정 초기부터 널리 기용되었던 그들은 대부분 주요 정부기관의 요직을 점하고 있었는데, 대개 부상副相급이었으므로 눈에 거슬리지 않는 방식으로 막강한 권력을 행사할 수 있었다. 소련계 한인들 가운데는 단기 임무를 띠고 왔다가 일정한 복무 기간이 끝나면 소련으로 돌아가는 사람들도 있었지만, 소련의 지령 혹은 자기

기밀 해제되었다. 이 책은 극비 자료의 열람이 허가된, 한국전쟁 이전의 북한 정치체제 연구를 맡은 연구반이 작성한 것이다.

다음 구절에 주목하라. "한 소식통에 의하면 상당수의 소련인 정치고문들이 북한 내각과 함께 일했는데, 그들의 주요 임무는 기본적 정책 결정사항들을 재검토하는 것이었다고 한다. 각 성省에는 최소한 한 명 이상의 소련인 정치 책임자가 배치되었는데, 그들은 대개 해당 부서의 실력자였다. 예컨대 내무성 고문은 소련 군정기에 소련 비밀경찰국장이었던 보쟈긴Bodyagin 대좌였다. 교육성에는 마르크스주의 철학 전문가가, 민족보위성에는 상당수의 적군赤軍 장성들이 고문으로 배치되었다. 국가계획위원회와 김일성대학 및 각급 군사·기술학교에도 책임자가 배치되었다."(100~101쪽)

2 같은 책, 101쪽. "한 소련계 한인(김용범金鎔範—옮긴이)은 공산당 내부의 최고 지위인 당 책임비서 직과 소련대사관과의 연락책을 겸임했다. 또 한 사람은 당 중앙본부의 조직부장(허가이)이었다. 오랫동안 노동당 지방조직은 소련계 한인들이 주도했다. 각 성省과 기관마다 최소한 한 명의 소련계 한인 부상副相이 책임자로 있었으며, 특정한 핵심 부서(내무성의 정치보위국이 전형임)에는 한 명 이상의 소련계 한인 부상이 있었다. 김일성대학 부총장(김승화金承化)도 소련계 한인이었고, 소련의 중앙아시아에서 돌아온 그의 많은 동료가 당 중앙학교, 군사학교, 내무성 산하 간부학교의 핵심적 교육 책임을 맡았다. 노동당 기관지 『로동신문』의 주필(기석복奇石福)도 소련계 한인이었고, 모르트랜스(Mortrans, 조소선박회사)의 북한 측 대표 중에도 소련계 한인이 있었고, 민주여성동맹 위원장(박정애) 역시 소련계 한인이었으며, 군대는 소련계 한인 일색이었다. 이들 우즈벡 출신 한인 중에는 단기 임무를 띤 사람도 있었지만, 대다수는 어떤 의도와 목적에서긴 북한에 체류·정착해갔다."(101쪽) 자세한 것은 다음을 참조하라. 이정식·오기완Ki-Wan Oh, "The Russian Faction in North Korea", *Asian Survey*, 1968년 4월, 270~288쪽.

스스로의 의사 때문에 무기한 체류하는 사람들도 있었다. 비록 이들은 다른 러시아인들과는 달리 일반 주민들 속에서 생활했지만, 소련 당국의 지시와 감독을 받고 있었다. 소련의 권력은 직접적으로, 근본적으로 이들을 통해 투영되었던 것이다.

공화국 초기의 경제적 비전은 불투명했다. 당 지도부는 1949~1950년 최초의 전면적 경제계획인 '2개년계획'에 착수했다. 물론 이 기간은 중공업에 역점이 두어졌다. 산업발전에 소요되는 국가 지출이 급증했으며, 일부 경제부문의 생산은 크게 제고되었다. 그러나 각 부문별 경제발전의 성과는 매우 불균등했으며, 북한 당국자들도 몇 가지 심각한 문제가 가로놓여 있음을 솔직히 인정하지 않을 수 없었다.[3] 농업 부문도 여전히 극심한 곤란에 빠져 있었다. 북한 당국의 설명에 따르면 1948년의 곡물 생산량은 1946년의 140.6퍼센트에 달했다. 그러나 1948년의 실적은 일제강점지 시기의 최고 생산 연도인 1939년보다 불과 10.4퍼센트 증가한 것에 그쳤다.[4] 이것은 분명히 대단한 실적이 아니었다. 일반 북한 주민들의 생활수준은 일제식민지 시기와 마찬가지로 매우 낮았다.

북한 당국은 소련 방식을 따랐던 교육과 보건 부문에서 상당한 성과를 자랑할 수 있었다. 1949년 초 당시 교육성 부상 남일南日은 일제통치하에서는 "소학교, 중학교, 기타 총계 1,496교에서 불과 91만 명이 공부하였던 것이 오늘날 인민학교로부터 대학에 이르기까지의 학교교육 체계에 의한 학교만이

---

3 예컨대 공장지배인 및 모범노동자 대표에게 보내는 김일성의 연설, 「산업 부문 경제 및 직맹열성자대회에서 진술하신 김일성 수상의 총결연설」, 『산업』, 1949년 12월, 3~13쪽 참조. 김일성은 1947년 공업품의 생산이 1946년에 비해 89퍼센트, 1948년에는 1947년에 비해 44퍼센트나 증가했다고 주장하면서도 "우리는 앞으로의 산업발전에 있어서 적지 않은 지장을 주고 있는 엄중한 결점들이 존재하고 있는 것을 알아야 하겠읍니다"라고 인정하지 않을 수 없었다. 그는 계속해서 1949년의 생산계획은 "아주 복잡한 난색을 보이고 있다"고 지적하면서 그 이유로 일부 공장의 새로운 조건에 대한 부적응성, 노동력 부족, 기술 인력의 부족, 분배 문제, '반국가분자들'의 저항 등을 들었다.

4 김종일, 「춘기 파종 기간에 있어서 우리 당원들의 과업」, 『근로자』, 1949년 2월 28일, 28쪽.

4,255교로 장성되어 173만 7,358명의 학생이 '민주교육'을 받고" 있으며 그 밖에 100만 명에 달하는 사람들이 성인학교, 통신대학, 직장학교 등에서 수학하고 있다고 말했다.[5] 이어 그는 한글학교에서는 해방 후 3년간 237만 7,734명의 문맹을 퇴치했다고 주장했다.[6]

또한 남일은 교육의 역점을 새로운 사회적·경제적 제 계급의 사회화에 두었다고 주장했다. 그는 "해방 직전 평양고등보통학교 학생 971명 중 노동자와 빈농민의 자제는 한 명도 없었고 그 47퍼센트가 상인의 자제이며, 나머지는 지주와 자본가, 일제의 기관에서 복무하는 자들의 자제"였다고 주장했다. 기타 고등학교도 마찬가지였다. 그러나 그는 오늘날 북한에서 각 학교에 다니는 학생들 가운데 90.2퍼센트가 노동자, 빈·중농민, 사무원 등 기본 성분의 자제라고 말했다.

1. 공산주의자들의 정치적 통합과 재편

새로운 교육계획은 경제적 목적뿐 아니라 당연히 정치적 목적을 통해 채택되었다. 1949년 초 북조선노동당 부위원장 허가이는 9개월여의 당 사업 결과 약 80만 당원, 그것도 대부분 청년당원을 확보했다고 발표했다.[7] 그는 이어 당 세포가 조직되지 않은 생산직장이나 농어촌, 중요 국가기관, 학교는 거의 없게 되었고 당원들은 "조국건설의 각 분야에서 결정적 역할을 하고 있다"라고 주장했다. 예를 들어 최근 평남도당단체에서 실시한 세포사업 총화회의에

---

5 남일, 「인민교육발전과 전반적 의무교육 실시를 위한 준비사업에 대하여」, 『근로자』, 1949년 1월 31일, 13~14쪽.
6 같은 논문, 13쪽.
7 허가이, 「북조선로동당 하급 당 단체(세포·초급 당부·면당부)들의 9개월간 사업 총결에 관한 총화와 당 지도사업 강화에 대하여」, 『근로자』, 1949년 3월 15일, 4쪽.

참가한 전체 당원 수의 50퍼센트가 토론에 열성적으로 참가했으며, 전체 토론자의 30퍼센트 이상이 '건설적인 비판'을 제의했다고 한다.[8] 그러나 당원들의 '청소靑少함'이나 경험 부족'으로 말미암아 여러 결함이 생겨난 것도 사실이었다. 단지 양적 성과를 달성하는 데만 급급한 일부 당 간부 때문에 인민들의 정치적 열성을 제고시킬 수 없었으며, 아직도 관료주의와 명령주의가 만연해 있었다. 당 정치교양사업도 당원들의 교육 수준 대신 출신 성분을 기준으로 실시했기 때문에 많은 문제가 발생했다. 대학 졸업자와 문맹을 동일한 세포학습회에 편성한 사례도 많았다.[9] 허가이는 당의 장성사업과 관련해 두 가지 기본 결함을 지적했다. 그 하나는 '관문주의關門主義적' 정책을 채택해 단지 '무식하다'는 구실로 많은 노동자들의 입당을 거부한 것이며, 다른 하나는 '집단주의' 경향으로 '아직 충분히 검열되지 않은 자들을 당 규약을 위반하면서 대량적으로 입당'시키는 것이었다.[10] 허가이의 보고서는 1949년 6~8월 남북노동당 합당 전야에 발표된 것이었다. 돌이켜볼 때 남북노동당의 합당이야말로 남로당이 북로당에 병합되고 흡수되는 전조이며, 박헌영계의 사실상의 붕괴를 의미했다는 김창순의 주장은 타당한 것이었다.[11]

---

8 같은 논문.
9 같은 논문, 7~10쪽.
10 여기서는 뒷날 허가이 자신이 특히 농민들에 대해 '관문정책'을 취함으로써 당의 발전을 그릇되게 제약했다는 이유로 문책당하게 된다는 사실만을 간단히 지적하기로 하겠다.
11 김창순, 『북한 15년사』, 서울, 1961, 116~117쪽. 1950년 12월 21일 조선노동당 중앙위원회 제3차 전원회의에서 김일성은 남북노동당의 합당에 대해 처음 공식적으로 언급했다. 그는 다음과 같이 말했다. "우리 남북조선로동당이 합당하던 연합중앙위원회가 있은 지 벌써 일 년이 넘었읍니다. 일 년 전에 우리 당의 역량을 더욱 튼튼케 하며 조성된 복잡한 환경에 대처하여 전 당의 힘을 합처 통일적 중앙지도부에서 더욱 강유력强有力하게 민주건설을 진행하여 모든 민주역량을 결속하며 광범한 조선 근로 대중을 우리 당 주위에 더욱 튼튼히 단결시키기 위하여 남북조선로동당 전체 당원들의 의사를 대표하여 당을 통일하는 역사적인 중앙위원회를 가지었읍니다. 그 결과 우리는 당의 통일적 중앙을 내왔으며 통일적 당 중앙 지도 밑에 민주주의적 제 정당 사회단체들과 함께 조국의 평화적 통일을 위하여 계속 강력한 투쟁을 전개하여왔읍니다." 『김일성선집』, 제3권(1953년판), 122~123쪽; 방인후, 『조선노동당의 형성과 발전』, 서울, 1967, 138쪽에서 재인용.

박헌영은 이러한 흐름에 필사적으로 저항했다. 그러나 1949년 초가 되자 박헌영계는 거의 막다른 지경에 이르렀다. 1947년 당시만 해도 37만 당원을 자랑하던 박헌영당도 이제는 대량 탈당과 대량 검거, 이승만 정권의 지속적인 탄압 결과 형해화形骸化되고 말았다. 앞서 살펴본 것처럼 남로당 간부들 가운데 대부분은 소위 '해주인민대표자대회'海州人民代表者大會를 구실로 1948년 8월에 모두 월북했다. 북한으로부터 약간의 침투공작이 있었지만, 남한에 남아 있던 지하당 간부들이나 유격대의 활동은 1947년 이후에는 격감했다.[12] 김삼룡과 이주하 등은 검거를 피해 가며 지하 활동을 벌인 최후의 지도자들이라고 할 수 있다(그들 역시 마침내 1950년 3월 27일 검거되고 말았다). 그러나 훨씬 전부터 남한의 공산주의 지하 활동은 고립되고 분산되어버렸다.

특히 북에서 대부분의 계획을 입안하여 공작조工作組를 훈련시키는 상태가 되자 남한에서의 공작을 지도하기 위해 독립된 당이 필요하다는 주장은 타당성을 잃고 말았다. 실로 김일성은 북한을 중심으로 남한을 '해방'하는 데 최고지배권을 갖는 통일된 '정당의 필요성'을 민첩하게 주장하기 시작했다. 박헌영과 그의 추종자들은 더 이상 80만 당원을 자랑하고, 국가기관을 지배하며, 강력한 군사력과 경찰력을 보유하고 있는 북로당과 대등하게 대우받기를 기대할 수 없게 된 것이다.[13] 합당 결과 김일성이 당 중앙위원회 위원장이 되

---

12 대한민국 국방부의 공식 기록에 따르면 약 2,400명의 유격대가 1948년 11월부터 1950년 3월 사이에 북에서 남파되었다고 한다.
1948년부터 1949년까지 오대산 지역에 약 800명, 태백산맥 일대에 360명, 지리산 일대에 350명, 제주도에 200명 정도의 유격대가 있었다고 한다. 그러나 이들 대부분은 한국전쟁 직전에 공동 전선을 펴기 위해 북에서 재조직되었거나 남한 당국에 체포되었다. 1950년 6월 침략 직전에 남한 당국이 확인한 인원은 500명 미만(이 수치는 너무 낮게 추산된 것 같다)이었다고 한다. 『국방부사』, 제1집, 대한민국 국방부, 서울, 1954, 40~45쪽.
13 명목상 조선민주주의인민공화국은 전국 총선거를 기초로 수립되었기 때문에 '이론적'으로는 남한이 공화국의 일부이고, 최고인민회의에는 남한의 대표도 선출되어 있었다는 점에 유의해야 할 것이다. 이런 근거에서 남로당과 박헌영은 남한에서의 공작이 계속되는 한 통일된 당 내부에서 대표권을 강력하게 주장할 수 있었다. 그러나 허구적이고 명목적인 것이 아닌 북한에서의 진정한 세력 균형이 결국에는 결정적 요인이 되었을 것이다.

고, 박헌영과 허가이는 부위원장이 되었다(그 후 몇 해 못 가서 두 부위원장은 사망하거나 숙청된다).

당의 재편으로 1946년에 폐지되었던 당 비서직이 부활되었다. 이때 선출된 세 명의 비서는 제1비서 허가이, 제2비서 이승엽, 제3비서 김삼룡이었다. 내각 수상과 당 중앙위원회 위원장직을 차지한 김일성은 박헌영(남로계)을 부위원장으로 하는 핵심 조직인 정치위원회 위원장직까지 맡았다. 나머지 정치위원 일곱 명을 파별로 보면 김책(만주파)과 박일우(연안파), 허가이(소련파), 이승엽(남로계), 김삼룡(남로계), 김두봉(연안파), 허헌(남로계) 등이었다. 여기에 최창익(연안파)과 김열(소련파) 등을 추가한 또 하나의 핵심 조직으로 중앙조직위원회가 구성되었다. 표면적으로는 김일성 이하 당과 정부의 요직이 파벌 간 균형을 고려해 적절히 배분된 것 같았다. 그러나 사실상 김일성은 자기 주변에 김책처럼 개인적으로 충성을 확신할 수 있는 인물들을 점차적으로 끌어 모았다.[14]

이 시기에 또 하나의 중요한 정치적 사업이 전개되었다. 1949년 6월 25일, 종래의 민주주의민족전선(1946년 7월 22일 결성)이 '조국통일민주주의전선'으

1948년 초봄 김일성은 이미 북조선노동당 제2차 전당대회에서 남로당을 폄훼하는 발언을 했다. "또 한 가지 말해야 할 것은 남조선에서 온 동무들입니다. 북조선로동당에도 신용을 얻어야 하지만 남조선로동당에도 한몫 있으니까 남조선로동당에 충실한 체하고 남북로동당 간에 이간 책동을 취하는 것입니다. ……그러나 이것은 어리석은 생각입니다. 남조선로동당은 이미 어떤 종파분자의 당이 아니라 광범한 노동자, 농민, 근로지식분자의 대중적 토대 위에 튼튼히 섰습니다. 지금 38선 때문에 당이 둘로 되었지만 우리 당은 한 개의 당입니다."『김일성선집』, 제2권(1954년판), 133쪽; 방인후, 앞의 책, 136쪽 재인용. 유감스럽게도 우리는 이 연설의 원문이 박헌영 일파의 숙청 이후에 작성되었는지 여부는 알지 못한다.

14 김책은 갑산파의 대표적인 인물로 당시 김일성 휘하에서 전면에 부상하던 사람의 전형이었다. 그는 함경북도에서 태어나 1930년대에 동만주에서 반일투쟁에 가담했다가, 1941년 일군日軍에 쫓겨(김일성 등과 함께) 시베리아로 들어가 1945년 소련군과 함께 귀국하기까지는 소련군 대좌에까지 승진한 것으로 알려졌다. 그러나 김책, 김일성 등 한국인 유격대에게 준 소련군의 계급이 정확한지는 미심쩍다. 김책에 대한 장문의 기사가 다음에 실려 있다. 「우리 조국이 낳은 열렬한 혁명투사 김책 동지」, 『민주조선』(조선민주주의인민공화국 기관지), 1956년 1월 31일자.

로 개편된 것이다.* 북한 내부의 정치에서 조국통일민주주의전선은 이미 그
의미가 축소되어 있었다. 노동당 이외에 그것을 주도하던 정당은 조선민주당
이었다. 그러나 이 시점에서 이 당은 완전하게 공산주의자의 지배를 받고 있
었다. 당수가 조만식에서 열렬한 공산주의자인 최용건으로 대치되었고,
1947년 말부터 1948년 초까지 당원들의 출신성분과 이념을 조사해 수많은
반공주의자를 출당시켰기 때문이다. 이 시기에는 신입당원을 모집하지도 않
았으며, 노동당 노선을 따르지 않는 간부들은 모조리 교체되었다. 1949년 가
을이 되자 조선민주당 당원 수는 10만 명 이하로 떨어졌다.[15] 천도교청우당도
비슷한 곡절을 겪었다. 이때 북한에서 조국전선의 역할이 온건한 부르주아나
종교인들에게 공산주의를 지지하도록 하고 북한 체제에 민주적 외피를 씌우
는 것뿐이었다면 남한에 대해 거둘 수 있는 정치적 성과는 훨씬 컸을 것이다.
1949년 6월 남한의 지하당은 '조국전선' 성명서에 근거해 소위 '7월 공세'를
개시해 9월 20일까지 일련의 습격 활동과 태업을 전개했다.[16] 앞서 살펴보았

---

* 조국통일민주주의전선은 1946년 2월 1일 결성된 남조선민주주의민족전선과 북조선민주주의민족
  전선의 통합으로 결성된 것이다.
15 조선민주당에 대한 이런 설명과 앞으로 이 책에서 제시할 자료는 조선민주당 당원이었던 검거된 간
  첩이 제공한 것이다. 그가 제공한 자료는 다른 것에 비해 신빙성이 높다.
16 1970년 6월 16~18일자, 이정식과 김남식의 인터뷰. 조국통일민주주의전선 결성대회는 1949년
  6월 25일부터 평양 모란봉극장에서 남북의 71개 '애국적 정당·사회단체' 대표 700여 명이 모인
  가운데 진행되었다. 이 대회에서 조국전선의 결성 목적은 "국토를 수호하고, 미군을 철수시켜 조선
  의 통일과 독립을 완수하며, 이승만 괴뢰 정부를 타도한다"라고 선언되었다.
  예상했던 대로 중앙간부직은 노동당 간부들이 모두 차지했다. 41명의 중앙상무위원은 김일성, 김두
  봉, 허헌, 박헌영, 김책, 홍명희, 최용건, 김달현 등의 순으로 선출되었는데, 이들은 공산주의자와 공
  산주의 동조자다.
  김두봉과 허헌이 이끄는 39명의 강령 준비위원회는 대회 개시 사흘째 되던 날 강령을 제출해 만장일
  치로 채택되었다. 강령의 요지는 다음과 같다.
  "1948년 소련이 제안한 외국 군대의 전면 철수안을 수락했더라면 조선인끼리 외부 간섭 없이 내부
  문제를 해결할 수 있었을 텐데 미국이 이 제안을 거절했다는 사실은 미국 정부의 조선을 식민지화
  내지는 미국의 극동 군사기지화하려는 야욕을 상징한 것이다. 합법적 절차에 따라 수립된 조선민주
  주의인민공화국 정부는 조선 인민의 절대 다수의 지지를 받고 있다. 미 제국주의자들과 조선 반동분
  자들은 남조선에 반동분자들과 민족반역자들로 구성된 괴뢰 정부를 만들어 조국을 분단하려는 정책

듯이, 남한의 분위기는 북한의 대규모 '원조'에 고무되어 날로 긴장을 더해갔다. 월북한 남로당 간부들은 자기들이 주도하는 평화통일의 가능성이 희박함을 확인하자 남한에서의 유격투쟁이 외부의 대량 원조 없이는 실패로 끝날 수밖에 없다는 결론을 내리고, 38선 이남 지역의 '무력 해방' 준비에 착수했다. 이러한 배경에서 볼 때 당시 공산주의자들의 연설 가운데는 불길한 예감을 주는 것이 많았다. 1949년 해방 4주년 기념 보고에서 박헌영은 스탈린을 "우리 민족과 전 세계의 해방된 인민들의 구원의 은인"이라고 찬양하면서 미국의 대아시아 정책을 통렬하게 비판했다.[17] 그는 북한 정부와 인민들의 업적, 특히 '조선 민족의 영웅' 김일성 장군의 영도 아래 진행되는 2개년계획 목표 달성 노력을 예찬했다. 반면에 박헌영은 남한의 상황을 가장 비참한 용어를 동원해 대략 다음과 같이 묘사했다.

남한은 미국의 노예로 전락했으며 공장은 파괴되어 인플레가 만연하고, 모든 경제잉여를 미국이 수탈해가고 있다. 애국자들은 인권을 유린당한 채 몰살되

을 추구하고 있는데, 이는 인민과 고립된 남조선 괴뢰 정부가 미군의 지지 없이 홀로 인민과 남아 있기를 두려워하고 있다는 사실을 의미한다. 이러한 분단 상황이 더 이상 지속된다면 조선 인민에게 막대한 위험을 가져오게 될 것이다.
조국전선 강령은 따라서 다음의 목표 달성을 위해 투쟁해야 한다고 주장했다. 미군과 소위 유엔위원단을 물러가게 하고 조국의 완전 독립을 위해 투쟁한다. 통일을 방해하는 조국의 반역자들을 반대하며, 조국의 통일을 급속히 달성하기 위한 투쟁에 인민의 총역량을 동원한다. 우리 조국의 북반부에서 이미 실시된 민주개혁들을 일층 확고히 발전시키기 위하여 투쟁한다. 1948년 8월 25일 총선거의 결과 수립된 조선민주주의인민공화국 정부를 지지하며, 조선 인민의 복지를 향상시키기 위한 공화국 정부의 활동을 협조한다."
이 자료는 1949년 6월 25~28일 결성대회 의사록에서 발췌한 것이다.
이 강령이 '북베트남조국전선' 강령과 놀라운 정도로 흡사하다는 사실은 흥미로운 일이다(조국통일민주주의전선에 대한 광범위한 자료는 다음을 참조하라. 국회도서관 해외자료국, 『북한의 조국전선 문헌집』, 서울, 1975 — 옮긴이).
17 박헌영, 「8·15해방 4주년 기념 보고」, 『근로자』, 1949년 8월 31일자, 3~30쪽. 이 장문의 논설에서 박헌영은 김일성을 포함한 다른 어떤 지도자의 글에서보다 마르크스와 레닌의 원전을 비롯해 다양한 저작물을 광범위하게 인용함으로써, 누구보다도 세계 정세에 정통해 있음을 나타내 보이려고 했다.

고 있다. 미국과 그 도구인 유엔은 조선 반도에서 내전을 조장하고 있다. 조국 통일민주주의전선의 제안만이 조선 인민들의 지지를 받고 있으므로 유일타당한 통일방법이다. 조국통일이 하루라도 늦어가면 늦어갈수록 남반부 동포들의 귀중한 생명은 더욱 대량적으로 빼앗길 것이다. 따라서 통일은 당과 인민들의 가장 중요·긴급한 과업이다.[18]

2. 군사력 강화와 전쟁의 발발

그 당시에는 정치적 선동과 발맞춰 군사력도 점차 증강되어갔다. 조선인민군은 공식적으로 1948년 2월 8일에 창설된 것으로 되어 있지만, 북한 측의 무력준비는 일찍이 1945년부터 진행되고 있었다. 처음에는 1946년 2월 8일에 창건된 북조선임시인민위원회北朝鮮臨時人民委員會 보안국이 이 임무를 맡았다. 초대 보안국장은 최용건으로, 그는 1946년 7월 보안간부 총훈련소 총사령관에 임명되었다.[19]

1949년 이전의 군대 편성은 주로 18~22세의 '지원병'을 중심으로 매년 약 2만 명씩 보강되었다.[20] 민족보위성(보안국의 후신)은 지방인민위원회 산하

18 같은 책, 30쪽. 김일성도 1950년 신년사에서 적들에 대한 경각성의 제고, 인민군대·경비대·보안대의 일층 강화, 2개년 인민경제계획의 완수, '민주적 제 개혁'의 공고화, 남조선 유격대의 전투력 강화 등을 강조하는 논지의 말을 했다. 그는 "1950년 새해를 맞이하여 국토 완정完整, 조국통일을 위한 새 승리를 향하여 매진합시다"라고 호소했다. 「김일성 장군의 신년사」, 『근로자』, 1950년 1월 15일자, 3~7쪽.
19 인민군의 형성 초기에 관한 정보는 한 고위 전향 간첩이 제공했다. 그에 따르면 1945년 12월 간부후보생으로 구성된 훈련병 부대가 평안남도 인민위원회 보안국이 지휘하는 훈련계획에 동원되었다고 한다. 1946년 이 사람은 이 훈련을 마치고 특수보안대 대장이 되었다. 그는 1946년 10월 평양 소재 북조선인민위원회 중앙보안간부학교에 입학했다. 이 과정을 3개월 만인 1947년 1월 25일에 수료한 그는 평안남도 보안대 대장직을 맡아 근무하던 중 1947년 가을에 탈주했다. 상기한 보안대와 치안대 등은 공식 창설된 조선인민군의 모체가 되었다.
20 전 함경북도 군사동원부장 김혁金赫은 1948년에 결성된 조국보위후원회가 군사동원 준비 작업을

각 시·군기관마다 책임량을 할당했다. 이로써 1948년 말까지 약 6만 명의 병력이 동원되었다(이 수치에는 철도수송과 국경부대가 제외되었다). 그러나 1949년이 되자 병력 수요가 급증해 기존의 지원병제는 징병제로 개편되었다. 징집연령은 점차 높아져 1950년 7월 총동원령에 따르면 31~50세의 성년 남자는 모두 산업노동이나 보충역의 의무를 지게 되었다. 1948년 여름에는 조국통일민주주의전선의 산하에 조국보위후원회祖國保衛後援會가 창설되었다. 조국보위후원회는 전쟁 준비에 중요한 역할을 담당했는데, 그 후원 아래 17~40세의 모든 남녀에게 군사훈련이 실시되었다.[21]

동시에 북한은 자체와 소련의 훈련계획에 따라 대규모로 장교와 기술자들을 양성했다. 1945년 말부터 상당수의 북한 청년이 군사와 기술 훈련을 받기 위해 소련에 파견되었는데, 그중에는 3년 이상 머무르는 자도 있었다. 한국전쟁 이전에 최소한 1만 명의 군인이 그런 훈련을 받았던 것으로 추산된다. 소련에서 돌아온 뒤 그들은 당시 북한에 유입되고 있던 소련의 신식 장비 운영을 담당했다. 그들 가운데는 새로 습득한 지식과 기술을 다른 사람에게 교육할 수 있는 훈련 과정을 담당한 사람도 있었다.[22]

여전히 군의 최고통수권은 주로 김일성의 옛 동지들로 구성된 역전의 유격대 투사들의 수중에 있었다. 예컨대 최용건은 민족보위상이 되고, 김일은

맡았다고 말했다. 도당 수준에서는 도당 부위원장이 대개 군사동원계획을 입안하는 것이 상례였으며, 군장교들은 공작 임무를 띠고 여러 공장이나 기업, 기관에 파견되어 군사훈련을 담당했다. 명목상 조국보위후원회는 군사훈련을 지원했으며, 경찰조직은 징집대상자 전원을 등록시키기 위해 동원되기도 했다. 1949년 3월 민족보위성 조직동원국 산하에 군사동원부가 신설되어 인력과 물자징발권을 갖게 되었고, 각 도의 군사동원부장직에는 인민군 대좌가 임명되었다. 1970년 1월 15일자, 이정식과 김혁의 인터뷰.

21 앞의 책, U. S. Department of State, *North Korea: A Case Study in the Techniques of Takeover*, 69쪽.
22 같은 책, 85~86쪽. 1949년 한 해 동안 신병 4만 명, 전 중국군 소속 2만~2만 2,000명과 훈련을 마치고 소련에서 귀국한 수천 명을 받아들인 결과 북한의 병력 수는 배로 증가했으며, 1950년 초반에 조선인민군은 약 15만 명으로 급증했다. 4~5월 중에도 소련에서 대포, 트럭, 탱크, 중화기, 프로펠러 추진 신형 항공기 등 대량의 무기가 속속 북한에 도착했다.

군 정치위원, 최현과 김광협金光俠 등도 요직을 맡았다.[23] 중국군 내에서 한국인 장교로서는 가장 높은 직책을 맡았던 무정은 제2군단장에 불과했던 반면 소련파인 강건姜健은 전쟁 직전의 인민군 총참모장이었다.[24] 소련인들은 각 사단의 고문으로 계속 복무했다. 1949년 각 사단에 20여 명의 소련인이 배징되었는데, 1950년이 되자 그 수는 3~8명으로 줄어들었다. 전시의 북한군은 15~20만 명으로 10개 보병사단, 1개 기갑사단, 1개 항공사단으로 구성되어 있었다. 1949~1950년 그 병력은 징병자 수의 증가뿐

---

23 이들은 앞으로 조선민주주의인민공화국의 발전에 핵심적 역할을 수행하게 되므로, 당시까지 이들의 경력을 간략히 살펴볼 필요가 있다. 뒤에 북한에서 서열 제2위가 되는 최용건은 1900년경 평안북도에서 태어나 중국에서 군사훈련을 받고 한동안 중공군 제8로군과 함께 싸우다가 동북항일련군東北抗日聯軍에 가담해 만주에서 항일유격 활동을 벌였다. 1940년 혹은 1941년 소련으로 건너가 특수 군사훈련을 받고 소련군 장교가 된 최용건은 1945년 소련군과 함께 귀국했다. 서열 제3위까지 부상하는 김일金一은 1910년경 함경북도에서 태어나, 1930년대에는 만주에서 항일유격 활동을 했고, 1940~1941년경 시베리아로 가서 군사훈련을 받고 적군赤軍 장교로 임관되어 1945년에 귀국했다. 뒷날 서열 제5위가 되는 최현은 1907년 함경북도에서 태어나 중국에서 약간의 군사훈련을 받았고, 1930년대에는 중국과 만주에서 항일유격대를 지휘하며 활동하다가 1940~1941년경 소련으로 건너가 소련군 대위가 되어 1945년에 귀국했다. 서열 제6위가 되는 김광협은 1913년 함경북도에서 태어나 소련에서 자라고 공부했으며, 만주에서 항일유격대에 가담해 1947년 3월 귀국할 때까지 만주에 있다가 다시 소련으로 가서 특수 군사훈련을 마치고, 1948년 귀국해서 새로 편성된 조선인민군 제3사단장에 취임했다. 김일성을 비롯해 이들은 모두 한국의 북부 지방에서 태어나 일찍이 중국과 만주 등지에서 항일유격 활동을 하다가 (대부분의 경우에) 1940년 이후 소련으로 건너가 특수 정치·군사훈련을 받고, 소련군 장교로 임관되어 소련군과 함께 귀국했다고 하는 점에 주목할 필요가 있다. 이것이 20여 년 동안 김일성의 측근을 형성한 소집단의 성장배경이다.

24 조선인민군 초대 총참모장 안길安吉은 1947년 12월에 사망했다. 그 뒤를 이어 카자흐스탄 출신의 전직 소련군 대위인 강건姜健이 인민군 총참모장에 취임했다. 강건은 1945년 9월 일본 항복 직후 길동경비부대吉東警備部隊를 조직하고 지휘했는데, 이 부대는 나중에 린뱌오林彪 휘하의 동북민주련군東北民主聯軍에 편입되었다. 1946년 강건은 나남羅南 주둔 조선인민군 제2사단장에 취임했다. 무정에 관한 특징적 사실은 이미 언급했다. 김일성은 해방되던 그달부터 무정을 위협적인 경쟁자로 간주했다고 하는데, 거기에는 그만한 이유가 있었다. 중공군 제8로군의 고위 장교이자 옌안의 조선의용군 총사령관이었던 무정은 다른 어떤 '유격대원'보다도 군사적 명망이 높았으며, 이것은 언제라도 정치적 명망으로 전화될 수 있었다. 이러한 이유로 애당초 요직을 차지했던 무정도 한국전쟁 훨씬 이전에 '냉대를 받아' 강등되고 말았다. 자세한 것은 나중에 다루겠다.

아니라 만주에서 한인 부대가 귀환함으로써 크게 증대되었다. 1949년 과거의 조선의용군(중국인민해방군 제164사와 제166사 소속) 2개 사단이 중국에서 돌아와 중국군 편제와 미군 장비를 조선인민군 편제와 소련 고문관, 소련군 장비로 교체했다. 1950년 4월에는 만주에서 조선인 부대가 추가로 돌아왔다. 이 2개 부대는 북한군에 약 4만 명의 정예 병력을 보탠 것으로 추산되며, 미국의 추측대로라면 적어도 인민군 선봉대의 3분의 1을 담당했을 것이다.[25] 공산주의자들의 남침 직전 몇 개월 동안 T-34 탱크, 단좌單座 전투기 등 각종 자동무기를 포함한 소련제 장비가 북한에 들어왔다.

한편 반공 진영의 사정은 어떠했던가? 약 500명의 미 군사고문단이 2년 동안 대한민국 국군을 훈련시켰다. 당시의 한국군 병력은 약 10만이었으며, 군대와 완전히 분리된 경찰력은 5만 정도였다. 이 병력으로도 남한에서 활동하던 유격대 전부를 충분히 섬멸하고 진압할 수 있었지만, 국군은 대체로 중장비를 갖추지 못했다. 이승만의 호전성을 억제하는 것 등 몇 가지 이유에서 미국은 탱크와 대포, 전투기 등을 제공하지 않았다. 군수품조차 턱없이 부족했다. 더구나 일본 주둔 미군은 병력과 장비가 기준에 미달되고 전투훈련도 제대로 되어 있지 않았 다. 당시에는 한반도에서의 전쟁을 원하지 않는다는 미국의 정책 때문에도 그들은 전투 준비가 되어 있지 않았다. 미 국방성은 공산 측의 침략에 대비한 긴급 대비안조차 갖추고 있지 못했다.[26] 북한이 이러한 사실을 몰랐다고 해도 소련 정보기관은 모두 알고 있었을 것으로 추정된다.

침공 결정에 관한 많은 부분은 아직도 밝혀지지 않고 있다. 그러나 극소수의 최고위 북한 지도자들이 이 결정 과정에 참여했던 것은 분명하다.

25 *Korea-1950*, Washington, 1952, 13~14쪽.
26 Glenn D. Paige, *The Korean Decision: June 24-30, 1950*, New York, 1968, 128쪽. 한국군의 상황에 대한 것은 다음을 참조하라. Maj. Robert K. Sawyer, *Military Advisors in Korea: KMAG in Peace and War*, Washington, 1962.

어느 정도 비밀이었던가는 두 가지 사실이 보여주고 있다. 1950년 1월부터 6월까지의 노동당 중앙상무위원회 극비 사업계획은 정부정책의 여러 측면에 대해 언급하고 있기는 하지만, 다가올 침공계획에 대해서는 전혀 언급하지 않았다. 둘째, 두 명의 사단참모장을 포함하여 최고위직에 있던 북한군 간부들의 취조 내용을 살펴보아도 자기들은 전쟁이 시작되리라는 막연한 예감만 갖고 있었을 뿐 침공 개시 약 일주일 전까지 이와 관련된 아무런 구체적 지시도 받은 적이 없다고 말했다.[27]

위에서 언급한 사단참모장 가운데 한 사람은 이학규李學奎였다. 그는 체포된 후 1950년 6월 10일에는 당시의 인민군 총참모장 강건이 각 사단장, 사단참모장 등의 비상회의에서 각 부대는 만반의 전투 태세를 갖추고 있으라는 명령을 내렸고, 6월 18일에는 당시의 인민군 총사령관 최용건의 이름으로 전투 개시 태세의 최종 검열을 명령했고, 6월 23일에는 25일을 기해 총공격을 개시하라는 작전 명령이 하달되었다고 말했다. 이학규는 이 사실은 김일성을 비롯한 최고 군사간부들만 알고 있었던 사실이며, 군사관계자 이외에는 각료들까지도 모르고 있었다고 주장했다.[28] 이 진술은 북한 주재 폴란드대사관의 무관武官이었던 파벨 모나트Pawel Monat의 설명과도 상당 부분이 일치한다.[29] 모나트—그의 보고서의 특정 부분은 자료 부족으로 입증될 수 없다는 사실에 유의할 것—는 스탈린이 단독적으로 공격을 명령(또는 허락?)했으며,

---

27 앞에 인용한 다음 책을 참조하라. U. S. Department of State, *North Korea: A Case Study in the Techniques of Takeover*, 113쪽.

28 이학규는 생포된 직후 연합군에게 취조를 받았다.

29 Pawel Monat, "Russians in Korea: The Hidden Bosses", *Life*, 1960년 6월 27일자, 76~102쪽의 여러 곳. 『라이프』의 편집장은 모나트가 1951년 9월 그의 전임자가 공습으로 사망하고 난 뒤, 중국과 북한 주재 폴란드대사관 무관으로 부임해 3년간 근무했다고 소개했다. 정보통으로 알려진 그는 당시 육군 대령이었다. 1959년 모나트는 부인, 아들과 함께 망명해 이 논문을 쓸 당시에는 미국에서 가명을 사용하며 살고 있었다.

1950년 초 마오쩌둥의 모스크바 방문 기간 중국의 최고 간부들도 이 계획을 듣고 지지했다고 강하게 주장했다. 모나트는 남한이 먼저 북한을 침략했다는 거짓 주장이 어떻게 유지되었는가를 다음과 같이 밝혀준다.

끝까지 유지된 또 하나의 환상은 '미 제국주의자'의 사주를 받은 이승만과 한국군이 선제공격을 감행했기 때문에 북한군은 국토를 수호하기 위해 응전하지 않을 수 없었다는 것이다. 놀라운 일은 남한을 공격하고 있던 부대들조차 이 이야기를 믿었다는 점이다. 각 부대는 한국군이 '다른' 지역을 공격해왔기 때문에 이제 모든 전선에서 싸워야 한다는 이야기를 들었던 것이다. 북한군 고위간부 — 그리고 물론 모든 소련인들 — 만이 진실을 알고 있었다. 나는 어느 날 북한군 6군단 참모장 최인崔仁 소장과 회담하면서 진실을 알게 되었다. 공산주의자로서 나는 다른 공산주의자 최인에게 왜 그의 부대가 미국과 싸우면서 그렇게 많은 어려움을 겪어야 했느냐고 물었다. 최인은 이 문제를 이야기해서는 안 된다는 규칙을 잊었던지 나에게 모든 것을 말해주었다. 나는 그가 자기 부대만큼은 맡은 바 소임을 다했다는 점을 내게 강조하려 하고 있다고 생각했다.

최인은 다음과 같이 말했다. "우리는 공격계획을 매우 신중하게 세우고 세부사항까지도 되풀이해서 예행연습을 해보았습니다. 우리에게는 10개 보병사단과 1개 기갑사단이 있었습니다. 공격 몇 주일 전에 우리는 모든 준비를 마치고, 전 민간인들을 북위 38선 경계로부터 지형을 따라 7~10마일가량 소개시켰습니다. 남한으로부터의 공격이 예상되기 때문에 안전을 위해 이동하라고 그들을 설득했지요. 그러고 나서 우리는 여섯 개의 도로를 통해 부대를 이동시키고, 공격 명령을 기다렸습니다. 우리는 얼마나 남진하여 어느 곳에서 휴식을 취해야 하는가를 정확하게 지정해주는 시간표를 갖고 있었습니다. 우리 부대는 서울 동부 지역을 접수하라는 명령을 받았습니다. 과업 수행 소요 시간으로는 48시간밖에 주어지지 않았지요. 처음에는 모든 일이 순조롭게 진행되는 것 같더니만, 곧 어려움이 닥쳐왔읍니다. 도로 사정은 매우 나빴고 국방군의 저항은 우리가 예상했던 것보다 훨씬 더 격렬했읍니다. 계획대로 공격을 진행하는 것이 무척 어려웠읍니다. 하지만 후방에 있는 상관들은 이런 것들을 전혀 감안해주지 않았읍니다. 그들은 시계에서 눈을 떼지 않고 매 시간 나를 불러서 왜 계획대로 진행되지 않느냐고 따졌읍니다. 나중에 미군이 남조선에 대량 진주하고, 미군 전투기가 우리의 이동 지역을 따라 공습해올 때에야 비로소 내 상관들도 날 괴롭히지 않게 되었지요. 그들은 그제야 당초 계획을 짤 때 상당히 많은 일들을 간과했다는 사실을 깨닫게 되었던 것이지요."[30]

---

30 같은 책, 76쪽, 86쪽. 우리는 침략 결정에 관해 앞의 자료만큼 흥미롭지만 유감스럽게도 증명할 문헌 자료가 없는 또 다른 설명을 들을 수 있었다. 훗날 일본으로 망명한 한 북한인은 1950년 3월 모일 평양에서 노동당 사상 가장 중요한 비밀회의가 개최되었다고 주장했다. 그의 주장을 살펴보자. 이 회의에 참석한 사람은 김일성, 박헌영, 허가이, 김두봉, 이승엽, 최용건 등 정치위원회 최고 간부들(최용건은 당시 조선민주당 위원장으로서 노동당 정치위원은 아니었다 — 옮긴이)이었다. 김일성은 남한에 대한 군사행동의 건을 토의하기 위해 이 회의를 열었다. 미국이 개입하지 않는다면—미국의 개입은 가능성이 희박하다고들 생각하고 있었다 —남한을 3주 이내에 장악할 수 있다는 결론에 도달했다. 북한 지도자들은 설사 미국이 참전을 결정한다고 해도 미군이 출동하는 데 최소한 50일이 걸리기 때문에 문제가 되지 않는다고 생각했다. 박헌영은 이때 인민군이 남진하면 남한의 20만 지하남로당원들이 합세할 것이라고 하면서 무력 침공을 강력하게 옹호했다. 최용건만이 "만일 미국이 개입해오면 어떻게 하나?" 하고 한 마디 물었을 뿐이다(이상의 설명에 관해서는 다음을 참조하라. 박갑동, 「내가 아는 박헌영」, 142~143회, 『중앙일보』, 1973년 8월 16~17일자 —옮긴이).
모나트와 이 망명자의 설명 사이에는 전자가 소련이 정책 결정과정에서 핵심적 역할을 했다고 보는 데 반해, 후자는 최고결정권이 북한의 수중에 있었다고 보았다. 그러나 두 가지 설이 결코 상반된 것은 아니다. 소련의 사전 승인 또는 고무를 받은 김일성이 자신의 고위 참모들의 동의를 얻으려 했다고 추론할 수도 있는 것이다. 다른 자료에 따르면 박헌영이 무력행동 노선을 강력하게 지지했으며 (자신의 기반을 재획득할 수 있는 유일한 희망), 실제로 밀고 내려가기만 하면 남한 지하당원들이 열렬히 환영할 것이라고 호언하기도 했다는 사실을 알 수 있다. 나중에 언급하겠지만 바로 이 점이 그가 재판을 받을 때 기소 내용의 일부가 되었던 것이다.
1950년 3월경 김남식도 은밀한 계획이 진행되었다고 믿고 있다. 그는 이 시기에 남한의 유격대 일부가 북으로 이동, 38선 근처에 포진했다는 사실에 근거를 두고 있다. 예를 들어 그는 이때 소환되어 주문진 연안에 상륙한 남도부南道富부대를 언급하고 있다. 1970년 6월 16~18일, 유성에서 행한 이정식과 김남식의 인터뷰.
물론 전쟁의 시기를 선택하는 데는 농사철도 고려해야 한다. 모내기를 끝내지 못하면 한 해 농사를 망치기 때문이다. 남한 대부분의 지역에서 모내기는 6월 초에 시작해 그달 말이면 완료된다.

북한 지도자들은 자기들의 침략 구실을 준비하는 과정에서 남한에서 일어난 일련의 상황 변화를 이용할 수 있었다. 그들은 침략 한 달 전인 5월에 실시된 제2대 국회의원 선거에 주목했다. 유권자 대다수가 참가한 이 선거에서 대세는 이승만 정부에 불리하게도 무소속 후보들한테로 기울었다. 당시 위태로웠던 남한의 경제 상황도 이승만 반대투표의 한 요인으로 작용했던 것은 물론이다. 게다가 이승만 정권이 반대 세력을 '빨갱이' 혹은 '용공분자'로 몰아붙이던 상투적 수단도 당시에는 전혀 먹혀들지 않았다. 그 결과 제2대 국회가 침략 6일 전인 6월 19일 개원되었을 때, 총 210석 가운데 130석이 무소속 출신이었다. 북한 공산주의자들의 입장에서 볼 때, 남한의 정치적 정세는 꽤 양호했던 것이다.

이미 6월 3일 평양방송은 남한 선거의 결과를 보도하고, 앞으로 발생할 사태의 정치적 배경을 설명하면서 530만 명의 북한 주민이 조국의 평화적 통일을 요구하는 호소문에 서명했다고 주장했다. 동시에 북한 측은 통일안을 제시했다. 즉 북한의 최고인민회의와 남한의 국회를 대등한 차원에서―북한의 인구는 남한 인구의 절반 미만이며, 최고인민회의 대의원 수는 남한 국회의원 수의 거의 배가 된다는 점에 전혀 상관하지 않고―연합하며, 예비교섭 회담을 6월 15~17일에 소집하고, 유엔 한국위원단의 개입과 이승만 대통령, 이범석 李範奭 국무총리 등 남한 정권을 이끄는 주요 인사들의 참가를 배제하고, 1950년 8월에 전국 총선거를 실시한다는 것이었다.[31]

---

31 자세한 것은 다음을 참조하라. 「조국전선이 통일안을 토의하다」, 평양방송, 1950년 6월 7일자 사본 (본문에 인용된 내용은 단일한 제안이 아니었다. 1950년 6월 7일 조국통일민주주의전선은 「호소문」을 통해 ① 8월 5~8일의 전국 총선거 실시, ② 8월 15일, 이 선거에 의한 전국최고입법기관회의 소집, ③ 6월 15~17일 전체 민주주의 정당 사회단체 대표자회의 소집, ④ 이승만 등 아홉 명의 민족 반역자와 유엔조선위원단의 개입 배제, ⑤ 남북대표자 협의회 및 총선 실시 기간의 사회 질서 보장 등 5개항을 제의했다. 이 「호소문」에서는 '5·30 망국국회선거' 결과 선출된 2대 국회는 '인민의 대표기관'이 되지 못한다고 주장했다. 이러한 조국전선의 제의는 남한 당국에 의해 거부된 뒤 북한의 최고인민회의 상임위원회는 6월 19일 북한의 최고인민회의와 남한의 국회를 연합해 헌법을 채택하고 이를 토대로 전국 총선거를 실시하자고 주장했다―옮긴이).

공산 측은 서울 측이 이 제안을 심각하게 받아들일 거라고 생각하지 않았으며, 바로 이 시기에 마지막 전쟁 준비에 여념이 없었다. 그럼에도 유엔위원단 측의 대표는 호소문 원본을 받고자 북행했고, 세 명의 북한 측 대표가 호소문 사본을 가지고 남행했다.

전쟁이 일어난 지 불과 몇 시간 후 북한 측은 김일성의 연설을 통해 선쟁에 대한 공식 입장을 발표했다. "조국의 평화적 통일을 반대하는 이승만 역도"들의 군대가 "6월 25일에 38선 전역을 걸쳐 38선 이북 지역에 대한 전면적 진공을 개시" 했다는 것이다(물론 이것은 이승만의 잦은 북진 발언을 이용한 것이다). 김일성은 이제 미국의 주구들은 자기들 행위의 결과를 맛보게 될 것이며, 인민군은 우리 조국 남반부를 해방시키고 이승만 등의 반역자들을 처단할 것이라고 강조했다.[32]

어떤 회합에도 참가가 배제된 사람에는 아홉 명의 보수정치가와 남한의 양대 보수정당이었던 한민당, 국민당도 포함되어 있다. 이때 북한 측은 조만식과 남한에 수감 중인 김삼룡, 이주하를 교환하자고 제의했다(이는 조만식이 아직 생존해 있었다는 암시다). 이러한 행동 역시 북한으로부터의 기습 공격에 대한 남한 측의 우려를 경감시키는 작용을 했다.

32 1950년 6월 25일 평양방송에서 행한 김일성의 방송 사본을 참조하라. 그는 '매국역적 이승만 괴뢰 정부'가 무력도발을 감행했다고 강조하는 한편, 인민군이 이미 남한의 '여러 도시와 많은 부락들을 해방시켰다'고 주장했다. 그는 남한의 정세와 평화통일을 이룩하려던 공산주의자들의 '정당한 제의'가 묵살된 것을 개괄함으로써 계획된 남침의 합리적 근거를 제시하려고 했다. 즉 그는 "미 제국주의자들은 우리 조국을 경제적으로 예속시킬 목적으로 공화국 남반부의 민족경제를 종국적으로 파탄시켰다"고 지적하면서 이렇게 말했다. "(미 제국주의자들은) 우리나라에서 필요한 쌀, 중석, 흑연 등 허다한 자연 부원富源들을 헐값으로 가져가고 있습니다. 미국 자본에 제압되어 중소기업소들과 상인들은 파산당하지 않을 수 없게 되었습니다. 우리 조국 남반부에서는 생산이 정지되고 대부분의 공장 제조소가 폐쇄되고 실업자는 수백만을 산算하고, 농민들은 오늘날까지도 토지를 얻지 못하고 있으며, 인민들은 기아에서 헤매고 있습니다."
현 시점에서 추구해야 할 목표는 무엇인가?
"조선 인민들은 이승만 매국역도들을 반대하는 이 전쟁에서 조선민주주의인민공화국과 그 헌법을 사수하여야 하며, 남반부에 수립된 반인민적, 파시스트적 이승만 괴뢰 정권을 소탕하고, 우리 조국 남반부를 이승만 역도들의 통치로부터 해방시키며, 남반부의 진정한 인민 정권인 인민위원회들을 부활시키고, 조선민주주의인민공화국 기치하에 조국통일을 완성하고 강력한 민주독립국가를 건설하여야 하겠습니다. ……이승만 매국역도들이 일으킨 동족상잔의 내전을 반대하여 우리가 진행하는 전쟁은, 조국의 통일과 독립된 자유와 민주주의를 위한 정의의 전쟁입니다."

북한 측의 방송은 계속해서 미국이 한국 정부를 앞잡이로 내세워 조선민주주의인민공화국을 공격해왔다고 비난했다. 그들은 당시 미 국무성 공화당 측의 고문이었던 존 포스터 덜레스John Foster Dulles가 6월 18일 남한군 부대 방문 시 공격 명령을 하달했다고 주장했다. 덜레스 자신은 남한군의 준비가 침략을 대처하기에 허술하다고 판단해 미 군사원조의 증액을 계획했던 것뿐이라고 말하면서 이러한 비난을 일축했다.

비공산 측의 책임 있는 자료들은 어느 것도 평양 측의 주장을 심각하게 취급하지 않았다.[33] 대부분의 자료는 공격 개시 이후의 사건을 시간별, 날짜별

이 방송연설을 약간 다르게 번역한 것이 다음 자료에 실려 있다. "Every Effort for Victory in the War"란 제하에 김일성, *Selected Works*(영문판, 평양, 1965), Vol. I, 123~129쪽. 1950년 7월 8일자 라디오 방송을 번역하여 수록한 자료는 다음과 같다. "Let us Resolutely Repulse the U.S. Imperialists' Armed Invasion", 같은 책, 130~139쪽. 한국어 원문은 다음을 참조하라. 김일성, 『자유와 독립을 위한 조선 인민의 정의의 조국해방전쟁』, 평양, 1954.

33 공산 측의 주장을 편들려다 실패한 대표적인 저서는 다음과 같다. I. F. Stone, *The Hidden History of the Korean War*, New York, 1952. 스톤은 남한이 전쟁을 시작했다고 주장하지는 않았지만, 누가 또 어떻게 전쟁을 일으켰는가는 의문으로 남아 있다고 주장함으로써 교묘하게 북한의 책임을 감싸려고 한다. 그러나 이 책의 기본 논조는 한국전쟁이 맥아더나 덜레스처럼 공산주의 봉쇄전쟁에 몰두한 나머지 "평화에 대한 광적일 정도의 공포"(이 표현은 346쪽에 보이는데 특히 트루먼 대통령을 지칭한 것 같다)를 가진 자들의 구상을 실현하기 위해 계획되었다는 것이다. 시간이 흘러 전쟁의 양상이 점차 분명해지자 공산 측의 주장은 점점 논거를 잃어갔다. 활용 가능한 모든 자료를 세밀하게 검토해보면 오히려 공격 개시에 대한 공산주의자들의 책임이 더욱 뚜렷하게 드러난다. 정책 결정 분야에까지 연구가 진척된 미국의 초기 대응에 관한 최근의 뛰어난 연구 성과로는 글렌 페이지의 앞의 책이 좋은 예가 될 것이다. 『흐루시초프 회고록』은 신빙성이 크게 논란이 되고 있기는 하지만 흥미로운 또 하나의 증거를 제시하고 있다. 흐루시초프는 한국전쟁을 처음 발의한 것은 스탈린이 아니라 김일성이었다고 술회했다. 김일성은 스탈린에게 일단 무력 침략을 개시하기만 하면 남한에서 대중봉기가 일어나 인민들은 이 승만의 통치로부터 해방될 거라고 말했다는 것이다. 스탈린은 김일성에게 심사숙고해 구체적인 계획을 작성해오라고 했다고 한다. 김일성은 성공을 낙관하고 있었지만 스탈린은 미국의 개입 가능성에 대한 일말의 두려움으로 약간 회의적이었다. 그러나 소련은 결국 전쟁 발발과 동시에 승리가 보장된다면 미국의 개입은 피할 수 있으리라고 생각하게 되었다. 스탈린은 마오쩌둥의 견해를 들어보기로 했다. 마오쩌둥도 대체로 동의했지만, 역시 미국의 개입 가능성에 우려를 표명했다. 당시에 스탈린의 별장에서 '성대한 만찬'이 열렸는데, 김일성은 그 자리에서 한국 통일이 가져다줄 여러 가지 이익을 강조하고 나서 참석자 전원과 함께 북한 인민과 임박한 승리를 위해 축배를 들었다.

로 제시하면서 공산주의자들의 책임을 강조하고 있다. 분명히 오랜 준비 기간을 요하는 규모의 북한군 공세는 미국이나 남한을 경악시키기에 충분했다. 6월 25일 새벽 4시, 공산 측은 거세게 포화를 퍼부었다. 한 시간 뒤에 7만 5,000명 혹은 9만 명의 인민군 보병이 38선을 넘어 일사불란하게 공격해왔다. 이들 부대는 막대한 양의 탄약, 탱크, 군용 차량, 전두기, 사동화기 등을 갖추고 있었다. 앞서 살펴보았듯이 선봉대 대부분은 전투 경험이 풍부한 역전의 용사들이었다. 남한군은 일부 지역에서 용감하게 싸우기는 했지만, 이토록 큰 공격을 감당하기에는 전술적인 면에서나 군사장비의 면에서 너무도 빈약했다.

흐루시초프는 소련이 북한에 대해 대규모 군사원조를 제공하고 있었음을 인정한 뒤 이렇게 서술했다. "마침내 예정된 시간이 되자 전쟁은 시작되었다. 공격은 성공리에 진행되었다. 북한은 남한을 순식간에 점령했다. 그러나 김일성의 예언―공격 제1탄을 신호로 대중봉기가 일어나 이승만은 타도된다―은 유감스럽게도 적중하지 않았다."(369쪽)
흐루시초프는 자기가 북한의 전쟁 수행을 원조해주자는 스탈린의 결정을 지지했으며, 자신도 같은 입장에 처해 있었다면 그렇게 결정했을 것이라고 하면서도 스탈린이 소련 개입이 폭로될까 두려워한 나머지 남침 직전에 소련인 고문 전원을 철수시킨 처사에 대해서는 격렬한 비난을 가했다. 인천 상륙작전 이후 연전연패하는 김일성의 처지에 일말의 책임감을 느낀 흐루시초프는 스탈린에게 소련인 고문의 증파를 간청했다고 하며, 소련의 기갑 부대 1~2개 사단만 있었어도 김일성이 부산을 점령하고 전쟁을 끝낼 수 있었을 것이라고 지적했다.
이 부분에 대한 흐루시초프의 설명은 당시 소련인 고문들이 북한에 있었다고 단언하는 모나트의 주장과는 배치되는데, 이 점에 대해서는 조금 뒤에 기술할 것이다. 흐루시초프의 주장은 한국 측의 여러 설명과도 상이하므로 잘못된 것이 거의 확실하다. 그러나 스탈린이 미국과의 정면충돌을 야기할 만한 규모의 소련인 고문단 파견에 반대했다는 주장은 아마도 옳을 것이다.
흐루시초프는 중국 개입 직전에 스탈린과 저우언라이周恩來가 만났는데, 애당초 개입 불가로 결정되었던 것이 마오쩌둥 또는 스탈린의 발의로 번복된 것 같다고 술회했다. 흐루시초프의 술회에 대한 자세한 내용은 다음을 참조하라. *Khrushchev Remembers*, Boston, 1970, 367~373쪽.
전쟁에 대한 북한의 공식 견해는 종전과 다름이 없었다. 백봉의 다음 구절에 주목하라. "미 제국주의자들이 리승만 괴뢰군을 앞장에 내세워 조선 인민에 대한 강도적인 침략전쟁을 도발한 것이었다. 조선 인민에게는 불의에 강요당한 전쟁이었다. 앞장에서 처들어온 것은 리승만 괴뢰군이었으나 전쟁의 주모자와 주역은 미 제국주의 호전광들이었다." 백봉, *Kim Il Sung: Biography*, 도쿄, 1969, Vol. II, 271쪽. 널리 배포된 전3권의 이 책은 백봉이 쓴 『민족의 태양, 김일성 장군』(평양, 1968)의 영문판이다(본 인용문은 한국어판, 제2권, 193쪽에서 따온 것이다. 이하 백봉의 책은 한국어판에서 인용한다―옮긴이).

서울은 사흘 만에 함락되었다. 6월 28일 공산군이 서울에 입성하자 수십만의 피난민이 남쪽으로 줄을 이었다. 그동안 서울과 도쿄, 워싱턴 등지의 미국인들은 초기의 충격에서 벗어나기 시작했다. 북한 측의 공세가 시작되기에 앞서 38선 부근의 여러 지점에서 공산 측이 남쪽으로 병력을 집결시키고 있다는 정보가 입수되었다. 그러나 이러한 정보는 그전에도 종종 있었기 때문에 미국은 크게 신경 쓰지 않았다. 미국 측은 당시 공산 측이 전면공격은 하지 않으리라는 데 의견일치를 보았던 것이다.

일단 북한 측의 공격이 시작되자 미국은 결단을 내려야 했다. 이는 어떤 의미에서 오히려 간단한 문제였다. 즉 미군이 남한 방위를 위해 병력을 투입하느냐, 마느냐 하는 문제였다. 모든 관측통은 미군의 장비 지원은 물론이고 미군의 참전이 없다면 대한민국은 공산 측의 공격에 붕괴되고 말 것이라고 내다보았다. 해리 S. 트루먼Harry S. Truman 대통령은 유엔의 지지를 호소하면서 재빨리 한국전쟁 참전을 결정했다.

다른 책들에 상세히 기술되어 있는 한국전쟁사를 여기서 다시 자세히 다룰 필요는 없을 것이다. 그 대신 전쟁의 추이를 북한에서의 사태발전과 직접 관련된 분야에 한해서만 언급하겠다. 다만 당시에 소련과 중국이 수행한 역할에 대해서는 주목할 필요가 있다. 앞서 살펴보았듯이 중국은 북한 정권 수립 초기에는 그다지 중요한 역할을 할 수 없었다. 1949년 가을에야 권력을 장악한 중국은 당시로서는 당연히 내부 문제에 전력을 기울여야 했다. 더구나 옌안 등지에서 귀국한 한국인들에 대한 북한 정권의 처우는 소련의 지원을 받는 김일성과 그의 동료들이 중국이 북한 문제에 개입하는 것을 원하지 않는다는 사실을 명백히 드러내고 있었다. 입수 가능한 모든 증거를 살펴볼 때 중국과 북한 공산주의자들과의 관계는 적어도 1949년까지는 돈독하지 못했다는 것이 분명하다. 게다가 수풍댐 재건에 관한 분쟁은 1948~1949년 중국의 대북한 활동에 장애가 되었다. 1949년 초 이 문제는 소련의 중재로 타협을 본 것 같지만, 기타 국경 문제는 아직도 해결되지 않고 있었다. 어쨌든 양국 간의 상호 공식 승인은 훨씬 이전에 이루어졌음에도 베이징 당국이 한국전쟁 발발 이후인 1950년 8월 중순에야 비로소 평양에 대사를 파견했다는 점은 이상한 일이다.[34]

그러나 앞서 살펴보았듯 만주에 있던 조선인 병사들은 1949~1950년에 북한으로 돌아왔으며, 중국도 소련의 군사장비가 중국 철노를 거쳐 북한에 대량으로 반입되는 것을 허용했다. 하지만 당적 이전 문제만은 심각하게 다루어졌다. 북한은 조선의용군을 비롯한 중국 출신 조선인들의 노동당 입당에 매우 엄격한 태도를 취했는데, 이는 아마도 북조선노동당 내에 마오쩌둥주의를 신봉하는 집단이 어떤 형태로든 이식되는 것은 용납할 수 없다는 입장을 반영한 것으로 보인다. 반면에 소련 당적을 가진 사람들의 입당은 자동적으로 허용되었다.[35]

마오쩌둥과 그의 동료들이 북한의 계획을 사전에 알았든 몰랐든 간에 소련이 깊숙이 개입했다는 사실은 명백하다. 이 점은 모나트의 증언을 주의 깊게 살펴보기만 해도 분명해진다. 게다가 중국이 실전에 끼어들고 싶지는 않았다고 해도 '해방' 계획을 지지했으리라는 사실에도 의심의 여지가 없다. 1949년 가을 류샤오치劉小奇는 베이징 당국이 그 당시 취하고 있던 정책에 따라 '제국주의와 그 주구들'을 타도하기 위해 중국이 취한 노선은 다른 여러 식민지·반식민지 인민들이 취해야 할 노선과 동일하다고 천명한 바 있다.[36] 북한의 기습이 마오쩌둥식 전술 원칙을 따랐는지는 논의해볼 만한 일이다. 정치적 기반은 충분히 닦여져 있었는가? 조선인민군은 조선 농민이라는 바다 속에서 헤엄칠 수 있었던가? 군사 전술은 아군의 전력과 적의 전력에 알맞은

---

34 중국의 역할에 대한 치밀하고도 통찰력 있는 연구는 다음을 참조하라. Allen S. Whiting, *China Crosses the Yalu: The Decision to Enter the Korean War*, New York, 1960.

35 U. S. Department of State, *North Korea: A Case Study in the Techniques of Takeover*, 118쪽.

36 Liu Shao-ch'i, "Speech by Liu Shao-ch'i at the Conference on Trade Unions of Asia and Oceania," *For a Lasting Peace, for a People's Democracy!*, 1949년 12월 30일, 2쪽.

것이었는가? 인민군은 예상되는 미군의 반격과 대규모의 지구전을 포함한 온갖 군사적 비상사태에 대비할 수 있었는가? 이들 질문 가운데 단 몇 개라도 부정적 대답이 나온다면 중국에 비해 소련의 대 북한 영향력이 우세했다고 다시 한번 결론지을 수 있다.

한편 공산 측이 공격을 개시한 지 몇 달 만에 전쟁은 놀라운 국면으로 접어들었다. 전쟁 개시 첫 달에 북한 측은 혁혁한 전과를 기록했다. 7월 하순 공산군은 연합군을 한반도 동남부 구석인 부산 일대로 몰아넣었다. 대구와 부산은 아직 미군과 남한군의 수중에 있었지만 전황은 절망적이었다. 낙동강 전선에서는 어떤 일이 있더라도 낙동강을 사수하라는 명령이 하달되었다. 그러나 공산 측은 많은 사상자를 내면서도 계속 전쟁의 주도권을 쥐고 있었다. 8월에서 9월 중순 사이에 양측은 필사적인 전투를 거듭했다. 대구는 아직 미군이 장악하고 있었지만, 낙동강 전선에 대한 압박은 날로 거세졌다.

그러나 인천상륙작전의 성공과 함께 전세는 급변했다. 9월 15일 감행한 이 작전의 성공으로 미군은 공산군의 허리를 끊어놓을 수 있었다. 전황의 주도권을 잡은 맥아더MacArthur 장군은 재빨리 공산군을 밀고 올라갔다. 13일 만에 연합군은 서울을 탈환했고, 북한 측은 막대한 손실을 입었다. 9월 말이 되자 38선 이남의 대부분의 영토를 유엔군이 수복했으며, 북한군은 연전연패를 벗어나지 못했다.

이 시점은 중대한 결정이 내려져야 할 때였다. 즉 유엔군이 38선을 넘어 군사행동을 계속해 한반도를 비공산국가로 통일시키느냐 마느냐 하는 문제가 대두한 것이다. 미국 최고지도자들과 유엔 내부에서 이 문제에 관한 논의가 계속된 결과 마침내 유엔군의 북진이 결정되었다. 미국 합참 본부가 북진을 허가한 이틀 후인 9월 29일에 트루먼 대통령의 재가를 받은 조지 마셜 George Marshall 미국 국방장관은 38선 이북에서 군사작전을 허락한다는 '극비' 전문을 맥아더 장군한테 보냈다. 10월 1일 한국군 제1군단 3사단은 38선을 넘어 북한의 동해안에 진출했다. 보급 문제로 지체한 미8군은 10월 7일에야 38선을 넘어섰다. 38선 이북으로의 진격이 공식적으로 시작된 것이다.

김일성의 군대는 연이은 패전으로 피폐해 미군과 한국군에 대적할 형편이 되지 못해 북한의 주요 지역은 빠른 속도로 함락되었다. 한국군 제3사단은 이미 10월 11일 원산을 점령했고, 9일 후에는 미8군이 포화에 파괴되어 거의 무방비 상태에 있던 평양에 입성했다. 김일성과 북한 내각의 최고 각료들은 북으로 피난해 신의주에 임시 수도를 세우고, 최후의 일인까지 평양을 사수하라는 명령을 내렸다. 그러나 10월 말이 되자 북한군은 완전히 붕괴되어 많은 패잔 부대가 만주와 소련 접경의 산악지대로 쫓겨갔다. 유엔군은 북한 전역을 마음대로 휩쓸었다. 11월 셋째 주에는 미군이 혜산진에 도착했고, 압록강 너머 중국을 눈앞에 두게 되었다.

그런데 10월 말에 몇몇 야전지휘관이 이미 중국군의 출현을 보고했다. 11월 25일 2개 부대의 중국 야전군을 앞세운 공산 측의 맹렬한 반격이 시작되었다. 일주일 만에 최전선을 80킬로미터가량 후퇴시킬 수밖에 없었던 유엔군은 곧 심각한 난관에 부딪히게 되었다. 미8군은 실로 황해 바다로 뛰어들어야 할 지경에 이르렀다. 하지만 다행히 최악의 사태를 모면한 유엔군은 철수에 성공해 서울 동부와 북부 지역에 새로운 방위선을 구축할 수 있었다. 12월 5일경 미8군은 평양을 포기했고, 12월 중순에는 공산 측이 다시 북한의 대부분 지역—약 300만 명의 북한 주민이 월남한 것을 제외하고는— 을 장악하게 되었다. 인민군은 15개 사단의 약 15만 병력으로 재편성되었다. 중국군은 약 28개 야전사단이 참전하고 있었다. 북한군과 마찬가지로 그들도 대량 손실을 각오하고 있었던 것이다.[37]

---

37 북한의 진격과 중국군의 반격에 대한 더 자세한 설명은 다음을 참조하라. Roy E. Appleman, *South to the Naktong, North to the Yalu: June~November, 1950*, Washington, 1961. 이 책은 미군의 한국전쟁 참전에 대한 공식 전사 시리즈의 한 권이다. 상세한 설명이 붙은 한국전쟁에 관한 도서목록은 다음을 참조하라. Thomas T. Hammond, *Soviet Foreign Relations and World Communism*, Princeton, 1965, 787~806쪽.

전시의 소련과 중국의 역할에 대한 모나트의 평가를 살펴보자. 모나트의 기본적인 견해는 한국전쟁 기간에 소련인들은 북한 주민들(김일성은 물론)을 완전히 통제하고 있었지만, 소련인들과 중국인들과의 관계는 소원했다는 것이다. 다음은 이 문제에 관한 그의 설명의 핵심 부분이다(Pawel Monat, "Russians in Korea", 앞의 책). "1951년 말 북한에 올 때, 나는 약 200명의 군인들과 함께 봉천奉天에서 기차를 타고 압록강을 건넜는데, 그들은 모두 중국인민지원군中國人民志願軍 복장을 하고 있었지만 실상은 전원이 미그기 조종사, 공병대, 대공사격대 등 소련인 전투부대였다. 내가 그곳에 있었을 당시 최소한 5,000명의 소련인 장교와 군인들이 북한 및 압록강 대안의 만주 소재 미그기 기지에서 근무하고 있었다." (76쪽)

모나트에 따르면 이들 소련인은 철저히 신분을 은폐했다고 한다. 소련인 조종사들은 16~24킬로미터 이상의 영해 밖으로도, 청천강 이하로도 남행할 수 없었다. 모나트는 이를 소련식 농담으로 표현했다(77쪽).

제1소련인: "우리 조종사들은 세계 최고야."

제2소련인: "어째서?"

제1소련인: "손 없이도 조종할 수 있으니까."

제2소련인: "왜 그렇게 하지?"

제1소련인: "두 손으로는 눈을 가려야지. 미국인들이 한국인으로 착각하게 하려고."

모나트에 따르면 많은 소련인이 전사했는데, 특히 인천상륙작전으로 북한 주민을 가장해 도망쳐온 소련 군사고문 몇 사람도 사망했다고 한다.

모나트가 북한에 있을 당시의 소련대사는 민간인 복장을 한 육군 소장 블라디미르 라주바예프 Vladmir N. Razuvayev로, 그는 '북한의 실질적인 통치자'였다고 한다. 또한 모나트의 김일성에 대한 평가는 다소 가혹했다. "전시 지도자로서의 김일성은 결코 뛰어난 능력을 보이지 않았다. 그는 뚱뚱하고 다소 멍청한 편이었지만, 소련의 완전한 통제하에 있었기 때문에 별다른 능력이 없이도 버틸 수 있었다. 김일성은 소련대사관의 허락 없이는 절대로 어떤 결정을 내리거나 공식 연설을 할 수 없었다. 북한의 모든 군사 명령은 소련인이 입안했고, 소련인 관리가 서명해야 효력을 가질 수 있었다. 이러한 노골적인 권한 행사를 하면서도 소련인들은 늘 신중하게 외교적 격식을 갖추었던 것이다. 북한은 무기수無期囚나 마찬가지로 전혀 독립성을 갖고 있지 못했지만 ―현재도 없지만 ―소련인 관리들은 '대중 앞에서는' 절대로 직접적인 명령을 내리지 않았다. 독립의 환상은 이처럼 애처롭게 보호되었던 것이다." (77쪽)

폴란드인 망명객이 미국 독자층을 의식하고 쓴 이 글은 약간의 과장이 있고 표현이 다소 거칠지도 모른다. 그러나 앞서 살펴보았듯이 소련의 공작방식에 대한 이 부분의 설명은 대부분의 다른 자료와 일치한다. 더구나 모나트가 북한에 주재할 당시 김일성의 군사적·정치적 조직은 완전히 와해되어 김일성은 전적으로 외세에 의존할 수밖에 없는 상황에 처해 있었다. 그러나 앞서 인용한 이야기를 통해 훗날 김일성이 '완전 독립'을 제창하는 진정한 이유를 간파할 수 있을 것이다. 모나트의 말과 달리 김일성은 결코 우둔하지 않았으며, 소련에 대한 자신의 완전한 예속감에서 맛본 쓰라림 때문에 앞으로 발생할 사태의 씨앗을 뿌리게 되었는지도 모른다.

최근 모나트의 설명을 확증해주는 소련 측 자료가 공개되었다. 두 명의 소련 학자는 1971년 간행한 저서에서 "저명한 군사령관을 포함한 소련 공군 고문관이 북한에 있었을 뿐 아니라 소련 비행사들도 침략자들과의 전투에 참가했다"라고 단호하게 말했다. O. B. Borisov and B. T. Koloskov, 『1945~1970년의 중소관계에 대한 소론』Sovetsko-Kitaiski Otnosheniya 1945~1970, kratkii ocherk, Moscow, 1971, 55쪽 이하.

3. 조선노동당 중앙위원회 제3차 전원회의

이러한 혼란의 와중에 1950년 12월 조선노동당 중앙위원회 제3차 전원회의
가 '현 정세와 조국이 당면한 긴급 과업을 토의하기 위해' 소집되었다. 많은
문제가 산적해 있었지만, 이 회의의 목적은 실상 패전의 책임을 물어 내부 위
기를 미연에 방지하려는 것이었다.[38] 이제 중국이 한반도 문제에 깊이 관여하

카피차M. S. Kapitsa의 글을 인용해 보리소프와 콜로스코프는 중화인민공화국의 요청으로 소련은
정예 공군사단을 만주로 이동시켜 중국군 동부 지역의 공업 중심지를 공습으로부터 보호하고, 공중
전에서 "미군 전투기 수십 대를 격추시켰다"고 기술했다.
마지막으로 그들은 소련은 북한에서 중국과 "긴밀한 군사협조 위에서 작전을 수행"했으며, "조선인
민군과 중국 인민지원군에게 무기와 군수품, 연료, 식량, 약품 등을 계속해서 공급했다"고 밝혔다.
모나트는 소련이 한국전쟁 계획표를 작성하면서 두 가지의 결정적 오류를 범했다고 주장했다. 즉
그들은 한국군을 지원하러 오는 미군의 역량을 과소평가했으며, 인민군의 역량을 과대평가했다는
것이다(86쪽). 북한군의 최고위 장성들은 숫자도 적었으며 전투 경험이 부족했고, 북한군 총병력으
로는 치열한 반격을 감당하기에 역부족이었다는 것이다. 모나트는 한 달 만에 전체 전투병력 가운
데 3분의 1인 4만여 명이 전사 또는 부상당했다고 말했다.
인천 상륙(모나토는 공산 측의 누구도 이를 예견하지 못했다고 주장했다) 이후 소련과 중국은 중국
의 한국전 개입에 합의를 보았다. 모나트는 중국이 맥아더 장군을 무척 경계한 나머지 그가 압록강
을 건너 공격해오거나, 타이완에서 국부군國府軍을 동원하리라고 판단해 "마오쩌둥은 만주 국경을
수비할 완충지대로서의 북한을 수호하기로 결정했다"(94쪽)고 말했다.
소위 중국 인민지원군이 참전하게 되자, 그들은 완전히 수적으로 북한 전역을 압도했다. 모나트는
중국인민지원군 지휘관들이 모든 사람, 특히 소련인을 불신했다고 주장했다. 따라서 중·소협력은
잘 이루어지지 않았고 상호관계는 소원할 수밖에 없었다. 반면에 중국 인민지원군들은 북한 주민들
과는 좋은 관계를 이루었다. 모나트는 이렇게 말했다. "그들은 소련군이나 북한 장교들보다도 북한
주민들에게 훨씬 인기가 있었다. 소련군들은 그들이 북한을 '해방'한 직후 북한에서 아주 처신을 잘
못했다. 그들은 때때로 술에 취해 길가에서 고성방가하거나, 부녀자를 겁탈했고 눈에 보이는 것은
죄다 약탈해갔다. 북한 군인들은 전시에 민가에 숙식하면서도 자기들을 뒷바라지하느라 굶주리는
민간인 생각은 조금도 하지 않았다. 반면에 중공군들은 모든 식량을 자급했다. 어떤 마을에서는 중
공군은 자발적으로 하루에 한 끼씩 굶고 남은 쌀을 고아나 학교, 전체 마을에 나누어주기도 했다.
나는 중공군들이 일 년에 두 번씩 추수 때마다 들판에서 농부들과 함께 수확하는 광경을 목격했다."
(96쪽)

38 김창순에 따르면 과거 소련 군정 사령부에서 정보와 선전을 담당하던 레베데프Lebedev 소장이 이
당시 김일성과 기거 및 침식을 같이하며 정치고문 역할을 하고 있었는데, 그가 김일성에게 조속히
중앙위원회 전원회의를 소집해 패전의 책임을 다른 사람에게 전가함으로써 김일성 자신은 책임을
면해야 한다고 권유했다고 주장했다 한다. 김창순, 앞의 책, 126~127쪽.

게 되었기 때문에 북한의 정치는 한층 더 복잡해졌다.

자강도慈江道의 만주 접경에 위치한 강계江界에서 12월 21~23일 개최된[39] 중앙위원회 제3차 회의에서 상당수의 군사 간부와 당 간부들은 무능력과 과오, 범죄행위 등으로 문책당해 숙청되거나 강등되었다. 당시의 전황이 북한 측에 불리했기 때문에 김일성은 소련의 전적인 신임을 받고 있었음에도 커다란 불안을 느끼고 있었던 것이다. 예기치 않았던 패전의 결과 군은 물론 당도 와해되었고, 패배주의와 명령 불복종의 풍조가 당 내외에 만연했다.

그러나 북한 지도자들은 중국군 참전으로 전쟁의 가장 암담한 국면을 모면할 수 있었다. 여러 자료에 따르면 김일성은 계획보다 앞서 12월 6일에 평양을 재탈환한 데 크게 고무되었음이 분명했다. 하지만 중국군이 이제 북한의 중심 세력으로 등장하면서 김일성은 제2군단장 무정을 잠재적인 경쟁자로 여기게 되었다. 이 시점에서 인민군은 이미 유명무실한 존재가 되어버렸고, '중국 인민지원군'을 통솔하던 펑더화이 등 중국군의 역전 노장들이 실권을 장악하게 되었다. 그들이라면 당연히 소련파보다는 무정 등 옛 전우나 연안파의 다른 인물들의 편을 들 것이었다. 더구나 당시의 중국과 소련의 관계를 감안해볼 때, 이러한 가능성은 김일성은 물론이고 소련에도 우려스러운 상황이었다. 따라서 제3차 전원회의의 주된 희생자가 바로 무정이라고 해서 크게 놀랄 일은 아니었다. 그는 전체적인 군사 정세를 올바로 판단하지 못했으며,

---

김창순은 무정 역시 오기섭과 마찬가지로 김일성을 좋아하지 않았다고 말했다. 무정이나 오기섭의 눈으로 볼 때 김일성은 자기들의 부하가 되어야 마땅하지 상전이 된다는 것은 말도 안 되는 일이었다. 무정은 중공 팔로군의 포병 창건자요 마오쩌둥과 함께 대장정에 참가한 자로서, 1945년 이전에는 김일성보다 훨씬 더 중요한 역할을 수행했다. 그래서 무정은 김일성에게 숙청되었을 때 무척 비통했을 것이다.

39 회의 장소에 대해서는 논란이 있다. 김창순은 이 회의가 개최된 곳이 만주 접경지대인 만포滿浦 북방 3킬로미터 지점의 소읍 별오리別午里였다고 주장했다. 어떤 자료에는 만주 소재 통화通化로 나와 있다. 그러나 강계에서 10년 가까이 거주한 적이 있는 김남식은 고위 당 간부들의 말을 인용해, 제3차 전원회의는 일제가 강계발전소를 건설하려고 파놓은 대형 땅굴 속에서 열렸다고 주장했다. 1970년 6월 16~18일자, 이정식과 김남식의 인터뷰.

평양 사수령死守令을 어겼다고 문책당했다. 사실상 당시 평양 방어는 불가능했으므로, 무정이 만주로 퇴각해 선양瀋陽 지역에서 인민군을 재편성하려고 한 것은 현명한 처사였다.

그러나 무정은 통렬하게 비판받았는데, 그의 죄 가운데는 부하를 법적 절차를 밟지 않고 미음대로 총살한 사실도 포함되어 있었다.[40] 개회 낭시에는 중앙위원으로 참석한 무정은 이제 죄수와 다를 바 없는 신세가 된 것이다. 그는 군단장직에서 강등되어 수인부대囚人部隊 대장으로 있다가, 후에 평양 모란봉 지하극장 건설감독을 하던 도중 중국 당국의 요청으로 중국에 인도되었다. 그러나 당시 그는 이미 폐인과 다름없었고, 얼마 후에 병사하고 말았다 한다.

우리는 김일성이 제3차 전원회의 당시 어느 정도로 위기감을 느끼고 있었는지 확인할 수 없다. 그는 전원회의 보고에서 북한의 발전상에 초점을 맞추려고 애썼지만, 군사나 정치전선에서의 주요한 결함들을 지적하지 않을 수 없었다. 김일성은 당은 조선인민군과 조선 인민들을 올바르게 조직해 훈련시켰고 소련을 위시한 우방국가들, 특히 중국 인민지원군이 북한을 원조하고 있으며, 적들의 '내부 모순'이 증대하고 있다는 사실을 지적한 뒤 북한이 가진 '엄중한 결함'들에 대해 언급하지 않을 수 없었다. 김일성이 지적한 결함은 인민군이 예비부대를 더 많이 준비하지 못했으며, 군 간부들의 경험이 모자랐고, 많은 부대가 규율 문란으로 명령이 제대로 실현되지 않았으며, 유격전 전술은 창조성 없이 기계적으로 추구되었고, 후방 공급사업은 제대로 조직되지 못했으며, 핵심 간부들은 위기의 순간에 당황했다는 것 등이다.[41]

---

40 김일성이 1951년 12월 21일 제3차 전원회의에서 「현 정세와 당면 과업」이라는 제하로 행한 보고는 다음에 실려 있다. 『金日成選集』(일본어판), 제2권, 교토, 1952, 105~144쪽.
   김일성은 무정에 대한 비판에서 "우리가 퇴각하는 과정에서 혼란된 상태를 이용하여 아무런 법적 수속도 없이 사람을 마음대로 총살하는 봉건시대의 제왕과도 같은 무법천지의 군벌주의적 만행을 감행했읍니다. 이것은 물론 법적으로 처단받아야 될 것입니다"라고 말했다.

41 같은 책, 114~118쪽. 제3차 전원회의에 관한 최근의 공식 설명은 다음을 참조하라. 백봉, 앞의 책, 제2권, 238~242쪽. 그는 당시의 심각한 내부 난관을 지적하면서 김일성이 철저한 혁명훈련과 비

김일성은 계속 오류나 죄과를 범한 간부들을 비판했다. 무정에 이어 여러 간부가 문책을 당했다. 인민군 내부의 정치공작을 담당하던 민족보위성 부상 김일은 패배주의 의식을 유포했다는 혐의로 철직당했다. 그의 죄상은 비행기 없이는 적들과 싸울 수 없다는 패배주의 경향을 가졌다는 것이다.[42] 최강崔剛 이나 김한중金漢仲 등 사단장들도 '비겁행위'라는 이유로 철직 처분을 당했으며, 강원도당위원장江原道黨委員長 림춘추林春秋 등은 후퇴를 계획적으로 조직하지 못했다고 문책을 당했다.[43] 림춘추의 죄목은 주요한 당 문서를 버리고 자신만 도망치기에 급급해 계획적인 퇴각을 조직하지 못했다는 것이다. 제3차 전원회의의 결과를 총괄하면 군과 당 요직의 일대개편이라고 할 수 있었다. 남일은 총참모장이 되었고,[44] 김일성의 심복인 김책은 인민군 최전선 사령관으로 임명되었다.

김일성은 당 훈련의 강화가 절실히 요청된다고 지적하면서 다음과 같이 결론지었다.

판, 자기비판의 기치를 높이 들어 당이 지도자를 중심으로 한 사람처럼 움직여야 한다고 말했다 한다. 백봉은 당시 일부 당 간부에게 실시된 책벌에 대해서는 언급하지 않았다.

42 김창순 등의 주장과는 달리 김남식 등은 전시에 숙청된 김일과 김일성의 옛 동료이자 훗날 정치위원회의 최고위직에까지 오른 김일과는 별개의 인물이라고 주장한다. 그는 두 사람의 김일이 있었다고 말한다. '큰 김일'로 알려진 사람은 최근에 내각 제1부수상이 된 자이고, '작은 김일'로 알려진 사람이 바로 전시에 숙청된 자로서 소련계 한인이었다는 것이다. 김남식은 '큰 김일'이 군내의 정치선전계획을 지도하고 조직할 만한 교육도 받지 못했고, 경험도 없었다고 주장했다. 1970년 6월 16~18일자, 이정식과 김남식의 인터뷰. 이 점에 대해서는 소련의 한국 문제 전문가인 김G. F. Kim이 1971년 11월 미국 방문 당시 김남식의 진술을 확증하는 말을 했다.

43 나중에 다시 나오겠지만, 림춘추는 복권되어 1967년 재차 숙청되기까지 여러 요직을 역임했다 (1970년 그는 다시 복직되었다─옮긴이).

44 전 총참모장 강건은 전사했다. 김창순, 앞의 책, 133쪽. 강건의 제20주기 추도식이 1970년 9월 7일 평양에서 열렸다. 『コリア 評論』, 도쿄, 1970년 11월, 63쪽.
남일南日을 잘 안다는 모나트의 진술은 우리의 흥미를 끌었다. 그는 남일이 겉보기에만 한국인이지, 실상은 일제 때 시베리아로 이주해간 가정에서 태어나 소련에서 대부분의 생애를 보냈다고 주장했다. 모나트는 남일이 소련군 대위로서 스탈린그라드에서 독일군과 전투한 적이 있으며, 나중에는 사단 참모장이 되어 바르샤바해방전쟁에 참여했다고 서술했다. 모나트, 앞의 논문, 93쪽.

이번 전쟁을 통하여 누가 진정한 우리 당의 당원이며, 누가 가짜 당원인가가 명백히 드러났습니다. ……전쟁은 불순, 비겁자, 이색분자들을 무자비하게 폭로·적발하였습니다. ……물론 적지 않은 (천도교)청우당원들과 (조선)민주 당원들이 적들과 합류하여, 또는 소위 치안대나 멸공단 등 반동단체에 가입하 여 우리의 로동당원들과 열성자들을 학살·모욕·탄압한 사실들이 있읍니다. 이것은 청우당이나 민주당의 기본 정책에서 출발한 것이 아니라 청우당이나 민주당에 잠입한 반동분자들의 소행입니다. 우리 당원들의 임무는 청우당이 나 민주당에 잠입한 반동분자들의 소행으로 말미암아 우당들과 통일전선을 파괴할 것이 아니라 그를 강화하여 우당 내의 애국적 열성당원들과 긴밀히 연 락하여 그들에게 조국과 인민을 위한 사상을 주입시키며, 그들을 방조하며, 그들 자체로 하여금 우당 내에 잠입한 반동분자들을 적발·폭로하여 그들을 고 립시켜야 하겠읍니다.

김일성은 공산군의 병력 증강 덕택에 또 한 번의 위기를 모면할 수 있었다. 1950년 세모歲暮에 공산 측은 50만 대군과 100만 예비부대를 인솔해 대공세 를 단행했다. 1951년 1월 4일 유엔군은 다시 서울에서 철수하지 않을 수 없 었으며, 공산 측의 진격은 1월 말까지 계속되었다. 공산 측의 피해가 막대하 긴 했지만 만주에서 끊임없이 유입되는 군인들은 이 손실을 메우기에 충분했 다. 3월 중순 연합군이 서울을 수복했을 당시 종래 200만 명의 시민이 살던 도시에는 겨우 20만 명의 애처로운 시민만이 남아 있을 뿐이었다. 4월 22일 이 되자 공산 측은 70만 병력 가운데 절반을 투입해 재차 대공세를 감행했다. 그러나 이 공격은 실패로 돌아갔고 공산군은 피로 얼룩지고 지친 가운데 5월 20일부터 전선은 교착 상태에 빠져들었다. 1개월 후인 1951년 6월 23일 소 련 외무성 부상 야코프 말리크Jacob Malik는 공산 측의 휴전회담 의사를 표시 해왔다.

4. 제4차 전원회의와 그 여파

잘 알려진 바와 같이 공산 측은 2년 가까이 한 치의 양보도 하지 않았다. 그동안 전쟁은 양측에 막대한 손실만 입힌 채 계속되고 있었다. 1951년 11월 2일에는 조선노동당 중앙위원회 제4차 전원회의가 소집되었다. 이 회의에서 행한 보고에서 김일성은 당 문호를 기본 성분(노동자 출신)과 철저한 이념 무장을 갖춘 사람들에게만 국한시킨 관문주의關門主義를 추상같이 규탄했다. 그는 농민들도 동등하게 입당시켜 훌륭한 마르크스-레닌주의자가 되도록 교육시켜야 한다고 주장했다.[45] 김일성의 이러한 새로운 입장은 이해하기 어려운 것은

---

45 김일성이 당 문호를 농민들한테 개방해야 한다고 주장한 사실은 당시에 그들이 당의 역할을 어떻게 규정했으며, 당과 여러 계급과의 관계는 어떤 것이어야 한다고 생각했는가를 잘 보여주고 있다.

김일성은 '해방' 당시 약 30만 명이었던 북한의 노동자는 농민계급으로부터의 충원으로 5년 만에 배로 증가했다고 주장했다. 그러나 아직도 전체 인구의 약 80퍼센트는 농민이었다. 김일성은 "우리 당이 노동자와 소수의 공산주의자만 받아들인다면 어떻게 우리 당이 대중 정당으로 발전하여 대중 속에서 지도적 역할을 할 수 있겠"느냐고 반문했다.

김일성은 북한의 당을 공산당이라 하지 않고 노동당이라고 한 것은 현재의 북한이 '자기의 특수성'을 갖고 있기 때문이라고 지적했다. 이어 김일성은 비록 당이 다수의 농민을 입당시킨다고 해도 당은 "노동계급을 핵심으로 하여 그의 이데올로기와 영도권을 견결히 보전"해야 하기 때문에 농민의 정당이 될 수 없다고 강조하면서 이렇게 말했다. "근로농민의 우수분자들을 입당시켜 노동계급의 이념으로 그들을 무장하여 노동계급을 핵심으로 우리 당을 대중 정당으로 강화·발전시켜나가야 합니다."

김일성은 "당내 노동자 성분비율이 저하될까 두려워하여 광범한 근로농민 성분들을 우리 당에 인입시키지 않는" 것은 당의 노선에 어긋난다고 주장했다. "우리는 농민과 근로 인텔리 가운데 우수분자들을 주저함 없이 받아들여 우리 당을 대중 정당으로 발전시켜나가야 합니다." 이것은 물론 입당원을 내는 사람들을 전부 받아들여야 한다는 의미는 아니었다. 김일성은 "우리 당에는 지주나 목사, 모리배, 유한계층을 위한 자리는 없습니다. 또한 우리는 반동분자, 불순분자, 당내에 잠입한 간첩들에 대하여도 경계를 늦추지 말아야 하며, 비록 지주나 모리배의 자녀들이 자기네 부모의 죄과를 문책하고 조국을 위해 몸 바칠 각오가 되어 있다"고 할지라도 "신중한 심사 없이" 입당시켜서는 안 된다고 주장했다.

"On the Improvement of the Party's Organizational Work-Concluding Speech at the Fourth Plenum of the Central Committee of the Workers' Party of Korea, November 2, 1951", 김일성, *Selected Works*, 1965, Vol. I, 148~151쪽. 동일한 연설 원문이 다음에도 실려 있다. 『金日成選集』(일본어판), 제3권, 1952, 241~269쪽. 여기에는 김일성의 연설 제목이 「黨組織活

아니다. 제3차 전원회의에서 당원들한테 가해진 혹독한 비판의 결과, 전 당원에 대한 철저한 조사와 출당 처분이 내려짐과 동시에 입당 절차도 한층 까다로워졌다. 한편 전쟁의 결과로 당원 수는 이전과 비교해 크게 격감되었다. 이제야말로 당을 대중에 기반을 둔 조직체로 재건설할 필요성이 절박하게 대두되었다.

이러한 정책이 남로당계가 당내에서 수행할 수 있는 역할을 감소시키고, 북한 출신을 새로운 당원으로 받아들이는 데 주안점을 둘 거라는 것은 불가피했다. 이로써 노동당은 철저한 당원 검열정책에서 좀더 완화된 개방정책으로 전환했다. 다수의 농민이 교육적·이념적 기준에 대한 고려 없이 당으로 몰려들었다. 인텔리들이나 구 지주들, 심지어 종전의 반공 활동으로 문책을 당했던 일부 인사에 대한 제한도 완화되었다. 노동당은 지지기반을 확대하기 위한 필사적인 노력을 기울이지 않을 수 없었다.

이러한 정책 변화는 관문정책이 시행되는 동안 당 비서를 역임했던 허가이에 대한 공격의 근거를 제공했다. 허가이는 당에서 철직 처분을 받고, 별다른 실권 없는 유명무실한 직위인 부수상으로 밀려났다. 김일성과 허가이를 반목하게 만든 문제는 전적으로 앞서 언급한 조직 노선상의 문제만이 아니었다는 주장도 있다. 김일성은 허가이가 박헌영을 비롯한 남로당계를 견제할 수 있을지 항상 의심의 눈초리를 거두지 못했으며, 남로당계를 유능하고 신뢰할 만하다고 여기는 허가이의 태도를 늘 못마땅하게 여겼다고 한다.[46]

動に於ける若干の欠陥について」라고 되어 있으나 원문을 살펴보면 1965년 영문판과 큰 차이가 없다(본 번역에는 1954년판 『김일성선집』 제3권에 수록된 한국어 원문을 참고했다. 1965년 영문판은 이 글의 전체적인 논지는 따르고 있으나, 문장을 크게 윤색해서 한국어 원문에 없거나 표현이 다른 부분이 있음을 참작해주기 바란다—옮긴이).

46 김창순이 쓴 앞의 책에 따르면, 허가이는 1945년 이래 김일성과 긴밀한 관계를 유지해왔지만 박헌영이나 남로당원에 대해서는 김일성과 달리 퍽 융화적인 태도를 취했다고 한다. 가령 허가이는 1949년 남북로당 합당 당시 과거 남로당원이었던 사람들을 형식적인 심사 정도로 모조리 입당시켰다. 따라서 "허가이와 박헌영이 통일노동당의 2인 부위원장이 되면서부터 허(가이)가 능히 박(헌영)

여기서 전쟁 기간에 정부의 공식 기구가 전면 개편되었다는 사실을 지적해두어야겠다. 전쟁 발발과 동시에 김일성을 위원장으로 하는 군사위원회가 조직되었다. (소련 고문이 딸린) 이 위원회는 전시에 군사 부문은 물론 정치 부문까지 장악했다. 군사위원회는 군사 문제뿐 아니라 전쟁 수행에 관련된다고 보이는 모든 사항에 대해 최고 권력을 행사할 수 있었다.[47]

전쟁 초기부터 적과 대치하거나 적의 위협을 받고 있는 지역마다 자동적으로 군사정부가 수립되었다. 도 군사위원회가 조직되어 각 도당위원장이 군사위원장이 되고, 해당 지역 군 지휘관과 각도 인민위원회 위원장이 군사위원이 되었다. 중국 인민지원군이 점령한 지역에서는 중국군 사령관이 군사위원에 임명되기도 했다. 그러나 유엔군이 반격하면서부터는 전국이 군사정부 치

을 견제하느냐 못 하느냐가 김일성파의 지대한 관심사였다"고 한다(133쪽).
나중에 보게 되겠지만 결국 허가이는 완전히 숙청된다. 따라서 그에 대한 오늘날의 공식적 평가는 그의 정책이 오류였을 뿐 아니라 그가 당을 내부로부터 붕괴시키려던 적의 음모에 가담한 사람이었다는 것이다. 백봉의 책 내용 가운데 다음 부분에 주목하라. "당시 허가이를 비롯한 반당 종파분자들은 로동계급을 선두로 한 전체 근로대중의 선봉대로서의 당의 성격도, 전쟁으로 공장노동자의 수가 줄어든 형편도 보지 못하였으며, 또 보려고도 하지 않았다. 반당 종파분자들은 당원 구성에서 노동자 성분의 비율만 따지면서 전선과 후방에서 무한한 애국적 헌신성을 다하여 싸우고 있는 근로농민들을 광범히 당에 받아들이지 않았으며, 수많은 입당 청원자들을 한사코 밀어던지는 엄중한 행동을 일삼고 있었다. 당의 대중적 성격과 구체적 환경에 상반되는 이러한 관료주의적 행위를 그대로 두어둔다면 당이 주민의 절대 다수를 차지하고 있는 농민들과의 단결을 튼튼히 하는 데서 많은 저애를 받을 수 있었다. 종파분자들은 또한 교양사업은 뒷전에 밀어놓고 후퇴 시기에 약간의 과오를 범하였다 하여 당원들에게 무원칙하게 책벌을 주고 출당을 시키며 당 사업에서 형식주의와 관료주의를 퍼뜨렸다. 이것은 결국 당을 그 안으로부터 허물고 당과 대중을 갈라놓으려는 적들의 책동을 도와주는 비행이었다." 백봉, 『민족의 태양 김일성 장군』, 제2권, 268~269쪽.
위의 비판은 원래 허가이의 관문·책벌정책이 제3차 전원회의 당시 김일성의 명령으로 집행된 것이기에 더욱 역설적이다.

47 1950년 6월 26일 최고인민회의 상임위원회는 「군사위원회 조직에 관하여」라는 정령政令을 발표했다. 군사위원회의 구성은 위원장에 김일성, 위원에 박헌영, 홍명희, 김책, 최용건, 박일우, 정준택 등이었다. 정령의 다른 조항은 다음과 같다.
"2. 국내의 일체 주권을 군사위원회 수중에 집중시킨다. 3. 전체 공민들과 일체 주권기관, 정당, 사회단체 및 군사기관들은 군사위원회의 결정·지시에 절대 복종하여야 한다." 조선중앙통신사, 「조선중앙연감」(1951~1952년판), 82쪽; 방인후, 앞의 책, 139쪽에서 재인용.

하로 들어갔다.[48]

북한 주민의 상당수가 공산당에 저항하면서 1950~1951년은 공산주의자들에게 가장 견디기 어려운 시기였다고 해도 과언이 아닐 것이다. 제4차 전원회의에서 김일성이 죄과를 범한 주민들을 너무 가혹하게 처단하지 말라고 발언한 저의를 이해하려면 일시적으로 유엔군이 점령했던 북한의 일부 도시와 농촌의 주민들이 극소수의 공산당 지도자가 달아난 이후 유엔군에 협력했다는 사실을 상기해야 한다. 나중에 다시 살펴보겠지만 이런 협력행위는 다양한 형태로 나타났다. 주민들이 핵심 공산당원을 살해하는 경우가 실제로 발생하기도 했다. 상당수의 청년이 유엔 당국이 질서유지를 위해 급조한 치안대治安隊에 가담했으며, 때로는 자경단 등 부대가 자발적으로 조직되기도 하고, 각종 반공단체가 도처에서 생겨나기도 했다. 물론 유엔군 측에 대한 정보제공, 식량·식수 공급 등 좀더 일상적인 협력도 이루어졌다.

공산당의 각종 단체는 아무런 사전예고도 없이 주민들만 남겨둔 채 도주했다. 따라서 남은 사람들이 당 조직의 귀환을 의심한 것은 당연한 일이었다. 유엔군에 진심으로 협력했던 사람과 기회주의적으로 협력한 사람을 구분할 수는 없다. 그러나 북한 주민들이 숨어버린 공산당원들을 유엔군 측에 밀고한 행위가 광범위하게 발생했다는 사실은 김일성이나 노동당이 생각했던 것보다 당의 대중적 기반이 훨씬 더 약했다는 사실을 증명해주었다.

도망칠 때와 마찬가지로 급작스럽게 돌아온 당이 직면한 가장 큰 문제는 배신자들을 어떻게 처리할까 하는 것이었다. 1951년 초 '공화국' 내각은 '투항자 처리'에 관한 일련의 정령을 발표했다. 이 문서는 '미제 강도들'이 조선인민들에게 많은 '진보적 인민들'을 학살시키고, 이웃 주민들을 부추겨 당을

---

48 1970년 6월 16~18일, 이정식과 김남식의 인터뷰. 김혁은 1970년 1월 15일자 이정식과의 인터뷰에서 각 사단장과 연대장들은 반드시 당 위원장에게 보고하여 그의 명령에 따라 행동하도록 되어 있었다고 지적하면서 적어도 전쟁 초기에는 당의 지도력이 지속되고 있었음을 강조했다.

배반하게 만들었다고 지적했다. 또한 당과 정부에 대한 '범죄행위'를 기도했 거나, 준비 혹은 실행했지만 당국에 자발적으로 자수한 자들을 '자수자'로 규 정하고 이런 사람들은 다음과 같은 조건에서는 기소하지 않겠다고 지적했다.

1. 치안대나 지방경찰에 단순가담한 자로서 '애국자' 또는 그들의 가족은 살 해하지 않은 경우, 혹은 누군가를 체포했지만 그를 죽이거나 중상을 입히 지 않은 경우
2. '조선인민군' 탈영병으로서 '애국자를 살해'하거나 '기타 범죄'를 저지르 지 않은 경우(이들은 군으로 귀대 조치할 것임)
3. 정부에 대항하여 산에 숨어 있던 자로서 '애국자'를 살해하거나 기타 범죄 를 저지르지 않고 무기를 가지고 자수한 경우
4. '이승만 괴뢰정부'의 소위 '국방군' 병사 출신으로 산에 숨어 있던 자로서, 기타 범죄를 저지르지 않고 무기를 가지고 자수한 경우(이들도 인민군에 편 입 조치할 것임)

이들은 범법자로 기소되지 않았지만 지방 정부기관의 주재로 열리는 '군 중심판'을 거쳐야 했다. 이 재판에서 이들은 자신의 잘못을 고백하고, 훌륭한 공민이 될 것을 맹세하며, 일정 기간의 감시를 받게 되었다. 만약 이들이 다시 '반동행위'를 할 경우에는 재차 인민재판에 회부되도록 되어 있었다.*

---

* 남한에서는 이 군중심판을 가리켜 보통 인민재판이라고 칭하지만 둘 사이에는 차이가 있다. 군중심 판은 군중들이 심판받는 자의 유죄 여부를 결정해 인민재판에 정식으로 회부하거나 사안이 경미할 경우에는 두문벌杜門罰 등 사회적 제재를 가하는 것이다. 이러한 군중심판은 전쟁 기간의 과도적 방 법이었으나 뒷날 이른바 집중 지도를 행할 때 비상수단으로 채택되기도 했다. 한편 인민재판은 북한 의 재판소에서 공개적으로 진행되는 모든 재판을 말한다. 김남식 씨는 군중재판은 "인민재판의 공 개재판과는 다른 군중의 압력으로 심판하는 특수한 형식"이라고 설명했다. 김남식, 「북한의 공산화 과정과 계급 노선」, 『북한 공산화 과정 연구』, 고려대 아세아문제연구소, 1972. 이 글에는 북한이 전 쟁 중에 범법자를 어떻게 처리했는지가 좀더 자세히 설명되어 있다.

한편 다음의 범주에 속하는 자들은 형법에 따라 처리되었다.

1. '애국자와 그의 가족들의 살해'에 직접 가담했거나 애국자와 그의 가족들
   을 밀고함으로써 그들을 죽게 만든 자들
2. '반동단체'의 간부들
3. 소탕 활동에 참가하고 있던 여러 인민기관에게 무기를 들고 반항한 자들
4. 귀순은 했지만, 무기를 은닉하거나 반동적 행위를 계속함으로써 인민정부
   기관을 기만한 자들[49]

또한 '군중심판에 관한 규정'도 발표되었다. 군중심판회는 시·군·리 단위
로 조직되었다. 법정은 한 명의 심판장과 두 명의 참심원參審員으로 구성되었
다(후자는 기능상 배심원과 유사하다). 재판장은 3개월마다 리민총회里民總會에
서 선거하며, 참심원은 심판 해당 지역의 사회단체가 추천하고 당해 인민위원
회가 승인하여 선출되었다. 재판은 범죄가 발생한 지역에서 모든 주민이 방
청객으로 참여한 가운데 행해지도록 되어 있었다. 범죄 사실에 관한 자료는
국가 정부기관과 정당, 사회단체의 대표자가 제출하며, 일반 공민들도 증거
를 가지고 있으면 제출할 수 있었다. 피고한테는 이에 대해 변명할 권한이 주
어졌다. 심의가 끝나면 죄과와 책벌에 관한 군중토론이 진행되고, 심판장과
참심원들은 별실로 가서 판결을 결정한 후 심판장은 군중심판회에 참석한 군
중에게 그 결정서의 인준을 받게 되어 있었다.

범법행위는 아니지만 '악행'惡行을 저지른 사람들에 대해서는 두문벌杜門

---

49 우리는 문서 원본을 구할 수 있었는데, 그것은 「부付 제1호, 투항자 처리에 관한 법률」이라는 제하에
1951년 2월 10일의 날짜가 기입된 한 장의 유인물이었다(이보다 앞서 1951년 1월 5일 북한은 조선
민주주의인민공화국 군사위원회 결정 제42호로서 「적에게 임시 강점당하였던 지역에서의 반동단
체에 가담하였던 자들을 처벌함에 관하여」라는 법령을 발표했다. 이 결정서의 전문은 다음을 참조
하라. 『조선중앙연감』, 1951~1952년판, 105쪽 — 옮긴이).

罰이라는 행동제한 규칙도 제정되었다. 이것은 개인이나 관련 가족들한테 대문에 '두문'이라는 표지를 하도록 요구하는 일종의 사회적 제재였다. 두문벌을 받은 사람은 심판장이 판정한 기간에 직업상 필요한 외출, 혹은 국가나 기타 공공기관의 소환 등에 따른 외출을 제외하고는 다른 공민들과 접촉하거나 문 밖으로 나가는 것이 허용되지 않았다. 만약 두문의 제재를 받은 사람이 "공화국에 충성을 나타냄이 인정되었을 때는 두문이 끝나는 때로부터 6개월이 경과된 후 그 지방 군중심판회의 결정에 의하여 그 사람은 사회적 제재나 심판회 결정을 받지 않은 것"으로 된다. 군중심판회 회의록(결정서 포함)은 해당 인민위원회에서 보관하도록 되어 있었다.[50]

당시 군중심판으로 사람들이 얼마나 처형되거나 투옥되었는지 확실한 기록은 없다. 그러나 여러 마을마다 커다란 붉은 색의 '두문' 표지가 대문이나 집 앞의 눈에 잘 띄는 장소에 잔뜩 걸려 있었다는 증언은 수없이 많다. 한 제보자에 따르면 어떤 마을에서는 그 수가 100퍼센트에 달했다고 한다. 두문제도가 정부를 위해 열심히 일하려는 의지와 사기에 크게 영향을 준 것은 틀림없다. 그러나 이러한 낙인이 찍힌 사람들 가운데 당의 약속에도 불구하고 진정으로 구제될 수 있다는 믿음을 가진 사람이 얼마나 되었을까? 이 문제는 오랫동안 당과 정부를 괴롭히게 된다.

5. 전시의 주요 문제

확실하게 1951~1953년은 북한 정권이 맞이한 가장 어려운 고비였다. 파괴정도가 실로 엄청나다 보니 그 여파는 꽤 오래 지속되었다. 북한에서 지상전

---

50 우리는 두 번째 문서 「부속 제2호, 군중심판에 관한 규정」(1951년 1월 10일 발표)도 입수할 수 있었다(이 규정은 다음 책에 전재되어 있다. 김남식, 앞의 글, 139~141쪽 - 옮긴이).

투가 끝난 뒤에도 1953년 7월 휴전 직전까지 대규모 공습이 계속되었다. 공산 측은 나중에 가옥 약 60만 호, 공장 약 8,700개소, 학교 약 5,000개소, 병원 혹은 진료소 약 1,000개소가 폭격으로, 그것도 대부분 1950~1951년에 파괴되었다고 발표했다.[51] 전력과 교통, 관개시설 등도 심각한 타격을 입었다. 양쪽은 지상전에서 초토 전술을 채택했는데, 특히 유엔군 측의 폭격은 무자비할 정도였다. 1951년 말에 평양은 거의 완전히 폐허가 되어 있었다. 설상가상으로 북한에서는 그해에 대홍수가 나서 일부 지역은 농사도 못 짓게 되었다. 남한을 '해방'시키려던 공산당 측의 결행은 이제 그 대가를 톡톡히 치러야 했다. 당 간부들 사이에서는 종파주의가 그 어느 때보다 심각했다.

문제의 심각성에 비춰보아 이 시기는 특정 공산 정권의 위기 대처방식, 즉 정책의 우선순위를 어디에 두며 어느 정도 대처하는가와 적과 동지에 대한 관계를 어떤 식으로 풀어나가는가에 관해 사례 연구를 해볼 만하다. 이를 위해 우리는 1952년 『로동신문』의 모든 사설에 대한 내용분석을 시도하여 여러 문제에 대해 중점을 둔 척도, 용어, 경향 등을 식별해보았다. 그중 18일간의 신문은 구할 수 없었고, 22일간의 신문에는 사설 대신에 다른 중요한 논설이 게재되었다. 따라서 1952년 1월 1일~12월 31일의 사설 가운데 325개만 분석 대상으로 삼았다. 우리는 강조된 문제들을 일람표로 작성해보았다. 여기서 '강조된'이라는 표현을 사용했는데, 일부 내용이 사설의 주조主調와 무관하게 단순히 언급되었다든가 상투적으로 인용된 경우에는 계산에 넣지 않았다. 한편 하나의 사설이 다수의 주제를 다루고 있는 경우 각 주제를 분류해 계산했다. 그 결과를 논의하기 전에 그것들을 일람표 형식으로 배열해보겠다. '미국에 대한 비난' 부분은 약간 임의적이지만, 매 사설이 기본 논조와 관련해 한 차례라도 이 광범위한 문제를 언급한 경우에는 하나로 묶어보았다. 예를 들어 사설의 주조가 '미국의 제국주의적 파쇼행위'에 관한 것일 경우, 포로 처우 문

---

51 「3개년계획」, 『경제건설』, 1956년 9월, 5~6쪽.

제에 관한 언급이 약간 있어도 '포괄적' 범주로 취급했다. 한편 기본 주제가 '거제도 포로 학살'이라면 '포로 처우에 관하여'라는 항목으로 분류했다.

표에서 명백히 알 수 있듯이 일대위기에 처했던 당시에 국내 정서를 지배했던 것은 두 가지의 상호 연관된 논제였다. 경제 부문의 기본 논제는 농업 생산력이나 북한 농민의 당과 정부에 대한 태도 문제였다. 정치 부문의 논제는 전쟁으로 인한 당의 붕괴, 규율의 해이, 극심한 궁핍과 사기저하로 말미암은 당과 일반 대중 사이의 심각한 괴리 현상 문제였다.

우선 농업위기 문제를 살펴보자. 1950년부터 1951년 초까지의 격전이 끝났을 당시 대부분의 북한 농촌은 주택과 가축, 종자, 식량뿐 아니라 주민도 거의 없어진 완전한 폐허 상태였다. 전시 동안 사망하거나 월남한 사람의 정확한 통계는 확인할 수 없으나, 민간인 사망자 수는 약 100만 명(군인 전사자 약 50만 명 제외), 월남자 약 300만 명으로 추정된다. 정확한 통계가 얼마든 간에 농업 인구가 급속히 감소했다는 것만은 확실했다. 게다가 남은 사람들 가운데 대부분의 청년은 군에 징집되었다. 역사상 전쟁 때는 으레 부녀자, 아동, 노인들이 농촌 인구의 대부분을 이룬다.

나중에 북한 당국은 전시의 총생산량에 관한 통계를 공개했다. 이들 통계 가운데 일부는 다른 발표와 서로 맞지 않는 부분도 있지만 어느 것이 맞는지 확인해볼 도리는 없다. 따라서 이 통계 사용에는 상당한 주의가 요망된다. ((표 22~28)에는 출전을 밝히지 않았는데, 북한 측의 여러 자료에서 합친 것이기 때문이다.)

북한 당국이 일제통치기 가운데 최고 생산량을 기록한 1939년을 기준 연도로 잡았다면, 상황은 훨씬 더 암담했을 것이다. 한편 1946년은 공산주의 체제로의 전환 등 전후의 혼란으로 말미암아 아주 어려운 한 해였다. 미국 당국은 1947년 1월까지는 북한 경제가 침체에 빠져서 다소의 회복이 이루어진 1947년 중반에조차(일제 말기에 대비해) 공업 생산 시설이 25퍼센트밖에 가동되지 않았다고 추산했다. 북한 당국조차 1947년 8월의 생산량이 전년도의 두

[표 21] 「로동신문」 사설의 주제(1952년)

주제 \ 월	1	2	3	4	5	6	7	8	9	10	11	12	합계
• 농민과 농업 생산	5	3	6	8	7	4	5	4	7	9	9	3	70
• 노동자(노동조합)와 공업 생산	3	0	2	1	2	0	0	0	0	0	0	1	9
• 여성	0	1	0	0	2	0	3	1	0	0	0	0	7
• 청년	1	1	1	0	1	0	0	0	1	0	0	1	6
• 지식인	0	0	0	0	0	0	0	1	0	0	1	2	4
• '당의 강화' : 당과 인민의 관계	9	7	8	7	12	6	6	9	14	6	13	7	104
• '낭비, 탐오, 관료주의 반대 운동' 및 규율과 사업 강화 노력	6	4	7	4	4	2	8	8	2	2	3	3	53
• 애국심, 민족주의에의 호소	9	4	5	2	3	2	1	6	7	4	4	1	48
• 조선인민군 찬양	2	3	0	0	1	1	0	0	1	0	1	2	11
• 미국에 대한 비난	8	5	8	10	11	12	10	8	6	11	8	9	106
- 휴전회담	0	0	0	0	0	1	1	0	0	3	0	1	6
- 포로 처우	0	2	0	0	2	3	1	0	0	2	2	1	13
- 잔혹행위	1	1	3	2	5	3	3	1	2	2	2	1	26
- 포괄적 문제	7	2	5	8	4	5	5	7	4	4	4	6	61
• 소련 찬양	2	5	4	8	8	4	6	9	6	8	4	6	70
- 특히 스탈린 찬양	0	0	1	3	1	1	1	1	1	2	0	2	13
• 중국 찬양	0	2	0	2	3	2	2	2	3	4	0	2	22
• 김일성 찬양과 인용	4	3	6	3	7	1	0	5	5	3	1	2	40
• 해외 원조	0	2	0	1	3	6	7	3	3	3	1	3	32
• 승리에 대한 강조	3	0	1	2	4	2	2	5	2	1	1	2	25
• 난관과 지구전 강조	2	4	0	0	0	0	1	5	4	2	3	2	23
• 평화투쟁 강조	1	1	1	0	2	2	2	1	1	0	0	1	12

[표 22] 주요 경제변동지수(1949~1953년) (1946년=100)

	1946	1949	1953
국민소득	100	209	145
공업 생산 총가치	100	337	216
생산수단 생산	100	375	158
소비재 생산	100	288	285
농업 생산 총가치	100	151	115

[표 23] 주요 경제변동지수(1949~1953년) (1949년=100)

	1949	1951	1953
국민소득	100	-	70
공업 생산 총가치	100	47	64
생산수단 생산	100	33	42
소비재 생산	100	65	99

[표 24] 소매물가지수(1949~1953년) (1949년=100)

	1949	1953
소매물가지수(국가 배급 품목과 협동소비조합 품목 포함)	100	265

[표 25] 임금(1946~1953년) (1946년=100)

	1946	1953
노동자 및 사무원 평균 임금	100	105

[표 26] 주요 농작물 총 경작 면적(1944~1953년) (단위: 1,000정보)

	1944	1946	1947	1948	1949	1951	1952	1953
총면적	2,321	1,934	2,242	2,356	2,386	2,101	2,253	2,295
곡물	1,996	1,670	2,013	2,127	2,112	1,904	2,062	1,103
벼	400	388	420	444	382	380	406	432
밭작물	1,596	1,282	1,593	1,683	1,730	1,524	1,656	1,671
공예작물	129	79	74	73	107	79	56	54
채소	57	72	45	44	46	32	47	-
고구마	139	113	110	112	120	83	85	-
감자	121	100	96	99	104	77	80	-

주) 1944년 수치는 북한만의 수치다.

[표 27] 곡물 총 수확량(1945~1953년) (단위: 1,000톤)

1944	1946	1947	1948	1949	1951	1952	1953
2,417	1,898	2,069	2,668	2,654	2,260	2,450	2,327

주) 1944년 수치 역시 북한만의 수치다.

[표 28] 총 가축 수(연말 기준)

	1944	1946	1949	1951	1953
젖소	1,391	766	959	444	637
한우	755,100	470,978	786,765	545,504	503,761
말	15,799	9,628	8,787	3,367	6,377
양, 염소	30,377	6,913	12,696	12,044	25,286
돼지	385,147	219,847	659,645	308,843	542,725

주) 1944년 수치 역시 북한만의 수치다.

배라고 발표할 정도였다. 이들 통계를 사용할 때, 일제통치기의 북한 지역은 생활수준이 매우 낮았다는 사실을 기억할 필요가 있다. 어쨌든(이렇듯 불완전한 수치임에도) 이러한 사실들은 북한 사회가 전쟁 말기에 극심한 가난에 허덕이고 있었다는 사실을 보여준다. 1949년에 비해 국민소득은 거의 3분의 1이나 하락했다([표 23]). 인플레는 극심했으나 임금은 동결 상태였다([표 24~25]). 농업이 처한 상황은 다소 불명확했다. 1950년의 농업 생산량은 아무 데도 나타나 있지 않으며, 1947년과 그 이전의 수치는 임의로 고친 것처럼 보인다. 그러나 1951년의 수치가 1949년보다 15퍼센트 하락했다는 사실은 쉽게 알 수 있다([표 27]). 같은 시기에 가축 수의 감소는 훨씬 더 심각했다([표 28]).

북한 정부는 때때로 상황의 심각성을 감추려고 하지 않았다. 예를 들어 1951년 『로동신문』은 북한 농민들에게 "실로 힘에 겨운 시련의 해"였다고 지적했다.

원수들의 간악한 만행에 의하여 노력(노동력)이 부족되고, 축력畜力, 비료, 종곡種穀, 식량, 농기구 등이 부족되는 악조건에 겸하여 미증유의 자연재해는 영농사업에 말할 수 없는 난관과 지장을 가져왔다.[52]

단 한 마리의 소나 돼지도 볼 수 없는 마을이 상당히 많았다. 남아 있는 소의 숫자를 고려해볼 때 소 한 마리는 전전의 1.5~2배의 농지를 갈아야 했다.[53] 더구나 공산 측의 자료에 따르면 1951년 봄에 황해도, 평안남도, 강원도 등 3개 도에서만도 1만 600톤 상당의 종자 부족을 겪고 있다는 것이었다. 이런 위기에 대처하기 위해 만신창이가 된 북한 정부는 다양한 선전과 선동 활동을 전개하면서 때로는 농민들에게 애원조로 다음과 같이 호소하기도 했다.

식량 없이는 전쟁에서 승리할 수 없으며, 후방사업을 성과 있게 수행할 수 없으며, 인민들의 생활을 안정시킬 수 없다.[54]

대부분의 경우 농민들의 '불타는 애국심'에 호소하는 것이 상투적인 수단이었다. 다음의 선동은 그 전형적인 예다.

우리의 영광스럽고 존귀한 조국을 수호하기 위하여, 자손만대의 영원한 행복을 위하여, 우리의 빵과 자유(레닌주의자의 구호를 상기하라)를 위하여, 당신들의 이익을 철저히 옹호하여주는 우리의 당과 공화국 정부 주위에 더욱 철석같

---

52 「당과 정부의 따뜻한 배려에 농민들은 증산으로 보답하자」, 『로동신문』, 1952년 3월 16일자, 사설 1면.
 이와 같은 내용은 도처에서 찾아볼 수 있다. 예컨대 1952년 1월 24일자 사설은 "식량을 위한 투쟁은 조국을 위한 투쟁이며 전선의 승리를 보장하기 위한 투쟁이다"라는 김일성의 연설을 상기시키고, "농민 여러분! 전쟁은 지구전이 될 것 같습니다. 우리에게 무수한 고통과 난관이 닥쳐올 것입니다. 이에 절대로 굴하지 말고, 과감히 극복해나갑시다. 그것만이 승리를 보장하는 유일한 길입니다"라고 김일성의 발언을 인용했다. 같은 신문, 1면.
 농민과 간부들은 모두 비판대상이 되었다. 3월 25일자 『로동신문』 사설은 나태한 농민이 많으며, 모내기조차 참가하지 않는 농민도 상당수라고 비판했다. 한편 4월 말에는 「국가양곡 대여사업을 신속·정확히 집행하라」는 제하의 사설에서 흉수로 식량이 부족한 농민들한테 국가 작물을 대여하라는 내각정령內閣政令 제40호에도 불구하고 일부 간부는 즉각 식량배급을 행하지 않고 굶주리는 농민들의 요구에 아무런 관심도 기울이지 않았다고 비판했다. 같은 신문, 1952년 4월 30일자, 1면.
53 1968년 12월 3일, 서울에서 행한 스칼라피노와 오기완吳基完의 인터뷰.
54 「전시 하 식량절약을 위한 당 단체들의 과업」, 『로동신문』, 1952년 1월 25일자 사설, 1면. 당시 대부분의 사설이 동일한 주제를 다루고 있었다.

이 뭉치어 경애하는 수령 김일성 장군이 가리키는 식량 증산을 위한 투쟁의 길로 더욱 힘차게 나아가자![55]

『로동신문』 사설은 반복해서 '갖은 난관을 극복한 애국적' 농민들을 찬양하는 한편, 안일과 '반국가' 행위를 자행한 '낙후분자들'을 비판했다.[56]

압도적으로 다수의 농민이 애국심에 불타서 조국을 위해서라면 어떠한 희생도 불사할 각오가 되어 있는 것처럼 묘사하려고 애썼음에도 북한 당국은 실상 깊은 근심과 낙담 속에 빠져 있는 농민들을 대해야 했다. 수확물을 몰래 감추거나 조세 부담을 피하려는 현상은 널리 번져갔다. 북한 당국은 '인력 부족'을 들어 흉작을 변명하려는 농민들한테 가축과 비료가 충분하지 못하다는 점을 인정하면서도 인력과 퇴비로 가축과 화학비료의 부족을 대체할 것을 강요했다. 이처럼 궁핍한 시기에 현물세 징수는 더욱 난감한 문제였다. 북한 당국조차 1951년의 현물세 징수가 '대체로 너무 고율'이고 '강제적'이었다고 솔직히 시인할 정도였다.[57] 그러나 북한 당국의 발표에 따르면 이러한 방식을 고집하는 징수관이 점차 많아졌다고 한다. 1952년의 수확량은 양호한 기후 조건 덕분에 전년도보다 상승했다(〔표 27〕과 비교). 1952년 가을 북한 당국은 지방 정권기관들을 소집해 세제상의 '중대한 결함'을 시정하고, 진정으로 애국적인 방식을 통해 긴박한 국가적 요구에 부응하도록 지시했다.

『로동신문』의 한 사설은 이렇게 주장했다.[58]

---

55 「철저한 한발대책으로 식량 증산을 보장하자!」, 같은 신문, 1952년 5월 19일자 사설, 1면. 이때도 많은 사설이 같은 내용을 실었다. 예컨대 1952년 1월 24일, 3월 15일, 3월 16일자 사설을 보라.

56 그 한 예로 「절약을 위한 투쟁을 전 인민적 운동으로 널리 전개하라!」, 같은 신문, 1953년 1월 30일자 사설, 1면 참조.

57 예를 들어 「도·시·군 인민위원장 및 당 지도 일꾼 연석회의에서 진술한 김일성 동지의 연설, 현 계단에 있어서 지방 정권기관들의 임무와 역할」, 같은 신문, 1952년 2월 19일자, 1~3면; 「조기 작물 수확고 판정사업」, 같은 신문, 1952년 5월 28일자 사설, 1면.

58 「현물세를 적게 납부하려는 일부 경향과 강력히 투쟁하라!」, 같은 신문, 1952년 9월 25일자 사설, 1면.

국가에도 손해 없고 농민에게도 손해 없이 현물세를 정확히 받아들이기 위하여 책임성 있고 요구성 있게 사업을 강력히 집행하는 것은 관료주의가 아니다. 그와 반대로 현물세 징수사업에 대한 지도·검열을 소홀히 하며, 그의 정확성을 기하지 않고 하부에만 위임해버리는 안일한 사업 작풍이 관료주의인 것이다.

생산고 판정위원회에서도 많은 부조리가 발생했다. 그 위원들조차 정당한 절차에 따라 선출된 것이 아니라 리里 인민위원장이 정실에 따라 지명한 경우도 있었다. 일부 지방의 위원들은 '농사 경험이 전혀 없는 자'였거나 당 정책에 찬동하지 않는 '낙후분자'였다. 따라서 국가기관은 자주 기만당하곤 했다. 심지어 일부 지방에서는 '실제 수확고를 50퍼센트나 낮게 판정'한 경우도 있었다.[59]

당 간부들은 이 문제가 농민들의 저급한 정치적·문화적 의식의 결과라고 판단하고, 당을 농촌 전역에 걸쳐 중심 역량으로 만들기 위한 치열한 운동을 전개했다. 이를 위해 1951~1952년 북한 전역에 5,000여 개의 민주선전실이 설치되어 '성인교육 작업'을 벌여나갔다.[60] 민주선전실은 지방 당 조직이 혼란에 빠진 시기에 농촌 대중과 접촉하려는 정부의 노력에서 핵심을 이루는 것이

---

59 같은 신문, 1면. 당 기관지는 농민 측에 이익이 되거나 불리한 결과를 가져오는 여러 가지 폐습을 지적했다. 불법행위 가운데는 수확고 판정위원 임명과 관련된 것으로, 일부 농민의 친구로서 이들과 '공모'해 세금을 낮게 책정한다거나 공공연히 뇌물수수를 행하는 자들이 판정위원에 지명되는 일이 있었다고 한다.

60 민주선전실에 대한 평가는 다음을 보라. 「농촌 민주선전실장들의 사업 수준 제고를 위하여」, 『로동신문』, 1952년 9월 7일자 사설, 1면.
이 사설은 농촌 민주선전실의 주요 업무가 "농민들에게 조국해방전쟁의 성격과 목적을 해설하며, 국내외 정세를 정확·신속히 보도·해설하여 줌으로써 그들의 승리의 신심信心을 제고하여주며, 우리 당과 공화국 정부의 결정·지시들을 구체적으로 해석하여줌으로써 그들이 이에 대한 정당성을 깊이 인식하도록 하며, 미제 침략자들과 그 주구배들의 흉책과 만행을 폭로·해설하여줌으로써 그들의 적에 대한 불붙는 증오심과 적대심을 높이도록 하며, 적 탐정 및 간첩분자들의 준동을 미연에 방지할 수 있도록 그들의 경각성을 제고하여주는 데 있다"고 설명했다.

었다. 당국은 농민들이 국가정책을 신뢰하고, 애국심을 고취하며, 승리를 확신하도록 포스터와 대자보, 괘도, 시사만화 등 모든 수단을 동원했다. 100만여 명의 사망자와 월남자를 낳은 상태에서 농민들을 공산주의 체제에 붙잡아 두려는 당의 처절한 노력은 이런 식으로 전개되었다. 모든 사실을 공식적으로 인정할 수 없었던 당으로서는 치명적인 위기 상황에 부딪힐 때마다 회유와 위협의 양면정책을 사용했다.

구체적인 도움이 없는 선전은 아무 소용이 없었다. 특히 1951년 당시의 절박한 과업은 농민들한테 파종할 종자를 가져다주고, 모내기 일손을 돕는 일이었다. 1951년 봄 310만여 명의 노동자와 사무원, 학생, 군인들이 '노력보조대'에 동원되어 파종과 모내기 등 일손을 도왔으며, 때로는 중국 인민지원군 병사들이 동원되기도 했다.[61] 국가기관은 이것을 비롯해 각종 지원 활동을 널리 선전했다. 1951년에 일어난 홍수로 피해를 입은 극빈 농민들은 농지세뿐 아니라 종전에 국가에서 빌려 썼던 곡식의 상환도 면제되었다.

이러한 수단들을 통해 전면적 기근은 간신히 모면할 수 있었는지 몰라도 식량 문제와 전반적인 농업 불황은 1953년 7월 휴전 기간이나 그 이후에도 여전히 심각했다. 북한의 생활수준은 늘 어려웠지만, 이때만큼 참기 어려운 시기도 없었다. 앞서 살펴보았듯이 1952년 북한 당국은 날씨 덕을 볼 수 있었

그러나 이보다 앞서 게재된 사설에서 『로동신문』은 이 사업의 시행이 직면한 어려움을 시사했다. 이 사설은 구체적 수치를 들어가면서 민주선전실이 인력과 가축 부족 등 여러 문제를 극복했음에도 이 사업이 명백하게 실패로 끝났음을 지적했다. 이 사설은 상투적인 어조로 선전사업의 '기계적 배분', 농민들의 실생활과 무관한 정책의 시행, 농민들의 회의 소집으로 말미암은 현장 작업의 방해 등을 비판했다.
물론 지방 선전실 활동이 부진했던 실제 이유는 굶주리고 사기가 저하된 농민들에게 선전 활동을 하는 것이 너무나 어려웠다는 사실 자체에 있었다.

61 중국 인민지원군의 농촌 원조에 대한 언급은(앞서 인용한 모나트의 1960년판 논문에서는 물론이고) 1952년 3월 『로동신문』 기사에서도 여러 차례 보인다. 북한 관리들도 중국군들이 주민들과 자기네 식량을 나눠 먹는다고 누차 말했다. 『로동신문』(1952년 7월 1일자)의 「조·중 인민의 영원불멸의 친선」이라는 제목의 사설에는 다음과 같은 구절이 보인다. "중국 인민들은 막대한 수량의 양곡, 직물, 피복류, 문화기재 등을 위시하여 의약품, 위문대 등 수많은 물품을 조선 인민에게 보내었다."

다. 북한 당국은 1952년의 곡물 생산량이 전년도에 비해 7.7퍼센트 증가했다고 발표했다. 그러나 이러한 성장에도 북한 당국은 소련과 중국, 그 밖의 '사회주의 형제국'들의 비상식량 수송을 통해 만성화된 기근을 가까스로 모면할 수 있었다. 1952년 4월 14일자 『로동신문』은 스탈린 대원수가 "적들의 만행에 의하여 도시와 마을과 우리의 모든 것이 수많이 파괴·약탈된 어려운 환경"과 "우리 공화국의 곤란한 식량 사정을 고려하고" 북한에 밀가루 5만 톤을 보내왔다고 보도했다.[62] 원조물자가 분배된 뒤 5월 중순에 간행한 『로동신문』에 실린 한 편지는 가뭄에 단비와도 같은 식량을 받은 기쁨을 이렇게 표현했다.

우리 가족은 일곱 명인데, 위대한 스탈린 대원수께서 보내주신 밀가루 63키로, 즉 거의 한 푸대나 탔습니다. 이 새하얗고 분 같은 밀가루는 여지껏 우리 촌에서는 보기 드문 귀중한 물건입니다. 지난해에 3,000평의 논과 밭을 몽땅 물에 잠그고 봄 될 때부터 양식난을 받고 있던 나에게는 이 밀가루가 무척 고마웠습니다. 지난 3월 양식이 떨어지자 리 인민위원회의 주선으로 국가 양곡을 매달 두 차례씩 배급을 받아가며 올해에는 어떻게 작년에 수해 본 것까지도 벌충을 하리라고 단단히 허리띠를 졸라매며 부지런히 벌에서 싸우고 있는 중인데, 이렇게 귀중한 선물을 듬뿍 받고 보니 더욱 기운이 번쩍 납니다.[63]

북한 당국의 발표에 따르면 1953년의 농업생산량은 다시 하락했다. 결국 농업 문제는 계속해서 당 지도자들의 지배적 관심사로 남게 되었다. 1월 초에는 저하된 사기를 진작시키고 생산 증대를 꾀하기 위해 전국농업열성자대회가 소집돼 전체 농민들에게 보내는 호소문이 채택되었다. 이 호소문은 적 비

---

62 스탈린의 원조에 대한 공식적 언급은 다음을 참조하라. 「로동자, 사무원들에 대한 우리 당과 정부의 배려」, 같은 신문, 1952년 4월 27일자 사설, 1면.
63 같은 신문, 1952년 5월 15일, 3면.

행기의 끊임없는 폭격과 기총소사 때문에 작업이 어렵다는 것을 인정하면서도, 식량에 대한 절실한 수요가 있으므로 농민들은 당과 국가와의 애국적 연대를 보여야 한다고 호소했다. 모내기철이 다가오자 북한 당국은 모든 노동력을 농촌 현장에 투입하는 데 전력을 기울였다. 당은 누누이 "식량을 위한 투쟁은 조국을 위한 투쟁"이라고 강조했고, 『로동신문』의 어느 사설은 농민들에게 이렇게 호소했다.

> 전체 농민들이여! 우리 농산사업에 있어서 가장 중요한 벼의 다수확의 담보로 되는 적기 이앙適期移秧을 실시함으로써 한 알의 쌀이라도 더 많이 생산하여 전선과 후방이 요구하는 식량 수요를 충족시키기 위하여 적극 투쟁하자.[64]

북한 내부의 선전 문건들을 자세히 살펴보면 1953년 휴전 당시 북한 주민들의 사기는 극도로 저하되어 있었다는 것을 알 수 있다. 이 사실은 북한 당국에 심각한 압력으로 작용해 유엔군 측과 타협하도록 만들었음이 틀림없다. 사설과 보도는 온통 당과의 연대를 유지하며, 정부의 명령에 복종해달라는 호소 일색이었다. 그러나 비슷한 양의 기사와 해설들은 부패, 나태한 작업 습관, 낮은 생산성 등의 문제를 취급했다.

1952년 초봄 평양 당국은 이러한 문제들을 척결하기 위해 반관료주의, 반탐오反貪汚, 반낭비 운동을 선언했으며, 이후에는 이러한 모든 악惡을 추방하기 위한 운동이 되풀이해 강조되었다. 1951년 8월 말 이 운동은 만주에서 전개된 중국의 3반운동三反運動의 재판에 가깝다는 사실에 주목할 필요가 있다. 당시 중국 당국은 당 지부는 물론 각 성, 각 시 조직마다 지령을 하달해 부패와 낭비, 관료주의에 반대해 투쟁할 것, 경제와 생산 증대에 집중할 것 등을 요구했다.[65]

---

64 「적기 이앙은 벼의 다수확을 보장하는 중요한 관건이다」, 같은 신문, 1952년 5월 15일자 사설, 1면.

이러한 사실은 처음으로 중국의 정책이 북한 지도자들한테 직접적인 영향을 주기 시작한 것을 의미한다.

북한 당국은 당시 규율 문란이 만연해 있음을 솔직하게 인정했다. 국가 재산은 절취되고, 낭비 풍조가 만연했으며, 부족한 자원의 효율적 이용에는 대체로 별다른 관심을 기울이지 않았다는 것이다. 대부분의 주민들은 물론 "조국을 위해 기꺼이 자신을 희생"할 각오가 되어 있었지만 '반국가적, 반민족적' 행위는 심각한 것이었으며, 치유되지 않으면 안 되었던 것이다.

당시 북한 주민들에 대한 기본 훈령은 1952년 2월 19일에 행한 김일성의 연설에서 제시되었다.[66] 전후에도 당의 대변자들이 자주 인용한 이 연설은 경제 문제는 물론이고 정치에 대해서도 시사하는 점이 많아서 주목할 만한 가치가 있다. 김일성은 마오쩌둥을 인용해 다음과 같이 서두를 꺼냈다. "인민 정권은 반동적 친일파 및 기타 제국주의 주구, 민족반역자들과 또한 제국주의 세력을 부식하려는 지주 및 예속 자본가들에 한하여서는 독재를 실시하며, 인민 자체에 한하여서는 민주제도를 실시한다."[*] 이어 김일성은 이렇게 주장했다.

이 인민 정권은 조선 인민 가운데서 제일 선진계급인 노동계급을 주도적 역량으로 하고 노동계급의 선봉대인 조선로동당의 영도하에 전체 인민들과 또는 로동당을 핵심으로 한 조국전선 산하 국내의 전체 애국적 민주역량을 자기의

---

65 중국의 3반三反과 5반五反 운동에 대한 상세한 내용은 다음을 참조하라. A. Doak Barnett, *Communist China: The Early Years, 1949~1955*, New York, 1964, 135~171쪽. 『로동신문』, 1952년 7월 24일자에 실린 사설 「낡은 사상 잔재를 반대하는 투쟁을 더욱 강화하기 위하여」는 북한의 반대운동을 명쾌하게 개괄해주며, 중국의 영향력이 얼마나 강화되었는가를 나타내준다. "낡은 사상을 반대하는 가장 중요한 무기"로서의 '비판'과 '자기비판'에 대한 강조는 당시 『인민일보』의 사설 내용과 거의 유사하다.

66 김일성의 연설 전문은 「현 계단에 있어서 지방 정권기관들의 임무와 역할」이라는 제하로 1952년 2월 19일자 『로동신문』 1~3면에 전재되어 있다.

* 이 말은 마오쩌둥의 「인민민주전정」人民民主專政(1949년 7월)에 나오는 것이다.

주위에 집결하고 조선 인민의 극악한 적인 제국주의 주구, 민족반역자, 친일파, 친미파, 예속 자본가, 지주들을 대표하는 이승만 반동파들과 외국 침략자들을 반대하는 전 민족적 투쟁을 전개하며 조선의 완전한 독립과 민주화를 위하여, 인민의 자유·행복을 위하여 복무하는 것을 현 계단에 있어서 자기의 기본 임무로 한다.[67]

이미 스탈린 동지는 프롤레타리아가 정권을 쥔 다음에도 세 가지 기본 임무가 있다고 말했다. 첫째로 혁명을 통하여 전복되고 수탈된 지주들과 자본가들의 반항을 분쇄하고 자본의 주권을 회복하려는 그들의 온갖 시도를 청산하여야 할 것이며, 둘째로 프롤레타리아 주위에 모든 근로자들을 결속시키는 정신으로 (사회주의) 건설사업을 조직할 것이며 ……셋째로 외적과 투쟁하기 위하여, 제국주의와 투쟁하기 위하여 혁명을 무장시키고 혁명군을 조직하여야 할 것이다(이 말도 스탈린의 「레닌주의의 제 문제」에 나오는 것이다 — 옮긴이).

이 연설이나 그 밖의 많은 선전 문건에서 북한 당국이 '민족반역자'나 친일파와 친미파 등을 특별히 지적한 것은 불평분자들을 묶어두려는 일종의 정치적 무기라고 할 수 있다. 그러나 파괴분자에 대한 불안은 여전했는데, 이들의 대거 월남으로 이 불안이 근거 있는 것이었음이 입증되었다. 어떤 의미에서는 전쟁을 기회로 대부분의 불평분자들이 월남했다는 사실은 북한 정권에 오히려 다행스러운 일이었는지도 모른다. 바로 이러한 이유에서 10년 후 피델 카스트로Fidel Castro는 쿠바로부터의 자유의사에 따른 출국을 허용했다가 고급 인력의 유출이 심각한 문제로 대두되자 이를 금지하기도 했다.

그러나 당시 김일성 정권은 북한 주민들 사이에서 신뢰를 잃고 있었으며, 이러한 상황은 당내에 종파주의가 발생할 소지를 제공했기에 당으로서도 대

67 같은 신문, 1면.

중의 지지를 획득할 수 있는 새로운 접근방법을 절실히 모색할 수밖에 없었다. 2월 19일에 행한 연설에서 김일성은 토지개혁, 노동법령, 남녀평등권법령, 산업국유화 등 '민주개혁'을 성공적으로 수행했다고 정부의 업적을 다시 찬양했다. 그는 북한에 이미 강력한 민주기지가 건설되었으며 조선인민군도 창설되었다는 사실을 지적했다. 그러나 민족분단과 전쟁은 민주기지의 공고화나 군사력의 현대화에 장해가 되었음이 분명했다. 김일성이 당면한 최대 과제는 바로 패배주의를 불식하는 것이었다. 김일성은 당시에 "일본에게도 못 견딘 조선이 미국과 싸워서 어떻게 이기겠는가?" 하고 의심하는 사람들도 있다고 지적하면서 "그러나 우리는 이길 수 있다"고 단언했다. 왜 그렇다는 것일까?

> 우리는 혼자서 싸우는 것이 아니다. 우리의 편에서는 중국 인민이 보내준 중국 인민지원부대들이 손에 무기를 잡고 우리와 같이 직접 싸우고 있다. 우리의 편에는 세계에서 제일 강대한 소비에트 동맹을 선두로 한 인민민주주의의 제 국가 인민들과 전 세계 자유애호 인민들이 서 있으며 동방 식민지 피압박 민족들이 서 있다. ……그렇기 때문에 우리의 역량은 적들의 역량보다 더 강대하다.[68]

김일성은 북한 인민들은 자기 강토 안에서 싸우고 있지만, 적은 수십만 리 멀리 떨어진 타국에서 싸우고 있다고 지적했다. 따라서 미군의 사기는 시간이 흐를수록 저하되고 있으며 그들은 조선 전선에 돈에 팔려왔지만 자신이 이끄는 인민군대 중국의 인민지원부대들은 조국의 독립과 자유, 인민과 혁명을 위한 정의의 전쟁 진행하고 있다는 것이었다. 기술상의 준비도 종전에는 적들보다 미약했던 점차 향상되고 있다고 했다. 김일성은 "시간은 우

---

68 은 신문, 1면.

리들을 위하여 일하여주고 있다"고 강조하면서 장기전에 대비해야 한다고 주장했다. 승리의 열쇠는 인내심과 국내의 모든 자원과 역량을 더 잘 조직하고 동원하는 데 있었다. 김일성은 적들과 싸워 승리하기 위해 인민 정권기관들은 다음과 같은 과업을 수행해야 한다고 주장했다.

그것은 첫째로 우리 인민 정권을 더욱 강화하며, 그의 역할을 더욱 제고하여야 하며, 그것은 둘째로 인민들과의 연계를 더욱 긴밀히 함으로써 전체 인민들을 정권의 주위에 더욱 튼튼히 단결시켜 모든 힘을 전쟁의 승리를 위하여 동원하도록 할 것이며, 그것은 셋째로 인민들의 적극성과 창발성을 발휘할 수 있는 정치의식을 그들에게 제고시켜야 한다.

그렇다면 이런 목표를 왜 달성하지 못하고 있는 것일까? 김일성은 당과 정부의 간부들 대부분이 아직도 "일제 사상 잔재와 낡은 봉건적 사상 잔재에 빠져 있다"고 지적했다. 이들 관료주의자는 상부에는 아첨하고 인민에게는 교만을 떨며, 인민의 옳은 목소리는 들으려 하지 않고, 인민에게 호령만 치고 있다는 것이었다. 또한 그들은 생산 보고서까지 위조하는 죄를 범했다고 한다.

실례로 일부 지방 일꾼들은 추경秋耕을 다하지 못하고도 100퍼센트 완수했다고 리에서 면에, 면에서 군에, 군에서는 도에 보고한다. 도위원장은 이것을 알면서도 그대로 또 중앙에 보고한다.[69]

이어 김일성은 현물세에 대한 문제를 지적했다.

현물세에 대한 문제를 가지고 보자. 일부 지방에서 현물세가 잘못 부과되었다

---

69 같은 신문, 3면.

고 호소한다. 그 원인이 어디에 있는가? 현물세가 잘못 부과된 원인은 봄 파종 시부터 시작된다. 파종하지 않은 면적을 파종했다고 보고하니 상부에서는 그에 의하여 계산하고 실지實地는 고려하지도 않고 현물세를 부과시킨다.

일부 지방에서는 징수방식이 너무 가혹했다.

현물세를 징수함에 있어서 완납 시일만 독촉하고 매일 징수 퍼센트만 따지다 보니 결국 성숙치 못한 양곡을 추수하게 하여 농민에게와 국가에 해를 주게 하는 사실이라든지, 또한 수해로 인하여 현물세를 전혀 받을 수 없음에도 불구하고 숫자를 채우기 위하여 없는 쌀을 사서라도 내라고 독촉하는 경우 등 모든 현상들이 우리의 일부 일꾼들의 관료주의적 사업 작풍을 말하고 있다.

이러한 사업 작풍이 계속된다면 인민들은 당으로부터 소외되고 당에 대해 불만을 갖게 될 것이었다. 김일성은 일부 간부가 그럼에도 '아! 그거야 뭐 농민들이 낙후하니까 그렇지, 무슨 관심할 필요가 있는가?'라고 생각하면서 인민들의 의견을 들어보려고도 하지 않는다고 비판했다. "이것은 사업을 망쳐먹는 방법"이었다. 김일성은 비록 정부기관들이 "좋은 결정을 채택하였다 할지라도 그 실행을 위한 광범한 인민 대중의 창발적 발동을 보장하지 않고 관료주의적 방식으로 집행하는 결과 결국 그를 망쳐먹고 만다"라고 우려했다. 이런 식이라면 "농민들은 아무 데나 되는 대로 흙만 덮어놓고 추경을 하였다고 상부에 보고"하게 될 것이라는 것이다.

김일성은 "인민들에게서 배울 줄" 알아야 하지만 "인민들은 교양할 줄"도 알아야 한다는 대위법적인 주제를 강조함으로써 연설을 마무리 지었다. 아무리 명령주의가 일소되어야 할 폐습이라 할지라도 무조건 인민이 하자는 대로 해야 한다는 것은 아니었다. 인민에 대한 무원칙한 맹종은 명령주의와 마찬가지로 심각한 추수주의追隨主義를 발생시키는 법이다. 김일성은 농민들 속에는 진보적 선진 농민도 있지만 낙후한 농민도 있다고 지적하면서, 이 분별을 올바로 해서 낙후분자들이 비록 다수라 하더라도 그들이 정책에 영향을 주는 일이 없도록 해야 한다고 강조했다.

북한 정권이 당면한 많은 문제점은 위에서 요약한 김일성의 연설에 집약되어 있었다. 대중의 냉담, 권태, 소외감이 어느 정도였는지 확신하게 이야기할 수 없지만 북한의 최고지도자에게 큰 걱정을 가져다주기에 충분한 것이었던 점은 분명했다. 극도로 고통스러운 조건에서 극한에 내몰린 사람들은 자신들의 울분을 다양한 방식으로 표현했던 것이다. 중국이 대약진기大躍進期에 취했던 전술의 영향을 받은 김일성은 정부와 당 간부들을 문책함으로써 이에 대처했다. 한국 정치문화의 특징이자 당시의 북한 정치체제에 내재하는 속성이기도 한 명령주의는 북한 전역에 이미 만연해 있었다. 명령주의를 공박하면서 일부 간부를 해임하는 것이야말로 최고지도자를 '대중의 편'에 서도록 하고, 부하 간부들에게 모든 과오를 전가시키는 능란한 고등 전술이었다. 해임은 간부들을 분발시키는 한편, 대중의 불만을 누그러뜨리는 이중 효과를 갖고 있었다.

따라서 김일성의 질책은 표면상 간부계급에 현존하는 부패와 매사에 참견하는 경향을 겨냥한 것이었다. 김일성 자신이 시인했듯이 많은 간부는 거만하고 무지하며, 지방 형편에 무관심했고, 심지어 정부조차 속이려고 했다. 그러나 문제를 간부의 입장에서 보는 것이 보다 현명할 것이다. 만약 그가 허위로 실적을 보고했다면, 그것은 사업에서의 실패가 이유와 상황 여하를 불문하고 용서받지 못할 범죄이기 때문이었을 것이다. 목표한 양을 채우지 못하면 자신의 지위를 유지할 수 없었던 하급 간부들로서는 무슨 수를 써서라도 실적은 채워야만 했던 것이다. 그러므로 각급 간부들은 잘못을 저질렀을 때 서로 감싸주거나 묵인해주었다.[70] 이러한 상황은 중국에서도 특히 대약진기에 발생했다.[71]

사업상의 성공은 각 간부의 장래를 좌우하는 대단히 중요한 것이기에 많은 간부가 농민을 탄압한 것은 그리 놀라운 일이 아니었다. 일제 식민통치의 원리인 '관존민비' 풍조는 아직도 횡행했다. 간부들이 상부의 지도를 받을 때면 으레 명령주의나 추수주의의 오류를 범하지 말 것을 엄중히 경고받았다. 간부들이 필요한 사업을 대중에게 설명하지 않고 그들의 지지도 구하지 않으며 그들의 소리도 듣지 않고 권위를 내세우는 것이 잘못이라면, 대중을 따라만 가다가 오류를 범하는 것도 안 되는 일이었다. 간부들은 어떻게 이 진퇴양난의 상황을 헤쳐나갔을까? 김일성 등 고위 지도자들은 오직 '선진분자'와 '낙후분자'를 구별해야 한다는 주관적 지도만 할 뿐이었다. 그러나 물론 이 구별은 결국 정책의 추이나 체제에 따라 좌우되는 처지에 있었던 평간부 수준을 훨씬 넘은 고위 지도자선에서 결정될 수밖에 없는 문제였다.

김일성은 이 연설의 마지막 부분에서 생산이라는 핵심적 문제에 관심을 기울이면서 정치 문제에서 경제 문제로 돌아섰다. 우선 그는 건설사업의 중단, 생산성 하락, 부패의 만연 등 경제가 심각한 상황에 처해 있음을 인정했다. 김일성은 몇몇 사람이 모리배와 결탁해 국가재산을 절취하고 공금을 횡령했으며, 정부 내에서조차 부정행위와 규율 해이가 심각한 문제로 제기되었다고 주장했다.

그렇다면 그 해결책은 무엇이었을까? 김일성은 매우 취약해진 리 인민위원회의 활성화를 요구하면서 "군중은 시·군 인민위원장 사무실에 있는 것이 아니라 농촌과 공장에 있다"고 강조했다. 따라서 사업의 중심은 농촌과 공장에 두어야 한다는 것이었다. "그러므로 시·군·면 인민위원회들은 리 인민위원회에 내려가서 그들에게 실무적 방조를 줄 것이며, 어떻게 사업을 조직하며, 어떻게 군중과 연계를 가지며, 어떻게 군중을 리 인민위원회 사업에 참가

---

70 이 문제에 관한 좀더 자세한 논의는 이 책의 원서 제10장과 제11장을 참조하기 바란다.
71 중국이 채택한 정치·경제 전략에 대한 좀더 자세한 평가는 다음 책, 특히 제4장과 제5장을 참조하라. Franze Schurmann, *Ideology and Organization in Communist China*, Berkeley, 1966.

시키는가 하는 것을 가르쳐주어야' 했다. 모든 사업은 '세심하게 분석적으로, 구체적으로 지도'되어야 했다. 착상은 대중으로부터 흘러나오지만, 리 인민 위원장 그리고 기타 관리들은 좀더 많이 알고 좀더 열심히 일하는 사람이라고 여겨져 임명된 것이었다. 김일성은 만약 이들이 낙후한 경향을 지닌다면 이들과 '무자비한 투쟁'을 전개해야 한다고 강력하게 주장했다.

위기의 시기에 처한 북한에서 투쟁의 초점은 이처럼 농민들에게 맞춰졌다. 전쟁으로 인한 미증유의 파괴와 탈주에 직면한 김일성은 당과 정부기관을 말단에서부터 재건하려고 했다. 우리는 앞서 1951~1952년 농촌 전역에 설치된 민주선전실에 대해 살펴보았으며, 또한 허가이의 '관문주의'가 1951년 11월의 제4차 전원회의에서 통렬히 비판받고, 수만 명의 새로운 당원이 공백을 메우기 위해 입당했다는 사실을 살펴보았다. 이로써 대부분의 경우, 특히 지방에서 당과 정권기관은 젊고 경험 없는 당원들로 가득 차게 되었다. 상당수의 도당 간부를 포함한 수천 명의 노련한 당원들은 전방에 나가 있거나 사망했으며, 개중에는 월남하거나 잠적한 사람들도 있었다. 간부훈련의 강화와 리 수준의 조직 활성화에 대한 강조는 이런 맥락에서 살펴보아야 한다.

구조적인 문제는 정권기관이나 조선노동당에만 국한된 것은 아니었다. 당 지도자들조차 통일전선 전략에 필수적인 비공산계 정당이나 조국통일민주주의전선이 껍데기만 남아버린 사실을 개탄했다.[72] 북한 당국은 이 같은 시련기에 비공산주의자들의 충성심에 대해 각별한 관심을 기울였으며, 비공산주의

---

72 「조국전선 강화를 위하여」, 『로동신문』, 1952년 1월 14일자 사설, 1면. 이 사설은 조선노동당이 '우당'友黨에 대해 범한 "엄중한 오류와 결함"을 지적하면서 "우당 내에 잠입한 일부 악질 반동들이 적들과 결탁하여 반역적 만행을 감행하였다 하여 그 당 전체를 반동적 정당으로 규정하여서는 안 된다"고 경고했다. 이 사설은 "아직 적을 완전히 타승打勝하지 못하였으며 조국은 엄중한 정세에 처하여" 있는 상황에서는 "일체의 민주역량을 더욱 굳게 통일·집결시킬 것"이 요구된다고 강조했다. 따라서 '우당'의 열성적이고 적극적인 분자들은 외부로부터 "간섭받음이 없이 자체 내의 반동 불순 요소와 반동분자들을 반대하여 투쟁"하도록 되어야 한다는 것이다. 1952년 1월 6일자 사설도 비슷한 논지를 펴고 있다.

자들 가운데 상당수가 이미 월남했다는 점에서 남아 있는 사람들에 대한 관심은 한층 더 비상한 것이었다. 더구나 앞서 살펴보았듯이, 이들 '우당'의 당원은 앞장서서 반공치안대에 가담했던 것이다. 결국 1951년 초 조선민주당을 재건하라는 명령이 떨어졌으며, 2~10월에는 당 재건을 위한 열성적인 노력이 진행되었다. 1948년 11월 제3차 전당대회 이후부터 조선민주당은 한국전쟁 시기까지 새로운 당원을 전혀 받아들이지 않았으며 많은 '반공주의자들'을 출당시켰다. 당 재건이 완료되자 주로 소상인, 수공업자, 중농, 기독교, 불교도 등을 받아들인 결과 당원 수는 대략 20만~30만 명으로 불어났다. 그러나 1951년 10월 이후에 조선민주당의 신규 입당은 종교신자만으로 제한이 가해졌으며, 상인과 소상품 생산자들은 각종 협동조합 조직에 모든 열성을 다 바치라는 다그침을 받았다.[73]

공산주의운동을 재건하고, 그에 필요한 정치적 외피를 씌우는 과정에서 김일성의 개인숭배가 새로운 수준에서 제기되었다. 김일성은 이제 당과 국가 기관을 통해 소련의 스탈린과 거의 동등한 방식으로 충성대상으로 떠받들어졌다. 그의 사진이나 공식 일정, 그의 주요 연설 원고 등은 모든 언론매체의 지면에서 첫머리를 차지하기에 이르렀다. 전혀 새로운 일은 아니었지만 당과 국가에 대한 충성심을 고취하는 작업이 한창이던 때 김일성은 한층 더 각광을 받게 되었다. 김일성과 그의 역할을 묘사하기 위해 구사된 언사의 전형은 김일성의 제40회 생일 직전에 발간된 『로동신문』 1952년 4월 1일자 사설에서 찾아볼 수 있다.[74] 이 사설은 김일성을 한국근대사의 핵심 인물로 부각시키기 위해 역사를 재구성했다. 다음의 구절은 그 기조를 정확하게 전달하고 있다.

자기의 모든 창조적 역량과 천재적 재능을 오로지 조국의 자유·독립과 인민의

---

73 「협동단체의 정치·경제적 의의」, 같은 신문, 1952년 2월 10일자 사설, 1면.
74 「수령에게 드리는 인민들의 경외심」, 같은 신문, 1952년 4월 1일자 사설, 1면.

행복과 민주와 평화를 쟁취함에 복종시킨 김일성 장군의 전 생애와 혁명적 활동은 조국의 자유와 평화를 위하여 목숨 바쳐 싸우는 조선 선각자들의 횃불로 되었으며, 전체 조선 근로대중의 이익에 부합되었으며, 조선 인민의 지향과 조선 사회발전의 요구에 전적으로 합치되었다.[75]

1952년 4월 10일 『로동신문』은 김일성의 '생애'를 극단적으로 이상화시킨 4면의 특집 호외를 발간했으며, 며칠 후에는 당의 주요 지도자인 박창옥朴昌玉, 박헌영, 박정애 세 사람이 각각 김일성에 관한 논문을 발표했다. 특히 박창옥과 박헌영에게 닥쳐올 운명을 예견하면서 이들 논문을 비교해보는 것은 실로 흥미로울 것이다.

박창옥이 쓴 장문의 논문은 김일성에 대한 상투적인 찬사를 늘어놓았지만, 조선 '해방'에서 소련군의 역할도 강조했다.[76] 예를 들어 박창옥은 "만약 위대한 소비에트 군대가 조선을 해방시키지 아니하였다면 조선민주주의인민공화국은 창건되지 못하였을 것이며, 조선 인민의 민족해방운동은 오늘처럼 승리적 전진을 하지 못하였을 것이다"[77]라고 말했다. 또한 그는 논문의 상당 부분을 당 조직 문제와 전쟁 승리에 필요한 기타 요망사항을 객관적인 관점에서 논술하는 데 할애했다.

박헌영의 논문은 박창옥이 저술한 것보다 훨씬 간략하고 실제적이었다. 박헌영 역시 소련군의 역할과 반일 투쟁기에 조선과 중국 유격대 사이에 형성된 깊은 동지애를 강조했다. 중요한 것은 그가 "김일성 동지는 조국통일민주주의전선의 조직자 중의 한 사람(방점은 필자)"이라고 썼다는 사실이다. 이런 식으로 그는 김일성과 다른 사람들을 대등하게 취급했던 것이다.[78] 김일성을

---

75 같은 신문, 1면.
76 박창옥, 「김일성 동지는 조선로동당의 창건자이며 조직자」, 같은 신문, 1952년 4월 12일자, 3~5면.
77 같은 신문, 3면.
78 박헌영, 「김일성 동지의 탄생 40주년에 제하여」, 같은 신문, 1952년 4월 15일자, 2면.

스탈린의 충실한 제자로 묘사한 박헌영은 논문의 말미에서 다음과 같이 주장했다.

오늘 우리 인민은 자기의 민족적 지도자의 탄생 40주년을 맞이하면서 우리에게 해방을 가져다주었으며, 또 우리를 영웅적 위업으로 고무하며, 평화와 자유의 위업의 승리에 대한 신심을 고취하고 있는 전 세계 근로인민의 영명한 수령이시며 스승인 스탈린 대원수에게 열렬한 축하를 보내며 경의를 표하는 바이다.[79]

김일성 자신을 비롯해 당시의 모든 북한 지도자는 '위대한 소련'에 진 빚을 인정하기에 여념이 없었다. 곧 살펴보겠지만, 스탈린에 대한 전면적인 찬양은 가장 극단적인 형태를 취하고 있었다. 그러나 우리는 방금 인용한 두 논문이 소련을 찬양했을 뿐 아니라 북한이 실제로 당면한 문제들을 언급함으로써 김일성에 대한 개인숭배를 견제하려는 의식적 노력을 기울이고 있다는 사실을 감지할 수 있다. 박창옥의 주된 관심사는 당 규율과 사기진작에 관한 것이었고, 그가 김일성에게 보낸 찬사도 모두 이를 위한 것이었다. 또한 박헌영의 논문에서도 한국 공산주의운동의 최고지도자는 김일성이 아니라 스탈린이라는 명제를 읽을 수 있다.

한편 박정애의 논문은 오로지 찬사로 가득 찬 완전한 '개인숭배'형 논문이었다. 박정애는 진정한 공산주의운동은 '조선 인민의 영웅 김일성 동지'가 출현하면서 시작되었다고 주장했다.[80] 이어 그녀는 김일성은 지도자로서의 모든 능력을 갖췄다고 찬양했다. 즉 "김일성 동지는 조선 근로계급의 역사적 과

---

79 같은 신문. 1945년 10월 조선공산당 북조선분국이 박헌영에게 보낸 찬사(이 책의 제4장 408쪽 참조—옮긴이)를 상기해볼 때, 이 시점에 그가 쓴 글은 참으로 역설적으로 보인다. 이 찬사를 쓰는 작업이 박헌영에게 얼마나 고통스러웠을까!

80 박정애, 「김일성 동지는 조선 인민의 수령」, 같은 신문, 1952년 4월 15일자, 3면.

업과 사회의 역사적 발전 법칙의 정확한 파악, 혁명의 환경과 조건의 예민한 분석, 혁명적 용감성, 새것에 대한 민감성, 인민에게 대한 무한한 사랑과 신뢰, 대중과의 불가분리의 연계, 원쑤에게 대한 불타는 증오심과 적개심, 멀리 내다보는 예견성, 이 모든 고귀한 품성과 특징을 소유" 했다는 것이다. 김일성은 조선의 레닌이자 스탈린이었다. 이렇게 볼 때 박정애가 이후에 불어닥친 정치적 시련을 오랫동안 견뎌나간 것은 그리 놀라운 일이 아니다.

김일성에 대한 개인숭배는 단지 말로만 끝나지 않았다. 4월 12일 당 상임위원회는 김일성의 출생지와 그가 일제와 싸우던 '주요 전적지'에 김일성 기념관을 건립하도록 지시했으며, 주요 전적지에는 김일성고급중학교도 설립되었다.

당시 다른 출판물과 대중정보매체를 살펴보면 김일성 이외에는 박헌영만 어느 정도 주목을 받았을 뿐이다. 외무상 등 여러 요직을 겸임한 현직 부수상 박헌영은 자신의 행동이 비교적 완전하게 보도되도록 신경을 썼다. 당시의 자료나 나중에 필자들이 행한 인터뷰 등에서 알 수 있듯이 박헌영은 다른 지도자와 비교해볼 때 상당히 대중적인 인기를 누리고 있었으며, 김일성에 대해 명백히 종속적인 위치에 있었음에도 광범위한 추종 세력을 갖고 있었을 뿐 아니라 잠재적으로나마 독자적인 권력기반을 유지하고 있었다. 더구나 우리는 박헌영이 김일성과의 관계에서 그에게 아부하지 않았다는 점을 살펴보았다. 당연히 김일성과 갑산파는 박헌영과 국내파를 감시의 눈길을 뗄 수 없는 위험한 경쟁세력으로 간주했다.

충성심을 계발하고 패배주의를 불식하기 위해 북한 공산주의자들은 단순히 당과 국가기구의 조직을 활성화하거나 김일성 개인숭배를 통해 인격화된 정권을 만드는 데만 의존하지는 않았다. 선배격인 소련이나 중국 지도자들과 마찬가지로, 그들 역시 전쟁을 수행하면서 철저히 애국심을 고취했다. 조국의 보위와 통일은 북한 지도자들이 언제나 되풀이하여 강조하는 주제였으며 과거에 '침략자'들을 물리친 역사상의 영웅들이 자주 찬양을 받았다. 또한 이러한 노력과 함께 적의 잔인성과 야만성을 폭로하기 위한 노력도 전개되었다. 미국을 전적으로 악랄한 국가로 묘사하는 지속적인 선전 활동은 1952년 봄에 미국이 세균전을 행했다는 비난을 가함으로써 극에 달했다.

세균전에 대한 비난 선전은 실로 공산 측이 상당한 기간 대규모의 성과를 얻기 위한 선전 공세였다. '피에 굶주린 미국 통치자들'이 미국의 과학자들을 타락의 수렁으로 몰아넣어 그들에게 대량 살상을 위한 핵무기를 개발토록 했으며, 급기야 인간과 식물에 병균을 옮기기 위해 세균을 사용했다는 비난은 일찍이 중국 인민지원군이 한국전쟁에 참전한 1950년 가을부터 중국 측의 제기로 시작되었다. 더구나 공산 측은 마지막 대공세기인 1951년 4~5월에 독가스와 세균전에 관한 일련의 비난을 퍼부었다. 이러한 비난 가운데는 미국이 중국 포로들에게 세균무기를 사용하고 있으며, 한강漢江 전선에서는 독가스를 사용했다는 주장도 포함되었다.[81]

북한은 5월 8일 한 미군 포로를 시켜 자신이 실제로 독가스를 사용했다고 증언토록 했으며, 각본을 주도면밀하게 준비하여 그다음 날 한국에서 미국의 잔혹행위를 조사하기 위한 국제여성위원회 진상조사위원단이 프라하를 떠나 증거 조사를 위해 평양에 도착했다고 발표했다. 예상했던 대로 이 단체는 북한을 떠나면서 미국의 유죄를 확신한다고 발표했다. 동 위원회 위원장인 체코의 스바토소바Svatosova 여사는 미국의 행위가 제2차 세계대전 때 나치의 잔학한 행위를 능가하는 것이었다고 발표했다. 공산 측은 곧 이 보고서와 소속 위원들의 (표면상) 개별적인 견해를 세계적으로 선전하고 보도했다. 베이징 당국은 '진상조사'위원회의 위원 전원이 '조선에서의 미국의 금수와 같은 잔학행위에 관해'라는 보고서를 중국에 보내왔다고 발표했다. 그러한 보고의

---

81 이 비난은 1952년 3월 북한의 신문과 라디오 방송에서 다시 시작되었다. 예컨대 3월 14일자 『로동신문』은 1월 28일부터 2월 17일까지 미국이 페스트, 콜레라, 기타 악성 세균을 강원도, 황해도, 평안남도 일대에 살포했지만, 다행히 방역대책을 긴급히 수립해 이런 '비인도적 행위'에 대처할 수 있었다고 미국을 비난했다(1면). 그 이후 봄 내내 미국의 세균전에 대한 비난은 계속되었다.

전형은 프라하에서 개최된 기자회견에서 행한 아르헨티나 대표의 발언으로, 그때 그는 이 위원회 위원들은 뉘른베르크Nürenberg 재판과 같은 식의 국제 재판소를 설치해 미국의 죄상을 적절히 심판할 것을 결의했다고 발표했다.[82]

그러나 미국과 유엔 사령부에 대한 비난 가운데 그 어느 것도 세균전이나 독가스 사용을 입증할 만한 증거를 제시하지는 못했다. 심지어 이들 비난 가운데는 공산 측의 전쟁포로들을 강제로 의학 실험대상으로 삼았다는 너무나 터무니없는 주장도 있어 공산 측의 모든 선전 활동에 커다란 의혹의 그림자를 드리우게 되었다(공산 측조차 이러한 비난에 확증을 제시한 적이 없었다). 그럼에도 공산 측은 자신들의 선전 활동 결과에 크게 만족해할 수 있었다. 세균전에 대한 북한 측의 비난은 엄청난 반향을 불러일으켰으며, 다양한 외국인 '증언자'의 정치적 색채도 쉽게 드러나지 않았던 것이다. 미군 포로들의 '자백'은 당연히 유용했으며, 상당수의 '진보적' 미국인과 영국인, 기타 서구인들이 미국의 '죄상'을 열렬히 탄핵하는 데 맞장구를 쳤다. 많은 비공산계 국가, 특히 비서구 국가들이 최소한 혼란과 의혹에 빠지게 된 것도 결코 놀라운 일이 아니었다.

휴전회담 개시와 함께 공산 측의 선전 공세는 다소 완화되었다. 그러나 1952년 봄 협상이 지연되고 미국 측이 많은 사상자를 내자 선전은 재개되었다. 소위 국제민주법률가협회와 미제세균전범죄중국조사단 등 2개 단체가 북한 전역을 순회하며 선전 활동을 펼쳤다. 그들의 보고서도 북한 측 기관지와 북한에 동조하는 각국의 언론매체를 통해 널리 선전되었다.[83]

이 시점에서 유엔군사령부는 유엔사무총장 트뤼그베 리Trygve Lie를 통해 세계보건구기구WHO가 북한과 중국에 발생한 전염병을 퇴치할 것과 유엔군

---

82 같은 신문, 1952년 5월 27일자, 1면.
83 「미제의 세균전에 대한 세계 인민들의 항의」, 같은 신문, 1952년 5월 24일자, 2면. 국제민주법률가협회의 보고서는 같은 신문, 4월 18일자, 2~3면과 4월 19일자 2면을 참조하라.

에 가해지는 각종 비난에 대한 공동 진상 조사를 국제적십자위원회 감독 아래 실시할 것을 제안했다.

이들 제안은 즉각 거부되었다. 1952년 4월 21일 외무상 박헌영은 리에게 전문을 보내어 북한은 "민주진영 제 국가들의 원조"에 의하여 "전염병 만연을 방지하는 데 성공"했다고 주장했다.[84] 박헌영은 계속해서 "잘 알려져 있는 바와 같이 소위 세계보건기구는 마땅히 가져야 할 국제적 위신이 없기 때문에 조선 인민은 이 기구의 원조를 기대할 수 없는 것이다"라고 말했다. 국제적십자위원회 주도하의 진상 조사 제안 역시 유엔이 취해야 할 길은 오직 하나, 즉 국제법과 인간 도덕의 원칙을 위반해 세균무기를 사용하는 미국을 논죄하는 것뿐이라는 응답으로 단호히 거부되었다.

『로동신문』은 3월 29일자 사설에서 이 제안은 단지 세계 여론을 호도하기 위해 미국이 주장하는 기만술책일 뿐이라고 주장했다. '조사단'은 단지 미국의 죄상을 엄폐하려고 할 것이며, 그들의 진정한 의도는 세균무기를 사용한 결과에 대한 정보를 수집하고 북한의 군사기밀을 탐지하는 데 있다는 것이다.[85] '믿을 만한 보고서'를 제공해주는 국외 동조세력과 이를 최대한도로 이용할 수 있는 선전 수단을 갖춘 북한 공산주의자들은 진상 조사의 명목으로 자기들에게 불리한 결론을 이끌어낼 우려가 있는 조사단을 받아들이는 등의 어리석은 일을 저지르지 않았다.

유엔과 미국 측의 제안을 거부한 사실은 일부 지역에서 공산 측에 대한 신뢰에 손상을 가져왔다. 하지만 전체적으로 볼 때 공산 측은 세균전 선전 공세로 괄목할 만한 성과를 거두었다. 기아 직전의 상태, 식수와 위생시설의 부족, 불결한 주택 등의 조건에서 전염병은 실제로 대단히 심각한 문제였다. 북한

---

84 박헌영이 리Lie에게 보내는 답전은 하루가 지난 뒤 1952년 4월 22일자 『로동신문』(1면)에 전재되어 있다.

85 「미제는 세균전 죄악을 어떠한 기만술책으로도 엄폐할 수 없다」, 『로동신문』, 1952년 3월 29일자 사설, 1면.

지도자들로서는 이 어려운 문제를 적의 고의적인 세균전 도발의 탓이라고 비난하지 않을 이유가 없었다.[86] 미국에 대한 증오를 조장하고, 그들의 야만성을 그려내는 작업은 극도로 지친 주민들을 다그치고, 패배나 투항으로 생길 수 있는 상황에 대한 공포심을 지속적으로 불러일으키기에 충분했다. 그러나 공포감이나 적개심의 조장이 주민들이 패배주의를 벗어나도록 하는 데 어느 정도의 역할을 수행했는지에 상관없이 주민들의 사기를 의심할 여지 없이 끌어올린 것은 '중국 인민지원군'의 존재와 전 세계 공산 진영에서 보내오는 물자 원조였다.

모든 북한 주민은 이 원조, 특히 중국군의 참전이 없었다면 북한 공산주의자들이 패배했을 거라는 사실을 잘 알고 있었다. 이렇게 볼 때 당시 북한 측이 발표한 모든 공식 문건에서 중국의 원조에 대해 뜨거운 감사를 표하면서도 늘 중국을 대등한 입장에서 취급하고 있는 반면, 소련에 대해서는 상전으로 모시며 깊은 경의를 표하고 있다는 사실은 지극히 흥미로운 일이다. 당시 북한 지도자들의 소련과 스탈린 개인에 대한 태도는 동구 국가에서 만연했던 위성국 강박관념Satellite complex을 벗어나지 못한 것이었다.

소련의 경험을 따르자는 것은 그 당시의 관례였다. 예를 들어『프라우다』

---

86 「위생방역사업을 더욱 강화하자」,『로동신문』, 1952년 5월 12일자 사설은 다음과 같은 흥미로운 주장을 폈다. "피에 굶주린 야수 미제 침략자들은 세균 만행을 중단하지 않고 도리어 더욱 악랄한 방법으로 계속 감행하고 있다. …… 원수들의 세균 만행을 철저히 분쇄하지 않는다면 원수들의 세균 만행에 의한 전염병의 피해로부터 우리 인민의 생명을 보호할 수 없으며 우리의 가축과 농작물의 피해를 방지할 수 없을 것이다. 그러므로 원수들의 세균 만행을 철저히 분쇄하기 위한 투쟁은 오늘 우리에게 있어서 조국과 인민을 수호하는 중대한 투쟁으로 된다. …… 누구나를 물론하고 가능한 모든 방법을 다하여 쥐, 벼룩, 이, 파리, 모기 등 각종 보균 곤충을 박멸하는 데 최선의 노력을 다할 것이며, 생수 음용과 생식을 엄금하며, 우물, 수원지를 청소 및 소독하며, 항상 깨끗이 세탁한 의류를 착용하는 등 원수들의 세균 만행과의 투쟁에 대한 군사위원회 결정과 명령 지시를 자각적으로 실행하여야 할 것이다. …… 우리는 더욱 긴장되고 동원된 상태에서 방역전에서도 철옹성 같은 태세를 항상 갖추어야 한다."
이상이 북한 당국이 미국의 '세균전'을 가장 기본적인 위협으로 제시하고 있는 상황에서 아주 절실하게 전개한 위생방역 홍보 활동의 내용이었다.

Pravda 창간 제14주년을 기념해 『로동신문』은 다음과 같이 주장했다.

새 생활을 성과적으로 건설하고 있는 인민민주주의 국가들의 출판물들과 또한 모든 나라의 진보적 출판물들은 볼셰비키적 출판물의 고귀한 경험과 전투적 전통을 광범히 섭취하고 있다.[87]

소련은 북한에게 안내자요 영감의 원천이었던 것이다.

세계 인민들은 위대한 소련 인민을 선두로 평화와 민주와 사회주의를 위한 장엄한 길에 들어설 수 있는 가능성을 얻었다. 때문에 평화를 염원하는 자유애호 인민들은 파시즘에 대한 소련의 위대한 승리(독일에 대한 승리)를 자기의 명절로 축하하는 것이다. 우리 조선 인민은 조국해방전쟁의 불길 속에서 이날을 열렬한 축하로써 맞이하면서 전 세계 진보적 인류들과 함께 소련을 우러러보며 그에게 무한한 사랑과 존경과 감사를 보낸다.[88]

북한 측의 모든 자료는 언제나 소련을 공산동맹국의 서열 제1위로 꼽았다. '위대한 소련이 영도하는 사회주의 진영'이라는 어구가 자주 사용되었으며, 소련공산당 제19차 대회 때 북한 언론들은 북한에서 발생한 많은 사건은 거의 보도하고 취급하지 않으면서도 이 대회에 관해서는 의사록 세부사항까지 보도했다. 북한 언론들은 한 걸음 더 나아가 조선의 '해방'은 물론 중국의 해방도 소련에 의해 가능해졌다고 주장했다.

소비에트 군대의 결정적 역할에 의하여 일제가 격멸된 후 동방에서는 아시아

---

87 「볼쉐위끼 출판절」, 같은 신문, 1952년 5월 5일자 사설.
88 「위대한 쏘련의 대독 전승절」, 같은 신문, 1952년 5월 9일자 사설, 1면.

인민들이 그의 악독한 기반으로부터 해방되었다. 중국 인민은 내외의 적을 물리치고 역사적인 인민혁명의 승리를 쟁취하게 되었으며, 위대한 새살림을 창조하는 길에 들어서게 되었다.[89]

소련에 대한 찬양은 아마 스탈린 개인에 대한 다음과 같은 찬사에서 최고조에 달했을 것이다.

인류의 구성救星이며 조선 인민의 해방의 은인이며 아버지인 위대한 쓰딸린 대원수를 조선 인민은 항상 태양같이 우러러보며, 그를 환희와 노래로써 찬양하며, 그의 이름을 행복과 평화의 상징으로서 높이 부른다.[90]

1953년 3월 초 스탈린의 사망이 발표되자 김일성은 즉각 장례식이 끝날 때까지 인민 애도 기간을 설정해 반기를 게양하고 모든 노동 현장에서 추도식을 가지고, 주요 도시마다 장례 예포를 쏘아야 한다고 선언했다.[91] 모든 신문은 스탈린의 생애와 그의 일생 동안 소련에서 일어난 사건들로 지면을 채웠다. 김일성 자신도 「쓰딸린은 자기의 자유와 독립을 고수하는 인민들의 투쟁의 고무자」라는 제하의 논문을 3월 10일자 『로동신문』에 발표했다. 그 서두만 보면 나머지 내용은 거의 짐작할 수 있다.

쓰딸린은 서거하시었다. 진보적 인류의 위대한 수령의 열렬한 심장은 고동을 멈추었다. 이 비보는 번개처럼 조선의 전 지역에 퍼지었으며 우뢰와 같은 타격을 수백만의 인민의 심장에 주었다. 인민군 전사들도, 자기 기계 앞에서 작

---

89 같은 신문.
90 「쓰딸린 대원수에게 드리는 조선 인민의 무한한 감사」, 같은 신문, 1952년 5월 22일자 사설, 1면. 이와 비슷한 과장된 찬사는 1952년 4월 4일, 24과 12월 21일자 사설을 참조하라.
91 자세한 것은 같은 신문의 1953년 3월 6~10일자를 참조하라.

업하고 있는 노동자들도, 전원 작업에 나선 농민들도, 기관 사무원들도, 대학생 및 학생들도, 남북 조선의 주민들도 그와 똑같은 심심한 애도의 뜻으로 이 비보에 접하였다. 미국 공중비적들의 폭격에 자식을 잃고 울고 울어 눈물조차 다 마른 어머니들도 흐느껴 울었다.[92]

이러한 문장을 읽어보면 소련공산당 제20차 대회 기간에 흐루시초프 Khrushchev의 스탈린 비판 소식을 접한 김일성 등 북한 지도자들이 얼마나 큰 충격을 받았을지 짐작하고도 남음이 있다. 확실히 스탈린 통치 만년에 북한의 모든 간행물과 연설문은 공산 세계 내에서 국가 간의 위계질서가 얼마나 공고하고, 소련의 권위가 얼마나 확고하며, 평양과 베이징이 어느 정도로 스탈린 개인의 패권에 절대적인 충성을 바칠 각오가 되어 있었는가를 보여준다. 모스크바와 평양과의 관계는 부자관계나 다름없었다. 반면에 평양과 베이징과의 관계는 대등한 것, 즉 형제관계였다.

스탈린 사망이 한국전쟁을 종식시키는 데 어떠한 역할을 했는지는 확실치 않다. 소련 당국은 새로운 철의 장막 속에 둘러싸여 있었다. 북한의 신문들은 스탈린 사망 후 한 달 동안 소련에서 발생한 사건들을 자세히 다루었다. 예컨대 게오르기 M. 말렌코프Georgii M. Malenkov가 제4차 최고소비에트회의에서 행한 연설 전문이 3월 18일자 『로동신문』 사설란에 게재되었으며, 사흘 후에는 최고소비에트회의의 결의안이 전재되었고, 일주일 후부터는 소련 뉴스가 마치 북한 뉴스처럼 그대로 널리 보도되었다. 그러나 소련에서 일어난 변화의 여파가 어떤 것이었든 간에 북한 지도자들은 자기들 국민 사이에 만연해 있는 사기 저하를 인정하지 않을 수 없었다. 북한 측의 공식 간행물을 살펴봐도 당시의 식량 부족, 폭격으로 말미암은 대량 사망, 점증하는 전쟁에 대한 혐오 등의 징표를 읽을 수 있다.

---

92 같은 신문, 1953년 3월 10일자, 1면.

휴전회담의 진전을 가로막은 기본 쟁점은 포로교환 문제였다. 공산 측은 전면적인 포로교환을 요구한 반면, 유엔 측은 자유귀환의 입장을 고수했다. 이 문제는 단순한 형식상의 문제가 아니었다. 공산 측으로서는 유엔군에게 잡혀 있는 중국과 북한 포로들에게 자유귀환이 허용된다면, 상당수가 타이완으로 가거나 남한에 잔류하는 편을 선택하리라는 것을 너무나 잘 알고 있었다. 이것은 물론 공산 측에는 심각한 정치적 패배일 뿐 아니라 경제적·군사적 면에서도 잠재적인 압박을 가져올 수도 있었다. 그러나 이승만의 철석같은 입장을 대변한 미국 측은 이 문제에 대해 확고한 태도를 보였다.

1953년 6월 18일 이승만은 돌연 미국의 동의나 사전통보 없이 대다수의 북한과 중국군 포로를 석방했다. 결국 공산 측은 정당한 항의를 제기했고, 유엔 측의 수석대표 윌리엄 해리슨William Harrison 장군은 북한 측의 수석대표 남일 상장上將에게 보낸 서한에서 이번 포로 석방은 결코 미국의 의도가 아니었다고 사과했다. 그러나 이 사건은 많은 시사점을 안겨주었다. 공산 측은 이 행위를 통렬히 비판했지만, 전투행위를 마무리 짓는 것이 자기들에게 이익이 된다는 사실을 깨달았다. 따라서 그들은 자유귀환 원칙을 수락한 것처럼 보일지라도 이 사건이 정전 합의에 도달하는 데 장해가 되지 않도록 노력했다. 가능한 한 전쟁을 빨리 끝내는 것이 자기들에게 이익—실상은 자기들에게 절박한 것이었지만—이 된다는 것을 알게 되자 공산 측은 협상 과정에서 유엔 측이 가한 매우 심각한 자극에도 불구하고 협상을 지연시키려고 하지 않았다.

6. 정전과 박헌영 일파의 숙청

1953년 7월 25일, 양측은 "완전한 합의에 도달"했다고 발표했다. 28일에는 김일성과 중국 인민지원군 사령관 펑더화이가 북한 전역에 정전을 선언했다. 공산주의자들이 남한을 '해방'시키기 위해 시작한 한국 역사에서 가장 비참했던 전쟁은 이로써 막을 내렸다. 전면적 승리를 거둘 것이라고 오랫동안 선전해온 북한 지도자들은 이제 정전협정을 그러한 관점에서 해석하기 시작했다. 예를 들어 정전 당일 『로동신문』 사설은 정전을 "제국주의의 침략적 전쟁 세력을 타승打勝"한 "거대한 승리"라고 보도했다.[93] 같은 논지로 행한 김일성의 장문에 달하는 연설은 "미제 주구 이승만 매국도당"을 반대해 조선의 자유와 독립을 보전할 수 있었던 것은 위대한 역사적 승리였다고 주장하면서도 제국주의자들의 새로운 책동에 대비하여 혁명적 경각성을 늦춰서는 안 된다고 강조했다. 이렇듯 한국전쟁은 공산주의자들이 남한 정부의 무력통일 기도를 성공적으로 분쇄한 방어전으로 해석되었다. 이는 전쟁의 진상과는 정반대의 사실 왜곡이었지만, 공산주의자들로서는 자기 입장을 합리화하기 위해 취해야 할 필수적인 일이었다.

당은 수많은 표창장과 훈장을 고급 간부들에게 뿌렸는데, 김두봉과 박정애, 박창옥은 모두 국기훈장 제1급을 수여받았다. 최용건도 부수상에 임명되었지만 박헌영만은 불길하게도 아무런 언급이 없었다. 사실상 박헌영은 이미 2월 초부터 신문에서 거론된 적도, 대중 앞에 나타난 적도 없었다. 2월 7일 박헌영은 당 고급간부 전원이 참석한 가운데 개최된 조선인민군 창건 제5주년 기념대회에 마지막으로 모습을 보인 후 감금 상태에 있었던 것이 거의 확실하다. 박헌영의 제거 일자를 추측케 하는 것으로, 김일성이 제5차 전원회의에서 내린 당내 종파주의를 근절시키라는 지시에 따라 일부 종파주의자가 폭로되어 '당원 대중의 증오대상'으로 되었다는 2월 15일자 『로동신문』 보도가 있다.[94] 당시 거론된 주영하, 임화, 김남천金南天, 조일해(조일명趙—明의 착오—옮긴이) 등은 통렬한 비판을 받았다. 그들은 당을 불신하고, 당 정책과 당의 지

<hr>

93 「조선 정전 담판은 완전 합의에 도달하였다」, 같은 신문. 이 사설이나 당시의 다른 문헌들이 승리감을 고취하려 애썼음에도 실제로 이들 문헌이 전달한 것은 전쟁이 끝났다는 안도감이었다.

94 「당 앞에서 솔직하지 못한 자는 우리 대열 내에 있을 자리가 없다」, 같은 신문, 1953년 2월 15일자 사설, 1면.

도 노선을 비방했으며, 자만에 빠져 더 높은 지위를 얻으려고 작당해 '지방주의적 경향이 있는 분자들', 자기 지위에 불만을 품은 사람들은 물론 '과거 혁명생활이 깨끗하지 못한 자들'을 규합으로써 당의 단결을 약화시켰다는 것이다.[95]

사설은 계속해서 당이 이들 분자를 관용했던 것은 그들이 과거의 잘못을 뉘우치고 당에 충성을 다하도록 하기 위한 것이었지만, 이들은 "앞으로도 자기의 반당적·반국가적 행동을 감행하려는 음흉한 생각을 품고 있다"고 주장했다. 최근 평양시 당 전원회의에서 자기비판을 한 임화 등은 당 앞에서 정직성과 솔직성을 보이지 않았다고 한다.

예를 들어 임화는 해방 이전의 깨끗하지 못한 생활과 해방 이후의 반당적·반국가적 죄상을 고백하고 당의 용서를 빌기는커녕 두루뭉술하게 우경적 오류를 범했다는 모호한 말만 되풀이했을 뿐이다. 모스크바 대사와 외무성 부상을 지낸 주영하는 끝까지 자신의 잘못을 시인하지 않고, 당의 지도를 공공연히 비판했다.

이 사설은 이를 바로 "종파쟁이들에게 있는 전형적 사상"이라고 결론지었다.

이 사상적 근원은 그들이 말하는 바와 같이 '남이니' '북이니' 하는 데 있는 것이 아니라 당 노선과 당 정책을 지지하지 않고 당 중앙을 신뢰하지 않는 거기

---

95 같은 신문. 이 사설은 박헌영 주위의 남로당 일파에 대해 공공연한 비난을 퍼부었다. 「당내 민주주의의 강화」라는 제하의 다음 날 사설은 당내 민주주의는 무정부적인 것과는 별개의 것이라고 못 박았다. 이 사설은 김일성의 교시를 인용해 개인은 당 조직에, 소수는 다수에, 하급 당 단체는 상급 당 기관에, 전 당은 중앙에 복종하는 원칙을 따라야 한다고 주장했다. "그렇기 때문에 당내 민주주의는 우리 당의 통일과 단결을 약화시키는 암해분자, 적대분자, 자유주의 및 종파주의 잔재 요소들에 의하여 악용될 수 없으며, 또 악용되지 못하게 하여야 한다. 당의 조직을 손상·파괴시키며, 당의 전투력을 약화시킬 것을 목적으로 한 그러한 '민주주의'는 중앙집권적 지도에 기초한 우리 당의 진정한 민주주의와 하등의 공통점도 없다."(1면) 주영하에 대한 비판은 『로동신문』, 1953년 3월 5일자에 실린 외무성 초급당 총회의 결의문 「불순 이색분자들에 대한 참을 수 없는 증오와 분노」를 참조하라.

에 있다. '남이니' '북이니' 하는 말은 종파쟁이들이 자기의 반당적·반국가적 행동을 은폐하려는 병풍으로 사용되고 있다.

박헌영의 이름은 전혀 언급되지 않았지만 이름이 거론된 자들 가운데 대부분은 남한 출신이었고, 박헌영과 오랫동안 밀접한 개인적 친분을 맺어온 사람들이었다. 실제로 이때 『로동신문』 사설은 여러 정보를 종합하여 1951년 11월의 제4차 전원회의 이후 당 고급 간부들 사이에 종파적 밀모가 진행 중이라는 단서를 제시했다. 박헌영의 측근 몇 명, 즉 이승엽과 조일명, 김응빈金應彬, 박승원朴勝源 등이 박헌영의 사무실에서 자주 모임을 갖고 김일성 노선에 반대하는 투쟁을 준비했다는 것이다. 그들은 허가이 일파와 내통하려 했다고 한다(허가이가 제4차 전원회의 직후 자신의 관문정책을 비판받고 실각했다는 사실을 상기해보라). 김일성은 이러한 동향에 대해 약간의 낌새를 알아채고, 자기의 심복들인 김일, 박정애, 한설야 등과 만나 패전의 책임을 박헌영에게 전가하려는 계획을 준비했다고 한다. 김일성은 준비가 완료되자 당 중앙위원회 제5차 전원회의를 소집했다.

제5차 전원회의는 1952년 12월 15~18일에 열렸다. 당시 김일성 일파가 박헌영 일파를 대거 숙청할 충분한 준비가 되어 있었다는 것은 확실했다. 김일성은 임화의 체포를 발단으로 자신의 행동을 개시했다. 남한 출신의 시인인 임화는 박헌영의 추종자였다. 1952년 가을 임화가 발표한 전쟁시에는 다음과 같은 구절이 있다.

숲들은 소실되고 집들도 다 타 버렸네
스탈린 원수가 조선에 오시면 어느 집에 묵을고

김일성은 즉시 임화를 '반공사상' 혐의로 체포하도록 했다. 한 증언에 따르면 임화는 고문에 못 이겨서 이승엽, 조일명 등과 공모해 김일성 정권에 반대했다고 자백했다고 한다. 1952년 가을 임화는 전 남로당원이었던 김남천과 김기림金起林, 김오성金午星, 권오직 등과 함께 체포되었다. 1952년 10~12월 여러 인물이 비밀리에 체포되었지만, 이 숙청 작업은 한 줄도 보도되지 않았다.

김일성은 제5차 전원회의에서 행한 연설에서 당 내부의 결함에 관해 맹공을 퍼부었다. 이 중 일부는 이른바 국내파를 겨냥한 것이 분명했다.[96] 김일성은 이름을 거론하지 않은 채 당 내부의 적지 않은 분자들이 '당성을 결여'하고 있다고 비난했다. 이들 분자는 "일단 국가 정권기관이나 당 기관의 책임적 직위에 등용되기만 하면, 물질적 특권을 보장하기에 눈이 어둡고, 당 사업과 혁명사업은 망각하고 대중과 이탈하는 행위와 개인의 탐욕적 이익에 취하여 국가적 범죄를 범하는 등의 일련의 사태를 초래"하고 있다는 것이다. 이들은 자기들에게 부과된 사업을 집행하기는커녕 당에 대한 무원칙한 불평만 해대고 "심지어 불평분자들끼리 모여서는 이렇구 저렇구 시비하며, 자기 의견을 당 조직에는 건의하지 않고 회의할 때나 당면해서는 말하지 않고 뒤에 앉아서 횡설수설"하고 있다는 것이다.

김일성은 이 점을 집중적으로 비난했다. 일부 종파분자는 당의 결정과 혁명에는 복종치 않으며, 벼슬을 좋아하고 일에 대한 책임성은 전혀 갖고 있지 않으면서 과대망상에 사로잡혀 실상은 아무것도 아니면서 마치 자기가 위대한 혁명 역사를 갖고 있는 양 떠벌리고 다닌다는 것이다. 심지어 일부 분자는 친척이나 친구, 동창, 동향 관계에 있는 자들을 주변에 등용하려고 애썼다고 한다. 김일성은 이러한 행위야말로 소부르주아적, 자유주의적 잔재로 견결히

---

96 제5차 전원회의에 대한 설명과 김일성의 연설 원문은 「로동당의 조직적·사상적 강화는 우리 승리의 기초」, 『로동신문』, 1952년 12월 22일자, 1~6면 또는 『김일성선집』(1953년판), 제4권, 264~337쪽을 참조하라.
김일성은 제5차 전원회의와 때를 같이하여 1952년 12월 24일 '인민군 고급 군관회의'를 개최해 자기의 새로운 숙청계획에 대해 그들의 지지를 확보하려고 했다.

투쟁해야 할 것이라고 주장했다. 이어 그는 조선노동당 내부에 "종파는 없다고 하지만 아직도 종파주의자들의 잔재는 남아 있다"고 지적했다. 이들 종파주의 잔재는 "과거 무원칙한 파벌투쟁의 잔재를 계속하며 '지방주의적 경향이 있는 분자들'(동향관계를 기반으로 행동하려 하는 자들)과 또한 지위 불만, 당에서 처벌받은 분자들을 규합하며, 아무 근거 없이 무원칙하게 '당에서 너를 신임하느니 안 하느니' 하는 것으로써 성분이 비교적 순결치 못한 당원들을 유혹 또는 개인 감정으로 끌어당기는 현상"을 나타내고 있다는 것이다. 김일성은 종파주의 잔재들이 "능력 여하, 성분 여하, 사상적 진보 여하를 불문하고, 당성이 있든지 없든지 간에 불관하고" 자기파의 지위 확보에만 애씀으로써 스스로를 폭로시키고 말았다고 비난했다.

김일성은 보고서의 이 부분을 불길한 어조로 끝맺었다. 그에 따르면 종파주의 잔재들은 당 혹은 정권기관에서 지위를 차지하기 위해 과거 '혁명생활'에서 깨끗하지 못한 것을 서로 은폐해주며, 한편으로는 간부들 사이를 이간질시켜 어부지리를 얻기 위해 애썼다고 한다. 김일성은 종파분자들의 이러한 행동을 그냥 남겨둔다면 이러한 것들이 앞으로 '소그룹적' 행동으로 발전할 수 있다고 우려하면서 "이런 분자들은 당 앞에서 솔직히 고백하고 자기의 비당적 행동을 그만두는 것이 좋다"고 경고했다. "종파주의 잔여를 그냥 남겨둔다면 인민민주주의 국가들과 우리의 형제적 당들의 경험이 가르쳐주는 바와 같이 그들의 출로는 결국 적의 정탐배(방점은 필자)로 변하고 만다는 사실에 대하여 우리 당은 심심한 주의를 돌리지 않을 수 없습니다."

김일성의 제5차 전원회의 보고는 박헌영 일파 숙청의 기본 문서가 되었다. 당도 전원회의 회기 동안 가만히 있지는 않았다. 노동당은 하부 세포 단위까지의 각급 당 단체들을 동원해 김일성의 보고에 기초해 당원 각자가 자기비판과 상호비판을 하는 연구토론회를 몇 달 동안 진행했다. 노동당은 박헌영 일파의 '죄상'에 관련된 참고문헌도 작성했는데, 특히 남한 출신의 당원들에게 과거 박헌영과의 관계와 기소 사실을 '입증하는' 자세한 진술을 하도록 강요

했다.[97]

이러한 배경에서 앞서 말한 1953년 2월의 사건이 터진 것이다. 박헌영 자신은 1955년 12월 중순이 되어서야 재판에 회부되어 사형선고를 받았다. 이처럼 이유도 분명치 않은 채 박헌영 일파의 숙청은 3년여를 끌었다. 그러나 1953년 2월 이후 박헌영은 독방에 감금되어 있었다. 그의 동료들에 대한 재판은 휴전이 공포된 지 일 주일도 채 못 된 1953년 8월 3일에 시작되었다.

이때 허가이는 이미 자살한 뒤였다. 이 사건의 경위에 대해서는 두 가지 약간 상이한 견해가 있다. 한 견해에 따르면 박헌영과 그의 동료들이 숙청될 당시 허가이는 폭격으로 무너져 인근 지역을 물에 잠기게 한 평양 북방 40킬로미터에 위치한 경영저수지의 보수 책임을 맡게 되었다고 한다. 이 임무가 자신의 지위를 모해하고 자기를 박헌영 일파와 연루시키려는 음모의 일단이라고 느낀 허가이는 대응책을 찾으며 평양에 머물러 있었는데, 이때 김일성은 '명령 불복종'으로 그를 감금해버렸다고 한다. 1953년 4월 초 허가이는 심문을 받기 위해 법정에 소환되자 자살하고 말았다.* 김창순에 따르면 김일성은 허가이가 당내에서 박헌영의 영향력을 견제하지 못했을 뿐 아니라 박헌영 일

---

97 1967년 5월 28일 김정기金定基는 서울에서 이정식과의 회견에서 흥미로운 사례들을 제공했다. 그는 약 400명이 참가한 가운데 일주일간 계속된 국가계획위원회 전원회의를 실례로 들었다. 그는 이틀째 되는 날 발언하라는 당의 명령을 받고, 박헌영에 대한 자세한 기소 내용이 담긴 소형 책자를 건네받아 사전학습을 하게 되었다. 그 책자는 "왜 남로당은 10월폭동 이후에 실패를 거듭했는가?", "왜 당원이 줄어들었는가?" 등 훗날 재판 당시 제기된 모든 논점을 열거한 후 수많은 의문을 제기했다. 김정기의 임무는 이들 문제를 파고들어 가서 박헌영과 그 일파에게 암암리에 실패의 책임을 묻는 것이었다. 여러 날 동안 발언을 준비한 김정기는 다음과 같이 당의 주장을 인정하는 식으로 발언을 끝냈다. "평소 박헌영을 흠모해왔던 저는 처음에는 당의 기소 내용을 믿을 수가 없었습니다. 그러나 저는 이제 그것이 정말이라는 것을 깨닫게 되었습니다. 제가 잘못 생각했던 것입니다. 당의 분석이 옳았습니다." 김정기는 당시 경공업상輕工業相이었던 이기석李基錫 등 몇몇 인물은 기소 내용을 계속 의심했기 때문에 숙청되고 말았다고 전했다(이기석은 남로당 부위원장을 역임했던 자다). 박정애는 "그러면 당신은 우리가 기소 사실을 조작했다는 거요?"라고 하면서 이기석을 공박했다고 한다. 이렇게 묻는 데야 무슨 말을 하겠는가! 이기석은 신의주에 있는 도서관장직으로 쫓겨났다는 후문이 있다.
* 이와 같은 견해는 이철주李喆周, 『북의 예술인』, 서울, 1966, 106~111쪽을 참고하라.

파가 허가이와 합작할까 봐 두려워 허가이를 당 조직사업에서 다시 한번 중대한 오류를 범했다는 이유로 책임을 추궁했다고 한다. 허가이는 사흘간의 여유를 주면 명확한 보고를 제출하겠다는 말을 남겨놓고 집으로 돌아간 그 길로 권총자살을 했다는 것이다. 이에 대해 당 정치위원회는 허가이가 '극히 비겁한 행위'를 범했다고 비난하고, 당 앞에서 자신의 죄악을 용감히 씻지 못한 것은 또 한 번의 죄악을 범한 것이라고 비난했다.[98] 어느 견해가 옳든 간에 또 한명의 주요 공산 지도자가 김일성의 책략에 걸려 제거된 것이다.

1953년 8월이 되자 고위 당직자 12명을 피고로 하는 재판이 시작되었다. 이때 기소된 사람들의 명단과 직함은 다음과 같다.

이승엽: 조선노동당 중앙위원회 전 비서 겸 사법상

조일명: 『해방일보』 전 편집국장 겸 문화선전성 전 부상

임화: 시인, 조소문화협회 중앙위원회 전 부위원장

박승원: 조선노동당 중앙위원회 연락부 전 부부장

이강국: 북조선 인민위원회 전 외무국장(외무상에 해당하는 직위)

배철裵哲: 조선노동당 중앙위원회 연락부 전 부장

윤순달尹淳達: 조선노동당 중앙위원회 연락부 전 부부장

이원조李源朝: 조선노동당 중앙위원회 선전선동부 전 부부장

조용복趙鏞福: 인민검열위원회 전 상급검열원上級檢閱員

맹종호孟鍾鎬: 조선인민군 유격대 전 제10지대장

설정식薛貞植: 전 미국 군정청 공보처 여론국장, 조선인민군 최고사령부 총정치국 전 제7부 부원*

---

98 김창순, 앞의 책, 134~135쪽.
* 이들 11명 이외에 기소된 또 한 사람은 '전 이승만 괴뢰 정부 내무부 치안국 사찰과 중앙분실장 백형복白亨福'이다.

재판은 1953년 8월 3~5일 최고재판소 군사재판부에서 공개로 진행되었다. 예심과 공판 심리과정에서 판명된 사실이라고 재판부가 발표한 주요 기소 내용은 너무나 놀라웠다.[99] 판결문에 따르면 이승엽과 그의 일당은 미국의 고용간첩으로서 미국 정탐기관에 군사, 정치, 문화 사업에 관한 중요 기밀정보 자료를 제공하기 위해 조선노동당과 조선민주주의인민공화국의 고위직에 잠입한 자들이었다. 이들의 행위는 "조선 인민의 통일된 투쟁역량을 분열·파괴하며, 당과 정부의 제반 시책들의 실현을 방해하며, 당과 정부와 인민 대중 간의 이탈을 조성시키며, 미제의 군사작전에 호응하여 무장폭동을 일으켜 조선 인민의 총의로 창건된 조선민주주의인민공화국 주권을 전복하고, '미 제국주의 지배 밑에 식민지적 지주·자본가 정권을 수립'하려는 반인민적 범죄의 목적 달성을 위하여 온갖 흉악한 음모 책동을 계속 감행" 해온 것이었다.

이렇듯 박헌영 일파를 김일성 일파에 대한 반대행위로만 문책하는 것은 불충분했다. 그들은 미 정보기관과 직접 연결된 간첩 활동을 했다는 식의 대역죄로 기소되어야 했던 것이다. 더구나 재판부에 따르면 그들의 활동은 최근에 시작된 것이 아니었다. 이승엽과 조일명은 1946년 3월부터 미 군정청 공보처 여론국 정치 연구과 책임자인 미국 육군 소위의 간첩이 되었다. 이때부터 이 둘은 남조선공산당 중앙과 지방의 조직 체계에 관한 모든 정보를 미국 측에 제공했다. 더구나 1947년 5월부터 이승엽은 미 국무성 촉탁이었으며, 당시 남조선 주둔 미군 사령관 하지의 최고 정치고문이었던 해럴드 노블 Harold Noble과 직접 연계를 맺고, 그 후부터 그의 지시로 간첩 활동을 계속했다. 1948년 7월 이승엽은 입북하기 전 노블을 찾아가 북조선의 제반 정세

---

99 『로동신문』 8월 5, 6, 7일자 기사는 재판에 관해 장문의 내용을 싣고 있다. 8월 5일자 기사는 공소장 전문을 게재(2~4면)하고 있으며, 8월 7일자 기사는 재판 진행 과정과 피고인들의 '최후 진술'을 싣고 있다(3~4면). 이하의 본문 자료는 이들 공식 문헌에서 발췌한 것이다(이승엽 일당과 박헌영의 공판에 관한 공식 기록은 다음에 전재되어 있다. 김남식 편, 『남로당자료집』南勞黨資料集, 제2집, 서울, 1974, 382~632쪽 ─ 옮긴이).

를 탐지하라는 지령을 받았다. 또한 북조선에 도착한 이승엽은 자기보다 먼저 1947년 12월에 입북한 조일명과 함께 앞으로 간첩 활동의 '성과적' 보장을 밀의했다. 1948년 8월 이승엽은 『해방일보』 정치부 전 부장이며 당시 황해도 해주 제1인쇄소 부책임자인 박승원을 흡수했고, 같은 해 11월에는 1945년 12월부터 서울에 주둔한 미군 장교 존 로빈슨John N. Robinson의 지령에 따라 간첩행위를 감행해오던 임화를 끌어들임으로써 앞으로 수집할 간첩 자료를 노블에게 전달할 연락선을 완성하게 되었다. 이때 설정식도 간첩망에 포섭되었다.

1948년 9월 노블은 안영달安永達을 이승엽에게 파견해 "금후 월남할 수 없으면 종전과 같이 이북에서 사업하라"는 지령을 내렸다. 이승엽은 안영달을 거쳐 노블에게 당과 정부조직, 간부들에 관한 기밀정보를 제공했다. 이때 이승엽 일당은 38선에 배치된 공화국 경비대의 병력 수, 무장 상태, 그의 배치 정형과 부대의 주둔 위치 등 군사기밀을 낱낱이 수집해 서울에 있는 노블에게 보고하여 '미제의 소위 북벌계획'을 원조했다. 같은 해 여름 이승엽은 '까치산' 전투 정형에 관한 군사정보를 탐지하기 위해 조일명을 현지에 파견했으며, 조일명은 다시 공동 피소자 박승원에게 그 과업을 주어 입수한 '까치산' 전투 정형과 병력 배치 정형 등 군사기밀을 노블에게 제공했다.

1950년 2월부터 이승엽은 노블의 지시를 받은 미 극동사령부 항공정보관 니컬스Nichols가 지도하는 공동 피소자 백형복白亨福과 안영달, 공동 피소자 조용복 일당과도 연계를 맺었다. 그 후 세 차례에 걸쳐 조선노동당에 관한 비밀정보를 제공한 이승엽은 같은 해 5월 노블의 지시에 따라 입북한 안영달과 조용복, 백형복한테서 "불원 미군이 공화국을 침공하는 전쟁을 개시할 터이니 인민군대가 먼저 진격한 것처럼 할 정치적 모략을 날조하여 제공하라"는 지령을 받았다. 그리고 미군의 공격이 시작되자마자 라디오 방송을 통해 인민군이 남조선을 침공했다는 것을 광범위하게 선전하는 한편, 인민군대로 가장한 국방군을 남진시키면서 인민들에게 만행을 저질러 인민대중 사이에 적개심을 유발시키는 내용의 간계를 안영달을 통해 노블에게 전달했다. 또한 이승엽은 안영달에게는 당 서울 지도부에 잠입할 것을 지시하고, 심지어는 그에게 무전기까지 휴대시켜 서울로 보냈다. 그리고 백형복을 공화국 내무기관에 잠입시켜 이승만 정권이 파견한 여러 간첩의 신변을 보호하도록 했다.

전쟁이 발발하자 1950년 7월부터 서울시 임시인민위원회 위원장이 된 이승엽은 임화에게 그의 영향하에 있는 남조선 문화단체들을 동원하는 방법으로 당과 정부 그리고 인민군대와 내무기관에 대한 인민들의 동태를 조사시켜 이 정보 자료를 미국 정탐기관에 제공했다. 1951년 이승엽은 노블과의 간첩 연락선을 다시 회복하려고 했다. 7월 노블은 이승엽에게 한 조선인 간첩陳某을 보내 이강국을 끌어들임으로써 간첩망을 더욱 확장하기에 이르렀다. 재판부에 따르면 이강국은 "벌써 1935년에 미국 정탐부의 주구로 활동할 것을 서약"한 자였다. 이강국은 자기의 애인(김수임金壽任―옮긴이)을 미군 제24사단 헌병사령관이던 미군 대령에게 제공함으로써 이 서약을 충실히 수행했다. 1946년 9월 이강국은 미 군정청이 조작한 체포령이 떨어지자 애국자의 가면을 쓰고 공화국 북반부에 잠입했다. 이강국은 입북 직전에 자기 애인의 정부인 미군 대령한테 지령을 받고, 인민 정권기관 내의 주요 직위에 잠입해 군사와 정치, 문화에 관한 중요 기밀을 수집했다. 1947년 1월부터 이강국은 북조선 인민위원회 외무국장의 요직에 잠입한 것을 이용해 "미 정탐기관의 지령을 성실히 수행"했다.

이강국은 '조국해방전쟁' 발발 후인 1950년 7월 미국 정탐기관에서 파견한 군사간첩 두 명을 평양의 자기 집에서 상면하고 군사간첩 활동 상황에 관해 협의했다. 그 후 이승엽 일당의 간첩 활동에 가담한 이강국은 전후 4차에 걸쳐 주요 기밀을 임화를 통해 이승엽한테 제공했다.

재판부에 따르면 이승엽 일당은 간첩 활동을 수행하는 한편, 이승만 정권과 미국에 협력해 남조선노동당을 파괴하고 '수많은 민주인사'를 살해함으로써 공화국의 민주역량을 파괴하고 약화시켰다 한다. 이승엽의 지도하에서 활동하던 공소외公訴外 안영달은 미군 정보관 니컬스의 직접 지도로 당시 이승만 정부 치안국 사찰과 중앙분실장이었던 백형복과 결탁하고 피소자 조용복을 남조선노동당에 침투시켰다. 그다음 안영달과 조용복의 협력하에 1950년 3월 27일 조선노동당 정치위원인 김삼룡, 이주하 동지를 드디어 백형복에게 체포당하게 했다고 한다.

재판부에 따르면 피소자들은 '자기들의 이렇듯 악독한 범죄 사실을 계속 은폐하기 위해 수많은 사람들을 닥치는 대로 학살'했다. 1949년 이승엽은 세 명의 애국자를 간첩 혐의자라는 누명을 씌워 제거했고, 1948년 5월부터 같은 해 8월까지 자기의 직계 부하로 활동하던 안영달을 시켜 42명의 애국자를 살해했다. 또한 안영달은 개성시 당 위원장이었던 김재찬과 장풍군당 위원장이었던 서구돈을 학살하려고 했으나, 38경비대에 발각되어 목적을 달성하지 못했다.

그러나 이승엽 도당의 테러 학살행위는 전쟁 개시 후 더욱 잔악하고 교활한 방법으로 진행되었다고 한다. 1950년 6월 28일 서울시 임시인민위원회 위원장이 된 이승엽은 자신의 '가장 충실한 앞잡이'인 이중업李重業을 두목으로 한 '테러 학살단체'를 만들어 일곱 명의 애국자를 총살했다. 그해 7월에는 안영달을 두목으로 하는 살인단체인 소위 토지조사위원회를 조직해 자기들한테 방해가 되는 수많은 애국자를 살해했다.

재판 기록에서 박헌영의 이름이 처음 등장한 것은 바로 이 부분이다. 1950년 7월 하순쯤 이승엽은 안영달이 김삼룡을 체포하도록 했다는 말이 유포되자 박헌영과 협의한 후 "자기들의 범행을 은폐할 목적으로 안영달을 전선에 동원되는 임종환 대열에 배속시키고, 그에게 안영달을 처단할 과업을 주었다"고 한다.

박헌영의 이름은 공소 사실의 제3항인 인민공화국 전복 음모 활동과 관련해 다시 거론되었다. 재판부에 따르면 이승엽 등의 활동은 "정권 장악의 정치적 야망을 실현할 목적으로 조선로동당 부위원장 및 공화국 내각 부수상의 직위에까지 잠입하여 각종 모략을 획책하던 박헌영"의 비호하에 보장되었다고 한다. 이승엽 도당은 해방 직후부터 박헌영의 정권 장악의 범죄적 모략을 교묘하게 이용해 조선에 "미제의 괴뢰 정권, 즉 지주·자본가 정권"을 수립하려는 범죄적 음모 활동을 계속하였다는 것이다. 그 증거로 재판부는 조일명과 박승원이 "미 제국주의자들의 정치적 모략 선전에 호응하여"『해방일보』에 1945년 12월 모스크바 3상회의에서 결정된 신탁통치안을 반대하는 기사를 발표했으며, 이원조와 임화는 반탁 강연을 했다고 주장했다. 더구나 이승엽 도당은 소·미 공동위원회가 진행되던 기간인 1946년부터 1947년 5월에 걸쳐 38선을 경계로 조국을 영구 분단하려는 흉계를 노골적으로 획책했다. 이승엽은 이강국, 박승원, 이원조 등과 결탁해 1946년 9월부터 해주 제1인쇄소를 민족분열의 사상을 배양하고 고취시키는 범죄적 모략의 소굴로 사용했다.

재판부는 당시 1950년으로 되돌아가서 이승엽 도당의 정치적 모략 행동은 이승엽이 서울시 임시인민위원회 위원장이 된 것을 계기로 더욱 노골화되었다고 주장했다. 여기서는 노블과 안영달이 다시 음모 활동에 관계된 것으로 거론되었다. 1950년 6월 26일 노블은 서울에서 패주하면서 안영달을 서울에 남아 있도록 해 이승엽과 접선시켜 미군이 상륙하는 기회를 이용해 인민 봉기를 조직할 것을 지시했다. 이승엽은 소위 '관대정책'이라는 구실을 붙여 "중간 및 우익 분자들을 보호하였다가 미군이 진공하여오면 다시 나서도록 보장하라"는 지시를 받았다. 이를 접수한 이승엽은 '변절자'와 '민족반역자들'을 집결시켜 서울과 경기도 일대에 자신의 권력기반을 공고히 해나갔다.

재판부는 미군의 반격이 개시되자 이승엽 도당은 이 기회를 이용해 궁극적으로 김일성 정권을 전복하고 권력을 장악할 목적으로 독립된 사령부를 조직했다고 주장했다. 수차에 걸친 비밀회의 결과 이승엽은 총사령으로, 조일명과 임화는 정치와 선전·선동·조직 책임자로, 박승원은 참모장으로, 배철은 군사조직 책임자로, 김응빈은 무장폭동의 지휘 책임자로 각각 선정되었다. 이들은 "무장폭동 역량을 예정한 부대들을 폭동 시에 기민하게 동원하기 위해 그를 평양 근처에 이동하기로 계획"하는 동시에, 인원을 확충하여 무장장비를 강화했다. 이 사령부는 평양 근처 모 지점에 위치했다고 한다. 배철과 박승원 등은 연락 업무를 강화할 임무를 띠고, 당 중앙 연락부를 무장부대의 참모부로 전환시키기 위해 불순한 과거를 가진 사람들을 연락부에 집중시키는 등 무장부대 조직 강화에 광분했다. 또한 이승엽 도당은 이때 자신의 지휘 아래 경기도 인민위원회를 창설해 경기도 관내를 기지로 만들려고 노력했다.

1952년 11월 이승엽 등은 유격대 3,900여 명을 집결시켜 유격대 제10지대를 조직했다. 이승엽은 맹종호를 이 부대의 지대장으로 임명하고 유원식柳源植을 동 정치 부지대장으로 파견해 대원들에게 "당과 정부를 배반하는 사상으로서 교양할 것"을 지시했다. 1952년 3월부터 1953년 1월까지 전후 4차에 걸쳐 이승엽은 유격대 제10지대를 직접 검열했다. 또한 그는 자신들의 무장폭동 음모에 동원시킬 목적으로 홍현기洪鉉基 부대를 역시 평양 부근 중화군中和郡에 이전시켰다. 그동안 이승엽 도당은 각 연락소의 무장성원과 장비를 강화하고, 여러 사회단체와 국가, 당 기구에 잠입해 자신들의 지위를 강화했다. 이승엽 도당은 조일명, 임화, 이원조 등을 동원해 문화선전성, 문예총, 조소문화협회, 직업총동맹에 이르기까지 모략 활동을 펼쳐나갔다.

이러한 배경 아래 1952년 9월 초순 박헌영의 집 응접실에서 이승엽, 배철, 조일명, 임화, 박승원, 윤순달 등이 모여 '새 당과 신정부' 구성을 논의하는 비밀회담을 가졌다고 한다. 이 회합에서는 신정부의 수상으로 박헌영, 부수상으로 주영하와 장시우張時雨, 내무상으로는 박승원, 외무상으로는 이강국, 무력상으로는 김웅빈, 선전상으로는 조일명, 교육상으로는 임화, 노동상으로는 배철, 상업상으로는 윤순달, 그리고 새 당의 제1비서로 이승엽이 각각 결정되었다.

여기서 재판부는 "특히 본건本件 반역도당들의 극악한 범죄 활동은 조선 인민이 미제 무력 침공자를 반대하여 고귀한 피를 흘리며 싸우고 있을 때, 원쑤를 도와 감행된 반당적·반국가적·반인민적 극악한 범죄임을 확인"하면서 판결을 끝맺었다.[100] 윤순달과 이원조를 제외한 피소자 전원에게는 사형 및 전 재산 몰수가 선고되었다. 윤순달한테는 60년 징역형과 전 재산 몰수, 이원조에게는 33년 징역형과 전 재산 몰수가 각각 선고되었다.*

박헌영과 그의 일파에게 가해진 기소 내용의 전면적 허구 속에서 어느 것이 완전한 진실이고, 어느 것이 반쯤 진실인가를 가려낸다는 것은 무의미한 일이다. 기소 내용 중 미국의 고용 간첩 운운한 것은 명백한 허구였다. 그러나 앞서 언급한 일부 회합은 특히 남로당이 다소 합법적으로 활동하던 시기에 있었음직한 얘기였다. 예를 들어 이강국의 애인 김수임이 정보 계통에서 일하던 미군 장교와 동거했던 것은 사실이었다. 남한 당국은 군사기밀을 수집하여 전달하고, 공산당 핵심 간부 이중업의 탈출을 방조했다는 혐의로 그녀를 체포했다.[101] 공산 측이나 미국 측을 막론하고 이중간첩을 사용해 상대편 정보를 알아내는 것은 각기 임무 수행에 도움이 되었을 것이다. 또한 판결문에서 언급한 일부 미국인은 당시 미 군정청에서 복무하고 있던 자들인 것도 사실이었다. 그러나 피소자들 중 누구도 미국의 고용 간첩으로 일했거나 자진해 간첩이 되었다는 증거는 아무 데도 없다. 이처럼 속이 뻔히 들여다보이는 기소 내용, 특히 한국전쟁 직전과 그 기간 미국의 행위와 목적에 관한 부분을 보면 이 기소 내용이 전적으로 날조되었다는 것이 분명해진다.

그렇다면 왜 이러한 기소를 해서 그토록 떠들썩한 사건을 일으켰을까? 그 이유는 너무도 간단했다. 북한 당국은 김일성과 그 정부를 반대하는 자들, 특히 남한 출신 가운데 박헌영처럼 영향력을 가진 사람일 경우 그들을 단순히 과오를 범한 종파주의자들일 뿐 아니라 반역자로 '낙인'찍어야 했던 것이다. 이렇게 해야만 어느 누구도 감히 그들을 변호하지 못하며, 더는 그들과 관련

---

100 같은 신문, 1952년 8월 7일자, 4면.
* 윤순달은 4개 항목에 걸쳐 각각 징역 15년, 이원조는 3개 항목에 걸쳐 각각 징역 12년을 선고받았다. 따라서 경합범인 이들이 실제로 선고받은 형량은 각각 15년, 12년이다.
101 오제도吳制道, 『평화의 적은 누구냐』, 부산, 1952, 9~23쪽.

을 맺지 못하게 되기 때문이다. 이것이 실은 김일성이 제5차 전원회의 보고서에서 언급했던 '일부 우당', 즉 소련공산당의 경험으로부터 배운 진정한 교훈이었던 셈이다. 누가 1937년 대숙청의 처참한 교훈을 잊을 수 있었겠는가? 더구나 이렇게 해야만 쓰라린 패전의 책임을 극악한 대역죄를 지은 자들에게 일부나마 전가할 수 있었던 것이다.

'애국적 민주 인사'들에 대한 불법적 살해에 관한 일부 기소 내용은 적어도 '살해' 그 자체에 관한 한 사실일 수도 있다. 앞서 자주 살펴보았듯이 공산주의 파벌 간의 상쟁은 오랜 역사를 지녔는데, 특히 남로당 내부에서 심각했다. 박헌영 일파가 전시의 혼란을 이용해 정적 일부를 제거했다고 해서 그리 놀랄 일은 아니다.[102] 그것은 당시 김일성 일파가 행하고 있는 일로, 무정의 경우엔 이미 희생당한 뒤였다.

따라서 본래의 기소 의도는 판결문 말미에 제시되어 있는 것, 즉 박헌영 일파가 김일성 정권의 전복 음모를 꾸미고, 이 목적을 위해 군사적·정치적 역량을 결집시키기 시작했다는 점에 있었다. 이에 관한 한 기소 내용이 어느 정도가 진실인지는 분간하기 어렵다. 단지 김일성이 북한 지배체제를 대표해왔고, 박헌영 일파가 오랫동안 자신들의 종속적 지위에 대해 분개해왔으며, 이것에 관한 불만이 만연해 있었다는 것은 분명한 사실이었다. 일부 증언의 주장대로 박헌영 일파가 일련의 수단을 통해 변혁을 시도하며, 박헌영 정부 내에서의 직책을 임의로 상정해보는 것 등을 논의했을 가능성은 충분하다. 그러한 논의는 아마 술이 몇 순배 오가고 난 뒤에 이루어졌을 것이다. 그러나 어느 정도 구체적인 계획이 수립되었고, 이 계획이 실행에 옮겨졌는지 여부는 불명확하다.

---

102 박헌영의 운전사가 김일성 일파의 뇌물 또는 사주를 받아 박헌영에 대해 불리한 정보를 제공했다는 증언이 있다. 망명자들의 증언에 따르면 박헌영의 추종자들이 어느 술자리에서 김일성 지도체제에 대해 '비방 발언'을 한 데서 꼬투리를 잡혔다고 한다. 1950~1953년에 발생한 사건의 참혹한 성격을 볼 때, 이런 계기가 없었다면 차라리 놀라운 일일 것이다.

어쨌든 1953년 중반 김일성은 박헌영 일파를 일소했다. 1953년 8월 재판에 연루된 사람들에 덧붙여 당과 정부의 수많은 저명한 간부가 숙청되었다. 이들 가운데 남로당 출신으로는 김점권金點權, 김광수, 이위상(이주상李冑相의 착오—옮긴이), 안기성, 권오직, 김오성, 김기림, 우진환, 이종갑, 최용달, 구재수 등이 있었고, 기타 파벌 출신으로는 장시우, 주영하, 장순명張舜明, 김천주, 백금락白金洛 등이 있었다. 박헌영의 또 다른 측근이었던 김응빈은 숙청이 임박했다는 소식을 사전에 전해 듣고 피신했다고 한다. 그는 완전히 잠적해서 그 이후의 종적은 알 수가 없다.

앞서 지적한 대로 박헌영의 재판과 처형은 1955년 12월이 되어서야 실행되었다. 박헌영을 2년 반 동안 가둬둔 뒤에야 처형한 이유는 확실치 않다. 그러나 박헌영의 공판이야말로 남로당계 숙청의 절정이므로, 지금 그것을 언급해두는 것이 좋을 것이다. 1955년 12월 15일 그는 최고인민회의 상임위원회의 결정으로 바로 전날 구성된 최고재판소 특별재판부에 기소되었다. 공개로 열린 이 재판은 단 하루 만에 끝났다. 박헌영 자신은 재판부에 자신의 죄행은 "변론의 여지가 없기 때문에 변호사의 공판 참가를 희망하지 않는다"는 내용의 문건을 제출했고, 이 서한을 검토한 재판부는 '피소자의 희망'을 접수해 변호인이 법정에 나오지 않은 채로 공판을 진행했다. 재판부는 재판장에 박헌영의 후임으로 부수상이 된 최용건, 국가검열상 김익선, 조선노동당 중앙위원회 검열위원회 위원장 임해, 내무상 방학세, 최고재판소 재판장 조성모趙誠模로 구성되었다. 검찰 측의 대표로는 최고검찰소 검사총장 이송운李松雲이 참가했고, 증인으로는 한철韓哲과 김소목, 권오직 등이 동원되었다.[103]

기소 내용은 이승엽 일파에 대한 것과 흡사했다. 먼저 박헌영은 '미 제국

---

103 박헌영 재판 기록의 '전문'이 1955년 12월 18일자 『로동신문』 2면에 실려 있다. 박헌영에 대한 공소장 전문이 재판 기록과 함께 출간되기는 했지만, 박헌영의 재판 이전에 있었던 이승엽 등에 대한 재판보다 관심을 못 끌었다. 이후의 본문 설명은 이 공식 문헌에서 발췌한 것이다.

주의자들'을 위해 감행된 '간첩행위, 반혁명적 모략행위, 무장폭동 음모행위의 두목'으로 기소되었다. 중국이 문화대혁명 때 반당적·반국가적 분자들에게 했던 것처럼 박헌영의 '범죄행위'도 아주 이른 시기부터 시작된 것으로 되어 있었다. 판결문에 따르면 박헌영은 1919년경 서울에서 잡지『여자시론』女子時論의 편집원으로 있을 때부터 미 간첩으로서 연희전문학교 교원(후에 교장)으로 있던 미국인 선교사 호레이스 언더우드Horace H. Underwood와의 친교를 통해 '숭미사상'崇美思想을 품게 되었다고 한다. 더구나 그는 1925년과 1939년 전후 두 차례에 걸쳐 일본 경찰에 체포되자 일본에 기밀을 누설해 조선 혁명의 지하 비밀조직을 고발했으며, 그 대가로 출옥했다는 것이다.

1939년 가을 '혁명적 양심을 잃어버린 비열한 기회주의자'로 타락한 박헌영은 같은 해 9월 일제 앞에 혁명운동을 포기하겠다는 '사상 전향'을 표명했다고 한다. 그는 10월에는 '미국 간첩' 언더우드를 만나 그의 요청을 수락하고, "미 제국주의자들의 간첩으로서 충실히 복무할 것"을 서약했다. 그리고 12월 언더우드로부터 "지하에 깊이 침투하여 조선혁명운동 내부에서 자기기반을 확고히 구축하고 지도적 지위를 탈취함으로써 장차 미제의 조선 침략에 이바지하도록 할 것과 비밀정보를 수집하여 연락"하라는 지령을 접수했다. 자신의 임무를 완수하기 위하여 종파적 행동을 더욱 심화시킨 박헌영은 자신을 애국자로 가장한 뒤 갖은 범죄를 자행함으로써 "미국의 조선 침략 음모에 봉사"했다는 것이다(여기서 말하는 '범죄'는 일본에 대한 것임을 기억하라).

재판부는 1945년 이후 박헌영이 더욱 큰 규모로, 더욱 교활한 간계로써 '반인민적' 행위를 자행했다고 주장했다. 박헌영은 또다시 "자신을 애국자로 가장한 후 혁명운동에서 변절·탈락한 기회주의 분자들을 규합하여 미국 정탐기관의 지령을 계속 실천하였다"고 한다. 1945년 9월 그는 하지 사령관과의 밀회에서 '미제에 대한 자기의 충성을 맹약'했고, 그해 11월 하지와 언더우드로부터 조선공산당 내부에서 자신의 지위를 확고부동한 것으로 만들도록 노력할 것, 북조선 지역 공산당 내부에도 세력을 적극 부식할 것 등의 '지령'을 받았다.

　이 밀회에서 박헌영은 그 밖에도 "중요한 공산당 활동에 대해서는 사전에
통보할 것, 공산당 내부에서 분열사상을 조성할 것, 공산당을 합법적·타협
적 방법으로 '친미 방향'으로 인도할 것" 등을 지령받았다. 이러한 밀회는 계
속되었다고 한다. 예컨대 1946년 3월 박헌영은 반도호텔에서 하지와 밀회
하고 그로부터 "이승엽과 조일명을 당의 주요 위치에 배치하고, 그들의 간첩
활동을 보장·지도할 것"을 지령받았다. 판결문에 따르면 1946년 3월부터
1947년 9월까지 전후 6차에 걸쳐 박헌영은 이승엽과 조일명한테 미국 정탐
기관에 중요 기밀을 제공케 했다고 한다.

　또한 1946년 9월 5일 박헌영은 하지와 밀회하고 그로부터 "입북하여 북
조선로동당과 북조선 정권을 틀어쥐기 위한 활동을 하라"는 지령을 받았다.
박헌영과 이강국은 하지와 밀약한 대로 미 군정을 반대하는 성명을 발표시키
고 그에 근거해 꾸며진 '체포령'을 구실로 동료들을 속이고 1946년 10월 초
'북반부'에 잠입했다. 그는 서울에 남아 있던 이승엽과의 비밀 연락선을 완성
하고, 이강국을 인민위원회 외무국장으로 등용시킴으로써 북조선 인민군과
정부기구, 공산당정책에 관한 중요 기밀을 미국에 알려주는 데 성공했다고
한다.

　또한 박헌영은 미국의 지령으로 수많은 간첩을 북조선의 중요 직책에 잠
입시켰다. 이들 가운데 현玄앨리스Alice와 이李윌리엄William 등 두 명은 정
치적 망명을 구실로 미국에서 북한으로 잠입한 간첩이었다. 박헌영의 '반역
행위'는 1950년 미국이 소위 '북벌'계획을 진행시키자 더욱 활발해져 이승엽
과 협력해 간첩 백형복, 조용복, 안영달의 신변 보호를 지시하기에 이르렀다.
한편 박헌영, 이승엽 그리고 기타 공모자들은 충직한 당 일꾼들이 자신들의
죄상을 알거나 방해가 될 경우 '변절자', '간첩 혐의자', '당 비밀누설자' 등의
누명을 씌워 살해했다. 이리하여 1950년 3월 박헌영의 비호를 받은 안영달,
조용복, 백형복 등의 밀고로 남조선노동당 서울지도부 책임자 김삼룡이 체포

되어 학살당했다. 더구나 1950년 6월 서울시 '해방'을 계기로 박헌영과 이승엽은 비밀 살인단체를 통해 자신들의 '반혁명적 범행'을 감지한 것으로 의심되는 무고한 인민 70여 명에 대해 혹독한 고문을 행하고, 그중 몇 명은 총살하기까지 했다는 것이다.

재판부는 박헌영의 지도 아래 그의 심복들이 당과 정부의 요직에 잠입해 들어갔다고 주장했다. 박헌영 도당은 자신들의 음모역량이 강화되자 개성 지구를 '반혁명 범죄 활동'의 근거지로 삼으려고 획책했다. 그들의 음모는 날로 격화되어 급기야 "당과 정부를 전복할 무장폭동을 단행할 것"을 토의하고 결정하기에 이르렀다. 이러한 음모는 처음에는 1951년 9월 이승엽의 사무실에서 밀회로 시작되어 일 년 뒤 박헌영의 자택에서 열린 밀회에서 구체화되었다고 한다.

박헌영은 권력을 장악하기 위해 '불순분자'에 대해서는 그들의 과거 죄상을 은폐해주고, 그들을 고발하려는 자들은 협박하는 등의 방식으로 자기 주위에 집결시켰다. 또한 그는 당 일꾼들을 매수하고 자신도 방탕한 생활을 해왔으며, 체포 당시 87만 9,000원의 공화국 화폐와 1,600그램의 순금을 횡취·보유하고 있었던 사실이 이를 입증해준다고 재판부는 주장했다.

공식 재판 기록에 따르면 박헌영은 "자신의 죄과를 낱낱이 시인했다"고 한다. 다른 자료에 따르면 박헌영이 새 정부, 새 당의 조직에 관한 것과 무장폭동 음모에 직접 참가하거나 그러한 범행을 조직하고 지도한 사실이 없어 이 부분에 대해서는 책임을 지기 곤란하지만, 자신의 부하들이 관련된 부분에 관해서만큼은 책임을 느낀다고 말했다 한다. 어쨌든 꽤 오랜 시간이 지나고서야 판결이 내려졌다. 재판부는 장시간의 휴정 후 박헌영에게 사형과 전 재산 몰수를 선고했다. 사형 집행은 전격 실행된 것으로 알려지고 있다.

주지하듯이 박헌영에 대한 기소 내용은 그의 부하들에 대한 것과 완전히 똑같았다. 즉 간첩죄와 '충실한 당 일꾼들'에 대한 부당한 범죄행위 그리고 김일성 정권 전복 음모를 꾀했다는 것이다. 기소 내용 중 첫 번째 것은 철저한 허구로 실제 사실을 교묘하게 왜곡한 것이었다. 이는 당시 모든 미 당국자가 박헌영을 골수 공산주의자로 간주하고 취급했다는 사실만으로도 명백하다. 또한 박헌영이 한 번이라도 미국 정부를 '세계 제국주의의 괴수'로, 소련을 '국제 프롤레타리아의 조국'으로 간주하지 않았다는 증거는 아무 데도 없다. 박헌영이 자발적으로 미국 첩보기관의 간첩이 되었다는 기소 내용도 터무니 없는 것으로 이용 가능한 대부분의 자료와도 배치될 뿐 아니라 자세히 살펴보면 재판부가 제시한 '증거'를 통해서도 논박이 가능할 정도다. 다만 당 내부의 정적에 대한 살해행위에 관한 기소 내용은 이승엽 일파의 경우와 마찬가지로 앞서 언급한 이유로 볼 때 사실일 수도 있다. 그러나 실은 김일성 정권에 대한 반대 음모를 획책했다는 기소 내용이 그 내용의 타당성 여부와는 무관하게 박헌영의 기소와 처형에 대한 유일한 이유일 것이다.

김일성은 1952년 말부터 1955년 말까지 3년간에 걸쳐 정적의 추종세력과 조직기반을 파괴한 후, 마침내 자신의 가장 위험한 적수를 숙청하는 데 성공했다. 1946년부터 시작된 이러한 과정과 소련의 확고하고도 지속적인 후원의 결과, 1948년에 접어들면서부터 김일성의 권력은 아무도 도전할 수 없을 정도로 막강해졌다. 따라서 박헌영의 운명은 공산 측이 한국전쟁에서 맛본 실패와 함께 이미 결정되었다고 보아야 할 것이다. 권력을 행사할 물질적 기반을 갖추지 못했던 박헌영과 그 일파로서는 스스로 소수의 지위에 안주하든가, 파멸을 무릅쓰고라도 모험을 감행하지 않으면 안 되었다. 만약 공산 측이 전쟁에서 승리해 자신들의 통치 아래 한반도를 통일시켰다고 해도, 파벌 간의 권력 장악을 위한 유혈투쟁의 가능성은 더욱 높았을지도 모를 일이다. 벌써 몇몇 공산주의자가 남한의 일부를 장악하고 있을 당시에도 대부분의 정치권력이 북한에 집중되어 있었으므로 그때부터 남북대결이 시작되었다고 할 수 있을 것이다. 하지만 남한 출신의 공산주의자들이 월북할 당시 이미 '국내파'의 급속한 몰락은 예정되어 있었다.

박헌영 일파의 숙청은 또 다른 목적을 갖고 있었다. 즉 그것은 "누가 패전의 책임자이며, 그 이유는 무엇이었던가?" 하는 점에 해답을 제시한 것이다. 이로써 박헌영과 그의 추종자들은 너무도 어이없게 속죄양이 되고 말았다. 우선 재판은 전쟁의 책임이 김일성과 그의 군대에게 있는 것이 아니라 미국과 남한의 침략 결과라는 거짓 명제를 널리 유포하는 장을 제공했다. 더욱 중요한 것은 재판을 통해 패전의 비참한 상황은 김일성 일파의 잘못 때문이 아니라 내부의 반역자들이 적을 공공연히 도왔기 때문이라는 너무나도 잘 들어맞는 합리화가 이루어졌다는 점이다.

모반이론謀叛理論은 스탈린식 정치체제 내부의 권력투쟁에 내재하는 거의 필수적인 요소였다. 이러한 체제에서는 정치적 경쟁은 비록 그것이 소정의 제도적 절차를 통해 이루어지더라도 거의 정통성을 갖지 못했다. 어떠한 '반대 세력'이든 간에 최고 권력자를 밀어내려고 할 경우 그들의 이념이나 정치적 실체와는 무관하게 정통성이 완전히 부정되었다. 따라서 '오류'에서 시작해 '범죄행위'를 거쳐 '대역죄'로 끝나는 식으로 점점 더 무거운 죄목이 '반대자들'을 기다리고 있는 것이다. 이런 수단이야말로 정적들의 정당성을 털끝만치도 남겨놓지 않고, 아무도 이들을 옹호하려 들지 못하게 만들어 정적을 잠재적 지지자들로부터 고립시키는 가장 훌륭한 수단이었다.

이로써 김일성 정권은 1930년대 스탈린이 수립했고, 1945년 이후 여러 동구 공산당 지도자가 답습했던 본보기를 그대로 따랐던 것이다. 당시 공산주의 체제 내부의 권력투쟁에서 실각한 사람들은 자신들의 계급적 충성은 물론이고 국가적 충성까지도 의심을 받았다. 더구나 실각된 사람들이 핵심 간부인 경우에는 그들의 각종 '범죄행위'가 너무 오래되어 언제부터 시작되었는지도 모르며, 따라서 그는 '항상' 자신의 계급과 국가에 대한 '반역자'였다는 식으로 매장되었다. 그런 경우에는 그의 모든 정치적 경력이 반역행위로 점철되어 구제의 가능성이 말살되는 것이었다. 과거의 영웅이 지금은 인민의 철저한 적이 되는 셈이었다.[104]

7. 정전 무렵의 북한

한국전쟁이 끝났을 당시 북한은 어떤 형편에 처해 있었을까? 제5차(1952년 12월), 제6차(1953년 8월) 전원회의 보고서와 정부기관이 공개한 자료 그리고 당시 당과 정부기관에서 근무하다가 훗날 남한에 귀순한 공산주의자들의 증언 등은 당시의 큰 흐름을 잘 보여준다. 우선 경제 상황부터 살펴보자.

앞서 살펴본 것처럼 한국전쟁은 원래 가난한 나라였던 북한을 괴멸 상태에 빠지게 만들었다. 당시 북한에 거주했던 사람의 증언에 따르면 정전협정 조인 당시 북한은 완전히 잿더미였다고 한다. 북한 주민들은 의식주가 부족해 수많은 사람이 찬바람이 몰아치는 합숙소나 급조된 판잣집과 오두막에서 살았다고 한다. 이 증언에 따르면 실제로 많은 지식인이 박헌영이 전쟁을 조속히 끝냄으로써 막대한 인명피해를 줄이기 위해 미국 측에 군사기밀을 누설했다고 믿고 있었다고 한다. 물론 그런 소문은 전혀 근거가 없는 것이었지만, 당시의 참상이 어느 정도였는가를 알려주고도 남는다.

당시 북한의 생산 통계가 얼마나 엉터리였으며, 그 이유가 무엇이었는가

---

104 백봉의 책에 실려 있는 박헌영사건에 대한 1968년 당시 당의 공식적 견해를 살펴보는 것도 흥미로운 일이다.

"이 행정(제5차 전원회의 과정)에서 매우 놀랄 만한 사실이 드러났다. 그것은 박헌영, 이승엽 도당이 다름 아닌 미제의 오랜 고용 간첩으로서 당과 국가기관에 기어들어 간첩·살인·파괴 등 반국가적 음모 책동을 감행해온 죄행이 낱낱이 밝혀진 것이다. 해명된 바에 의하면 박헌영 도당은 해방 전부터 미제의 고용 간첩으로 굴러떨어진 자였고, 해방 후에는 미제의 지시 밑에 남조선에서 당 조직을 악랄하게 파괴하고 노동운동자의 유격투쟁을 망쳐놓았다. 이 도당은 북반부에 들어온 이후에도 미제의 충실한 앞잡이로서 반당·종파적 행위를 계속하였고, 전쟁의 어려운 시기에는 당, 국가, 군사기밀을 미국 첩보기관에 계통적으로 제공하였다. 1951년에 분쇄된 적들의 '하기 및 추기 공세' 때에는 적의 공세와 때를 같이하여 무장폭동을 일으키려 하였고, 아이젠하워가 '신 공세'를 서두르던 때에도 역시 적의 공격과 배합하여 무장폭동의 방법으로 당과 정부를 뒤집어엎고 조선 인민을 미제의 식민지 노예로 팔아먹으려고 책동하였다.

이렇듯 흉악한 간첩도당이 당 안에 숨어 책동하는 조건에서도 강적인 미 제국주의를 연속적으로 쳐부시고 계신 김일성 동지는 얼마나 위대하신가!"

백봉, 『민족의 태양 김일성 장군』(한국어판), 제2권, 286쪽.

를 밝혀주는 증거는 많다. 실패가 용납되지 않았던 각급 간부들은 서로 감싸주며 숫자를 고쳐 허위 보고를 올렸다. 김일성 자신도 사기 진작을 위해 '공식 통계'를 사용했지만, 문제의 심각성을 인정하지 않을 수 없었다. 1952년 12월 15일 중앙위원회 제5차 전원회의에서 행한 보고에서 김일성은 그해의 산업 총생산량이 전년도에 비해 19퍼센트 증가했다고 주장했다. 이어서 1952년의 곡물 총수확고는 1951년의 113퍼센트로서 34만 톤이 증가했는데, 이는 당시까지의 북한 최고 기록이라고 보고했다. 그러고 나서 1952년의 생산량이 종전의 최고 실적인 1948년보다 13만 톤이나 증가한 것이었다고 말했다.

이들 수치는 1951년 곡물생산량 245만 8,000톤과 1952년의 279만 8,000톤을 가리키는 것으로, 너무 과장된 수치라서 믿을 수가 없다. 앞서 지적한 대로 정부 자신이 나중에 1951년의 곡물 생산량은 226만 톤이고 1952년은 245만 톤이라는 상이한 수치를 제시할 정도였다. 아마도 이들 수치조차 과장되었을 것이다. 1952년의 식량 생산은 비교적 양호한 기후조건 덕분에 다소 증가했지만, 그해의 생산량도 공식 통계수치가 제시하는 것보다는 훨씬 낮았으며, 북한 전역의 주민들은 식량 부족에 허덕였다. 더구나 1953년에는 정부가 항상 식량 증산을 고무하고 격려했음에도 생산량은 다시 하락했다. 김일성의 보고와 이후의 정부 측 발표에 따르면 당시의 경지 면적은 1945년 이전에 비해 약 7만 정보나 줄어들었다. 게다가 전쟁 기간에 100만여 명의 농민이 월남해버렸는데, 이것이 생산에 끼친 영향이 얼마나 컸을지 가히 상상할 수 있다.

정전협정이 조인되고 박헌영 일파가 숙청된 후의 안도감 때문이었는지 김일성은 1953년 8월 5일 제6차 전원회의에서 행한 연설에서 암담한 경제 상황을 솔직하게 털어놓았다.

동무들! 미·영 무력 침범자들을 반대하는 3년간의 가혹한 전쟁에서 우리의 농촌경리는 막대한 피해를 입었읍니다. 농촌노력(노동력)이 매우 부족하게 되고, 가축 두수가 심히 축소되었으며, 적들의 폭격에 의하여 많은 저수지들과 관개시설들이 파괴되었으며, 많은 농가들에서 양곡과 종곡이 부족하게 되었읍니다.[105]

김일성은 "전쟁 시기에 우리의 공업시설들이 대부분 파괴된 조건하에서 우리는 농촌사업에 전 당적, 전 국가적 주의를 돌렸"었지만 아직까지도 반드시 해결해야 할 농촌 문제들을 해결하지 못하고 있다고 지적했다. 그것은 바로 전체 농가의 30~40퍼센트에 이르는 영세농민들과 화전민 문제였다. 당과 정부는 "일제시대부터 오늘에 이르기까지 계속 빈궁한 처지"에 있는 이들의 생활 개선을 위해 양곡과 종자를 대여하기도 하고 현물세를 면제해주기도 했지만, 원래 '토지가 적고 척박한 탓'에 이들의 생활 개선은 이루어지지 않았다.

김일성은 이 문제를 해결하기 위해서는 "신중하고 적절한 국가적 대책을 강구하는 것이 필요"하다고 강조했다. 일부 영세농민을 토지가 비옥하고 여유 있는 지방으로 이주시키고 부업을 장려하는 한편, 국영목장에서 이들을 받아들이는 방안도 강구되었다. 그러나 궁극적인 해결책은 공업발전에 따라 영세농민과 화전민에게 공장에서 영구적인 일자리를 보장해주는 것이었다. 김일성은 또 농업생산력 문제를 거론했다. 그는 "개인 농민경리는 당분간 존속"될 것이지만 점차 이를 협동화해야 한다고 주장한 뒤 "우선 1954년부터 토지와 생산도구에 대한 사적 소유를 보존하는 기초 위에서 일부 지역에 경험

---

105 이 연설 원문은 다음에 실려 있다. 「모든 것은 전후 인민경제 복구발전을 위하여」, 『로동신문』, 1953년 8월 30일자, 1~3면; 『김일성선집』, 1960년판, 제4권, 1~56쪽. 이 연설의 영문판은 다음을 참조하라. "Everything for the Postwar Rehabilitation and Development of the National Economy", 김일성, *Selected Works*, 평양, 1965, Vol. I, 161~209쪽(『선집』에 실린 연설문은 『로동신문』에 비해 분량이 훨씬 많은데, 이 번역서는 『선집』을 참조했다―옮긴이).

적으로 농업협동조합들을 조직" 할 것이라고 밝혔다.

당시 북한 공산주의자들은 북한에 잔류한 농민들의 충성심과 생산 활동을 세심히 고려해 당분간은 비교적 온건한 농업정책을 채택했다. 농업협동조합이 장려되고 일부 국영농장도 건설되었지만, 사유제는 아직 근본적으로 변경되지 않았다. 당시 국가기관은 농업기계화를 강조해 농민들에게 새로운 농기구, 충분한 관개용수, 양질의 종자 등을 제공하기로 했으며, 토지 개간과 관개면적의 확장도 약속했다.

앞서 김일성이 시인했듯이, 목축업 상황은 극히 불량했다. 김일성은 다행히 '형제적 몽고 인민이 보내준 수십만 마리에 달하는 소와 면양'이 국영농장건설에 밑받침이 되었다고 하면서 전후 목축업의 세 가지 발전 방향을 제시했다. 첫째, 근대화된 국영목축업을 확대한다. 둘째, 생산지대 농민들과 영세농민들 속에 반농·반목축 협동조합을 조직하는 데 주력한다. 셋째, 전 인민적인 목축업 장려운동을 벌여 1956년까지는 개별 농가당 가축 보유 두수를 전쟁전 수준까지 끌어올린다. 또한 농민들의 자발성을 촉진시키기 위해 국가에서 가축을 공급할 것이며, 농민들이 자기네 가축을 '자유처분'할 수 있도록 허용할 방침이다. 이런 식으로 북한 공산주의자들의 전후 농업정책은 지칠 대로지친 농민들(그들 중 상당수는 이미 탈당했음)과의 관계에 대한 고려와 필사적으로 생산 목표를 채우지 않을 수 없었던 절박성으로 비교적 '온건'할 수밖에 없었다.

김일성이 앞서 거의 모든 산업시설이 전쟁으로 파괴되었다고 말한 것은 사실이었다. 앞서 살펴본 것처럼 공식 통계에 따르면 1953년의 공업생산 총가치는 1949년의 64퍼센트에 지나지 않았다. 그러나 이 통계는 주로 당시 가동되고 있던 소규모의 군수품공장을 기준으로 한 것으로, 북한 산업의 대종을 이루는 근대식 생산공장들은 대부분 가동이 멈춘 상태였으므로 실상과는 거리가 먼 것이었다.

어떤 의미에서는 바로 이러한 이유 때문에 산업 생산에서 일대 변혁이 일어났던 것이다. 김일성은 "우리는 공장들을 원료와 제품을 쉽게 운반할 수 있는 교통이 편리한 곳에 배치"해야 한다고 지적했다. 물론 중요한 문제는 우선 원칙과 발전 모델을 수립하는 것이었다. 예상했던 대로 또다시 소련식 경제 발전 모델이 거의 그대로 채택되었다. 김일성은 중공업과 방위산업에 일차적 중점을 두어야 한다고 강조하면서 소비재산업과 농업도 무시하지 못할 부문이지만, 자본과 자원 배분의 관점에서 볼 때 그것들은 2차적 고려대상이라고 못 박았다.

제6차 전원회의에서 다음과 같은 3단계의 복구·발전계획이 입안되어 채택되었다. 첫째 단계는 준비와 계획 단계로, 6개월 혹은 일 년 동안 복구건설의 준비와 정리사업을 진행한다. 둘째 단계에서는 인민경제의 전전 수준 회복을 목표로 인민경제 복구발전 3개년계획을 수행한다. 셋째 단계에서는 사회주의 공업화의 기초를 촉성하기 위한 5개년계획을 작성하고 그것을 실현함으로써 우리나라 공업화의 제1단계를 완성한다. 이 계획에 따르면 1956년까지는 전쟁의 여파가 일소되고, 1961년까지는 사회주의 경제가 제 모습을 갖추게 될 것이었다.

이러한 계획은 막대한 해외 원조가 있더라도 불가피하게 북한 주민들의 큰 희생을 요구하는 것이었다. 1953년 8월의 보고에서 김일성은 "우선 우리나라의 장래 공업화를 위한 기본 조건으로 되며, 국방상 중요한 의의를 가지고" 있는 기계제작공업을 발전시키기 위해 '황해제철소와 김책제철소, 성진제강소와 강선제강소' 등이 신속히 복구되어야 한다고 역설함으로써 계획의 우선순위를 밝혔다. 그 밖에도 김일성은 조선업, 전력공업, 화학공업, 건축자재공업, 운수·체신 등의 중요성을 역설했다.

수십만 명의 청장년이 월남, 사망, 기타의 이유로 활동할 수 없게 된 상황에서 김일성은 노동력의 확보와 합리적 이용 문제에도 관심을 기울이지 않을 수 없었다. 김일성은 중공업노동자 가운데 10년 이상의 경력을 가진 자는 4퍼센트 미만이고, 전체 산업노동자의 과반수가 일 년 미만의 경력인 실정이며,

게다가 유효 노동력마저 잘못 사용되고 있다고 신랄하게 비판했다. 전시 기간에 여러 지역의 도시 주민들이 폭격을 피해 보다 안전한 산간벽지의 공장이나 농장에 배치되었다. 이렇게 허비되고 있는 노동력은 이제 조속히 재배치되어야 했다. 심지어 일부 목장에는 가축보다 사람이 몇 배씩 많은 경우까지 있었다. 또한 김일성은 전시에 전체 노동력 중 3분의 1에서 2분의 1을 구성했던 여성 노동력도 계속 광범위하게 인입되어야 한다고 주장했다(전후 북한의 남녀 비율은 47대 53이었다).

북한 당국은 자기들이 설정한 우선 원칙에도 유효 노동력을 확보하는 것이야말로 의식주에 대한 최소한의 수요를 해결할 수 있는 지름길이라는 사실을 깨닫게 되었다. 이로써 당국은 계속해서 배급을 실시했고, 유휴지 7,000정보를 각종 수단을 통해 생산 지역으로 환원시켰다. 그러나 비능률과 낭비, 공금 유용 등이 아직도 심각한 문제로 남아 있었다. 앞서 1952년 12월에 행한 자신의 보고에서 김일성이 시인한 대로 절도행위도 여전했다. 또한 소비재 상품의 품질이 대체로 저질이고, 국영상점이나 소비조합상점에 없는 생활필수품이 많았으며, 해외에서 선물로 받은 의약품은 지방 병원에서는 사용조차 할 수 없는 반면 보건성 약품창고에서는 썩어가고 있다고 지적했다. 한편 주택난도 매우 심각해 전전 수준으로의 복구 작업을 위해서만도 약 2만 8,000제곱미터의 주택, 즉 기존 주택의 약 35퍼센트를 재건설해야 했다.

경제적 조건은 가혹했다. 의식주도 제대로 갖추지 못한 대부분의 북한 주민들은 가까운 장래에 닥쳐올 큰 희생을 두려워하면서 절대적 빈곤 속에서 허덕이고 있었다. 해외의 원조 약속만이 당장 기대할 수 있는 한 줄기 희망이었다. 이러한 어려움들은 정치적 조건에 복합적으로 작용했다. 성공은 간부들을 결속시키지만, 실패는 그들을 분열시키기 마련이다. 노동당은 앞서 살펴본 제5차 전원회의의 국내파 숙청과 함께 내부분쟁이 격화되어 분열되었다.

한국전쟁이 끝나갈 무렵 갑산-소련파와 연안파는 구남로계의 대부분이 숙청당하고 소련의 지원을 받은 김일성의 지배권 증대로 당내에서 주도적 역할을 하게 되었다. 당 자체에도 중요한 변화가 일어났다. 전쟁 초기 허가이의 엄격한 관문주의정책은 패전과 전쟁으로 말미암은 피해와 함께 당의 역량을 크게 감소시켰다. 이러한 경향에 당황한 김일성은 1951년 11월 제4차 전원 회의에서 관문주의를 비판하고 소위 개방정책의 실시를 지시했다. 1952년 12월에 행한 보고에서 김일성은 그 결과를 나음과 같이 논평했다.

오늘 우리 당은 100만 이상의 당원들과 4만 8,933개의 초급 당 단체를 가진 위력 있는 대중적 정당으로 강화 발전되었으며, 우리나라의 어느 농촌, 어느 직장 또는 우리 군대의 어느 구분대를 물론하고 우리 당 단체들이 없는 곳이 없으며 우리 당의 역량이 미치지 않는 곳이 없습니다.[106]

이들 당원 가운데는 복당復黨한 사람도 많았다. 김일성은 "1952년 10월까 지 출당黜黨 결정을 취소·시정한 것이 출당 건수의 29.8퍼센트였으며, 정正당 원을 후보당원으로 결정한 것을 취소·시정한 것이 총 건수의 62.1퍼센트였으 며, 책벌을 해제한 것이 책벌 적용 당원 수의 69.2퍼센트에 해당"한다고 지적 함으로써 많은 당원이 과거 부당한 책벌을 받았음을 스스로 밝혔다. 많은 당 원의 복당에도 불구하고 한국전쟁 말기의 당원 중 약 40퍼센트가 새로 가입 한 당원들이었다. 전쟁 동안 약 45만 명의 새로운 당원이 당 대열에 참가했다. 김일성은 당시 노동당의 사회적 성분 구성이 노동자 21퍼센트, 빈농 57.9퍼센 트, 중농 3.5퍼센트, 사무원 16.6퍼센트, 기타 1퍼센트라고 분석했다. 이 수치 로 볼 때 조선노동당 당원 가운데 5분의 3 이상이 농민계급 출신이고, 도시 '프롤레타리아트'는 단지 5분의 1에 불과하다는 사실을 알 수 있다. 또한 김 일성은 때로로 '인텔리'를 '근로인텔리'로 불렀으며, 지식인과 군사요원, 직 업적 당 간부 집단을 지칭하는 독립된 범주는 설정하지 않았기 때문에 상당수

---

106 『로동신문』, 1952년 12월 22일자, 5면.

의 '지식인'을 '노동자'의 범주에 포함시킨 것으로 보인다. 이들 가운데 일부는 '사무원'이나 '기타'로 분류되었을 테지만, 대부분 '노동자'나 '농민'으로 분류된 것은 확실했다.

이러한 변혁들이 특히 도·군·시 단위에서 얼마나 큰 혼란을 초래했는지 가히 짐작할 만하다. 여러 가지 면에서 전후의 노동당은 완전히 새로운 당이었다. 책임감이 투철한 효율적인 핵심 조직을 만들기 위해 처음에는 수많은 당원을 추방했던 최고 지도부는 이제 일반 주민, 특히 농민들과 어떻게 해서든지 친밀한 관계를 수립하려는 노력의 일환으로 원하는 사람들을 거의 모두 입당시킬 수밖에 없게 되었다.

김일성 자신도 새로운 당원들이 마르크스-레닌의 저작에서 이상적인 당원으로 찬양되는 부류의 사람들은 아니라고 시인했다. 특히 신입당원들은 노동자보다 농민이 더 많았고, 대부분 문맹이거나 반문맹이었다. 새로운 당원들 가운데 대다수는 나이도 적고 경험도 부족했으며, 그나마 한글을 해독하지 못하는 사람이 절반을 차지했다. 일부 당 조직은 아무 기준도 없이 무조건 당원들을 입당시켰다. 따라서 그들 가운데는 정치적으로 신임할 수 없는 사람도 있었고, 거의 전부가 이론과 정치교육을 필요로 하는 사람들이라고 해도 과언이 아니었다.

이러한 조건에서 지방 당 지도자들의 문제는 심각한 것이 아닐 수 없었다. 1952년 상반기 동안 김일성은 초급 당 단체 위원장 중 79명이 '실무능력과 정치적 수준이 박약'한 까닭에 출당 처분을 받았다고 보고했으며, 이들 중 일부는 '적에게 매수된 간첩'으로 규정받기까지 했다. 그들은 리 단위의 당 조직에까지 잠입해 간부들을 매수함으로써 자기들의 '반인민적' 의도에 봉사하도록 했다. 이로써 평양시의 경우 전체 세포 위원장 총수의 37.3퍼센트가 1952년 상반기 중에 교체되었다.

김일성은 이러한 문제들을 시정하기 위해 3면으로 공세를 전개해 당 조직을 확장하고 당의 권위를 높이려고 했다. 첫 번째는 당은 대중 노선을 추구해야 한다는 것이었다. 당은 "대중에게서 배우며", 대중의 입장을 이해하고, 대중의 문제를 파악함으로써 명령주의와 관료주의, 형식주의를 탈피해야만 했다. 또한 당은 동시에 "대중을 가르치고, 정치사업을 통하여 대중으로 하여금 당의 구호를 인식케 하며, 그 구호들의 실천을 위하여 대중 자신들이 열성적으로 참여하도록 하여야" 한다고 강조했다. 물론 늘 강조되어왔던 이러한 논지는 김일성의 독창적인 것이 아니라 레닌주의의 기본 주제였다. 김일성은 당과 대중 간의 긴밀한 연계의 보장에 관한 문제는 "현저히 개선" 되었다고 주장한 뒤, "볼세비키가 인민의 광범한 대중과 연결을 유지하는 한 볼세비키는 불패의 것이 되리라"고 한 스탈린의 말을 인용했다.

김일성의 두 번째 논점은 사상사업과 선전 활동의 쇄신에 관한 것이었다. 김일성은 "우리 경제에서의 소규모적 생산의 지배의 결과로 부르조아 사상이 늘 발현되고 있다"고 지적하면서 당의 기본 임무는 이를 미연에 방지하고 마르크스-레닌주의적 혁명의식을 대중에게 배양시키는 것이라고 주장했다. 전쟁으로 말미암은 허다한 난관들과 관련해 적들이 "우리 공화국 북반부에 탐정·파괴·암해분자 및 살인강도들을 계속 파송"하고 있는 상황에서 이러한 과업은 한층 절실한 것이 아닐 수 없었다. 더 나아가 김일성은 당시의 사상사업은 "많은 경우에 있어서 표면적이며 형식적으로 진행되고 있으며, 인민 대중속에와 당원들과 간부들 속에 깊이 들어가지 못하고" 있다고 지적했다. 그뿐 아니라 선전·선동사업 역시 "우리나라의 현실적 문제와 분리되어 중점이 없고, 계단과 시기에 대한 선전적 목적지향성이 없이 진행되기 때문에 응당히 거둘 수 있는 효과를 적게 거두었다"는 것이다.

또한 당 정치학교들과 각종 학습회들은 "질적으로 낮은 수준에 있으며, 당 및 국가기관의 지도간부들은 자기의 사상 수준 제고에 대하여 아직까지 등한시"하여 이념 무장을 굳건히 할 수 없었다. 김일성은 마르크스, 엥겔스, 레닌, 스탈린의 저작을 출판하는 사업도 활발히 이루어지지 않고 있으며 당은 "작가, 극작가, 시인, 작곡가, 미술가 및 배우들과의 사업에 아주 주의를 적게 돌리고 있다"고 지적했다. 전쟁 시기에는 (마르크스-레닌주의적 주제를 다룬) 고상한 예술작품이 풍부히 나오지 않았다. 따라서 창조적 세계 내에서는 "사상적 오류에 대한 무관심과 자유주의적 경향에 대하여 결정적 투쟁"을 벌여야 했던 것이다. 여기서 김일성은 다시 한번 스탈린을 인용해 "만일 실무적 사업가들이 레닌주의를 연구하지 않고, 만일 그들이 레닌주의를 소유하려고 노력하지 않고, 만일 그들이 자기의 실제 사업에 필요한 이론적 준비와 연결시키려고 하지 않는다면 어두운 밤에 손 내미는 격으로 사업하는 것이 그들의 운명으로 될 것"이라고 주장했다.

이러한 결함은 어떻게 해야 시정될 수 있을까? 김일성이 제시한 방법은 전쟁의 피해에 찌든 당의 문화·선전기관들을 재정비해 문화·선전사업을 강화하며, 각급 공장·농어촌마다 민주선전실을 재설치하고 필요한 자료와 장비를 공급해야 하며, 대중 선전 수단으로 영화를 널리 이용하고, 이동영화반을 조직해 농촌마다 정기적으로 작업해야 하며, 당 정치학교의 교육 과정 및 교원들을 일신함으로써 개혁을 단행해야 한다는 것이었다. 김일성은 특히 문화 분야의 모든 작품은 "관점은 마르크스주의, 내용은 조선 문제"를 담아야 한다고 요구했다.

후자의 논점과 관련지어 김일성이 민족주의를 강조한 것은 나중에 그의 체제에서 매우 중요한 역할을 하게 된다. 김일성은 다음과 같이 주장했다.

우리에게는 아직까지도 우리의 선조들이 써놓은 역사나 지리나 기타 군사·정치·경제·문화 분야의 고귀한 유산들을 맑스-레닌주의적 견지에서 분석하고 그를 섭취하여 발전시키려 하는 것이 아니라 그 고귀한 유산들을 집어치우는 아주 용서받지 못할 엄중한 결함을 가지고 있습니다. 심지어 심한 경우에 있어서는 옛말이나 노래는 남의 것은 다 좋고 자기 것은 다 못쓰겠다고 하는 현상들까지도 있습니다. 우리는 자기의 고귀한 과학문화의 유산에 대한 이러한 참을 수 없는 현상들과 앞으로 견결히 투쟁하여야 하겠습니다. 우리는 자기의 고귀한 과학문화의 유산을 옳게 섭취하며, 그를 발전시키는 기초 위에서만이 타국의 선진 과학문화들을 급히 또는 옳게 섭취할 수 있다는 것을 반드시 알아야 하겠읍니다.*

김일성은 암담한 전시에는 인종적·문화저·민족적 감정에 호소하는 편이 다른 어떤 마르크스-레닌주의적 고무나 찬양보다 훨씬 효과적이라는 것을 깨달았던 셈이다. 그는 전후 복구 과정에서 주민들로부터 커다란 희생정신을 유도하고, 미국과 남한에 대한 전쟁—적어도 명목상으로는—을 계속해 나가려는 의도에 이러한 호소방식을 종전보다 훨씬 강화할 채비를 갖추고 있었다.

김일성의 세 번째 공세는 행정조직을 개편해 지방 정권기관들을 강화하고, 중간 기관을 축소·재편함으로써 국가기관의 위신을 높이는 것이었다. 김일성은 제6차 전원회의**에서 면을 폐지하고 리를 강화하는 등 행정구역의 변경을 준비 중에 있다고 발표했다. 리 수준의 당과 정권기관은 크게 강화되어야만 했다. 그렇게 해야만 세포 단위와 국가 단위의 당 그리고 국가기구 사이에 긴밀한 유대가 형성되고, 중간 기관들의 활동 영역을 축소시킬 수 있었다. 소단위의 교육사업을 실시하고, 정치적 개입을 시행해 최대한의 사회화를 이룩함으로써 당 중앙과 정권기관의 확고한 통제를 보증하는 '민주집중제'를 확립해야만 했던 것이다. 김일성은 이러한 사업을 위해서는 리급里級 간부들을 대량으로 양성해야 하며, 리급 간부들의 양성은 도당학교나 도 인민위원회 간부학교에서 담당해야 한다고 강조했다.

한국전쟁 말기에 김일성과 당 지도자들의 국제 정세에 대한 견해는 앞서

---

* 『로동신문』, 1952년 12월 22일자, 6면.
** 이 결정은 제6차 전원회의가 아니라 제5차 전원회의가 있은 직후인 1952년 12월 22일 최고인민회의 상임위원회 정령政令으로 발표된 것이다.

설명한 국내 문제와 밀접한 관련을 갖는 것이었다. 전반적인 국제 정세에 대한 해석은 "일방으로는 위대한 소련을 선두로 한 평화와 민주 진영의 역량과 위력의 일층 강화로써 특징지어지며, 타방으로는 전 세계 자본주의 체제의 일반적 위기의 일층 심화로써 특징지어진"다는 낯익은 것이었다. 김일성은 이 주제를 확대해 제6차(제5차의 착오—옮긴이) 전원회의에서 행한 보고에서 현재 자본주의 세계가 당면한 위기는 인민민주주의 국가들이 세계자본주의 체제로부터 이탈한 결과, "세계자본주의 시장이 축소되고 판매 시장과 원료 산지를 위한 투쟁에 있어서 자본주의 국가들 간의 모순이 일층 첨예화된 때문"이라고 분석했다. 김일성에 따르면 그들은 이러한 모순을 해결하기 위해 대량 인명학살을 통해 인구과잉을 억제하고 "미국 억만장자들에게 거대한 수입을 가져다" 주는 전쟁을 일으키려 하고 있었다. 반면에 사회주의 세계는 북한에 대한 공동 원조를 통해 그 단결력을 과시했다는 것이다.

당시 김일성과 그의 추종자들이 행한 국제 분석의 어조나 수준은 이런 식이었다. 명백하게 그 당시는 소련의 지도력이 어느 경우에나 당당하게 인정되던 때였고, 이러한 지도력은 '스탈린 동지'의 전지전능한 능력에서 비롯된 것이라고 여겨지던 때였다. 스탈린의 가르침은 김일성의 국내외 정책에 관한 제안을 뒷받침하기 위해 거듭 인용되었으며, 스탈린의 이름 앞에 찬사가 생략된 적은 한 번도 없었다. 더구나 소련은 사회주의 세계의 절대적인 지도자로서뿐 아니라 특히 조선의 해방자로, 제국주의 진영의 공격에서 조선을 보호해준 나라로 여겨지고 있었다. 반면 신생 중화인민공화국은 '인민지원군' 등을 통해 막대한 희생을 치렀음에도 늘 형제국 취급밖에 받지 못했다. 중국에 대한 감사의 말은 끊이지 않았지만 동원된 용어는 일상적인 것이었으며, 마오쩌둥 개인에 대해서나 북한의 이데올로기와 정책에 미친 중국의 지도력에 대해서도 특별한 언급은 없었다. 중국 공산주의 모델이 북한에 대해 갖는 영향력(앞에서 이 영향력이 증대되고 있다는 실례를 들었지만)에 대해서도 북한 공산주의 지도자들은 공식적으로 인정하려 하지 않았다.

대외정책 문제에 관해서는 남한 문제가 대미관계라는 상호 연관된 문제와 함께 주된 관심사로 등장했던 것은 당연한 일이었다. 이후의 한반도(와 베트남)에서의 사태발전에 비춰볼 때, 공산주의자들이 이 시기를 어떻게 해석하려고 했는지 살펴보는 것은 흥미로울 뿐 아니라 매우 중요한 문제이기도 하다. 우선 김일성은 공산 측이 한국전쟁에서 승리를 거두었다고 주장하며 교착 상태 혹은 무승부라는 개념조차 거부하면서 이렇게 말했다.

동무들! 원쑤들은 그들이 조선 전선에서 당한 만회할 수 없는 군사·정치·도덕적 패배로 말미암아, 또한 조선에서 평화를 회복하기 위한 조·중 양국 인민들의 여론과 압력에 의하여 정전협정에 조인하지 않으면 안 되게 되었읍니다. 이리하여 조선 인민은 자기의 조국해방전쟁에서 영광스러운 승리를 쟁취하였읍니다(주 105의 『김일성선집』, 1쪽 ─ 옮긴이).

이 '승리'로 무엇을 해야 할 것인가? 김일성은 공산주의자들이 동원 가능한 모든 수단을 통하여 "우리 앞에 제기된 과업"을 달성하기 위해 꾸준히 투쟁해야 한다고 밝혔다. 이 과업이란 남한에서 미국을 몰아냄으로써 공산 측의 주도로 한반도 통일을 실현하는 것으로 요약될 수 있을 것이다. 김일성 등은 당시 수차에 걸쳐 이러한 입장을 천명했다. "조선 민족은 하나이며, 조선은 조선 사람의 것입니다. 조선 문제는 응당 조선 사람의 손으로 해결하여야 합니다." 공산 측은 정전협정에 뒤이어 장차 소집될 정치회의의 기본 목적은 "미군과 그의 '추종국가' 군대들을 남조선에서 완전히 철거시키고 조선 문제를 조선 사람 자체의 손으로 해결하도록 하는 데 있으며 다른 나라 사람들이 우리나라 내정을 간섭하지 못하도록 하는 데 있다"고 주장했다.

그러면 당시의 북한 지도자들은 자기들과 통일 논의를 벌여야 할 비공산주의 지도자들을 어떻게 보았을까? 그들이 이승만과 대한민국의 모든 공직자에 대해 가한 공격은 악의에 찬 실로 터무니없는 것이었다. 매국노인 이승만과 그 '도당'에 대한 조선 인민들의 "반감과 증오심과 반항의 기세는 더욱 커지며 확대되어가고 있으며", 따라서 이들은 어떠한 형태로도 협상 상대로 인정할 수 없다는 것이었다. 김일성과 그의 추종자들은 통일 문제를 '반역자와 아첨꾼'이 아닌 남조선 인민의 '진정한 대표자'와의 논의를 통해 '해결'할 것을 바란다고 밝혔다.

김일성은 현재의 남한 지배자들은 대중적 지지기반이 없으며 "미제 침략자들과 그들의 총검"에 의해 정권을 유지하고 있을 뿐이라고 비난하면서 다음과 같이 주장했다.

악명 높은 전쟁상인 미국 국무장관 덜레스Dulles는 매국노 이승만과 더불어 남조선에 미군 침략군대를 영원히 주둔시킬 것과 만일 필요한 때에는 정전협정을 파괴하고 또다시 조선에서 범죄적 침략전쟁을 도발할 것을 목적으로 한 소위 '한미호상방위조약'이라는 것을 체결하였습니다. 소위 '한미호상방위조약'이라는 것은 미 제국주의가 우리나라의 평화적 통일을 반대하며, 우리나라의 내정을 간섭하며, 이승만 도당이 우리나라 남반부를 미국놈들에게 팔아먹는 노골적인 매국조약입니다.

김일성에 따르면 현재 남한의 상황은 북한에 유리하게 작용하고 있었다. 남조선은 이제 "수습할 수 없는 혼란 상태"에 빠져들어 인민들의 생활은 도탄에 빠졌으며, 인민들의 미국과 이승만 도당들에 대한 적개심은 날로 높아가고 있으며, 공화국 남반부 인민들은 조선노동당과 조선민주주의인민공화국의 영도 아래 공화국 북반부와 통일되기를 갈망하고 있다는 것이었다. 여기서 김일성은 북한 공산주의자들의 과업을 이렇게 규정했다.

과업은 전국 인민 대중의 민주주의적, 애국적 역량을 우리 당과 정부의 주위에 총집결하여 조국의 평화적 통일을 위한 투쟁에 총궐기시키는 데 있으며, 미제 침략자들과 그 졸도卒徒들의 식민지 강점정책과 매국통치를 반대하며, 미국 침략군대를 철거시킴으로써 조선 문제를 우리 조선 사람의 손으로 해결할 수 있도록 하는 데 있습니다.

김일성 등 기타 북한의 최고 간부들이 전쟁과 공산군의 일시적 남한 점령 결과 발생한 격렬한 반공감정을 눈치 채지 못했을 리가 없다. 한국전쟁이 남북한 전역을 비극의 구렁텅이로 몰아넣었다는 것은 아무도 부인할 수 없는 사실이다. 그러나 피난민 통계로 볼 때 월북자보다 월남한 사람이 훨씬 많았으며, 그것도 새로운 북한 사회에서 통치자로 선전되던 사회계급인 노동자와 농민이 대다수였다. 이들 월남자 대부분은 자신들의 체험을 통해 열렬한 반공주의자가 되어 있었다. 그러나 월남자들만 이러한 반공감정을 가지고 있었던 것은 아니었다. 남한 대부분의 지역은 짧지만 공산 통치를 경험했으며, 이제 막 그 통치에서 벗어났던 것이다. 종전에 존재하던 공산주의에 대한 동경심은 거의 사라졌으며, 오히려 이전의 동경심은 남한에서 행한 공산주의자들의 행위로 말미암아 강력한 적개심으로 변해버리고 말았다. 더구나 종전에 남한의 열성적인 공산주의 동반자나 협력자들은 대개 피살되거나, 인민군이 퇴각할 때 함께 월북해버렸다.

이러한 이유들로 남한은 김일성의 주장과는 정반대로 당시 세계에서 가장 철저한 반공국가로 변하고 말았다. 반면에 당시 북한 간부들의 모든 연설과 사업은 북한 주민들의 충성심을 애타게 호소하고, 북한 사회의 참상을 어떻게 해서든지 극복해보려는 몸부림을 반영하고 있었다.

당시 김일성은 대한민국에 대해 위협 발언을 계속했지만, 그의 체제는 결코 이 위협을 뒷받침할 만한 물리력을 갖고 있지 못했다. 파산한 북한 경제를 복구하는 것이 초미의 과제였던 것이다. 사망, 숙청, 탈당 등으로 사분오열되어 북한 주민들에 대한 통제력을 만회하고자 애쓰는 조선노동당은 신당과 다를 바가 없는 처지였다. 최고 간부 수준에서 벌어진 대량의 유혈 숙청은 김일성과 박헌영 일파 간의 권력투쟁에서 극에 달했다. 김일성은 자기 파와 연안파를 배경으로 외부의 간섭 없이 그 투쟁에서 승리를 거두고 자신의 지배권을 한층 제고시킬 수 있었다. 그러나 한국 공산주의운동 내부의 처절한 권력투쟁이 끝난 것은 절대 아니었다.

한국전쟁은 비록 공산 측이 적에게 커다란 희생을 치르게 했고, 중국군의 대대적인 개입으로 비공산 통일 한국의 수립을 저지할 수는 있었지만 결국 북한 공산주의자들한테는 일대 참패가 아닐 수 없었다. 김일성과 그의 추종자들은 침략 개시 당시에 미국의 대응을 오판한 것으로 보인다. 어쨌든 그들은 가까운 장래에는 이러한 극단적 투쟁 형식을 다시 취할 수 없게 되었다. 마오 쩌둥식의 '인민전쟁'은 좀더 세심한 준비와 훨씬 더 긴 시간을 요하지만 이를 위해 져야 할 부담은 좀더 가벼운 것이었다.

3부

북한

COMMUNISM
in KOREA

강행군의 시대

한국전쟁이 끝나고 나서 5년간 북한에서는 중요한 정치적·경제적 변화가 일어났다. 1958년 공산주의 최고지도자들 가운데 마지막 남은 파벌이 제거된 뒤 김일성은 마침내 아무도 넘볼 수 없는 권력과 권위를 차지하게 되었다. 김일성은 박헌영과 그 일파를 제거한 뒤 소련파와 연안파의 주요 지도자들에 대한 숙청을 단행했으며, 1956년 절정에 달했던 권력투쟁은 1958년 김두봉의 제거로 끝이 났다. 앞으로 살펴보겠지만 1956년의 위기는 많은 점에서, 특히 소련과 중국의 개입을 초래했다는 점에서 김일성에게 닥친 최대의 시련이었다. 그러나 김일성은 별다른 어려움 없이 이 난국을 타개했고, 그의 잠재적 정적들을 모두 제거해버렸다. 따라서 김일성의 절대적 권위가 확립된 것은 바로 이때부터라고 할 수 있다.

김일성의 절대적 권위는 당연히 당뿐 아니라 군부에까지 확산되었다. 마오쩌둥처럼 권력의 궁극적 원천이 어디에 있는지를 정확히 알고 있었던 김일성은 군부에 대한 자신의 통제권을 조금도 늦추지 않았다. 유격대 출신은 절대로 총칼의 중요성을 과소평가하지 않는 법이다. 1956~1958년 격동기에 김일성은 당과 군부에서 소련파와 연안파 출신의 의심스러운 인물들을 숙청하고, 그 자리에 자신이 절대적으로 신임할 수 있는 사람들을 임명했다. 이러한 변동은 고위직에서만 있었던 것이 아니다. 1959년 한 해만 해도 한국전쟁에 참전했던 역전의 용사들 가운데 8만여 명이 제대한 대신, 김일성 세대의 새로운 병사들이 일반 징집제를 통해 충원되었다. 김일성은 한 손에는 무기를, 다른 손에는 당 선전물을 든 이들 '새로운 사회주의적 일꾼'이 가장 중요한 미완의 과업인 남조선 해방의 역군이 되기를 바랐다.

이 기간은 후방에서도 매우 중요한 시기였다. 어느 면에서 중국의 동지들을 본뜬 김일성은 북한 주민들을 전후 복구와 발전이라는 강행군에 내몰았다. 스타하노프식의 노동력 증산운동이 한창이던 1958년 말에 당 간부들은 자랑스럽게 당시의 생산 수준이 한국전쟁 이전의 수준을 훨씬 초과했고, 북한은 이미 '자급자족적 경제기반을 지닌 사회주의적 공업-농업국'으로 변신했다고 자랑했다.

그러나 곧 살펴보겠지만 이때 북한 당국이 발표한 공식적 통계, 특히 농업 생산에 관한 통계들은 결코 믿을 만한 것이 아니었다. 또한 북한 공산주의자들의 통계는 엄청난 노동력 착취 등 북한 경제의 어두운 면은 보여주지 않았다. 그럼에도 북한은 남한이 경제적으로 곤경에 처해 있던 1950년대에 경제적인 면뿐 아니라 정치적인 면에서도 큰 성공을 거두었다.

공산 세계를 포함한 국제 정치의 전개 과정 역시 북한에 영향을 끼쳤다. 소련 내의 정치적 불안정, 소련 외교정책의 급격한 변화, 중국의 실질적 영향력 등은 북한의 지도자들에게 성공 기회와 위험 부담을 함께 가져다주었다. 이 시기의 북한에서는 민족주의와 자주성이 새로이 주목받게 되었고, 김일성은 점차 소련 위성국의 위치를 벗어나기 위해 노력했다. 그러는 동안 중·소분쟁은 이미 북한의 토양에 뿌리 내리고 있던 파벌투쟁을 격화시키면서 즉각적으로 북한의 내정에 영향을 끼치기 시작했다.

1. 당의 재건

앞서 언급한 각각의 사태 진전들은 좀더 자세히 알아볼 필요가 있다. '조선민주주의인민공화국' 내에서 김일성이 그의 정적들을 꺾고 절대적인 승리를 거두기까지의 정치 과정을 먼저 살펴보기로 하자. 기본적인 정치적 약점에도 불구하고 소련파, 갑산파, 연안파 모두를 위협하는 지연적 기반을 갖고 있던

국내파는 앞서 살펴본 것처럼 이들로부터 집중적 공격을 받고 무력한 존재로 전락해버렸다.[1]

박헌영의 공판과 처형이 왜 1955년 12월로 연기되었는지에 대해 우리는 단지 추측만 할 뿐이다. 소련이나 중국 측이 박헌영을 위해 압력을 가한 것은 아니었을까? 우리는 이에 관한 아무런 증거도 가지고 있지 않다. 처형의 연기는 북한의 내정을 고려한 것이었을까? 박헌영이 살아 있는 한 정치적 상황은 유동적일 수밖에 없었다. 그동안 박헌영이나 그의 추종세력과 조금이라도 관계를 맺고 있던 사람들은 물론이고 다른 파벌에 속한 사람들까지 아직 숙청이 끝나지 않았다는 사실을 알아차리고 몸조심을 해야 했다. 살아 있는 박헌영, 그는 김일성이 던져놓은 유혹의 미끼이자 본보기였다. 곧 살펴보겠지만 그의 공판이 진행되고 사형이 집행된 시점은 그 뒤를 이은 또 한 차례의 숙청과 밀접한 관련이 있다.

1953년 8월에 개최된 당 중앙위원회 제6차 전원회의 이후 몇 달간 북한 공산주의자들은 인민경제복구발전을 성공적으로 달성하기 위해 당의 '강철' 같은 단결이 필요하다는 데 정치적 주안점을 두었다. 당 간행물은 두 가지 대위법적인 논조를 구사했다. 당은 자신의 과오를 솔직히 반성하고 당에 충성을 다하는 당원들에 대해서는 모든 잘못을 용서하고 등용할 것이지만, 모든 자유주의적 경향과 관료주의, 개인 영웅주의, 정치적 불만 등은 무자비하게 추방할 것[2]이라고 경고했다. 당의 각종 간행물에는 조선노동당이 한국전쟁

---

1 한국전쟁 당시 월북했다가 1963년 남한에서 간첩으로 체포된 최광석崔光石은 매우 흥미로운 증언을 들려준다. "박헌영의 숙청에 가장 큰 충격을 받은 사람들은 남한 출신 공산주의자들이었다. 자의 건 타의건 간에 북한으로 넘어온 남한 출신들에게 박헌영이 갖는 의미는 대단한 것이었다. 당시 박헌영은 내각 부수상 겸 외상이었고 이승엽은 당 비서 겸 사법상이었던 까닭에 남한 출신은 북한 출신과 싸움이 붙었다든가 혹은 당 규율 문제에 저촉되었을 때 박헌영이나 이승엽의 도움을 기대할 수 있었다. 남한 출신들은 승진과 보직에서도 박헌영과 이승엽의 도움을 많이 받았지만 하룻밤 사이에 이 자리들은 모두 날아가 버리고 말았다." 1966년 11월 24일 서울에서 행한 이정식과의 인터뷰. 이 같은 사실은 앞서 살펴본 것처럼 김일성 자신을 통해서 확인된 적이 있다.

중에 북한의 다른 모든 기관들과 마찬가지로 파괴되었다는 점과 앞으로 박헌영 일파에 대한 무자비한 숙청이 있을 것이라는 사실이 은연중 암시되어 있었다. 그러나 당은 눈앞에 놓여 있는 엄청난 과업을 수행해나가는 데 필요한 행정 경험과 기술훈련을 갖춘 인적 자원을 갖고 있지 않았다. 고급 당원뿐 아니라 중견과 하급 당원들까지도 숙청과 사망 또는 탈당으로 사라져버려 당내의 인적 자원은 거의 고갈된 상태였다. 따라서 새로운 당원들이 충원되고 훈련되어야 했으며, 당은 대중과의 관계를 강화하는 데 끊임없는 관심을 기울였다. 당 지도자들은 인민들에게 요구하는 희생이 엄청나다는 것과 대부분의 당원, 관료들의 경험이 일천하다는 사실을 잘 알고 있었다. 당은 당원교양사업을 점차 강화하는 한편 관료주의와 형식주의에 대한 투쟁을 가속화시켰으며, '침략자'에 대한 인민의 적개심을 북돋았다.

이러한 활동은 경제 복구의 추진과 밀접하게 연결되었다. 1954년 3월 당 중앙위원회 전원회의가 열리기 직전에 김일성은 정부 관료와 공장지배인들을 모아놓고 앞으로 널리 인용될 연설을 통해 당 내외의 바람직하지 못한 요소들을 조목조목 비난했다.[3] 당과 정부기관에 '관료주의'가 만연해 있음을 비난한 김일성은 그 폐해를 하나하나 지적했다. 관료주의적 지도 일꾼들은 현장에서의 구체적인 지도 대신 "사무실에 들어앉아서 허다한 통계 보고만을

---

2 「당원들은 당 앞에 정직해야 한다」, 『로동신문』, 1953년 11월 30일자 사설, 1면; 「우리 당은 조직·이념 면에서 강철같이 강화·통일되었다」, 『로동신문』, 1953년 12월 18일자, 1면. 앞의 논설에서는 정치·경제 양면의 '부정직'을 논했다. 당을 배반해 종파주의적 조직 활동을 한다든가, 국가의 재산을 절취한다든가, 노동 규칙을 어긴다든다, 불량품을 생산한다든가, 생산 목표를 달성하지 못한다든가, 아니면 당 앞에 정직하게 자신의 과오를 인정하지 않는다든가 하는 것 등은 당을 좀먹는 행위로 규정되었다.

3 1954년 3월 21일에 행한 이 중요한 연설문의 전문은 영어로는 김일성의 *For Socialist Economic Construction in Our Country*, 평양, 1958, 79~123쪽, 한국어로는 『로동신문』, 1954년 3월 25일자, 1~5면에 수록되어 있다(논설의 원제목은 「산업운수 부문에서의 제 결함들과 그를 시정하기 위한 당, 국가 및 경제기관들과 그 일꾼들의 당면 과업」이다. 본 번역에서는 『조선중앙연감』, 1954~1955년판, 32~46쪽에서 재인용했다 — 옮긴이).

요구하며 기업소들에 지령과 지시와 각종 문서들만 내려보낸다"든가, "하부 기관과 기업소들의 실정에 어둡다"든가, "경제와 기술에 대한 새로운 지식을 소유하지 못"했다든가, 판에 박힌 일상 업무에 매몰돼 긴요한 조치를 게을리 하는 등 지도 일꾼들의 관료주의적 사업 작태가 초래한 것은 낭비와 비능률 그리고 낮은 생산 수준뿐이었다.

김일성은 관리와 기술자들의 심각한 부족, 특히 경제·기술 분야에서 유능한 간부들이 부족하다는 사실을 시인했다. 이들을 선발하고 배치하는 데는 정치적인 면이나 실무적인 면에서 어떤 기준이 필요했다. 김일성은 간부의 등용이 "그 일꾼을 정치적으로 신임할 수 있는가 없는가 하는 정치적 기준에 따라서와 그 일꾼이 그 사업에 적당한가 어떤가 하는 실무적 기준에 따라서 결정"되어야 한다고 강조했다. 사상 무장이 투철해야 하며 자기 분야에서 전문가여야 한다는 것이다. 그러나 김일성은 이 원칙이 여러 가지 면에서 지켜지지 않았다고 주장했다. 예를 들어 내각 전기국電氣局*의 경우 일부 일꾼은 "자기의 고향 또는 친한 친구라 하여 과거의 경력과 지난날의 사업이 어떻게 되었든지 간에 무조건"적으로 사람들을 등용했다. 실제로 전기국의 부국장은 윤尹이라는 사람이 자신의 술친구라는 이유만 갖고 그의 아버지와 세 형이 치안대에 가담한 '반동분자'였고, 윤 자신도 평양시 송배전부 부책임자로 있다가 철직된 인물이었음에도 그를 기용했다.

김일성은 내각의 다른 부서 관료나 공장지배인들도 마찬가지로 잘못을 저질렀다고 지적하면서 몇 가지 예를 더 들었다. 옛 친구를 채용하고자 하는 경향 때문에 "경각성이 없이 되는 대로 간부들을 배치한 결과 경제기관 내에 불순분자들이 잠입"하는 경우도 있었다는 것이다. 김일성은 "우리는 원쑤들이 언제든지 간첩·암해 파괴분자들을 잠입시킬 수 있다는 것을 한시도 잊지 말"

---

* 내각 직속 전기국은 1954년 3월에 전기성으로 승격되었다가 1959년 9월 동력화학공업성에 통합되었다.

아야 한다고 덧붙였다. 이러한 나쁜 경향 때문에 자질을 갖춘 많은 유능한 사람이 적재적소에 배치되지 못하고 있었다. 예를 들어 얼마 안 되는 전문기술자들 중 1954년 초에는 단지 28퍼센트만 기업소들과 건설공사 분야에서 직접 일했고, 나머지 72퍼센트는 각종 정부기관이나 기타 비생산 분야에 들어앉아 있었다.

김일성은 도·시·군 당 위원회를 아주 격렬히 비난했다. 그에 의하면 도·시·군 당 위원회들과 그 지도 일꾼들은 자기 사업에 정통하지 못하고, 맡은 분야에 대한 지식도 없으며, 심지어 자신의 과오를 바로잡을 생각조차 하지 않고 있다는 것이었다.

그 결과 기업소 내의 당 단체들은 자기의 사업을 정치적 요구의 수준에까지 제고시키지 못하였으며 당 조직원들은 당 일꾼으로서 자기의 역할을 다하지 못하고 있습니다. 기업소에서의 당 정치사업과 생산 규율을 위한 투쟁은 형식적으로 진행되고 있으며 군중문화사업은 거의나 자연생장에 방임된 채로 남아 있으며 직업동맹단체들과 민청단체들의 역할은 거의나 없는 형편입니다. 우리는 이러한 현상을 더는 참을 수 없습니다.[4]

이를 극복하는 방법은 사고방식과 사업 방식의 총체적 혁명, 즉 '생산문화의 수립'이었다. 김일성은 이 작업을 모든 당 조직과 당원에게 엄중히 요구하면서 다음과 같이 연설을 마쳤다.

전시의 긴장되고 동원된 태세를 조금도 해이시킴이 없이 모두 다 전후 인민경제 복구발전의 3개년계획 실행을 위하여 억세게 전진합시다.[5]

---

4 영어 원문은 앞의 책, 119쪽.
5 위의 책, 123쪽.

이러한 훈계가 당을 위해 일하는 사람들에게 미친 영향은 어떤 것이었을까? 2부에서 자세히 다루고 있지만 엄격한 책벌과 포상제도로 강화된 사업 규율은 실로 당 일꾼들의 사고와 생활에 깊이 스며들었다. 상위에서 하위까지 모든 직급의 당 일꾼은 인민의 모범이 되라는 주문을 받았다. 만일 남파되어 체포되거나 자수한 간첩들의 진술이 사실이라면, 이들 당 일꾼은 근무시간에 구애받지 않고, 심지어 자신의 건강까지 해쳐가면서 열심히 일했다. 만약 어느 당 일꾼의 사업이 당의 호평을 받는다면 그는 급속한 승진이나 포상, 새로운 교육 기회 등 즉각적인 보상을 기대할 수 있었다. 그러나 과오를 범한다든가 그가 관장하는 생산조직이 뒤처진다면 그는 공을 세운 사람이 받게 되는 보상보다 더 신속하게 책벌을 받았다. 이러한 제도의 분명한 결점은 창의성을 억제하고 실패와 결함을 은폐하기 위해 실적 이상의 보고를 유도한다는 점이다. 이 제도가 모델로 삼았던 소련의 제도에서도 과오에 대한 공포, 책임 회피, 실패를 솔직히 보고할 수 없는 상황 등은 새로운 공산주의적 도덕, 즉 모든 것을 '혁명'에 종속시킨 도덕성에 가린 어두운 부분이었다.

당 일꾼의 선발과 훈련은 당연히 당 지도자들의 주요 관심사였다. 김일성에 따르면 진정한 혁명적 일꾼은 그들의 "무한한 충성심, 오랜 동안 헌신적으로 투쟁해온 혁명에 대한 높은 수준의 이해와 봉사"로 드러나게 마련이었다. 김일성에 따르면 이들이 가지고 있는 특성은 다음과 같았다.

과거 오랜 시기를 통하여 모든 곤난을 극복하면서 오직 혁명과 인민의 리익을 위하여 자기의 모든 것을 바쳐 투쟁한 혁명에 대한 무한한 충실성과 높은 사상성과 원칙성을 가지고 있으며 겸손하고 소박한 혁명 일꾼의 도덕적 풍모를 갖추고 있는 데 있다.[6]

---

6 「어떤 당원을 당 위원회 위원으로 선거할 것인가」, 『로동신문』, 1955년 11월 17일자, 2면.

이 논설의 필자는 이러한 유형의 일꾼들이 지도적 위치를 점하게 된다면 당과 대중과의 관계는 크게 강화될 것이라고 주장했다. 불행하게도 당에는 '단련되고 성숙한 혁명적 일꾼'이 많지 않았다. 대부분의 후보자들은 전쟁 기간과 전후에 등장한 인물이었다. 그러나 그들 중 몇몇은 전쟁영웅이거나 모범적인 노동자 혹은 '노력영웅'이었다. 이 논설은 지방과 도당의 일꾼들은 이러한 집단에서 선출되어야 한다고 결론지었다.

유능한 일꾼의 부족은 심각한 현상이었다. 1955년 말 조선노동당의 당원 수는 100만 명으로 급증했다. 물론 이는 전쟁 중 노동당이 채택한 '문호개방정책'의 결과였다. 문호개방정책은 북한의 내부 사정에서 절박하게 요청된 것이기도 했지만, 당 지도자들은 조국통일이라는 과제를 결코 머릿속에서 지워버리지 않았다. 모든 공장과 농장, 학교의 당 조직에서는 새로운 분자들이 큰 비중을 차지하게 되었다. 이들 조직을 어떻게 교화하고 감독할 것인가?

이 기간 당의 책임 일꾼들에 대한 훈련은 점차 체계화되었다. 최하층에는 야간의 비정규 과정으로 시와 구에 당 학교가 설치되었다. 지방당원이 기간요원훈련에 선발되면 그는 이들 학교로 보내져 자신의 일상 업무를 수행하며 훈련을 받았다. 훈련 기간은 주제에 따라 달라져 예를 들어 지방 당 조직에 관한 문제는 6주, 새로운 농업기술은 2개월간 교수되었다.

이보다 상층에는 훗날 공산대학이라고 불린 도당학교가 설치되어 있었다. 당사黨史, 마르크스-레닌주의 이론, 각종 행정·기술 분야를 3년에 걸쳐 교육하는 도당학교에 입교한 당원들은 자신의 업무를 떠나 전적으로 학습에만 주력했다. 도당학교 졸업생들은 시·군·도 당의 간부 또는 중앙정부나 중앙당의 하위직에 배치되었다. 이보다 한 단계 위에는 중앙당학교가 설치되었다. 중앙당학교의 교육 과정은 현직 당 간부들을 대상으로 하는 6개월 또는 일 년 과정의 '재직반 보수교육在職班 補修教育'과 정규 3년 과정의 둘로 나뉘어 있었다. 시·군당 부위원장급을 대상으로 하는 정규 과정은 이들이 좀더 상위직을 맡을 수 있는 역량을 키우는 데 중점을 두었다. 정규 대학을 졸업한 사람들은 지방 수준의 당 학교에 입학할 필요가 없었지만, 그들의 앞날을 위해서는 중앙당학교에 입교하는 것이 여러모로 유리했다. 어떤 자료에 따르면 중앙당학교 졸업생들은 종종 김일성종합대학 출신들보다 더 빨리 승진했다고 한다.[7]

새로운 직책에 임명된 이들 책임 일꾼은 당시의 간행물에 명백히 드러난 것처럼 여러 가지 압력을 받았다. '지방당 간부의 지도력'은 항상 비판의 대상이 되었다. 김일성은 집중적으로 이들이 낭비와 탐오貪汚, 관료주의, 형식주의에 빠져 있다고 비난했다. 이 같은 비판을 하면서 김일성은 이들에게 더욱 무거운 짐을 지웠다. 지방당 간부들은 정치 문제뿐 아니라 생산 실적에 대해서까지 책임을 져야 했다. 더구나 1954년 가을 최고인민회의는 지방인민위원회 설치 등 지방 정권기관의 지위 향상과 지방 수준에서 인민의 참여를 제고시키는 것을 골자로 하는 헌법을 개정·공포했다.[8]

앞서 말한 것처럼 1955년 말 김일성은 당원 수가 100만 명을 넘어섰다고 보고했다. 북한의 전체 인구가 1,000만 명에 불과하다는 사실에 비춰볼 때 100만 당원이라면 엄청나게 많은 숫자였지만 김일성은 전 조선 인구 3,000만에 비하면 이는 "결코 많은 숫자가 아니다"라고 못 박았다.[9]

7　『로동신문』, 1956년 4월 24일에는 다음과 같은 통계가 실려 있다.

1948~1955년 각급 당 학교 졸업생 수

	1948~1950년	1950~1953년	1953~1955년	계
중앙당학교	3,900	4,500	1,000	9,400
도당학교	6,100	11,800	1,235 (1953~1954년)	19,135
시당학교		4,780 (1948~1953년)		4,780
계				33,315

『로동신문』, 1956년 6월 1일자, 제2면에 따르면 당시 중앙당학교 재학생 수는 1,267명으로 그중 309명이 3년 정규 과정에 재학 중이었다.

8　자세한 것은 다음을 참조하라. 『로동신문』, 1954년 11월 1일자, 1면.

제3차 당 대회에서는 좀더 구체적인 수치가 제시되었다.[10] 1956년 1월 1일 현재 조선노동당이 5만 8,259개의 세포와 116만 4,945명의 당원을 가지고 있다고 발표되었다. 이 중 절반 이상(51.7퍼센트)의 당원이 한국전쟁 이후에 입당한 사람들이었다. 여기서 다시 한번 공산당 간부들이 제시한 당원의 사회경제적 구성에 대해 살펴보기로 하자. 당 간부들에 따르면 당원은 '빈농' 56.8퍼센트, '노동자' 22.6퍼센트, '사무직노동자' 13퍼센트, '중농' 3.7퍼센트, '기타' 3.9퍼센트로 구성되어 있었다. 이 수치에 따르면 조선노동당원은 60퍼센트 이상이 농민이었고 노동자는 4분의 1에 지나지 않았다. 제2차 당 대회 이래로 노동자의 구성비는 2.4퍼센트, 빈농의 구성비는 3.7퍼센트가 증가했다. 나중에 좀더 자세히 살펴보겠지만 조선노동당은 대부분 풍부한 군사 경험을 가진 직업적 정치가들을 통해 지배되고 있었지만, 당의 기층에서는 농민층이 압도적으로 우세했다.

그러면 당은 새로운 당원층의 대다수와 그들의 비당원 형제들에게 어떤 문제를 갖고 호소했을까? 정권 담당자들은 중공업우선정책에 어떠한 난관이 가로놓여 있으며, 많은 인민이 전후 복구기 초기의 경제적 상황에 대해 얼마나 불만을 품고 있었는가를 충분히 파악하고 있었다. 지방의 당 책임 일꾼들에 대해서는 그들이 지시만 일삼고 오만하다는 등의 비판이 끊이질 않았다. 틀림없이 일반 인민들은 '관료주의'에 대한 끊임없는 공격의 소식을 듣고 읽는 데서 어떤 위안을 받았을 것이다. 게다가 북한 정권은 이제 비판과 자아비판의 과정에 모든 사람을 포함시켰다. 이러한 방식에서 북한 정권 담당자들

---

9 김일성, 「사상사업에서 교조주의와 형식주의를 퇴치하고 주체를 확립할 데 대하여」, 1955년 12월 28일 김일성이 당 선전 선동 일꾼들 앞에서 한 연설, 『김일성선집』(영문판), 제1권, 평양, 1965, 331쪽. 이하 이 논설은 「주체를 확립할 데 대하여」로 인용한다(이하 인용문은 한국어 원문에서 따온 것이다—옮긴이).

10 본문에 인용한 수치를 포함한 제3차 당 대회의 보고서 전문은 『로동신문』, 1956년 4월 24일자에 전재되어 있다(본 번역에서는 다음 자료를 이용했다. 국토통일원, 『조선노동당대회자료집』朝鮮勞動黨大會資料集, 제1집, 1980—옮긴이).

은 소련과 중국의 통치 경험으로부터 많은 것을 빌려왔다.

전후 복구기의 초기에는 평범한 인민들이 행정 당국자들에 대해 행한 비판을 지상에 공개하는 제도가 시행되었다. 이는 명백히 소련의 경험을 본뜬 것이었다. 이러한 독자투고는 대부분 매우 신랄한 내용이었지만 활자화된 독자투고가 엄격히 통제된 것이라는 흔적이 역력했다. 얼마 지나지 않아 찬사 일변도 또는 특정 분야의 생산 실적을 본받자는 훈계조의 편지가 두드러지게 나타났지만(아마도 어떤 편지는 당에 소속된 필자에 의해 작성되었을 것이다) 비판적인 투고 역시 간간이 게재되었다.[11]

이러한 독자투고에는 상품의 품질에 대한 소비자들의 불평이 쏟아져나왔다. 예를 들어 어느 투고자는 시멘트가 포장 불량으로 내용물의 20퍼센트 정도가 운반 도중 새어버리고, 담배는 담배를 만 종이가 나빠 절반 정도가 태울 수 없는 것이며, 사과 궤짝이 형편없어 한 궤짝 중 90퍼센트가 곯아버렸다고 조악한 상품포장으로 말미암은 낭비를 지적했다.

또한 어느 투고자는 출판총국에서 간행한 서적의 절반 정도가 오자가 너

---

11 신랄한 비판을 담고 있는 두 가지 편지를 예로 들어보자.
"우리 농장은 농업관리국으로부터 안악농장에 가서 송아지 30마리를 인수해가라는 지시를 받고 다섯 명의 농장원을 그곳으로 보냈다. 그러나 가서 보니 농업관리국에서 이미 이 송아지들을 다른 농장에 처분해버린 뒤였다. 우리는 헛걸음을 한 것이다. 얼마 후 우리는 사리원역으로 가서 외국에서 수입해온 말들을 수령해가라는 지시를 받고 정해진 날짜와 시간에 맞춰 농장원 30명을 내보냈다. 그러나 열흘이 지나도록 말은 도착하지 않았다. 따라서 우리는 이 두 번의 헛걸음으로 일 년 중 가장 일손이 귀한 농번기에 320작업일과 5만 3,000원을 허비해버렸다."
"몇몇 기차역의 노동자들은 자기 사업에 진지하지 못할 뿐 아니라 여객들에게 불친절하기도 했다. 3월 26일, 평양행 기차표를 끊은 나는 수화물을 부치려고 담당 직원을 찾아보았으나 직원은 눈에 띄지 않았다. 그래서 역 지배인에게 가서 물어보았더니 지배인은 조업 단축 때문에 담당 직원이 숙소에 가 있을 것이라고 대답했다. 나는 직원 막사까지 가서 담당 직원에게 도움을 청했으나 그는 지금은 시간이 없으니 내일 화물을 다시 가져오라고 대꾸했다. 그러나 나는 이미 기차표를 구입했기 때문에 그것은 불가능한 일이었다. 그러자 역 지배인은 내일 화물을 부쳐주겠다고 말했지만 내 옷과 침구류가 들어 있는 화물은 아직까지도 도착하지 않았다. 나는 이 같은 문제에 대해 당국이 관심을 가져줄 것을 엄중히 요구하는 바이다."(이상의 편지 두 통은 모두 『로동신문』, 1954년 9월 20일자, 2면에 실려 있다.)

무 많고 인쇄 상태가 불량해 읽을 수 없다고 불평했다. 또 다른 투고자는 다소 풍자적인 어조로 의복의 치수에 대해 언급했다. 꼬리표에 어떤 치수가 매겨져 있든 간에 옷의 실제 크기는 제멋대로라는 것이다. 이 투고자는 반코트가 레인코트로 입을 정도로 큰 반면에 같은 치수의 바지는 어린아이한테나 맞을 정도로 작은가 하면, 6척 장신을 위해 만든 겨울 내의의 목 부분이 너무나 작아 아무도 머리를 끼워넣을 수 없으며, 경공업성이 만든 겨울옷은 대부분 기형아를 위해 제작된 것[12]이라고 비꼬았다.

북한 공산주의 지도자들은 이제 비판과 자아비판의 전술을 가장 중요한 대중 통제의 무기로 사용하기 시작했다. 1955년 북한의 대중매체들은 모든 인민에게 자백운동自白運動[13]에 진지하게 참여할 것을 호소하는 내용으로 지면을 채웠다. 모든 인민은 동료나 상사의 행동과 태도를 세밀히 관찰하라는 부추김 속에 이 운동은 가족 내부에까지 파급되었다. 언론은 아내들이 남편이 범한 부패행위를 자인하도록 '고무'하고, 주색잡기를 자아비판하도록 권유해 운동을 '돕고' 있다고 몇 가지 사례를 들어 보도했다.

실상 모든 사람은 자신이 누구를 어떻게 비판해야 하는가에 대해 아주 세

---

12 『로동신문』, 1954년 11월 15일자, 3면.
13 이에 관한 권위 있는 논설로는 다음과 같은 것이 있다. 이효순, 「자백운동을 강력히 추진시키자」, 『로동신문』, 1955년 12월 11일자, 2면. 이효순은 아직도 "자기의 개인적 출세와 탐욕적 행위를 엄폐하기 위해 대중들의 자각성과 적극성을 억압"하는 사람들이 있다고 지적하면서 이렇게 말했다. "자백운동은 사람들의 사상을 개조하는 심각한 사상투쟁으로서 단순히 탐오·랑비한 자들의 죄행을 고백시키는 사업이 아니다. 지난 기간 죄과를 범한 자들이 자기 자신을 허심하게 검토하고 그를 대담하게 당과 국가 앞에 자백하여 다시는 그런 길을 걷지 않고 옳은 길로 나아가도록 그의 사상을 개조하는 데 자백운동의 중요한 목적이 있는 것이다. ······당 단체는 자백한 사람들을 계속 꾸준히 교양하여 그들의 사업을 방조하여 다시는 범죄적 구렁으로 빠져들어 가지 않도록 도와주어야 한다. 일부 당 국가기관들에서는 자기의 죄과를 솔직히 자백하고 관대한 용서를 받은 사람들을 공연히 믿지 않고 따돌리며 심지어는 철직, 해임, 조롱시키는 현상까지 발로되고 있다. ······만일 이러한 현상을 묵과하여 지속한다면 자백운동은 옳게 추진될 수 없는 것이다." 이효순은 이어 인민들의 낡은 이데올로기를 바로잡기 위한 중대한 정치투쟁의 일환인 자백운동과 밀접한 관련을 갖고 있는 반탐오, 반낭비 투쟁이 끊임없이 계속되어야 한다고 강조했다. 여기서 중국 공산주의자들의 '사상개조운동'이 자백운동에 상당한 영향력을 미쳤다는 사실에 주목해야 할 것이다.

심한 주의를 기울였다.[14] 이들은 나쁜 사람이나 나쁜 태도에 대한 비판과 실제로는 거의 불가능한 비판에 대한 거부감 사이에서 위태로운 줄타기를 해야 했다.

'자백운동'은 이 시기 북한에 살고 있는 모든 사람을 대상으로 하는 대중 동원을 완수하기 위한 집중적 노력의 일부분에 불과했다. 근본 문제는 어떻게 하면 모든 사람을 당원 중심으로 결속시킬 수 있고, 어떻게 하면 열정적으로 소련식 경제발전계획을 추진해나가는 엄청난 결핍의 시기에 최고지도자들이 대중의 물질적 욕망(오히려 물질적 필요라고 해야겠지만)을 유보시킬 수 있겠는가 하는 것이었다. 그러나 앞서 살펴본 것처럼 당시의 북한은 공산주의 지도자들이 결코 눈을 뗄 수 없는 더욱 복잡한 문제에 직면해 있었다. 그들에게는 한반도 통일이라는 최고 목표가 존재하고 있었으며, 당과 대중과의 관계도 바로 이 점을 중심으로 형성되어 있었던 것이다.

사회화, 참여, 계급투쟁에 관한 조선노동당의 이론과 실천은 바로 이 점을 염두에 두고 계속 새롭게 나타났다. 한국전쟁의 결과 북한 공산주의자들은 매우 중대한 자산을 획득했다. 북한 내의 반공주의자 대부분이 제거되거나 월남해버린 것이다. 북한에 남아 있는 사람들은 정권을 지지하거나, 아니면 북한에 남아 있어야 할 절박한 개인적 사정을 지닌 자들이었다. 이 점에 관한 한 북한 공산주의자들에게는 최상의 조건이 구비되어 있었다. 더구나 남북한 사이 군사분계선의 경비가 엄중했기 때문에 남한으로의 탈출은 거의 불가능해졌고, 남한과의 통신(예를 들어 남한 방송의 청취)은 금지되거나 매우 위험한 것으로 간주되었다. 따라서 북한 당국은 북한의 최하층 노동자조차 북한에 살게 된 것을 다행스럽게 여길 정도로 남한 실정을 왜곡해 선전할 수 있었다. 이 무렵 남한의 경제적 사정이 결코 좋은 상태가 아니기는 했지만, 북한의 대중매체들은 북한 주민들에게 남한 인민들의 극심한 굶주림, 양키 '살인자'들

---

14 스칼라피노·이정식, *Communism in Korea—Part II: The Society*, 제9장 참조.

의 손에 죽어가는 수많은 사람, 이승만 '파쇼' 정권의 잔인성 등에 대해 마음 놓고 선전하면서[15] 엄청난 과장과 왜곡을 자행했다.

이 무렵 북한 공산주의자들은 근본적인 '계급' 문제에 신경을 곤두세우고 있었으며, 이에 따라 대중과 엘리트에 대한 정책도 영향을 받았다. 이는 마르크스주의 이론을 현실에 적용하는 데서 발생하는 심각한 어려움을 보여준다. 당의 공식적 이론은 매우 간단했고, 당시의 국제 공산주의 이론과도 기본적으로 일치하고 있었다. 해방 이후 북한의 노동계급은 당의 영도하에 제국주의와 봉건세력에 반대하는 모든 인민과 광범위한 민족통일전선을 구축했다. 이 통일전선의 기초는 고통받는 농민층과의 견고한 동맹이었다. 이로써 '인민정권'은 확립되었고 인민은 스스로 당의 기본 정책과 조직구조를 결정했다. 정권이 정통성을 이끌어낸 것은 바로 인민의 행동에서였다.

따라서 "혁명의 동력은 조선의 가장 선진적 계급인 노동계급을 비롯하여 그의 가장 믿음직한 동맹인 농민과 그리고 제국주의와 봉건세력을 반대하는 광범한 소자산계급"[16]이었다. 여기서 우리는 북한의 공산당과 국가에서 어떻게 권력이 배분되어 있는가에 대한 전적으로 정통적인 그리고 완전히 허구적인 해석을 볼 수 있다. 그러나 1955년 4월의 보고에서 김일성은 농민을 훌륭한 공산주의자로 만드는 데 많은 어려움이 있음을 실토했다. 훌륭한 공산

---

15 최광석은 남한에 관해 꾸며낸 이야기가 북한 공산 정권에 얼마만 한 중요성을 갖는가를 시사하는 다음과 같은 이야기를 들려주었다. "어느 모내기철의 저녁, 내가 처가의 뜰에 앉아 있을 때 일을 마친 농부 두 사람이 집으로 돌아가면서 이야기했다. '아침에 라디오를 들으니 남조선 농부들은 제대로 먹지도 못하면서 모를 심는다는군. 남조선 농부들은 아무것도 먹지도 못하면서 하루종일 일해야 한다니, 그래도 우리는 삼시 세 때는 꼬박꼬박 먹지 않나?'" 최광석은 사실상 이 무렵 북한의 식량 사정은 매우 나빴으며 아마도 이들 농부 역시 변변히 먹지 못했을 것이라고 덧붙였다. 그러나 라디오 보도를 사실로 받아들인 그들은 남한의 동포들에 비해 자기들이 한결 행복하다고 믿고 있었다. 1966년 11월 24일자, 최광석과 이정식의 인터뷰.

16 조선노동당의 좀더 자세하고 권위 있는 계급문제이론은 1955년 4월 1일 당 중앙위원회에서 김일성이 행한 보고, 「당원들의 계급교양사업을 더욱 강화할 데 대하여」, 『김일성선집』(영문판), 제1권, 1965, 251~272쪽을 참조하라(원문에는 노동계급, 농민, 소자산계급 외에도 '일부 적지 않은 민족자본가'까지 포함되어 있다 ─ 옮긴이).

주의자가 되려면 농민들은 '소부르주아적' 사상의식과 자영농민의 '소상품 경리'小商品經理에 대한 강한 선호를 타파해야만 했다. 김일성이 좀더 솔직했다면 그는 농민들을 농업협동화운동에 '자발적'으로 참여하도록 하기 위해 당시 당이 온갖 사회적·경제적 압력을 사용하고 있었음[17]을 인정했을 테지만, 그는 단지 농민들이 과거의 비참한 생활을 종종 잊어버리고 국가 이익보다 개인의 이익을 더 중히 여기는 현상들이 나타나고 있다고 지적하는 데 머물렀다. 게다가 당의 '전위'인 노동계급조차 "아직 청소하여 대규모적인 혁명운동을 통해 단련되고 세련되지 못했"으며 무엇보다도 노동계급의 농민적 배경이 아직까지도 청산되지 않고 있었다. 지식계급 역시 계급적 각성이 부족하며 대다수가 자유주의적 경향에 빠져서 발전하는 새 현실을 따라가지 못하고 있었다.[18]

이와 같이 조선노동당에 포함되어 있는 각 주요 계급의 자질은 공산주의적 기준에서 볼 때 매우 불만족스러운 것이었고, 따라서 당은 당원들에게 마르크스-레닌주의 이론과 당사 교육을 통해 부단히 계급교양을 실시해야만 했다. 그러나 북한 공산주의의 교의 자체에는 뿌리 깊고도 심각한 역설이 자리 잡고 있었다. 공산주의자들은 사회 내의 모든 요소를 가능한 한 포용해 들이는 통일전선 전술이 인민공화국의 정치체제에 적합하고, 한반도 통일을 완수하기 위한 합리적인 수단이라고 선전했다. 그러면서도 한편으로 북한 공산주의자들은 주민들에게 치열하고 무자비한 계급투쟁에 대해 끊임없이 주의를 환기시켰다.

휴전 후 몇 년간 이러한 역설은 다양한 수준에서 분명히 드러났다. '출신성분'이 나쁜 사람들은 고위직에 임명될 수 없고 대부분의 경우 고등교육조차 받을 수 없었다. 출세와 안락한 생활을 보장받기 위해서는 빈농, 프롤레타리

---

17 이 책 원서의 2부, 제13장, 1,057~1,061쪽.
18 『김일성선집』(영문판), 제1권, 1965, 258~259쪽.

아 또는 혁명 유가족으로 인정받는 것이 필수적이었다.[19] 당연하게도 이 새로운 계급제도는 정권에 충성스럽게 봉사할 수 있는 많은 사람을 배제시켜버렸다. 더구나 전쟁 후에는 남한으로 도망친 사람들의 가족을 어떻게 처리할 것인가 하는 새로운 문제가 발생했고, 1959년까지 모든 월남자의 가족에 대한 식량배급과 교육, 취업 등에서 광범위한 차별정책이 시행되었다.[20]

1959년 이들 가족을 여러 범주로 세분하는 정책이 채택되었다. '해당 행위'를 하고 월남한 자의 가족들은 여전히 박해대상이 되었고 이들을 일반 대중으로부터 식별하기 위해 "모자를 씌워라!"라는 구호가 채택되었다. 두 번째 부류에 속한 사람들은 전쟁 기간 적의 교활한 선전에 속아서, 또는 자신의 과오가 아닌 어떤 다른 이유로 남쪽으로 '끌려간' 사람들의 가족이었다. 이같은 월남자들은 이제 남한의 잠재적인 혁명 요소로 간주되었고, 그들의 가족에 대해서는 차별을 두지 말라는 지시가 떨어졌다. 그러나 이들 가족이 해외여행을 하거나 비밀물자를 취급하는 직책에 임명될 경우에는 엄중한 감시가

---

19 최광석은 교육문화성에 근무하던 자신의 친구가 쫓겨난 이야기를 하면서 김일성종합대학 화학부장이었던 화학자 최삼열崔三悅 박사의 이야기를 들려주었다. 세계평화대회에 조선분과위원회 부위원장으로 참석했던 최삼열 박사는 임무 수행 도중 사소한 잘못을 저지르고 조사를 받았다. 조사 과정 중 기록상 빈농 출신으로 되어 있는 그가 실제로는 도쿄제국대학을 나온 지주 출신임이 밝혀졌다. 그에 따라 당 간부의 신원조사 책임자는 해외에 파견되는 모든 사람의 신원을 철저히 파악해야 하는 책무를 게을리 했다는 이유로 해임되었다.

더욱 비극적인 경우는 상당히 부유한 지주였던 이수한과 그의 가족의 이야기였다. 해방 후 모든 재산을 몰수당한 이수한은 흥남비료공장의 단순노동자로 쫓겨났다. 본문에서 언급한 시기 이후인 1960년 1월, 이수한은 출신 성분이 나쁜 사람은 모두 몰아내라는 내각의 새로운 지시에 의해 다시 공장에서 쫓거나 협동농장에서 농업노동자로 일하게 되었다. 이수한은 반동분자로 낙인찍혔음에도 작업이 너무 힘들고 식사는 보잘것없었다고 불평했다. 보름 후 이수한의 가족들은 그가 사망했다는 통지를 받았고, 시신을 넘겨달라는 가족들의 요청은 거절당했다. 1965년 말 24세가 된 그의 딸은 아버지가 한국전쟁 중 북한 정권에 처형당하고 어머니는 1951년 이후 투옥되어 있는 또 다른 '반동분자'와 결혼했다. 당 간부들이 누가 반동분자와 가까이 지내는가를 감시하고 있었기 때문에 이들의 결혼식에는 양가의 가족만이 참석했을 뿐이다.

20 최광석에 따르면 배급해줄 식량이 부족할 경우 월남자의 가족들은 배급대상에서 제외되었다고 한다. 또한 이들은 고등학교 진학 시 차별을 받았고, 협동농장의 작업반장에조차 임명될 수 없었다. 1966년 11월 24일자, 최광석과 이정식의 인터뷰.

뒤따랐다.

제3의 부류에 속한 사람들은 전쟁 중 아무런 해당 행위를 범하지 않고 월남한 사람들의 가족이었다. 전쟁 이전에는 북한에 공산주의가 확립되지 않았기 때문에 당은 이들에 대해 관대한 처분을 내려 해외여행 시 주시하는 외에는 일체의 차별을 거두었다.*

그러나 여러 가지 측면에서 볼 때 이 기간에 당이 직면했던 가장 복잡한 문제는 다름 아닌 지식계급의 처리였다. 당과 밀접히 연결된 북한의 유수한 지식인인 하앙천河仰天은 1957년 가을, 1956~1957년에 이루어진 대숙청 이후 공산주의 지도자들의 관심사항을 나타내는 논설을 발표했다.[21] 하앙천은 "우리나라에 선진적인 과학과 문화를 건설하기 위한 투쟁의 길에서 당은 인텔리 문제에 깊은 관심을 돌려왔다"고 주장했다. 해방 당시 3만 9,000명에 불과했던 인텔리 수는 1956년 14만 명으로 증가했으며, 1945년 이전에는 단 한 군데도 없던 대학이 18곳이나 설치되었다. 또한 수많은 신문과 잡지가 발간되었으며, 다양한 과학·문화단체도 결성되었다. 최고인민회의 선거에서 '인텔

---

* 1957년 5월 30일 조선노동당 상무위원회는 반혁명분자와의 투쟁을 강화하기로 결정했고 이를 위해 1958년 12월부터 이른바 중앙당 집중 지도에 들어갔다. 북한 정권은 5·30 결정에 따른 집중 지도 과정에서 '관대정책'을 표방해 월남자 가족을 세 부류로 나누어 처리할 방침을 세웠다. 제1부류는 ① 계급적 성분이 좋은 노동자·빈농 출신, ② 범죄를 범한 일이 없고 전쟁의 공포와 자기 안전을 위해 월남한 자의 가족, ③ 월남자가 확고한 주견 없이 타인의 권고에 의해 월남한 자의 가족 등이고, 제2부류는 ① 월남자의 계급적 성분이 적대계급이 아닌 기본 계급에 속하는 자의 가족, ② 한국전쟁 중 치안대治安隊 등 이른바 반동단체에 가담했으나 피동적으로 활동하다가 월남한 자의 가족 등이며, 제3부류는 ① 계급적 성분이 지주·자본가 등 적대계급에 속하는 자, ② 한국전쟁 중 반동단체에 가담해 간부나 고문을 역임한 사람의 가족, ③ 전쟁 중 반공운동을 하고 월남한 자들의 가족 등이다. 북한 공산주의자들은 대부분의 월남자 가족들이 포함된 제1부류에 대해서는 일체의 차별을 취소하고 무조건 당에서 포섭하는 방식을 취하고, 제2부류에 대해서는 과거의 죄과에 대해 깊은 인식을 심어주지만 당의 관용을 보여 포섭하고, 제3부류는 대중과 고립시켜 중노동에 종사시키고 불평분자는 의법 처단하거나 산간벽지로 강제 이주시키도록 했다. 김남식, 「북한의 공산화 과정과 계급 노선」, 아세아문제연구소 편, 『북한 공산화 과정 연구』, 198~214쪽 참조.

21 하앙천, 「인텔리들 속에서의 당 정책교양」, 『로동신문』, 1957년 9월 28일자, 2면(하앙천은 조선독립동맹 출신으로 1960~1965년 김일성종합대학교 총장으로 재직했다—옮긴이).

리·사무원'이 대의원 총수의 27.9퍼센트를 차지하게 된 것은 결코 우연한 일이 아니었다.

하앙천은 이 모든 발전은 당이 지식계급을 존중하고 끊임없이 관심을 보인 결과라고 주장했다. 당은 "낡은 사회에서 교육받은 기성 인텔리들을 부단히 개조하며 근로 인민 속에서 새로운 인텔리늘을 적극 육성하며 그들이 모두 인민 민주제도하에서 조국과 인민을 위하여 충실히 복무하도록" 시종일관 노력해왔으며, 이러한 사업이 '거대한 성과'를 거두었다는 것이다. 하앙천은 인텔리들이 "어떤 경우를 불문하고 당을 전폭적으로 지지해왔으며, 자기들에게 위임된 사업들을 충직하게 집행"해왔기에 "인민들은 인텔리들을 귀중한 존재로 간주하고 그를 존경하며 사랑하고 있다'고 강조했다.

그러나 하앙천은 '극소수나마 건전치 못한 요소들'이 아직도 존재하고 있음을 시인했다. 예를 들어 김일성종합대학의 일부 강좌에서는 사상적으로 건전하지 못한 분자들이 들어앉아 당과 정부의 정책을 강당에서 비난하고 모독하기까지 했다는 것이다. 이러한 '반맑스주의적, 반당적 태도'는 교육·과학·문화 부문에서는 도저히 용인될 수 없는 것이었다.

외국 당의 정책만 귀하게 여기는 몇몇 지식인은 각 방면이 거둔 성과를 제대로 평가하지 않은 채 '주체 확립에 대한 당적 인식이 부족'하여 외국의 모델을 기계적으로 모방하는 데 만족했다. 이러한 편향을 극복하기 위해 인텔리들은 당 단체들과 책임 간부들을 중심으로 결집되어야 했다. 당 정책을 관철시키는 직접적 지휘부인 당 기관의 역할이 약화되면 정책 집행상의 왜곡과 오류, 결함 등이 제때 방지될 수 없었다. 하앙천은 당이 당 정책의 본질적 내용들을 인텔리들에게 꾸준히 반복 납득시키는 제도를 필요로 하고 있다고 강조했다.[22]

---

22 같은 신문, 2면.

2. 전후 초기의 최고 정치 엘리트

그 당시 지식인에 대한 당의 태도는 국내외에서 발생한 정치적 소용돌이와 밀접하게 관련되어 있었다. 앞서 말한 것처럼 전쟁이 끝날 무렵 박헌영과 그의 추종세력 등 이른바 국내파에 대한 대규모 숙청이 단행되었으며, 그 후에도 수년간 암투가 계속되었다. 자수 간첩들에 따르면, 각 파벌 간에 서로 프락치를 침투시키며 끊임없는 선전과 반선전이 되풀이되는 동안 김일성 직계를 중심으로 연안파와 일부 '변절'한 국내파를 포함한 세력은 박헌영 일파에 치명적인 타격을 가했다. 1953년 8월 이후 발표된 당 중앙위원회 서열에서 알 수 있듯이 이 숙청의 여파로 정치 엘리트의 서열에도 큰 변화가 있었다. 조선노동당 내에서는 소련파와 연안파가 손을 잡고 있었으며, 이 제휴의 배후에 다소 모호하고 불확실한 형태로 소련과 중국이 자리 잡고 있긴 했지만, 김일성은 다시한번 아무런 도전도 받지 않는 절대적 지도자로서의 위치를 과시했다. 앞서 살펴본 것처럼 중국의 영향력은 한국전쟁과 중국군 대부대의 장기 주둔으로 막강해져 있었다. 그러나 북한 공산주의자들의 충성대상은 아직까지 소련이었다.

1953년의 숙청 이후 김일성 휘하에서 일한 사람들의 면모는 위의 사실을 잘 반영해준다. 공식적으로 북한의 서열 제2위였던 급진적 민족주의자 김두봉은 연안파의 원로로서, 이데올로기적으로는 그다지 세련되지 못하고 실제 권력기반도 취약한 인물이었으나, 정권에 도전할 위험성이 없었기 때문에 명목상의 혁명 지도자로 내세우기에는 적임자였다. 이러한 유형의 인물은 정치의 위계질서에서 종종 필수적이고 언제나 유용한 법이었다. 김두봉은 아시아의 공산국가들 중에서 베트남민주공화국(월맹)의 톤두크탕Ton Duc Thang과 유사한 성격의 인물이었고, 어떤 면으로는 중화인민공화국(중국)의 쑹칭링*과 비슷한 역할을 수행했다.

김두봉 밑으로 당의 고위 간부 다섯 명을 꼽는다면 박정애, 최용건, 박창옥, 김일, 최창익을 들 수 있다. 이들 각각의 인물에 대해서는 간단히 살펴볼 필요가 있다. 과거의 공산주의 지도자 김용범의 아내로 한국 공산주의운동의 대표적인 여성 지도자였던 박정애는 소련에서 교육과 훈련을 받았고, 1930년대 일제시대에 여러 차례 투옥된 적이 있는 관록을 가진 혁명가였다. 박정애는 뛰어난 개인적 능력을 지니고 있었지만 이렇게 부상할 수 있었던 것은 앞서 살펴본 것처럼 그녀가 위대한 '수령'을 꾀꼬리 같은 목소리로 찬양할 수 있는 김일성의 열렬한 추종자였기 때문이다. 따라서 독자적인 권력기반을 갖고 있지 못했던 박정애의 지위는 전적으로 김일성의 정치적 운명 또는 김일성의 총애 여부에 달려 있었다.[23]

최용건은 이와는 다른 역할을 수행했다. 앞서 살펴본 것처럼 최용건은 여러 해 동안 조선민주당 위원장으로 있었지만 그는 언제나 확고한 공산주의자였음이 틀림없다. 그는 조선노동당에 입당하자 1956년 4월 제3차 당 대회에서 71명의 당 중앙위원 중 김일성, 김두봉에 이어 일약 당 서열 3위로 부상했고 중앙상무위원회에서도 김일성, 김두봉에 이어 3인자의 자리를 굳혔다. 1953~1955년에는 박정애가 당 공식 서열 3위로 발표되었지만, 1956년 당 기구 개편 당시 최용건이 박정애를 제치고 서열 3위로 등장했다.

사실상 '해방 전' 최용건의 경력은 김일성보다 오히려 화려했다. 오랫동안

---

* 1890~1981, 쑨원孫文의 미망인으로 장제스蔣介石의 부인인 쑹메이링宋美齡의 언니다. 1941년 이후 장제스를 공개적으로 비판하고, 1949년 10월 중국에 공산 정권이 수립될 당시 중앙인민정부 부주석을 지냈다. 1959년 국가부주석에 선임되었으며 중국 통일전선정책의 상징적인 인물이다.

23 여기서 논한 인물들에 관한 개별적인 평가는 1955~1957년 김일의 비서로 있었고, 그 후 일 년 반동안 농업상 한전종 밑에서 일했던 오기완에게 주로 의존했다. 북한의 지도자들을 가까이에서 관찰할 기회를 가졌던 오기완은 대다수 하위 관료에 비해 이들 지도자 각각에 대해 좀더 정확한 평가를 내릴 수 있었다.

오기완에 따르면 박정애는 판단이 빠르고 정확하며 유능한 여성이었다고 한다. 정책토론 과정에서 그녀는 종종 "내 생각으로는……" 하며 적극적으로 발언했고 자신의 입장을 (반드시 깊이 있는 내용은 아니었지만) 신속하고 간결하게 표명했다. 그녀는 김일성의 신임을 받고 있었으나 당내에서 별다른 비중을 차지하지는 못했다고 한다. 1967년 1월 15일자, 이정식과의 인터뷰.

중국이나 소련의 혁명가들과 관계를 맺어온 최용건은 중국의 윈난雲南군관학교를 졸업한 후 유명한 황포군관학교에서 잠시 교관생활을 하는 등 주로 군사분야에서 경험을 쌓았다. 이 무렵 그는 중국 공산주의자들과 밀접한 관계를 맺고 있었음이 틀림없다.

앞서 살펴본 것처럼 김일성이 동만주에서 유격대 활동을 시작할 무렵 최용건은 북만주 일대에서 소규모 유격대를 지도하면서 항일투쟁을 벌이고 있었다. 한국전쟁 당시 인민군 전선사령관戰線司令官으로 재직 중에 전사한 김책은 이때 남만주에서 유격대 활동에 종사했다.

이들 세 사람의 유격대 전사로서의 경력은 거의 비슷했다. 최용건 역시 김일성의 유격대와 마찬가지로 일본의 공격을 피해 1941년경 시베리아로 건너가 하바롭스크 부근에서 소련인들한테서 군사교육을 받았고, 제2차 세계대전이 끝날 무렵 김일성과 같은 계급으로 소련군에 복무했던 것으로 알려져 있다. 1945년 직후 최용건은 우선 공산주의자들의 통일전선정책의 성공을 보장하기 위해 '비공산주의' 정당의 지도자로 활약했고, 다음으로 북한의 경찰과 군대를 창설하는 데 큰 공헌을 하는 등 두 가지 역할을 수행했다.

한국전쟁 발발 당시 최용건과 김일성 사이에 불화가 있었다는 소문이 돌긴 했지만 김일성이 최용건을 위협적인 정적으로 생각했다는 증거는 결코 찾아볼 수 없다. 비록 최용건은 중국 공산주의자들과 오랜 기간 관계를 맺어왔지만 연안파의 일원으로 여겨지지 않았는데, 이는 파벌 간의 암투에 개입하지 않았기 때문이다.

사실 이런 이유로 그는 갑산파의 중요 인물이 되었고, 김일성에 대한 그의 충성은 언제나 변함없는 것처럼 보였다. 게다가 최용건은 지적인 면에서 재능 있는 사람이 아니었다. 두드러진 정치적 야심도 없고 이렇다 할 두뇌도 없어 그는 권력의 사다리를 차곡차곡 올라갈 수 있었다.[24]

반면 박창옥은 북한의 몇 안 되는 최고지도자 중 드물게 총명한 사람이었다. 소련에서 태어나 교육받은 박창옥은 소련 군정기 이후 북한에 공산주의를 확립하는 데 크게 기여한 소련 2세 한인들 가운데 한 사람이었다. 1950년 당 중앙위원회 선전부장이 된 박창옥은 1953년 8월 당 중앙위 전원회의에서 당 부위원장에 선출되었다. 소련파의 이론적 지도자였던 박창옥은 마르크스-레닌주의를 북한에 정착시키기 위해 많은 논설을 집필했다. 그리고 당에 입당하지 않은 '자유주의적 좌익'을 포함해서 학계·문화계 여러 인사와 교류했다.

역시 세련된 지식인이었던 김일은 박창옥과는 출신 배경이 매우 달랐다. 함경북도 출신인 김일은 일찍이 만주로 건너가 18세의 어린 시절부터 공산주의운동에 종사했다. 27세 되던 무렵 김일성의 항일 무장 유격대에 가담한 김일은 유격대 정치위원 등 다양한 분야에서 능력을 과시했다. 이렇게 일찍부터 김일성 밑에서 일한 김일은 김일성의 충실한 추종자로 간주될 수 있었다. 한인 무장 유격대가 시베리아로 철수해야 했을 무렵 김일은 소련에서 교육을 받고 있었다. 그러나 그의 개인비서였던 오기완에 따르면 두 달 후 김일은 김일성으로부터 만주로 돌아가 지하 활동을 벌이라는 지령을 받았다고 한다. 오기완은 김일이 일본이 패망할 때까지 만주에서 농부로 가장하고 지하 활동을 벌이고 있었으며, 김일성의 무장 유격대가 북한에 귀환할 때 유격대와 합류했다고 주장했다.[25]

한국전쟁 후 김일은 고속 승진했다. 처음 평안북도 당 비서(평안남도의 착오

---

24 오기완에 따르면 김일성, 김일, 박금철 같은 인물과 비교해볼 때 결코 머리가 잘 돌아가는 사람이 아닌 최용건은 복잡한 현상을 분석하거나 장래를 예측하는 데 별다른 능력을 갖고 있지 못했다. 반면에 그는 자신의 임무를 언제나 묵묵히 수행했고 정치적 음모에도 가담하지 않았다. 그와 김일성과의 관계는 결코 개인적인 친분관계가 아니었고 다만 정치 문제에 관한 것이었다. 1967년 1월 15일자 인터뷰.
물론 이들 다양한 지도자에 대한 오기완의 평가는 주관적인 색채가 강한 것이라는 점을 잊어서는 안된다. 그러나 일반적으로 오기완의 평가는 다른 정보 자료들과 일치한다.

25 많은 자료에 김일이 전쟁 말기 내내 대부분의 한인과 마찬가지로 소련에 머무른 것으로 되어 있지만 우리는 그와 개인적으로 친밀한 관계에 있었던 오기완의 주장이 사실에 더 가까운 것으로 믿고 싶다. 아무튼 여러 자료에서 주장하는 것처럼 김일이 해방 직후 소련군 하위 장교의 신분으로 북한에 들어왔다는 것은 가능한 일이다.

인 듯함─옮긴이)가 된 김일은 1953년 당 부위원장으로 승진했다. 1954년 초 매우 중요한 직책인 농업상에 임명된 김일은 1957년 가을 내각 부수상이 될 때까지* 농업상으로 재직했다. 이 시기가 끝나갈 무렵 많은 사람은 김일성이 자기가 죽거나 유고가 발생했을 경우, 김일을 가장 유망한 후계자로 점찍고 있다고 생각했다. 김일의 충성심과 능력은 그가 북한의 정치 엘리트 중 최고 지위를 유지할 수 있을 만큼 뛰어난 것이었다.[26]

연안파의 실질적 지도자로 알려진 최창익은 북한에 공산주의시대가 열린 그날부터 조선노동당과 내각에서 중요한 위치를 점하고 있었다. 오랜 기간 중국 공산주의자들과 관계를 맺어온 최창익은 소련 군정이 시작된 직후 북한 으로 돌아왔다. 1946년 (북)조선노동당이 창당된 후 정치위원에 선출되었고, 1946년 8월부터 1952년 10월 부수상에 임명될 때까지 재정상으로 재직했 다. 박창옥과 마찬가지로 우수한 이론가였던 최창익은 당 내외에 걸쳐 폭넓 은 교제 범위를 유지했다.

이상이 1953년 가을까지 김일성, 김두봉에 뒤이은 다섯 명의 북한 공산주 의 지도자의 신상명세다. 이들 최고위 지도자 외에도 우리가 주목해야 할 제 2급 지도자가 다수 있다. 이 무렵 북한의 공식 서열에서 바로 이들 뒤에 위치 한 사람은 군소 정당 중 하나인 민주독립당民主獨立黨의 명목상 지도자 홍명희 였다. 앞서 살펴본 것처럼 홍명희는 1948년 중반까지 남한에서 좌익 통일전 선의 핵심 인물로 활약했다. 일설에 따르면 그의 딸은 김일성의 첫 아내가 아 기를 낳다가 죽자 1949년 이후 김일성의 가사를 돌봐주었다고 한다. 홍명희 는 비록 내각 부수상(1948년 9월~1961년 9월), 최고인민회의 상임위원회 부위 원장(1961년 9월~1968년 사망 시까지) 등 화려한 직책을 거쳤지만 실제 권력과

---

* 김일이 부수상이 된 것은 1954년 3월로 당시 농업상을 겸임했다. 1957년 9월 부수상에 유임되었고, 1959년 1월에는 제2차 내각의 제1부수상으로 승진했다.

26 오기완에 따르면 놀라운 기억력을 가진 김일은 종종 "3년 전 당신이 제출한 통계와 지금 당신이 보 고한 내용은 왜 다른가?"라는 질문을 던짐으로써 부하들을 당황하게 만들곤 했다고 한다.

는 거리가 멀었다. 그는 단지 공산주의자들의 통일전선이론에 들어맞으면서 김일성과 개인적 관계를 맺고 있던 명목상의 지도자였을 뿐이다.

1954~1955년의 서열은 정일룡鄭一龍, 박의완朴義玩, 박금철, 박영빈朴英彬 등으로 이어진다. 기술관료 출신으로는 드물게 당 고위직에 오른 정일룡은 일본에서 교육을 받았고 지도자의 지위에 오르기 전 공정의 기술-관리 분야에서 경험을 쌓았으며 북한 정권이 수립된 후 부수상, 중공업상에 등용되었다. 정일룡의 과거 경력은 비정치적인 것이었으나 김일성에 대해 절대적인 충성을 바친 것으로 알려져 있다. 한국에서 태어나 소련에서 교육받은 박의완(Ivan 박)은 철도상을 비롯해 내각과 당의 요직을 두루 역임한 뒤 1954년 부수상 겸 경공업상에 임명되었다. 일찍부터 김일성과 관계를 맺어온 박금철은 일제에 의해 투옥될 때까지 김일성 유격대의 연락원으로 갑산 지방에서 활약했다. 1953년 8월 중앙당 간부부장에 선임된 그는 1954년 이후 당 최고지도부의 일원으로 활동했다. 소련파의 한 사람인 박영빈은 1953년 10월 당 중앙위원회 조직지도부장이라는 대단히 중요한 자리에 선임되었다.

특히 소련파와 연안파의 경우 파벌관계를 지나치게 강조하는 것은 잘못된 일이다. 자수 간첩들은 종종 북한의 파벌이 남한 측 자료들이 주장하는 것처럼 뚜렷하게 구분되는 것도 아니고 중요한 의미를 지니지도 않는다고 주장한다. 게다가 이 시기의 사태 진전을 좀더 자세히 살펴보면 당시에 의미 있는 파벌이란 김일성파뿐이며 출신배경과는 상관없이 김일성과의 개인적 관계가 중요한 의미를 지녔다는 사실을 알 수 있다. 그럼에도 한국 혁명운동의 복잡한 기원 때문에 출신배경과 학력, 심지어 문화의 차이까지 두드러지게 존재했다. 따라서 이는 북한 공산주의자들 자신이 스스로 인정하는 것처럼 정치적 문제로까지 발전했다.

비록 남한의 저술가들이 주장하는 북한의 종파투쟁이 서로 모순되고 확인할 수 없는 정보에 기초한 것이고, 실제로 그다지 심각한 게 아니었다고 해도 종파투쟁 문제가 그 당시의 중대한 문제였음에는 이론의 여지가 없다.

이상 살펴본 11명의 공산주의 지도자들 가운데 다섯 명(김일성 자신을 포함해)이 김일성 직계로 분류될 수 있다. 김일성과 박정애, 최용건, 김일, 박금철 등 다섯 사람은 북한의 당과 정부에서 막강한 실력을 행사하고 있었다. 그러나 이른바 소련파의 비중 역시 무시할 수 있는 것은 아니었다. 박창옥, 박영빈, 박의완 등 소련파의 대표적 지도자 3인 중 오직 박창옥만이 당의 최고지도부까지 올라갈 수 있었지만, 소련에서의 훈련과 경험을 살린 이들 집단은 이데올로기와 기술적인 면에서 능력을 발휘했다. 요약하면 김일성파는 과거의 유격대 출신을 대표하고, 소련파는 이데올로기·기술 분야를 대표하는 어색하고 잠재적인 위험까지 내포한 상황이 벌어졌다. 이 무렵 연안파에서는 김두봉과 최창익이 당의 최고위 집단에 속해 있었지만 실제로는 앞서 살펴본 것처럼 최창익만이 권력의 핵심에 접근해 있었다. 최창익 역시 이론가였으며, 중국공산당의 신망을 얻고 있는 듯했다. 정일룡은 전혀 정치적인 배경이 없었기 때문에 결국 국내파는 한 사람도 당의 최고 지위에 남아 있지 못한 셈이었다.

간단히 말해 그 당시의 정권 담당자들은 한 손에는 경제 복구를, 다른 한 손에는 당 재건이라는 과제를 안고 있었다. 내각 수상이자 당 위원장이었던 김일성은 점차 자신을 갖고 권력을 행사하면서 두 가지 과제를 수행해나가는 데에서 확고한 지도력을 발휘했다. 위에서 간단히 살펴본 인물들 대부분은 이들 과제를 이루어나가는 데 한 가지 또는 둘 모두에서 중요한 역할을 수행했다. 전쟁이 끝난 직후 내각은 정책 실패에 따른 책임 추궁, 업무상의 과오, 관리 부실, 부정부패, 유능한 인재의 결핍, 당내의 종파투쟁 등 여러 가지 이유로 빈번하게 개편되었다. 그러나 1953~1956년에는 중요한 당 지도자들도 이러한 개편대상에 상당수 포함되었지만 진정한 의미의 숙청은 찾아보기 어려웠다. 비록 박헌영 일파 숙청의 그림자가 어둡게 드리우긴 했지만 전쟁 직후 북한의 정치는 구 남로당계 지도자가 제거된 일을 제외하고는 단합된 모습을 보여주었다.

3. 당의 기초 확립

그동안 지방의 시·군·도 수준에서 당과 정권기관의 재건은 앞서 말한 것처럼 매우 어려운 과제였다. 지방의 당 조직은 전쟁으로 산산이 부서졌고, 이에 따라 정치적 동원과 경제건설의 추진은 많은 어려움을 겪었다. 당 지도자들은 지방조직이 재건되어야만 중앙당의 지령을 실천에 옮길 수 있다는 사실을 깨달았다. 빠른 시간 내에 전쟁이 할퀴고 간 상처를 치료하고 폐허가 된 시가지와 마을을 재건해야 하는 엄청난 과제를 해결하기 위해서는 지방의 자발적인 복구사업이 절대적으로 필요했다. 따라서 이 무렵에 "지방의 지도력을 육성하자!", "지방의 독자성을 드높이자!"라는 두 가지 구호가 널리 제창되었다. 앞서 살펴본 것처럼 지방 수준에서는 당과 정권기관의 부족한 일꾼을 메우기 위해 기간 요원의 훈련과 충원에 엄청난 노력을 기울였으며, 이상적인 일꾼상을 묘사하는 논설이 수없이 발표되었다. 많은 당 간부 역시 지방 문제에 보다 많은 대중이 참여해야 한다고 역설했다.

이 운동의 열기는 앞서 언급한 헌법 수정에서 절정에 달했으며, 1954년 10월 31일에는 새로운 지방주권기관구성법이 공포되었다. 이러한 법안 개정의 목적은 지방 주권기관의 권위와 책임을 높이기 위한 것이었다. 이 기간에 각각 상이한 임기를 가진 지방의 당과 주권기관의 대의원 선거가 시행되었다. 전쟁 후 최초로 지방의 각급 당위원 선거는 1954년 1~4월에 실시되었으며, 이 밖에도 1955년 1~3월과 그해 가을에 각각 지방선거가 실시되었다. 그러나 각종 당 기관지에 게재된 선거에 대한 비판 논설에 따르면 대부분의 경우 선거는 주민들의 열광적 지지를 받지 못한 채 기계적으로 치러졌다고 한다.[27]

1956년 가을 전국적으로 도·시·군·리 등 각급 인민회의의 대의원 선거가 실시되었다. 11월 중순 당은 당이 추천한 지방 주권기관 대의원 후보자 명단을 발표했고, 그 과정에서 후보자들의 사회경제적 성분이 밝혀지게 되었다.[28] 각 도와 평양시 인민회의 선거에서 당이 추천한 후보자 1,009명의 계급 구성을 살펴보면 다음과 같다.

노동자	273	문화인	60
'사무원'	253	개인 농민	31
농업협동조합원	286	기업가 및 상인	28
생산 및 수산협동조합원	15	종교인	36
기타	27		

27 다음 사례를 참조하라. 김수, 「당 지도기관 결산 선거사업에서 나타나는 결함을 시정하자」, 『로동신문』, 1955년 12월 14일자, 2면 참조. 김수에 따르면 대부분의 경우 상급 당 조직은 선거에 대해 '충분한 지도와 감독'을 실시하지 않았다고 한다. 선거는 종종 연기되었고 주민들의 별다른 관심도 끌지 못했다. 더구나 각종 지방색, 종파색, 세대차 등 편견에 의해 지방당의 효율성은 크게 침해되었다. 한 가지 예로 김수는 몇몇 당국자가 젊은 당원들을 편애해서 나이 많은 당원들에게는 입후보할 기회조차 주지 않았다고 말했다.

28 『로동신문』, 1956년 11월 16일자, 1면. 11월 22일 당 기관지 『로동신문』은 리·읍 인민회의 선거가 선거 참가 99.99퍼센트, 찬성투표 99.73퍼센트라는 성과 속에 치러져 대의원 5만 4,279명을 새로 선출했는데, 그중 1만 1,199명이 여성이라고 발표했다.

11월 26일에는 대의원 당선자들의 사회경제적 성분이 발표되었는데 이를 당이 추천한 후보자들의 출신 성분과 비교해보면 몇 가지 흥미로운 점이 눈에 띈다.

노동자	2,115	인텔리	2,004
'사무원'	12,143	개인 농민	4,371
농업협동원	32,498	기업가 및 상인	204
생산 및 수산협동조합원	285	종교인	244
기타	355		

이상의 총계는 5만 4,219명으로 대의원 당선자 수에 비해 60명이 부족하다(원래 자료에는 인텔리 숫자 2,064명으로 되어 있다 — 옮긴이). 또한 당이 추천한 후보들에게 압도적인 지지표가 몰렸음은 분명한 사실이지만, 이러한 수치는 유권자의 99.73퍼센트가 당이 추천한 후보를 지지했다는 당의 공식 주장과는 상당한 차이가 있다. 가장 두드러진 차이는 '사무원'(이 범주에는 당이나 정부의 직업적 관료와 기타 공직자가 틀림없이 포함되었을 것이며, 아마도 약간의 지식인도 포함되었을 것이다)의 경우 당이 추천한 후보자에 비해 당선자는 645명이나 적었고, 인텔리의 경우는 398명이 많았다. 한편 종교인도 당이 추천한 후보 수에 비해 61명이 더 당선되었다.

이러한 차이(정부는 선거에 입후보한 후보자의 총수는 발표하지 않았다)는 유권자들이 당이 추천하지 않은 상당수의 '부르주아지'나 '소부르주아지'들에게 투표했다는 점에서 주목할 만한 것이다.

시·군(구역) 인민회의 선거에서 당이 추천한 후보자 9,346명의 구성은 다음과 같다.

노동자	2,140	문화인	505
'사무원'	2,449	개인 농민	354
농업협동조합원	3,362	기업기 및 상인	197
생산 및 수산협동조합원	168	종교인	133
기타	38		

리·읍 노동자구 인민회의 선거에서 당이 추천한 후보자 5만 4,284명의 구성은 다음과 같다.

노동자	2,119	문화인	1,606
'사무원'	12,788	개인 농민	4,396
농업협동조합원	32,316	기업가 및 상인	200
생산 및 수산협동조합원	278	종교인	183
기타	398		

1957년 초 당은 아직도 지방에 자신의 책무를 게을리 하는 간부가 많긴 하지만 초급 지방조직은 현저히 개선되었다고 주장했다. 이렇듯 지방조직이 개선될 수 있었던 데 대해 당은 상급 기관의 감독이 증대된 데 그 원인이 있다고 덧붙였다. 과거 중앙당, 도당, 군당의 간부들은 주기적으로 농촌을 시찰하는 데 만족했지만 이제 각급 당은 현지에 지도원을 파견해 당 총회, 당 분조分組 회의, 학습회 등 각종 모임에 참석하고 주민을 선도하는 등 현지 집중 지도를 강화했다. 이는 지방조직을 크게 개선했을 뿐 아니라 고위 정책 입안자들에게 필수적인 농촌 현실의 파악을 가능하도록 했다.[29]

이 무렵 중국의 경험을 의식적으로 모방해온 조선노동당 지도자들은 당과 대중의 연계를 강화하고 정책 시행상의 창의성을 발전시키기 위해 당의 주관 아래 각 지방에서 국가정책을 연구·토의하는 회합을 개최하라고 강조했다. 그로써 이른바 열성자대회熱誠者大會라는 명목으로 전국의 공장과 협동농장에서는 잦은 회합이 개최되었다. 이들 회합은 지방 수준과 전국 단위에서 모두 비판과 자기비판의 원리에 따라 행해졌다. 그러나 우리가 알고 있는 한 적어도 그 당시 북한의 지도자들은 중국 공산주의자들이 주장하는 정도의 엄격성과 효율성을 이루지 못했다. 북한 지도자들의 대중 동원계획은 그다지 야심적인 것이 아니었고, 좀더 단순하긴 했지만 그럼에도 중국의 경험이 미친 영향은 뚜렷한 것이었다.

당은 당원들을 교화하고 통제하는 또 다른 방법으로 주기적인 당증 재교부黨證 再交付사업을 실시했다. 당은 전쟁 후 수시로, 때로는 고위 지도자들의 숙청과 관련해 당증을 새로 발급하곤 했다. 한 가지 예로 1956년 이른바 8월 종파사건(뒤에서 살펴보겠다)이 있고 나서 당은 1957년 1~3월에 걸쳐 당증 재교부사업을 실시했다. 당 간부들은 당증을 발급하기에 앞서 부적격한 인물을 당에서 출당시키기 위해 당원 개개인에 대해 철저한 심사가 행해지리라는 것을 천명했다. 개인의 사회적 지위와 출세에 절대적으로 중요한 당원 신분은 결코 영구적인 것이 아니라는 사실이 분명해졌으며, 적어도 이론상 모든 당원

---

29 황학성, 「당적 지도를 현지에 접근시키자」, 『로동신문』, 1957년 1월 4일자, 1면. 그러나 다른 논문(박종순, 「초급 당 단체 지도기관 결산—선거에서 제기된 몇 가지 문제」, 『로동신문』, 1957년 2월 17일자, 2면)은 아직도 많은 문제가 남아 있다고 지적했다. 박종순은 "초급 당 단체들의 '전투력과 사업 수준'은 제3차 당 대회(1956년 4월) 이후 현저히 제고되었지만 (초급 당 단체들의 책임적인 지도를 담당하는—옮긴이) 시(구역)·군 당 위원회가" 당원들과 대중 속에 깊이 침투되지 못함으로써 하부의 목소리와 제의들이 적지 않게 간과되었다고 불평하면서 관료주의와 형식주의, 무책임성, 자유주의적 경향은 각급 지방당 간부들 사이에 의연히 존재하고 있다고 주장했다. 그는 이어서 각종 보고서는 "광범한 핵심 당원들의 참가하에 지도기관의 집단적 지혜로써 총화 작성되는 것이 아니라 글줄이나 잘 쓰고 문장이나 만들 줄 아는 개별 당원에게 위임" 되고 있으며, 비판의 자유는 너무나 적다고 지적했다.
이 논문과 이 시기의 다른 논문들은 모스크바에서 개최된 소련공산당 제20차 대회에서 제기된 집단지도체제운동과 중국의 백화제방百花齊放의 영향을 받았다. 이들 사건이 북한에 미친 영향에 대해선 뒤에서 좀더 자세히 살펴보기로 하겠다.

은 언제나 심사대상에 속해 있었다. 당을 대중 정당으로 발전시키기 위해 공산주의자들은 별다른 교육을 받지 않은 1세 또는 2세 농민층이 당내에서 가능한 한 다수를 점할 수 있도록 노력해왔다.

당 지도자들은 당원들의 계급적 교양 수준이 매우 낮은데, 특히 농민층의 경우 문맹자도 상당수 있다는 사실을 잘 알고 있었다. 따라서 북한 당국은 당시 정치적·경제적 이유에서 성인교육과 초등 의무교육을 열정적으로 강조했다. 1958년 당시 교육문화상이었던 한설야는 북한의 각급 학교 학생수가 220만 명에 달한다고 주장했다. 그는 취학 적령 아동은 모두 인민학교에 취학하고 있으며, 인민학교 졸업생의 상급학교 진학률은 92.2퍼센트에 달하고 있다고 덧붙였다.[30] 더구나 북한 정권은 1957~1961년의 제1차 5개년계획 기간에 의무교육을 7년으로 연장해 중학생 수를 배로 늘리려는 야심만만한 계획에 착수했다.

이러한 시도의 가장 큰 성과가 바로 북한에서의 문맹퇴치였음은 의심할 여지가 없다. 그러나 북한 당국이 발표한 교육에 관한 각종 통계를 그대로 믿는다거나, 농촌 지역의 인민학교 학생들이 읽고 쓰기 이상의 교육을 받고 있다고 생각하는 것은 결코 현명한 일이 아니다. 정치적·경제적 분야에서 높은 수준의 유능한 인력을 확보하는 작업은 이 시기가 끝나갈 무렵까지 계속 힘에 벅찬 과제로 남아 있었다. 1958년 8월 18일 291명의 졸업생을 배출하며 거행된 중앙당학교 3년제반 제1기 졸업식 보도기사에서 『로동신문』은 중앙당학교가 1946년 창설된 이래 1만 명 이상의 간부를 교육·교양해냈다고 지적했다. 하지만 『로동신문』은 얼마나 많은 당 요원이 전쟁에서 살아남아 현역으로 활동하고 있는지에 대한 언급은 회피했다.[31]

---

30 한설야, 「우리나라 문화혁명 수행에서 교육 부문 앞에 부과된 과업」, 『로동신문』, 1958년 3월 29일자, 2면.
31 『로동신문』, 1958년 8월 19일자, 1면.

그러나 1958년이 저물어갈 무렵, 북한의 지도자들은 북한 주민들의 정치 문화에 커다란 변화를 초래하기 위해 엄청난 노력을 기울이고 있었음이 틀림 없다. 그들은 낡은 도덕의 개조와 새로운 사회주의적 인간형 창조의 필요성 을 끊임없이 강조했다.[32] 새로운 도덕성은 노동에 대한 헌신, 조국에 대한 열 렬한 사랑과 의무, 당과 프롤레타리아 국제주의에 대한 기본적인 충성, 인민 의 생활수준 향상에 대한 깊은 관심과 사회주의적 번영을 수호하기 위해 몸 바칠 각오 등으로 이루어져 있었다.

자신들에게 주어진 정책 과제들을 달성하기 위해 북한 공산주의 지도자들 은 노동윤리, 민족주의, 국가를 위해 자신을 희생하려는 각오, 공산주의에 대 한 확고부동한 신념 등을 육성해 이미 시작된 야심만만한 국가계획을 떠맡기 려고 했다. 1955년 봄 당 기관지들은 몇 달 내내 '새로운 도덕'과 '낡은 도덕' 에 대해 설명했다.[33]

이 시기에 나온 북한의 각종 문건을 읽어보면 당은 그 결과야 어찌 됐든 모 든 인민, 특히 당의 일꾼들에게 견디기 어려운 압력을 가하고 있었다는 느낌 을 떨쳐버릴 수가 없다. 1958년이 저물어갈 때까지 당 기관지들은 많은 개선

---

32 한 가지 예로 「사회주의적 도덕의 확립을 위하여」, 『로동신문』, 1958년 6월 1일, 3일자와 6월 4일자 의 사설 등을 보라.

33 예를 들어 『로동신문』의 1955년 4월 11일자, 3면에 실린 「조선 사람들의 도덕적 풍모」를 참조하라. 새로운 도덕의 요목으로 제시된 것은 친절, 공공재산의 애호, 애국심, 우애심, 향토애, 호상 협조의 미풍, 자조, 공정성 등이었다. 또한 '낡은 관념의 잔재' 등과 같이 여러 가지 '악습'을 비판하는 논설 도 여러 편 발표되었다.
구우진, 「조선 인민의 새로운 정신적 풍모」, 『근로자』, 1955년 9월호. 이 기사는 당시의 분위기를 잘 전달해준다. 구우진에 따르면 공산 정권이 수립된 이래 10년 동안 조선 인민의 정신적 풍모는 놀랄 만큼 변모되었다고 한다. "개인 영웅주의, 이기주의, 자기 본위주의, 질서 위반, 무책임성, 건달치기 등 낡은 의식과 습성의 잔재"들은 준엄한 사회적·도덕적 비판을 받았으며, 농민들의 전통적·봉건적 세계관은 사회주의적 정신으로 대체되었다. 이러한 새로운 사회의식과 함께 "원쑤들의 침해로부터 자기 조국을 보위하기 위한, 조국의 통일 독립 완성과 근로자들의 물질적, 문화적 복리의 급속한 향 상을 위한, 민주기지 강화를 위한, 인민경제계획의 완수 및 초과 완수를 위한 영웅적이며 헌신적인 노력투쟁"을 맹세하는 새로운 유형의 '사회주의적 애국주의'가 등장했다.

이 이루어졌음을 주장하면서도 모든 구시대의 잔재에 대한 비판을 계속해나가고 있었다. 당 단체들과 정권기관에서는 아직도 '심중한 결함들과 편향'을 범하고 있으며 그중 가장 중대한 결함은 "일부 당 단체들이 당 결정의 집행을 위한 구체적인 대책을 수립하고 그를 추진하는 대신에 극히 형식적이며 소극적인 태도를 취한"다는 점이었다.[34]

이러한 당 단체들은 "자기 지방의 실정에 적응하여 창발성 있게 사업을 조직할 대신에 당 상급의 결정을 기계적으로 복사"하는 데 그치고 있었다. 일선의 일꾼들이 기대하고 있던 유일한 방책은 정부의 직접투자였다. 그러나 당 지도자들의 생각으로는 지방의 모든 인적·물적 자원은 철저히 동원되어야 했다. 생산을 증대시키는 열쇠는 특히 경공업 분야의 경우 정부의 지원에 있는 것이 아니라 인민의 창발성과 재능, 여태껏 이용되지 않던 지방의 인적·물적 자원의 철저한 동원과 이용이라는 것이다.

놀랍게도 이러한 훈계가 '자유기업'적 활동에 대한 호소처럼 들리는 것은 아마도 당이 중앙집중 관리의 심각한 한계를 깨닫기 시작한 때문일 것이다. 전국적으로 경제계획의 목표를 실현할 자원을 갖고 있지 못했던 국가는 이제 지방기관에 책임을 부과하기 시작했다. 이것이 바로 북한식 '현장 관리'의 진정한 의미다.

당연히 대부분의 지방기관은 중앙 당국이 만족할 정도로 자신들에게 부과된 책임을 완수해낼 수 없었다. 이런 상황에서 기적을 이룰 것을 강요받던 일선의 기간요원들은 별수 없이 실적을 허위로 보고하고 주민들에게 압력을 전가하면서 국가를 대대적으로 기만하게 되었고, 이러한 체제의 결과는 발전과 원한과 공포가 뒤얽힌 것으로 나타났다.

---

34 「(6월 전원회의의 과업을 완수하기 위한) 기본 고리는?」, 『로동신문』, 1958년 9월 6일자, 1면 사설.

4. 군소 정당과 통일전선

이 무렵 당 최고간부들의 두 번째 관심사는 통일전선 활동의 강화였다. 앞 장에서 살펴본 것처럼 북한에 있던 비공산주의적 정당과 단체들은 한국전쟁으로 엄청난 변화를 겪었다. 한국전쟁 중 이들 정당의 당원 대부분은 유엔군과 국군을 돕다가 월남해버렸고, 나머지는 공산주의자들이나 그들의 적대자들에게 살해되고 말았기 때문에 이들 정당과 단체는 근본적으로 정리되어야만 했다. 그 결과 1950년대 중반 조선노동당 외에 조선민주당과 천도교청우당의 두 정당만이 형식적인 골격과 당원을 가진 채로 살아남았다.

이들 두 정당이 살아남을 수 있었던 이유는 명백했다. 첫째, 앞서 지적했던 것처럼 이들 정당은 조선노동당에 받아들여질 수 없는 '부르주아' 분자들에게 정치적 안식처를 제공했다. 그러나 한국전쟁이 끝난 뒤 이러한 요인은 정권 당국에 별로 중요한 것이 되지 못했다. 이제 '부르주아'라는 단어는 내부의 적들을 가리키는 형용사일 뿐 실질적으로 위협적인 존재는 아니었다. 더욱 중요한 이유는 비공산주의 정당의 존재를 용인하는 것이 북한 정권이 통일전선에 의거한 정권이라는 허구를 유지하는 데 도움을 주고, 따라서 한반도 통일에 대한 공산주의자들의 입장을 유리하게 만든다는 것이다. 독립적이라고 주장하는 이들 정당은 몇 가지 점에서 남한에서 지지자를 획득하는 데 유용했다. 만약 통일선거가 실시될 경우 이들은 표를 끌어모을 수 있었을 것이다.

따라서 이 기간 내내 이들 두 '정당'은 각급 정권기관과 통일전선기관에 대표를 파견했다. 예를 들어 1957년 6월 최고인민회의 선거를 위한 중앙선거위원회가 조직되었을 당시, 박정애가 위원장에 선임된 것과 아울러 조선민주당의 정준택鄭準澤과 천도교청우당의 김병제金炳濟가 4인 부위원장의 두 사람으로 선출되었다. 일반적으로 이들 제2당, 제3당 대표들에게도 부위원장 직함이 주어지기는 했지만 전쟁 후 이들이 요직에 임명된 사례는 거의 없었다.

과거 모든 활동이 대남 선전에 집중되었던 때 이들 소수당 대표들은 내각의 각료로 선임되기도 했지만, 이러한 일은 한국전쟁과 더불어 끝나버렸다. 실제로 존재하고 있던 이들 두 정당 외에 이름만 남은 당을 대표하던 몇몇 사람에게도 별로 중요하지 않은 감투가 주어졌다. 그러나 뒤에 살펴보는 것처럼 이들의 운명은 대개 비참하게 끝나고 만다.

이제 한국전쟁 이후 살아남은 단체와 개인들을 간단히 살펴보기로 하겠다. 앞서 말한 것처럼 조선민주당은 초대 당수인 조만식이 소련 군정에 의해 투옥되고 다수의 당 간부들이 월남해버린 뒤 실질적인 의미를 상실했다. 그후 몇 년간 최용건이 지도해온 조선민주당은 그가 조선노동당에 입당한 후 홍기황洪基璜을 중앙위원장으로 선출했다. 그러나 1958년 말 홍기황은 숙청되었고, 당 중앙위원장직은 강양욱한테로 넘어갔다. 감리교 목사로 김일성의 외척*인 강양욱은 어떤 문제를 일으킬 수 있는 인물은 아니었다. 이 무렵 천도교청우당의 위원장은 김달현이었다(1959년 1월 박신덕朴辛德으로 교체됨). 1950년까지 공산주의자들은 기독교도를 '미제 침략의 도구'로 몰아 차별정책을 취했다. 따라서 공산주의자들은 천도교청우당에 대해선 다소 관대하게 대한 반면, 기독교도의 공식 기관인 조선민주당에 대해서는 직접 통제를 게을리 하지 않았다. 그러나 전쟁은 이러한 정책을 바꿔놓았다. 전쟁 기간 두 정당의 당원들은 퇴각하는 공산주의자를 괴롭히면서 유엔군과 국군을 환영했다. 그로 말미암아 전쟁이 끝나자 공산주의자들은 비공산주의 그룹에 대해서는 이미 이념상으로 길들여진 사람들조차 의심하게 되었고, 이들에 대해 엄중한 감시를 취했다.

한국전쟁 후 이들 두 정당이 수행한 역할이 무엇인가를 알아보기 위해서는 1957년 12월 각각 개최된 두 당의 중앙위원회 토의사항을 살펴보는 것으로 충분하다. 각각의 의제는 「위대한 러시아 10월 사회주의 혁명 제40주년

---

* 강양욱은 김일성의 외할아버지 강돈욱康敦煜의 6촌 동생으로 감리교 목사가 아니라 장로교 목사였다.

경축 행사와 각국 공산당 및 로동당 대표자회의에 참가한 조선로동당 및 공화국 정부 대표단의 사업에 대하여 조선로동당 중앙위원회 12월 확대 전원회의에서 행한 김일성 수상의 보고와 관련한 조선민주당/천도교청우당의 당면 과업」이었다. 토론된 '과업'이 김일성의 계획을 전적으로 지지하고 "조선 인민의 위대한 지도자를 중심으로 단결하자"는 것이었음은 두말할 나위도 없다. 중화인민공화국의 경우 군소 정당들은 공산당과 독립된 별개의 정당이라는 이미지를 유지하려고 하지 않았다. 중국에서 이러한 노력이 마지막으로 취해졌던 것은 1956년의 백화제방 기간이었지만, 그 결과는 군소 정당의 지도자들이 극렬한 비판을 받는 것으로 나타났다. 북한의 경우 1946년 조만식의 숙청은 군소 정당의 운명에 결정적인 사건이었으며, 한국전쟁은 그 운명을 마지막으로 결정지었다.

독자들은 한국전쟁 전, 특히 1948년 4월 공산주의자들이 주도한 소위 남북협상 당시 남로당 지도자들을 비롯한 남한의 좌익 정객 대다수가 월북한 사실을 기억할 것이다. 이들과 함께 북으로 순례여행을 떠난 한 줌의 추종자들을 제외하고는 아무런 당원도 없이 이들 정당의 간판은 북한에서 다시 내걸어졌다. 이들의 운명은 어떻게 되었을까?

남한의 저명한 마르크스주의 경제학자였던 백남운은 본래 1947년 5월 여운형이 서울에서 창건한 근로인민당의 잔당을 이끌고 월북했다. 백남운은 월북해서 성공적으로 변신한 몇 안 되는 군소 정당 지도자들 가운데 한 명이었다. 한때 그는 북한 정권의 교육상을 지냈으며, 과학원 원장을 겸임했다. 그러나 이 사실은 근로인민당에는 아무런 도움도 되지 못했다. 당원들과 분리된 근로인민당(이 정당은 애당초 머리만 있고 몸통은 없는 정당이었기 때문에 당원 수가 많지 않았음)은 곧 사라져버리고 말았다. 더구나 근로인민당의 대표자들이 모두 백남운처럼 운이 좋았던 것은 아니다. 예를 들어 서울파의 중심인물로 해방 후 장안파의 지도자가 되어 활동하다가 월북한 이영은 1958년 10월 숙청되어 공식적 무대에서 사라지고 말았다.

인민공화당人民共和黨에 가담한 사람들에게는 더 큰 비극이 덮쳤다. 김원봉이 당수였던 이 정당은 처음 1946년 7월 서울에서 창당되었으나 1948년 남북협상 당시 북으로 넘어왔다. 이 정당의 주요 지도자들은 비록 하위직이 긴 하지만 공산주의자들의 위계질서 속에 편입되는 듯했으며 김원봉 자신은 한때 내각의 국가검열상國家檢閱相을 지냈다. 그러나 김원봉의 운명은 한국전쟁 이후 기울어지기 시작했다. 마침내 1958년 12월 그는 오랜 동료였던 성주식, 한지성韓志成 등과 함께 '국제 간첩'이라는 죄목으로 비난을 받아 그와 성주식은 투옥되고, 한지성은 1959년 3월 처형되고 말았으며, 그 결과 인민공화당은 완전히 사라져버렸다.

1947년 10월 서울에서 결성된 민주독립당 역시 1948년 4월에 월북했다. 그 지도자였던 홍명희는 앞서 살펴본 것처럼 정치적 비중이 없는 고위직에 임명되었다. 이 정당 역시 홍명희라는 이름에 붙어다니는 수식어로 사용되는 경우를 제외하고는 사실상 자취를 감춰버리고 말았다. 그 밖에 남한에서 조직되어 1948년 4월 월북한 정치단체는 민중동맹民衆同盟과 조선건민회朝鮮健民會가 있다. 민중동맹의 지도자 나승규羅承奎는 1959년 1월 반동분자로 몰려 숙청되었으나, 조선건민회 위원장인 이극로李克魯는 북한 정권의 호감을 사서 북한 측이 벌이는 통일운동의 주요 지도자로 부상했다.[35]

이처럼 남한에서 월북한 좌익 지도자들은 대체로 형편없는 대접을 받았다. 1950년대 말까지 구 남로당원들 대부분은 숙청되었을 뿐 아니라 적지 않은 군소 정당의 지도자들까지지도 공직에서 추방되어 일부는 투옥되거나 처형되었다. 되돌아올 수 없는 다리를 건넌 그들의 운명은 전적으로 공산주의자들의 정책 변화에 달려 있었다. 많은 사람은 박헌영이나 그의 세력과 같은 지

---

35 빈한한 가정에서 태어난 이극로는 독일로 건너가 베를린대학 철학부 정치학과를 졸업했고 런던대학에서 박사학위까지 받았다. 그 후 조선어학회 간부로 헌신적으로 활동하던 그는 비록 좌익으로 지목되지는 않았지만 1942년 이른바 조선어학회사건 당시 일제 당국에 의해 투옥되었다. 이극로는 1948년 남북협상에 참가하기 위해 월북하여 그대로 북한에 눌러앉았다.

역 출신이라는 이유만으로 그들과 너무나 유사한 운명에 놓였고, 다른 사람들도 북한에 와서 환멸을 맛보았다. 우리는 그들이 규탄받은 간첩행위의 구체적 근거를 알 수는 없다. 다만 그 당시 북한 공산주의자들이 이들 집단에 기대할 수 있는 유용성이란 매우 제한된 것이었다.

공산주의자들이 이들 군소 정당에서 기대했던 것은 다름이 아니라 통일전선적인 조직체였다. 이러한 형태의 조직으로 가장 중요한 것이 앞서 간단히 살펴본 것처럼 조국통일민주주의전선祖國統一民主主義戰線(이하 '조국전선'으로 줄임)이었다. 조국전선은 1949년 7월 25일 북조선민주주의민족전선(1946년 7월 22일 공산주의자들이 결성)과 1949년 이전 월북한 남조선민주주의민족전선이 통합하여 결성된 것이다. 명목상 모든 정치단체를 망라했던 이 새로운 조직은 조선민주주의인민공화국에 대해 모든 조선 인민의 대표자이자 정부라는 정통성을 부여하는 기능을 지닌 단체였다. 주기적으로 열린 이 단체의 회합은 통일과 '인민민주주의'를 주조로 남한 인민들에게 광범위한 국내 문제를 호소하는 결의안을 통과시키는 데 주력했다.

이 단체 하나만으로는 만족할 수 없었던 조선노동당은 1956년 7월 2일 재북평화통일촉진협의회在北平和統一促進協議會라는 새로운 조직을 만들었다. 한국전쟁 중 상당수의 남한 정치인들이 인민군에게 납북되었고, 개중 몇몇은 자발적으로 월북했는데 재북평화통일촉진협의회는 바로 이러한 사람들이 주도해 결성한 것으로 알려졌다.

이 단체에서 주도적 역할을 한 사람들은 저명한 민족주의 지도자이자 언론인인 안재홍, 임시정부 외무부장이었던 조소앙, 김구의 측근으로 임시정부 국무위원이었던 엄항섭, 1919년 이래 유수한 민족주의 지도자였던 윤기섭尹琦燮 등이었다. 이 협의회는 남한 동포들에게 공산주의자들의 통일방안을 받아들이라고 호소하는 결의안을 주기적으로 채택하는 등 공산주의자들의 주요한 선전기관으로 활용되었다.

그러나 1958년 말부터 1959년에 걸쳐 협의회 간부들은 숙청의 소용돌이에 휩쓸렸다. 조소앙, 윤기섭, 엄항섭 등을 포함해 협의회의 지도자들은 스파이라는 누명을 쓰고 투옥되었으며, 다른 사람들도 스파이로 몰리지는 않았지만 규탄을 받고 협동농장과 공장의 일반노동자로 쫓겨났다. 당시 숙청이 발표되지는 않았지만 1958년 12월에서 이듬해 1월에 걸쳐 30여 명의 저명한 남한 출신 인사들이 이러한 처분을 받았다.[36]

어쨌든 1959년 초 북한의 통일전선기관은 1953~1955년 남로당 지도자 제거 이래 계속된 숙청으로 큰 타격을 받았다. 이와 함께 이들 집단의 남은 지도자들은 엄중한 감시를 받았고, 1956~1959년에는 이들 외에 적어도 15명의 전 남로당원이 여러 가지 이유로 공직에서 해임된 후 사라져버렸다. 조국전선은 아직도 공산주의식 통일전선정책의 주요 기관의 위치를 점하고 있었지만 사실상 껍데기에 불과했다. 1956년 4월 조국전선 의장에는 오랜 기간 일본에서 활동했고 북한에 돌아오기 전 일본공산당 중앙집행위원에까지 선출되었던 김천해金天海(=김학의金鶴儀)가 임명되었으며, 1948년 월북한 이극로 역시 조국전선 공동의장에 지명되었다. 그러나 이들 중 어느 누구도 특별한 정치적 비중을 지닌 인물은 아니었다. 조국전선은 이렇다 할 정치적 의미

---

36 그 당시 당 지도자들은 군중 노선을 추구하며 당내 민주주의, 농업협동조합 내의 민주주의를 강조하는 과정에서 '파괴분자'와 '제국주의 간첩'의 활동에 대해 끊임없이 언급했다. 한 가지 예로 『로동신문』, 1959년 1월 7일자, 제2면에 실려 있는 김일성이 전국농업협동조합대회에서 행한 보고를 보라. 더구나 당시의 신문을 자세히 검토해보면 여러 회합에 참석한 것으로 발표된 고위 인사들의 명단에서 몇몇 사람이 빠져 있는 것을 알게 될 것이다. 김일성의 신년축하 회합에는 강양욱과 박신덕이 소속 정당의 중앙위원회 위원장 자격으로 참석한 것으로 되어 있지만 홍기황과 김달현에 대해서는 전혀 언급되어 있지 않았다. 또한 1959년 2월 16일 재일교포영접위원회在日僑胞迎接委員會가 조직되었을 때도 당연히 간부로 선임되어야 할 사람 중 몇몇이 빠져 있었다.
몇 달이 지나지 않아 우리는 왜 남한 출신 인사들에 대해 광범위한 숙청이 단행되었고, 왜 이들의 명단이 언급되지 않았던가에 대해 약간의 힌트를 얻을 수 있었다. 이 무렵 정권의 대변인으로 부상한 김창만은 우리가 뒤에 좀더 자세히 살펴볼 논문에서 '다수의 반혁명 종파분자'들이 전부터 적들과 직접·간접으로 접촉하면서 제국주의 수정주의자들과 손잡고 통일에 대한 대가로 한국의 중립화를 받아들이려 계획했다고 주장했다. 김창만, 「천리마시대가 요구하는 인재가 되기 위하여」, 『근로자』, 1959년 9월호(제3차 재외류학생대회에서 한 연설). 김창만은 이 연설에서 박창옥과 최창익, 김두봉 등을 공격했지만 이 공격대상에는 재북평화통일촉진협의회 지도자들도 포함되어 있었음이 틀림없다.

를 갖지 못한 노령의 월북자들이 계속 간부로 있었지만, 점차 정통적인 공산주의 조직으로 변질되어갔다.

5. 당의 대對사회단체정책

쉽게 예상할 수 있는 것처럼 사회단체의 조직에서 공산주의자들은 청년, 여성, 산업노동자, 농민, 지식인 등 다섯 분야에 중점을 두었다(가장 중요한 제6의 요소인 군대에 대해서는 따로 언급하겠다). 한편 종교계에도 조선불교도연맹朝鮮佛敎徒聯盟, 전국유교연맹全國儒敎聯盟, 조선기독교연맹朝鮮基督敎聯盟 등과 같은 단체들이 존재했으나 별다른 중요성을 갖고 있진 않았다. 반면 청년층은 인적 자원으로서나 새로운 사회주의적 인간형의 창조를 위해서나 매우 중요한 의의를 가졌다. 세계의 다른 지역 공산주의 지도자들과 마찬가지로, 구세대를 재교화시키는 것이 매우 어렵다는 사실을 깨달은 북한 공산주의 지도자들은 '전후 세대'에 큰 기대를 걸었다. 1960년 공산주의자들은 조선민주청년동맹朝鮮民主靑年同盟의 회원 수가 노동당원과 비당원을 망라해 모두 150만 명이라고 주장했다. 실로 이 조직은 거의 모든 지방에서 군대, 공장, 농어촌 내부에 세포조직을 가진 조선노동당의 중요한 무기였다.

전쟁 후 몇 년간 북한 전역에서 최고위 공산주의 지도자들이 참석한 가운데 10만 내지 20만 명의 청년이 동원된 대규모 군중집회가 주기적으로 개최되었다. 수많은 깃발과 플래카드가 휘날리는 가운데 젊은 청년들은 애국심, 지도자와 당에 대한 충성, 새로운 사회주의적 도덕에 관해 훈계를 받았다. 조선민주청년동맹의 주요 지도자들은 조선노동당의 요직에 진출했다. 그러나 부적격하다고 판정받은 인물들은 처벌을 받았다.

앞서 살펴본 것처럼 북한의 여성들은 한국전쟁 중 후방의 인력난이 심각한 문제로 대두되었을 때 대단히 중요한 존재로 부각되었다. 1946년(1945년의 착오-옮긴이) 11월 18일 조직된 조선민주여성동맹朝鮮民主女性同盟은 1951년 4월 20일(1월 20일의 착오-옮긴이) 남로당 산하의 여성단체인 조선부녀총동맹을 흡수했다. 이때 조선민주여성동맹의 중앙위원장은 관록 있는 공산주의자 박정애였다. 그녀의 지도로 여성동맹은 적어도 형식상으로 각 도시와 농촌, 직장에 지부를 설치하고 북한의 모든 성인 여성을 조직에 흡수했다. 여성동맹의 첫 번째 과제는 '조선의 전통 사회에서 여성을 구속하고 있던 봉건유습의 타파'였다. 여성동맹은 북한 여성을 교화하는 문제뿐 아니라 그들을 경제·정치생활로 이끌어내는 데도 책임을 졌다. 김창순은 다소 비꼬는 투로 다음과 같이 말했다. "확실히 북한 사회에서는 여성들의 사회적 진출이 현저하다. 각급 의원도 있고 판·검사도 있고 공무원도 있다. 복종에 있어서는 남성들을 능가한다."[37]

1951년 1월 창립된 조선직업총동맹朝鮮職業總同盟은 1960년 말 현재 맹원 수가 147만 명이라고 주장했다. 이 단체는 1945년 11월 창립된 북조선직업동맹北朝鮮職業同盟과 거의 같은 시기 남한에서 조직된 조선노동조합전국평의회의 통합으로 출현했다. 처음부터 공산주의자들이 지배한 두 단체의 성격은 통합 후에도 지속되었다. 조선노동당의 요인들은 직업총동맹의 주요 간부직을 장악했을 뿐 아니라 전국 단위의 산업별 직업동맹에서 최말단 조직에 이르기까지 각 단체에서 핵심적인 역할을 수행했다.[38] 이처럼 당은 노동자들에게 침투해가는 데서 직업총동맹과 당이라는 두 가지 통로를 사용하고 있었다.

애당초 1946년 1월 31일 북조선공산당의 외곽단체로 조직된 조선농민동맹朝鮮農民同盟은 공산주의자들의 토지개혁 수행을 돕기 위해 창립되었다. 비슷한 유형의 다른 조직체들과 마찬가지로 조선농민동맹은 1951년 2월 11일 남한의 전국농민조합총연맹을 흡수했고 이들 단체는 다시 한번 공산주의자

---

37 김창순, 『북한 15년사』, 서울, 1961, 173쪽.
38 위의 책, 166~167쪽, 259~262쪽.

들의 주도로 개편되었다. 통합 이후 10여 년간 조선농민동맹*은 선전, 정치교화, 기술 지도 등에서 당과 정부의 대리인 역할을 수행했다. 김일성과 오랜 교분을 가진 조선노동당 중앙위원이었던 김진건(강진건姜鎭乾의 착오─옮긴이)은 1963년 사망할 때까지 조선농민동맹의 위원장 자리에 앉아 있었다. 그러나 전 남로당원으로 이 당시 부위원장이었던 현칠종玄七鍾은 1958년 초 종파분자로 몰려 숙청되었다.

북한 공산주의자들은 항상 이들 사회단체를 당의 대리인으로 당의 연장선 상에서 취급했다. 그러나 이렇게 각 사회단체의 지도부를 장악한 당 자신이 '전위'로서의 기능을 수행했고, 당의 정책이 대중의 의식과 행동에 파고들도록 노력해왔음을 잊어서는 안 된다. 이 과정에서 당은 유능한 일꾼을 찾아내어 당에 가입시켰다. 그와 동시에 모든 사회구성원은 국가에 긴요한 각종 사회적·경제적 과제에 역량을 집중시킬 수 있도록 신분과 직능에 따라 편제되었다. 만약 이들 단체 중 적어도 일부가 우리가 압력단체라고 부를 수 있는 집단과 유사하다고 해도(비록 북한이 성숙한 국가는 아니지만), 북한의 사회단체들은 전혀 자율성을 갖지 못했고 자기 집단의 이익을 뚜렷하게 주장하지도 못했다. 당은 이들 단체를 유기체의 일부분으로만 파악했다. 따라서 매우 드문 경우이긴 하지만 어떤 동맹이나 연맹의 지도자가 당과 배치되는 견해를 말했다면 그는 즉각 압력을 받았다. 그러나 이러한 체제에서도 심리적으로 다원론적인 태도가 가능했다. 어떤 사람이 자기가 소속된 청년동맹원들과 함께 행진하거나 자신의 작업반원들과 회합을 가질 때면 그는 당이나 획일적이고 무차별적인 공산국가의 대중 속에서는 느낄 수 없는 독자적인 분위기를 맛볼 수 있었다.

---

* 농민동맹은 개인 농민을 가입대상으로 했기 때문에 북한에서 농업협동화가 진행되자 이를 개편할 필요성이 제고되었다. 특히 1964년 2월 조선노동당 중앙위원회 제4기 제8차 전원회의에서 「사회주의 농촌 문제에 관한 테제」가 발표된 뒤, 같은 해 6월 제4기 제9차 전원회의에서는 농업근로자동맹을 조직할 것을 결정했다. 그 이후 각 군 단위로 농민동맹은 농업근로자동맹으로 개편되었고, 도 단위 조직의 개편이 완료된 후인 1965년 3월 25일 조선농업근로자동맹이 결성되었다.

6. '특수 문제'로서의 지식인 문제

그 당시 기능집단 문제에 관한 한 당의 주요 관심사는 지식인 문제였다는 것을 처음 인정한 것은 바로 당 자신이었다. 우리는 앞서 이 무렵 하앙천이 발표한 논문을 살펴본 적이 있는데, 이 문제는 다른 수많은 정권기관의 대변자들에 의해 되풀이되었다. 공산주의자들은 지식인 사회에서도 단체를 조직하려는 노력을 기울였다. 전국적으로 조선작가동맹朝鮮作家同盟, 조선작곡가동맹朝鮮作曲家同盟, 조선미술가동맹朝鮮美術家同盟 등이 조직되었고, 이외에도 다양한 '친목'과 '문화' 단체가 출현했으며, 교원과 기자들도 각각의 동맹을 결성했다. 북한의 지식인 사회에 단체가 부족하지 않았다는 것은 분명했다.

문제는 상당수의 지식인들이 전통적으로 한국 지식인 사회의 중심지였던 남한 출신이고, 공산주의자이든 자유주의적 성향을 지닌 좌익이든 간에 지식인들이 김일성과 그의 유격대 시절 동지들에게 경도되는 대신 박헌영 세력과 가깝거나 아니면 연안파, 소련파에 사상적으로 경도되어 있었다는 점이다. 이런 이유로 당시에 대 지식인정책의 전개는 1955년 이후의 정치적 드라마와 복잡하게 뒤얽혔다.

1955년 초 제2차 전 소련 작가대회에 참석한 몇몇 북한 작가는 교조주의와 형식주의를 탈피하려는 운동이 시작되고 있음을 알게 되었다. 이 사건은 비록 뚜렷하게 드러나지 않았지만 스탈린주의를 격하시키려는 첫 번째 조짐이었다. 몇몇 사람을 통해 평양으로 전해진 이러한 분위기는 1955년 봄 북한 문단에 논쟁을 불러일으켰다. 이 문제 역시 이 시기의 다른 논쟁들과 마찬가지로 곧 종파투쟁으로 파급되었다. 실로 이 시기에 종파 간의 갈등은 논쟁의 본질적 문제였다. 김일성은 몇몇 작가를 부추겨 당시 문화계에서 활동하며 남한 출신 지식인들과 관계를 맺고 있던 소련파에 대해 공세를 취하도록 했다.[39]

어쨌든 당은 예술과 정치가 불가분의 관계에 있다는 사실을 특히 강조하기 시작했다. 따라서 『로동신문』은 '전투적인 근로대중'은 '건실한 사랑의

시'가 아니라 '전투적인 작품'을 원한다는 강압적인 논설을 게재했다.[40] 아동
문학 역시 계급교양을 염두에 두고 쓰여야 했다. 당의 어느 대변자는 아동문
학에서 농촌생활이나 조선 청년의 모범적인 행동이 충분히 묘사되지 않았고
조국의 역사적 발전은 정당하게 취급되지 않았다고 주장했다.[41] 중앙위원회
제5차 전원회의 이후 임화, 이원조 등의 '반국가적 반당적 사상'에 대한 투쟁
은 확고한 결의 속에 지속되었으나, "작가 자신들이 확고한 계급적 의식을 가
지지 못하여, 현실을 왜곡하였거나 계급적 입장이 모호하거나 당의 정책을 정
확하게 반영하지 못한 작품들이 부분적으로 남아 있었다."[42]

당시 교육은 아주 중요한 문제로 간주되었기 때문에 교원들은 지식인 일
반에 행해진 엄밀한 조사대상에 포함되었다. 따라서 1955년 7월의 전국교육

---

39 1957년 남한에 귀순할 때까지 민주청년동맹 기관지 「민주청년」의 문화예술부장과 문화선전성 기관
지의 부주필을 역임한 이철주李喆周는 문제의 근원은 소련파와 김일성 사이의 파벌투쟁에 있었다고
증언했다. 이철주는 엄호석이 남한 출신의 저명한 작가 김남천을 사회주의적 사실주의와 동떨어져
있다고 비난함으로써 논쟁이 시작되었다고 말했다. 당시 엄호석은 내각 직속 출판 검열지도국의 문
화예술 검열지도원으로 있었다. 이철주는 엄호석의 이러한 비난은 한설야의 사주에 따른 것이고 이
는 아마도 '수상 동지' 자신이 원했던 것이라고 주장했다. 문화선전성 부상(문화선전상은 박창옥)이
었던 기석복奇石福이 즉각 엄호석의 비판을 반박하고 나섰지만, 엄호석은 자기주장을 굽히지 않은
채 자신이 고위 당 간부들의 지원을 받고 있다는 것을 증명이라도 하듯 점차 다른 남한 출신 작가들
에게까지 비판대상을 넓혀나갔다. 이철주, 『북北의 예술인藝術人』, 서울, 1966, 90~96쪽.
40 「근로대중은 전투적인 시 작품을 요구한다」, 『로동신문』, 1955년 5월 25일자, 3면. 노래 역시 뚜렷
한 이데올로기적 내용을 담은 전투적인 것이어야 했다. 이희섭, 「인민가요의 이데올로기적 방향」,
같은 신문, 3면.
41 리효운, 「아동문학의 일보전진을 위하여」, 『로동신문』, 1955년 6월 21일자, 3면.
42 신고송申鼓頌, 「우리 문학의 사상적 제고를 위하여」, 『근로자』, 1955년 9월 25일자.
농촌생활 서술에 대한 작가의 임무는 김명수에 의해 생생하게 제시되었다. "농촌에서 당 정치사업
의 기본 방향은 전체 농민들과 농업협동조합원들, 국가 농목장 일꾼들을 전후 농촌경리 복구발전 3개
년계획의 방대한 과업을 완수 및 초과 완수하기 위한 로력투쟁에 보다 헌신성을 발휘하도록 조직 동
원하는 데 있다. …… 이러한 당 정치사업의 기본 방향은 곧 농촌생활을 주제로 하는 우리 문학 창작
의 기본 방향으로 된다. 우리는 이 기본 방향에 입각하여 더욱 기동성 있고 민활한 창작 활동을 전개
하여 공화국 북반부에서의 사회주의 기초건설과 조국의 평화적 통일 독립위업 달성에 힘 있는 기여
를 해야 할 것이다." 「농촌경리의 발전과 문학창작상의 몇 가지 문제」, 『로동신문』, 1955년 10월 3일
자, 3면.

자대회에서는 기계적 암기나 판에 박힌 교수법 등 모든 낡은 방식을 제거할 것을 촉구하는 결의문이 채택되었다. 이러한 점에서 제5차 전원회의의 정신 은 그대로 받아들여졌다. 초·중등교육의 새로운 목표는 '과학성'과 '정치사 상성'을 제고함과 동시에 실험 실습을 강화하는 것이었다. 쉽게 말해 학생들 은 이념(홍紅)과 전문성(전專)을 모두 갖추어야 한다는 것이다. 그들에 대한 교 수·교양사업은 조국과 당과 인민을 위해 노동하는 고귀한 품성을 특히 강조 하면서 프롤레타리아 국제주의와 애국주의를 포괄하도록 되어 있었다.[43]

앞서 지적한 것처럼 이 시기의 당 노선은 1953년 8월 이후 가장 중요한 회 의였던 1955년 4월의 당 중앙위원회 4월 전원회의에서 제시되었다. 이 무렵 김일성은 적어도 네 편의 연설문을 발표했는데, 그중 세 편이 바로 4월 전원회 의와 관련된 것이었다.[44] 우리는 이미 이러한 연설에서 김일성을 통해 제시된 계급, 통일전선정책, '인민의 권력' 등에 관한 기본 논조를 분석한 적이 있 다.[45] 이제 그가 말한 당에 대한 충성심과 파괴분자, 종파분자에 대해 주의 깊 게 살펴보는 일이 필요하다. 이들 연설문의 곳곳에는 아직도 반동·반당분자 들—비록 '박헌영-이승엽 도당'과 같은 식으로 반란을 꾀할 능력은 없지만— 이 당내에 숨어 있어 중요한 위협이 된다는 지적이 있었다. 김일성은 "원쑤들 은 사상적으로 견실치 못한 동요분자들과 과거의 생활이 결백하지 못한 자들 을 자기들의 파괴사업에 리용하려고 시도하고 있읍니다"라고 주장했다.[46] 그

---

43 『로동신문』, 1955년 7월 14일자, 1면.
44 이들 연설문의 영어 원문은 김일성, *Selected Works*, 1965년, Vol. I에 수록되어 있다(한국어 원문 은 1960년판 『김일성선집』, 제4권—옮긴이). 「모든 힘을 조국의 통일 독립과 공화국 북반부에서의 사회주의 건설을 위하여—우리 혁명의 성격과 과업에 관한 테제, 1955년 4월」, 234~250쪽(한국어 판, 196~213쪽); 「당원들의 계급교양사업을 더욱 강화할 데 대하여—조선로동당 중앙위원회 전원 회의 김일성 수상의 보고, 1955년 4월 1일」, 251~272쪽(214~237쪽); 「관료주의를 퇴치할 데 대 하여—조선로동당 중앙위원회 전원회의 보고, 1955년 4월 1일」, 273~287쪽(238~253쪽); 「사회주 의—혁명의 현 단계에 있어서 당 및 국가 사업의 몇 가지 문제들에 대하여—조선로동당 4월 전원회 의 총결 보고, 1955년 4월 4일」, 288~314쪽(254~286쪽).
45 이 책 686~687쪽 참조.

는 이어 공화국 북반부의 모든 반동분자가 아직도 제거되지 않은 상황에서 적들의 영향력은 우리 진영의 일부 낙후한 당원에게 파고들 수 있다고 말했다. 이러한 위험은 당과 전체 인민 내에서 계급교양을 강화함으로써만 줄어들고 제거될 수 있었다. 그러나 당 조직원들은 정치교양에서 형식주의적 방법을 퇴치하는 데 완전히 실패했다. 그들은 당원들의 교육과 지식 수준을 고려함 없이 당원들의 머릿속에 원료만을 주입하는 데 급급했던 것이다. 김일성은 이를 "당 교양사업을 지도하는 일부 선전 일꾼들은 군중이 알아들을 수 있는 쉬운 말로 해설하여주지 않고 자기도 완전히 리해하지 못하는 어려운 용어들과 명제들을 라열"하여 당원 대중에게 혼란을 일으키게 하고 있다고 비난했다.[47]

김일성은 이러한 비난을 자신의 주장을 부각시키기 위해 사용했다. 많은 당 조직원과 지도적 관료는 국가가 당면한 경제적 과업의 완수를 보장하기 위해 대중을 고무하고 조직하고 동원하려면 그들에 대한 집중적인 이데올로기 정치교양사업이 필요하다는 사실을 아직도 깨닫지 못하고 있었다. 행간에 감춰진 내용을 살펴볼 때 열악한 생활조건과 경제기관의 엄청난 비효율성에 대한 인민의 광범위한 불만을 잘 알고 있던 김일성은 이 문제를 당의 교양선전 활동이 부적절했던 데 기인하는 것으로 돌리기로 결심했음을 알 수 있다.

이러한 비난은 즉각적으로 당시 당의 선전선동부장이던 박창옥과 그 밑의 몇몇 '지식인'한테로 돌아갔다. 더구나 4월 전원회의 당시 김일성의 연설에는 지식인계급 전체에 대한 광범위한 회의가 내포되어 있었다. 지식인계급은 과거의 부르주아적 교육을 극복하기가 '극히 어려울' 뿐 아니라 그중 상당수는 대중에 대해 경멸적인 태도를 취했고, 자유주의에 경도되는 등 자기중심적인 우월감마저 지니고 있었다. 이 점에 대해서는 뒤에서 좀더 자세히 살펴보겠지만 여기서는 마오쩌둥과 김일성 같은 사람들, 즉 광범위한 정규 교

---

46 김일성, 「당원들의 계급교양사업을 더욱 강화할 데 대하여」, 앞의 책, 256쪽.
47 위의 책, 270쪽.

육을 받지 못한 채 주로 농촌에서의 실제 경험만을 쌓은 유격대 출신은 도시화되고 서구화된 인텔리겐치아들에게 깊은 의심을 품고 있었으며, 이런 의심은 이 두 사람에 의해 정치무대에서 눈부시게 분출되었다는 점만을 지적해두고자 한다.

그러나 이러한 의심에 전혀 근거가 없었던 것은 아니다. 전통적인 동양의 유교사회에서 주로 향신鄕紳계급 출신인 지식인들은 유교경전에 대한 교육을 받았고, 이들의 가치관은 특히 육체노동의 경우엔 대단히 보수적이었다. 서구식 교육의 영향 등 '근대화'도 아시아 지식인들의 전통적인 속성을 충분히 바꿔놓지는 못했다. '새로운 교육'이라는 것 자체도 몇몇 전통적인 품성을 포함하고 있었으며, 이는 특히 중국과 한국 같은 사회의 향신계급 출신 학생들에게 그대로 번졌다. 이들 사회에서의 교육은 인문교육이든 법률교육이든 간에 즉각적·기술적 응용성이 상당히 제한된 '전인교육'全人敎育이었다. 이러한 교육은 일반적으로 지식인들을 노동자-농민계급에서뿐 아니라 자기 사회의 전체 문화와도 동떨어지게 했으며, 지식인들이 새로이 획득한 문화를 자기 사회 내의 기초적인 정치 과정과 관련짓는 데 아무런 도움도 주지 못했다. 지식인들은 그 자신의 문화적 뿌리에서 분리되기 시작했고 점점 그에 대해 불만을 품게 되었으며, 따라서 공산주의와 같은 혁명운동에 동원될 수 있게 되었다. 그러나 그들은 결국 구질서에 대해 그랬던 것과 마찬가지로 공산주의 체제에서도 소외당하게 되었고, 김일성이나 마오쩌둥 같은 사람들은 이런 사실을 본능적으로 깨달았다.

7. 군과 정치

한국전쟁 기간의 엄청난 손실에도 불구하고 조선인민군朝鮮人民軍은 전쟁이 끝났을 당시 당 외부에 존재하는 유일한 전국적인 조직체였다. 1930년대부터 유격대에서 활동한 적이 있는 조선인민군의 주요 인물들은 이제 전쟁에서 많은 경험을 쌓았고, 하사관과 사병들은 젊은 농민층에서 새로이 충원되었다. 인민군은 최고 권력을 유지하는 데 상당히 중요한 위치를 차지하게 되었다. 군부의 구조에 관해서는 2부에서 자세히 다룰 것이다. 여기서는 당시에 군부와 관련된 기본적인 정치 동향에 대해 좀더 자세히 살펴보기로 하겠다.

한국전쟁 직후 당이 당면한 주요 과제는 인민군의 모든 성원한테서 지도자에 대한 절대적인 충성심을 배양하고, 이러한 충성심에 합당한 인민군의 전통에 관한 신화를 굳게 확립하는 것이었다. 사랑, 존경, 당에 대한 충성심 등 고귀한 상품들은 모두 김일성 개인에게 바쳐졌다. 그의 말, 그의 사진, 그의 상징물은 이제 병영의 곳곳에, 군대의 모든 간행물에 내걸렸다. 김일성의 소규모 유격대가 이룩했다는 '영웅적인 행위'는 현실 속에서 최대한 과장되어 인민군과 그 밖의 각종 군대조직이 배우고 따라야 할 본보기로 제시되었다. 이에 따라 "항일무장투쟁의 빛나는 혁명 전통을 배우자"는 운동은 위생, 희소물자의 보존, 군·민관계, 정치사상의 교정, 애국심, 희생정신 등 모든 사항에서 군인들을 교양하는 구호로 사용되었다.

그러나 이러한 집중적인 정치화나 당과 국가에 속한 모든 것을 김일성과 동일시하는 작업에 압도되어 우방국의 역할에 대한 언급이 사라진 것은 아니다. '위대한 붉은 군대'에 대한 찬사는 곳곳에서 계속되었고, 영웅적인 소련 군인에 대한 이야기는 북한의 영웅적인 인민군에 대한 찬사와 함께 널리 유포되었다. 북한의 군사·정치 지도자들은 북한의 군사력을 훈련하고 장비를 보급하는 데서 소련이 수행한 역할을 결코 감추려 하지 않았다. 중국의 공헌도 소련만큼 찬양되지는 않았지만 널리 인정되었다. 북한의 잡지들에 인민군 병사들이 각종 작업이나 관개사업에 동원된 사진이 실린 것을 보면, 이들은 종종 중국제 군복을 입고 있거나 중국제 무기를 지니고 있었다.

그동안 정부는 인민과 군대를 가깝게 하기 위한 노력을 지속적으로 이어 왔다. 예를 들어 1958년 2월 인민군 창건 10주년 경축 행사를 한 달 간이나 열었고, 군부의 주요 인물 20여 명이 북한의 최고 영예인 국기훈장을 받았다. 또한 이와 관련해 몇 차례 공휴일이 지정되어 대규모 시가행진과 수많은 연설 집회가 개최되었다. 전국 곳곳에서 인민군은 조국 방위의 혁혁한 공로와 생산 원조의 공훈으로 찬양을 받았고 전국적으로 '전몰유가족돕기운동'이 거행되었다.

자신과 당에 대한 군대의 충성심을 강화하려는 김일성의 노력이 결실을 맺어 1950년대 말에 그가 충성스럽고 통일된 강력한 군사력을 장악할 수 있었다는 점을 시사해주는 증거는 충분하다. 군부 내의 정치적 충성심에 의문을 던져주는 사건은 이 무렵 오직 두 건만이 알려져 있을 뿐인데, 이 두 가지 사건의 상세한 내막에 대해서는 논란의 여지가 많다. 두 가지 사건은 모두 1956~1958년의 위기 중에 일어났다. 1958년 3월 인민군 군단장이었던 장평산張平山은 박창옥-최창익 일파를 위해 쿠데타를 꾸몄다는 혐의로 숙청되었다(사건의 줄거리는 그가 총구를 평양으로 돌리고 김일성을 제거하려고 했다는 것이다). 장평산이 숙청된 뒤 김일성 자신의 연설을 포함한 당 간행물에 그에 대한 비난이 널리 게재되었음은 물론이다. 장평산은 연안파의 일원이었으며, 따라서 김두봉 등 당시 공격을 받고 있던 인물들에게 동정적인 태도를 취했을 것이다. 그러나 쿠데타가 계획되었다거나, 실제로 시도되었다는 구체적인 증거는 그 어디에도 없다.[48]

---

48 이 문제에 대해 몇 가지 점에서 의문을 제기하는 김남식은 장평산이 쿠데타를 계획했다는 말은 전적으로 조선노동당의 조작이라고 주장했다. 쿠데타를 계획했다고 알려진 또 다른 인물은 내각 사무국장(연안파의 양계楊界 ─ 옮긴이)이었는데 김남식의 친척이 내각 사무국에 근무하고 있었다고 한다. 김남식이 쿠데타에 관한 소식을 들었을 때 그의 친척은 자기는 쿠데타에 관해 아는 것이 없으며, 쿠데타 설은 전적으로 조작된 것이라 생각한다고 말했다 한다.

김남식은 군부 내에 많은 파벌이 있었다는 것은 인정했지만 자신이 알고 있는 한 이 무렵 군부 내에는 당 조직이 깊이 뿌리를 내리고 있었으며, 군부의 대부분은 김일성에게 충성을 바치고 있었기 때문에 장평산의 어떤 지시도 장평산의 추종자들이 충실히 수행할 수 없었을 것이라고 주장했다. 더 나아가 김남식은 이 사건 역시 이 무렵 '반종파'운동에서 조작된 수많은 사건의 하나라고 주장했다. 김남식과 이정식의 인터뷰, 서울, 1967년 3월 5일.

두 번째 사건은 몇몇 육군대학 교수와 당과의 관계에서 벌어졌다. 여러 자료에 따르면 1957~1958년 무렵 군부 내에서 조선인민군이 당의 군대인가 인민의 군대인가를 놓고 논쟁이 일어났다고 한다. 김일청, 김일규(김을규金乙奎의 착오—옮긴이) 장군 등 육군대학의 몇몇 간부는 학생들에게 조선인민군은 일개 당 또는 일개 집단의 군대가 아니라 조국통일민주주의전선의 군대라고 말한 것으로 알려졌다. 이러한 발언은 인민군이 김일성의 영광된 항일무장투쟁의 전통을 계승한 조선노동당의 군대라는 명제에 직접적으로 도전한 것이었다. 알려진 바에 따르면 이 두 장군은 숙청되었으며 그들의 가족은 산간벽지로 쫓겨났다고 한다. 육군대학의 다른 교수들 역시 탄광으로 배치되었다. 몇몇 사람의 말에 따르면 이 사건은 군부의 최고 지도층 내에 큰 동요를 가져왔다고 한다.[49]

김일청, 김을규 등이 의식적으로 김일성과 당에 반기를 들었는지는 대단히 의심스러운 일이다. 그 당시의 정치적 상황에서 중요한 사실은 군부는 1956년 8~9월과 같은 위기 상황에서도 결코 김일성과 그의 직계 파벌에 대해 실질적인 위협이 되지 않았다는 점이다. 김일성은 일찍이 무정과 같은 인

---

49 이 무렵에는 비록 그중 일부만 이 사건과 직접적인 관련이 있었지만 군부의 최고 지도층 내에서 민족보위상이었던 최용건이 경질되고 민족보위성 부상이던 최현이 체신상으로 전임하는 등 몇 가지 주요한 변화가 일어났다. 그러나 여전히 이 두 사람은 김일성의 신임을 받는 측근으로 남아 있었다. 육군대학의 책임자였던 방호상(방호산方虎山의 착오—옮긴이)과 민족보위성의 또 다른 부상인 김웅金雄은 숙청되었다. 이러한 인사 변동 이유는 밝혀지지 않았지만 아마도 육군대학사건과 관련이 있으리라고 추측된다.

이 무렵부터 눈부시게 부상한 김광협金光俠 대장이 새로이 민족보위상에 임명되었고, 그 밑으로 최종학崔鍾學, 이건무(이권무李權武의 착오—옮긴이), 김태근金泰根 등이 민족보위성 부상에 임명되었다. 몇몇 관측자는 민족보위성 부상에 임명된 세 사람은 일찍이 중국 공산주의자들과 함께 활동했던 사람들로 일반적으로 연안파로 분류된다고 지적했다. 이는 아마도 어떤 특정 파벌에 속한 사람들이 지난날의 동지들을 저버리고 김일성에게 충성을 맹세한 대가로 보답을 받은 일이 되풀이된 것으로 보인다. 뒤에 살펴보겠지만 1956년의 소위 8월종파사건과 그 이후 일련의 사태 진전에서 크게 이득을 본 사람은 김광협과 중국에서 오래 활동했던 김창만이었다. 이러한 사람들이 급속히 부상한 것이 중국 측과 원만한 관계를 유지하고 있는 자들을 요직에 임명하려는 의도와 얼마만큼 관련이 있는지는 확실치 않지만, 아마도 이 같은 동기도 간과해서는 안 될 것이다.

물을 제거하는 데 기민하게 움직였다. 따라서 외세가 개입하는 절박한 위기의 상황이 도래한다고 해도 국내의 권력은 그의 손아귀에 이미 장악되어 있었다. 이 사실이, 아니 이 사실만이—마오쩌둥이 약 10년 후 좀더 복잡한 상황에서 살아남을 수 있었던 것처럼— 김일성을 살아남게 할 수 있었던 것이다.

이 시기가 끝날 무렵 인민군의 병력은 약 40만 명에 달했다. 북한의 인구수에 비교해볼 때 인민군은 세계에서 가장 규모가 큰 군대 중 하나였다. 따라서 김일성과 노동당이 군사교양 그리고 정치적 충성심에 가장 주력했다는 점은 결코 놀라운 일이 아니다. 여기서 우리는 왜 김일성과 당이 병사들을 물질적으로도 특별히 대우했는가를 알 수 있다. 이에 관해서는 이 책 2부에서 보다 자세히 다루었다.

8. 당내 무기로서의 민족주의 등장

4월 전원회의 총결 보고에서 김일성은 이전의 당 회의에서 유래를 찾아보기어려울 정도의 강한 어조로 종파주의를 집중적으로 공격했다. 그는 1920년대 조선 공산주의운동이 철저히 실패한 것은 당내의 종파투쟁 때문이며, 아직도 당내에 당시의 종파투쟁에 관련된 사람들이 일부 남아 있다고 지적하면서 포문을 열었다. 김일성은 이들을 당에서 내쫓자는 것은 아니지만 그들 스스로 나쁜 습성을 버리고 좋은 당원이 되기 위해 노력해야 한다고 주장했다. 김일성은 이들을 "사람들이 잠잘 때에는 온 집안을 돌아다니면서 쏠라닥거리다가 사람이 소리만 치면 어디 갔는지 모르게 자기의 종적을 감추는" 생쥐들에 비유했다. 그러나 김일성은 종파주의는 국내의 조선 공산주의운동하고만 관계가 있었던 것은 아니라는 점을 분명히 했다. 조선노동당에는 남북한에 정치기반을 두었던 사람들뿐 아니라 소련, 중국 출신들까지 포함되어 있었다. 종파주의자들은 바로 이 점을 이용했다. 몇몇 사람은 자신이 자기 출신 지역의

'대표자'라고 공언했다. 김일성은 이승엽 같은 인물들이 "자기들만이 남한 출신의 일자리를 주선해주었고, 마치 그들의 운명을 자기가 결정하는 듯이 하며 그들을 자기 개인 활동의 토대로 만들려 했다"고 주장했다. 김일성에 따르면 소련 출신 중에서는 자기가 모든 소련 출신을 대표하는 것처럼 행동한 허가이가 비슷한 사례였으며, 중국 출신 중에서는 박일우가 이러한 역할을 하고자 했다.[50]

이러한 사람들은 끊임없이 자신들의 편협한 관점에서 정책을 주장하고 간부 인선이 잘못되었다고 불평했다.[51] 그러나 김일성은 "소련이나 중국 또는 남반부에서 들어온 사람들은 그 누구를 물론하고 다 조선로동당원의 한 사람이라는 것을 알아야 할 것"이라고 하면서, 간부의 선발과 배치는 "어느 개인의 주관적 의사에 의하여 결정할 것이 아니라 항상 당적 원칙에서 결정하여야 한다"고 주장했다.

김일성은 "만약 그 누구든지 당성이 없고, 당과 혁명을 위한 사업에서 비열성적이며 자기를 특출한 인물로 자처한다면 쏘련이나 중국이 아니라 하늘에서 왔더라도 우리 당에는 아무 소용없는 존재라는 것을 똑똑히 알아야 한다"고 결론지었다.[52]

연안파와 소련파에 대한 이런 신랄한 비난은 일찍이 없었던 일이다. 또한 이를 비롯한 이 무렵의 연설 속에서 김일성이 북한을 둘러싸고 있는 거대한 공산주의 국가로부터의 독립을 처음으로 조심스럽게 주장했다는 사실은 매우 흥미롭다. 김일성은 전쟁에서 살아남았고 그 후 당내의 주요 경쟁자들을

---

50 김일성, 「사회주의 혁명의 현 단계에 있어서 당 및 국가 사업의 몇 가지 문제들에 대하여」, 앞의 책, 298~299쪽.
51 박일우에 대해 김일성은 다음과 같이 말했다. "그는 중국에서 나온 사람들 중에서 자기가 대표적인 인물인 것같이 생각하면서 '중국에서 나온 동무들을 간부로 등용하지 않는다'느니 '소련에서 나온 사람과 중국에서 나온 사람은 서로 생활풍습이 맞지 않는다'느니 하면서 계급의식이 약한 동무들을 자기 주위에 규합하려고 쏠라닥쏠라닥 장난을 하고 있읍니다." 앞의 책, 298쪽.
52 같은 책, 299~300쪽.

모두 물리쳤다. 이제 그는 자기 자신의 권위를 내세울 수 있게 된 것이다.

그다음의 극적인 사태 진전은 1955년이 저물어갈 무렵에 일어났다. 그해 12월 중순 조선노동당 당국자들이 마침내 박헌영을 공판에 회부해 처형했던 사실을 기억할 것이다. 따라서 종파주의와 반역의 문제는 다시금 대중 앞에 제기되었다. 앞서 말한 것처럼 이 공판이 진행된 시기는 당 내부의 사태 진전과 결부시키지 않고는 이해하기가 어렵다. 국제 무대에서 벌어진 어떠한 사건도 이 공판이 행해진 시기에 영향을 미치진 않았다. 그러나 국내 무대에서는 새로운 위기가 배태되고 있었으며, 김일성파로서는 당의 최고지도자들에 대한 또 다른 숙청을 감행하기에 앞서 박헌영을 제거하는 것이 좀더 현명하리란 사실을 고려하고 있었다.

어쨌든 박헌영이 사형을 언도받은 지 꼭 13일 만인 12월 28일 김일성은 당 선전 선동 일꾼들을 모아놓고 비상하게 중요한 연설을 했다.[53] 그러나 이 연설은 적어도 우리가 알고 있는 한 당시에 공개되지 않았다. 김일성은 주체主體, 즉 고유한 필요와 경험을 필수적인 기준으로 삼고 '자주성'을 조선 혁명의 중심 과제로 삼는 일의 중요성을 크게 강조하면서 연설을 시작했다. 그에 따

---

53 김일성, 「사상사업에서 교조주의와 형식주의를 퇴치하고 주체를 확립할 데 대하여」. 필자들은 이 연구에서 김일성, *Selected Works*, 제1권, 315~340쪽에 수록된 영문으로 된 연설을 사용했다. 김일성이 행한 연설의 원문은 가필과 삭제 등 변화를 거쳤을 가능성이 있지만 한국어판, 일본어판과 그 후의 영문판에서 나타난 차이는 그다지 중요한 것이 아니다. 한국어판으로는 『김일성선집』(1960년판), 제4권, 325~354쪽을 보라(김일성이 '주체'에 대해 공식적으로 언급한 것은 이때가 처음이다. 그러나 '주체사상'을 체계화하는 과정에서 그 기원은 항일무장투쟁 시기로 거슬러 올라가게 된다. 즉 앞서 인용된 백봉, 『민족의 태양, 김일성 장군』(1968년)에서는 김일성이 1931년 안투회의安圖會議에서 주체사상에 입각한 항일무장투쟁 노선을 제시한 것으로 되어 있으며, 1971년 사회과학원 력사연구소에서 간행된 『력사사전』에서는 김일성이 18세 때인 1930년 6월 카륜卡倫회의에서 「조선혁명의 진로」라는 연설을 통해 주체사상에 입각한 무장투쟁 노선을 제시한 것으로 돼 있다. 이후 북한의 모든 간행물에서는 카륜회의를 주체사상이 창시된 시점으로 잡고 있다. 그러나 이 회의에서 행한 「조선혁명의 진로」라는 '중요한' 연설은 전혀 공개되지 않다가 1978년에 가서야 짤막한 소책자로 간행되었고, 이듬해 『김일성 저작집』, 제1권, 1~11쪽에 수록되어 처음으로 세상에 그 모습을 드러냈다 ― 옮긴이).

르면 당의 사상사업은 당의 선전선동 일꾼들이 "교조주의와 형식주의에 빠져 있으며", "문제를 깊이 파고들어 가지 못하고 겉치레만 하며 창조적으로 사업 하지 않고 남의 것을 베껴다가 외우기만" 했기 때문에 큰 손실을 보았다고 말 했다.

김일성은 다음과 같이 주장했다. "우리는 어떤 다른 나라의 혁명도 아닌 바로 조선 혁명을 하고 있는 것입니다. 이 조선 혁명이야말로 우리 당 사상사 업의 주체입니다. 그러므로 모든 사상사업을 반드시 조선 혁명의 이익에 복 종시켜야 합니다."[54]

김일성은 이어 박창옥의 이름을 지목하면서 공격을 퍼부었다. 그는 박창 옥과 그의 일파가 조선 역사 연구를 폄하하는 중대한 과오를 저질렀고, 따라 서 조선 인민들이 자기들의 위대한 전통을 깨달을 수 없도록 만들었다고 비난 했다. 이들은 예를 들어 조선의 문예운동, 특히 해방 전의 조선프롤레타리아 예술동맹(카프)의 투쟁을 외면했으며 광주학생운동과 같은 사건에서 극대화 된 조선 인민의 항일투쟁을 무시했다는 것이다.

내가 박창옥과 그에 추종하는 사람들에게 무엇 때문에 카프를 반대하느냐고 물어보았더니 그들은 대답하기를 거기에 일부 변절자들이 있었기 때문이라고 합니다. 그러면 한설야韓雪野, 리기영李箕永 동무들이 주요 핵심으로 활약하 던 카프가 무의미한 존재였단 말인가? 우리는 이런 사람들의 투쟁 업적을 높 이 평가해야 하며 그들을 중심으로 하여 우리 문학을 발전시켜야 합니다.[55]

이러한 김일성의 지적은 이기영이 한설야와 함께 제2차 전 소련작가대회 이후에 좀더 자유분방한 사람들로부터 교조주의자, 형식주의자로 비난을 받

---

54 앞의 책, 315~316쪽.
55 같은 책, 318~319쪽.

은 당내 고위 문인들 가운데 한 사람이었다는 사실을 상기해볼 때 더욱 중요한 의미를 갖는다. 북한 지식층 내부에서 점차 심화되어가는 분열은 이제 최고 정치지도층에까지 알려졌고, 김일성은 자신의 '오랜 파수꾼'들을 강력하게 후원했다. 그는 박창옥 등 소련파의 주요 인물들을 겨냥해 확고한 민족주의적 견지에서 이런 입장을 강화했다. 김일성은 조선 역사만이 무시되었던 것이 아니라고 말을 이었다. "내가 언제인가 인민군 휴양소에 한 번 갔었는데 거기에는 씨비리(시베리아) 초원의 그림이 붙어 있었습니다. 그 풍경은 아마 로씨야(러시아) 사람의 마음에는 들 것입니다. 그러나 조선 사람들에게는 우리 나라의 아름다운 금수강산이 더 마음에 듭니다." [56] 더구나 지방의 민주선전실에 가보니 소련의 5개년계획에 관한 도표는 있는데 북한의 3개년계획에 관한 도표는 한 장도 없었으며, 인민학교에는 마야코프스키Mayakovsky[*], 푸시킨Pushkin 등 외국 사람의 사진은 벽에 걸려 있었지만 조선 사람의 사진은 한 장도 없었다고 했다.

이보다 더 나쁜 것은 일찍이 '조선' 혁명운동에 종사한 (외국에서 혁명운동을 한 사람과 달리) 사람들이 오랫동안 당으로부터 버림을 받았거나 보잘것없는 직책에 머물러 있었다는 점이다. 김일성은 "지금 우리 일꾼들은 자기의 선배도 모르는 버릇없는 사람이 되고 말았다"고 지적했다. 그러나 이러한 현상은 조선인민군 내부에서는 일어나지 않았다. 인민군 내에서는 오랜 혁명 일꾼들이 핵심적 지위를 차지하고 있었으며, 인민군은 '어떤 외국 사람들'이 "적의 포위 속에 빠진 우리 부대들이 대부분 돌아오지 못할 것이라고 말했"지만 그들에게 부과된 임무를 혁혁하게 수행하고 귀환했다는 것이다. 김일성은 더욱 날카롭게 나아갔다.

---

56 같은 책, 319쪽.
* 1894~1930, 러시아의 볼셰비키 시인으로 미래파 예술운동의 중심인물이다.

박영빈 동무는 소련에 갔다 와서 하는 말이 소련에서는 국제 긴장 상태를 완화하는 방향이니 우리도 미 제국주의를 반대하는 구호를 집어치워야 하겠다고 하였습니다. 이러한 주장은 혁명적 창발성과는 아무런 공통성도 없으며 우리 인민의 혁명적 경각성을 마비시키는 것입니다. 미 제국주의자들은 우리 강토를 불태우고 무고한 인민을 대량적으로 살륙하였으며 지금도 계속 우리 조국 남반부를 강점하고 있는 천추에 잊을 수 없는 우리의 원쑤가 아닌가.[57]

김일성은 "당 선전부에서 일하던 일부 동무들이 모든 사업에서 기계적으로 쏘련의 본을 뜨려 한다"고 비난했다. 이들이 조선 역사를 공부할 줄 모르는 사실이 이들에게 때때로 이데올로기적 과오를 범하도록 했다는 것이다. 이와 같이 박창옥도 "우리나라의 역사와 현실을 연구하려 하지 않고 자기가 모든 것을 다 안다고 자고자대自高自大했기 때문에" 부르주아 반동 작가인 이태준李泰俊과 사상적으로 결탁했다는 것이다. 김일성은 그를 단죄했다. "사상사업에 끼친 그(박창옥)의 죄과는 매우 큽니다."[58]

김일성은 이어 특정한 사람을 겨냥하지 않고 국제주의와 애국주의가 서로 뗄 수 없는 문제라는 사실을 주장했다. "조선을 사랑한다는 것은 곧 쏘련과 사회주의 진영을 사랑하는 것이며, 또 쏘련과 사회주의 진영을 사랑하는 것은 곧 조선을 사랑한다는 것을 의미합니다." 그는 덧붙였다. "자기 조국을 사랑

---

57 같은 책, 322쪽. 김일성은 이어 "미 제국주의자들을 반대하는 우리 인민의 투쟁이 국제 긴장 상태를 완화하기 위한 소련 인민의 노력과 모순된다고 생각하는 것은 어리석기 짝이 없습니다. 우리 인민이 조선에 대한 미 제국주의자들의 침략정책을 규탄하고 그것을 반대하여 투쟁하는 것은 국제 긴장 상태를 완화하며 평화를 수호하기 위한 세계 인민들의 투쟁과 모순되지 않을 뿐 아니라 그 투쟁에 기여하는 것입니다"라고 주장했다.

58 같은 책, 322~323쪽.
김일성은 박창옥이 "감옥에서 나온 혁명가들을 모욕하는 내용의 작품 『혁명가의 아내』라는 소설을 쓰고, 조선 사람은 일본 제국주의자들과 '동조동근'同祖同根이라고 떠벌이던 놈"인 이광수를 도와주고자 했다고 비난했다. 이에 대해 김일성은 "나는 이런 자를 내세운다는 것은 생각조차 할 수 없다고 하면서 절대로 못 한다고 막았습니다"라고 말했다.

하지 않는 사람이 국제주의에 충실할 수 없으며, 국제주의에 충실치 못한 사람이 자기 조국과 자기 인민에게 충실할 수 없습니다. 진정한 애국주의자는 국제주의자이며 또 진정한 국제주의자는 곧 애국주의자입니다."[59]

이러한 발언의 어느 것도 당시 국제 공산주의운동의 조류에 비추어볼 때 특별히 비정통적인 것은 아니었다. 중국 공산주의자들의 교의는 이와 거의 유사한 주제들을 강조하고 있었으며, 소련 역시 김일성의 이런 발언을 그대로 인용해도 무방하다고 생각할 정도로 비슷한 입장을 취하고 있었다. 그러나 놀라운 사실은 집권 초기에 전적으로 소련의 세력과 지원에 의존하면서 소련의 방식을 굴종적으로 추종해왔던 김일성이 이제 당내의 반대파들에 대해 소련으로부터의 독립이라는 새로운 입장을 예견케 하는 무기로 민족주의를 들먹이기 시작했다는 점이다. 또한 한 가지 중요한 사실은 위에 서술한 사건이 소련공산당 제20차 대회가 개최되기 '이전'에 일어났다는 것이다. 이는 이 사건이 해외의 사태 진전과 전혀 무관하다는 것을 의미하지는 않는다. 모스크바의 정치적 불안정과 모스크바가 미국과의 관계 개선에 보낸 관심의 조짐 등은 김일성이 박영빈에게 퍼부은 비난과 같은 평양의 반응을 불러일으켰다. 더구나 중국의 영향력이 점차 커지고 있는 상황이었다. 그러나 김일성의 새로운 민족주의는 본질적으로 국제적 요인을 고려한 것이 아니라 당시의 국내 사정, 즉 소련파와 연안파의 세력과 정책에 대한 김일성의 우려에 따른 것이었다.

새로운 민족주의의 논조는 즉각적으로 당 기관지를 통해 전파되었다. 1956년 1월 1일 『로동신문』은 한국인의 전통적 성지聖地이자 민족주의적 상징으로 가득 찬 백두산 천지의 사진을 게재했다. 이 사진과 함께 김일성을 새롭게 드높이 찬양하는 홍순철洪淳哲의 시 「새해의 인사」가 실렸다. 이 시의 일부를 살펴보기로 하자.

---

59 같은 책, 326쪽.

억 년 저 태양이 산하를 비치듯

사람들의 눈길이 가는 곳곳마다

진실로 수령이 펼치신 광채로 하여

우리들 앞길은 너무도 환합니다. (1연)

....

언제나 우리 지척에 계시여

당신은 우리의 고귀한 양심과 지혜!

그러기에 천백만이 하나로 받드나니

어머니처럼 품어준 뜨거운 사랑이여. (8연)[60]

김일성이 박창옥을 공공연히 공격함으로써 그가 금방 제거되었을 것으로 많은 사람이 생각했겠지만 실제로는 그렇지 않았다. 그러나 '박헌영 도당'에 속한 임화, 김남천, 이태준 같은 작가들의 '부르주아 반동사상의 잔재'에 대한 공격은 한설야 등을 통해 끊임없이 제기되었다. 그해 1월 23~24일에 개최된 문학·예술·선전·출판 부문 열성자회의에서 한설야는 박창옥과 그의 일파를 매도하면서 다시금 임화를 비롯한 문인들에게 격렬한 비난을 퍼붓는 긴 연설을 했다. 한설야의 연설은 우연의 일치겠지만 소련공산당 제20차 대회 개막일인 2월 15일까지 공개되지 않았다.[61] 더구나 그다음 날에는 모든 형태의 종파주의를 날카롭게 비난하면서 당은 '간첩과 종파분자'들이 아무리 교

---

60 『로동신문』, 1956년 1월 1일자, 2면. 당의 저명한 공식 작가인 홍순철은 조선작가동맹 중앙위원의 한 사람으로 당이 후원하는 여러 문화단체에서 활발히 활동하던 시인이었다.

61 연설 전문은 다음을 참조하라. 『로동신문』, 1956년 2월 15일자, 2~3면. 한설야는 임화, 김남천, 이태준 등의 일제 당국에 대한 협조행위와 전반적인 부르주아 철학을 '증명'하기 위해 그들의 시와 작품을 여러 편 인용했다. 그는 이어 김석복(기석복奇石福의 착오―옮긴이), 전동혁, 정률(정률鄭律의 착오―옮긴이) 등의 비평가와 작가들이 박창옥의 적극적인 비호와 후원 아래 이들 반동 문인과 가깝게 지내고 이들을 찬양했다고 비난했다.

활하게 날뛰더라도 결코 분열되지 않을 것이며, 이들을 몰아내기 위해 어떤 수단이라도 사용할 것이라고 경고하는 박금철의 긴 논문이 게재되었다.[62] 그러나 박금철의 논문에는 박헌영 일파 등 이미 숙청된 사람들의 이름만 언급되어 있을 뿐 최고 공산주의 지도자들 사이에 새로운 위기가 다가오고 있으며, 또 다른 대규모 숙청이 몰아닥칠 거라는 암시는 없었다.

9. 탈脫스탈린화와 조선노동당 제3차 대회

한편 북한은 소련공산당 제20차 대회에 대해서는 셰필로프Shepilov, 수슬로프, 흐루시초프 등의 연설 중 상당한 분량을 발췌하여 『로동신문』에 싣는 등 호의적으로 보도했다. 그러나 대외비로 행해진 흐루시초프의 스탈린 비판에 관해서는 전혀 언급하지 않았다. 제20차 대회에 대한 찬양은 북한 문학·예술계의 부르주아 이데올로기적 잔재에 대한 주기적인 공격과 함께 3월에 접어들어서까지 거의 매일 행해졌다.[63] 그러나 더욱 중요한 사실은 톨리아티 Togliatti(1893~1964, 이탈리아공산당 지도자―옮긴이), 라코시Rakosi(1892~1971, 헝가리공산당 지도자―옮긴이) 등 외국 공산주의 지도자들의 대회 참가 보고서는 공개된 반면 북한이 소련공산당 제20차 대회에 파견한 대표단의 단장인 최용건의 공식 보고서는 발표되지 않았다는 점이다.

대회가 끝난 지 약 6주 후인 4월 2일에 들어서야 『로동신문』은 소련공산당 기관지 『프라우다』의 사설 「어째서 개인숭배는 맑스-레닌주의 사상과 인연이 없는가」를 번역 게재하여 북한 주민들에게 처음으로 스탈린이 우상숭배를

62　박금철, 「당의 공고화를 위한 투쟁에서 당원들의 당성 단련」, 『로동신문』, 1956년 2월 16일자, 2~3면.
63　마침내 엄호석은 『로동신문』, 1956년 3월 7일자에 게재된 논문에서 이태준의 '반혁명적 문학'과 임화, 김남천, 설정식, 조일명, 이원조 등 '자유주의자'들에 대해 공격을 퍼부었다.

포함한 여러 가지 과오를 저질렀다고 소련공산당 지도자들로부터 비판받았다는 사실을 공개했다. 6일 후인 4월 8일에 『로동신문』은 중국의 『인민일보』 4월 5일자의 「프롤레타리아 독재와 관련한 역사적 경험에 관하여」를 전재 보도했다.

김일성과 그의 일파는 크렘린의 긴장완화정책을 시사하는 흐루시초프의 스탈린 비판이 일자 꽤나 입장이 난처해졌다. 이러한 사건은 김일성에게 아주 불리한 때에 일어났다. 그 당시 조선노동당은 심각한 내분에 빠져 있었을 뿐 아니라 김일성에 대한 개인숭배가 1953년 이래 도를 넘어 진행되고 있었다. 앞서 인용한 1956년 1월 1일자의 홍순철의 헌시는 이 무렵 전개된 일련의 과정 중 한 가지 사례에 지나지 않는다. 당시 김일성의 기념비가 각처에 건립되었고, 김일성의 유격대 시절 활동은 최상급의 찬사를 받았으며, 훌륭함과 진실함, 순수함을 지칭하는 모든 어휘가 그의 천재성을 수식하기 위해 동원되었다.

이런 사실에다가 김일성이 스탈린에 대해 어마어마한 찬사를 늘어놓았고, 그의 동상을 세웠으며, 평양의 대광장을 스탈린광장이라 명명했고, 대부분의 군중집회에 스탈린의 초대형 초상화를 내걸었던 것을 덧붙여 생각해볼 때 모스크바에서 갑자기 시작된 탈스탈린운동이 얼마만큼 평양을 당혹하게 했는가를 쉽게 짐작할 수 있다.

바로 이러한 상황 속에서 1956년 4월 23일 조선노동당 제3차 대회가 개최되었다. 8년 만에 처음 열린 당 대회는 중대한 시점에 개최되었다.[64] 당 대회에서 행한 아주 긴 보고를 통해 김일성은 민첩한 솜씨로 난국을 타개했음을 과시했다. 소련파가 가한 공격의 예봉을 피하면서 박헌영 도당의 범죄행위에

---

64 1949년 6월 남북 노동당이 합당해 조선노동당을 발족한 후 처음 개최된 조선노동당 제3차 대회는 어느 의미에서는 제1차 당 대회라고도 할 수 있지만, 북한은 북조선공산당과 조선신민당의 합당대회인 1946년 7월 28일의 대회를 제1차 대회로, 1948년 3월 29일의 대회를 제2차 대회로 치고 있다.

주의를 집중시킨 김일성은 종파주의에 대한 투쟁이 당내 일부에 남아 있는 개인숭배 사상으로 방해를 받고 있다고 주장했다.

김일성은 "만약 해방 직후 남반부에서 당원들과 간부들이 박헌영과 그의 악당과 기타 종파분자들을 '우상화'하지 않고 그들과 강한 투쟁을 전개했더라면, 이 악당들의 죄행은 제때에 폭로되었을 것이며, 남반부에서 우리 당이 그처럼 파괴되지 않았을 것"이라고 말했다.[65] 이처럼 개인숭배의 책임은 종파분자들에게 전가되어버렸다.

김일성(과 다른 발언자들)은 집체적 지도의 중요성을 강조했으며, 이제까지 당의 각종 회의에 자주 동원되었던 개인숭배의 여러 도구를 이번에는 찾아볼 수 없었다. 그러나 김일성은 1955년 4월과 12월에 강조했던 여러 주제에서 완전히 물러서지는 않았다. 그는 아직까지 정치교양사업에는 많은 결점이 존재하지만, 훌륭한 당의 일꾼들이 정치·경제·문화 등 각 분야에서 쏟아져나와야 한다고 주장했다. 주체의 중요성은 다시 한번 강조되었고, 현재의 필수적인 과업은 모든 역량을 조선 혁명에 맞게 개편하는 것으로 규정되었다. 게다가 지식계급의 일부에 대한 비판 역시 아직 중요한 주제의 하나로 남아 있었다.

김일성은 과학과 문화의 발달은 경제발전에 비해 뒤떨어졌으며 교원들의 정치적 수준은 제고되어야 한다고 지적했다. 몇몇 '과학자'는 낡은 방법론을 가지고 연구하고 있었으며, 어떤 작가와 예술인들은 그들의 부르주아 자유주의적 관념을 극복하는 데 실패했다는 것이다. 이에 김일성은 올바른 마르크스-레닌주의적 관점을 획득하고 인민에 파고들기 위한 투쟁을 계속해야 한다고 주장했다.

---

65 제3차 당 대회에서 김일성이 행한 보고의 전문은 다음에 실려 있다. 『로동신문』, 1956년 4월 24일자, 1~8면.

10. 1956년 당시 조선노동당의 성격

김일성은 과연 어떤 성격을 가진 청중을 모아놓고 자기 이야기를 해나갔을까? 914명으로 이루어진 제3차 당 대회 대의원들의 사회경제적 구성은 매우 흥미롭다. 이제 당의 공식 자료를 통해 이를 살펴보기로 하자.[66]

이 프로필에서 가장 중요한 것은 아마도 연령, 교육, 직업에 관한 표일 것이다. 제3차 대회 대표의 60퍼센트 정도가 40대 혹은 그 이하였다(그 당시 김일성 역시 불과 44세였음에 유의하라). 또한 이들은 매우 제한된 정규 교육밖에 받지 못했는데, 이들 중 70퍼센트는 겨우 소학교만을 졸업했고 대졸 이상은 단지 8퍼센트에 지나지 않았다. 다시 한번 이들의 면모는 그들의 지도자들과 매우 흡사했다. 이들 가운데 대부분(80퍼센트 이상)은 1945~1950년에 처음으로 혁명운동에 발을 들여놓았고, 해방 이전부터 경험을 쌓아온 베테랑은 전체 중 10분의 1도 채 되지 않았다. 대표들의 직업을 살펴보면 당과 정권기관의 일꾼(관료라고 통칭할 수 있다)이나 공장·농장의 관리인이나 노동자가 압도적 다수를 차지했으며, 지식인이나 상인, 직능 대표의 숫자는 극소수였다. 즉 이들 대표는 일천한 혁명 경험을 지닌 일군의 청년노동자와 농민 집단으로, 급속히 관료 엘리트(군부 엘리트도 상당히 많았다)로 성장해가고 있었지만 이전의 관료 집단에 비교해볼 때 지식 수준은 뒤떨어졌다.

이제 곧 살펴보겠지만 다른 파벌과 맞서던 김일성에게 이러한 상황은 엄청난 도움이 되었다. 남한 출신은 극히 제한된 지지기반밖에 가지고 있지 못했으며, 그나마 그 숫자가 매년 줄어들었다. 마찬가지로 외부로부터 지원을 받지 못하고 있던 소련파와 연안파 역시 북한의 전후 세대인 청년층에 대해 호소력을 상실해가고 있었다. 이제 이들 소련파나 연안파에게 소련과 중국에서 활동했던 혁명적 시기의 경험은 아무런 의미도 지니지 못했다. 이미 자신

---

66 『로동신문』, 1956년 4월 26일자, 3면.

[표 29-1] 1956년 제3차 당 대회 대의원들의 사회경제적 구성

직업	인원수(명)	비율(%)
당 일꾼	316	34.6 (34.5)
정권기관 일꾼	120	13.1
사회단체 일꾼	27	3.0
산업·운수 부문 일꾼 (관리간부 61, 기술자 19, 노동자 62)	142	15.5
임산·수산 부문 일꾼	19	2.0
농촌경리 부문 일꾼 (국영 농업 부문 29, 농업협동조합 75, 개인 농민 3)	107	11.7
생산 및 수산협동조합	5	0.6
금융·상업 부문	12	1.3
교육·문화·보건 부문	46	5.0

주) 전체 인원의 88.7퍼센트인 813명의 직업만이 제시되었다.

[표 29-2] 연령 구성

연령	인원수(명)	비율(%)
26세 이하	16	1.8
27~30세	57	6.2
31~40세	470	51.4
41~50세	301	32.9
51세 이상	70	7.7

[표 29-3] 활동 경력

혁명 활동 경력	인원수(명)	비율(%)
해방 이전부터 당 활동	90	9.8
해방 후 노동당 창당 이전	471	51.5
합당 후~한국전쟁 이전	300	32.8
한국전쟁 기간	52	5.7
한국전쟁 이후	1	0.1

[표 29-4] 교육수준

교육수준	인원수(명)	비율(%)
대학교 졸업	72	7.9
고중 및 전문학교 졸업	146	15.9
중학교 졸업	55	6.0
소학교 졸업	641	70.2

주) 56.0퍼센트인 512명이 각종 당 학교에서 수학한 경력을 갖고 있다.

[표 29-5] 혁명 활동 유형

혁명 활동 유형	인원수(명)	비율(%)
항일해방투쟁 참가	221[a]	24.1
한국전쟁 참전자 (조국해방전쟁 시 전선 및 빨치산 활동)	270	29.4
투옥 경험자(일제 시 및 해방 직후 남한)	221	24.1
5년 이하 투옥	154	59.7[b]
10년 이하 투옥	44	19.9[b]
11년 이하 투옥	23	10.4[b]

a. 이 숫자는 [표 29-3]의 해방 이전 혁명 활동 종사자 수(90명)와 상당한 차이가 있는데,
여기에는 아마도 비공산주의적인 민족운동에 관계한 사람들도 포함되었을 것이다.
b. 투옥 경험자 중의 비율이다.

[표 29-6] 서훈자敍勳者

서훈자	비율(%)
771	84.2

주) 10명의 공화국영웅, 37명의 노력영웅을 포함한다.

의 신화를 구축―이 신화를 부정할 사람은 아무도 없었다―한 김일성은 전후
세대한테는 유일한 지도자이자 온몸으로 본받아야 할 유일한 혁명 전통으로
받아들여졌다. 살아남은 자에게만 정통성이 주어질 수 있는 법인데, 이때 김
일성은 10여 년간의 온갖 풍상을 뚫고 살아남았다. 더구나 이 10년의 세월은

당원의 90퍼센트 이상이 겪은 정치적 경험의 전부였다. 바로 여기에 결코 무시될 수 없는 김일성의 이점이 자리 잡고 있었다.

4월 29일 71명의 제3기 중앙위원이 선출되었을 때 나타난 교체의 폭은 예상했던 것보다는 크지 않았다. 중앙위원의 서열 10위까지는 김일성, 김두봉, 최용건, 박정애, 김일, 박금철, 박창옥, 최창익, 박의완, 정일룡 등이었다.[67] 당 정치국 격인 중앙위원회 상무위원회는 김일성, 김두봉, 최용건, 박정애, 김일, 박금철, 임해, 최창익, 정일룡, 김광협, 남일 등으로 구성되었으며, 후보위원으로는 김창만, 이종옥李鍾玉, 이효순, 박의완 등이 선임되었다. 중앙위원회 서열 5위에서 7위로 격하된 박창옥은 중앙위원회 상무위원에도 선임되지 못했으며, 최창익은 서열 6위에서 8위로 격하되었지만 상무위원에는 선출되었다. 그러나 박영빈은 중앙위원회에서 완전히 탈락했다.

최고지도자들 가운데 두각을 나타낸 사람은 최용건(박정애를 제치고 4위에서 3위로 부상), 김일(박창옥을 제치고 6위에서 5위로 부상), 박금철(박창옥, 최창익, 정일룡, 박의완을 제치고 10위에서 6위로 부상) 등이었다. 이 세 사람은 앞서 지적한 것처럼 김일성의 측근이었다. 당 서열 6위까지에서 김일성파에 속하지 않은 사람은 김두봉뿐이었다.

중앙조직위원회[68] 등 주요 상설위원회와 여타의 중앙위원을 살펴보면 임해, 김광협, 남일, 김창만, 이종옥, 이효순, 한상두韓相斗, 하앙천, 김황일金璜日, 박훈일, 박일영朴一泳, 이일경李一卿, 한설야, 서휘徐輝 등이 승진한 것을 알 수 있다. 이들 중 여섯 명은 김일성의 직계인데 그중 한 사람만을 제외한 나머지는 그 후 10여 년간 북한의 정치무대에서 화려한 주목을 받았다. 당시

---

67 중앙위원명단은 다음을 참조하라. 『로동신문』, 1956년 4월 30일자, 1면. 서열 11~20위는 한상두, 하앙천, 김황일, 박훈일, 이효순, 박일영, 이일경, 한설야, 서휘, 임해 등이다.

68 중앙조직위원회의 서열은 김일성, 최용건, 박정애, 박금철, 정일룡, 한상두 등이었고(다른 자료에는 김창만도 포함되어 있다―옮긴이), 위원장은 물론 김일성이었다. 모두 다섯 명인 당 부위원장은 최용건, 박정애, 박금철, 정일룡, 김창만 등이었다.

이종옥은 내각의 국가계획위원장이었고, 이효순은 당 검열위원장, 한상두는 당 조직지도부장이었다. 박일영은 이어 동유럽 여러 나라의 대사를 지냈고, 이일경은 1956년 2월 당 선전선동부장에 선임되었다. 김일성의 전기작가이자 유명한 소설가인 한설야는 1956년 5월 내각의 교육문화상에 선임되었다. 이들 중 한설야만이 10년 이내에 영광의 무대에서 사라졌다(1962년 숙청). 이 무렵 김일성은 당과 정부의 거의 모든 요소에 자기가 절대적으로 신임하는 사람들을 앉혀놓았다.

급속히 부상한 사람들 가운데 네 사람은 옌안파 출신으로, 이는 제3차 당 대회 무렵까지 연안파 출신들이 상당한 영향력을 행사하고 있었던 점을 반영한다. 실제로 몇몇 자료는 이 대회가 연안파 성원들에게 커다란 '승리'를 안겨다주었다고 주장하면서 이들이 승리를 거둘 수 있었던 이유를 한국 공산주의운동에 대한 중국의 영향력이 커졌던 까닭으로 풀이했다.[69] 그러나 최고지

---

69 이름이 알려지는 것을 거부한 어느 정보 제공자는 71명의 당 중앙위원 중 22명이 '연안파'로 분류될 수 있고, 11명은 소련 출신, 11명은 김일성 직계, 11명은 전 남로당원, 일곱 명은 옛 북로당 출신의 토착 공산주의자, 한 명은 일본공산당 출신이고 12명은 미상이라고 주장했다(그런데 이 수치의 총계는 71명이 아니라 75명이다). 또한 이 정보 제공자는 중앙위원후보 45명 중 연안파 일곱 명, 소련파 네 명, 김일성파 일곱 명, 전 남로당원 네 명, 전 북로당원 두 명이고 절반가량인 나머지 21명은 미상이라고 밝혔는데, 그는 경력 미상자 중 대다수는 한국전쟁 중 중국군을 따라 북한에 들어온 중국 출신의 군부 소장 장교들일 것이라고 지적했다.
이 사람은 연안파는 세력을 신장한 반면 소련파와 국내파는 허가이와 박헌영의 숙청, 박창옥 일파의 제거와 흐루시초프의 탈스탈린화 움직임이 불러온 일련의 불편한 상황 등을 통해 큰 타격을 받았다고 주장했다.
필자들 스스로 제3기 중앙위원의 출신 파벌을 분류해본 바는 다음과 같다. 김일성의 '갑산파' 12명, 신 직계新直系(1945년 이후 입당해 한국전쟁 후 중앙위원에 선출된 젊은 층) 일곱 명, 전 북로당계 15명, 전 남로당계 일곱 명, 연안파 15명, 소련파 12명, 일본공산당 출신 한 명, 미상 두 명, 총계 71명. 한재덕, 『한국의 공산주의와 북한의 역사』, 서울, 1965, 306~313쪽; 1967년 1월 15일자 이정식과 오기완의 인터뷰; 가스미가세키카이霞關會 편, 『現代朝鮮人名辭典』, 도쿄, 1962.
이러한 분류가 갖는 한 가지 문제점은 이들 각 개인이 과연 이때까지 자신의 원래 '출신' 파벌에 계속 속해 있었는가 하는 점이다. 그러나 우리가 살펴본 바로는 김일성은 자신의 원래 파벌을 청산하려는 사람들의 승진을 보장해 이들을 끌어들이려고 했다. 김일성이 비록 '당의 통일'과 종파주의의 청산을 부르짖고 있었다고 하지만, 살아남은 자들은 자신의 출신 파벌과는 상관없이 김일성파에 가담해야만 했다.

도자들 각각을 세밀히 살펴보거나 그 후의 사태 진전을 주시해볼 때 이 같은 이론이 전적으로 타당한 것은 아니다. 연안파 출신의 하앙천은 충성스러운 지식인으로서 조선노동당 학교교육부장의 직책을 한껏 이용해 '반동적' 지식인들을 열심히 공격했다. 그러나 그는 더 이상 승진할 수가 없었으며, 몇 년 후에는 오히려 곤경에 처하게 된다.[70] 역시 연안파 출신으로 당 농업부장이었던 박훈일과 직업총동맹 부위원장에서 1956년 5월 위원장으로 승진한 서휘 역시 곧 숙청당했다. 하지만 김창만은 이미 언급한 것처럼 과거의 동지를 배반하고 김일성파에 가담함으로써 격동의 시기에 살아남아 권력을 향한 행진을 계속할 수 있었다.

앞서 열거한 사람들 가운데 오직 한 명만이 진정한 소련 2세 한인이었다. 당시 외무상으로 있던 남일은 이후 요직에 오른 유일한 소련 출신의 한인이었다. 그다음으로 종종 소련 2세 한인으로 일컬어지는 임해는 사실상 소련에 들어가기 전 만주에서 최용건의 유격대에 가담해 활동했다. 알려진 바에 따르면 그는 소련에서 공산대학을 마친 뒤 다른 사람들과 함께 귀국한 것으로 되어 있다. 북한 정권의 소련 주재 대사, 당 연락부장, 농업상 등 요직을 지낸 그는 얼마 후 숙청되어 노동자로 전락해 협동농장으로 쫓겨났다. 이 집단에서 유일한 국내파 공산주의자였던 김황일은 1957년에 숙청되었다.

결국 과거의 파벌은 점차 무의미해져버렸고, 각 파벌 소속 중 몇몇 사람만이 김일성 진영에 가담해 살아남을 수 있었다. 애당초 김일성의 파벌에 속해 있었다는 것이 커다란 이익이 되었음은 물론이다.

그러나 개괄적으로 살펴볼 때 김일성이 1955년 12월의 연설에서 분명히 지적한 것처럼 소위 국내파는 당시 잔영만 남았을 뿐이고, 소련 2세 한인들은 의심을 받고 있었다. 반면 연안파는 상대적으로 일시나마 세력이 신장되었다.

70 하앙천은 1960년 12월 김일성종합대학교 총장으로 전임해 1965년까지 재직했다. 그는 1966년 당 중앙위원회 후보위원으로 선임되었는데, 이는 그의 전력에 비추어볼 때 상당한 강등이었다.

11. 정치적 위기

제3차 당 대회는 당 규약을 개정하고 5개년계획을 승인한 후 폐회되었다. 그로부터 얼마 후 김일성은 어느 인도 언론인과의 회견에서 처음으로 스탈린 문제에 대해 공식적 입장을 표명했다. 김일성은 "나는 이 문제에 있어서 소련공산당 제20차 대회가 취한 비판적 입장을 전적으로 정당하다고 인정한다"라고 말했다.

> 우리 공산주의자들은 개인숭배란 맑스-레닌주의 사상과 또한 레닌의 집체적 지도 원칙에 배치되는 것으로서 그를(개인숭배) 규탄한다. 그러나 이것은 역사에 있어 개인의 역할을 무시하는 것을 의미하는 것은 아니다. 맑스-레닌주의는 역사에서 지도자들이 중요한 역할을 한다는 것을 인정한다.
> 이. 브. 쓰딸린은 유력한 맑스-레닌주의자로서 국제 로동운동에 커다란 공헌을 하였으며 로씨야(러시아)에서의 사회주의 혁명의 승리를 위한 투쟁에서와 쏘련에서의 사회주의 건설과 레닌의 학설을 옹호하기 위한 투쟁에 있어서 중요한 역사적 역할을 하였으며 또한 국외의 인민들 속에서 높은 위신을 얻었다는 것은 주지의 사실이다.
> 그러나 그는 자기 생애의 마지막 시기에 있어서 자신의 역할에 대하여 과도로 자만하였고 레닌의 집체적 지도 원칙을 위반함으로써 당과 국가사업에 심중한 손해를 주었던 것이다.
> 그러므로 쏘련공산당이 이. 브. 쓰딸린의 거대한 공로를 인정하는 한편 그가 범한 오유(오류)의 본질을 대담하게 폭로하고 그 후과後果들을 퇴치하기 위하여 투쟁하고 있는 것은 당연한 일이다.[71]

---

71 김일성과 V. V. 프라사드의 인터뷰, 『로동신문』, 1956년 5월 31일자, 1면.

베이징과 다른 아시아 지역의 공산주의 지도자들이 이미 주장했던 것과 전적으로 동일한 김일성의 이러한 지적은 이 문제에 관한 이들의 관심의 상호 관계를 반영하고 있다.

그해 6월 1일 김일성은 대표단을 이끌고 평양을 떠나 소련과 동유럽 순방 길에 올랐다.[72] 김일성이 평양을 비운 두 달 동안 이 폐쇄 사회에서 일어난 사건의 진상이 완전히 밝혀질 수는 없을 것이다. 몇몇 자료는 박창옥이 다음 세 가지 주장을 펴면서 반김일성 연합 세력을 이끌고 적극적인 활동을 벌였다고 했다. 첫째, 박창옥은 소련공산당 제20차 대회의 결정에 의거해 일인독재를 비난하고 인민위원회와 직업총동맹이 당과는 별도로 좀더 중요한 역할을 수행해야 한다고 주장했다. 둘째, 박창옥은 정부의 경제개발계획을 수정해 국가에만 이익이 되는 중공업 발전보다 일반 인민의 생활수준 향상에 더 많은 관심을 기울일 것을 촉구했다. 마지막으로 박창옥은 당 간부의 인선에서 정실과 파벌 안배를 배격하고 개인의 능력에 따라 간부를 인선해야 한다고 주장했다.

김일성 일파의 뒷날 발언 등 여러 자료에서는 이상의 세 가지 논점, 그중 특히 앞의 두 가지가 문제시되었음을 시사하고 있다. 앞서 지적한 것처럼 박창옥이 불만을 토로할 만한 이유는 충분한 것이지만 그와 다른 사람들이 구체적으로 어떤 역할을 수행했는지는 전혀 밝혀지지 않았다. 어쨌든 박창옥과 최창익 두 사람은 대중매체를 통해 개인숭배를 비난하면서 집체적 지도를 강력히 지지했다. 물론 이들은 김일성을 대놓고 비난하지 않을 정도의 조심성을 지니고 있었다.[73] 이 같은 맥락에서 볼 때 6월 17일자 『로동신문』이 5월 26일 베이징에서 열린 과학자와 작가, 예술인 회의에서 중국공산당 선전부장 루딩

---

72 대표단은 박정애, 남일, 이종옥, 고준택高俊澤(조선민주당 부위원장), 김병제金炳濟(천도교청우당 부위원장), 최현, 조금송趙今松(김책공업대학 학장) 등으로 이루어졌다.

73 김창순에 따르면 최용건은 당 중앙위에서 소련공산당 제20차 대회의 광경을 과장도 과소도 없이 그대로 보고했으며, 당 이론가인 최창익과 박창옥은 조선노동당 내에서도 소련의 압력을 통해 명목만의 집단지도제가 아니라 실질적인 집단지도제가 실현될 시기가 왔다는 희망을 가지게 되었다고 한

이陸定一가 행한 연설의 요약문을 게재한 것은 아주 흥미로운 일이다. 하앙천, 한설야 그리고 김일성 정권의 다른 대변자들의 노선과 비교해볼 때 루딩이의 연설은 당시 중국에서 전개되고 있던 해빙의 분위기를 반영한 것이었다. 예를 들어 루딩이는 의학을 포함한 자연과학은 '봉건적'일 수도 '사회주의적'일 수도 없으며, 문학에서는 "사회주의 레알리즘이 창작의 가장 좋은 방법"이지만 "모든 작가들은 자기가 가장 좋다고 생각하는 어떠한 방법이라도 사용할 수 있다"고 주장했다. 더욱 중요한 일은 종파주의와 교조주의를 배격해야 한다는 것이었다. 루딩이는 작가, 예술가, 과학자들은 인민으로부터, 소련과 다른 인민민주주의 여러 나라로부터, 심지어는 "우리의 원쑤로부터"도 배워야 한다고 주장했다.[74]

1956년 8월 전원회의에 이르기까지의 사건 전개에 대해 어떤 정보 제공자는 이 무렵 북한에서는 광범위한 반김일성 세력이 형성되어 소련이나 중국 당국과 접촉하면서 김일성 일파의 비리에 대한 폭로를 준비하고 있었지만, 극비의 이러한 고급 정보는 몇몇 사람을 통해 김일성 일파에게 전달되었다고 생생하게 증언했다.[75] 조선노동당 최고위층 내의 정치적 음모로 얼룩진 8월 전원

다. 그리하여 이들은 조선노동당 제3차 대회에서 새로 선출되는 당 중앙기관을 자파가 장악하려고 맹렬한 공작을 벌였지만, 김창순에 따르면 선출 결과는 당에 대한 김일성의 헤게모니를 한층 강화하는 것으로 나타났다고 한다. 이 무렵 이들은 앞서 말한 논문을 발표했다. 김창순, 앞의 책, 151~156쪽.

74 「문화, 예술 및 과학에 관한 중국공산당의 정책에 대하여」, 『로동신문』, 1956년 6월 17일자, 4면.

75 앞서 인용한 적이 있는 익명을 요구한 어느 정보 제공자에 따르면 박창옥이 위에 언급한 문제를 제기하면서 은밀히 최창익, 고봉기高鳳基(황해북도 당 위원장, 연안파), 윤공흠(상업상, 연안파), 김승화(건설상, 소련파), 이상조李相朝(소련 주재 대사, 원문에는 소련파로 되어 있으나 연안파다—옮긴이) 등을 규합해 세력을 형성했다고 한다.

최고인민회의 상임위원장 김두봉(연안파)의 지원을 받은 이들은 당 중앙위원을 비롯해 평양시당위원회와 기타 지방당위원회, 과학원, 김일성대학 교수들과 접촉했다. 그 과정에서 이들은 앞서 말한 사람들과 박의완(부수상, 소련파), 허빈(전 황해북도 당 위원장, 소련파), 박훈일(당 농업부장, 연안파), 서휘(직업총동맹 중앙위원장, 연안파), 조영趙英(양강兩江, 자강도慈江道 당 위원장, 연안파) 등 11명의 중앙위원을 포함해 상당히 광범위한 지지를 획득했다.

회의에 이르기까지의 구체적인 사태 진전을 재구성하는 것은 대단히 어렵기 때문에 우리는 다만 양측의 기본적인 논점과 활동 인물만을 밝혀낼 수 있을 뿐이다. 우연히도 전원회의가 개최되기 몇 주 전부터 이 문제를 바라보는 당 지도자들의 심각한 태도를 반영이라도 하듯 지식인 문제에 관한 일련의 논문과 논설이 쏟아져나왔다. 그렇지 않았다면 우리는 이떠한 조짐도 찾아볼 수 없었을 것이다. 그리고 만일 8월 전원회의를 『로동신문』 지상에 보도된 대로만 파악한다면 이 회의는 아주 일상적인 회합에 불과한 것이었다. 당 기관지 『로동신문』은 8월 전원회의가 ① 형제국가(소련 및 동구 공산국가)를 방문한 정부 대표단의 사업 총화와 우리 당의 몇 가지 과업에 관하여, ② 인민보건사업을 개선·강화할 데 대하여 등 두 가지 의제를 놓고 개최되었다고 짤막하게 보도했다. 『로동신문』은 각각의 "보고들에 근거하여 토론이 전개되었으며 해당한 결정들이 채택"되었고 "또한 조직 문제도 취급"되었다고 전했다.[76]

이 설명에 따르면 박의완, 이상조, 서휘 등은 각각 평양 주재 소련대사관, 모스크바의 소련 정부, 평양 주재 중국대사관과 접촉해 이들의 지지를 얻기 위한 공작을 벌였다고 한다. 그러나 연안파의 두 인물, 아마도 김창만과 김창덕金昌德이 이 계획을 수상 직무대리 최용건과 박금철 등에게 밀고했고, 이를 보고받은 김일성은 즉각 귀국해 철저한 조사에 착수했다. 조사 결과 반김일성 세력이 아직 인민군이나 비밀경찰(내무성)에까지 침투하지 못했다는 것을 파악한 김일성은 이들의 처단을 8월 회의까지 미루기로 결심했다.

우리는 이러한 주장이 얼마나 정확한 것인지 단언할 수 없다. 이 설명은 구체적인 등장인물과 활동 상황을 지적하고 있지만 위에 소개한 내용 외에 상세한 것을 전해주지는 않는다. 김남식은 8월 전원회의의 중요성을 무시하지는 않지만 이 회의의 정경을 좀더 '느슨하게' 말해준다. 그에 따르면 8월 전원회의는 원래 종파 문제를 다루기 위해서가 아니라 인민보건사업을 다루기 위해 개최되었다고 한다. 그러나 지도력에 대한 반란의 성격을 지닌 정책 비판이 전개되자 숙청이 단행되었다는 것이다. 김남식은 8월 전원회의의 실질적인 주제가 앞서 말한 것, 특히 집단지도제였다는 사실을 인정했다. 그는 당시 동유럽에서 출판된 많은 간행물이 북한에 유입되었고 이들 중 몇몇은 이러한 간행물들을 소개하는 월간지에 번역·게재되었다고 지적했다. 따라서 북한의 학자들과 당 간부들은 소련공산당 제20차 대회 이후 불확실한 당내 균형을 뒤흔들어놓은 새로운 사상의 세례를 받고 있었다. 경제 문제, 즉 일반 인민의 생활을 희생하고 중공업에 과도하게 치중한 것도 역시 중요한 것이었다. 한편 김남식은 당시의 요직 개편, 특히 조선민주당 위원장이던 최용건을 일약 조선노동당 부위원장으로 발탁한 것이나 "전쟁 기간 중 비행기를 구입하기 위해 일본에 엄청난 돈을 바친 으뜸가는 부역자" 이종옥이 승진한 것에 대한 반발도 상당했다고 증언했다. 김남식과 이정식의 인터뷰, 1967년 3월 5일.

다른 자료에 따르면 좀더 상세한 내용을 알 수 있다. 아마도 사전공작에 따른 것으로 보이는데 상업상인 윤공흠은 발언권을 얻어 '반김일성' 세력 내에서 곪아터진 기본적인 문제들을 몇 가지 제기했다. 윤공흠은 당이 중공업에만 치중해 '인민생활'의 향상을 무시했고, 그 결과 인민은 영락하고 인민의 불만은 고조되고 있다고 당을 비난했다. 그는 경공업을 즉각 발전시켜 보다 많은 의복, 식량, 주택 등이 인민에게 돌아갈 수 있도록 노력해야 한다고 덧붙였다. 이어서 윤공흠은 '수상 동지'는 개인숭배 문제와 관련해 전혀 자아비판을 하려 하지 않으며, 이 점에서 당은 소련공산당 제20차 대회의 정신과 결정을 위반하고 있다고 주장했다. 실로 한 개인을 미화하려는 시도 때문에 조선 현대사에 수많은 가공의 사실이 날조되었다는 것이다.[77]

이 연설이 진행되는 동안 회의장에서 다수를 점하고 있던 김일성의 지지 세력은 술렁이기 시작했다. 이들은 수의 압력으로 윤공흠을 반당 반동분자로 몰아붙여 그를 침묵시키고자 했다. 어느 자료는 제1일 회의가 정오쯤 휴회에 들어갈 때까지 혼란이 계속되었다고 지적했다. 반김일성파의 몇몇 지도자는 대세가 불리하게 돌아가자 자신들의 신변에 위험이 닥칠지도 모른다는 사실을 깨달았고, 윤공흠을 비롯한 네 명의 간부는 중국으로 망명하기로 결정했다. 이 사실이 발각되자—망명을 저지하기에는 너무 늦은 때였지만—김일성 세력은 제2일의 회의에서 나머지 반김일성파 지도자들을 몰아붙여 박창옥, 최창익 등의 정부 직책과 당 중앙위원직을 박탈했고, 중국으로 망명한 윤공흠, 서휘, 이필규李弼圭, 김강 등에게 출당 처분을 내렸다.[78]

그러나 사태는 진정되지 않았다. 소련과 중국이 이 사건의 내용과 관련자

76 『로동신문』, 1956년 9월 5일자, 1면.
77 윤공흠의 연설에 대한 설명은 다음을 참조하라. 김창순, 앞의 책, 156~157쪽. 김창순에 따르면 윤공흠은 다른 무엇보다 임금 문제를 거론하면서 노동자와 농민은 너무도 가혹한 대우를 받고 있는 반면, 인민군 장교들의 봉급은 너무나 높이 책정되었다고 지적했다 한다. 이 회의에 관해 우리는 김남식과 기타 익명을 요구하는 사람들로부터도 증언을 들었다.

들에 대해 어느 정도 미리 알고 있었는지는 분명하지 않지만, 이 두 공산대국이 북한의 내정에 개입한 것이다. 베이징으로 달아난 인물들은 즉각 중국의 국방상 펑더화이와 접촉해 자신들의 입장을 변명했다. 반김일성파에 가담한 적이 있던 이상조李相朝 역시 8월 전원회의 이전부터 소련 지도자들에게 계속 김일성의 '과오'를 알려주고 있었을 것이다.[79] 이 같은 사대 진전이 있사 미코얀Mikoyan(당시 소련 부수상―옮긴이)은 베이징으로 달려가서 펑더화이와 함께 9월 15일로 예정된 중국공산당 8전대회八全大會가 개최되기 직전인 9월 초에 사태 수습을 위해 평양으로 비밀리에 급히 달려갔다. 그 결과 9월 23일 다시 열린 조선노동당 중앙위원회는 최창익과 박창옥을 중앙위원으로 복귀시키고 윤공흠, 서휘, 이필규 등의 출당 처분을 취소하는 '결정'을 내렸다. 중앙위원회 결정서는 이런 결정이 내려지게 된 배경이 "당내의 사상 의지의 통일을 더욱 강화하여 우리 당의 단합된 모든 역량을 당면한 혁명 과업 수행에 경주하는 것이 필요하다는 절실한 염원으로부터 출발하여, 이들의 과오는 엄중하다 할지라도 그들을 관대하게 포용하여 그들로 하여금 자기의 과오에 대하여 반성할 기회를 주며, 그들이 과오를 시정하고 올바른 길에 들어서도록 꾸준하게 교양하기 위한" 것이라고 밝혔다.[80]

---

78 익명의 정보 제공자는 다시 한번 대단히 흥미롭지만 확인해볼 길이 없는 상세한 내막을 들려준다. 그에 따르면 반김일성파 지도자들은 제1일 회의가 정오경 휴회된 후 집에 돌아와서 자기네 전화선이 절단되고 자동차가 내무서원들에게 압수된 사실을 알았다고 한다. 사태가 이렇게 되자 윤공흠, 서휘, 이필규 등은 아직 반김일성파로 지목되지 않아 자동차를 갖고 있던 김강의 집에 모였고 이들 네 명은 동료들에게조차 알리지 않고 김강의 차편으로 평양을 떠나 신의주를 거쳐 압록강 너머 안동으로 달아났다.
오후에 속개된 회의에 이들 네 사람이 참석하지 않자 김일성파에서는 이들이 남한으로 탈출하려고 한 것으로 판단하고 이들을 중도 차단하기 위해 곳곳에 검문소를 설치했다. 다음 날의 회의에서 김일성파는 나머지 반김일성파를 집중적으로 추궁하고 이들을 공직에서 추방했다.
79 익명의 정보 제공자에 따르면 박창옥은 소련 주재 대사 이상조를 통해 김일성 수상의 '포악상'을 서면으로 소련 정부에 전달했다고 한다. 그러나 이들 반김일성파는 두 번째 보고서를 제출하면서 이 임무를 어느 "신뢰할 수 없는 인물"에게 맡겼고 그는 이를 김일성파에게 밀고했다. 이상조는 8월종파사건 이후 소련대사직에서 사임한 뒤 귀국하지 않고 그대로 소련에 주저앉은 것으로 알려졌다.

미코얀Mikoyan과 펑더화이가 김일성과 그 세력에게 무엇이라고 말했는 지는 밝혀지지 않았다. 그러나 어쨌든 소련과 중국이 조선노동당의 내부 문 제에 개입한 것은 김일성을 격노케 했고, 그는 이 사실을 절대로 잊어버리지 않았다.[81] 수년 후 김일성은 명백히 이 일을 염두에 두고 자신은 외국의 당이 조선의 국내 문제에 간섭한 것을 경험한 적이 있다고 지적했다.

그 당시 김일성은 중국과 소련의 '충고'를 받아들이는 것 외에는 달리 선 택의 방도를 갖고 있지 못했다. 그러나 그는 박창옥과 최창익이 과거 그들이 행사한 영향력을 회복할 수 있도록 방치할 의사가 조금도 없었다. 고위층의 숙청이 좌절된 후 김일성 세력은 아래로부터의 '반종파투쟁'을 단행했다. 1957년에 접어들자 각급 지방당과 정권기관 간부들은 '중앙당 집중 지도'라 는 명목으로 종파주의를 비난하는 데 동원되었다. 1957년에서 이듬해 초반 까지 점차 고조된 이 사업은 1958년 3월의 조선노동당 제1차 대표자회에서 절정에 달했다.[82]

---

80 당 중앙위원회가 채택한 결정서의 전문은 다음을 참조하라. 『로동신문』, 1956년 9월 29일자, 1면.

81 김남식은 지방 각급 당 위원장회의에 참석했던 사람으로부터 김일성이 얼마나 격분해 있었는지에 대한 이야기를 들었다고 말했다. 우연히도 몇몇 자료에 따르면 뒷날 중국이 북한의 환심을 사려고 할 당시에 마오쩌둥은 김일성에게 1956년의 북한 내정에 대한 개입이 잘못된 것이었다는 유감을 표 시했다고 한다. 한편 다른 자료는 8월사건이 있기 이전인 6월 초순 김일성이 대표단을 이끌고 모스 크바를 방문했을 때 흐루시초프는 이들을 만나주지 않았고, 이들이 동유럽 순방을 마치고 귀로에 모 스크바에 들렀을 때에야 비로소 이들과 회담을 가졌다고 주장한다. 이 주장의 정확성은 확인할 수 없지만 이 자료는 김일성과 흐루시초프 간의 불화와 김일성이 베이징의 정책 쪽으로 경도되어가는 이유를 설명하는 '증거'로 종종 사용된다. 구체적인 관련 인물들을 거론하지 않았지만 이 주장은 대 체적인 추세를 충분히 설명해준다.

82 김남식은 자신이 참여한 적이 있던 '집중 지도' 사업에 대해 상세한 증언을 들려주었다. 1957년 초 부터 지방 각급 당의 부위원장·부부장급은 평양으로 소환돼 지방의 하급 관리 중 누가 종파분자인 가를 파악하기 위해 집중적인 강습을 받았다.
여기서 채택된 방식은 한빈이 관장으로 있던 국립도서관에 대한 집중 지도사업에서 잘 나타난다. 나 중에 중앙당 선전선동부장에 임명된 김도만金道滿이 당시 비판대상이 되었다. 거의 6개월간 매일 저녁 회의가 개최되었는데 처음에는 토론이 당 조직 규율과 종파주의의 위험성에 집중되었지만 점 차 비판대상은 구체적인 문제로 좁혀졌다. 즉 도서관의 장서들은 마르크스-레닌주의 서적이 다른 책들에 비해 눈에 잘 띄지 않도록 배열되었고, 때때로 김일성에 관한 서적은 뒷전에 놓였는데, 이는 이러한 방식으로 김일성과 그의 추종자들은 점차 그들의 적대세력을 지방의 모든 지지기반으로부터 제거해 무력하게 만들어버렸다. 때때로 이들은 아주 교활하고 잔인한 방식으로 숙청대상으로 지목된 사람들을 자신들을 파멸시키기 위해 고안된 이 계획에 적극적으로 참여하도록 내몰았다. 한 가지 예로 박의완 같은 지도자는 종파주의를 비난하라는 사명을 띠고 중앙당에서 지방당 대회나 회합에 파견되었다. 박의완이 떠난 뒤 중앙당은 지방당 간부들에게 그와 그의 연설을 토론에 부치라는 지령을 보냈다. 더구나 이런 지령에는 박의완을 비판하라는 구체적인 지침이 덧붙여지곤 했다.[83] 그 당시 평양시당 위원회에는 전국적인 지도자가 많이 소속되어 있었기 때문에 이 위원회는 아래로부터의 공격을 통해 적대세력을 제거하려는 김일성의 집중 지도사업에서 핵심적 역할을 수행했다.

12. 종파주의 문제의 해결

사태는 김일성 일파가 종파주의 문제를 영원히 '해결'할 시기가 성숙했다고 판단한 1958년 초 절정에 달했다. 1957년 몇 가지 예비적인 조치가 착수되어 8월 29일에는 최고인민회의 제2기 대의원 선거가 실시되었다. 이는 1948년

명백히 종파분자의 소행과 관련이 있다는 것이다. 결국 이러한 비판은 한빈에게 집중되어 그는 악독한 종파행위의 주모자로 지목되었다.

당시 지방당위원회 선전부의 간부로 있었던 김남식은 강습을 마친 뒤 자신에겐 이른바 종파분자들의 '죄악'을 폭로하라는 임무가 부과되었지만 중앙당으로부터 아무런 구체적인 지침이나 자료가 주어지지 않았다고 회상했다. 1958년 3월의 제1차 대표자회 이후 마침내 중앙당으로부터 연설문안 기초의 책임을 맡은 간부가 내려와서 김남식에게 당 지도자들이 연설 문안을 승인할 때까지 너무나 많은 초안을 요구한다며 불평을 털어놓았다고 한다. 이러한 상황은 새로운 '증거'가 꾸준히 조작되고 있었으며, 하급 당 간부들은 '폭로하기에 충분한 죄악상'이 만들어질 때까지 기다려야 했을 뿐 아니라, '종파분자'들을 어떻게 공격해야 하는지에 대한 당의 지침도 불확실했다는 것을 말해준다.

83 김남식와 이정식의 인터뷰, 1967년 3월 5일자.

8월 25일 제1기 대의원 선거가 있은 지 만 9년 만의 일이었다. 제1기 대의원 선거 당시에 공산주의자들이 북한에서 정규적인 선거를 실시했을 뿐 아니라 남한에서도 '지하선거'를 실시했다고 주장한 사실을 기억할 것이다. 실로 공산주의자들은 이에 근거해 조선민주주의인민공화국이 전 한국을 대표한다고 주장해왔다. 북한의 헌법에 따르면 총선거는 4년마다 실시하도록 되어 있는데 북한 정권은 선거가 지연된 사유를 전쟁과 전후 복구사업에 돌렸다. 그러나 김일성 세력은 제3차 당 대회와 '8월사건' 이후 최고인민회의 선거를 새로이 실시함으로써 매우 중대한 이익을 얻을 수 있다는 점을 발견했다.

1957년의 선거에서 공산주의자들은 남한의 '지하선거'를 실시하려는 어떠한 시도도 하지 않았다. 따라서 대의원 수는 600명에서 210명으로 대폭 감소되었고, 새로이 선출된 대의원의 구성도 제1기에 비해 큰 변화가 있었다. 제1기 대의원의 구성을 보면 전체 대의원 600명 중 60퍼센트인 360명이 남한 출신이었다. 그러나 1957년의 선거에서 북한 출신은 84퍼센트인 176석을 차지한 반면, 남한 출신은 16퍼센트인 34석을 얻는 데 그쳤다. 북한 정권은 이 선거를 북한 출신이 다수 진출할 수 있는 자연스러운 기회로 이용했을 뿐 아니라 최고인민회의에서 '종파분자'를 제거하는 기회로 활용했다. 또한 선거는 당 지도자들에게 정부의 정책을 옹호할 수 있는 기회를 제공했다. 대중매체들은 각각의 선거구에 입후보한 김일성, 최용건, 홍명희 등의 사진과 발언을 다투어 게재했다. 다른 공산주의 국가에서와 마찬가지로 북한에서도 선거는 정권에 정통성을 부여하는 과정으로서 지도자들이 매우 중요시하는 것이었다. 선거를 앞두고 정부는 대중의 참여를 유발하기 위한 노력의 일환으로 음악회, 미술대회, 야유회(식사 제공) 등을 개최해 축제 분위기를 고조하는 데 주력했다. 정부의 발표에 따르면 선거 결과는 총유권자의 99.99퍼센트가 선거에 참여해 정부가 추천한 후보에게 99.92퍼센트의 찬성표를 던진 극히 만족할 만한 것이었다. 김일성의 선거구에서는 투표율과 지지율이 100퍼센트였음은 말할 것도 없다.[84]

최고인민회의는 물론 비당원 대표자들을 위한 정부의 기본적인 등용문이었다. 비록 최고인민회의의 실질적인 권력은 보잘것없다고 하지만 제2기 대의원들의 요직 안배는 개개인의 당내 지위뿐 아니라 조선노동당의 공식 구조 외부에 있는 각 개인과 사회단체의 지위를 반영하고 있다. 최고인민회의 상임위원장에는 최용건, 부위원장에는 이극로(남한, 남로당과 민전(조선건민회의 착오─옮긴이) 지도자), 현칠종(북한의 토착 공산주의자, 농민동맹 부위원장), 김원봉(인민공화당) 등, 서기장에는 강양욱이 각각 선임되었고, 16명의 상임위원에는 상징적인 의미를 신중하게 고려해 공산주의자들과 비공산 당원들을 대표하는 사람들이 선출되었다.[85]

9월 20일 김일성은 최고인민회의에 대해 김일, 홍명희, 정일룡, 남일, 박의완, 정준택 등을 부수상으로 하는 새로운 내각의 승인을 요청했다. 내각에서 가장 중요한 자리인 민족보위상과 내무상에는 김광협과 방학세가 각각 임명되었다.[86] 한편 남일은 외무상에 유임되었고, 허정숙은 사법상에 임명되었

---

84 『로동신문』, 1957년 8월 30일자, 1~2면. 이 설명에 따르면 1구 1인의 소선거구제를 통해 215명의 최고인민회의 대의원이 선출되었다고 한다. 이보다 앞서 정부가 추천한 후보자들의 기준을 자세히 논한 논설에서 『로동신문』의 어느 필자는 "당·국가·사회활동가들, 우수한 생산조직자들, 로력혁신자들, 저명한 문예활동가들, 기타 각계각층의 애국적 인사들이 대의원 후보자로 추천되고 있다"고 지적했다(같은 신문, 1957년 7월 15일자와 16일자, 1~2면 참조).

85 상임위원 명단은 다음과 같다.
박정애, 강진건(조선농민동맹 위원장), 성주식(인민공화당 부위원장), 김병제(과학원 문화연구소 소장), 원홍구元洪九(생물학자, 과학원 원사), 이만규李萬珪(근로인민당), 이송운(조선노동당 평양시당 위원장), 한상두(직업총동맹 중앙위원장), 김창덕(중장中將, 노동당 간부), 정로식鄭魯湜(노동당 중앙검사위원), 김천해(조국통일민주주의전선 의장, 노동당 중앙위원), 하앙천(노동당 중앙위원, 당 학교교육부장), 장해우張海雨(전 남로당원, 조국보위후원회祖國保衛後援會 중앙위원장), 계응상桂應相(남한 출신, 내각 농업위원회 농업과학원장), 이면상李冕相(작곡가, 조선작곡가동맹 중앙위원장), 송영宋影(작가, 조선작가동맹 중앙위원).

86 소련계 한인인 방학세는 1960년 11월 내무상에서 해임된 직후 소련으로 돌아간 것으로 알려졌다. 당시 소련계 한인이 치안 문제를 전담하는 직책을 차지했다는 것은 자못 놀라운 일이다(원래 소련의 정보학교 출신인 방학세는 1960년 11월 내무상에서 해임된 후 소련으로 간 것이 아니라 최고재판소 부소장으로 전임되었다. 정보통인 그는 그 후 1966년 11월 중앙당 연락국 정보부장으로 기용되었고 1972년 중앙재판소장에 취임한 이래 1985년까지 재직 중이었다─옮긴이).

다.[87] 내각의 다른 자리들은 모두 낯익은 사람들에게 돌아갔지만 박창옥, 최창익과 그 추종자들의 이름은 등장하지 않았다.[88]

이들 최고인민회의와 내각의 고위간부들의 정치적 연결관계를 살펴보고, 이를 그 후 각 개인의 운명과 관련지어 생각해보는 작업은 매우 흥미로운 일이다. 이들은 김일성 직계, 여타의 파벌에 속하거나 다른 출신배경을 가진 노동당원, 군소 정당 대표, 당내 지식분자, 전문기술자(당원이지만 전문적인 기술 때문에 선발된 사람) 등의 다섯 가지 범주로 나누어볼 수 있다.

21명의 최고인민회의 상임위원회 구성원 중 다섯 명(최용건, 박정애, 이송운, 한상두, 강진건)이 김일성의 직계인데, 이들은 1963년 사망한 강진건을 제외하고는 적어도 그 후 10여 년간 화려한 공직을 역임했다.

다른 파벌에 속하거나 출신배경이 다른 사람은 모두 여덟 명으로 이들 중 네 명(이극로, 정노식, 장해우, 계응상)이 전 남로당원이었는데, 그중 한 사람(장해우)은 곧이어 1959년에 숙청당하고 말았다. 연안파 소속은 두 사람(김창덕, 하앙천)으로 하앙천은 앞서 지적한 것처럼 1965년 강등되었다. 일본 공산주의운동에 종사했던 김천해는 별 탈 없이 활동을 계속했다. 마지막 남은 현칠종은 북한 출신의 국내파 공산주의자로 1958년 초에 종파 혐의를 받고 숙청

---

87 연안파 출신인 허정숙은 허헌의 딸이자 최창익의 아내로 1948년 9월부터 1957년 8월까지 거의 10년간 문화선전상으로 재직했다. 그 후 최고재판소장(1959년 10월~1960년 11월)을 역임한 그녀는 1961년 초에 숙청되고 말았다(1972년 8월 남북적십자회담이 개최되자 북한 정권은 남한 사람들에게 잘 알려진 허정숙을 조국전선 서기국장으로 재등용했고, 같은 해 12월 최고인민회의 부의장에 선임된 그녀는 조국전선 의장을 거쳐 노동당 비서로 활동했다 ─ 옮긴이).

88 그 당시의 북한 내각은 수상, 부수상 6인, 상相 25인(무임소상 2인 포함)으로 구성되었다. 김일성을 통해 새로이 내각에 등용된 사람들은 본문에 언급한 인물들 외에 박문규(국가검열상), 이종옥(국가계획위원장), 박의완(국가건설위원장), 정일룡(금속공업상), 허성택(석탄공업상), 이천호李天浩(화학공업상), 한전종(농업상), 김두삼金斗三(전기상), 문만욱文萬郁(경공업상), 주광섭(주황섭朱晃燮의 착오─옮긴이, 수산상), 김회일金會一(교통상), 최재우崔載羽(건설건재공업상), 이주연(재정상), 진반수(대내외상업상), 고준택(체신상), 한설야(교육상), 이병남李炳南(보건상), 김응기金應基(노동상), 정성언(지방경리상), 김달현(무임소상), 홍구황(홍기황洪基璜의 착오─옮긴이, 무임소상) 등이다.

되고 말았다. 이와 같이 이들 여덟 명 중 두 사람은 곧 숙청되었고 다른 한 사람은 강등되었다.[*]

상임위원 21명 중 네 명(김원봉, 강양욱, 성주식, 이만규)은 군소 정당의 대표자였는데, 인민공화당의 김원봉과 성주식은 1958년 12월 '국제 간첩'이라는 죄목으로 숙청되었다. 조선민주당 대표인 강양욱은 김일성의 외척으로 영화를 누렸고, 근로인민당 출신인 이만규는 계속 살아남을 수 있었다. 따라서 이들 가운데서는 절반이 희생되었다.

상임위원 중 나머지 네 명(김병제, 원홍구元洪九, 이면상李冕相, 송영)은 당내의 지식인으로 이들은 모두 숙청이라는 불운을 겪지 않았다. 최고인민회의의 고위 지도자 21인 중에는 우리가 앞서 정의한 의미의 전문기술자는 한 사람도 없었다.

앞서 살펴본 것처럼 내각은 수상, 부수상 6인, 각료 25인 등 모두 32명으로 구성되어 있었다. 이들 중 세 명(김일, 이종옥, 문만욱)만이 김일성의 직계로 분류될 수 있다. 문만욱은 한때 강등되는 비운을 겪기도 했지만 이들은 대체로 영화를 누렸다.

내각에서는 13명가량의 사람이 다른 파벌 출신이었다. 이들 중 네 명(이병남, 박문규, 김응기, 허성택)은 남한 출신으로 구 남로당과 관련을 맺고 있었다.

---

[*] 1937년 김일성파의 혜산진 사건에 관련되어 투옥된 장해우는 해방과 함께 출옥해 1946년 북조선노동당 함경북도당 부위원장을 지냈고 이듬해 최고재판소장에 선임되었다. 이러한 경력으로 미루어 볼 때 장해우를 남로당원이라고 보기는 어렵다. 한편 1923년 토요회土曜會를 조직한 현칠종은 모스크바공산대학에 유학한 뒤 화요계 만주총국 간부로 활동했다. 그 후 그는 프로핀테른을 통해 국내로 파견되어 1935~1936년 조선공산주의자동맹을 조직했으며, 1936년에는 명천 적색농민조합明川赤色農民組合사건의 주모자로 활동했다(이 책 제3장의 현춘봉 기사 참조). 해방과 함께 출옥한 그는 1945년 9월 박헌영의 재건파와 장안파 간에 통일된 조선공산당을 조직하려는 노력으로 이루어진 열성자대회에도 참석했지만, 곧 월북해 1946년 1월 북조선농민동맹 부위원장에 선출되었다. 현칠종은 1958년 9월 최고인민회의 상임위원회 부위원장에서 해임되어 이듬해 12월 종파 혐의로 농장으로 추방되었는데, 그 이유는 박헌영과 사돈관계에 있었기 때문인 것으로 알려졌다. 이상으로 볼 때 장해우보다는 현칠종이 박헌영계와 밀접한 관계를 맺고 있었던 것으로 보인다.

이들 네 명 가운데 허성택은 1959년 숙청되었고 이병남도 같은 해 해임되었지만, 나머지 두 사람은 더 이상의 수난을 피해 김일성파에 가담했다. 13명 중 다른 두 명(이주연, 한전종)은 북한 출신의 국내파 공산주의자로 모두 별 탈 없이 지냈다.* 13명 중 네 명(박의완·남일·방학세·진반수)은 모두 소련을 배경으로 가진 사람들로 전부는 아니지만 대부분은 소련에서 태어나 그곳에서 자랐다. 이들 중 박의완은 1958년, 진반수는 1959년에 숙청되었다. 또한 방학세는 1960년 말 자기 직책에서 해임되었다. 오직 남일만이 북한 권력구조의 최상층에 살아남을 수 있었고 다른 몇몇 사람은 소련으로 돌아가버렸다. 마지막으로 연안파 출신은 이들 13명 중 오직 한 사람(허정숙)뿐이었다. 그러나 허정숙은 앞서 살펴본 것처럼 1961년에 밀려나고 말았다.

32명의 각료 중 여섯 명만이 군소 정당의 대표로, 그 분포는 천도교청우당 두 명(김달현·주황섭), 조선민주당 세 명(고준택·정성언·홍기황), 민주독립당 한 명(홍명희) 등이었다. 그러나 천도교청우당의 인물들은 주황섭이 1958년 9월 해임되고, 김달현은 같은 해 말에 반혁명분자로 규탄을 받는 등 곧 심각한 곤경에 처하고 말았다. 조선민주당 대표들도 세 사람 중에서 홍기황(1958년 숙청), 정성언(1960년 해임) 등 두 사람이 몰락했다. 군소 정당 대표 중에서는 단지 고준택과 홍명희만 그 후 10여 년간 아무 탈 없이 살아남을 수 있었다.

당내의 지식인으로 분류될 수 있는 사람은 한 명, 즉 한설야뿐이다. 앞서 말한 것처럼 한설야는 김일성의 전기를 짓는 등의 업적에도 불구하고 1962년 복고주의자, 자유주의자로 몰려 숙청되고 말았다. 그러나 한설야는 나중에 완전히 사라지기 전에 잠시 중앙위원으로의 복귀를 허락받았다. 전문기술자로 분류될 수 있는 사람은 모두 다섯 명(정일룡·정준택·김두삼·김회일·최재우)으

---

* 1932년 중국공산당 만주성위원회 산하의 조선국내공작위원회朝鮮國內工作委員會를 통해 국내 공작의 책임을 부여받고 국내에 파견된 적이 있던 한전종은 1959년 7월 농업상에서 해임된 뒤 행방불명되었다.

로 정일룡만 제외하고 모두 살아남았다. 우리는 이천호가 어느 범주에 속하는 인물인지 잘 알 수 없지만* 어쨌든 그는 1959년 8월 화학공업상에서 해임되었다.

이상의 자료를 검토해보면 몇 가지 점이 분명하게 드러난다. 이른바 '국내파', 특히 한때 박헌영과 관계를 맺었던 남한 출신은 모두 제거되었고, 박헌영 사건 당시 숙청을 면한 몇몇 사람에게도 계속 살아남는 건 극히 어려운 일이었다. 소련파와 연안파 역시 1958~1959년 무렵 그들의 충성심에 대해 김일성으로부터 따가운 눈총을 받았다. 김일성파가 소련계 한인에 대해 이중국적을 포기하고 북한이나 소련 중 어느 하나를 택하라고 강요한 것은 바로 이 무렵이었다. 1960년 말이 되자 당과 정부의 고위층에서 소련파와 연안파를 찾아보기가 대단히 어려워졌다. 사실상 살아남은 사람들은 종파주의에 물들지 않은 자, 즉 김일성에게 충성을 맹세한 이들이었다.

그 당시는 군소 정당 대표들한테도 엄청난 고난의 시기였다. 이용 가치가 떨어진 이들은 쉽게 소모품으로 전락해버렸는데, 특히 이들이 당 노선에서 일탈할 조짐을 보일 경우에는 즉각 숙청당했다. 조선노동당 지도자들은 중국의 백화제방운동 기간 혹은 그 직후에 일어난 일련의 사건을 놓치지 않고 주시하고 있었다. 만약 군소 정당의 어느 대변인이 자신들의 주변적 지위에 대해 공공연히 항의를 제기했다면 그는 반우익운동이 전개되는 동안 자신의 말을 취소해야 하는 굴욕적 조치를 강요받았다.

그 당시 지식인들도 '종파주의', '반동사상'에 물든 사람은 제거되고 충성스러운 자(때때로 기본적으로 비정치적인 인물)는 포상을 받는 등 심사대상이 되었다. 한편 이 무렵에는 소련 등지에서 교육을 받은 기술자, 과학자, 관리인 등 전문기술인들이 출현했다. 이들은 고급 인력이 매우 부족한 북한에서는

---

* 해방 전 흥남화학비료공장 기술자, 1952년 본궁本宮화학공장 지배인으로 종사한 경력을 갖고 있는 이천호는 전문기술자의 범주에 넣어도 무방할 것이다.

당연히 이용 가치가 컸다. 그러나 일반적으로 이들 집단은 제2급이나 제3급의 권력밖에 갖지 못했고, 최고 지도부에도 파고들지 못했다는 사실을 잊어서는 안 된다. 어쨌든 상대적으로 안정된 지위를 누릴 수 있었던 유일한 부류는 자신을 김일성의 오랜 개인적인 친구로 생각할 수 있는 사람들이나 김일성의 정책에 도움이 되는 사람들뿐이었다.

김일성 세력은 이른바 집중 지도사업이 각급 지방당을 효과적으로 통제할수 있는 궤도에 오르고, 당의 지침에 따른 최고인민회의와 내각의 개편이 단행되자 당내의 적대세력에 최후 일격을 가할 준비를 갖추었다. 박창옥-최창익 집단에 대한 공격이 아직도 끝나지 않았다는 점에 유의해야 할 것이다. 더구나 1957년에 접어들자 이들은 당 기관지를 통해 구체적으로 이름이 지목되면서 다시 한번 비난을 받았다. 한 가지 예로『근로자』 1957년 2월호에 게재된 논문에서 어느 필자는 정부의 경제정책이 다음과 같다고 주장했다.

작년 8, 9월 전원회의에서 철저히 폭로되었고 전 당에 의해 분쇄된 최창익, 박창옥, 윤공흠, 서휘, 리필규 등 반당 종파분자들의 주장과는 정반대로 우리 당의 경제정책이 과거에 있어서나 현재에 있어서나 시종일관 정확하였다.[89]

『근로자』 7월호에서도 이름을 밝히지 않은 어느 필자는 권두언에서 위에 열거한 범죄자들 외에도 김승화金承化의 이름을 지적하며 이들이 "부르조아 선전에서와 마찬가지로 이른바 자유와 민주주의의 신장을 들먹이면서" 당의 통일을 파괴하려 했다고 주장했다. '자유'와 '민주주의'를 외치는 이들의 구호가 노린 진정한 목적은 당을 '현학적인 사람들의 종파집단'으로 만들려는 것이었다.[90]

1957년 11월 김일성은 최창익과 그의 추종세력을 '극도로 부패한 반혁명

---

89 박연백, 「우리 당 제3차 대회와 그의 력사적 의의」, 『근로자』, 1957년 2월호, 35쪽.

분자'라고 비난하면서 "이들의 극악무도한 음모가 조기에 적발되어 분쇄되지 않았던들 당과 우리의 혁명은 막대한 타격을 입었을 것"이라고 지적했다.[91] 이들은 비록 대중적 기반이 전혀 없었지만 그 영향력이 완전히 제거된 것은 아니었다. 이들의 '나쁜 영향력'이 계속되는 한 "이는 당을 내부로부터 와해시키고자 하는 외부의 적들에게 이용될 소지가 있"는 것이었다. 따라서 모든 당원과 당 조직은 종파분자들의 '잘못된 이데올로기'를 분쇄하기 위해 동원되어야만 했다. 김일성은 8월 회의는 대단히 훌륭한 성과를 거두었으며, 많은 당원은 자신의 과오를 인정하고 이를 당 앞에 솔직히 털어놓았다고 주장했다. 김일성은 이런 사람들은 당의 신뢰를 되찾는 첫발을 내디딘 것이지만 아직도 많은 사람이 종파적, 반당 반혁명적 활동에서 헤어나지 못한 채 당 앞에 자신의 과오를 털어놓기를 거부했다고 지적했다. 이러한 방식으로 김일성은 최창익-박창옥 일파를 철저히 분쇄하려는 자신의 굳은 의지를 드러냈다.

김일성의 의지가 실천된 것은 1) 5개년 인민경제 발전계획에 제際하여, 2) 당의 통일과 단결을 더욱 강화할 데 대하여, 3) 당 조직 문제 등을 의제로 1958년 3월 3~6일 평양에서 개최된 조선노동당 제1차 대표자회[92]에서였다. 대회의 제2일에 박금철은 최후의 공격을 단행했다.* 그는 상당히 긴 연설을 통해 일부 건실하지 못한 분자들은 '당의 관대한 정책'을 악용해 당의

---

90 「쏘련공산당의 레닌적 통일은 필승불패이다」, 『근로자』, 1957년 7월 25일. 이 필자는 다음과 같은 주장으로 결론을 맺었다. "그러나 일부 당원들은 레닌적 당 생활 원칙에 근거한 개개 당원들의 당 생활이 가지는 극히 중요한 의의를 깊이 인식하지 못하고 그를 소홀히 하는 경향을 아직도 청산하지 못하고 있다. 그러한 당원들은 불피코(불가피하게) 당의 통제와 규률에서 벗어나 출세주의, 개인 영웅주의, 무책임성 등을 발로시킴으로써 당 대열의 사상의지 및 행동상 통일을 약화시키게 되는 것이다. ……
그러므로 우리는 당 대열의 통일과 단결을 강화함에 있어서 당원들의 당 생활을 한층 강화하여 낡은 사상 잔재를 극복하기 위하여 당원들에 대한 맑스-레닌주의교양사업을 더욱 활발히 전개해야 한다. 그리고 당원들 속에서 당 정책에 대한 유일한 견해와 해석으로 관통되게 함으로써 당내의 사상의지 및 행동상 통일을 한층 강화하여야 한다."
91 김일성, 「사회주의국가들의 친선과 단결」, 『근로자』, 1957년 11월 25일, 8~15쪽.
92 이 대회의 자세한 상황은 다음을 참조하라. 『로동신문』, 1958년 3월 3~7일자, 1~4면.

배후에서 종파 장난을 계속하면서 "당과 국가에 어려운 정세가 조성될 때마다" 반혁명 음모를 획책했다고 비난했다. 더구나 최근에 밝혀진 정보에 따르면 최창익-박창옥 도당은 다만 반당 종파행위에 그친 것이 아니라 그 범위를 훨씬 벗어나 당과 혁명을 배반하는 길로 전락했다는 것이다. 박금철은 "(새로) 나타난 사실들은 최창익 도당이 이미 오래전부터 암암리에 반당적 종파 활동을 계속하여왔다는 것을 보여주고 있다"고 주장하면서 이렇게 말했다.

이들에게는 과거 우리나라의 모든 종파분자들이 그러하였던 것처럼 어떠한 독자적인 정치적 강령도, 로선도 없었읍니다. (이들은) 우리 당이 3년간의 가혹한 전쟁 상처를 회복하기 위한 어려운 사업을 진행하고 있었으며, 사회주의 진영에 대한 국제 반동분자들의 '반쏘반공' 깜빠니아(캠페인)가 우심해지고, 남반부를 강점한 미제와 리승만 매국역도들이 '북진' 소동을 요란스럽게 떠벌리고 있던 엄중한 시기에 반당, 반국가적 음모를 획책했읍니다.

박금철의 공격은 계속되었다.

이들은 사회주의 혁명과 사회주의 건설을 위한 제1과업을 해결함에 있어서 당의 령도적 역할을 부인하였으며 당이 프롤레타리아트의 계급적 조직의 최고형태라고 한 맑스-레닌주의 원칙을 거부하면서 직맹(직업총동맹)을 당의 우(위)에 올려 세우려 하였읍니다.
이들은 당 건설과 당 생활에 대한 레닌적 규범에 초석으로 되는 당의 민주주의적 중앙집권제 원칙을 반대하고 당내에서 무원칙한 '민주주의'와 종파 활동의 '자유'를 요구하였으며 심지어는 반맑스주의적인 소위 '종파의 유익성'까

---

* 『로동신문』, 1958년 3월 6일자, 2~3면, 「당의 통일과 단결을 더욱 강화할 데 대한 조선로동당 중앙위원회 부위원장 박금철 동지의 보고」.

지 주장하는 데 이르렀습니다.

이 모든 것은 당내에서 무정부적인 혼란 상태를 조성하며 당을 실제적으로 무장해제시킴으로써 반당 종파분자들의 롱락물로 만들려는 기도였다는 것이 명백합니다.

……

최창익 도당은 인민민주주의의 법질서를 란폭하게 위반하면서 '준법성'이니 '인권옹호'니 하는 구실하에 인민의 정당한 심판을 받는 반혁명분자들의 무죄석방을 획책하기도 했으며

……

다른 나라들에서의 수정주의 분자들과 마찬가지로 프롤레타리아 독재에 관한 맑스-레닌주의 학설을 거부하여 나섰으며, 부르조아적인 자유에 대한 권리를 제창하는 등으로 우경 투항주의에로 전락되었습니다. 그뿐만 아니라 이들은 우리 당과 형제당들 간의 전통적인 국제주의적 친선관계를 훼손시키기 위하여 온갖 교활한 방법으로 리간과 대립을 조성하려고 획책했습니다. 나아가서는 우리나라를 쏘련을 선두로 한 사회주의 진영으로부터 떼어내어 소위 '중립국'으로 선포하려는 극히 반역적인 흉계까지 꾸미고 있었습니다.

……

이들은 당 중앙위원회 전원회의에서 당을 정면으로 공격하는 도전적인 행위를 감행하는 한편 일부 지역에서 당과 정부를 반대하는 시위와 폭동을 비밀리에 조직함으로써 그를 당내에서의 자기들의 반당적 공세와 통합시키려고 하였습니다.

주지하는 바와 같이 최창익을 비롯한 종파분자들은 벌써 1920년대에 '엠엘파'의 주동 인물로 등장하여 소위 '파벌 박멸'의 간판을 들고 종파 활동을 감행하면서 조선 로동운동에 막대한 해독을 끼쳤습니다.

박금철은 이상의 내용으로 미루어보아 8월 회의의 결정은 전적으로 정당

한 것이었다고 주장했다. 그는 이어 당은 박헌영-이승엽 도당에 대한 투쟁에서와 마찬가지로 추종분자들을 관대하게 포섭해 사상적으로 개조하고, 극소수의 악질적인 주모자들을 엄격히 추궁하는 방침을 견지해나갈 것이라고 밝혔다.

김일성은 이 대회의 총결 보고에서 박금철의 기본적인 주장을 되풀이하면서 김두봉이 '엄한 처벌'을 받게 될 지도자 중 한 사람임을 분명히 했다.

김두봉은 이 10년 동안 딴 꿈을 꾸고 있습니다. 우리한테는 속을 안 주고 한빈과 최창익에게만 속을 주었습니다.
한빈은 우리 당의 파괴분자로서 당이 증오하는 사람인데 김두봉은 한빈을 제일 친한 사람으로 인정하고 있었습니다. 만약 김두봉이 공산주의자라고 하면, 당을 위하는 사람이라고 하면 당이 미워하는 사람과 제일 친근히 하는 것은 도대체 어찌 된 일입니까? …… 김두봉은 한빈한테 가서 하루 저녁만 자고 오면 무얼 하나 딴 것을 제기하곤 했습니다. 제기하는 것은 다 우리 당을 못 쓰게 만드는 것이었습니다.[93]

마침내 김일성은 요점을 짚었다.

김두봉의 죄가 참 큽니다. 그는 적지 않은 젊은 사람들을 못 쓰게 만들었습니다. 당과 국가에서는 순진한 사람들에게 당의 임무를 주어서 최고인민회의 상임위원회에 가서 일하라고 보냈는데 많은 사람들이 거기에서 못 쓰게 되었습니다.[94]

93 「제1차 5개년계획을 성과적으로 수행하기 위하여-조선로동당 제1차 대표자회에서 한 결론, 1958년 3월 6일」, 김일성, *Selected Works*, 1965, Vol. I, 341~372쪽(인용 부분은 364~366쪽, 우리말은 방인후, 앞의 책, 232쪽에서 재인용, 이하 같다-옮긴이).
94 같은 책, 367쪽.

김일성은 이 연설에서 앞으로 숙청될 사람들을 여러 명 열거했다. 김일성의 주된 공격대상은 아직 구체적인 반란의 증거가 제시되지 않았음에도 박헌영과 동격으로 올려진 최창익이었다. 김일성에 의해 '당의 불신'을 받고 많은 사람의 의심을 산 인물로 지목된 다른 종파분자는 유축운柳丑運과 전 인민군 총참모장 김웅金雄이었다. 오기섭 역시 '당에 대한 불충과 출세주의, 명예욕'에 사로잡혀 '개인 영웅주의'에 빠져 있다고 다시 한번 비난을 받았다. 서휘는 직업총동맹을 당의 통제에서 벗어나게 했다는 공격을 받았다. 김을규는 앞서 말한 것처럼 조선인민군이 당의 군대가 아니라 조국통일민주주의전선의 군대라고 주장했다고 비난을 받았다.

김일성은 "이상은 모두 당의 지도력을 거부하려는 이데올로기적 견해"라고 못 박았다. "김두봉, 박의완, 오기섭 등 이런 사람들을 어떻게 처리할 것인가?" 김일성은 반문했다.

> 김두봉, 박의완, 오기섭 등이 (최창익이나 박창옥과는 달리) 반혁명폭동 음모에 참가했다는 증거는 아직 없습니다. 김두봉과 박의완은 당을 엎어놓자고 했고 당 지도부를 내딸구자고 했습니다. 즉 종파는 같이했습니다. 오기섭은 내놓고 하지 않고 뒤에서 도적고양이 놀음을 하다가 들키어 났습니다. ……그러나 (이들은) 자기가 저질러놓은 것을 사실대로 자발적으로 내놓은 것은 하나도 없습니다. 우리가 이것은 무엇이냐 하고 물으면 그것은 그렇습니다라고 대답하는 정도입니다. 한마디로 말하면 그들은 아직까지도 양면적 태도를 취하면서 당에 속을 주지 않습니다.

김일성은 김두봉, 박의완, 오기섭 등은 그들이 '얻은' 만큼을 되받아야 한다고 주장했다(즉 저지른 죄에 합당한 처벌을 받아야 한다는 것이다!).

그러나 흥미롭게도 김일성은 주요 정적 중 한 사람인 박창옥에 대해서는 한 마디도 하지 않았다. 몇몇 자료에 따르면 박창옥은 안전한 도피처인 소련으로 달아나버렸다고 한다. 또 다른 자료들은 박창옥이 벽돌공장 혹은 시멘트공장의 부지배인이나 평범한 노동자로 쫓겨났다고 주장했다. 한편 김승화가 소련으로 돌아가 학자로 전신한 것은 분명한 사실이다.[95] 많은 소련계 한인도 이 무렵 비슷한 처지에 놓인 것으로 알려졌다. 김두봉은 순안농목장順安農牧場의 농업노동자로 추방되었다고 한다. 그러나 최창익의 운명이 어떻게 되었는지는 밝혀지지 않았다.

1958~1959년 북한에서는 적어도 90명가량의 지도급 인물이 숙청되거나 공직에서 추방되었다. 이들 중 약 30명은 앞서 지적한 것처럼 비당원이며, 이들 대부분은 남한 출신으로 공산주의자들이 후원한 재북평화통일촉진협의회의 간부들이었고, 나머지는 군소 정당의 지도자였다. 결정적으로 당내 위기가 해결되자 김일성파는 이와 유사한 당 외의 '위험 요소'를 적발해내는 데 몰두했다. 당내의 소수 지식인집단 역시 공격을 받고 쫓겨났다.[96] 그러나 주된 공격대상은 역시 소련파와 연안파였다.

13. 김일성의 패권

결국 이 시기에 가장 중요한 정치적 발전은 무엇이었을까? 제일 중요한 점은 권력의 가장 기본적 두 단위인 조선노동당과 조선인민군을 김일성과 그에게

---

95 우리는 앞서 김승화가 소련으로 돌아가 러시아어로 출간한 한국 혁명운동에 관한 연구서를 인용한 바 있다. 제1장 주 4 참조.

96 앞서 살펴본 것처럼 1956년 8월종파사건 이후 북한의 문학예술계에서는 '부르주아적 잔재'를 찾아내려는 노력이 집중적으로 행해졌다. 한 가지 예로 1957년 1월, 조선노동당 중앙위원회 상무위원회는 예술 부문에서 부르주아적 이데올로기를 완전히 청산하고 사회주의적 사실주의를 확립하기 위한 결의안을 채택했다. 해방 전에 와세다대학을 마치고 북한 정권의 문화선전성 부상에까지 오른 저명한 문학평론가 안막, 그의 아내로 국립무용단장이었던 최승희 등 여러 사람이 그들의 추종자와 함께 공격을 받았다. 곧 살펴보겠지만 그 후 1959년 안막은 '복고주의자', '반동분자'로 몰려 숙청되었고, 최승희는 깊은 수렁에 빠져들게 되었다.

충성스러운 사람들의 통제하에 단단히 묶어놓았다는 것이다. 이들의 대부분은 만주에서의 항일유격투쟁 이래 오랜 동지들이었다. 김일성과 그의 추종세력이 특히 1958년 이후 종파주의가 완전히 청산되었다고 주장하는 것은 몇 가지 점에서 일리가 있다. 적어도 1945년 이전에 출현한 파벌은 완전히 분쇄된 것이 명백했다. 살아남은 오직 하나의 의미 있는 파벌은 김일성 집단뿐이었다.

김일성파의 패권을 확인이라도 하듯 이 시기에는 개인숭배가 새로이 고조되었다. 어느 모로 보나 유격대 전사로서 김일성의 초기 공적은 사실 이상으로 엄청나게 과장되었다. 이제 김일성의 교시는 최상의 권위를 부여받았고 그의 교시를 철저히 추종하는 것이 훌륭한 공산주의자의 기준으로 등장했다. 김일성 자신은 각종 노래, 시, 소설 등을 통해 신격화되었다. 이 모든 것은 공산주의 세계에서 개인숭배가 문제시되고, 탈스탈린운동의 바람이 몰아닥치던 바로 그 시기에 일어났다는 점에서 더욱 주목할 만한 일이다. 물론 김일성과 그의 추종세력은 집체적 지도에 대해 입에 바른 찬사를 늘어놓았고, 심지어는 철저히 분쇄된 박헌영 일파를 앞서 살펴본 것처럼 '지나친 개인적 영웅주의'의 과오를 범했다고 몰아붙이기까지 했다. 그러나 이러한 어색한 노력은 결코 오래가지 않았다. 이 시기의 중심적 과제는 '위대한 영도자' 김일성을 도덕적 인간이 감히 범접할 수 없을 정도로 떠받드는 것이었다. 이때 북한에서는 가장 극단적인 단계의 스탈린 숭배와 같은 수준, 혹은 그 이상의 개인숭배가 행해졌다.

각 개인의 충성심을 제고하는 것과 별도로 김일성주의자들은 내부의 적들에 대해 완전한 승리를 확보하기 위해 카리스마적 지도자를 떠받드는 보조장치로 민족주의라는 새로운 무기를 사용했다. 우리가 앞서 살펴본 것처럼 '주체'라는 개념이 처음 강조되고 여러 가지 민족주의적 상징이 등장한 것은 바로 이 시기의 일이었다. 지난 수년간 완전한 위성국가의 처지에 놓여 있던 북한은 이제 미약하나마 독자적인 결정권을 행사하고자 노력하기 시작했다. 이 같은 새로운 조류는 앞서 지적한 것처럼 북한 내부의 종파투쟁, 특히 김일성 주의자들과 박창옥, 최창익, 김두봉 등이 이끄는 소련 또는 중국 편향적인 세력들과의 투쟁과 밀접한 관련을 맺고 있었다. 한편 이는 스탈린 사후 소련의 정세 변화와 북한에 대한 중국의 전반적인 영향력 증대와도 관련이 깊었다. 앞으로 살펴보겠지만 소련에 대한 충성의 맹세는 결코 사라지지 않았다. 그러나 김일성이 이끄는 북한 공산주의자들은 그들의 독자적인 방식에 강조점을 두면서 처음으로 '조선 혁명'을 운위하기 시작했다.

넓은 의미에서 볼 때 이 시기에 와서야 비로소 정치 엘리트의 성격이 변화하기 시작했던 것이다. 앞서 살펴본 것처럼 권력구조의 최고위층은 점진적으로 협소해졌고, 과거의 파벌세력은 회복 불가능한 상태로 붕괴되었다. 김일성은 이제 유일무이한 지도자로 부상했으며, 그의 주위에는 대부분 '과거의 유격대 전사' 출신의 충실한 추종세력이 모여들었다. 이 부류에 속한 사람들 가운데는 해방 이후 김일성에게 충성을 맹세한 사람들도 있었지만, 그 대부분은 1930년대 이래 김일성과 행동을 같이한 사람들이었다. 정규적인 학교교육을 받지 못한 이들은 주로 실전과 군사교육 등 자신이 겪어온 경험을 통해 필요한 것을 끌어내야 했다. 더구나 이들 개개인이 원래 타고난 능력은 실로 천차만별이었다. 이들이 공유하고 있던 것은 다름 아닌 김일성에 대한 충성심뿐이었다.

그러나 이들의 바로 밑에서 새로운 전후 세대가 떠오르고 있었다. 앞서 지적한 것처럼 공산주의자들은 이 시기를 통해 당과 기타 대중조직을 재건하는 데 괄목할 만한 성공을 거두었다. 적어도 문서상으로나마 북한만큼 모든 주민이 철저히 조직된 사회는 찾아볼 수 없었다. 당시 북한의 인구는 1,000만 명에 불과했지만 당은 100만 당원을 자랑했다. 청년, 여성, 농민, 노동자 등은 앞서 살펴본 것처럼 당을 강화하기 위한 대규모의 특수한 조직체를 갖고 있었다. 이러한 상황에서 새로이 부상한 전형적인 당 간부상은 과거의 파벌과는 전혀 무관하고, 선배들보다는 좀더 교육을 많이 받은 40세 미만의 북한 출신들이었다. 박헌영 일파의 숙청과 최고인민회의 제2기 대의원 선거와 함께 조선민주주의인민공화국에서 남한 출신이 갖는 영향력은 보잘것없는 것이 되어버렸다.[97] 더구나 당과 정부의 중견 지도자 중에서 해방 이전의 '혁명운동' 경험을 가진 사람은 찾아보기 어려웠다. 이들 대부분은 앞서 지적한 것처럼 1945~1950년에 입당한 농민이나 노동자 출신이었다. 실로 조신노동당은 그 기층을 살펴볼 때 농민 정당이라고 하지 않을 수 없다. 그나마 당에는 농민에서 전신한 산업노동자도 얼마 되지 않았다. 당의 최고위층에 포진한 구 유격대 출신들로부터 깊은 불신을 받은 지식인들은 지주계급 다음으로 심한 박해를 받았다. 그러나 새로운 엘리트들이 부상하고 있었다. 당이 열중하고 있었던 제1세대 산업혁명에 필수 기술을 소지한 전문기술자와 관리자 집단이 바로 그들이었다. 아직까지 그 수가 얼마 되지 않고 정치적으로도 별다른 비중을 갖지 못했지만, 새롭게 떠오른 별이 된 이들은 저 지평선 너머에서 반짝거리고 있었다. 혹은 그렇게 보였다. '낡은 지식인들'이 사라져버린다면 '새로운 지식인들'이 출현해야 하는 것은 필연적인 일이었다.

마지막으로 이 무렵에는 제도상의 구조와 기능에서도 몇 가지 변화가 일어났다. 당의 지도부는 각급 당 조직에 대해 아래로부터의 '지방의 창발성'을 요구했다. 이 '창발성'은 기본 정책에 대한 결정을 내릴 권한과는 전혀 무관했고, 이데올로기 측면에서 독자성을 갖는다는 것과도 거리가 멀었다. 모든 형태의 '부르주아 자유주의'는 계속 저주대상이었다. 차라리 이 창발성은 인적·물적 자원을 최대한 동원하기 위해 중앙정부가 지방의 각급 정권기관에 좀더 무거운 책임을 부과하기 위한 것으로, 고차원에서 이미 신중하게 결정된 계획을 지방에서 집행하려는 것이었다. 전국적인 국가기관의 역량은 극히 제

---

97 1957~1958년 허성택, 유축운, 이인주(이인동李仁同의 착오?─옮긴이), 송을수, 김상혁 등이 숙청된 이후 구남로당 출신은 당과 정부의 요직에서 완전히 사라져버렸고 다만 김일성의 사람이 된 최원택과 박문규만이 살아남았다.

한된 것이었으며, 이는 확고한 경제우선정책에 관한 한 더욱 심각하게 나타났다. 더구나 역사적으로 한국 사회는 지방의 각급 단위별로 운영되어왔다. 과연 새로운 전국적 구조에 편입된 지방 단위가 당면한 과업을 위해 활용될 수 있을 것인가? 공산주의자들이 기울인 엄청난 조직적 노력이 북한의 주민들에게 실제로 무엇을 의미했는가에 대해서는 이 책의 원서 2부 제9장에서 다루었다. 여기서는 북한 공산주의자들이 중국 공산주의자들과 마찬가지로 의식적이든 무의식적이든 새로운 형태의 조직뿐 아니라 전통적인 조직도, 외래의 행정 단위뿐 아니라 토착적인 행정 단위까지도 이용하려 했다는 점만을 지적하는 것으로 충분할 것이다.

14. 소련의 모델에 따른 경제발전

이상의 정치적 조류와 상호작용하며 북한에서 매우 중요한 의미를 지닌 것은 경제발전이었다. 그 상세한 내용은 이 책의 2부 중 농업과 공업에 관한 각각의 장에서 다루고 있으므로 여기서는 중요한 흐름만을 알아보기로 하자.

휴전협정이 체결된 지 보름도 채 안 된 1953년 8월 5일 김일성은 조선노동당 중앙위원회에서 행한 보고에서 전후의 경제 복구를 위한 지침을 제시하면서 앞으로 공업화에 최우선 순위를 두겠다고 천명했다.[98] 그는 전쟁 기간에 제1차적 관심을 농업 생산에 기울인 것은 전적으로 타당한 것이었지만 이제

---

[98] 「정전협정 체결과 관련한 전후 인민경제 복구건설을 위한 투쟁과 당의 금후의 임무—조선로동당 중앙위원회 제6차 전원회의에서 한 보고, 1953년 8월 5일」, 김일성, *For Socialist Economic Construction in Our Country*, 평양, 외국문출판사, 1958(원서명은 『우리나라에 있어서 사회주의 경제건설을 위하여』), 1~41쪽(위의 논문 제목은 제6차 전원회의 의제였으며 당시 김일성이 행한 보고의 제목이 바로 유명한 「모든 것을 전후 인민경제 복구발전을 위하여」였다. 이하 이 책에서 인용된 부분은 한국어 원문을 소개하기로 하겠다—옮긴이).

조선은 일본 제국주의의 식민통치 결과로 나타난 공업의 '식민지적 편파성'을 불식하고 현대사회로 발전해야 한다고 주장했다. 이어서 가장 먼저 복구건설되어야 할 것은 '인민경제의 전반적인 복구발전을 촉진하는 기본적인 공업시설', 즉 제철공업과 기계공업, 조선공업, 광업, 전기공업, 화학공업, 건설자재공업의 순이라고 지적했다.[99] 김일성과 그의 정권은 중국공산당 지도자들과 마찬가지로 중공업에 우선순위를 두는 소련식 발전 모델을 채택했다.

김일성은 전후의 복구건설사업을 세 개의 기본 단계로 나누어 진행시킬 것을 제의했다. 제1단계는 전반적 인민경제 복구건설의 준비 단계로서 반 년 혹은 일 년 동안 파괴된 인민경제를 전반적으로 복구건설할 수 있는 준비사업과 정리사업을 진행한다는 것이고, 제2단계는 인민경제 복구발전 3개년계획을 수행함으로써 인민경제의 각 부문에 걸쳐 전쟁 전의 수준을 회복하도록 한다는 것이고, 제3단계는 3개년계획에 이어 전반적 공업화의 기초를 축성하기 위한 5개년계획을 작성한다는 것이었다.

물론 김일성은 보고에서 경제의 다른 부문도 빠뜨리지 않았다. 김일성은 당과 정부는 경공업 발전에도 깊은 관심과 주의를 기울이고 있다고 밝히면서, 특히 면직물의 생산을 확대해야 한다고 강조했다. 운수산업, 특히 철도는 가능한 한 시급히 복구되어야 했다. 그러나 농업에 관한 한 김일성은 결정적 변화가 곧 일어날 것 같지는 않다는 투로 조심스럽게 말하면서 개인 농민경영農民經理은 존속될 것이라고 밝혔다. 농민의 생산 능력을 증진시키기 위한 제1차적 과제는 새로운 영농방법을 보급하고 관개용수와 우량종자, 비료를 충분히 이용할 수 있도록 하는 것이었다. 김일성은 1954년 이래로 "토지의 사유와 생산수단의 사유를 인정함을 원칙으로 하여" 일부 지역에 경험적으로 농업협동조합을 조직해왔으며, 국영농장도 건설되었다고 밝혔다.[100] 그러나 이 시기의 중심 과제는 역시 생산 증대였다.

---

99 같은 책, 2~7쪽.

전쟁으로 파괴된 북한의 도시와 촌락 역시 재건되어야 했다. 김일성은 도시건설성都市建設省을 도시경영성으로 개편했다고 밝히면서 임시 건물과 영구히 사용할 수 있는 건물의 건축을 포괄하는 잘 짜인 단계별 도시건설계획을 제시했다.

그러면 이 같은 계획을 실행할 수 있는 자금은 어디서 조달할 것인가? 김일성은 8월 8일 행한 제6차 전원회의 폐막연설에서 소련과 중화인민공화국이 조국의 신속한 경제 복구를 위해 필요한 자금을 대여해주기로 약속했다고 밝혔다.[101] 소련은 10억 루블을 제공할 것이며, 기타 공산국가 역시 진실한 우호정신을 발휘해 협조를 아끼지 않으리라는 것이다.

그럼에도 김일성의 계획은 명백히 북한의 모든 주민, 특히 농민과 노동자들에게 엄청난 희생을 요구하는 것이었다. 처음부터 이런 사실을 인정한 김일성은 당에 대해 인민들이 앞으로 겪어야 할 곤경에 대비하도록 끊임없이 훈계했다. 더구나 그는 농업과 공업 분야에서의 경험 부족, 낭비, 자포자기 등이 큰 문제가 되고 있음을 인정했다. 한 가지 예로 중공업 부문의 전체 노동자 가운데 10년 이상의 노동 경력을 가진 노동자는 4퍼센트에 지나지 않았으며, 농업생산성도 매우 낮았다. 무엇보다도 인민들은 생존을 위한 오랜 투쟁으로 지쳐 있었다. 그럼에도 인민들은 기약 없이 자신들의 정력을 모조리 바칠 것을 강요받았다.

심지어 제6차 전원회의가 개최되기 이전, 아니 정전협정이 체결되기도 전에 벌써 상업상 이주연은 10명의 대표단을 이끌고 여러 공산국가의 수도를 순방하고 있었다. 이들은 11월 말까지 무려 다섯 달 동안 몽골, 북베트남, 동

---

100 같은 책, 11쪽. 김일성은 "형제적 몽고 인민이 수십만 두의 소와 면양을 보내" 주었지만 목축업은 많은 결함을 지니고 있다고 지적하는 등 국영목장의 건설에 비상한 관심을 표명했다. 그는 국영목장 외에도 반농·반목축협동조합(농목장)을 조직하라고 권유했다.
101 「모든 것을 전후 인민경제 복구발전을 위하여―조선로동당 중앙위원회 제6차 전원회의에서 한 보고, 1953년 8월 5일」, 김일성, *For Socialist Economic Construction in Our Country*, 41~65쪽.

유럽의 공산제국 관리들에게 북한의 경제 복구의 필요성을 역설했다. 그동안 김일성 자신은 1953년 가을 소련과 중국 두 공산대국을 각각 방문했다. 김일성은 박정애, 정일룡, 남일, 정준택, 김회일, 허정숙, 김형국, 신준택(신천택申天澤의 착오—옮긴이) 등 경제발전을 담당하는 최고위 관료 대부분을 망라한 대표단을 이끌고 철도편으로 평양을 떠나 모스크바로 향했다. 이들은 모스크바에 머문 2주일 동안 소련의 주요 지도자 대부분과 회담을 가졌다.

12월 20일의 최고인민회의에서 김일성은 소련에서 가진 회담의 주요 의제는 '소련의 원조 10억 루블을 어떻게 사용해야 하는가'였으며, 이 자금은 공장과 주요 시설의 복구, 산업, 운송, 통신, 농업, 교육 등 다양한 분야에 사용한다는 데 소련 당국자들과 합의했다고 밝혔다.[102] 이 시급한 계획을 위해 총원조액 중 4분의 3은 1954년, 나머지는 1955년에 지급될 예정이었다. 또한 김일성은 소련 정부가 북한이 진 전쟁 채무의 2분의 1 이상을 탕감하고 잔액의 상환 기일도 연장해주었다고 말했다.

김일성의 보고는 이상의 좋은 소식만으로 끝맺은 것이 아니었다. 11월에 접어들어 또 다른 각료급 대표단을 이끌고 베이징을 방문한 김일성은 11월 14~22일에 개최된 회담이 조선민주주의인민공화국과 중화인민공화국 간의 "경제적·문화적 협력관계를 크게 증진"시켰다고 말했다. 중국은 1950년 6월 25일부터 1953년 12월 31일 사이에 북한이 진 채무 일체를 탕감해주었고, 1954년에서 1957년까지 총 8억 원元의 무상 원조를 제공하기로 했으며, 그 중 3억 원을 1차 연도에 공여하기로 합의했다. 이 자금은 주로 식량, 목화, 면직물, 석탄, 건축자재, 기계자재 등의 조달에 사용될 계획이었다. 김일성은 중국이 1954년 10만 톤의 곡물, 수천만 미터의 옷감, 어선, 석탄 그리고 여러

---

102 김일성의 보고 전문은 다음을 참조하라. 『로동신문』, 1953년 12월 22일자, 1~4면. 소련의 원조는 특히 김책제철소, 홍남비료공장, 남포제련소, 수풍수력발전소 등 수많은 공장과 시설의 복구에 사용되었다(이 보고의 제목은 「형제국가 인민들의 고귀한 국제주의적 원조—소련, 중화인민공화국, 기타 형제국가들을 방문한 조선민주주의인민공화국 정부 대표단의 사업에 관한 보고」다—옮긴이).

가지 장비를 북한에 제공할 것이라고 밝혔다. 더구나 중국은 북한의 철도시설 복구도 원조해줄 계획이었다.

이처럼 소련은 기본적인 중공업시설 건설에서 큰 몫을 한 반면, 중국은 자신의 능력이 허락하는 범위 내에서 북한에 생활필수품을 공급하고 교통시설의 복구에 참여했다. 동유럽의 여러 공산국가도 각각 몇 가지 복구계획을 자신의 몫으로 떠맡았다. 한 가지 예로 체코 정부는 시멘트공장과 허천강盧川江, 모진강(장진강長津江의 착오로 보인다 — 옮긴이), 부전강赴戰江 등의 수력발전소 복구, 폴란드 정부는 탄광 3개소의 복구와 기관차 제작수리공장의 건설, 헝가리 정부는 화학공장, 특히 염색약품공장 건설, 동독은 디젤엔진공장과 전기기구공장, 출판인쇄공장 건설을 약속했다. 그외에도 루마니아, 불가리아, 알바니아 등이 각종 복구사업의 원조를 약속했다. 실로 북한에 대한 공산제국의 원조는 원조를 제공하는 크고 작은 국가들이 몇 가지 공장, 산업, 시설, 도시 등의 완전한 복구 책임을 떠맡는 식으로 진행되었다.

김일성이 1953년 8월의 보고에서 언급한 준비 단계는 3개년계획의 1차년도인 1954년 초에 끝나도록 되어 있었다. 따라서 1954년의 첫 한 달 동안 당 기구의 움직임을 살펴보는 작업은 많은 것을 시사해준다. 당은 새로운 희망으로 충만한 급속한 발전의 청사진을 담은 많은 논설과 구상을 제시했다. 그러나 그 이면을 살펴볼 때 우리는 엄청난 곤경과 심각한 사기 저하의 문제가 놓여 있었다는 많은 증거를 찾아볼 수 있다. 북한의 대중매체들은 복구를 위한 건설자재, 생활필수품, 기술자들이 '우리의 형제국가'들로부터 도착했다는 기사를 수없이 실었다. 공산 세계가 북한의 파멸을 막기 위해 신속하게 대처했다는 데는 의문의 여지가 없다. 중국에서는 식량을 실은 기차가 꼬리를 물고 속속 도착했고, 소련에서는 철강과 기타 건설자재를 실은 기차가 때로 중국에 들러 식량을 실은 화차를 연결해 북한으로 들어왔다. 평양의 실험실에서는 중국제 방한복을 입은 과학도들이 자주 눈에 띄었다.

인민군과 중국군 역시 파괴 현장에 투입되었다. 1953년에 벌써 이들은 평양으로 통하는 주요 철교의 복구사업에 공동으로 착수했다. 북한의 각종 화보는 이들이 농민들과 함께 모내기와 추수를 하는 모습을 소개했다. 『로동신문』 역시 군인과 민간요원들이 전쟁이 할퀴고 간 상처를 씻어내고 평양을 '잿더미'로부터 재건하는 사진을 자주 게재했다. 대부분 소련이 제공한 물자로 건설된 소련식의 새로운 건물들이 평양 곳곳에 세워졌다.[103]

김일성은 1954년 3월 21일 당 중앙위원회에서 행한 연설에서 몇 가지 문제가 가로놓여 있다고 지적했다.[104] 그는 모든 것이 당장 이루어져야 한다는 사실을 인정했다. 집 없는 수십만 명의 인민에게는 집을 지어주어야 하고 식량을 제공해야 했다. 그와 동시에 농민들이 농사를 다시 시작하도록 가축과 농기구도 대주어야 했다. 공장과 제작소도 급속히 복구되어야 했지만 무엇보다도 긴급한 것은 운송시설의 복구였다. 어느 것 하나 중요하지 않은 것이 없었다.

그러나 불행히도 북한의 행정·관리능력은 크게 제약되어 있었다. 김일성은 다시 한번 발전의 제약 요인으로 '형식주의'와 '관료주의'를 맹렬히 비난했다. 그와 동시에 그는 3개년계획의 목표를 제시했다. 1949년을 기준으로 할 때 중공업은 120퍼센트, 경공업은 137퍼센트, 화학과 건설자재공업은 90퍼센트 정도 복구되었다. 김일성은 간단히 말해 1956년 말 현재 인민경제의 거의 모든 부분은 전쟁 전의 수준을 회복하거나 그 이상으로 발전했다고 주장

---

103 최광석에 따르면 평양을 비롯한 도시들의 복구사업과 관련해 뒷날 당 지도자들 사이에 열띤 토론이 벌어졌다고 한다. 당시 건설상이던 김승화가 이끄는 집단은 임시 가건물은 불과 몇 년 후에 막대한 비용을 들여 다시 지어야 한다고 주장하면서 조립식 가건물의 건설에 반대했다. 이정식과 최광석의 인터뷰, 서울, 1966년 11월 24일.
반면 1957년 10월 19일 김일성은 당 중앙위원회 10월 전원회의에서 김승화 등의 '반당분자'들이 건설사업을 지연시켰다고 비난했다. 「건설 분야에서 당 정책을 관철할 데 대하여―조선로동당 중앙위원회 전원회의에서 한 결론, 1957년 10월 19일」, 김일성, *For Socialist Economic Construction in Our Country*, 343~344쪽.
104 「산업·운수 부문에서의 결함들과 그의 시정을 위한 당 기관, 국가기관, 경제기관 및 그 간부들의 당면임무―조선로동당 중앙위원회 전원회의에서 한 보고, 1954년 3월 21일」, 위의 책, 79~123쪽.

했다.[105]

3개년계획이 공식적으로 착수된 지 약 2년 8개월 후인 1956년 8월 14일 김일성은 공업의 각 분야에서 계획의 목표를 완수함으로써 혁혁한 성공을 거두었다고 주장했다. 물론 이 같은 발표를 한 날짜는 한국이 일본의 통치에서 벗어난 8월 15일에 맞춘 것이다. 그해 말 북한 정부는 지난 3년간 공업 부문에서 거둔 실적을 과시하기 위해 수많은 통계 자료를 발표했다.[106]

가장 큰 성과를 올린 부문은 투자와 숙련 인력을 우선적으로 배분받은 중공업, 특히 야금과 기계, 수력발전, 화학, 광업 부문이었다.[107] 공업건설에 할당된 국가의 자본투자 중 약 80퍼센트가 중공업 분야에 집중되었는데, 이는 3개년계획 기간의 국가 기본 건설 총투자액 중 약 40퍼센트에 달하는 것이었다. 더구나 소련의 원조는 거의 이 분야에 집중되었다. 북한 정부는 3개년계획의 실적을 1949년과 1953년을 기준으로 산출했기 때문에 정부가 제시한 통계수치는 실제로 발전한 것과 비교해 크게 과장되어 있었다. 앞서 지적한 것처럼 1949년의 생산은 전쟁 직후와 비교해볼 때 상당히 높은 수준이었지만 일제강점기의 최고 생산 수준에는 크게 뒤떨어진 것이었고, 전쟁이 끝난 1953년은 쉽게 상상할 수 있는 것처럼 누적된 전쟁의 피해가 극도에 달한 해였다. 한 가지 예로 1953년에는 정부 스스로 인정하고 있는 바와 같이 화학비료가 1톤도 생산되지 않았다.

그럼에도 북한 정부의 자료는 앞서 정부가 제시한 기본적인 경제적 방향을 확인해준다. 북한은 소련식 발전 모델을 확신하고 있었다. 국내 자본과 외

---

105 같은 책, 81쪽.
106 3개년계획의 실적에 관한 국가계획위원회 중앙통계국의 보고서는 다음에 실렸다. 『로동신문』, 1957년 2월 24일자, 1~2면. 이에 관한 추가 자료로는 이 책 원서의 2부 제14장을 참조하라.
107 중앙통계국은 3개년계획 중 내각의 각 성이 다음과 같은 실적을 거두었다고 주장했다. 금속공업성 135퍼센트, 석탄공업성 110퍼센트, 기계공업성 158퍼센트, 전기성 125퍼센트, 화학공업성 122퍼센트. 『로동신문』, 1957년 2월 24일자, 1면.

국 원조가 중공업 분야에 집중된 결과, 3개년계획 기간에 중공업은 크게 발전했다. 그러나 국민총생산과 생활수준 사이에는 상당한 차이가 있었다. 몇몇 예외를 제외하고 소비재공업은 아주 느린 속도로 성장했고, 임금 수준은 낮았으며, 곧 살펴보겠지만 농업 문제는 정권의 주요 경제 문제로 등장했다. 이러한 격차는 곧 정치적 문제로 비화되었다. 1956년에 접어들자 김일성파는 반대파벌로부터 중공업에 '지나치게 치중'해 보통 인민들의 영락한 생활을 무시했다고 격렬한 공격을 받았다.

운수와 통신 부문 역시 상당한 관심대상이었다. 하부 구조에 속한 이들 분야의 경제적 중요성뿐 아니라 군사적 비중에까지 주목한 조선민주주의인민공화국 정부는 농업 분야보다 운수·통신 부문에 더 많은 투자를 하여 파괴된 시설의 상당량을 복구했다. 대부분 공산 진영에 치중된 외국과의 무역 역시 만족할 만한 정도로 증가했다. 그러나 농업은 공산주의자들 자신이 솔직히 인정할 만큼 어려운 문제로 남아 있었다. 실로 3개년계획 기간에 농업상 김일은 농업 분야의 비현실적인 달성 목표가 하향 조정되어야 하며, 이 분야에 대한 국가의 투자가 너무나 적기 때문에 원래의 투자 예정액을 26.7퍼센트 증대해야 한다고 주장했다.

그렇게 하더라도 농업 생산량은 정부의 기대를 밑돌았다. 정부는 더욱 빠른 근대화의 기반을 다지기 위해 농업협동화에 박차를 가하기로 결정했다. 농업의 집단화에 비상한 노력을 기울인 결과, 정부는 '사회주의적 생산 형태'가 1949년 전체 경제에서 45퍼센트에 불과했던 데 비해 1956년에는 82퍼센트로 증가했고 농업 부문에서는 3.2퍼센트에서 73.9퍼센트로 증가했다고 주장할 수 있었다.[108]

---

108 중앙통계국 보고서, 앞의 신문, 제2면.

15. 3개년계획하의 농업정책

협동화운동은 단지 이데올로기의 산물에 그친 것이 아니라 한국전쟁으로 말미암은 경제 황폐화의 직접적 결과였다. 농업협동화운동은 김일성이 '개인경리체제'個人經理體制 밑에서는 농촌 사정이 개선될 수 없다고 지적하면서, 모든 농민이 토지와 노동력을 '자원自願적 의사'에 따라 제공할 것을 요구한 1954년 2월 16일자 연설에서 처음 제기되었다.[109]

그로부터 몇 달 후인 1954년 11월 김일성은 농업이 공업에 비해 크게 뒤처져 있음을 시인했다. 그는 가까운 장래에 연간 알곡 생산량이 290만 내지 300만 톤(1954년의 공식 집계는 223만 톤)을 넘어설 것이며, 연간 육류 생산량은 10만 내지 20만 톤, 연간 직물 생산량은 1억 5,000만 내지 2억 미터에 달할 것이라고 주장했다.[110]

1954년 가을 김일성이 행한 보고는 3개년계획의 남은 기간과 그 이후의 북한 농업에 관한 청사진을 제시한 것이었다. 그러나 정부는 계속해서 엄청난 충격을 받았다. 김일성은 11월의 연설에서 1955년의 알곡 생산 목표를 320만 톤에서 360만 톤으로 올려 잡아야 할 것이라는 등 낙관적인 견해를 표시했다.

그러나 이듬해 4월 전원회의가 개최되자 정부는 비록 연말까지 이를 완전히 발표하지는 않았지만 농업 생산 목표를 엄청나게 낮춰 잡아야 했고, 농업 부문에 대한 투자를 증대해야 했다. 극심한 식량 부족은 1954년과 1955년 두 해 동안 계속되었지만 정부는 1956년 말까지 이를 인정하지 않았다.[111]

---

109 「곡물은 전후의 복구건설에 있어서 모든 문제 해결의 중요한 관건이다 ─ 전국 다수확 열성농민대회에서 한 연설, 1954년 2월 16일」, 김일성, *For Socialist Economic Construction in Our Country*, 66~78쪽(72쪽).
110 「농촌경리의 금후 발전을 위한 우리 당의 정책에 관하여 ─ 조선로동당 중앙위원회 전원회의에서 한 결론, 1954년 11월 3일」, 위의 책, 143~165쪽(인용 부분은 145~146쪽).

알곡 생산에 대한 정부 당국의 공식 집계는 다음과 같다(단위: 1만 톤).[112]

1953	1954	1955	1956	1957	1958
232.7	223.0	234.0	287.3	320.1	370.0

한편 협동화계획은 전속력으로 진행되었다. 3개년계획이 끝난 1956년 말 정부는 1953년에는 전 농가의 불과 1.2퍼센트만이 농업협동조합(1962년 10월 협동농장으로 개명되었다―옮긴이)에 속해 있었던 반면, 현재는 1만 5,000개의 농업협동조합이 전 농가의 80.9퍼센트, 전 경작면적의 77.9퍼센트를 포괄하고 있다고 밝혔다.[113]

3개년계획 최종 보고서의 농업 부문에서 정부는 정부투자를 늘린 결과 관개시설의 증대, 화학비료 공급의 증가, 농업협동화계획의 성공 등을 이룰 수 있었고, 1956년의 알곡 생산이 크게 증가했다고 강조했다. 정부가 주장하는 1953년에 비해 24퍼센트 늘어난 287만 3,000톤이라는 생산량은 아마도 과장되었을 것이다.

그러나 북한의 곡물 생산량이 1956년에는 1949년 수준(265만 4,000톤)에 도달했거나 이에 근접했다는 것은 가능한 일이다. 흥미롭게도 국영농장과 전 경작지의 77.9퍼센트를 망라한다는 농업협동조합은 곡물 생산 총량의 72퍼센트밖에는 생산하지 못했다. 결국 농업협동화는 아직 괄목할 만한 성과를 거두고 있지 못했음이 분명했다.

---

111 정부는 식량 부족의 원인을 자연재해와 전쟁 기간의 황폐로 돌렸다.

112 조선중앙통신사, 『조선중앙년감』, 1958년판, 평양, 27쪽. 뒤에서 살펴보겠지만 1957년과 1958년의 생산량은 크게 과장된 것이다. 이 두 해의 좀더 신빙성 있는 실제 생산량은 각각 299.5만 톤, 287.8만 톤이었다. 1953~1956년의 생산량이 얼마만큼 과장되었는지에 대해서는 알기 어렵지만 참고로 1944년 북한의 곡물 생산량은 241.7만 톤이었음을 밝혀둔다.

113 중앙통계국 보고서, 앞의 신문, 제2면. 자세한 것은 이 책 원서의 2부 제13장을 보라.

16. 3개년계획의 평가

3개년계획은 경제 부문뿐 아니라 북한의 사회구조에도 즉각적인 영향을 미쳤다. 공업화의 결과 도시의 육체노동자와 정신노동자 수는 급속히 증가했다. 3개년계획이 끝났을 때 전체 근로 인구 중 '농민'으로 분류될 수 있는 사람이 약 56퍼센트로 줄어든 반면, 이 두 노동계급에 속한 사람은 40퍼센트에 달했다. 과거와 비교해볼 때 이는 엄청난 변화였다. 더구나 이 무렵 '부르주아지'의 수는 거의 무시할 수 있을 정도로 줄어들었다. 공식 통계에 따르면 국가의 순수입은 1953~1956년에 두 배로 증가했지만 그 주요 성과는 생산 수단이나 생산 부문(북한식 표현에 따르면)에서 이루어진 것이었고, 소비재와 식량의 생산에서는 이렇다 할 성과를 보지 못했다. 그러나 대체로 농업 부문에서의 발전 결과, 이른바 경제의 사회주의 부문이 이 무렵 크게 성장했다는 점에는 의심의 여지가 없다. 북한 공산주의자들은 도시노동자 수의 급속한 증가와 함께 노동생산성도 비약적으로 증대되었다고 주장했다. 이러한 증대는 부분적으로는 3개년계획 기간에 외국에서 교육받은 기술자 800여 명과 국내의 대학이나 기술교육기관에서 훈련받은 기술자 1만 1,000명이 생산기업소에 배치된 결과였다. 그 밖에도 노동자 기술교육 과정을 마친 3만 2,000명의 노동자가 노동생산성을 향상시키는 데 이바지했다.[114]

정권 측의 입장에서 볼 때 3개년계획은 놀라운 성공을 거두었다. 외국의 막대한 원조를 받아 특정한 경제적 목표에 관심을 집중한 북한의 공산주의 지도자들은 대부분의 주민을 엄격한 통제 아래 놓여 있는 정치체제에 편입시킴으로써 한국전쟁 직후의 극히 어려운 첫해에 귀중한 성과를 올릴 수 있었다. 그 당시 남한 경제의 혼란상과 비교해볼 때 북한의 중공업 생산은 급속히 발전하고 있었다. 진정한 효율성과 양질의 상품 생산을 위해 요구되는 것에 비

---

114 위와 같다.

해서는 느린 속도였지만, 북한에서는 급속한 중공업 발전을 이루기 위해 새로운 관리인-전문기술자계급이 창출되었다. 반면 농업 생산은 대부분의 소비재공업과 함께 아직까지 풀기 어려운 심각한 문제로 남아 있었다. 이 무렵의 북한 사정에 정통한 사람들이나 전향한 간첩들은 한결같이 일반 주민들은 심각한 식량 부족에 시달려야 했고, 생활필수품은 실과 양 모든 면에서 형편없는 등 북한의 생활수준이 극히 낮았다고 증언했다. 북한 정부는 화려한 통계수치를 제시했지만 그 당시 일반 주민들의 생활수준은 결코 개선되지 않았다. 따라서 1956년 8월 30일의 운명적인 전원회의에서 윤공흠이 가한 비판은 김일성파의 급소를 찌른 것이 틀림없다.

그러나 국가와 당과 지도자와 인민을 위해 모든 것을 희생하라는 정치적 훈계는 우리가 살펴본 것처럼 그 영향력이 대단했다. 다시 한번 북한 주민들은 그들이 원했든 원하지 않았든 간에 전쟁 상태에 돌입했다. 이는 '부르주아지'나 유엔군에 대한 전쟁이 아니라 후진성에 대한 전쟁이었지만 북한 공산주의자들이 구사한 용어는 이전의 전쟁 당시에 사용한 것과 동일했다. 김일성과 유격대 시절 이래로 그의 오랜 동료들은 마오쩌둥주의자와 마찬가지로 극한적인 용어밖에는 사용할 줄 몰랐다. 따라서 모든 주민은 '전투적인 투쟁' 속으로 끌려들어 갔다. 낭비, 탐오, 관료주의 등의 폐습에 대해서는 한 치의 타협도, 한 치의 이완도 있을 수 없었다. 북한 주민들은 승리의 영광을 한 개인에게 바치기 위해 생산 목표를 향해 '돌격'해야 했다. 이런 식으로 '김일성 원수'는 자신의 군대를 또 다른 전투에 투입시켰다.

17. 5개년계획

1957년 5개년계획이 착수된 직후 북한 정권은 주민들에게 매우 빠른 속도로 발전이 이루어지고 있다고 선전했다. 의심할 여지 없이 마오쩌둥의 대약진운동大躍進運動의 영향을 받은 김일성은 자신의 천리마운동千里馬運動을 시작했다.[115] 천리마운동은 1958년 말 절정에 달했다. 같은 시기에 북한 공산주의자들은 이제 농업협동조합은 모든 농가를 망라했고, 전통적인 가족농가는 자취를 감췄다고 선언했다. 따라서 경제적인 측면에서 볼 때 1956년 직후의 몇 년은 대단히 중요한 시기였다. 1956년 8월의 위기를 넘긴 뒤 북한의 국내 정치는 상당히 안정을 되찾았다. 이제 전후의 극히 어려운 시기는 한 고비를 넘겼으며 북한 공산주의자들도 약간의 여유를 찾게 되었다. 행정 경험은 지난 수년간 상당히 축적되었고, 새로운 노동계급은 적어도 부분적으로나마 어느 정도 숙련되어 있었다. 그러면 이러한 발전은 북한의 생산을 얼마만큼 제고했으며, 일반 주민들의 생활수준을 얼마만큼 향상시켰을까?

이러한 기본적 질문에 답하기 위해 이제 5개년계획하의 주요 발전상을 살펴보기로 하자. 김일성은 1957년 9월 20일 제2기 최고인민회의에서 행한 중요한 연설에서 계획의 목적을 다음과 같이 요약했다.

> 5개년계획의 기본 과업은 공화국 북반부에서 사회주의의 경제적 기초를 더욱 튼튼히 하며 인민들의 의식주 문제를 기본적으로 해결하는 데 있습니다.
> 공업생산력을 더욱 발전시켜 앞으로 인민경제의 모든 부문들을 현대적 기술로 장비하며, 더욱 대규모적인 기본 건설사업을 할 수 있는 사회주의적 토대를 쌓아야 하겠습니다.
> 5개년계획 기간에 농업집단화를 완성하여야 하며, 인민경제의 모든 분야에서 사회주의적 경제 형태를 더욱 공고히 하여야 하겠습니다.[116]

---

115 김남식에 따르면 천리마운동은 사실상 1956년 12월 전원회의 직후에 시작되었지만, 천리마라는 용어는 얼마 지난 후에 사용했다고 한다. 김남식과 이정식의 인터뷰, 1967년 3월 6일자, 서울.

116 「사회주의 건설에서 인민 정권의 당면 과업에 대하여 ― 최고인민회의 제2기 제1차 회의에서 한 연설, 1957년 9월 20일」, 김일성, *For Socialist Economic Construction in Our Country*, 319~339쪽 (위의 원문은 중앙정보부 편, 『통합관계자료총집』, 제1권, 1973, 232쪽에서 재인용했다 ― 옮긴이).

3개년계획의 주요 목표는 한국전쟁에서 입은 피해를 완전히 복구하는 데 있었다. 따라서 북한 공산주의자들은 때로 낡은 기계와 구식 공장을 새로운 장비로 대치할 것을 주장하기도 했지만, 성장보다는 복구에 주력했다. 그러나 새로운 계획의 목표는 김일성이 지적한 것처럼 공업화된 사회주의 사회를 건설하고 농업협동화를 신속히 완수하는 데 있었다.

1957년 가을 김일성 자신은 "소련에서의 농업협동화의 경험은 우리 당 농업협동화정책의 지침으로 되었다"[117]고 확언했다. 이 점에 관한 한 이 같은 발언이 사실에 합치된 것임은 분명하다. 그러나 당시 소련의 행동과 태도로 말미암아 심각한 곤란을 겪은 김일성은 앞서 살펴본 것처럼 소련과 북한과의 관계를 다각도로 재평가했다. 그는 이제 주체사상을 강조하기 시작했고, 중국의 외교정책에 공감한 그의 입장은 국내 정책에도 분명하게 반영되었다. 새로운 농업협동조합 체제와 천리마운동은 중국의 영향을 그대로 복제한 것임이 틀림없다.

새로운 농촌체제가 노리는 바는 분명했다. 새로운 농촌체제는 대규모의 관리조직이 내부 자원의 더욱 효율적인 이용을 가능케 하고, 중앙정부가 그토록 강조하는 '지방의 창발성'을 진작시키며, 낡은 사회경제 구조를 특징짓는 이중성과 낭비를 제거하고, 구체제의 이중경제와 소단위 조직을 해체할 것을 바라고 있었다.

1959년 1월에 행한 중요한 정책연설에서 김일성은 농업의 과제와 실현 가능성에 대한 공식적인 입장을 밝히면서 그때까지 정부의 농업정책이 거둔 성과에 대한 평가를 내렸다.[118] 정권 측의 새로운 확신이 담긴 이 연설의 내용은

---

117 「위대한 10월의 사상은 승리하고 있다」, 1957년 10월 22일, 위의 책, 359쪽(이 논설은 러시아 10월 혁명 40주년을 기념해 김일성이 『프라우다』에 발표한 것이다—옮긴이).

118 「우리나라에서 사회주의적 농업협동화의 승리와 농촌경리의 금후 발전에 대하여—전국 농업협동조합대회에서 한 보고, 1959년 1월 5일」, 김일성, *Selected Works*, 1965년판, 제1권, 431~486쪽. 이 연설은 3,800여 개소의 농업협동조합에서 4,692명의 대표가 참석한 가운데 새로운 곡물 생산체

매우 낙관적이었다. 김일성은 이 연설에서 적어도 정치적인 면에서 볼 때 종파분자들은 제거되었고, 내부의 단결은 새롭게 다져지고 있으며, 5개년계획 하의 공업 부문 역시 비약적인 성과를 거두고 있다고 주장했다. 더구나 곧 명백히 드러나겠지만 김일성은 중국의 동지들이 추진하고 있는 대약진운동의 방식과 그에 따른 쾌활한 낙관주의로부터 많은 것을 빌려오고 있었다. 기적은 이루어질 수 있을 것처럼 보였고 새로운 사회주의적 인간형의 창조도 가능한 듯했다. '세인을 놀래우는 기적들'은 매일같이 창조되고 있었다.

그러면 무엇이 그렇게 발전했단 말인가? 김일성은 과거에 이룬 주요한 업적을 다음과 같이 요약했다. 첫째, 개인농민경리는 완전히 청산되었다. 이는 정치적·경제적 면에서 특히 중요하다. 사회주의적 공업과 개인농민경리 사이의 위험한 모순은 낡은 농촌경제가 종말을 고해 농촌에서 착취와 계급이 소멸한 때만 해결될 수 있다. 더구나 '선진적'인 공업 부문과 '후진적'인 농업 부문 간의 격차는 사회주의 발전에 전반적인 장해를 초래하면서 도시-농촌 간의 불균형을 심화시켰다.

김일성은 먼저 토지를 발갈이하는 농민에게 줌으로써 지주계급을 없애고 부농층도 점차 줄여나가 한국 사회의 전통적인 취약점을 보완하는 데서 첫발을 내디뎌야 한다고 주장했다. 그다음으로는 농업 생산이 주요 관심사였던 한국전쟁 기간에 열중한 적이 있던 다양한 형태의 노동력 협동화를 대중화해야 했다. 품앗이, 소결이(함경도와 간도 등지에서 소를 가진 농가를 중심으로 맺는 두레의 한 형태—옮긴이) 등 오랜 전통을 가진 협동적 노동 형태로부터 농민층

제를 관의 지원 아래 화려하게 출범시키기 위해 열린 이 대회의 개막일(회기는 5일간)에 실시되었다. 『로동신문』의 보도에 따르면 이 대회에 참석한 대표들은 농업협동조합 관리 일꾼과 조합원 2,144명, 농업협동조합에 속해 있는 당원 1,883명, 국영농장 관리 일꾼과 노동자 148명, 협동조합을 지원하기 위해 공장에서 참석한 개인 54명, 지방 각급 정권기관 지도자 463명 등으로 이루어졌고 그 밖에도 소련, 중국, 불가리아, 북베트남, 루마니아, 몽골 등지의 농업협동조합 관리인과 전문가를 대표한 외빈들이 다수 참석했다.

은 농업협동화의 가치를 충분히 인식할 수 있었다. 이들은 주로 빈농에 의존해 농업협동화운동을 실험적으로 실시했다. 당이 '광범한 농민들' 속에서 '꾸준한 조직정치사업'을 진행한 결과, 빈농뿐 아니라 중농들 역시 협동화운동에 참여했고 이 운동은 이제 '대중적 발전 단계'에 돌입했다.[119]

김일성은 이 작업이 처음에는 협동화의 서로 다른 수준과 단계에서 완만하게 진행되었다고 주장했다. 그러나 "당은 농민들의 열성이 제고됨에 따라 협동화운동을 적극적으로 추진"하는 한편 "조직된 농업협동조합들을 정치경제적으로 공고화하기 위해 그에 대한 지도사업에 역량을 집중"했다. 1955년 초 이래 당은 수천 명의 중앙과 지방 간부를 동원하여 매년 한두 차례씩 모든 협동조합에 대해 강력한 집중 지도를 실시했다.[120]

김일성에 따르면 농업혁명은 1958년 여름에서 가을에 걸쳐 절정에 달했다. 첫째, 그해 8월 농업협동조합은 모든 농가를 망라했는데, 이는 농촌에서 일어난 '위대한 혁명'인 동시에 당 농업정책의 '빛나는 승리'를 의미했다. '계급적 원쑤'들은 농업협동조합을 와해시키려고 발악했지만 아무런 성과도 거두지 못했다. 빈농에 튼튼히 의거하여 중농과의 동맹을 강화하면서 부농을 제한하며 개조하는 것, 이는 농촌에서 당 계급정책의 기본이었다. 그러나 생산력과 기술 수준이 발전함에 따라 상대적으로 소규모였던 농업협동조합은 앞으로의 발전에 장해가 되었다. 따라서 10월에는 모든 농민이 '자원적'으로 대규모 협동조합에 가입하고 리里가 기본 단위로 개편되는 등의 변화가 일어났다.

그 결과 '종래' 1만 3,309개에 달했던 농업협동조합은 3,843개의 '새로운' 협동조합으로 통합되었고 리 인민위원장이 리 조합관리위원장을 겸임하

---

119 「우리나라에서 사회주의적 농업협동화의 승리와 농촌경리의 금후 발전에 대하여」, 앞의 책, 440쪽.
120 이러한 집중 지도가 1956년 9월 소련과 중국이 북한에 개입한 이후 전개된 종파분자에 대한 아래로부터의 비판운동과 밀접한 관련이 있음에 주목하기 바란다.

게 되었다.＊ 이와 아울러 조합들의 평균 규모는 농가 호수 80호에서 약 300호로, 경지 면적은 130정보에서 500정보로 확장되었다.

한편 김일성은 "전후에 정부는 총액 1,200억 원(1959년 2월의 화폐개혁을 고려하면 120억 원)＊＊의 국가지원금을 지급했고, 경제적 토대가 약한 농업협동조합들과 빈농민들에게 국가적으로 30여만 톤의 식량과 243억 원 이상에 이르는 영농자금을 꾸어주었으며, 16만 톤 이상의 현물세 및 대여곡 납부와 14억 원 이상의 대부금 반환을 면제"해주었다고 밝혔다. 그는 1956년부터 세율도 점차 낮춰주었다고 말했다.

김일성은 이어 정부는 관개사업에 국가투자를 집중해왔다고 밝혔다. 정부가 관개사업에 힘쓴 결과, 관개답$_畓$ 면적은 22만 7,000정보에서 전체 답면적의 91퍼센트인 46만 3,000정보로 증가했다. 또 화학비료 생산과 농기계 생산역시 크게 증가했으며, 새로운 영농법도 널리 보급되었다. 곡물 재배 면적은 1954년 23만 6,000정보에 비해 세 배로 늘어나 1958년에는 82만 6,000정보에 달했다. 같은 기간에 국토 이용률은 1953년을 기준으로 할 때 125퍼센트에서 161퍼센트로 늘었다. 이상의 발전 결과 총 알곡 생산량은 1956년 287만톤, 1957년 320만 톤, 1958년 370만 톤으로 증가했다.[121]

이러한 낙관적인 견해를 표시하면서 김일성은 앞으로 중점을 두어야 할세 가지 사업, 즉 관개와 기계화, 전기화의 중요성을 역설했다. 그는 1~2년사이에 관개면적을 100만 정보로 확장해야 한다고 주장했다. 기계화 역시 매우 중요한 과업이었다. 한 가지 예로 트랙터가 3만~3만 5,000대, 화물자동

＊ 이는 행정 단위와 생산 단위가 동일하게 된 것으로, 일향일사一郷一社주의에 따른 중국의 인민공사 개편과 함께 고려해봐야 할 것이다.

＊＊ 1959년 2월 13~17일 단행된 북한의 제2차 화폐개혁 당시에 교환 비율은 신화폐 1원=구화폐 100원으로 알려져 있다.

121 앞서 지적한 바와 같이 곡물 생산량에 대한 공식 통계수치는 상당히 과장되었을 가능성이 있다. 이 문제는 이 책 원서의 2부에서 자세히 다루고 있다.

차가 2만 5,000~3만 대 정도가 필요하며, 트랙터 5,000대와 트럭 2,500대는 1959년에 당장 공급되어야 했다. 마지막으로 전기화 문제도 긴급한 것이었다. 현재 전기가 농촌의 리에는 67퍼센트, 전체 농가에는 49퍼센트 보급되었지만 전기 보급률을 100퍼센트로 끌어올리고, 라디오 역시 모든 농가에 보급해야 했다.

이러한 광범위한 중점 사업을 말한 뒤 김일성은 생산을 증대하기 위한 좀 더 구체적인 문제로 들어가 심경深耕, 밀식密植, 시비 등의 중요성을 역설했다. 이는 그가 대약진운동의 일환으로 환상적인 곡물 생산량 증가를 기대하면서 동일한 주장을 널리 펴고 있던 중국의 당시 움직임을 그대로 따르고 있었다는 사실을 말해준다. 그러나 김일성은 자신의 야심만만한 목표 몇 가지를 제시했다. 정보당 수확고는 앞으로 4~5년 내에 총 알곡 생산량 700만 톤을 '문제없이 달성'[122]하도록 제고되어야 하며, 직물 생산량은 앞으로 6~7년 내에 5억 미터로 늘려야 하고, 육류 생산은 앞으로 4~5년 내에 40만 톤 수준으로 끌어올려야 한다는 것이다. 김일성이 제시한 그 밖의 수치는 대개 이와 같은 성격을 지녔다. 김일성은 그의 열렬한 청중에게 풍요로운 사회의 미래상을 제시했다.

1958년이 저물어가자 농업의 전망에 대해서는 공업발전에 대해서와 마찬가지로 열광적인 기대가 표출되었다. 김일성 자신을 포함한 북한의 관료들은 이제 1957년에 착수한 5개년계획이 일 년 내지 일 년 반을 앞당겨 적어도 1960년 중반까지는 완수될 수 있으리라고 장담했다.

1956년 12월 조선노동당 중앙위원회 전원회의에서 새로운 계획의 착수가 공언되자 새로운 문제, 즉 어떻게 하면 자본투자를 적게 하고도 생산량을 유지하거나 증가시킬 수 있는가 하는 문제가 제기되었다. 따라서 1957년 내내 '최대한의 증산과 절약'이라는 구호가 울려퍼졌다. 외국의 대규모 원조가

---

122 앞의 책, 468쪽.

끝나가던 이 시기 이후로 수많은 사람이 발전이 자조自助의 산물임을 지적했다. 『로동신문』에 투고한 어느 필자는 내부 자원의 효율적 이용에 관한 한 조선민주주의인민공화국은 아직까지 선진국이라 말할 수 없다고 인정했다. 북한의 생활 전반, 특히 연료와 전기, 금속, 목재, 외환 등에 대해선 엄격한 경제계획이 실시되어야 한다는 것이다.[123]

따라서 내핍한 생활은 계속되어야 했다. 그러나 정부는 경제적인 면에서뿐 아니라 정치적인 이유에서도 소비재 생산과 좀더 효율적인 시장체제로 강조점을 옮기기 시작했다. 정부는 도시 지역에서 식량과 기타 생활필수품을 더 쉽게 구할 수 있도록 상품 판로의 확장을 위한 노력에 착수했다. 하지만 생활필수품에 대한 엄격한 배급제도는 계속되었다. 1957년 3월 정부는 '생산수단 생산'보다는 소비재 생산에 치중하겠다고 발표했다. 당의 어느 대변자는 현재의 가장 중요한 문제는 "주로 국내 자원에 의존하면서 사회주의 건설을 촉진시키기 위한 축적을 보장하며, 이와 동시에 '장성하는 주민들의 수요를 충족시킬 수 있는 상품 공급을 보장'하는 문제"라고 말했다.[124]

비록 5개년계획의 주요 성과는 중공업 분야에서 이루어지긴 했지만 소비재 생산은 그 후 2년간 계속 증가했다. 1957년 말 중앙통계국은 전체 공업생산량은 목표의 17퍼센트를 초과 달성했으며, 이는 주로 철광, 선철銑鐵, 철강, 화학비료 등의 생산량이 크게 증가한 까닭이라고 보고했다. 이런 추세는 1958년에 한층 가속화되었다. 1958년 6월 11일 최고인민회의 제2기 제3차 회의에서 행한 긴 연설에서 김일성은 처음으로 천리마라는 용어를 사용했다.[125]

---

123 안광집安光輯, 「제1차 5개년계획의 실시와 자금 문제」, 『로동신문』, 1958년 4월 5일자, 2면. 이 논문은 5개년계획의 자금 문제에 관한 수많은 토론 중 하나다.
124 남춘화, 「인민경제의 새로운 앙양과 상업 앞에 제기된 과업」, 『로동신문』, 1957년 3월 4일자, 2~3면.
125 김일성의 연설 전문은 다음에 실려 있다. 『로동신문』, 1958년 6월 12일자, 1~2면(이 연설의 제목은 「모든 것을 조국의 륭성발전을 위하여」다 ― 옮긴이).

오늘 우리나라는 비약적 발전을 하고 있으며 사회의 전체 면모는 사회주의의 길을 따라 급속히 변혁되고 있습니다. 대중 속에서 당의 위신은 더욱 높아졌으며 대중은 당 주위에 철석같이 단결되었습니다.

전체 근로자들은 당의 부름에 따라 천리마를 타고 사회주의를 향하여 앞으로 달리고 있습니다. (우렁찬 박수)

……우리의 과업은 5개년계획을 초과 완수하며 북반부에서의 사회주의 건설을 더욱 촉진시키기 위하여 고조된 대중의 혁명적 기세를 옳게 조직하며 향도하는 데 있습니다. ……

……(우리는) 대중의 뒤꼬리를 따를 것이 아니라 그들의 앞장에 서야 하며 대중의 모든 열성과 창발성을 조직 동원하여야 하며 그들을 새로운 더 큰 승리에로 인도하여야 합니다.[126]

이렇게 하여 천리마운동은 중국의 대약진운동이 시작된 지 일 년 후에 공개적으로 실시되었다. 6월 13일 이후 『로동신문』은 「위대한 강령─제1차 5개년계획의 성과적 수행을 위해 천리마로 달리자」라는 제목으로 계획의 진척 상황을 매일매일 도표로 작성했다. 1958년의 마지막 석 달 동안 북한 당국은 천리마운동에 대해 대대적으로 선전했다. 북한에서 최초로 제작된 증기삽은 천리마증기삽이라 명명되었고 그 밖에 여러 가지 생산품도 천리마라는 이름이 붙여졌다. 모든 잡지와 신문, 게시판에는 날개 달린 말의 그림이 나붙었다. 이 날개 달린 말은 북한식 대약진운동의 상징으로 등장했다.

몇 가지 점에서 볼 때 김일성과 그의 추종자들은 대약진운동의 다양한 측면과 진행 속도에서 많은 영향을 받고 있었다. 이러한 맥락에서 1958년 가을 김일성은 중국 지도자들이 공업 생산에서 영국을 따라잡자고 말했던 것처럼 일본을 따라잡자고 말하기 시작했다.[127] 앞서 인용한 적이 있는 북한 지도자들

---

126 앞의 신문, 제1면.

의 농업에 대한 지극히 낙관적인 견해는 기적을 요구하는 베이징 지도자들의 주장처럼 바로 이 시기의 분위기에 딱 들어맞는 것이었다. 1958년 가을 북한 정권 창건 10주년 기념연설에서 김일성은 당이 추구하는 대내외정책에 관해 자신에 찬 낙관적인 입장을 밝혔다. 김일성은 이렇게 주장했다.

우리의 영웅적 로동계급은 1957년의 공업 생산계획을 117퍼센트로 초과 완수 하였으며, 1958년 계획도 역시 승리적으로 초과 수행하고 있습니다. 1957년 에 공업 생산은 전년에 비하여 144퍼센트로 장성하였고, 1958년 상반년에는 전년 동기에 비하여 34퍼센트나 더 증대하였습니다.[128]

김일성은 일본의 지배를 벗어난 8·15해방 15주년 기념일, 즉 1960년 8월 15일까지 제1차 5개년계획을 완수하고 "사회주의를 향하여 천리마를 탄 기 세로 달려"야 한다고 주장했다. 계획 목표의 완수 혹은 초과 달성을 다시 한번 강조하면서 김일성은 과거의 업적과 미래의 요구를 힘주어 되풀이했다.

그렇다면 이 시기의 경제발전은 어떤 평가를 받을 수 있을까? 첫째 북한은 공업발전을 원활하게 수행할 수 있는 내재적 여건을 갖고 있었다는 점을 잊어 서는 안 된다. 대부분의 분야에서 북한은 공업발전에 필요한 자연자원을 갖 추고 있었으며, 몇몇 분야에서는 자원이 아주 풍부하기까지 했다. 정치 엘리 트들은 앞서 살펴본 것처럼 공업현대화에 대해 확고한 신념을 품고 있었으며,

---

127 「공산주의교양에 대하여─전국 시·군 당 위원회 선동원들을 위한 강습회에서 한 연설, 1958년 11월 20일」, 김일성, *Selected Works*, 1965년판, 제1권, 404~430쪽(인용 부분은 406~408쪽).
김일성이 비교대상으로 삼은 점은 양국의 1인당 중요 공업생산량이었지만 이 부분을 끝맺으면서 거 의 자기도취에 빠진 그는 조선민주주의인민공화국이 기계공업 분야에서도 곧 일본을 따라잡을 것을 의심하지 않는다고 말하면서 이렇게 주장했다. "과거에 전 아시아를 정복하고 쏘련에까지 침략의 손 을 뻗치려던 일본을 우리가 오늘 따라잡으며 넘어선다는 것은 참으로 대단한 일입니다."
128 「조선민주주의인민공화국 창건 10주년 기념 경축대회에서 한 보고, 1958년 9월 8일」, 김일성, *For Socialist Economic Construction in Our Country*, 495~534쪽(501쪽).

이를 추구해나가는 데 필요한 능력을 충분히 갖추고 있었다. 당의 최고위층에서 일어난 내부 파쟁은 하급 당원, 또는 일반 농민이나 노동자들에게는 결코 심각한 영향을 끼치지 않았다. 모든 불화가 사라지고 난 뒤 북한은 포상과 처벌로 운영되는 체제―이는 뒤에 자세히 살펴볼 것이다―를 갖춘 고도의 통제사회로 변화했다. 마지막으로 일본 제국주의는 그 수는 비록 적지만 아주 긴요하게 사용된 일군의 숙련-반숙련 노동을 남겨놓고 물러갔다.

그러나 이 기간 경공업과 농업 분야의 발전은 중공업 분야에서 이루어진 성과에 비하면 한참 뒤떨어졌다. 따라서 국민총생산이 상당히 증대했음에도 일반 주민들의 생활수준은 매우 낮았다. 이러한 맥락에서 우리는 북한의 특수한 내부 사정 또는 북한과 유사한 발전 단계에 놓인 사회에서 일반적으로 나타나는 문제들 때문에 더욱 열악해진, 초기 단계 공산주의의 낯익은 모습을 접하게 된다. 한국의 생활수준은 전통적으로 언제나 낮았다. 더구나 한국전쟁은 농업과 소비재공업에 이루 말할 수 없는 타격을 입혔다. 중공업에 치중한 정책은 전후의 초기 단계에서 자본, 인력, 자원의 분배에 결정적 영향을 미쳤다. 따라서 애초부터 후진적이었고, 그나마 전쟁으로 뒤처지게 된 북한은 1953~1958년 느린 속도로밖에는 발전할 수 없었다. 정부의 모든 노력에도 불구하고, 아니 어쩌면 바로 그런 이유로 농업생산성은 심각한 문제로 남아 있었다. 경공업은 이 기간이 끝나갈 무렵에는 특히 몇몇 분야에서 만족할 만한 성과를 거두었다는 조짐이 보였다. 그러나 전반적인 발전 수준은 아주 낮았으며, 수요는 공급을 크게 초과했다.

북한 경제에 대한 1954~1959년의 대차대조표를 작성하는 일이 특히 이용 가능한 자료의 신빙성이 낮다는 점에서 볼 때 결코 단순한 일이 아니다. 그러나 북한이 이룩한 성과를 과소평가해서는 안 된다. 과장된 관변 자료나 기타 요인을 고려한다고 해도 북한은 전후 복구기(1954~1956년)에 빠른 속도로 발전했다. 더구나 5개년계획 기간에도 애초의 목표가 1959년 중반에 이루어지는 등 빠른 발전이 계속되었다. 북한 측 관변 자료는 이 기간(1956~1959년)

의 북한 경제가 연평균 45퍼센트라는 미증유의 속도로 성장했다고 주장하고 있으며, 최근의 어느 연구는 이 성장률을 다소 줄여 잡았지만 여전히 놀라운 수준인 36퍼센트라고 지적했다.[129] 반면 북한의 일반노동자와 농민은 출발 당시의 낮은 생활수준뿐 아니라 정부가 주도한 중공업 주도 성장의 결과로 말미암아 비참한 생활을 계속해야 했다. 북한의 생활수준에 대해서는 이 책 2부에서 자세히 다루고 있어, 여기서는 다만 1958년 당시 북한 주민들이 한계생존 수준 근처에서 허덕이고 있었다는 점만을 지적해두고자 한다. 북한 주민들은 수입의 85퍼센트를 먹을 것과 입을 것에 소비했고, 1일 양분섭취량도 대부분 2,000칼로리 이하였다. 따라서 정부 스스로 미래에 대해 낙관적인 견해를 갖고 있는 동안에도 '김일성 원수'는 일반 주민에게 연설할 때면 현명하게도 미래를 더욱 강조했다. 이제 일반 주민의 가장 큰 희망은 김일성이 제시한 꿈이 실현되는 것이었다.

18. 변혁기의 통일정책과 외교정책

여기에서는 이 무렵의 북한 외교정책이 어떻게 변화해왔는가를 간단히 살펴보기로 하겠다. 앞서 말한 것처럼 북한 지도자들은 1953년 정전협정이 체결된 직후 복구와 건설에 필요한 자금을 얻기 위해 공산국가들을 두루 순방했으며, 김일성 자신도 대표단을 이끌고 공산 세계의 양대국을 방문했다. 그런데 김일성의 양국 방문은 북한 공산주의자들이 무엇에 역점을 두고 있었는가를 잘 보여준다. 첫 번째 순방지는 소련이었는데, 방소 대표단은 베이징을 방문한 대표단에 비해 규모도 컸을 뿐 아니라 보다 고위급 인사들로 이루어졌다.

---

129 Pong S. Lee, 「북한 공업 생산의 지수—1946~1963」An Index of North Korean Industrial Output—1946~1963, *Asian Survey*, 1972년 6월호.

그 당시의 수많은 사건은 북한이 중국을 형제국으로 여기고 있던 반면, 소련에 대해서는 아버지와 아들 관계로 생각했다는 점을 보여주고 있다. 북한 공산주의 지도자들은 외국으로부터 도움을 받게 되면 으레 "위대한 쏘동맹을 선두로 하는, 중화인민공화국 및 기타 형제적인 인민민주주의 제국 인민들로부터 사심 없는 원조"가 있었다고 말했다. 공산 세계는 소련에 의해 확고하게 '영도'되고 있었으며, 모든 북한 주민은 소련을 따라 배우라는 가르침을 받아야 했다. 북한에서 행사가 있을 때면 말렌코프Malenkov의 사진이 마오쩌둥의 사진보다 앞에 내걸렸다. 한국전쟁 당시 중국은 막대한 희생을 치른 반면 소련은 북한을 위해 직접적인 희생을 하지 않았고, 당시 북한 영토 내에 중국군이 다수 주둔하고 있었음에도 북한 공산주의자들은 공식적인 기회가 있을 때마다 모스크바에 대한 전통적인 복종의 맹세를 되풀이했다.

1953년 정전 이후 최초로 북한이 참가한 중요한 국제회의는 1954년에 열린 제네바회담이었다. 북한 대표단을 이끌고 제네바회담에 참석한 남일은 회담장에서 그리고 귀국한 직후에 한국 문제의 모든 국면을 포괄하는 아주 엄격한 방안을 제시했다. 그가 제시한 다음과 같은 방안은 이후 통일 문제에 관한 북한 측의 주장을 대변하는 데 있어 기준이 되었다.

조선의 민족적 통일 회복과 전 조선적 자유선거 실시에 관하여

조선의 민족적 통일을 신속히 회복하고 민주주의적 독립통일국가를 창건할 목적으로

1. 조선민주주의인민공화국 정부는 대한민국 정부에 다음과 같이 권고한다.
   ㄱ. 전 조선 주민의 자유로운 의사 표현의 기초 위에서 조선의 통일정부를 형성할 국회 총선거를 실시할 것.
   ㄴ. 조선 국회의 자유 총선거를 준비 실시하며 남북 조선 간의 경제 및 문화적 접근에 대한 긴급한 조치를 취하기 위하여 조선민주주의인민공화국

최고인민회의와 대한민국 국회에 의하여 각각 선출된 남북 조선 대표들로써 전 조선위원회를 조직할 것. 동 위원회에는 남북 조선의 가장 큰 민주주의적 사회단체 대표들도 포함되어야 한다.

ㄷ. 전 조선위원회의 당면과업 중 하나는 외국 간섭과 지방 정권 당국 및 테로 그루빠terror group들의 선거자들에 대한 압력을 제외하는 자유 분위기에서 실시할 수 있는 선거의 진실한 민주적 성격을 보장하는 총선거법 초안을 준비하는 것임을 예견할 것. 위원회는 또 조선 주민에게 집회 및 출판의 자유, 국내 일체 공민에게 그들의 정치적 견해, 성별, 종교별 및 민족별을 불문하고 립법기관에 립후보자를 추천할 자유를 보장할 필요한 대책들을 취하여야 한다.

ㄹ. 조선의 민족적 통일을 실천하기 위하여 필요한 조건들을 지여줌에 중요한 일 보로 되는 조선의 경제 복구에 도움을 주며 조선 인민의 물질적 복리를 향상시키며 그의 민족문화를 보존하고 발전시킬 목적으로 전 조선위원회는 조선민주주의인민공화국과 대한민국 간의 경제 및 문화 교류, 즉 통상, 재정회계, 운수, 경계선관계, 주민의 통행 및 서신의 자유, 문화 및 과학 교류 및 기타를 설정 발전시킬 대책들을 즉시 취할 것.

2. 6개월 기한 내에 조선 지역으로부터 일체 외국 무력이 철거해야 할 것을 필요로 인정할 것.

3. 극동에서의 평화유지에 가장 관심을 가진 해당 국가들 측으로부터 조선의 평화적 발전을 보장하며 또 이렇게 함으로써 조선을 단일 독립민주국가로 평화적으로 통일시킬 과업의 급속한 해결에 도움이 될 조건들을 지여줄 필요성을 인정할 것.*

---

* 원저자는 남일이 제출한 통일 방안을 요점만 제시했지만 여기서는 지나친 축약을 피해 전문을 인용했다. 1954년 4월 27일자 남일의 연설 전문과 제안 내용은 중앙정보부, 『통합관계자료총집』, 제1권, 136~141쪽(인용 부분은 140쪽)을 참조하라.

남일은 소련과 중국은 이 기본 공식을 받아들였지만, 남한과 미국은 북한이 전혀 수락할 수 없는 유엔 감시하의 총선거를 주장하고 있다고 비난했다. 이에 소련과 중국은 '중립적'인 수정안을 제출했고, 여기서 한 걸음 더 나아가 6월 15일 북한 대표단은 임시정부하의 조선에서 평화적 조건을 보장하기 위한 몇 가지 제안을 내놓았다.

첫째, 비례제 원칙을 준수하면서 가능한 한 짧은 기간 내에 조선 지역으로부터 모든 외국 무력을 철거하기 위한 대책을 취할 것을 해당 국가 정부들에 권고할 것. 조선으로부터 외국 군대를 철거할 기한은 제네바회의의 참가국들 간의 합의에 의하여 결정할 것.

둘째, 일 년 기한 내로 조선민주주의인민공화국과 대한민국의 군대 수효를 축소시키되 각 측 군대의 수효 10만 명을 넘지 않게 할 것.

셋째, 전쟁 상태를 점차적으로 퇴치하기 위한 조건들을 조성하며 쌍방의 군대를 평화 상태로 전환시킬 데 대한 문제를 심의하여 조선민주주의인민공화국 정부와 대한민국 정부에 해당한 협정을 체결할 것을 제의하기 위하여 조선민주주의인민공화국과 대한민국 대표들로 위원회를 구성할 것.

넷째, 남북 조선을 물론하고 다른 국가들과의 사이에 군사적 의무와 관련되어 있는 조약들이 존재하는 것은 조선의 평화적 통일의 리익과 량립될 수 없음을 인정할 것.

다섯째, 남북 조선을 접근시키기 위한 조건들을 조성할 목적으로 조선민주주의인민공화국과 대한민국 간의 경제 및 문화 교류, 즉 통상, 재정, 회계, 운수, 경계선관계, 주민의 통행 및 서신의 자유, 과학·문화 교류 및 기타 관계를 설정하며 그를 발전시킬 데 대한 합의된 대책들을 강구·실시하기 위한 전 조선 위원회를 구성할 것.

여섯째, 조선의 평화적 발전을 제네바회의 참가국들이 보장하며 그리함으로써 조선을 단일한 독립적 민주주의적 국가로 평화적으로 통일하는 과업을 급

속히 해결함에 도움을 줄 수 있는 조건들을 조성할 필요성을 인정할 것.[*]

남일은 회담에 참가한 공산주의 국가들이 이 6개 항의 제안을 지지했으며, 중국의 저우언라이는 중화인민공화국과 소비에트사회주의연방공화국, 미국, 영국, 프랑스, 조선민주주의인민공화국, 대한민국 등의 7개국 회의를 제안했다고 주장했다. 물론 이러한 제안은 부결되었다.

이 제안은 전혀 새로운 것이 아니었으며, 유엔 동맹국들은 외국 군대 철수나 통일 문제 그 어느 면에서도 공산주의자들의 방안을 받아들일 수 없다는 입장을 재천명했다. 유엔 동맹국 측의 입장은 일찍이 미군이 조기에 철수해서 공산주의자들의 침략을 유발했으며, 한국이나 미국 국민은 똑같은 잘못을 되풀이할 생각이 없다는 것이었다. 유엔이 총선거를 감시할 수 있는 적절한 기구라는 서방 쪽의 입장은 앞서 살펴본 것처럼 1940년대로 거슬러 올라간다. 대한민국의 정통성을 주장하고, 조선민주주의인민공화국의 정통성을 부인하는 근거도 바로 여기에 자리 잡고 있었다. 더구나 이러한 상황에서 공산국가와 비공산국가가 뒤섞여 구성된 위원회나 '중립국' 위원회가 효율적으로 기능을 발휘할 수 있는가, 아니 도대체 이런 위원회가 구성될 수 있는가에 대한 믿음은 극히 제한된 것일 수밖에 없었다. 과거에 그 어느 곳에서도 이러한 집단이 기능을 발휘한 적이 없었기 때문이다.

북한 공산주의 지도자들은 한편으로 휴전선 이남의 정치적·경제적 상황을 주시하면서 자신들의 입장을 계속해서 열심히 선전했다. 1954년 가을, 최고인민회의는 남한 인민에게 보내는 '호소문'을 채택했다. 이 호소문은 "조선민주주의인민공화국 최고인민회의와 대한민국 국회의 합동회의를 평양 혹은 서울에서 1955년 내로 소집할 것"과 "상기 회의의 소집에 관한 문제와 남북 조선 간의 경제 및 문화 교류, 통상, 통행, 서신 거래의 개시에 관한 문제를 토

---

[*] 중앙정보부, 앞의 책, 173쪽에서 재인용했다.

의하기 위하여 남북 조선 대표들의 회의를 1955년 2월에 판문점 혹은 개성에서 소집할 것"을 제안했다.[130]

그 당시의 상황에서 북한의 어느 누구도 이러한 주장에 선전 이상의 의미를 부여하지 않았을 테지만, 북한 공산주의자들은 이러한 주장을 계속 되풀이하는 것이 자신들이 정치적 이익을 증진시켜주리라고 믿었음이 틀림없다. 어쨌든 며칠 후인 1954년 11월 3일 김일성은 평화적 통일에 대한 입장을 다음과 같이 솔직하게 밝혔다.[131]

얼마 전에 진행된 공화국 최고인민회의에서는 조국의 평화적 통일에 대하여 제의도 하였고 호소도 하였는데, 이에 대하여 우리의 일부 동무들은 옳은 인식을 가지고 있지 못합니다. …… '조국통일은 불가능하다. 그에 대한 제의는 형식이다'는 등의 사상은 전체 조선 인민의 조국통일에 대한 투쟁의욕을 마비시키는 것입니다. …… 심지어 어떤 동무들은 자본주의 체계와 사회주의 체계가 서로 공존한다고 하니까 남조선과 북조선이 공존할 수 있다고 생각하고 있습니다.……

자본주의 체계와 사회주의 체계가 공존한다는 리론은 완전히 옳은 것이요, 또 그것은 가능한 것입니다. 그러나 우리 한 나라 안에서 남조선과 북조선이 분리되어 공존할 수 있다는 사상은 대단히 위험한 것이며 우리의 통일사업을 방해하는 새로운 견해입니다. 그러한 견해를 가지고 있는 사람들은 마치 남조선에서 혁명을 해야 할 책임은 남조선 사람들에게만 있고 우리 북조선 사람들에게는 남조선을 해방할 책임이 없는 듯이 생각하고 있습니다. 이것은 조국의

---

130 최고인민회의 호소문 전문은 다음을 참조하라. 『로동신문』, 1954년 10월 30일자, 1면(본 번역에서는 김운석金雲石 편, 『북한괴집전술문헌집』北韓傀集戰術文獻集, 1957, 대한반공당, 135~138쪽에 재록된 것을 재인용했다―옮긴이).

131 「농촌경리의 금후 발전을 위한 우리 당의 정책에 관하여―조선로동당 중앙위원회 전원회의에서 내린 결론, 1954년 11월 3일」, 김일성, *Selected Works*, 1965년판, 제1권, 210~233쪽.

분렬을 정당화하며 그것을 영구화하려는 것밖에 되지 않습니다. 이러한 경향을 철저히 없애야 하겠습니다.[132]

남한의 내부 문제에 개입하겠다는 공산주의자들의 입장이 김일성이 행한 이 연설보다 더 적극적으로 표현된 예는 찾아볼 수 없다. 김일성은 이를 위한 광범위한 전술을 다음과 같이 간단히 제시했다.

한 방면으로는 남조선 인민들에게 꾸준히 우리 당의 영향을 주어 그들로 하여금 미제와 리승만 역도를 반대하여 궐기하도록 해야 하며, 다른 방면으로는 북반부 민주기지를 더욱 철옹성같이 강화해야 합니다.[133]

'민주기지의 강화'는 김일성에게 '강력한 당과 정권, 튼튼한 경제력'을 의미하는 것이었다. 이는 다른 말로 표현하면 정권의 인민적 지지기반의 강화를 위해 급속한 경제발전과 결부된 강철 같은 이념적 단결을 뜻하는 것이었다. 이는 한편으로는 '인민 군대를 백방으로 강화'하는 것을 의미하기도 했다. 남한을 공산주의자들이 장악하기 위해 제시한 이 솔직한 방안에서 빠져 있는 것은 공공연한 전복 전술, 즉 간첩이나 무장 유격대의 남파였다. 유격대를 남파하기에는 아직 여러 가지 여건이 성숙되지 않았지만, 북한 측은 1954년에 벌써 전쟁으로 중단된 과업을 완수하기 위해 간첩의 훈련에 착수했다. 이러한 정책을 공개적으로 다룬다는 것은 당연히 품위 없는 일이었다.

공산주의자들이 취해야 할 전술을 명백히 밝힌 김일성은 '평화적 통일'의 길에 대한 정의를 내렸다. 그는 조선 인민들은 전쟁, 특히 동족상잔의 전쟁을 원하지 않는다고 주장하면서 이렇게 경고했다.

---

132 같은 책, 228쪽.
133 같은 책, 230쪽.

적들은 통일에 대한 우리 인민의 념원을 리용하여 그 상투적인 소위 '북진통일'에 대한 나발을 계속 불어대는데 우리 당이 통일에 대한 구호마저 내던지고 뒤로 물러선다면 어떻게 되겠습니까? 결국 우리 당은 인민의 신임을 잃어버리게 되고 조선 인민이 한결같이 원하고 있는 조국통일의 위업은 실현되지 못할 것입니다.

김일성과 그의 동료들은 이렇게 1954년에 벌써 그 이후 북한의 통일정책을 지배하는 기본 전략을 결정했다. 그들이 내건 구호는 공산주의자들은 1950~1953년의 재앙을 결코 되풀이하지 않겠다는 의미에서의 '조국의 평화적 통일'이었다. 대신 '평화적 통일'은 남북한의 '진보적 인사'를 규합해 '인민의 적들'을 몰아내는 혁명을 고조하기 위한 정치운동을 계속하겠다는 결의를 내포하고 있었다. 그러면 이러한 혁명은 어떻게 '평화적' 통일과 양립할 수 있을 것인가? 이 문제는 '이승만 파쇼도당'이 남조선 인민들로부터 고립되어 있기에 이들을 몰아내는 데 피를 적게 흘릴 수 있다는 방식 외에는 결코 명백하게 해결되지 않았다. 더구나 공산주의자들은 언젠가는 남한이 자신들의 통일방안을 받아들임으로써 자신들이 남한의 선거에 참여해 경쟁할 수 있는 가능성을 기대하고 있었다.[134]

공산주의자들의 통일 전략은 특히 남한 지도자들의 통일정책과 비교해볼 때 세심한 고려를 거쳐 만들어진 것이었다. 이승만은 때때로 북진통일을 주장했지만 북한 공산주의 지도자를 포함한 어느 누구도 이 문제를 심각하게 받

---

[134] 최광석은 우리에게 공산주의자들이 남한 주민 3분의 1의 지지만 얻으면 어떠한 선거에서도 승리할 수 있기 때문에 남파 간첩들은 남한에 공산주의 세포를 건설하고 '진보세력'을 규합하는 것을 1차적 과제로 삼으라고 교육받았다고 말했다. 최광석에 따르면 남한에서의 정치 활동에 대한 관심은 심지어 북한의 통치정책에까지 영향을 미쳤다고 한다. 한 가지 예로 1959년 북한은 월남자 가족에 대한 '관대정책'을 취했는데, 이는 기본적으로 이들과 남한에 있는 이들의 가족을 정치투쟁에 동원하기 위해 취해진 것이었다. 최광석과 이정식의 인터뷰, 1966년 11월 24일.

아들였다고 생각하지는 않는다. 공산주의자들은 미국이 이러한 형태의 모험주의를 완강히 반대하고 있을 뿐 아니라 실제로 남한이 북진통일을 단행할 준비를 전혀 갖추지 못했다는 사실을 충분히 포착하고 있었다. 이승만의 주장은 단지 선전일 뿐이었다. 북진통일이라도 주장하지 않는다면 남한 당국은 통일 문제에 대해 북한 측의 통일방안을 거부하는 것 외에는 아무것도 하지 않는 게 된다. 물론 남한 측도 몇몇 요원을 북한에 침투시켰지만 이들은 유격기지를 강화하는 등의 적극적 사명을 띤 것이 아니라 단지 정보 수집을 위해 파견되었을 뿐이다.

그 반면 공산주의자들의 통일 전략은 남한 내정의 다양한 국면에 직접·간접으로 관계되기까지 한 일련의 정책들로 짜여 있었다. 북한 공산주의자들은 북한의 지도로 조장된 남한의 정치적 불안정과 경제적 침체가 결국 공산주의적 방식에 의한 통일을 가져올 것이라고 기대했다. 북한이 '광범위한 민주기지'—정치적, 때로 필요하다면 군사적 지도와 자극의 원천인 민주기지—로 사용되리라는 공산주의자들의 희망은 바로 이러한 맥락에서 이해되어야 한다.

공산주의자들은 자신들의 목적을 달성하기 위해 민주적 절차를 밟을 준비까지 갖추고 있었다. 북한의 인구가 남한의 절반밖에 안 되어 수적으로는 남한에 비해 크게 열세라는 점을 잘 알고 있었던 조선노동당 지도자들은 장래에 있을지도 모를 총선거에서 승리하기 위해서는 모든 북한 주민들의 절대적 지지 '외에도' 남한 주민들의 상당한 공감을 얻어야 한다는 사실의 중요성을 말해왔다. 북한은 남한 주민들의 지지를 얻기 위해 '이승만 파쇼도당'과 '미 제국주의 침략자'들의 압제에 시달리는 남한 주민들의 '비참하고, 야만적이며, 절망적인' 삶과 대비하여 '지상낙원'과 같은 북한의 실정을 지속적으로 남한에 선전해야 했다. 처음에 남한의 지도세력을 공격대상으로 삼았던 북한 공산주의자들은 곧 남한의 민족주의적 감정에 호소하며 미국을 비난했다.

이 같은 선전을 강화하고 구체적인 통일방안을 제시하기 위해 북한 공산주의자들은 여러 단체를 동원했다. 조국통일민주주의전선은 통일전선정책의 최고기관이었으며, 조국평화통일위원회*는 공산주의자들의 통일정책을 위한 직접적인 도구로서 그 지도자들은 앞서 살펴본 것처럼 1958년 말에서 1959년 초에 숙청될 때까지 남한 출신의 저명한 정치인들로 구성되어 있었다.

그러나 공산주의자들은 민주적인 방식이 자신들의 목적에 봉사할 수 있을 때까지 이를 이용할 준비를 갖추고 있었지만 결코 이에 집착하지는 않았다. 앞서 지적한 것처럼 바로 이 무렵에 공산주의자들은 남한에서 비밀공작을 수행할 간첩들을 교육하기 위한 기관을 확장했으며, 군사적 행동도 결코 포기하지 않았다. 실로 김일성과 그의 동료들은 공산주의자들의 방식에 따른 통일은 남한에서 폭력혁명이 일어난 뒤에만 가능하다고 생각했으며, 김일성이 명백하게 밝힌 것처럼 북한은 이러한 투쟁에서 스스로 적극적인 역할을 떠맡고자 했다. 그러나 유격대 활동은 아직 절대적으로 시기상조라고 여겨졌다.

분명히 북한은 남북한관계와 통일 문제에서 전략적 주도권을 장악했다. 상황은 다시 한번 비공산 측이 아무런 효율적 방안을 갖고 있지 못했던 반면, 공산주의자들은 정치적·군사적 공세를 결합한 상대적으로 잘 짜인 전술을 구사하는 국면에 접어들었다. 실로 북한은 혁명세력으로서의 남한을 두려워할 이유가 없었다. 남한은 공산주의자들의 전복 전략을 역으로 구사할 준비를 전혀 갖추고 있지 못했을 뿐 아니라 이 세상에서 가장 엄격하게 통제되는 경찰국가인 북한에 대해 이러한 방식을 사용해볼 여지도 전혀 없었다. 자기방어 측면에서 볼 때 북한 공산주의자들의 역량은 극히 뛰어났다. 이들은 공산주의 체제가 강요한 내부의 정치적 단결뿐 아니라 상당한 경제발전, 특히 중공업 분야에서 거둔 두드러진 성과를 자산으로 갖고 있었다. 이 시기가 끝나갈 쯤에 남북한의 전반적인 경제력을 비교해보는 것은 생활수준만을 본다면 남한이 앞서 있었음에도 남한 정권 측에는 고통스러운 일이었다. 마지막으로

---

* 조국평화통일위원회가 결성된 것은 1961년 5월 13일이므로 여기서는 1956년 7월 2일에 결성된 재북평화통일촉진협의회를 말하고 있는 것으로 보인다.

정보 통제의 면을 보더라도 정권이 집중적인 교양을 행사하고, 일반 주민들은 적어도 아주 중요한 부문에서는 정권의 입장을 확고히 지지하는 가치관을 지닌 북한은 남한에 비해 극히 효율적이었다.

한편 공산주의자들이 지닌 약점을 무시하는 것도 어리석은 일이다. 사실상 당시의 남한은 비서방 세계에서는 반공 이념이 가장 뿌리 깊게 박힌 사회였다. 여기에는 두 가지 기본적인 이유가 있다. 첫째, 한국전쟁 기간에 북한 공산주의자들은 남한 주민들에게 만행을 저질렀으며 공산주의자들이 점령한 지역에 살고 있던 주민들은 공산주의자들로부터 대개 극심한 따돌림을 받았다. 둘째, 남한에 남아 있던 공산주의자들의 조직은 전쟁 중 완전히 표면에 드러났다. 당원과 공산주의 동조자들은 유엔군이 점령 지역을 탈환하자 달아나야 했다. 한국전쟁은 공산주의를 좋아하는 사람은 북한으로, 싫어하는 사람은 남한으로 가는 전무후무한 극히 '자연스러운 선택'의 기회가 되었다. 따라서 공산주의자들이 휴전선 이남에 조직을 재건하는 과업은 공산 치하에서 살아보았고, 이제는 공산 치하에 살기를 원하지 않는 수백만―남한인과 월남민―의 사람들이 남한에 존재한다는 점에서 아주 어려운 일이었다.

따라서 공산주의자들이 청년층을 목표로 삼은 것은 당연한 일이었다. 북한 공산주의자들은 남한 청년학생들에게 월북하면 장학금과 외국 유학의 기회를 제공하겠다고 선전했다. 이들은 한편으로는 월북한 사람들에게 '신변상 안전과 자유 활동'을 완전히 보장하겠다고 밝히면서, 남한의 청년과 학생들이 미제의 통치에 반대하고 조국의 평화적 통일을 위해 용감하게 싸우도록 격려하고 고무했다.[135] 평양 당국은 월북한 청년들을 동원하여 소위 남반부 출신 중학·대학·전문학교 학생 열성자대회를 개최해 남한의 청년과 학생들에게 공산주의자들의 주장을 담은 '공개 서한'*을 보내도록 지시했다.

---

135 김일성이 서명한 내각 결정 제40호, 「미 제국주의자 및 리승만 정권과 투쟁하는 남반부 청년·학생을 보호할 데 대하여」, 『로동신문』, 1955년 4월 17일자, 1면.

한편 북한 공산주의자들은 특히 1954~1957년에 남한 출신 정치인들을 최대한으로 이용했다. 김원봉 같은 인물은 남북한을 비교해 북한의 우위를 내세우면서 통일의 첫발을 내디딜 것을 주장하는 논문을 발표하기도 했다.[136] 1955년 조국평화통일위원회(재북평화통일촉진협의회의 착오로 보임—옮긴이)와 관계를 맺고 있던 일군의 남한 출신 정치인들이 공산주의자들의 통일 방안을 적극적으로 지지하는 공동성명을 발표[137]하는 등 새로운 평화통일 공세가 시작되었다.

이 시기에 북한 공산주의자들은 자신들의 통일방안을 지지하도록 재일교포들을 동원하기 위해 상당한 노력을 기울인 결과, 두드러진 성과를 거두었다. 이때 대한민국 정부는 약 60만 명에 달한 재일교포를 대체로 무시하고 있었던 반면, 북한 측은 이들에게 점차 주의를 기울이기 시작했다. 어느 모로 보나 일본에서 가장 중요한 교포조직이었던 재일조선인총연맹(조총련)을 장악한 재일 공산주의자들은 공공연히 조선민주주의인민공화국의 편을 들고 나

---

* 「남반부 청년 학생들에게 보내는 호소문」이라는 제목의 이 서한과 위의 내각 결정 제40호는 다음에 수록되어 있다. 김운석 편, 앞의 책, 143~146쪽.

136 「남북 조선 간의 경제 및 문화 교류는 평화적 조국통일의 첫걸음」, 『로동신문』, 1955년 1월 10일자, 3면. 여기서 김원봉은 "지난 일 년간 우리 인민이 달성한 정치, 경제, 문화 등 각 방면에 걸친 빛나는 성과"를 찬양했다. 그는 이렇게 주장했다. "공화국 북반부에서 행복과 광명에 가득 찬 새 생활이 이와 같이 향상 일로를 걷고 있는 것과는 정반대로 우리 조국의 절반 땅인 남반부에서는 미제와 리승만의 폭압과 테로 통치 밑에서 더욱더 암흑과 불행이 지배하고 경제적 파멸, 인민들의 기아와 무권리, 문화의 유린이 더욱 혹심하여지고 있다. ……민족문화는 말살당하고 아름다운 우리 국토까지 유린되고 있다. 오늘 남조선에는 인간 증오와 동물적 향락, 허무와 퇴폐를 일삼는 미국 문화가 범람하고 있다.
이 어찌 조국을 사랑하고 후손만대를 생각하는 양심 있는 조선 사람이 참을 수 있는 일이랴."

137 이 공동성명의 전문은 다음에 실려 있다. 『로동신문』, 1955년 11월 13일자, 1면. 이 성명에는 대한민국 정부의 내무장관을 지낸 오하영(3·1운동 당시 33인의 한 사람인 오하영은 내무장관은 지낸 바 없지만 제2대 국회의원에 당선되었다—옮긴이), 과도입법의원 부의장을 지낸 윤기섭, 남한의 거물정객이었던 조소앙, 대한민국 국군의 장군이었던 송호성宋虎聲, 미 군정청의 민정장관民政長官을 역임한 안재홍, 상해임시정부 선전부장을 지낸 엄항섭 등이 서명했다. 그런데 이들 대부분은 1958~1959년에 숙청되어 자취를 감추고 말았다.

서서 많은 활동을 전개했다. 조총련은 북한 측의 요구에 응해 통일 문제에 대해 끊임없이 시위를 벌이고 계몽운동을 전개했다.[138]

그러나 이러한 다양한 노력에도 불구하고 통일 문제는 전혀 진척을 보지 못했으며, 공산주의자들이 1953년 8월에 내세운 목표는 1959년 초에도 처음과 마찬가지로 요원한 것이었다. 한국전쟁 참전국이나 제네바회의(1954년)에 참가한 국가들이 한국 문제를 의제로 정치회담을 개최하기에는 적대세력 간의 관계가 너무나 소원해 이 회담에 대한 전망은 점차 어두워져갔다. 공산주의자들은 남한 사회가 수많은 문제를 안고 있었음에도 앞서 언급한 몇 가지 이유로 남한 사회에 대한 본격적인 전복 활동에 거의 착수하지 못하고 있었다. 공산주의자들은 다만 재일교포 사회 내에서만 중요한 정치적 성공을 거두었을 뿐이다.

그동안 평양의 공산주의 지도자들은 새로운 심각한 문제, 즉 소련공산당 제20차 대회와 그 이후의 일련의 사태가 야기한 공산 세계의 동요에 직면했다. 그 결과 1954~1956년에 정열적으로 추진된 통일운동은 이후 급속하게 쇠퇴하고 말았다. 물론 선전 활동과 간첩교육은 중단되지 않았으며, 북한 당국의 공식적 입장이 변한 것도 아니었다.[139] 그러나 공산주의자들은 무엇보다도 국제 사회주의 진영 내의 의견 불일치가 통일을 위한 그들의 노력에 커다란 장애가 되고 있다는 사실을 솔직히 인정했다. 실로 이 시기가 끝나갈 무렵

---

138 이렇게 해서 북한과 일본의 공산주의 단체에는 조선민주주의인민공화국의 통일방안을 받아들일 것을 주장하는 재일교포들의 편지가 쇄도했다.

139 북한 측의 입장은 『로동신문』, 1956년 1월 22일자, 1면에 실린 남일의 영국 기자와의 인터뷰에서도 되풀이되었다. 한반도에서 전쟁이 재발할 위험이 있다고 보느냐는 질문에 남일은 정전은 공고한 평화가 아니며, 1955년 6월 제네바에서 열린 4개국 수뇌자회의는 국제적 긴장 상태를 완화시켰지만 미국은 '항상' 정전협정을 위반해왔다고 대답했다.

남일은 평화를 유지하는 유일한 길은 정전협정의 '엄격한 준수', 조선으로부터 일체의 외국 군대의 철수, 조선 인민 자신에 의한 조선 문제의 평화적 해결밖에 없으며, 그에 앞서 경제·문화·과학·예술 교류, 광범위한 인민 대중에 대한 정치적 활동의 자유 부여, 상호 병력 감축 등이 이루어져야 한다고 주장했다.

공산주의자들은 남한 출신 정치인의 상당수, 심지어는 조선노동당원들 가운데 일부까지 중립화나 남북한 간의 권력 공유를 통해 통일을 이루려는 생각에 물들어 있다고 지적했다. 이러한 이단자의 우두머리들은 마르크스-레닌주의의 교의에 비추어볼 때 곧 몰락할 운명에 놓여 있었다. 그러나 통일운동은 쇠퇴했다. 조선노동당 지도자들은 기껏해야 남한 측이 혹시 행할지도 모를 선전으로부터 자기 인민들을 성공적으로 격리시켰다고 주장할 뿐이었다. 공산주의자들은 아주 과장된 청사진을 제시하기 위하여 진실과 허구를 뒤섞어 남한에 대해 퍼부은 집중적인 선전을 통해서 북한의 일반 주민들에게 깊은 인상을 심는 데 성공했음이 틀림없다.[140]

그러나 앞서 지적한 것처럼 반미운동의 열기는 이 시기에 결코 식지 않았다. 김일성은 1955년 12월 박영빈이 국제적 긴장을 완화하려는 소련의 노력을 본떠 북한이 미국에 접근해야 한다고 주장했다는 이유로 그를 숙청하면서, 이 시기 북한 공산주의자들의 정책에 일관되게 나타나는 입장을 밝혔다. 반미운동에 관해서는 세 가지 주제가 되풀이되었다. 첫 번째 주제는 국제 공산주의 진영에서 자주 등장하는 것으로, 사회주의 세계는 발전하고 자본주의 세계는 몰락하고 있다는 것이다. 북한 공산주의자들의 선전기관은 주기적으로

김일성도 1956년 5월 31일자 인터뷰에서 똑같은 주장을 했다. 그러나 이 인터뷰들은 『근로자』, 1956년 8월호에 실린 김시중의 논문 「사회주의에로의 이행의 각이한 형태들에 관하여」와 비교해보면 몇 가지 시사점을 얻을 수 있다. 각각의 나라에는 자국 사회주의의 독특한 형태를 규정하는 특수성이 있다고 설명하면서 김시중은 '우리의 특수성'을 다음과 같이 들었다. "우리 공화국 정권의 정치적 권력 행사는 현실적으로는 북반부에 국한되어 있다. 그러나 우리 공화국 정권은 남북 조선 전체 인민들의 총의를 합법적으로 반영하고 있는 정권이다. 그는(그 정부는) 남북반부 전체에 걸쳐 진행된 민주주의적 총선거에 의하여 수립된 전 조선적 주권인 것이다. 우리 공화국의 정권은 북반부의 민주주의민족통일전선뿐만 아니라 남반부의 민주주의 정당, 사회단체까지도 포괄하고 있는 전 조선적 민전 조직체인 조국통일전선에 기초하고 있다. 이것은 북반부에서 사회주의를 건설하면서 동시에 조국의 통일, 즉 반제 반봉건적 민주혁명의 전국적 완수를 추진시켜야 하는 기본적 임무에 가장 적응하는 인민민주주의적 정권인 것이다."

140 자수 간첩이나 체포된 간첩들은 모두 이 점에 동의했다. 이들은 남파된 후에 북한에서 들어온 남한의 사정과 직접 자기 눈으로 확인한 남한 실정과의 괴리에 엄청난 충격을 받았다고 밝혔다.

구체적인 수치까지 제시하면서 소련이 경제발전에서 미국을 압도해나가고 있고, 미국은 심각한 경제불황에 돌입하고 있으며, 미국의 군사정책이나 외국 원조는 미국 인민을 경제위기에서 건지기 위한 필사적인 노력의 결과라고 주장했다.

미국이 자본주의 세계의 지도자이자 제국주의 침략세력의 우두머리라는 두 번째 주제도 공산 세계에서는 낯익은 것으로, 첫 번째 주제와 밀접한 관련이 있다. 공산주의자들은 특히 미국이 유럽과 아시아에서 전쟁을 일으키고자 하며, 이를 위해 미국은 센토CENTO(중동조약기구), 시토SEATO(동남아시아조약기구) 등 지역적 군사동맹체를 결성했으며, 니토NEATO(동북아시아조약기구)를 결성하려 하고 있다고 주장했다.

북한 지도자들은 때때로 미국이 주도한 북침에 대한 북한 주민들의 두려움을 생생하게 불러일으키려고 노력했다. 한 가지 예로 헝가리사태가 있은 직후인 1956년 12월 중순, 북한 당국은 미국의 침략과 동시에 헝가리식 폭동을 일으키려고 했다는 이른바 미제의 고용 간첩에 대한 공개재판을 대대적으로 선전했다.[141] 이 재판과 이 시기에 행해진 선전 활동은 크든 작든 간에 뚜렷한 목적을 갖고 있었음이 틀림없다. 조선민주주의인민공화국 지도자들은 인민들이 '북한판' 헝가리사태를 일으키지 않을까 두려워했다. 과도한 군사비 지출을 정당화해야 했던 북한 지도자들에게는 남한의 위협뿐 아니라 미국의 위협 역시 매우 유용한 것이었다.

미국에 대한 태도는 일본과 중립국에 대한 북한의 정책에도 적지 않은 영향을 미쳤다. 아이러니하게도 공산주의자들은 이 무렵 대내선전에서의 강한 반일 어조나 대한민국 정부의 극렬한 반일정책과는 달리 일본과의 접촉에서 놀라운 유연성을 보였다. 이는 부분적으로는 미일관계를 악화시키려는 노력의 일환이기도 했다. 그러나 북한의 이러한 유연성은 재일교포들을 끌어들일

---

141 자세한 것은 다음을 참조하라. 『로동신문』, 1956년 12월 16일자, 1면 참조.

수 있는 통로를 좀더 확장하려는 공산주의자들의 노력의 발로였다는 데 더욱 중요한 의의가 있다.

따라서 1954년에 벌써 북한 외무상 남일은 조선민주주의인민공화국 정부가 북한과의 무역을 희망하는 일본 기업인들의 제안을 환영하며, 일본과의 경제·문화 교류를 바라고 있다고 선언했다. 일본 정부와의 일련의 예비회담 결과, 1955년 말 양국 정부는 양국의 적십자사를 재일교포 북송의 담당기관으로 지명했다. 1956년 2월 27일 양국 적십자사는 북한으로 돌아가기를 희망하는 재일교포의 귀국을 허락하고, 북한 당국은 귀환동포 1인당 6만 엔(약 140달러)의 생활보조금을 지급하는 데 합의했다.[142] 북한과 일본 간의 상품교역에 대한 최초의 계약은 바로 이 무렵에 체결되었으며, 그 직후 최초의 일본 문화사절단인 국철國鐵노동자 대표단이 평양에 도착했다. 당시 대한민국과 일본 간에는 빙하기가 계속되고 있었다.

그러나 우리는 일본 정부가 조선민주주의인민공화국의 성격과 목적을 완전히 파악하고 있었다는 점에 유의해야 한다. 일본은 평양과 아무런 외교관계를 맺지 않았으며, 1955년에는 히로시마평화회의에 참석하려는 조선민주주의인민공화국 대표단에 대해 입국사증 발급을 거절했다(그러자 북한 측은 재일 조총련 지도자들을 대표로 임명했다). 또한 일본은 밀입국한 조선인(다수의 북한요원이 포함됨)들을 계속 오무라수용소大村收容所에 억류했으며, 무역량은 극히 미미했다. 따라서 평양과 도쿄 간의 관계는 극히 제한된 것이었으며, 그나마 어느 모로 보나 냉각기에 가까운 것이었다. 그러나 공산주의자들이 당시에 노린 주요한 목적, 즉 다수의 재일교포들을 계속 통제하고 이들에 대해 발언권을 행사하려는 의도는 확실하게 성공을 거두었다.[143]

---

142 이 합의서와 이에 대한 북한 측의 해설은 다음을 살펴보라. 『로동신문』, 1956년 2월 29일자, 1면.
143 북한 당국이 이 시기가 끝나갈 무렵 일본 정부에 가한 비판은 한층 날카로워졌다. 1958년 9월 16일 남일은 일본 정부가 재일교포의 북송과 오무라수용소에 억류된 조선인의 석방에 성의를 갖고 있지 않다고 비난하는 성명을 발표했다(이 성명서의 전문은 다음에 실려 있다. 동아일보사 안보·통일 문

이 시기에 김일성과 그의 추종자들은 마오쩌둥과 마찬가지로 훌륭한 마르크스‑레닌주의자에게 중립은 있을 수 없다는 사실을 신봉하면서도 아시아·아프리카의 '중립국'들과 친선을 도모하는 것이 상당히 이롭다는 사실을 깨달았다. 당연히 북한 지도자들은 최대한의 국제적 승인을 얻어내기 위해 노력했으며, 중국 지도자들과 마찬가지로 아시아·아프리카 사회에서 이를 위한 가장 큰 가능성을 발견했다. 더구나 이들은 이러한 추세가 미국을 국제 사회에서 고립시킬 수 있을 것이라고 생각했다. 그 결과 자와할랄 네루Jawaharalal Nehru, 수카르노Sukarno, 나세르Nasser 같은 지도자들은 북한에서 장황한 찬사를 받았다. 예를 들어 1955년 10월 28일 김일성은 네루를 탁월한 지도자라고 부르면서 인도 정부의 '평화를 애호하는 대외정책'을 찬양하는 등 네루에 대한 '깊은 감명과 존경'을 표명했다.

더구나 북한 지도자들은 국제 회의에 초청을 받으면 빠지지 않고 모습을 드러냈다. 그러나 이들이 참석할 수 있는 국제 회의는 세계평화옹호이사회나 세계직업연맹이 개최하는 공산주의 노선에 따른 국제 회의 등에 국한되었다. 어쨌든 박정애는 반둥Bandung회의에 앞서 1955년 4월 초 뉴델리에서 열린 아시아·아프리카제국회의에 참석했다. 또한 남북한의 어느 쪽도 초청을 받지 못한 반둥회의 역시 회의의 반미적 성격에 주목한 북한 공산주의자들의 입을 통해 열렬히 찬양되었다.

1958년 말 외교관계 면에서 북한 지도자들은 아랍연맹UAR, 인도, 인도네시아, 미얀마, 캄보디아 등과 관계를 맺는 등 만족할 만한 성과를 거두고 있었다. 그럼에도 기본적으로 북한 정권은 비공산 세계와는 생소한 처지에 있었다. 북한이 외국과 맺은 정치적·경제적 관계는 압도적으로 공산국가에 집

제 조사연구소 편, 『북한 대외정책 기본 자료집 II』, 1976, 36~37쪽 ─ 옮긴이). 한편 조선민주주의인민공화국은 자신들의 입장을 강화하기 위해 점차 일본의 좌익을 이용하기 시작했다. 한 가지 예로 북한을 방문한 일본 대표단은 남일의 성명과 때를 맞추어 9월 중순 북한의 5개 사회단체와 함께 조선민주주의인민공화국의 외교정책을 지지하는 성명을 발표했다.

중되었고, 북한에 체류할 기회가 있었던 어느 비공산국가의 외교관은 북한 관리들이 비공산주의자, 심지어 '우방국' 정부 대표들과 만날 때도 '불안'해하고 있었다고 지적했다.

그러나 그 당시 북한의 외교정책에 대한 가장 중대한 도전은 국제 공산주의운동의 전개와 깊은 관련을 맺고 있었다. 한국전쟁 직후 수년간 북한 성부는 중국군이 북한에 주둔하고 있었음에도 소련의 완벽한 위성국, 즉 아시아의 불가리아 같은 모습을 보여주었다. 소련에서 일어난 사건들은 국내 사건과 똑같은 비중으로 취급되었으며 『로동신문』에는 '서기장 동지의 하루', '쏘련의 당 운영', '쏘비에트동맹에서의 식물병리학의 발전' 등 소련에 관계된 기사들이 주기적으로 실렸다.

그러나 이는 '소비에트동맹의 풍부한 경험을 따라 배우자'는 운동의 극히 일부분이었다. 스탈린 사망 2주기에는 전국에서 기념식이 거행되는 한편, 그의 『저작선집』도 번역 출판되기 시작했다(1929년 4월~1930년 6월의 저작을 모은 제12권은 1955년 7월에 출판되었다). 1955년 메이데이에 평양 거리에는 레닌과 스탈린의 대형 초상화가 니콜라이 알렉산드로비치 불가닌Nikolai Aleksardrovich Bulganin, 김일성, 마오쩌둥의 초상화 위에 내걸렸다.

더구나 처음에는 소련 외교정책의 새로운 조류가 따라가기에 그다지 어려워 보이지 않았다. 1955년 2월 소련 외상 뱌체슬라프 M. 몰로토프Vyacheslav M. Molotov가 최고소비에트에서 스탈린 시대의 냉전정책으로부터의 전환을 시사하는 연설을 하자, 『로동신문』은 이를 전문 번역 게재하면서 국제적 긴장완화의 중요성이라는 문제를 충실히 추종했다.[144] 1955년 7월 제네바에서 개최된 4대국 정상회담을 호감을 갖고 지켜본 평양 당국은 드와이트 데이비드

---

[144] 김형, 「국제관계에서의 호상 신뢰의 분위기에 대하여」, 『로동신문』, 1955년 6월 23일자, 4면. 이 논설은 국제적 상황을 개선하기 위한 소련의 노력에 찬사를 보냈고, 앞으로 있을 제네바회의에서 이같은 노력이 결실을 맺을 것이라고 찬양했다.

아이젠하워Dwight David Eisenhower와 로버트 A. 이든Robert A. Eden 영국 수상의 연설에 대해서조차 공박을 가하지 않았다. 흐루시초프의 등장은 처음에는 그다지 주목을 끌지 못했지만 1955년 겨울 불가닌과 흐루시초프의 인도, 버마, 아프가니스탄 방문은 열렬하고 광범위한 지지를 받았다. 실로 『로동신문』의 어느 해설자는 자신이 집필한 송년사의 제목을 「평화와 협조의 리념의 승리의 해」라고 붙였다.[145]

이러한 사실은 조선혁명에서 '주체'의 중요성을 강조한 김일성의 연설, 바로 그 무렵인 1955년 12월 28일에 행한 연설이 기본적으로 국내 문제, 특히 박창옥과 최창익 일파에 대한 김일성의 투쟁과 관계가 깊다는 우리의 주장을 한층 더 강화시켜준다. 그러나 이때까지만 해도 진실이었던 이 점은 결코 그 이후의 12개월간 계속 진실로 남아 있지 못했다. 소련공산당 제20차 대회까지 북한 지도자들과 북한의 대중매체들은 '평화를 사랑하는 소련 외교정책의 위대한 승리'나 '평화공존 원칙의 무오류성'에 대해 말해왔다. 그러나 앞서 지적한 것처럼 이 대회, 특히 흐루시초프의 스탈린 비판은 김일성파가 그때까지 직면했던 국내 최대의 정치적 위기 상황에 행해졌다는 점에서 김일성과 그의 추종자들에게는 엄청난 충격을 주었다. 평양의 대중매체들은 적어도 상당히 중요한 조선노동당 중앙위원회 전원회의가 진행 중이던 4월 2일까지는 매일 제20차 대회에 찬사를 퍼부었고, 김일성 집단은 그때에 가서야 비로소 『프라우다』의 사설을 인용함으로써 모스크바에서 탈스탈린화운동이 일어나고 있다는 사실을 공개했다.

6일 후인 4월 8일에 『인민일보』 사설에 나타난 베이징 당국의 입장이 아무런 주석도 붙이지 않은 채 같은 비중으로 소개되었다. 그리고 베이징 당국

---

145 전인철, 『로동신문』, 1955년 12월 31일자. 전인철은 이렇게 말했다. "냉전에 결정적 타격을 가한 제네바의 정신은 평화를 사랑하는 모든 세계 인민의 광범위한 지지를 받고 있으며, 최고 쏘비에트가 채택한 선언과 결정은 새해를 맞는 전 세계 인민들에게 새로운 명랑한 전망을 주었다."

의 입장은 앞서 인용했듯 김일성과 인도 언론인과의 인터뷰(1956년 5월)를 통해 평양의 입장과 동일한 것으로 확인되었다.[146]

더구나 김일성이 7월 19일 소련과 동유럽 순방을 마치고 귀국했을 때 북한 측은 근본적인 태도 변화를 보이기 시작했다. 국내 문제가 다시 심각하게 고려되었다. 국내로 돌아온 김일성은 자신에 대한 음모가 진행되고 있다는 사실을 발견했다. 모스크바와 베이징에 파견한 요원들은 소련공산당 제20차 대회의 결정서를 중요한 무기로, 김일성에게 혹은 적어도 김일성 통치의 아주 중요한 정책에 대해 반기를 들기 시작했다.

김일성이 돌아오고 이틀 후인 1956년 7월 21일, 『로동신문』은 김진택金鎭澤이 집필한 매우 중요한 논문 「주체에 대한 올바른 리해를 위하여」를 게재했다.[147] 이 논문에는 적어도 김일성이 개인적으로 언급했던 기본 주제들이 담겨 있지는 않았지만, 그 시기와 주변 상황으로 볼 때 이 논문이 모스크바로부터의 독립을 공공연히 선언하려고 했다는 점은 누구나 쉽게 짐작할 수 있다.

김진택에 따르면 "레닌은 일국에서의 프롤레타리아트 혁명의 가능성을 과학적으로 론증"했으며 이는 "매개 민족, 매개 국가에서의 로동계급이 결정적인 혁명적 진출을 위한 이니샤티브를 틀어잡을 수 있는 확신성을 부여한 것"이었다. 이 결론의 정당성은 "로씨야(러시아)의 위대한 사회주의 10월혁명"과 "위대한 중국 혁명의 승리"에 의해 더욱 확증되었다. '김일성 동지'(방점 필자)가 옹호하는 '주체'도 바로 이러한 사실에서 비롯된 것이었다. '조국의 평화적 통일과 공화국 북반부에서의 사회주의 건설'을 위해 "우리는 국제혁명운동을 지지하고 있으며 이 같은 맥락에서 김일성 동지도 국제주의적 임무와 민족주의적 임무를 통일에 대한 관점에서 출발"해 주체를 강조하고 있는 것이다. 김진택은 "모든 것을 우리나라 혁명의 성과적 수행에 복무시키는 것,

---

146 인터뷰 전문은 다음에 게재되어 있다. 『로동신문』, 1956년 5월 31일자, 1면.
147 김진택, 「'주체'에 대한 올바른 이해를 위하여」, 『로동신문』, 1956년 7월 21일자, 2~3면.

이것이 바로 주체를 확립한다는 것"이라는 김일성의 말을 인용하면서 "주체를 리해함에 있어서 이와 같은 국제주의적 임무와 민족적 임무의 통일성에 대한 원칙적인 출발점을 망각하였을 때 이는 필연적으로 민족주의 또는 배타주의적 견해에 빠지게 되는 것"이라고 강조했다. 그러나 "조선 인민이 처하고 있는 특이한 형편"을 무시한다든가 외국의 유형을 그대로 따르자고 주장하는 것은 우리 혁명을 포기하는 것이었다. 그는 이러한 과오를 범하는 사람들은 당연히 대중의 모멸대상이 될 것이라고 경고했다.

1956년 7월 당시까지 김일성과 소련과의 관계가 어떠한 상태에 놓여 있었던지 간에 8월과 9월의 사태 진전은 두 나라의 관계를 극히 약화시켰음이 틀림없다. 우리는 김일성이 소련과 중국의 개입에 격분했다는 많은 증거를 갖고 있다. 오기완은 이에 대해 또 다른 이야기를 들려준다.[148] 그에 따르면 위기가 일어났을 당시 불평분자들과 접촉한 북한 주재 소련대사가 사전약속도 없이 김일성을 방문해 그에게 여태까지 '너무나 과격한' 방식으로 사태를 수습하고 있으니 전반적인 상황을 재검토하는 게 좋을 것이라고 말했다 한다. 소문에 따르면 이에 격노한 김일성은 소련이 북한의 내정에 간섭한 것에 대해 항의하면서 소련대사에게 단호하게 말했다고 한다.

당신은 일개 외국 대사요. 그런 당신이 어떻게 이 같은 식으로 수상 집무실에 들어올 수가 있소? 내가 당신을 만나보려고 했다면 내가 당신을 호출했을 것이고 그렇지 않으면 당신은 외무상을 통해서 나에게 면담 신청을 해야 했을 것이요.

김일성은 당시 소련대사에게 24시간 내에 북한을 떠날 것이며, 그러지 않을 때는 추방령을 내리겠다고 협박했다고 한다. 그러자 소련대사는 모스크바

---

148 오기완과 이정식의 인터뷰, 1967년 1월 15일.

의 흐루시초프에게 전화를 걸어 김일성의 요구와 협박 내용을 보고했고, 흐루시초프는 며칠만 시간적 여유를 줄 것을 요청했으나 김일성은 이마저도 거절했다는 것이다.

이러한 이야기는 어쩌면 사실이 아닐지도 모른다. 그러나 소련대사인 이바노프Ivanov가 당시 본국에 소환된 점으로 미루어보아 전혀 근거가 없는 이야기는 아닌 듯하다. 어쨌든 북한 지도층의 소련에 대한 극적인 태도 변화는 1956년 초가을부터 나타나기 시작했다. 이는 언론매체에서 소련에 관한 기사가 실리는 횟수가 갑자기 줄어든 사실 등 여러 면에서 확인되고 있다. 그러던 중에 헝가리사태가 일어났다. 헝가리사태가 동유럽의 경직된 공산주의자뿐 아니라 베이징과 평양 당국을 당혹케 했다는 점에는 의문의 여지가 없다.

조선민주주의인민공화국의 새로운 입장은 박금철이 1957년 2월 중순 발표한 상당히 흥미로운 논문[149]에서 잘 제시되었다. 박금철은 먼저 공산 진영의 불화에 대해 깊은 관심을 표명했다. 그의 주장에 따르면 헝가리사태나 수에즈위기 등의 사건들은 마르크스-레닌주의의 일반적 진리 또는 프롤레타리아 국제주의의 제 원칙에서 이탈해 수정주의, 기회주의, 사회배외주의, 부르주아 민족주의에 빠졌기 때문에 '국제 공산주의 대열의 단결이 약화'되어 나타난 직접적인 결과이며, 이 모든 사태는 제국주의자들을 이롭게 만든다는 것이었다. 박금철은 이러한 위기에 대처해야 하기 때문에 "소련에 대한 절대적인 지지와 옹호는 항상 우리 공산주의자들의 숭고한 의무"라고 주장했다.

이와 함께 박금철은 현 시기 사회주의 제국 간의 단결은 마르크스-레닌주의의 보편적 진리를 각국에 적용하는 방식을 규정하는 "매개 나라들의 특수성에 대한 올바른 인식"이 존재할 때만 이룩되고 유지될 수 있다고 주장하면서 이렇게 말했다(소련이여, 주목하라!).

---

[149] 박금철, 「프롤레타리아 국제주의에 충실하는 것은 우리의 숭고한 의무이다」, 『로동신문』, 1957년 2월 14일자, 1면.

지금 우리 진영의 단결을 분렬 약화시키려는 원쑤들의 공세의 화살이 바로 이 측면에 집중되어 있다. (맑스-레닌주의는) 매개 나라에 특수성들이 있다 할지라도 맑스-레닌주의의 보편적 진리와 사회주의 혁명 및 사회주의 건설의 일반적 합법칙성은 반드시 세계적 규모에서 공통적으로 적용된다는 것을 가르치고 있다.

박금철은 만약 "임레 나지Imre Nagy(1896~1958, 헝가리공산당 지도자―옮긴이)와 같은 반당적 종파가 제때에 제거되지 않고 조장되었을 때에 그는 당을 말아먹으면서 혁명을 위기에 처하게 한다는 것을 다시 한번 명심할 필요가 있다"고 강조했다. 그러나 국제 공산주의운동에 심각한 도전을 제기한 티토는 나지를 지원하면서 소비에트동맹과 기타 여러 나라의 올바른 입장을 비난했다.[150]

박금철이 쓴 논문의 논조는 다른 글들의 본보기가 되었다. 1957년 한해와 1958년의 상당 기간 김일성, 김창만, 이효순 등 조선로동당의 핵심적 지도자들은 이 새로운 노선을 옹호했다. 이들 논문을 주의 깊게 읽어보면 1956년 이전 시기와 비교할 때 어떤 중대한 변화가 일어났다는 사실을 알 수 있다. 소련이 각국 공산당의 '완전한 평등과 자주성'을 받아들인 사실에 대한 찬사는 끊이지 않았다. 더구나 때때로, 특히 김창만의 논문[151]에서 북한 지도자들은 소련 '인민'들과의 영원한 연대를 강조하기도 했다. 헝가리 위기의 충격과 북한

---

150 헝가리사태가 있기까지 북한 지도자들이 티토에 대해 보인 태도는 스탈린 사후 티토와의 화해를 희망하는 소련의 입장을 반영하여 상당히 호의적인 것이었다. 한 가지 예로 1955년 3월 15일자 『로동신문』은 티토가 유고슬라비아의회에서 행한 연설에 대한 해설에서 우리는 앞을 내다봐야지 과거를 돌이켜보아서는 안 된다고 주장했다. 비록 '찌또'(티토)는 아직도 소련 정책의 몇몇 측면을 반대하고 있지만 '유고슬라비아와 쏘련 간의 적개심의 표시는 이 두 나라와 그 인민들의 원쑤들에게만, 평화의 원쑤들에게만 리로'울 뿐이라는 것이다.

한편 유고슬라비아 지도자들이 버마(미얀마)를 방문했을 때 발표된 티토-우 누U Nu 공동성명은 1955년 6월 21일 평양에서 호의적인 어조로 보도되었다.

151 김창만, 「영원히 쏘련 인민과 함께」, 『로동신문』, 1957년 3월 17일자, 2면.

의 장래에 대한 우려 때문에 평양 당국은 소련의 강경한 대외정책을 지지하고 모스크바의 유화파들을 약화시키기 위해 소련이 헝가리에서 취한 행동을 적극적으로 옹호하는 데 최선을 다했다. 따라서 김창만은 유고슬라비아의 '민족적 공산주의'와 '중립주의'가 마르크스-레닌주의의 청결성을 더럽혔다고 맹렬히 비난했다. 이효순은 소련의 세력이 공산국가의 공동 운명을 보장하는 데 결정적인 요소이기 때문에 "쏘련을 옹호하지 않고 쏘련의 리익과 배치되어 공산주의를 위해 투쟁할 수 없다"고까지 주장했다.[152] 그리고 1957년 7월 말렌코프, 카가노비치Kaganovich, 몰로토프 등의 숙청이 발표되자 조선노동당의 공식 기관지들은 이 사건이 소련공산당 내의 종파 활동을 극복한 것으로 당의 단결을 더욱 굳게 할 것이며, 조선노동당이 박창옥·최창익 일파를 숙청한 것과 동일한 의미를 지니는 것이라고 찬양했다(이러한 억지에는 김일성 일파도 아마 속으로 웃었을 것이다).

소련의 지도부와 정책에 대한 북한의 확고한 지지는 1958년의 대만해협 위기 때도 계속되었다. 그러나 1958년이 저물어갈 무렵에는 중·소관계의 악화와 관련해 새로운 변화의 조짐이 나타나기 시작했다. 북한의 언론은 흐루시초프와 마오쩌둥이 서명한 공동성명을 긍정적인 입장에서 소개하면서, 이 성명이 사회주의 진영의 단결과 유대 강화를 강조했고 따라서 제국주의자들에게는 엄중한 경고로 받아들여졌을 것이라고 주장했다. 그러나 1958년 겨울 북한은 갑작스러운 태도 변화를 일으키기 시작했는데, 이는 중국이 흐루시초프와 그의 정책에 대해 점차 실망하기 시작한 것과 관련이 있음이 분명하다. 김일성은 이 문제를 상의해보기 위해 고위 대표단을 이끌고 11월에서 12월까지 베이징과 하노이를 방문했다. 이 여행은 흐루시초프의 정책에 대한 지지에

---

152 리효순, 「위대한 10월의 기치는 조선 인민의 투쟁을 고무하고 있다」, 『근로자』, 1957년 8월 25일자. 이효순은 극단적으로 "쏘련을 중심으로 한 사회주의 진영의 위력의 부단한 강화, 이것은 우리나라 북반부에서 사회주의 건설과 조국의 평화적 통일을 위한 사업에서 우리 승리의 중요한 담보로 된다"고 주장했다.

서 180도 전환한 것으로, 북한 외교정책상의 중요한 전환점이 되었다.

따라서 이 시기가 저물어갈 무렵 북한 지도자들은 국제 공산주의의 상황에 대해 다시금 괴로운 재평가를 내려야 했다. 이러한 재평가가 베이징 당국에 의해 강력히 추진되었다는 점은 두말할 필요도 없다. 제20차 대회 이후 김일성과 그의 정부는 미증유의 난국을 타개해나가는 데 베이징 당국이 길잡이가 돼주기를 바라고 있었다. 스탈린에 대한 노선을 확립한 것도 중국 지도자들의 논설이었으며, 중국의 대 헝가리 정책과 상황분석은 1956년 말 북한의 정책당국자들에 의해 받아들여졌다. 1957년에서 1958년 초까지의 미묘했던 몇 달 동안 그리고 1958년 가을 위기가 발생했을 때 북한이 소련에 대해 보인 지지의 정도는 중국의 소련에 대한 태도를 그대로 반영한 것이었다.[153] 그러나 김일성이 과거 소련과 맺었던 관계를 중국과의 사이에서도 되풀이하려 했다고 생각한다면 이는 큰 오산이 될 것이다. 조선노동당을 괴롭혔던 최근의 심각한 내분의 결과, 김일성은 그 어느 때보다도 강력히 중국과 소련 '양쪽'의 영향력을 북한 '내부'에서 감소시키고자 하고 있었음이 틀림없다. 이런 맥락에서 김일성은 1956년의 중국군 철수로 한시름을 덜 수 있었고, 중국에 대한 자신의 위치를 개선할 수 있었다. 마오쩌둥이 김일성에게 1956년 8월 전원회의 직후 북한의 내정에 개입한 것에 대해 개인적으로 사과했다는 것이 사실인지 아닌지는 확실치 않다. 다만 당시 중국이 평양에 대해 '강대국 쇼비니즘'을 과시하지 않으려고 세심한 주의를 기울이고 있었던 것만은 명백한 사실이다.

어쨌든 김일성이 친 중국 노선으로 전환하게 된 결정적 요인은 그 자신의 이해관계에 기인한 것이었다. 북한 공산주의자들이 초기에 흐루시초프의 정책을 찬양했다고 해도—아마도 습관적으로 찬양했거나 단지 전술적인 이유

---

153 이 시기에 대한 상세한 설명은 다음을 참조하라. Donald S. Zagoria, *The Sino-Soviet Conflict 1956~1961*, Princeton(1962)을 보라. 특히 제6장과 제7장, 172~221쪽.

에서 찬양했겠지만— 김일성과 그의 지지자들은 흐루시초프주의가 기본적으로 자신들의 욕망이나 필요와 양립할 수 없다는 사실을 깨달았다. 이들은 미국에 강력히 맞서 미국을 수세로 몰아붙이는 정책을 원하고 있었다. 이 무렵 북한 외교정책의 기본 관심사는 중국의 동지들과 마찬가지로 조국을 공산주의적 방식으로 통일하고, 미국을 아시아에서 몰아내는 것이었다. 이러한 기본적인 욕구는 미·소 화해에 의해서는 아무런 도움도 받을 수 없는 것이었다. 북한이나 중국이 소련의 지도력이나 정책으로부터 멀어진 기본적 이유는 바로 여기에 있다.

제 8 장

유일체제의 형성

1970년 11월 2일 조선노동당 제5차 대회에서 연설을 하기 위해 충성스러운 당원들 앞에 선 김일성의 속마음은 그의 낙관적인 언사와 달리 여러 가지 복잡한 감정으로 가득 차 있었을 것이다. 김일성의 입장에서 볼 때 모든 일은 잘 되어가고 있었다. 지난 10여 년간 당을 완전히 장악한 그는 별다른 도전을 받지 않고 최고지도자로 군림해왔다. 사실상 이 시기는 북한의 스탈린주의 시대라고 부를 만했다.

그동안 북한에서는 새로운 세대가 자라고 있었다. 이들은 어느 모로 보나 '수령'을 절대적으로 추종하고, '사회주의적 애국심'으로 단련되어 있었으며, 조국을 위해 오랜 희생을 감수하도록 교육받은 세대였다. 이들 젊은 세대의 두드러진 특징은 수령에 대한 열렬한 충성심에 기초를 둔 전투적 민족주의로 무장되어 있다는 점이다. 이러한 사실은 정치 분야뿐 아니라 군사 분야에서도 결코 간과할 수 없는 중요성을 갖는다. 김일성은 자신이 어떠한 명령을 내리든 자신의 군대가 모든 고난을 무릅쓰고 주어진 임무를 충실히 수행해나갈 것이라고 자신했다.

더구나 국제 관계 면에서도 서로 으르렁거리는 두 공산대국 사이에 낀 김일성이 다스리는 작은 나라는 어느 한 편에도 예속되지 않고 난국을 헤쳐나올 수 있었다. 실상 김일성과 그의 노동당은 소련과 중국 사이를 아슬아슬하게 오가면서 일정한 독자성과 '중립성'을 확보해왔다. 그러나 이러한 위치는 불안하기 그지없었다. 모든 주민에게 '주체사상'의 지도를 받으라는 가르침이 떨어지는 동안에도 북한의 성격 그 자체 때문에 정치적·경제적·군사적 예속성은 결코 사라지지 않았다. 그러나 소련 군정 이후로 북한과 김일성이 상당한 독자성을 획득한 것만은 틀림없는 사실이다.

경제 분야, 특히 공업 생산 부문의 성장을 나타내는 지수들을 볼 때 김일성은 대단한 자부심을 느낄 수 있었을 것이다. 물론 이러한 성과를 거두기까지 김일성은 너무나도 큰 대가를 치러야 했고, 그 실제 성과조차도 공식 통계에 나타난 것만큼 극적인 것은 아니었다. 그럼에도 1970년의 경우 북한은 급속한 경제성장을 이룩했고, 특히 중공업 부문에서 거둔 성과는 괄목할 만한 것이었다. 게다가 비교적 잘 훈련된 기술자와 관리자 집단이 공업시대에 돌입한 북한의 새로운 중요한 계급인 '신지식층'으로 떠올랐다.

오늘날의 북한은 결코 소박한 농업 사회가 아니다. 그렇다고 해서 북한을 (공산주의자들이 때때로 주장하는 것처럼) '선진적인' 또는 '진보적인' 공업-농업국가라고 부를 수도 없다. 북한의 성격을 좀더 정확히 꼬집어 말한다면, 기복이 무척 심하지만 급속한 성장과 기술발전을 이룩하고 있는 공업-농업국가로서, 아직은 여러 방면에서 '후진적'이고 가난하지만 대체로 급속한 경제적 근대화를 이룩한 나라라고 할 수 있다.

그러나 앞서 이미 조선노동당이 거둔 성과에 대해 몇 가지 '부정적' 요소들을 지적한 바 있다. 앞으로 살펴보겠지만 북한 지도자들은 1960년대를 통해 정치적으로나 경제적으로나 좌절과 근심에서 벗어나지 못했다. 1960년대에 접어들면서 김일성은 북한 주민에게 가까운 장래에 쌀밥을 배불리 먹고, 비단옷을 입으며, 새로 지은 좋은 집에서 살게 될 것이라고 약속했다. 그러나 1960년대가 다 지나도록 대부분의 북한 주민들은 사치품은 말할 것도 없고 생활필수품조차 넉넉하지 않은 가난한 생활을 면치 못했다. 그나마도 이 같은 최소한의 생활을 유지하기 위해 일반 주민은 극도의 긴장감 속에서 혹독한 중노동에 시달려야 했다. 1970년대가 가까워지면서 일반 주민들에게 '안락한 생활'은 점점 멀어져가는 꿈이 되어버리고 말았다.

1960년대 국민총생산이 크게 늘어나긴 했지만 이것은 당 지도자들의 기대 수준에는 훨씬 못 미치는 것이었다. 이러한 경제적 좌절의 원인에 대해서는 뒤에서 자세히 살펴보기로 하고, 여기서는 1960년대의 북한 공산주의자들 역시 앞서 소련이 겪었던 것처럼 경제성장이 벽에 부딪히는 사태에 직면하게 되었다는 점만을 지적하기로 하겠다. 이러한 어려움은 '자급자족' 체제의 결함이나 과도한 국방비를 지출해야 하는 상태에서 투자 증대의 어려움 또는 스타하노프식 방법에 오랫동안 의존한 데 기인한 것이었지만 근본적으로는 공산주의식 경제관리 체제 그 자체에서 비롯된 것이었다. 그런 의미에서 제5차 당 대회가 개최된 시점은 7개년계획의 '성공적 완수'를 과시하기 위해 선택된 것이기도 하지만, 김일성이나 다른 사람들의 연설에서 볼 때 경제 문제에 대한 초조감을 반영한 것이기도 했다. 이런 초조감은 그 무렵 남한이 거둔 중요한 경제성장의 징표와 비교되면서 더욱 두드러지게 나타났다.

정치적인 면에서도 김일성은 심각한 좌절에 빠져 있었다. '남조선 해방'이라는 최우선의 과제는 공산주의자들의 기준에서 볼 때 이루어질 조짐조차 보이지 않았다. 사실상 상황은 극도로 악화되어 김일성은 '남조선 해방'의 중요한 사명을 담당했던 몇몇 사람에게 실패의 책임을 물어 직위를 박탈해야 했다. 이와 같이 이 시기의 가장 중요한 목표 중 하나는 미완의 상태로 남아 있었고, 새로운 1970년대에 접어들면서 해결의 전망은 더욱 아득해져갔다.

국제 정세 역시 1961년의 조선노동당 제4차 대회 당시에 기대했던 것처럼 낙관적인 것도 아니었다. 그 당시 활발하게 전개된 공산주의자들의 통일전선 운동은 비서구 사회에서 유엔의 주도로 불안하게 유지되고 있던 국제 질서를 대체할 수 있을 것처럼 보였으며, 김일성을 포함한 20세기 후반의 아시아 공산주의 지도자들이 갈망해온 '영구 혁명'을 위한 여건도 조성될 수 있을 것처럼 보였다. 그러나 조선노동당 제5차 대회가 개막될 무렵에는 공산 진영 자체가 심각한 내분에 빠져 있었다. 아시아, 아프리카, 라틴아메리카에서 공산주의자들의 위치도 그 전 시기와 비교해 눈에 띄게 격하되어 있었다. 국제 사회에서 북한의 위치 역시 조금씩 변화하고 있음이 분명했다. 자신의 이데올로기를 고수하면서 이러한 국가들과의 동맹을 간절히 바랐던 북한은 국제 사회에서 크게 고립되어 있었다.

따라서 제5차 대회에서 시종일관 난무했던 과장된 언사에도 불구하고 북한이 이룩한 성과는 공산주의자들의 관점에서 보더라도 상당히 복잡했다. 이제 1959년 이후의 주요한 흐름을 분석하고, 앞으로의 이론적 가설을 세우기 위한 기초로서 이 흥미로운 시기의 세부적인 문제들을 살펴보기로 하겠다.

1. 유일체제 형성의 정치학

1950년대 북한 정치의 가장 두드러진 특징은 일개인이 정권을 장악한 독재정치라는 점이었다. 그러나 이 독재정치는 동원체제를 갖추기 위해 대중 조직전술을 채택한 것으로, 전통적인 독재정치가 아니라 현대적인 의미의 독재정치였다. 지도자와 당은 이들 주위에 형성된 정교한 제도적 장치임에도 적어도 개념상으로는 분리된 것이었다. 그러나 이러한 사실은 장기적인 측면에서 볼 때 아주 중요했다. 김일성은 곧 당이며, 당은 모든 면에서 사실상의 국가라고 할 수 있었다.

1959년 초까지 김일성은 옛 파벌의 지도자들을 대부분 제거해버렸다. 한국 공산주의운동사에서 1920년대 초반에 시작된 시대는 완전히 종언을 고한 것이다. 국내파, 연안파, 소련파의 주요 지도자들은 처형당하거나 투옥되거나, 국영 집단농장의 노동자로 전락해버렸다. 이제는 오직 하나의 파벌, 김일성파만이 존재할 뿐이었다. 소련공산당 제20차 대회 이후 김일성파 스스로 집체적 지도의 원리를 강력히 고취했음에도 김일성에 대한 개인숭배는 걷잡을 수 없이 나아갔다.

독재정치를 향해가는 일반적 조류에도 불구하고 농촌에 협동조합이 조직된 1958년 이후로 지방당 조직구조에 관한 관심이 새롭게 고조되었다. 1960년 2월의 새로운 지침은 이러한 상황에서 내려진 것이었다. 김일성은 이 새로운 지침을 최초로 제시하기 위한 정치적 수단으로 평양에서 서쪽으로 10여 킬로미터 떨어진 평양남도 강서군江西郡 청산리靑山里에서 몸소 '현지 지도'를 실시했다. 김일성은 중앙당 선전선동부부장 등 일단의 고위 당 간부를 대동하고 이 마을로 내려갔다. 여기서 김일성은 농업협동조합의 지도자들이 농사와 경영에 대한 구체적 지식과 계획을 갖추지 못하고 있고, 경작기술은 전적으로 부적합해 인력과 자원과 자금을 낭비하고 있으며, 작업반이 너무 많아서 대부분 별로 중요하지 않은 일을 함으로써 전체 생산성을 저하시키고 있다는 사실을 발견했다. 또한 그는 리里 수준의 당 단체들이 농업협동조합을 효율적으로 지도하지 못했다는 사실도 발견했다.[1]

이러한 결점은 명백히 관리체제와 생산체제를 급격하게 바꾼 데서 기인한 것이었다. 그러나 지도자의 입장에서 용납할 수 없었던 점은 우월한 지식과 기술을 지닌 군당郡黨 간부들이 책상에만 앉아서 문서로 명령을 내리거나 통계의 제출을 요구하는 행위였다. 농사에 대해 아무런 지식도 갖추지 못한 사람들이 어떻게 계획을 세울 수 있단 말인가? 전문기술자를 갖지 못한 농업협동조합이 어떻게 특별한 기술을 요하는 과업을 성공적으로 수행할 수 있단 말인가? 분명한 결론은 군당 간부들이 아래로 내려가서 농민들과 직접 대화해야 한다는 것이었다. 하급 간부들의 의견을 취합한 뒤에야 군당 간부들은 그들이 수행할 계획을 수립할 수 있는 것이었다. 군당 조직은 중앙당과 개개 마을을 연결하는 체제에서 핵심적인 연결고리가 되어야 했다. 2월 18일의 강서군당위원회 전원회의에서 한 연설과 2월 23일의 당 중앙위 상무위원회 확대회의의 연설에서 김일성은 군당조직이 하부 당 조직을 '직접 지도'해야 한다는 지시를 내렸다. 김일성에 따르면 군당위원회는 지방에 대한 정치·경제공작의 최종적 지도기관이 되어야 한다는 것이었다.[2]

---

1 1960년 2월 8일 청산리 당 총회에서 행한 김일성의 연설 제목은 「사회주의적 농촌경리의 정확한 운영을 위하여」로, 『김일성 저작선집』, 제2권, 평양, 1968, 446~479쪽에 실려 있다.

그 당시 북한에는 173개의 군郡이 있었다. 당은 군당단체들이 현재의 규모와 활용 가능한 동원된 간부를 통해 중앙당의 정책을 인민들에게 전달하고 감독하는 집체적 지도기관이 되어야 한다고 결정했다. 이 무렵 북한 측의 문건에서 중국의 경험을 직접 언급한 것은 거의 없었지만, 이런 결정이 중국에서 인민공사 체제가 확립된 직후에 내려졌다는 사실은 중요한 의미를 갖는다.

이른바 청산리방법은 기본적으로 지방당 간부들에게 정치적-이데올로기적 능력과 전문기술을 갖출 것을 요구하는 것이었다. 지방당 간부들의 정치력은 대중이 당의 지시를 충실하게 준수하고 정치와 경제 분야 전반에 걸친 당의 모든 정책을 '열렬히' 수행하도록 하는 유일한 수단이었다는 점에서 끊임없이 강조되었다. 무엇보다도 당 간부들은 이념적으로 투철해야 했다. 그러나 이 사업이 성공을 거두려면 간부들은 자신이 맡은 사업체를 올바르게 지도할 수 있는 전문지식을 배양해야 했다. 이로써 당의 목표는 홍紅과 전專을 동시에 추구하는 것이 되었다. 여기서 같은 시기의 중국 공산주의가 강조하던 주제들이 다시금 뚜렷하게 부각되었다.

강서군당위원회 전원회의에서 행한 연설에서, 그리고 1960년대 전 기간에 걸쳐 김일성은 관료들의 고질적 병폐인 '관료주의, 형식주의, 명령주의'의 사업 작풍을 비난했다. 김일성에 따르면 청산리방법은 사무실을 뛰쳐나와 현지로 가서 실제 상황을 관찰한 뒤 모든 문제를 해결할 수 있는 알기 쉬운 계획을 수립하는 것이었다. 김일성은 계획을 세우는 것이 가장 기본적인 일임을 강조하면서 정치 분야에서든 경제 분야에서든 주먹구구식 방법은 사라져야 한다고 주장했다. 지방 당 단체들이 현재의 상황을 정확하게 분석하고, 가장 긴요한 일을 가장 먼저 처리하고, 적절한 시기와 적절한 장소에 역량을 집중

---

2 강서군당위원회 전원회의에서 한 연설은 다음을 살펴보라. 「새 환경에 맞게 군당단체의 사업방법을 개선할 데 대하여」, 앞의 책, 480~504쪽. 중앙위 상무위원회 확대회의에서 한 연설은 다음을 살펴보라. 「강서군당 사업 지도에서 얻은 교훈에 대하여」, 같은 책, 505~542쪽.

해야 한다는 것이다.

더구나 당의 지도력이 성공적으로 발휘되려면 군중 노선을 따르는 것이 필수적인 일이었다. 군중 노선은 대중을 당 정책이 입안되고 시행되며 확산되는 전 과정에 참여하도록 함으로써 당과 대중을 결합하는 것을 의미했다. 김일성 등 당 지도자들은 군중 노선의 '민주적'인 면을 강조할 때면 대중으로부터 배우고, 대중의 목소리를 귀담아들으며, 대중의 요구에 주의를 기울이는 일의 중요성을 강조했다. 이들은 당에 대한 군중 노선의 효용성을 강조할 때마다 대중이 어떤 이유로 시행착오가 발생하는가를 알게 하고, 대중이 정책결정 과정에 공감하게 함으로써 책임감을 부여해 대중에게 당과 수령의 의도를 '명확하게 이해'시키는 데 주안점을 두었다. 여기서 중국의 분위기와의 유사점이 다시 한번 발견된다.

강서군당위원회 전원회의가 있은 지 몇 달 후 북한 지도자들의 기대를 한껏 부풀린 놀라운 사건이 남한에서 일어났다. 대규모 학생봉기의 거센 도전을 받은 이승만 정권이 1960년 4월 마침내 붕괴한 것이다. 공산주의자들 모두가 그토록 싫어하던 적이 드디어 권좌에서 쫓겨났다. 당연히 당 기관지들은 이승만의 축출을 둘러싼 상황을 자신들의 독특한 설명방식을 통해 대대적으로 선전했다. 이 같은 광풍이 지나고 나자 그들은 새로운 정당 사회단체 대표자 연석회의를 비롯해 통일을 위한 일련의 제안을 내놓는 데 주력했다.[3] 그러나 얼마 지나지 않아 허정許政 과도정부는 그 뒤를 이은 장면張勉 정부와 마찬가지로 "미 제국주의를 지지하는 또 다른 괴뢰 정권"이라는 비난을 공산주의자들로부터 받게 되었다.

1960년 8월 14일 8·15해방 15주년 경축대회에서 행한 연설에서 김일성은 새로운 장면 정부가 "이승만 통치와 똑같은 파쇼테러 통치"를 하고 있음을

---

3 남한 민중과 남한의 새 정부에 대해 북한이 제안한 자세한 내용에 대해서는 다음 자료를 살펴보라. 『로동신문』, 1960년 4월 22일자와 4월 28일자의 1면.

비난했다. 그는 아직도 "미 제국주의자들의 남조선 강점이 계속되고" 있으며, 오직 공산주의자들만이 조국을 통일해 모든 문제를 해결함으로써 위기를 종식시킬 수 있다고 주장했다. 김일성은 이어 "남조선이 다 공산주의화될까 두려워"하는 남한 정부 당국의 "두려움을 경감"시키기 위해 남북 조선의 연방제를 제의했다.[4]

당시의 사태 진전은 공산주의자들이 4월 학생봉기와 그 이후 일련의 상황에 제대로 대처하지 못했으며, 남한을 엄습한 정치적 혼란을 거의 이용할 수 없었음을 보여준다. 한 가지 예로 남한에서 일어난 사건 중에 공산주의자들이 부추겨 일어난 것은 하나도 없었고, 이승만의 축출 직후 공산주의 세포나 전위단체가 생겨났다는 증거도 전혀 찾아볼 수 없었다. 이 모든 사실은 한국전쟁 이후 남한 내에서 공산주의자들의 몰락을 웅변으로 보여준다. 사라진 좋은 기회를 아쉬워하던 김일성은 곧 극적인 정책 전환을 지시하게 되었다.

한편 평양 당국의 관심은 경제 문제에 집중되었다. 새로운 청산리방법은 정치적 조직과 경제적 생산성을 다 같이 높여주는 수단으로 끊임없는 주목을 받았다. 8·15해방 15주년 기념일 무렵이 되자 천리마의 그림과 생산 목표 통계가 전국 각처에 나붙었다. 커다란 게시판에 나붙은 천리마 그림이나 생산 도표들은 도시 중심가에 내걸린 김일성과 흐루시초프의 초대형 초상화와 함께 위용을 뽐냈다. 또한 8·15해방 경축식과 관련해 형기 10년 이하의 모든 형사범에게 특사가 내려졌으며, 형기 10년 이상의 죄수들은 형량이 3분의 1로 단축되었다. 더구나 모든 전과자에게도 사면이 내려져 선거권이 회복되었다. 그러나 이러한 대사령大赦令으로 혜택을 받은 사람의 숫자가 실제로 얼마나 되었는지는 밝혀지지 않았다.[5]

---

4 1960년 8월 14일 김일성이 행한 연설의 전문은 다음에 실려 있다. 『근로자』, 1960년 8월호, 3~28쪽.

5 1960년 8월 9일에 내려진 이 대사령은 『로동신문』, 8월 10일자에 실려 있다. 해방 20주년이 된 1965년에도 이와 유사한 특사령이 내려졌다.

이 무렵 북한 정권은 그 어느 때보다 자신들의 업적에 자부심을 갖고 있었다. 국내적으로 정치적 안정을 되찾은 북한 정권은 지난 수년간의 정치적 위기 중에 숙청된 사람들 가운데 정치적 비중이 덜한 사람들에게 관용을 베풀 수 있었다. 그러나 한국 공산주의의 역사가 대대적으로 수정된 것도 바로 이 시기였다.[6] 그 이후로 김일성은 실로 조선 공산주의운동의 과거와 현재, 미래

---

6 이 같은 새로운 노력의 두 가지 대표적인 예는 조선노동당 창건 15주년 기념일(1960년 10월)에 행한 박금철의 보고와 『근로자』, 1961년 4월호에 실린 림춘추의 논문이다. 박금철의 분석은 대체로 아래와 같이 요약할 수 있다.

1925년의 조선공산당 창건은 "장성하는 노동운동과 민족해방투쟁의 요구를 반영한" 것이었다. 그러나 당의 상층부를 구성한 "소부르조아 인텔리의 동요성과 계속되는 파쟁"으로 말미암아 공산당은 "대중 속에 뿌리를 박지 못하였으며", 결국 일제의 가혹한 탄압을 이겨내지 못하고 1928년 해산되고 말았다.

바로 이 시기에 기회주의자들은 운동을 망쳐놓았지만 '김일성 동지'의 지도하에 새로운 공산주의 세력이 등장했다. 바로 이들에 의해 우리나라 혁명운동에서 처음으로 맑스-레닌주의 원칙들이 조선 혁명의 구체적인 실천에 창조적으로 적용되어 정확한 혁명 노선이 확립되었으며, 김일성의 지도하에 일본 제국주의에 대한 민족해방운동은 새로운 더욱 높은 단계—항일무장투쟁으로 한 단계 높게 고양되었다. 여러 가지 어려운 상황과 적의 강고한 탄압에도 굴하지 않고 15년간 투쟁을 계속한 유격대는 마침내 모든 시련을 뚫고 승리를 거두었다. 이리하여 제2차 세계대전이 끝나갈 무렵 김일성 동지가 영도하는 잘 조직되고 훈련된 공산주의자의 핵심 세력이 혁명운동의 경험 속에 형성된 것이다. 조선 공산주의운동의 찬란한 혁명 전통은 이렇게 해서 수립되었다.

그러나 해방으로 모든 일이 잘 풀려나간 것은 아니었다. 여러 종파주의자가 당 지도부로 기어들어 온 것이다. 하지만 김일성 동지의 영도하에 당은 맑스-레닌주의의 원칙에 충실한 입장을 견지하면서 이를 조선의 현실에 창조적으로 적용했고, 대중과의 연결에 가장 큰 주안점을 두었다(박금철, 「조선로동당 창건 15주년 경축대회에서 한 조선로동당 중앙위원회 부위원장 박금철 동지의 보고」, 『근로자』, 1960년 10월 15일자, 2~16쪽).

림춘추는 그의 논문에서 1940년 4월을 "감개무량한 심정"으로 회상하면서 1938년 가을에서 1940년 3월 사이에 김일성 장군이 영도하는 조선인민혁명군이 일제에 극심한 타격을 가하자 일본 제국주의자들은 대군을 동원해 "아군을 소탕"해보려고 발악했다고 썼다. 림춘추는 "이 시기 놈들은 조선 두만강 접경지대와 안도현安圖縣, 화룡현和龍縣 등 지대에 수천수만의 정예군과 경찰대까지 동원하여 각 집단부락과 산림지대에 장기 주둔시키고 밤낮으로 미칠 듯이 수색하면서 아군을 포위·추격하였고 정찰기까지 동원하여 우리의 종적을 찾으려고 매일같이 발악하였다"고 술회했다. 이러한 일본군의 집요한 추격에 부닥친 무장 유격대가 겪어야 했던 곤란은 한두 가지가 아니었다. 유격대는 적의 포위망을 벗어나기 위해 매일매일 눈 덮인 산을 넘거나 깊은 수풀을 헤쳐가며 행군하면서 적과 싸워야 했다. 식량은 동이 난 지 오래였고 많은 동지는 병이 들기 시작했다. 그럼에도 "우리의 경애하는 사령관이며 어버이이신 김일성 장군의 육친적인 사랑"에 고무되어 무장 유격대는 모든 고난을 뚫고 승리의 행진을 계속할 수 있었다.

에 관한 유일한 준거 기준이자 모든 지혜와 진실의 원천이 되었다. 그러나 김일성에 대한 꾸준한 개인숭배가 당내 모든 부분에서의 집체적 지도에 대한 요구와 상반되는 것은 아니었다. 김일성은 절대군주의 전통 속에서 당과 국가위에 군림하게 되었다. 이제 수령과 당, 수령과 국가, 수령과 사회의 재통일문제가 앞으로 풀어야 할 과제로 부각된 것이다.

2. 조선노동당 제4차 대회

당시의 정치적·경제적 상황은 당 대회의 손쉬운 개최를 보장해주었다. 김일성과 그의 지지자들은 이미 국가와 모든 당 조직에 대해 확고한 통제력을 장악했다. 5개년계획은 예정을 앞당겨 성공적으로 완수되었고 새로운 7개년계획에 대한 준비도 이루어졌다. 1961년 9월 11일의 조선노동당 제4차 대회는바로 이러한 여건에서 개최되었다. 이 대회는 참석한 대의원 수만 해도 무려1,157명이며, 32개국에서 보낸 외국 사절단에는 프롤 코즐로프Frol Kozlov,덩샤오핑鄧小平, 캉성 등 거물도 포함되어 있었다. 대회 조직위원회의 보고에따르면 대의원의 57퍼센트가 '노동자', 4.1퍼센트는 '혁명가나 군인'이었고,27.3퍼센트는 '농민'이었으며, 11.6퍼센트는 '사무원'(학생 포함)이었다.

림춘추에 따르면 김일성은 뛰어난 용기와 놀라운 동지애를 갖췄을 뿐 아니라 탁월한 정치적 슬기도발휘했다. 림춘추는 4월 중순 삼림지대에 도착한 유격대가 열흘간 휴식을 취했다고 기록했다. 그동안 김일성은 군·정·당 간부들을 모아놓고 이들에게 "당시의 군사·정치 정세를 상세히 분석하시고그에 대처한 전략전술적 방침에 대해 명백한 방향을 제시"했다(림춘추, 「20만 리 장정─1940년 4월을 회상하며」, 『근로자』, 1961년 4월 15일자). 1리里는 0.4킬로미터이므로 20만 리는 무려 8만 킬로미터나 된다! 이러한 수치가 믿기지 않아서 우리는 유격대의 이동 경로를 살펴보았다. 아마도 북한 당국의 고민은 조선판 장정長征을 중국의 장정을 능가하는 것으로 묘사해야 한다는 데 있었을 것이다. 어쨌든 중국에 대한 이와 같은 대비는 그냥 흘려버리기엔 너무나 뚜렷한 것으로, 김일성 시대에 맞는 공산주의적 전통을 세워놓기 위한 여러 형태의 과장 중 단적인 한 예라고 할 것이다.

이 대회에서 행한 김일성의 사업총화 보고는 인민에게 엄청난 희생을 강요해 국가발전에서 상당한 성공을 거두고, 정적들을 일소하여 정치적 안정을 이룬 지도자로서 새로운 자신감에 가득 차 있었다. 그가 가장 먼저 그리고 가장 많이 강조한 것은 경제발전이었다.

도시와 농촌에서 사회주의적 개조를 완성하고 사회주의의 기초를 건설할 데 대한 역사적 혁명 과업은 승리적으로 완수되었습니다. 당의 영도 밑에 우리 인민도 모든 난관을 극복하고 천리마의 대진군을 계속하여 사회주의 건설에서 첫 고지를 점령하였으며 공화국 북반부의 혁명적 민주기지를 철옹성같이 꾸려놓았습니다.[7]

김일성이 행한 보고의 경제적 측면에 대해서는 다음에 검토해볼 기회를 가질 수 있을 것이다. 여기서는 김일성이 자신의 경제정책에 대한 비판을 몇 마디 경멸적 언사로 일축해버리고 세 가지 기본적 목표를 강조했다는 점만을 지적하고자 한다. 이 세 가지 기본 목표는 첫째 공업생산성의 급속한 발전, 둘째 소비재를 생산하는 중소 규모 종합공장의 전국적 건설, 셋째 농업 부문의 세 가지 주요 과제인 수리화水利化, 전기화, 기계화의 획기적 달성에 따른 농업생산성의 증가 등이었다.

경제 부문에 대한 김일성의 보고 내용은 허황된 낙관론으로 일관되어 있었다. 김일성은 "식량 문제를 기본적으로 해결했다"고 공언했다. 그는 이러한 호언장담에 뒤이어 "자립적인 현대적 공업"의 기초가 이미 수립되었으며,

---

7   김일성, *Report of the Central Committee of the Workers' Party of Korea to the Fourth Congress*, 1961년 9월 11일, *Documents of the Fourth Congress of the Workers' Party of Korea*, 평양, 1961. 한국어판으로는 다음을 참조하라. 『김일성 저작선집』, 제3권, 66~203쪽(이하 제4차 대회에 관한 문헌과 토론은 국토통일원, 『조선노동당대회자료집』, 제2집, 1980에서 인용했다―옮긴이).

몇 년 내에 인민들의 생활수준이 극적으로 향상될 것이라고 주장했다. 게다가 김일성은 농업이 놀라운 속도로 현대화되고 있으며, 그에 따라 농촌-도시 간의 격차에서 비롯된 수많은 문제가 해결되고 있는 중이라고 강변했다. 노동자와 농민은 이제 곧 똑같은 기술 수준에 이르게 되리라는 것이었다.

그러나 경제 부문에 관한 보고에서조차 김일성의 주된 관심은 '정치'에 집중되어 있었다. 그는 "사회주의하에서 노동에 대한 정치도덕적 자극은 반드시 물질적 자극에 의하여 뒷받침" 되어야 하며 "노동의 질과 양에 의한 분배는 사회주의 사회의 객관적 법칙" 이라고 강조했다. 또한 전문기술은 극히 중요한 것으로, 과학자와 기술자들의 역할은 경제계획의 성패를 가름하는 데 가장 중요한 것이었다. 그럼에도 김일성은 "당 사업의 제1차적 임무"는 대중의 정치적·이데올로기적 의식을 개발하고, 대중에게 조국과 인민을 위한 희생정신 속에 당과 혁명을 위해 충실히 봉사하도록 "모든 사람을 교양·개조하여 당 주위에 더욱 굳게 단결시키는" 데 있다고 지적했다. 당의 유일사상 체계로 무장하고, "사회주의적 애국심"에 의해 부단한 자극을 받으며, 선진적인 전문기술을 갖춘 새로운 공산주의적 인간형(김일성이 기대하는 바의 인간형)들은 이념과 과학—당에 대한 충실성과 더욱 높은 생산성을 위한 과학—을 결합시켜야 했다.

원리와 경험의 양면에서 기술[專]을 갖추는 것보다 이념[紅]을 갖추는 게 더 중요한 것임을 가르쳤음에도 김일성은 자신이 이 두 가지를 분리 가능한 것이라고 생각하지 않는다는 사실을 분명히 했다. 그러나 전문가계급의 기원에 관한 문제점은 결코 간과되지 않았다. 김일성은 "우리는 특정한 사람들만이 과학과 기술을 발전시킬 수 있다는 그릇된 관념을 철저히 타파" 했다고 공언했다. 과거에는 노동자와 농민의 창의력과 진취성을 얕잡아보는 경향이 있었지만 이제는 과학자, 기술자, 노동자, 농민이 긴밀히 협조해 함께 일해야 한다는 것이었다.

이러한 방식으로 김일성은 대부분 지주계급 출신인 '낡은 인텔리들'을 빗

대어 공격하면서 노동자-농민 출신으로 전문기술을 갖춘 새로운 지식계급의 창출을 요구했다. 이러한 요구는 그에게 북한 사회의 계급구성을 개괄해보도록 만들었다. 김일성은 북한이 이제 공업과 노동자계급이 지배적인 국가, 즉 노동자와 사무원이 총인구의 52퍼센트를 점하는 사회주의적 공업-농업국가라고 주장했다. 한편 "사회주의적 집단경리에 망라"된 농민층은 사회적으로 해방된 결과 '노동계급의 믿음직한 동맹자'가 되었다. 지식인 역시 근본적으로 변화했다. 김일성은 이렇게 말했다. "오랜(낡은-옮긴이) 인텔리들도 우리 당의 꾸준한 교양에 의하여, 또한 혁명과 건설투쟁을 통하여 사회주의적 인텔리로 개조되었으며, 이와 함께 근로 인민 속에서 새로운 인텔리들이 대대적으로 양성되었습니다. 오늘 우리의 인텔리들은 당과 노동계급의 위업에 충직하게 복무하고 있으며 사회주의 건설에서 거대한 역할을 하고 있습니다."

생산성의 증가와 아울러 북한 사회의 계급구조에 나타난 이러한 변화상은 경제적·정치적 관리체계의 개편을 요구했다. 산업이 급속히 발전하면서 중앙의 성省과 국局은 지방 공업관리기구를 강화함으로써 그 작업량을 경감시켰다. 청산리방법이 개발되고 군당조직을 중시하게 된 것도 바로 이런 이유에서였다. 김일성은 당 간부들의 관료주의와 그 밖의 결점들에 대한 불만을 늘어놓았지만, 한편으로 이러한 문제점이 대체로 치유되었다고 주장했다. 당 간부들은 이제 "군중 속으로 들어가 그들과 같이 일하면서 그들에게 당의 노선과 정책을 침투시키며 모든 문제들을 군중과 직접 토의하고 그들의 열성과 창발성을 동원하여 해결"하는 "진정으로 인민적인 사업 작풍"을 확립해가고 있다는 것이었다.

이러한 방식으로 김일성의 보고에서는 군중 노선이 계속 반복되었다. 김일성은 그의 보고의 다른 곳에서 제3차 당 대회가 있은 뒤 5년간 당의 지도방식과 사업 작풍을 강화시키기 위한 투쟁에서 극적 변화를 보게 되었다고 주장했다. 당은 대중의 요구에 적극적으로 봉사하는 동시에 당 정책을 충실히 수행할 수 있도록 대중의 무한한 역량을 끌어모으고 대중의 창의력을 자극하고

그들의 열의를 자아내기 위해 노력해왔다는 것이다.[8]

경제 문제에 대한 김일성의 확신은 정치발전을 자랑하는 그의 찬란한 보고를 통해 더욱 보강되었다. 김일성에 따르면 당은 그 어느 때보다 완벽하게 통합되어 있었다. 당원 수는 정正당원 116만 6,359명, 후보당원 14만 5,204명을 합해 131만 1,563명에 달했는데, 이 숫자는 제3차 당 대회가 개최된 1956년과 비교해 14만 6,618명이 증가한 것이었다.

김일성은 "당 대열을 질적으로 강화하는 사업"이 당 건설의 기본 과업으로 제기되었다고 주장했다. 이를 위해 노老 혁명 간부들이 노동자계급 출신 간부들과 함께 당의 확고한 핵심이 되어야 했다. 그러는 동안 "노동자·농민들 속에서 새로운 인텔리들을 대대적으로 육성"하는 한편, 구舊인텔리들은 '재교양'을 받아야 했다. 이런 식으로 노동자계급 출신의 당 간부들은 지식인 출신들과 '옳게 결합'되어야 한다는 것이었다. 김일성에 따르면 당과 국가기관 내의 노동자 출신 간부의 구성 비율은 '노 혁명간부들'과 노동자 출신 간부들이 핵심적 역할을 수행하는 가운데 1956년의 24퍼센트에서 현재 31퍼센트로 제고되었다고 한다.

김일성 외에 제4차 당 대회에서 주요 발언자로 등장한 사람은 7개년계획에 대해 장문의 보고를 한 김일과 박금철, 김창만, 이효순 등이었다. 이들의 보고 내용은 김일성의 기본 주제에서 벗어난 것이 결코 아니었으며, 때로 김일성의 말이 그대로 인용되기도 했다. 김일은 계획 목표와 우선순위를 자세히 설명하면서 7개년계획의 기본 목적과 계획의 두 단계를 상세히 밝혔다.[9] 박금철은 항일유격대의 신화를 강화하기 위해 노력했다. 그는 지난날 유격대

---

8 앞의 책, 161쪽, *Documents*(영문판), 88쪽.

9 김일, "Report on the Seven-Year Plan for the Development of the National Economy of the DPRK", 1961년 9월 16일, *Documents of the Fourth Congress of the Workers' Party of Korea*, 평양, 1961, 159~260쪽(이 보고의 한국어판은 「조선민주주의인민공화국 인민경제발전 7개년계획에 대하여」, 『로동신문』, 1961년 9월 17일자를 참고하라―옮긴이).

의 노고와 업적을 강조하면서 군중 노선에 대한 자신의 견해를 피력했다.

　　당 및 정부의 지도 간부들이 생산 현장에 내려가 대중에게 나라의 어려운 형편
　　을 알려주고, 대중과 함께 계획의 수행 방도를 토의하여 대중과 마주앉아서
　　같이 계획을 수립하며, 더 많은 예비를 동원하기 위한 대책들을 강구하였으
　　며, 전체 근로자들을 최대한의 증산과 절약을 위한 헌신적 투쟁으로 불러일으
　　켰읍니다.[10]

　　또한 박금철은 당 사업체계의 개편 목적을 되풀이해 이야기했다. 중앙당
집중 지도는 '사람들과의 사업'을 최우선시하여 하급 당 단체를 도와주어야
한다는 것이었다. 이러한 목적을 위해서는 군당郡黨을 리里에 접근시키는 것
이 필수적이고, 마찬가지로 중앙당은 도道당을 효과적으로 지도해야 하며, 도
당 역시 군당에 대해 이러한 도움을 주어야 했다.

　　김창만은 일찍이 중국 공산주의자들이 영국을 비교대상으로 삼았던 것과
마찬가지로, 일본을 능가하는 몇몇 주요 공업 생산 부문의 일인당 생산량을
자세한 통계를 들어가면서 분석했다. 당연히 그는 북한의 '대약진', 즉 천리
마운동이 크나큰 승리를 거두었다고 결론지었다. 또한 그는 이 성공을 당 생
활과 당 사업의 지배원리로서 주체사상이 이룩한 업적과 연관 지어 설명했다.

　　이효순의 연설 역시 다른 연설들처럼 '개인숭배'의 전통에 입각해 김일성
에 대한 찬가를 부르는 것이었다.[11] 이효순에게 부과된 사명은 남한 정부의 과

10　「박금철 동지의 토론」, 1961년 9월 12일, 같은 책, 216~285쪽(269쪽).

11　"김일성 동지는 맑스-레닌주의의 일반적 원리들과 명제들을 우리나라의 구체적 실정에 창조적으로
　　적용하여 우리나라에서의 사회주의 혁명과 사회주의 건설의 총로선總路線을 정확히 규정하였을 뿐
　　만 아니라, 항상 비상한 통찰력과 과학적 예견성을 가지고 복잡한 혁명발전의 매 시기와 매 계단에 적
　　응하게 우리 당의 행동 방향과 방침들을 명확히 제시하고, 그것을 완강한 투지와 혁명적 전개력으로
　　써 빛나게 구현시켰습니다." 「리효순 동지의 토론」, 1961년 9월 15일, 같은 책, 315~339쪽(317쪽).

오와 실패 그리고 일반적인 결점을 조목조목 비판하면서 동시에 남한에서 공산주의자들이 지도하는 봉기를 촉구하는 것이었다. 그는 공산주의가 조선의 장래에 행할 역할에 대해 의문의 여지를 남기지 않으면서 이렇게 주장했다.

공산주의자들의 지도 밑에 우리 조국 북반부에는 착취와 빈궁이 영원히 청산된 강력한 사회주의 국가가 건설되었읍니다. …… 조선 공산주의자들은 또한 민족 분열의 비극을 시급히 종식시키고 조국의 평화적 통일을 실현하기 위하여 인민의 선두에 서서 투쟁하고 있으며, 미국 침략자들을 철거시키기 위하여 가장 적극적으로 투쟁하고 있읍니다.[12]

제4차 당 대회의 마지막 날에는 85명의 중앙위원과 50명의 후보 중앙위원이 선출되었다. 85명의 중앙위원회 정正위원 중 단지 28명만이 1956년의 제3차 중앙위원회 위원에서 연임한 사람이었으며, 그 밖에 제3차 중앙위원회 후보위원에서 승격한 사람은 12명에 불과했다는 사실을 통해 1956년 이래로 당이 어느 정도의 격변을 겪었는가를 짐작할 수 있다. 중앙위원 중 절반에 해당하는 45명은 새로 선출된 사람이었다. 이로써 1956년 4월 제3차 당 대회에서 선출된 중앙위원 71명 중 43명이 새로운 중앙위원 명단에서 사라져버렸다. 당시의 종파투쟁이 얼마나 치열했는가를 이보다 더 잘 증명할 수는 없을 것이다. 게다가 제4차 당 대회에서 선출된 50명의 후보위원 중 제3차 후보위원에서 연임된 사람은 오직 한 명(중앙위원으로 승격된 12명은 제외)에 불과했다. 따라서 1956년 4월에 선출된 45명의 후보위원 중에서도 32명이 사라졌다.

정치위원으로 선출된 조선노동당의 주요 인물 11명을 서열에 따라 살펴보면 김일성, 최용건, 김일, 박금철, 김창만, 이효순, 박정애, 김광협, 정일룡, 남일, 이종옥 등이고 정치위원회 다섯 명의 후보위원은 김익선, 이주연, 하앙

---

12 같은 책, 336쪽.

천, 한상두, 현무광玄武光 등이다.[13] 1958년 이후 당 지도부의 변화 정도는 그다지 크지 않았지만 1956년과 비교해볼 때는 엄청난 차이가 있었다. 하위 당직의 경우엔 큰 변화가 계속되었다. 이제 주요 당직은 한국전쟁 이후에 등장한, 대체로 과거의 파벌과는 무관한 30~40대의 좀더 젊은 사람들한테로 돌아갔다. 이들은 '김일성 이후 세대'였기 때문에 개인적으로 김일성에게 충성을 바치는 사람들이었다고 생각된다.

한편 당 조직에서도 몇 가지 변화가 일어났다. 가장 중요한 변화는 최고인민회의 담당 최용건, 내각 담당 김일, 조직 담당 박금철, 선전선동 담당 김창만, 국제사업 담당 이효순 등 각 부문을 관장하는 다섯 명의 당 부위원장이 선출된 것이었다. 한편 중앙위원회 상무위원회는 정치위원회로 개칭되었으며, 조직부와 간부부는 조직지도부로 통합되었다. 이 새로운 조직지도부의 부장에는 김일성의 친동생이자 정계의 떠오르는 별인 김영주金英柱가 임명되었다.[14] 지방 수준에서는 당의 최하 기본 단위로 세포가 구성되었으며, 300명 이상의 당원이 근무하는 공장에는 구區나 군당 위원회와 동일한 권한을 가진 독자적인 공장위원회의 설치가 인가되었다.

제4차 당 대회가 개최된 시기에 북한의 정치적 상황을 돌아볼 때, 우리는 다른 모든 조건을 지배하는 상호 관련된 두 가지 사태 진전, 즉 정치적 안정과 자주적인 새 시대의 개막을 강조하지 않을 수 없다. 우리가 강조했던 것처럼

---

13 조선중앙통신사, 『조선중앙연감』, 평양, 1962, 217쪽.

14 가스미가세키카이 편, 『現代朝鮮人名辭典』, 도쿄, 1962. 이 책의 부록 23쪽(1953년 이승엽 일파의 재판에서 서기로 처음 등장한 김영주는 1961년 당 중앙위 조직지도부장으로 선출되었고, 1966년 정치위 후보위원 겸 비서국 비서를 거쳐 1969년 정치위원으로 승진했다. 이어 그는 1972년 7·4공동성명 당시 당 중앙위 조직지도부장으로 남북조절위원회 평양 측 위원장이 되었으며, 1974년 정무원 부총리가 되었다. 그러나 그는 1975년 7·4공동성명 3주년에 즈음한 성명을 발표한 이후 공식 무대에서 사라졌다. 일부에서는 그의 실각이 김정일의 세습을 위한 정지 작업으로 해방 후 소련 유학생 출신의 이른바 제2세대 테크노크라트 그룹을 숙청하는 과정에서 일어난 것으로 설명하기도 한다. 하지만 일설에 따르면 그는 김정일의 등장에 적극 협력했으며, 그가 정계에서 물러난 것은 극심한 건강 악화 때문이었다고 한다─옮긴이).

김일성과 그의 측근들은 당 대회에서 행한 주요 보고에서 강한 자신감을 피력했다. 김일성파는 정치무대에 그 모습을 드러낸 이래로 처음 자신들이 국내외의 위협에서 벗어나 있다고 자부했다. 1956년에서 1958년에 걸친 대숙청 이후 당내의 분쟁은 사라졌다. 게다가 중소 두 공산대국의 간섭은 1956년 북한사태에의 개입 실패와 격화되는 중소분쟁으로 말미암아 거의 불가능한 것처럼 보였다. 사실상 모스크바와 베이징 양쪽은 모두 북한에 대해 추파를 보내는 데 열중했다. 남한에서 일어난 사건은 이제 공산주의의 깃발 아래 통일을 이루려는 북한 지도자들의 꿈을 부추겼고, 이러한 가운데 김일성의 주체사상은 새 시대를 지배하게 되었다. "소련을 향하여 배우자!"라는 낡은 구호는 이제 "김일성 동지와 항일유격대에 의해 확립된 찬란한 혁명 전통을 계승하자"라는 보다 새롭고 긴 구호로 대치되었다.

3. 경제발전과 그 목표

북한 경제에 대해서는 이 책의 원서 2부의 제13장과 제14장에서 자세히 다루고 있다.* 여기에서는 정치적·사회적 변화상을 좀더 광범위한 흐름 속에서 이해하기 위해 경제발전의 개요를 검토해보아야 할 것이다.

1961년 9월에 개최된 제4차 당 대회는 새로운 7개년계획의 진행 중에 열렸으며, 김일성을 포함한 이 대회의 주요 보고자들은 대체로 경제발전과 경제계획의 목표에 대해 보고의 많은 부분을 할애했다. 앞서 살펴본 것처럼 북한정권은 1958~1961년의 경제발전 성과에 크게 고무되어 있었다. 대회 기간에는 극단적인 낙관론이 대회의 분위기를 지배했다. 실상 공산주의자들이 벌

---

* R. Scalapino & Lee Chong-sik, *Communism in Korea—Part II: The Society*, California, 1972, 제13장과 제14장을 참조하라.

이는 이러한 공식적인 행사에서는 습관적으로―사실은 명령에 의해―낙관론이 지배하는 것이 상례지만, 북한 공산주의자들은 이런 낙관론을 전개할 만한 충분한 근거를 갖고 있었다.

1960년 1월 중순 북한의 중앙통계국은 5개년계획이 예정 기간을 2년 반 앞당겨 지난 6월 중에 완수되었다고 공표했다.[15] 중앙통계국은 적절한 준비가 이루어진 뒤 1961년 새로운 계획이 시작될 때까지 약간의 완충 기간이 설정될 것이라고 발표했다. 김일성은 제4차 대회에서 행한 보고에서 5개년계획의 성과를 장황하게 자랑했다. 그는 1957~1960년 4년 동안에 공업 총생산액이 3.5배 증가했고, 공업 생산의 연평균 성장률은 36.6퍼센트나 되었다고 주장했다. 농업 부문에서도 수리화, 전기화, 기계화의 3대 과업은 괄목할 만큼 달성되었다. 이미 관개면적은 수리안전답화된 모든 논을 포함해 해방 전의 일곱 배나 되는 80만 정보에 달했다. 농촌의 전기화는 전 농촌의 92.1퍼센트, 전 농가의 62퍼센트에 전기가 공급될 정도로 진행되었다. 기계화는 이처럼 급속하게 이루어지지 않았지만 트랙터 1만 3,000대를 비롯해 많은 농기계가 보급될 정도로 제고되었다.

경작 면적의 증가, 비료 사용의 증대와 함께 이 같은 성과는 농업 생산량의 상당한 증대를 가져왔다. 김일성은 1960년의 알곡 생산량이 380만 3,000톤에 달했으며, 농촌은 이제 공고한 식량기지일뿐만 아니라 경공업의 원료기지로까지 발전했다고 주장했다. 그럼에도 당은 알곡 100만 톤 증산을 목표로 삼았다. 김일성은 목축, 과수 재배, 양잠 등에서도 만족할 만한 성과를 거두었다고 말했다. 김일성의 보고의 주된 내용은 "우리는 우리나라 경제건설에서 가장 어려운 문제의 하나였던 식량 문제를 이미 기본적으로 해결"[16]했다는 천

---

15 1960년 1월 16일의 국가계획위원회 중앙통계국의 발표 내용은 다음을 살펴보라. 『로동신문』, 1960년 1월 17일자, 1~2면.
16 김일성의 보고, 앞의 책, 21쪽.

편일률적인 주장의 연속이었다.

제4차 당 대회가 있기까지 북한 정부 당국은 북한 주민의 비참한 생활수준을 제고하기 위한 대책을 강구하고 있다는 발표를 되풀이했다. 1959년만 해도 배급품의 가격이 인하되었고, 각종 농업세도 인하되었으며, 임금과 봉급 수준은 1948년과 비교해 평균 43퍼센트 증가했고, 주택 문제도 상당한 진전을 보았다. 1956~1958년의 비판을 마음속 깊이 새겨둔 김일성과 그의 측근들은 정치적 불안정의 가장 중요한 잠재 요인을 해결하는 데 주력했음이 분명하다. 정부가 무엇이라고 주장하든 간에 주민들에게 강요된 희생의 정도는 정치적·이데올로기적 유인들만으로는 해결할 수 없을 정도로 심각한 것이었기에 정부는 경제적인 측면에서 주민의 생활수준을 향상시켜야 할 필요성을 절감하고 있었다. 이는 생산량의 증가, 부분적으로는 질적 개선이 직접 생산자들의 기본적인 욕구를 어느 정도 충족시켜주느냐에 달려 있었다.

앞으로 살펴보겠지만 그 당시 주민의 생활수준은 정부 당국의 주장과는 달리 지극히 낮았다. 평균적인 북한 주민들의 생활수준 개선은 기껏해야 한계 생계 수준에서 간신히 빈곤을 면할 정도로 나아간 데 지나지 않았으며, 농민들은 근근이 생활을 꾸려나갈 수 있었을 뿐이다.

김일성 자신도 제4차 당 대회에서 7개년계획의 기본 목적을 강조하면서 이 문제를 간접적으로 시인했다. 김일성에 따르면 이 계획의 기본 과업은 "승리한 사회주의제도에 의거하여 전면적 기술 재건과 문화혁명을 수행하며 인민생활을 획기적으로 향상시키는 데" 있었다.[17] 이 새로운 계획은 2단계로 구성되었다. 1961년에서 1963년까지 초기 3년의 시행 목표는 경공업, 농업, 수산업에 대한 국가투자를 늘림으로써 주민생활을 획기적으로 향상시키는 데 두어졌으며, 중공업 부문의 투자는 기본적으로 기존 중공업기지의 정비에 한정되었다. 1964~1967년의 후기 4년에는 광산, 연료, 발전소, 화학, 기계,

---

17 같은 책, 42쪽.

철강, 제철, 교통 등 중공업 부문에서 많은 공장을 건설하는 데 주안점을 두었다. 김일성은 이 기간이 끝나면 "전체 인민이 모든 면에서 유족한 생활을 할 수 있을 것"이라고 약속했다.

7개년계획은 북한 지도자들의 극단적인 낙관론을 반영한 것으로 지극히 야심만만한 것이었다. 이 계획에 따르면 공업 총생산은 기계·화학·전력·철강 등 기본 분야에서 해마다 18퍼센트씩 증가하게 되어 있었다.[18] 수산물 생산량도 계획의 마지막 해에 가서는 100만~120만 톤에 달하도록 되어 있었다. 그리고 무엇보다도 야심적 목표는 같은 기간에 알곡 총생산량을 600만~700만 톤 수준으로 올리는 것이었다.

그러면 인민 생활의 향상은 어떤 약속을 받았을까? 7개년계획은 국민소득의 2.7배 증가, 노동자와 사무원들의 실질 수입 1.7배 증가, 농민들의 실질 수입도 2배 이상 증가로 잡고 있었다. 계획 기간에 평균적인 농민의 생활은 '부유한 중농' 수준으로 제고되도록 되어 있었다. 국가의 수입은 국영기업소가 전담함으로써 세금도 '완전히 폐지'될 것이었다. 전적으로 통제되는 물가(그리고 임금)가 가장 가혹한 형태의 조세라는 사실을 인정하기를 거부한 김일성은 이렇게 말했다.

우리는 노동자·사무원들의 소득세와 농민들의 현물세를 폐지함으로써 낡은 사회의 유물인 조세제도를 종국적으로 청산하고 근로자들을 온갖 세금 부담에서 완전히 해방할 것이며, 그들의 실질 소득을 더욱 증가시키게 될 것입니다.[19]

공업과 농업 분야에서 설정된 기본 목표를 달성하려면 과학과 기술 요원의 양적·질적 증가가 절대적으로 필요했다. 1960년 8월 당 중앙위원회 확대

---

18 같은 책, 45쪽.
19 같은 책, 63쪽.

전원회의에서 행한 보고에서 김일은 당시 북한에는 1953년과 비교해 4.3배 늘어난 3만 2,214명의 '기사'와 '전문가'가 있다고 지적했다. 더구나 1959년 말 현재 '기수'技手로 일하는 사람은 6만 6,998명에 달했다. 그러나 김일은 새로운 시대의 요구에 대처하기에는 이 숫자가 너무나 미미하다고 주장했다. 따라서 7개년계획 기간에 약 18만 명의 '고급 기사 및 전문가' 그리고 46만 명의 '기수 및 중등 전문가'가 육성되어야 했다.

이러한 계획은 기술고등학교나 공업대학, 농업학교 등 직업교육기관의 급속한 팽창을 요구하는 것이었다. 김일성이나 다른 지도자들이 산학협동계획이나 노동자의 보수교육補修敎育을 강조하게 된 것은 바로 이 시기부터였다. 모든 북한노동자는 공장대학이나 자신의 기술적(그리고 정치적) 능력을 향상시킬 수 있는 교육기관에 등록해야 했다. 진정한 문화혁명은 모든 노동계급이 노동지식인이라고 간주될 수 있을 정도의 충분한 교육을 받을 때만 가능한 것이었다. 이 무렵 김창만 등의 지도자는 대부분의 기성 지식인이 '재교양'을 받았음에도 고등교육을 받은 사람들이 실제 생산 과정에 참여하는 정도가 충분하지 않다고 계속해서 불만을 토로했다. 여기서 우리는 북한의 교육제도 내에서 이미 일어나고 있는 변화의 단초뿐 아니라 앞으로 중국에 밀어닥칠 변화의 조짐까지 예견할 수 있다.[20]

---

20 『근로자』에 기고한 어느 필자는 인민경제의 중요 부문에서 기술자의 확보 비율은 35.4퍼센트에 불과하며 기계제작공업 분야의 경우에는 겨우 20.1퍼센트에 지나지 않는다고 주장했다. 그는 정규 교과 과정상의 기술교육의 필요성을 강조하면서도 모든 공장, 기업소, 농목장에서 강습이 행해져야 한다고 말했다. 또한 낡은 교육방식은 학교에서 추방되어야 하며, 교육과 생산노동, 학교와 실생활과의 연계가 더욱 강화되어야 한다고 주장했다. 이러한 방식만이 최소의 시간과 경비로 최대의 훈련 효과를 기대할 수 있었다. 그러나 그와 동시에 이 새로운 과학-기술 학급을 항일유격대의 핵심적인 정치적-도덕적 혁명 전통으로 감화시키기 위해 이데올로기적 훈련에 세심한 주의를 기울여야 했다. 정기련, 「더 많이, 더 빨리, 더 좋은 기술 인재를 양성하기 위한 우리 당의 정책」, 『근로자』, 1960년 8월 15일, 40~43쪽.
이와 유사한 문제를 둘러싸고 야기된 중국의 문화혁명과 비교해볼 때 1960~1961년 북한의 이러한 사태 진전은 상당히 흥미롭다.

이 같은 야심만만한 목표를 세운 정부가 천리마운동을 계속 강화한 것은 차라리 당연한 일이었다. 모든 공장의 벽이나 협동농장과 도시의 게시판에는 북한식 스타하노프 계획의 상징인 천리마 모습이 내걸렸다. 북한의 선전기관들은 생산 목표의 초과 달성, '노력영웅' 칭호의 수여, 개별 공장과 협동농장에서의 천리마 작업반의 선정 등을 연일 대대적으로 보도했다. 김일성은 제4차 당 대회가 개최되기 직전인 1961년 8월 말 현재 약 200만 명의 노동자가 이 운동에 참여하고 있으며, 그중 12만 5,028명을 망라하는 4,958개의 작업반이 천리마의 칭호를 받았고, 1,459명을 망라하는 55개의 작업반은 '이중二重 천리마' 칭호를 받았다고 밝혔다. 생산량을 늘리려는 압력은 이런 식으로 끊임없이 계속되었다.

그동안 앞서 살펴본 것처럼 공업과 농업 모두에 큰 영향을 미치는 새로운 행정·관리방식이 창안되었다. 이 새로운 청산리방법은 앞으로 10여 년간 행정·관리방식의 적절한 기준으로 기능하게 된다. 청산리방법에 따라 군 이하의 모든 생산조직에서의 생산량에 대해 군당위원회가 책임을 지게 함으로써 '정치 우선'과 군중 노선의 개념은 정치 분야뿐 아니라 경제 분야에까지 확산되었다. 게다가 당 간부들이 모범을 보여야 할 정치적 기술과 경제적 기술의 결합은 현지 지도와 대중으로부터 듣고 배우는 과정을 거쳐 모든 개별 노동자와 농민들과의 협의를 거쳐야 하는 것이었다.

얼마 지나지 않아 '대안大安의 사업체계'라는 새로운 방식이 등장했다. 이는 그동안 채택돼온 정책 결정의 단일관리체계를 지방당위원회 주도로 공장이나 협동농장의 근로자 전원이 참가하는 집체적 결정방식으로 전환시키는 데 주안점을 두고 있었다.

청산리방법과 대안의 사업체계에 힘입어 당은 지방 수준에서 관리체제의 효율성을 제고하고, 생산에 대한 전체 노동자들의 책임감을 강화하며 경제적 자극과 정치적·심리적 자극의 단단한 결합을 바랄 수 있게 되었다. 과거의 소련 그리고 최근 중국의 아이디어에서 많은 것을 빌려온 당시의 북한 공산주의자들은 북한 사회가 '새로운 사회주의 고지'에 도전하는 1970년대에 이르기까지 중요한 기능을 수행하게 되는 경제발전을 위한 정치-관리 조직체계를 다져놓은 것이다.

그러나 북한이 정치적인 면뿐 아니라 경제적인 면에서도 끊임없이 '주체'를 강조했음에도 소련의 원조와 대소무역이 당시의 북한이 세운 경제계획의 장래에 결정적으로 중요했다는 사실은 분명했다. 한 가지 예로 1960년 12월 8일 개최된 조소과학기술협조위원회는 소련 측이 광업, 금속공업, 전기장비에 관한 기술 원료를 북한에 제공할 것이며 화학 분야에서 북한 기술자를 교육시키고 화학과 금속 공업을 돕기 위해 소련 기술진을 파견하기로 약속했다고 발표했다.[21] 게다가 12월 24일에는 모스크바에서 북한과 소련 간에 북한의 7개년계획 기간인 1961~1967년에 '통상·경제협조를 가일층 발전시킬 데 대한 협정'이 조인되었다.

처음 5년간 북한은 주로 금속원광, 공작기계, 시멘트, 잎담배, 식료품 등을 수출하고 소련은 기계, 금속, 화학제품, 석유, 목면 등을 수출하여 과거의 5년과 비교했을 때 무역량을 80퍼센트 늘리도록 되어 있었다. 당시 소련은 청진에 위치한 김책제철소의 확장을 비롯한 일련의 산업계획에 기술 원조를 제공하는 데 동의했다. 그리고 북한 당국의 공식적 발표는 없었으나 우리는 귀순자나 검거된 간첩을 통해 이 무렵 소련이 북한의 군비 확장뿐 아니라 군사력 증강의 모든 면에서 계속해서 결정적 역할을 해왔음을 알 수 있다. 따라서 평양과 모스크바의 관계가 모스크바와 베이징 간의 관계처럼 악화되었다면 북한 경제에 대해서는 상당히 심각하고 즉각적인 압박이 가해졌을 것이다.

---

21 『로동신문』, 1960년 12월 8일자, 2면.

4. 공산주의 세계의 동요

따라서 국제 공산주의운동의 조류는 평양의 지도자들로부터 지대한 관심을 끌었다.

이제 제4차 당 대회가 열리기 직전의 사태 진전에 대해 살펴보기로 하겠다. 주지하는 바와 같이 1959년의 모스크바와 베이징 간의 관계는 극도로 긴장된 상태에 놓여 있었다. 북한과의 협정이 있기 약 6개월 전인 1959년 6월, 소련은 중국에 대해 핵에 관한 일련의 정보와 원료를 제공하는 것을 거부함으로써 1957년 10월에 중국과 맺은 군사협정을 파기했다(적어도 중국은 그렇게 생각했다). 게다가 그해 9월 히말라야산맥 일대에서 중국과 인도 간에 국경분쟁이 일어났을 때, 중국의 눈에 비친 소련의 공식적 입장은 인도를 지지하는 것처럼 보였다. 중국을 더욱 분노하게 만든 것은 미국-소련 간의 화해의 조짐과 워싱턴을 방문하고 돌아오는 길에 잠시 베이징에 들른 흐루시초프가 중국 지도자들에게 혁명의 '평화적' 완수의 중요성을 강조하고, 미국과의 전쟁을 피해야 할 당위성을 설명했으며, 인민공사의 효율성을 의심하는 발언을 했다는 사실이다.

이러한 사태 진전은 평양에 어떤 영향을 미쳤을까? 가장 포괄적인 의미에서 볼 때 중·소분쟁의 전개는 북한으로 하여금 두 공산대국 간의 분쟁에 휘말리지 않기 위해 일본, 베트남, 인도네시아 등 여러 아시아 공산당에 접근하여 이들과 공동 입장을 모색하는 노력을 취하도록 만들었다. 그러나 이러한 입장을 견지한다는 것은 아주 어려운 일이었다. 평양 당국은 극히 중요한 문제에 대해 대체로 중국 지도자들의 노선에 공감하고 흐루시초프의 정책에 반대하면서 점차 베이징 쪽으로 경도되기 시작했다.

1959년 초의 사건은 이러한 경향의 단초를 보여준다. 소련의 제21차 당 대회에 참석했던 일본공산당 지도자들은 2월 26일 귀로에 평양을 방문했다. 이 대표단은 미야모토 겐지宮本顯治, 가스가 쇼이치春日正一, 니시자와 도미오

西澤富夫 등 일본공산당 정치국의 주요 인물들로 구성되어 있었다.[22] 당시 일본공산당의 고위 간부였던 가미야마 시게오神山茂夫는 뒷날 '평화' 문제는 이후로 당내에서 더는 토론 주제로 떠오르지 못하고 대신 '독립' 문제가 부각되었다고 지적했다. 그는 이를 각 공산당이 자유롭고 독자적이며 주권을 지녀야 하고, 소련공산당의 지휘에서 벗어나야 한다는 중국의 노선이 미친 영향 탓으로 돌렸다.[23]

그 당시 흐루시초프는 김일성과 그의 추종자들을 달래려고 노력했음이 분명했다. 북한의 제2인자이자 최고인민회의 의장인 최용건은 그해 4월 3일 소련의 초청으로 모스크바를 향해 출발했다. 당시 그를 수행한 사람들은 통일전선을 대표하는 홍명희, 강양욱과 외무성 부상 이동건이었다. 이들은 공장과 농업협동조합 그리고 주요 도시들을 방문하는 등 소련 전역을 널리 여행했고, 미코얀 등 고위 간부들과 함께 얄타에서 흐루시초프를 만났다. 소련 방문을 마친 뒤 북한 대표단은 바로 평양으로 돌아가지 않고 6월 19일까지 동유럽 여러 나라를 순방했다.

최용건은 알바니아에 가서도 다른 곳에서 하던 이야기를 되풀이했다. 그는 "국제 반동들과 그의 앞잡이인 현대 수정주의자들은 사회주의 대가정의 통일을 와해시키며 평화와 사회주의를 지향하는 인민들을 맑스-레닌주의의 길로부터 이탈시키려고 갖은 교묘한 책동을 다하고 있"다고 주장했다. 하지만 그는 이러한 노력이 사회주의 진영 내의 연대가 갈수록 공고해짐에 따라 실패로 돌아갔다고 지적하면서 이렇게 결론지었다. "조선 인민은 언제나 맑스-레닌주의의 순결성을 고수하며 소련을 선두로 한 사회주의 진영 국가 인

---

22 조선노동당이 일본 대표단의 방문을 얼마나 중시했는가는 당시 이들을 공항으로 영접 나간 사람들이 박정애, 박금철, 김창만, 이효순, 이종옥, 하앙천, 김익선, 이송운 등 당의 핵심 인물이었다는 사실로도 짐작할 수 있다. 『로동신문』, 1959년 2월 27일자, 1면 참조.

23 Robert A. Scalapino, *The Japanese Communist Movement, 1920~1966*, Berkeley, 1967, 108쪽, 주 18.

민들과의 통일단결을 강화하기 위하여 모든 노력을 다할 것이며 영웅적 알바니아 인민과 함께 행복한 미래를 향하여 더욱 힘차게 투쟁하여나갈 것입니다."[24]

미래를 향한 두 가지 기본 주제는 이미 그 모습을 드러냈다. 첫째 어떤 일이 있더라도 국제운동의 단결을 이룩할 것, 둘째 혁명적 마르크스-레닌주의 이념에서 한 발짝도 물러나지 말 것이었다. 이 두 가지 구호에서 우리는 북한을 포함한 아시아 공산국가의 지도자들이 소련 내의 정세 변화에 대해 어떤 관심을 보이고 있었는가를 알 수 있다. 그러나 아직까지 흐루시초프의 정책에 대한 공공연한 비난의 조짐은 조금도 보이지 않았으며, 소련공산당 제21차 대회는 오히려 북한의 선전기관으로부터 열렬한 찬사를 받았다. 이 대회에 대표단을 이끌고 참석한 김일성은 소련의 업적을 찬양하는 긴 연설을 하기까지 했다. 더구나 1959년 8월 흐루시초프가 미국을 방문한다는 발표가 있자 『로동신문』은 논설을 통해 이를 "국제 긴장 상태의 완화와 평화 위업의 촉진을 위한 길에서 중대한 의의를 가지는 국제적 사변"이라고 찬양했다. 이 논설은 흐루시초프의 미국 방문을 "소련의 일관된 평화애호적 대외정책의 훌륭한 열매"라고 주장했다. 그러나 이 논설이 막다른 골목에 몰린 미국이 미·소정상회담에 응하지 않을 수 없었기 때문에 회담이 이루어진 것이라 해석한 것은 놓쳐서는 안 될 흥미로운 사실이다.[25] 이와 유사한 일련의 발언은 소련이 미국

---

24 최용건의 연설은 『로동신문』, 1959년 6월 11일자, 2면을 보라(1959년 6월 1일 발표된 소련-알바니아 공동성명은 『로동신문』, 1959년 6월 2일자에 자세히 보도되었다).
최용건은 귀국 후 자신의 순방에 관한 공식 보고서를 제출하면서 두 가지 문제를 더욱 강조했다. 첫째, 모든 공산국가 내에서 부르조아 이데올로기의 잔재는 청산되어야 하며 대중은 맑스-레닌주의의 이데올로기로 재무장하여야 한다. 둘째, 이 이데올로기는 조선에서와 마찬가지로 각 나라의 독특한 프롤레타리아혁명 전통에 따라 '창조적'으로 적용되고 발전되어야 한다. 보고를 마치고 최용건은 이렇게 외쳤다. "소련을 선두로 한 사회주의 진영의 불패의 통일단결 만세! 맑스-레닌주의와 프롤레타리아 국제주의 기치 만세!" 『로동신문』, 1959년 6월 27일자, 2~3면.
25 『로동신문』, 1959년 8월 4일자, 1면.

보다 우월하거나 적어도 대등한 힘을 행사하는 위치에 있으며, 또한 그래야 한다는 점을 의미하는 것이었다.

그다음 달 북한 공산주의자들은 중국-인도 국경분쟁이라는 새로운 국제 위기에 직면하게 되었다. 평양의 보도기관들은 이 분쟁의 기본적 사실들을 보도했지만, 양국 정부가 상호 이해와 전통적 우호관계에 입각해 '오해'를 풀어야 하며 냉전의 격화를 용납해서는 안 된다는 소련의 입장에 동조를 표했다. 오직 이러한 형태의 결말만이 평화와 국제 협력을 위한 투쟁을 강화할 수 있다는 것이다.[26]

흐루시초프와 아이젠하워 간의 캠프 데이비드Camp David 회담이 있은 직후 소련은 달에 우주선을 쏘아 올리는 데 성공했다. 북한은 양국의 정상회담을 소련의 평화애호정책이 거둔 찬란한 승리의 결과라고 끊임없이 찬양했다. 소련의 노력 결과, 사회주의 진영을 위협하려는 미 제국주의자들의 계속된 노력에도 불구하고 냉전의 분위기가 완화되어가고 있다는 것이 북한 측의 견해였다. 북한의 입장에서 볼 때 동서 간의 힘의 균형은 명백히 사회주의 진영에 유리한 쪽으로 변화해가고 있으며, 따라서 힘에 의존해온 역사적인 제국주의정책은 붕괴되고 만 것이다.[27] 북한 지도자들의 바람은 중국 지도자들의 바람과 마찬가지로 그렇게 되어야 한다는 신념을 낳았다. 그렇지만 이러한 바람과 신념은 소련의 정책 입안자들이 강경 노선을 취하게 하는 데 별다른 효과를 거두지 못했다.

바로 이 무렵 김일성을 단장으로 하고 김창만, 김광협 등을 포함한 대표단이 중대한 사명을 띠고 중화인민공화국 창건 10주년 기념식에 참석하기 위해 베이징으로 출발했다. 이들은 9월 25일 기차로 평양을 출발했는데 이틀 후

---

26 소련 당국의 공식 성명 전문은 다음을 보라. 『로동신문』, 1959년 9월 11일자, 4면.

27 북한 언론은 흐루시초프의 거의 모든 공식 발언과 연설을 전재하거나 긴 요약문을 실을 정도로 그의 미국 방문을 대대적으로 보도했다. 그 한 가지 예로 다음을 보라. 「소련의 평화애호적 대외정책의 승리」, 『로동신문』, 1959년 9월 29일자.

김일성의 서명이 붙은 중요한 논문이 『로동신문』에 게재되었다. 이 글에서 김일성은 북한과 중국을 "소련을 선두로 하는 사회주의 대가정의 친근한 형제"라고 지적한 뒤 중화인민공화국의 업적과 전쟁 기간 및 전후 복구사업기에 중국이 북한에 보내준 우호적 원조에 아낌없는 찬사를 보냈다. 김일성은 "중국 인민은 2만여 명의 우리 전쟁고아들을 친자식과 같이 양육하여주었"을 뿐 아니라 전후 복구의 어려운 과업을 돕기 위해 약 8억 원元의 무상 원조를 제공해주었으며, 양국 간의 무역은 전후 5년간 약 17배나 증가했다고 강조했다.

김일성은 "두 나라 인민들의 친선과 단결의 강화는 동방에서 제국주의 침략세력을 종국적으로 구축하고 항구한 평화를 확립하여 사회주의의 승리를 보장함에 있어서 거대한 힘으로 된다"고 주장했다. 김일성은 이어 남조선과 대만에 미국이 주둔하는 것은 중국 인민들에게 "이 흉악한 공동의 원수들"에 대해 직접적 투쟁을 벌이게 하고 있으며, 조선과 중국 인민들은 이 긴장된 투쟁을 계속 견결히 전개해야 한다고 강조했다.[28] 김일성의 주장은 만일 소련이 미국에 잘 대처하지 못할 때는 평양과 베이징이 굳게 뭉쳐 미국에 맞서 싸워야 한다는 의미를 내포하고 있었다.

베이징역에 도착한 북한 대표단은 저우언라이, 펑전彭眞, 천이陳毅, 허룽賀龍 등과 대규모 의장대의 열렬한 환영을 받았다. 김일성과 그의 일행은 아마도 중국공산당 지도자들로부터 국제 공산주의운동에서 소련의 영도권을 둘러싼 몇 가지 문제에 대해 브리핑을 받았을 것이다. 바로 이때 허룽은 9월 29일자 『로동신문』에 중요한 논문을 기고했다. 중국의 업적을 찬양한 이 노병은 소련의 도움에 찬사를 보냈을 뿐 흐루시초프의 정책에 대한 직접적인 불쾌감을 표시하지는 않았다. 그러나 당시의 중국과 북한의 모든 지도자처럼 허룽은 "사회주의 진영의 단결을 파괴하려는 현대 수정주의와 제국주의 세력"을 비난했다.[29]

---

28 김일성, 「조·중 양국 인민의 전투적 우의─중화인민공화국 창건 10주년을 경축하여」, 『로동신문』, 1959년 9월 27일자, 1면.

1959년이 저물어갈 무렵 김일성과 다른 북한 지도자들은 사회주의 진영 내에 '현대 수정주의'의 출현(그 기원을 분명히 밝히지는 않았지만)을 우려하면서, 수정주의가 아시아에서 미국을 몰아내고 한국을 통일하려는 자신들의 목표를 위협한다면 이에 대항하기 위해 다른 아시아 공산국가들과 동맹하겠다는 의도를 드러냈다. 이러한 맥락에서 우리는 1959년 중반 제3차 재외류학생대회在外留學生大會에서 김창만이 행한 연설을 다시 살펴보기로 하겠다.[30] 김창만은 1956~1957년이 "전쟁 후 한창 곤란한 때"였다는 사실을 인정하면서 '국제 반동'들과 '국내의 반혁명, 반당 종파분자들'이 발악적으로 당과 혁명을 공격하고 있으며 '미제와 리승만 도당'들은 최창익, 박창옥 등 반혁명분자들과 함께 폭동을 일으키기 위해 첩자를 침투시키고 있다고 지적했다. 그는

---

29 허룽賀龍, 「중국 인민의 영광스러운 10년」, 『로동신문』, 1959년 9월 29일자, 2면(문화혁명 기간에 숙청된 허룽 원수는 당시 중국공산당 정치국원, 국무원 부총리, 중앙군사위원회와 국방위원회 부주석으로 재직했다).

30 김창만, 「천리마시대가 요구하는 인재가 되기 위하여」, 『근로자』, 1959년 9월, 19~26쪽.
그 자리에 모인 소련과 동유럽 유학생들에게 행한 김창만의 연설은 매우 흥미롭다. "우리에게는 먹을 것도, 입을 것도, 집도 부족했다"고 자인하면서 김창만은 "일부 사람들 중에는 왜 천천히 가지 않고 이렇게 분주하게 내달리느냐"고 불평을 토로하는 자들도 있지만 조금도 고삐를 늦춰서는 안 된다고 선언했다. 게다가 조선 인민들은 더욱더 자기 자신을 위해 일해야 한다는 것이었다. 조선 인민들은 언제까지나 외국의 경제적 원조에 전적으로 의지할 수는 없었다. 김창만은 소련 인민들이 현재의 행복을 쉽게 이룩한 것이 결코 아니라는 사실을 힘주어 지적했다. 그들 역시 과거에는 가난했으며 자본주의의 포위 속에서 40여 년간 투쟁한 끝에 오늘을 이룩했다는 것이다. 따라서 "우리 후대들도 이 시대에 우리가 고생한 것을 그와 마찬가지 심정으로 이야기하게 될 것"이었다.
김창만은 "우리는 과거에 천시받던 노동자·농민의 아들딸"이라는 사실을 강조하면서 유학생들에게 이렇게 화살을 돌렸다. "동무들의 아버지와 할아버지들은 소련 유학이나 폴란드 유학이나 독일 유학은 고사하고 옆에 있던 소학교나 중학교도 들어갈 수 없었던 사람들이 아니었던가! 그런데 …… 어떤 사람들은 무엇을 좀 배웠다고 하여 이제 와서는 이것저것에 대해서, 심지어는 당의 정책에 관해서까지 시비하고 있다." 트럭 제조공장에 배치된 어떤 동무는 "그곳에 회의가 많고 규율이 세기 때문에 딱딱해서 살 재미가 없다"고 말하기까지 했다. 그러나 김창만은 "어데를 가나 우리의 생활은 긴장되어 있고 강한 조직성과 규율을 요구한다"고 경고했다. 그렇지 않으면 어떻게 미 제국주의와 맞설 수 있겠는가? 그런데도 몇몇 사람은 미국식 생활방식을 모방하는 데서 자유를 찾으려 하고 있었다. 김창만은 마지막으로 이렇게 경고했다. "우리는 미국식 자유를 찾아 재즈 음악에 미쳐 날뛰는 사람들을 불행하고 가련한 사람으로 본다."

이어 이상조(전 주소 북한대사)가 "모스크바에서 '리승만이를 왜 욕하느냐', '우리나라는 중립국이 되어야 한다'라고 떠들어댔"다고 비난하고는 "이런 잡소리가 나온 것은 결코 우연한 일이 아니다"라고 강조했다. 김창만은 이러한 "불건전한 자들은 국제 수정주의의 잡음을 끌고 다녔"으며 "만일 이 어려운 시기에 우리가 확고한 입장을 견지하지 못하고 동요했다면, 만일 우리 당이 인민들 속에서 위신이 없었고 인민과 당의 단결이 약하였더라면 극히 위험한 사태가 조성될 수 있었다"고 주장했다.

김창만의 연설은 모든 청중(소련인들을 포함해)에게 1956~1957년의 사건이 아직 잊힌 것이 아니라는 점을 환기시켰다. 우리는 소비에트 한인(이상조는 소비에트 한인이 아니라 연안파다—옮긴이)인 이상조가 과연 소련의 동의 없이 김창만이 비난한 대로 말할 수 있었을지(만일 그가 실제로 그렇게 말했다면) 믿기 어렵다. 따라서 김창만의 발언을 통해 볼 때, 소련은 북한이 중립국화되는 것에 관심을 기울이고 있었을 수도 있다. 적어도 김창만의 청중들로서는 김창만이 바랐던 대로 이와 같이 생각했을 것임이 틀림없다. 그러나 무엇보다도 중요한 점은 이 시기의 다른 모든 북한 지도자들과 마찬가지로 김창만 역시 평양 당국은 지금과 같은 상황이 계속되는 한 국제적 긴장 완화를 원치 않으며, 더욱이 미국과의 화해를 절대로 바라지 않는다는 사실을 분명히 천명한 점이었다.

그러나 북한은 아시아에서 가장 중요한 미국의 동맹국가인 일본과 협정을 맺었다. 적십자위원회를 통한 피곤하고 오랜 협상 끝에 일본과 북한은 마침내 60만 명의 재일 한국인 중 북한으로 돌아가기를 원하는 사람들을 송환하기로 합의한 것이다. 1959년 12월 16일에는 송환 교포 제1진 975명, 일주일 후엔 제2진 978명이 청진항에 도착했다. 물론 북한 정권은 이 사실을 대대적으로 선전했다. 북한 언론은 송환 교포들이 여러 산업시설이나 모범농장을 시찰하는 동안 사진을 찍고 인터뷰를 했으며, 도처에서 이들을 환영하는 대규모 집회가 열리기도 했다. 이들에게는 새로 지은 아파트가 제공되었으며 "이들의 행복에 대한 따뜻한 관심"을 보이기 위해 김일성이 몸소 송환 교포들의 새로운 보금자리를 방문하기도 했다. 송환 교포들이 장차 어떤 문젯거리가 되었든 간에 그 당시 이들은 북한과 일본에서 공산주의자들의 좋은 선전 재료가 되었다.[31]

폭발의 도화선은 1960년 봄 부쿠레슈티에서의 세계 공산당·노동당대회(루마니아 공산당대회와 때맞춰 개최)를 앞두고 소련공산당이 이 대회에 참가하는 모든 공산당에게 6월 21일자로 '통신문'을 보낸 데서 비롯되었다. 여기서 한 가지 짚고 넘어갈 점은 이보다 두 달 앞서 레닌 탄생 90주년을 맞이해 중국이 「레닌주의 만세!」라는 팸플릿을 만들어 널리 배포했다는 사실이다.

이 소책자는 비록 유고슬라비아만을 '수정주의자'로 지목하고 있었지만 흐루시초프에 대한 비난을 기저에 깔고 있었다. 중국공산당에도 보낸 소련의 통신문은 이 소책자에 대한 응답으로서 중국공산당의 정책과 행동에 대한 신랄한 비판으로 가득 찬 것이었다. 대회가 개막되자 흐루시초프는 중국 공산주의자들이 인도와의 국경분쟁에서 부르주아 민족주의자처럼 행동하고 소련에 대해 '트로츠키파'처럼 공격함으로써 3차 대전을 일으키려 하고 있다고 비난했다.

부쿠레슈티대회에 북한 대표단을 이끌고 참석한 김창만과 박용국朴容國은 이 분쟁에 직접 가담하지 않았다. 6월 22일에 행한 김창만의 연설은 6월 25일에야 평양에서 보도되었다. 김창만은 공산주의하에서 루마니아 인민들이 이

---

31 어느 재일 한국인은 몇몇 북송 교포가 북한에 와서 느낀 속마음을 알리고 다른 사람들이 그들을 뒤따라 북송선에 오를 것인가에 대한 지침을 보여주기 위해 일본에 남은 친척과 친구들에게 보내는 편지에 사용할 암호를 준비했다고 주장했다. 그에 의하면 북송된 지 얼마 안 돼 송환 교포들의 불만이 쏟아져나왔다고 한다. 어느 북송 교포는 도쿄의 친구에게 이렇게 썼다. "이곳은 지상낙원이라네, 자네도 아들과 며느리를 꼭 데리고 어서 오도록 하게." 그러나 편지를 받은 사람의 아들은 이제 겨우 두 살이었다. 1968년 10월 26일 도쿄에서 행한 스칼라피노와 전준田駿의 인터뷰.
   뒤에서 살펴보겠지만 일본에서 돌아온 교포들은 남녀노소를 불문하고 이데올로기 면에서 의심을 받아 엄중한 감시를 받게 되었다. 그럼에도 1970년까지 오사카나 도쿄 등 한인들이 밀집한 지역에서 약 6만 5,000명이 북한으로 건너갔다.

룩한 업적과 조선 인민이 거둔 찬란한 성과를 찬양한 뒤 "국제 공산주의운동
과 노동운동의 중심에 확고히 서" 있는 "위대한 소련"에 경의를 표했다.

김창만, 박용국을 비롯한 다른 북한 대표들은 부쿠레슈티에서의 사건을
똑똑히 목격했으며, 평양에 돌아온 즉시 이에 대한 장문의 보고서를 제출했을
것이다. 그러나 중·소분쟁을 직접 경험한 북한 사람들이 이들만은 아니었다.
한 예로 스톡홀름에서 개최된 세계평화이사회에 조선노동당을 대표해 참석
한 한설야 역시 중소분쟁의 실상을 똑똑히 목격했다. 그 밖에도 많은 사람이
소련이나 동유럽, 쿠바 등지를 방문했다. 따라서 점증하는 위기에 대한 정보
는 다양한 경로를 통해 수집되었다. 1960년 6월 이전에는 김일성과 그의 측
근 조언자들에게 국한된 극도의 고급 정보가 이제는 조선노동당의 상층부 내
에서 공공연한 관심사가 되었다.

김창만은 이 사실을 1960년 8월 8일 개최된 조선노동당 중앙위원회 확대
전원회의에서 상세히 보고했음이 틀림없다. 이 대회에서 행한 다른 사람들의
보고가 『로동신문』에 대대적으로 전재되었음에 비해, 김창만의 보고는 알맹
이가 빠진 간략한 형태로 보도되었다는 점은 상당히 흥미로운 일이다.

8월 전원회의는 1957년의 모스크바선언을 계속 지지한다는 결정문을 통
과시켰다. 이 결정문은 '제국주의'세력은 점차 몰락하고 있는 반면, 소련을
선두로 한 사회주의진영은 "날이 갈수록 장성·강화"해가고 있다고 다시 한번
강조했다. 게다가 이 결정문에 따르면 조선 인민들은 "제국주의자들의 전쟁
도발 음모에 대하여 계속 경각심을 높이며 미 제국주의 침략자들을 반대하여
끝까지 투쟁할 것이며 사회주의 동방초소를 확고히 수호할 것"이었다. 또한
조선노동당은 "제국주의 침략자들과 그들의 앞잡이인 수정주의자와의 투쟁
을 강화하고 언제나 맑스-레닌주의의 위대한 기치를 고수할 것이며, 평화를
수호하고 사회주의 승리를 위한 투쟁에서 자기의 의무를 충실히 수행"할 것
이었다.[32]

그 두 달 후에 조선노동당 창건 15주년을 맞이해 행한 박금철의 보고에서

우리는 북한 공산주의자들이 "부르조아 사상을 반영"하여 사회주의 진영의 통일단결을 파괴하고 '제국주의를 미화'하는 티토 일당을 비롯한 국제 수정주의자들(이러한 용어는 당시 중국 측이 즐겨 쓰는 것이었음)에 대하여 더욱 불안을 느끼게 되었다는 사실을 알 수 있다. 박금철은 "미 제국주의는 국제 반동의 원흉이며 인류의 극악한 원수이며 조선 인민의 불구대천의 원수"라고 주장했다. 그러나 당이 지난 15년간의 발전을 계속 견지하고 "위대한 소련을 선두로 한 사회주의 국가 인민들과의 굳은 친선과 단결"을 계속한다면 모든 원수와 모든 어려움은 극복될 수 있는 것이었다.[33] 하지만 북한 공산주의자들의 불안은 더욱 커졌고, 그들의 경고는 더욱 날카로워졌으며, 그들이 사용하는 용어는 베이징에서 나오는 말들과 더욱 가까워졌다.

1960년 11월 김일, 김창만, 이효순, 김용국 등은 대표단을 이끌고 모스크바회의에 참석했다. 그러나 놀랍게도 북한 언론은 이 회의를 조그맣게 다루었다.[34] 중·소 간의 협동이 파괴되었음에도 1960년은 앞서 지적한 것처럼 모스크바와 평양 간에 중요한 과학, 기술, 경제 협정이 이루어지는 것으로 막을

---

32 이 결정문은 다음에 실려 있다. 『로동신문』, 1960년 8월 12일자, 1면(김창만은 이 회의에서 「기술인 재양성사업을 개선·강화할 데 대하여」라는 제목으로 보고를 했으며, 이 보고의 전문은 『로동신문』, 1960년 8월 11일자에 두 면에 걸쳐 전문 게재되었다. 그러나 이 보고에는 부쿠레슈티대회에 관한 언급은 없다. 본문에 인용한 결정문은 「부카레스트(부쿠레슈티)에서 진행된 사회주의 국가 공산당 및 노동당 대표들의 회합에 관하여」라는 제목으로, 앞부분에서 모스크바선언에 관한 지지를 강조했다 —옮긴이).

33 박금철, 「조선노동당 창건 15주년 경축대회에서 행한 보고」, 『근로자』, 1960년 10월 15일.

34 12월 20~23일에 거행된 조선노동당 중앙위원회 전원회의는 모스크바 당 대회에 관한 보고를 청취했다. 그러나 『로동신문』, 1960년 12월 24일자 1~2면에 실린 보고문에는 당 대회에 참가한 각국 대표들, 특히 소련과 중국 사이에 격렬한 논쟁이 벌어졌다는 사실을 전혀 암시하지 않았다. 이 보고문은 다만 조선노동당이 "당의 올바른 노선과 정책을 과시"하면서 마르크스-레닌주의와 프롤레타리아 국제주의의 원리를 지키기 위해 '성공적'으로 싸워왔다고 주장할 뿐이다. 보고문은 사회주의 진영의 단결은 공고하다는 명제를 또다시 되풀이했다.
모스크바 당 대회에서의 사태 진전에 관한 일본 측의 반응에 관한 설명으로는 앞에 인용한 바 있는 다음 책을 참조하라. Scalapino, *The Japanese Communist Movement*, 107~109쪽; Donald S. Zagoria, *The Sino-Soviet Conflict: 1956~1961*, Princeton, 1962, 343~369쪽.

내렸다.

1961년 9월의 조선노동당 제4차 대회를 앞둔 몇 달 동안 김일성과 그의 당은 최근의 중·소 갈등 상황에도 불구하고 모스크바와 베이징 양쪽과 긴밀한 관계를 유지할 수 있을 것처럼 보였다. 실로 이 두 공산대국과 다른 아시아 공산당에 대해 북한이 지니는 각별한 중요성은 점차 늘어나는 듯 보였다. 5월 30일에는 알렉세이 코시긴Aleksei Kosygin을 단장으로 하는 다섯 명의 소련 대표단이 평양에 도착했다. 이들이 북한을 방문한 기본 목적은 미국이 남한, 일본과 맺고 있는 방위조약에 대항하기 위한 새로운 군사조약의 준비를 마무리 지으려는 것이었다. 그러나 우리는 소련 대표들이 소련의 정책을 열렬히 옹호하고자 했으리라는 사실을 쉽게 추측할 수 있다. 소련은 이데올로기나 정책 문제에 대해 조금도 양보하려고 하지 않았다. 북한에서 보도된 바에 따르면 코시긴의 발언은 평화공존 문제를 강조했으며, 다가오는 흐루시초프-케네디 정상회담에의 성공에 대한 기대를 강하게 드러냈다. 코시긴은 흐루시초프를 '불굴의 평화 전사'요, '충실한 레닌주의자'라고 추켜세웠다.

한 달 뒤에는 김일성의 모스크바 방문이라는 무대가 마련되었다. 김일성은 6월 29일 김창만, 김광협, 이종옥, 박성철朴成哲과 주소 북한대사인 이송운 등의 대표단을 이끌고 모스크바에 도착했다. 흐루시초프는 다른 때와는 달리 몸소 공항에 나와 대표단을 영접했다. 김일성은 도착하자마자 흐루시초프 그리고 최고 간부회의 의장 레오니드 일리치 브레즈네프Leonid Ilich Brezhnev와 장시간 요담했다. 마침내 7월 6일에는 북한과 소련 간에 '조·소 우호협조 및 호상 원조에 관한 조약'이 체결되었다. 10년간 효력을 갖는 이 조약은 "체약締約 일방一方이 기한 만료 일 년 전에 조약을 폐기할 데 대한 희망을 표시하지 않는다면 다음 5년간 계속하여 효력을 갖"도록 되어 있었고, "체약 일방에 대한 무력 침공이 감행되는 경우에 원조와 지지를 호상 제공"하며, "체약 각방各方은 체약 상대방을 반대하는 어떠한 동맹도 체결하지 않으며", "평등과 국가주권의 호상 존중·영토 완정完整, 호상 내정불간섭의 원칙들에 입각"하여 "경제적·문화적 관계를 강화 발전"시키며, "조선의 통일이 평화적이며 민주주의적인 기초 위에서 실현"되도록 양국은 노력을 기울인다고 되어 있었다.[35]

조약의 조인을 기념하는 군중대회에서 흐루시초프와 김일성은 긴 연설을 했다. 흐루시초프는 북한의 급속한 성장을 찬양하면서 미국의 대한정책을 비난한 후 북한과 새로이 체결한 군사조약은 방위적 성격을 갖는 것으로 이 같은 상황에선 불가피한 것임을 강조했다(그는 아마도 그해 5월 남한에서 발생한 군사 쿠데타에 대해서도 언급했을 것이다). 그는 앞으로 북한에 대해 '물질적'·'정신적' 원조를 아끼지 않겠다고 약속했다. 김일성은 좀더 감정적인 어조로 양국 간의 역사적 관계에 대해 호소했다. 그는 조약의 체결이 "역사적 의의를 가지는 거대한 사변"이라고 지적하면서 조선 인민들은 "항상 소련 인민을 지지 옹호하며 소련 인민과의 친선·단결을 강화하는 것을 자기의 숭고한 국제주의적 임무로 여기고" 있다고 주장했다.

물론 우리는 소련과 북한 지도자들 사이의 사적인 대화 내용이 어떤 것이며 7월 6일 아침 북한 대표들과 당시 모스크바를 방문 중이던 중국 외교부장 천이陳毅 사이의 회담에서 어떤 대화가 오갔는지는 알 수 없지만, 중소관계가 광범위하게 논의되었고 김일성이 중재자로서의 역할을 떠맡겠다고 나섰음을 확인할 수 있다. 그러나 7월 10일 소련인들의 달콤한 속삭임이 북한 지도자들의 귓전을 울리는 가운데 북한 대표단이 모스크바를 떠날 때까지 중요한 문제는 조금도 해결되지 않았다.[36]

북한의 새로운 외교정책과 관련하여 대표단은 비슷한 내용의 조약을 체결

---

35 조약의 전문은 다음에 전재되어 있다. 『로동신문』, 1961년 7월 7일자, 1면.

36 한 가지 예로 6월 30일의 조찬 모임에서 흐루시초프는 김일성의 '찬란한 영도력'에 아낌없는 찬사를 보내면서 조선의 통일을 위한 '정의의 투쟁'에서 결국 북한이 승리할 것이라고 예언했다. 김일성은 이에 대한 답사로 소련 인민들에 대한 경의와 소련의 원조에 관한 감사를 표했고, 사회주의 진영의 단결 강화, 북한에서의 사회주의 발전의 가속화, 조국의 평화적 통일 달성 등 세 가지 과업에 몸 바치겠다고 서약했다. 소련의 전 각료가 참석한 이 조찬 모임은 이와 같이 평양에 전해졌다. 『로동신문』, 같은 날짜.

하고 비슷한 분위기의 비준식을 갖기 위해 베이징으로 발걸음을 옮겼다. 중국 역시 대대적으로 이들을 영접했다. 중국의 최고위 간부들은 마오쩌둥을 제외하고는 모두 공항에 나왔으며, 약 50만 명의 시민이 북한 대표단을 맞이하기 위해 동원되었다. 다음 날인 7월 11일 오랜 회담 끝에 '조선민주주의인민공화국과 중화인민공화국 간의 우호협조 및 호상 원조에 관한 조약'이 체결되었다. 중국과 맺은 조약의 주요 조항은 소련과 맺은 조약과 거의 동일한 것이었지만 여기에는 조약의 효력 만료 기한이 명시되어 있지 않았고, 소련과 맺은 약조에서 보이는 좀더 공식적인 언사와는 달리 "형제국 우호협조 및 호상 원조관계를 가일층 발전"시킨다거나 "양국의 경제·문화 및 과학기술적 협조를 계속 공고히 하며 발전시킨다" 등 더 우호적인 표현이 사용되었으며 "피로 맺어진 전투적 우호와 유대"가 특히 강조되었다. 명백히 중국 지도자들은 같은 아시아 인민인 두 이웃 간의 오랜 개인적·역사적 관계를 강조하기를 열렬히 바랐으며, 김일성 역시 중국의 요구에 같은 식으로 응답했다. 김일성은 공식 발언을 통해 공동의 강력한 적인 미 제국주의와 식민주의에 대한 아직도 계속되고 있는 두 나라의 집중적인 투쟁을 강조했다.

1961년 7월 15일 김일성 일행이 평양에 돌아오자 30만 군중이 운집해 이들을 환영했다. 이때는 운명적인 1956년 8월과는 달리 어떠한 정치적 위기도 김일성을 기다리고 있지 않았다.

이 무렵 김일성은 일본, 인도네시아, 북베트남 등 아시아의 공산주의 국가에 접근하기 위해 노력을 기울였다. 한 예로 6월 17일에 팜반동Pham van Dong 수상을 단장으로 하는 북베트남 대표단이 평양을 방문하자 김일성은 최용건, 김일 등 북한의 모든 주요 지도자를 이끌고 공항에 나가 맞이했다. 팜반동은 길고 감동적인 도착연설을 통해 "바다가 마르고 산이 닳아 없어질지언정 조국통일을 위한 전체 월남 인민들—그리고 조선 인민들—의 의지는 결코 동요되지 않을 것"이라고 강조했다. '미 제국주의'에 대한 그의 격렬한 비난은 북한 공산주의자들이 미국에 가하는 비난과 똑같은 것이었다.

이와 같이 김일성과 그의 추종자들은 제4차 당 대회가 개최될 무렵 격화되는 중·소분쟁을 이용해 국내 문제뿐 아니라 외교정책에서도 그들의 주체사상을 선전할 수 있었다. 제4차 당 대회에서 행한 사업총화 보고의 마지막 부분에서 김일성은 국제관계에 대해 언급했다.[37] 여기서 김일성은 낯익은 주제들을 되풀이했다. 김일성은 소련을 "진보적 인류의 희망이며, 평화와 민족적 독립과 사회주의의 강유력強有力한 성채"라고 추켜세웠다. 그러나 이러한 찬사도 그 뒤에 이은 중국에 대한 전면적인 찬양에 비하면 평범한 것에 지나지 않았다. "인민 중국에서 사회주의 혁명은 이미 승리하였으며 사회주의 건설은 성과적으로 진행되고 있읍니다. 중화인민공화국의 정치·경제적 위력은 더욱 장성하고 있으며, 이것은 사회주의 진영의 위력을 강화하며 극동과 세계 평화를 공고화함에 있어서 중요한 요인으로 되고 있읍니다."

김일성은 민족해방투쟁의 '거세찬 불길', 특히 아프리카와 쿠바가 거둔 승리를 찬양하는 데 많은 시간을 할애했다. 그의 해석에 따르면 미국의 극동정책은 예상했던 대로였다. 미국은 한반도에서 새로운 전쟁을 획책하고 있으며, 대만을 정복하고 중국을 반대하는 적대적 행동을 계속하고 있으며, 일본 군국주의를 부활시킴으로써 동남아에 대한 침략을 꾀하면서 침략적인 '동북아시아동맹'(NEATO – 옮긴이)의 창설을 위해 노력하고 있었다. 따라서 미국은 '침략과 전쟁의 주되는 세력'이자 '인류의 가장 흉악한 원수'였다. 이러한 상황에서 평화는 오직 투쟁을 통해서만 달성될 수 있었다. 즉 강력하고 단결된 '평화애호'세력이 제국주의자들에 대하여 견결한 투쟁을 감행할 때만 평화는 이룩될 수 있는 것이었다. 김일성은 "만일 제국주의 미치광이들이 분별 없는 모험을 감행한다면 인민들은 자본주의를 쓸어버리고 종국적으로 매장해버릴 것"이라고 단호히 말했다. 김일성은 비록 흐루시초프의 용어를 빌려

---

37 김일성, 「조선로동당 제4차 대회에서 한 중앙위원회 사업총화 보고」, 『김일성 저작선집』, 제3권, 198~201쪽.

썼지만 마오쩌둥의 사상에 대한 지지를 드러낸 것이다.

사회주의 진영 내의 분열에 대해 김일성은 어떻게 말했을까? 이 점에 대해 김일성은 극도로 조심할 수밖에 없었다. 그의 첫 마디는 분명 잘못된 것이었다. "오늘 사회주의국가들은 맑스-레닌주의와 프롤레타리아 국제주의의 기치 밑에 하나의 대가정에 굳게 단합되어 있으며 서로 지지하며 긴밀히 협조하고 있습니다." 그리고 나서 김일성은 단결의 중요성을 강조한 뒤 북한에 원조를 보내준 두 공산대국에 경의를 표했다. 여기서 그는 당연히 소련을 먼저 찬양했지만 용어 선택에 신중을 기해 두 나라를 대체로 같은 정도로 찬양했다.

아마도 이러한 시도의 요점은 다음 두 문장에서 선명하게 드러날 것이다. 소련에 보내는 찬사의 말미에서 김일성은 이렇게 말했다. "해방을 위한 투쟁의 불길 속에서 굳게 맺어졌으며 위대한 레닌이 가리킨 길 위에서 공고·발전된 조·소 양국 인민들 간의 친선과 단결은 확고부동한 것이며 그것은 영구불멸할 것입니다." 한편 중국에 보내는 찬사는 이렇게 끝을 맺었다. "공동의 원수를 반대하는 공동 투쟁을 통하여 굳게 맺어진 조·중 양국 인민들 간의 전투적 우의와 단결은 날로 더욱 공고화되고 있으며 그것은 어떠한 힘으로도 깨뜨릴 수 없습니다."

김일성의 의도는 흐루시초프의 추종자들에게나 마오쩌둥주의자들에게나 분명히 전달되었을 것이다. 북한은 두 경쟁자 중 어느 한쪽을 편들려 하지 않았으며, 자기 자신의 이익을 위해 두 나라와의 우호적인 관계를 유지하면서 두 나라 간의 갈등을 종식시키는 데 일조할 수 있기를 바랐다. 그러나 김일성은 말머리의 대담한 단언에도 불구하고 공산 진영 내에 현존하는 문제에 대한 의구심을 완전히 감출 수는 없었다. 그는 "제국주의자들과 그 앞잡이인 수정주의자들은 사회주의 진영의 통일을 파괴하며 국제 공산주의운동의 분열을 조성하기 위하여 악랄하게 책동"하고 있다고 솔직히 시인했다. 더구나 "부르조아 사상의 반영으로서의 수정주의는 여전히 국제 공산주의운동에 대한 주된 위험으로 남아" 있었다. "유고슬라비아 수정주의자들을 대표자로 하는 현대 수정주의자들은 맑스-레닌주의의 혁명적 정신을 거세하고 노동계급의 혁명적 투지를 마비시키며, 사회주의 진영과 국제 공산주의운동을 내부로부터 와해시키려고 책동하고 있으며, 제국주의와 그 반동정책을 비호하여 나서고 있었"다. (어디 유고슬라비아뿐이겠는가?)

김일성은 "교조주의 역시 혁명사업에 해로운 것이며 개별적인 낭들(어느 당?)의 이러저러한 발전 단계에서는 주된 위험이 될 수 있"다고 덧붙였다. 그는 조선노동당은 1960년 모스크바선언에서 제시된 원칙들을 전적으로 지지하면서 "앞으로도 수정주의와 교조주의를 반대하는 두 전선에서의 투쟁을 강력히 전개할 것"이라고 주장했다.

이제 북한은 모스크바와 베이징 양쪽을 모두 만족시키기 위해 정치경제적 영역뿐 아니라 이데올로기 영역에서의 불개입을 의미하는 '완전한 평등과 호상 존중'의 정책을 채택했다. 북한 지도자들은 신중한 찬사와 어휘 선택으로 균형을 추구하면서 찬사와 함께 경고를 덧붙였다. 북한의 의도는 명백했다. "소련이여, 수정주의를 피하시라! 중국이여, 교조주의를 버리시라!" 과연 '완전한 평등과 호상 존중'의 정책이 폭풍이 몰아치는 국제관계의 바다에서 유지될 수 있을 것인가? 이 정책은 기술과 행운을 다 갖추어야만 실현될 수 있는 것이었다. 그러나 이는 얼마 동안 상호 적대적인 두 강대국의 틈바구니에 불가피하게 낀 조그마한 나라에 크나큰 이익을 안겨주었다. 북한과 외몽골의 외교정책은 이러한 위치에 놓인 조그마한 공산국가가 취할 수 있는 선택의 폭을 감지케 해주는 것이었다.

5. 통일 문제

이 무렵 북한의 통일정책은 곤경에 빠져 있었다. 남일은 1959년 10월 최고인민회의 보고에서 몇 가지 문제점을 지적했다. 먼저 1954년의 '한미상호방위

조약'과 그 뒤를 이은 '군사 및 경제 원조에 관한 한미 양국 의정서'는 극동과 세계 평화를 위협하는 '미제의 남조선에 대한 원자(핵)기지화정책'을 의미하는 것이었다. 1958년 2월 5일 중국 인민지원군을 포함한 일체의 외국 군대를 한반도에서 철수시키자는 북한 당국의 제안에도 불구하고 "미제 침략 군대는 남조선에서 물러가지 않고" 있었다.[38]

남일에 따르면 이것은 조선의 평화적 통일을 실현하는 데 '가장 큰 장애물'이었다. 남일은 남북 조선 각 정당, 사회단체, 각계각층 대표자 연석회의에 관한 앞서의 제안을 되풀이하고는 이승만 정권이 남북 조선 간의 자유선거, 접촉과 협상, 통상과 물자교역, 체신우편 연락, 주민들의 자유로운 왕래 등을 두려워하고 있다고 비난했다. 남일에 따르면 미제와 남조선 당국은 심지어 "생활의 방도를 잃고 기아선상에서 헤매고 있는 남반부의 실업자, 절량絶糧 농민들, 이재민들, 고아들에 대한 공화국 정부의 동포애적 구원의 손길마저 가로막고" 있었다.[39]

이어 남일은 공산주의자들의 통일에 관한 세 가지 기본 입장을 다시 한번 강조했다. 첫째 "최단 기간 내에 남북 조선의 군대 수효를 우선 각각 10만 이하로 축소할 것", 둘째 "남북 조선 당국이 호상 상대방을 반대하여 무력을 사용하지 않을 것을 엄숙히 공포할 것",[40] 셋째, "남조선으로부터 일체 외국 군대가 완전히 철거한 후 일정한 기간 내에 남북 조선 인민들의 자유로운 의사

---

38 「조국의 평화적 통일에 관하여―조선민주주의인민공화국 최고인민회의의 제2기 제6차 회의에서 한 부수상 남일의 보고」, 1959년 10월 26일, *For the Peaceful Unification of the Country*, 평양, 1956년, 1~53쪽(본 번역에는 중앙정보부, 『통합관계자료총집』, 제1권, 1973, 250~262쪽에 재록된 남일의 보고 내용을 이용했다―옮긴이).

39 앞의 책, 29쪽. 극심한 식량 부족에 시달렸음에도 1959년 가을 남한에 큰 홍수가 발생하자 북한 당국은 식료품, 의복, 시멘트, 목재, 구두(!) 등의 구호품을 보내기로 결정했다. 물론 북한 당국자들은 이러한 제안이 받아들여지지 않을 거라는 사실을 알면서 결정한 것이다.

40 이와 관련해 남일은 다음과 같이 말했다. "이러한 조치는 소련의 이니시아티브에 의하여 국제관계에서 긴장 상태가 현저히 완화되어가고 있으며 전반적이며 완전한 군비 철폐에 관한 문제가 일정에 오르고 있는 현 시기의 세계적 추세에 비추어 더욱 현실적인 의의를 가지고 있습니다." 같은 책, 33쪽.

표시가 완전히 보장되는 조건하에서 전 조선 자유선거를 실시할 것."[41] 또한 남일은 이 문제를 토의 협상하기 위해 '남북 조선의 국회, 정부 혹은 각 정당, 사회단체들의 대표로 구성되는 상설위원회'를 조직할 것을 주장하면서 이렇게 말했다. "우리는 정치적 견해, 지식의 정도와 신앙의 여하를 불문하고 누구나 조국의 평화적 통일을 진정으로 염원하는 사람이라면 그들과 언제나 협상할 용의를 가지고 있습니다."

　과연 이것이 이승만 같은 인물을 어떤 형식으로든 인정할 태세를 갖추지 못했던 북한 당국의 입장이 크게 변화한 것을 의미하는 것일까? 그 답은 분명치 않다. 그러나 이승만은 아마도(특히 이후의 사태 진전을 볼 때 확실히) 남일이 지칭한 "조국의 평화적 통일을 진정으로 염원하는 사람"에 포함되지 않았을 것이다. 어쨌든 공산주의자들은 남한 지도자들이 북한 정권을 절대 인정할리 없다는 것을 잘 알고 있었기에 남일이 내놓은 제안 역시 결실을 기대하지 않고 나올 수 있었던 것이다. 따라서 남일은 남북한 간의 즉각적인 상호 방문이나 우편물 교류, 또는 경제·과학·예술·체육 교류를 가능한 한 빨리 시작하자고 마음 놓고 제안할 수 있었다. 1959년 10월 말 북한의 최고인민회의가 채택한 「대한민국 민의원 및 '남조선 인민'들에게 보내는 조선민주주의인민공화국 최고인민회의의 서한」에서도 똑같은 관점이 되풀이되었다. 이른바 서한은 하나의 간결한 문장을 통해 당시 통일운동의 기본 목적을 분명히 제시했다. "남조선 각계각층 인민들은 한 사람같이 굳게 뭉쳐 광범한 반미 구국통일 전선을 결성하자!"[42]

　그러나 이러한 노력은 앞서 지적한 것처럼 남한 내에서 공산주의자들이 아무런 영향력도 갖고 있지 않다는 점 때문에 별다른 반향을 불러일으키지 못

41　같은 책, 33쪽.
42　「대한민국 민의원 및 남조선 인민들에게 보내는 조선민주주의인민공화국 최고인민회의의 서한」, 같은 책, 1959년 10월 27일자, 44쪽.

했다. 아직까지 조선노동당은 한국전쟁에서 살아남아 공산주의적 투쟁을 잊지 않고 있는 사람들에게 호소하고 있었다. 또한 전쟁 기간에 납북되거나 월북한 남한의 주요 정치 지도자들이 이러한 캠페인이 벌어지기 바로 몇 달 전에 숙청되었다는 사실에 주목해야 한다. 따라서 남한 내의 분별력 있는 모든 사람은 공산주의식의 통일이 무엇을 의미하는지 뚜렷하게 인지하고 있었다.

그러나 앞서 지적한 것처럼 1960~1961년에 남한에서 일어난 일련의 사건들─4월 학생혁명과 이승만 정권의 붕괴, 유약한 장면 정부의 등장으로 생겨난 새로운 기회, 5·16 군사 쿠데타─에 대해 북한 지도자들은 전혀 대처할 준비를 갖추지 못하고 있었다. 군사 쿠데타의 소식이 평양에 전해지자마자 북한 당국은 약 20만 명을 동원한 대규모 군중집회를 계획했다.[43]

연사로 나온 김일은 남한에서의 폭동을 선동했다. 몇 달 전인 1961년 1월 13일, 북한은 장면 정권이 들어선 뒤 허용된 자유스러운 분위기를 이용하기 위해 새로운 조직체를 만들었다.* 조국평화통일위원회라는 명칭을 가진 이 단체의 간부로는 위원장에 홍명희, 부위원장에 박금철, 이효순, 강양욱, 박신덕, 백남운, 이극로 등 일곱 명의 낯익은 인물들이 선임되었다. 앞서의 유사한 단체들과 마찬가지로 이 새로운 조직 역시 의식적으로 통일전선적 형태를 취한 것이었기에 일곱 명의 간부 중 네 명은 적어도 공식적으로 조선노동당 당원이 아니었다.

이것이 제4차 당 대회가 개최될 무렵의 상황이었다. 김일성은 당 대회에서의 사업 보고를 통해 통일 문제와 그 밖의 남북관계를 자세히 다루었다. 그는 "4월봉기는 남조선 인민들의 반미 구국투쟁에서 새로운 전환점이 되었다"며 말문을 열었다. 김일성에 따르면 "장면 정권의 마지막 시기에 남조선에서

---

43 자세한 것은 다음을 참조하라. 『로동신문』, 1961년 5월 21일자, 1면; 「미제는 남조선을 군사 파쇼의 도가니 속에 몰아넣고 있다」, 『로동신문』, 5월 20일자 사설. 이 사설에서 북한은 미국이 모든 공작이 실패하자 최후 수단으로 군사 쿠데타를 선동했다고 비난했다.

* 조국평화통일위원회가 결성된 것은 1961년 5월 13일이다(『로동신문』, 1961년 5월 14일자 참조).

정치적 및 경제적 위기는 '극도로 첨예화'되었"다. 그는 "남조선의 청년 학생들이 남북회담과 교류를 제의하며 나섰으며 '광범한 인민 대중'이 이에 호응하여 일어났"다고 지적했다. 그러자 "궁지에 빠진 '미 제국주의자들과 남조선 반동'은 파국에 처한 자기들의 지배를 유지하여보려고 파쇼적 군사독재를 수립하려는 모험의 길에 들어섰다"는 것이다. 그러나 김일성은 파쇼적 군사 통치는 결국 "남조선에 대한 미국의 식민지 통치의 종국적 붕괴를 촉진하는 결과를 가져오게 될 것"이라고 주장했다.[44]

이러한 사태 진전에 대해 당은 어떻게 대처해야 할 것인가? 김일성은 "남조선 인민들이 반제 반봉건투쟁을 성과적으로 진행하며 이 투쟁에서 승리를 쟁취하기 위해서는 맑스-레닌주의를 지침으로 하며 '노동자·농민을 비롯한 광범한 인민 대중의 이익'을 대표하는 혁명적 당을 가져야" 한다고 주장했다. 따라서 제1의 당면과업은 남한에 공산당을 재건하는 것이었다. 김일성은 이러한 당이 없었기 때문에 4월봉기가 실패했고 박정희가 주도한 쿠데타가 가능했던 것이라고 주장했다. 그와 동시에 김일성은 "남조선 인민들은 미 제국주의자들의 침략과 전쟁 준비정책을 파탄시키기 위한 전 인민적 항쟁에 궐기해야 한다"고 호소했다. "청년들은 강제 징집을 반대하여 투쟁하며, 노동자들은 태업과 파업을 조직하여 군수 생산과 군수물자 수송을 방해하며, 전체 남조선 인민들이 군사기지와 군사시설의 건설을 반대하여 투쟁해야 한다"는 것이다. 김일성은 남한 인민들에게 "미국 침략 군대에 대한 일체 협력을 단호히 거부하며 그들에게 '쌀 한 알, 물 한 방울'도 주지 말아야 한다"고 호소했다. 김일성은 "남조선의 모든 애국적 역량이 단결하여 결정적인 반미투쟁에 궐기할 때 미 제국주의자들은 우리 강토에 배겨내지 못할 것이며 남조선에서 쫓겨나고야 말 것"이라고 결론지었다. 따라서 남한에서의 혁명에 대한 김일

---

44 김일성, *Report of the CC of the Worker's Party of Korea to the Fourth Congress*, 68쪽(『로동신문』, 1961년 9월 12일자에서 원문을 인용했다―옮긴이).

성의 요구는 민족주의, 더 정확하게는 반미감정에 대한 호소로 귀결되는 것이었다. 그러면서도 김일성은 '낙원'인 북한과 '지옥'인 남한을 비교하면서 남한 역시 북한에 '인민민주주의'를 건설할 수 있게 한 것과 똑같은 정치적·경제적 개혁을 이루기 위해 투쟁해야 한다고 주장했다.

9월 대회에서 김일성이 공표한 주제들은 앞서 북한 정권의 여러 대변자가 제시한 것과 동일한 것이었다. 김일성에 따르면 자유와 해방은 오직 투쟁을 통해서만 쟁취될 수 있는 것이며, '미 제국주의자들'을 남한에서 몰아내고 박정희 정권이 전복될 때만 조국은 '평화적으로 통일'될 수 있는 것이었다. 이러한 혁명을 완수하기 위해서는 진정한 마르크스-레닌주의적 당이 반드시 있어야 했다. 그리고 "조국의 통일 문제를 완전히 해결하기 위하여서는 어떠한 외세의 간섭도 없이 민주주의적 원칙에 기초한 전 조선 자유선거를 통하여 통일정부를 수립"해야 했다. 이 자유선거는 "남북 조선의 모든 정당 사회단체 및 개별적 인사들이 어떠한 구속도 없이 그들의 정강과 정치적 견해를 인민들 앞에서 공개적으로 발표"할 수 있어야만 실시될 수 있는 것이었다.[45]

북한의 실제 정치적 상황에 견주어볼 때 이러한 약속은 겉만 번지르르한 것이었으며, 남한 사람들이 이 약속을 진지하게 받아들이리라는 것도 기대하기 어려운 일이었다. 그러나 남한에 새로운 공산당이 조직되어야 하며 나아가 최근 북한에 조직된 것과 유사한 반미 구국통일전선이 남한에도 조직되어야 한다는 김일성의 호소는 각별한 주의를 요하는 것이었다. 앞서 지적한 것처럼 김일성은 이승만 정권의 붕괴 이후 야기된 남한의 정치적 혼란을 이용할 준비를 전혀 갖추지 못했다는 사실을 통탄했으며, 몇몇 자료에 따르면 준비가 안 된 상태에서 실제로 몇 가지 형태의 개입을 위한 모색을 고려했다고 한다. 김일성은 이러한 기회를 다시는 놓치지 않으리라고 다짐했다. 따라서 김일성이 '남조선해방'을 위한 실질적인 준비—이 준비는 앞으로 살펴보겠지만 곧

---

45 같은 책, 77쪽.

원대한 정책의 선택으로 나아가게 된다—를 재개한 것은 바로 이때부터였다고 생각된다.

6. 당내 독재와 유일사상을 향하여

제4차 당 대회 이후 김일성을 비롯한 당 지도자들의 주요 관심사는 경제 분야의 새로운 과제에 대처해나가기 위해 당의 조직과 관리 체계를 강화하는 데로 모아졌다. 중앙당은 도당과 군당에 대해 당원 교양, 관료주의 퇴치, 조직체계 강화 등에 관한 많은 자료를 내려보냈다. 이 무렵 청산리방법과 대안大安의 사업체계를 정치-행정 공작의 이상형으로 삼는 군중 노선은 천리마운동만큼이나 강조되었다.

그 밖에도 군중 노선을 응용한 '새로운' 방법이 전국에 확산되었다. 이것이 이른바 5호담당제였다. 1958년 7월 김일성이 평안북도 창성군昌成郡에서 '현지 지도'를 하던 중 처음 제시된 이 제도는 실상 군국주의 시대의 일본이 주민들을 통제하기 위해 널리 사용했던 인조제隣組制와 동일한 것이었다. 이 제도는 원래 동북아시아에서는 뿌리가 깊은 것으로, 그 기원은 고대 중국의 보갑제保甲制까지 거슬러 올라간다. 이 제도는 5호를 기본 단위로 당의 '해설 담화 지도자'들이 이들 가정을 항상 지도하고 감독하는 것이었다. 당의 어느 대변자는 이 제도가 과거에도 사용되었던 것이라는 사실은 언급하지 않고, 군중을 한곳에 모아놓고 일방적인 연설을 행하는 과거의 선전방식보다 우수한 것이라고 주장했다. "5호담당제에서는 해설 담화 지도자들이 5호 내외의 적은 세대들을 분담하는 만큼 매 가정, 매 사람들과의 일상적인 접촉을 통하여 그들의 지식 정도, 소질, 취미, 희망, 사상 동태를 정확히 요해할 수 있"는 것이었다.[46]

따라서 기존의 방법과 제도 외에 당과 국가를 위해 주민들을 통제하는 조직-교화방법으로 창성군에서 처음 제기된 5호담당제가 추가되었다. 이 제도가 실시된 동기는 기본적으로 경제적인 데 있었다. 일찍이 당을 황폐화시켰던 당내 정치투쟁이 이제 과거의 일로 되어버리자 고위 지도자들의 주된 관심은 야심적인 7개년계획의 목표를 달성하는 데로 모아졌다. 최고지도자들은 더는 지도부 내에서의 정치공작에 연연해할 필요가 없었으며, 자신들이 달성하고자 고대했던 급속한 공업-농업혁명을 받쳐주는 행정-기술체계를 고안해내는 데 더 많은 시간을 투자할 수 있게 되었다.

이러한 특별한 맥락에서 '정치 우선'이라는 구호에도 웅대한 형식의 정치는 이제 큰 관심을 끌지 못했다. 적어도 이 시기에 권력투쟁은 이미 종식된 것이었다. 이제 당은 특정인이 거대하고 복잡한 체계를 통제할 수 있을 정도로 한 사람의 완전한 지배하에 놓이게 되었다. 당의 공식 문건들은 김일성의 위대함을 찬양하는 데 그치지 않고 그의 '천재성'에서 비롯된 사상체계인 '유일사상'을 강조하는 데로 나아갔다. 따라서 정치는 이제 단결된 중앙당으로부터 하위 당 간부와 대중으로 그 대상을 옮기게 되었다. 이것은 투쟁으로서의 정치라기보다는 신념으로서의 정치를 의미하는 것으로, 중국에서처럼 '김일성사상'이라는 매우 단순한 교리문답에 초점을 맞춘 것이었다.

더구나 시간이 지나면서 당과 국가기관에는 불가피하게 새로운 피가 수혈되었다. 1962년 10월 8일의 제3기 최고인민회의 대의원 선거는 이 사실을 잘 나타내주었다. 제2기 최고인민회의 대의원 선거는 1957년 8월 27일에 실시되었는데, 북한 헌법이 '비상한 사태'의 경우를 제외하고는 최고인민회의 대의원의 임기를 4년으로 규정하고 있으므로 제3기 대의원 선거는 원래 1961년에 실시되어야 했다. 그러나 전통적으로 아시아에서는 법은 반드시 지켜져야만 할 것이라기보다 이상을 의미하는 것이기 때문에 공산주의자들이 헌법을 위반한 것이라고 말할 필요는 없다. 어쨌든 북한 정권은 1962년의 선거에서

---

46 최성근, 「대중정치교양에서의 5호담당제」, 『근로자』, 1962년 11월 20일자, 30~34쪽.

유권자의 100퍼센트가 투표해 100퍼센트 지지로 당이 추천한 후보들을 선출했다고 자랑스럽게 발표했다. 북한 정권은 농담이 아니라 진정으로 이 선거를 "선거 역사에서 일찌기 그 유례를 찾아볼 수 없는 우리의 위대한 역사적 승리"라고 평가했다.[47]

어느 일본인 관찰자는 제3기 최고인민회의 대의원으로 선출된 사람들의 성분을 분석했다. 그의 계산에 따르면 연령별로는 18~29세가 12명, 30대가 99명, 40대가 181명, 50대가 71명, 60세 이상이 20명이고, 직업별로는 '노동자' 215명, '사무원, 지식인, 기타'(아마 군인도 여기에 포함되었을 것이다) 101명, 농민 62명이었다. 새로 선출된 대의원에는 34명의 '항일유격대 전사'가 포함되었으며 그 밖에도 80여 명이 일본 제국주의에 대한 투쟁에 참가했던 경력을 갖고 있었다. 또한 대의원 가운데 35명이 여성이고, 총 112명이 재선된 사람이었다.[48]

따라서 최고인민회의 대의원의 구성은 총원의 약 27퍼센트가 40세 이하였고, 50세 이하는 75퍼센트에 달하는 등 상대적으로 젊은 층이 많이 포함되었다. 더구나 북한 당국이 제시한 자료에 따르면 '노동자'는 대의원의 57퍼센트, 관료와 지식인과 군인으로 분류된 범주는 약 27퍼센트였고, 농민은 사회적 인구 구성에 크게 못 미치는 16퍼센트에 그쳤을 뿐이다.

제3기 최고인민회의 상임위원회에서는 최용건이 위원장으로 재선되었으며 3인에서 5인으로 증원된 부위원장에는 박금철, 박정애, 홍명희 등이 새로 선출되고 한설야가 탈락했다. 개인 신상에 관한 문제로는 한설야의 숙청이 이 시기에 가장 주목할 만한 사건이었는데, 이 점에 관해서는 그의 숙청이 정

---

47 후보자를 '추천'하는 방식은 과거 조국통일민주주의전선이나 (조선노동당이 통제하는) 이와 유사한 다른 단체가 각급 선거위원회에 등록된 후보자를 추천하는 것과 같은 방식이었다. 이렇게 추천된 후보자들은 선거 결과 '만장일치로 당선'되었다. 「당과 인민의 위대한 통일」, 『근로자』, 1962년 10월호, 2~5쪽.

48 마쓰다 도모히로松田智宏, 「北朝鮮に於ける政權交替」, 『大陸問題』, 1960년 9월호.

권과 지식인과의 관계를 규정하는 데 중요한 의미를 갖기 때문에 이 책 2부에 서 자세히 살펴보기로 하겠다.[49] 우리가 이미 알고 있듯이 오랜 기간 좌익 작 가로 활동했고 김일성의 공식 전기를 집필하기도 했던 한설야는 정치적인 면 에서 평가한다면 북한 문학예술계의 최고봉에 오른 사람이었다. 문학에서의 '부르주아'적 경향에 대한 날카로운 비판과 '사회주의적 사실주의'에 대한 그 의 일관된 태도(그리고 수령에 대한 그의 찬사) 덕택으로 한설야는 박창옥 일파 가 숙청된 뒤 난공불락의 지위에 올라섰다. 그는 북한 정권의 교육상, 조선작 가동맹 위원장, 평화옹호전국민족위원회 위원장 등을 역임했고 당 중앙위원 에 선출되었다.

따라서 한설야의 숙청은 지식인 사회에 커다란 반향을 불러일으켰고, 그 에 대처하기 위해 여러 차례의 정치적 회합이 열리지 않을 수 없었다. 한설야 에 대한 비판은 개인적·정치적 측면에서 모두 제기되었지만 그중 개인적인 면에 대한 비판이 주된 것이었다. 한설야가 몰락하자 정계에서는 늘 그랬듯 이 그의 후원을 받았던 사람들도 제거되기 시작했다. 만담가인 신불출申不出, 배우인 심영沈影과 배영(배용裵勇의 착오로 보임—옮긴이), 그리고 유명한 무용 가인 최승희와 그녀의 남편인 안막(=안필승) 등이 모두 공격을 받았다.

7. 전쟁 준비의 강조

1962년 말에 한설야와 그의 추종자들에 대한 숙청의 의미를 왜소하게 만드는 중요한 정책 결정이 이루어졌다. 12월 10~14일에 개최된 당 중앙위원회 제 4기 제5차 전원회의에서 김일성은 "전체 당원들과 근로자들은 한 손에 무기 를 들고, 다른 한 손에 낫과 망치를 들고" 조국을 보위하며 동시에 사회주의를

---

49 이 책 원서의 2부 제11장을 참조하라.

건설해야 한다고 강조했다.[50] 북한 당국은 이 결정에 따라 인민의 경제발전이 "일부 제약을 받을" 수도 있다고 인정했다. 그러나 점점 심각해지는 국제적 상황과 남한이 조성한 '극도의 위기 상황'으로 말미암아 어떠한 희생을 치르더라도 북한의 국방력 또는 지도자의 권한은 강화되어야 했다.

김일성과 제5차 전원회의에서 발언한 다른 지도자들이 북한에 대한 미국의 공격 위험을 지적하면서 '미 제국주의'를 비난한 것은 당연한 일이었다. 이들은 일반 정세가 사회주의 진영에 유리하게 진전되고 있으며 아시아, 아프리카, 라틴아메리카의 수억 인민들은 "제국주의와 식민주의의 멍에를 벗어던지고" 있지만 제국주의는 "결코 자진해서 역사무대에서 물러나지 않는다"고 공산주의자들이 즐겨 사용하는 주제를 되풀이했다. 또한 미국이 군비를 확장하고 공공연한 전쟁 준비를 하고 있다고 비난했다. 그 뚜렷한 증거로 북한 공산주의자들은 최근의 쿠바 위기 당시 케네디 정부가 취한 행동이나 월남에서의 '선전포고 없는 전쟁', 대만 점령에 초점을 맞춘 '반중국 소동'의 강화, 중국-인도 국경분쟁과 관련한 미국의 '인도 반동 지배층'에 대한 선동 등을 열거했다. 그러나 주된 강조점은 미국의 '핵 및 로케트 기지'로 묘사된 남한에 주어졌다. 미국은 일본 군국주의자를 '돌격대'로 하여 한반도에서 또 다른 전쟁을 일으키려 획책하고 있다는 것이었다.

우리는 이러한 여러 가지 사태에 대해 북한 공산주의자들이 취한 태도가 진실로 어떠한 것이었는가에 대해 다시 살펴볼 기회를 가질 수 있을 것이다. 여기서는 당시 북한 지도자들이 흐루시초프의 정책이 도전을 받고 있으며, 공산 진영이 분열과 우유부단에 빠져 있다는 사실을 날카롭게 의식하고 있었기 때문에 쿠바와 히말라야산맥 지역에서 일어난 사건들과 미국의 대일정책에

---

50 당 중앙위원회 제4기 제5차 전원회의에 관해서는 다음을 참조하라. *The People's Korea*, No. 96, Tokyo, 1963년 1월 1일자, 1~2면; *Supplement to Korea Today*, No. 80, 1963년 1월호, 7쪽 (이 회의의 내용은 『로동신문』, 1962년 12월 16일자에 상세히 보도되었다—옮긴이).

지대한 관심을 쏟고 있었다는 사실만을 지적하는 것으로 충분할 듯하다. 모든 면에서 '주체', 즉 정치에서의 자주와 경제에서의 자립, 국방에서의 자위가 그 어느 때보다도 강조된 것은 명백히 소련의 태도에 대해 북한 지도자들의 불신이 깊어가고 있었다는 점을 보여준다.

그러나 그 밖에도 남한에서의 사태 진전에 대한 북한 공산주의자들의 평가는 이러한 정책 변화를 가져오게 한 또 다른 근본 요인으로 작용했다. 남한에서 전쟁 준비가 진행 중이라거나, 미국이 한반도에서 새로운 갈등을 일으키는 데 몰두해 있었다고 말한 것은 명백히 잘못된 주장이었다. 더구나 북한 지도자 자신들이 이러한 노선을 그 당시나 그 이후에라도 실제로 믿고 있었는지도 상당히 불확실하다. 어떠한 기관이라도 기초적 정보력만 갖추고 있다면 이런 결론을 내리지 않았을 것이며, 소련과 중국의 정보기관은 물론 북한의 정보기관도 기초적 정보능력 이상을 갖추고 있었을 것이다. 그러나 북한 공산주의자들이 그들의 실제 의도와는 달리 당시의 위기 상황을 이러한 용어로 묘사한 것은 당연한 일이었다.

앞서 살펴본 것처럼 김일성은 당연히 1960~1961년 남한의 정치적 혼란으로 야기된 기회를 이용하지 못한 것을 통탄했음이 틀림없다. 김일성 역시 1959~1960년 하노이에서 채택된 정책, 즉 월남을 '해방'시키는 전략의 채택을 심각하게 고려할 기회를 맞이했다. 이러한 정책은 한반도에도 적용될 수 있는 것이고, 앞서 지적했듯이 북한과 북베트남은 당시 상당히 긴밀한 관계를 유지하고 있었다. 게다가 김일성은 '해방'을 위한 노력의 새로운 형식뿐 아니라 시기 문제에도 관심을 기울였다. 다른 나라의 경험에 비추어볼 때 북베트남의 방법은 많은 준비를 요하는 것이었다. 남쪽에 당의 지부와 많은 게릴라 부대가 조직되어야 했고, 남쪽에 대해 군사적 압력을 가하기 시작하려면 북쪽은 당연히 있을 보복에 대한 방위력을 갖춰야 했다. 간단히 말해 당시의 남한은 월남과 같은 상황이 아니었다. 김일성과 그의 세대는 남한을 자기들 식대로 '해방'시키기로 마음먹었는데, 이는 10년 이상의 준비를 요하는 것이었다.

그때가 되면 김일성의 나이는 환갑에 가까울 것이었다. 더구나 일이 조금이라도 지체된다면 적대세력이 새롭게 등장하거나 과거의 적대세력과 힘을 합쳐 나타날지도 모르는 일이었다. 김일성과 그의 동료들은 가까운 장래에 동북아시아에서 일본이 미국을 대신해 강자로 부상하리라는 사실을 예견하고 있었음이 틀림없다. 너무 오랫동안 기다리게 된다면 그들은 남한과 미국이 이 지역에서 보유하고 있는 군사력과는 별도로, 재무장한 일본 군국주의라는 새로운 적대세력과 부딪히게 될 것이었다.

이러한 이유로 북한이 1962년 말의 제4기 제5차 전원회의에서 처음으로 '국방'과 경제발전과 동등한 비중을 두는 실질적인 정책 전환을 하게 되었다고 생각하는 것은 충분한 근거가 있다. 그러나 한 가지 또 다른 요인이 작용했다고 생각하는 것도 가능하다. 1962년이 저물어갈 무렵 북한 공산주의자들은 그들이 계속해온 '현대 수정주의'에 대한 비난이 초래한 결과를 감지하거나 그 결과를 통해 위협을 받게 되었다. 어찌 됐건 모스크바와의 관계 악화는 소련의 원조를 감축시켰다. 그 결과 평양 당국은 이미 고갈된 자원을 군사적 목적을 위해 동원하지 않을 수 없었다. 우리는 그 정확한 시점이 언제였는지 확실히 알 수 없지만, 소련의 보복 위협이나 그에 대한 두려움이 소련의 보복에 앞서 이러한 정책 전환을 가져오게 한 것이 아닌가 생각한다. 그러나 그 정확한 이유가 어떤 것이든 간에 이 새로운 정책은 향후 10년간 북한 경제와 북한 주민들의 생활에 심각한 영향을 미치게 된다.

이 시기부터 북한의 조선인민군은 당의 선전매체에 빈번히 등장한다. 새로운 군사 노선을 강조하고 군과 인민의 유대를 '서로 간의 사랑'을 통해 강화하려는 노력이 경주되었다. 흔히 4대 군사 노선이라고 알려진 이 새로운 군사 노선은 제5차 전원회의에서 천명된 바에 따르면 '전 인민의 무장화', '전 지역의 요새화', '전 군의 간부화', '전 군의 현대화'였다. '전 인민의 무장화'는 전쟁이 발발할 경우 동원 가능한 모든 성인 남녀를 군대에 징집하겠다는 것이고, '전 지역의 요새화'는 수천 개의 땅굴을 파서 지하에 거대한 요새를 건설하고, 특히 전방 지역에 대규모 지하 방위기지를 설치하겠다는 것이며, '전 군의 간부화'는 모든 병사들이 필요시 차상급(次上級)의 직무를 수행하도록 능력을 배양시키는 것을 의미했다.[51]

또한 우리는 1963년 여름 이후로 북한 공산주의자들이 휴전선 부근의 미군과 남한 군대에 대해 소규모의 군사적 도발을 시작했다는 사실에 주목해야 한다. 시간이 지날수록 이러한 공격은 강화되었다. 분명히 김일성은 그가 북한 주민들에게 요구하는 새로운 희생을 정당화하기 위해 휴전선의 긴장을 고조시키고자 했던 것이다.

한편 북한 공산주의자들은 내부의 정치구조를 더욱 강화하고자 노력했다. 1963년 12월 3일 도·시·군·리 등 각급 지방 인민회의 대의원 선거가 실시되었다. 북한 당국은 다시 한번 유권자 100퍼센트가 선거에 참여해 추천된 후보들에게 100퍼센트의 지지를 보냈다고 자랑했다. 12월 중순 최고인민회의 보고에서 박금철은 각급 당선자들의 성분을 분석했다. 도(직할시) 인민회의 대의원 2,517명은 노동자 673명, 농민 464명, 당 및 국가 경제기관 일꾼 1,002명, '과학자, 기술자 및 문화예술인' 378명으로 구성되어 있었으며 이들 가운데 여성은 571명이었다. 시·군 인민회의 대의원 1만 4,303명은 노동자 4,062명, 농민 3,708명, 당 및 국가 경제기관 일꾼 5,419명, '과학자, 기술자 및 문화예술인' 1,114명으로 구성되었으며, 이들 중에서 여성은 3,820명에 달했다. 최하급인 리와 읍 노동자구 인민회의 대의원 7만 250명은 노동자 6,644명, 농민 4만 5,429명, 당 및 국가 경제기관 일꾼 1만 3,980명, '과학자,

---

51 한 가지 예로 『로동신문』, 1963년 1월 29일자, 1면에 실린 허봉학(許鳳學)의 논문 「조선인민군은 항일무장투쟁의 혁명 전통을 계승한 불패의 혁명적 무장력이다」를 참조하라.
이 무렵 또 다른 흥미로운 논문이 발표되었다. 박득렬, 「전 인민을 무장시킬 데 관한 김일성 동지의 방침과 동만 유격 근거지에서의 그의 구현」, 『근로자』, 제9호, 1963년 5월호, 20~25쪽. 박득렬에 따르면 김일성은 이미 1932년에 전 인민의 무장화와 전 지역의 요새화라는 모범적인 공산주의 군사 정책을 시행했으며, 이에 따라 조선 유격대는 반일 민족해방투쟁에서 최후의 승리를 거둘 수 있었다고 한다.

기술자 및 문화예술인' 4,197명으로 구성되었고, 이들 가운데 여성은 2만 1,062명이었다. 박금철에 따르면 공화국영웅 32명, 노력영웅 138명, 공훈광부 100명, 공훈벌목공 및 공훈유벌공 28명, 공훈사양공飼養工 아홉 명, 공훈교원 10명, 인민배우 및 공훈배우 세 명, 공훈체육인 세 명, 천리마 작업반장 732명이 대의원에 당선되는 등 각종 훈장, 메달을 수여받은 대의원 수가 무려 2만 4,167명에 달했다.[52]

당과 국가기관의 일꾼으로 일하는 사람들이 각급 지방인민회의에 대거 진출했다는 사실은 주목할 만한 일이었다. 실로 이들은 도와 직할시 대의원에서 40퍼센트를 점했고, 시·군 인민회의 대의원의 경우도 거의 비슷한 수준을 유지했으며, 두 경우 모두 '노동자'보다 훨씬 많이 대의원으로 당선되었다. 지방의 각급 인민회의는 대체로 농촌 지역에 자리 잡고 있었기 때문에 예상했던 대로 농민이 대의원의 대다수를 차지했다. 그러나 농촌 지역에서조차 당과 국가기관 일꾼이 대의원에서 점하는 비율은 상대적으로 높아 20퍼센트에 육박할 정도였다. 또한 과학자와 기술자, '문화예술인'들이 실제 인구에 비해 훨씬 많이 대의원에 당선되었다는 사실도 흥미롭다. 결국 인구의 90퍼센트를 점하고 있는 노동자와 농민은 도·시·군 인민회의 대의원의 경우 40~50퍼센트에 지나지 않았으며, 나머지 50~60퍼센트는 관료와 지식인계급에게 돌아갔다. 리·읍의 경우 노동자·농민 대표들은 거의 75퍼센트에 달했다. 그러나 이 경우에도 사회정치적 엘리트들은 대의원의 25퍼센트 이상을 차지했다. 전체 인구의 51퍼센트를 점하는 여성은 각급 대의원 중 25~30퍼센트밖에 차지하지 못했다.

이러한 결과를 볼 때, 당이 당과 국가기관에서 일하는 전문 관료를 각급 인민회의의 중추로 삼아 어떤 방식으로 각급 지방 주권기관을 운영해나갔는가

---

52 박금철, 「최고인민회의 상임위원회 확대회의에서 한 각급 지방 주권기관 대의원 선거 총화에 관한 박금철 동지의 보고—1963년 12월 17일」, 『로동신문』, 1963년 12월 18일자.

를 상상하는 것은 어려운 일이 아니다. 그리고 박금철의 보고에서 드러난 대의원의 구성 비율이 소련이나 중국처럼 편중된 것은 아니었다고 해도, 북한의 경우 역시 소련과 중국이 자신들의 국가기관을 구성하는 것과 유사한 방식을 취하고 있었다.

이 무렵(1963~1964년) 조선노동당의 당원 수는 공식적으로 130만 명에 달했다. 이것은 최근 수년간 수많은 사람이 새로이 당원으로 충원되었다는 것을 의미했다(1956~1958년의 대숙청과 그에 뒤이은 '집중 지도' 기간에 많은 당원이 출당되었다). 새로 입당한 사람들 중 상당수는 극히 한정된 교육밖에 받지 못한 노동자와 농민이었기에 당 지도자들은 자연히 이들의 정치적 의식 수준에 관심을 갖지 않을 수 없었다. 더구나 당의 기간요원 중 상당수도 이러한 사람들 가운데서 급히 충원되다 보니 문제는 매우 심각한 것이었다. 따라서 당의 선전매체들은 당원과 당 일꾼들의 수준을 '제고'하는 데 지대한 관심을 쏟았다. 김일성이나 그 밖의 당 지도자들은 예정된 기술혁명이나 정치혁명의 필수불가결한 전제로서, 또한 조국통일을 성공적으로 완수하기 위한 전제로서 '문화혁명'의 중요성을 크게 강조했다.

당의 어느 대변자는 "우리는 앞으로 남반부 노동자, 농민, 인텔리들과 각 계각층 군중을 교양·개조하여 우리 당 주위에 단결시켜야 할 어렵고 복잡한 임무를 수행해야 한다"고 주장했다.[53] 이러한 임무를 훌륭히 수행하려면 모든 당원과 근로자들의 정치·사상의식과 문화 수준의 전반적 제고가 절실히 요구되었다. 상설적인 교육기관이나 교실에서의 지식 전수만으로는 이러한 과업을 이룰 수 없었다. 대부분의 당원은 온종일 자기 사업에 매달려 있어야 했기에 과거의 학습방식은 항일유격대의 오랜 혁명적 방식으로 대체되어야 했다. 학습과 작업은 결합되어야 하고, 모든 당원은 "뚜렷한 목표와 계획을 가지고

---

53 박기선, 「당원들과 근로자들의 전반적 수준을 한 계단 더 높이기 위한 투쟁을 강화하자」, 『근로자』, 1964년 4월 5일, 2~10쪽.

학습을 다양한 방법으로 때와 장소를 가리지 않고 일상적으로 진행"해야 했던 것이다.[54]

우리는 북한 지도자들이 좀더 훈련된 기술자를 절실히 필요로 했던 것과 마찬가지로 당원들의 정치적 의식을 제고하기를 열렬히 원했다는 사실을 짐작할 수 있다. 당은 인민학교에서 대학에 이르기까지의 일반 교육체계와는 별도로 이 두 가지 요구에 대처하기 위해 광범위한 성인교육계획을 수립했다. 모든 당원과 수많은 비당원은 정치·교양과 기술교양에 다 같이 비중을 두는 평생교육을 받아야 했다. 더구나 이러한 계획을 수행해나가는 과정에서 당 지도자들은 공식적인 교육체계의 적합성과 정치적 기여도에 의문을 제기하고, 아직도 공식 교육체계의 성벽 속에 상당한 뿌리를 내리고 있는 '구 지식인들'에 대한 의심을 표명하면서 이에 대해 비난을 퍼부었다. 여기서 우리는 김일성과 그 밖의 당 지도자들이 지대한 관심을 표명하고 곧이어 중화인민공화국에서 전염병처럼 번진 '문화혁명'의 본질을 이해할 수 있다.

이 시기에는 대중단체를 당의 목표에 더욱 긴밀하게 종속시키려는 노력도 이루어졌다. 1964년 5월의 제5차 대회에서 사회주의노동청년동맹으로 개칭한 조선민주청년동맹은 당시의 가맹원 수가 260만 명이며, 지도자의 상당수가 현재 당과 국가기관의 요직에서 일하고 있다고 주장했다. 당내의 어떤 필자에 따르면 1964년 초반부터 166만 8,000명의 청년이 천리마운동에 참여

---

54 박기선은 함경남도의 어느 리당위원회의 경험을 따라야 한다고 주장했다. "물론 애로와 난관은 있었으나 리당위원회의 줄기찬 노력과 구체적인 지도에 의하여 1,300명 전체 농장원들의 전망적인 자체 학습계획이 작성되었다. 이에 의하면 1965년까지의 기간에 농장원 41명은 공산대학 졸업 정도에, 150명은 군당학교 졸업 정도에 도달시키며, 160명은 근로자중학교를, 200명은 기술학교를 각각 졸업시키며 35명의 기사와 150명의 기수를 양성하게 되어 있다."
또한 당의 책임 아래 통신반을 포함한 각종 기술·정치·일반교육 과정이 신설되었다. 모든 사람은 "일하면서도, 쉬면서도, 포전(가게—옮긴이)에서도, 집에서도, 오가는 길가에서도 가능한 한 모든 시간과 조건들을 다 이용하여" 일상적으로 학습과 토론을 진행하도록 되었다. 더구나 모든 간부와 당원은 강의를 강사에게만 맡길 것이 아니라 자신이 직접 "선생이 되어 구체적으로 짜고 들어 당원들과 군중들을 인내성 있게 가르쳐야 했다.

하고 있는데, 그중 76만 1,000명이 천리마 기수의 영예를 쟁취했다고 주장했다.[55] 14세 이하의 어린 소년들로 구성된 조선소년단의 단원은 160만 명으로, 이들 역시 스타하노프식 운동에 참가하여 "모범소년단 조직 칭호를 얻기 위해 바쁘게 노력"하고 있었다.

노동, 농민, 여성 단체에서도 이와 유사한 노력이 진행되었다. 1965년 3월 27일 조선농민동맹은 농민들의 '프롤레타리아화'를 상징하기 위해 조선농업근로자동맹으로 명칭을 바꾸었다. 1964년에 발표된 조선농업근로자동맹의 기본 임무는 김일성의 「우리나라 사회주의 농촌문제에 관한 테제」(이에 관해서는 나중에 기술할 것임)의 수행과 모든 농업근로자를 도시와 농촌 간의 차이, 노동계급과 농민 간의 계급적 차이를 없애기 위한 사상혁명, 문화혁명, 기술혁명에 동원하는 데 있었다.[56] "당과 노동계급을 연결하는 끈"이라는 조선직업총동맹이나 250만 여성을 포괄하는 조선민주여성동맹에도 이와 유사한 지령이 떨어졌다.

김일성은 1965년 원산에서 거행된 8·15해방 20주년 경축연과 평양에서 거행된 조선노동당 창건 20주년 기념식 등 두 차례에 걸쳐 전 인민에게 보내는 연설을 했다.[57] 첫 번째 연설은 형식적이고 아주 간단한 것이었지만 10월에 행한 연설은 과거의 사건과 장래의 목표를 조망해주고 있다는 점에서 흥미를 끈다. 김일성은 1958~1959년을 경계선으로 국내정치가 거센 풍파를 이겨냈다고 생각했음이 분명했다. 그는 "전후의 10년은 당의 조직, 사상적 공고화를 위한 투쟁에서 빛나는 승리를 달성한 10년"이었다고 주장했다.[58] 김일

---

55 홍승원(홍순권의 착오 — 옮긴이), 「새로운 발전 단계에 들어선 조선청년운동」, 『로동신문』, 1964년 4월 24일자, 2~3면.

56 「조선 농업근로자동맹의 창립은 농촌문제 해결에서 획기적 사변」, 『근로자』, 1965년 4월 5일, 2~8쪽.

57 이 두 연설의 영어 번역은 다음에 실려 있다. *The Peoples' Korea*, 1965년 8월 18일자, 제1면과 10월 20일, 1~8면(본 번역에는 『로동신문』, 1965년 8월 16일자와 10월 11일자에 실린 한국어 원문을 이용했다 — 옮긴이).

성은 "우리나라(북한)가 처한 복잡한 환경과 조건으로 인하여, 또한 (우리의) 많은 간부들이 '맑스-레닌주의의 수준'이 어리고 혁명투쟁의 경험이 부족하였던 관계로 초기에는 당내에 교조주의의 영향이 적지 않았"지만 당은 꾸준한 교양사업과 사상투쟁을 통해 점차적으로 교조주의를 극복해왔다고 지적했다. 김일성은 "그러나 사대주의에 물젖은 일부 완고한 교조주의자들은 계속 당의 정확한 노선과 정책의 관철을 방해하면서 우리 사업에 해독을 끼쳤"다고 비난했다.[59]

김일성은 "그리하여 우리 당은 1955년에 교조주의를 극복하며 모든 분야에서 주체를 확립하기 위한 단호한 방침을 내세우고 그것을 관철하기 위하여 계속 견결히 투쟁하였"다고 주장했다. 이후로 전체 인민뿐 아니라 당원까지 "우리의 역사와 전통, 우리의 현실에 대한 학습"을 강화하고 "모든 문제를 자기 나라의 실정에 맞게 해결하는 기풍"을 세우기 위해 투쟁해야 했다. 모든 사람은 당의 노선과 정책이 그들의 활동에 대한 유일한 지침이라는 사실을 받아들이라는 교육을 받았다. 이러한 방식으로 마르크스-레닌주의는 북한의 현실에 창조적으로 적용되었다.

그러나 "국제 공산주의운동에서 현대 수정주의가 광범위하게 대두함에 따라" 그리고 종파분자들을 통해 수정주의 조류가 북한에 유입되어 교조주의의 위험은 사라지지 않고 있다고 지적했다. 이들 '기회주의자'의 공격은

---

58 같은 신문, 4면. 김일성은 이렇게 주장했다. "전후 시기 당내 사상전선에서 우리가 진행한 주되는 투쟁은 종파주의를 반대하고 당의 통일을 강화하며 교조주의를 반대하고 주체를 확립하며 현대 수정주의를 반대하고 맑스-레닌주의의 순결성을 고수하기 위한 투쟁이었습니다."

59 같은 신문. "우리 당내에서 나타난 종파분자들도 예외 없이 교조주의자들이었으며 사대주의자들이었습니다. 전후에 와서 이러한 자들의 교조주의는 극도에 달하였습니다. 그들은 자기 나라의 현실을 무시할 뿐 아니라 그 역사와 문화, 혁명전통까지 부인하며 자기의 것은 다 나쁘고 남의 것은 다 좋다고 하는 민족허무주의에 굴러떨어졌습니다. 그들은 자기 당의 노선과 정책에 의거하여 사업하는 것이 아니라 남만 쳐다보고 남이 하는 대로 맹종 맹동하려 하였으며 자기 나라 자체의 힘을 믿지 않고 모든 것을 남에게만 의존하려 하였습니다. 교조주의와 사대주의의 해독성은 참을 수 없는 것으로 되었습니다."

1956~1957년에 가장 노골적으로 나타났다. 김일성은 이렇게 주장했다. "그 때에는 당내에 숨어 있던 소수의 반당 종파분자들과 완고한 교조주의자들이 수정주의의 기초 위에서 서로 결탁하여 외부 세력을 등에 업고 우리 당에 달려들었읍니다. 그들은 우리 당의 노선과 정책을 비방하였을 뿐 아니라 우리 당 지도부를 전복하기 위한 음모 활동을 감행하였읍니다."[60]

물론 당은 당내에 발생한 '반당분자'들과 내정에 개입하려는 '외세'에 승리를 거두었다. 김일성은 이렇게 주장했다. "우리 당은 역사적으로 공산주의 운동에 막대한 해독을 끼친 종파를 청산하고, 자기 대열의 확고한 사상 의지의 통일을 달성하였읍니다. 당은 현대 수정주의를 반대하고, 자기의 맑스-레닌주의 혁명 노선을 고수하였으며, 교조주의를 극복하고 주체를 철저히 확립하였읍니다."

김일성은 이제 160만여 명의 당원으로 강력히 결속한 조선노동당이 청산리방법과 같은 군중 노선을 시행함으로써 예전에 없는 단결을 이룩했다고 선언했다. 역사상 처음으로 당은 하나의 사상과 하나로 일관된 정책들을 갖게 되었다(김일성으로서는 한 명의 수령을 갖게 되었다고 말하는 것이 더 솔직했을 것이다). 김일성은 "당과 인민의 전진을 가로막을 그 어떠한 힘도 없"다고 결론지었다. 이제 당 앞에 놓인 과업은 모든 당원, 특히 간부들의 정치의식 수준을

---

60 같은 신문. 김일성은 이때 처음으로 1956년의 위기와 관련된 문제들에 관한 자신의 견해를 뚜렷하게 표명했다. "현대 수정주의자들은 무엇보다도 미국에 관한 환상을 조성하면서 우리 당과 인민이 미제를 반박하여 견결히 투쟁하지 못하게 하려고 하였읍니다. 또한 그들은 우리나라에서의 사회주의 혁명이 시기상조라고 하면서 이것을 반대하였으며 우리 당의 사회주의적 공업화 노선, 특히 자립적 민족경제 노선을 반대하였으며 나아가서는 우리에게 경제적 압력을 가하여 우리나라 사회주의 건설에 커다란 손실을 주었읍니다. 현대 수정주의자들의 목적은 결국 우리 당을 자기들처럼 맑스-레닌주의를 배반하고, 혁명을 배반하고, 반미투쟁을 포기하고, 우경 투항주의의 길로 나아가게 하려는 데 있었읍니다."
  흐루시초프의 정책 그리고 초기 단계의 대 조선정책에 관한 예상된 선언에 관해 이보다 노골적인 공격은 찾아볼 수 없을 것이다. 더구나 경제적 압력에 대한 비난은 사실상 현안 문제에 관한 것이었다. 왜냐하면 앞으로 살펴보겠지만, 당시의 극히 악화된 북한-소련 간의 긴장관계로 인해 북한은 김일성이 지적한 이상으로 현실적인 경제적 어려움에 직면해 있었기 때문이다.

제고하고, 관료주의나 형식주의 등의 구악을 일소하며, 군중 노선을 발전시키고, 유일사상으로 무장하여 국방력 강화와 급속한 사회주의 건설이라는 두 가지 목표를 향해 나아가는 것이었다.

1965년 10월의 연설은 통렬함과 확신이 뒤얽힌 것이라고 할 수 있다. 통렬함은 당(그리고 김일성)에 대해 '과오'를 저지른 자들에게 가해진 것이었고, 확신은 1957~1959년의 대숙청 기간 반대파에 가한 성공적인 반격의 결과와 김일성 자신의 강력한 권력 장악을 통해 이룩된 국내 정치 안정의 새로운 시대에 관한 것이었다. 이러한 확신은 전적으로 정당했다. 그러나 그 이후의 몇 년 동안에도 당과 때로는 군부의 최고위층에 속한 사람들에 대해서조차 일련의 숙청이 끊이지 않고 계속되었다. 숙청된 사람들은 대부분 김일성에게 변함없는 충성을 바쳐온 당의 고참간부들이었다.

8. 최고위 간부들의 숙청

1966~1970년 수년간 당과 군부의 고위직에 오른 사람들이 자기 지위를 보장받는다는 것은 아주 어려운 일이었다. 1964년 가을 당 정치위원회 위원으로 있던 18명(정위원 12명, 후보위원 여섯 명) 중 1970년 제5차 당 대회에서 정치위원으로 지명된 사람이 다섯 명(정위원 네 명, 후보위원 한 명)에 불과했다는 사실은 놀라운 일이다. 18명 중 한 사람(이주연)은 자연사했고, 나머지 가운데 제5차 당 대회에서 정치위원으로 재선되지 않았다고 해도 39명으로 구성된 중앙상무위원회에 선출되는 행운을 얻은 사람은 세 명에 지나지 않았다(이 세 명은 서열 9위의 남일, 11위의 박정애, 12위의 김익선이었다). 그러나 원래의 18명 중 절반인 아홉 명이 정치무대에서 사라졌고, 이들의 전부는 아니라고 해도 절대 다수는 불명예스러운 숙청을 당했다. 이렇게 사라진 사람들은 김창만, 박금철, 이효순, 정일룡, 김광협, 한상두, 이종옥, 하앙천, 김창봉 등 과거 당

과 군부의 요직을 차지하고 있던 인물이었다.

최근 수년간의 일들을 조심스럽게 살펴볼 때 조선노동당과 군부의 고위층에 자리 잡은 사람들의 위치는 매우 불안정한 것이었다. 정권의 최고위층에 자리한 김일성, 최용건, 김일 세 사람은 당 서열상 자기 위치를 그대로 유지했다. 그러나 다음 단계에 위치한 사람들, 즉 1964년 정치위원회의 정위원이었던 나머지 일곱 명은 강등되거나 면직되었다. 더구나 당시의 후보위원 여섯 명 중 살아남은 사람은 두 명에 불과했고, 다만 박성철만이 3두 마차의 뒤를 이어 제5차 당 대회에서 구성된 정치위원회의 서열 4위로 부상했을 뿐이다.

이처럼 숙청이 계속된 이유는 무엇이었을까? 이는 과연 공산주의자에서 전향한 한재덕의 주장처럼 점차 나이가 들어가는 독재자의 과대망상증 때문이었을까? 아니면 증거가 충분하지 못하지만 정책의 수립과 집행, 실패를 겪는 과정에서 발생한 견해 차이 때문이었을까? 아니면 조선노동당 내의 '친중국파'와 '친소파'의 갈등을 반영해 북한과 국제 공산주의운동과의 관계가 소원해진 부산물이었을까? 또는 당과 군부 내에서 되살아난 종파주의나 권력투쟁과 관련된 것이었을까? 이러한 요인들이 가지는 비중을 검토해보기에 앞서 먼저 북한 공산주의자들 자신과 남한에 귀순한 전 공산주의자들이 출판한 기록과 증언을 토대로 활용 가능한 증거들을 세세히 따져보기로 하자.

이 기간에 숙청된 사람들 가운데 가장 중요한 인물은 아마도 1966년 초에 숙청된 것으로 보이는 김창만일 것이다. 알려져 있다시피 젊은 시절을 중국에서 보낸 김창만은 연안 조선독립동맹의 일원이었지만 김일성의 측근 인물로 활동했고, 김일성의 총애를 받아 1956~1958년의 위기에서도 살아남을 수 있었다. 김창만이 숙청된 이유는 확실하지 않다. 어떤 사람은 그가 김일성의 지시를 어기고 1966년 1월 1일 호화판 신년 파티를 열었다고 이야기한다. 이것이 당의 고위간부들에게 권위를 세우려는 수령을 격노케 했다는 것이다.[61] 다른 사람들은 김창만이 초기에 김일성에게 지지를 보내긴 했지만 그의 이데올로기적·정치적 견해가 중국 측과 너무나 가까운 것이었으며 이런 이유로 소련과의 관계가 결정적으로 악화된 이후, 모스크바와 베이징 사이에서 '중립적' 위치를 확고히 하고자 했던 김일성으로서는 그를 숙청하지 않을 수 없었다고 주장했다. 그러나 김창만이 몰락한 진정한 이유는 아직도 미궁에 빠져 있다. 김창만의 숙청은 공식적으로 발표된 바도 없으며, 그의 이름은 그가 1965년 10월 중국 당 기관지 『인민일보』와 인터뷰를 가진 이후로 한 번도 언급되지 않았다.

9. 조선노동당 제2차 대표자회

좀더 중요한 정치적 변화는 다음 해에 일어났다. 이 변화는 1966년 10월 5일 투표권을 가진 1,275명의 대표와 투표권이 없는 48명의 대표가 참석한 가운데 개최된 조선노동당 제2차 대표자회에서 드러났다. 당 대회가 아니라 대표자회를 소집했다는 것은 주목할 만한 가치가 있다. 제1차 대표자회는 제3차 당 대회가 개최된 지 2년 뒤이자 대숙청 직후인 1958년 3월 3일부터 6일까지 열렸다. 앞서 살펴본 것처럼 제1차 대표자회는 기본적으로 국내 문제, 특히 당 재건 문제와 관련해 개최된 것이었다. 우리는 1966년에 제5차 당 대회를 소집하지 않은 이유를 다음과 같이 추측해볼 수 있다. 전통적으로 당 대회는 국내외에 정치적 면에서의 실적을 '자신 있게' 과시하고, 하나의 경제계획을 성공적으로 완수한 뒤 새로운 경제계획의 착수를 공포하는 시점에 소집되었다. 그러나 1966년은 결코 그럴 만한 상황이 아니었다. 최용건이 개막 연설에서 지적한 것처럼 당시에는 '여러 가지 사정'으로 말미암아 당 대회를 개최하는 대신 당 대표자회를 소집할 수밖에 없었다.

일주일간 개최된 10월의 대표자회에서는 복잡하고 위험한 국제적 정세,

---

61 1968년 11월 8일, 서울에서 행한 스칼라피노와 한재덕의 인터뷰다.

실망을 안겨준 경제발전계획(앞으로 살펴보겠지만 경제 문제의 실상은 조심스럽게 감춰졌음), 국내 정치 문제 등 광범위한 문제들이 다루어졌다. 여기서는 앞의 두 문제는 다음으로 미루고 마지막 문제에 관해서만 살펴보기로 하겠다. 개막연설에서 최용건은 당의 기본 노선이 무엇인가를 재천명했다. 조선노동당은 유일사상과 일관된 정책, 위대한 수령 아래 강철같이 단결되고 통일되어 있다는 것이다.

문제의 '위대한 수령'은 10월 5일 당 대표자회에서 세 부분으로 구성된 긴 연설을 했다.[62] 첫 번째 부분은 전적으로 국제 정세와 관련된 문제들을 다룬 것으로 주로 공산 세계 내의 긴장 상황에 관한 것이고, 세 번째 부분은 남북통일 문제를 다룬 것이었다. 두 번째 부분에서 김일성은 국내 문제를 집중적으로 다루었다. 여기에서 김일성은 '사회주의 건설'과 '혁명기지 강화'를 병진하는 1962년 말에 제시된 당의 기본 노선을 열렬히 옹호했다. 그는 '미 제국주의자들'은 이미 쿠바를 반대해 카리브해에 위기를 조성했고, 이제 북한에 대한 침략을 계획할 정도로 전쟁 위험을 증대시키고 있다고 강조했다. 김일성은 이 연설에서 새로운 정책의 결과 야기된 최근의 심각한 경제 문제를 직접적으로 언급하지는 않았다. 또한 그는 소련과의 불화로 말미암아 발생한 문제들도 건드리지 않았다. 그러나 현재 모든 주민에게 상당한 희생이 요구되고 있고 긴장된 동원체계가 필요하다는 점은 스스로 인정했다.

김일성의 연설 중 이 부분을 관통하고 있는 두 번째 주제는 '주체'에 대한 열렬한 옹호였다. 김일성은 이렇게 강조했다. "우리는 사상에서 주체를 세우고 정치에서 자주, 경제에서 자립, 국방에서 자위의 원칙을 계속 확고히 견지하여야 할 것입니다." 이어 김일성은 "근로자들에 대한 사상교양사업에서 매

---

62 김일성이 행한 연설의 영문판은 다음과 같다. "The Present Situation and the Task Confronting Our Party," Supplement(1), *P'yŏngyang Times*, No. 41, 1966년 10월 13일자, 1~16면(이 연설의 한국어 원문은 다음에 실려 있다. 「현 정세와 우리 당의 과업」, 『로동신문』, 1966년 10월 6일자 ― 옮긴이).

우 중요한 자리를 차지하는 것은 사회주의적 애국주의 교양"이라고 지적했다.[63] 물론 사회주의적 애국주의는 부르주아 민족주의와는 뚜렷하게 구별되는 것으로, 프롤레타리아 국제주의와 밀접히 결합되어 있다는 것이 공산주의자들의 오랜 주장이었다. 김일성은 이렇게 주장했다. "자기 나라 혁명에 무한히 충실한 사람이라야 국제 노동계급의 혁명 위업에 충실할 수 있으며 또한 진정한 국제주의자가 되어야 진정한 애국자로 될 수 있읍니다. 노동계급의 민족적 임무와 국제적 임무는 통일되어 있읍니다."[64]

---

63 같은 신문, 12면. 사회주의적 애국주의에 관한 김일성의 정의는 매우 낯익은 것이었다. "사회주의적 애국주의는 사회주의, 공산주의를 지향하는 노동계급과 근로 인민의 애국주의이며, 그것은 계급의식과 민족적 자주의식을 결합시키고 자기 계급과 제도에 대한 사랑을 자기 민족과 조국에 대한 사랑과 결합시킵니다."

64 같은 신문, 13면. 그러나 한두 개의 또 다른 단락에서 우리는 '프롤레타리아 국제주의'를 포기하지 않으면서 민족주의적 감정에 호소하려는 김일성의 의도를 읽을 수 있다. "자기 조국과 민족을 사랑하지 않는 사람이 자기 나라의 혁명에 관하여 열성을 가질 수 없으며 그 승리를 위하여 몸 바쳐 싸울 수 없는 것입니다. 그렇기 때문에 우리 공산주의자들은 누구보다도 자기 조국과 민족을 열렬히 사랑하며 민족적 독립과 번영을 위하여 견결히 투쟁하며 민족문화와 민족의 모든 훌륭한 유산과 전통을 귀중히 여기고 그것을 계승 발전시키기 위하여 노력합니다. 공산주의자들은 온갖 형태의 민족적 억압과 불평등을 반대하며 민족허무주의를 배격합니다."(12면)

"여기에서 역사적으로 형성된 민족문화 유산과 민족적 전통에 관하여 옳은 태도를 가지도록 근로자들을 교양하는 것은 아주 중요한 문제입니다. 우리는 과거의 것을 다 부인하고 말살하는 허무주의적 경향에 빠져도 안 되며 반대로 과거의 것을 덮어놓고 답습하는 복고주의적 경향에 빠져도 안 됩니다. 이러한 경향들은 새로운 사회주의적 문화의 생활 기풍을 창조하는 데서나 근로자들을 사회주의적 애국주의 사상으로 무장시키는 데서 큰 지장을 줍니다. 민족문화 유산 가운데서 낙후하고 반동적인 것은 버리고 진보적이고 인민적인 모든 것을 비판적으로 계승 발전시키는 토대 위에서만 사회주의의 새 문화와 생활 기풍을 창조할 수 있으며 그것을 더욱 발전시킬 수 있습니다."(12면)

그리고 마지막으로 김일성은 "우리는 전체 근로자들을 프롤레타리아 국제주의 사상으로, 혁명적 인간들 간의 국제적 연대성의 정신으로 더욱 튼튼히 무장시켜야 하겠읍니다. ……우리는 근로자들을 자기 나라 혁명의 승리를 위하여 투쟁하는 동시에 세계 혁명운동의 발전을 위하여 투쟁하며 피압박 민족들과 피착취 인민들의 해방투쟁을 언제나 견결히 지지 성원하도록 교양해야 합니다"(13면)고 주장했다. 이 단락에서 김일성은 "다른 나라 인민들의 투쟁 업적을 존중하며 그들의 우수한 경험을 겸손하게 배우도록 하여야" 한다고 덧붙였다.

이상의 인용문에서 우리는 다른 많은 신흥사회의 지도자들과 마찬가지로 김일성 역시 근대화 노력을 강조하기 위해 그리고 전체 인민들에게 당과 국가 목표에 봉사하자는 감정적·이성적 호소를 결합시키기 위해 전통문화를 '선택적'으로 흡수할 것을 강조했다는 사실을 알 수 있다. 당이 주관하는 대규모 군중집회며 늘 등장하는 군사행진이나 국기의 물결, 야외광장에서의 대규모 매스게임, 수십 김일성의 주장에도 불구하고 '사회주의적 애국주의'와 '부르주아 민족주의'의 차이점을 구별해낸다는 것은 아주 어려운 일이었다. 실로 이 당시의 북한은 국가와 지도자에 대한 일치된 충성을 요구하고, '민족' 문화의 형성과 그 우월성을 끊임없이 강조하고 새로운 민족국가의 출현을 뒷받침해주는 신화를 창조하며, 이 신화를 모든 매체를 동원해 선전할 뿐 아니라 초·중등의 교과과정에 삽입하고, 과거의 역사 속에서 또는 재현된 현실 속에서 국수주의와 배외사상을 찬양하며, 군대의 위치를 한층 부각시키는 등 전투적 사상을 새롭게 고취하고, 조국을 위한 희생을 요구하며, '정의'를 위해 무력을 사용하는 것을 강력하게 옹호하는 등 전통적인 서구 민족주의가 발흥할 때 나타난 현상들을 전부는 아닐지라도 다수, 그것도 아주 극단적인 형태로 보여주었다.

북한 공산주의자들은 민족주의적 요구와 아울러 집체적이고 스파르타식인 새로운 사회주의적 문화의 완성을 요구했다. 김일성은 이렇게 말했다. "우리는 반동적인 부르주아 사상, 썩어빠진 부르주아적 도덕과 생활양식을 단호히 배격하며 개인 이기주의, 자유주의를 비롯한 낡은 사상 잔재와 낙후한 인습을 반대하고 고상한 공산주의 사상과 도덕의 승리를 위하여 공산주의적 생활기풍을 세우기 위하여 꾸준히 노력하여야 합니다. 우리의 전체 근로자들이 부화와 안일을 반대하고 검박하게 생활하며 노동에서 자각적인 열성을 발휘하며 집단과 조직을 사랑하고 서로 돕고 이끌면서 공동의 번영을 위하여 투쟁하도록 하여야 하겠습니다."[65]

만 군중의 행진 등을 볼 때 우리는 파시스트나 나치스 또는 소련 공산주의자들이 즐겨 쓰던 수법을 연상하게 된다. 북한의 군중집회에서 받게 되는 인상은 앞의 두 경우에 가까운 것으로 특히 히틀러의 장대한 군중집회를 떠올리게 한다.

65 같은 신문, 12면. 그리고 김일성은 군사적 필요와 관련해 특별한 요구를 했다. "우리는 또한 군인들과 인민들이 평화적 기분에 사로잡히지 않도록 하며 원수들의 침략 책동과 있을 수 있는 전쟁 도발에 대비하여 항상 경각심을 높이고 긴장된 태세를 견지하도록 하여야 합니다. 공산주의자들은 전쟁을 원하지 않지만 결코 전쟁을 두려워하지 않습니다. 전쟁을 두려워하는 것은 부르주아 평화주의의 표현이며 수정주의적 사상 조류입니다. 우리는 이러한 사상적 독소가 우리 내부에서도 나타나지 않고 외부로부터도 침습하지 못하도록 엄격히 경계하여야 합니다."(9면)

또한 김일성은 북한 사회에 대한 당 지도자들의 현재의 입장을 다시 한번 명확히 밝히면서 당의 통치 수단의 일환으로써 계급 노선과 군중 노선에 대해 상당한 관심을 표명했다. 이 점에 관한 김일성의 주장은 전적으로 정통적이고 전통적인 것이었다. 노동계급은 이미 혁명의 영도력을 장악해 역사적인 자기 역할을 다하고 있으며, 북한 사회를 진정한 사회주의 사회로 개조시키고 있었다. 노동계급의 '가장 믿음직한 동맹자'인 농민은 이제 정권의 주요 관심사로 등장했다. 북한 공산주의자들은 당시의 사회주의 혁명이 농민들의 사회 경제적 처지를 근본적으로 변화시켰을 뿐 아니라 그들의 사상의식에 거대한 변화를 가져왔으며 도시와 농촌 간의 차이, 노동계급과 농민 간의 계급적 차이를 점차적으로 없애가고 있다고 주장했다. 당에 부과된 위대한 과업은 이 과정을 강화하고 계속 추진하는 것이었다.

마지막으로 인텔리의 문제가 남아 있었다. 김일성은 이렇게 주장했다. "우리 당은 창건 첫날부터 혁명과 건설에서 인텔리가 노는 중요한 역할을 고려하여 근로 인민 출신의 새 인텔리들을 대대적으로 길러내는 한편 오랜 인텔리들을 교양 개조하기 위하여 꾸준히 노력하였습니다." 김일성은 당의 "인텔리정책의 정당성과 그 빛나는 승리"가 입증되었다고 주장했다. 이제 "수십만에 달하는 근로 인민 출신의 새 인텔리들이 양성"되어 "정치·경제·문화·군사의 각 분야에서 혁명 위업에 복무"하게 되었다. 또한 김일성은 구지식인들에게 아직도 부르주아적, 소부르주아적 사상 잔재가 비교적 많이 남아 있다는 사실을 인정했다. 그러나 김일성은 "이것으로 하여 인텔리의 혁명성을 믿지 않으며, 더우기 투쟁의 불길 속에서 개조되고 단련된 우리 인텔리들을 믿지 않는다면 그것은 근본적으로 옳지 않"다고 주장했다. (이것이 혹시 당시 중국에서 진행되고 있던 문화혁명을 간접적으로 비판한 것은 아니었을까?) 김일성은 이어 "인텔리를 의심하며 배척하는 것은 하나의 종파주의적 경향입니다. 인텔리의 역할을 과소평가하는 것은 과학과 기술을 무시하는 경향입니다. 이와 같은 경향들은 우리 당의 인텔리정책과는 인연이 없습니다"라고 결론지었다.[66]

또한 김일성은 "사회정치 생활의 경위가 복잡한 사람들"에 대해서도 그들을 "함부로 의심하지 않으며", 모든 사람을 다 올바른 길로 개조할 수 있다는 가능성을 확신해 그들이 당과 국가기관에서 "마음 놓고 일할 수 있는 조건"을 만들어주어야 한다고 주장했다. 김일성은 이어서 "우리 당의 이와 같은 방침은 원수들의 온갖 이간 책동을 분쇄하고 각계각층의 인민 대중을 당과 혁명의 편에 쟁취할 수 있게 하며, 적대분자들을 더욱더 고립시키고 그들에게 발붙일 틈을 주지 않게 해야 합니다"라고 말했다.[67]

실상 90퍼센트의 사람들로부터 환심을 사고 이들을 단결시켜 나머지 10퍼센트의 사람을 반대하고 고립시키는 이러한 90대 10 전략은 결코 새로운 것도, 김일성만의 독창적인 것도 아니었다. 이것은 마오쩌둥주의와 그 밖의 '통일전선' 전략의 오랜 전제였을 뿐이다. 김일성의 10월 연설을 출판물을 통해 상세히 검토해볼 때 경제적 위기나 당의 단결과 같은 문제들은 전혀 언급되지 않았다. 김일성은 이 연설에서 "우리 당은 간고한 투쟁을 통하여 역사적으로 내려오던 종파를 극복"했고 "오늘 우리 당은 조직적·사상적으로 굳게 결속"되었지만 절대로 자만해서는 안 된다고 경고했다. 과거를 돌이키면서 김일성은 "국제 공산주의운동 내부에 기회주의적 조류가 있고 대국주의적 경향이 있는 이상" 1956년과 같이 "당내에 숨어 있던 반당 종파분자들이 국제 종파와 결탁하여 당을 공격하고 나섰던 사실"을 잊어서는 안 되며, "이러한 시도가 되풀이되지 않는다고 말할 수는 없"다고 지적하면서 이렇게 말했다. "오늘의 복잡한 정세에 처하여 특히 외부에서 들어오는 종파주의나 기타 기회주의 영향으로 우리 대열 내에는 동요분자들이 나타날 수 있는 것입니다. 그러

---

66 같은 신문, 11면. 김일성은 홍위병을 동원해 중국의 주요 지식인들을 공격하고 있는 마오쩌둥 추종자들을 비난하고자 했음이 틀림없다.

67 같은 신문. 이어 김일성은 이렇게 말했다. "우리는 당의 계급 노선과 군중 노선을 계속 철저히 관철함으로써 우리의 혁명대오를 더욱 확대 강화하여야 하며 전 사회를 굳게 단합되고 화목하고 명랑하고 생기발랄한 하나의 대가정으로 전변시켜야 하겠습니다."(11면)

므로 우리는 종파주의에 대하여 항상 경각성을 높여야 합니다."

그러나 실상 이 무렵의 정치위원회 내에서는 중대한 변화가 일어나고 있었다. 이러한 변화는 물론 여러 가지 요인이 작용해 일어난 것이긴 하겠지만 기본적으로는 최근 들어 경제가 침체된 데 기인한 것이었다. 당 대표자회 마지막 날인 10월 12일, 당 중앙위원회 제4기 제14차 전원회의가 개최되었다. 이 회의의 결과 당의 조직구조에 변화가 발생했으며, 아울러 당의 요직도 개편되었다. 당의 위원장, 부위원장 제도가 철폐되고 새로이 총비서와 10인의 비서로써 비서국이 신설되었다. 이것은 소련의 제도와 매우 유사했다. 비서국은 당의 일상 업무를 지도하고 감독할 뿐 아니라 당의 제반 노선, 정책, 결의를 집행하는 최종적인 책임을 지는 기관으로 규정되었다. 정치위원회는 당의 최고 정책결정기관으로 기능하는 반면, 비서국은 조직 관리의 최고 조정기관으로서의 역할을 담당하도록 신설된 것이다. 한편 당 정치위원회 내에 아마도 당의 최고 수준에서 당의 일상 업무를 관장할 수 있도록 하는 기구로서 여섯 명으로 구성된 상무위원회가 설치되었다는 사실도 발표되었다.

정치위원회 내의 상무위원회 의원으로 선출된 사람들을 서열에 따라 살펴보면 김일성, 최용건, 김일, 박금철, 이효순, 김광협 등이다. 그 밖에 정치위원회 정위원으로 선출된 사람들은 김익선, 김창봉, 박성철, 최현, 이영호李英鎬 등이며, 후보위원으로 선출된 사람들은 석산石山, 허봉학, 최광崔光, 오진우, 림춘추, 김동규金東奎, 김영주, 박용국, 정경복鄭景福 등이다.

김창만 이외에 정치위원회에서 탈락한 사람은 정일룡, 남일, 이종옥, 박정애, 이주연 등 1961년 당시의 정치위원회 서열 중 아래로부터 다섯 명이고, 후보위원 중 서열 2, 3, 4위인 하앙천, 한상두, 현무광 등도 정치위원에서 탈락했다. 반면에 김창봉과 박성철은 후보위원에서 정위원으로 승격했다.

총비서에는 예상했던 대로 김일성이 선출되었으며, 김일성 아래 10명의 비서는 모두 개편된 정치위원회의 정위원이나 후보위원 중에서 선임되었다.[68]

그러나 그 당시나 그 이후에도 권력구조의 변화와 요직 개편에 대한 발표는 공식적으로 행해지지 않았다. 다만 요직 개편과 관련해 몇 가지 가설을 세워볼 수는 있다. 첫째, 이러한 요직 개편은 결코 1956~1958년과 같은 대규모 숙청을 의미하지는 않는다. 개편 당시 탈락한 사람들도 몇몇 사람을 제외하고는 대체로 당과 국가기관에서 계속 요직을 맡았으며 정치 엘리트의 한 사람으로 활동했다. 더구나 그들 중 몇 사람은 뒷날 다시 정치위원회에 복귀하거나 승진하기까지 했다. 우리가 확인할 수 있는 바로는 김창만 외에는 하앙천만이 실제로 숙청되었을 뿐이다. 김일성종합대학 총장이었던 하앙천은 다시는 공식 무대에 모습을 드러내지 않았다. 혹시 하앙천은 우리가 뒤에서 언급하게 될 지식인들의 불만에 책임을 지고 물러난 것이 아니었을까?

요직 개편의 진짜 이유를 말해주는 가장 중요한 지표는 물러난 여섯 사람이 과거에 경제·생산 분야에서 핵심적 역할을 담당했던 이들이라는 점이다. 정일룡은 내각의 전기석탄공업상이었고, 남일은 국가계획위원장(국가건설위원장의 착오—옮긴이), 이종옥은 동력화학공업상, 이주연은 무역상, 현무광은 기계공업상, 한상두는 재정상이었다. 이 무렵 북한의 경제성장률이 급격히 떨어졌다는 점에서 김일성은 경제 분야의 주요 각료들에게 책임을 물을 결심을 했음이 틀림없다. 박정애가 정치위원회에서 탈락한 이유는 분명하지 않은데, 그녀는 계속해서 당에서 중요한 역할을 수행했다.

이와 유사한 방식으로 우리는 당시 김창봉, 최현, 허봉학, 최광, 오진우 등의 인물이 부상할 수 있었던 이유를 추측해볼 수 있다. 이들은 모두 직업군인으로서 전적인 군사국가의 창건을 강조하는 현재의 당 정책에서 핵심적 역할을 수행하는 사람들이었다. 석산은 군대와 마찬가지로 중요한 사회안전성의 새로운 책임자로 임명된 인물이었다. 새로이 정치위원회 후보위원으로 선출

---

68 최초로 지명된 비서 10명의 명단은 다음과 같다. 최용건, 김일, 박금철, 이효순, 김광협, 석산, 허봉학, 김영주, 박용국, 정경복(『로동신문』, 1966년 10월 13일자에는 정경복 대신 김도만이 비서에 선임된 것으로 나와 있다—옮긴이).

된 사람들의 출신은 다양하지만 이들 역시 대등한 중요성과 관심을 갖게 하는 인물들이었다. 김일성의 친아우인 김영주는 이때 처음으로 당의 최고위층에 진출했는데, 앞으로 주목해야 할 사람이다. 김영주와 같은 세대인 박용국(당시 46세)은 그때 전반적으로 부상하고 있던 젊은 당료계층을 대표하는 인물이었으며 김동규, 정경복, 림춘추 등도 그와 유사한 성격을 지닌 인물들이었다.

1966년 가을 경제정책에 깊숙이 관련된 사람들이 대거 강등된 반면 군부 요인 다수가 승진함에 따라 조선노동당의 고위층에서 직업군인들이 차지하는 비중이 결정적으로 증대했다. 그와 동시에 40대 후반에서 50대 초반의 제2세대 당료계층이 정치위원회 후보위원급으로 성장했다. 물론 이들 중 실력자는 위대한 수령을 형으로 갖고 있던 김영주였다.

그런데 일 년 내에 또 다른 숙청이 일어났다. 이때 희생된 주요 인물은 당서열 제4위와 제5위의 박금철과 이효순이었다. 박금철과 이효순의 숙청은 아마도 1967년 4월의 당 중앙위원회 전원회의에서 이루어졌거나 그 직후에 일어난 일일 것이다. 두 사람은 4월 24일 개최된 최고인민회의 제3기 제7차 회의 개막 당시에는 공석에 나왔지만 일주일 후인 5월 1일의 군중집회에서는 사열대에 그 모습을 드러내지 않았다. 이들에 대한 숙청이 조금 늦게 단행되었다고 생각해보는 것도 가능하다. 어쨌든 11월 7일 서울의 라디오 방송들은 (아마도 정보원들의 첩보를 통해) 북한에서 김일성의 지위를 강화하기 위한 목적으로 새로운 숙청이 단행되었다고 보도했다. 방송은 박금철과 이효순을 숙청된 사람들 중 가장 중요한 인물로 지적했지만 그 밖에도 1966년 12월에 임명된 10명의 내각 부수상 중 한 사람인 고혁高赫과 새로운 정치위원회 위원이자 최고인민회의 상임위원회 서기장인 림춘추 등의 인물이 숙청되었다고 보도했다.

어쨌든 이들 중 누구도 1967년 12월 16일 새로운 최고인민회의와 새 내각이 구성될 때까지 복직되지 못했으며, 당의 간부 명단에서도 이름이 사라졌다.* 또한 12월의 회기에서는 박용국과 김도만(서울의 라디오 방송은 그 역시 숙청되었다고 보도했다) 등 고위 당 간부 두 사람도 공석에 나타나지 않았다.

잘 알려져 있다시피 갑산파 공산주의자인 이효순은 그의 형인 이제순을 도와 갑산 지역에서 지하 활동을 전개한 인물이었다(김일성의 보천보 승리를 가능하게 한 것도 바로 이러한 지하공작이었다). 해방 직후 지방당 간부로 활동을 시작한 이효순은 제거될 당시 정치위원회 상무위원회 위원, 비서국 비서였을 뿐 아니라 대남사업을 담당하는 중앙당 연락국장이기도 했다.

박금철 역시 일찍이 갑산 시절부터 박달, 이제순 등과 함께 김일성의 공작원으로 활동해온 사람이었다. 해방 직후에야 비로소 감옥에서 풀려나온 박금철은 이후 오랫동안 김일성의 측근 중의 측근으로 일했다. 그는 김일성, 최용건, 김일 등 3두 마차에 뒤이어 당 서열 4위로서 당과 국가기관의 여러 요직을 겸임했다. 이 두 사람의 숙청은 김일성과의 오랜 친밀함만으로는 결코 계속된 능력의 시험이나 그 결과에 따른 몰락에서 구원받을 수 없다는 사실을 다시 한번 일깨워주었다.

고혁은 내각 부수상 외에도 당 중앙위원회 문화예술부장을 맡고 있었다. 림춘추는 앞서 살펴본 것처럼 1945년 이전에는 김일성 밑에서 유격대 '중대장'을 지냈으며, 숙청될 당시에는 최고인민회의 상임위원회 서기장과 당 정치위원회 후보위원으로 있었다. 한편 김도만은 당 선전선동부장이었으며, 박용국은 당 국제부장이었던 것으로 알려졌다. 김도만과 박용국은 몇몇 외부 관찰자로부터는 김일성의 친아우인 김영주와 함께 젊은 세대 내에서 부상하고 있는 트리오로까지 손꼽히던 인물이었다.

과연 무슨 이유로 이러한 일련의 새로운 숙청이 일어났던 것일까? 숙청이 일어났을 당시 당 기관지들은 완전히 침묵을 지켰다. 당시 떠도는 소문에 따르면 이들은 군부와 민간 지도자 간의 갈등에 휘말린 인물들이었다고 한다.

---

* 이들 중 림춘추만 1970년 11월의 제5차 당 대회에서 당 중앙위원으로 복귀한 이후 1972년 신설된 중앙인민위원회 서기장, 1983년 4월 국가부주석 등 요직을 지냈다.

이효순과 박용국은 당에서 대남정책을 담당하는 주요 인물이었기 때문에 이들의 숙청은 명백히 대남정책의 실패와 관련이 있을 것이다. 한편 고혁과 김도만이 숙청되었다는 사실은 당의 '지식인' 정책이나 '선전' 정책과 밀접한 관계가 있을 것이다. 우리는 다만 1968년 4월 중앙위원회 제4기 제17차 전원회의에서 김일이 행한 보고에서 한 가지 중요한 문제에 대해 작은 힌트를 얻을 수 있을 뿐이다. 경제건설과 국방건설을 '병진'하는 새로운 노선을 천명하는 연설을 통해 김일은 "당의 새 노선을 관철하기 위한 투쟁"은 "온갖 낡고 침체한 것과의 격렬한 투쟁을 통하여 이루어졌"다고 밝혔다.[69] 그러나 새로운 노선을 내놓았을 때 "중요한 장애로 된 것은 소극성과 보수주의"였다. 이 "소극성과 보수주의는 영웅적 우리 노동계급의 위력을 믿지 않은 데서 나타"난 것이었다. 이어서 김일은 이렇게 주장했다.

소극분자들과 보수주의자들은 낡은 공칭능력과 기준에 매달리고 과학과 기술을 신비화하면서 대중의 창발성을 억제하고 근로자들이 더 하겠다는 것도 못하게 하였으며 난관 앞에서 굴복하고 집단적 혁신을 두려워하면서 근로 대중의 장엄한 전진운동을 가로막으려 하였습니다. 소극성과 보수주의, 동요성과 요령주의를 때려부수지 않고서는 사회주의 경제건설과 국방건설의 모든 전선에서 대고조를 이룩할 수 없습니다.[70]

---

69 "On the People's Economic Development Plan for 1968 for Carrying on More Successfully Economic Construction and Defense Building in the Face of the Obtaining Situation," 당 중앙위원회 비서이며 내각 제1부수상인 김일이 1968년 4월 22일 조선노동당 중앙위원회 전원회의에서 한 보고, *Foreign Broadcast Information Service*, 1968년 5월 3일자 부록, 1~43쪽(4쪽) (본 번역에는 『로동신문』 1968년 4월 22일자에 실린 한국어 원문 「조성된 정세에 대처하여 경제건설과 국방건설을 더 잘하기 위한 1968년 인민경제발전계획에 대하여」를 이용했다—옮긴이).

70 같은 신문. 이보다 조금 뒷부분에서 김일은 1967년 조선노동당이 "수정주의, 좌경기회주의, 사대주의, 부르조아 사상, 봉건유교 사상, 종파주의, 지방주의, 가족주의" 등과 투쟁했다는 사실을 밝혔다. "이 과정을 통하여 전 당과 전체 인민들 속에서 김일성 동지의 혁명사상, 우리 당의 '주체사상'밖에

우리는 위의 인용문에서 박금철, 이효순과 그들의 몇몇 추종세력이 당 경제정책의 실현 가능성에 의문을 제기하면서 속도를 늦출 것을 주장했다는 사실을 알 수 있다. 아마도 이들은 1966년의 극단적인 경제침체를 겪고 나서 그동안 당이 사람들과 기계를 모두 너무 무리하게 몰아세웠고, 따라서 앞으로 당은 생산량에만 관심을 쏟을 것이 아니라 생산품의 질을 높이기 위해 진정한 현대 과학의 기초를 수립하는 데 노력을 기울여야 하며, 과도한 국방비 지출을 줄이면서 전쟁 준비계획을 수행해나갈 수 있는 가능성을 모색하기 위해 정책의 우선순위를 재조정해야 한다고 주장했을 것이다. 그러나 이들의 견해를 분명하게 나타내주는 기록은 전혀 찾아볼 수 없으므로 여기에 제시한 이들의 주장은 우리가 추측한 것에 불과하다는 사실을 염두에 두기 바란다. 다만 한 가지 분명한 것은 이들이 당의 새로운 계획에 많은 의심을 품은 사람들로 낙인찍혔다는 점이다. 뒷날 김일성 자신은 이들 속에 자리 잡고 있던 보수주의는 한 나라의 경제가 일정한 수준에 이를 때까지는 높은 연평균 성장률을 유지할 수 없다는 노선을 주장한 것이라고 강조했다. 그는 이것을 숙청된 집단이 프롤레타리아에 대한 확신의 결여로 말미암아 저지른 또 다른 '죄악'의 증거라고 비난했다.

이러한 갈등이 민간 당료와 군부와의 갈등을 어느 정도 반영하고 있는지 지금으로서는 명확하게 밝힐 수가 없다. 앞서 지적한 것처럼 직업군인들은 정치위원회에 대거 진출했다. 틀림없이 군부 인사들은 어떤 형태로든 군사비를 감축한다거나 정책의 우선순위를 변경하는 것을 백안시했을 것이다. 그러나 우리는 1967년의 전쟁 노선을 명확하게 밝힐 수 있는 충분한 증거를 갖고 있지 않다.[71] 이러한 숙청의 정확한 원인이 무엇이었든, 이때 박금철과 이효순

는 그 어떤 다른 사상도 받아들이지 않으며 언제 어디서나 우리 당 정책으로 사고하고 행동하고 어떤 풍파 속에서도 조금도 동요함이 없이 그를 무조건 접수하여 끝까지 옹호 관철하는 혁명적 기풍이 서게 되었습니다."

정책 문제에 대해 수령과 다른 견해를 갖고 있는 당 지도자들에게 이보다 더한 경고는 없을 것이다.

을 공격했던 사람이 누구였든 간에 이 두 사람과 주변 인물들은 공직에서 추방되었다. 고혁과 김도만, 림춘추의 숙청이나 강등은 어쩌면 이 문제와 관련이 있을 수도 혹은 관련이 없을 수도 있다. 김일성은 1966년 경제적 침체를 가져온 실현 불가능한 경제계획을 담당했던 사람들을 지지했는데, 1967년에는 입장을 완전히 바꿔 이 계획을 싸잡아 비난했다. 하지만 이 계획에 대한 궁극적 책임은 김일성 자신에게 있었다.

1967년 말 김일성은 새로 선출된 제4기 최고인민회의의 제1차 회의에서 10개 조의 새로운 정부 정강政綱을 내놓았다.[72] 이 정강은 1935년(1936년의 착오—옮긴이) 김일성이 조국광복회 시절에 내놓았던 10대 강령과 관련해 더도 덜도 없이 꼭 10개 조로 되어 있는 것으로, 공산주의 역사와 밀접한 관련을 맺

---

71 민간 당료와 군부와의 관계에 대한 좀더 상세한 분석은 이 책 원서의 2부 제12장을 참고하라.

72 457명의 대의원을 선출한 최고인민회의 대의원 선거가 11월 25일에 시행되었다. 정부는 다시 한번 유권자 100퍼센트가 선거에 참여해 공식적으로 추천된 후보에게 100퍼센트의 지지를 보냈다고 선전했다. *The People's Korea*, 1960년 11월 29일자, 1~2면.

김일성은 송림 선거구에 입후보했다. 같은 신문에 실린 김일성의 송림 선거구 방문에 대한 다음 기사는 당시의 개인숭배가 어느 정도였는가를 잘 보여준다.

"조국과 민족의 운명을 한몸에 지니시고 조선혁명의 앞길을 승리적으로 개척하시면서 우리 인민을 항상 승리와 영광, 행복과 번영의 길로 이끌어주시는 절세의 애국자이시며, 민족적 영웅이시며, 백전백승의 강철의 영장이시며, 국제 노동운동과 공산주의운동의 탁월한 영도자의 한 분이신 우리 인민의 위대한 수령 김일성 동지를 최고인민회의 대의원 후보자로 추대하고 끝없는 감격과 기쁨으로 들끓던 여기 송림 선거구 선거자들과 전체 송림 시민들은 이날 또다시 무한한 감격과 기쁨에 휩싸였다. 동녘 하늘이 훤히 밝아오자부터 벌써 황철(황해제철소—옮긴이)의 영웅적 강철 전사들, 시내기관, 기업소 노동자, 사무원들, 청소년 학생들, 가정부인들, 주변 협동농장원들이 명절 옷차림에 수기와 꽃묶음을 들고 그이를 뵈옵고자 물밀듯이 거리로 떨쳐나갔다.

현대적 고층건물들이 즐비하게 일떠서 철의 도시, 송림의 거리에는 공화국 깃발들이 나부끼고 경애하는 수령 김일성 동지의 초상화가 정중히 모셔져 있었다. ……10리 환영 연도에 겹겹이 줄지어 선 5만 환영 군중들은 끝없는 감격과 환희에 넘쳐 춤추고 노래 부르며 경애하는 수령 김일성 동지께서 도착하시기를 기다리고 있었다. 아침 10시 그이께서 타신 자동차가 송림시 어귀인 네길동 로타리에 들어섰다. 삽시에 '김일성 동지 만세!', '조선노동당 만세!'의 환호성이 터져 올라 송림시를 뒤흔들었고 온 거리는 군중들이 열광적으로 흔드는 꽃물결로 설레였다."(여기서는 『로동신문』, 1967년 11월 12일자에서 직접 인용했다—옮긴이)

11월 30일에는 지방 각급 인민회의 대의원 선거가 실시되어 비슷한 결과를 낳았다.

고 있었다. 김일성이 천명한 10대 정강을 인용해보면 다음과 같다.

1. 공화국 정부는 우리 당의 주체사상을 모든 부문에 걸쳐 훌륭히 구현함으로써 나라의 정치적 자주성을 공고히 하고 우리 민족의 완전한 통일 독립과 번영을 보장할 수 있는 자립적 경제의 토대를 튼튼히 하며 자체의 힘으로 조국의 안전을 믿음직하게 보위할 수 있도록 나라의 방위력을 강화하기 위한 자주, 자립, 자위의 노선을 철저히 관철할 것입니다. (주체의 확립)

2. 공화국 정부는 인공적인 국토의 양단과 민족의 분별로 인한 현재와 같은 우리 인민의 불행을 하루빨리 없애고 남조선 인민들을 해방하며 조국통일을 실현하기 위하여 북반부 인민들은 항상 남조선 인민들의 성스러운 반미 구국투쟁을 지원하며 혁명적 대사변을 주동적으로 맞이할 수 있도록 정신적으로, 물질적으로 튼튼히 준비시킬 것입니다. (남조선 해방)

3. 공화국 정부는 조선노동당의 영도 밑에 사상혁명과 문화혁명을 더욱 강화하여 노동계급의 영도적 역할을 높여 농민과 인텔리를 비롯한 사회의 모든 성원들을 혁명화, 노동계급화하기 위한 투쟁을 강력히 전개할 것입니다. (전 성원의 '혁명화', '노동계급화')

4. 공화국 정부는 인민 정권의 기능과 역할을 높이며 광범한 인민 대중을 혁명과 건설에 적극 조직 동원하기 위하여 국가, 경제기관 일꾼들 속에서 관료주의를 없애며 혁명적 군중 관점을 확립하도록 할 것입니다. (관료주의의 퇴치와 군중 노선 확립)

5. 공화국 정부는 조선노동당의 사회주의 공업화정책을 계속 견지하며 인민경제 모든 부문에서 기술혁명을 실현하기 위하여 투쟁함으로써 나라의 자립적 민족경제의 토대를 강화하고 인민 생활을 더욱 높이며 근로자들을 고된 노동에서 해방하는 성스러운 과업을 수행할 것입니다. (자립적 민족경제의 토대 강화 및 인민 생활수준 향상)

6. 공화국 정부는 조선노동당의 주체사상에 튼튼히 의거하여 나라의 과학기

술발전을 촉진하며 사회주의적 문화를 건설하기 위하여 계속 완강히 투쟁할 것입니다. (과학기술발전과 사회주의 문화 건설)

7. 공화국 정부는 조성된 정세에 대처하여 나라의 방위력을 더욱 강화하고 전국적, 전 인민적 방위 태세를 갖추기 위하여 모든 힘을 다할 것입니다. (방위력 강화)

8. 조선민주주의인민공화국 정부는 자력갱생의 기치 밑에 자체의 힘과 내부 원천을 최대한으로 동원하며 자립적 민족경제 건설을 계속 견지하면서 프롤레타리아 국제주의 원칙과 완전한 평등 및 호혜의 원칙에서 다른 나라들과 경제관계를 맺고 대외무역을 발전시켜나갈 것입니다. (자립적 민족경제 건설하여 외국과의 경제관계 강화)

9. 조선민주주의인민공화국 정부는 해외에 있는 모든 조선 동포들의 이익과 민족적 권리를 옹호하기 위하여 적극 투쟁할 것입니다. (해외교포의 이익과 민족적 권리 옹호)

10. 우리는 조선민주주의인민공화국이 창조된 첫날부터 제국주의의 침략을 반대하고 우리 인민의 자유와 독립을 존중하며 우리나라와 평등한 입장에서 국가관계를 맺을 것을 원하는 모든 나라들과 친선관계를 도모할 것을 시종일관 천명하여왔으며, 앞으로도 계속 대외정책 분야에서 이 원칙을 확고하게 견지할 것입니다. (반제·친북한 국가와의 평등한 국제관계 견지)[73]

이 정강에 나열된 항목들의 순위는 무엇보다도 북한 공산주의자들에게 부

---

73 김일성 연설의 영문 번역은 다음과 같다. "Let us Embody More Thoroughly the Revolutionary Spirit of Independence, Self-Sustenance and Self-Defense, in all Fields of State Activity, the Historical Political Program of the DPRK Government Announced by Premier Kim Il-song," *The People's Korea*, 1967년 12월 20일자, 2~12면(본 번역에는 『로동신문』, 1967년 12월 17일자에 실린 한국어 원문, 「국가 활동의 모든 분야에서 자주, 자립, 자위의 혁명정신을 더욱 철저히 구현하자—조선민주주의인민공화국 최고인민회의 제4기 제1차 회의에서 발표한 조선민주주의인민공화국 정부 정강, 1967년 12월 16일」을 이용했다—옮긴이).

과된 정책의 우선순위를 말해준다. 다만 예외가 있다면 방위력 강화를 강조한 일곱째 항목으로 이는 마땅히 두 번째나 세 번째에 놓이는 것이 마땅하다는 생각이 든다. 이러한 10대 정강은 익히 알고 있는 것으로 전혀 새로운 것은 아니지만 이 정강이 발표된 후 한 달여 동안에 개최된 당의 각종 회의는 어떻게 하면 이 정강에서 제시된 목표들을 가장 효과적으로, 가장 빠르게 달성할 수 있는가를 집중적으로 토의했다.

1968년에 내내 북한 주민들은 3년이 추가로 연장돼 1970년에 끝나도록 된 7개년계획을 완수하는 데 쉴 새 없이 동원되었다. 군사비 지출은 전 예산의 3분의 1 이상을 계속 차지해 북한 정권이 그들의 군사계획을 얼마나 중요시하고 있는가를 잘 증명해주었다.

1968년에 있었던 가장 중요한 공식 행사는 9월 7일과 8일 이틀에 걸쳐 거행된 '조선민주주의인민공화국 창건 스무 돌 기념 중앙경축대회'였다. 장관을 이룬 각종 행사나 행사에 동원된 유명배우들의 면모는 김일성이 이제 어느 만큼이나 국내의 모든 정치 활동을 장악하고 있었는가를 상징적으로 보여준다. 주요 정치 엘리트 전원이 참석한 단상 뒤에는 꽃과 조선민주주의인민공화국 국기로 장식된 김일성의 초대형 초상화가 우뚝 서 있었다. 김일성에 대해 결코 경쟁적이지 않았기 때문에 오래 살아남을 수 있었던 최고인민회의 상임위원회 위원장 최용건은 개막연설을 통해 이제는 너무나 자주, 너무나 똑같이 반복되어 상투적인 것이 되어버린 김일성에 대한 엄청난 찬사를 늘어놓았다. 단상에 모인 사람들의 면면을 세밀히 살펴볼 때 북한의 주요 인물 중 1967년 숙청 이후 새로이 숙청된 사람은 아무도 없었다. 경축대회에는 재일조선인 대표단 외에도 '남조선혁명단체 대표' 한 사람이 참석하기도 했다.

국내 문제에 관한 한 김일성의 연설에는 새로운 내용이 들어 있지 않았다.[74] 그는 전년에 제시한 10대 정강의 실현과 7개년계획의 '나머지 중요 고지'들을 점령하는 데 총력을 기울여야 한다고 다그쳤을 뿐, 새로운 중대한 숙청이 준비되고 있다는 사실을 전혀 암시하지 않았다. 그러나 불과 3개월 후인

1968년 말 정계와 군부의 최고지도자들 사이에 새로운 폭풍이 휘몰아쳤다. 김일성이 몸소 김창봉, 허봉학, 최광 등 세 사람을 혹독히 비난했다는 소문이 떠도는 가운데 이들 세 명의 군부 요인은 공직에서 추방되었다. 이 세 사람은 모두 김일성의 수족이라 여겨지던 갑산파의 핵심 인물이었다. 더구나 이들은 각각 군부의 최고위 지도자로 활약해왔다. 당시 내각 부수상 겸 민족보위상이었던 김창봉은 일찍이 인민군 총참모장을 지낸 경력의 소유자로, 앞서 살펴본 것처럼 1966년에는 당 중앙위 정치위원에까지 올랐던 인물이다. 인민군의 최고 계급인 상장으로 있던 허봉학은 인민군 총정치국장을 지낸 인물로 군의 대남공작을 책임진 것으로 알려졌으며, 최광*은 당시 인민군 총참모장으로 재직하고 있었다. 이들은 각각 당 서열 6위, 14위, 16위에 올라 있었으며 뒤의 두 사람은 당 중앙위 정치위원회의 후보위원이었다. 따라서 이들의 숙청은 북한의 정치·군사 엘리트들에게 엄청난 충격을 가져다주었을 뿐 아니라 당 고위층 내에서 직업군인이 차지하는 비중을 현저히 경감시키는 결과를 초래해, 1966년 10월 이래로 뚜렷했던 당의 세력 판도를 뒤바꿔놓았다.

이러한 격변을 가져온 진짜 이유는 무엇이었을까? 군부 문제를 집중적으로 다루고 있는 이 책 원서의 2부 제12장에서 김일성이 이 세 사람에게 공격을 퍼부은 1969년 1월의 조선인민군 당 위원회(당 중앙위원회 직속) 제4기 제4차 회의에 대해 좀더 자세히 서술하겠다.[75] 여기서는 김일성의 비난이 이들이

---

74 김일성 연설의 영문 번역은 다음과 같다. "The Democratic People's Republic of Korea Is the Banner of Freedom and Independence for Our People and the Powerful Weapon of Building Socialism and Communism," *P'yŏngyang Times*, 1968년 9월 12일자, 3~16면(이 연설의 한국어 원문은 「조선민주주의인민공화국은 우리 인민의 자유와 독립의 기치이며 사회주의, 공산주의 건설의 강력한 무기이다―조선민주주의인민공화국 창건 스무 돌 기념 경축대회에서 하신 조선노동당 중앙위원회 총비서이시며 조선민주주의인민공화국 내각 수상이신 김일성 동지의 보고」로 『로동신문』, 1968년 9월 8일자에 실려 있다―옮긴이).

* 최광은 1977년 4월 복권되어 황해남도 인민위원장에 선출된 이후 1980년 10월의 조선노동당 제6차 대회에서 정치국 후보위원으로 선출되었으며, 1981년 3월 이후 정무원 부총리로 재직했다.

75 이 책 원서의 2부 제12장, 969~973쪽을 참고하라.

당이 부과한 군사계획을 제대로 수행하지 못했고, 인민군 내에서 당의 지위를 약화시켰으며, 자금을 유용하고 종파주의에 빠져 당의 단결을 위태롭게 했다는 점에 집중되었다는 사실을 밝히는 것으로 충분할 듯하다.

마오쩌둥이 중국공산당에 일격을 가한 뒤 인민해방군 내에 명령체계를 확립하고 전군을 장악하기 위해 주력했던 것처럼, 김일성 역시 군부에 대해서도 당과 마찬가지로 자신의 지배를 강화하고자 노력했던 것으로 보인다. 김창봉의 뒤를 이어 민족보위상에 취임한 사람은 다른 누구보다도 김일성의 신임을 받고 있다고 알려진 최현(아마도 최현보다 더 신임을 받을 수 있는 사람은 친동생인 김영주밖에 없었을 것이다)이었으며, 인민군 총참모장에는 오진우가 취임했다. 대숙청에 뒤이은 몇 달 동안 최현, 오진우와 그 밖의 주요 군부 인사들은 끊임없이 수령에 대한 절대적 충성심과 당의 지시를 준수하겠다는 자세를 과시했다.[76] 따라서 제5차 당 대회를 맞이하는 김일성은 1960년대 중반의 경제적 침체를 통해 과거의 낙관주의가 다소 빛이 바랬다고 해도 1961년의 영광된 제4차 당 대회 당시보다 한층 더 당과 국가기관에 대한 자신의 정치적 지배를 확신할 수 있었다.

10. 세 발로 걷기: 1960년대의 경제적 성과

제5차 당 대회의 사건들을 들여다보기에 앞서 경제발전의 대체적인 흐름뿐 아니라 국제관계에 대해서도 살펴보는 작업이 필요할 것이다. 이 책의 2부에서 조선민주주의인민공화국의 경제를 심도 있게 분석하고 있다는 사실에 다시 한번 유념해주기 바란다. 따라서 여기서는 단지 객관적 상황만을 설명하

---

76 1969년 2월 7일 조선인민군 창건 25주년 기념식에서 오진우가 행한 연설이나 『로동신문』, 2월 8일 자 사설을 참고하라.

기로 하겠다.

새로운 7개년계획에서 세운 목표는 대단히 야심만만한 것이었다. 이 계획은 공업 생산액의 연평균 성장률을 18퍼센트로 잡았으며 알곡 총생산량은 계획이 종료되는 1967년에는 600만~700만 톤에 달하도록 되어 있었다. 김일성은 이 계획이 성공적으로 완수되면 식량 문제가 완전히 해결될 것이라고 강조했다. 그 밖의 주요 농산품과 공예작물 생산 그리고 축산물 생산량에 대해서도 김일성은 현저한 증대를 기대했다. 또한 김일성은 인민 생활수준의 급속한 향상의 필요성을 인정하면서 7개년계획은 국민소득의 2.7배 성장과 노동자와 사무원의 실질 수입 1.7배 증가를 보장할 것이라고 약속했다. 농민들의 소득에 대해서도 김일성은 7개년계획 기간에 비약적 성장이 있어 이들의 생활이 전반적으로 '부유한 중농의 수준'에 달하게 될 것이라고 단언했다.

김일성을 비롯해 제4차 당 대회에서 발언한 주요 지도자들은 임박한 과학·기술 혁명을 힘주어 강조했다. 김일성 자신은 7개년계획 기간에 대학을 졸업한 '기사와 전문가' 약 18만 명, 고등기술학교를 졸업한 '기술과 중등 전문가' 46만 명을 새로이 양성할 것이라고 천명했다.

1961~1962년은 앞으로 몇 년간의 경제적 성과를 큰 희망을 갖고 기대할 수 있는 시기였다. 이로부터 대략 15개월 후인 1962년 말에 앞서 살펴본 전체의 새로운 전략, 즉 '사회주의 건설'과 '국방건설'을 병진하는 전략이 공표되어 정책의 우선순위가 근본적으로 변화했다.

그러나 아직까지 당의 최고지도자들 사이에는 경제 전망에 대한 낙관론이 우세했다. 1962년 가을 최고인민회의 제3기 제1차 회의에서 김일성은 5개년계획 기간을 "사회주의라는 큰 나무의 뿌리를 깊이 박고 그 줄거리를 튼튼히 자래우는(자라게 하는) 시기"였다고 묘사한 뒤 7개년계획 기간은 "이 나무를 더욱더 자래워(자라게 해) 거기에 찬란한 꽃을 피우고 훌륭한 열매를 맺게 하는 시기"라고 규정했다. 청산리방법과 대안의 사업체계로 대표되는 농업과 공업에 적용된 새로운 조직과 지도방식은 알곡 500만 톤 고지나 80만 톤의 수

산물 생산 등 새로이 설정된 목표를 달성하기 위한 당의 기본적인 무기로 등장했다.

몇몇 자료는 일반 주민의 번영이 목전에 다다랐다고까지 주장했다. 당의 한 기관지는 만약 1963년의 목표가 이룩된다면 북한의 모든 근로 인민은 "기와집에서 쌀밥과 고기를 먹고 좋은 옷을 입으며 부유한 생활을 누리게 될 것"이라고 말했다. 간단히 말해 "근로 인민들의 오랜 염원"이 바로 "우리 세대"에 이루어질 수 있다는 것이었다.[77]

중앙통계국은 1962년의 알곡 생산에 관해 500만 톤 고지를 성공적으로 점령했다고 보고했다. 그러나 뒤에서 살펴보겠지만 사실상 그해의 알곡 생산량은 대략 400만 톤 정도였다. 1963년에 접어들자 북한 정권은 대대적인 군사력 강화가 심각한 경제적 불균형을 초래했다는 사실을 인정하지 않을 수 없었다. 그해 9월 초순에 열린 당 중앙위원회 제4기 제7차 전원회의에서 공업총생산은 목표에 훨씬 못 미쳐 전년에 비해 약 8퍼센트밖에 증가하지 않을 것이라는 사실이 발표되었다. 당의 대변자들은 몇 가지 실패가 있었음을 자인하면서 군사비 지출을 증대해야 한다는 요구를 비난했다. 그러나 이들은 이러한 희생에도 불구하고 '미제의 잔인성과 침략성' 때문에 새로운 노선이 정당화될 수밖에 없다고 말할 정도의 신중함은 몸에 지니고 있었다.

이로부터 수년간의 경제적 성과에 대해서는 북한 당국이 1963년 이래 중앙통계국의 공식적인 통계수치를 발표하지 않았기 때문에 대략적인 추산만 가능할 뿐이며, 이 추산만이 문제의 실상을 밝혀주는 증거가 될 수 있다. 그러나 조선민주주의인민공화국 정부 자신이 제공한 몇 가지 단서와 남한의 북한 문제 전문가들이 제시한 수치를 이용해 우리는 1964~1966년 북한의 공업과 농업 분야의 생산총액을 좀더 정확히 추산할 수 있었다. 이 시기 북한 경제의 대체적 흐름에 대해서는 이 책의 2부에서 더 상세하게 논할 것이다.[78] 여기서

---

77 *The People's Korea*, 1963년 1월 1일자, 1면.

는 다만 우리가 도출해낸 몇 가지 기본적인 수치만을 제시하기로 하겠다. 1963년의 공업 총생산은 1962년과 비교해 8퍼센트 증가했으며, 1964년의 경우에는 17퍼센트, 1965년은 14퍼센트 증가했지만 1966년은 1965년과 비교해 오히려 3퍼센트 감소했다. 한편 1961년의 곡물 총생산량은 공식적인 발표와는 달리 대략 337만 8,000톤에 지나지 않았다. 1962년의 곡물 총생산에 대해서는 정확한 수치를 알 수 없고 1963년의 경우에는 대략 485만 톤이라 추산되며, 1964년은 445만 톤으로 감소했고, 1965년은 약간 늘어나 452만 6,000톤의 곡물을 생산했다. 1966년에는 500만 톤에 거의 육박했으며, 500만 톤 고지는 결국 1967년에야 달성되었다.

우리가 한 추산을 정확한 것으로 믿고 이 기간에 이루어진 성과를 요약해보면, 1961~1967년 공업 총생산은 연평균 12퍼센트 증가했다. 그러나 농업을 포함한 다른 모든 부문의 성장을 종합해보면 연평균 성장률은 3.5퍼센트에 지나지 않았으며, 같은 기간 국민총생산의 연평균 성장률은 8.6퍼센트 정도였다. 확실히 이 정도의 성장은 수치스러운 것은 아니지만 예정된 목표에는 훨씬 못 미쳤다. 더구나 농업 생산에 관한 한 약간의 성장에도 불구하고 이전에 공식적으로 설정한 목표나 당국이 늘려 발표한 통계수치와 비교해볼 때 문제는 대단히 심각한 것이었다. 또한 국방건설에 소요되는 과도한 경비 때문에 비틀거린 경제성장은 한층 심각한 문제를 가져왔다.

1966년에 일어난 정치적 사건들이 지니는 또 다른 의미는 이러한 배경에 반하는 것이었다. 북한 정권이 농업 생산의 발전에 쏟는 지대한 관심을 밝혀주는 초기의 단서는 1964년 김일성이 현지 지도를 강화하고 「우리나라 사회주의 농촌 문제에 관한 테제」를 발표한 것이다. 이 책의 2부에서 살펴보게 될 이러한 정책은 농업 생산을 증가시키기 위한 노력을 뚜렷이 반영하는 당의 새롭고 중요한 지침이었다.

---

78 이 책 원서의 2부, 제13장과 제14장을 참조하라.

1966년 10월의 제2차 당 대표자회는 이처럼 심각한 경제위기 와중에 개최되었다. 이런 경제위기의 원인은 이 책 원서의 2부 제14장에서 상세히 밝히겠지만, 근인과 원인이 복합된 것이었다. 경제위기의 근인 중 가장 중요한 것으로는 국방건설을 위한 제반 노력에 인력과 자원을 지나치리만큼 많이 할당한 사실을 지적할 수 있다. 그러나 흐루시초프 시대의 마지막 몇 달간 북한과 소련의 관계가 극도로 악화된 사실 등 다른 요인들도 지적될 수 있다. 조선노동당 대표자회에서 행한 보고에서 김일은 "국방력을 더욱 강화하기 위하여" 7개년계획의 수행을 3년간 연기하기로 한 사실을 털어놓았다.[79] 김일은 "7개년계획을 수행하는 지난 5년 동안에 공업 생산의 연평균 증가 속도는 14.3퍼센트에 달하였다"고 주장했지만 1966년의 공업 생산만을 따로 제시하지는 않았다.

김일은 농업 생산에 대해 이렇게 말했다. "최근 연간에 우리나라에서는 한해와 풍수해, 냉해, 병충해 등 심한 자연재해가 계속되어 농업 생산에서 일정한 굴곡은 있었으나 그래도 1965년도 알곡 수확은 1960년에 비하여 119퍼센트로 장성하였읍니다." 이러한 발언은 북한 지도자들한테선 좀처럼 찾아보기 어려운 것이었고, 1966년의 위기를 가져온 또 다른 요인으로 작용하게 되는 농업 성장의 장애물이 점점 커가고 있었음을 밝혀주는 것이다.

김일과 그 밖의 사람들은 어려운 상황에서 벗어나기 위해 몸부림쳤다. 이들은 1960~1965년 국민소득이 1.6배 늘어났다고 주장했다. 이들은 나아가 농업 현물세의 폐지와 여타의 각종 사회보장제도로 말미암아 인민의 물질 생활수준이 비약적으로 향상되었다고 주장했다. 그러나 이 사실은 그 당시 북한에 살았던 사람들을 통해 대체로 부인되었다. 그들은 1966년까지 생활수준은 전혀 향상되지 않았으며, 1961~1966년은 빈곤과 내핍의 연속이었다고

---

79 "On the Immediate Tasks of Socialist Economic Construction," 1966년 10월 10일 김일이 행한 보고의 영문 요약, *P'yŏngyang Times*, 1966년 10월 13일자, 1~2면(김일이 행한 보고의 한국어 원문은 「사회주의 경제건설의 당면 과업에 대하여」, 『로동신문』, 1966년 10월 11일자 참조—옮긴이).

증언했다. 우리는 이들의 증언을 뒷받침해주는 또 다른 증거를 갖고 있다. 이 무렵의 당 정책이 직면한 도전은 중공업우선정책이 초래한 1956년의 경제적 어려움과 상당히 유사한 것으로, 다만 이번에는 정책 목표가 급속한 군비 확장에 있다는 차이만 있을 뿐이었다.

김일성과 그의 지지자들에게는 다행스럽게도, 이후의 수년간 경제적 조건은 점차 개선되었다. 우리는 기본적으로 공식 통계수치에 의존할 수밖에 없지만 뒤에서 살펴보는 것처럼 이 기간에 발표된 통계수치는 비교적 정확한 것이었다. 정부 당국의 발표에 따르면 1967년의 공업 총생산량은 전년도에 비해 17퍼센트 성장했으며, 더욱 중요한 의미를 지니는 사실은 알곡 생산이 16퍼센트나 성장했다는 점이다. 1968년 초 경제 문제에 대한 공식 보고의 논조는 1968년 4월 22일 당 중앙위원회 전원회의 김일의 보고에서 잘 드러나듯이 지극히 낙관적인 것으로 변화했다.[80]

지난해에 이루어진 경제성장을 개괄한 뒤 김일은 당의 당면 과업을 제시했다. 첫 번째 과업은 중공업 부문에 관한 것으로서 전력공업과 채취공업(땅속에 매장된 석탄, 광석, 석유, 천연가스 등을 캐내는 것—옮긴이)에 역점을 두는 것이었다. 김일은 "채취공업을 앞세워 원료, 연료에 대한 늘어나는 수요를 원만히 보장해주어야만 기간적 중공업 부문인 야금공업, 기계공업, 화학공업 등을 발전시킬 수 있"다고 지적했다. 둘째, "강철고지를 점령하는 것은 국방력과 경제력을 강화하는 데 관건적 문제의 하나"였다. 이 점에 관해 김일은 "올해는 지난해보다 선철과 입철은 36퍼센트, 강철과 강재는 각각 33퍼센트 더 많이 생산"해야 한다고 1968년의 생산 목표를 제시했다. 김일이 각별한 관심을 쏟아야 한다고 강조한 또 다른 분야는 기계공업과 화학공업의 발전이었다. 마지막으로 김일은 농촌경리의 화학화와 기계화를 이룩해야 한다고 강조했다.

---

80 주 69와 같다.

1968년 9월 7일 조선민주주의인민공화국 창건 스무 돌 기념 중앙경축대회에 참석한 사람들 앞에서 행한 보고를 통해 김일성은 몇 가지 단서를 달긴 했지만, 김일의 보고와 유사하게 대체로 낙관적인 견해를 견지했다.[81] 김일성은 "우리는 국방력을 강화하는 데 추가적으로 더 큰 힘을 돌리지 않으면 안되었으며 이와 관련하여 우리나라의 경제발전은 예견하였던 것보다 일정하게 늦어지게 되었"다고 자인했다. 그럼에도 "우리는 올해에 석탄, 화학비료, 주요 유색금속, 목재 생산을 비롯한 일련의 공업 부문들에서 7개년계획의 고지들을 능히 점령할 수 있다는 확신을 가질 수 있"다고 주장했다.[82] 그는 이어서 "오늘 우리나라의 지방공업은 전체 소비품 생산의 절반을 차지하고 있으며 전반적 인민경제 발전을 촉진시키는 데서 커다란 역할을 하고 있"다고 말했다.

농업 생산과 관련해 김일성은 좀더 은밀한 비교를 하면서 이렇게 말했다. "우리나라에서는 지난해에 유례없는 큰물이 졌으나 알곡 생산은 해방 직후에 비하여 2.7배 늘어났으며 공예작물, 남새(채소―옮긴이), 과실, 축산물 생산도 빨리 높아졌습니다. 우리는 이미 식량을 자급자족할 뿐만 아니라 상당한 양의 예비를 가지게 되었으며, 농촌경리의 모든 부문을 더욱 높은 수준에로 발전시킬 수 있는 튼튼한 토대를 닦아놓았습니다."[83]

1969년 『로동신문』은 연두 사설에서 공업 총생산이 약 17퍼센트 성장했다고 주장했다.[84] 그러나 일 년 후인 1970년 1월 북한 당국은 전년과 비교해 공업 총생산은 15퍼센트, 곡물 총생산은 11퍼센트 증가했다고 발표했다. 또

---

81 주 74와 같다.
82 같은 신문, 8면.
83 공식 자료에 따르면 1946년의 곡물 생산량은 189만 8,000톤에 달했다. 해방 직후에 비해 2.7배 늘어났다는 김일성의 주장이 사실이라면 1967년의 곡물 생산은 510만 톤에 달하는 것이다. 이 책 원서의 2부 제9장 참조.
84 「새해 1969년을 새로운 더 큰 승리로 빛내자」, 『로동신문』, 1969년 1월 1일자, 1면.

한 '7개년계획의 주요 고지'가 마침내 점령되었다고 선언했다. 그들은 7개년 계획의 궁극적 완수에 때맞춰 1970년 10월 조선노동당 제5차 당 대회가 개최될 거라는 사실도 아울러 예고했다. 따라서 10년간의 투쟁과 궁핍, 기복이 심한 발전을 거친 뒤 북한 주민들은 당으로부터 새로운 시대의 도래를 약속받았다. 그 첫 번째 조치로서 정부는 새로운 당 대회를 앞두고 국방건설계획 기간에 노동계급이 당한 희생을 스스로 증명이라도 하듯 노동자, 기술자, 사무원들의 임금을 평균 31.5퍼센트나 올릴 것이라고 발표했다.[85]

11. 국제관계에서 주체사상의 적용

1970년 말에 제시된 경제적 목표들을 살펴보기에 앞서 다시 국제 정세로 되돌아가 보자. 앞서 지적한 것처럼 공산 진영 안팎에서 전개된 국제 정세의 변화는 북한의 국내 정세에 중대한 영향을 끼쳤다.

조선노동당 제4차 대회가 끝난 지 꼭 한 달 후 모스크바에서는 소련공산당 제22차 대회가 개최되었다. 김일성은 박금철, 허봉학 등으로 이루어진 대표단을 이끌고 이 역사적 회합에 참석했다. 모스크바에 도착한 이들은 공항에서 코시긴 등 소련 고위 지도자들의 영접을 받았다. 그 당시 북한의 선전매체들이 소련 공산당대회를 역사상 처음으로 작게 취급했다는 사실은 흥미로운 일이다. 흐루시초프의 연설을 포함해 모든 연설은 요약문 형태로 게재되었으며, 대회 자체도 짤막하게 보도되었다. 『로동신문』은 심지어 흐루시초프의 사진조차 싣지 않았다. 지난 수년간 소련 내에서 발생한 사건들을 취급한 것과

---

85 『로동신문』, 1970년 9월 1일자, 1면(1970년 8월 31일 내각 수상 김일성 명의로 발표된 「노동자, 기술자, 사무원들의 임금을 올릴 데 대하여」라는 제목의 이 글은 「조선민주주의인민공화국 내각 결정 제70호」로 공표된 것이다—옮긴이).

비교해볼 때 이것은 실로 놀랍고도 중요한 변화라고 할 수 있다.

오직 김일성의 축하연설만이 북한 언론의 관심을 끌었다. 그러나 이 연설은 조선노동당이 소련 지도자들의 세계 평화를 위한 노력—평화공존을 비롯하여—을 절대적으로 지지한다는 낯익은 주제를 반복하고 있을 뿐이다. 김일성은 그의 연설에서 소련공산당을 '국제 공산주의운동의 전위'라고 간단히 언급했을 뿐 흐루시초프에게는 아무런 경의도 표하지 않았다. 그러나 북한 대표단이 이보다 앞서 레닌의 묘소뿐 아니라 스탈린의 묘소까지 참배했다는 사실은 주목할 만한 일이다.

이 대회의 극적인 효과가 절정에 달한 것은 중국 대표단의 퇴장 사태를 가져온 흐루시초프의 알바니아에 대한 공공연한 비판과 그에 뒤이어 스탈린에게 퍼부어진 거센 비난이었다. 마침내 두 공산대국 사이의 불화가 공공연히 표출된 것이다. 중·소분쟁은 이제 누구나 다 아는 사실이 되어버렸다.

김일성을 비롯한 북한 대표단은 중국 대표단과는 달리 대회가 끝날 때까지 모스크바에 체류했지만, 예상했던 것보다 훨씬 빠른 11월 2일에 평양으로 돌아왔다. 이들은 소련군 창설 24주년 기념식에 참석하지도 않고 대회가 폐막된 지 불과 이틀 만에 훌쩍 떠나와 아무런 환영 군중도 동원되지 않은 평양 공항에 도착했다. 또한 대표단은 조선 인민들에게 즉각적이고 공식적인 보고도 제출하지 않았다.[86]

다만 김일성은 11월 27일 개최된 당 중앙위원회 제4기 제2차 확대 전원회의에서 현재 가열되고 있는 국제 문제에 대한 자신의 견해를 피력했다. 김일

---

86 대회를 마무리 지으면서 『로동신문』 사설은 전통적인 방식으로 소련을 대단히 찬양했다. 이 사설은 "소련 인민들은 세계 평화와 진보를 위한 투쟁의 선두에 서 있다"고 추켜세우면서 "제국주의 침략과 전쟁을 저지시키고 인류의 평화와 안전을 수호하기 위한 강력한 요인"으로 "소련의 위력"이 행사돼야 한다고 주장했다. 이 사설은 최근에 일어난 일련의 사건을 직접적으로 거론하지 않으면서 조선노동당은 사회주의 진영의 단결을 위한 투쟁을 계속해야 한다고 결론지었다. 「공산주의 건설자들의 대회의 성과를 축하한다」, 『로동신문』, 1961년 11월 2일자, 1면.

성은 다소 간략한 이 보고에서 먼저 조선노동당과 조선 인민은 "국제 공산주의운동의 공인된 전위대인 소련공산당과 굳게 단결할 것이며, 국제 공산주의운동에서 소련공산당이 차지하는 위치는 역사적으로 형성된 움직일 수 없는 사실"이라고 찬양했다. 김일성은 스탈린에 관해 "그의 활동은 국제 공산주의운동 전반(방점은 필자)에도 커다란 영향을 주었으며, 스탈린에 대한 개인 미신에 관한 문제는 소련공산당 내부 문제"에 속하는 것으로 "그 어떠한 당도 형제당들의 내부 생활에 대하여 이러저러하게 간섭할 권리가 없"다고 주장했다. "이것은 모든 형제당들이 그들의 상호관계에서 준수하여야 할 기본 원칙의 하나"였다. 김일성은 "그러므로 스탈린에 관한 문제나 소련공산당 내의 반당종파들에 관한 문제는 우리 당에는 관계가 없으며 우리 당 내부에서는 논의의 대상으로도 될 수 없"다고 강조했다.[87]

김일성 자신의 약간의 우려에도 불구하고 탈스탈린화와 몰로토프 등에 대한 흐루시초프 일파의 공격 등 난감한 문제에서 벗어나는 데 1956년의 반당종파분자사건을 이용할 수 있었다는 사실은 김일성에게 다시 한번 크나큰 기쁨을 안겨주었다. 그러나 알바니아 문제는 결코 쉽게 피할 수 없는 또 다른 문제였다. 명백히 이는 한 나라의 내부 문제가 절대로 아니었다. 김일성은 이 문제를 신중하게 취급했다. 김일성은 "최근 연간에 소련공산당과 알바니아노동당 간에는 일련의 문제들에 대하여 의견 상이가 발생하였으며 그 호상관계는 비정상적인 것"으로 되었다고 인정하면서 "만일 이러한 사태가 계속된다면 그것은 사회주의 진영의 통일과 국제 공산주의운동의 단결과 이 운동의 전반적 발전에 심중한 손실을 끼치게 될 것"이라고 우려를 표했다. 김일성은 이 문제가 국제주의적 단결의 정신에 입각해 원만히 해결되어야 한다고 희망했지만 아무런 해결책도 제시할 수 없었다. 그는 이 문제에 대해 중립적인 입장을 취하면서 이렇게 강조했다. "모든 형제당들은 완전히 평등하고 자주적이

---

[87] 11월 27일자 김일성의 보고에 대해서는 다음을 참조하라. 『로동신문』, 1961년 11월 28일자, 1면.

며, 맑스-레닌주의 원칙과 자기 나라의 구체적 실정으로부터 출발하여 독자적으로 자기 정책을 규정합니다. 형제당들은 호상 존중의 원칙에 의하여 다른 당들의 경험에서 응당 서로 배워야 할 것이지만, 그것을 성취하고 안 하고 하는 문제는 자체의 실정과 필요에 따라 개별적 당들이 독자적으로 결정할 문제입니다." 이어 김일성은 모든 형제당은 "공동의 관심사로 되는 문제들"에 대해서는 서로 협의해 통일적 견해를 이루고 이를 준수하며 행동의 통일을 기해야 한다고 주장했다. 평등과 불간섭, 상호 협의, 이것이 소련과 알바니아의 분쟁을 해결하는 적절한 공식이 되어야 한다고 암시한 것이다.

이보다 앞서 11월 7일 북한 지도자들은 알바니아를 고립시키려는 소련공산당의 방침을 따르지 않겠다는 견해를 명백히 표명했다. 그날 조선노동당 지도자들은 알바니아노동당 창건 20주년을 기념해 알바니아노동당과 알바니아 인민들에게 '열렬한 축하'를 보내는 메시지를 발송했다. 이때 소련에 보내는 메시지가 다소 예의바르고 공손한 어조로 된 것이었던 반면, 알바니아에 보낸 메시지는 아주 따뜻하고 정감 어린 것이었다. 알바니아에 보낸 메시지는 소련 지도자들에게는 소련-알바니아분쟁과 관련해 북한이 취하고자 하는 입장이 어떠한 것인가를 명확히 상징하는 것으로 여겨졌음이 틀림없다.[88]

---

88 알바니아에 보낸 북한 지도자들의 메시지는 북한이 걷고자 하는 노선이 어떠한 것인가를 잘 보여주기 때문에 약간 길지만 인용을 해볼 필요가 있다.
"파쇼 침략자들을 반대하는 투쟁 속에서 창건된 알바니아노동당은 모든 난관을 극복하면서 나라의 자유와 독립을 위한 영웅적인 투쟁을 전개하여왔으며, 알바니아 인민을 새 생활을 창조하는 길로 확신성 있게 영도하고 있다. 이태리와 독일 파쇼 도당들이 알바니아를 강점하고 있던 준엄한 시기에 귀당은 외래 침략자들을 반대하며 나라의 해방을 위한 정의의 투쟁으로 전체 당원들과 애국적 인민들을 불러일으켰으며 그들의 선두에 서서 투쟁하였다.
해방 후 알바니아 인민은 알바니아노동당의 영도하에 나라의 사회주의적 개조와 사회주의 건설에서 빛나는 승리를 쟁취하였으며, 낙후한 농업국가였던 자기 조국을 사회주의적 농업-공업 국가로 전변시켰다. 알바니아노동당은 제국주의자들과 그의 앞잡이인 유고슬라비아 수정주의자들을 반대하여 일관된 투쟁을 전개함으로써 혁명의 전취물을 수호하며 사회주의의 승리와 구라파와 세계의 평화를 위하여 적극 투쟁하고 있다. 조선 인민은 사회주의 건설에서 알바니아 인민들이 달성하고 있는 모든 성과를 자기의 성과와 같이 기뻐하고 있다.

이보다 하루 전인 11월 6일, 조선노동당은 김일성과 최용건의 명의로 러시아혁명 44주년을 기념하는 축하 메시지를 흐루시초프와 브레즈네프에게 보냈다. 이 메시지 역시 전적으로 우호적인 것이었으며, 몇 가지 문제에 대해서는 찬사가 담겨 있었다.

오늘 소련은 세계 최고봉의 과학기술과 문화를 가진 나라로서 전면적 공산주의 건설의 길을 힘차게 전진하고 있습니다. 소련에서의 공산주의 건설은 사회주의 진영의 위력을 더욱 강화하며 제국주의자들의 침략과 전쟁정책을 제어하고 공고한 세계 평화를 유지하는 가장 강력한 요인으로 되고 있습니다. 바로 얼마 전 소련공산당 제22차 대회에서 채택한 소련공산당의 새 강령은 소련에서의 공산주의 건설의 중대한 계획과 구체적 방도를 명확히 제시한 훌륭한 맑스-레닌주의적 문헌으로서 전 세계 인류에게 공산주의의 휘황한 앞날을 밝혀주고 있습니다.

소련 인민은 흐루시초프 동지를 수반으로 하는 소련공산당 중앙위원회의 주위에 더욱 굳게 단결하여 제22차 당 대회가 제시한 중대한 과업 수행에 한결같이 궐기하고 있습니다.

소련의 위력의 부단한 장성은 사회주의 건설과 조국의 평화적 통일을 위한 조선 인민의 투쟁을 무한히 고무하여줍니다. 형제적 소련 인민은 조국의 자유와 통일 독립과 새 생활의 건설을 위한 조선 인민의 투쟁을 항상 백방으로 지지 성원하였으며 또 하고 있습니다. 역사적으로 형성되었으며 사회주의와 공산

오늘 사회주의 진영의 통일단결은 평화와 사회주의를 위한 공동투쟁에서 모든 사회주의 국가들의 승리의 믿음직한 담보로 되고 있다. 우리는 조선과 알바니아 두 나라 인민 간의 친선·단결이 맑스-레닌주의와 프롤레타리아 국제주의의 원칙에 입각하여 소련을 선두로 하는 사회주의 진영의 대가정 속에서 앞으로 더욱 강화 발전되리라는 것을 확신한다. 조선노동당 중앙위원회는 나라의 사회주의 건설과 세계 평화를 위한 귀당의 사업에서 새로운 성과가 있기를 축원한다.

형제적 인사를 보내면서
조선노동당 중앙위원회 (『로동신문』, 1961년 11월 8일자, 1면)

주의의 위업을 위한 투쟁에서 조·소 양국 인민들 간의 친선과 단결은 그 어떠한 힘으로도 깨뜨릴 수 없습니다. 조선 인민은 자기의 해방자이며 진정한 원조자인 소련 인민들과의 불패의 동맹을 무한히 귀중히 여기고 있습니다. 조선 인민은 앞으로도 필승불패의 맑스-레닌주의와 프롤레타리아 국제주의의 기치를 높이 들고 소련을 비롯한 사회주의 진영의 통일단결을 눈동자와 같이 고수하며 그의 위력을 가일층 강화하기 위하여 모든 힘을 다할 것입니다.

친애하는 동지들, 우리는 소련에서의 전면적 공산주의 건설과 사회주의 진영의 통일단결의 가일층의 강화와 세계 평화의 유지 공고화를 위한 고귀한 사업에서 당신들과 형제적 소련 인민에게 보다 새로운 성과가 있기를 충심으로 축원합니다.[89]

조선노동당의 입장은 당의 두 고위 지도자들이 호자Enver Hoxha, 레시Haxhi Lleshi, 세후Mehmet Shehu 등 알바니아 지도자들에게 알바니아 해방 17주년을 맞이해 축하 메시지를 보낸 데서 보다 선명하게 드러났다. 이 메시지에는 "해방 이래 17년간 나라의 주인이었던 알바니아 인민들은 알바니아 노동당의 구체적인 영도하에(방점은 필자) 난국을 용감히 헤쳐나가고 있읍니다"라는 구절이 들어 있었다.[90] 이 메시지는 다시 한번 "소련이 영도하는 사회주의 진영의 대가정"을 운위하고는 있었지만, 흐루시초프 등 소련 지도자들이 이 메시지를 보고 달가워했을 리는 없었을 것이다.

여기에 인용한 메시지나 그 밖에 당시 북한이 발표한 각종 성명서를 검토함으로써 우리는 조선노동당 제4차 대회 개막 이후 김일성과 그의 추종자들이 취했던 기본 입장을 가려낼 수 있었다. 이 입장은 크게 세 가지로 요약될 수 있다. 첫째, 소련공산당이 국제 공산주의운동에서 수행해온 전위적 역할

---

89 『로동신문』, 1961년 11월 7일자, 1면.
90 위의 신문, 1961년 11월 29일자, 1면.

은 역사적인 평가가 내려진 것으로서 부인될 수 없다(또는 흐루시초프 같은 변덕쟁이 때문에 훼손될 수 있는 것도 아니다). 소련 인민들은 레닌 등의 영도로 최초의 공산국가를 건설해 세계 도처의 혁명적 인민들에게 자극을 주었으며, 소련의 위력은 전 세계의 사회주의 세력을 보호하는 우산 역할을 하고 있다. 이 힘이 유지되고 행사되어야 한다는 것은 불가피한 일이다.

둘째, 스탈린은 두 가지 측면에서 평가되어야 한다. 먼저 국제적 인물로서의 스탈린에 대해 모든 당은 그를 평가할 수 있는 권리를 가진다. 북한에 있는 우리는 스탈린을 국제 공산주의운동에 지대한 영향(대체로 좋은 영향)을 미친 인물로 생각한다. 그러나 형제당의 지도자로서 스탈린에 대한 평가는 소련공산당에 의해 내려져야 할 그들 내부의 문제이며 조선노동당이나 기타 외부 세력은 소련공산당 지도자로서의 스탈린에 대한 평가를 내릴 권리를 갖고 있지 않다.

셋째, 소련공산당과 알바니아노동당 간의 원한에 사무친 분쟁은 매우 유감스러운 일이며 사회주의 진영이 심각한 피해를 받지 않기 위해 이 분쟁은 종식되어야만 한다. 또한 조선노동당은 '어느 한쪽 편'을 들지 않을 것이며, 각각의 당을 평등하게 취급해 각각의 당과 맺고 있는 우호적인 관계를 포기하지 않을 것이고, 모든 사회주의 진영이 동의한 1960년 모스크바성명의 정신이 이 문제의 해결에 적용되기를 바란다.

북한만이 이러한 원칙들을 취한 것이 아니었다고 믿을 만한 근거는 충분하다. 북한 지도자들은 이 무렵 다른 누구보다도 북베트남, 인도네시아, 일본, 중국 등의 공산당 지도자들과 많은 대화를 가졌다. 이 과정에서 베이징과 서로 약간의 관계를 갖는 가운데 아시아의 조그만 공산국가들 사이에는 일정한 동맹관계가 형성되었으며, 공동의 전략과 전술이 고안되었다. 이러한 동맹의 배후에 숨겨진 기본 목적은 첫째 공산 세계 내의 나머지 국가들, 특히 소련에 압력을 가해 미국을 비롯한 '세계 제국주의 세력'에 대한 입장이 약화되지 않도록 현재의 견해 차이에 대한 일정한 타협이 이뤄져야 한다는 것, 둘째 공산

진영 내부의 국제관계가 19세기 말 유럽의 군소국가들이 처했던 것과 점차 유사해지는 상황에서 군소 공산국가나 공산당들이 집단적으로 당과 국가의 자주성을 주장하기 위한 것이었다.

1962년 대부분의 기간에 소련과 중국 간에는 불안정한 휴전이 이루어지고 있었다. 한 가지 예로 그해 8월 히로시마에서 개최된 제8차 원수폭 금지 세계대회에서 소련과 중국 대표단은 그들 간의 중요한 입장 차이에도 불구하고 자리를 같이했다. 따라서 북한 지도자들은 대부분의 사건에 대해 공식 성명을 발표하는 것을 자제하고, 이미 확립된 북한의 노선을 단적으로 드러내지 않는 등 비교적 침묵을 지키고 있었다. 그러나 그해 가을 갑자기 소련과 유고와의 화해 시도, 인도 국경선에서의 긴장 고조 그리고 무엇보다도 쿠바사태 등 공산주의 세계 전체를 뒤흔든 사건들이 꼬리를 물고 일어나면서 조선노동당을 비롯한 아시아의 모든 공산당은 초긴장 상태에 빠지게 되었다.

김일성과 그의 추종자들은 이 기간에 흐루시초프가 국제무대에서 취한 모든 주요 행동을 반대했음이 거의 분명하다. 그들은 유고슬라비아에 대해 화해가 아닌 강경 노선의 고수를 원했다. 그들은 소련이 이때 인도의 편을 들어준 것을 베이징에 극심한 모욕을 가져다준 것으로 간주했다. 그리고 가장 중요한 것은 북한이 쿠바 사태에 관한 한 소련이 어떤 희생을 치르더라도 미국에 대해 강경한 입장을 취해주기를 원하고 있었다는 점이다. 그러나 그 당시 평양은 이들 문제에 대해 베일에 싸인 언급만 했을 뿐이다. 그런데 1962년 가을 개최된 동유럽의 몇몇 공산당대회에서 친소련 세력들은 중국과 알바니아뿐 아니라 북한에 대해서도 공공연한 비난을 퍼부었다. 마침내 1963년 1월 30일 『로동신문』은 사설을 통해 단호한 어조로 반격을 가했다.[91]

---

91 이 사설의 영어 번역은 다음과 같다. "Let Us Safeguard the Unity of the Socialist Camp and Strengthen the Solidarity of the International Communist Movement," *The People's Korea*, 1963년 2월 6일자, 1~2면(『로동신문』에 실린 사설의 원제목은 「사회주의 진영의 통일을 수호하여 국제 공산주의운동의 단결을 강화하자」다─옮긴이).

이 사설은 사회주의 진영의 통일은 사회주의의 승리와 세계 평화 보장에 결정적인 중요성을 가진다는 낯익은 주제로부터 시작되었다. 특히 이 문제는 "세계 반동의 괴수인 미 제국주의 침략자들과 직접 대치하여 원수들의 온갖 침략 책동을 반대하여 투쟁하면서 사회주의 동방 초소를 수호하고 있는 조선 공산주의자들"에게는 매우 중요한 것이었다.

이어 이 사설은 "사회주의 진영 내에서와 형제당들 간에 조성된 이러한 '비정상적 사태'를 무엇보다도 가슴 아프게 생각하고 있다"고 밝혔다. 마찬가지로 비극적인 사실은 중국공산당을 일방적으로 공격하며 고립시키려는 시도로서 이는 "모스크바회의성명(1960년)에 규정된 형제당들 간의 호상관계에 관한 규범에 배치되는 것"이었다. 그리고 중국공산당에 대한 이런 공격은 "결국 적들의 반중국 합창단에 끼어드는 것과 다름이 없는 것"이라고 비난했다. "오늘 세계에서 첫 사회주의 국가인 위대한 소련과 함께 사회주의 진영에서 3분의 2의 인구를 가지고 있는 강대한 중화인민공화국과의 관계와 그와의 단절을 떠나서 사회주의 진영의 통일과 그 위력의 강화에 대하여 말할 수 없다는 것은 그 누구에게나 명백한 사실"이었다. 바로 이런 이유로 조선노동당은 "사회주의 진영의 단결을 수호하고, 국제 공산주의운동의 이익을 수호하며 국제 노동계급과 세계 평화애호 인민들의 이익을 수호하기 위하여 중국공산당에 대한 일방적인 공격을 반대하였으며, 체코슬로바키아 공산당대회와 독일 사회통일당대회에 참가했던 우리 당 대표단은 계속 중국공산당에 대한 공개적 공격이 가해지는 조건에서 이에 대한 자기의 정당한 의견을 표시하지 않을 수 없"었던 것이다. 그런데 어떤 사람들은 "심지어는 우리에게 당신들은 누구의 편인가고까지 묻고 있"는데, 이러한 사람들은 바로 그 자신이 국제 공산주의운동을 분열시키려는 이들이라고 이 사설은 주장했다. 조선노동당은 "바로 이러한 (공산 세계의 공동 이익을 수호하는) 맑스-레닌주의적 입장에 서 있으며 혁명과 단결의 이익의 편"에 서 있을 뿐이었다. 이 사설은 "만일 사회주의 진영 내에서 어제는 한 당과 한 나라를 고립시키고 배제하며 오늘은 또 다른 당과 다른 나라를 고립시키고 배제하는 식으로 나간다면 우리의 통일은 어떻게 되며 우리의 단결에 대하여 과연 무엇을 말할 수 있겠는가"라고 반문했다.

이어 이 사설은 "유감스럽게도 독일 사회통일당대회에서는 심지어 유고슬라비아 '티토 수정주의 집단'의 대표까지 연설을 시키면서 우리 당 대표에게는 이러저러한 구실로 축하연설을 할 기회를 주지 않았다"는 사실을 상기시켰다. 이어 티토에게는 한층 가혹한 비난이 가해졌다. 사설은 "그 어떠한 당도 모스크바회의 선언과 성명에 위반되는 행동을 절대로 하지 말아야 한다"고 주장하면서 모스크바선언을 인용해 "사회주의 국가들은 완전한 평등, 영토 완정 完整과 국가적 자주성과 주권의 존중, 호상 간의 내정불간섭의 제 원칙에 입각"하여 관계를 맺어야 한다고 강조했다. 따라서 공개적인 논쟁은 중지되어야 하는 것이었다. 그러나 일부 동지들이 "의연히 공개적으로 형제당들의 입장을 시비하여 일방적으로 공격을 가하고 나서는데 이것은 결코 성실한 태도라고 볼 수 없다"고 주장하면서 다음과 같이 회유의 어조로 끝을 맺었다.

더우기 원수들이 우리 조선노동당과 형제적 소련 및 중국 공산당과의 관계에서 그 무슨 틈이나 생길 것을 엿보며 기대하는 것은 실로 가소로운 일이다. 형제당들 간에 아무리 심각한 의견 상이가 있다 할지라도 사회주의 진영과 국제 공산주의운동은 제국주의를 반대하는 투쟁에서는 항상 굳게 단결해나갈 것이다. ……우리 조선의 공산주의자들은 위대한 소련공산당과 단결하며, 중국공산당과 단결하며, 모든 공산당 및 노동당들과 단결하며, 사회주의 진영과 국제 공산주의운동의 통일을 강화하기 위하여 투쟁하는 것을 자기의 공고한 국제주의적 의무라고 규정하고 있다.[92]

---

92 같은 신문, 2면. 독일 사회통일당대회에서 행하려 했던 이효순의 연설은 북한의 여러 선전매체를 통해 출판되었다. 이 연설의 영문 번역은 다음에 실려 있다. *The People's Korea*, 1963년 1월 30일자, 1~2면.

따라서 1962년 말이라는 시점은 중립 노선을 취해온 북한의 대 공산 세계 정책과 북한이 공산 세계 내에서 실제로 차지하는 위치 간에 최초의 괴리가 생긴 시점이라고 할 수 있다. 중립 노선의 실패가 뚜렷해진 이상 이제는 동맹이 필요했다. 위에 인용한 사설이 실린 지 불과 한 달 후인 그해 3월에 『로동신문』은 수정주의에 대해 포문을 열었다. 공격의 주 대상은 미국과 평화 공존을 이룩하려는 티토 집단의 노력이었지만, 실제 목표는 어디까지나 흐루시초프를 겨냥한 것이었다. 더구나 같은 해 6월 초에는 최용건을 단장으로 하고 이효순, 박성철, 강희원姜希源 등으로 구성된 북한 대표단이 베이징으로 출발했다. 류샤오치, 저우언라이, 주더, 동비우董必武 등 중국 지도자들은 베이징역까지 나와 이들을 맞이했고 연도에 모인 30만 군중은 북한 대표단을 열렬히 환영했다.

6월 6일에 열린 대표단 환영 연회에서 최용건은 이렇게 선언했다. "오늘 우리 두 나라 당과 두 나라 인민은 맑스-레닌주의 기치를 높이 들고 굳게 단결하여 제국주의를 반대하며 수정주의를 반대하는 공동의 투쟁을 견결히 전개함으로써 세계 평화와 국제 혁명 위업에 기여하고 있읍니다. 이 공동투쟁을 통하여 우리 양국 인민의 친선과 단결은 더욱 공고·발전되고 있으며 그것은 더욱더 위대한 생활력을 발휘하고 있읍니다."[93]

북한 대표단이 베이징을 떠나는 날에 발표된 공동성명의 마지막 부분은 중국과 북한을 소련과 구별 짓는 차이점을 상세하면서도 신중하게 밝혔다.

---

93 *The People's Korea*, 1963년 6월 12일자, 1면. 이어 최용건은 이렇게 말했다. "어떠한 힘으로도 공동의 원쑤를 반대하는 장구한 투쟁에서 피로써 맺어졌으며, 혁명의 기치, 맑스-레닌주의 기치 밑에 굳게 결합된 우리 두 나라 당과 두 나라 인민의 친선과 단결을 깨뜨릴 수 없읍니다. 조선 인민은 중국 인민과 같이 혁명적 의리에 충실한 위대한 전우를 가지고 있는 것을 커다란 기쁨으로 생각하고 있읍니다. 우리 인민은 어떠한 풍파 속에서도 영원히 중국 인민과 같이 싸워나갈 것이며, 그의 충실한 전우로 남아 있을 것입니다"(이상의 인용문은 『로동신문』, 1963년 6월 7일자에 실린 「연회에서 한 최용건 동지의 연설」에서 따온 것이다─옮긴이).

조·중 양당과 양국은 맑스-레닌주의를 일관하게 견지하며 1957년 선언과 1960년 성명의 혁명적 원칙들을 견지하며, 이 혁명적 원칙들에 배치되는 어떠한 언행도 반대한다. 선언과 성명에 정확히 지적된 바와 같이 현 시기 국제 공산주의운동의 주되는 위험은 수정주의이다. 현대 수정주의자들은 맑스-레닌주의의 혁명정신을 거세하며 노동계급과 근로 인민의 혁명적 의식을 마비시키며 제국주의와 각국 반동들의 요구에 따라 사회주의 진영의 단결과 세계 각국 인민들의 혁명투쟁을 파괴하고 있다. 그들은 자신이 제국주의를 반대하지 않을 뿐만 아니라 남들도 제국주의를 반대하지 못하게 하고 있다. 그들은 자신이 혁명을 하지 않을 뿐 아니라 남들도 혁명을 하지 못하게 하고 있다.
……

쌍방은 유고슬라비아 티토 도당이 현대 수정주의의 대표자라고 일치하게 인정한다. 유고슬라비아 티토 도당은 사회주의 진영을 노골적으로 배반하고 미제국주의의 별동대가 되었으며, 사회주의 진영을 반대하며, 민족혁명운동과 세계 각국 인민을 반대하는 파괴 행동을 감행하고 있다. ……

현대 수정주의를 반대하는 동시에 교조주의도 반대하여야 한다. 교조주의자들은 맑스-레닌주의의 일반적 진리를 국내 국제 혁명의 구체적 실천에 결부시키는 원칙을 근본적으로 위반하고 …… 당을 실천으로부터 이탈시키며, 대중들로부터 이탈시키고 있다.

쌍방은 맑스-레닌주의와 프롤레타리아 국제주의의 기초 위에서, 1957년 선언과 1960년 성명의 기초 위에서, 사회주의 진영의 단결과 국제 공산주의운동의 단결을 강화하는 것은 전 세계 인민들의 근본적 이익에 부합된다고 강조한다. ……사회주의 국가들 간의 호상관계는 반드시 완전한 평등, 영토 완정에 대한 존중, 국가의 독립과 자주권에 대한 존중, 호상 내정에 대한 불간섭의 원칙에 입각하여야 하며 평등한 입장에서의 협상의 원칙을 위반하고 어느 한 나라의 의사를 다른 당, 다른 나라에 강요하여서는 결코 안 된다. ……

쌍방은 지금 사회주의 진영과 국제 공산주의운동 내에 존재하는 의견 상이가 반드시 내부적인 평등한 협상의 방법을 통하여 해결되어야 한다고 인정한다. 의견 상이를 제거하고 단결을 강화하기 위하여 세계 공산당 및 노동당들의 대표회의를 소집할 필요가 있다. 쌍방은 중·소 양당 간의 회담이 긍정적인 성과를 달성하며 형제당들의 국제회의의 소집에 필요한 조건을 지어주게 될 것을 진심으로 희망한다.[94]

잘 알려진 것처럼 그 당시 북한의 생활 구석구석을 지배하고 있던 것은 바로 '주체'였다. 앞서 살펴보았듯이 중국에서도 이와 유사한 표현들이 널리 사용되고 있었다. 그동안 세계여성대회 등 각종 국제회의에 참석한 북한 대표단은 초강경 노선을 고수했다. 한 가지 예로 세계여성대회에서 북한 대표단 단장 김옥순金玉順은 "미제가 떠벌이는 '평화'는 세계의 진보적 여성들과 인민들의 경각성을 해이시키며 그들을 반제 민족해방투쟁으로부터 물러서게 하려는 기만술책에 불과"하다고 주장했다.[*] 또한 이 기간에 북한은 한국전쟁 당시의 세균전에서 주한 미군이 남한 어린이와 여성들을 학살한 것에 이르기까지 한국전쟁과 그 이후 미군이 저지른 온갖 만행에 대해 격렬하게 비난을 가했다.

1963년 가을 북한은 소련의 정책을 비난할 때 덮어씌워 왔던 꺼풀마저 벗어던지고 소련을 대놓고 통렬히 비난했다. 『로동신문』10월 28일자에 실린 유명한 논문 「사회주의 진영을 옹호하자」에서 북한은 당의 이름을 생략하기는 했지만 소련공산당에 대해 직접적인 화살을 겨누었다. 그 대신 북한은 공

---

94 "Joint Statement of President Ch'oe Yong-gǒn and Chairman Liu Shaoch'i," *The People's Korea*, 1963년 7월 3일자, 2~3면(이 공동성명의 한국어 원문은 『로동신문』, 1963년 6월 24일자, 1면에 실려 있다—옮긴이).

* 이 대회는 1963년 6월 24일 모스크바에서 개최되었고, 북한은 조선민주여성동맹 제1부위원장 김옥순을 단장으로 하는 대표단을 파견했다. 이 대회에서 행한 김옥순의 연설은 『로동신문』, 1963년 6월 27일자, 3면에 실려 있다.

격대상을 '일부 사람들' 또는 '몇몇 당들'이라고 삼는 중국의 수법을 빌려왔다. 우리는 이 논문이 북한-소련 간의 당시 관계뿐 아니라 과거의 관계에 대해서도 많은 것을 말해주고 있다는 점에서 이 논문을 상세히 분석하고 길게 인용할 것이다. 북한의 입장을 이보다 더 잘 드러내주는 문서는 찾아볼 수 없기 때문이다.

이 논문은 시작부터 거센 비난으로 가득 차 있었다. "일부 사람들은 맑스-레닌주의와 프롤레타리아 국제주의 원칙으로부터 멀리 이탈하여 수정주의의 진흙탕 속에 깊이 굴러떨어지고 있다. 현대 수정주의는 인민들의 혁명 위업과 평화 위업에 커다란 장애를 조성하고 있다."

이어 이 논문은 구체적인 사실들을 조목조목 열거했다. "오늘 일부 사람들은 찌또(티토) 도당을 적극 비호하면서 점점 더 사회주의 진영에 혼란을 조성하며 이 진영을 분열시키는 위험한 길로 나아가고 있다. 이것은 그들이 사회주의 진영을 파괴하려는 제국주의자들과 찌또 도당의 책동에 합류하고 있다는 것을 말하여준다."

이어 이 논설은 "과거에는 세계에서 유일한 사회주의 국가였던 소련을 지지하고 옹호하는 것이 프롤레타리아 국제주의에 대한 시금석으로 평가" 되었으나 이제는 상황이 변했다고 주장했다. 논문은 "중국과 조선으로부터 체코슬로바키아와 웽그리야(헝가리)에 이르기까지 인민민주주의 국가들의 새로운 '돌격대'들이 출현한 오늘"은 "투쟁하기도 용이하게 되었으며 또한 일도 홍겹게 되고 있다"(이 말은 스탈린이 소련공산당 제9차 대회에서 한 것임—옮긴이)고 주장했다. 그러므로 오늘에 와서는 어느 한 나라가 아니라 사회주의 진영 전체가 세계 혁명의 기지로 된 것이었다. 따라서 이제는 "소련과 함께 모든 사회주의 국가들, 전체 사회주의 진영을 지지하고 옹호하는 것이 진정으로 국제주의적인 행동"이 되었다.

이 논문에 따르면 "크고 혁명을 먼저 한 나라가 사회주의 진영의 위력을 강화하는 데 더 많은 기여를 할 수 있으며, 피착취 대중들과 피압박민족들의 해방투쟁에 더 큰 영향을 미칠 수 있으며, 세계 평화를 수호하는 데서도 더 많은 역할"을 할 수 있는 것이다. "그렇다고 하여 이것은 결코 어느 한 나라가 사회주의 진영 전체를 대표하며 대신할 수 있다는 것을 의미하지는 않는다. 그것이 아무리 크고 발전된 나라라 할지라도 결코 한 나라의 위력이 전체 사회주의 진영의 위력을 대신할 수 없으며 한 나라의 역할이 전체 사회주의 진영의 역할을 대신할 수 없다."

만약 이러저러한 당의 지도자들이 자기 나라가 크며 방대한 경제력을 가지고 있는 강국이라는 것만을 내세우면서 다른 형제당, 형제국가들을 무시하는 행동을 한다면 그것은 사회주의 진영의 위력을 약화시키고 단결을 파괴하게 될 것이며 국제 공산주의운동에 막대한 해독을 끼치게 될 것이다. 최근 일부 사람들은 사회주의 진영에서 몇몇 나라들을 떼어버린다고 하여도 아까울 것이 없다는 듯이 행동을 하고 있다. 바로 이것은 어떤 나라는 특수한 위치에서 모든 것을 다 할 수 있으며 다른 나라들은 별로 큰 역할을 하는 것이 없다는 그릇된 생각의 구체적 표현이다.

이 논문은 이어서 중국 문제를 건드렸다. "최근 우리는 중화인민공화국을 반대하는 세계적 깜빠니야(캠페인)가 진행되고 있는 것을 목격하고 있다. 제국주의자들과 모든 국제 반동세력은 중국 혁명의 승리를 악의에 차서 증오하고 있으며 중국의 위신을 저락시키고 중국을 고립시키기 위해 미쳐 날뛰고 있다."

그런데 공산주의자로 자처하는 일부 사람들이 제국주의자들과 한 짝이 되어 중국공산당과 중화인민공화국을 무근거하게 중상·비방하며 맹렬히 공격하는 것은 수치스러운 일이며 매우 위험한 일이다. 중국을 고립시킨다는 것은 사실상 사회주의 진영을 분열시키는 것을 의미한다. 까놓고 말하여 사회주의 진영

인구의 3분의 2를 차지하는 중국을 배제하고 무슨 사회주의 진영에 대하여 말할 수 있겠는가! ……사회주의 진영은 어느 한 개인의 농락물로 될 수 없다. ……사회주의 진영은 전일적인 대오로 굳게 단합되어 제국주의와 수정주의를 견결히 반대하며 혁명의 기치를 높이 들고 나아갈 때 자기의 역사적 임무를 완수할 수 있다.

이어 이 논문은 모스크바 선언과 성명에 대해 언급하면서, "최근 년간 국제 공산주의운동에서 형제당들 간에 합의된 이 호상관계에 관한 규범들을 '엄중하게 위반'하는 일들이 나타나고 있다"고 결론지었다. "중앙집권적 원칙은 개별적 당들의 내부 생활에서 적용되는 규범"으로 결코 "형제당들 간의 관계에 적용될 수 없"는 것이었다. 만일 이 원칙을 형제당들과의 관계에 강요하게 된다면 "대국주의적 오만과 관료적 전횡이 지배하게 되며 호상 간의 불신이 조성될 것"이었다. 간단히 말해 "어느 한 '중앙'으로부터의 유일 지도는 할 수도 없으며 또 필요도 없게 되었다." 따라서 "각국 형제당들은 공통적 관심사로 되는 문제들을 집체적으로 협의하여 견해의 일치를 보고 국제 공산주의운동의 통일적인 전략과 전술을 규정하여야 하며 공동으로 내린 평가와 결론들을 일치하게 준수"해야 했다. 형제당들 간에 의견 상이가 발생한다면 그것은 "사실과 원칙에 근거하여 동지적인 협의를 통하여" 해결되어야만 했다. 뒤이어 평양 당국은 유례없이 가장 통렬하고 폭로적인 어조로 소련의 행실을 비난했다. 이 비난은 상당히 길긴 하지만 인용할 만한 가치가 있다.

그러나 오늘 일부 사람들은 형제당들 간에 합의된 원칙을 자의로 저버리고, 의견 상이 문제를 각종 강압의 방법으로 처리하려고 하고 있다. 자기 의사에 복종하지 않는 형제당들에 대하여 덮어놓고 '교조주의', '종파주의', '민족주의', '모험주의', '호전분자' 등의 감투를 씌우고 있다. ……형제국가 간의 협정을 일방적으로 파기하고 경제적, 기술적 관계를 거의 단절하다시피 하고 있다. 대사를 비롯한 외교 일꾼들과 보도 일꾼들을 빈번히 추방하고 있다. 형제 국가와 국교를 단절하는 것을 서슴지 않고 있다. ……

어떤 사람들은 아세아 당들이 '경험이 부족'하기 때문에 독자적으로 활동을 할 수 없다는 듯이 말하고 있다. 또한 어떤 사람들은 어느 한 민족이나 인종의 '우월성'과 특출한 역할을 내세우면서 다른 나라의 계급적 형제들을 멸시하고 있다.

이런 것들은 다 형제당을 모욕하는 거만한 태도이며 계급적 단결을 파괴하는 민족배타주의적 행동이다. ……

'낙후한 아세아'에 관한 관념이나 '우월한 민족', '열등한 민족'에 대한 관념은 이미 오래전에 규탄되고 매장된 낡은 유물들이다. ……

형제당, 형제국가들 간에서 일방이 타방의 내정에 간섭하며 일방적인 존중을 요구하는 행위는 호상 간의 정상적인 관계를 악화시키는 중요한 근원으로 된다.

어떤 사람들은 원조에 빙자하여 형제당, 형제국가의 내정에 간섭하며 자기의 일방적인 의사를 강요하고 있다. 공산당 및 노동당들과 사회주의 국가들이 공동 위업을 위한 투쟁에서 호상 지지하며 호상 협조하는 것은 그들의 응당한 국제주의적 의무이다. 이 호상 원조와 협조는 또한 어느 누구에게만 필요한 것이 아니라 모든 형제당, 형제국가들에 다 같이 필요하다. 따라서 이것은 일종의 혜택을 베푸는 것도 아니며 장사꾼과 같이 치부를 해두기 위한 것도 아니다. ……

자본주의 국가들 간에서 적용되고 있는 것과 같은 부대조건 있는 '원조', 내정 간섭을 전제로 한 '원조'는 사회주의 국가들 간에서 있을 수 없으며 또 절대로 있어서는 안 된다. 사회주의 국가들의 원조는 그것을 받는 매개 나라의 주권과 독립을 공고히 하며 사회주의 진영의 공고 발전을 도모하는 것으로 되어야 한다. ……

더욱이 소위 '개인미신반대' 운동을 다른 당들에 내리먹이려 하며 그것을 간판으로 하여 형제당, 형제국가들의 내정에 간섭하고 이 나라들의 당 지도부를 전복하기 위한 활동을 하는 것은 절대로 허용될 수 없다. 바로 '개인미신반대'의 소동으로 하여 수많은 형제당들이 공연한 '열병'을 겪었으며 국제 공산주의운동이 커다란 손실을 입었던 것이 사실이 아닌가? ……

지난 시기 일부 동지들은 우리 당의 사회주의 건설정책에 대하여도 응당한 이해와 지지를 표시하지 않았다.

그들은 우리의 "5개년계획은 환상"이라느니, "기계제작공업을 건설할 필요가 없다"느니, "농업협동화의 속도가 너무 빠르다"느니, "농기계가 없이 어떻게 농촌경리를 협동화할 수 있겠는가" 하는 등 남의 실정도 모르면서 여러 가지 시비를 하였다. 물론 우리는 자신의 결심대로 독자적으로 행동하였기 때문에 그로부터 큰 손실을 받은 것은 없었다. ……

그런데 남의 내정에 간섭하는 데 습관된 일부 사람들은 혁명투쟁과 건설사업에서 달성하는 형제당들의 실질적인 성과에 대하여 관심을 돌리고 기뻐하는 것이 아니라 언제나 형제당들을 의심하며 형제당들이 자기의 '훈시'대로 움직이는가, 자기의 경험을 그대로 옮겨놓고 있는가 않는가에 대하여서만 눈을 밝히고 있다.

그리하여 형제나라 출판물들과 방송들에서 어느 한 당의 결정들과 문헌들을 의무적으로 보도할 것을 일방적으로 요구하며, 형제나라들에서 어느 한 당의 역사를 어떻게 연구하고 어느 한 나라의 언어를 어떻게 학습하는가 하는 데 대하여서까지 감독하려 하며 심지어는 어느 한 나라의 영화를 잘 보는가 하는 것까지도 따지며 간섭하려 한다. 여기에서는 벌써 평등과 호상 존중의 정신이란 찾아볼 수 없다. 이러한 것들은 대국 배타주의의 표현 이외의 아무것도 아니다. ……

지난 년간 레닌과 그의 위업을 계승한 스탈린을 수반으로 한 소련공산당의 영도하에 소련 인민이 사회주의 혁명과 사회주의 건설에서 쌓아올린 역사적 경험은 보편적 의의를 가지는 고귀한 밑천으로 된다.

이 역사적 경험들을 부정하고 소련 인민이 걸어온 지난 시기를 '암흑의 시기'

로 묘사하는 것은 곧 맑스-레닌주의의 일반적 진리와 10월혁명의 길에서의 이탈을 의미한다. 티토 도당의 소위 '유고슬라비아의 길'은 이의 한 가지 실례이다. ……

공산주의자들은 우선 자기 힘을 믿어야 한다. 당의 영도하에 자기 나라 인민의 무궁무진한 힘과 내부 원천을 최대한으로 동원하는 것은 사회주의 건설을 성과적으로 진행하는 기본 담보이다. ……경제적 자립을 보장해야 나라의 정치적 독립도 공고히 할 수 있으며 발전된 현대적 국가를 건설할 수 있다. …… 그런데 지금 일부 사람들은 사회주의 국가들의 자력갱생과 자립경제 건설 노선을 극력 반대하며 방해하고 있다. 그들은 자립적 민족경제 건설에 대하여 '민족주의적 편향'이요, '폐쇄적인 경제'요 딱지를 붙이고 있으며 "정치적으로 위험하며 경제적으로 유해로운" 노선이라고 비난하고 있다. 그들은 진상을 왜곡하면서 경제의 자립적 발전이 마치 사회주의 국가들 간의 협조와 원조에 모순되는 듯이 사태를 꾸며대고 있다. ……

사회주의 진영은 세계 평화와 제 인민들의 안전의 수호자이다. 사회주의 국가들은 전쟁을 요구하지 않는다. 그러나 제국주의가 존재하는 한 전쟁의 위험은 제거될 수 없다. ……그러므로 어떤 구실하에 진행되든 사회주의 진영의 무장력을 조금이라도 약화시키는 행동은 절대로 허용될 수 없다.

그러나 일부 사람들은 마치도 어느 한 나라의 무장력만이 전체 사회주의 진영을 보위하고 있으며 어느 한 나라의 수중에 장악된 최신 군사기술만이 사회주의 진영의 안전과 세계 평화를 유지하고 있다는 듯이 선전하고 있다. 그들은 사회주의 진영의 보위에서 다른 형제국가들의 역할을 경시하고 있으며 이 나라들의 국방력을 강화하기 위하여 응당 하여야 할 호상 협조도 잘 하지 않고 있다. ……그러나 이것은 사회주의 진영이 방위를 어느 한 나라의 군사력에만 의거하여도 된다는 것을 의미하는 것은 아니다. 사회주의 진영의 방위는 전체 사회주의 국가의 무장력에 의거하여야 하며, 어느 한 최신무기에만 의거할 것이 아니라 우선 인민들의 힘에 의거하여야 한다. ……

이 모든 사실들은 사회주의 나라들에서 계급투쟁을 약화시켜서는 안 된다는 것을 말하여준다. 사회주의 국가, 당들은 노동계급의 수중에 장악된 강력한 무기인 프롤레타리아 독재를 강화하여야 하며 그 역할을 일층 제고하여야 한다. 지금 일부 사람들은 '자유'요, '민주주의'요, '준법성'이요, '인도주의'요 하면서 근로자들의 계급의식을 마비시키고 사상적 혼란을 조성하며 계급투쟁을 포기하려 하고 있다.

그들은 "적대계급이 청산되었다"느니, "정치범이 없다"느니, "진압의 대상이 없어졌다"느니 하는 구실 밑에 프롤레타리아 독재가 자기 사명을 다하였다는 듯이 말하고 있다. 이러한 것은 사회주의의 진지를 약화시킬 수 있는 위험한 태도이다.

경험은, 사회주의 국가들에서 인민들을 옳게 교양하지 않으며 프롤레타리아 독재를 약화시킬 때에는 부르조아 사상이 만연되어 사람들이 안일·해이하여지고 부화방탕하게 되며, 사회질서를 문란케 하고, 내외의 원수들에게 파괴활동의 틈을 지어주며 나아가서는 사회주의 제도 자체에 엄중한 위험을 조성할 수 있다는 것을 보여주고 있다. ……

사회주의 국가 당들은 계속 꾸준히 근로자들 속에서 계급의식을 제고하며 그들을 노동계급의 역사적 사명에 대한 자각과 혁명을 끝까지 수행하려는 사상으로 튼튼히 무장시키기 위하여 노력하여야 한다. ……

혁명의 민족적 과업과 국제적 과업은 불가분리적 통일을 이루고 있다. …… 그러나 지금 일부 사람들은 사회주의 제도의 우월성을 보여주는 것을 다만 경제적 경쟁에만 국한시키고 있으며 사회주의 나라들에서 사람들이 그저 잘 먹고 잘 살고 개인 향락이나 누리게 되면 다 되는 것같이 말하고 있다. ……(그들은) 피압박 인민들의 혁명투쟁을 경제적 경쟁에 복종시키려 하고 있다. ……이들은 사회주의 국가들이 경제적 경쟁에서 승리하면 세계 인민이 자연히 다 해방될 터인데 무엇 때문에 희생을 내면서 혁명투쟁을 할 필요가 있겠는가고 말한다.

이러한 주장은 사실상 인민들로 하여금 제국주의와 식민주의의 전횡을 계속 감수할 것을 설교하는 것 외의 아무것도 아니다. 그것은 인민들의 혁명투쟁에 대한 지지와 원조를 회피하려는 것이며 세계혁명운동의 발전을 저해하려는 것이다. ……

세계 혁명을 지원하는 것은 사회주의 국가들과 공산주의자들의 국제주의적 의무이다. ……

제국주의자들과 사이좋게 지내며 그들의 비위를 거슬르지 않기 위하여 노동 계급의 혁명투쟁과 아세아, 아프리카, 라틴아메리카 인민들의 민족해방투쟁을 지원하지 않으며, 전쟁의 위험성에 빙자하면서 그들의 무장투쟁을 반대하는 것은 인민들의 혁명 위업을 배반하고 제국주의자들 앞에 투항하는 것이다. ……

오늘, 문제는 맑스-레닌주의를 고수하느냐 하지 않느냐, 제국주의를 반대하여 투쟁하느냐 하지 않느냐, 혁명을 끝까지 수행하느냐 하지 않느냐, 이렇게 제기되고 있다.

현대 수정주의자들은 "정세가 변하였다"는 구실하에 맑스-레닌주의의 혁명적 진수를 거세하고 있으며 공산당 및 노동당 대표들의 회의 선언과 성명의 혁명적 원칙들을 공공연히 유린하고 있다. ……맑스-레닌주의와 수정주의는 결코 타협할 수 없으며 혁명 노선과 기회주의 노선은 양립할 수 없다. ……수정주의자들에게 압력을 가하고 그들을 고립시키며 수정주의가 군중 속에 침투되지 못하도록 하여야 한다. ……

오늘 국제 공산주의운동에서 발생한 의견 상이는 결국은 모든 당들과 공산주의자들의 근본 입장과 관련된 사상·정치적 문제이다. 이러한 문제는 그 어떤 강압적 방법이나 사태를 어물어물 덮어두는 식으로는 해결될 수 없으며 오직 모든 공산주의자들이 참가하는 비판과 자기비판, 심각한 사상투쟁을 통해서만 해결될 수 있다.

이 논문은 "수정주의의 패배와 맑스-레닌주의의 승리는 불가피하다"라는 단호한 어조로 결론을 내렸다.[95]

이 비상한 논문을 통해 김일성은 베이징 당국과 기본 입장을 같이하면서 흐루시초프와의 관계에서 돌아오지 못할 다리를 건너고 말았다. 그는 이제 북한과 소련 간의 과거와 현재에 걸친 모든 위험한 문제를 적나라하게 폭로해 버리고 만 것이다. 더구나 김일성은 자신의 가장 가혹한 비판자들이 상상했던 것 이상으로 북한이 과거 소련에 예속되어 있었다는 것을 드러내 보였다. 이 논문을 상세히 분석해본 결과 우리는 공산 세계 내에서 벌어진 논쟁과 이에 수반된 격렬한 상호 비난의 전모를 파악할 수 있었다.

1964년에도 소련과의 관계는 계속 악화되었다. 조선노동당은 소련과 일본공산당 간에 분쟁이 발생하자 일본공산당을 강력히 지지했으며, 갈등의 소지가 있는 국제 회의(물론 소련공산당은 이러한 국제 회의에의 참가를 강권했지만)에 참가하는 것을 거부했다. 북한 지도자들은 '일부 사람들'은 '전적으로' 수

---

95 이상의 영문은 다음 자료에서 인용한 것이다. "Let Us Defend the Socialist Camp," *The People's Korea*, 1963년 10월 28일자, 1~2면(본 번역에서의 인용문은 한국어 원문에서 취한 것이다―옮긴이).

『로동신문』에 실린 두 번째 논문 「민족 해방의 혁명적 기치를 높이 들자」에서도 첫 번째 논문의 기본 주제가 여러 곳에서 반복되었다. 어쨌든 이 논문의 기본 주제는 '현대 수정주의자들'은 아시아, 아프리카, 라틴아메리카 인민들의 혁명투쟁을 지원하지 않으며, 오히려 이들의 단결과 혁명 의지를 파괴하고 있다는 것이다. 이 논문은 "제국주의로부터 식민지국가 및 예속국가들의 해방을 달성하는 것은 승리적인 혁명이 없이는 불가능하다. 독립을 공짜로 얻을 수는 없는 것이다"라는 스탈린의 말을 인용하면서 자유와 독립이 어떻게 얻어지는가에 대해 지극히 전투적인 입장을 견지했다. 『로동신문』, 1964년 1월 27일자, 제1면.

이어 이 글의 필자는 이렇게 주장했다.

"수정주의자들은 핵무기가 출현하였기 때문에 오늘에 와서는 전쟁의 성격 자체가 근본적으로 달라졌다고 한다. 그들은 핵무기 시대에는 정의의 전쟁과 부정의의 전쟁의 구별도 없어졌다고 한다. 그리하여 모든 전쟁이 다 인간 살륙의 범죄이며 부정의의 전쟁이라고 떠들고 있다.

이것은 맑스-레닌주의에 대한 난폭한 위조이다. ……그들의 주장은 투쟁하는 인민들에게 혁명을 그만두고 제국주의자들의 억압과 착취를 참고 견디라는 것이다. ……그들의 책동은 제국주의자들과 한패가 되어 피압박 인민들을 투쟁에서 물러서게 하려는 협박공갈에 불과하다." 같은 신문, 2면.

정주의자들을 지지하고 있다는 비난을 되풀이했다. 때때로 북한 지도자들은 아무런 가식 없이 이러한 비난을 퍼붓기도 했다. 한 가지 예로 북한의 선전매체들은 『프라우다』를 지목해 1964년 중반 평양에서 개최된 제2차 아시아 경제 세미나의 성과를 제대로 평가하지 않았다고 공격했다. 반면에 중국과의 관계는 그 어느 때보다도 돈독해졌다. 두 나라의 공식 성명은 국제 문제에 관한 한 거의 동일한 주제로 동일한 어조를 띠는 것으로 되어갔다.

그러나 당시의 북한은 중국보다 한 걸음 더 나아가고 있었다. 아시아의 군소 공산당과 공산국가와의 관계(몽골인민공화국과의 관계는 예외였지만)는 한층 공고해졌다. 특히 일본, 북베트남, 인도네시아 공산당과의 관계는 대표단의 상호 방문, 메시지의 교환, 공동 관심사의 토의 등을 거쳐 더욱 친밀해져 실질적인 동맹관계가 형성되었다고까지 할 수 있다. 또한 북한 지도자들에게 쿠바와의 관계는 특별한 상징적인 의미를 지니게 되었음이 분명했다.

이제 하나의 '작은' 국가(작다는 것 자체가 가치를 지닌 것이다) 북한은 미국이라는 거인에 성공적으로 대처하면서 소련의 정책이 가하는 압력 속에서 살아남았다(적어도 평양 당국은 이렇게 생각했다). 따라서 당시 평양 지도자들은 쿠바에서 온 손님들을 다른 누구보다도 환영했고, 멀리 아바나에까지 대표단을 파견하기도 했다. 루마니아 대표단이 평양을 방문해 소련의 동유럽 방위선이 무너질 수 있다는 가능성을 제시한 것도 바로 이 무렵의 일이었다.

이 같은 '특정한' 공산당과 공산국가와의 관계 이외에도 북한 지도자들은 중국 지도자들과 마찬가지로 반서방·반소련의 '제3세계' 세력의 형성을 노린 적극적인 외교적 노력을 기울였다. 북한 지도자들은 전 세계의 '농민'과 '진보적 부르주아지'—특히 백인종이 아닌—들이 '프롤레타리아'의 깃발 아래 하나로 뭉치는 모습에 사로잡혔다. 북한은 말리, 탄자니아, 이라크, 아랍연방, 쿠바, 인도네시아 등 소련이나 미국 또는 유엔을 달갑게 생각하지 않는 국가들과 동맹을 맺었다. 이로써 북한은 아프리카, 라틴아메리카, 아시아의 다양한 국가에 문호를 개방했다. 1964년만 해도 말리의 모디보 케이타Modibo

Keita 대통령이 인도네시아의 수카르노Sukarno 대통령에 뒤이어 북한을 공식 방문했으며, 캄보디아의 시아누크Sihanouk 공도 북한을 방문해 열렬한 환영을 받았다. 또 콩고(브라자빌) 등 전혀 뜻밖의 지역에서 의회 대표단이 평양을 방문하기도 했으며, 대부분의 북한 정치 엘리트에게 어디에 위치한 나라인지도 생소했을 모리타니Mauritania와 국교를 맺기도 했다. 또한 1964년 11월과 12월 최용건은 북한 대표단을 이끌고 아랍연방, 알제리, 기니 등을 친선 방문했으며 귀국길에 캄보디아에 들르기도 했다. 이상 열거한 것은 그해에 북한이 수립한 광범위한 외교관계의 일부에 지나지 않았다.

1964년 10월 흐루시초프는 소련공산당 제1서기 및 소련 수상직에서 해임되고 수상에는 코시긴, 제1서기에는 브레즈네프가 각각 취임했다. 몇 달 뒤인 1965년 2월 코시긴은 흐루시초프가 사라진 이상 평양과 모스크바의 관계는 개선될 수 있다는 사인으로 북한을 방문했다. 평양과 모스크바 양측은 각각 관계 개선을 추구해야 할 많은 이유를 갖고 있었다. 북한 당국은 군사와 산업 분야 모두에서 소련의 기술적·경제적 원조를 절실히 원하고 있었다. 사실상 그 당시 북한이 낙후한 군사장비, 특히 해군 장비를 보수하고 교체할 수 있는 능력이 없었다는 점은 북한의 외교적인 입장에 극적 변화를 가져왔을 뿐 아니라 북한 지도자들에게 완전한 주체는 많은 희생과 위험을 요구한다는 사실을 깨우쳐주었다. 따라서 소련과의 '정상적' 관계를 재확립하는 것은 군사적인 필요, 특히 '남조선 해방'이 현실적으로 가능한 과업으로 보장되어야 할 필요성으로 말미암아 이루어질 수 있었다.

물론 소련의 관점에서 본다고 해도 중국과의 관계가 급속히 개선될 전망은 전혀 없었기 때문에 친구를 얻고 적을 고립시키는 작업—특히 아시아에서—은 그 무엇보다도 요긴한 것이었다. 새로운 소련 지도자들은 흐루시초프의 아시아정책을 비롯한 대외정책이 지나칠 정도로 자극적이고 서투른 것이라고 보았음이 틀림없다. 그러나 가장 근본적인 문제는 그들에게 베이징과 평양이 요구하는 변화를 받아들일 만한 준비가 전혀 되어 있지 않았다는 점이다. 문제의 핵심은 바로 여기에 있었다. 정중한 태도라는 것이 과연 오랫동안 광범위하고 진실로 중요한 문제에 대해 기본 입장을 크게 달리해온 국가나 당들과의 관계 속에 얽힌 즉각적인 이해와 욕구를 얼마만큼이나 호혜적인 관계로 개선시킬 수 있었을까?

소련과 북한의 경우 1965년 초의 외교적 시도는 몇 년간 계속될 수 있는 충분한 약속을 보장해놓았다. 평양에 머무르는 동안 코시긴이 행한 공식 발언은 사회주의 진영의 단결에 대한 필요성을 지극히 강조하는 아주 우호적인 것이었다. 그러나 이후의 사태 진전은 모든 공산당이 한결같이 말하는 '사회주의 진영의 완전한 단결'로 향한 길이 한없이 험난한 길임을 입증해주었다. 그 당시와 그 이후 소련과 북한 지도자들 사이에 사적으로 오간 이야기들이 어떠한 것이었든 간에 북한과 소련이, 북한 지도자들이 얼마 전까지 식민지적 형태라고 그토록 경멸해 마지않았던 옛날의 관계로 돌아갈 수는 없는 것이었다. 두 당의 '완전한 자주'와 의심스러운 '완전한 평등'에 입각한 소련과 북한 간의 새로운 관계는 광범위한 근본적인 문제들에 대해 완전한 동의가 이루어지지 않은 상태에서 형성된 것이었으므로 매우 위태롭게 보였다.

그러나 국제 정세의 추이는 소련과의 관계 정상화의 필요성을 한층 더 높여주었다. 1965~1966년 아시아와 세계의 정세는 북한의 기대와는 대체로 다른 방향으로 흘러갔다. 동북아시아의 정세 변화 중 가장 중요한 것은 마침내 일본이 남한과의 국교정상화에 합의했다는 사실이다. 남한과 일본의 국교 정상화는 정치적인 의미뿐 아니라 경제적 면에서도 지대한 중요성을 가졌다. 그 당시 이 문제만큼 북한 지도자들의 관심을 끈 것은 없었으나 그들은 이 사태 진전을 저지할 아무런 수단도 갖고 있지 못했다. 이들은 남한 국민에게 "미 제국주의자들과 박정희 도당, 일본 반동들의 야욕에 맞서 견결히 투쟁하라"고 공허한 호소만을 되풀이할 뿐이었다. 한일협정은 마침내 조인되었다. 이에 따라 남한에는 물밀듯이 일본인의 투자가 밀려들어 갔고, 이는 남한 정부가 중점을 둔 급속한 경제발전에 커다란 자극을 주었다.

이후로 북한 정권의 대변자들은 '미 제국주의자들의 위협'에 뒤이어 '일본 군국주의자들의 위협'을 강조하기 시작했다. 미래에 대한 공산주의자들의 분석은 우리가 이미 인용한 적이 있는 1966년 10월의 당 대표자회에서 김일성이 행한 연설에 더욱 분명하게 드러났다.

미 제국주의자들은 일본 군국주의를 재생시켜 아시아 침략의 '돌격대'로 이용하려 하고 있습니다. 그들은 일본 군국주의 세력을 남조선 괴뢰들과 결탁시켰으며, 그것을 중심으로 '동북아시아 군사동맹'을 조직하려고 획책하고 있습니다. ……우리는 일본 지배층에 대하여 환상을 갖지 말아야 하며, 그들에게 아무러한 기대도 걸지 말아야 합니다. 일본 군국주의의 위험성을 보지 않고 사또 정부와 가까이하는 것은 사실상 일본 지배층의 해외 팽창을 고무하여주며 아시아에서 미제의 지위를 강화하여주는 것으로 됩니다.[96]

---

96 김일성, 「현 정세와 우리 당의 과업」, 앞의 신문, 2면.

일본 문제에 대한 김일성의 발언은 중국이 취했던 노선을 암시해주고 1966년의 논쟁이 지난 수년간에 비해 한층 가열된 것임을 보여준다는 점에서 주목할 가치가 있다.

"구라파에서 서부 독일 군국주의의 위험성을 보는 동시에 아시아에서 일본 군국주의의 위험성을 반드시 보아야 합니다. 모든 사회주의 나라들이 구라파에서 미제와 함께 서부 독일 군국주의를 반대하여 투쟁하는 것처럼 아시아에서도 응당 미제와 함께 일본 군국주의를 반대하여 투쟁하여야 할 것입니다.

오늘 일본 군국주의는 아시아에서 위험한 침략세력으로 등장하였습니다. 일본 군국주의 세력은 미제를 등에 업고 '대동아공영권'의 옛 꿈을 실현해보려고 망상하고 있습니다. 일본의 사또 정부는 미제의 적극적인 지지 밑에 조선과 다른 아시아 나라들을 침략하기 위한 전쟁계획을 짜놓고 있을 뿐 아니라 이미 남조선에 침략의 마수를 뻗치기 시작하였습니다."

"사또 정부는 미제의 사촉(북한에서는 사주使嗾를 '사촉'으로 발음함—옮긴이) 밑에 우리 나라를 비롯한 아시아 사회주의 나라들을 적대시하는 정책을 실시하고 있습니다. 또한 그들은 '원조', '공동개발', '경제기술적 협력'이라는 허울 좋은 간판을 들고 아시아, 아프리카, 라틴아메리카의 여러 나라들에 대한 경제·문화적 침투를 강화하고 있습니다.

일본 군국주의를 반대하는 투쟁은 아시아와 세계 평화를 수호하기 위한 투쟁이며 미제를 반대하는 투쟁의 중요한 일환입니다. 모든 사회주의 나라들은 일본 군국주의를 반대하는 투쟁을 중요시하여야 하며 일치한 행동으로써 그의 침략적 야망을 파탄시켜야 할 것입니다. 특히 일본 사또 정부가 아시아, 아프리카, 라틴아메리카 인민들의 '벗'으로 가장하고 반제전선을 와해시키려 하는 책동을 철저히 폭로하고 분쇄하여야 합니다." 같은 신문.

김일성과 그 밖의 공산주의 대변자들은 일본의 군사력 강화를 크게 과장해 격렬한 어조로 비난을 가했다. 그러나 이들이 신화적인 경제발전을 이룩해 남한을 포함한 아시아의 비공산국가들에 자극―발전의 모델로서와 경제협력의 대상으로서―을 줄 수 있는 아시아의 새로운 강자 일본의 등장을 두려워했던 것은 사태를 정확히 파악한 것이었다.

동남아 정세에서 가장 관심을 끈 것은 물론 베트남사태였다. 그러나 미국의 적극적 개입으로 말미암은 베트남전쟁의 격화는 많은 사람의 예상과는 달리 국제 공산주의운동의 단결에 별다른 공헌을 하지 못했다. 반대로 베트남사태는 소련과 중국 간에 또 다른 주요 논쟁점으로 등장했으며, 북한과 이들 두 나라와의 관계를 한층 더 복잡하게 만들었다.[97] 1965년 초만 해도 베트남에서 공산군의 승리는 눈에 보이는 듯했다. 그러나 1966년이 되자 전쟁은 장기화될 전망을 보였으며, 관계된 모든 공산당에 많은 것을 요구하게 되었다. 더욱이 북한 지도자들은 남한이 남베트남을 지원하기 위해 5만 명의 병력을 파견한 데 비해 북베트남에 대해 보잘것없는 도움밖에 줄 수 없다는 사실에 적지 않게 당황했다. 이에 북한 지도자들은 때때로 북베트남이 원한다면 지원병을 파견할 용의가 있음을 밝히기도 했다.

그러나 공산주의자들에게 진실로 중요했던 문제는 하노이 당국이 절실히 바라고 있던 공산주의자들의 원조―군사적·정치적·경제적―를 제공할 수 있을 정도로 중·소분쟁이 완화되거나 종식될 수 있는가 하는 것이었다. 이 문제는 1966년 봄 일본공산당 대표단이 북베트남을 지원하는 데 대한 공산주의국가들 간의 통일된 원칙을 확립하기 위해 수 개월간 중국, 북베트남, 북한을 방문함으로써 도마에 올려졌다.[98] 하지만 합의에 도달하는 데 실패한 일본 공산주의자들은 중국, 특히 마오쩌둥에게 그 책임을 돌렸다. 미야모토 겐지 등

---

97 Donald S. Zagoria, *Vietnam Triangle: Moscow/Peking/Hanoi*, New York, 1967.
98 상세한 것은 다음을 참조하라. Scalapino, *The Japanese Communist Movement*, 266~272쪽.

일본공산당 지도자들은 이 '늙은이'에게 '현대 수정주의'에 대한 공격과 '미제국주의'에 대한 통일전선 형성의 절박한 필요성 사이에서 균형을 맞추도록 설득하는 데 실패했다는 것이다. 당시 문화혁명을 수행 중에 있던 마오쩌둥은 중국에 대한 미국의 위협에 관하여 예전과 비교해볼 때 별다른 관심을 보이지 않았으며, 북베트남의 이익을 위해 소련과의 관계를 정상화시킬 의향도 전혀 갖고 있지 않았다.

이러한 입장 때문에 마오쩌둥 등 중국 지도자들은 다른 아시아 공산주의자들과의 관계에서 많은 손실을 감수해야 했다. 이후 북한과 일본공산당 지도자들을 선두로 하여 아시아 공산주의자들은 중국에 격렬한 비난을 퍼부었다. 문화혁명 중에 일어난 여러 가지 지나친 행동 역시 중국에 대한 평양 당국자들의 이미지를 흐려놓았다. 1966년 가을 김일성은 소련과 중국, 두 공산대국을 모두 비난했으며 그 어느 쪽에 가해진 비난도 결코 사소한 것이 아니었다. 김일성은 "미제의 월남 침략"에 대해 "어떤 태도를 취하는가라는 것은 제국주의를 견결히 반대하는가 안 하는가, 인민들의 해방투쟁을 적극 지원하는가 안 하는가를 보여주는 기준"이 된다고 주장하면서 이렇게 강조했다. "월남 문제에 대한 태도는 혁명적 입장과 기회주의적 입장, 프롤레타리아 국제주의와 민족이기주의를 갈라놓는 시금석으로 됩니다."[99](방점은 필자)

이 발언과 그에 뒤이은 베트남 사태에 대한 언급은 소련과 중국을 다 같이 겨냥한 것이었다. 김일성은 사회주의 진영이 미제의 침략을 반대하고 월남 인민을 지원하는 데 "일치한 보조를 취하지 못"하고 있다는 사실은 "월남 인민을 괴롭히고 있으며 공산주의자들에게 있어서 참으로 가슴 아픈 일"이라고 덧붙였다. 김일성은 오늘의 상황은 "과거에 소련이 단독으로 혁명하던 때"와는 다르다고 강조했다. "그때에는 아직 세계에 다른 사회주의 나라가 없었던 만큼 소련은 무기를 비롯한 모든 것을 다 자체로 해결"해야만 했다. 그러나

---

99 김일성, 「현 정세와 우리 당의 과업」, 앞의 신문, 3면.

"오늘 강대한 사회주의 진영이 있는 조건에서" 모든 사회주의 국가는 월남민주공화국과 월남 인민들에게 더 많은 원조를 제공해야 할 의무를 갖게 된 것이다.[100]

이처럼 중국에 가해진 공공연한 비난은 비단 베트남사태에 한정된 것만은 아니었다. 수카르노 정권의 전복과 인도네시아공산당의 붕괴는 강력한 제3세계의 형성을 기대했던 북한 지도자들의 희망에 찬물을 끼얹은 충격적인 일이었다. 수카르노가 권좌에서 밀려나기 6개월 전인 1965년 4월, 김일성은 비공산국가로서는 첫 번째로 인도네시아를 방문했다.[101] 1966년 말의 관점에서 김일성은 이 사실을 상기하면서 이렇게 말했다.

인도네시아에서의 사태발전은 모든 공산주의자들에게 있어서 하나의 심각한

---

100 김일성은 그의 발언을 통해 공산 진영은 동맹군을 형성하여 월남에서 싸우기 위해 지원병을 파견해야 한다고 공공연히 주장하면서 주요 공산국가의 하나(중국?)가 이 운동을 방해하고 있다고 시사했다. 그의 발언을 들어보자.

"미제가 자기의 추종국가 및 괴뢰들의 군대를 끌어들여 월남민주공화국에까지 침략을 확대하고 있는 조건에서 모든 사회주의 나라들은 사회주의 진영의 동남방 초소를 보위하며 아세아와 세계 평화를 수호하기 위하여 월남에 지원병을 파견하여야 할 것입니다. 이것은 현재적 월남 인민에 (대한) 사회주의 나라들의 국제주의적 의무입니다. '그 누구도 사회주의 나라들이 월남에 지원병을 보내는 것을 반대할 수 없습니다." (방점은 필자, 같은 신문)

김일성이 베트남 문제에 대해 가진 관심의 정도는 그의 연설에서 베트남 문제에 비중을 둔 정도나 이를 다루는 절박한 어조 그리고 다음에 인용하는 단락에서 잘 드러난다. "모든 사회주의 나라들이 월남 인민을 도와 미제의 월남 침략을 분쇄한다면 미 제국주의는 서산낙일西山落日의 운명에 빠지게 될 것이며 아시아를 비롯한 세계 각국에서의 혁명운동은 크게 앙양될 것입니다." (같은 신문)

김일성은 한 걸음 더 나아가서 조선노동당은 "월남 인민의 투쟁을 자신의 투쟁으로 인정"하고 있으며 "월남 민주정부가 요구할 때에는 언제나 지원병을 파견하여 월남 형제들과 함께 싸울 준비를 하고 있"다고 결론지었다.

101 수카르노 대통령은 자카르타공항에서 행한 환영연설에서 이렇게 말했다. "이 기간에 김일성 수상은 인도네시아 인민이 한마음 한뜻으로 굳게 뭉쳐 제국주의와 신·구 식민주의를 반대하여 완강히 싸우고 있는 것을 보게 될 것이며 우리 인민이 얼마나 조선 인민과의 친선을 강화할 것을 갈망하고 있는가를 알게 될 것입니다. ……인도네시아 인민은 이 투쟁을 반드시 세계 신생역량과 함께 진행하여야만 승리할 수 있다는 것을 잘 알고 있습니다." *The People's Korea*, 1965년 4월 14일자, 1면(『로동신문』, 1965년 4월 13일자에 실린 환영사를 인용했다 — 옮긴이).

교훈으로 됩니다. 그것은 공산당을 비롯한 혁명역량이 장성하면 할수록 이것을 말살하려는 외래 제국주의와 국내 반동세력의 발악이 더욱 심하여진다는 것을 보여줍니다. 공산주의자들은 이에 대하여 최대의 경각성을 가져야 하며 있을 수 있는 적들의 폭압에 대처하여 언제나 조직사상적으로, 전략전술적으로 준비되어 있어야 할 것입니다. 혁명은 복잡하며 과학적인 영도 예술을 요구합니다. 오직 혁명 정세를 옳게 판단하고 적아 간의 역량관계를 정확히 타산한 기초 위에서 과학적이고 면밀한 투쟁방침을 세우고 가장 적절한 시기를 선택하여 결정적 투쟁을 전개할 때에만 혁명이 승리할 수 있습니다. 우리는 국제혁명운동의 이와 같은 경험과 교훈을 깊이 명심하여야 하며 자신의 혁명 투쟁에서 그것을 잘 살리도록 하여야 합니다.[102]

물론 이 같은 특별한 발언을 반드시 중국에 대한 비판이라고 해석할 필요는 없다. 그러나 소련의 선전매체들이 아이디트Aidit와 인도네시아공산당PKI에게 미숙한 행동을 취하도록 부추긴 책임을 물어 공공연히 중국을 비난하고 있던 시점에서 김일성이 모든 "공산주의자들"에게 상황 판단의 잘못을 돌렸다는 점은 중요한 의미를 갖는다. 앞서 인용한 발언을 할 당시 김일성은 중국에 가해지는 소련 측의 비난을 잘 알고 있었음이 틀림없다.

더구나 북한은 한 걸음 더 나아가서 현대 수정주의와 교조주의를 모두 거의 똑같은 비중으로 공격하기 시작했다. 1966년 10월의 김일성 연설은 다시 한번 많은 것을 보여준다. 김일성은 최근 수년간 사회주의 진영이 겪은 '커다란 시련'을 상기시킨 뒤 "현대 수정주의와 교조주의는 국제 혁명운동의 발전 도상에 엄중한 난관을 조성하고 있"다고 비난했다. 김일성은 "우리는 좌우경 기회주의를 극복하고 맑스-레닌주의의 순결성을 고수함으로써 사회주의 진영의 통일과 국제 공산주의운동의 단결을 이룩할 수 있"다고 강조했다. 우경

---

102 김일성, 「현 정세와 우리 당의 과업」, 앞의 신문, 4면.

기회주의(현대 수정주의)는 '정세의 변화'와 '창조적 발전'이라는 구실로 "맑스-레닌주의를 수정하고 그 혁명적 진수를 거세"시키는 것이었다. 김일성은 이러한 기회주의가 내리막길을 걷고 있긴 하지만 "아직도 국제 공산주의운동에서 큰 위험으로 남아 있"으며 "그것은 무엇보다도 제국주의 앞에서 나약성을 보이며 인민들의 혁명투쟁에 소극적으로 대하"고 있다고 주장했다. 반면 좌경 기회주의 역시 우경 기회주의만큼이나 위험한 것이었다. 김일성은 그 위험성을 이렇게 강조했다. "좌경 기회주의는 변화된 현실을 고려하지 않고 맑스-레닌주의의 개별적 명제들을 교조주의적으로 되풀이하며 초혁명적인 구호를 들고 사람들을 극단적인 행동에로 이끌어갑니다. 또한 그것은 당을 군중으로부터 이탈시키며 혁명역량을 분열시키며 주되는 적에 공격을 집중할 수 없게 합니다."[103]

국제 공산주의운동의 일반적 상황에 대해 김일성은 다소 비관적인 견해를 보였다. 김일성은 "지금 사회주의 진영은 내부의 의견 상이로 하여 전일적인 대오로, 단합된 역량으로 나가지 못하고 있"다고 지적했다. 그는 이런 상황이 '적'들에게 커다란 이익을 주고 있음도 인정하지 않을 수 없었다. 그러나 김일성은 사회주의 진영의 '조직적 결렬'을 피해야 한다고 호소했다. 그는 이 문제의 궁극적 해결은 "형제당 지도부가 '과오를 범할 경우'에도 공산주의자들은 '동지적 비판'을 주어 그가 옳은 길에 들어서도록 도와주는" 사상투쟁을 통해서만 이루어질 수 있다고 강조했다. 어떠한 경우에도 공산주의자들은 "사회주의 나라와 자본주의 나라 사이의 차이를 똑바로 보아야"만 했다. 김일성은 "13개 사회주의 나라들 중 어느 한 나라"(방점은 필자)를 일방적으로 배제하거나 인정해서는 안 된다고 강조했다. 따라서 "유고슬라비아의 티토 집단을 사회주의 진영과 국제 공산주의운동의 대열에 끌어들이려는 노력"이나 알바니아를 배제시키려는 노력은 철저히 분쇄되어야 하는 것이었다.

---

103 같은 글.

김일성은 베이징에 대해 냉담한 태도를 보였으면서도 평양과 모스크바 사이를 갈라놓은 문제에 대해 소련 측에 굽히고 들어가려는 태도를 전혀 취하지 않았다. 김일성은 국제 문제에 관한 발언을 결론지으면서 "공산주의자들은 자기 말을 듣지 않거나 자기와 견해를 달리한다고 하여 '형제당'들을 경솔하게 평가하지 말아야 하며, 편견을 가지고 대하지 말아야" 한다고 강조한 뒤 새로운 주체 외교사상을 강력히 옹호했다.

지금 어떤 사람들은 우리 당을 비롯한 맑스-레닌주의 당들에 대하여 '중간주의', '절충주의', '기회주의' 등의 딱지를 붙이고 있습니다. 그들은 우리가 '무원칙한 타협의 길'을 택하고 있으며 '두 걸상 사이에 앉아 있다'고 말하고 있습니다. 이것은 부질없는 소리입니다. 우리에게도 자기의 걸상이 있습니다. 우리가 무엇 때문에 자기의 걸상을 버리고 남의 두 걸상 사이에 불편하게 양다리를 걸고 앉아 있겠습니까? 우리는 언제나 자기의 똑바른 맑스-레닌주의의 걸상에 앉아 있을 것입니다. 자기의 올바른 걸상에 앉아 있는 우리를 두 걸상 사이에 앉아 있다고 비방하는 사람들이야말로 비뚤어진 왼쪽 걸상이나 오른쪽 걸상의 어느 하나에 앉아 있는 것이 틀림없습니다.[104]

자주성을 주장하는 김일성의 단호한 어조에는 때때로 모스크바와 베이징에 대해 호의적 감정보다는 적의를 표하는 데서 균형을 이루고 있음이 드러난다. 그러나 이 점에 관한 한 베이징도 보복을 가할 준비를 갖추고 있었다. 1965년 8·15해방 20주년을 맞이해 소련은 정치국의 실력자인 알렉산드르 셸레핀Aleksandr N. Shelepin을 단장으로 하는 대규모 경축사절단을 보냈던 반면, 중국은 랴오닝성遼寧省 당 위원회 서기 우신유武新宇를 단장으로 하급 당료들로 구성된 대표단을 보냈을 뿐이다. 더구나 1967년 2월 중국의 홍위병

---

104 같은 글.

紅衛兵들은 김일성을 '살찐 수정주의자', '흐루시초프의 제자'라고 맹렬히 비난하는 대자보를 베이징 거리에 써 붙였다. 그해 8월에는 김일성 정부가 인민들의 고혈을 짜내어 사치스러운 생활을 하고 있으며, 정책의 실패로 북한 경제에 일대 혼란을 초래했다고 비난하는 또 다른 대자보가 나붙었다.

김일성 개인에 대한 홍위병들의 극적인 공격은 적어도 1968년 봄까지 계속되었다. 그중 다음과 같은 비난은 주목할 만한 것이다.

> 김일성은 조선 수정주의 도당 내의 철두철미한 반혁명적 수정주의자일 뿐 아니라 백만장자, 귀족이고 조선의 가장 대표적인 부르조아 분자이다. 그의 저택은 대동강과 보통강을 굽어보는 모란봉에 자리 잡고 있다. ……수십만 평에 달하는 그의 저택은 높은 담장으로 둘러싸여 있으며 곳곳에 보초들이 지키고 서 있다. 현관에 이르기까지 사람들은 5~6개의 대문을 지나야 한다. 실로 이는 사람들에게 과거의 황제들이 살던 궁전을 연상케 한다.[105]

한편 1966년 『인민일보』의 정보책임자 펑바오馬彪는 김일성이 북한의 주체 외교정책을 선언했다는 사실을 무시하면서 1968년 1월 조선이 중·소분쟁을 '관망'만 하고 있다고 비난했다.

---

105 이 대자보는 문화혁명 기간에 발행된 광둥廣東의 『文革通訊』, 1968년 2월 15일자에 게재되었다. 김일성에 대한 공격은 이렇게 계속된다. "김일성은 북조선 도처에 궁전을 갖고 있다. 첫 번째 저택은 평양 근교의 산면에 있는 소나무 숲에 자리 잡고 있으며 두 번째 저택은 경치 좋은 금강산에 자리 잡고 있다. 세 번째 저택은 주을온천에 있으며 네 번째 저택은 신의주에 있고 다섯 번째 저택은 청진항 근처의 해안에 있다. ……이 모든 저택들은 엄청난 규모를 갖고 있다. 김일성은 이들 저택에서 일 년 중 며칠씩밖에는 보내지 않지만 이렇게 며칠씩 머물러 있을 때에도 수많은 병사와 경호요원들이 이 저택을 지키고 있다."
이 논문은 김일성이 자신의 부모와 조상을 위해 호화판 묘지를 지었다고 비난했다. 이어서 체신상인 박(아마도 박영순일 것임)은 자신의 환갑 때 북한 고위 간부들의 일상적인 호화판 생일잔치와 선물공세를 나타내듯 200여 차례의 연회를 열고 많은 선물을 받았으며, 정부의 다른 '고관'들한테서도 많은 선물을 받았다고 비난했다.

조선은 날로 모택동 사상과 중국을 반대하고 있다. 조선은 중립 노선을 고수하면서 제국주의에는 반대하지만 수정주의를 반대하지는 않으며 언제나 자기 자리만 지키고 있다. 이것은 불가능한 일이다. 조선은 경제면에서뿐 아니라 정치면에서도 심각한 문제에 봉착해 있다는 사실을 알 수 있다.[106]

그러나 이러한 비난에 대해 북한은 침묵만 지키고 있었다. 실로 1968년까지 북한 정권의 대변자들은 그들의 주요한 공산주의 동맹국가와 관계된 문제들에 대한 발언을 자제했다. 이런 사실은 북한의 대변자들이 변덕스러운 동맹국들을 신중함과 이해를 갖고 대하라는 김일성의 명령을 실행에 옮기려고 했다는 사실을 말해준다. 국제 공산주의 세계를 향해 벌어지고 있는 이런 '투

---

[106] 북한과 중국 간의 원한은 당시 공공연한 적대감정으로 표출되었다. 1970년 11월 23일자 『뉴욕타임스』는 1968년 중국과 북한의 군대가 국경분쟁으로 '총격전'까지 벌였다고 보도했다. 280여 제곱킬로미터에 달하는 백두산 일대의 국경지대는 수십 년에 걸쳐 중국과 한국 정부 간에 분쟁대상이 된 지역이었다. 『뉴욕타임스』에 따르면 중국 지도자들은 "북한이 모스크바 진영으로 경도된" 1965년에 처음으로 북한에 압력을 가하기 시작했으며, 1968년에 다시 이 문제를 거론했다고 한다. 그러나 중국은 "중국의 한국전쟁 참전 20주년이 되는 1970년 10월, 북경과 평양 간에 상호 친선방문단을 교환하는 동안" 이 압력을 취하했다고 한다.
문제의 심각성에 관한 더욱 직접적인 증거는 오랫동안 중국 정보기관의 책임자로 일했고, 문화대혁명 기간에는 핵심적 '마오쩌둥주의자'로 활약해온 캉성康生을 통해 얻을 수 있다. 1968년 2월 8일 지린성의 대중단체 지도자들과 군부 요인들에게 행한 연설에서 캉성은 여러 반역자를 매도한 뒤 동북 지방(지린성 등)의 동지들은 적들의 정보 활동을 특히 경계해야 한다고 강조했다.
"여러분이 당면한 문제들을 생각해보십시오. 여러분은 일본 제국주의도 겪어보았으며 국민당과 미 제국주의자들도 겪어보았습니다. 여러분은 아직도 소련과 조선 수정주의자들의 특수요원들과 싸워야 합니다. 조선 수정주의자들의 적대적인 정보 활동은 여러분의 지역에 오랜 기반을 갖고 있습니다. 최근 들어 우리는 조선 수정주의자들이 영사관을 통해 반역행위를 하고 있다는 사실을 알게 되었으며, 나 자신은 이 같은 일이 여러분의 지역에서도 일어나고 있다고 확신합니다. ……여러분은 소련과 조선 수정주의자들이 보낸 간첩과 반역자들을 결정적으로 색출해내는 데 관심을 기울여야 합니다. 헤이룽강黑龍江과 랴오닝遼寧에서의 경험을 기억하십시오. 이들은 이미 많은 일을 해내었고, 상황을 이해하게 되었으며, 약간의 능력을 갖추게 되었습니다." 캉성 동지의 특별 연설 초록, 바오산寶山 혁명위원회 정치공작부 편, 『整理階級隊伍』, 1969년 1월, 135~140쪽. 영문 번역으로는 US Joint Publications Research Service 역, *Translations on Communist China*, No. 140, March 18, 1971, JPRS S2658, 34~38쪽(36쪽)이 있다.

쟁'은 사적 형태로 일어나고 있을 뿐이었다. 이 무렵 평양 당국이 모스크바와 베이징을 공개적으로 비난하는 것을 자제했다는 사실은 부분적으로는 남한을 향한 끊임없는 '해방'투쟁과 이와 밀접히 관련된 '미제의 위협'에서 비롯된 것으로 보인다. 그 당시 북한 공산주의자들은 미국과 미국의 정책에 대해 가능한 모든 표현을 동원하여 격렬한 비난을 퍼부었다. 그 대표적인 사례로 1969년 9월에 평양에서 개최된 이른바 국제기자동맹대회에서 북한 기자동맹 부위원장인 채윤병(채준병蔡俊炳의 착오로 보임―옮긴이)이 행한 '보고'를 들 수 있다. 채준병은 "미 제국주의는 침략과 전쟁의 주되는 세력이며, 국제 헌병이며, 현대 식민주의의 아성이며 전 세계 인민들의 가장 흉악한 공동의 원쑤"라고 주장했다.[107]

김일성 역시 조선민주주의인민공화국 창건 스무 돌 기념 경축대회에서 한 연설에서 다음과 같이 미국을 격렬하게 비난했다. "미 제국주의는 현대의 가장 야만적이며 가장 파렴치한 침략자이며 세계 제국주의의 두목입니다. …… 지구상에는 미 제국주의의 침략의 마수가 미치지 않는 곳이 없습니다."[108] 이어서 김일성은 그의 연설에 단골로 등장하는 주제를 반복했다. "조선 인민은 전쟁을 바라지 않지만 결코 전쟁을 두려워하지 않습니다. 만일 적들이 우리에게 새 전쟁을 강요한다면 전체 인민은 공화국 북반부의 위대한 사회주의의

---

107 채준병이 행한 보고의 영문판은 "Tasks of Journalists of Whole World Fighting Against Aggression of U. S. Imperialism," *The People's Korea*, 1969년 10월 16일자, 1~8면(이 보고의 한국어 원문은 다음과 같다. 「미 제국주의 침략을 반대하여 투쟁하는 전 세계 기자들의 과업」, 『로동신문』, 1969년 9월 20일자, 2~4면―옮긴이).

108 김일성, 「조선민주주의인민공화국은 우리 인민의 자유와 독립의 기치이며 사회주의, 공산주의 건설의 강력한 무기이다」, 앞의 신문, 제14면. 김일성은 이렇게 계속했다. "미 제국주의자들은 아세아, 아프리카, 라틴아메리카 인민들의 민족해방운동을 가혹하게 탄압하고 있으며 민족적 독립의 흉악한 교살자로 등장하고 있습니다. 미 제국주의자들은 라오스에 대한 무력 간섭을 강화하고 있으며 캄보디아의 영토 안정을 유린하고 캄보디아 인민을 반대하는 도발 책동을 계속하고 있습니다. 미 제국주의자들은 이스라엘 팽창주의자들을 사주하여 아랍 인민들을 반대하는 침략전쟁을 감행했으며, 민족적 독립과 새 생활을 위한 그들의 투쟁을 교살하려고 악랄하게 책동하고 있습니다."(같은 신문)

전취물을 수호하며 조국의 완전한 해방과 통일을 성취하기 위하여, 아세아와 세계 평화를 수호하기 위하여 영웅적인 투쟁에 한 사람같이 일어설 것이며, 원수들에게 섬멸적인 타격을 줄 것입니다."

이 기간을 통해 김일성과 그 밖의 북한 정권의 모든 대변자는 끊임없이 새로운 한국전쟁의 가능성을 강조했다. 이 새로운 전쟁은 공산주의자들에게 승리를 안겨주고 공산주의를 주축으로 한반도의 통일을 이룩하도록 만들어줄 전쟁이었다. 명백히 공산주의자들은 이 전쟁이 '미 제국주의자들'의 도발에 의해 일어나게 될 것이라고 주장했다. 그러나 앞서 살펴본 것처럼 사실상 북한 지도자들은 북한 정도의 규모를 가진 나라로서는 유례를 찾아볼 수 없는 군사력 강화에 몰두해 있었으며, 당시에 이르러서는 남한에 대규모 무장부대를 침투시키고자 노력하고 있었다.

북한 지도자들이 미국의 푸에블로Pueblo호와 그 승무원 82명의 납치라는 중대한 도박을 감행한 것도 바로 이 무렵인 1968년 1월 23일의 일이었다. 최신 전자장치를 갖추고 북한 연안에서 정보를 수집하던 푸에블로호는 북한 영해를 침범했다는 이유로 북한으로 피랍되었다(이 사건에 관련된 모든 미국인은 한결같이 영해 침범이라는 북한의 주장을 부인했다).[109] 훗날 김일성이나 다른 지도자들이 밝힌 바에 따르면 푸에블로호 납치 직후 북한 전역은 미국의 보복이 있을지도 모른다는 공포에 휩싸였으며, 전군에 비상경계령이 하달되었다고 한다. 그러나 미국은 아무런 보복 행동을 취하지 않았으며, 이 사태는 공산주

---

109 이 사건에 대한 푸에블로호 선장의 상세한 설명은 로이드 부커Lloyd M. Bucher의 이야기를 라스 코비츠Mark Rascovich가 정리한 다음 자료를 참조했다. *Bucher: My Story*, New York, 1970. 부커는 우리에게 피랍된 승무원들이 야만적인 매질과 수없는 욕설 등을 포함해 북한 당국에 의해 얼마만큼 비인간적인 대접을 받았는가를 생생하게 들려준다. 또한 그는 '자백'이 어떤 방식으로 얻어졌는가를 상세히 이야기해줌으로써 미국을 비난하는 성명을 발표한 북한 사람들이 미국의 사악함을 들춰내기 위해 어떤 짓을 저질렀는가를 암시해준다. 푸에블로호의 장비들이 고장 나 있었을 가능성은 있겠지만 어쨌든 부커는 그의 배가 절대로 북한 영해를 침범하지 않았다고 주장하면서 푸에블로호사건에 관한 움직일 수 없는 증거들을 제공해주고 있다.

의자들에게 좋은 선전거리를 가져다주었다. 공산주의자들이 얻어낸 단계적인 자백—뒷날 조작된 것으로 밝혀지긴 했지만—은 전파를 타고 전 세계로 퍼져 나갔다. 이 사태는 결국 미국이 피랍된 승무원들의 석방을 얻어내기 위해 '사과 편지'를 보냄으로써 공산주의자들의 승리로 마무리되었다.[110]

　　제5차 당 대회의 전야에 아시아에서 일어난 변화는 북한 외교정책의 기본 입장 자체를 바꿔놓지 않았으나 여기에 다시금 몇 가지 새로운 요소를 첨가시켰다. 1970년 봄과 초여름 평양 당국은 저우언라이와 시아누크라는 두 명의 중요한 방문객을 맞이했다. 북한-중국 간의 관계 개선은 이보다 앞서 1969년 10월 1일 중국 정권 수립 20주년을 맞이해 최용건을 단장으로 하는 경축사절단이 베이징을 방문할 때부터 암시된 일이었다. 저우언라이가 평양 방문 중에 행한 연설이나 4월 7일자의 공동성명은 베이징과 평양 사이의 관계 개선을 가져온 기본 요인이 아시아에 있는 공동의 적들에 대처하는 공동 전선을 만들어야 할 필요와 욕망 때문이었다는 사실을 알려준다.

그의 견해에 따르면 푸에블로호(이 배는 박정희 대통령을 암살하려는 북한의 시도가 실패로 끝난 이른바 '1·21사태' 직후에 납치되었다)는 아마도 이 배가 1·21사태에 대한 보복 임무를 띠고 북한에 접근한 한국 해군의 함정이라는 잘못된 판단에 따라 나포된 것 같다고 한다. 푸에블로호를 나포해놓고 이 배가 미국 함정이고 승무원들이 전적으로 미국인이었다는 사실을 알게 된 북한으로서는 푸에블로호가 북한 영해를 침범했다고 주장하는 이외에는 달리 자신들의 행위를 정당화할 방도가 없었다는 것이다(405~406쪽).

그러나 미군의 몇몇 고위 장교는 부커의 설명에 의문을 제기했다. 북한군 해군은 푸에블로호에 타고 있는 사람들이 미국인임이 확인된 뒤에도 북한의 주요 당국자들과 접촉할 기회가 얼마든지 있었고, 북한 정권의 체질상 현지의 해군은 중앙의 고위 당국자들과 틀림없이 접촉했으리라는 것이다.

이와 같은 두 가지 다른 견해에 대해서는 다음을 참조하라. Ed Brandt, *The Last Voyage of USS Pueblo*, New York, 1969; Edward R. Murphy, Jr., *Second in Command*, New York, 1971.

110 이 같은 '사과 편지'를 보냈다는 것은 틀림없이 현대 미국 외교사에서 기괴한 에피소드로 기록될 것이다. 이 서한을 발송하기에 앞서 미국 당국은 아무런 잘못도 저지르지 않았지만 억류되어 있는 승무원 81명(한 명은 북한에서 사망)의 석방을 위해 사과 편지를 작성했다는 궁색한 해명을 했다.

어쨌든 미국이 이러한 편지를 보냈다는 사실은 북한 지도자들에게는 미국이 무릎을 꿇은 것과 다를 바 없는 사실로 받아들여졌다. 그들은 끊임없이 북한의 철통같은 방위체제 때문에 적들이 군사적 행동을 취하지 못했으며, 세계 만방에 자신들의 과오를 시인할 수밖에 없었다고 자랑했다.

제일의 적은 적어도 공식적으로는 아직까지 미국이었다. 저우언라이와 김일성이 행한 모든 연설은 '미 제국주의'만을 따로 지목해 신랄한 공격을 퍼부었다. 그러나 이제는 '일본 군국주의'가 거의 똑같은 비중의 관심을 끄는 대상으로 등장했으며, 1969년의 중·소 국경분쟁으로 말미암아 소련 문제는 특히 중국 측에 한층 더 중요한 문제로 대두하게 된 것으로 보인다. 중국 당국이 평양에 대한 정책을 전환—뒤이어 워싱턴에 대한 정책 역시 전환—을 하게 된 요인은 실로 소련의 위협 때문이라고 할 수 있다.

그러나 북한에서 공공연히 적으로 비난받은 세력은 역시 미국이었다. 4월 5일 저우언라이가 평양공항에 도착해 행한 짤막한 연설은 아마도 이후의 일주일간 양국 사이에 공통의 주제로 등장한 문제를 가장 잘 대변해줄 것이다.

중·조 양국은 순치脣齒의 관계에 놓여 있는 인방이며 우리 두 나라 인민은 육친적인 정을 맺고 있는 형제입니다. 일본 제국주의를 반대하는 장기간의 투쟁에서나 미 제국주의의 침략을 물리치는 전쟁에서 우리 두 나라 인민은 항상 함께 있었으며 어깨 걸고 싸웠읍니다. 공동의 투쟁은 우리 두 나라 인민들로 하여금 깊고 두터운 전투적 친선을 맺게 하였읍니다. 우리들 간의 친선은 피로써 맺어졌고 오랜 시련을 이겨냈으며 또 시련을 이겨낼 수 있는 것입니다. 오늘 미 제국주의는 아시아에서 '아시아인끼리' 싸우게 함으로써 전쟁을 확대하는 정책을 추구하고 있읍니다. 미 제국주의의 적극적인 부추김을 받고 있는 일본 반동들은 미 제국주의의 돌격대 노릇을 하는 것을 달가와하면서 군국주의의 재생을 다그치고 있읍니다. 미일 반동들은 서로 결탁하면서 침략의 예봉을 직접 중국 인민, 조선 인민, 인도지나 3개국 인민 및 아세아 각국 인민들에게 돌리고 있읍니다. 이러한 정황하에서 중·조 두 나라 인민들 간의 전투적 단결을 가일층 강화하는 것은 중대한 의의를 가집니다. 자기 조국의 안전을 수호하기 위하여 투쟁하고 있는 형제적 조선 인민의 편에 중국 인민은 영원히 함께 서 있을 것입니다.[111]

시아누크는 저우언라이의 방문이 있은 지 약 두 달 후인 6월 중순 평양에 도착했다. 당시 그는 베이징에 머물고 있었기 때문에 이것은 먼 여행이 아니었다. 그가 북한에 머물고 있었던 6월 25일 평양에서는 '미제 반대투쟁의 날'을 맞이해 20만 명이 참가한 가운데 대규모 군중대회가 개최되었다. 이 대회에는 캄보디아 대표단 외에 중국의 인민해방군 총참모장 황융성黃永勝, 정치국원 겸 해군정치위원 리줘펑李作鵬 등과 베트남, 라오스 등지의 여러 공산당이나 전선戰線의 대표자 등 많은 외국 손님이 참가했다. 물론 북한 정권의 주요 지도자도 모두 모습을 드러냈으며, 김일이 조선민주주의인민공화국을 대표해 기조 연설을 했다.[112] 이 대회는 당시 김일성과 그의 정부가 일종의 반미-반일동맹으로서 모든 아시아 국가를 포괄하는 통일전선의 결성에 얼마나 지대한 관심을 갖고 있었는가를 상징적으로 보여준다. 일찍이 아시아 국가

---

111 베이징의 외국문출판사는 저우언라이가 북한 방문 중 행한 공동성명과 모든 공식 연설을 수록한 다음과 같은 영문 선전책자를 출판했다. *Premier Chou En-lai Visits the Democratic People's Republic of Korea*, Peking, 1970(본 번역에서는 『로동신문』, 1970년 4월 6일자에 실린 「비행장에서 한 주은래 동지의 연설」에서 직접 인용했다 ─ 옮긴이).

112 주요 연설들의 영어 요약문은 다음을 참조하라. *The People's Korea*, 1970년 7월 1일자, 1~2면(본 번역에는 『로동신문』, 1970년 6월 25일자를 인용했다 ─ 옮긴이).
시아누크는 다음과 같이 말한 것으로 알려졌다. "1950년은 미국의 강요에 의하여 조선전쟁이 일어난 해입니다. 1970년은 미국의 강요에 의하여 일어난 인도지나전쟁의 해입니다."
"하나의 투쟁전선에 뭉친 인도지나 3개국 인민들은 형제적인 영웅적 조선 인민의 훌륭하고 경탄을 자아내는 모범을 본받아 공동의 적을 우리 인도지나에서 완전히 그리고 영원히 쓸어버리기 위하여 불굴의 정신으로 싸우고 있습니다."
"인도지나에서의 미 제국주의의 필연적인 패배와 이자들의 의사와는 달리 아시아에서 조선, 중국, 베트남, 캄보디아 및 라오스 인민들의 거대하고 불가분리적인 통일전선의 형성은 아시아와 아프리카와 라틴아메리카에서의 미 제국주의의 앞길에 파멸적인 결과를 가져다줄 것이며 제3세계의 모든 인민들에게는 이로운 결과를 가져다줄 것이라고 나는 확신합니다."
그 당시 중국의 정계와 군부에서 떠오르는 별로 주목을 받고 있던 황융성은 "조국 해방전쟁에서 달성한 조선 인민의 위대한 승리는 아시아를 침략하며 세계를 제패하려는 미 제국주의의 무모한 계획을 좌절시켰으며, 중국의 안전을 수호"한 것이라고 선언했다.
쩐 후이 득Tran Huu Duc(북베트남), 구엔 반 히우Nguyen Van Hieu(남베트남 임시혁명전선), 사난 소티치아Sanan Soutthichia(라오스애국전선 대표) 등 베트남과 라오스 대표들도 비슷한 내용의 발언을 했다.

간의 일종의 집단방위 체제(미국에 대항하기 위한 게 아니라 중국을 겨냥하는 것으로 널리 해석되는)의 필요성을 강조한 적이 있던 소련인들이 참석하지 않은 상태에서 이러한 통일전선이 강조되었다는 사실은 매우 주목할 만한 일이다. 물론 수카르노를 비롯해 아시아의 공산주의적 통일전선을 이끌어온 과거의 지도자들이 참석하지 않았다는 사실도 주목할 만한 일이다. 그러나 인도차이나를 공산주의자와 비공산주의자 간 투쟁의 기준으로 삼으려는 노력은 끊임없이 계속되었다. 시아누크 정권의 전복과 그가 소련보다는 아시아 공산주의자들에게 의존하게 되었다는 새로운 사실은 여러 가지 측면에서 이러한 노력에 한층 큰 의미를 부여해주었다.[113]

12. 비틀거리는 '남조선해방' 투쟁

김일성이 소련과의 관계를 정상화하고, 중국과 '우호관계'를 회복하며, 아시아에서 다시 공산주의자들이 이끄는 통일전선을 건설하는 데 지대한 관심을 쏟은 기본적인 이유 중 하나는 그가 끊임없이 '남조선 해방'을 강조해왔다는 데 있었다. 따라서 우리는 북한 외교정책의 주요 측면의 하나로 1961년 제4차 당 대회 이후 북한의 대남정책을 살펴보아야 한다. 1970년 제5차 당 대회가 있기까지의 10년 동안에 공산주의자들의 기본적인 대남 전략은 전혀 변화하지 않았지만 전술 단계는 몇 차례 변화를 겪었다. 앞서 지적한 것처럼 1962년 12월에 단행된 주요 정책의 우선순위 변화와 대규모 군비 확장의 새로운 강조는 '남조선'이 늦어도 1970년대 초반까지는 '해방'되어야 한다는 결정과 직접적인 관련이 있다고 할 수 있다. 이승만 정권의 붕괴를 이용할 수 없었다

---

113 1970년 초가을부터 프놈펜에는 북한이 캄보디아에 지원병을 파견했다는 미확인 소문이 떠돌았다. 우리는 현재로서는 이 소문의 진위를 확인할 수 있는 아무런 증거도 갖고 있지 않다.

거나 그 이후의 군사 쿠데타를 예방하지 못했다는 쓰라린 경험은 이런 결정을 내리는 데 큰 역할을 했음이 틀림없다. 그러나 동북아시아에서 일본이 차지하는 잠재적 역할에 대한 점증하는 관심 역시 이 결정에 큰 영향을 미쳤다고 할 수 있다. 조금 뒤의 일이지만 남한의 경제가 급속하게 발전하고 있다는 사실도 하나의 요인으로 작용했다.

통일에 관한 공산주의자들의 정치 공식은 기본적으로 조선노동당 제4차 대회에서 행한 제안에 입각한 것이었다. 그러나 김일성이 남한에서의 '진정한 맑스-레닌주의 정당'의 성립을 공공연하게 요구하고, 한반도는 남한에서 미국이 물러나고 박정희 정부가 전복되어야만 '평화적으로 통일'될 수 있다고 강조한 것도 바로 이 대회에서였다. 김일성은 명백히 하나의 혁명, 그것도 폭력혁명을 요구하고 있었다.

따라서 재정비된 '해방'투쟁의 방식은 한국전쟁과 같은 식이 아니라 베트남 방식에 입각한 것이었다. 북한이 자임한 역할은 남한에서 혁명운동이 전개되는 동안 훈련기지와 침투기지를 제공하는 것이었다. 혁명운동은 일단 충분히 강성해진 뒤에만 유격투쟁을 포함한 합법과 비합법 투쟁의 배합 속에 새로운 단계로 진입할 수 있었다. 북한 지도자들은 이러한 단계에서 북한의 자체 방위가 확고하다는 확신으로 상황에 따라 새로운 역할을 자임할 수 있었던 것이다.

앞서 지적한 것처럼 김일성은 만주에서의 항일유격대 시절의 경험을 토대로 '자신의 근거지는 절대 침범당하지 않는다는 확신 아래 약탈을 자행할 수 있는 난공불락의 내부 요새를 건설한다'라는 가상 전략을 유추해냈다고 할 수 있다. 결국 북한의 속셈은 남북한 간에 대규모 충돌이 일어났을 경우, 북한의 무력 행사가 남한의 침략에 대한 정당방위로 보이도록 해야 한다는 것이었다. 이 점에 관한 한 1950년대의 전략이 되풀이되었다고 할 수 있다.

남한에 공산당이 건설되어야 한다는 김일성의 요구를 실현하기 위한 노력은 과연 언제 시작되었을까? 이 점에 관한 한 우리는 공산주의자들의 설명과 남한에서 출판된 공판 기록에 기본적으로 의존하지 않을 수 없다. 조선노동당의 공식 문건에 따르면 통일혁명당統一革命黨(이하 '통혁당'으로 줄임—옮긴이)은 1961년의 제4차 당 대회로부터 약 2년 반 후인 1964년 3월 15일 남한의 지하혁명 조직으로 출범했다고 한다. 이 '당'은 동국대학교 졸업생인 김종태金鍾泰(당시 38세)의 주도로 조직되었다. 김종태 이외의 주요 인물로는 서울대학교 문리대학 졸업생인 이문규李文奎(당시 28세)와 김질락金瓆洛(당시 30세) 등이 있다(이문규는 대학가에서 학사주점을 경영하기도 했다).[114]

어쨌든 통혁당사건에 관계된 사람들 중 몇몇은 1961년 10월의 조선노동당 제4차 대회 직후인 그해 12월 비밀리에 평양을 방문한 것으로 되어 있다. 이들은 6개월간 간첩교육을 받은 뒤 암호문과 200만 원(미화로 약 6,000달러)가량의 공작금과 비밀지령서를 지니고 남한으로 되돌아왔다. 통혁당의 기본 목표는 김일성과 조선노동당의 지도를 받는 공산주의운동의 일환으로 자체 조직을 확립하고, 남한에 다양한 외곽단체를 건설하며, 불평불만을 가진 지식인을 포섭하기 위해 각별한 노력을 기울이는 것이었다.

김종태는 법정에서 자신이 13차례나 쾌속정을 타고 해로로 평양을 왕래했으며, 통혁당을 조직하라는 최초의 지령을 김일성으로부터 직접 받았다고 진술했다. 통혁당의 주요 인물들은 모두 조선노동당에 가입했으며 풍족한 공작금을 제공받았다. 김종태가 받은 공작금의 총액은 2,350만 원(미화 7만 달러)인 것으로 알려졌다. 이문규는 학사주점(정치 활동을 위한 위장 조직)을 운영하고 지식인, 대학생을 포섭해 민족해방전선(조국해방전선祖國解放戰線의 착오—

---

114 "The Indomitable Revolutionary Struggle by Members of the Unification-Revolution Party Armed with the Revolutionary Ideas of Marshal Kim Il-sŏng," *The People's Korea*, 1969년 2월 5일자, 4~5면. 그러나 1968년의 공판에서 김종태는 당이 조직된 것은 1965년 11월이라고 밝혔다(통혁당에 대한 공판이 시작되자 북한 측은 "미제와 박정희 도당의 파쇼적 탄압을 폭로·규탄"하기 위해 1969년 1월 25일 평양시 군중대회를 개최했고, 『로동신문』을 비롯한 언론매체들은 통혁당의 투쟁을 적극 찬양했다. 여기에 인용한 기사는 다음 기사를 참조하라. 『로동신문』, 1969년 1월 29일자—옮긴이).

옮긴이)을 결성하기 위한 공작금으로 한화 100만 원을 교부받았다. 그 밖에도 이문규는 월간지 『청맥』靑脈을 발행했는데 1964년 8월 창간호를 낸 이 잡지는 공산주의자들의 발표에 따르면 1967년 6월까지 4만 4,000부를 발간했다고 한다(이 잡지는 합법 잡지였다). 1968년 공판의 또 다른 피고 윤상수尹相守는 1965년 12월 평양 낭국으로부터 50만 원의 공작금을 교부받았다고 시인했는데, 그는 김종태의 지령으로 전라남도 목포에서 정치 활동을 위한 위장 조직으로 이발소를 경영했다.

통혁당은 과거의 당이 한국전쟁 기간에 와해된 이래 남한 최초의 지하 공산주의운동 조직이었다(장면 정권 시절 몇몇 학생단체 대표는 판문점에서 남북학생 회담을 열어야 한다고 주장했다는 이유로 '반국가사범'으로 처벌받았으나 이들의 활동이 조선노동당의 지도를 받았다는 증거는 없다). 1965~1967년 이 새로운 당은 민족해방전선(책임비서 이문규), 조국해방전선(책임비서 김질락*) 등 낯익은 명칭을 가진 다양한 외곽단체를 결성한 것으로 알려졌다. 통혁당 산하의 좀더 전문적인 조직으로는 새문화연구회, 청년문학가협회, 불교청년회, 동학회東學會, 청맥회靑脈會(당시 발표로는 靑麥會―옮긴이), 민족주의연구회, 기독교청년복지회, 경우회經友會, 학사주점 등이 있었다. 공산주의자들의 자료에 따르면 이들 아홉 개의 외곽단체는 '모든 계층의 대중'을 망라해 당을 주축으로 반미구국전선을 결성하기 위한 것이었다고 한다.[115]

쉽게 상상할 수 있듯이 이들 조직은 소수의 성원들로 구성된 것이었다. 중앙정보부는 통혁당이나 그 외곽단체에 관계된 사람이 모두 158명이나 된다고 발표했지만, 실제로 피고가 되어 법정에 선 사람은 27명에 불과했다. 공산주의자들의 주장을 받아들인다면 이 집단의 지하 활동은 급속히 확산된 것이

---

* 조국해방전선과 민족해방전선의 책임비서가 서로 뒤바뀌어 있다. 통혁당의 조직에 관한 상세한 내용은 『동아일보』, 1968년 8월 24일자와 중앙정보부, 『북한 대남공작사』, 제2권, 1973, 257~267쪽, 442~449쪽을 참조하라.

115 같은 신문, 4면.

었다.[116] 그러나 실상은 그와 반대였다. 이 무렵 남한의 지식인과 젊은 학생들이 지닌 불만이 어떤 것이었든 간에—실상 그들의 불만은 매우 팽배해 있었다—공산주의는 결코 그들의 관심을 끌지 못했다.

통혁당의 실제 규모와 업적을 크게 과장함으로써 김일성과 그의 정권은 그들의 인민들에게 남한의 혁명운동이 지닌 역량에 대해 환상을 품도록 했을 뿐 아니라 북한의 대남공작을 위장할 수 있었다. 이와 같이 하여 공산주의자들은 "합법적인 대중투쟁(이 형태에 관해서는 위에서 언급한 적이 있다)의 발전과 함께 통혁당은 무장 유격투쟁을 조직할 준비를 하는 데 박차를 가했고, 무장투쟁의 견고한 기지를 만들기 위해 노력하고 있다"고 주장했다.[117] 그러나 사실상 통혁당은 아직까지 이와 같은 단계로 이행할 수 있는 역량이 결여되어 있었다는 단순한 이유로 말미암아 통혁당원 중 어느 누구도 무장투쟁을 벌이지 못했다. 그들은 겨우 장래에 대비해 약간의 식량과 물자를 동굴에 비축할 수 있었을 뿐이다.

그럼에도 조직상의 활동은 계속되었다. 공산주의자들의 주장에 따르면 통혁당은 1969년 8월 중앙위원회를 결성하고 통혁당 선언과 강령을 채택했다고 한다. 이 두 가지 문건은 모두 지하기관지인 『혁명전선』에 게재되었다. 여러 공산주의 선전매체나 해외의 급진적 반항매체에 전재된 이들 문건은 그 본색을 전혀 감추려 하지 않고 태연히 김일성과 조선노동당에 대한 지지를 표명했다.[118] 한 가지 예로 통혁당 선언에는 다음과 같은 구절이 들어 있다.

---

116 공산주의자들의 설명에 따르면 "한편 통일혁명당 성원들은 자신들이 직접 인민 대중 속으로 들어가 경애하는 수령 김일성 동지의 위대한 혁명투쟁 역사와 영도의 현명성, 높은 덕성에 대하여 고귀한 자질을 널리 선전하였으며, 그의 영도 밑에 공화국 북반부에 수립된 사회주의제도의 우월성에 대하여 감명 깊게 해설·선전하였다"고 한다(같은 신문). 이 논문은 이어 김종태와 통혁당 동지들은 '대중들'만을 감화시킨 것이 아니라 군인들 속에서도 동조자를 포섭했다고 주장했다. 통혁당은 1967년 6월의 국회의원 선거와 미국의 험프리Humphrey 부통령의 방한 시에 시위를 조직·지도해 더욱 깊은 신뢰를 얻었다고 한다.

117 같은 신문, 4~5면.

통일혁명당은 그 계급적 기반과 지도 이념, 투쟁 목적상 일체 기성 정당·정파들과 질적으로 구별되는 새 형의 맑스-레닌주의 당이고 우리 당은 사회의 기간적 역군인 노동계급과 농민을 위시한 근로 인민 대중의 이익을 대변하여 옹호한다. 당은 이들 노동자, 농민들과 근로 인텔리들의 선각분자들로 조직된다. ……

통일혁명당의 지도 이념은 맑스-레닌주의를 현 시대와 우리 조국 현실에 독창적으로 구현한 김일성 동지의 주체사상(방점은 필자)이다. 주체사상은 40여 년간의 험난한 혁명의 폭풍우 속에서 완벽함을 과시한 우리 시대의 맑스-레닌주의이다. 그것은 과거와 현재뿐 아니라 미래에 대해서도 무궁한 활력을 가지며 우리 인민만이 아니라 전 세계 수억만 인민들의 진로를 휘황히 명시해주고 있다.[119]

통혁당의 12개 강령 중 하나는 남한의 병력을 20만 이하로 감군한다는 것이고, 다른 하나는 미국과의 관계 단절과 한일협정의 백지화 등 자주외교의 구현이며, 다른 하나는 '일체 외세의 간섭 없이 남북 인민들의 자율적 민주 의사와 민족 주체역량에 의거한 평화적 조국통일의 실현'이었다.[120]

---

118 공산주의자들의 주장에 따르면 통혁당의 선언과 강령은 *The Black Panther*를 비롯한 3종의 미국 신문과 *Guardian* 등 영국 신문, *Revolution Africaine*과 같은 알제리 출판물 등 많은 외국 언론에 전재되었다고 한다. 이들 문건의 영문 번역은 다음을 참조하라. *The People's Korea*, 1970년 6월 24일자, 4~5면(통혁당의 선언과 강령의 한국어 원문은 다음에 실려 있다. 중앙정보부, 『북한 대남 공작사』, 제2권, 1973, 257~267쪽 ─ 옮긴이).

119 같은 신문, 4면. 영문으로 된 공산주의자들의 자료에서 통일혁명당(RPU, the Revolutionary Party for Unification)은 흔히 the Revolutionary Party for Reunification(RPR)으로 표시된다는 점에 유의하기 바란다.

120 강령 제12조에 따르면 "'반공통일', 'UN 감시하의 통일'을 배제"하고 그 대신 "상호 접촉과 면담, 인사 왕래, 이주 자유와 문물의 교류"를 통해 남북 간에 각방으로 대화의 길을 모색해야 한다고 한다. 이로써 "혁명이 승리하고 자주적 인민 정권이 수립되면 지체 없이 남북협상을 진행하여 쌍방의 합의하에 전쟁 상태 종식과 휴전선 철폐에 관한 평화선언을 공포" 한다는 것이다. "남북에서 다 같이 정치 활동의 자유를 보장하는 기초 위에서 쌍방 정부의 공동 관리하에 전국 총선

통일혁명당은 1968년 8월 한국의 중앙정보부가 통혁당 주요 인사들과의 접선을 목적으로 남파된 북한 공작선을 나포함으로써 와해되고 말았다. 이들의 계획은 조선민주주의인민공화국 창건 스무 돌 기념 경축대회에 김종태를 남조선 대표로 참석시키려던 것이었다. 떠들썩한 공판을 거친 뒤에 김종태, 이문규, 김질락 등은 다른 두 명의 간부와 함께 1969년 1월 25일 처형*되었으며 김종태의 아내 임영숙林寧淑 등 통혁당원 25명은 중형을 선고받았다.[121]

소규모 공산주의 지하조직이 초기에 와해되었음에도 평양 당국은 남한에서 혁명운동이 활발히 진행 중이라는 신화가 생명력을 잃지 않도록 노력했다. 평양 당국은 북한의 선전매체에 통혁당을 계속 등장시키는 것 외에도 통혁당 기관지로 『혁명전선』을 발간하기로 결정했다. 『혁명전선』이라는 제호로 "복

거를 실시하여 통일적 중앙정부를 수립함으로써 민족지상의 과제인 조국통일 위업을 달성한다." 같은 신문, 제6면. 이와 같은 입장은 전적으로 조선노동당과 동일한 것이다.

통혁당 강령의 대강을 살펴보면 다음과 같다.

1. 미 제국주의 식민지 통치의 철폐와 자주적 민주 정권의 수립
2. 팟쇼 독재체제의 소탕과 사회정치 생활에서 민주주의의 실현
3. 농·어촌의 세기적 낙후성과 빈궁의 일소 및 민주적 토지개혁의 실시
4. 중요 산업의 국유화와 자립적 민족경제 건설
5. 민주적 노동법령의 실시와 노동자들의 사회경제적 처지의 개선
6. 여성들의 권익 보장과 사회적 지위의 향상
7. 민주적 민족문화의 창달과 지식인들의 생활 보장
8. 교육의 쇄신과 근로자 자녀들에 대한 무료교육제, 장학금제의 실시
9. 선진적 보건제도의 확립과 광범한 무료제의 시행
10. 자위적 민족군대의 창설
11. 자주외교의 구현과 반제평화애호 국가들과의 우호 증진
12. 조국의 평화통일의 성취

* 1969년 1월 25일은 이들의 사형이 집행된 날이 아니라 1심에서 사형이 선고된 날이다. 『동아일보』, 1969년 1월 25일자. 이들의 사형은 김종태 1969년 7월 10일, 이문규·이관학 1969년 11월 6일, 김승환 1972년 5월 30일, 김질락 1972년 7월 15일에 각각 집행되었다.

121 통혁당의 당원은 학생, 과학기술처 사무관, 장교, 인구문제연구소 연구원, 문학평론가, 청년사업가 등 다양한 층으로 구성되어 있었다. 그러나 진정한 노동자나 농민이 빠져 있다는 사실이 다시 한번 우리의 눈길을 끈다. 소수에 불과한 당원 중에서 핵심을 이룬 집단은 압도적으로 청년지식인이었으며, 서울대학교 상대와 문리대 출신이 상당수였다.

간 1호, 통권 206호"라는 호수가 붙은 이 신문은 1970년 6월 1일을 발행일로 하여 발간되었다. 주간 타블로이드판으로 발행된 이 신문의 1~4호는 첫 장에 김일성의 사진이나 연설문을 싣고 있는데, 남한 이외의 지역(아마도 평양)에서 발간된 것이 분명하지만 발행지는 서울로 되어 있었다. 그러나 미국에서 이 신문을 받아본 독자들은 '서울에서 발행된 지하신문'의 연락처로 'Apartado 4132, Zona Postal Habana-4, Habana, Cuba'라는 주소가 적혀 있는 것을 보고 아연해하지 않을 수 없었다.

이른바 동백림東伯林사건은 공산주의자들이 내건 대남정책의 또 다른 측면을 보여준다는 점에서 간단히 언급하고 지나가겠다. 이 사건은 1967년 봄 서방, 특히 독일과 프랑스를 여행한 적이 있는 학생과 지식인 등 수백 명의 사람이 해외에서의 불분명한 행적 때문에 검거되는 데서 시작되었다. 남한 정부는 동베를린에서 공작하는 북한인들이 해외에 살고 있는 많은 남한 교포와의 접촉을 시도하고 있다는 사실을 암시해주는 자료를 확보하게 되었다.

결국 1967년 12월 34명의 사람이 서울의 재판정에 서게 되었다. 이들 중 몇몇 사람은 해외에서 극히 비정상적인 경로를 거쳐 한국으로 강제 송환된 이들이었다. 이로써 얼마 동안 남한과 서독 정부 간의 관계는 서독에 살고 있던 몇몇 한국인이 한국 정보요원에게 문자 그대로 납치되었다는 사실 때문에 거의 파국에까지 이르렀다. 공판이 시작되자 몇몇 피고―이들 중 다수는 이승만 정권시대부터 해외에서 살고 있었다―가 북한 당국으로부터 모든 경비를 북한 측이 부담한다는 조건 아래 북한을 방문해달라는 은밀한 교섭을 받았다는 사실[122]과 몇몇 사람은 정도의 차이는 있지만 북한에 협력하기도 했다는 사

---

122 몇몇 피고는 극심한 재정적 곤란 때문에 북한 측이 제공하는 자금을 받기도 했다. 어떤 사람들은 오랫동안 헤어져 있던 가족과 친척을 만나게 해줄 터이니 북한을 방문하라는 권유를 받았으며, 유명한 작곡가 윤이상尹伊桑의 경우에는 북한 음악계의 발전상을 시찰할 수 있다며 방문교섭을 받았다고 한다. 그러나 이들 중 절반가량은 이데올로기적인 면에서 북한 측에 경도되었고 적어도 2~3명은 북한 방문 중 조선노동당에 입당했다.

실이 밝혀졌다. 한 가지 예로 미국에 유학 중이던 한 청년은 북한 공작원에게 미국 유학 중인 한국 학생의 명단을 넘겨주기도 했다.

이들 중 정치적·사상적으로 북한을 전적으로 지지하는 사람은 극소수에 불과했다. 그러나 북한의 요원들은 한 피고에게 자금을 제공해 본Bonn에서 레스토랑을 경영하도록 하고, 이곳을 북한 요원이 남한 학생들을 접촉할 수 있는 장소로 이용했다는 사실이 밝혀졌다. 이외에 공판이 진행되는 동안 드러난 많은 사실을 통해 우리는 북한이 남한 출신 학생들과 지식인들을 포섭하고, 가능하다면 이들한테서 정보를 얻어내기 위해 상당히 광범위한 공작을 벌였다는 사실을 확인할 수 있었다.

또 한 가지 이상한 사건은 북한의 민주통신사 부사장으로서 판문점을 통해 극적으로 남한으로 탈출한 이수근李穗根의 경우였다. 판문점을 경비 중이던 미군들에게 탈출 의사를 밝힌 이수근은 자동차 뒷좌석에 뛰어올라 북한 경비병들의 총알 세례를 뒤로 하고 남한의 품에 안겼다. 남한 당국의 열렬한 환영을 받은 이수근은 거액의 정착금을 받아 남한에서 다시 결혼했으며, 남한 전역을 순회하며 반공 강연을 했다. 그러나 1969년 초 북한으로 탈출하려던 이수근이 사이공(현재 호찌민 시)에서 검거되었다. 조사 결과 이수근은 김일성이 개인적으로 남한에 파견한 특수 공작원임이 밝혀졌다.[*]

북한 당국은 계속해서 간첩을 남파했다. 남파된 간첩들의 성분은 흥미로울 정도로 다양했다. 몇몇은 남한 출신 지식인이고, 어떤 사람들은 숙련노동자이거나 공작원의 임무를 수행할 만한 경력을 전혀 갖추지 못한 이들이었다. 어떤 사람들은 불량배이거나 북한에서 소매치기로 검거된 적이 있는 전과자이기까지 했다. 더욱 심각한 것은 물론 군사요원의 침투였다. 1968년 1월에

---

[*] 지금은 극우 논객이 되었지만 조갑제는 자유를 찾아 탈북한 이수근이 중앙정보부에 의해 간첩으로 조작되었다는 사실을 일찍이 1989년에 밝혀낸 바 있다. 조갑제, '이수근 간첩은 김형욱의 조작이었다', 『월간조선』, 1989년 3월호. 진실화해를 위한 과거사 정리위원회도 2006년 12월 이수근이 중앙정보부에 의해 위장 간첩으로 조작·처형당했음을 밝혔다. 〈이수근 위장 간첩사건〉 사건 보고서.

는 박정희 대통령을 암살하라는 사명을 받은 31명의 북한 특수부대 요원이 서울 근교까지 잠입하기도 했다(앞으로 살펴보겠지만 이전에도 이와 유사한 시도가 있었다). 1968년 말에는 무장공비의 침투가 극에 달해 10월 말에서 11월 초 사이에 120명의 무장공비가 남한의 동북해안 지대인 울진과 삼척에 침투하기도 했다. 124군 부대라는 특수부대에서 훈련받은 이들 무장공비는 유격 활동이 가능한 지역의 탐사와 농민들이 이러한 유격투쟁에 이용될 수 있는지 접촉해보라는 사명을 갖고 남파된 것으로 보인다. 그러나 이들 무장공비는 투항한 두 명을 제외하고는 전원 사살됨으로써 이들의 사명은 완전한 실패로 돌아갔다. 다음 달에 단행된 대남사업총국 책임자 허봉학의 숙청은 김일성의 심기가 대단히 언짢았다는 사실을 말해준다.

알려진 바에 따르면 대남 공작의 주요 임무는 조선노동당 비서국으로 이관되었으며, 비서인 김중린金仲麟이 혼자 이 과업을 전담했다. 그러나 이와 함께 남한을 겨냥한 군사 활동 역시 지속적으로 진행되었다. 민족보위성 정찰국 산하, 사실상은 조선노동당 비서국 산하에는 '특수 공작' 임무를 띤 198군 부대와 907군 부대라는 두 개의 특수부대가 정식으로 설치되었다. 1970년에 대남공작을 위해 훈련을 받고 있던 병사 수는 1만 400명으로 추산되며, 민족 보위성 정찰국은 한번에 1,300~2,000명의 병력을 침투시킬 수 있는 100여 정의 소형 공작선을 보유하고 있었다(그 밖에도 정찰국은 공중작전 시에 700~ 2,000명의 병력을 공수할 수 있는 60여 대의 헬리콥터를 보유했다).

따라서 북한 당국이 대남 무장유격 작전을 위해 보유하고 있던 군사장비는 1969년 이후 전혀 감소하지 않은 것으로 보인다. 그러나 1968년 말의 실패 이후 무장공비의 남파는 적어도 제5차 당 대회가 개최될 때까지 현저히 줄어들었으며, 몇몇 관찰자는 이를 새로운 전술의 채택을 암시하는 변화로 여기고 있다. 이 변화는 아마도 북한 당국이 와해된 통일혁명당과 그 외곽단체의 재건에 노력을 경주하는 등 정치전선으로 관심을 집중한 것을 의미할 것이다. 이런 목적을 달성하기 위해, 또한 정보를 얻기 위해 북한 당국은 점차 남한의 어부들을 납치한 뒤 여건에 따라 다양한 기간 교육하여 남한으로 돌려보내는 수법을 쓰기 시작했다. 한편 남한의 저명한 정계 인사를 암살한다거나 이와 유사한 정치적 효과를 얻기 위한 노력도 계속되었다. 그러나 그 당시 북한 당국은 의도적으로 '방어' 행동의 가능성을 열어놓기 위해 비무장지대의 긴장을 때때로 고조시키기는 했지만, 무장공비의 남파에는 별다른 관심을 기울이지 않았다.

이 같은 전략은 김일성이 베트남 방식에 따라 남조선을 해방시키기 위해 노력했을 가능성을 다시 한번 뒷받침해준다. 통혁당의 12개조 강령은 남베트남민족해방전선(이른바 베트콩—옮긴이)과 이를 움직이는 인민혁명당의 강령과 놀라울 정도로 유사했다.

13. 제5차 당 대회

우리는 이상에서 남한을 공산주의 방식으로 '해방'시켜야 한다는 김일성의 강력한 주장 등 1960년대의 북한을 여러 측면에서 지배해온 문제들이 1970년에 접어들어서도 1960년에 비해 전혀 해결의 전망을 갖지 못하고 있었다는 사실을 살펴보았다. 실상 1960년대 북한 경제의 현실뿐 아니라 남한의 경제발전이나 일본이 자국의 방위에 기울이는 새로운 관심 등을 고려한다고 해도, 공산주의자들의 성공 가능성은 1970년대 초반까지는 아직도 상당히 남아 있었다. 어쨌든 제5차 당 대회에서 김일성은 공산주의자들의 통제하에 조국통일을 달성해야 한다는 목표가 지속적으로 추구되어야 한다는 사실을 단호히 천명했다.

조선노동당 제5차 대회는 제4차 당 대회가 있은 지 약 9년 후인 1970년 11월 2일 평양에서 개최되었다. 이날 오전 9시, 김일성이 무대에 등장할 당시 만수대 의사당은 의결권을 가진 1,734명의 대표와 발언권만을 가진 137명의 대표로 만원을 이루고 있었다. 조선노동당이 외국에 대해 대표단은 보내지 말고 축하문만 발송해주기를 원했기 때문에 이 자리에는 흥미롭게도 외국 손님이 전혀 참석하지 않았다(아마도 북한은 중·소분쟁에 개입함으로써 야기될 혼란을 피하기 위해 외국 대표단을 초청하지 않았던 것으로 보인다). 그 당시 북한의 선전 매체가 김일성에게 붙인 수사를 살펴보면 북한에서의 개인숭배가 얼마만큼 극에 달했는가를 알 수 있다. 북한 언론은 "절세의 애국자이시며, 민족적 영웅이시며, 백전백승의 강철의 영장이시며, 사천만 조선 인민(이때 북한은 남북한을 합쳐 사천만 조선 인민이라 부르기 시작했다)의 위대한 수령이시며, 국제 공산주의운동과 근로계급운동의 위대한 지도자의 한 분이시며, 우리 당 중앙위원회 총비서이신 김일성 동지"를 부르짖었다.[123]

김일성은 대회 개막일에 중요한 연설을 했다.[124] 그는 북한이 당면한 문제를 시인하는 데서부터 연설을 시작했다. 김일성은 제4차 당 대회 이래로 9년간은 "우리의 혁명과 건설에서 많은 복잡하고 어려운 환경이 조성된 준엄한 시련의 시기"였다고 고백했다. 그럼에도 김일성은 이 기간에 "모든 전선에서 커다란 승리와 성과"가 이루어졌다고 덧붙였다. 첫째, 7개년계획은 마침내 완수되었다. 공업 총생산액은 1956년에 비해 11.6배로 늘어났으며 그 가운데 '생산수단 생산'은 13.3배, 소비재 생산은 9.3배로 늘어났다. 이것은 5개년계획과 7개년계획이 시행된 "1957~1970년에 이르는 공업화의 전 기간에

123 조선중앙통신사 국제부(평양), *Foreign Broadcast Information Service Daily Report*(이하 'FBIS Daily Report'로 줄임), 1970년 11월 2일자 보도.
   대회 기간에는 "말리 김일성 동지 노작勞作연구소조 성원 일동", "체코슬로바키아에 있는 아시아, 아프리카, 라틴아메리카 유학생들의 김일성 동지 노작 및 혁명 활동 연구소조 성원 일동", "예멘 학생전국총동맹 아덴시 타와이 지부 김일성 동지 노작연구소조 성원 일동", "베를린에 있는 김일성 동지 노작연구소조"의 위임을 받은 윌리엄 아니체William Aniche, 모한 탐피Mchan Tampi 등이 보낸 축전이 발표되었다(『로동신문』, 1970년 11월 7일자 참조 — 옮긴이).
124 우리는 김일성 연설의 영문판으로 평양민주통신, 1970년 11월 2일자 보도를 번역한 *FBIS Daily Report*, 1970년 11월 16일자(제222호) 부록, 21~70쪽에 실린 것을 이용했다. 이 연설의 한국어 원문은 다음과 같다. 『로동신문』, 1970년 11월 3일자, 1~7면.

걸쳐 공업 생산이 해마다 평균 19.1퍼센트의 높은 속도로 장성하였다는 것"
을 말해준다는 것이었다.[125]

이보다 며칠 뒤 김일은 당 대회에서 행한 보고에서 기간을 달리 끊어 경제
발전의 성과를 수치로 제시했다. 김일은 1970년의 공업 총생산액이 1960년
보다 3.3배 높아졌으며, '생산수단 생산'은 3.7배, 소비재 생산은 2.8배 늘어
났다고 보고했다. 이것은 "1961~1970년 10년 동안에 공업 생산이 해마다
12.8퍼센트라는 높은 증가 속도로 발전" 했다는 것이다.[126]

두 지도자 모두 7개 계획이 완수되었다고 주장했음에도 우리는 이들이
계획의 중요한 세부사항을 밝히기를 꺼렸음을 알 수 있다. 김일성은 중공업
건설에서 이룩한 가장 큰 성과는 '자체의 기계제작공업'의 창설이라고 지적
하면서 7개년계획 기간에 중공업이 매우 빨리 발전했다고 단언했다. 김일성
은 전력(165억 킬로와트), 석탄(2,750만 톤), 강철(220만 톤), 화학비료(150만
톤), 시멘트(400만 톤) 등 1970년의 생산량을 수치를 들어 제시했다. 만일 이
러한 수치가 정확한 것이라면 석탄 생산만이 7개년계획에 책정된 목표를 약
간 초과했을 뿐 전력, 강철, 화학비료, 시멘트 생산은 책정된 목표에 미달했
다(그러나 김일은 1970년의 시멘트 생산량을 7개년계획의 목표였던 500만 톤이라고
주장했다).

더구나 곡물 생산에 관한 한 두 지도자는 모두 계획 기간에 거둔 실적이 목
표량인 600만~700만 톤에 크게 미달했다는 사실을 암시하듯 구체적 수치를
제시하지 않았다. 김일성은 이렇게 발언했을 뿐이다.

---

125 같은 신문, 2면.

126 김일의 보고, "On the Six Year(1971~1976) Plan for the Development of the National
Economy of DPRK", 11월 9일 회의에서 한 이 보고는 『로동신문』, 1970년 11월 10일자에 전재되
어 있다. 영문판은 조선중앙통신 1970년 11월 10일자를 인용한 *FBIS Daily Report*, 1970년 11월
10일자를 참고할 것(이 보고의 원제목은 「조선민주주의인민공화국 인민경제 발전 6개년(1971~
1976)계획에 대하여」다 ― 옮긴이).

지난 몇 해 동안 우리 나라에서는 예년에 보기 드문 심한 자연재해가 계속되어 농업 생산에서 일정한 굴곡은 있었으나 우리는 해마다 높은 수확을 거두었으며 올해에도 대풍작을 이루었읍니다. 우리나라에서 이제는 식량 문제가 완전히 풀렸으며, 농촌경리의 다른 모든 부문들을 더욱 빨리 발선시킬 수 있는 튼튼한 알곡 생산 토대가 닦아졌읍니다.

그러나 앞서 살펴본 것처럼 식량 문제가 완전히 해결되었다는 주장은 이미 1961년의 제4차 당 대회에서도 나온 적이 있었으며, 김일성이 농업 문제와 관련해 구체적인 수치를 밝힐 수 있었던 것은 달걀 생산과 농촌의 전기화, 화학화, 기계화에 관한 것뿐이었다.

김일의 보고에 나타난 통계를 살펴보면 경공업 분야에서 발전이 이루어진 부분은 '4억 메타의 여러 가지 질 좋은 천'을 생산해낸 방직공업뿐이었다(그러나 이조차도 7개년계획의 직물 생산 목표인 5억 미터에 미달하는 것이었다). 한편 김일은 모든 노동자의 임금이 평균 31.5퍼센트 상승한 것을 비롯해서 1961~1969년에 농가호당 알곡 분배량은 1.8배, 현금 분배는 두 배로 늘어났다는 사실을 열거하면서 전반적인 인민 생활수준이 크게 향상했다고 주장했다. 또한 김일에 따르면 일용필수품의 가격이 낮아지고 여러 가지 봉사요금(공공요금 — 옮긴이) 역시 대폭 낮아졌다고 한다. 더구나 국가적·사회적 혜택이 널리 시행되어 농민들의 경우에는 그들이 번 화폐 수입의 거의 50퍼센트나 되는 각종 혜택을 누렸으며, 농민들이 받은 이러한 혜택과 식량 공급을 합치면 거의 노동자의 임금과 맞먹는 것이었다.* 또한 김일은 "당의 모든 인민적 보건정책에 의하여 우리 나라에서 사람들의 수명은 해방 전에 비해 26년 이상이나 연

---

* 자료 취급상 약간의 착오가 있었던 듯하다. 『로동신문』에 실린 원문에는 "이 기간에 사회문화 시책에 의하여 근로자들이 받은 추가적 수입과 거저 주나 다름없는 식량 공급, 국가 보상에 의한 어린이들의 옷 공급 그리고 특별 상금까지 포함하면 국가로부터 받은 추가적 혜택의 규모는 노동자, 사무원의 경우에는 그들이 번 화폐 수입의 거의 50퍼센트나 됩니다"로 되어 있다.

장되었"다고 덧붙였다.

이상의 숫자를 살펴보면 일반적인 북한 주민들의 생활수준은 크게 향상된 것으로 보인다. 그러나 임금 인상은 겨우 1970년 9월에 가서야 이루어졌으며, 당시에 세운 임금의 새로운 목표액은 모든 노동자, 기술자, 사무원들의 월평균 임금이 70원에 이르게 하는 것으로서 명백하게 번영과는 거리가 멀었다. 더구나 김일성은 앞서의 선전에도 불구하고 농민의 일반적인 생활수준이 도시노동자의 생활수준에 미치지 못한다는 사실을 자인했다. 앞서 살펴본 것처럼 남한에 자수한 간첩들은 1966년부터 비로소 생활수준이 개선되기 시작했다고 주장했다. 그러나 일반적인 북한 주민들은 막심한 군사비 지출이 계속되고 있다는 사실 때문에 극히 검박한 생활을 벗어나지 못하고 있었다.

교육 부문에 관해 북한 지도자들은 1970년 현재 9년제 기술의무교육을 받는 학생 수가 320만 명이나 되며, 그 밖에도 129개의 대학과 약 500개의 고등기술학교에서 20만여 명의 학생이 공부하는 중이라고 주장했다. 그들은 이어 7개년계획 기간에 40만 명에 가까운 기술자, 전문가가 새로 양성되었다고 밝혔다.[127]

김일성과 김일이 보고한 경제 부문 전체의 실상을 세밀히 검토해보면 그들의 보고, 특히 김일성이 행한 보고의 논조가 왜 1961년의 화려한 어조와는 달리 다소 절제된 것이었는가를 알 수 있다. 좀더 발전된 사회에서의 성장 속도는 본래 늦어지게 마련이라고 주장해온 '소극분자들과 보수주의자들'의 숙청에도 7개년계획 기간에 북한의 공업 생산은 평균 12~13퍼센트 정도의 성

---

[127] 이러한 수치는 김일의 보고에서 가져온 것이다. 김일성에 따르면 당시 인민경제 여러 부문에서는 1960년에 비해 4.3배나 더 많은 49만 7,000여 명의 기사와 기수技手, 전문가들이 일하고 있었다고 한다. 이 두 수치를 비교해보면 약간의 차이가 있음을 알 수 있다.
김일성은 이어 "지금 우리 나라에는 매 군에 한 개 이상의 고등기술학교 또는 고등학교, 중요한 공업지구들에는 공장고등기술학교와 공장대학이 있으며, 도마다 농업대학, 의학대학, 사범대학, 교원대학, 교양원대학, 공산대학을 비롯한 여러 대학들이 있"다고 주장했다.

장밖에 기록하지 못할 정도로 둔화되었다. 우리는 이 기간에 비공업 분야의 생산성이 기껏해야 연평균 3~4퍼센트밖에 성장하지 못했다는 사실을 추측할 수 있다(이 책의 2부에 제시되어 있는 소련 측의 자료에 따르면 농업 분야의 성장 속도는 이보다 훨씬 낮았다). 따라서 이 무렵에 이루어진 북한의 전체적인 경제성장의 성과는 아마도 남한이 거둔 성과보다 크지 않았던 것으로 보인다. 더구나 예산의 30퍼센트 이상을 점하는 과도한 군사비 지출 때문에 북한 주민들의 생활수준은 계속 열악한 상태를 벗어나지 못하고 있었다.

미래의 목표는 새로운 6개년계획이라는 형태로 밝혀졌다. 6년이라는 기간은 지극히 이례적인 것으로 우리는 이 계획이 처음에는 5개년계획으로 입안되었으나 이 기간에 목표를 달성할 수 없다는 판단 때문에 일 년 연장되었다는 사실을 알 수 있다. 두 지도자가 제시한 새로운 계획은 명백히 심각한 장애에 봉착해 있던 전력공업과 채굴공업에 중점을 두어 공업 생산을 연평균 14퍼센트 증가시키도록 되어 있었다. 농업 분야에서 이들은 "1976년에 알곡 총생산량을 700만~750만 톤, 그 가운데서 벼는 350만 톤에 이르게 하여야" 하겠다고 약속했다. 한편 북한 지도자들은 "남새 생산을 늘려 근로자들에게 사철 남새를 떨구지 않고 넉넉히 공급"하며 "수산물 생산량을 160만~180만 톤, 그 가운데서 물고기 생산량을 130만 톤에 이르게 하여야" 하겠다는 것도 약속했다. 이와 마찬가지로 직물 생산량을 5억~6억 미터에 이르게 하며, 구두 생산량을 1,000만 켤레에 이르게 하고, 식료가공품 생산에서도 큰 발전을 이룩하겠다는 점도 강조되었다.

김일은 많은 소비품 생산에도 불구하고 근로자들의 수요를 충족시키지 못하고 있는 이유는 "전적으로 소비품의 질이 낮은 데" 있다고 인정하면서 6개년계획 기간에 공업제품의 질을 급속히 향상시키겠다고 약속했다. 그는 또 새로운 계획 기간에 국민소득을 80퍼센트 늘릴 것과 노동자, 사무원들의 월평균 임금 수준을 90원에 이르게 할 것을 서약했다. 그는 이어 협동농장원들의 세대당 화폐 수입을 연평균 1,800원 이상에 이르게 할 것이고, 전반적으로 소비품의 값을 30퍼센트 이상 낮추며, "모든 근로자들이 다 고르게 잘살도록 하기 위하여 당은 공산주의 분배의 싹을 더욱 발전시키는 데 깊은 관심을 돌릴 것"이라고 밝혔다. 그는 또 "사회문화 시책비를 1.5배 늘려 모든 근로자들이 무료교육과 무상치료제의 혜택, 휴양과 요양, 사회보장과 그 밖의 국가적 혜택을 더 많이 받도록 할 것"이라고 약속했다. 이어서 6개년계획 기간에 도시와 농촌에서 100만여 세대의 살림집을 짓기 위한 전 인민적 운동을 벌이고, 새로 짓는 살림집들은 "아담하고 현대적이며 쓸모 있게" 짓도록 할 것이라고 밝혔다. 또한 평양시를 비롯한 중요 도시들에는 중앙난방을 실시하고 농촌 지역에서는 농촌 수도화를 실현하기 위한 투쟁을 힘 있게 벌이겠다고 약속했으며, 개인 교통수단의 보급을 위해 자전거를 많이 생산하겠다고 말했다. 마지막으로 그는 부식물 공급에서의 지역별, 계절별 불균형을 제거하기 위한 노력을 경주하겠다고 약속했다.

이러한 약속들을 볼 때 우리는 당시의 일반적인 생활수준이 지극히 낮았다는 사실을 알 수 있다. 더구나 이런 약속들이 이때 처음 행해진 것이었다면 북한 주민들의 마음은 한층 더 설레었을 것이다. 북한 지도자들이 중노동을 요하는 7개년계획이 끝나는 1967년이 되면 모든 사람이 쌀밥을 먹고, 비단옷을 입으며, 근심걱정 없는 생활을 누리게 될 것이라고 약속했던 사실을 상기해보라. 그때와 비교해 1976년에 누릴 수 있는 생활이라고 북한 지도자들이 약속한 사항은 좀더 소박한 것이었다.

그러나 모든 국민이 자신의 사회주의적 의무를 다해야 한다는 요구는 전혀 줄어들지 않았다. 천리마운동은 계속될 것이며 높은 생산 목표도 계속 부과될 것이었다. 김일은 노동행정을 강화하는 것이 매우 절박한 문제로 부각되고 있다는 사실을 인정하면서 이렇게 단도직입적으로 말했다.

우리의 국가, 경제기관, 기업소 지도 일꾼들 가운데는 지난날 공부를 많이 하지 못한 노동자, 농민 출신 간부들이 적지 않습니다. 이들은 다 당에 충실하고

일을 잘하려고 애쓰는데, 사회주의 경영학에 대한 지식이 부족하여 경제 지도
와 기업관리를 잘하지 못하고 있습니다.

또한 공부를 많이 한 일꾼들도 자기가 전공한 부문의 기술은 알지만 기업소의
생산 활동에 대하여 경제적으로 분석하는 능력이 부족합니다.[128]

　'홍紅 대 전專'의 문제가 이보다 더 간명하게 제시된 사례는 찾아보기 어려
울 것이다.

　또한 김일은 기술혁신운동, 노력배치사업과 노력조절사업, 여성 노동력의
광범위한 사용, 기계와 자재의 낭비 및 잘못된 사용의 제거, 모든 생산 단위에
서 적어도 석 달분 이상의 예비부속품을 확보하는 제도의 확립 등을 요구했
다. 이상의 언급에서 김일은 북한 경제의 공업 부문에서 당시 무엇이 문제인
가를 암시했다.

　북한 지도자들은 교육 분야에서도 큰 성장을 약속했다. 김일은 "6개년계
획 기간에 60여만 명의 기술자, 전문가들을 새로 양성하여 1976년에 인민경
제 모든 부문에서 일하는 기술자, 전문가 수를 100만 명 이상에 이르게 할 것"
이라고 밝혔다. 그는 "지금 있는 대학들을 전반적으로 확장하여 양성 규모를
늘리는 한편 자동화대학, 선반건조대학, 과일대학, 계획경제대학을 비롯하여
새로운 대학들"을 설치해야 한다고 주장하면서 아울러 "공장대학과 공장고
등기술학교를 많이 늘리고 야간교육과 통신교육을 더욱 발전"시키겠다고 강
조한 뒤 모든 기초과목의 교육수준을 한 단계 높여야 한다는 것을 인정했다.
더구나 모든 학생은 몇 가지 기초적인 기술교육을 받아야 했다. 이와 같은 목
표의 하나는 "모든 학생에게 자동차, 뜨락또르(트랙터)의 기본 원리와 그에 대
한 운전 및 조작기술을 가르쳐주어 그들이 학교를 졸업하면 누구든지 자동차
나 뜨락또르를 운전할 수 있도록" 한다는 것이었다.

---

128 앞서 인용한 김일의 보고.

만일 북한의 경제성장과 관련해 1960년대를 평가해본다면 그 결과는 매우 복합적일 것으로 예상된다. 우리는 제5차 당 대회에서 북한 지도자들이 제시한 수치가 비록 특정 분야에서 생산품 부족을 호도하고 나아가서 상품의 질에 대해서는 초점을 흐리게 하고 있지만 그럼에도 기본적으로는 정확한 것이라고 생각한다. 따라서 7개년계획 기간에 공업 생산은 연평균 12~13퍼센트, 농업을 포함한 다른 부문의 성장률은 3~4퍼센트에 이르러, 북한 경제 전체의 연평균 성장률은 8~9퍼센트에 달했다고 생각해볼 수 있다. 이러한 성장률은 다른 나라에 비해 매우 높은 것이었음에도 1960년대 중반의 북한 정권은 심각한 경제위기에 봉착해 있었다. 우리는 이미 북한 정권이 당면하고 있던 몇 가지 문제를 광범위하게 살펴보았다. '국방건설'과 '경제건설'을 병진시키려는 시도는 인력과 자원의 배치에 불균형을 가져왔다. 더구나 소련이 원조를 중단하자 특히 국방건설과 중공업 분야는 심각한 타격을 입게 되었다. 어쨌거나 자립경제 체제의 지나친 강조는 새로운 문제를 많이 만들어냈고 큰 희생을 요구했다. 열렬한 경제적 민족주의는 그 대가를 치러야 했다.

더구나 국가 예산의 30퍼센트 이상이 군사비로 지출되는 상황에서 주민들의 생활수준 향상은 제약을 받지 않을 수 없었다. 따라서 오랫동안 북한 주민들을 사로잡아온 약속은 미루어지거나 실현되지 않았다. 이제 약속을 이루겠다는 시한은 재조정되어 1976년으로 연기되었다. 한편 우리는 제4차 당 대회 당시의 화려한 분위기가 제5차 당 대회에서는 김일성의 발언에서조차 나타나지 않는다는 사실을 알 수 있었다. 당국자들은 경제 분야에서 진보에 수반되는 문제점들을 인정하지 않을 수 없었다.

확실히 그 당시 북한 일반 주민들의 생활은 1966년 이전과 비교해 개선되었으며, 최소한의 물질생활을 보장받고 있었다. 특히 후자에 관한 한 북한 주민들의 생활은 남한의 최하층에 비해 윤택한 것이었음이 틀림없다. 그러나 북한 주민들은 유례를 찾아보기 힘든 중노동을 했지만 여전히 아주 가난한 생활을 하고 있었는데, 이는 대체로 국가권력을 위해 인적·물적 자원을 편중되

게 분배한 데 기인한 것이었다.[129]

그러면 제5차 당 대회에서 국내 정치와 관련된 요인들이 어느 정도까지 밝혀졌을까? 여기에서 김일성과 그의 추종자들은 강한 확신을 과시했다. 김일성은 이렇게 말했다. "오늘, 우리 당과 인민들 속에서 사상 조류로서의 사대주의와 민족허무주의, 교조주의는 기본적으로 없어졌다고 말할 수 있습니다. 사상에서 주체(방점 필자) 확립, 이것은 민족자주 의식을 좀먹던 낡은 사상의 구속으로부터 우리 인민을 해방한 사상혁명 영역에서의 위대한 승리입니다."[130]

1968년 말의 숙청을 돌이켜볼 때 김일성의 주된 관심은 군대에 있었던 것으로 보인다. 김일성은 조선노동당은 "인민 군대 안에서 정치사업을 소홀히 하고 군사기술적 사업에만 매어달리는 경향을 철저히 경계하고 군인들의 정치적 각성과 사상의식 수준을 높이"는 데 끊임없이 힘을 기울여왔다고 강조했다. 더구나 이제 전 인민은 무장화되었고 전 국토는 요새화되었다. 김일성은 이렇게 주장했다. "우리나라에서는 전체 인민이 다 총을 쏠 줄 알며 총을

---

129 김일성은 그의 연설에서 두 차례에 걸쳐 이 사실을 확인했다. "우리의 국방력은 매우 크고 비싼 댓가로 이루어졌습니다. 털어놓고 말하여 우리의 국방비 지출은 나라와 인구가 적은 데 비해서는 너무나 큰 부담으로 되었습니다. 만약 국방에 돌려진 부담의 한 부분이라도 덜어 그것을 경제건설에 돌렸더라면 우리의 인민경제는 보다 빨리 발전하였을 것이며, 우리 인민들의 생활은 훨씬 더 높아졌을 것입니다."
"그러나 정세는 이렇게 하는 것을 결코 허용하지 않았습니다. 우리는 일시적인 안락을 위하여 혁명의 근본 이익을 저버릴 수 없었으며 다시는 망국노가 되기를 바라지 않았습니다. 우리나라의 경제발전과 인민들의 생활 향상에 많은 제약을 받으면서도 조국보위의 완벽을 기하기 위하여 국방력을 강화하는 데 큰 힘을 돌리도록 하였습니다." 김일성, 앞의 신문, 제15면. 이와 유사한 발언으로는 같은 신문, 제37면을 보라. 여기서 김일성은 그의 인민들에게 "사치하고 화려한 생활"을 버리고 "혁명하는 시대의 사람들답게 언제나 검박하게 살아야" 한다고 요구했다.
130 같은 신문, 56면. 김일성이 주체의 내용에 대해 가장 최근에 내린 정의는 어떠한 것이었을까? "주체를 세운다는 것은 한마디로 말하여 자기 나라 혁명과 건설에 대한 주인다운 태도를 가진다는 것입니다. 이것은 남에 대한 의존심을 버리고 자기 머리로 사고하며 자기 힘을 믿고 자력갱생의 혁명정신을 반영하여 자기 문제는 어디까지나 자신이 책임지고 풀어나가는 자주적인 입장을 견지한다는 것을 의미하여, 교조주의를 반대하고 맑스-레닌주의의 일반적 원리와 다른 나라의 경험을 자기 나라의 역사적 조건과 민족적 특성에 맞게 적용하여나가는 창조적인 입장을 견지한다는 것을 의미합니다."(55면)

메고 있읍니다."

다른 정치적 문제들에 관한 김일성의 발언은 오랫동안 낯익은 것들이었다. "사상혁명은 사람들의 의식 영역에서까지 자본주의를 종국적으로 없애기 위한 심각한 계급투쟁"이었다. 모든 인민, 특히 장래의 혁명을 짊어진 젊은 세대들은 개인주의와 이기주의를 반대하고 집단과 조직을 사랑하도록 교육받았다. 이들은 "남조선에서 미제를 몰아내고 조국통일의 혁명 위업을 끝까지 완수하기 위하여 언제나 억세게 싸울 수 있도록" 사회주의적 애국주의 교양을 받고 사회주의 조국을 사랑하고 원수를 증오하라는 교양을 받았다. 이러한 목적을 달성하기 위해 '혁명적 조직생활'이 크게 강화되었다. 김일성은 이렇게 말했다.

조직생활은 사상 단련의 용광로이며 혁명적 교양의 학교입니다. ……모든 사람들이 다 조직생활에 적극 참가하며, 조직 규율을 자각적으로 지키며, 조직에서 주는 위임분공委任分工을 성실히 실행하며, 조직의 지도와 통제 밑에서 생활하며, 끊임없이 혁명적 교양을 받도록 하여야 하겠읍니다.[131]

그러나 당시의 기본적인 정치적 흐름을 잘 나타내주는 것은 김일성의 연설보다는 제5차 당 대회의 폐막 무렵 일어난 사건들이다. 새로운 정치위원회는 정위원 11명, 후보위원 네 명으로 구성되었다.[132] 새로운 시대가 개막될 무렵의 최고지도자 15명은 과연 어떤 사람들이었을까? 새로 선출된 정치위원회에 관해 세 가지 기본적인 요소가 지적될 수 있다. 첫째, 신임 정치위원회는 김일성의 절대적 권위를 반영해준다. 정위원 11명 전원은 오랫동안 김일성의 측근으로 알려진 사람들이었으며, 그중 10명(김중린을 제외한 나머지)은 1930년대에 만주에서 유격대—대부분 김일성부대—활동을 해온 것으로 되어 있다. 후보위원 네 명 중 두 명도 이러한 범주에 속하는 인물이라고 할 수 있다. 둘째, 1966~1968년에 비해 새로운 정치위원회에서는 군부 요인들의 비중이 격감했다. 아마도 김일성은 중국에서 일어난 일련의 사건을 상세히 관찰했던 것 같다. 군부의 핵심 인물로 등장한 사람은 김일성의 휘하에서 유격대 활동을 했고, 지난 30년간 계속 김일성과 관계를 맺어온 사람들 가운데 그 누구보다도 개인적인 신뢰를 받아온 최현과 오진우였다. 그리고 김일성의 유격대 출신으로 또 다른 인물인 한익수를 포함해 이들 세 명만이 정치위원회 내에서 유일하게 현역 직업군인을 대표하는 세력이었다(서철 역시 장군이라는 직함을 갖고 있기는 했으나 이런 유형의 사람들이 대개 그러하듯이 이미 지휘관직을 떠난 지 오래된 인물이었다). 앞서 정치위원회의 서열 제4위로까지 부상했던 김광협은 정치위원 명단에 들어 있지 않았으며, 그의 운명이 어떤 지경에 놓였는지는 알려지지 않았다. 김광협 역시 김창봉, 허봉학, 최광 등과 함께 망각의 늪 속으로 사라져버린 것이 아닐까? 만약 최고지도자들의 명단에서 어떤 시사점을 찾아낼 수 있다면 이때 북한의 정치적 상황은 린뱌오林彪의 숙청을 앞두고 있

김일성을 제외한 각각의 정치위원이 북한의 권력구조 내에서 담당하는 기본 역할은 다음과 같다. 최용건—의전상의 인물, 김일—행정과 경제 분야 총감독, 박성철—외교문제 담당, 최현—군부 최고지도자, 김영주—당 조직, 오진우—군부의 제2인자, 김중규—당 관료(평양시 당 책임비서), 서철—외교 문제, 김중린—대남공작, 한익수—군부 지도자(인민군 총정치국장). 이상 정치위원회 정위원들의 구성을 살펴보면 총감독자 두 명, 제2선의 당 지도자 세 명, 군부 지도자 세 명, 외교 문제 전문가 두 명, 정권의 의전상 최고인물 한 명(최용건) 등으로 되어 있다.

후보위원의 구성은 세 명은 경제관리자이고 나머지 한 명(양형섭)은 이데올로기와 교육 분야의 전문가다.

정확한 나이를 알 수 있는 정치위원회 정위원 아홉 명(전체 11명 중)의 평균 연령은 59.8세이며, 후보위원에 관해서는 정확한 나이를 확인할 수 있는 사람은 한 명밖에 없지만, 정위원들과 큰 차이가 없었을 것으로 보인다. 따라서 당시 북한의 최고 정치 엘리트들은 중국 지도자들만큼 나이를 먹지는 않았지만 결코 젊은 측에 속한다고는 말할 수 없었다. 좀더 자세한 자료는 이 책 원서의 2부 제9장을 참고하라.

던 중국의 정치적 상황과는 크게 달랐다는 점을 알 수 있다. 그러나 극소수 당 최고지도자들의 명단이라는 제한된 정보에서 얻은 사실을 지나치게 일반화해서는 안 될 것이다.

그 밖에도 국내 치안이나 대남정책을 주로 담당해온 몇몇 사람도 사라져버렸다. 앞서 살펴본 것처럼 이효순과 박용국은 1967년에 실각했다(이들은 중앙당 연락국과 관련되어 있었다). 또한 1967년 4월 당 중앙위 대남사업총국 차장으로 선임되었던 정경복 역시 제5차 당 대회를 앞둔 어느 시점에 숙청된 것으로 알려졌다(1967년 4월 정경복이 대남사업총국 차장에 임명될 당시 국장에 임명된 김중린이 당 정치위원으로서는 가장 직접적으로 대남사업 부문에 관한 책임을 지고 있었다). 김익선과 이영호, 석산 등 한때 국내 치안 문제에 깊이 관여되었던 사람들도 사라졌다. 따라서 이때 김일성은 게오르기 K. 주코프Georgii K. Zhukov(또는 린뱌오) 같은 유형의 인물이나 베리아Beria(또는 캉성) 같은 유형의 인물 중 어느 누구도 자신의 오른팔로 삼고 있지 않았음이 분명하다. 최현의 위치를 린뱌오에 비견하는 것 역시 수긍할 수 없는 점이 많다.

한편 김일성은 몇몇의 경제전문가를 당 권력의 제2층에 올려놓았다. 정치위원회 후보위원 네 명 중 세 명이 바로 이러한 범주에 속한다고 할 수 있다. 이들의 역할을 살펴보면 현무광은 중공업 담당, 정준택은 경공업 담당, 김만금은 농업 담당이었다. 더구나 현무광은 한때 해직된 경력이 있는 인물로서 이는 어떤 사람이 일단 처벌을 받은 뒤에도 재등용될 수 있다는 사실을 말해준다. 일찍이 조선노동당 중앙당학교장과 고등교육상을 지낸 바 있는 양형섭은 당시 관료구조의 상층부에서 김일성을 제외하고는 유일하게 '이데올로기'를 관장하는 인물이었다.

마지막으로 김일성의 친동생 김영주는 당시 48~50세에 불과했음에도 당 서열 6위에 오를 정도로 급속히 부상했다. 어쩌면 그는 당시 북한에서 김일성에 뒤이어 제2인자로서 권력을 행사하고 있었다고도 할 수 있을 것이다.

이상 북한 정권 최고지도자들의 면면을 살펴볼 때 만주에서 유격대 활동을 했던 인물들의 존재가 두드러지게 부각된다. 이들 대부분은 오래전에 군복을 벗고 행정가나 당무·정무를 총괄하는 관리자로 변신했다. 한편 김일성의 동생인 김영주를 선두로 당 관료 중 제2세대가 부상하기 시작했다. 직업군인들의 경우 잠시 동안 정치위원회 정위원과 후보위원 등 당의 최고 서열에서 별다른 비중을 갖지 못했다.

당 대회에서는 총비서 김일성 아래 최용건, 김일, 김영주, 오진우, 김동규, 김중린, 한익수, 현무광, 양형섭 등 아홉 명의 비서를 선출해 비서국을 구성했다. 앞서 살펴본 것처럼 이들 비서 전원은 모두 정치위원회 정위원이거나 후보위원이었다. 제5차 당 대회에서 새로 선출된 중앙위원회는 117명의 정위원과 55명의 후보위원으로 구성되었다. 총원 172명이라는 규모는 제4차 당대회에서의 135명에 비하면 크게 늘어난 것이었다.

김일성의 지위가 10년 이상 아무런 도전을 받지 않았음에도 당의 최고 엘리트 사이에는 대단히 중요하면서도 유별난 변화가 일어나고 있었다. 제4기 중앙위원 85명 중 54명(65퍼센트)이 제5차 당 대회에서 탈락했으며, 이들 중에는 1961년 당시 당 서열 30위 이내의 지도자도 18명이나 포함되어 있었다. 앞서 얘기한 숙청되거나 사라져버린 인물들 이외에도 박정애와 정일룡, 이종옥, 김익선 등이 모습을 감추었다. 제5차 당 대회에서 선출된 중앙위원 117명의 구성은 제4기 중앙위원회 정위원 31명, 제4기 중앙위원회 후보위원 15명외에 나머지 71명은 전혀 새로운 인물이었다. 제5차 당 대회에서 선출된 55명의 후보위원 중에는 48명이 완전히 새로운 인물이었고, 제4기 중앙위원회에 몸담았던 사람들은 겨우 일곱 명에 불과했다. 이것은 놀라운 변화가 아닐 수없었다.

117명의 정위원 중 여성은 네 명에 불과했으며 55명의 후보위원 중에서도 겨우 다섯 명에 지나지 않았다. 박정애가 사라진 이후 어떤 여성도 스스로 권한을 행사하는 실질적인 정치적 핵심 인물로 등장하지 못했다. 여성 중 가장서열이 높은 사람은 김일성이 만주에서 유격대 활동을 벌일 때부터 친교를 맺었고 당시 조선혁명박물관 관장으로 재직하고 있던 황순희黃順姬였다. 그다음 서열은 김일성의 부인으로 민주여성동맹 부위원장인 김성애金聖愛였으며, 김일과 최용건의 부인 역시 후보위원으로 선출되었다.

가족과 친척을 요직에 등용하는 작태는 부인을 관직에 임명하는 것에 그치지 않았다. 김일성은 자신의 아내와 동생 이외에도 사촌 매부인 허담許錟을 외상外相과 조선노동당 중앙위원(서열 26위)으로 임명했다. 최용건의 사촌인 최종건崔宗健 역시 공군사령부 정치국장으로서 노동당 중앙위 후보위원이 되었다.

제5기 중앙위원회에서 옛날 유격대 출신들이 차지하는 비중이 공공연하게 늘어났다. 제5기 중앙위원 중 35~40명이 유격대 출신이었으며 이들은 거의 전원이 서열 50위 이내의 요직을 차지했다. 실로 당 서열 53위까지 최소한 34명(64퍼센트)이 이러한 경력의 소유자였다. 마찬가지로 중요한 사실은 유격대 출신 중 최소한 27명이 현역 장군이거나 당 군사위원회에서 매우 중요한 군사적 기능을 수행하고 있었으며, 장군이나 원수의 칭호를 갖고 있었다(후자에 속하는 인물들로는 김일성, 최용건, 김일, 박성철 등이 있다). 직업군인으로 간주될 수 있는 사람들이 당 중앙위원회의 상층부에서 점하는 비중은 거의 50퍼센트나 되었다. 따라서 이들 집단이 최고위(정치위원회) 수준에서 탈락한다면 이는 그 바로 밑의 서열에 있는 사람들한테는 대단히 의미 있는 일이 될 것이다.

제5기 중앙위원의 구성에서 주목해야 할 또 다른 사실은 적어도 20명(17.1퍼센트)의 사람들이 1945년 이후 소련이나 동유럽에서 고등교육을 받았다는 점이다(이 사실은 북한 정권의 초기에 정치 엘리트의 교육이 소비에트 블록 내에서 행해졌다는 점을 반영한다). 그리고 그 수는 적지만 박성철, 김동규, 서철, 한익수, 허담 등 중요 인물들은 외교 문제나 국제 연락관계 업무에 종사하는 이들이었다. 중앙위원의 구성에 관한 좀더 상세한 분석은 이 책 원서의 2부 제9장에서 다룰 것이다.

그러나 여기서 다음과 같은 일반화를 해볼 수는 있다. 첫째, 북한은 비교적 평온한 10년을 보냈음에도 북한 최고 정치 엘리트 내에서 변화의 폭은 놀라울 정도로 컸다. 1961~1970년 당 엘리트 가운데 3분의 2 이상이 숙청되거나 죽거나 무대에서 사라졌다. 둘째, 제5기 중앙위원의 구성만큼 당에 대한 김일성의 강력한 통제력이 전면에 부각된 사례는 찾아볼 수 없다. 중앙위원 가운데 3분의 1가량은 김일성과 35년 이상 개인적 관계를 유지해온 옛 동료들이었으며, 최소한 세 명의 가까운 친척이 중앙위원회 정위원에 임명되는 등 친척을 요직에 등용하는 새로운 조짐이 나타나기 시작했다. 당은 한 개인─비록 유격대 출신의 옛 동료들과 김영주 등 직계가족이 떠받쳐주고 있긴 하지만─을 통해 전적으로 지배되고 있었다.

그러나 세 번째 사실을 지적하지 않을 수 없다. 많은 자료는 젊은층, 즉 김일성 시대에 들어와서야 정치적 경력을 쌓기 시작했으며 김일성과 항상 개인적인 관계를 맺어오지는 않은 남녀들이 이제 당 중앙위원회의 하위 서열에 대거 진출하기 시작했다는 점을 밝혀주고 있다. 상대적으로 잘 알려지지 않은 많은 젊은 사람(40~50세)이 새로운 중앙위원으로 등장했는데, 이들은 지방당위원회나 직업군인으로서 성장해온 사람들이었다. 네 번째, 직업군인들은 아직도 당내에서 최소한 다른 어떤 집단 출신들만큼의 비중을 점하고 있었다.

이 밖에도 다른 몇 가지 중요한 현상을 지적할 수 있다. 당의 고위 지도부는 거의 남성으로 구성되었다. 자료가 불충분하긴 하지만 현재까지 밝혀진 바에 따르면 제5기 중앙위원 중 상층부의 평균 연령은 60세 전후였으며, 소장층은 50세가량이었다. 후자의 경우 이들 대부분은 정규 교육을 받은 사람들로서 중앙당으로 옮기기 이전에 지방당이나 국가기관에서 활동을 시작한 경력을 갖고 있었으며, 직업군인의 경우에는 처음부터 장군에 임명된 것이 아니라 하위 장교에서부터 출발해 점진적인 진급을 거듭해온 사람들이었다. 이상과 그 밖의 몇 가지 사실을 종합해볼 때 수령의 확고한 위치에도 불구하고 정권의 파수꾼들의 교체는 계속되고 있었다.

이제 김일성과 다른 지도자들이 제5차 당 대회에서 내린 국제적 정세에 관한 평가와 그에 입각한 조선민주주의인민공화국의 외교정책이 갖는 의미를 살펴보기로 하자. 모든 발언자는 한결같이 "미 제국주의자들의 침략 책동"에 따른 새로운 전쟁의 위험과 이에 대처하기 위해 군사력 강화를 계속해야 할 필요성을 강조했다. 김일성은 이렇게 말했다. "동지들! 우리나라의 정세는 의연히 첨예하고 긴장합니다. 미 제국주의자들의 침략 책동은 계속 강화되고 있으며, 그들의 새 전쟁 도발 음모는 더욱더 노골화되고 있습니다. ……우리나라에서 전쟁의 위험은 날을 따라 더욱더 커가고 있습니다." 그러면 이러한 위협에는 어떻게 대처할 수 있는 것일까?

조성된 정세에 대처하여 우리는 사회주의 건설을 최대한으로 다그치면서 이와 병행하여 국방력을 더욱 강화하여야 하겠습니다. 우리는 당이 이미 내놓은 전체 인민의 무장화와 전국의 요새화, 전군 간부화와 전군 현대화 방침을 계속 견지하며 국방에서 자위의 원칙을 더욱 철저히 관철하여야 합니다.[133]

예상했던 대로 김일성은 '미 제국주의 문제'를 통일 문제와 직접적으로 연관 지음으로써 그가 가진 관심사의 본질을 드러냈다. 어떻게 하면 남한을 공산주의자들의 주도하에 '해방'시킬 수 있을 것인가? 이에 관해 앞서의 공식이 다시 되풀이되었다. "남조선 혁명가들과 인민들은 정치투쟁과 경제투쟁, 합법 및 반합법 투쟁과 비합법투쟁, 폭력투쟁과 비폭력투쟁, 큰 규모의 투쟁과 작은 규모의 투쟁과 같은 여러 가지 투쟁 형태와 투쟁방법을 옳게 결합하여

---

133 김일성 보고, 앞의 신문, 34면. 김일성은 이렇게 계속했다. "국방력을 강화하기 위하여서는 또한 전 당과 전체 인민이 다 달라붙어 전쟁 준비를 더욱 다그쳐야 합니다. 모든 당원들과 근로자들이 안일성과 해이성을 반대하고 언제나 혁명적 경각성을 높이며, 어떤 불의의 시각에 원수들이 쳐들어와도 조금도 당황하지 않고 그것을 맞받아 나아가 싸울 수 있도록 긴장되고 동원된 태세를 견지하여야 하겠습니다. 우리는 절대로 평화적 기분에 사로잡히지 말아야 하며 특히 전쟁을 두려워하는 수정주의적 사상 조류가 우리 내부에 침습하지 못하도록 철저히 경계하여야 할 것입니다." 같은 신문, 36면.

혁명운동을 적극 밀고 나가야" 한다는 것이다. 이 투쟁의 기본 과업은 미 제국주의의 '식민지 통치'와 그 앞잡이인 박정희 정권의 '파쇼적 폭압'에 반대해 대중투쟁을 적극 발전시키는 것이었다.

김일성은 박정희 정권을 전복해야 할 필요성을 강조하면서 이렇게 말했다. "우리는 남조선에서 민족적 양심을 가진 민주인사가 정권에 들어앉아 미군 철거를 주장하고 정치범들을 석방하며 민주주의적 자유를 보장하는 조건이라면, 그들과 언제 어디서나 평화적 조국통일 문제를 가지고 협상할 용의가 있다는 것을 누차 표명하였습니다."[134] 북한 정권이 제시한 조국통일의 기본 공식은 다음과 같다. 박정희 정권의 전복—미군 철수—'평화애호 중립정부'의 수립—남북의 군사력을 각각 10만 이하로 감축—불가침협정의 체결—경제문화교류 실시—'자유로운 남북 총선거'에 따른 '민주주의 통일정부의 실시' 또는 하나의 과도적 대책으로서 남북 조선의 연방제 실시.

평화통일을 위한 박정희 대통령의 제안은 즉시 거부되었다. 김일성은 "남조선 위정자들이 부르짖고 있는 '승공통일'이란 공산주의를 없애고 통일을 하자는 것"으로 '허황된 망상'이라고 강조했다. 공산주의 사상은 이미 "공화국 북반부 인민들의 심장을 튼튼히 틀어잡았으며 비공산주의적 통일은 '얼빠진 자들의 잠꼬대'에 지나지 않"는다는 것이다. 따라서 통일 문제에 대한 조선민주주의인민공화국의 입장은 날로 성장하는 마르크스-레닌주의 정당이 남반부에서 현 정권을 전복해 통일의 길을 열고 북반부는 '난공불락의 후위기지'로서 기능해야 한다는, 북베트남의 베트남 통일방식과 일치하는 것이었다. 당의 공식 문헌들에 따르면 김일성은 이미 "사천만 조선 인민의 수령이시고 그들 가슴속의 태양"이었다. 이제 남은 것은 오직 이러한 인민들의 열망을 정치적·법제적 사실로 전환시키는 것뿐이었다.

광범한 세계적 정세를 돌아볼 때 김일성은 아직도 상황이 '의연히 복잡'하

---

134 같은 신문, 46면.

다는 점을 인정했다. 오직 북한의 외교정책 속에서 주체사상을 견지하는 것만이 '제국주의의 음모'와 '수정주의적 사상 조류'에 맞설 수 있다는 것이었다. 그리고 김일성은 아직도 수정주의가 국제 공산주의운동의 주요 문제로 작용하고 있다는 점을 분명히 했다. 김일성은 수정주의의 해악을 장황하게 설명하면서 북한과 소련이 이데올로기와 외교정책의 주요 문제에서 의견을 달리하고 있다는 사실을 강조했다.[135] 그 반면 '교조주의'에 대한 공격이 전혀 가해지지 않았다는 사실은 북한이 다시 베이징 쪽으로 방향을 전환했다는 점을 시사한다. 그 주된 이유는 북한이 아시아에서 점한 미국과 일본의 위치를 약화시키고, 북한의 통일운동에 대해 중국 측의 적극적 지지를 얻으려는 데 있음이 분명했다.

따라서 김일성은 다른 당들에 대해 "일본 반동지배층에 대하여서는 어떠한 환상도 기대도 가질 수 없다"고 경고했다. 김일성은 일본 정부와 가까이하는 것은 "아시아에서 전쟁의 위협을 더욱 증대시키며 그 해외 팽창을 조장하여주는 것"이라고 강조(러시아인이여, 주목하라!)하면서 "오늘 아시아는 제국주의를 반대하는 가장 치열한 투쟁전선"이고, 미 제국주의는 첫째가는 공동의

---

135 이 점에 관한 김일성의 보고 내용은 좀더 상세히 인용해볼 필요가 있다. "수정주의는 맑스-레닌주의의 혁명적 진수를 거세하려는 반혁명적 기회주의 사상 조류입니다. 수정주의의 가장 큰 해독성은 맑스-레닌주의 당의 영도와 프롤레타리아 독재를 부인하고 계급투쟁을 반대하며, 적아敵我의 계선界線을 모호하게 하며, 미제의 원자공갈정책에 겁을 집어먹고 그 앞에 굴복하며, 말로는 반제적 입장에 서 있다 하면서도 제국주의자들에게 추파를 던지며, 제국주의와의 투쟁을 포기하고 그와 타협하며, 전쟁에 대한 공포심과 부르조아 평화주의 사상, 제국주의와 반동들에 대한 환상을 퍼뜨리면서 인민들을 사상적으로 무장해제시키며, 피압박 인민들이 혁명하는 것을 꺼려하고 방해하는 데 있읍니다." "수정주의의 해독성은 또한 혁명적 조직 규율을 반대하고 부르조아 자유주의를 고취하며 이기주의를 조장하고 사람들을 안일부화하고 일하기 싫어하게 만드는 데 있읍니다. 수정주의는 결국 사회주의를 좀먹고 자본주의를 복구하는 위험한 사상입니다. 그러므로 우리는 당원들과 근로자들 속에서 수정주의를 반대하는 투쟁을 결코 소홀히 할 수 없읍니다. 만일 맑스-레닌주의 당이 수정주의를 반대하는 투쟁을 하지 않고 당 안에 수정주의 사상 조류를 조금이라도 허용한다면 그러한 당은 투쟁하는 당, 혁명하는 전투적 당으로 될 수 없고 결국 무기력한 소부르조아적 당으로 되고 말 것입니다." 같은 신문, 66면.

원수라고 주장했다. 따라서 일본과 미국의 '진보세력'들이 국내에서 벌이는 혁명투쟁을 지원하는 것도 필수적인 일이었다.[136] 김일성은 세계의 모든 혁명세력이 단결하면 "세계의 이르는 곳마다에서 각각 미제의 팔도 뜯어내고 다리도 뜯어내며 머리도 잘라버"리는 것도 가능한 일이라고 강조했다.[137] 그리고 마지막 부분에서 당의 주요 임무를 다음과 같이 요약했다.

---

[136] 이러한 정책은 미국공산당 외에도 블랙 팬더 당Black Panther Party이나 백인 '급진파'들에게 추파를 보내는 데서 두드러지게 나타났다. 엘드리지 클리버Eldridge Cleaver는 1970년 가을의 방문을 포함해 여러 차례 북한을 방문했으며, 그의 아내 역시 둘째아들을 데리고 북한을 찾기도 했다. 블랙 팬더의 기관지들이 북한 공산주의자들의 선전물을 게재했다는 사실은 이미 지적한 바 있는데 이들은 과거 쿠바를 지원했던 것에 대신해 대체로 북한에 심취해 있었다―이들은 쿠바를 '인종차별주의자'로 간주했다. 규모는 작지만 목소리 높은 미국의 백인 '급진세력'은 김일성의 능력과 조선민주주의인민공화국의 '순결한 혁명 도덕'을 충실히 선전함으로써 북한을 편들었다. 이들 중 몇몇은 국빈 대우로 북한을 방문하기도 했다.
김일성은 일본공산당뿐 아니라 일본사회당에 대해서도 특별한 관심을 보내어 큰 성공을 거두었다. 외교 문제에 관해 '중립적'이라고 보기 어려운 일본사회당 인사들은 1970년 8월 평양에 고위 대표단을 파견하고 공동성명을 발표했다. 이 공동성명은 '미 제국주의자들'과 '일본 군국주의의 재생'에 대한 투쟁을 비롯하여 논의된 모든 문제에 관해 '의견일치'를 보았다고 주장했다(평양, 1970년 9월 3일자 조선중앙통신 보도).

[137] 같은 신문, 53면. 최근의 증거들은 조선민주주의인민공화국이 중화인민공화국에 뒤이어 또는 중국을 대신하여 세계 혁명가들의 지도적인 훈련 중심지로 성장하기를 갈망하고 있었다는 사실을 보여준다. 멕시코에서 체포된 사람들은 바로 이 사실의 구체적인 첫 번째 증거였다. 멕시코 정부의 발표에 따르면 약 50명의 멕시코 청년이 평양을 방문해 교육받았으며 선전 문건과 게릴라 활동을 위한 자금을 제공받았다고 한다.
이로부터 얼마 후 실론(현재의 스리랑카―옮긴이) 정부는 북한이 1971년 봄 실론에서 발생한 반국가사건에 연루되었다고 비난하면서 콜롬보 소재 북한대사관의 폐쇄와 대사관 직원들의 추방을 명령했다. 북한대사관 요원은 젊은 테러리스트들에게 자금을 제공하고, 폭탄 제조기술을 가르쳐주었으며, 게릴라 활동을 위한 전술을 교육하고, 이들에게 많은 양의 선전 문건을 제공해주었다고 한다.
다른 자료들은 20여 개국에서 모인 1,500~2,000명의 젊은 외국 혁명가들이 북한에서 '훈련'을 받고 있다고 주장했다. 이러한 사태발전은 엘드리지 클리버의 발언을 이해하는 데 도움을 준다. 그는 "조선민주주의인민공화국은 오늘날 세계에서 가장 강력한 혁명정당을 갖고 있다"고 말한 것으로 알려졌다.
그러나 베이징 당국이 미국의 탁구 선수들을 초청하고, 북한이 남한의 남북적십자회담 제안을 받아들인 것과 같은 사태가 발생한 것은 클리버에게 큰 충격을 주었다. 그는 분노와 슬픔이 뒤섞인 어조로 진정한 혁명가는 이제 자기들뿐이라고 주장하면서 중국공산당이나 조선노동당 같은 정당이 혁명적 열정을 결여하고 있다고 공공연히 비난했다.

현 단계에서 우리 당의 기본 임무는 공화국 북반부에서 사회주의 건설을 힘 있게 다그치며 남조선 인민들을 지원하여 남조선 혁명을 완수하고 조국의 통일을 이룩하는 것입니다. 우리가 당을 조직·사상적으로 강화하는 것도 결국은 당의 전투력을 높여 우리 앞에 나선 이 혁명 과업을 성과적으로 수행하는 데 목적이 있습니다.[138]

14. 제5차 당 대회 이후

제5차 당 대회의 이듬해에는 국제관계의 극적 변화나 남북한관계의 개선 등에 의해 국내 문제는 뒷전으로 밀려났다. 1971년 봄 이후 미국-중국의 관계 개선을 시작으로 일련의 새로운 사태가 연속적으로 일어났다. 첫째, 베이징 당국은 일본을 방문 중인 미국 탁구팀에게 중국을 방문해달라고 초청해 4월에 미국 탁구팀의 방문이 실현되었다. 이는 중국 지도자들이 오랫동안 고려하고 신중하게 계획해 내린 결정임이 분명했다. 석 달 후인 7월 15일 닉슨Nixon 대통령은 헨리 키신저Henry Kissinger 박사와 중국 저우언라이 총리가 베이징에서 일련의 비밀회담을 통해 자신을 중국으로 초청한다는 결정이 이루어졌으며, 이 초청을 기꺼이 수락하겠다고 발표하여 전 세계를 놀라게 했다.

이에 뒤이어 일어난 사건들은 중국 지도자들이 닉슨 행정부 측의 공적·사적 제의를 광범위하게 검토해 이에 호의적인 반응을 보이기로 결정했다는 사실을 알려준다. 소련의 태도와 정책에 관한 중국 지도자들의 깊은 우려는 이러한 관계 개선을 가져오는 데 주요한 원인으로 작용했다. 1969년 내내 중·소관계는 극도로 악화된 상태였으며, 전쟁의 위협이 공공연히 거론되기도 했다. 중국 총리 저우언라이는 2년 후에도 '서북으로부터의' 군사적 위험을 끊

---

138 같은 신문, 67면.

임없이 강조하고 있었으며, 방공호의 건설을 비롯한 방위체제의 보완은 그의 발언에 신빙성을 더해주었다. 1971년에도 중·소관계는 여전히 극도로 악화된 상태를 벗어나지 못했다. 따라서 베이징 당국이 중국의 국제적 고립을 종식시키기 위해 멀리 떨어진 초강대국인 미국을 포함한 서방과의 관계에서 좀 더 유연한 태도를 취하고자 했다는 사실은 납득할 만한 일이었다.

그러나 중국의 외교정책이 변화하는 데는 다른 요인들도 작용했다. '일본 군국주의'의 부활을 몹시 두려워한 베이징 당국은 미국이 아시아에서 한 발짝 물러난 뒤에 일본이 '미국이 수행했던 역할'을 대신하는 것을 막아야 한다는 확고한 생각을 갖고 있었다. 1971년 중반 저우언라이는 유고슬라비아 특파원에게 '미 제국주의'는 이제 안팎으로 큰 위기에 빠져 있으며, 따라서 지금이 "미국으로 하여금 아시아 인민의 요구를 받아들이게 만들 수 있는 정당한 기회"라고 강조했다. 저우언라이는 이어 일본 군국주의가 부활하는 데는 많은 시간이 걸릴 것이며, 동남아시아의 다양한 반공세력들이 스스로 군사작전을 펼 수 있는 무장을 갖추기까지 상당한 시간이 소요될 것이므로 신속한 대책만 세운다면 이러한 위험은 미연에 방지할 수 있을 것이라고 강조했다.[139]

중국 총리가 이러한 후자의 발언을 한 것은 중국의 새로운 외교정책이 세계 혁명의 대의로부터 일탈한 것이라 간주한 각종 동맹세력, 즉 각국의 공산당과 혁명단체나 중국 내부의 '좌익 분자'들을 겨냥한 것임이 분명했다. 과연 평양 측은 베이징 당국의 움직임에 깊은 우려를 느끼고 있었을까, 아니면 이것을 이전의 '강경 노선'에 근본적 변화가 있는 것은 아니지만, 전술적인 필요에 따른 전환이라고 받아들이고 있었을까? 당시로서는 이 같은 중요한 문제에 대해 확실한 결론을 내릴 수가 없었다. 닉슨의 발표가 있고 나서 몇 주일 후까지 김일성이나 다른 지도자들은 이 문제에 대해 아무런 공식 발언도 하지

---

139 자그레브Zagreb시 소재의 『브예스니크』Vjesnik 편집인 자네코빅Dara Janekovic과 저우언라이의 인터뷰(1971년 8월 26일), FBIS Daily Report, 1971년 8월 30일자, 168호, 제1권, A1~2쪽.

않은 채 침묵을 지켰다. 북한 당국의 공식적 입장이 마침내 표명된 것은 8월에 접어들면서였다. 『로동신문』은 사설을 통해 닉슨의 베이징 방문을 "개선장군의 행진이 아니라 패배자의 행각"으로 규정했다.[140] 이제 중화인민공화국을 봉쇄하고 고립시키려던 끈질긴 시도는 '미제의 우두머리'조차 인정하지 않을 수 없을 정도의 뚜렷한 실패로 돌아갔다는 것이다. 더구나 인도차이나반도, 남한, 대만 등에서의 도박이 실패로 돌아가자 미국은 위대한 중화인민공화국의 역량을 인정할 수밖에 없었다. 이 사설은 "조·중 두 나라 인민들 사이의 피로 맺어진 이 위대한 친선단결은 어떠한 힘으로도 깨뜨릴 수 없다"고 강력히 주장했다.[141]

과연 평양 당국은 자신들이 초강대국의 또 다른 외교놀이의 희생물이 되지 않으리라고 확신할 수 있었을까? 확실히 베이징 당국은 북한 지도자들에게 북한과 여타 아시아 공산당들이 관계된 주요 문제에 관한 한 중국의 입장에는 아무런 변화가 없을 것이라는 점을 재확인하는 데 많은 노력을 기울였다. 그해 8월 북한 대표단은 세 차례나 베이징을 방문했다. 내각 부수상 정준택을 단장으로 하는 북한 경제대표단은 중국과 경제 협조에 관한 협정을 체결하고 귀국했으며, 뒤이어 조선중앙통신사 사장 김성걸金成傑을 단장으로 하는 기자 대표단이 베이징을 방문했다. 이러한 방문은 인민군 총참모장 겸 조

---

140 「역사의 흐름은 거역할 수 없다」, 『로동신문』, 1971년 8월 8일자 사설. 중국 당국은 즉각 이 사설을 논평 없이 보도했다. 이는 중국 당국이 1971년 7월 16일자 『인민일보』에 닉슨의 베이징 방문계획을 짤막하게 발표한 뒤 처음으로 국내외의 반응을 보도한 것이었다. 이 사실은 중국 당국이 이 사설의 내용을 지지했거나 평양 당국의 견해에 동의했다는 것을 의미한다.

우리는 닉슨의 방문이 처음 발표될 당시 조선민주주의인민공화국의 고위 대표단이 중국에 머물고 있었다는 사실에 주목해야 한다. 대표단의 공식적인 방문 목적은 '조·중 우호협조 및 호상 원조에 관한 조약 체결 10주년을 기념하기 위한 것이었다. 이 대표단은 조선노동당 정치위원이자 당의 대남공작 총책인 김중린을 단장으로 하여 내각 부수상 겸 정치위원회 후보위원인 김만금 등 다수의 당 고위 간부와 군부 요인들로 구성되어 있었다. 같은 시기에 중국은 동일한 목적으로 국무원 부총리 겸 중국공산당 정치국원인 리셴녠李先念을 단장으로 하는 유사한 성격의 대표단을 평양에 파견했다.

141 같은 신문.

선노동당 정치국원인 오진우를 단장으로, 공군사령관 오극열吳克烈 소장 등으로 구성된 고위 군사대표단이 베이징을 방문할 때 절정에 달했다.

중국 당국은 당시에 두각을 나타내던 지도자 중 한 사람이었던 인민해방군 총참모장 황융성의 환영사를 통해 북한에 대해 행했던 기본적인 서약을 되풀이했다.[142] 황융성은 먼저 영웅적 조선인민군은 "미제와 괴뢰 반동들의 전쟁 도발 책동을 호되게 족쳤으며" 중국 인민해방군은 조선인민군이 거둔 이러한 "모든 성과를 자신의 성과처럼" 간주한다고 강조했다. 이어서 "오늘 전 세계는 대대적으로 들끓고 대대적으로 분화되고 대대적으로 개편되는 정세에 놓여 있다"고 하면서 이러한 상황은 늘 그런 것이지만 모든 혁명세력에게 유리하고 제국주의와 그의 모든 주구에게는 상당히 불리한 방향으로 진전되고 있다고 강조했다. 황융성은 미국은 아직까지 인도차이나에 "들어박혀 떠나려 하지 않고" 있고 남조선과 "우리나라(중국) 영토인 대만성省을 강점"하고 있으며 "일본 군국주의"는 "저들의 마수를 이미 남조선에 뻗쳤으며 대만성에도 뻗치려고 망상하고 있다"고 주장했다. 그러나 이러한 모든 노력은 결코 성공을 거둘 수 없다고 강조하면서 이러한 문제에 대해 조선 인민들이 취하고 있는 '일관된 입장'을 찬양했다. 그는 중국이 통일 문제를 비롯한 모든 문제에서 조선민주주의인민공화국의 입장을 강력하게 지지할 것이라고 덧붙였다.

오진우의 답사 역시 마찬가지로 확신에 찬 것이었다. 그는 프롤레타리아 문화대혁명에서 인민해방군이 수행한 역할에 찬사를 보내면서 중국의 '국제적 지위와 위신'이 급속하게 상승하고 있다고 강조했다. 오진우는 이제 미국의 '동맹들과 추종국가들'까지도 미국의 중국을 적대시하는 정책에 점차 반기를 들게 되었다고 주장했다. 이어 오진우는 김일성의 말을 인용하면서 최

---

142 황융성의 연설 전문은 베이징의 신화사통신新華社通信 영문판 1971년 8월 18일자와 이를 전재한 FBIS Daily Report, 1971년 8월 19일자, 161호, 제1권, A3~A6쪽 참조(황융성의 연설은 『로동신문』, 1971년 8월 20일자에 실려 있다―옮긴이).

근의 사태 진전은 "미제가 세계의 강대한 반제혁명 역량의 압력 앞에 드디어 굴복했다는 것"으로서 결국 중국과 모든 혁명세력의 '찬란한 승리'를 증명해 주는 것이라고 강조했다.

그러나 오진우는 그와 동시에 미국의 위험은 결코 과소평가해서는 안 된다고 경고했다. 미국은 '아시아인들끼리 싸우게 하는' 수법을 이용해 "아시아에 침략의 예봉을 돌리고" 있다는 것이다. 더구나 미국의 추종국가인 일본은 여기에 편승해 '분별없이 날뛰고' 있었다. 오진우는 미국과 일본 '침략자'들에게 '비참한 파멸'을 안겨주기 위해서는 조선, 중국 그리고 여타 아시아의 혁명적 인민들 간에 '전투적인 친선과 단결'을 보다 공고히 해야 한다고 결론지었다. '미 제국주의'에 대한 공동 전선을 펴서 "미제에 집단적으로 달라붙어 타격을 가한다면 능히 그를 때려눕힐 수 있으며 우리의 공동 위업의 승리를 확고히 보장할 수" 있다는 것이다.[143]

이 기간에 중국 지도자들과 북한 대표들 간에는 사적 대화가 오갔을 것이다. 특히 중국 측은 북한 대표들에게 그들의 결의와 북한에 대한 지지를 재확인했을 것이며, 아마도 틀림없이 북한에 자신들과 유사한 전술을 채택하라고 설득했을 것이다. 북한 지도자들은 이런 때 어떤 식으로 공식 견해를 표명해야 하는가를 잘 알고 있었다. 1961~1962년경 북한 당국이 소련의 흐루시초프 수상에게 찬사를 보내면서 '미 제국주의'에 대해 극히 진지하고 단호하게 대처해야 한다는 엄중한 경고를 함께 보냈던 사실을 상기할 수 있을 것이다.[144] 이 무렵 평양 당국은 앞으로의 국제관계가 어떻게 진행되든 간에 최초

---

143 오진우가 행한 연설의 전문은 신화사통신 영문판과 *FBIS Daily Report*, 같은 날짜, A6~A10쪽을 보라(오진우의 연설 역시 『로동신문』, 1971년 8월 20일자에 실려 있다 ─ 옮긴이).

144 일본의 『아사히신문』朝日新聞 편집국장 고토 모토오後藤基夫가 1971년 9월 25일 김일성과 행한 인터뷰. 김일성은 이 인터뷰에서 워싱턴-베이징의 움직임에 대한 앞서의 공식적 입장을 몇 번이고 되풀이했다. 그는 미국이 자신이 처한 위기와 필요로 말미암아 새로운 중국 정책을 취하게 되었다고 강조했다. 그러나 김일성의 발언에는 미국을 쉽게 곤경에서 벗어나게 해서는 안 된다는 강한 암시가 내포되어 있었다.

의 북한과 베이징, 모스크바 관계에 비추어 현 시기를 불안과 공포를 갖고 바라보았음이 틀림없다. 공산주의적이든 비공산주의적이든 간에 '강대국 외교'는 북한에 불쾌한 기억을 되살려주었을 것이다. 이 점이 워싱턴과 베이징 당국이 닉슨의 방문 기간 미·중 양국에 직접 관련된 문제만을 논의하겠다고 공식적으로 발표한 이유 중 하나로 작용했을 것이다.[145]

김일성은 자신은 공산주의자와 비공산주의자 간의 장기간에 걸친 긴장 완화가 이루어질 수 있다고 생각하지 않지만 이 시점에 새로운 전술의 채택은 유용한 것이라고 시사했다. 그는 비난하는 말투로 미국의 정책을 침략의 마수를 뻗치기 전에 상대국과 평화협정을 맺는 히틀러의 정책과 비교했다. 그러나 김일성은 중국은 '사회주의 국가'로서의 자신의 입장을 포기하지 않을 것이라고 단호히 말하면서 조선민주주의인민공화국은 현재의 '긴장 완화' 추세에 역행하는 정책을 취하지 않을 것이라고 시사했다. *Asahi Evening News*(영문판), 1971년 9월 28일자, 4면(이 회견 기사의 일본어 원문은 다음과 같다. 『아사히신문』, 1971년 9월 27일자 조간, 또는 동아일보사 안보통일문제 조사연구소, 『북한대외정책기본자료집 II』, 1976, 305~312쪽 — 옮긴이).

145 고토의 공감 어린 질문을 받은 김일성은 국제관계 전반에 대한 자신의 견해를 피력했다(같은 신문). 김일성은 북한의 대미정책은 미국과 중국의 합의를 통해서가 아니라 북한에 대한 미국의 태도를 통해 결정될 것이며, 이에 관한 한 북한은 독자적인 대외정책을 추구해나갈 것이라는 명제를 강력히 천명했다. 김일성은 남한으로부터의 미군 철수가 가장 긴요한 문제라고 주장했다. 또한 그는 한국 문제에 관한 국제회의의 개최를 지지한다고 시사했다. 그는 조선민주주의인민공화국은 유엔헌장을 존중한다고 말함으로써 유엔 내부에 변화가 일어나고 유엔이 더 이상 미국에 '지배'되지 않는다면 북한의 유엔 가입 문제를 추구할 수 있을 것이라고 시사했다.

이 인터뷰에서 김일성은 공산 세계의 내부 문제에 관해 신중한 태도를 취하면서 짤막하게 언급했다. 김일성은 자신은 중국과 소련 간에 전쟁이 일어나지 않는다고 '확신'을 갖고 말할 수 있다고 단언했다. 그러나 이데올로기의 중요성을 논하면서 "사회주의 국가 중에도 사상적으로 부패한 예가 있다"고 강조함으로써 소련과 북한 간의 관계가 여전히 소원하다는 사실을 시사했다. 김일성은 '서구의 부패한 문화'의 침입을 방지하기 위해 '청년들'에게 맞는 새로운 사회주의 문화의 건설에 유의하고 있다고까지 말했다. 이 주장은 강력한 쇄국정책과 문화적 차이에 대한 끊임없는 사상교화에도 불구하고 김일성이 현대 서구문화(아마도 남한을 통해 유입되는)가 북한의 젊은이들을 오염시킬까 봐 걱정하고 있었다는 점을 말해준다.

일본과의 관계에 대해서 김일성은 북한 당국이 중국형의 인민 대 인민 외교에 의한 외교적 공세를 취할 가능성을 다시 한번 시사했다. 조선민주주의인민공화국과 일본 간의 장래의 공식적인 관계는 일본 내각의 교체나 일본 정부의 정책과 태도 변화에 따른 것이 아니라고 주장하는 김일성은 일본 인민과 권력을 잡고 있는 '반동파' 간의 차이를 중시했다. 그는 현재의 일본 인민은 예전의 인민이 아니기 때문에 일본 군국주의가 발전할 수만은 없을 것이라고 강조했다. 만일 일본 군국주의가 부활한다고 해도 '전쟁정책'은 저지될 수 있다는 것이다. 김일성은 정치적 관계가 개선된다면 무역의 전망도 밝다고 강조하면서 자민당 의원을 포함한 보수주의자들의 북한 방문을 환영한다고 말했다.

그럼에도 이 무렵 북한의 외교적 동향은 최근 중국 외교의 유형을 명백히 반복하고 있었다. 베이징에서 배워온 새로운 외교 전술은 김일성에게 큰 영향을 미친 것으로 나타났다. 1971년 중반 이후 북한과 중국 주요 지도자들 간의 오랜 논의 결과, 어느 정도 상호 협의가 이루어져 조화된 접근방식이 실천에 옮겨졌다. 바로 얼마 후 한국 문제를 새로이 논의해야 할 시기가 성숙했다는 신호를 다른 사람 아닌 저우언라이가 미국에 보냈다. 조선민주주의인민공화국의 고립을 종식시키고 적대국가를 포위하기 위한 노력으로 평양 당국은 최근 들어 통일전선정책과 인민 대 인민 외교를 강조하기 시작했다. 이러한 새로운 정책이 가장 극적으로 시행된 대상은 바로 일본일 것이다. 1972년에 접어들자 북한 당국은 일본의 각종 이익단체 대표단과 유력 인사들에 대하여 직접적인 접근을 행하는 등 공식 관계를 개선하기 위해 집중적인 노력을 기울였다. 이 노력의 목적은 북한의 기본 입장을 전혀 희생하지 않고 종래 일본이 취해온 공식적인 대북한정책을 폐기시키고 일본-북한 관계를 개선하려는 것이었다.

따라서 북한은 자민당 소속 구노 쥬지久野忠治를 임시의장으로 234명의 중의원과 참의원으로 구성된 이른바 조·일우호촉진의원연맹朝日友好促進議員聯盟의 결성을 크게 환영했다. 1972년 1월 말 구노 쥬지를 단장으로 하는 의원 대표단이 평양을 방문해 북한의 국제무역촉진회와 무역 촉진에 관한 합의서에 조인했다. 중화인민공화국과 일본 간에 존재하는 경제관계와 매우 유사한 형태의 관계가 맺어진 것이다. 더구나 한 달 후에는 일본과 북한 간의 무역과 경제교류를 원활히 하기 위한 조·일수출입상사朝日輸出入商社가 곧 설치되리라는 발표까지 있었다.

대규모의 신문과 방송 수행기자를 대동한 일본 의원 대표단의 북한 방문은 임박한 닉슨의 중국 방문 모습을 떠올리게 했다. 게다가 북한은 삿포로 동계올림픽에 참가한 북한 선수단으로 하여금 도쿄 도지사 미노베 료키치美濃部亮吉 등 북한에 동정적인 정치인과 신문과 방송사의 주요 간부, 기타 일본의 유력인사들을 방문케 했다. 이것이 바로 북한식의 탁구 외교였다.

『아사히신문』의 고토 모토오와의 기자회견이 있고 나서 얼마 뒤인 1월 말에 김일성은 일본 언론을 통해 자신의 종래 주장을 되풀이했다. 이때 김일성은 『요미우리신문』讀賣新聞 특파원들의 질문에 서면으로 답했다.[146] 김일성은 일본과 북한 간에 별다른 관계가 맺어지지 않은 것은 전적으로 일본 정부의 책임이라고 강조하면서 이는 '매우 비정상적인 사태'라고 주장했다. 김일성은 조선민주주의인민공화국은 일본과도 '선린'관계를 맺기를 희망해왔다고 말했다. 그렇다면 무엇이 필요하단 말인가? "일본 정부는 마땅히 조선민주주의인민공화국에 대한 적대정책을 버려야 하며, '한일협정'을 폐기하고 남조선 재침략 책동을 그만두어야 하며, 남조선 괴뢰들을 부추겨서 조선 사람들끼리 싸움을 붙이며, 거기에 끼어들어 한몫 보려고 하는 어리석은 행위를 걷어치워야 한다"는 것이다.

김일성에 따르면 다행스럽게도 "요즘 일본 인민들과 진보적인 계층들 속에서는 조선민주주의인민공화국과 선린관계를 맺기 위한 운동이 광범위하게 벌어지고 있었다". 그는 이렇게 주장했다. "조선 인민과 일본 인민이 공동으로 성과 있는 투쟁을 벌인다면 우리 두 나라 사이에 국교를 수립할 수 있읍니다. ……우리는 일본과 국교를 맺기 전이라도 가능한 범위에서 인사 내왕을 많이 하여 경제, 문화적인 분야에서 교역과 교류를 널리 진행할 용의를 가지고 있읍니다."

그러나 그와 동시에 김일성은 북한은 현재의 문제들에 대한 기본 입장을

---

146 김일성과 『요미우리신문』 특파원 간 인터뷰의 영어 전문은 다음에 실려 있다. "On Immediate Political and Economic Policies of the DPRK and Some International Problems—Answer to Questions Raised by Newsmen of Japanese Newspaper 'Yomiuri Shimbun'," *The People's Korea*, 1972년 1월 26일자, 1~6면(다음은 이 인터뷰의 한국어 원문이다. 「조선민주주의인민공화국의 당면한 정치, 경제정책들과 몇 가지 국제 문제에 대하여」는 『로동신문』, 1972년 1월 15일자; 주144의 동아일보사, 앞의 책, 319~343쪽. 본 번역에는 한국어 원문을 인용했다—옮긴이).

결코 포기하지 않겠다는 점을 분명히 했다. 한 가지 예로 김일성은 재일조선인들에게 우리말과 글을 가르치는 '민족교육사업'을 계속 물심양면으로 지원하겠다고 밝혔다. 이어 김일성은 평양 당국은 "재일조선인들에게 '영주권' 신청을 내려먹이고 '남조선 국적'을 가지도록 강요"하는 일본 정부의 '부당한 압력'에 맞서 싸울 것이란 점도 강조하면서 이렇게 덧붙였다. "그러나 그들(일부 재일조선인)이 비록 강요에 못 이겨 국적은 바꾸지만 오늘 남조선 인민들이 우리를 한결같이 지지하는 것처럼 그들도 조선민주주의인민공화국을 적극 지지하리라는 것은 의심할 바 없습니다."

이러한 재일조선인정책과 기타 여러 가지 이유로 사토 에이사쿠佐藤榮作 정부는 김일성으로부터 계속해서 격렬한 비난을 받았다. 김일성은 '궁지에 빠진' 미 제국주의는 "아시아에서 아시아 사람들끼리 싸우게 하려는 악명 높은 '닉슨주의'를 들고 나왔지만 사또와 같은 우둔한 사람을 내놓고는 받아주는 사람이 없다"고 주장했다. 김일성은 "미제의 부추김을 받으면서 일본 군국주의자들이 아시아에서 위험한 침략세력으로 되고 있는 것은 엄연한 사실"이라고 단언했다. 일본 군국주의자들은 "다른 나라들을 침략함에 있어서 상품과 자본을 대대적으로 들이밀어 경제적으로 예속화하고, 사상문화적 침투를 강화하여 그 나라 인민들의 자주의식을 마비"시키고 있다는 것이다.

김일성은 이러한 움직임을 저지하기 위한 진보세력의 통일전선 형성을 다시 한번 강조하면서 이렇게 말했다. "일본 인민들은 지금 군국주의 침략세력을 반대하고 민주, 중립, 평화를 위하여 견결히 투쟁하고 있습니다. 이 투쟁은 일본 반동지배층에 큰 압력을 가하고 있습니다. 일본 지배층 내에서도 침략전쟁을 하겠는가 말겠는가 하는 문제를 놓고 서로 의견 대립이 일어나고 있습니다."

북한이 이러한 정책을 채택한 중심 목적은 일본의 국내 정치에 파고들어가 '반동파'에 대한 통일전선을 수립함으로써 일본에 경제적·문화적 진출의 교두보를 확보하고, 그와 동시에 일본과 남한 정부 간에 긴장을 고조시키기 위한 것이었다. 이는 중국의 새로운 대외정책과 거의 유사한 외교 공세로서 일본 지배층 내에 관심과 불안, 우려를 불러오는 것이었다.

　김일성이 닉슨 대통령과 미국의 외교정책을 과격한 언사를 동원해 비난했지만 북한 정부는 미국 '문제'에 대해서도 일본 내의 통일전선 결성 시도에 채택된 것과 유사한 접근방식을 취하고자 했던 것으로 보인다. 물론 '미 제국주의'에 대한 비난에 관한 한 김일성의 발언에서 표현상의 후퇴를 찾아볼 수는 없다. 실로 이러한 운동은 성공을 거두고 있었다. 김일성은 "조선전쟁에서 역사상 처음으로 참혹한 패배를 당한 미제는 세계에 이르는 곳마다에서 연이어 '얻어맞고 녹아나'고 있으며 계속 내리막길을 걷고 있고", "지금 미제는 국내외적으로 엄중한 위기에 빠져 있다"고 강조하면서 이렇게 말했다. "미국 안에서 인민들의 반전운동이 세차게 일어나고 있으며 지배층 내부의 모순도 심하여지고 있습니다. 경제는 만성적인 침체 상태에 빠지고 국제수지는 끊임없이 악화되고 있습니다. 미제는 인도지나를 비롯한 세계의 이르는 곳마다에서 참패를 거듭하고 있으며 '제국주의 동료들'로부터는 물론 '추종국가들'로부터도 고립되어가고 있습니다."

　김일성은 닉슨의 중국 방문도 실패와 파산으로 해석했다. 닉슨의 구걸 외교는 중국의 승리로 끝났다는 것이다. "중화인민공화국의 역량은 날로 장성하는 반면 미제는 심각한 위기에 빠져" 있었다. 김일성은 닉슨이 어쩔 수 없이 행한 양보는 미국의 '괴뢰와 위성 국가들'을 극심한 혼란에 빠지게 했으며, 중국 측은 공동성명을 통해 "확고한 혁명 원칙을 관철하고 이를 천명했다"고 평가했다.

　하노이와 달리 평양 당국은 중국의 새로운 외교 노선에 대해 공개적인 비난을 전혀 하지 않았다. 그러나 앞서 지적한 북한의 우려는 『요미우리신문』과의 인터뷰 같은 공식 발언에서도 사라지지 않고 있었다. 이로써 김일성은 미국에 닥친 여러 가지 재앙이 "미 제국주의가 완전히 망했다거나 놈들의 본성이 변했다는 것을 의미하지는 않"는다고 경고했다. 김일성에 따르면 "본래 제국주의자들은 어려운 처지에 빠져들어 가면 '평화'의 간판 밑에 침략과 전쟁 책동을 교활하게 감행하는 법"이었다. 따라서 모든 나라는 미제의 새로운 침략과 전쟁 책동에 언제나 경각심을 높여야 한다는 것이었다.

이것은 명백히 베이징을 겨냥한 엄중한 경고였다. 닉슨의 중국 방문 결과 발표된 양국 공동성명에 대해 언급하면서* 김일성은 미국이 '달콤한 말'을 계속한다고 해도 미국은 구체적 행동을 통해 자신의 말을 입증해야 하며, 아직도 "미국은 침략전쟁을 도처에서 계속하고 있"다고 주장했다.[147]

조선민주주의인민공화국이 미국의 정책과 열심히 싸우고 있는 동안에도 북한 사람들은 새로운 시대를 열기 위해 진보적 미국 인민을 포함한 전 세계의 혁명적 인민들과 단결할 수 있기를 열렬히 희망하면서 그 준비를 진행하고 있었다.[148] 더구나 김병식은 북한이 유엔에 가입할 수 있을 것이며, 세계의 모든 인민과 경제적·문화적 교류를 증진시키려 하고 있다고 시사했다. 그러나 이는 북한 당국이 원칙적 문제를 포기한다는 것은 결코 아니었다. 김병식의

---

* 『로동신문』에 발표된 한국어 원문에는 이 부분이 생략되어 있다. 미·중 공동성명이라는 미묘한 문제의 성격 때문에 북한의 일반 주민을 대상으로 한 『로동신문』과 외국인을 대상으로 한 The People's Korea에 발표된 내용 간에 약간의 첨삭이 있었던 것으로 보인다.

147 좀더 최근의 공격으로는 「악명 높은 전쟁광 로저스Rogers 미 국무장관이 3월 7일 의회에 제출한 이른바 '대외정책 보고'에 대하여」(영문판)를 참고하라.

"처음부터 끝까지 허위와 기만과 침략 야욕으로 가득 찬 미치광이 로저스의 '보고'는 '닉슨 독트린'의 수치스러운 파탄을 위장하는 허위 문서이며, '평화'란 연막 속에 미제의 침략 모험을 아시아를 비롯한 세계 도처에서 계속 강화해나가겠다는 계획을 담은 도둑놈들의 흉악한 전쟁문서이다." 평양의 조선중앙통신 국제부, 영문판, 1972년 3월 10일자 보도를 인용한 FBIS Daily Report, Asia and Pacific, 1972년 3월 13일자, D1쪽.

이보다 앞서 윌리엄 로저스William Rogers는 북한 측의 이러한 격렬한 비난에도 불구하고 평양 당국에 화해 제스처를 보냈다. 1972년 2월의 기자회견에서 로저스는 북한이 미국과의 관계 개선을 희망하고 있다는 몇 가지 '증거'를 제시하고는 닉슨 행정부는 "모든 나라와의 관계 증진을 환영"한다고 밝히면서 모든 나라에는 당연히 북한도 포함된다고 덧붙였다. 또한 그는 평양 정권의 어느 당국자가 미국이 북한을 조선민주주의인민공화국이라는 정식 명칭으로 호칭하는 데서 관계 개선의 첫발을 내디딜 수 있다고 제의해왔다고 밝혔다. 우리는 미국과 중국 간의 새로운 시대가 1970년 10월 닉슨 대통령이 미국을 방문 중인 루마니아 수상 니콜라에 차우셰스쿠Nicolae Ceausescu와 건배를 들면서 최초로 중국을 '중화인민공화국'이라고 호칭한 데서부터 시작되었다는 사실을 기억해야 할 것이다.

발언에는 미국이 남한에서 모든 전쟁 설비와 함께 완전히 물러나야 하며, 유엔은 북한을 침략자로 규정한 이전의 잘못된 적대적인 결의안을 철회해야 한다는 주장이 내포되어 있었다(그러나 이러한 주장의 어느 것도 결코 북한의 자세 전환을 위한 선행조건으로 제시된 것은 아니라는 점이 주목된다).

그동안 북한은 두 차례에 걸쳐 중요한 사절단을 공산 진영에 파견했다. 그것은 아마도 중국의 새로운 외교정책이 다른 공산국가에 미친 영향을 시험해

---

148 1972년 3월 6일 도쿄에서 있었던 김병식金炳植과 『워싱턴포스트』의 셀리그 해리슨Selig S. Harrison과의 흥미로운 인터뷰를 보라. 재일조선인총연합회 제1부의장이자 북한의 최고인민회의 대의원인 김병식은 재일조선인 중에서 영향력 있는 지도자로 알려진 사람이었다. 김병식은 해리슨에게 이렇게 말했다. "이제 미합중국의 평화애호 인민과의 관계를 개선하고 우리의 관계를 정상화할 때가 되었습니다." 이어 그는 남조선으로부터의 미군 철수가 "미국과 우리 사이에 적대관계를 해소하고 관계 개선을 이룩하는 것"보다 반드시 선행할 필요는 없다고 주장했다.

그러나 김병식은 닉슨 대통령의 베이징 방문이 미국의 대통령 선거와 평화에 대한 미국 인민들의 염원과 깊은 관계가 있지만 자신은 상하이공동성명이 "미국의 여론을 속이기에는" 충분하지 않다고 생각한다고 주장함으로써 닉슨 행정부에 대한 강경한 입장을 과시했다. 그는 닉슨이 차기 대통령 선거 이전에 베트남전쟁을 종식시킬 것이며, 조선 문제에 대한 자신의 태도를 명백히 밝힐 수밖에 없을 것이라고 주장했다.

이어 김병식은 "보수주의자를 포함한 미국 인민의 대부분"이 자신들의 주장을 이해하기만 한다면 이들은 남북한 간의 평화협정 체결을 포함한 "조국통일에 대한 우리의 입장을 지지할 것이다"라고 주장했다. 그는 미국의 정치 지도자, 사업가, 학자, 언론인들이 "분위기가 호전됨에 따라 점차 우리나라를 방문할 수 있을 것"이라고까지 말했다. 김병식은 이러한 방문이 이루어진다면 북한이 군사적 침략에 몰두하고 있다고 억지 날조하려는 박정희 도당의 '우스꽝스러운' 노력이 거짓이라는 점이 밝혀질 수 있을 것이라고 주장했다. *The Washington Post*, 1972년 3월 7일자, 1면에 실린 Selig S. Harrison, "North Korea Hints Shift on U. S. Ties"를 참고하라(이러한 방문은 1972년 초여름 『뉴욕타임스』의 해리슨 솔즈베리Harrison Salisbury 편집부국장과 존 리John Lee 도쿄 지국장의 평양 방문으로 구체화되었다).

북한 공산주의자들은 틀림없이 북한에서 방송하는 것이면서도 남한의 '지하' 방송이라고 강조하는 '통일혁명당 목소리 방송'을 통해 다음과 같은 주장을 폈다. "우리(남조선) 인민들은 미제 침략자들을 우리 강토에서 몰아내고, 박정희 반역도당 정권을 전복할 것이며, 북조선의 형제들과 함께 조국통일을 이룩할 것이다." 같은 신문, 1972년 3월 3일자, E3쪽(셀리그 해리슨은 당시 『워싱턴포스트』의 동북아시아 지국장이었다. 한반도 문제에 관한 그의 견해는 다음 책에 잘 나타나 있다. *The Widening Gulf*, Free Press, 1978. 한편 김병식은 조총련 내부에서 일어난 권력투쟁의 결과, 1972년 가을에 숙청당했다. 이에 관해서는 다음 책을 참조하라. 통일조선신문統一朝鮮新聞 특집반特輯班, 『金炳植事件—その眞相と背景』, 도쿄, 1973―옮긴이).

보고, 장래 중·소분쟁의 심화에 대비해 태도를 명확히 해두며, 북한의 외교정책 변화가 가져올 이익과 불이익을 평가해보기 위해서였을 것이다. 1972년 3월 2일 허담 외교부장을 단장으로 하는 대표단은 루마니아, 체코슬로바키아, 동독, 소련, 유고슬라비아 등을 방문하고 평양으로 돌아왔다. 이들은 모스크바에서의 회담이 '상호 이해와 우호적 분위기' 속에서 진행되었다고 평가했다.[149] 그러나 이 발표에는 모스크바와 평양이 서로 다른 파장에 따라 움직이고 있으며, 북한을 베이징의 외교정책으로부터 분리해내려는 소련의 노력이 완전한 성공을 거둔 것은 아니라는 점이 강하게 나타나 있었다. "조선민주주의인민공화국과 소련 간의 형제적 우호와 모든 면에 걸친 협조를 더욱 확장 강화하기 위해 노력한다"는 약속도 실상은 양국 간에 메꿔야 할 간격이 있다는 사실을 말하는 것이었다. 더구나 허담이 이끄는 대표단이 모스크바에서 곧장 유고슬라비아의 베오그라드로 향했다는 사실은 상징적인 일이 아닐 수 없었다. 이 대표단이 북한에 돌아온 바로 그날, 정치위원회 서열 4위인 박성철이 이끄는 또 다른 대표단이 쿠바와 폴란드, 헝가리 등지의 방문을 마친 뒤 평양으로 돌아왔다. 이 두 대표단을 통해 북한 당국은 공산 진영의 거의 모든 나라를 방문한 셈이었다.

김일성 영도하의 북한은 어떤 어려움이 따르든 간에 국내 문제와 마찬가지로 외교정책에서도 주체를 추구해나가기로 굳게 결심했다. 실로 북한은 민족 문제를 '남조선 해방'투쟁의 중심 주제로 삼기를 바라고 있었다. 그러나 북한 지도자들은 현대적인 군사장비에 관한 한 두 공산대국, 특히 소련에 크게 의존하지 않을 수 없었다. 그럼에도 1971년 중반 이후의 사건들을 볼 때, 이 시기 평양 당국에 가장 큰 영향을 미친 것은 중국의 외교정책이었다.

---

149 모스크바 방문 결과 발표된 공동성명을 포함한 이 방문의 보고서는 조선중앙통신사 국제부, 1972년 2월 26일자 보도를 전재한 *FBIS Daily Report, Asia and Pacific*, 1972년 2월 28일, D3쪽을 참조하라.

그동안 비록 기본 입장에는 제한된 변화밖에는 없었지만 남북한관계에서 극적인 새 시대가 개막되었다. 1971년 8월 12일 명백히 박정희 정권의 주도 하에 남한의 적십자사는 북한 적십자회위원회에 대해 1,000만 남북이산가족의 실태를 확인하고, 이들의 소식을 알려주며, 상봉을 알선하는 이산가족찾기운동의 전개를 위한 남북적십자회담을 제의했다. 남한 적십자사는 그해 10월 안으로 제네바에서 예비회담을 개최할 것도 함께 제의했다. 수천만의 한국인들에게 이 문제는 직접적인 관심사일 수밖에 없었다. 이틀 뒤 북한의 적십자회 중앙위원회는 평양 라디오 방송을 통해 9월 말까지 판문점에서 쌍방 대표가 예비회담을 열고, 8월 20일 정오 남한 적십자사에 보내는 북한 적십자 측의 서한을 가진 두 명의 대표를 판문점에 파견하겠다고 공식 발표했다. 8월 20일 분단 한국의 고난에 찬 역사상 처음으로 남북한만이 참여하는 쌍방 접촉이 4분간 이루어졌다.[150] 10개월간의 협상 결과 드디어 1972년 6월 16일 양측은 제1단계로 앞으로의 회담을 위한 의사 일정에 합의했다. 이제 실질적 합의가 천천히 그리고 고통스럽게 이루어질 수 있는 가능성이 높아진 것이다.[151] 남북한관계에 이제 역사적인 전환이 이뤄졌기 때문에 양측 간에 의사소통 창구가 완전히 막힌다는 일은 전혀 일어나지 않을 것처럼 보였다.

그러면 회담의 주도권은 과연 어디에 있었으며, 이러한 새로운 시대는 무

---

[150] 남북한 간의 직접 대좌는 이전에도 국제올림픽위원회IOC의 주관 아래 두 차례 열린 일이 있었다. 첫 번째 대좌는 1963년 1월 스위스 로잔에서 IOC 대표가 참석한 가운데 열렸다. IOC 측은 북한의 IOC 가입을 지지하면서 1964년의 도쿄올림픽에 남북한 단일팀을 파견하라고 종용했다. 로잔회담에서는 남북한 단일팀이 국가 대신 전통 민요인 아리랑을 사용하자는 합의에 도달했지만, 국기 문제를 비롯한 여타의 문제는 해결되지 않았으며, 이에 관해 IOC의 충고를 요청하기로만 합의했다. 북한 측은 2차 회담을 제의해 1963년 5월 홍콩에서 두 번째 대좌가 이루어졌다. 그러나 홍콩회담에서는 광범위한 문제에 대해 어느 것 하나 합의점을 찾지 못한 채 협상은 결렬되고 말았다.

[151] 첫 번째 합의사항은 남북 적십자사 간의 정식 회담을 앞으로 서울과 평양에서 번갈아 개최한다는 것이었다. 그러나 예비회담이 남북한 이산가족의 초청 범위와 어떤 방식으로 이들을 재회시킬 것인가라는 기본적인 문제를 다루기 시작하자 쌍방 간에 합의를 이룬다는 것은 매우 어렵다는 사실이 드러났다. 북한이 사용한 전술은 초청 범위 등을 광범위하게 넓히자는 것이었던 반면, 조심스러운 접근 방식을 취한 남한 측은 극히 제한된 범위와 계획하에 회담을 진행하자고 주장했다.

엇을 의미하는 것이었을까? 비록 남한 측은 북한이 남북적십자회담을 거부하리라고 생각하면서 제의했겠지만 어쨌든 회담을 먼저 제의한 것은 분명히 남한 측이었다. 통일 문제는 남한의 제반정책 내에서 점차 확고한 위치를 차지하게 되었으며, 박정희 정부는 이 문제에 관한 학술회의나 공개토론을 허용함으로써 통일 문제에 대처해나가기 시작했다. 미국-중국관계의 놀라운 발전이나 아시아에서 미국의 후퇴 조짐이 이러한 추세를 가속화시켰다는 점에는 의심의 여지가 없었다. 남한은 인도적 견지에 입각한 주장을 펴는 데서 그 논리적 첫발을 내디뎠다.

북한 측은 자신들이 오랫동안 판문점에서 남북회담을 개최할 것을 지지해왔고 여러 차례 학생, 과학자 등의 회담을 촉구해왔다고 주장할 수 있다. 그러나 사실상 북한은 남한 측의 제의가 있을 무렵, 박정희 정권의 전복을 요구하는 등 남한에 대해 강경한 입장을 고수해왔다.[152] 베이징은 김일성이 남한 정부와 협상을 시작하는 데 어떤 역할을 할 수 있었을까? 우리가 앞서 주장한 것처럼 왜 자신들이 정책을 전환했는가에 대한 베이징 당국의 설명은 북한 측에 일정한 영향을 미쳤을 것이다. 아마도 저우언라이 같은 인물은 미국이 아시아에서 후퇴하고 일본은 아직 확고한 외교정책을 정립하지 못한 이 시점이 아시아 공산국가들이 분단국가의 분단 상황을 영속화시키려는 '제국주의적 책략'에 반대하고, 국제적인 지위 향상을 꾀하기 위해 외교적·정치적 공세를 취해야 할 적절한 시점이라고 주장했을 것이다. 이러한 조건에서 중국과 북한

---

152 한 가지 예로 『로동청년』, 1971년 7월 18일자, 3~4면에 실린 김영재의 「남한 혁명의 전략과 전술」을 참고하라. 이 논문은 *JPRS*의 북한관계 역문 No. 222, 1971년 9월 20일자, 1~12쪽에 영어로 번역되어 있다. 이 글의 필자는 김일성의 발언을 광범위하게 인용하면서 이렇게 주장했다. "당은 폭력투쟁에 중점을 두는 폭력혁명을 지지해야 하며, 모든 투쟁 형태가 정치권력의 장악을 위한 폭력투쟁에 봉사하고 반동통치에 결정적 타격을 가하는 투쟁이 될 수 있도록 정치투쟁과 경제투쟁, 합법투쟁과 반합법투쟁, 비합법투쟁 등 모든 투쟁 형태를 옳게 결합해야 한다."(8쪽)
그는 김일성의 전략과 전술은 '결정적 순간'에 남북한의 혁명 역량을 결합시킬 수 있는 남조선 혁명과 북조선 혁명 간의 긴밀한 유대를 요구하고 있다고까지 주장했다(11쪽).

이 일치된 외교정책을 추구해야 한다는 주장—중국의 북한에 대한 전적인 지원을 보장한다는 조건 아래—은 베이징과 평양 양쪽 모두에 대해 상당한 호소력을 가질 수 있었을 것이다.

최근 몇 달간의 놀라운 사태발전에도 당시 북한의 정책이 결코 남한을 '해방'시키겠다는 종래의 주장을 포기한 것은 아니었다. 사실상 북한의 태도 변화는 전술적인 것으로 가까운 장래에 남조선 인민들에게 '평화, 통일, 민족자주'를 요구하도록 해 박정희 정권을 곤궁에 빠뜨리려는 데 주안점을 둔 정치적·외교적 공세였다. 북한이 자유왕래를 주장하고, 군사력의 감축을 지지하며, 평화통일을 강조하고, 남한에서의 미군 철수에 관심의 초점을 맞춘 것도 바로 이러한 이유 때문이었다.

우리가 이용할 수 있는 모든 자료는 당시에 김일성이 군사적 노력을 한쪽으로 제쳐놓고, 새로운 시대를 이용해 남한에 정치적으로 좀더 깊숙이 침투하기를 원하고 있었다는 사실을 말해준다. 만일 이러한 사실이 당시의 국제적 환경과 맞아떨어지는 것이라면 이는 앞서 살펴보았다시피 집중적인 전쟁 준비와 극도의 긴장 고조로부터 별로 얻은 것이 없었던 북한 측의 요구와도 들어맞는 것이었다. 북한 내의 각종 사회단체와 선전매체들을 완전히 독점하여 자기 사회에 대해 완벽한 통제력을 장악하고 있던 북한 공산주의자들은 이제 좀더 느슨하고 개방적인 남한의 정치체제를 이용해 '인민 대 인민'관계를 발전시키기를 희망했다. 이미 북한 공산주의자들은 남한의 정치체제로서는 응답하기에 상당히 곤란한 문제를 제기해놓고 있었다. 박정희 정부에 최대한의 압력을 가하기 위해 김일성은 박정희 대통령과 여당인 민주공화당을 포함한 모든 정치집단과 대화할 용의가 있다고 과시했다.

이제 이 문제에 관련된 좀더 구체적인 사건들로 돌아가 보기로 하자. 1971년 4월 12일 허담 외무상은 판문점이나 제3국에서 통일회담을 개최하자고 주장하면서 조국통일방안 8개 조를 내놓았다.[153] 이 제안은 기본적으로 김일성이 제5차 당 대회에서 행한 보고 내용을 되풀이한 것이었다. 뒷날 김일성은 이 8개 조의 제안이 '평화와 민주주의'를 신봉하는 인사들에게만 국한된 것이 아니라 남한의 모든 정당을 대상으로 한 것이라는 점에서 혁신적인 제안이었다고 주장했다. 이 제안은 김일성의 1971년 8월 6일자 연설, 1972년의 신년사, 『요미우리신문』과의 인터뷰 등에서도 되풀이되었다.

『요미우리신문』과의 인터뷰에서 김일성은 전쟁 준비의 멍에를 남한 측에 뒤집어씌우려고 했다. 그는 "지금 시대는 달라졌고 정세는 변화"하였다고 강조하면서 이렇게 말했다. "요즘 남조선에서는 평화통일 기운이 빨리 높아지고 있으며 '파쑈통치'를 반대하고 사회의 민주화를 이룩하기 위한 투쟁이 그 어느 때보다 강화되고 있습니다." 이러한 기운이 이제 억누를 수 없이 세차게 일어나고 있다는 것이다.

김일성은 "오늘의 정세는 미 제국주의자들이 유엔의 이름을 빌어 우리나라를 남북으로 갈라놓던 지난 40년대와는 같지 않"다고 주장했다. 김일성에 따르면 "지금 미 제국주의자들과 일본 군국주의자들은 제 코도 씻기 바쁜 형편"에 있었다. 김일성은 이렇게 주장했다. "우리는 남조선 위정자들이 동족을 등지고 미제 침략자들의 옷소매에 매달리며 일본 침략자들을 끌어들이는 것으로 살 구멍을 찾던 지금까지의 반민족적 립장에서 벗어날 때가 왔다고 봅니다."

김일성은 북한이 '남침'할 의사가 전혀 없다고 힘주어 강조하면서 남조선 위정자들은 지금이라도 "외세를 등에 업고 실력을 배양하여 북조선을 힘으로

---

153 허담이 제안한 8개 조의 내용은 다음과 같다. ① 남조선에서 미제 침략군의 철거 ② 남북 조선의 군대를 각각 10만 또는 그 이하로 감축 ③ 남조선 괴뢰 정권이 외국과 체결한 모든 매국적이며 예속적인 조약들과 협정들의 폐기 ④ 자유로운 남북 총선거에 의한 통일적인 중앙정부 수립 ⑤ 남북 조선 전 지역에서 각 정당, 사회단체 및 개별적 인사들이 정치 활동을 벌일 수 있는 완전한 자유의 보장 ⑥ 과도적 조치로서의 남북 조선 연방제 실시 ⑦ 남북 간의 통상과 경제 협조 및 여러 분야에 걸친 호상 교류의 실현 ⑧ 이상의 문제를 협의하기 위한 각 정당, 사회단체들과 전체 인민적 성격을 가진 사람들로써 남북 조선 정치협상회의의 진행(이상의 제안은 최고인민회의 제4기 제5차 회의에서 허담이 한 보고, 「현 국제 정세와 조국의 자주적 통일을 촉진시킬 데 대하여」, 『로동신문』, 1971년 4월 13일자에 실려 있다—옮긴이).

누르고 승공통일을 하겠다는 '어리석은 주장'을 걷어치우고" 대신 전 조선에서 긴장 상태를 종식시키고 남북 간의 정전협정을 평화협정으로 바꾸는 등 "평화적 방법으로 조국을 통일하자는 우리의 공명정대한 제의"를 받아들여야 한다고 주장했다. 김일성은 이러한 합의에는 "남조선에서 미제 침략군을 철거시킨 조건에서 남북 조선의 무력을 대폭 줄일 것"이 포함되어야 한다고 강조했다. 이어 김일성은 남북협상에 관한 그의 기본 입장을 다음과 같이 밝혔다. "남북의 협상과 접촉을 위하여 우리는 언제나 그리고 누구에게나 문을 열어놓고 있습니다. 비록 조국과 인민 앞에 죄과를 저지른 사람이라 하더라도 그가 진정으로 과거를 뉘우치고 나라의 평화통일을 위한 애국의 길에 나선다면 우리는 그의 죄과를 묻지 않을 것이며, 그와 함께 기꺼이 나라의 통일 문제를 협의할 것입니다."[154]

그동안 남한으로의 간첩 침투는 절정에 달했던 1968년 이래로 상당히 줄어들었지만 아직도 계속되고 있었다. 판문점에서 남북회담이 열리던 첫날, 이 사실을 뒷받침해주는 또 하나의 비극적 사건이 발생했다. 서울 당국은 1971년 8월 20일 남북한 적십자 예비회담을 위한 신임장 교환을 위해 양측 대표가 만난 지 불과 한 시간 만에 한강 어귀의 강화도에서 북한 무장 간첩과 남한 측의 경비병 간에 총격전이 일어나 무장 간첩 두 명과 한국군 세 명이 사망했다고 발표했다. 이보다 나흘 전에는 비무장지대 동부에서 발생한 충돌로 북한 무장 간첩 다섯 명과 한국군 한 명이 사망했다고 했다. 북한 당국 역시 38선을 넘어온 남한 측 스파이를 연달아 체포했다고 주장했다. 장래의 사태가 어떤 방향으로 나가든 간에 1971~1972년의 남북한관계는 당시의 동서독 관계와는 크게 달랐다.

더구나 북한이 후원하는 통일혁명당은 계속해서 김일성의 수족으로 활동

---

154 김일성, 「조선민주주의인민공화국의 당면한 정치·경제정책들과 몇 가지 국제 문제에 대하여」, 앞의 신문(주 146), 3면.

하고 있었다. 통일혁명당은 '사천만 조선 인민의 영광된 지도자 김일성 수령 동지'에 대한 변함없는 충성을 약속하면서 남한 내에 기지를 확보하기 위해 노력했으며, '모든 남조선 인민'의 무장봉기에 의해 박정희 정권을 전복시켜야 한다고 주장했다. 그러나 당시 김일성은 한국인끼리 서로 싸우게 하려는 자들은 '미 제국주의자들과 그들의 남조선 괴뢰'라고 비난하고 있었다.

김일성 자신은 북한이 남한을 '침공'할 의사를 전혀 갖고 있지 않다고 계속 주장했음에도 불구하고 남조선 해방의 과정에는 반드시 혁명이 필요하며, 북한은 이 혁명의 '확고한 기지' 역할을 하겠다는 종래의 발언을 결코 부정하지 않았다. 실상 통일혁명당의 활동은 이러한 입장을 재확인해주는 것이었다. 발전적인 사태 진전 과정에서 이러한 입장이야 수정될 수도 있는 것이겠지만 어쨌든 남한 측이 공산주의자들을 의회정치에서의 상대방을 대하듯 조심스럽게 대했다는 점은 충분히 이해할 수 있다.

그러나 국내외의 정세 변화 때문에 박정희 정부가 북한 측의 정치적·외교적 공세가 진행되면서 수세에 몰릴 수밖에 없었다는 점에는 의문의 여지가 없다. 1971년 4월 13일자와 8월 6일자 북한의 제안에 대해 박정희 대통령은 해방 26주년을 맞이하여 1971년 8월 15일 광복절 경축사를 통해 일 년 전의 입장을 재천명했다.

······만약에 북한 공산 집단이 오늘이라도 대오각성하여 종전의 호전적 정책과 교조주의적 작품을 깨끗이 버리고 이 국제적인 새 물결 속에 흔연히 뛰어들어올 수만 있다면, 이는 세계 평화를 구축하는 일대 전기가 될 것은 물론이요, 조국의 평화통일을 위한 일대 서광이라고 아니할 수 없을 것입니다. ······ 나는 그들이 진정으로 무력과 폭력을 포기하고 진지한 새 자세로 나온다면, 평화통일을 위한 대화의 광장은 언제든지 마련될 수 있을 것임을 확언해둡니다.[155]

앞서 지적한 것처럼 남한 정부가 통일 문제에 대해 참신한 접근방법을 취해야 한다는 압력은 점차로 가중되어가고 있었다. 이 문제는 1971년의 대통령 선거에서 더 뚜렷하게 부각되었다. 새로운 미·중관계와 아시아에서 국제관계의 변화는 이러한 압력이 한층 가중될 것임을 예고했다. 이상과 그 밖의 몇 가지 고려해야 할 점들은 박정희 대통령이 1971년 8월 적십자를 통해 이산가족의 재회 문제를 놓고 북한과 회담하는 데 주도권을 놓칠 수 없게 만들었다.

통일 문제에 대한 남한 측의 입장은 적십자회담과 관련하여 김용식金溶植 외무장관이 밝힌 3단계 한국통일방안을 통해 좀더 분명히 제시되었다. 그 제1단계는 이산가족 문제와 같은 '순수한 인도적 문제'의 해결이고, 제2단계는 무역과 여행, 문화 등 '비정치적 교류'의 확립이었으며, 마지막 제3단계는 정치적 문제의 접근으로 되어 있었다. 그러나 김용식은 제2단계로 들어가기에 앞서 북한 측은 남한 측에 대한 무력 사용을 포기해야 하며, 통일에 관한 정치적 문제는 유엔 감시하에 전 한반도에서의 자유총선거라는 유엔의 오랜 공식에 따라 접근해야 한다고 주장했다. 그는 과연 한국 문제가 유엔의 틀을 벗어나 남북한만의 대화를 통해 해결될 수 있을지 의문이라고 덧붙였다.

극적인 7·4남북공동성명(1972년)을 통해 남한 정부는 종래의 입장을 완전히 바꾼 것은 아니라고 할지라도 상당히 유연한 태도를 보여주었다. 이 공동성명은 일련의 극비 접촉에 따른 결과로 빛을 볼 수 있었다. 이러한 극비 접촉은 그해 3월 비엔나에서 북한 대표들과 접촉을 가졌던 쿠르트 발트하임Kurt Waldheim 유엔 사무총장의 주도로 이루어진 것임이 분명했다. 발트하임은 북한 측의 '제의'를 남한 정부에 전달한 것으로 알려졌다. 따라서 아이러니하

---

155 *New York Times*, 1971년 8월 15일자, 1면, 4면(통일 문제에 대한 박정희 대통령의 연설문과 회견 내용은 다음을 참조하라. 대통령비서실, 『평화통일의 대도大道』(증보판), 1977. 위의 인용문은 다음에서 따온 것이다. 「'세계 속의 한국'을 지향하는 문호개방정책―1971년 8월 15일 제26주년 광복절 경축사」, 같은 책, 53~60쪽―옮긴이).

게도 '조선 문제'가 외세의 개입 없이 해결되어야 한다는 공산주의자들의 오랜 주장에도 불구하고 유엔은 사태 진전을 가져오는 데 결정적 역할을 수행한 것이다.

박정희 대통령의 신임을 받았던 중앙정보부장 이후락李厚洛은 5월 2~5일에 극비리(외국에는 일체 통보하지 않은 것으로 알려졌음)에 평양을 방문해서 김일성의 친동생으로 당시 북한에서 제2인자로 떠오른 조선노동당 조직지도부장 김영주와 회담을 가졌다. 이어 5월 29일에서 6월 1일 사이에는 북한 측이 박성철을 서울로 파견해 여러 가지 문제를 논의했다. 각각의 수도를 방문한 양측 대표들은 남북한의 수뇌들과도 회담을 가졌다. 박정희와 김일성은 이 단계에서 그들 자신의 직접적인 통제하에 사태를 진전시키기로 결심했던 것으로 보인다.

조국통일 원칙에 관한 첫 번째 합의사항은 "통일은 외세에 의존하거나 외세의 간섭을 받음이 없이 자주적으로 해결하여야 한다"는 것이었다. 이는 북한의 종래 주장을 거의 그대로 되풀이한 것이었기에 서울 측이 평양 측에 양보한 것임이 분명했다. 그러나 이 조항이 남북 양측에 대해 지니는 의미는 이미 달리 해석되고 있었다. 이를테면 이후락은 기자회견을 통해 유엔이 '나쁜 외세'라고는 생각하지 않기 때문에 대한민국은 한반도 통일에서 총선거 감시를 통한 유엔의 역할을 '환영'한다고 밝혔다. 그리고 앞서 지적한 것처럼 유엔은 공식적인 것은 아니었다고 해도 7·4공동성명이 나오는 데 상당한 역할을 수행했으며, 이는 김일성이 북한의 유엔 가입을 노리고 있었다는 점도 강력히 시사해준다.

북한이 이 항목을 강조하는 이유는 남한에서 미국이 물러나도록 하기 위한 것이었다. 박성철은 평양의 기자회견에서 통일을 위한 1차 목표는 "외세의 간섭을 배제"하는 것이라고 밝히면서 "미 제국주의자들은 우리나라의 내정에 간섭하지 말아야" 하며, "자기의 모든 침략 무력을 걷어 가지고 지체 없이 물러가야" 한다고 덧붙였다. 반대로 남한 측은 공산주의자들과의 협상에서 힘의 우위를 점해야 할 필요성으로 미군이 계속해서 주둔해야 한다고 강조했다.

공동성명에서 강조된 두 번째 원칙은 북한 측이 남한 측의 거듭되는 요구에 양보한 것이었다. 두 번째 원칙은 "통일은 서로 상대방을 반대하는 무력행사에 의거하지 않고 평화적으로 실현하여야 한다"는 것이었다.

그리고 이 원칙은 "쌍방은 돌발적 군사 사고를 방지"하기 위하여 서울과 평양 사이에 직통·전화를 가설하기로 한 합의를 통해 뒷받침되었다. 게다가 "쌍방은 남북 사이의 긴장 상태를 완화하고 신뢰의 분위기를 조성하기 위하여 서로 상대방을 중상 비방하지 않기"로 합의했다. 이 원칙은 북한이 후원하는 통일혁명당에도 적용될 수 있는 것일까? 만일 그렇다고 한다면 이는 과연 남한 측에 커다란 승리를 안겨다준 것일까? 그렇지 않다면 남한 측이 얻게 될 성과는 대단히 제한적일 것이다.

공동성명에 나타난 세 번째 주요 결정사항은 "쌍방은 이러한 합의사항을 추진시킴과 함께 남북 사이의 제반 문제를 개선 해결"할 목적으로 "이후락 부장과 김영주 부장을 공동위원장으로 하는 남북조절위원회를 구성하기로 합의"한 것이었다. 또한 남북한 양측은 "사상과 이념, 제도의 차이를 초월하여 우선 하나의 민족으로서 민족적 대단결을 도모하여야 한다"는 점에도 합의했다.[156]

이러한 서약에도 불구하고 7·4남북공동성명 발표 이후 양측이 취한 태도를 볼 때 아직도 한반도 통일의 길은 멀고도 험난한 것이었다. 양측은 계속 상대방을 의심했고, 의심할 만한 충분한 증거를 제각기 갖고 있었다. 북한 측의 동기와 속셈이 무엇인가에 대한 의심은 남한 내에 깊은 뿌리를 내리고 있었으며, 양측은 말뿐 아니라 연속된 행동을 통해 서로에 대한 의심과 공포를 교환

---

156 7·4남북공동성명의 영어 번역은 다음을 참조하라. *New York Times*, 1972년 7월 5일자, 16면. 이에 관한 해설기사로는 다음과 참조하라. 같은 신문, 1972년 7월 4일자, 1~2면과 7월 5일자, 1, 16면; UPI와 AP 통신의 서울발 보도, *The Washington Post*, 1972년 7월 5일자, 1면, 16면; *Philadelphia Inquirer*, 1972년 7월 4일자와 5일자의 1면.

했다. 더구나 김일성과 그의 추종자들이 전적으로 합법적·정치적 통로에 의존하는 것만으로 공산주의자들의 주도하에 조국통일을 달성한다는 변함없는 목표를 이룩할 수 있다고 진정으로 생각했는지 상당히 의심스럽다. 그러나 앞서 살펴본 것처럼 북한 측은 휴전선과 정치사회제도에 대한 확고한 통제와 지난 15년간의 뜻 깊은 경제발전을 토대로 남북한 간에 '인민 대 인민'관계를 급속히 확장한다면 자신들의 목표 달성에 큰 도움이 되리라는 확신을 갖고 있었다.

이러한 명제는 이제 검증되어야 할 시점에 다다랐다. 남북한 간의 정상적인 교류, 즉 사회적·경제적 또는 정치적 교류에 엄청난 장애가 가로놓여 있다는 현실에도 불구하고 이제 한 고비는 지나갔다. 더구나 이러한 변화는 동아시아의 정치적 역학관계가 결정적으로 변화하고 있는 시기에 일어난 것이었다. 따라서 적어도 현재로서는 평양과 서울이 취하는 어떤 행동이라도 양측에 새로운 도전과 새로운 위험부담을 가져다줄 것이지만 남북대화는 당분간 계속될 것으로 보인다.

15. 미래를 향하여

1970년 제5차 당 대회에서 김일성은 그 자신(그리고 1,400만 북한 주민)에게 '사회주의 건설'과 '혁명의 완수'라는 양대 과업을 약속했다. 이러한 과업들은 아마도 앞으로 10년간 북한 주민들에게 지난 10년간과 거의 같은 가혹한 희생을 요구할 것이다. 1961년 제4차 당 대회 이후의 사건들을 통해 제시된 네 가지 기본적인 조류는 어느 것이나 앞으로 가까운 장래에 계속될 것임이 분명했다. 첫째, 대략 15년 동안 김일성과 주요 추종자들은 인간과 견고하게 조직된 사회가 만들어낼 수 있는 제도 중 가장 독재적인 당을 만들 수 있었다. 그 조직 원칙은 기본적으로 스탈린주의적인 것이었으며, 개인숭배가 점차 이를 위한 최상의 무기로 등장했다. 따라서 김일성 이후의 시대는 엄청난 불확실성의 시대로 비춰진다. 그러나 현재로서는 군부를 포함한 모든 조직이 독재적인 당과 '유일사상'과 '유일무이'한 수령에게 종속되어 있다.

한편 경제발전은 몇 가지 면에서는 북한의 상황에 맞게 수정되고 때로는 중국의 영향을 받아 변색되기도 했지만 대체로 초기의 소련 모델에 따라 이루어졌다. 공업 분야의 발전은 앞서 살펴본 것처럼 대단히 튼튼한 것이었으며, 북한 사회가 제1세대 산업혁명을 성공적으로 완수했다는 주장은 상당한 타당성을 지니고 있었다. 그러나 1960년대는 북한 역시 소련 혁명 과정에서 발생한 것과 같은 유형의 많은 경제적 문제를 갖고 있음을 보여주었다. 한계효용, 노동생산성, 자원의 효율적 사용, 생산품의 품질 등의 문제들은 어떻게 해서든지 해결되어야 할 것들이었다. 더구나 경제 분야의 전체상을 조망해볼 때, 농업생산성의 문제는 심각한 것이 아닐 수 없었다. 농업 부문에서 거둔 성과가 상당한 것이었다고 해도 이 성과는 정권의 희망과 기대에는 훨씬 미치지 못하는 것이었으며, 아직까지도 좀더 급속한 발전의 중요한 장애물 중 하나로 남아 있다. 전체 경제성장률이 9퍼센트인 반면 비공업 부문의 성장률이 3~4퍼센트에 지나지 않는다는 사실은 이러한 불균형이 조정되고 감당해낼 수 있는 것이라고 해도 지극히 인상적이었다. 그러나 이 정도의 성장은 북한 정권의 현행 정책, 특히 고도의 군사화정책을 볼 때 주민들의 일반적인 생활수준을 극적으로 끌어올리기에는 역부족이었다. 모든 징후를 종합해볼 때 북한 주민들은 정책의 우선순위에 근본적 변화가 일어나지 않는 한 계속 가난한 삶을 살 수밖에 없으며, '통일 후'라는 먼 장래까지 고된 노동을 하지 않으면 안 될 상황이다. 군사비 지출은 아주 최근에 약간 줄어들었다. 그러나 얼마나 감축될 것인지, 이것이 얼마나 지속될지는 불분명하며 이 문제는 명백히 남북한관계의 발전 여하에 달려 있다는 것이다. 남한 그리고 전 세계에 대한 새로운 정치적 공세는 경제적 목표 달성이라는 평양 당국의 내부적 요구와 분리될 수 없을 것이다.

한편 북한은 민족주의가 전통적인 공산주의적 가치에 대해 승리를 거둔 뛰어난 사례라고 할 수 있다. 물론 이를 공산주의와 민족주의라는 두 가지 정치세력의 통합이 거둔 승리라고 말하는 것도 가능하겠지만, 그렇게 말한다면 이는 '주체'라는 것이 마르크스나 레닌이 이해했던 프롤레타리아 국제주의와 정면으로 배치되는 정책이었음에도 김일성이 '주체'를 '진정한 마르크스-레닌주의'의 상징으로 이용했다는 사실을 호도하는 것이 된다. 더구나 북한 공산주의자들이 말하는 경제에서의 '자립', 외교와 정치에서의 '자주', 국방에서의 '자위'라는 것은 '소련식 프롤레타리아 국제주의'에 대한 북한 자신의 역사적 경험에서 우러나온 것이었다. 이들 계획은 북한이 선택할 수 있는 다른 방안에 대신해 북한 인민들의 엄청난 희생 위에서 추구된 것이었다.

이 점에 관해서는 생각해볼 여지가 많다. 아이러니하게도 제2차 세계대전 이후 공산주의 세계는 자신들의 진영 내에서보다는 비공산주의 세계와의 관계에서 훨씬 더 유연성을 발휘했다. 소련이 주도하는 국제주의는 소련이 국내 정치무대에서 즐겨 사용하는 수법과 거의 유사한 수단에 크게 의존한 가운데 추구되었다. 간단히 말해 국내와 해외에 대한 소련의 정치문화는 크게 다르지 않았다. '민주집중제'democratic centralism[157]의 원칙이나 정통 대 이단의 개념, 무조건 복종하라는 주장—이것은 바로 진정한 의미의 신식민주의다—등이 이른바 사회주의 진영 내에서 자주 나타났다. 물론 베이징 측도 군소 공산국가나 공산당에 대해 이러한 과오를 전혀 저지르지 않았다고 말할 수는 없다. 따라서 그동안 막대한 대가를 치렀고 지금 김일성이 최상의 미덕이라고 주장하고 있는 주체사상은 실상 공산 세계 내부를 움직이는 국제관계의 원칙이라는 조건하에서 진정한 의미의 북한의 독자성이 조금이라도 유지되기 위해서는 불가피한 것이었다고 할 수 있다.

---

157 의견을 모으는 과정은 민주적으로 하며, 결정하고 집행하는 것은 중앙의 지령에 따라야 한다는 개념을 뜻한다.

옮기고 나서

이 책의 번역에 손을 댄 지 만 3년이 지났다. 다른 일에 쫓겨 작업이 몇 달씩 중단된 적도 여러 차례 있었지만, 처음 일을 시작할 때 예상했던 것에 비하면 엄청나게 늦어진 셈이다. 지금 번역과 관계된 모든 일을 다 끝내놓고 후기를 쓰고 있는 옮긴이의 마음은 어떤 성취감이나 뿌듯함, 일을 끝냈다는 허탈감보다는 심한 부끄러움으로 가득 차 있다.

처음 이 책의 번역에 손을 댈 때는 책임감과 함께 묘한 오기가 작용했다. 이 책의 소재素材에 대한 정치적 제약, 그로부터 파생된 자료에 대한 제약 등 이런 것들이 복합적으로 작용해 이 주제에 대한 연구는 교포 학자나 외국인에 의해 외국어로 출판되어왔다. 이렇게 외국어로 쓰인 우리 역사의 귀중한 부분을 다시 모국어로 옮기는 작업은 결코 마음 편한 일일 수 없었다. 지금 생각해 보니 이런 불편한 마음을 달래기 위해 오기를 부렸던 듯하다. 자료 부족 때문에 국내에서는 연구가 불가능하다는 선입견을 깨기 위해 옮긴이는 외국에서의 연구가 도달해 있는 자료 섭렵과 실증實證의 수준이—비록 번역이라는 형식적 제약이 있기는 하지만—국내에서 도달할 수 없는 것이 아니라는 점을 밝혀보려고 노력했다. 이 같은 오기 때문에 단 1~2분이면 번역할 수 있는 두어 줄 인용문의 원문을 찾기 위해 일 주일씩 고서더미를 뒤지고 자료가 있을 법한 도서관들을 기웃거리면서도 힘든 줄 몰랐다. 더구나 옮긴이의 대학 시절부터 쏟아져 나오기 시작한 인문사회과학 번역서들 가운데는 참고 읽기 힘든 무성의한 책이 많았던 것도 사실이다. 출판문화운동의 발전과 함께 이 같은 책들은 이제 거의 사라졌지만 일부 지식인들 가운데는 인문사회과학 출판사들이 간행하는 책들의 수준이나 학문적 성실성을 왜곡된 시각에서 보고 있는 사람이 아직도 있다. 이런 편견도 옮긴이의 오기를 적지않게 부추겼다. 그래서 옮긴이는 이 책을 우리말로 옮기면서 두어 줄 인용문을 찾기 위해 일 주일씩 자료 뒤지기를 거듭하는 만용과 정열을 쏟았다. 덕분에 분에 넘치는 격려를 받기도 하고 공부하는 사람으로서의 개인적인 오기와 욕심도 충족시켰지만, 그 뒤에 남는 것은 미처 예상하지 못했던 부끄러움이다.

그것은 옮긴이가 한가하게 연구자로서의 오기를 세우는 동안에도 이 책이 다루는 주제들을 자기 삶의 문제로 고민하는 사람들이 있었기 때문이다. 고난에 찬 민족사가 전개되어온 이 땅에서 오늘도 역사를 만들어가는 사람들은 아주 당연히 자신들의 정리된 역사를 갖고자 하는 법이다. 물론 한국 근현대사를 전공하는 연구자들의 역량은 아직 이 요구에 선뜻 응할 만큼 성숙단계에 이르지 못했다. 그러나 역량 부족이 이런 엄정한 요구로부터 연구자들의 책임을 면제해주는 것은 결코 아니다.

지금 이 후기를 쓰고 있는 옮긴이의 심정은 꼭 어떤 모임에서 노래를 부르라고 지목당한 느낌이다. 워낙 노래를 못하는지라 이런 경우에 처하게 되면 여간 곤혹스러운 것이 아니다. 그러나 지금은 노래 솜씨가 있으면 있는 대로, 없으면 없는 대로 내 목소리로 내 노래를 불러야 한다. 그것이 아무리 작고 떨리고 더듬거리는 소리일지라도.

1987년 1월

한홍구 韓洪九

이정식 - 한홍구

대담

이정식이 걸어온 학문의 길

『한국 공산주의운동사』의 수정판

한홍구   1986~1987년 한국에서 세 권의 책으로 출간된 『한국 공산주의운동사』 개정판이 돌베개에서 다시 나오게 되었습니다. 1973년 영문판이 출간된 후 10여 년이 지난 뒤에야 한국에 소개되었죠. 선생님께서 스칼라피노 교수와 함께 이 작업을 시작한 해가 1957년이었다는 점을 상기해보면 참으로 오랜 시간이 걸렸다는 걸 알 수 있습니다. 제가 그 책을 번역한 기간도 3년이나 걸렸습니다. 원서가 워낙 방대해서 하나로 묶지 못하고 세 권의 책으로 나눠 출간했지요.

이정식   한국어판이 세 권이라고 하지만 영문으로 나온 책 두 권 가운데 1권만을 번역한 것이었죠. 1권 번역을 끝낸 뒤에 한 교수가 2권도 번역하고 싶다고 말한 적이 있었지요. 그때 내가 2권은 북한의 리더십과 사상, 군사, 농업, 공업 등으로 분류해서 분석한 것으로, 1권보다 번역하기가 힘들 거라고 했죠. 결국 2권은 번역되지 않았어요.

영문판 책이 총 1,532쪽이에요. 1957년 UCLA에서 석사학위를 받고 여기저기 박사학위 입학원서를 내고 기다리던 중에 이 책을 함께 저술한 스칼라피노 교수한테서 편지를 받았어요. UCLA에서 캘리포니아대학교 출판부 출판위원들 모임이 있어 로스앤젤레스에 가려고 하는데 한번 보자고 해서 만나게 되었죠. 당시 그분은 젊은 학자였고 지금처럼 널리 알려지지 않아서 처음에는 어떤 분인지 잘 몰랐어요.

한홍구 아, 그러면 스칼라피노 교수도 삼십대 정도 나이였겠네요.

이정식 그렇죠. 스칼라피노 교수가 한국과 일본, 중국 공산주의운동사를 시작하려고 하는데 버클리Berkeley로 오라고 해서 찾아갔어요. 그때가 1957년인데 그분은 자료 수집을 한다고 마이크로필름 찍는 큰 기계를 들고 일 년 동안 한국과 일본, 대만, 홍콩에서 자료 수집을 했어요. 가는 곳마다 자료들을 얻어 사진으로 찍어 나한테 보냈어요. 나는 그 자료들을 쭉 보면서 카드를 타이프라이터에 넣고 타이프 찍으며 기록했지요. 그중 조선 독립운동과 관련된 자료가 있었는데, 그때 처음으로 여운형 선생과 안창호 선생의 신문조서를 읽고 감동했어요. 우리나라 독립운동에 대해 아는 것이 전혀 없었는데, 그분들의 활동 스케일이 대단히 컸고 심문을 받으면서 대답하는 태도가 너무 태연자약해서 '아! 이런 분들도 계셨구나' 하고 감동했지요. 이런 마음으로 연구를 시작하게 된 거죠. 내가 버클리로 간 때가 만 스물여섯 살이었어요.

간난신고 끝에 떠난 미국 유학의 길

한홍구 선생님은 어떻게 미국 유학을 가시게 되었습니까?

이정식 내가 미국으로 유학을 간 것은 1954년 초인데, 고통스러웠던 한국전쟁의 휴전협정이 체결된 바로 다음 해였죠. 나에게 미국 유학의 꿈을 심어준 사람은 미군 대위였어요. 미군 부대에서 중국어 통역으로 2년간 있었는데 우리 팀장이었던 그 사람에게 그 일을 그만두겠다고 하자 왜 그러느냐고 묻더군요. 그래서 대학에 가서 공부를 하고 싶다고 했더니 왜 미국에 가서 공부하지 않느냐는 거예요. 눈이 번쩍 뜨이는 얘기를 듣고 가고 싶기는 하지만 어떻게 해야 유학을 갈 수 있는지 모르겠다고 했더니 이 양반이 자기가 도와주겠다고 하더군요. 이제 미국으로 돌아가면 제대하게 되니 디트로이트Detroit에 돌아가서 서류를 보내주겠다면서. 그의 말에 정말 놀랍고 기뻤지요. 그런데 그 클레이턴Clayton 대위는 미국으로 돌아가 제대하고는 편지 한 장 보내지 않았어요. 그래도 어찌 되었든 간에 내게 꿈을 심어준 사람이어서 지금도 감사하게 생각해요. 미국에 도착한 후 얼마 있다가 그 사람한테 전화를 걸었어요. 고맙다고 말이에요.

한홍구　어떻게 중국어 통역을 하게 되셨어요? 중국에 계셨나요?

이정식　이 질문에 대답하려면 얘기가 길어질 텐데……. 해방 직후 중국의 면화공장에서 노동을 하다가 사동 겸 사무원이 되어 일 년 반쯤 일했는데, 그때 중국어를 배웠거든요. 그전에는 한국 사람이 경영하는 병원에서 의사 도우미로 몇 달간 일하면서 매일 중국 환자들을 대했지만 중국어는 아주 초보 단계였어요.

한홍구　어떻게 병원과 공장에서…….

면화공장의 청소부

이정식　만주 선양 서남쪽에 랴오양邀陽이라는 곳이 있어요. 우리 가족이 거기 살았는데 갑자기 해방이 되자 조선 사람 수십만 명이 귀국했어요. 우리도

짐을 싸가지고 귀국길에 나섰는데 도중에 아버지가 변심을 하신 거예요. 농민들 때문이었지요. 농민들이 만주로 왔던 것은 고국에 농사지을 땅이 없어 그곳까지 와서 살고 있었는데, 지금 갑자기 돌아가면 누가 땅을 마련해주겠느냐고 한 거죠. 그래서 만주에 다시 정착하기로 한 거죠. 그 후 농민들에게 땅을 구해주어야 한다고 근방의 지주들을 찾아 다니셨는데, 하루는 돌아오시지 않는 거예요. 처음에는 혼자 다니시다가 나중엔 옛날 철령鐵嶺에서 가까이 지내셨던 김동삼이라는 분과 함께 다니셨는데 두 분 모두 실종되었어요.

그때가 1946년 3월이니까 내가 만 열다섯 살이 되기 전이었죠. 우리 가족은 남동생 둘과 여동생 하나, 어머니가 계셨고 후에 유복자가 하나 더 생겼어요. 내가 장남이다 보니 소년 가장이 되어 가족들을 부양하기 위해 일을 시작했어요. 바로 아래 동생은 나보다 육 년이나 어려 일할 수 있는 나이도 아니었고 말이에요.

면화공장에 취직해 처음 몇 달은 엄동설한에 야외에서 하는 일이라 너무 힘들었어요. 큰 창고들 앞에 내린 눈을 치우고 나면 면화를 실은 마차들이 들어오는 거예요. 그 마차를 끄는 말 수십 마리가 말똥을 떨어뜨리는데 그걸 치우고 나면 또 다른 일을 해야 했어요. 하루 열두 시간씩 육체노동을 했죠. 아직 어린 나에게는 너무나 힘든 일이었어요. 그러다가 사동 겸 사무원으로 '진급'해 따뜻한 실내에서 일하게 되었을 때는 정말 천국에 올라간 기분이었죠. 천국이 따로 없다는 생각이 들 정도였어요.

우리 공장의 일이라는 것이 면화를 사들여 가지고 씨를 뽑아내고 솜을 큰 덩어리로 포장해서 방직공장으로 옮기는 것인데, 매일 면화를 얼마나 소비했는지 아무도 몰라요. 씨를 뽑고 난 솜의 생산량만 아는 거죠. 그런데 솜 생산량의 평균치는 대체로 알려져 있어요. 일등 면화는 32프로가 나오고, 삼등 면화는 29프로가 나왔거든요. 그런 퍼센티지를 가지고 그날 면화는 얼마쯤 소비했고, 면화씨는 얼마 나왔고, 솜은 얼마 생산되었다고 보고해야 하는데 내가 맡은 일이 그거였어요. 어쨌든 그 공장에서 일 년 반 정도 일하며 내 인생에서 상당히 중요한 경험을 했지요. 바로 중국어를 배운 거예요. 중국어 회화를 곧잘 하게 되었고 주산도 배웠고……. 지금은 계산기가 흔해빠졌지만 당시에는 주판이 없으면 복잡한 계산을 하지 못했는데 나는 주산의 귀신이 되었죠.

면화공장에서 일한 덕분으로 부산에서 미군 부대의 중국어 통역이 되어 2년을 보냈는데, 거기서 영어를 배워 미국 유학길에 오른 거예요. 나의 인생길에는 곡경이 너무나 많았지요.

중국어 통역의 영어 배우기

이정식 우리 부대는 중국에서의 폭격 목표를 찾는 것이 주된 업무였어요. 내가 취직한 곳이 맥아더 사령부의 연합번역통역대ATIS, Allied Translator and Interpreter Service라는 부대였는데, 외국어 한두 가지를 할 줄 아는 장교와 사병으로 구성되었어요. 보통의 부대들과는 좀 달랐지요. 사병들 가운데도 교육을 받은 사람이 꽤 많았어요. 내가 영어 공부를 하는 데 가장 큰 도움을 준 사람은 일본인 2세였는데, 나중에 알고 보니 UCLA 졸업생이었어요. 훗날 같은 학교를 졸업하게 되었으니 내 선배였던 셈이죠. 구라오카Kuraoka라는 사람이었는데 그의 미망인과는 아직까지도 연락하고 지내요. 60년이 지났지만…….

한국 통역들은 우리끼리 있을 때면 한국말을 했지만 일본어와 중국어를 할 줄 알았고, 미군 사병들과 장교들은 영어와 일본어를 했죠. 이런 환경에서 매일 영어를 들으며 공부해 미국 유학까지 가게 된 거지요. 그때 매일 영어 단어를 외우고, 일본어로 된 영어 자습서를 있는 대로 부탁해 사다가 읽고, 일기를 써서 수정을 받고…… 정말 열정적으로 공부했지요. 처음 취직했을 때는 일자무식이었지만 일 년 반 정도 되자 영어 통역도 하게 되었어요.

부친의 실종과 만주에서의 중국 내전

한홍구 부친께서는 어떻게 만주에서 실종되셨죠?

이정식 마지막으로 가셨던 마을에 사람을 보내 알아보기도 하고 찾아보기도 했는데 실상을 알 수가 없었어요. 그 당시 장개석(장제스)의 국민당 군대와 모택동(마오쩌둥)의 공산당 군대가 근방에서 전쟁을 벌였는데 전쟁 와중에 희생되었을지 모르겠다고들 말했지만 사실은 규명되지 않았지요.

한홍구 만주에서의 중국 내전이 그렇게 치열했나요?

이정식 해방 후 만주에서의 중국 내전은 그 나라의 장래를 결정한 전초전이었는데, 내가 면화공장에서 일하기 시작했을 무렵 미국의 마셜 장군이 중국에 와서 국민당과 공산당 간의 타협을 위해 노력했지만 결국 실패로 돌아가고 말았지요. 나도 당시에는 중국 신문을 읽고 대충 세상 돌아가는 일을 알고 있었는데, 그 후 만주에서 대규모 전쟁이 시작되었어요. 2차 세계대전 당시 국민당과 공산당은 처음에는 싸움을 벌이다가 1937년 일본이 중국을 침략하자 연합전선을 펴고 싸웠지요. 그런데 이 전쟁에서 일본이 패배한 뒤 두 세력이 또다시 싸움을 시작한 거예요.

해방된 1945년 랴오양에 팔로군이 주둔했는데 모두 북쪽으로 가버리고 국민당 군대가 들어와서 일 년 이상은 평온했어요. 내가 일하고 있던 면화공장은 원래 일본 공장으로 국민당 정부가 반관반민으로 경영하고 있었지요. 그렇지만 만주의 북쪽, 즉 북만주 지방에서는 치열한 전쟁이 계속되었다고 들었는데 랴오양에 주둔하던 신류군新六軍이 북쪽으로 파견되어 중공군을 격파해 우리가 팔로군八路軍이라고 부르던 공산군은 북만주 구석으로 후퇴한 것으로 알고 있었어요. 그런데 다음 해인 1947년 늦은 가을이 되니까 팔로군이 랴오양 남쪽에 있는 안둥安東, 압록강의 신의주 대안에 있는 안둥을 공격해 점령했다는 소식이 들려오더군요. 안둥은 남만주인데 어떻게 팔로군이 거기에 나타났는지 오랜 시간 내 의문으로 남아 있었어요. 오랫동안 이상하다고 생각하고 있었던 거지요. 풀리지 않는 수수께끼였어요.

미국에서 정치학 교수가 되어 1960년부터 중국의 현대사까지 가르치며 특히 만주에서의 내전內戰에 대한 문헌들을 열심히 읽었는데, 내가 가지고 있던 이 의문은 풀리지가 않았어요. 그러다가 2011년에 들어서야 해답을 찾았죠. 바로 몇 해 전에야 그 이유를 발견한 거예요. 큰 발견이었지요. 그해 11월 경희대학교에서 강의하고 미국으로 돌아갈 때 버클리에 들러 동아시아도서관에 가서 문헌을 찾아봤어요. 만주에서 일어난 전투에 관한 중국공산당의 보고서가 있었어요. 얘기가 너무 늘어질 수도 있어 짧게 말하면, 팔로군이 북만주에서 패배하자 북한을 점령하고 있던 소련군의 수장인 스탈린이 북한 전역을 팔로군, 즉 중공군의 후방기지로 쓰도록 해준 거예요. 그래서 백두산 북쪽에 있는 북만으로 후퇴했던 중공군 부대들이 기차를 타고 북한의 동쪽으로 들어와서 서남쪽에 있는 안둥으로 이동한 거지요. 그뿐 아니라 팔로군은 북한에서 막대한 양의 군수품 보급을 받았어요. 실로 그 수량이 어마어마했어요. 이에 대한 자초지종을 연구해 내 책의 일부로 발표해놓았는데, 학자들이 아직 관심을 보이지 않고 있어요.[1] 서양 학자들은 한국말로 된 책에 관심이 없고 이 사실의 중요성을 모르고 있으니까 그렇겠지요. 그 당시 스탈린이 팔로군에게 북한을 후방기지로 쓰지 못하게 했고 군수품 보급을 해주지 않았다면 중공군은 국민당에 패배했을 거예요. 그렇게 되었다면 세계 정치가 달라졌을 테지요. 물론 한국 정치도 달라졌을 거고요. 동아시아의 현대사 그리고 한국의 현대사는 이런 사실을 감안해 다시 써야 해요.

---

1 이에 대한 것은 이 책의 '개정판을 내면서'에서 언급했다.

만주에서 평양으로

한홍구 만주에 계시다가 한국으로 돌아오신 것은 언제죠?

이정식 1948년 초가 되자 중공군이 랴오양을 점령했어요. 우리 집 바로 앞에서 전투가 벌어졌지요. 그전에는 한동안 랴오양이 포위되어 곡식이 들어오지 못해 모두 굶주렸어요. 팔로군이 들어왔는데도 부친한테서 연락이 없자 가족들은 단념해야 했죠. 혹시 팔로군에게 끌려가신 게 아닌지 기대하고 있었거든요. 그래서 1948년 3월 북한이 공산주의 국가니까 이제 귀국해도 되지 않을까 싶은 생각이 들어 짐을 꾸려 우여곡절 끝에 평양으로 내려왔어요. 내가 초등학교에 다니던 시절 고모부님이 평양에서 피복공장을 경영하고 계셨는데, 소련군이 들어오자마자 공장을 몰수당하셨다고 해요. 그래서 고모부님 혼자 월남하시고 고모님이 대식구를 데리고 시장에서 쌀장사를 하고 계셨던 거예요. 평양에 도착한 날부터 나는 시장에 나가 쌀장사를 시작했어요. 2년 9개월 동안 쌀장사를 하다가 평양에서 6·25전쟁을 겪고 1950년 12월 남쪽으로 내려오게 되었지요.

한홍구 그럼 선생님은 김일성 치하에서 오래 사셨네요. 당시 열일곱이나 열여덟 살쯤 되었을 때인데 철도 들고 세상물정도 알 나이가 되지 않았나요?

이정식 열네 살 반에 소년 가장이 되었는데 세상물정이야 당연히 알았지요. 조숙할 수밖에 없었어요. 쌀장사가 쉬운 줄 알겠지만 하루에 반 트럭씩 팔았다니까요. 이른 새벽 도매상에 가서 쌀을 사다가 하루 종일 한 말씩 한 말씩 장사를 했지요. 그 당시엔 쌀을 가마로 사가는 사람도 많았어요. 보통은 한두 말씩 사갔고, 가난한 사람들은 되로 사다 먹었어요.

공포로부터의 자유

한홍구　남한에 내려오셔서 어떻게 미군 부대에서 통역을 하게 되셨죠?

이정식　전쟁이 시작되고 나서 며칠 후부터는 평양에서 숨어 지냈어요. 그 당시에는 모두 정치보위부를 무서워했어요. 밤중에 들이닥쳐 사람을 끌고 가면 그것이 끝이라는 소문이 자자했지요. 당시 다니던 교회의 이유택 목사님은 공산정권이 일요일에 무슨 행사를 여는 것에 반대하다 끌려가셨다고 들었어요. 그분은 일제강점기에 신사참배를 반대하다 감옥살이를 하신 분이었어요. 하여튼 정치보위부라는 곳이 소련의 유명한 케이지비KGB나 마찬가지여서 모두 무서워했어요.

　이에 대한 기록은 산더미처럼 많지만 동독이 무너진 다음 로스톡Rostok에 있는 과거 동독의 정치보위부, 즉 비밀경찰 슈타지Stasi의 유치장 구경을 갔는데 콘크리트 방바닥 전체에 물을 15센티미터, 20센티미터쯤 채운 뒤 매일 그곳에서 지내도록 했더라고요. 그 방에 아무것도 없어 아예 자지 못하게 만든 거지요. 정말이지 인간의 잔인성은 그 끝이 없어요. 버젓이 잘 살고 있다가 한밤중에 그냥 지옥으로 떨어지는 거예요. 1941년 루스벨트 대통령은 연두교서에서 네 가지 자유를 언급하며 종교와 언론의 자유, 그다음 궁핍으로부터의 자유와 공포로부터의 자유를 말했는데 6·25전쟁이 일어나고 많은 북한 사람이 조상 때부터 살아왔던 고향을 버리고 남쪽으로 내려온 것은 그 공포 때문이었어요. 미국이 원자폭탄을 투하할 거라는 두려움으로 피난길에 나섰다는 얘기는 만들어낸 말이고요.

　하여튼 평양에 살던 많은 사람이 공산당을 싫어했어요. 무서워했다고 해야겠지요. 그래서 나도 전쟁이 일어나자 숨어 지냈는데 남한에 오니까 선택을 할 수가 있더라고요. 이등병으로 나가느냐, 사관학교에 가서 1개월 훈련받고 소위 계급장 달고 소모품으로 나가느냐. 그리고 방위군 사관학교라는 것이 있었어요. 나야 딴 세상에서 온 사람이니까 무엇이 무엇인지 분간하지 못할 때였는데, 하여튼 방위군 사관학교라는 데 들어갔어요. 그래서 온양온천에서 훈련을 받고 있다가 후퇴를 시작해 결국 부산의 범어사에서 훈련을 마쳤지요. 방위군 얘기를 시작하면 몇 시간이 걸릴 텐데 나중에 방위군 사건이 터져 사령관 김윤근金潤根과 군수부장 윤익헌尹益憲 등 네 명이 총살당하고 해산되었어요.

중국어 통역

이정식   그래서 직업을 구해야 하는데 부산 거리에 중국어 통역 모집 광고가 나붙은 거예요. 일선에서 중공군을 잡으면 심문하기 위해 통역을 뽑는 거라는 생각으로 시험을 쳤는데 70여 명 중에 10명쯤 합격되어 취직을 했지요. 그때가 스무 살 때였는데 합격한 사람들 중 가장 어렸어요. 직업소개소 직원이 중국어 시험에 통과했다는 말을 믿지 않았으니까요.

한홍구   당시 영어 통역을 한 게 아니라 중국어 통역만 하셨나요?

이정식   그때 내가 기억하는 영어는 중학교 1학년 때 배운 "I am a boy, you are a girl"(나는 남자아이고 너는 여자아이다)이라는 말밖에 아는 것이 없었는데 당연히 영어 통역은 못 했지요. 이것은 한국현대사의 한 대목이니까 알아둘 만한 일일 거예요. 당시 많은 중공군이 포로로 잡혀 미군이 포로들을 심문할 때는 중국어를 알아야 하잖아요? 문제는 미국에 있는 중국인들은 대부분 중국 남부의 광동 사람이라 포로들과 대화가 안 되는 거예요. 중공군 포로들은 거의 중부 아니면 북쪽 사람들인데 말이에요. 중국은 남쪽과 북쪽이 다르고 동쪽과 서쪽이 다르다 보니 그 언어 차이가 얼마나 심한지 몰라요. 그

래서 포로 심문을 할 때 미국에 있는 중국 사람들은 말을 못 알아들어 소용이 없었어요. 그때 미군이 어떤 방식을 썼느냐면, 일본인 2세들을 데리고 온 거예요. 이들은 일본어도 하고 영어도 할 것 아니에요. 또한 그 당시 학교에 다녔던 한국 사람들은 거의 일본어를 할 줄 알았으니까요. 나는 중국어와 일본어를 하니까 매뉴얼에 "What's your name?"(당신의 이름이 뭐냐?)이라고 적혀 있으면 일본인 2세가 "名前は?"(나마에와?)라고 물어보고, 나는 중국어로 "你叫什么名字?"(니자오선머밍즈?)라고 묻는 거지요. 즉 이중 통역을 해야 했어요. 그러다가 미국 유학을 가게 되었지요.

장돌뱅이의 팔자타령

한홍구   선생님은 중학교 졸업장도 없으셨을 것 아니에요? 그런데 어떻게 미국으로 유학을 가셨어요?

이정식   아이고, 간단한 질문이지만 내 가장 아픈 곳을 찌르는군요. 중학교에 다니지 못한 것이 내 일생의 한이었어요. 내 능력으로는 표현할 수 없을 만큼 가슴 아픈 일이었지요. 면화공장에 다니던 시절에는 그런 생각을 할 여유가 없었지만 초등학교 4, 5, 6학년을 다닌 평양에 돌아오니까 동창생들은 모두 고등학교를 다니고 있었어요. 그들 중 한 명은 월반했는지 김일성대학을 다니고 있었고요. 그 시절 팔자타령을 여러 번 했죠. 우등생이었던 내가 왜 무식한 장돌뱅이가 되어야 했는지 한탄만 했어요. 방성통곡하고 싶다는 충동을 몇 번이나 느꼈는지 몰라요.

이런 아픔 때문인지 부산에 정착하자 공부를 하고 싶어 야간대학을 찾아갔어요. 신흥대학에 야간부가 있다는 말을 듣고 부두에서 멀지 않은 큰길에 신흥대학 간판을 내건 사무실로 찾아가 청강하고 싶어 왔다고 했더니 어느 해에 태어났느냐고 묻는 거예요. 1931년생이라고 대답하자 "2학년이군"이라고 하며 학생증을 써주더라고요. 그래서 뜻하지 않게 대학생이 된 거죠.

한홍구　호랑이 담배 피던 시절이네요.

이정식　정말 호랑이가 담배 피던 시절인지……. 어쨌든 대학 강의를 청강할 수 있게 되자 기쁘기 한이 없었어요. 그때 동국대학교에서 쓰고 있던 절에 찾아가 강의를 듣기도 했는데, 그것이 전시 연합대학이었을 거예요. 만약 내가 유학길에 오르지 않았다면 그 학생증은 그 이상으로 나에게 큰 변화를 주지 않았을 거예요. 신흥대학을 졸업해도 근사한 자리에 취직할 수 있는 것은 아니었으니까요. 나는 평양에서 쌀장사를 하다가 온 사람이니 아무것도 모르고 있었는데 한국 사회에서는 대학에도 계급이 있더라고요. 그렇지만 클레이턴 대위가 아이디어를 주고 ATIS에서 친하게 지내던 내 파트너가 도와주어 미국 유학을 가게 되고, 또 UCLA에 가게 되니까 신흥대학 학생증이 빛을 내기 시작한 거예요. 하이랜드대학Highland College을 떠나서 UCLA로 가게 되었을 때부터 그랬지요.

　지금 생각해보면 신흥대학 당국의 입장을 이해할 수 있을 것 같아요. 임시 수도인 부산으로 피난을 간 대학들에게 가장 필요한 것은 학생이었을 테니까요. 6·25전쟁이 일어나자마자 북한군이 사흘 만에 서울을 점령했잖아요. 그런데 대한민국의 공병대가 북한군이 점령하기도 전에 하나밖에 없던 한강 다리를 폭파해버렸죠. 지금은 한강 다리가 스물 몇 개가 되지만 그때는 하나밖에 없었어요. 그렇게 되니까 서울 시민 대부분이 피난을 할 수가 없었지요. 북한군은 서울에서 의용군이라는 명목으로 젊은 사람들을 데려다 자기들 군대에 입대를 시켰거든요. 그 숫자가 얼마나 되었는지 정확히는 모르지만 상당했을 거예요. 그해 9월 28일 서울이 탈환되었지만 전쟁이 끝난 게 아니었으니 많은 청년이 군대로 나갔지요. 대한민국 육군의 병사 아니면 장교로 군대에 나가 전사하기도 하고 부상을 당하기도 했을 거예요. 전쟁이 일어났을 때 대학 적령기의 청년들이 가장 많은 희생을 치르지 않았을까 싶어요. 모든 사람이 임시 수도가 된 부산으로 피난을 간 것도 아니었고 말이에요.

그 후 부산에는 서울 상대가 학생 모집을 한다는 광고가 여러 곳에 나붙었어요. 알아보니 서울 상대 학생들이 대거 의용군으로 나갔다는 거예요. 상대에서는 경제학을 가르쳤고, 당시에는 마르크스 사상이 인텔리들을 매혹시켜 모두 마르크스주의자가 되어가지고 썩어빠진 자본주의 사회를 타도하기 위해 의용군으로 나가자고 하니까 상당수가 지원한 거겠죠. 그래서 부산에서 학생을 모집한 거지요.

대학생의 콤플렉스

이정식 학생증을 받아 갑자기 대학생이 되기는 했는데 비정상적인 절차를 밟은 터라 오랫동안 콤플렉스를 느끼며 살았어요. UCLA를 졸업하고도 여전히 불안감이 있었어요. 그 후 석사학위를 마치고 나니까 콤플렉스가 좀 줄어들긴 했지만. 정규 교육을 못 받았기 때문에 그 구멍이라 할까, 공백을 채우려고 일생 동안 노력했어요. 책도 많이 읽었고, 대학에서 청강도 많이 했고, 평생교육과정도 많이 다녔는데, 그래도 그 구멍이 채워지지가 않더군요. 또한 정규 교육과정을 거치지 못해 진로를 택하는 데도 여러모로 제약을 받았어요. 대학원 때는 농업경제학을 배웠으면 하고 학교 수강안내서를 들춰보니 화학과 물리, 생물학, 수학 등을 필수로 이수해야 하는데 나는 UCLA 학부에서 과학의 필수과목들을 선택하기는 했지만 그것만으로는 부족해서 포기하고 말았어요.

다트머스대학

이정식　박사학위를 받고 나서 다트머스대학에서 2년간 강사를 지냈는데 나중에 보니 그 과정이 나를 지식인으로 자라도록 하는 귀중한 단계였어요. 마음에 품고 있던 열등감이 많이 줄어들기도 했고요. 나는 명목상 박사학위를 가진 강사였지만 지식을 따지고 보면 미국의 최고 사립고등학교를 우수한 성적으로 졸업한 학생들보다 나은 것이 없었는데 다트머스대학의 졸업반 학생들 못지않은 지식인이 된 거예요. 그때 가르친 과목이 '그레이트 이슈'Great Issues (중요 문제 또는 쟁점 이슈)라는 졸업반 학생들의 필수과목이었어요. 사회에서 중요한 문제들, 예를 들어 전쟁과 평화, 과학과 사회, 종교와 사회, 인종문제와 문학, 우주와 인간 등 문명사회의 중요한 문제와 난제를 토론하는 강좌였는데, 나에게는 정말 비할 데 없는 공부의 기회였어요. 매주 월요일에는 그 분야의 대가들을 모셔다 강의를 듣고, 그 후 일주일 동안 그분들을 모시고 학생들과 대화를 나누는 제도였어요. 지금 기억나는 강사로는 로버트 프로스트Robert Frost, 마틴 루서 킹Martin Luther King, 허먼 칸Herman Kahn 등이 있는데 모두 그 분야의 대가들이었어요. 그래서 각 분야의 중요한 책들과 논문들을 읽어야 했거든요. 그래야 대가들과 대화가 될 것이고, 학생들과의 대화를 유도할 수 있을 거 아니에요? 그것이 강사의 직책이었으니까요.

　그 당시 얘기를 하다 보니 특히 로버트 프로스트 생각이 나는데 「The Road Not Taken」(가지 않은 길)이라는 시로 유명하지요. 당시 그는 여든 살이 넘은 노인이었는데 기력이 왕성했어요. 그분의 강의가 끝난 후에 교수 부부들과 학생 몇 명이 사석에서 대화를 나누게 되었는데, 이 영감님이 내 아내를 마냥 쳐다보는 거예요. 다트머스대학에서 결혼했으니 당시 아내는 스물셋이나 스물넷의 한창 나이인 데다가 색동 겨울 한복을 입은 모습이 너무 예뻤나 봐요. 자꾸 힐끗힐끗 쳐다보는데…….

UCLA

한홍구　다시 학생 시절로 돌아가서 말씀을 듣고 싶습니다. UCLA에 들어가기 힘드셨을 텐데 어떻게 입학하게 되었는지 궁금합니다.

이정식　그것이 참으로 이상해요. 신흥대학에 들어간 것도 그렇고 UCLA에 들어간 것도 내 힘으로 된 것은 아니거든요. 우연한 일이 많아요. 1954년 봄 학기는 패서디나Pasadena에 위치한 하이랜드대학이라는 기독교 계통의 아주 조그만 대학에 있었는데(총 학생 수가 나를 포함해 43명이었어요), 한 한기가 끝났을 때 아동심리학을 가르친 교수 한 분이 얘기를 해주더라고요. 이 대학은 캘리포니아 주정부의 인가를 받기는 했지만 다른 대학들과 사회에서는 인정해주지 않는 학교라고. 나를 안쓰럽게 생각하셨던 모양이에요. 그 말을 듣고 너무 놀랐죠. 미국에 갈 때 5개년 계획을 세우고 갔었거든요. 하이랜드에 가서 5년만 착실히 공부하면 떳떳하지 못한 학력을 청산하고 정상적인 교육을 받은 사람으로 출발할 수 있으리라는 계획을 세우고 갔는데, 그 계획이 무너지게 생긴 거예요. 그래서 어떻게 하면 좋겠느냐고 물으니 로스앤젤레스주립대학Los Angeles State College에 가보라는 거예요. 태국에서 온 학생이 두 명 있었는데 그 사람들과 차를 몰고 갔지요. 그랬더니 자기들은 외국 학생에 관한 것은 모르겠다고 하면서 UCLA에 가보라더군요. UCLA가 뭐냐고 물으니까 University of California, Los Angeles라는 거예요. 아니 캘리포니아대학교는 샌프란시스코San Francisco 쪽에 있다고 들었는데 그게 아니냐고 했더니 로스앤젤레스에도 분교가 있다는 거예요. 그래서 거기를 찾아갔더니 여러 나라의 대학에 관한 서류철이 있었어요. 찾아보더니 신흥대학이라는 이름이 나와 있대요. 그럼 UCLA에 전학할 수 있느냐고 물었더니 할 수 있다고 하더군요. 그래서 즉시 원서를 냈더니 그날로 입학시켜주었어요. 하이랜드대학은 아주 가족적인 분위기를 가진 학교여서 처음 미국에 가서 적응해야 했던 나에게는 안성맞춤이었지만 학교를 옮겨야 했죠.

UCLA에 입학한 것이 단지 운이 좋아서였을까, 아니면 한국전쟁이 막 끝났을 때라 한국에 대한 동정 여론이 많아서 그랬을까? 하여튼 그 이유는 알 수 없지만, 보이지 않는 손이 나를 도와주었을 거라고 믿어요. 그때 UCLA 대학원에는 그 후 나병(한센병) 전문의로 유명해지신 유준 박사와 공학 박사학위를 준비하고 있던 이은우라는 분이 계셨는데 학부에는 한국 학생이 아무도 없었어요. 학부 학생으로는 내가 처음이었지요. 남가주, 즉 서던캘리포니아 Southern California에는 한국 유학생 수가 70여 명이었고 한국 음식점은 물론이고 한국 식품 가게도 없을 때였죠. 호랑이가 담배 피던 시절이라는 말이 맞아요.

공산주의운동사 연구의 단서

한홍구　그런데 '한국 공산주의운동사' 연구는 어떻게 해서 시작하시게 되었습니까?

이정식　나는 스칼라피노 교수가 일본과 한국에서 보내주는 자료들을 정리하고 기록해서 드리곤 했는데, 교수님이 1959년 아시아학회Association for Asian Studies에 가서 「한국 공산주의운동의 기원」이라는 논문을 발표하고 돌아왔어요. 나는 모르고 있었는데 그분 혼자서 논문을 쓰신 거예요. 그런데 아시아학회의 학지學誌인 *Journal of Asian Studies* 편집자가 부탁을 했대요. 저널에 자리를 남겨놓을 테니 그 논문을 빨리 증보하고 수정해 보내달라고 말이에요. 학회에 갔다오시더니 나를 불러 자기가 써놓은 논문에 보충해야 할 곳이 여기저기 있는데, 자료들을 찾아 첨가해가지고 좋은 논문을 만들자고 하시더군요. 나를 공저자로 만들어줄 테니 빠른 시간 내에 논문에 살을 붙이라는 거예요. 당시 박사학위 논문을 시작도 하지 못하고 있던 터였는데 나를 공저자로 만들어주겠다고 하니 정신이 바짝 들 수밖에 없었지요. 그전까지 게으름을 피우고 있던 조교가 갑자기 분발해 자료들을 다시 찾고 보충하고 해서 100매쯤 되는 논문을 만들었는데, 그 학지의 1960년과 1961년 호에 나뉘어 발표되었지요.

당시만 해도 한국 공산주의운동이 언제 어떻게 시작되었고 어떻게 진행되었는지 아무도 모르고 있을 때였어요. 그런 운동이 있었다는 것 자체를 모르고 있었지요. 한국에서 자료를 수집해놓았던 학자가 몇 사람 있었지만 학문적으로 연구한 사람은 없었거든요. 이런 이유로 각광을 받게 되었지요. 그때 내 나이가 스물아홉 살이었어요.

한국연구원

한홍구　한국연구원에서는 선생님하고 어떻게 연락이 되신 겁니까?

이정식　동천董天 박사가 한국연구원 원장으로 계실 때인데 4·19혁명 이후 거기서 누군가를 시켜 번역하고 나서 나한테 보내왔어요. 그것이 인연이 되었고 그 후 현대사를 연구하게 되면서 한국연구원의 신세를 많이 졌지요. 거기에는 해방 후에 관한 유일한 자료가 참 많아요. 그 당시에는 한국의 공산주의운동이 민족운동의 파생이었고 그 일부였다고 말하는 게 이적행위로 간주되었을 거예요. 공산주의의 '공' 자만 말해도 잡아가던 때였으니까요. 사회 분위기가 차이코프스키도 러시아 사람이므로 공산주의자일 거라고 해서 임시 수도인 부산의 다방에서는 차이코프스키의 음악을 틀지 못하게 할 정도였지요. 막스 베버Max Veber는 사회학자이고 공산주의와 아무런 관련이 없지만, 막스라는 이름 때문에 학생들이 그의 책을 가지고 다니면 형사들이 잡아가기도 할 때였거든요. 공산주의와의 투쟁은 그처럼 철저했지요. 그러니까 사찰계에서 조사에 나선 것은 당연한 일이었어요. 치안국이었는지 서울 시경 이었는지 모르겠지만 말이에요.

스칼라피노 교수는 미국 사람이니까 손을 댈 수 없고, 이정식을 잡아오라 고 해서 조사를 나갔던 사람이 동국대학교 정치학 교수 이정식이었어요. 나 와 비슷한 한자를 쓰는 동명이인이었지요. 나는 뜰 정庭이고 그분은 조정 정 廷이에요. 같은 1931년생에다 7월생인데 나보다 생일이 며칠 빨라요. 그 덕 분에 동국대 이정식 교수하고 친해졌어요. 『주간조선』이 출간된 지 얼마 되지 않았을 때 '미국의 이정식, 한국의 이정식'이라는 제목으로 대담 형식의 기사 가 실렸지요. 남재희 씨가 대담의 사회를 보았고요.

독립운동사를 학위 논문으로

한홍구　박사 논문의 주제를 잡으신 것은 언제였습니까? 조선공산당뿐 아니 라 광범위하게 자료를 수집하고 접하셨겠네요.

이정식　1959년에 스칼라피노 교수와 공산주의운동의 기원 논문을 발표한 뒤 그분이 민족운동에 대해 학위 논문을 쓰면 어떻겠느냐고 권고했어요. 그 리고 논문이 완성되면 자기가 가필을 해서 공저로 출판하자고 하시는 거예요. 유명한 교수가 논문을 쓰기도 전에 나를 공저자로 삼아주겠다고 하니 정말 감 격했고 고마웠지요. 논문을 쓰기도 전에 출판이 확정된 상황에서 연구를 하 게 되니 얼마나 신이 났을지 상상해봐요. 스칼라피노 교수 이름으로 대부분 의 자료를 수집할 수 있으니 한국에서 온 일개 대학원생으로서는 생각할 수도 없는 큰 혜택이었어요. 그런데 박사 논문이 끝나게 되니까 스칼라피노 교수 가 나더러 자기 이름은 넣지 말고 내 이름으로 출판하라고 하시더군요. 그리고 공산주의운동사는 계속 연구해서 공저로 내자고 하셨고요. 나에게는 큰 혜택이었는데 그분이 왜 나에게 그처럼 큰 혜택을 베풀어주셨는지 그 이유는 아직도 모르겠어요. 그때 장장 850쪽이나 되는 논문을 썼는데 그대로 출판부에 넘겼어요.

일본 관헌의 자료들

이정식   특히 내 연구에 도움이 됐던 것은 일본 관헌들의 자료인데, 1945년 일본이 항복하고 미군이 일본을 점령했을 당시 미국 정부는 일본 외무성·육군성·해군성·사법성·내무성 등의 모든 문서를 몰수해서 미국에 가져다가 사진을 찍었어요. 마이크로필름으로요. 이것을 미국 국회도서관이 정리해서 1959년에 처음으로 공개했는데, 공교롭게 바로 그해 여름 내가 워싱턴의 국회도서관에 연구를 하러 가게 된 거예요. 그 마이크로필름이 보유한 자료는 무궁무진해요.

자료로서는 최고인데 거기에는 슬픈 역사가 담겨 있어요. 민족운동이나 독립운동을 하셨던 분들이 비밀리에 모임을 가진 며칠 후면 그 모임에 대한 정보가 일본 기관에 상세하게 들어가 있는 거예요. 예를 들어 그곳이 만주라면 간도 일본 총영사관 경찰부에 기록이 들어가 있는 식이지요. 중국이면 상하이 총영사관에 들어가 있고요. 어느 날 몇 시 누구 집에서 누구누구랑 만나 무슨 얘기를 했는데, 누가 뭐라고 했고 무슨 일이 일어났다는 식으로 상세하게 보고가 들어가 있더라고요. 처음에는 정의부正義府니 참의부參議府니 하는 단체들에 대한 정보가 중요하기도 하고 재미있다고 생각했는데, 다시 생각해보니 이런 모임을 누가 이처럼 상세히 보고한 걸까 하는 의문을 갖게 된 거예요. 그 보고서 한 장 한 장이 모임에 참석했던 분들의 생명에 위협을 가하고 그들 가족의 생계를 위협하는 것이었거든요.

한홍구　스파이 문제에 대해 의심할 수밖에 없는 대목이죠.

이정식　그 후 한국전쟁 때도 그런 일이 있었어요. 박헌영이 스파이였을 리는 없겠지만 그 밑에 고위층 누군가가 스파이였을 가능성이 있는 거죠. 방선주方善柱 박사라고 미국 내셔널 아카이브 자료와 함께 일생을 보낸 분이 계신데 그분을 자료의 귀신이라고 부르곤 했지요. 언젠가 그분이 나한테 박헌영 관련 정보가 미군에 들어가 있었다고 그러시더군요. 전쟁 당시 북한 수뇌부가 모임을 가지기로 하면 그곳이 폭격을 당하고 자리를 옮기면 또 폭격을 당하고 그랬다는 거예요. 그래서 의심 가는 사람을 빼고 모이면 괜찮았고요. 아무튼 뭐 이런 식으로 상세한 정보가 들어 있는 마이크로필름 자료를 읽고 또 읽었는데 아직까지 내 눈이 성한 것이 기적이지요. 마이크로필름 한 통 길이가 100피트, 즉 33미터인데 그걸 뭐 수백 통을 들여다봤으니까요.

독립운동사 자료

한홍구　수백 상자가 아니라 수천 상자를 보셨을 것 같습니다. 저만 해도 자료를 찾을 때 잘 정리된 목록집을 보고 필요한 자료만 찾았는데, 선생님이 보실 때는 세부 목차가 없을 때잖아요. 그러니 처음부터 무슨 자료가 있는지 모르는 상태에서 여기 뭐가 들어 있을까 하며 보신 것이니까요. 300쪽일 수도 있고 500쪽일 수도 있고 뭐가 들었을 수도 있고 아무것도 안 나올 수도 있고 그런 거죠. 미국에서 일본 외무성 자료 등을 보면서 큰 충격을 받으셨겠네요. 국회도서관에도 자료가 있고 후버연구소Hoover Institute에도 자료가 제법 있지 않나요?

이정식　일본 문헌 마이크로필름을 보기 시작한 것이 1959년이니까 그때는 세부 목차가 없었지요. 그 후 한국에서 그것을 만들어놓았어요. 후버연구소 자료는 양적으로는 외무성이나 다른 것들에 비하면 얼마 되지 않지만 그곳에는 다른 곳에서 찾아볼 수 없는 귀중한 자료들이 있어요. 딴 곳에서는 찾을 수 없던 자료가 몇 가지 있어 큰 도움이 되었지요. 당시에는 그곳뿐 아니라 미국 내의 모든 도서관에서 자료를 찾았어요. 그중 컬럼비아대학 도서관에서 많이 빌려왔지만 다른 대학 도서관도 도서관 상호대출 서비스Interlibrary Loan Service를 통해 모조리 뒤졌지요. 특히 3·1운동 직후의 독립운동 자료들은 예상치 못하던 곳에서 구해다가 스칼라피노 교수의 그 마이크로필름 사진기로 마구 복사를 했어요. 버클리에서도 동아시아도서관 외의 연구소 도서실에서 독립운동가들이 출판했던 팸플릿이니 책자니 하는 것을 모아놓았던 것을 발견하고 얼마나 기뻤는지 몰라요. 그 후 이강훈 선생이 독립운동사를 편집하실 때 모두 보내 자료집에 들어가 있어요. 1920년대는 우리나라나 우리 민족에 대해 관심을 가진 외국 사람이 몇 안 될 때인데 누군가가 그런 자료들을 모아놓았더라고요. 그때의 감격스러운 기억이 아직도 생생해요. 1958년, 1959년의 일이니 반세기가 지났네요.

김일성 연구 자료

한홍구   김일성에 대한 자료도 많이 발굴하셨지요?

이정식   '우리 민족의 영웅'이라고 하는 이른바 옛날의 김일성 장군에 관한 자료를 찾느라 몇 주나 보냈는지 모르겠어요. 옛날 김일성 장군이 따로 있었다고 하는 사람들이 있잖아요. 그래서 내가 간도 총영사관 기록을 한 장 한 장 다 봤는데 옛날의 김일성은 나오지 않았어요. 그토록 많은 단체에 관한 상세한 정보 기록이 있는데도 1920년대에는 김일성이 따로 없었어요.

한홍구 그런 주장이 바로 『한국 공산주의운동사』가 판금도서 목록에 오르는 이유가 되었죠.

이정식 "평양에 나타난 김일성이 진짜다", 이런 빨갱이 소리가 어디 있느냐고요. 대한민국에서는 이북李北이라는 이름으로 『김일성 위조사』가 나왔는데, 아마도 정부가 정책적으로 필요해서 그랬겠지요…….

중국공산당과 일본공산당 연구

한홍구 그 당시 중국 공산주의운동사나 일본 공산주의운동사에 대한 연구 방향이나 분위기는 어땠나요?

이정식 중국 공산주의운동사에 대해서는 슈월츠[2], 브랜트[3] 등 훌륭한 연구가가 많았지요. 미국에서는 1950년대에 연구 서적과 자료가 많이 출판되었고, 일본에서도 중국공산당 연구를 많이 하고 자료도 나와 있지요. 반면 일본 공산당에 관해서는 자료가 많지 않아요. 스칼라피노 교수의 연구도 있고 조지 베크만George Beckman[4] 교수도 있고, *Red Flag in Japan*[5]도 있고. 장궈타오張國燾 같은 초기 중국 공산주의의 핵심 인물이 미국으로 망명해 캔자스대학에서 두 권짜리 두꺼운 회고록도 남겼죠.[6] 그런 맥락에서 보면 한국 공

---

2 Benjamin Isadore Schwartz, *Chinese Communism and the Rise of Mao*, Cambridge: Harvard University Press, 1951.

3 Conrad Brandt, *Stalin's Failure in China*, Mass.: Harvard University Press, 1958.

4 George Beckman and Okubo Genji, *Japanese Communist Party, 1922~1945*, Stanford University Press, 1969.

5 Rodger Swearingen, *Red Flag in Japan - International Communism in Action, 1931~1951*, Harvard University Press, 1952.

산주의 연구는 상당히 늦게 시작한 거지요. 지금은 북한 연구를 하는 국내 학자가 많지만 내가 연구하던 시절은 개척기였으니까 자료 면에서도 그렇고 여러모로 힘들었어요. 개척자로서의 자부심은 가질 수 있었지만 말이에요.

한국에서는 초기에 공산주의운동에 참여했던 사람들이 일본 형무소에서 옥사하시든가 연로해 돌아가시든가 해서 여러 가지 이유로 기록을 남길 수 있는 형편이 아니었고, 해방 직후에는 좌우 싸움과 전쟁 등으로 회고록을 쓸 수가 없었지요. 1959년 스칼라피노 교수가 조봉암曹奉岩, 김준연金俊淵 씨 등과 인터뷰를 하기는 했는데 그리 심층적이지는 못했어요. 그리고 내가 『혁명가들의 항일회상』[7]을 출판했지만 그 책에는 김성숙金星淑, 장건상張建相, 정화암鄭華岩, 이강훈李康勳 네 분밖에 들어가 있지 않아요. 그렇게 기록으로 남겨야 할 분이 적어도 400명은 됐을 텐데 말이에요. 또 그분들이 해방 이후 이북으로 가시고 전쟁 기간에 돌아가시고 해서 민족의 역사가 없어졌어요. 실로 비극이지요. 한재덕韓載德 씨는 1930년대 일본에서 공산주의운동에 참여했고, 그 후 자서전을 출판하셨지요. 나도 인터뷰를 한 적이 있는데, 그 내용은 이미 여기저기에 발표되었어요.

한홍구　역사 공부를 시작할 때 어른들을 찾아뵙고 "옛날이야기 좀 해주십시오"라고 하면 "다 죽었어. 다 죽었어. 다 죽고 우리 같은 쭉정이들만 남았어"라고 그러시더라고요.

이정식　그렇죠. 사실 중요한 이야깃거리를 가진 분이 많이 돌아가셨어요. 감옥에서도 돌아가셨고요. 내가 처음 인터뷰를 시작했을 때가 1966년인데

6　Chang Kuo-tao, *The Rise of the Chinese Communist Party 1921~1927: The Autobiography of Chang Kuo-tao*, University Press of Kansas, 1972.

7　이정식·김학준 공저, 『혁명가들의 항일 회상』, 민음사, 1988.

당시만 해도 전쟁이 일어나고 얼마 지나지 않은 때라 서울에 와서 인터뷰를 많이 했으면 좋았겠다 싶었어요. 그 당시 *Communism in Korea*(한국 공산주의운동사) 쓰는 것이 내 큰 과제였으니 시간이 너무 부족했어요. 물론 지금은 여러 기관에서 그런 일을 하고 있더군요. 좀 만시지탄晚時之歎의 감이 있지만요.

김철수

한홍구　김철수 선생님 같은 분을 인터뷰하셨으면 좋았을 텐데요.

이정식　나는 당시 김철수金綴洙 선생이 살아 계신지도 몰랐어요. 그래도 그분이 구술 자료도 남기시고 반병률 교수가 김철수 전기를 쓰고 있잖아요. 짤막한 글 몇 편을 읽어보니 그분이 박헌영을 설득력 있게 비판도 하시고 여러 가지로 중요한 말씀을 많이 하셨더라고요. 반 교수의 김철수 전기를 고대하고 있는데, 연구자들이 분발해주었으면 좋겠어요. 다른 분들의 기록도 남겨야 하잖아요. 우리 시대가 지나면 역사의 많은 부분이 닫힌 채로 남게 될 텐데 걱정이에요.

1960년대의 국내 분위기

한홍구　한국에 1966년과 1969년 두 차례 나오셔서 일 년씩 계신 것으로 알고 있습니다. 그 당시 한국 분위기, 특히 공산주의운동사 연구자로서의 느낌을 말씀해주시죠.

이정식　1969년에도 그랬지만 1966년 처음으로 나왔을 때는 공산주의운동사를 연구한다는 것 자체가 경계와 사찰의 대상이었지요. 나한테 직접적인 제한을 주거나 박해를 주거나 한 적은 없었지만, 당시 내가 느꼈던 것은 나에 대한 관심이 지나치게 많았다는 거예요. 한 가지 예로 전화가 와서 받으면 수화기 너머로 녹음버튼 소리가 들리곤 했어요. 하지만 내가 집권자였어도 나 같은 사람이 나타나면 그렇게 했을 것 같다는 생각이 들어요. 특별히 반감을 갖지는 않았지만 지나친 관심에 부담을 갖기는 했어요.

김남식

한홍구　공산주의운동이나 북한 자료는 중앙정보부 같은 기관에서 많이 가지고 있지 않습니까?

이정식　나는 그런 기관들과 공식적으로 접촉한 적이 없고, 당시 김남식 씨가 어느 기관에서 자료를 가져다가 많이 보여주곤 했어요. 내가 무엇이 필요하다고 하면 찾아주고 그랬지요. 이 책의 원서에 나오는 사진들도 모두 김남식 씨가 제공한 거예요. 그분이 빌려주면 사진을 찍고 나서 다시 보내드리곤 했어요.

한홍구　돌아가신 김남식 선생님 생각이 참 많이 납니다. 중요한 작업을 많이 하셨죠. 그리고 1986년에는 조선공산당 기관지 『해방일보』, 남로당 기관지 『노력인민』 등 좌파 진영의 희귀한 자료를 내놓으셔서 제가 수집한 자료와 합쳐 15권짜리 『한국현대사 자료총서』를 기획했습니다. 그때 마침 선생님이 서울에 오셔서 일종의 방어막으로 선생님 성함도 넣기로 하고 자료집을 출간했지요. 만약 말썽이 생기면 좌익 자료들은 다 선생님이 미국에서 가져오신 것으로 하려고요.

이정식 맞아요. 그랬었지요. 김남식 선생이 상상도 하지 못한 자료들을 제공해줬어요. 북한 내 지령, 전쟁 도중이나 전쟁 후 복구 시절에 나온 지령들은 그분이 다 찾아줬어요. 그런 면에서는 대단히 큰 역할을 했지요. 북한에서 내려오셨던 분들과 면담할 때도 그분이 큰 역할을 했고요. 그들은 남파되어 전향했지만 마음 놓고 북한에 관한 이야기를 하지 못할 때였거든요. 그래서 김남식 씨가 "있는 대로 얘기해라. 걱정하지 마라. 국내에서 발표할 것이 아니라 미국에서 쓸 것이니까 마음 놓고 얘기하라"고 설득했지요. 그의 설득으로 좋은 얘기를 많이 들었어요. 남로당의 기관지였던 『해방일보』의 경우 나에게도 일화가 있어요. 오한근吳漢根이라는 분이 『해방일보』의 전질을 모아 김장 김칫독 밑에다 보관하고 계셨어요. 그 댁에 가서 그것을 보고 정말 깜짝 놀랐어요. 그런 자료를 가지고 계셨다가 들키면 어떻게 하시려고 그것을 모아두셨느냐고 말했지만 나 같은 연구자의 입장에서는 그 이상 더 고마울 수가 없었죠.

한홍구 당시 김남식 선생님은 어느 기관에서 근무하고 있을 때였죠?

이정식 그렇죠. 정보를 담당하는 기관이었는데 나는 그것을 확인하려고 하지는 않았어요. 그럴 필요도 없었고. 이북에서 내려오신 분들도 그렇지만 독립운동을 하셨던 분들을 인터뷰할 때는 집에서 상다리가 부러지게 술상을 차려놓곤 했어요. 우리 집사람의 숨은 공로가 크지요. 오기완吳基完 씨는 러시아에 유학 가셨던 적이 있다는 것을 알고 있어 보드카를 구해다놓고 얘기하니까 러시아에서 사랑하던 여자 이야기까지 나오기도 했어요. 당시 유학생이 러시아에서 결혼한다는 것은 상상도 하지 못했을 때였으니까 그냥 헤어져야 했는데 눈시울이 젖을 수밖에 없었지요. 어찌 됐든 그처럼 마음 터놓고 옛날 이야기를 할 기회가 많지 않았을 것 아니에요? 백범 김구와 독립운동을 같이 하셨던 정화암鄭華岩 선생의 인터뷰도 재미있었어요. 그분은 중국에서 독립운동을 하신 분이라 홍콩에 갔을 때 사가지고 온 배갈을 잔에 따라드리면 흥분하셔서 쏜살같은 속도로 얘기를 하셨지요. 학위 논문을 쓰면서 일본 자료도 보았고 각종 운동에 대해 아는 것이 좀 있으니까 "아, 그때 그것이 어떻게된 겁니까?", "그때 누가 있었잖아요?"라고 맞장구를 치면서 기억을 상기시켜드리면 십 분이고 이십 분이고 기관총 소리가 나는 거예요. 조금씩 기억을 긁어드리면 수십 년 동안 잊고 지냈던 일을 쏜살같이 이야기하시는 거예요. 그래서 인터뷰가 참 즐거웠어요. 그날 신당동 집에서 인터뷰를 했는데 한 자리에서 여덟 시간 동안 계속했어요. 인터뷰를 하려면 상대방과 그분의 배경에 대해 상세하게 알아야 해요. 그래서 기억을 긁어드려야 해요. 지금 한 교수가 나에게 하고 있는 것이 그것이지요.

1981년의 북한 방문

한홍구   얘기가 나왔으니까 말인데, 선생님은 북한에 가보셨죠?

이정식   1981년 평양으로부터 초청을 받아 다녀왔어요. 그해 북한이 미국과 접촉하기 위해 그랬던지 재미 정치학자 일곱 명을 초청했어요. 북한에 체류하는 동안 그들이 이정식을 꼭 초청하라고 했대요. 하여튼 초청장이 두 개나 날아왔어요. 사회과학원과 해외동포후원회에서 왔는데 우리 집안에서 야단이 났지요. 평양에 가면 다시 나오지 못한다고들 했어요. 집사람이랑 동생들이 모두 결사반대를 하는 거예요. 그렇지만 내가 명색이 북한 전문가인데 왜 그쪽에서 초청했는지 알고 있잖아요. 반대에도 불구하고 가기로 결정했지만 유서를 써놓았지요. '북한에 가서 무슨 얘기를 하든 간에 내가 거기서 하는 얘기는 내가 밖으로 나와서 얘기하기 전에는 내 의사로 하는 것이 아니다'라는 뜻의 유서였어요. 하지만 지린吉林에 갔다가 압록강 다리를 건널 때는 각오를 단단히 했어요. 어떤 각오를 했는지는 기억나지 않지만.

평양에서 지낸 며칠간의 얘기를 하자면 아마 끝이 없을 거예요. 두 가지 얘기를 하지요. 하나는 평양 혁명박물관에서 대단한 인기몰이를 하며 즐거운 시간을 보냈다는 것이고, 둘째는 여운형 선생의 둘째 따님인 여연구 여사와 두 시간쯤 대화를 나눈 거지요.

혁명박물관

한홍구 혁명박물관이라면 김일성 박물관 아닌가요? 그곳에서 어떻게 인기를 끄셨는지 궁금합니다.

이정식 한 가지만 얘기하지요. 혁명박물관에 들어서니 책의 페이지들을 아주 대문짝만큼 확대해서 사진틀에 넣어 놓은 것들이 벽에 쭉 걸려 있었어요. 그 앞에 예쁘고 교양 있어 보이는 안내원이 서서 하나씩 하나씩 설명해주도록 되어 있더라고요. 박물관에 들어서자 첫 번째 안내원이 말을 시작하려고 하니 평양에 도착한 후로 나를 안내해주던 손씨가 "아, 이분은 이쪽의 전문가이시니 안내할 필요가 없소"라고 말해 그 안내원은 미소를 띤 채 그냥 서 있었어요. 그때 무심코 "이거 서울에서 발간된 건데 여기 나와 있네. 국사편찬위원회에서 나온 『대한계년사』 아니면 『기려수필』에서 뽑은 거네"라는 말이 튀어나왔지요. 첫 번째 게시물이 갑신정변에 관한 거였어요. 내 말을 듣고 손씨가 앞으로 가서 설명서가 붙어 있는 것을 읽어보더니 고개를 끄덕끄덕해요. 그 다음에는 "이거는 재일교포 강덕상 교수 책에서 나온 거네. 그런데 왜 김형직 선생과 함께 국민회에 가입했던 분들의 이름을 모두 가려버렸지?" 잘 알려져 있듯이 김형직은 김일성 주석의 부친인데 1918년인가 국민회에 가입했다고 해서 취조를 받은 기록이 있는 거예요. "이것은 『조선독립운동의 변천』이라는 책에서 나온 건데.” “아, 이것은 『소화昭和 8년도 조선사상운동 상황』에서 나온 거고” 하면서 계속 알아맞히니까 손씨도 더는 확인하려고 하지 않더라고요. 하여튼 그렇게 시작해서 박물관 일층을 돌면서 하나씩 하나씩 코멘트를 하니까 내 꼬리가 자꾸 길어지는 거예요. 다른 곳에서 안내하던 박물관 안내원 여러 명이 나를 따라다닌 거지요. 그 사람들은 직업이니까 내 말이 맞는지 틀리는지 확인하지 않고도 알 거 아니에요? 잠시 후에 키가 자그마한 남자가 헐레벌떡 달려오더니 박물관 부관장이라고 소개하는 거예요. 누군가 가서 괴물이 나타났으니 구경 나오라고 연락한 모양이더라고요. 나중에 박물관 직원 7~8명이 나를 둘러싸고 있는데 누군가 나한테 “여기 오셔서 박물관 자문위원이 되시라요” 하는 거예요. 그래서 모두 소리 내어 웃었지요. 혁명박물관을 개관한 이래로 그런 일은 없었을 거예요.

한홍구 전무후무하겠죠.

이정식 그날 화기애애한 분위기에서 두 시간이 아주 빠르게 지나갔어요. 하여튼 미국에서 북한 연구를 하는 사람들의 실력도 보통이 아니라고 생각했을 거예요.

그리고 평양 여러 곳을 구경했는데 가는 곳마다 내 느낌을 솔직하게 말했더니 다시는 초청하지 않았어요. 그다음에 누가 다녀와서 하는 말이 이정식 교수는 욕만 하고 갔다고 했대요. 혁명박물관에서는 인기였는데 말이에요.

여연구 여사

이정식 당시 여연구 선생은 해외동포후원회의 부위원장이었어요. 내가 도착한 날은 평양역에 환영차 나왔고, 저녁에는 환영을 위한 식사 자리를 주관하셨지요. 그때 "여……구"라고 하셨는데 확실치가 않아요. 여씨라고 성은 알아들었는데 이름 석 자의 마지막은 '구'였던 것 같아요. 몽양 자제들의 이름이 모두 '아홉 구'九로 끝나거든요. 그래서 이틀 뒤 안내원 손씨한테 그분이 몽양의 따님이냐고 물으니 자기는 모른다면서 나보고 직접 물어보라는 거예요. 정말 말도 안 되는 거짓말이었지요. 그런데 평양을 떠나는 날 또다시 배웅을 나오셨어요. 마침 그날 앙골라 대통령이 북한을 방문해 베이징으로 향하는 비행기가 몇 시간 늦어지는 바람에 대합실에서 기다리고 있는데, 그분과 나란히 앉게 되었어요. 그때 내가 "몽양의 따님이시죠?"라고 물으니까 "네" 하고 대답하더라고요. 그래서 계속 물어보았죠. "1946년에 이쪽으로 올라오셨죠?" "네." "모스크바에 유학 갔다 오셨죠?" "네." "그때 아주 힘들었죠." "네."

짧게 묻고 대답하는 식으로 얘기를 하다가 "지금 몽양 전기를 쓰려고 자료를 모으고 있는데, 근농 선생도 여러 번 만나 뵙고 장시간 말씀을 듣기도 했습니다"라고 했더니 그분의 태도가 한결 부드러워지더라고요. 몽양은 물론 여운형 선생이고 '근농 선생'은 여운홍, 즉 여운형 선생의 동생이시잖아요. 나란히 앞을 보고 앉아 있었는데 여연구 씨의 몸이 내 쪽을 향해 움직였어요. 그러고 나서 첫마디가 "저희 아버지를 죽인 사람은 종파분자들입니다"라는 거예요. 그 말을 듣고 깜짝 놀라는 한편 속으로는 '이분이 몰라도 한참 모르고 계시는구나'라고 생각했지요. 1947년 7월 혜화동 로터리에서 자동차 뒤쪽 범퍼에 올라타서 여운형 선생에게 총을 쏜 사람이 한지근인가 하는 우익 청년이라는 사실은 공부 좀 했다는 사람은 모두 아는 사실 아닌가요? 그런데 종파분자라면 박헌영파를 가리키는 것으로, 즉 남로당이라는 말인데 도무지 말이 안되거든요! 그렇게 말문이 트여 얘기를 이어갔는데 그분은 아버지 사진이 없다는 게 가장 큰 한이라고 했어요.

결국 몇 해가 지난 뒤 여운형 전기를 끝내게 되었는데, 그날의 대화가 가끔 내 머릿속에 떠오르곤 했어요. 왜냐하면 해방 직후 북한을 점령하고 있던 소련 군정의 최고사령관이었던 슈티코프 장군의 일기와 1946~1947년 소련 군정 문서들 가운데 남조선 정세 보고서가 번역되어 출판되었는데,[8] 그것들을 보면 몽양과 남로당의 관계 그리고 몽양과 소련 군정과의 관계가 심하게 악화된 상태였거든요. 소련 군정은 아까 말한 만주에서 일어난 사태 때문에 미국과 대결할 방침을 세우고 그 일면으로 남북의 좌익세력을 북조선노동당과 남조선노동당으로 결집하기로 결정해놓았어요. 그래서 남한에서도 공산당과 인민당, 신민당을 합해 남로당을 만들려고 했는데 몽양은 자신이 속한 인민당을 흡수하는 것에 반기를 들고 나온 거예요. 그는 오히려 미 군정과 우호관계를 유지하려고 했거든요. 내 책[9]에 그 일의 자세한 내막을 적어놓았으니 지금 되풀이할 필요는 없을 거고, 하여튼 그 당시 여운형을 제거할 이유와 동기는 어느 누구보다 공산당 측이 강했어요. 그런 생각이 들자 여연구 씨가 나에게 한 말이 맞아떨어지는 거예요. 그 후 여연구 씨가 『나의 아버지 여운형』을 출판했지만 그것은 북쪽 정권의 입장을 말한 것이지 여연구 씨의 글은 아닐 거라고 생각해요.

다른 얘기는 그리 기억나지 않는데 내 머릿속에 오래 각인된 것은 우리 두 사람이 앉아 대화를 나누는 동안 약 3미터 앞쪽에 앉아 있던 여연구 씨 수행원의 눈이에요. 대합실의 긴 벤치는 서로 앞을 보며 앉도록 되어 있는데, 그 수행원은 우리 대화 내용을 보고하도록 되어 있는 것 같았어요. 가까운 거리에서 우리 대화의 한 구절, 한 구절을 놓치지 않고 듣기 위해 정신을 집중하다 보니 눈에서 광채가 나더라고요. 판문점에서 북한 경비원들이 우리를 쳐다보는 눈에서도 그런 광채가 났는데, 그날의 눈빛이 잊히지가 않아요.

한홍구 그즈음 해서 교수님이 북한 학자들을 미국에 초청하신 일이 있죠?

---

8 소련 군정 문서, 남조선 정세 보고서, 1946~1947, 국사편찬위원회, 전현수 편집·번역, 2003.
9 『여운형: 시대와 사상을 초월한 융화주의자』, 서울대학교 출판부, 2005.

그 당시 신문에서는 아주 간단한 기사가 나왔지만 학자들 간에는 관심이 대단했습니다.

이정식   그때 남북관계가 아주 경직 상태에 놓여 있었고, 내가 주관했던 패널이 남북 학자들이 처음으로 만나는 자리였으니까 그랬을 거예요.

1985년의 행사는 옛날 한국전쟁 때 군인으로 한국에 나왔다가 국무성에 오랫동안 있었던 도널드 맥도널드Donald MacDonald 교수가 시작했던 거예요. 미국 국무성이 경직된 남북관계를 해결하기 위한 단서를 찾고 있었는지는 모르겠지만 맥도널드 교수의 요구로 내가 그 행사의 의장직을 맡게 되었죠. 우선 어떤 제목의 패널을 만들 것인가 하는 문제가 제기되었는데, 1973년 처음으로 남북의 학자들이 대면했던 만국萬國동양학자회의International Congress of Orientalists의 전례가 있어서 제목 선택이 아주 예민한 문제였어요. 그때 파리에서의 모임은 남북이 각기 단독으로 패널을 만들어 발표하는 것이어서 남북 간 협의 없이 진행되었는데 결국 고함소리가 오가는 혼란의 아수라장으로 끝났지요. 1972년에는 감격적인 7·4남북공동성명이 있었지만 그다음 해에는 남북관계가 완전히 수렁에 빠져 있었거든요. 그래서 궁리 끝에 "남한과 북한, 미국에서의 한국사 연구의 진전"에 대한 발표와 토론을 하는 패널을 조직하기로 하고 평양의 과학원에 두 명의 역사학자들을 보내달라는 편지를 띄우고 서울에서는 고병익 교수님과 이기백 교수님을 모시기로 했는데, 평양에서는 두 분의 역사학자가 통역을 데리고 워싱턴에 도착했어요.

북한 학자들의 미국에 대한 이미지

이정식   당시 평양에서는 미국과의 접근이 아주 중요한 과제여서 흔쾌히 수락했고 사회과학원은 최진혁이라는 분을 대표학자로 선정하고 또 한 분의 좀더 젊은 분을 보내기로 했는데, 그 소식이 곧바로 평양을 휩쓸었다고 해요. 가장 큰 문제로 등장한 것이 북한 학자들의 안전 문제였대요. 평양에서는 모두 미국의 서부영화를 보고 그것이 미국의 현실이라고 생각하고 있었던 거예요. 그런데 와보니 그게 아니더라고 최 교수가 말하더군요. 그 말을 들으니 내가 품고 있던 의문이 하나 풀렸어요. 의장직을 맡은 후로 뉴욕에 있는 북한 유엔 대표부 직원들과 전화 연락을 자주 하게 되었는데, 그때마다 자기들은 워싱턴에 대표부나 영사관이 없어서 학자들의 신변보호를 할 수 없으니 저더러 잘 돌봐달라는 부탁을 연거푸 했거든요. 그땐 도무지 이해를 할 수가 없었지요.

그런데 최 교수 일행이 도착한 후 큰 문제가 생겨서 내가 고생을 좀 했어요. 그분들이 가지고 온 논문의 영문 번역문이 너무나 조잡하고 유치했거든요. 평양에서 번역한 영어가 옛날 선교사들이 조선말 하는 수준이라 크게 낙심하고는 우리말로 된 논문들을 달라고 해서 읽어보니까 눈이 번쩍 뜨이는 거예요. 논문들이 아주 훌륭하더라고요. 그래서 다음 날 컴퓨터를 빌려다가 번역을 시작했죠. 망신을 면하려면 다른 방법이 없었어요. 하여튼 우리 패널은 멋지게 마무리되었고 모임이 끝났을 때 모두 일어나서 박수를 쳐주어서 정말 기뻤지요.

여담으로 북한 학자들이 놀라고 간 두 가지 일만 얘기할게요. 하나는 그분들이 도착한 첫날 저녁식사를 마치고 호텔로 돌아가는 길에 백악관을 지나가게 된 일이에요. 택시 속에서 저곳이 백악관이라고 알려주니까 깜짝 놀라는 거예요. 택시가 지나가는 그 길 바로 옆에 대통령 관저가 있는 데다가 불 켜진 창문들이 뻔히 보이니 당연히 놀랐겠죠. 다른 하나는 이분들이 국회도서관에서 김일성에 관한 자료목록을 본 거예요. 김일성의 연설문과 논문, 저작집 등 수백 개의 도서목록을 본 후 실물이 저장되어 있는 서가에 안내를 받고 들어가 보기도 했는데, 그곳의 북한 관계 장서는 평양의 어느 도서관에서도 따라잡을 수가 없거든요.

어쨌거나 북한의 지도층이 바깥세상을 너무나 모르고 있는 것이 큰 문제

중 하나라고 생각해요. 그래서 될 수 있으면 이들이 바깥세상을 둘러볼 수 있는 기회를 많이 가져야 한다고 봅니다.

한국전쟁 논쟁

한홍구 　평양에서 무슨 논쟁은 하지 않으셨나요?

이정식 　했지요. 한국전쟁에 대해 논쟁을 했어요. 그 계기는 6·25전쟁에 대한 영화를 보여주었기 때문이에요. 그전에도 같은 장소에서 영화를 보여주었는데 나에 대한 배려가 대단했어요. 창광호텔 아래층에 100개 이상 좌석을 가진 극장이 있는데, 그것만으로 부족했는지 극장 중앙에 안락의자를 가져다 놓고 안내인과 둘이 앉아 영화를 보는데 정말 미안했지요. 그전에 보여준 영화 〈안중근 이등박문을 쏘다〉는 아주 잘 만들었어요. 마지막에는 정치적 색채가 강한 장면이 나오지만 그전에는 서울에서 보여줘도 손색이 없을 만큼 좋은 영화였지요. 그런데 그날 본 전쟁영화는 시작부터 미군 비행기들이 폭격하는 장면이더라고요. 평양을 폭격하고, 원산을 폭격하고……. 하여튼 이른바 기록영화를 보고 밖으로 나와 걸으면서 물었지요. "저런 영화를 왜 저에게 보여주는 거죠?" 그랬더니 안내를 맡은 손씨가 "우리가 어떻게 그 미제 놈들을 잊을 수 있겠습니까? 남쪽 군대에 대한 얘기는 나오지 않았지요?"라고 대답하는 거예요.

이정식: 그 영화를 보면 미국이 전쟁을 시작했다는 얘기가 되는데, 그럼 누가 진짜 전쟁을 시작했느냐 하는 문제가 나오지요?

손: 그거야 미제가 시작했지요. 우리에게는 증거가 많이 있습니다.

이정식: 아시다시피 미국은 조선이 싫다고 하면서 1949년에 완전히 철군하지

않았습니까? 그런 미군을 다시 불러들인 것은 누굽니까?

손: 미제는 불청객이었죠. 그래가지고 전쟁을 시작했는데 우리에게는 확실한 증거가 있습니다.

이정식: 아니, 손 선생. 나는 명색이 전문가로 이쪽에서 출판한 증거물은 모두 보았어요. 영어로 출판된 것도 보았고 우리말로 출판된 것도 보았지만, 그건 얘기가 되지 않아요. 일언이폐지하고 당시의 전쟁 상황만 봐도 누가 전쟁을 시작했는지 삼척동자도 알 수 있잖아요? 서울이 사흘 만에 점령되지 않았습니까. 아무리 남쪽 군대가 무기력했다고 해도 사흘 만에 수도를 빼앗길 작전 준비를 했을까요? 제 생각에는 그런 영화는 아예 보이지 말고 이런 대화는 하지 않았으면 좋겠습니다. 평화통일을 하자고 하는 마당에 저런 영화는 도움이 되지 않습니다.

이것이 전부인데, 이것이 논쟁이라면 논쟁이었지요. 내가 이승만 문헌을 정리하면서 3년간 조목조목 살펴보기도 했고 한국전쟁에 대해 글도 썼고 각종 국제회의에서 토론도 하고 했으니 이런 대화에는 자신이 있었어요. 그쪽 손씨는 아주 박식하기는 했지만 전문가는 아니잖아요. 그러니까 이런 문제를 갖고 하는 대화에서 아무래도 불리했지요. 초청을 받아 간 손님이 논쟁을 하면 안 되는 건데 6·25전쟁 영화를 보여주니까 그런 대화를 나누게 된 거죠.

7·4남북공동성명과 *Communism in Korea*

한홍구　다시 *Communism in Korea*로 돌아가서 이 책이 1973년에 나오지 않았습니까? 판권은 1972년인데요.

이정식　판권은 1972년으로 되어 있지만 책은 1973년에 출간되었지요.

한홍구 실제로 책은 1973년에 나왔지요? 7·4남북공동성명 때문에 얼마나 늦어진 거죠?

이정식 참 중요한 얘기인데, 1972년에 출간하기로 해서 판권이 그해로 되어 있어요. 인쇄소에서 어느 단계까지 거쳤는지 모르지만, 책이 인쇄에 들어간 뒤 7·4남북공동성명이 나온 거예요. 정말 기가 막힐 노릇이었죠. 북한에 관한 책인데, 역사적인 7·4남북공동성명을 싣지 않는다면 출판과 동시에 바로 낡은 책이 되고 골동품이 된다는 얘기거든요.

한홍구 새 책이 나오자마자 낡은 책이 된다?

이정식 근데 어떡해요. 당시 스칼라피노 교수는 동남아 태국인가 여행 중이었어요. 그래서 내가 출판부장인 필립 릴리엔솔Philip Lilienthal에게 전화를 걸어 "신문 봤죠? 어떻게 할 겁니까? 이 책이 그대로 나가면 골동품이 될 터인데 어떻게 하면 좋겠소? 이것을 포함시켜야 하지 않겠습니까?"라고 이야기한 거예요. 그러니까 이 양반이 화가 났어요. 기계를 멈추고 조판을 다시 하려면 돈이 상당히 들어가야 하니까요. 아주 작은 책이라면 몰라도 1,500페이지가 넘는 두 권짜리니 보통 문제가 아니었을 거예요.

한홍구 지금처럼 컴퓨터로 간단히 수정하는 것도 아니고요.

이정식 릴리엔솔이 막 화를 내는데, 그렇지만 어떻게 하느냐 말이에요. "골동품을 출판할래요? 아니라면 이것을 다시 써야 하지 않겠습니까?"라고 했더니 그가 "갓댐"God Damm 하면서 20년 후에는 이런 일이 있었는지 아무도 기억하지 않을 거라고 하는 거예요.
    나중에 릴리엔솔은 암에 걸려 자살했어요. 안타까운 일이었죠. 나하고 참친했는데 말이에요. 미국 아시아학회에서 그분을 기려 릴리엔솔 상을 만들었어요. 어쨌거나 당시에는 스칼라피노 교수가 일단 어디 있는지부터 알아야 했어요. 그런데 아메리칸 익스프레스로 하면 추적이 가능하다는 말을 듣고 곧바로 그분을 찾았죠.

한홍구 카드로 추적하신 거예요?

이정식 아뇨. 아메리칸 익스프레스에는 각처에 고객들을 위한 메일박스가 있어 어딜 가든 메일박스를 쓰게 되어 있었어요. 그래서 그분과 연락이 되어 마지막 10페이지를 다시 쓰기로 했지요.

한홍구 이 책의 머리말에 7·4남북공동성명을 언급하셨는데, 단지 감동해서만은 아니었네요.

이정식 감동이야 했지요. 내 말을 듣고 아주 조용한 사람이 화를 내더군요. 하지만 어쩌겠어요. 7·4남북공동성명이라는 역사적 선언이 나왔고, 그게 들어가지 않으면 찍기도 전에 낡은 책이 되어버리는데 말이에요. 그래서 1973년에 책이 출간된 거죠.

한홍구 태어나기 전에 출생신고를 먼저 한 셈이네요.

이정식 그거 참 재미있는 표현이네요. 출생신고를 한 후에 진통을 겪은 격이지요. 그것도 그렇지만 이 책의 부록을 만드는 데 일 년이나 고생했어요.

한홍구 저도 한국어판 작업을 할 때 색인 만드느라 오래 걸렸습니다.

이정식　부록을 만드는 데만 일 년이 걸렸으니 지칠 대로 지쳐버렸지요. 그 책을 위한 작업을 시작한 때가 1957년이었으니 16년 만에 책이 나온 거예요. 책 두 권이 우리 집에 배달되었을 때는 쳐다보지도 않았어요. 너무 지겨워서.

한홍구　어떤 마음이셨는지 저도 이해가 갑니다.

우드로 윌슨Woodrow Wilson 상

이정식　출판하고 다음 해인 1974년에 전화가 왔어요. 자기소개를 하더니 "Professor Lee. Your book was selected for the Woodrow Wilson Award"라고 하는 거예요. "이 교수님. 당신 책이 우드로 윌슨 상 대상으로 선정되었습니다"라는 말인데 처음에는 믿을 수가 없었어요. 그래서 내가 "Really? Really? I don't believe it! I don't believe it!"("정말이요? 정말인가요? 믿을 수가 없네요. 믿을 수가 없어요")라고 하니까 안사람이 옆에 서 있다가 스칼라피노 교수가 돌아가셨다는 소식인 줄 알았다더라고요.

한홍구　우드로 윌슨 상이 어떤 상인지 말씀해주세요.

이정식　미국 정치학회에서 제정한 상으로, 정치학자인 우드로 윌슨은 프린스턴대학 총장을 지냈고 미국의 28대 대통령이었어요. 이 사람의 이름을 딴 우드로 상은 미국 정치학회의 최우수 저작상이죠. 자유주의적인 평화론자이자 존경받는 정치학자인 그를 기리는 상이에요. 당시 정치학회 회원 수가 1만 3,000명 정도 되었어요.

한홍구　당시 미국에서는 일 년에 정치학 관련 책이 몇 권이나 나왔습니까?

이정식　수십 권이 나왔겠지요. 정치학을 어떻게 규정하느냐에 따라 말이 달라지니까요. 정치학회가 주는 상들 가운데 최고 상이 바로 우드로 윌슨 상이에요. 그 외에도 정치이론상, 비교정치상 등 분야별로 작은 상이 있지만 윌슨상이 최고 대상이에요. 한국 문제를 다룬 책이 그 반열에 오르리라고는 생각도 못 했는데, 그 소식을 듣고 믿을 수가 없었죠. 그렇게 화를 냈던 그 출판부장도 화가 가라앉았어요. 미국 정치학회 학지와 아시아학회 학지에 전면광고를 내주면서 축하해주었지요. 큰 경사였어요.

한홍구　제가 이걸 번역할 때가 스물예닐곱이고 번역서가 나올 때 선생님 연세가 지금의 제 나이였을 것 같은데요. 거의 한 세대가 지났는데 각 분야별로는 좋은 책이 많이 나왔지만, 한국 공산주의운동사 전체를 아우르는 것으로는 아직까지 이 책을 능가하는 책이 나오지 못하고 있습니다.

이정식　그건 옮긴이 한홍구 교수의 말이고, 다른 사람들은 뭐라고 할지 모르지요. 번역하느라고 수고가 참 많았어요.

한홍구　얼마 전 선생님께서 이메일에 이 책을 "쓰려고 한 사람도 미친 사람이고, 번역한 사람도 미친 사람이다"라고 쓰셔서 한참 웃은 적이 있습니다.

북 외무성 부상 박길룡의 『한국 공산주의운동사』 평가

이정식　일본의 NHK 편집위원이었던 아에바 씨[10]가 북한에서 외무성 부상, 즉 차관을 지내고 체코, 폴란드 등의 대사를 지낸 박길룡朴吉龍 씨를 만났는

10　아에바 다카노리饗庭孝典.

데, 북한에서 일어난 일들을 알고 싶으면 『한국 공산주의운동사』를 읽어보라"고 했대요. 그대로라고 하면서 말이에요. 나는 그 말 한 마디가 우리 책의 최고의 서평이 아닌가 생각해요. 아에바 씨는 한국전쟁에 대한 다큐멘터리를 만들기 위해 지구를 두 바퀴 돌았다고 했는데, 나를 두 번이나 찾아왔어요. 박길룡 씨를 모스크바에서 만났다고 하는데, 너무나 고마운 얘기였지요. 아에바 씨는 올해 4월 내가 도쿄에서 강의했을 때도 찾아와주었어요. 감사한 일이죠.

한홍구　박길룡 씨가 영문판과 한국어판 중 어느 것을 봤을까요?

이정식　그거야 물론 한국어판을 읽었겠지요.

한홍구　이 책이 모스크바까지 갔을까요?

이정식　아니, 지금이 어떤 세상인데! 왜 모스크바에 안 갔겠어요? 이 책이 알려지고 좋은 평가를 받을 수 있어 한홍구 교수에게 정말 감사해요. 미친 사람이긴 하지만. 이런 책을 번역한다는 것 또한 미친 사람이나 하는 짓이죠.

한홍구　당시 참으로 고마웠던 게 돌베개출판사에서 여유를 갖고 기다려줬어요. 제가 "이 분야에 대해 깊이 공부하고 싶은 마음이 있는데 다른 것보다 더 오래 걸릴 테니 기다려주세요"라고 부탁을 했습니다. 사실 97~98퍼센트만 찾아도 대단한 일인데 100퍼센트 다 찾으려고 하다 보니 시간이 일 년 가까이 늘어진 거죠. 그때 독촉하지 않고 기다려줬어요. 다행스러운 것은 저도 번역료에 의존하지 않아도 되는 처지였고요.

이정식　번역한 책 1권을 다 읽었어요. 그다음에는 읽을 필요가 없겠다는 생각이 들어 읽진 않았지만. 세 권으로 나온 것 중에 1권은 일일이 다 봤어요. 참으로 대단하고 고생 많았어요. 이런 책을 만들려면 열중해야 하지요. 내가 자주 하는 미쳤다는 얘기가 바로 그 이야긴데, 공부에 열중하면 그렇게 미치게 되지요.

미친 사람들

한홍구   재미있었어요. 책을 통해 사람들을 만나게 되고 말이에요. 공산주의 운동사라는 게 정말로 뜨거운 사람들의 이야기가 아닌가 싶어요. 정말, 진짜 미친 사람들 이야기요.

이정식   미친 사람들의 이야기지요. 애국운동, 사상운동에 미친 사람들의 얘기죠. 한 교수도 잘 알고 있겠지만 학문이라는 게 남들이 발견하지 못한 무언가를 발견하는 기쁨이 굉장히 커요. 새로운 것을 발견했을 때의 기쁨, 새로운 금광을 찾았을 때의 기쁨은 직접 겪어보지 못해 모르겠지만 새로운 자료를 찾았을 때의 기쁨, 새로운 해석이나 착안을 하게 되었을 때의 기쁨은 아마 비슷할 거예요. 겪어보지 못한 사람은 느끼지 못하는 희열의 순간이지요. 모두 그런 맛에 자꾸 공부를 하게 되는 거고요.

『인간 김재규』

한홍구   선생님이 작업하신 책들 가운데 정말 특이한 게 있습니다. 1980년 김재규가 사형당하기 직전 그에 대한 책을 쓰시지 않았습니까? 김재규나 중앙정보부와 깊은 관련을 가지고 있었던 건 아닌지요?

이정식 나는 김재규를 본 적도 없고 중앙정보부하고 무슨 관련도 없었어요. 그 책으로 많은 비난을 받았지만, 내 개인사에서는 재미있는 한 부분이에요. 김재규가 붙잡혀 한참 심문받고 조사받고 그럴 때였거든요. 사형되기 전 그와 관련된 기사가 한동안 신문에 오르내릴 때인데, 어느 날 김재규의 사촌동생이 우리 집으로 찾아왔어요.

한홍구 원래 친분이 있으셨어요?

이정식 같은 교회를 다니는 김덕규라는 사람인데, 사촌동생이에요.

한홍구 사촌동생인 줄 아셨어요?

이정식 전혀 몰랐죠. 한인 교회에 같이 다니면서 인사를 나누는 사이였는데, 당시 집사였을 거예요. 그가 우리 집에 찾아오면서 김재규 누이동생과 그분의 남편을 데려왔어요. 자기 사촌형이 김재규인데 그의 누이동생이라고 하면서 소개시켜준 거죠. 내가 글도 쓸 줄 알고 영어도 하니까 구명운동을 해달라고 부탁하러 온 거였어요. 그래서 오빠 얘기가 나오기 시작했어요. 그때 학자로서 내 본능이 작동하더군요. 잠깐만 기다리시라고 말한 뒤 녹음기를 가지고 왔어요. 그랬더니 이야기를 안 하려고 하는 거예요. 김덕규 씨가 이 교수님한테는 얘기해도 괜찮다고 설득하니까 이야기를 시작했어요. 그날 밤 그들이 떠난 다음 즉시 들은 내용을 정리한 뒤 프린트해서 보내드렸더니 반응이 아주 좋았어요. 그래서 인터뷰를 세 번인가, 네 번인가 한 뒤 배경 설명을 위한 자료들을 찾고 해서 책을 만들었지요. 책이라고는 하지만 내가 쓴 글은 55쪽밖에 안 되고 나머지는 모두 김재규 재판 관련 자료였어요. 우리 동네에 개척사라는 인쇄소를 경영하던 사람에게 부탁해 인쇄해서 내보냈는데……

한홍구　그런데 당시는 재판 자료의 원본 보기가 힘들 때 아닙니까? 이 책으로 널리 알려지게 되었지요.

이정식　그랬던가요? 이 책으로 비난을 많이 받았어요. 그야말로 비난 편지가 쇄도했지요. 나는 김재규가 누군지도 모르고 있다가 순진한 마음에 그의 누이동생이 그런 이야기를 하니까 처음 듣는 얘기라서 정리한 것뿐이었거든요. 한국 정치사에서 박정희를 죽인 사람이라면 중요한 사람임에 틀림없는데, 나는 김재규에 대해 아는 것이 전혀 없었거든요. 그런데 그 장본인의 누이동생이 내가 알고 싶었던 일들에 대해 얘기해주자 학자로서 흥미를 느꼈던 것인데, 다른 사람들의 눈에는 그런 게 아니었더라고요.

그리고 부탁을 받아서 김재규 구명운동에 나섰지요. 『뉴욕타임스』에 김재규를 죽이지 말라는 내 글이 실리기도 했어요. 또한 김경재 씨가 발간하던 『독립신문』에 글을 여러 차례 발표했는데, 그 글이 서울 어느 대학의 대자보에도 실렸다고 하더라고요. 그래서 박정희 살인범을 옹호한다고 비난의 대상이 되었지요.

당시 청와대에서는 내게 빨갱이라는 딱지를 달아놓았다고 해요. 10월유신이 선포된 이후 오랫동안 서울에 오지 않다가 1981년 미국 해외홍보처USIA의 부탁을 받고 동아시아 순방 강의에 나선 길에 한국에도 오게 되어 서울에 들렀더니 강원용 목사님이 호텔로 찾아오셨어요. 그때 그분은 정치자문위원인가 하는 자리를 맡고 청와대 출입을 하셨는데 "이정식은 빨갱이다"라는 말이 나오더라는 거예요. 나를 잘 아는 분이니까 펄쩍 뛰면서 내 변호를 하셨다고 하더군요. 이제는 모두 옛날이야기가 되었지만.

한홍구　저만 해도 나중에 이런 책을 쓰셨다는 걸 알고 김재규 시절 중앙정보부하고 깊은 교류가 있었던 게 아닌가 생각했어요.

이정식　그렇게 생각하는 게 당연하지요. 하지만 김재규와는 아무 교분도 없었어요. 사실 유신이 선포된 후에 정보부장이 누구였는지도 관심이 없었고요. 그리고 중앙정보부장을 했던 사람들 가운데 직접 만나본 사람은 한 사람도 없어요.

한홍구　함세웅 신부님이나 김재규 구명운동을 하는 쪽에서 혹시 연락이 있었습니까?

이정식　없었어요.

한홍구　김재규뿐 아니라 김규식, 서재필, 이승만, 여운형, 박정희 등에 대해서도 많이 쓰셨는데 그 선정 기준이랄까, 작업하시게 된 특별한 계기가 있었는지 궁금합니다.

김규식, 서재필, 이승만, 여운형, 박정희

이정식　알다시피 김규식에 관한 것은 고려대학교에 나왔을 때인 1969년에 쓰기 시작했어요. 그 당시 해방후사를 연구했는데, 이승만은 이미 널리 알려져 있고 그 외에 김구, 여운형도 잘 알려져 있는데 김규식에 관한 건 아무것도 없더라고요. 송남헌宋南憲, 이동화李東華 선생이 쓴 짧은 글 정도만 있었죠. 그래서 우선 김규식 선생의 부인 김순애金淳愛 여사를 여러 번 찾아갔어요. 중국에서 같이 독립운동을 하신 분이지요. 자기는 왜 그런지 이 박사(즉 나)를 믿을 수 있다고 하며 아무 일이나 물어보라고 하시면서 우사 김규식이 워싱턴에서 뇌수술을 하신 후 간질병에 걸리셨던 얘기도 해주셨어요. 수술을 끝내고 얼마 후 중국으로 돌아와 같이 자는데 밤중에 발작을 일으키셨다고 해요. 그런 일이 있고 나서는 밤에 잠을 푹 자지 못해 신경쇠약에 걸리셨다더군요. 내가 찾아뵈었을 당시 김순애 여사는 허리 병이 있어 누워계셨지만 나를 자기 자식같이 반겨주시곤 했어요. 그다음 미국에 돌아가서 그분의 모교 로어노크 대학Roanoke College을 찾아갔어요. 1890년대 졸업생들의 성적표니 출판물이니 하는 것이 몇 상자 있기는 했는데 아무도 정리해놓지 않았더라고요. 정말 놀랐죠. 나는 금광에서 노다지를 만난 기분이었어요. 김재규 동생을 만났을 때도 그랬지만 공산주의운동사니 독립운동사니 하는 것도 나에게는 황무지를 개척하거나 다른 사람들의 손이 타지 않은 금광을 캐는 기분이었어요. 아무도 걷지 않았던 길, 아직 지도에 그려지지 않은 곳을 찾아가는 기분이었지요. 로어노크대학에서 자료를 정리하는 데만도 이틀이 걸렸을 거예요. 그걸 정리해놓고 복사하고 노트에 적고 했는데 풀리지 않는 질문이 많이 남아 있었어요. 그때 김규식 씨가 동창생과 연락을 주고받은 흔적이 있어 그분께 편지를 했더니 그분의 미망인이 김규식 씨가 몽골에 가 계셨을 때 보내온 사진과 편지를 보내주어 너무 기뻤지요. 1918년 자료였어요.

서재필의 경우 그분이 사시던 곳이 우리 집에서 20분 거리밖에 안 되었어요. 서재필 선생에게는 두 분의 따님이 있었는데 둘째 따님 뮤리엘Muriel Jaisohn이 그 댁에 혼자 살고 계셨지요. 그분은 1947년 부친이 서울에 나오셨을 때도 비서 역할을 했어요. 그래서 회고담을 들으려고 했는데 부친에 대한 얘기를 절대 안 하시겠다는 거예요. 많은 사람이 자기와 인터뷰를 했는데 모두 악용했다는 거예요. 그 후 필라델피아에 사는 교포들 중심으로 서재필 선생 기념비를 세웠는데 이은상 선생이 한글로 비문을 쓰시고 내가 영문 비문을 썼지요. 그 일을 계기로 더욱 친해져 자주 만나기도 했고요. 부친에 관한 글을 쓰기도 하며 고독하게 지내다 돌아가셨어요.

여운형의 경우는 버클리로 올라가서 처음 자료를 보기 시작할 때 등장한 인물이 여운형과 안창호이었으니, 그분에 대해서는 자료를 쭉 모아오다가 어느 단계에 가서 책을 내게 되었지요. 박정희는 옛날 사람들만 연구하지 말고 최근 사람에 대해서도 써보라는 권고를 받아 쓰게 되었어요. 나도 궁금한 점이 많아서 연구를 하게 된 거죠.

한홍구   박정희는 젊은 시절까지만 쓰신 거죠?

이정식   5·16군사혁명 전까지에 대해서만 썼어요. 많은 저자가 5·16에 관한 글과 경제발전에 대한 글을 발표했기 때문에 그가 이루어놓은 성과와 과정에 대해서는 잘 알려져 있는데, 나는 박정희라는 인간에게 초점을 맞춘 거예요. 그의 가족배경, 성장과정 그리고 군인이 되기까지의 환경 등 알고 싶은 것이 많았는데 그 일부는 조갑제 씨가 기술해놓았지만 나 나름대로 알고 싶었던 것이 많았죠.

박정희 하면 조갑제 이름이 떠오를 정도로 그분은 방대한 양의 구술자료와 문서자료들을 모아서 여러 권의 책을 쓰셨는데, 내 글은 사족을 다는 격이 되었을 거예요. 성장기 만주에서 살던 자료를 보니까 내가 만주에서 지낸 시절과 중복되고, 일본 교육을 받은 것도 비슷했어요. 그래서 이해하는 데 여러 모로 도움이 되었지요. 그를 이해하기 위해 만주군관학교니 일본사관학교에 대한 자료도 찾아보았고, 생가도 가보고 했죠. 그 양반이 일본군관학교를 졸업하고 처음 파견된 곳이 지금 외몽골 바로 남쪽의 반비산半璧山이라는 곳인데 그곳도 탐문했지요. 그때 제자인 김용호 교수와 함께 베이징, 청더承德를 거쳐 그곳까지 찾아가는 데 만리장성을 세 번이나 넘었어요. 들락날락한 거죠. 청더는 옛날에는 열하라고 불렀는데 박지원朴趾源의 『열하일기』로 유명하죠.

다른 책에서의 경우와 마찬가지로 나는 인간 박정희를 이해해보려고 노력했는데 그를 미화했다는 얘기가 들리더군요. 그를 죽인 김재규의 경우도 그랬고, 이승만의 경우도 그랬고, 여운형의 경우도 마찬가지였어요. 누구든 간에 깊숙이 파고 들어가면 좋은 점이 있는가 봐요.

그래서 생각이 나는데 개인적으로 가장 좋아하는 서평이 있어요. 내가 *Korean Workers' Party: A Short History*를 영어로 출판했는데 가마타 미츠토라는 일본 사람이 번역해서 『조선노동당소사』라는 제목으로 책이 나왔어요.[11] 그 책에 실린 '옮긴이의 말'이 내 마음에 깊이 와 닿은 거예요. 그는 내가 쓴 『김규식의 생애』도 그렇고 다른 글에서도 조국을 위해 싸우다가 비참하게 생애를 마친 민족의 선각자들을 애도하는 민족애와 시적詩的 정취가 담겨 있다고 했어요. 나에게 그런 '시정'詩情이 있는 줄을 모르고 있었는데 너무나 감사하게 생각하고 있어요.

한홍구　이승만에 대해서는요?

이정식　아, 이승만에 대해 얘기하려면 한도 끝도 없지요. 물론 독립운동을 하던 시절의 이승만에 대해 쓰면서 많은 자료를 들여다봤고, 해방후사를 써야겠다는 생각으로 자료를 찾아보니 자료 세트가 완전히 달라진 거예요. 그런데 올리버 박사Dr. Robert Oliver가 이승만 전기傳記의 후기에서 자료와 관련해 자신한테 이승만과 왕래한 문서가 상당히 많다고 썼더라고요. 그걸 읽고 편지를 드렸더니 내 책을 읽었다고, 비판적이기는 하지만 객관적으로 썼다고 하면서 한번 만나보고 싶다는 거예요. 당시 그분은 펜실베이니아주립대학에 계셨는데 집사람과 3~4시간 거리를 운전해서 찾아갔지요. 그래서 이승만과 올리버 교수가 주고받았던 편지와 서류 그런 것들이 나한테로 오게 된 거죠. 그 서류를 정리하는 데만 3년이 걸렸어요. 그 자료들을 3년 동안 정리한 뒤 출판하려고 했는데 잘 안 되었어요. 그래서 아직까지 3년간의 내 노력이 사장되어 있어요.

11　『朝鮮勞動黨小史』, 鎌田光登 譯, 東京, コリア評論社, 1980.

만주 '공비'토벌사

한홍구   선생님께서 한국 공산주의운동사의 주요 문헌을 영어로 번역해 자료집(*Materials on Korean Communism, 1945~1947*, University of Hawaii Press, 1987)도 내셨지만 그보다 훨씬 앞서 만주의 항일유격대에 대한 토벌대 측의 자료를 모아 영어로 번역해 자료집을 내셨지요. *Counterinsurgency in Manchuria*[12]라고요.

이정식   질문이 정말 철저하네요. 나는 독립운동가도 아닌데……. 우선 만주에서의 공산주의운동사를 연구하게 된 이유를 설명해야 할 것 같아요. 잘 알다시피 조선공산당은 만주 동남쪽에 있는 간도間島 지방에서 활약이 많았잖아요? 그래서 자료들을 쭉 살펴보면서 기록해나가다가 *Revolutionary Struggle in Manchuria*[13]를 출판하게 되었는데, *Counterinsurgency in Manchuria*는 만주의 '공비토벌사' 자료집이에요. 일본 관동군이 만주 오지에서 공산당 휘하에 있던 동북항일연군東北抗日聯軍을 소탕하기 위해 벌인 작전들의 과정과 문제점 그리고 그 결과에 대한 보고문들을 수집해 번역하고 분석한 내용을 쓴 것인데, 랜드연구소The RAND Corporation에서 출간되었지요. 내가 하버드대학교 옌칭도서관Harvard Yenching Library에서 수집한 자료로, 동아시아 역사에서 꼭 남겨두어야 할 상당히 중요한 기록이라고 생각해요. 일본의 만주침략사와 이에 대한 중국과 조선 사람들의 항쟁에 대한 기록이니까요. 요즘은 그것을 다른 형태로 출판하고 싶다는 생각을 갖고 있어요.

---

12   *Counterinsurgency in Manchuria: the Japanese experience, 1931~1940*, Santa Monica, California, RAND Corporation, 1967, p. 352.

13   *Revolutionary Struggle in Manchuria: Chinese Communism and Soviet Interest, 1922~1945*, University of California Press, 1983.

한홍구　책의 원 자료들은 대부분 『선무월보』宣撫月報에 실렸던 것 아닌가요? 저도 옌칭도서관에서 열심히 찾아봤는데, 그 자료는 보지 못했습니다.

이정식　아, 그거! 내가 랜드연구소에서 책을 낸 뒤에 누가 훔쳐갔어요. 그 자료가 없어졌다는 얘기를 나중에 들었어요. 누가 훔쳐갔는지 짚이는 데가 있긴 한데……. 그 사람은 그 후 학계를 떠났지요. 그런데 내가 번역한 문헌의 복사본을 가지고 있어 언젠가 출판하려고 해요.

한홍구　당시 미국이 베트남전쟁에 빠져들면서 아시아의 유격전쟁 전통에 대해 많은 관심을 가졌을 때가 아닌가요?

이정식　맞아요. 내가 자료를 번역해 책 한 권을 만들어야겠다고 생각한 시점이 다트머스에 있다가 펜실베이니아대학으로 옮길 때였으니까 1963년이지요. 다트머스에서 펜실베이니아대학에 있는 필라델피아Philadelphia로 가다가 중간 지점인 프린스턴에 들러 하루 저녁을 보냈는데, 로버트 길핀Robert Gilpin이라고 버클리대학 동창이 프린스턴대학에 있었어요. 그날 그 자료들에 대해 이야기했더니 프린스턴대학의 국제관계연구소Center for International Relations에서 관심이 있을 거라고 해서 다음 날 그곳 소장에게 물었더니 관심이 있다고 하더라고요. 그러고 나서 다른 연구를 할 것이 있어 워싱턴에 갔는데, 랜드연구소의 출장소가 워싱턴에 있는 거예요. 그쪽 사람들을 만나 이야기했더니 자기네 쪽에서 내면 좋겠다고 하더군요. 연구비까지 주겠다고 하면서 말이에요. 그래서 이왕이면 연구비를 주겠다는 곳에서 책을 내기로 결정했던 거지요. 당시 랜드연구소가 관심을 가졌던 것은 자기들이 베트남에서 유격대 소탕작전에 관여하고 있어 일본군의 경험을 알고 싶었던 거예요.

　랜드 출장소 사람들이 만주 작전에서 가장 인상적이었던 것이 무엇이냐고 묻더군요. 그래서 일본의 소탕 방법은 참으로 잔인했는데, 이에 대해 군부와 일반 관리들 사이에 갈등이 많았다고 했어요. 군에서는 게릴라들을 소탕하기 위해 잔인한 작전을 수행하려고 했지요. 반면 일반 관리들은 힘으로 때려잡으려 해서는 통치가 안 된다, 정치를 잘해서 민심을 잡도록 해야 한다고 주장한 거예요. 그런데 군대가 말을 듣지 않았어요. 군에서는 오지에 있는 농가들과 수확하지 않은 농작물을 무조건 태워버리고 거기에 있던 농민들을 집단부락에 몰아넣어 살든지 죽든지 그냥 내버려두었는데 그때 농민 수만 명이 희생되었어요. 어떤 지역에서는 인구가 절반으로 줄기도 했어요. 그러니 표면상으로는 민중이 순종하는 것 같지만 민심이 따를 리가 없었지요. 군대가 그처럼 잔인한 정책을 쓴 이유는 게릴라들이 식량을 구하지 못하게 하고 토벌대에 대한 정보를 얻지 못하도록 하기 위한 것이었어요. 하지만 죄 없는 농민들이 너무 불쌍하게 희생되었는데, 일반 관리들은 그런 일을 담당하면서 저녁때가되면 피를 토하는 심정으로 탄식하곤 했다는 기록을 남겼어요.

이런 얘기를 했더니 한 사람이 "멤쇼즈, 멤쇼즈"라고 하고 다른 사람은 고개를 끄덕거리며 동의하더군요. 그 사람은 '멤쇼즈'가 무슨 말인지 내가 모르는 줄 알았던 모양이에요. 그 말을 듣고 나서 "나도 동의한다. 나도 베트남에 대한 기사들을 읽으면서 같은 생각을 하고 있었다"라고 했더니 깜짝 놀라더군요. 프랑스어를 제대로 배우지는 못했지만 그 정도는 알고 있었거든요. 베트남은 오랫동안 프랑스의 식민지이었기 때문에 그쪽 일을 담당하던 직원들은 프랑스어를 해야 했어요. 하여튼 그 책을 출판하고 나서 핀잔을 받았죠.

한홍구　어떤 핀잔을 받으셨죠?

이정식　미국의 베트남전 수행에 협력했다는 거지요. 프린스턴대학에서 책을 냈으면 학문하는 곳이니까 그런 비난은 없었을 거예요. 반면 랜드연구소는 정책보조기관이었지요. 그런데 그 후 아이러니컬한 일이 생겼어요. 베트남전쟁 반대에 앞장섰고 미국 지식인층에서 제1인자로 손꼽히던 노엄 촘스키 Noam Chomsky가 그의 글에서 내가 수집하고 번역해놓았던 글 중에서 몇 페이지를 인용하고 소개하면서 일본의 소탕 작전을 얘기한 거예요.[14] 그랬더니 그 책을 보내달라는 요청이 들어왔는데 나한테는 여분의 책이 없었어요. 책을 요구한 사람들 가운데는 일본 역사학계의 중진 학자 마리우스 잰슨Marius Jansen도 있었어요. 평소 존경하던 분이지만 여분이 없어 책을 복사해 보내드릴 수밖에 없었지요.

이 책에 대한 얘기를 하면 화가 머리끝까지 치밀어 오르곤 해요. 왜냐하면 내가 가진 장서 가운데 대부분을 경희대학교에 기증했는데 책들을 도난당한 거예요. 책들을 판지상자에 담아서 운송회사를 불러 대학으로 보냈는데, 그 책을 포함해 18×18×24센티미터의 박스로 300개를 보냈어요. 그런데 경희대학교에서 가르칠 때 그 책들이 필요해 알아보았더니 도서목록에 들어 있지도 않은 거예요. 도서 정리를 하기도 전에 어떤 야만족속이 내다 팔아먹은 거죠.

지금도 그 생각을 하면 화가 나서 견딜 수가 없을 정도예요. 평소 책을 소중히 여겨 UCLA에 다닐 때는 중고품 파는 곳에서 5달러짜리 옷을 사 입고 사진 찍을 때와 교회에 갈 때만 입곤 했어요. 그런데 오랫동안 같은 옷을 입고 사진을 찍어 보내니까 어느 날 집에서 항의가 왔어요. 옷이 그것뿐이냐고 하는 거예요. 사실 그것뿐이었죠. 대학에서 강의를 듣고 과제를 제출하면서 저녁 8시부터 아침 4시까지 식당에서 일하고 10달러를 벌 때였거든요. 그렇게 돈을 아껴 책을 사들였는데 야만족속이 내 소중한 책들을 도둑질해 내다 팔아먹었으니! 더 이상 말하면 피가 끓고 혈압이 올라 그만해야겠어요. 그래서 경

---

14 촘스키의 논문, "The Revolutionary Pacifism of A.J. Muste: On the Background of the Pacific War"는 *Liberation*, 1967년 9~10월호에 발표되었다가 그 후 *American Power and the New Mandarins: Historial and Political Essays*, Pantheon, 1967, 1969에 수록되었다.

희대학교뿐 아니라 한국의 어느 도서관에도 내가 기증했던 대게릴라전 Counterinsurgency 책이 없어요.

한홍구　민감한 시기에 민감한 문제를 건드려 비난을 받으신 거네요. 김재규도 그렇고요.

이정식　박사 논문도 그랬어요. 한국 민족운동사가 주제였으니 3·1운동이 나오고, 임시정부가 등장할 것 아니에요? 그런데 이승만 대통령이 1925년에 탄핵을 당했잖아요.

한홍구　아니, 박사학위는 1961년에 받으신 것 아닙니까?

이정식　한참 논문을 쓰고 있을 때는 아직 이승만이 대통령 자리에 있었어요. 지금이야 이승만이 임시정부에서 탄핵당했다는 것을 세상이 다 알지만, 그때만 해도 거의 몰랐어요. 학위를 끝마치고 귀국해야 하는데 아직 이승만이 대통령인 때라 이걸 써야 하나 상당히 고민했지요.

　1925년에 탄핵을 당했다고 하는데 내가 보기엔 그건 비극적인 희극이에요. 왜냐하면 1925년에는 임시정부가 실상 존재했다고 말할 수 없거든요. 주요 인물은 1921년에 거의 떠났고, 돈이 없어서 임정이 임대했던 건물의 집세를 내지 못해 비워주어야 했어요. 또 민족대표자회의가 1921년에 열렸는데, 각 파가 모여 임시정부를 다시 개조하느냐 창조하느냐 하는 문제로 싸우다가 합의를 이루지 못하고 헤어진 거예요. 그렇다 보니 그 후 실질적으로는 임시정부가 없어졌다고 볼 수 있죠.

　1925년에 들어서면서 노백린 이런 분들이 이승만 탄핵을 발표했는데, 그 이유가 임시정부의 소재지는 중국이고 지금 재정상태가 엉망인데 대통령인 이승만은 미국에서 호의호식하면서 임시정부를 돌보지 않는다는 거였어요.

그래서 탄핵한다고 발표했는데 그때 이승만이 아니라 몇 배 더 나은 사람이 중국에 나타났다면 임시정부를 회생시킬 수 있었을까요? 그리고 이승만이 임정 대통령직에서 물러난다고 해서 독립운동에 무슨 도움이 되었을까요? 또 탄핵함으로써 과연 어떤 좋은 결과가 나왔을까요? 임시정부가 1943년경 다시 소생한 것은 백범 김구가 상하이 훙커우공원에서 윤봉길 의사한테 거사를 진행시킴으로써 중국 정부의 후원을 받게 된 것과 중국·일본이 다시 전쟁을 벌이게 된 것 때문이었지요. 이승만 탄핵은 결국 아무 효과도 없었어요.

북한 연구와 공산주의운동사

한홍구   이제 마지막으로 후학을 위해 한 말씀 해주세요. 한 가지 아쉬운 게 북한 연구자가 많아졌다고 하지만, 한국 공산주의운동사에 대한 이해가 깊지 못해요. 김일성 항일무장투쟁에 대해서도 잘 모르고요.

이정식   역사에 대해 꼭 알아야 하느냐고 묻는다면 나는 강요하고 싶지 않아요. 그렇지만 현실을 이해하려면 역사를 몰라서는 안 되죠. 특히 북한과 같은 특수한 정치 체제를 이해하자면 한국의 문화와 역사를 알아야 하고 무엇보다 북한이 걸어온 길을 알아야 해요. 공산주의를 표방하지만 세습정권인데 그 뿌리를 모르고 어떻게 북한의 정치와 경제를 말할 수가 있겠어요? 현재 북한의 주체사상이나 외교정책을 이해하려면 소련과 중국의 틈바구니에서 북한이 걸어온 길을 알아야 하죠. 북한의 식량난 문제를 비롯한 경제 문제도 마찬가지고요.

    한동안 많은 사람이 북한이 곧 망할 거라고 주장했는데 한국전쟁 시기부터 북한 정권이 취해온 정책에 대한 글들을 읽어본 사람이라면 그런 말을 하지 않았을 거예요. 몇 해 전에 미국의 유력 시사 학술지인 『포린 어페어즈』

*Foreign Affairs*가 북한에 관한 서적들을 소개하고 평가하면서 "40년이 지났지만 이 책은 북한 연구의 '금화 기준'gold standard이다"라고 평가했는데[15] 분에 넘치는 과찬이기는 하지만 흐뭇했어요.

한홍구　선생님 모시고 좋은 말씀을 들을 수 있어 뜻 깊은 시간이었습니다. 긴 시간을 내주셔서 감사합니다.

2014년 11월 2일
평화박물관에서

15　Nicholas Eberstadt, "What to Read on North Korean Politics," *Foreign Affairs*, October, 2009. "Though written nearly 40 years ago, *Communism in Korea*—the monumental 1,500-page treatise on the Korean communist movement and the state it would end up building in the northern half of the Korean peninsula—remains the gold standard for all serious students of North Korean affairs."

신문

『노력인민』, 『獨立新聞』, 『東亞日報』, 『로동신문』, 『매일신보』每日新報, 『서울신문』, 『新朝鮮報』, 『自由新聞』, 『赤旗』, 『全國勞動者新聞』, 『朝鮮新聞』, 『朝鮮人民報』, 『朝鮮日報』, 『중앙신문』, 『平和日報』, 『한국일보』, 『漢城日報』, 『解放日報』, 『革命新聞』, 『現代日報』, 『戰線』

Asahi Evening News, FBIS Daily Report, Asia and Pacific, New York Times, Philadelphia Inquirer, The P'yŏngyang Times, The People's Korea, Washington Post

잡지

『건설』, 『경제건설』, 『朝光』, 『근로자』, 『노력인민』, 『大陸問題』(일본), 『別乾坤』, 『司法研究』, 『思想界』, 『思想月報』, 『思想彙報』, 『産業勞動時報』, 『宣撫月報』, 『世代』, 『新東亞』, 『新生活』, 『新天地』, 『월간중앙』, 『自由人』(중국), 『중앙』中央『, 特高月報』, 『혁명의 벗』Revolyutsionnyi vostok, 『彗星』, 『希望』, 『コリア 評論』

Asian Survey, International Press Correspondence, Life, Supplement to Korea Today

단행본

Liu Shao-ch'i, "Speech Liu Shao-ch'i at the Conference on Trade Unions of Asia and Oceania," *For a Lasting Peace, for a People's Democracy!*, 1949년 12월 30일.

Lloyd M. Bucher and Mark Rascovich, *Bucher: My Story*, New York, 1970.

8·15해방 1주년기념 중앙준비위원회, 『反日鬪士演說集』, 1946(金南植·李庭植·韓洪九 엮음, 『韓國現代史 資料叢書』, 제13권).

A. Doak Barnett, *Communist China: The Early Years*, 1949~1955, New York, 1964.

A. Grajdanzev, "Korea Divided," *For Eastern Survey*, 1945년 10월 10일.

A. Rodger Swearingen and Paul F. Langer, *Red Flag in Japan: International*

Communism in Action, 1919~1951, Cambridge, 1952.

Allen S. Whiting, *China Crosses the Yalu: The Decision to Enter the Korean War*, New York, 1960.

Andrew J. Grajdanzev, *Modern Korea*, New York, 1944.

Ayusawa Iwao, *A History of Labor in Modern Japan*, Honoulu, 1966.

Benjamin Schwartz, *Chinese communism and the Rise of Mao*, Cambridge, Mass., 1951.

C. Martin Wilbur and Julie Lien-ying How (ed.), *Documents on Communism, Nationalism and Soviet Advisors in China, 1918~1927*, New York, 1956.

Chong-Sik Lee, "Politics in North Korea: Pre-Korean War Stage," in Robert A. Scalapino (ed.), *North Korea Today*, New York, 1963.

Conrad Brandt, Benjamin Schwartz & John K. Fairbank, *A Documentary History of Chinese Communism*, Cambridge, Mass., 1952.

Conrad Brandt, *Stalin's Failure in China, 1924~1927*, Cambridge, Mass., 1958.

Dae-Sook Suh, *Documents of Korean Communism, 1918~1948*, Princeton, 1970.

Democratic People's Republic of Korea(영문), P'yongyang, 1958.

Donald S. Zagoria, *The Sino-Soviet Conflict 1956~1961*, Princeton, 1962.

Donald S. Zagoria, *Vietnam Triangle: Moscow/Peking/Hanoi*, New York, 1967.

Ed Brandt, *The Last Voyage of USS Pueblo*, New York, 1969.

Edgar Snow, *Red Star Over China*, New York, 1938.

Edward R. Murphy, Jr., *Second in Command*, New York, 1971.

Franze Schurmann, *Ideology and Organization in Communist China*, Berkeley, 1966.

From the Fourth to the Fifth World Congress, Report of the Executive Committee of the Communist International, London, 1924.

George M. Beckmann and Okubo Genji, *The Japanese Communist Party, 1922~1945*, Stanford, 1969.

George M. McCune, Arthur L. Grey, Jr., *Korea Today*, Cambrige, 1950.

George O. Totten, III, *The Social Democratic Movement in Prewar Japan*, New Haven and London, 1966.

Glenn D. Paige, *The Korean Decision, June 24~30, 1950*, New York, 1968.

Grant Meade, *American Military Government in Korea*, New York, 1951.

Gregory Henderson, *Korea: The Politics of the Vortex*, Cambridge, Mass, 1968.

Harold R. Isaacs, *The Tragedy of Chinese Revolution*, Stanford, 1951.

I. F. Stone, *The Hidden History of the Korean War*, New York, 1952.

James W. Morley, *The Japanese Thrust into Siberia, 1918*, New York, 1957.

Kim Il Sung, *Report of the Central Committee of the Workers' Party of Korea to the Fourth*

Congress, Sep. 11, 1961, *Documents of the Fourth Congress of the Workers' Party of Korea*, P'yongyang, 1961.

Kim Il Sung, *Selected Works*(1956년판), Vol. I.

Kim Il Sung, *Selected Works*(English edition, P'yôngyang, 1965), Vol. I.

Kim Il, "Report on the Seven-Year Plan for the Development of the National Economy of the DPRK," 1961년 9월 16일, *Documents of the Fourth Congress of the Workers' Party of Korea*, 평양, 1961.

Kim San and Nym Walis, *Song of America*, 뉴욕, 1941.

Kim Syn Khva(김승화金承化), 『소비에트 한인들의 역사에 관한 소론』*Ocherki po istorii Sovetskikh Koreitsev*, Alma Ata, USSR, 1965.

Lee Chong-sik, *Revolutionary Struggle in Manchuria*, 캘리포니아대학 출판부, 1983.

Maj. Robert K. Sawyer, *Military Advisors in Korea: KMAG in Peace and War*, Washington, 1962.

O. B. Borisov and B. T. Koloskov, 『1945~1970년의 중소관계에 대한 소론』*Sovetsko-Kitaiski Otnosheniya 1945~1970, kratkii ocherk*, Moscow, 1971.

Okōchi Kazuo, *Labor in Modern Japan*, Tokyo, 1958.

Pak Dinshun, The Revolutionary East and the Immediate Problem of the Communist International, Petrograd, *Pravda*, July 27, 1920, in *The Second Congress of the Communist International as Reported and Interpreted by the Official Newspapers of Soviet Russia*, Washington, 1920.

Philip Rudolph, *North Korea's Political and economic Structure*, New York, 1959.

Resolutions lf the Fifth Congress of the R.I.L.U., London, 1931.

Robert A. Scalapino, *Democracy and the Party Movement in Prewar Japan*, Berkeley, 1953.

Robert A. Scalapino, *The Japanese Communist Movement, 1920~1966*, Berkeley, 1967.

Robert C. North, *Moscow and Chinese Communists*, Stanford, 1953.

Roy E. Appleman, *South to the Naktong, North to the Yale: June~November, 1950*, Washington, 1961.

S. A. Khan, 「한인 노동자들의 러시아 극동내전에의 참가, 1919~1922(Unchastie Koreiskikh trudyashchikhsya v grazhdanskoi voine na Russkom Dalnem Vostoke, 1919~1922)」, 『한국, 역사와 경제』*Koreya, istoriya i ekonomika*, Moscow, 1958.

Suh, *The Korean Communist Movement, 1918~1948*, Princeton, 1967.

T. Hammond, *Soviet Foreign Relations and World Communism*, Princeton, 1965.

The Communist International, *Between the Fifth and the Sixth World Congress, 1924~1928*, London, 1928.

The Communist International, *From the Fourth to the Fifth World Congress, Report of the Executive Committee of the Communist International*, London, 1924.

The Communist International, The First Congress of the Toilers of the Far East, etrograd, 1922.

京城地方法院,「金燦豫審終結決定」.

「당원들의 계급교양 사업을 더욱 강화할 데 대하여」,『김일성선집』(영문판), 제1권, 1965.

「遊者觀察」,『新露鮮回想錄』, 출판지·출판일자 미상(아마도 1924년), 후버도서관 소장 원본.

高等法院 檢事局 思想部,「滿洲に於ける共産主義運の推移と最近の情勢概況」.

「사회주의적 농촌경리의 정확한 운영을 위하여」,『김일성 저작선집』, 제2권, 평양, 1968.

朝鮮總督府法務局,「鄭在達の供述」,『朝鮮獨立思想運動の變遷』, 京城, 1931.

「朝鮮共產黨現況に關する報告」, 高等法院 檢査局,『朝鮮思想運動調査資料』, 제1집, 京城, 1932.

「조선의 혁명적 노동조합운동의 임무」, *Resolutons of the Fifth Congress of the R.I.L.U.*, London, 1931.

『金日成選集』(일본어판), 제3권, 1952.

『金日成選集』(일본어판), 제1권, 1952.

『金日成選集』, 제2권(일본어판), 京都, 1952.

『김일성 저작선집』, 제3권, 평양, 1974.

『김일성선집』(영문판), 제1권, 평양, 1965.

『김일성선집』, 평양, 1954년판, 제2권.

『김일성선집』, 평양, 1963년판, 제1권.

『김일성선집』, 평양, 1953년판, 제3권.

『김일성선집』, 평양, 1953년판, 제4권.

『昭和十七年中に於ける社會運動の狀況』, 日本 內務省 警保局, 東京, 1943.

『僞幣事件公判記錄』, 대건인쇄소大建印刷所, 1947.

『祖國의 統一獨立과 民主化를 위하여』, 제1권.

『朝鮮共產黨小史』(反共叢書 8輯), 東京, 1939년 10월 30일.

『朝鮮農業經濟論』, 京城, 1949.

『朝鮮思想運動調査資料』, 제1집.

『支那及滿洲に於ける共産運動概況』, 東京, 1933년 9월.

姜德相·梶村秀樹 編,『現代史資料(29)─朝鮮(5)』, 東京, 1972.

江亢虎,『江亢虎 新俄遊記』(영문 제목은 Kiang Kang-hu, One Year in Soviet Russia), 上海, 1923.

京城地方法院 檢事局 思想部,『朝鮮共產黨事件』, 京城, 일자 미상.

京城地方法院 刑事部,「朝鮮共產黨再建運動等事件判決寫本」, 京城, 1933.

高等法院 檢事局 思想部,「呂運亨訊問調査書」,『朝鮮思想運動調査資料』, 제2집, 京城, 1933.

高等法院 檢事局, 『京城市內萬歲騷擾事件』, 京城, 1930.

_____, 『朝鮮思想運動調查資料』, 제1집.

_____, 『朝鮮刑事政策資料』, 京城, 1931.

과학원 력사연구소, 『조선근대혁명운동사』, 평양, 1961.

구재수具在洙, 「조선민주주의인민공화국 최고인민회의 대의원 자격심사위원회 보고」, 『朝鮮人民會議 第一次 文獻集』, 평양, 1948.

國土統一院, 『朝鮮勞動黨大會資料集』, 제1집, 1980.

_____, 『朝鮮勞動黨大會資料集』, 제2집, 1980.

국회도서관 해외자료국, 『북한의 조국전선문헌집』, 서울, 1975.

권대복權大福 엮음, 『進步黨』, 서울, 1985.

近藤榮藏, 『コミンテルンの密使』, 東京, 1949.

金九, 『白凡逸一志金九自叙傳』, 서울, 1947.

金正明 編, 『朝鮮獨立運動』, 제5권, 東京, 1967.

金正明, 「물팔이」, 「우리 무산계급의 진로」, 『朝鮮獨立運動』, 제5권, 東京, 1967.

金俊燁·金昌順, 『韓國共產主義運動史』, 제2권, 서울, 1969.

金俊燁·金昌順 공저, 『韓國共產主義運動史』, 1권, 서울, 1967.

吉野藤藏, 「제2차 조선공산당 사건과 그 검거의 전모」(池中世 편역, 『朝鮮思想犯檢擧實話集』, 서울, 1946).

김남식金南植 編, 『南勞黨資料集』, 제2집, 서울, 1974.

김남식金南植·이정식李庭植·한홍구韓洪九 엮음, 『韓國現代史資料叢書』, 제3권, 4권, 8권, 11권, 서울, 1986.

金斗禎, 『朝鮮共產黨小史』, 反共叢書, 제8집, 東京, 1939년 10월 30일.

金奉鉉, 『濟州島人民 4·3武裝鬪爭史-資料集』, 大阪, 1963.

金奉鉉, 『濟州島爭-血の歷史』, 東京, 1978.

김산金山·님 웨일스Nym Wales 공저, Song of Ariran, New York, 1941.

김운석金雲石 편, 『北韓傀集戰術文獻集』, 대한반공당, 1957.

김을한金乙漢, 『여기 참사람이 있다』, 서울, 1960.

김일성, 「곡물은 전후의 복구건설에 있어서 모든 문제해결의 중요한 관건이다―전국 다수확 열성농민대회에서 한 연설, 1954년 2월 16일」.

_____, 「공산주의 교양에 대하여―전국 시·군 당 위원회 선동원들을 위한 강습회에서 한 연설, 1958년 11월 20일」, Selected Works, 1965년판, 제1권.

_____, 「농촌경리의 금후발전을 위한 우리 당의 정책에 관하여―조선로동당 중앙위원회 전원회의에서 내린 결론, 1954년 11월 3일」, Selected Works, 1965년판, Vol. I.

_____, 「모든 것을 전후 인민경제 복구발전을 위하여―조선로동당 중앙위원회 제6차 전원회의에서 한 보고, 1953년 8월 5일」, For Socialist Economic Construction in Our Country.

_____, 「사회주의 건설에서 인민정권의 당면과업에 대하여—최고인민회의 제2기 제1차 회의에서 한 연설, 1957년 9월 20일」, *For Socialist Economic Construction in Our Country*.

_____, 「우리나라에서 사회주의적 농업협동화의 승리와 농촌경리의 금후 발전에 대하여—전국 농업협동조합대회에서 한 보고, 1959년 1월 5일」, *Selected Works*, 1965년판, Vol. I.

_____, 「정전협정 체결과 관련한 전후 인민경제 복구건실을 위한 투쟁과 당의 금후의 임무—조선로동당 중앙위원회 제6차 전원회의에서 한 보고, 1953년 8월 5일」, *For Socialist Economic Construction in Our Country*, 평양, 외국문출판사, 1958.

_____, 「제1차 5개년 계획을 성과적으로 수행하기 위하여—조선로동당 제1차 대표자회에서 한 결론, 1958년 3월 6일」, *Selected Works*(1965년판), Vol. I.

_____, 「조선민주주의인민공화국 창건 10주년 기념 경축대회에서 한 보고, 1958년 9월 8일」, *For Socialist Economic Construction in Our Country*.

_____, 『자유와 독립을 위한 조선인민의 정의의 조국해방전쟁』, 평양, 1954.

김종명金鍾鳴, 『朝鮮新民主主義革命史』, 東京, 1953.

金俊淵, 『獨立路線』, 서울, 1947.

김창순金昌順, 『北韓十五年史』, 서울, 1961.

南滿洲鐵道株式會社, 『滿洲共産運動槪觀』, 大連, 1935.

남효재, 『조선의 어머니』, 평양, 1968.

內務省 警保局, 『昭和三年に於ける社會運動の狀況』(이후 매년 간행, 1928~1942), 東京.

_____, 『中華民國に於ける共産主義運動の現況』, 東京, 1931.

大杉榮, 『日本脫出記』, 東京, 1923.

대한민국 국방부, 『국방부사』國防部史, 제1집, 서울, 1954.

渡邊友雄, 『片山潛と共に』, 東京, 1955.

東滿鐵道株, 『滿洲共産黨運動槪觀』, 大連, 1935.

東亞日報社 安保統一問題調査研究所, 『北韓對外政策基本資料集II』, 1976.

梁東柱, 『光州學生獨立運動史』, 광주, 1956.

鈴木茂三郎, 『ある社會主義者の半生』, 東京, 1958.

滿洲國 軍政部 顧問部 編, 『滿洲共産匪の硏究』, 출판지 미상, 1937.

滿洲國 治安部 參謀司, 『國內治安對策の硏究』, 출판지 미상, 1937.

滿洲國中央警務統制委員會, 『滿洲に於ける共産運動の推移槪要』, 출판지 미상, 1937.

민석린閔石麟 편, 『한국의 얼』, 서울, 1955.

民戰 事務局 編, 『朝鮮解放年報』, 서울, 文友印書館, 1946.

民主主義民族戰線 宣傳部, 『議事錄』, 서울, 1946.

박경식朴慶植 編, 『朝鮮問題資料叢書』, 第7券, 『1930年代 朝鮮革命運動論』, 東京, 1982.

박달朴達, 『조국은 생명보다도 귀중하다』, 평양, 1960.

박상혁朴尙赫, 『朝鮮民族の偉大한 領導者』, 평양, 1964.

박성환朴聖煥, 『파도는 내일도 친다』, 서울, 1965.

박일원朴馹遠, 『南勞黨總批判』, 서울, 1948.

박태원朴泰遠, 『若山과 義烈團』, 서울, 1947.

방인후方仁厚, 『北韓, 「朝鮮勞動黨」의 形成과 發展』, 서울, 1967.

백남운白南雲, 『朝鮮民族의 進路』, 서울, 1946.

백봉, 『金日成傳記』, 제2권, 東京, 1969.

백봉白峰, 『民族의 太陽 金日成 將軍』, 평양, 1968(Baik Bong, *Kim Il Sung: Biography*, Tokyo, 1969~1970).

북조선예술연맹, 『우리의 태양―해방 1주년 기념 김일성 장군 찬양특집』, 평양, 1946.

司馬璐, 『鬪爭十八年』, 홍콩, 1952.

森田芳夫, 『朝鮮終戰の記錄』, 東京, 巖南堂, 1964.

서대숙徐大肅, *The Korea Communist Movement, 1918~1948*, Princeton, 1967.

석단石單, 『金日成將軍鬪爭史』, 서울, 前進社, 1946년 1월.

星野桂吾, 『在滿鮮人に就いて』, 제1권, 1928년 4월.

소정자蘇貞子, 『내가 반역자냐』, 서울, 1966.

小早川九郎, 『朝鮮農業發達史: 政策篇』, 京城, 1944.

송상도宋相燾, 『기려수필』騎驪隨筆, 국사편찬위원회, 『韓國史料叢書』, 제2집, 서울, 1955.

송승칠, 『조선 인민의 위대한 수령 김일성 동지의 혁명적 가정』, 평양, 1969.

新義州反共學生義擧記念會, 『鴨綠江邊의 햇불』, 서울, 1964.

呂運弘, 『夢陽呂運亨』, 서울, 1967.

오영진吳泳鎭, 『하나의 證言』, 부산, 출판사 불명, 1952.

오제도吳制道, 『평화의 적은 누구냐』, 부산, 1952.

월추산인月秋山人, 『朝鮮同胞에게 告함』, 서울, 1945.

유석인劉錫仁, 『애국의 별들』, 서울, 1965.

윤기정尹基禎, 『韓國共產主義運動批判』, 서울, 1959.

이극로李克魯, 『苦鬪四十年』, 서울, 1947.

이기백李基白, 『國史新論』, 서울, 1961.

이나영李羅英, 『朝鮮民族解鬪爭史』, 평양, 1958.

이동화李東華, 「8·15를 전후한 여운형의 정치 활동」, 『해방 전후사의 인식』, 1979.

이정식, The Politics of Korean Nationalism, Berkeley and Los Angeles, 1963.

_____, 『김규식의 생애』, 서울, 신구문화사, 1974.

이철주, 『北의 藝術人』, 서울, 1966.

이훈구李勳求, 『滿洲와 朝鮮人』, 평양, 1932.

인정식印貞植, 『朝鮮의 土地問題』, 서울, 1946.

임영수林英樹, 「韓國政黨略史」(IV), 『ユリア評論』, 東京, 1966년 8월.

림춘추林春秋, 『항일무장투쟁시기를 회상하여』, 평양, 1960.

張西曼, 『歷史回憶』, 上海, 1949.

전사戰史편찬위원회, 『韓國戰爭史』, 제1권, 서울, 1967.

정시우鄭時遇, 『獨立과 左右合作』, 서울, 1946.

정화암, 『이 조국 어디로 가려나』, 서울, 1982.

조선노동당 중앙위원회 선전선동부 편, 『김일성 장군의 약전』, 평양, 1952(일본어판 學友書房, 東京, 1954).

朝鮮勞動黨 中央委員會 直屬 黨歷史研究所, 『朝鮮勞動黨 歷史敎材』, 평양, 1964.

조선로동당 중앙위원회 직속 당력사연구소, 『불굴의 반일혁명투사 김형직 선생』, 도쿄, 1969.

朝鮮民主主義人民共和國 科學院 歷史研究所, 『朝鮮通史』, 제3권, 東京, 1959.

朝鮮産業勞動調査所 編, 『옳은 路線을 위하여』, 서울, 1945(1946년에 東京 民衆新聞社에서 재판 발행).

조선역사편찬위원회, 『朝鮮民族解放鬪爭史』(일본어판).

조선중앙통신사, 『조선중앙년감』, 평양, 1958년판.

_____, 『조선중앙년감』, 평양, 1962.

朝鮮總督府 警務局, 『高等警察用語辭典』, 京城, 1933.

_____, 『最近に於ける 朝鮮治安狀況』(昭和8年版), 1934년 5월.

_____, 『最近に於ける朝鮮治安狀況』, 京城, 1934.

朝鮮總督府 法務局, 『朝鮮獨立思想運動の變遷』, 京城, 1931.

중앙정보부 편, 『통합관계자료총집』, 제1권, 1973.

池憲模, 『靑天將軍의 革命鬪爭史』, 서울, 1949.

並木眞人, 「植民地下に於ける地方民衆運動の展開」, 『朝鮮史研究會論文集』, 20호(『1930년대 민족해방운동』, 거름출판사, 1984).

차낙훈車洛勳·정경모鄭慶謨 編, 『北韓法令沿革集』, 서울, 1969.

채근식蔡根植, 『武裝獨立運動秘史』, 서울, 1947(?).

최범소崔凡嘯, 『北鮮의 政治狀勢』, 서울, 1945.

최창익崔昌益, 「朝鮮無産黨動」, 『朝鮮民族解族鬪爭史』, 1949년 한국어 초판(평양)의 일본어 번역(京都, 1952).

최현崔賢, 「잊을 수 없는 첫상봉」(조선로동당 중앙위원회 직속 당력사연구소 편, 『항일 빨치산 참가자들의 회상기』, 1권, 도쿄, 1961).

최형우崔衡宇, 『朝鮮革命運動小史』, 제1집, 서울, 1945.

統一朝鮮新聞 特輯班, 『金炳植事件—その眞相と背景』, 東京, 1973.

波多野乾一, 『資料集成中國共産黨史』, 東京, 1961.

霞關會 編, 『現代朝鮮人名辭典』, 東京, 1962.

한국군사혁명사 편찬위원회, 『한국군사혁명사』, 제1집(上), 서울, 1963.

한설야韓雪野, 『김일성 장군』, 평양, 1946(Han Sul Ya, Hero General Kim Il Sung, Tokyo, 1962).

한임혁, 『김일성 동지에 의한 조선공산당 창건』, 평양, 1961.

한재덕韓載德, 『한국의 공산주의와 북한의 역사』, 『공산주의 이론과 현실 비판전서』, 제5권, 서울, 1955.

홍태식洪泰植, 『한국 공산주의운동 연구와 비판』, 서울, 1696.

荒畑寒村, 『露西亞に入る』, 東京, 1924.

_____, 『日本社會主義運動史』, 東京, 1948.

미국 의회도서관 마이크로필름

「間島・琿春地方共産主義運動に關する統計」

「高等警察文書」

「高麗共産黨及全露共産黨の梗概」

「共産黨宣言」

「歐露名地に於ける過激派朝鮮人の動靜」

「露西亞共産黨政綱」

「大正11年朝鮮治安情況等報告」, 제2부 해외편

「昭和10年(~11年)間島沿邊地方治安狀況概要」

「우리(我等) 無産階級의 進路」

「朝鮮共産黨事件檢擧に關する件」

「朝鮮騷擾事件二關スル情報」, 제22호.

『高麗共産黨及全露共産黨の梗概』, 1922년 11월의 조사보고.

『中國共産黨延和縣中心委員會農民協會の組織及行動』, 1930년 7월.

간도총영사관 쥐쯔제局子街 분관 경찰서, 『延和縣内に於ける共産運動の實情及黨秘密文書譯文』, 1931년 5월.

岡田兼一오카다 겐이치, 「東滿に於ける朝鮮共産黨各派の近況に關する件」, 1930년 3월 4일자.

_____, 「東滿地域朝鮮共産黨連絡部設置に關する件」.

京畿道 警察部, 「朝鮮共産黨の新組織企劃檢擧に關する件」, 1929년 8월 10일자 보고.

_____, 『秘密結社…』.

山内四郎, 「共産黨に關する譯出文書送付の件」.

外務省 上海總領事, 「中西地方共産黨及共産匪行動狀況に關する調査報告書」, 1930년 12월.

朝鮮總督府 警務局, 「大正十年五月中間島地方情況の概要」, 1921년 6월.

_____, 「不逞朝鮮人と露國過激派との關係」, 6-8-1921.

_____, 『滿洲事變に對する反戰運動の槪況』, 등사판, 1932년 12월.

_____, 「露國過激派と不逞朝鮮人の關係」, 『特殊調査』, 제134호.

朝鮮總督府 警務局長, 「國際共產大學卒業生歸鮮に關する件」, 1928년 12월 28일.

기타 자료

The American XXIV Corps G-2 Summary, No. 41, 1946년 6월 23일.

USAFIK, Accession No. RG-322. op. cit.

XXIV Corps G-2 Report, 1946년 5월 22일자의 Document B(1946년 4월 2일부).

XXIV Corps G-2 Summary, 1946년 10월.

XXIV Corps G-2 Summary, No. 41, 1946년 6월 23일.